湘潭市志

1986–2005

湘潭市地方志编纂委员会 编

第二册

编撰人员:李　缨　曹方成　谭小兵　吴　坚　李军民　金　超　李鑫泉　叶　盛

第二十六篇　食品医药工业

主　　编:刘　强

副 主 编:曾玲芝

编撰人员:简中玉　朱显虎　陈小波　彭炳炎　李枝常

第二十七篇　煤炭工业

主　　编:张依群

第二十八篇　建筑工业

主　　编:萧功才

编撰人员:陈　平　陈溢春　朱重湘

第二十九篇　商业贸易

主　　编:戴自力

编撰人员:王　维　宋运明　钟智敏　张　文　陶　志　王应根　吕岳湘　唐湘龄　张锦良
王　环　汤振武　吴君华　祖思敏　段镇铎　何德文　张伟生　彭炳炎

第三十篇　外经外贸

主　　编:戴自力

编撰人员:庹　为　杨　慧　谢一湘　洪万安　匡伏建　贺伟年　张　文　陶　志

第三十一篇　粮油

主　　编:李枝常

编撰人员:李枝常　陈　新

第三十二篇　供销合作

主　　编:谢永红

副 主 编:李革非

编撰人员:李革非　朱启云　黄忠泽

第三十三篇　饮食服务业

主　　编:彭炳炎

副 主 编:戴自力

编撰人员:肖厚培　李雀平　赵光明　冯可新　严　杰　戴辉斌　王海林　肖克资　罗慧高
李泽林　李修珊

第三十四篇　金融

主　　编:李　明

副 主 编:王一凡　刘浪夷　冯石明(常务)

编撰人员:冯石明　曾启泉　林　凯(特邀)　周知任

第三十五篇　交通

主　　编:张　红

编撰人员:张　红

第三十六篇　信息产业

主　　编:刘　巍

副 主 编:张纯健　马卫中　张任重

第二册责任分纂

黄小平　蒋子君

第二册编撰人员

第十八篇　工业经济综述

主　　编:刘　强

副 主 编:曾玲芝

编撰人员:林　凯　欧阳秀奇　黄建红　袁乐夫

第十九篇　冶金工业

主　　编:曹方成

编撰人员:陈芳义　晏　青　梁陵平　潘森波　周连生　彭德明　王佑民　陈　伟　刘定根　田　弘　赵永忠　王春华

第二十篇　机械工业

主　　编:刘渭清

副 主 编:黄建生　张晓红

编撰人员:李若伦　龙泽辉　官先英　刘晓玲　郭厚平　袁春莲

第二十一篇　纺织服装工业

主　　编:谢上游

副 主 编:肖日强　曹联强

编撰人员:李若伦　谭剑平

第二十二篇　化学工业

主　　编:王　韧

副 主 编:黎建湘

编撰人员:何卫星　欧阳光廉　王银惠　熊　燕

第二十三篇　建材工业

主　　编:李　斌

副 主 编:彭安良　易利人　阳卫民

编撰人员:刘益中　赵朝晖　曹小强　鄢红勇

第二十四篇　轻工电子工业

主　　编:谭正斌

副 主 编:杨龙波　胡小贞

第二十五篇　电力工业

主　　编:邓国平

副 主 编:贺伟明　杨昌眉

编撰人员:谭炳德　刘志云　伍翰明　赵石祥　谭德良　赵修和　张　园　向　欣　张期勇

第三十七篇　旅游业

主　　编:张　昱

副 主 编:廖　伟　包四秋

编撰人员:彭建辉

目　录

CONTENTS

第十八篇　工业经济综述

第一章　规模效益

1986年，湘潭仍是全国重要的机电、锰业、氟化盐、电解二氧化锰、精细化工基地；钢铁、建材、纺织、化纤、啤酒、卫生陶瓷为省内生产基地。境域建筑业成为种类基本齐全、结构基本合理和具有一定市场竞争力的支柱产业。

1995年，随着改革对旧体制的冲击，境域工业面临种种困难。中共湘潭市第八次代表大会根据湘潭自身特点，提出“强工富市”战略决策，即“立足工业，依托工业，把工业作为湘潭现代化建设重点，推动农业、第三产业协调发展和社会事业全面进步。”全市工业企业坚持改革开放和建立现代企业制度，自主创新，调整经济结构，转变经济增长方式，走出一条具有湘潭特色新型工业化道路。

进入21世纪，中共湘潭市委、市人民政府(简称市委、市政府)继续实施开放带动、强工富市、科教兴市的“三大战略”，加快项目建设，推动企业裂变，促进产业发展，壮大优势产业集群，发展高增长性产业集群，培育战略性产业集群，加强节能降耗，保护生态环境，加快工业化进程、建设湖南先进制造业中心，致力于国有企业改革、工业园区建设和外向型、民营经济发展。2005年，基本形成以冶金、机电、化纤纺织、新材料为主较发达的工业制造业体系，被列为全国制造业信息化试点城市、全国知识产权示范创建市、国家火炬计划湘潭机电一体化产业基地。全市30%的国内生产总值和70%的财税收入来自工业，工业对GDP增长和财税增长贡献率分别达46.7%和60%；规模工业产值的总量排位列全省第4位。

第一节　发展规模

1986年，境域工业继续保持以国有大中型企业为骨干，机械、冶金、轻纺工业为基础的格局。全市工业企业1349个，全部从业人员209781人；工业产品有机械、冶金、纺织、轻工、化工、电子、建材、食品、医药、煤炭、造纸、印刷等30多个门类，3000多个品种，近万种花色品种及规格；全部工业企业有固定资产原值23.85亿元，净值15.08亿元，完成工业总产值29.58亿元。全市建筑业有企业257个，从业人员5.63万人，建筑业总产值3.71亿元。1987年，由于工业企业逐步推行权责利结合各种经营责任制，全市完成工业总产值32.46亿元，超计划目标1.6%，50种主要工业产品产量比上年增长的35种，其中，钢材、机电产品、原煤、柴油机、丝织品、味精、啤酒、电视机等22种产品比上年增长10%。次年，全市工业企业推行经营承包责任制。市属预算内59户工业企业全部与市政府签订经营承包合同，其中有33户实行厂长公开招标和风险抵押承包。市政府在全市推广江南机器厂、省轻工机械厂、湖南农药厂、市制革厂、市锅炉厂等8家内部经营承包责任制搞得好的企业先进经验，带动全市承包经营推行。1990年，全市工业企业通过继续推进以承包经营责任制为主要内容的体制改革，提高质量管理和开展横向经济联合，现代企业管理办法逐步取代计划经济时期固有模式，企业技术改造完成投资3.07亿元，101家企业晋级，其中国家大型二档企业16家，省级先进企业3家，市级先进企业55家。作为国内电机骨干企业和主导厂的湘机有17大类、8799个规格的产品；湘潭电缆厂系国家大型二档企业，是国内南方规模最大综合性电线电缆厂家；湘钢成为年产钢70万吨、生铁60万吨、线材45万吨、焦炭56万吨、金属制品4.4万吨的全国重点钢铁联合企业；湘铝的氟化盐产量居全国第一，锂盐产量居全国第二，电解铝产量为全省第一。在推动大中型企业发展同时，湘潭市注重小型企业及乡街工业同步发展。全年，全市工业企业1617户，全部从业人员225962人，工业产品仍保持30多个门类、3000多个品种、1万余种花色及规格，完成工业总产值53.53亿元。企业数、从业人数、工业总产值分别比1986年增长19.87%、7.71%、81.02%。

1991年，随着改革向前推进，境域有一定规模私营工业企业3家。其中，辞去公职的伍尚魁创办的生产燃气灶具的私营企业市新产品开发研究所，系改革开放以来全市首家私营工业企业。是年从业人员243人，产值1500万元，销售收入2000万元。

1992年开始，全市工业企业根据市委、市政府"工业兴市"部署，开展"强化管理、从严治厂、转机建制、练内功、增效益"活动。为改进生产调度，把企业推向市场，适应市场需求组织生产，市经济委员会（简称市经委）把原来每月生产调度会改为经济活动会，统一考核各项经济技术指标，把产品销售摆到首位，以销定产；建立信息网络，为企业提供产品信息，公布畅、平、滞销产品目录，引导企业根据市场销售情况组织生产；在全市范围内推行销售大包干责任制，采取请进来、走出去办法推销产品，招揽业务。除在市内召开商品交易会、开展商品一条街等活动外，还先后组织企业参加外地各种展销会、交易会10次，并在深圳和香港组织3次贸易洽谈和产品展销会。同时开展中越、中缅、中俄双边贸易活动。是年，省、市政府提出工交生产"两位数、三同步"增长目标得到实现。全市完成工业总产值67.52亿元，比上年增长10.8%。但是，新旧体制转型期内改原由国家无偿投入为企业自行贷款承担本息，企业冗员不断增多负担加重，及市场经济优胜劣汰产品结构一时难以调整等诸多问题与矛盾无法解决，全市工业企业相继发生经营困难。1994年，全市完成工业总产值97.57亿元。然而，由人民银行所监测的38家国有大中型企业中，发生亏损17家，亏损额16061万元；78家预算内工业企业中，发生亏损23家，亏损额3700万元；公有制企业停产、半停产的110多家，涉及职工2万余人。

1995年，中共湘潭市第八次代表大会提出"强工富市"发展战略。全市工交系统开展以成本管理为核心、以质量管理为重点、以现场管理为基础"企业管理年"活动，探索产权制度改革多种形式，寻求帮助企业脱困的各种办法。市经委采取"政府搭台，企业唱戏"方式，引导企业参加各种促销活动，先后组织企业到长沙、赴越南、往澳门、去宜昌参加或举办推介湘潭工业产品交易会、新闻发布会，扩大影响，创造商机。由湘机组建的南方通用电气集团公司进入"中国的脊梁"国有企业500强，排名第455位。年末，全市工业企业增至1703个，从业人员210995人，全市工业产品门类50余个、产品品种4000余个及1万余种花色与规格，完成工业总产值116.2亿元，企业数、从业人数、工业总产值分别比1990年增长5.32%、下降6.26%、增长117.07%。

1996年，企业转型过程中缺乏新型管理人才和拳头产品，银行利息和冗员继续加重等原因，普遍发生经营困难,全部独立核算企业中亏损企业 437 个,亏损面 33%。市委、市政府派出 13 支“支帮促”工作队到困难企业协助工作。是年,全市工业完成总产值 126.67 亿元,国有工业产销率 96.29%;区街工业完成工业总产值 11.3 亿元,突破“十亿元”大关。全市 1065 户私营企业中,工业企业占比 62.7%,但预算内工业企业亏损总额 6456 万元。

1997 年后,市委、市政府部署全市工业企业继续坚持改制,开展学邯钢、强管理、降成本、增效益等活动。重视火力发电建设,湘潭电厂(新)兴建并竣工投产。1998 年,境域火力发电增至 70 万千瓦。2000 年,国有企业脱困目标基本实现,规模以上工业连续 5 年的亏损结束并转为盈利。一批大、中型企业得到强势发展。期间,湖铁的企业综合指标在全国铁合金行业排序中跃居第四位;湘潭电厂(新)发电跨入全国大型火力发电企业行业;湘机成为国家 520 家重点企业之一;湖南金迪化纤有限责任公司(金迪化纤)3 万吨直纺长丝项目被列为省重点工程,12～15 万吨聚酯扩建项目列入省“十五”发展规划。2000 年,全市工业企业 1834 户,从业人员 195263 人,产品门类及品种经过市场经济结构性调整,保持在 40 余个门类、3000 余个品种、9000 余个花色、规格,全市完成工业总产值 172.68 亿元。企业数、从业人数、工业总产值分别比 1995 年增长 7.69%、下降 7.45%、增长 48.61%。

进入 21 世纪,境域工业企业继续坚持以产权制度改革为核心,化解债务,盘活资产,加大技术改造力度,工业经济整体运行态势平稳。随着招商引资的拓展,改制企业、重大项目、工业园区成为发展外向型经济载体与平台,成为新的经济增长点。全市区街工业亦在原有环保设备、机械电器、建材、金属制品、液压元件、淀粉、包装、印刷、动物药业等产业基础上,新增皮革及皮革制品产业,形成区域经济特色。2003 年,继续贯彻“强工富市”发展战略,市经委为提高工业经济运行质量,对主要工业经济指标分线、分行业、分企业进行目标考核,对重点工业企业领导班子建立年薪制激励机制,出台工业企业财源建设办法,用经济手段确保工业经济稳步增长。全市工业完成总产值首度突破三百亿元,达到 301.3 亿元;规模以上工业企业完成总产值比上年增长 30.25%,工业增加值增长 18.37%,产销率增长 100.6%,民营、乡镇企业完成工业总产值 37.2 亿元。2004 年,市委、市政府制订《湘潭市建设湖南先进制造业中心的意见》及具体实施方案,提出重点发展机电、冶金、化纤纺织、新材料等产业,壮大一批重点企业集团,提升全市制造业产业规模和效益水平。全市工业企业采取招商改革、招商改造、提质提效等措施,扶持发展冶金、机电、化纤纺织、新材料四大支柱产业和湘钢、湘机等十大企业集团,以及 50 家中小企业、6 个工业园区、20 个重点项目、20 个品牌;并通过项目带动,整合工业优势,形成大工业的发展格局。是年,全市完成工业总产值 364.49 亿元。年内,主要工业产品中,全市钢产量 300 万吨,其中优质高速线材 190.34 万吨,同比增长 13.1%;生产江南奥拓轿车 8215 辆,同比增长 40.9%,企业成为湖南省首家汽车规模生产企业。

2005 年,市政府下发《湘潭市加快推进工业化进程的若干政策规定》,提出大力扶持大型企业、中小企业和工业园区的发展,大力扶持企业品牌的发展。全市大型工业扩展产业集群、加快产品裂变、提升创新能力,中小企业增加投入产出、壮大企业规模,工业园区优化入园环境,积极引进企业,工业生产呈现全面协调快速推进的态势。是年,全市工业企业 1951 户,从业人员 264775 人,产品门类 50 余个、产品品种 3000 余种、8000 余种花色、规格,完成工业总产值 426.82 亿元。企业数、从业人数、工业总产值分别比 2000 年增长 6.38%、35.6%、147.17%。其中规模以上工业完成工业总产值 379.7 亿元,年均增长 24.8%。产值过亿元的企业达 49 家,重点扶持的 50 家中小企业有 20 家产值过亿元；其中，销售收入过 50 亿元的企业有湘钢；销售收入过 5 亿元的有湘电；过 3 亿元的企业有湘铝、江麓、江南、湖铁、韶峰集团；过亿元的企业有湘潭电化、江滨、湖南燕京等。全市全部工业企业完成增加值 139.91 亿元，其中，非公有制经济工业增加值 85.8 亿元，占全市工业增加值 61.3%；规模以上工业产品产销率 99.18%。工业连续五年保持 20.7%的增速。年内，全市招商引资到位外资 1644.4 万美元，到位内资 17.46 亿元。全市建筑业有企业 163 个，从业人员 11.64 万人；建筑业总产值 65.4 亿元。

单位：万元

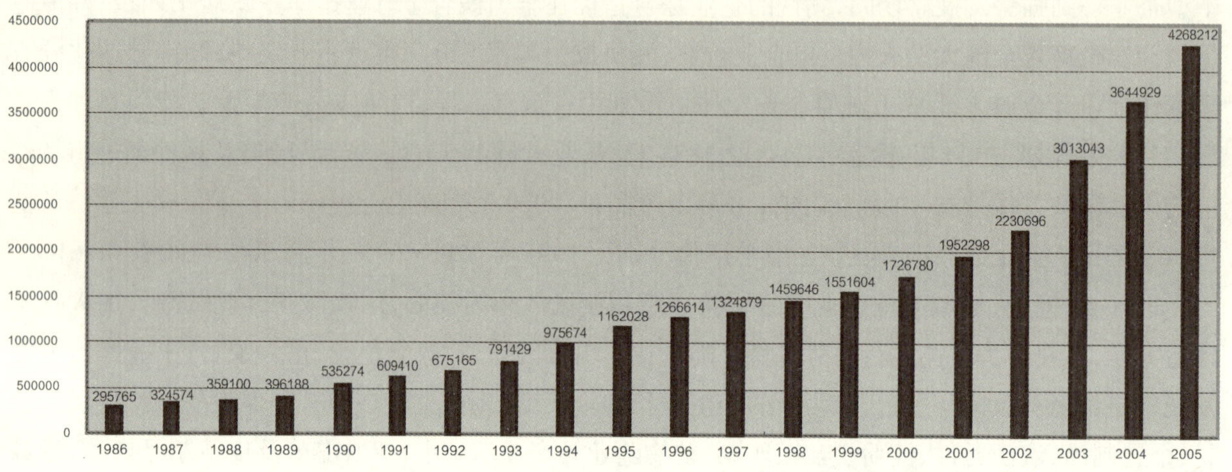

图 18-1-1 1986~2005 年湘潭市工业总产值增长示意图

第二节 经济效益

1986 年，境域工业企业经营活动坚持以经济效益为中心，完善各种形式经济责任制，推行现代化管理。年末，全市工业实现利税 6.51 亿元，其中税金 2.61 亿元，利润 3.9 亿元。1987 年后，由于发展不均衡以及受自身因素与市场机制影响，全市工交生产遇到市场疲软、资金紧张、经济效益差等严重困难，工业企业工业总产值虽然逐年有所增加，但实现利润一直在低位徘徊，甚至呈逐年递减趋势。1990 年，全市工业实现利税 6.31 亿元，比 1986 年下降 3.4%，其中实现税金 4.14 亿元，利润 2.17 亿元，分别比 1986 年增长 58.83%、下降 44.74%。

1991 年，在全市工业企业中开展"质量、品种效益年"活动，致力于工业扭亏增盈。通过调整企业领导班子、精简机构、风险抵押、奖罚兑现、重点帮扶等措施，增收逾亿元。上年亏损的 34 家企业中，6 家扭亏为盈；20 家亏损额大幅降低，其中 8 家亏损大户的亏损额由 3759 万元减至 1740 万元，减亏 53.6%。1994 年，全市工业企业开展学习河北邯郸钢铁厂"模拟市场核算，加强成本管理"经验，推广湘钢与湘潭电化厂增收节支作法，先后举办多期培训班并选择 18 家企业进行试点。对全市工交企业亏损单位的领导班子、产品结构、管理状况逐一摸底，按"一厂一策"制订扭亏增盈工作方案，采取重点支持亏困企业开发新项目、实行扭亏与贷款挂钩、强化扭亏责任等办法，支持亏困企业开发新项目 12 个，上技改项目 15 个，对 30 家扭亏有望的企业注入流动资金 2100 万元，并在《湘潭日报》上定期通报各相关企业扭亏增盈进展情况。全年实现利润 1.19 亿元,利润虽然下降 54%,但全市工业实现整体盈利。1995 年,由于增值税的调整和企业大面积亏损等原因,全市工业首次出现整体性亏损,盈亏相抵亏损 1.71 亿元,

1996 年后,全市工业企业由于经济体制和国际国内环境发生变化,地区之间、经济部门之间、企业之间竞争激烈,公有制企业中存在的所有者主体缺位、产权关系不明晰、政企不分、职责不明等缺陷,无法适应新形势与新体制的需要等多方面原因,1996～1999 年接连四年全市整体性亏损,至此,全市工业企业连续 5 年整体亏损总额为 16.83 亿元。市委、市政府继续坚持"强工富市"决策,制定和颁布"强工富市"实施方案,成立专门领导小组,建立协调会议制度,形成市委书记、市长亲自抓工业,各级、各部门投入主要精力帮工业的局面。1999 年,贯彻中共十五届四中全会《关于国有企业改革和发展若干重大问题的决定》,出台《关于推进国有企业改制工作的意见》《关于对湘潭市企业经营者实行股份期权的若干意见》等系列文件,坚持对国有企业实行战略性调整,抓大放小,优化布局和结构;同时继续探索规范和完善现代企业制度。全市工业企业继续开展"学邯钢、抓管理、降成本、增效益"活动。2000 年,由于改革逐渐深化,阻碍企业发展体制问题初步得到理顺与解决,市委、市政府"强工富市"战略部署得到各级领导与企业职工贯彻执行,境域工业经济一举扭转连续 5 年亏损局面,全市工业实现利税 8.86 亿元,其中盈利 0.82 亿元,实现税金 8.04 亿元。

2001 年,继续贯彻"强工富市"战略,加快大、中型工业企业建立现代企业制度,湘钢、湘机、江麓、湘铝、湖铁等企业完成公司制改造。湘钢、江南、电化等 12 家重点企业加大技术改造投入,以增强发展后劲。2003 年,境域工业虽然遭遇"非典"疫情、洪涝干旱等自然灾害及电力紧张诸多困难,但各项主要经济指标均创历史最好水平,全市规模以上工业企业实现利润 4.88 亿元。是年,在全省经济效益目标管理评比中,湘潭市获一等奖。次年,全市工业企业实现利润 15.58 亿元。2005 年,境域工业企业坚持走新型工业化道路,加快建设湖南先进制造业中心,推动工业化进程,工业经济继续保持发展态势。全市工业实现利税 29.49 亿元,比 2000 年增长 233.22%,其中实现税金 16.47 亿元,利润 13.02 亿元,分别比 2000 年增长 104.92%、1495.41%。

湘潭工业的发展存在经济总量不大,产业结构与产品结构不合理,非公有制工业实力不强,生产要素供需矛盾突出,企业优秀人才不足等问题。"十五"后期,全市工业增加值占全省的比重仅为 7.5%,工业增加值占 GDP 的比例仅为 34.96%。冶金、机电、化纤纺织、新材料虽然是湘潭的优势产业,但在全国同行业中规模很小;占全市工业产值比重达 35%的钢铁行业,产量却只有全国同行业产量的 1.6%;冶金、化工、建材等高能耗、高污染的产业比重,却占到规模工业数量 52%。全市电子信息、生物医药等科技含量高、附加值高、资源消耗少的企业数量很少,年产值不到规模工业产值 1%。工业产品缺乏有长期支撑力的产业增长点;工业资源对外依存度较高,全市工业年均耗煤在 150 万吨左右,自给率仅为 10%左右;以重工业为主的产业格局所形成的原料主要外购、产品主要外销的"两头在外"局面尚未明显改善。

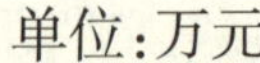

单位:万元

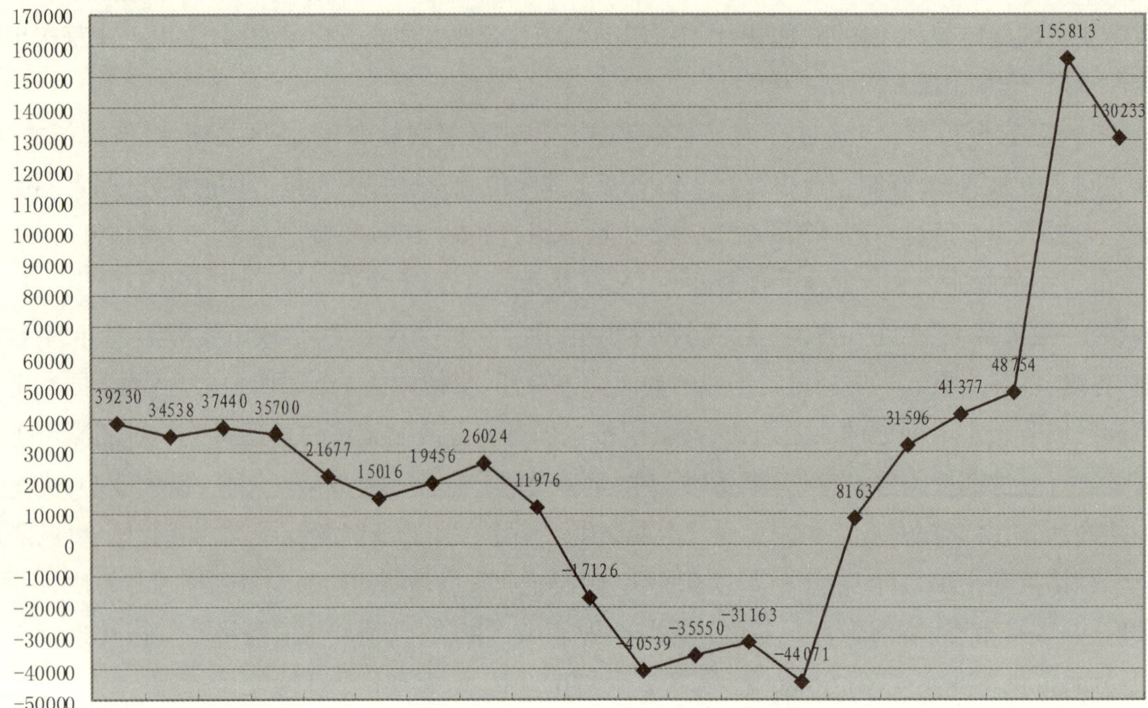

图 18-1-2 1986~2005 年湘潭市工业经济效益示意图

1986~2005 年湘潭市工业总产值与经济效益

表 18-1-1 单位:万元

项目	工业总产值		销售税金及附加	增值税	企业利润总额
	全部工业	其中:乡及以上或规模工业	乡及以上或规模工业	乡及以上或规模工业	乡及以上或规模工业
1986	295765	278217	26087	—	39230
1987	324574	302320	27902	—	34538
1988	359100	328405	32833	—	37440
1989	396188	426431	42016	—	35700
1990	535274	498872	41434	—	21677
1991	609410	573702	43571	—	15016
1992	675165	634581	50719	—	19456
1993	791429	751429	76180	—	26024
1994	975674	923540	13365	64446	11976
1995	1162028	1076434	7884	53652	-17126
1996	1266614	1119491	8364	46360	-40539
1997	1324879	1175465	7480	46541	-35550
1998	1459646	1062518	6285	43270	-31163

续表

项目	工业总产值		销售税金及附加	增值税	企业利润总额
	全部工业	其中：乡及以上或规模工业	乡及以上或规模工业	乡及以上或规模工业	乡及以上或规模工业
1999	1551604	1081705	7119	52443	-44071
2000	1726780	1214416	9324	71056	8163
2001	1952298	1382699	10315	79456	31596
2002	2230696	1580696	11908	76058	41377
2003	3013043	2058354	17258	110258	48754
2004	3644929	2918031	15947	106474	155813
2005	4268212	3797012	21127	143589	130233

第二章　企业改革

境域工业企业改革，始于20世纪80年代初。1986年，全市工业企业继扩大企业自主权、实施“利改税”（即税后利润由企业自行安排）等改革措施之后，率先在全省试行或推行资产经营责任制、租赁制和厂长负责制；推行以“三保一挂”（保财政上缴、保固定资产投入、保产品质量、职工工资与企业经济效益挂钩）和“上缴利润递增包干”为主要形式的承包经营责任制；全面推行厂长（经理）负责制。年内，为保证改革顺利进行，全市建立失业保险制度，并在市、县（市）两级就业服务部门设立失业保险机构，负责经办职工失业保险业务。1989年，市政府发布《湘潭市全民所有制工业企业实行滚动承包和招标承包暂行办法》等文件，在全市工业企业普遍推行第二轮承包。1992年，全市开展转换企业经营机制的劳动、人事、分配三项制度改革；开展投入产出总承包、无主管企业、部分微利或亏损小型企业国有私营、股份制改造和建立现代企业制度试点工作。

1996年，在推进国有大中型工业企业改革的同时，确定深化国有小型企业改革基本思路和目标，即以盘活资产存量为突破口，加大产权制度改革力度，在确保国有资产增值前提下，放开企业产权组织形式，放开企业生产经营，放开企业人事管理，放开企业分配方式。全市公有小企业改革的形式，主要有股份制与股份合作制，兼并，租赁经营，合资合作经营，分立剥离经营，“退二进三”（即退出第二产业转入第三产业），实施破产等。1997年，湘潭成为全国优化资本结构试点城市之一。市委、市政府抓住契机，通过规范破产、鼓励兼并、减员增效、增资减债等措施，依法维护金融债权。对境域涉及破产、兼并和减员16家计划内企业上报并被批准核销银行呆坏账1.6亿元。1998年，市委、市政府在全市逐步完善企业职工养老保险制度，年末，全市参加养老保险企业742家，在职职工17.9万人，离退休人员6.2万人。

2001年，市政府制定《湘潭市国有工业中小企业产权制度改革的若干规定（试行）》，鼓励国有工业企业继续进行破产关闭、整体出让、联合兼并、分立经营、股份改制、租赁经营等多方面改革。全市坚持“以产权制度改革为核心，以化解债务为前提，以盘活资产为途径，以安置职工为重点，以创新制度为目标”的宗旨，对129家国有工业企业中的72家进行以产权制度为重点的多种形式改革，25家国有大中型骨干企业建立或初步建立现代企业制度，股权结构逐步向多元化持股过渡。2002年，全市国有工业企业改革进入攻坚阶段。全市84家市属国有企业有70家全面改革企业产权制度，这些企业退出纯国有，职工退出全民身份(俗称“两个退出”)，实行企业产权制度改革的企业占市属国有企业83%。上述70家市属国有企业通过改革，引进外资、民资20余亿元，盘活存量资产与闲置资产30余亿元，以民有资本激活国有资本，以增量资产盘活存量资产，产权主体实现多元化。由于外资、民资注入，企业设备技术新度与产品档次得到提高，主导产业开始做大做强，新兴产业得到培育发展。由于产权清晰，权责明确，企业管理机制亦更为灵活先进。

2005年，境域全面推进以产权制度为核心的国企改革。国有大型企业主要实行股份制改造，实现投资主体多元化，促进经营机制转换，建立规范的法人治理结构；中小型企业则按照“两个退出”要求，通过盘活资产，安置职工，全面放开搞活；中央、省属企业主辅业分离和企业办社会职能剥离工作全面展开；近90%的市属国有中小企业按“破产关闭、整体出让、兼并联合、分立经营、股份改造、租赁经营”等形式完成改制任务；全市建筑业应改制的119家企业中，改制企业74家，其中出让重新办企业15家，出让新办企业全年新增工业总产值2亿元。境域国有工业企业改革，历经未动产权、触动产权、变动产权三个阶段，逐步走上健康发展的轨道。至2005年底，自企业产权改革始，对工业企业的改革支付改革成本6.4亿余元，其中改制企业通过整体出让土地等资产筹措成本5亿余元，市政府支付现金成本1.4亿余元。

第一节 非产权改革

一、承包经营责任制

1986年，境域工业企业继续推行厂长负责制、厂长任期目标责任制和试行各种形式的经济责任制。在中央、省属企业中，湘钢被定为首批推行厂长负责制试点企业；在全市205家企业建立起职工工薪收入与产量、质量等指标直接挂钩的经济责任制。市政府组织市经委、市体制改革办公室及相关部门的人员到企业现场办公，对不同企业采用适合其自身情况的不同形式的承包。湘机、湘纺、湘缆等实行保财政上交、保固定资产投入、职工工资总额与企业经济效益挂钩的办法；市棉纺厂、湘潭风动机械厂、市精细化工厂等则采用固定上缴基数、增收企业自留、减收自补的方式。厂长负责制和经济责任制的实行取得成果，205家实行经济责任制的企业，经济效益增幅较大的有108家。市毛纺厂推行全额计件工资制，一线工人取消基本工资，管理人员基本工资的50%实行浮动。职工收入与经济效益挂钩，生产积极性得到调动，全年完成产值1407.5万元，实现利润200万元。是年，全市92个市、县属全民所有制工业企业，实行厂长负责制的企业有88家，占95%；还有15家企业同时实行厂长任期目标责任制。在市县所属实行厂长负责制的88家全民企业中，市机械局所辖17家的总产值与上缴利税分别比上年平均增长9.66%和9%，而未实行的3家则只分别比上年平均增长8.26%和3.7%。1987年，湘潭市在全国率先实行国营企业员工工资总额与经济效益挂钩的改革办法。次年，全市126家国营工业企业全部实行职工工资与企业经济效益挂钩。是年9月，市政府将具备一定基础的省轻机厂、市制革厂等10家企业，仿照建立经济特区的办法，进行“特厂”试点，在计划制订、生产指挥、机构设置、用工办法、工资分配等7个方面给予更优惠的政策，进一步扩大企业经营自主权。省轻机厂列为“特厂”后，用工办法改革力度加大，全厂实行固定工、准备工、临时工三级升降制度，用工视个人能力与表现适时调整，那种职工进厂一次分配定终身的作法得到改变。1989年，为保证经济责任制的全面推行，市政府又在91户预算内全民企业中全面推进第二轮承包并完善承包办法，在部分亏损企业中实行扭亏为盈目标管理责任制，采用“政府包面、行业包线、企业包点”的方式，层层实行首长负责制。同时对已发生亏损的企业采取“五定”（定人、定点、定责、定目标任务、定扭亏期限）、“四不”（经营性亏损企业一律不批发奖金、不批发浮动升级工资、不给部分职工工资晋升指标、继续亏损企业不得全额发放工资）、“一派遣”（对亏损大户派遣帮助工作的服务队）措施。年内，全市建筑业亦实行承包责任制，采用百元产值工资含量包干、分级承包制、栋号包干制、经营单位承包制等形式进行改革。

1990年，全市首轮承包经营责任制到期的57家企业，有52家重新签订第二轮承包经营合同。年内，为调动企业与职工积极性，市经委在全市推广省轻工机械厂计件与计时双态工资制、市锅炉厂计件工资制、湖南农药厂千分考核制。次年，湘钢作为首批“两头放开”的企业进入市场，享受国家和省有关优惠政策，实行上缴利税递增包干办法，企业留利增多，活力增强，有利于企业为技术改造积累资金。1993年，全市先后有13家企业实行投入产出总承包，新增实行工资与效益挂钩企业20家，境域推行各种形式经营承包制或责任制企业累计达771家，涉及职工21.54万人。湘机等10家实行投入产出总承包试点的大中型企业，实现利税比上年增长12.6%。1994年，市政府确定对已经实行投入产出总承包的企业，其承包办法维持到1995年；个别企业在确保税收上缴基数和财政递增包干的前提条件下，经批准可维持到2000年。承包经营责任制的实行，在一定程度上改变过去长期存在“职工吃企业的大锅饭，企业吃国家的大锅饭”现象，企业活力一度有所激发与增强，但因为未从根本上触动企业的产权制度，这种活力难以常态和持久，它在境域推行后，国有企业的经营状况仍未能出现彻底改观，面临日益激烈的市场竞争与优胜劣汰的自然法则，部分企业虽有短暂复苏，但大多仍未摆脱困境，需要更深层次改革。

二、租赁

1987年，境域工业企业推行各种承包经营责任制，市印刷一厂开始试行租赁制，即将企业自身资产通过公开竞价办法，租赁给法人实体或私人个体，但不涉及企业产权改变。企业租赁收入主要用于发放职工生活费、缴纳职工养老保险以及偿还债务等。至1996年，全市248家乡以上公有企业中，实行租赁经营的工业企业有23家。1998年，全市加速企业民营化进程，一些有实力、会经营、善管理的私营业主通过租赁等形式，取得某些国有、集体特困企业的经营权。5月，市色织染整厂由邵阳万事达公司整体租赁。

2002年，全市确定的20家中小重点改制企业中，被租赁经营的有4家工业企业。民营企业家高骅在潭注册创立湘潭东信棉业有限公司，租赁湘纺、市二纺厂闲置的纺织车间及生产设备，让这两家企业下岗的工人重新就业，也为后来的破产改制起到积极作用。作为原来境域纺织业骨干企业的湘纺、市二纺厂被租赁后，生产很快走入正轨。是年，全市纺织工业总产值达到11.2亿元，比上年净增3.6亿元。香港佳力资源公司投资700万元,租赁湘锰1号、2号高炉并进行改造,让该矿500名下岗工人实现再就业,当年产品出口创汇200万美元。江南选择3个分厂与厂运输公司试行租赁经营,年内上述试点单位经营收入达850万元,高于全厂历史上最好年份外揽业务总收入。2005年,境域工业企业由法人实体或私人个体租赁经营做法逐渐由变动产权的其他改革举措所取代。

三、联合、兼并(无偿划拨式)

随着市场经济体制逐步建立,境域工业企业在计划经济时代形成"小而全"、重复建设、产业或产品结构不合理等弊端一一浮现。1986年8月,市政府制定《关于推动横向经济联合的试行办法》,鼓励和推动横向经济联合。联合的方式主要是联合进行专业化生产;厂家与原材料产地联合保证生产原材料供应;生产企业与企业之间或生产企业与科研机构、大专院校之间联合研制开发新产品,联合解决技术难题;生产企业与外贸部门联合经营,使产品进入国际市场;生产企业与其他相关企业联合扩大加工生产能力等。这类联合只是一般意义上的合作,并不改变企业结构,更不涉及产权。1988年,由政府牵线搭桥,对处于劣势的企业,让有优势资产和市场潜力的企业与其联合或将其整体兼并,以推动企业的重组。市染料化工总厂相继兼并市硫酸厂、市建筑陶瓷厂后,自身优势得到进一步发挥,全年完成产值2805万元,比上年1297万元增长116.3%;实现利润432.7万元,比上年165万元增长162.2%。是年,全市采用联合、兼并等形式的有17家工业企业。1990年,按照市政府制定的《湘潭市企业兼并试行办法》,全市有17家实行兼并或联合,至此,全市共有48家优势企业对50家困难企业实施兼并。次年,湘潭柴油机厂与市木材厂、湖南液压件厂与市苎麻厂、市红旗钢铁厂与市电机砖厂实现联合或兼并,同时,湖南电缆、湘潭龙牌酱油、湘潭服装3个集团公司亦开始组建。1993年12月,南方通用电气集团成立。该集团以南方通用电气集团公司(湘机)为核心企业,联合省内生产、经营、科研、设计等24家成员单位组建而成,是跨地区、跨行业、跨所有制的具有综合功能的大型企业集团。集团核心企业和紧密层成员单位共有固定资产原值3.1亿元,净值1.3亿元,职工18000余人,其中各类工程技术人员1600余人。主要经营通用电气成套产品开发、生产,工矿车辆、城市交通车辆开发、生产,国防产品,电材、五金、化工产品,中外合资经营机电产品,以及进出口贸易、房地产、劳务等第三产业,是具有生产经营、科研咨询、技术开发、内外贸易、信息服务等多功能的经济实体。

1994年起,针对大多数企业规模太小,产业集中度低,资金和技术投入分散,资产负债率高,专业化协作水平低,生产、市场营销、研究与开发方面难以形成规模经济优势的现状,全市先后累计组建企业集团27个;248家乡以上公有企业中,实行兼并的有23家。企业集团的组建模式,或为强强联合,或为大企业、优势企业对相对弱势企业的兼并。在债权债务的处理上,或由联合后的企业承担,或由兼并一方承担。1997年,继湖南电线电缆集团、湖南通用电气集团相继组建后,又开始组建市电化集团、湖南五菱集团。湖南电线电缆集团公司由核心层企业湘缆,紧密层企业湖南方园进出口公司、深圳太平洋铜材有限公司、香港金桂实业有限公司、湘潭橡塑电线厂等,半紧密层企业湖南省吉首电线厂等16家单位组成;注册资金1.7亿元。公司以制造经营电线电缆为主,兼营金属、电器、五金、化工及第三产业,是具有生产经营、科研咨询、技术开发、内外贸易、信息服务等综合功能的经济实体。至次年底,全市组建以大型骨干企业为依托的企业集团25家,涉及机械电子、冶金、矿山、建筑等行业。2000年,全市采用联合、兼并办法,调整企业资产构成,盘活存量资产,优化资源配置,为企业减债11亿余元,为韶峰水泥集团、湘潭电机厂等5家企业实施债转股7亿元,剥离不良债务10亿余元,全年为企业减掉债务负担30余亿元。

2001年后,联合兼并已成为境域工业企业的一种发展趋势。湘电集团整体兼并湖南五菱集团公司后,重新组建湖南五菱机械股份有限公司,规模壮大,生产经营发展较快。2005年,湘机(湘电核心企业)主营业务收入21.52亿元,比上年增长49.17%;五菱公司的生产能力亦由兼并前的年产值2000万元提高到6000万元。

第二节 产权改革

一、股份制与股份合作制

从1987年,作为改革大潮中的探索与尝试,有市染料化工总厂与湘潭风动机械厂试行过内部股份制,但由于缺乏经验,没有按所有权与经营权分离的原则,建立起董事会和股东大会等制度,实际上并未按规范的股份制企业方式运作。1988年11月,湘潭市出台《关于国有企业试行股份制的暂行办法》《关于国有企业实行股份制的实施方案》等文件,对股份制性质、特点、地位及试点范围、审批规程、股票的发行与管理、分红办法、经营管理等作出界定。1992年,省、市体改委批准在湖南农药厂的基础上成立湖南南天实业股份有限公司,这是境域工业企业中首家依股份制模式建立的公司。期间,部分工业企业出于扩大自主权的需要也曾改工厂为公司,但经营机制未变、产权归属依旧。1993年11月,国家要求国有企业逐步建立现代企业制度。湘潭市被列为湖南省股份制改造试点城市。市委、市政府陆续出台建立现代企业制度、推行股份制企业试点若干文件,相继在中小企业中试行"国有民营"、股份制改造的试点工作。1994年,全市批准实行股份制或股份合作制的工业企业5家。市无线电一厂采取国家持大股,职工按个人意愿出资入股的办法组成湘潭无线电有限责任公司,其中国有控股51%,内部职工集资参股49%。1995年,市制革厂、市开关厂、市锅炉厂、市离心机厂、市柴油机厂和市工矿药厂等6家企业继续被列为实行股份制的试点单位。全市相继实行股份制改造的地方国营工业企业增加至27家。区街工业亦以产权制度改革为重点推行股份制,共兴办股份合作制企业32家,实行公有民营的5家,引进外资成立中外合资股份合作的企业8家。

1997年,市政府在工业企业中实施"抓大放小"的举措。全市中小型国有工业企业中,实行股份制改造的已占到国有企业总数的48%。原湘乡化工厂改组成股份合作制企业——湘潭碱业有限公司。公司先租赁后整体购买企业原有资产,员工均持有内部股份,进一步明晰企业产权并妥善安置职工。从是年起,湖南南天实业股份有限公司由于医药中间体项目投资失败,争取上市未成功,开始进入停产、半停产状态。次年,全市109家地方国营工业企业中,有15家改制为股份制或股份合作制企业。2001年,全市按照市委市政府提出的"以产权制度改革为核心,以化解债务为前提,以盘活资产为途径,以安置职工为重点,以创新制度为目标"的基本思路,在129家地方国营工业企业中,72家实行股份制或股份合作制,股权结构亦逐步向多元持股过渡。将部分国有资产转让给本企业职工,改国有独资为国家控服、职工参股;由本企业职工全员持股,将原来的国有企业改组成股份合作制企业;将部分国有资产出售给外商或港澳台商,变国有企业为中外合资企业等。年内,全市规模以上工业企业374个,其中实行股份制和股份合作制的企业各有63个。

2002年,全市84家市属国有工业企业中,有70家实行产权制度改革,实行产权制度改革组建的新企业中,大部分企业实行股份制或股份合作制。这些企业通过变动产权,以民有资本激活国有资本,以增量资产盘活存量资产,引进外资、民资20余亿元,盘活存量资产与闲置资产30余亿元。年内,湘潭电机股份有限公司证券在上海上市。2005年,境域以产权制度为核心的国企改革继续全面推进。国有大型工业企业改革主要实行股份制改造,实现投资主体多元化,促进经营机制转换,建立规范的法人治理结构;中小型企业则按照企业退出纯国有、职工退出全民身份,全面放开搞活。实行股份制或股份合作制,已经成为境域国企改革的主导方向:湘钢与德国梅塞尔公司合作成立的湘钢梅塞尔气体产品有限公司,是湖南最大的外商物资气体生产厂家。公司总投资2998万美元,注册资本1800万美元,其中,湘钢以制氧厂厂房、设备和土地等实物出资作价入股,占有45%股份;德国梅塞尔、格里斯海姆公司占有55%股份;合资经营期限为30年。年内,该公司完成工业总产值26657.2万元,实现利税1995.5万元。年内,全市规模以上工业企业508个中,有股份制企业276个,股份合作企业37个。

二、整体出让

境域国有工业企业在改革产权制度尝试中,对那些产品仍有一定市场的企业,采用整体出让或被人收购的方式,变更企业产权,借此盘活存量资产,谋求脱困和发展。1999年,全市109家市、县属国有工业企业中,有41家先后变更产权;209家区街工业企业中,有27家以整体出让的形式进行改革。

2002年,全市确定的20家中小重点改制企业,实施整体出让的有6家。市色织染整厂原由邵阳万事达公司整体租赁。6月,市色织染整厂整体出让给原租赁方邵阳万事达公司。次年,该厂工业总产值突破4000万元,产品销欧美等地。省建筑陶瓷厂优势资产部分由上市公司重庆四维集团收购后,四维公司投资2963万元对企业进行全面技术改造和设备更新,企业生产能力由兼并前的年产40万件提高到86万件,年产值突破6000万元。2003年,全市工业企业中,实行整体出让的企业12家。香港恒通公司收购原湘潭锅炉厂和市化纤厂后,投资8亿多元扩大生产,年销售收入超20亿元。市二纺厂累计亏损9548万元,资产负债率162.4%,2005年,东信棉业有限公司出资2000万元整体收购该厂,并投资5000万元改造或新增设备,在安乡县投资新建500吨棉花加工基地。转制后,当年即实现产值40016万元,销售收入39126万元,上缴税金1200万元,出口创汇1833美元;公司还被评为省农业产业化龙头企业,获“中国质量万里行——质量服务双满意单位”称号。2005年,境域工业企业整体出让企业3家。至此,全市累计整体出让企业48个,其中市属国有企业21家,县(市、区)属乡镇企业27家。整体出让企业资产共筹措成本人民币5亿余元,政府支付现金成本0.4亿余元,清偿欠缴职工养老保险、失业保险、拖欠职工工资和医药费5.48亿元。

三、破产

1993年10月,市政府成立企业破产工作领导小组,开始企业破产试点工作。是年,市味精厂、市五金电镀厂、湘乡磷肥厂3家企业实施破产。至1995年末,境域工业企业实行破产企业已有 11 家。

1996 年 6 月，湘潭市出台《湘潭市国有企业破产有关政策规定(试行)》《关于执行〈湘潭市国有企业破产有关政策规定(试行)〉的补充意见》等文件，要求处置企业资产，安置企业职工，并以企业安置为主，社会帮助安置为辅，鼓励职工自谋职业和组织起来就业。全市继续对一些产品无市场、设备老化、扭亏无望、资不抵债的企业实行破产的举措。12 月，市低压电器厂、市毛纺厂、市合成制药厂等 5 家预算内工业企业和市钢丝绳厂等 4 家集体企业先后进入破产程序。这些企业破产后盘活固定资产 1.76 亿元，冲减负债 1.97 亿元，冲减负债占当年全市不良贷款总额 20 亿元的 9.85%。

1997 年，湘潭成为全国优化资本结构试点城市。全市有 37 家国有、集体企业经法院裁定宣告破产，其中 27 家破产终结。37 家破产企业共有资产总额 5368 万元，负债总额 1.3 亿元，其全部负债中，金融机构贷款 8153 万元，依法冲销呆、坏账准备金 5010 万元。

1999 年，18 家中央、省属企业中，湖南玻璃厂、湘纺等 5 家企业相继破产重组。次年，全市 30 家亏损企业通过采取破产关闭等改革措施，有 21 家企业实现脱困，脱困率达 70%。2002 年，全市确定 20 家中小重点改制企业中，实施破产的有 8 家企业。2005 年，中央及省属企业湖南纸浆模塑厂、江南机器厂民品部分、省煤炭四处等 6 家企业实施破产或破产终结。至此，全市工业企业宣告破产有 57 家，涉及职工 42852 人，通过破产举措先后为企业化解债务 40 亿元，安置职工 35468 人，除企业土地用于安置职工外，政府支出现金成本 1 亿元。

四、主辅分离

1986 年，境域工业企业中有中央属企业 9 个，省属企业 40 个，这些企业的职工及其家属超过 20 万人。为保证后勤供给，解决职工家属就业和子弟入学等生活问题，上述企业大多办有安置相关人员的辅业工厂、生活服务公司、职工医院、子弟学校等，功能齐全，企业负担重。

1994 年，境域国有独立核算工业企业非生产用固定资产占其全部固定资产的 27.5%，其中大型企业为 27.6%；企业所办学校、医院等社会性服务机构人员占企业全部服务人员的 50.78%，其中大型企业为 59.1%。1995 年，大中型企业主辅分离、辅业改制的工作有序展开。全市选择湘机、湘缆、省轻机厂、市化纤厂、市柴油机厂、市风动机械厂、市轴承厂为第一批实施主辅分离的试点企业，将企业需要分离的非主业资产、闲置资产和关闭破产企业的有效资产(简称“三类资产”)，按照“资产随着职能走，人员随着资产走”的原则，与占有使用这部分资产的人员一律分离；辅业企业为非国有控股，国有产权一律退出。1996 年开始，在通过试点取得经验的基础上，境域中央、省属企业逐步推行企业内部的主辅分离工作。湘钢对所属钢丝绳厂、湘辉公司、水泥和耐火厂等 4 家非钢单位实行单独核算，对机修厂等 12 家单位实施资产经营责任制。湘机将幼儿园、招待所、商店等单位剥离，组成九州实业有限公司，分流职工 403 人，仅工资一项，湘机每年节省 49.3 万元。至 2000 年止，全市中央及省属企业的主辅分离取得实效。全市通过主辅分离安置分流富余人员 8 万多人，其中 14 家进入国家减员增效计划的企业分流安置 13486 人，相应精简 62%的科室，裁减 47.5%的管理人员。

湘钢从变更产权关系入手，构建母子公司管理的新模式，将 18 家非钢企业全部依法改制成产权多元化、自主经营、自负盈亏的新公司。湘钢汽车运输公司经“主辅分离”改制成为独立核算的物流企业——洪盛物流有限公司。原属韶峰水泥集团公司的物业公司、实业公司和机电公司；江麓实行主辅分离而组建的精密机械股份有限公司;湘铝所办创益、银鑫、生活服务公司,均改制成为与主体完全脱钩的具有独立法人资格的民营经济实体。2004 年 6 月 15 日,市委、市政府出台《关于进一步支持驻潭中央、省属企业加快改革和发展的若干政策规定》,启动新一轮企业主辅分离和辅业的改制工作。2005 年,全市有 8 家中央、省属企业将所办学校、医院等变更产权,先后移交给地方。至此,境域完成主辅分离的大中型企业共 36 家,主辅分离分流安置职工 12 万余人。

第三章　技术进步

湘潭市是以机械、冶金、纺织等行业为主的老工业基地,企业的机器设备大多添置于 20 世纪 50 至 70 年代,机器设备新度系数很低。全市大中型工业企业使用的设备,70 年代的占 20.4%,平均新度系数不及 0.5。以各企业使用的金属切削机床为例,已安装的国产机床中,70 年代及其以前生产的占总量 34.9%;进口切削机床中,70 年代及其以前生产的占总量 56.1%。1986 年,全市 58 家国有大中型企业中,虽有 38 家企业设备新度系数平均为 0.5,但其中湘纺的设备新度系数仅为 0.31,湘机的设备新度系数更低至 0.25。由于工业企业生产设备比较老化,全市工业全员劳动生产率仅有年 14098 元 / 人,万元产值综合能耗高达 10.31 吨标准煤。1987 年后,通过技术改造,全市大中型工业企业逐步更新设备。1990 年,全市工业全员劳动生产率提高到年 23688 元 / 人,万元产值综合能耗下降至 7.97 吨标准煤,分别比 1986 年增长 68.02%、下降 22.7%。1991 年后,市委、市政府将“科技兴工”作为全市工作的重点,在全力推动企业改革的同时,从政策、资金、人员、信息等多个层面,继续推动企业的技术进步,支持企业的技术改造,帮助企业引进先进技术、提高产品质量和研发新产品,借此提升企业的生存能力、竞争能力与综合素质。1995 年,全市工业全员劳动生产率年 55073 元 / 人,万元产值综合能耗 6.42 吨标准煤,分别比 1990 年增长 132.49%、下降 22.7%。全市独立核算工业企业拥有的固定资产为 167.9 亿元。全市 90 年代新增设备已占设备总数 43.2%，但平均新度系数仍不及 0.5。

1997 年，市政府发布《湘潭市工业技术改造及工业结构调整实施方案》，全市工业企业实施“303”计划,即重点发展已具相应规模的 10 种产品,培育具有发展前景的 10 种产品,开发科技含量高和附加值高的 10 种先导型产品,推动全市冶金、机电、精细化工三大支柱产业的形成与发展壮大。同时,工业园区的建设规模逐步扩大,促使高新技术产业不断发展,1998 年,全市高新技术企业已有 68 家,高新技术项目(产品)达 93 个。2000 年,全市工业全员劳动生产率 88433 元 / 人,万元产值综合能耗 4.32 吨,分别比 1995 年增长 60.57%、下降 32.17%。

进入 21 世纪后,境域工业企业在技术改造、引进吸收、研发创新和产品质量方面有进步。2005 年,全市大中型工业企业的设备新度系数上升到 0.62。同时,建筑设计与施工的新技术、新材料、新工艺、新设备在全市得到运用,建筑施工由传统手工和半机械化作业向机械化、自动化转变,建筑结构出现框架、框剪、框网、轻钢等多种形式,工艺有突破和创新。是年,全市工业全员劳动生产率提高到 161202 元 / 人,万元产值综合能耗降低至 2.5 吨标准煤,分别比 2000 年增长 82.29%、下降 42.12%。

第一节　技术改造

1986年，全市工业企业的技术改造，以骨干企业与名优产品为龙头，着眼于企业技术设备和工艺水平的提高，全年实施技改项目169个，其中新开工项目88个，投产项目99个，完成技术改造投资1.76亿元。至1990年的5年间，全市累计完成技术改造投资12.18亿元。通过技术改造，企业技术装备得到改善，仅市属企业累计增加设备7279台(套)，其中属于当时国内外先进水平的6699台(套)。期间，湘钢共完成技术改造投资4.73亿元，是前27年所完成投资总额的60.8%。形成年产钢70万吨的能力，与技术改造前相比，产值利税率提高16.26%，资金利税率提高3.08%。全市一轻行业由国家和省、市安排技改、基建项目26项，总投资13889万元。有市玻璃厂3万吨啤酒瓶车间、电化厂5000吨电解二氧化锰扩建车间、省轻机厂冷作车间、罐头车间等项目建成投产。次年，江南机器厂运用数显数控微电子技术改造老设备196台，改造后设备加工效率平均提高5.6倍，误差控制在0.01毫米以内，国家计委授予该厂“首届全国工业企业技术进步成果奖”称号。

1992年，市委、市政府加强对工业技术改造的领导，主要领导带头落实骨干项目，抓点促面，统筹协调解决项目建设中的重大问题。市经委采取充实力量、制订方案、明确责任、政策激励、引进外资等措施推动技术进步。成立企业技改办公室和引进外资办公室，实行改造与引进的归口管理。制订“3720”的技术改造方案，即重点开发合成制药、小型柴油机、化纤及系列产品3条生产线；实施曲轴凸轮轴连杆扩产、新系列离心机扩产、特种锅炉改造、154吨电动轮自卸车国产化技术改造、红黄丹扩产改造、年产5000吨电解二氧化锰、龙牌酱油罐装线7个重点项目的改造；另有20个技改项目上马。市政府对技改成绩显著的单位与个人给予表彰奖励，同时增加技改投入，包括增加银行贷款、发行债券、引进外资等；地方财政首次建立技改贴息基金。有关主管局(公司)与企业则建立项目责任制。全年全市技术改造施工项目109个，其中新开工项目38个，投产项目59个，完成技术改造投资3.15亿元。1995年，全市技术改造施工项目78个，其中新开工项目34个，投产项目35个，完成技术改造投资8.3亿元。是年，全市争取到一批重点项目列入各行业“九五”规划和国家专项计划。同时，向省经贸委、省财政厅争取到省技改基金500万元，省、市财政贷款380万元；向省与国家经贸委申报“八五”计划技改扫尾资金1460万元，帮助中小企业属于“短、平、快”且效益好项目落实资金3163万元。至1995年4年间，全市实施技改项目375个，累计投入资金25.43亿元。

1996年，按照市委市政府提出“强工富市”的战略决策，加快工业技术改造步伐，实施技术改造施工项目69个，其中新开工项目37个，投产项目40个，完成技术改造投资13.22亿元，首次突破十亿元大关，比上年同期增长59.39%。1998年，市政府制订《湘潭市工业技术改造及工业结构调整实施方案》，对全市工业企业技术装备水平等方面进行调查，在全市筛选出12个重点技改项目，跟踪调度，协调攻关，并选定湘潭电化无汞电解二氧化锰扩产、五菱集团全自动压砖机、湘乡啤酒厂年产15万吨生产线改造、湖南南天实业公司的乙酰甲胺磷等项目作为全市重点项目予以扶持，全市有11个项目分别列入国家“第二批重点行业结构调整”“高新技术产业化”“重点工业产品扩大出口”“中西部优势工程、老工业基地改造振兴工程”专项规划。截至2000年的5年中，全市技术改造施工项目达462个，投产项目276个，累计投入达43.67亿元，其中，50%以上投资用于冶金、机械、纺织等行业一般产品的生产能力扩张。通过技术改造，全市大中型企业使用设备，70 年代购置的占 20.4%，80 年代购置的占 36.4%，90 年代购置的占 43.2%，但因盲目投入和重复建设等原因，部分技术改造项目未能达到预期效果，全市平均设备新度系数仍在 0.5 以下。

从 2001 年起，全市工业技术改造投入度增加，由 12.97 亿元、17.43 亿元、24.71 亿元、46.64 亿元逐年递增到 2005 年 79.32 亿元，年均增长 52.4%；2001 ~ 2005 年 5 年间累计投入技改资金 181 亿元，比上个 5 年同比增长 4 倍。期间，先后建成投产的重点项目有湘钢 500 万吨钢及配套工程、3 号高炉扩容改造、梅塞尔 4 号空分设备改造；湘潭电化的热电联产；湘机大中型直流电机、变频调速电机；江南三元净化器；五菱海诺电梯；湘铝新建 1.5 万吨干法氟化盐生产装置等；在建重点项目有湘潭电厂二期工程及一期脱硫装置，华菱系列线缆改造，湘机大电机生产能力改造等。湘钢投入 40 多亿元技改后，引入 ERP 现代管理系统，形成年产 500 万吨钢的生产能力；湘潭电厂二期工程投入 40 多亿元技改后，发电能力较前增加 2 倍。

截至 2005 年末，通过工业技术改造全市平均设备新度系数上升到 0.62。

1986~2005 年湘潭市技术改造投资完成情况

表 18-3-1

年份	施工项目个数（个）	其中：新开工项目个数（个）	投产项目个数（个）	项目计划总投资（万元）	本年完成投资（万元）	比上年同期增长（%）	本年新增固定资产（万元）
1986	169	88	99	49073	17606	37.54	11929
1987	172	114	95	62837	22537	28.01	21492
1988	169	81	83	77743	23662	4.99	14352
1989	114	32	43	84547	27255	15.18	12618
1990	122	44	44	86543	30746	12.81	19053
1991	—	—	—	—	24888	-19.05	44470
1992	109	38	59	106788	31461	26.41	18556
1993	107	52	48	188982	58380	85.56	49858
1994	81	36	31	194549	81518	39.63	41829
1995	78	34	35	301025	82956	1.76	72960
1996	69	37	40	251033	132224	59.39	58873
1997	62	38	38	206177	51409	-61.12	141534
1998	103	85	70	226359	56099	9.12	45155
1999	135	94	67	—	97071	73.04	71495
2000	93	57	61	262402	100042	3.06	101555
2001	135	98	83	223857	129718	29.66	132242
2002	277	229	226	436584	174346	34.40	115289
2003	252	220	197	506689	247101	41.73	135960
2004	527	—	339	—	466378	88.74	283797
2005	1042	929	746	1558586	793164	70.07	278613

第二节　技术引进

1986年3月,市委、市政府贯彻国务院《关于进一步推动横向经济联合若干问题的规定》,成立主管全市横向经济联合的机构——市人民政府经济技术协作办公室。市辖各县(市、区)、市直工交各局、大型国营企业、大专院校及科研单位成立相应机构,开展外引内联技术引进工作。至1990年的5年中,全市工业企业与全国20个省、市、自治区350个厂矿和93个科研院所建立经济技术协作关系,形成177个企业联合体,引进技术148项,开发新产品108种,引进资金2.82亿元。从1991年开始,多方引进国外先进技术,湘机、电厂、湘钢分别引进国外研制大型露天矿成套设备、大型火力发电成套设备、宝钢二期工程成套设备等;湘铝投资近亿元,从西德克洛克纳公司引进成套干法氟化铝技术与装置工程;湘钢"高速线材、650轧机、中央变电所"三大工程同时开工;湘缆电磁线引进项目投资总额达4021万元人民币。与清华大学签订该校研究生在湘潭建立实习基地的协议,先后有20余名在读博士研究生来湘潭实习,并开设科技服务项目9个。

1997年,市委、市政府发布《关于进一步加强外引内联工作的若干规定》。各相关企业组织专门班子,评估项目,寻求合作伙伴。至1999年3年中,全市完成各类协作项目342个,组成多种形式的联合体338个;通过横向联合与协作,引进资金14.37亿元,引进技术269项,引进各类人才8700人次。

进入21世纪后,境域工业企业的技术引进向规模发展。至2003年,市锅炉厂、湖铁、金迪化纤、江南、湘铝等企业有13个项目与外商签订合资、合作、收购等合同,合同额42040万美元,实际到位1631万美元,比上年增长63.1%。2004年,工业园区亦成为全市技术引进的载体。10月,由国家环保总局、全国工商联、湖南省人民政府、德国环境部、德国技术合作公司联合主办,德国工商总会协办,湘潭市人民政府承办的环境管理与企业合作大会在湘潭举行。会议签约项目104项,总投资55390万美元,利用外资31531万美元。至2005年的5年中,全市工业系统共引进战略合作伙伴42家,其中引进境外公司15家,引进国内上市和有实力的公司27家;引进境外资金11.35亿元,市外资金20.8亿元,引进香港金迪化纤、德国海诺无机房电梯、德国威特斯汽车三元净化器等项目70多个。

第三节　技术创新

1986年,境域工业企业通过技术的不断创新来提升企业的综合素质,拓宽发展空间,全市共开发新产品170项,鉴定投产99项。其中,填补国内空白或具有国内先进水平的25项,填补省内空白的26项,新增新产品产值2845万元,累计新产品产值率为7%,比计划高出4.5个百分点。截至1990年的5年中,全市开发新产品335项,其中形成批量生产的200项,通过鉴定113项;3种产品达到国际先进水平,98种产品填补国内省内空白。由王庆河为主开发、填补国家空白的染料中间体一氰生产能力在市染料化工总厂扩大至年产500吨,成为湘潭化工支柱产品之一。

1991年,境域工业企业取得多项科研成果,全市开发鉴定新产品122项,比上年增加18项。江麓高级工程师向显德发明的"多元杂交电化学应用新技术",广泛适应于机制、模具、塑料、电子、纺织、制革、工艺美术等行业,获国家发明三等奖,并被部、省列为“八五”期间重点新技术推广项目。湘钢焊接工人艾爱国运用自己创造的双面焊法,先后为本公司和外单位攻克各种焊接难题207个,改进焊接工艺34项,成功率达到100%,创造直接经济效益2500多万元。湘潭电化高级工程师李同庆为电解二氧化锰生产试验成功“先漂洗后粉磨”新工艺,克服细粉状物料漂洗、过滤、干燥作业困难等缺点,并使流程缩短2/3,设备厂房减少2/3,产品质量提高,能源和水耗降低,工艺达到国际同行水平。由湘机负责总体设计和总装的城市交通客运轻机车,属国家“七五”科技攻关重点项目,年内通过国家技术鉴定。1996年,湘机开发研制的ZG200-1500型直流架线式准轨工矿电机车通过国家机械部鉴定。该厂根据大型露天金属矿和露天煤矿深部开采的需要,在原有150吨电机车的基础上,对转向架结构、力传递形式、制运系统等方面进行改进,使整车功率及轮缘牵引力比150吨电机车提高30%,功率达到200吨,成为国内功率最大、吨位最大的矿山用新型车辆。年内,该厂由李根良为首的科技人员承担的“地铁电动客车304KWTGO直流斩波调压系统”科技项目,荣获国家“八五”科技攻关A类一等奖。至1996年的6年中,全市共开发鉴定新产品558项,推广新技术26项,24项通过国家或部省级鉴定,17项达到国内先进水平。新产品产值率为10.62%。

1997年,全年完成市级以上新产品开发项目74项,推广新技术6项,新产品产值6.9亿元,新产品产值率为9%。年内,全市工业企业围绕技术创新,研制新产品,推广新技术,新工艺,立项市级新产品60项,完成52项;省级新产品批准立项29项,完成22项;组织申报国家级新产品试产计划6项,获得批准的4项。1998年,全市完成省级以上新产品项目鉴定11项,其中2项填补国内空白,9项达到国内先进水平;推广新技术2项,新产品产值达8.16亿元;新产品产值率为10.55%。江麓——浩利工程机械有限公司自行研制的QTZ250塔机和W1803D振动式压路机获国家重点新产品称号。年内,还先后组织企业向省申报新产品开发项目2批42项,省级计划立项32项,市级计划立项7项,完成省级鉴定11项,全市相关企业于是年开始创建国家级及省级技术中心。1999年,全市工业企业技术创新的步伐加快,高新技术产值实现40亿元,比上年增长20%以上,高新技术产业的规模效益居全省第三位。2000年,全市申报技术创新项目70项,27个试制出样品,8个形成小批量生产,12个形成批量生产,完成新产品产值14.078亿元,新产品产值率为14%。

2002年,全市组织申报国家技术创新项目3项;国家级新产品试产计划5项,省级技术创新重点项目31项,完成省级以上新产品开发项目10项,新产品产值达26.37亿元,新产品产值率为18.4%。其中,江滨坚持“生产一代、储备一代、研制一代、预测一代”的科研开发战略,创新攻关,为国内12个柴油机生产骨干厂家开发出高性能活塞新产品33个系列79个品种,平均不到5天就有一个新产品问世。湘机工人董日中攻克多项技术难关,先后参与集团公司20多项新产品试制,攻克26项技术难关,独创5项新加工方法,完善9种生产工艺,产品质量合格率100%,累计为企业节约资金180余万元。2004年,全市申报国家发改委的重点项目4项;省重大技术创新项目3项;列入省级企业重点技术创新项目的有湘机SF31904型100立方米水车、SE32601型150吨电动轮自卸车,华菱钢铁集团的汽车用齿轮钢生产工艺及质量控制研究等18项;技术创新基金项目5项,其中,已试制出样品,或通过产品鉴定,或形成批量生产规模的有23项。全年新产品产值达55亿元,新产品产值率为18.7%。年内,全市逐步利用信息化建设工作为技术创新服务,选定30家企业进行数字化设计、数字化装备、数字化管理的应用示范。江滨初步实现发动机活塞设计数字化;江麓在数字化装备上投入资金7190万元，成立数字化加工车间，提高产品整体加工能力；湘钢提出"数字湘钢"的工作目标，进行二次开发，基本形成信息流、物流、资金流的集成统一，该公司进入中国企业信息化建设500强。是年，江南技术中心成为国家级技术中心，实现湘潭市国家级企业技术中心零的突破；湘钢、湘机、韶峰集团、湘潭电化、南天公司、江滨、湘铝、江麓、平安电器等8家企业相继成为工业技术创新的省级技术中心。2005年，全市技术创新工作突出"科学技术是第一生产力"思想，共组织实施技术创新项目104项，其中省优秀新产品项目12项；省优秀新技术推广项目7项；重大装备项目2项；企业技术创新项目30项；"十一五"技术创新重点项目53项。组织申报技术创新基金项目3项，获得批准3项。湘钢的钢铁企业产销资讯系统技术研究，湘潭华厦特种变压器有限公司的ZHSSPT系列整流变压器，湘机的SF31904W型100立方米电动轮洒水车等通过省级新产品项目。全年全市完成新产品产值57.38亿元，新产品产值率为17.8%。同时，企业技术创新的信息化水平得到提高，有81%的制造业企业建立起自己的门户网站，并运用到企业主干业务流程；70%以上企业采用CAD、CAPP技术。至2005年的5年中，全市实现高新技术产业产值155亿元，同比增长2倍，年均增长25.2%；高新技术产业增加值占工业增加值的比重达33.5%，同比增长14%；共有87项科技成果获国家和省部级科技进步奖。湘潭被列为全国制造业信息化重点城市、全国知识产权示范创建市、国家火炬计划机电一体化产业基地。

第四节 产品质量

境域工业企业的产品质量逐年提高。1986年，全市考核49种产品，质量稳定提高率为87.75%，全年新增优质产品35种，优质产品率达到30.4%。1989年，境域工业企业质量稳定提高率达到96.97%，为历史最好水平。全市优质产品中，108吨电动轮自卸车、QT120塔式起重机获国家质量金奖；氟化铝、红丹获国家质量银奖；获部优质产品称号65个、省优质产品称号242个。1991年，电化厂生产的"潭州牌"电解二氧化锰，湘乡水泥厂所产韶峰牌525标号矿渣硅酸盐水泥，市染料化工总厂生产的2-氰基-4-硝基苯胺获国家质量银奖；江麓获国家质量管理奖。截至是年，全市工业产品中获国家质量金奖2个；获国家质量银奖15个；获部优质产品称号119个，省优质产品称号435个。

1992年，国家暂停对企业产品的评优升级，全市工业企业建立以提高产品质量为中心的企业内部分配制度，推行质量与效益挂钩的工资制，建立奖励基金，实行奖罚兑现，加强产品质量监督和整改，全年产品质量稳定提高率为98.98%，优质产品产值率为39.05%，超过省下达目标7.05个百分点。湘乡啤酒厂建立较完整的质量体系，在生产车间实行产量、质量同工资和奖金挂钩的办法，并实行质量一票否决制。是年，全市工业产品合格率达98.5%以上，优质品率达70%。1995年，全市工业企业开展"企业管理年"活动，推广邯钢经验，开展"质量管理信得过企业"授牌活动。年内，全市有16家企业符合"质量管理信得过企业"评审标准。年末，在中国内燃机制造协会、中国消费者权益保护协会、机电日报社联合举办的全国内燃机产品评选活动中，湘柴生产的175Ⅱ和185两种型号柴油机，获"全国消费者信得过产品"称号。

从1996年起，市政府先后发出《关于加强工业企业质量管理工作的意见》和《关于大力开展名牌产品的意见》,制订《湘潭市名牌产品管理办法》与《湘潭名牌产品评审条件》,要求全市工业企业树立“质量第一”的思想,走“质量效益型”道路,将争创名牌纳入全面质量管理的重点。各企业健全自身质量管理体系,将质量监控指标落实到每个具体责任人,把住产品出厂前的各个质量环节,市里成立名牌产品指导委员会和办公室,制定湘潭名牌产品评审标准与管理办法。至2000年止,全市有42种产品获省名牌产品、34种产品获市名牌产品称号。2001年以后,全市继续争创名牌与争取产品免检,截至2005年末,全市工业产品中,迅达牌燃气灶具获中国名牌产品称号;获省名牌产品称号的有92个,市名牌产品称号有102个;有53种产品获省产品质量奖;湘钢生产光华牌钢筋混凝土用带肋钢筋、韶峰集团生产韶峰水泥、湘机生产中小电机、市先锋集团生产有机肥与复混肥等4种产品被评为国家免检产品。全市建筑业累计创国家“鲁班奖”工程2个,省“芙蓉奖”工程7个,省优质工程91个。

第四章　工业结构

20世纪70年代末,境域工业产业结构以机械、冶金、纺织、化工为主。从20世纪80年代起,全市工业逐步进入结构性大调整,结构有所改变。1986年,全市有机械、冶金、化学、一轻、二轻、纺织、食品、建筑材料、建筑业、电力、煤炭、电子仪表、医药、包装工业等产业,其中以机械、冶金、化工、轻工、纺织、食品等为主体工业。在全国工业划分的40个工业大类212个种类中,湘潭工业在其33个大类125个种类中均有分布。全市工业产品约3000种,而80种主要工业产品中,日用消费产品16种,生产资料产品64种,其中系省内独家生产4种。境域工业企业1349个,其中全民所有制企业222个,集体所有制企业1127个,所有制只有全民与集体所有两种形式,隶属关系分中央、省属,市属,县、区、乡属几种。1988年,全市工业门类分别居前6位是电气机械及器材制造业、黑色金属冶炼及压延加工业、机械工业、化学工业、非金属矿物制品业、纺织工业。1991年,全市机械工业总产值占全市工业总产值33.6%,冶金工业占21%,纺织工业占10.1%;1996年,随着全市工业技术改造推进,纺织工业产品聚酯切片、日用化工产品电解二氧化锰等成为境域主要工业产品。1997年,市政府发布《湘潭市工业技术改造及工业结构调整实施方案》,全市工业企业开始实施产业与产品结构调整计划,境域工业建设的重点逐步转移到壮大支柱产业(机电、冶金),扶持新兴产业(医药、电子信息业),改造传统产业(化纤纺织、建材、食品加工业)上来。2003年11月,市委、市政府发布《关于建设“湖南先进制造业中心”的意见》,决定把湘潭建设成为湖南先进制造业中心。2004年,全市七大优势产业完成工业总产值207.53亿元,其中冶金、机电、新材料等优势产业实现工业总产值182.7亿元,占全市工业经济总量62.6%。

2005年,全市工业产业由过去的门类齐全走向相对集中,冶金、机电、新材料等支柱产业全年完成工业总产值256.3亿元,占全市工业总产值74.7%。年内,全市已经初步形成以装备制造业为核心的新工业体系。年末,全市规模以上工业企业的总资产、工业总产值和实现利税的指标中,国有工业仍分别占76.3%、57.2%和60%。

第一节　产业结构

一、机械工业

1986 年，全市机械工业有企业 345 个，职工 7.94 万人，完成工业总产值 8.69 亿，实现税收 5697 万元，湘潭机械工业的工业总产值、从业人员人数、固定资产原值在全省 14 个地州市中排名第二。1987 年后，全市机械工业企业进一步推行厂长负责制，扩大企业自主权和厂长任期目标制，企业综合经济指标提升，1990 年有企业 378 家，职工 8.36 万人，工业总产值 13.84 亿元，税收 5997 万元，产值、税收比 1986 年分别增长 59.3%、5.3%。1991 年起，机械工业逐步成为全市第一大主体工业，所生产的产品 700 多种，规格 17000 多个，其中小型柴油机、工业锅炉等 30 多种产品产量全省第一位；108 吨电动轮自卸车、大型工矿车等 10 多种产品、产量居全国第一位；湘机是国内电机骨干企业和主导厂，可生产 17 大类、8799 个规格的产品，其产品 108 吨电动轮自卸车填补国内空白，另湘机生产的 Y280-600 高压电机、ZK、XK 小型工矿电机车，154 吨电动轮自卸车、FF-35.40、TC-15.20 台扇、吊扇；湘缆生产的低氧圆铜杆、软铜扁线、硬铝母线、铝绞线、铜芯铝铰线；离心机厂生产的 SXZ-1000 离心机等 20 余种产品达到当时国际水平，被国家确定为替代进口产品。1995 年，全市机械工业企业 227 家，从业 6.92 万人，完成工业总产值 29.83 亿元，实现税收 7870 万元，产值、税收分别比 1990 年增长 115.5%、31.2%。

1996 后，全市机械工业迅速发展，有矿山机械、汽车配件、电机电器、环保设备、陶瓷机械、机械基础件等四十余种类别近 1000 个规格品种。其骨干企业为湘潭电机集团有限公司、江南机器（集团）有限公司、江麓机械集团有限公司、江滨机器集团有限责任公司、平安电器有限公司等。2000 年，全市机械工业有企业 193 家，职工 5.36 万人，产值 19.22 亿元，税收 6452 万元，产值、税收分别比 1995 年下降 35.6%、18%。2001 年起，全市机械工业逐步发展为以湘机、江南、江麓、江滨、湘潭锅炉厂、迅达集团、平安电器公司等大中型企业与民营企业为主体，主要生产大中型交流电机、混合动力车辆、工程机械、轿车、高性能活塞、陶瓷机械、工业锅炉、燃气具、环保机械等机电产品；培育和发展以光机电一体化为主体高新技术产品，重点开发和发展混合电动车、城市轻轨、数字化电控设备、高新矿用风机等。2005 年，全市机械工业企业 101 家，从业 4.57 万人，完成工业总产值 55.61 亿元，实现利税 13846 万元，产值、利税分别比 2000 年增长 189.33%、114.6%。

二、冶金工业

1986 年，境域大中型冶金工业企业 4 家，另有 300 多个民营锰开采洞井和加工点，共有职工 36943 人。完成工业总产值 7.41 亿元，实现利税 9031 万元，在全市工业行业中排名第二。全市钢、钢材、生铁、铁合金、锰矿石产量分别占全省数量 42.5%、39.41%、39.42%、66.08% 和 22.21%，均居全省第一。1987 ~ 1994 年期间，全市冶金工业的龙头企业湘钢共投资 4.73 亿元进行大规模技改，建成年产钢 70 万吨、生铁 60 万吨、线材 45 万吨、焦炭 56 万吨、金属制品 4.4 万吨生产能力，成为全国重点钢铁联合企业，主要产品有线材、冶金焦、铸造生铁、钢丝绳等 17 种。湘锰建成全国最大锰铁高炉

1座，年产锰矿石能力达20万吨，主要产品有高炉锰铁、锰粉、电解锰等10种，成为具有采矿、选矿、烧结、冶炼、制粉、电解生产综合性大型锰矿联合企业。湘乡铝厂建成锂盐车间，形成年产800吨锂盐的生产能力，氟化盐年生产能力扩大到4.2万吨，主要产品有氟化盐、电解铝、锂盐三类，其中氟化盐产量居全国第一，锂盐产量居全国第二，电解铝产量居全省第一。1995年，全市冶金工业从业40533人，完成工业总产值26.84亿元，实现利税2.41亿元，分别比1986年增长9.7%、262.2%、166.9%。

1996年起，全市冶金工业进一步发展。湘钢作为全市冶金工业的主体企业和全市工业的骨干企业，抓住国家加大对国有大中型企业扶持力度与国家市场经济体制不断完善有利时机，不断更新设备和技术改造，淘汰工业落后平炉炼钢而采用工艺先进转炉炼钢，钢生产能力达到500万吨。但其他冶金工业如铁合金、铝业、锰业等呈下降趋势。2005年，湘钢产钢401.5万吨，产铁402.7万吨，加工钢材340.7万吨。是年，全市大中型冶金工业企业4家，另有40余家加工点。从业人员38781人，完成工业总产值129亿元，实现利税6.14亿元，人员、产值、利税分别比1995年下降4.3%，增长380.6%、154.77%，成为境域第一主体工业。

三、纺织工业

1986年，全市纺织工业有企业22家，职工2.24万余人，拥有固定资产原值2.93亿元，有棉纺织印染、针织、化纤、复制、毛纺织、丝绸、服装等8大生产门类500多种产品；纺织工业是全市位居机械、冶金之后的重要产业，全年完成工业总产值4.5亿元，实现利税7535万元，其中利润3813万元。1989年，由于宏观管理失控和国外化纤面料的大量涌入，针织、丝绸产品由畅销变为平销或滞销，部分企业效益大幅度下降，1990年全市纺织行业有企业28家，职工2.74万人，有棉纺织印染整、针织、化纤、复制、毛纺织及丝绸、服装等7大生产门类；完成工业总产值5.1亿元，比1986年增长13.3%，实现利税3065万元，比1986年下降59.3%；其中利润仅549万元，比1986年下降85.6%。1991年以后，因纺织品出口受配额限制和国家投资体制转向、企业资金匮乏等影响，加之经营管理不善，大多企业产品积压，被迫限产停产、资金呆滞、亏损增多；有11家企业发生亏损，部分企业负债率达85%以上。从1992年起，先后有韶山针织厂、市线带厂、市丝绸厂等14家企业因亏损陆续停产。1995年，民营纺织企业市三有纺织有限公司、神龙实业有限公司、光华纺织印染有限公司先后创立，全市纺织企业32家，职工2.89万人，但半停产企业多达16家。是年全市纺织工业完成工业总产值6.99亿元，亏损5579.3万元。

1996年，境域纺织企业亏损面达87.5%，市毛纺厂首先依法破产；1998年，全省最大纺织企业湘纺进入破产程序；市色织染整厂等一批企业亦相继改制、破产关闭。1998年以后，湖南中国虎服饰股份公司、万事达色织染整公司、东信棉业公司、荣通化纤有限公司等企业先后租赁国有纺织企业现有车间、设备进行生产，境域纺织工业迎来转折与发展时期。2000年，全市有纺织企业35家，职工2.39万人，完成工业总产值10.3亿元，比1995年增长47.1%，实现利税9318万元，比1995年增长323%；其中实现利润2728万元，比1995年增长148.9%。2001年，全市纺织工业通过实施调整与重组，有棉纺织、毛纺织、针织、化纤、丝绸等门类，以棉纺织、化纤、印染为主导产品，骨干企业为东信棉业有限公司等。2005年，全市纺织工业企业为18家，职工8937人，完成工业总产值13.86亿元，比2000年增长34.6%，全行业亏损6004.4万元。

四、化学工业

1986年，全市化学工业有企业（包括中央省属企业化工分厂，市、县、区企业，乡镇企业）99家，从业人员12757人，产品涉及农药、化肥、有机、无机、颜料、染料6类80多个品种，主要产品有硫酸、盐酸、纯碱、化肥、农药、染料化工产品等，年生产能力38万吨。全年完成工业总产值16925万元，实现利税2145万元。1987年以后，境域化工企业通过技术改造、强化质量和企业管理，季戊四醇、USP——100型溶解乙炔、DU——3A分子筛等相继投产；有10个产品分获国优、部、省优称号；市精细化工厂、湖南农药厂等9家企业被化学工业部授予“清洁文明工厂”和“无泄漏工厂”称号。1990年，由王庆河为主开发、填补国家分散染料及中间体空白的一氰扩大生产规模至年产500吨，成为境域重要的化工支柱产品，至1993年，全市化工产品结构发生变化，一氰、立德粉、纯碱、甲醛、邻甲苯胺等成为主导产品，全年完成工业总产值4.69亿元，实现利税3537万元，分别比1986年增长177.1%、46.5%。

1994年开始，全市化工行业产品滞销，亏损增加，企业处于停产或半停产状态。2000年，全市化工企业完成工业总产值4.13亿元，比1993年下降11.8%；全行业出现亏损，潜伏亏损达1.3亿元。2001年开始，先后有湘乡化工厂、市合成化工厂、市染料化工总厂等17家化工生产（流通）企业破产关闭，这些企业总资产为8.18亿元，总负债额为14.01亿元，资产负债率为193%，职工10701人，其中离退休人员2218人，在册8487人。通过破产，企业关闭，债务化解，人员得到妥善安置。关闭后的企业均由民营资本进入经营。2005年，境域有化工企业37家，其中国有2家、集体企业1家、民营企业34家，从业人员4700余人，生产6大类50多种化工产品，年生产能力达70多万吨。全市化工依托湘潭电化、华莹精化、立发颜料等企业，发展无汞电解二氧化锰、无汞锌粉、有机高档颜料、染料中间体等产品，初步建成精细化工生产基地。年末，全市化工企业完成工业总产值16.03亿元，实现利税4932万元，分别比2001年增长493.8%、288.5%。

五、轻工电子工业

1986年，轻工电子工业有企业112家，职工16317人，完成工业总产值2.24亿元，利税1825万元。1987年后，轻工电子工业适当分离企业所有权和经营权，实行资产经营责任制，促进企业生产发展和经济效益提升。1990年，有企业339家，职工17702人，完成工业总产值3.5亿元，实现利税1905.6万元，产值、利税分别比1986年增长56.9%和14.2%。1991年后，轻工电子工业面对激烈的市场竞争，改善人才结构，加大技术投入，开发产品，抓产品质量，使部分产业如电解二氧化锰、燃气灶具等有较快发展，但全行业效益低。1995年，轻工电子工业有企业404家，职工19524人，完成工业总产值9.45亿元，利税3790万元，工业总产值、利税比1990年增长170%、98.9%。

1996年后，境域轻工电子工业中的日用化工、皮革及皮革制品、燃气灶具等产业迅速发展，其中电化集团先后建成无汞碱性电池专用电解二氧化锰生产线5条，生产能力达到年产5万吨，其生产规模居世界第一。皮革及皮革制品集中到湘乡市发展，企业达35家，其产值占到湘潭市乡镇企业产值五分之一，占湘乡市乡镇企业产值三分之一，成为湘乡市工业的拳头产品。并取得自营进出口权。湖南迅达集团投资2000万元，建成湖南迅达工业园，成立湖南迅达集团有限公司，87型、5118型、琴键式、5318超强火力、5528镶嵌式3火眼炉灶开发并试制成功，自控气锅灶获“中国专利技术博览会金奖”。产品畅销国内和东南亚、欧美、中东等60多个国家和地区，并在16个国家注册，迅达燃气灶在全国同行业销量排在前二位，出口量居全国第一，“迅达牌”荣获“中国驰名商标”，发展到有全资子公司8家，总占地面积48公顷，员工2000多人，年销售额10亿元，年出口创汇达1亿元，年生产灶具能力达800万台。2005年，境域轻工电子工业有企业5414家，从业人员44524人，完成工业产值37.09亿元，实现利税2.04亿元，产值、利税比1995年增长292.5%、436.8%。

六、建材工业

1986年，全市有建材工业企业298个，从业人员19070人。主要建材产品有水泥、卫生陶瓷、石灰、砂石、水泥瓦、矿物棉、铸铁管、釉面砖、大理石板材、防水油膏、油毡等。年末完成工业总产值2.59亿元，实现利税4406.71万元。1987年后，随着国家改革开放不断深入，国民经济迅速发展，境域建材工业随之迅速发展。其中水泥生产适应大规模的公路建设发展尤快，先后有湘乡水泥厂等10多个企业10多条水泥生产线新建和扩改建，新增生产能力80多万吨。1990年，全市建材工业总产值为3.47亿元，实现利税5453.39万元，分别比1986年增长34%、23.8%。1991年后，境域新型墙体材料生产在国家鼓励政策推动下开始起步，砼小型空心砌块、粉煤灰黏土烧结砖等产品在房屋建筑中推广运用。工业用石灰随着湘钢炼钢采用该产品作为新型添加剂且用量大，1995年，生产能力从1990年的35万吨猛增至65万吨；砂石掘采量也因城市建设加快而迅速从150万吨增至170万吨，全市建材工业总产值4.93亿元，实现利税7143万元，分别比1990年增长42%、31%。

1996年后，尽管 境域相当多的建材企业由于资不抵债实施破产，但由于以湘乡水泥厂为主体的水泥生产企业改革体制，加强管理，水泥产品仍然强势发展，支撑全市建材工业。2000年，全市建材工业总产值为10.08亿元，实现利税1.82亿元，分别比1990年增长335.22%、232.8%。2001年后，熔铸锆玉刚等新型耐火材料异军突起，加上水泥生产继续发展，建筑卫生陶瓷企业改制重组发生新的变化，建材工业有更大的发展。2005年，境域建材企业全部改制完毕。年末，全市有建材工业企业508个，有固定资产20.75亿元，从业人员21800人；生产石灰、砂石、水泥、水泥制品、墙体材料、建筑卫生陶瓷、耐火材料、非金属矿7大类40多个产品；实现工业总产值16.82亿元，实现利税2.3亿元，产值、利税分别比2000年增长66.9 %和26.4%。

七、电力工业

1986年，全市有火力发电、水力发电企业各1家，装机容量22.21万千瓦，年发电量6.68亿千瓦时。主要输变电设施，有输电线路48条共784千米，配电线路49条共1702千米。是年，全市用电量13.82亿千瓦时。是年后，根据国务院“政企分开、省为实体、联合电网、统一调度、集资办电”的电力改革“20字方针”，增加变电站、输配电线路等电力基础设施投入。1988年，在湘潭河东茶园建设220千伏变电站，主变2台，24万千伏安。同时建成投运的有衡阳麻塘变电站至湘潭茶园变电站的两条220千伏线路，以及茶园至白马垅的220千伏线路。1990年，全市装机容量26.24万千瓦时，发电量7.15亿千瓦时，用电量达到18亿千瓦时。1991年后，境域对6千伏线路实行升压改造，配电电网供电能力大幅提升。湘潭电厂对6万千瓦机组进行技术改造，全厂装机容量提升到139万千瓦 。1995年，以湘潭电厂为基础，由华中电力集团、湖南经投公司、湖南华银电力公司、湖南信托投资公司等发起组建湘潭发电有限责任公司(简称湘潭新电厂),在双马工业区开工建设2组30万千瓦火力发电机组。是年,全市发电装机容量32.3万千瓦,发电量10.4亿千瓦时,用电量24.38亿千瓦时。

1996年后,境域电网全面技术升级,220千伏变电站全程网络监控进入无人值班时代。1998年,根据国家统一部署全市开始大规模农村农网改造。是年,湘潭新电厂2组30万千瓦机组建设全面竣工投入运营,完成总投资为33亿元,新增火电发电能力60万千瓦,加上老电厂12.5万千瓦能力,火力发电能力合计达72.5万千瓦,达到国家大型火电发电企业标准,成为湖南省第二大火力发电厂。至2001年的三年城网改造结束,完成投资345亿元,改造电站12座,新建和改造线路5318千米,完成客户改造177436户。湘潭新电厂在全国电力企业改革中隶属于中国大唐集团公司的分公司。至2005年底,境域共有220千伏变电站8座,变电容量102万千伏安;220千伏输电线路24条共837千米。有110千伏变电站32座,总容量166.5万千伏安;有110千伏输电线路49条,共494.24千米;有35千伏变电站32座,总容量19.7万千伏安,35千伏输电线路33条共455千米。有配电线路303条,线路总长5144千米,配电变压器容量达141.2万千伏安。发电企业总装机容量89.48万千瓦,全年发电量46.65亿千瓦时,用电量43.11亿千瓦时。分别比1995年增长177%、348.6%、76.83%。电能销售收入22.1亿元。

八、煤炭工业

1986年,境域有煤矿63家,其中,国营煤矿为谭家山、王家山、长岭3家,乡镇小煤矿60家。国营煤矿中,谭家山煤矿是省属企业,3家国营煤矿共有职工2000多人。煤矿大都分布在湘潭县谭家山、杨嘉桥,韶山市银田,雨湖区楠竹山等地。是年,全市产原煤64.59万吨,完成工业总产值3513.7万元。是年后,国有煤矿实行承包经营责任制,管理工作有所加强。同时,乡镇小煤矿无序发展,在湘潭县的谭家山、杨家桥、楠竹山等一带冒出小煤矿100多家。王家山煤矿列家桥井从王家山煤矿分离出来成立具有独立法人资格的国有煤矿:湘潭市列家桥煤矿。1990年,全市产原煤68.58万吨,完成工业总产值3730.7万元,比1986年分别增长6.15%、6.18%。1991年后,全国煤炭价格放开,境域煤炭生产经营进入市场化。市政府在强化煤炭生产安全管理的同时,关闭安全隐患大、无序、越界开采的小煤矿80多家。1995年,全市产原煤65.51万吨,完成工业总产值1.28亿元,分别比1990年下降4.5 %、增长243%。1996年后,市委、市政府贯彻执行国家《矿山安全法》《煤炭法》等法规,继续加强整治无证非法小煤矿(窑)。王家山煤矿亦因资源枯竭关闭。2000年,全市产原煤58.73万吨,完成工业总产值9514.3万元,分别比1995年下降10.34%、25.72%。2001年后,谭家山煤矿改制为湖南湘潭矿业有限公司,其开始在贵州投资建设2个年产30万吨原煤的矿井。2005年,境域有煤矿23家,其中,国有煤炭生产企业分别为湖南湘潭矿业集团有限公司、列家桥煤矿和长岭煤矿3家,共有生产矿井8对,核定生产能力61万吨;另有乡镇小煤矿20家,其中湘潭县18家,雨湖区楠竹山镇1家,韶山市银田镇1家,核定生产能力53万吨。全年产原煤76.19万吨,完成工业总产值2.98亿元,分别比2000年增长29.72%、213.11%。2005年末,境域煤炭远景储量约6000万吨。

九、食品医药工业

1986年,境域食品医药工业有企业(含店、作坊)300多家,从业12416人,当年加工生产量6万余吨,产品主要包括肉食加工、粮食加工、调味品、酿酒、风味速食、湘莲食品、槟榔、医药(含兽药)等。完成工业总产值 1.08 亿元,实现利税 331 万元。1987 年后,受国家改革开放大环境和农村土地承包政策的带动,食品产业、医药产业等发展。1990 年,境域食品医药工业企业增加到 500 余家,从业人数 12780 人,固定资产为 12913 万元,当年加工 9 万余吨,工业总产值 2.16 亿元,利税 1058 万元,产值和利税比 1986 年分别增长 100%、219.6%。食品工业形成肉制品、槟榔、粮食、糖果、白酒等十二大门类,加上医药工业的发展,已成为全市主要产业之一。1991 年后,湘莲作为境域特色产业开始进行深加工。其他产业均亦有所发展。1995 年,全市食品医药工业共计加工量 29 万吨,工业总产值 4.24 亿元,实现利税 3801 万元,产值、利税分别比 1990 年增长 96.4%、259.3%。1996 年后,市委、市政府加强对食品医药工业的领导,明确管工业的副市长分管食品医药工业。肉食、槟榔产业得到较快发展。2000 年,全市食品医药工业企业 1691 家,有固定资产 1.99 亿元,从业人员 28896 人,加工量 31 万吨,完成工业总产值 7.2 亿元;实现利税 4135 万元,全市食品医药工业产值、利税分别比 1995 年增长 70.2%、8.8%。

2001 年后,市委、市政府加大对食品医药工业的扶持、、管理力度,开展“树名牌、创品牌”活动。肉食加工企业开始重视生猪无公害养殖以确保产品质量,市场销售量大增,并打入国际市场。槟榔加工企业告别作坊式加工方法,实现加工自动化、清洁化。2005 年,全市食品医药工业总产值 28.5 亿元,实现利税 5700 万元,产值、利税分别比 2000 年增长 295%、37.8%。食品医药工业已成为湘潭工业重要支柱产业之一。

十、建筑业

1986 年,全市有乡镇以上建筑企业 257 家(其中,国营建筑企业 10 家,集体建筑企业 247 家),从业人员 5.63 万人,建筑业总产值为 3.71 亿元,实现利税 1288.08 万元,房屋竣工面积 213.2 万平方米。从是年开始,全市建筑业采用百元产值工资含量包干、分级承包制、栋号包干制、经营单位承包制等形式,推动自身进步。随着改革开放的进行和国民经济的持续发展,境域建筑业进行整顿,数量有所减少。1990 年,全市建筑企业 248 家,职工 7.89 万人,建筑总产值 4.05 亿元,建筑总产值比 1986 年增长 9.2%。1991 年后,建筑企业经济性质发生大的变化,非公有制建筑企业大量出现,打破原公有制企业一统天下的局面。特别是乡镇建筑企业(施工队)遍及各建筑工地。1995 年,建筑企业 460 家,从业人员 9.87 万人,建筑总产值 22.21 亿元,建筑总产值比 1990 年增长 448.4%。1996 年后,境域大型建筑工程增多,勘察设计和建筑施工应用新技术、新材料、新工艺、新设备的水平得到提高,建筑企业进行重组,建筑业得以发展。2000 年,建筑企业 247 家,从业人员 10.04 万人,建筑总产值 29.93 亿元,建筑总产值比 1995 年增长 34.8%。2001 年后,在全行业推行施工图纸审查制、勘察设计工程招投标制、建设工程招标代理制、注册建造师设立制等,工程质量合格率和优良率提高。同时,全市大部分建筑业企业在资质定位中,通过改制成为有限责任公司,至 2005 年底,全市应改制企业 119 家,其中改制企业 74 家。年末,全市共有乡镇以上建筑企业 163 家(其中,国营建筑企业 16 家,集体建筑企业 56 家,非公有制建筑企业 74 家,建筑劳务企业 17 家;建筑企业中,一级资质的企业 5 家,二级资质的 14 家),从业人员 11.64 万人。建筑业完成总产值 65.4 亿元,实现利税 2.25 亿元。建筑总产值比 2000 年增长 118.5%。

第二节　企业结构

一、所有制形式

1986年，境域工业企业的所有制形式，仍依计划经济时代，分为全民所有制与集体所有制两种。全市工业企业1349个,其中全民所有制企业222个,集体所有制企业1127个,分别占总数的16%和84%。从业人员20.98万人,其中全民所有制17.78万人,集体所有制3.2万人,分别占84.8%和15.2%。工业总产值29.58亿元,其中国有企业27.95亿元,集体企业1.63亿元,分别占94.49%和5.51%。公有经济在全部工业企业中占百分之百，占主导地位的大中型骨干企业全部是国有企业。1994年,中共湘潭市委七届十次全体(扩大)会议提出对个体私营经济坚持"五不限制"(不限制发展比例,不限制发展规模,不限制经营范围,不限制开业条件,不限制从业人员)的原则,个体、私营经济开始出现。1996年，全市工业总资产为126.66亿元，其中国有和集体经济拥有的资产占96.09%,非公有经济拥有的资产占3.91%。全市工业总产值为142.2亿元,全民所有制与集体所有制工业占全市工业总产值的比重为76.3%,在全省14个地州市中为最高;个体私营工业总产值占23.7%,在14个地州市中为最低。全市国有大中型企业,虽然只占工业企业总数的3.4%,但职工人数、工业增加值、销售收入、上缴利税,分别占总数的55.2%、67.7%、68.3%、72.3%。长期以来,湘潭地方财政收入过分依赖公有制经济,过分依赖国有工业企业,过分依赖国有大中型企业。进入市场经济后,这种"依赖型"的地方财政必然会随国有企业的效益而"一损俱损,一荣俱荣"。从20世纪90年代开始,预算内工业企业上缴利税占财政收入的比重不断下跌,1996年下降为21.46%,所有制结构的调整与完善紧迫。1997年,中共湘潭市委八届七次全会制定收缩国有经济战线的目标,决定在提高公有制经济运行质量和控制力前提下,把公有制经济调小调精,把非公有经济调大调强。是年,全市1643个工业企业中,虽然全民所有制与集体所有制企业为1553个,仍占总数的94.5%,但已出现股份制企业2个、中外合资企业6个和港澳台与大陆合资企业6个。2000年,境域仍拥有全民所有制性质的大中型工业企业51个,和1995年的108个相比,全市全民所有制工业企业减少57个;全民所有制工业企业占全部工业生产单位数仅为0.54%,比1995年下降0.77个百分点。

进入21世纪,市委、市政府先后出台加快发展个体私营经济、加快非公有制经济发展等一系列政策,争取全市非公有制经济的发展。改革的深化促进企业结构的调整。2001年,全市规模以上工业企业374个,其中全民所有制与集体所有制企业201个,股份制企业、股份合作企业、外资及港澳台投资企业和其他经济类型企业173个,它们各自的占比为53.7%和46.3%。2002年以后,市委、市政府相继发布《关于进一步加快发展个体私营经济的意见》《关于保护和促进个体私营经济发展的决定》《关于加快民营经济发展的若干政策规定》等文件，非公有工业经济得到进一步发展。2004年,全市规模以上工业企业480个,其中国有企业与集体企业119个,股份制及股份合作企业、外资及港澳台投资企业、其他经济类型企业共361个,它们各自的占比为24.8%和75.2%,在规模工业企业中,非公有企业数量多于公有制企业。

2005年,全市工业企业1951个,其国有企业51个,集体所有制企业382个,个体、私营企业(二十世纪统称民营企业)1518 个,分别占企业总数的 2.6%、19.6%、77.8%。从业人员 26.48 万人,其中国有企业 6.24 万人,集体企业 0.94 万人,个体私营企业 19.3 万人,分别占 23.58%、3.54%、72.88%。全市工业总产值 426.82 亿元,其中国有企业 216.13 亿元,集体企业 1.3 亿元,个体私营企业 209.39 亿元,分别占 50.64%、0.31%、49.05%。其国有工业企业虽然企业数只占 2.6%,但工业总产值占比超过 50%。

二、隶属关系

1986 年,全市工业企业的隶属关系,纵向分归中央、省、市、县(市或区)、乡镇街道 5 个层次;横向分为冶金、机械、纺织、化工、一轻、二轻、电子等 10 余个行业。年末,全市 1349 个工业企业中,有国有企业 222 个;国有企业中,中央属企业 11 个,省属企业 41 个,市属企业 124 个,县属企业 46 个。其中,市属企业由市政府分设冶金机械局、化学工业局等 10 余个工业局实行统一管理,企业负责人由各工业局掌管调配;产、供、销由工业局编制和下达计划并实行调度与监控;职工的工资、奖金则由工业局审批考核。县(市或区)、街道、乡镇亦设有相应的管理机构,对各自所属的企业实施行政管理。

1992 年,贯彻国家《全民所有制工业企业转换经营机制条例》,全市工业企业改制进程加快,市委、市政府将市化工、机械、冶金建材、纺织、电子等工业局转为具有经济实体性质的集团公司,简政放权,同时对湘机、湘缆、市化纤厂等 8 家企业实行无行政主管部门的管理。是年末,全市 1543 个工业企业中,有国有企业 222 个;国有企业中,中央属企业 14 个,省属企业 41 个,市属企业 123 个,县属企业 44 个。此后,境域中央属、省属企业时有调整,1995 年,中央属企业为 11 个,省属企业 22 个。2000 年,中国包装工业总公司下属湖南纸浆模塑厂停产,湖南煤矿机械厂下放至省煤炭厅,湘潭电厂扩建后改制为有限责任公司,湖南煤田地质机械修理厂下放省煤田地质局管理,中央属企业只剩 7 个,省属企业亦因湘纺、湖南电线电缆集团公司破产,原属省管的粮食局系统工业企业下放市级管理等原因只剩 13 个。

2002 年,全市化工、机械、冶金建材、纺织、电子等工业集团公司先后改为行业管理办公室,办公室已无昔日工业局的种种权限,仅对企业实行归口管理。期间,又有部分原属中央的企业划归省属,省属企业划归市属,个别原为省属或市属的企业被兼并或破产。

2003 年,全市规模以上工业企业 418 个,中央属企业 5 个,省属企业 18 个,市属企业 56 个,县及县以下企业 340 个。省属企业中,改为公司制的 8 家,2 家公司(湘钢部分、湘机)上市。

2005 年,全市规模以上工业企业 508 个,其中,中央属企业 5 个,省属企业 18 个,市属企业 46 个,县及县以下企业 439 个。其中市属国有工业企业主要由市经济委员会(内设工交工委)实行管理,原各正县级工业局降格为副县级行业管理办公室协助市经济委员会进行行业指导。

三、企业类型

1986 年初,按照国家有关部门相关规定,境域工业企业大致以所生产的产品产量来划分大、中、小型企业。当时全市 1349 个工业企业中,有大型企业 8 个,中型企业 13 个,小型企业 1328 个。

1988 年,国家经委等五部委发布新的工业企业划分大中小型规模的统一标准。随后又在 1992 年对标准进行补充,规定依生产规模,将工业企业划分为特大型、大型(分为大一、大二两档)、中型(分为中一、中二两档)、小型四个类型。1993 年,全市 1534 个工业企业中,有大中型企业 56 个,小型企业 1478 个。

1996 年，全市有大中型企业 58 家，其中大型企业 19 家，居全省首位。大型工业企业产值 64.9 亿元，占全部独立核算工业产值比重 51.7%；大型企业产品销售收入为 63.7 亿元，占全部独立核算工业企业产品销售收入 56.6%；大型企业利税为 2.09 亿元，为全部独立核算工业企业利税 47.2%。

1997 年，国家有关部门规定，全部国有企业和当年产品销售收入 500 万元以上（含）的非国有工业企业，为规模以上工业企业；当年产品销售收入 500 万元以下的非国有工业企业，为规模以下工业企业。按照这个标准，1998 年，全市国有及年销售收入 500 万元以上非国有工业企业 354 个，其中国有企业 152 个，集体（含股份合作）企业 202 个。按企业大小类型分，其中大型企业 21 个，中型企业 42 个，小型企业 291 个。2001 年，全市有特大型工业企业 1 个，大一型工业企业 11 个，大二型工业企业 7 个，中一型工业企业 10 个，中二型工业企业 14 个。

2003 年，国家改变工业企业类型大小的划分标准，中小型工业企业的职工人数在 2000 人以下，或销售额 30000 万元以下，或资产总额为 40000 万元以下。其中，中型企业职工人数必须在 300 人及以上，且销售额在 3000 万元及以上，资产总额 4000 万元及以上；其余为小型企业。中小企业标准上限即为大企业标准的下限。境域的湘钢、湘机、江麓、江南、江滨、湘锰（正在改制）、韶峰水泥、湖铁、湘铝、湖南燕京、金迪化纤（时已停产）、湘潭发电有限责任公司等为大型企业。2005 年，全市全部工业企业 1951 个，其中大型企业 19 家（特大型 1 家（湘钢）、大型一档 10 家、大型二档 8 家），有中型企业 20 家，小型企业 1912 家，大型、中型、小型分别占企业总数 0.97%、1.03%、98%。

1986~2005 年湘潭市乡街以上工业企业类型变化情况

表 18-4-1

年份	企业总数	不同企业类型个数			占企业总数的%		
		大型	中型	小型	大型	中型	小型
1986	1349	8	13	1328	0.6	1	98.4
1987	1359	9	14	1336	0.7	1	98.3
1988	1440	9	16	1415	0.6	1.1	98.3
1989	1497	10	18	1469	0.7	1.2	98.1
1990	1617	12	26	1579	0.7	1.6	97.7
1991	1605	12	31	1562	0.7	1.9	97.3
1992	1543	13	38	1492	0.8	2.5	96.7
1993	1534	16	40	1478	1	2.6	96.4
1994	1497	17	37	1443	1.1	2.4	96.5
1995	1703	19	39	1645	1.1	2.3	96.6
1996	1724	19	39	1666	1.1	2.3	96.6

续表

年份	企业总数	不同企业类型个数			占企业总数的%		
		大型	中型	小型	大型	中型	小型
1997	1643	21	42	1580	1.3	2.6	96.1
1998	1799	21	42	1736	1.1	2.3	96.6
1999	1802	21	29	1752	1.1	1.6	97.3
2000	1834	20	31	1783	1	1.6	97.4
2001	1875	17	18	1840	0.9	0.9	98.2
2002	1912	17	20	1875	0.8	1	98.2
2003	1931	10	22	1899	0.5	1.1	98.4
2004	1949	8	24	1917	0.4	1.2	98.4
2005	1951	19	20	1912	0.97	1.03	98

附　2005年湘潭市大中型工业企业名录

特大型工业企业(1)

湘潭钢铁集团有限公司

大一型工业企业(10)

江南机器集团有限公司
湖南韶峰水泥集团有限公司
湖南江麓机械集团有限公司
湖南铁合金集团有限公司
湘潭电机集团有限公司
湖南湘铝有限责任公司
湘潭锰业集团有限公司
湖南燕京啤酒有限公司
湘潭发电有限责任公司
湖南金迪化纤有限责任公司

大二型工业企业(8)

湖南江滨机器厂
湖南南天实业股份有限公司
湖南省湘潭电业局
湖南省建筑陶瓷总公司
湖南湘潭电化集团公司
湖南省轻工机械厂
湘潭市塑料四厂
湘潭化纤厂

中一型工业企业(10)

湘潭市轴承厂
湘潭华美曲轴制造有限公司
湘潭市自来水公司
湖南省谭家山煤矿
湘潭柴油机厂
湘潭碱业有限公司
湘潭市塑料一厂
湘潭市制药厂

湘潭染料化工集团有限公司　　湘潭市塑料九厂

中二型工业企业(10)

湖南液压件厂　　湘潭(郑煤集团)机械电器公司

湘潭无线电有限责任公司　　湘潭市离心机厂

湘潭标准件总公司　　湖南湘潭风动机械厂

湘潭平安电气集团有限公司　　湖南省水府庙电站

湘潭市轻工机械总厂　　湘潭湘机电炉厂

第三节　产品结构

1986年,全市机械、冶金、化工、轻工、纺织、食品、电子、医药、煤炭、建材等行业有工业产品33个大类约3000个品种,近1万个花色、规格。主要工业产品门类、品种中,冶金、机械两大行业的门类、品种分占20多个和1300多个,其钢铁、钢材、钢芯铝绞线、铁合金、电磁线、铝制品、锰制品、工矿机车、交直流电机、电力电缆、工业锅炉等生产量占全部工业生产量50%以上。另外建材工业的水泥,纺织工业的棉纱、印染布、化学纤维、棉针织品、人造毛皮,化学工业的农药原药及制剂等占全部工业生产量19%左右。

从20世纪80年代末开始,为适应经济转型时期的市场竞争,全市工业结构进入规模调整。1991年,湘潭市制定产品结构调整方案,重点支持发展机电、钢材、预应力钢丝绳及钢绞线、纯碱、烧碱等122种适销对路产品、限制滞销及受淘汰化学农药杀虫脒等50种产品生产,并制订鼓励开发新产品的政策和措施。1992年,通过职工尤其是企业科技人员开发:江南试制出6台“江南”奥拓车,并通过部、省鉴定,为军品转民品生产寻到新途径。1993年,湘潭规划为精细化工基地,化工产品重点发展染料、颜料、助剂、化学农药、有机化工产品,从配套染料、颜料、助剂、农药、医药中间体出发发展苯、甲苯、二甲苯系列产品,并开发甲醇及其下延产品。湘铝生产适销对路的氟钛酸钾、氟硼酸钾等氟系列新产品5个,销售199吨,实现产值234.9万元,利润63万元。湘锰扩大紧俏产品、高效益产品的生产,全年生产电解锰5000吨。湘机通过与中国技术进出口公司、长春客车厂合作,为伊朗提供308辆城市地铁整车及配件制造任务。湘钢高速线材轧机工程竣工投入试生产,该工程为国家和湖南省“八五”重点项目,主要生产直径5.5毫米至20毫米的普碳、高碳、弹簧、焊条钢等多种材质的光面线材及螺纹线材,产品填补全省钢材生产的一项空白。1995年,全市工业品拥有50余个大类、4000多个品种、1.2万多个花色、规格。但是新上诸多产品中,多数产品门类、品种只是在省内和国内早已存在基础上的简单重复,竞争力不强。

从1998年起,全市实施主导产品结构调整的“303计划”,即重点发展已具相应规模的钢铁、棒材、电动机、纯碱等10种产品,培育具有发展前景的矿山通用设备、中央空调、无汞碱性电池电解二氧化锰等10种产品,开发科技含量和附加值高的108吨电动轮自卸车等10种先导产品,推动冶金、机电、精细化工三大支柱产业的形成与发展。期间,随着技术改造和研发新产品的步伐加快,在全省有比较性的20种主要工业产品中,居全省第一位的有啤酒、焦炭、铁合金、交流电动机、卫生陶瓷、玻璃制品等产品;居第二、三位的有布、生铁、钢、钢材、塑料制品等产品。湘钢1号转炉炼出第一炉钢,从而结束湘钢无转炉钢的历史。湘铝关停亏损产品人造石膏和硫酸铝的生产,增产国内外用户需求的含水分低、内在成分高、对环境无污染的国家级新产品干法氟化铝。湘纺一分厂用自己织造的优质布料,采取“借鸡下蛋”的方式,通过名牌衬衫厂家加工成“中国虎”牌高级衬衫。金迪化纤生产的“神笛”牌聚酯切片和“笛光”牌涤纶长丝系列产品在国内市场形成品牌,该产品与苏州杜邦、厦门翔鹭等国内第一流企业的品牌并列。

然而,全市主要工业产品中,系全省独家生产4种,在全省同类产品中产量占50%以上14种,占10%以上35种,占10%以下27种。主要工业产品趋同性很大,缺乏竞争能力。全市工业企业销售收入过千万元的工业产品共135个,其中有一定技术含量的不足20个,仅占15%左右,而且大部分是属军工产品。并在这销售收入过千万以上135个产品中,有85个属高能耗、高原材料成本占用、低附加值产品。

从2000年起,市委、市政府出台全市工业主导产品调整的有关方案,力图扩大地方拳头产品的优势。将产品结构调整的主攻方向放在产品的研发创新上,放在大中型骨干企业努力开发技术含量高、附加值高的新产品上,以增强市场竞争能力。重点选定电化厂的无汞电解二氧化锰扩产项目、五菱集团的全自动压砖机、湘乡啤酒厂的15万吨生产线配套改造、湘钢2号转炉、南天公司的乙酰甲胺磷等9个项目给予重点支持,2004年,全市工业企业新产品产值29.85亿元,新产品销售收入27.29亿元,新产品销售收入占全部产品销售收入比重为10.5%。其中,大中型工业企业完成新产品产值26.14亿元,新产品产值率为14.3%;新产品销售收入23.86亿元,销售率达91.28%。

2005年,经过不断调整后的工业产品结构有产品门类30余个、品种2600余个、花色规格8000多个。虽然经调整后的产品门类、品种比以前大大减少,但全市已拥有一批在国际国内省内领先的工业产品:湘潭电化自主开发的无汞碱锰电池专用电解二氧化锰,年产达2.2万吨,产量占国内市场的40%以上,占国际市场的14%,产能居全球第一。湘铝的氟化盐年产量达9万吨,占国内市场的40%,其中干法氟化铝、高分子冰晶石的生产技术水平在国际国内处于领先水平。瑞泰湘潭分公司的熔铸锆刚玉和氧化铝,拥有中国建材研究院科技成果知识产权,其生产技术和产能均处于国内耐火材料行业前列。湘钢的优质线材、棒材,湘机的Y系列电机、城市轻轨车、108吨、154吨电动轮自卸车、混合动力电动大巴,江南工业高速包缝机,江麓的塔吊、压路机等,技术水平均在国际或国内处于领先地位。其中,有32个企业50个产品79次获省级名牌产品称号;全市单个产品销售收入过亿元有线材、水泥、电解二氧化锰、啤酒、交流电机、涤纶丝、活塞、氟化盐、皮革、燃气具、卫生洁具等。

产品结构调整仍然任务重,年末,全市在继续重点支持发展产品有:优质高速线材、优质中厚板、江南-吉利汽车、大中型直流电机、交流变频电机、工矿电机车、特种车辆、无汞电解二氧化锰、氟化盐、硅锰合金、优质水泥、压路机、塔吊、高性能活塞、玻璃窑用锆刚玉、氧化铝砖、煤矿智能通风系统、燃气具、中高档卫生洁具、皮革、推力轴承、HR系列离心机、华力通10KV系列变压器、喜尔电器、湘大彼得阻燃剂、甲亢灵片、华莹150黄、五洲通环磷腺苷葡胺、一格注射用P-转移因子、高档一次涂搪釉、高活性氢氧化镍、超细立德粉、电磁线铜带、凌天地温空调、高性能水煤浆、高速全自动商标印刷机、金峰锅炉、化纤网络丝等品牌产品。并继续鼓励有自主知识产权新产品开发。

2005 年湘潭市规模以上工业主要产品产量

表 18-4-2

产品名称	单位	产量	产品名称	单位	产量
水泥	万吨	210.37	中成药	吨	373.3
大中型直流电机	万千瓦	32.32	液压元件	件	9579
软饮料	吨	10580	气体压缩机	台	49
日用玻璃	万吨	7.01	轴承	万套	6.04
卫生陶瓷	万件	85.66	压路机	台	79
日用陶瓷	吨	1466	分离机械	台	590
耐火材料制品	吨	42940	轿车	辆	3578
生铁	万吨	403.08	汽车零部件及配件	万元	19319
粗钢	万吨	402.33	交流电动机	万千瓦	322.78
钢材	万吨	346.35	变压器	万千伏安	38.03
# 线材	万吨	187.21	氟化盐	吨	70629
棒材	万吨	131.91	蓄电池	千伏安时	31763
钢筋	万吨	22.3	电风扇	台	23922
特厚板	万吨	4.33	发电量	万度	465626
镀层板(带)	万吨	0.6	电力电缆	千米	2181
燃气灶具	万台	128.09	电磁线	吨	3995
工业锅炉	蒸发量吨	1435.5	钢芯铝绞线	吨	5578
热水器	台	88348	电解二氧化锰	吨	38898
起重设备	吨	9216	陶瓷机械	吨	3915
升降移动机械	台	92	盐酸	吨	1337
工矿电机车	辆	654	合成纤维聚合物	吨	33349
原煤	万吨	76.19	化学纤维	吨	40339
洗煤	万吨	29.55	颜料	吨	21160
大米	万吨	3.46	染料	吨	1137
配混合饲料	万吨	5.63	焦炭	万吨	125.24
食用植物油	吨	256	硫酸	吨	22907
酱油	吨	5461	化学肥料	吨	47307
石灰	万吨	10.31	氢氧化钠(烧碱)	吨	3123
啤酒	吨	46783	碳酸钠(纯碱)	吨	102476
精制茶	吨	201	纯苯	吨	7132
纱	吨	17218.42	合成氨	吨	35188
布	万米	5943.95	化学农药	吨	5315
# 棉布	万米	1171	杀虫剂	吨	3704
混纺交织布	万米	4772.95	杀菌剂	吨	250
印染布	万米	1620	塑料制品	吨	3035.86
服装	万件	88.56	日用塑料制品	吨	1810.15
# 衬衫	万件	83.06	塑料型材	吨	329.21
轻革	万平方米	2375.34	塑料纺织袋	吨	715.5
皮鞋	万双	3.86	塑料管(棒)材	吨	105
风机	台	7973	塑料包装箱及容器	吨	76
铁合金	万吨	13.21	铝	吨	1008

2005 年湘潭市品牌工业产品产量

表 18-4-3

产品名称	单位	产量	比上年 ± %
湘钢优质高速线材	万吨	183.93	-3.4
江南奥拓轿车	辆	3578	-56.4
湘机大中型直流电机	万千瓦	32.32	-9.4
湘机交流变频电机	万千瓦	317.15	19.4
湘机工矿电机车	辆	654	31.9
电化无汞电解二氧化锰	吨	38898	-3.8
湘铝氟化盐	吨	70629	12
湖铁硅锰合金	万吨	8.04	-33.5
韶峰优质水泥	万吨	120.94	-10.1
江麓压路机	台	79	1.3
江麓塔吊	吨	9216	1.9
江滨高性能活塞	万元	19319	18.6
湘机特种车	辆	15	36.4
四维中高档卫生洁具	万件	85.66	7.6
迅达燃气具	万台	128.09	59.5
湘乡皮革	万平方米	2375.33	19

2005 年湘潭市高新技术产品基本情况

表 18-4-4　　单位:万元

项目	企业个数	高新技术产品总产值	高新技术产品增加值	高新技术产品销售收入	高新技术产品利税
总计	83	1561358.9	450942.7	1498901.6	157402.7
其中:国有企业	23	922182.2	260885.9	878900.7	113522.6
其中:大型企业	14	843945.3	244014.2	825021.4	74857
中型企业	14	446602.3	124617.5	418430.7	52283.3
按高新技术领域分					
电子与信息	3	4378.9	1136.1	4863.7	219.9
生物医药技术	12	46447	15884.3	43072.2	3061.4
新材料	31	875238.1	240306.6	845504.1	77575.8
光机电一体化	25	390395.8	111157.3	365385.6	50126.5
新能源、高效能	5	140571.3	51130.1	140419.6	7017.7
环境保护	5	24175.5	4817.6	23932.3	1332.1
其他	2	80152.3	26510.7	75724.1	18069.3

第五章　园区建设

20世纪80年代后期,境域民营经济兴起,外来投资者涌入,高新技术产业崛起。1992年,湘潭高新技术产业开发区(简称湘潭高新区)、湘潭易俗河经济开发区(简称易俗河开发区)建立,标志着决策层以“空间换时间”开发理念形成。

1996年,作为实施“强工富市”战略的重要举措之一,为促进生产要素集聚和优化配置,实现资源共享,促进产业升级,和把工业化与城市化结合,形成以工业化促进城市化、以城市化提升工业化的互动发展格局,市委、市政府明确将工业园区的建设,作为推动湘潭经济繁荣的新的增长点。湘潭市继续出台一系列优惠政策,促使优势产业、优等项目、优质产品、优秀人才向园区聚集。

2002年后,境域继湘潭高新区、易俗河开发区之后,又陆续建起先锋工业经济园(简称先锋工业园)、岳塘区双马工业园(简称双马工业园)、湘潭九华经济区(简称九华经济区)、湖南湘乡工业园(以下简称湘乡工业园)4个工业园区。

2005年,全市6个工业园区向规模化、产业化、专业化、生态化方向发展,园区资源凝聚、产业聚合、孵化功能逐步加强,已初步成为具有地方特色的区域化生产和专业化协作的新型基地,成为培育特色产业、发展高新技术、壮大民营经济载体与平台。

第一节　园区规划

境域工业园区的规划建设始于1992年。

1992年4月,市委提出在市区河东建立高新技术开发区和在市区河西建立昭潭经济开发区(后停办),同时推动湘乡市、湘潭县、韶山市的开发区建设的决策。6月,省政府批复同意建立湘潭高新区,该区为省级重点高新区,湘潭高新区范围东起河东向阳林场,西至建设南路,南至书院路,北至长潭路,起初的规划面积为24平方千米(另加荷塘机电小区1平方千米);7月,省政府又确定在湘潭县新县城易俗河镇建立省级经济开发区。易俗河开发区,以湘潭县新县城为依托,北与湘潭市河东中心区隔江相望,东连株洲市高新技术开发区,总规划面积26平方千米。当时,在市区昭潭还建有湘潭经济开发区(俗称昭潭开发区)、在易家湾建有昭山工贸旅游开发区。这类开发区亦工亦商,兼及其他,园区定位不甚明确,后来在园区整顿中停办或撤销。1992年末,湘潭高新区辖区规划面积38.1平方千米,东面依山,南、北两面分别与湘潭新县城、河西商业区隔江相望,西面临水;京珠高速公路与107、320国道及京广、湘黔铁路均在此经过;区内干道纵横,交通便捷。经过半年建设,全区签订合同或意向项目36个,总投资额14.87亿元。易俗河开发区由天易生态工业园、吴家巷工业园及尚在筹建之中的其他旅游商贸区组成。

1997～2001年,按照乡镇工业小区与小城镇建设相结合的原则,全市还先后创办有几个乡镇工业小区,但园区建设仅仅停留在征收几处土地、建造几栋厂房、引进几个私企大户上,没有形成气候。

2002 年 5 月，经市政府批准，在原雨湖区仙峰工业经济园的基础上建设先锋工业园，该园东起富州路，西至湘大路，南邻湘黔线，北靠二环路，规划面积为 1.04 平方千米。7 月，在河东岳塘区建立双马工业园，双马工业园前身是经省乡镇企业工作领导小组批准设立的工贸小区，规划面积 26 平方千米，范围涉及板塘乡、双马镇所辖部分村（场）。

与原有的传统工业小区不同，随着民营经济和外商的陆续进入，依据湘潭工业基础雄厚和拥有大量熟练产业工人这一优势，市委、市政府进一步确立“工业兴市、园区兴工、项目兴园”的指导思想，实施“政府引导、多元投入、市场运作、实体经营”的运作机制，将环境适宜、产业集中、设施配套、政策优惠的工业园区建设，作为发展地方经济的新的增长点和招商引资的主要载体。

2003 年，全市召开园区工作会议，市委、市政府全面推动工业园区建设，工业园区从 4 个发展到 6 个，即新设湘潭九华经济区（以下简称九华经济区）、湘乡东郊皮革产业区。九华经济区位于长株潭城市群腹地，东临湘江生态经济风光带，西近湘潭大学、湖南科技大学，南距湘潭市中心区 5 千米，北距长沙市中心区 27 千米，境域上瑞高速公路横贯东西，长潭西线高速公路连接南北，水陆交通便利。长株潭城市群区域规划、湘江生态经济风光带规划、湖南省“十一五”经济社会发展规划、湘潭市“十一五”经济社会发展规划都把该经济区列为重点发展区域。九华经济区远景规划面积 138 平方千米，中期规划面积 69 平方千米。湘乡东郊皮革产业区位于该市东郊乡，北起 320 国道，南至涟水河边，东起友谊河，西至长巨线，规划面积 2 平方千米。市委、市政府落实科学发展观，对各入园产业作出切合实际的定位。湘潭高新区的新材料工业园以发展新型能源材料、染料、颜料等新材料产业为主；其湘潭（德国）工业园以发展环保和建材产业为主。易俗河开发区的天易生态工业园以发展生物医药产业和机械产业为主。双马工业园以发展机电产业为主。先锋工业园以发展农产品加工业和机械工业为主。九华经济区被国家科技部定为机电一体化和 IT 特色产业基地，主要发展车辆及装备制造、IT 产业。湘乡东郊皮革产业区则以发展皮革加工业为主。

2004 年，根据国家清理整顿各类开发区、加强建设用地管理的精神，全市经过清理与规范，部分工业园区原批准的土地使用面积被核减 32.5%。双马工业园即核减园区土地利用规划外用地 2.88 平方千米，保留用地 2.12 平方千米，保留区东至城市东二环，南至芙蓉东路以南 400 米，西至园区西路，北至霞光路。

2005 年 12 月，为建立境域大学科研合作与成果孵化的平台，湘潭高新区内增设湘潭大学科技园，用地 0.58 平方千米。经省政府批准，设立湘乡工业园，下设红仑新型产业区（位于湘乡城北，北起上瑞高速公路，南至湘黔铁路北侧，西起湘壶公路往西 600 米，东至望春路）和东郊皮革产业区，规划面积 9.91 平方千米，其中，红仑新型产业区 7.91 平方千米。年末，全市设有湘潭高新区、易俗河开发区、双马工业园、先锋工业园、九华经济区、湘乡工业园 6 个工业园区，总规划面积 239.65 平方千米，已开发面积 28.49 平方千米。

第二节　基础设施建设

境域工业园区为“筑巢引凤”，除对入园企业实行一系列优惠政策以外，均重视高水准的基础设施建设和科学管理。

1992年，湘潭高新区由园区开发有限公司负责园区开发建设。1993年，全区完成道路征地500亩，全长3100米、宽60米区内主干道芙蓉路破土动工。签合同、协议或意向项目36个，总投资14.87亿元。年内，易俗河开发区拉通30千米小区道路，投资100万元建成日供水6万吨自来水工程配套的取输水工程，首期投资3000万元的1万门程控电话工程竣工；全年出让土地2000余亩，引进外资合资项目11项，引进内资企业24家，合同总金额达4.6亿元。年内有5家企业基本建成。

1994年后，全市工业园区建设，主要集中在湘潭高新区与易俗河开发区的建设上。到1998年，上述两区基建投资总额42.28亿元。1999年，由于大规模基本建设已经完成，上述两区基建投资有所减少，至2001年，两区基建投资总额只有3.09亿元。

2003年，随着双马工业园、先锋工业园、九华经济区、湘乡东郊皮革产业区的先后兴建，全市6个工业园区的建设面积达23.64平方千米；基础设施建设投资达11.2亿元。年内，加强对工业园区建设管理、指导、协调和服务，发挥政府总揽全局作用，成立湘潭市工业园区发展办公室(设市经委)。

2004年，境域工业园区的基础设施建设快速发展、逐步完善。全市6个工业园区完成固定资产投资40.1亿元，其中基础设施建设投资11.79亿元。基础设施分布情况为：湘潭高新区的德国工业园完成基础设施建设投资2亿元，其中投入资金14200万元，开发土地78.8公顷，完成园内道路以及配套电力、电讯网的建设；还为投资商、技术专家建有高标准的专家别墅和医疗保健及文化体育设施，绿化覆盖率达50%；新材料工业园完成基础设施建设投资0.39亿元。易俗河开发区完成基础设施建设投资5.62亿元，开发土地11608亩；双马工业园完成基础设施建设投资1.27亿元，开发土地160公顷；先锋工业园完成基础设施建设投资1.1亿元，开发土地53.3公顷；九华经济区完成基础设施建设投资1.23亿元，其中投入资金1.19亿元，修建江南大道、九华大道、风光路、宝马路4条主干道，主干道分别按路宽40米、60米设计，共长9.89千米；湘乡工业园完成基础设施建设投资0.18亿元，开发土地15.3公顷。

2005年，全市各园区完成基础设施投资8.572亿元，其中，湘潭高新区完成0.8亿元；易俗河开发区完成2.56亿元；双马工业园投入基础设施建设资金7200万元；先锋工业园投入资金820万元；九华经济区投入资金4.01亿元；湘乡工业园投入资金0.4亿元。

第三节　入园产业

境域工业园区建设之初，市委、市政府确定“三个同时抓”的原则，即：基础设施建设与工业项目同时抓；项目招商与项目实施同时抓；创新管理优势与创新产业优势同时抓。

1993年，除部分原有在园企业就地转化外，全市工业园区开始引进相关企业，湘潭高新区全年转化或引进高新技术企业34家，产品41项，其中投产与部分投产企业29家，产品34项。在已投产的产品中，有1项纳入国家火炬计划项目，5项纳入省火炬计划项目；还审批入区“三资”企业立项38个，投资总额为14.4亿元。易俗河开发区全年出让土地2000余亩，引进外资合资项目11项，引进内资企业24家，年内有5家企业建成。

1994年，湘潭高新区审批基建项目35个，投资总额6.63亿元，累计完成投资4.7亿元；入驻企业达60家，高新技术产品73项，实现年产值2.12亿元；创利税4012万元。易俗河开发区的投产企业实现产值 1000 万元，利税 100 万元。1995 年，湘潭高新区新批进区“三资”项目 9 个，新增投资额 1.002 亿元；评审认定高新技术企业 10 家，项目(产品)15 项；高新技术产业完成产值 6.19 亿元，比上年增长 2.26 倍；实现利税总额 1.21 亿元。易俗河开发区出让土地 564 亩，出让金额 2654 万元，引进外资 1800 万元。

1996 年，全市工业园区建设逐步拓展。年内，湘潭高新区评审认定高新技术企业 11 家，项目(产品)18 项，同时对原评审的高新技术企业和项目逐一进行审核，取消不合格企业 15 家、限期整改 5 家。年末，全区有高新技术企业 65 家，高新技术项目(产品)90 项。易俗河开发区边建设边引进，入园企业增加到 21 家。

至 1997 年 5 年间，湘潭高新区和易俗河开发区入园企业共完成工业总产值 41.73 亿元；实现利税总额 6.909 亿元。1999 年，通过优胜劣汰和自身调整，湘潭高新区有高新技术企业 59 家，高新技术项目(产品)119 项。是年，高新技术产业区首次有 10 家企业进入全市年销售 500 万元以上非国有工业企业目标考核。这批企业的当年工业总产值 1.52 亿元。易俗河开发区入园企业达到 40 家。2000 年，湘潭高新区高新技术产业完成产值 14.6 亿元；实现利税总额 1.59 亿元。该区高新技术项目和成果转化取得实效，至是年止，全区已累计孵化 41 家企业共 50 个项目，正式“毕业”的有 8 家，新增产值 8000 万元，利税 600 万元。易俗河开发区入区企业 58 家，引进项目 8 个，利用外资 5800 万元。

2003 年，市委、市政府召开全市园区工作会议，全面推动工业园区建设，全市工业园区从 4 个发展到 6 个。园区规划对产业定位基本明晰之后，市委、市政府将各工业园区作为对外招商引资、促进民营经济和发展外向型经济的重要平台，通过项目建设发展壮大园区经济，坚持优势项目、优势产业、优势资本向园区集中，按照项目立园、园区兴工的思路，重点抓好 6 个工业园区的总体发展规划尤其是产业规划布局，强化园区产业扩张功能，形成区域性、块状性的产业优势。全市各园区共引进入园企业 135 家，投产企业 98 家，从业人员 11037 人；引进 500 万元以上项目近 50 个，引进资金 50.6 亿元，其中招商引资合同金额 25.4 亿元。一批重大项目相继入园落户，如九华工业基地江南吉利汽车，德国工业园海诺电梯、汽车三元净化器、万博港机电超市，双马工业园迅达、飞鸽药业，先锋工业园平安电气、心连心食品加工及物流配送中心，湘乡皮革工业园的怀琪制革已成为带动各个园区发展的骨干项目。

2004 年，全市各工业园区先后引进项目 198 个，各具特色的产业群在园区逐步形成。喜尔电器、平安电气、科通电气、凌天科技等一批技术含量高、市场效益好的企业相继入驻湘潭高新区的德国工业园；华莹、昭山冶金、立发颜料、正潭有色等多家投资上千万、生产规模在 5000 万元产值以上的精细化工与新材料企业，在湘潭高新区的新材料工业园内形成产业集成度较高的精细化工生产区。随着五洲通药业、海洋生物制药、一笑堂药业、石峰阿胶等生物医药企业落户易俗河开发区，以民营科技企业为主体的生物医药产业成为市内的新兴产业。双马工业园已有崇德科技、飞鸽制药、楚天工程机械、双马电气等 1 1 家企业进入园区。先锋工业园虽然起步较晚，但利用先锋企业集团公司这一国家农业产业化重点龙头企业，先后引进恒盾厨具、乡里美食等 9 家企业，进一步推动境域农业产业化的进程。九华经济区引进英格瑞斯、宏大真空等 9 家企业，入园产业初具规模。湘乡工业园的东郊皮革产业区为解决排污治污问题，湘乡市将小规模分散型的制革企业集聚，建成制革、成品革加工、销售服务三位一体的规模化集约化专业工业区，第一期入园制革企业 7 家。湘乡工业园红仑新型产业区则发展为医药器械、机械制造、电子信息、食品加工等产业聚集的科技环保型工业园区。2004 年，6 个工业园区实现工业总产值 29.92 亿元，同比增长 61%，对全市工业增长贡献率达到 13.35%；实现工业增加值 12.7 亿元，分别占全市工业总产值与增加值的 8%和 12.7%；招商引资合同金额 57.7 亿元，比上年增长 1.3 倍；企业安排就业人员近 2 万人。

2005 年，全市工业园区发展坚持项目带动招商，入园产业重点放在科技含量高、产品附加值高、市场前景好、具有一定规模的项目上。年内，各园区新引进项目 70 个，入园项目总数达 268 个。湘潭高新区德国工业园海诺电梯、易俗河开发区振云塑胶与楚润碲业、双马工业园迅达集团与崇德科技、先锋工业园平安电气集团与恒盾集团、九华经济区江南吉利汽车、湘乡工业园怀琪制革与东方制革等项目或企业，已成为带动园区发展的骨干力量。年末，全市入园企业 277 家，从业人员 27330 人，建成投产项目 65 个，在建待建项目 117 个。入园投产工业企业完成工业总产值 32.63 亿元，比上年增长 9%。其中：湘潭高新区完成工业总产值 15.5 亿元，创税收 1700 万元。易俗河开发区实现工业总产值 15 亿元，完成税收 5208 万元。先锋工业园完成总产值 7.49 亿元，实现利润 4851 万元，上缴税金 1778 万元。双马工业园完成总产值 5.94 亿元，实现利润 2219 万元，创税收 3019 万元。九华经济区招商引资到位外资 1186 万美元，到位内资 7.3 亿元，被评为市招商引资先进单位。湘乡工业园完成总产值 2.5 亿元，实现利润 800 万元，创税收 550 万元。

2005 年湘潭市工业园区基本情况

表 18-5-1

项目	高新技术产业开发区	易俗河经济开发区	双马工业园	先锋工业园	九华经济区	湘乡工业园
规划面积（平方公里）	38.7（辖区）	26	26	1.04	138	9.91
已开发面积（平方公里）	5.7	9.43	2.6	0.76	9	1
完成投资（万元）	52000	100000	45820	8200	96949	29000
其中：基础设施投资（万元）	8000	25600	7200	820	40120	4000
企业个数（个）	48	126	40	19	30	14
从业人员（人）	5000	13000	6550	1782	198	800
工业总产值（万元）	17000	150000	59422	74854	—	25000
上缴税金（万元）	1700	5208	3019	1778	—	550
主要产业	机电、环保产品、电化学材料、无机颜料、化工、医药及中间体	医药、食品、机电	机电制造、钢材、物流、生物医药、制药	农产品加工、机电、新材料、医药	汽车及配件、IT加工制造、机电制造	制革、明胶

附 湘潭市有关企业名称简称

湘潭钢铁集团有限公司(原湘潭钢铁厂,简称湘钢)

江南机器集团有限公司 (原江南机器厂,简称江南)

湖南江麓机械集团有限公司 (原江麓机械厂,简称江麓)

湘潭电机集团有限公司(原湘潭电机厂,简称湘机)

湖南南天实业股份有限公司(原湖南农药厂,简称南天公司)

湖南韶峰水泥集团有限公司(原湘乡水泥厂,简称韶峰集团)

湖南铁合金集团有限公司(原湖南铁合金厂,简称湖铁)

湖南金迪化纤有限责任公司(简称金迪化纤)

湖南江滨机器厂(简称江滨)

湖南湘铝有限责任公司(原湘乡铝厂,简称湘铝)

湖南燕京啤酒有限公司(原湘乡啤酒厂,简称湖南燕啤)

湘潭锰业集团有限公司 (原湘潭锰矿,简称湘锰)

湖南湘潭电化集团公司(原湘潭市电化厂,简称湘潭电化)

湖南省轻工机械厂(简称省轻机厂,后改湖南五菱集团公司)

湘潭柴油机厂(简称湘柴)

湘潭化纤厂(简称市化纤厂)

湖南迅达集团(原市新产品开发研究所,简称迅达集团)

湘潭平安电气集团有限公司(简称平安电气)

湘潭公路桥梁建设有限责任公司(简称路桥建设公司)

第十九篇　冶金工业

概　述

1986年,境域湘潭钢铁厂(以下简称湘钢)、湘乡铝厂(以下简称湘铝)、湖南铁合金厂(以下简称湖铁)率先在全市工业企业中推行厂长负责制,政、企分开,确立厂长在生产经营中的中心地位,企业内部废除干部职务终身制,推行任期制,分配上实行浮动工资和岗位津贴制。湘潭锰矿(以下简称湘锰)实行上缴利税包干和投入、产出总承包。年末,全市冶金工业有企业(含锰洞井、加工点)310多家(个),其中,大型国有企业2家:湘钢、湘锰;中型国有企业2家:湖铁、湘铝;另外,有1家生产元条钢但已停产国有中型企业:湘潭市红旗钢铁厂,以及300多个民营锰开采洞井和加工点(其中湘乡市有洞井和加工点4个,湘潭县有洞井和加工点300余个)。当年,冶金工业从业人员36943人,生产总量173万吨(其中钢、铁、钢材131万吨、锰及其制品33.5万吨、铁合金5.2万吨、铝产品3.3万吨),完成工业总产值7.41亿元(其中4家大中型企业7.01亿元,300多个锰开采洞井及加工点4000余万元,分别占94.29%和5.71%),实现税金9031万元,利润8944万元。

1987年,湘钢进一步完善厂长负责制,在内部分厂、部门推行技术、操作、安全、设备维修“四项操作规程”,获湖南省现代化管理成果一等奖。湘锰适应市场需求,建成1座国内最大直径300立方米的锰铁冶炼高炉,形成年产锰铁、富锰渣各10万吨年生产能力,电解金属锰遴选北京国际博览会参展产品,并再次被冶金工业部评为优质产品。1988年,湖铁收购国家兵器工业部375库库房和土地,用于铁合金产品的建设和发展。湘铝进一步完善厂长负责制,在内部开展方针目标管理和升级活动,调整厂内机构,取消车间建制,实行总厂、分厂、工段、班组四级管理制。市红旗钢铁厂与市电机砖厂合并,生产元条钢的设备拆除;湘潭市、湘潭县政府(以下简称“市、县”)针对鹤岭镇周围锰资源破坏性群采,组织强力整治,炸毁、关闭非法小洞井100多个,群采、滥采得到一定遏制。1990年,全市冶金工业从业人员40600人,生产总量220.8万吨(其中钢、铁、钢材159万吨,锰其及制品51万吨,铁合金6.5万吨,铝产品4.3万吨),完成工业总产值13.71亿元(其中4家大、中型企业13.21亿元,200余个锰开采洞井、加工点5000余万元,分别占97.21%和3.79%),实现税金1.56亿元,利润1.15亿元。生产量、工业总产值、税金分别比1986年增长27.91%、85.12%、72.85%。

1991年,境域冶金工业贯彻国务院《全民所有制工业企业转换经营机制条例》(以下简称《条例》),按照“政企分开、责权统一、自主经营、自负盈亏、自我发展”的要求,强化企业管理,加快技术进步。湘钢按照《条例》精神,精干主体,产品以营销为龙头展开生产经营,同时开展多种经营,搞活其他;深化以岗位技能工资为主体的人事、用工、分配“三项制度”改革;加快技术改造步伐,完成2号、3号平炉等生产设备的20多项技术改造。是年,湘锰扩大产能,增强后劲,原有18平方米烧结机改造和新上18平方米烧结机项目同时竣工投入生产,烧结系统总产能达到产年32万吨,比1986

年12万吨净增20万吨。湖铁、湘铝面对日趋激烈的市场经济，调整销售策略，产品随行就市，采取自销、代销、联销，以及来料加工和进料加工等办法，扩大销售市场和搞活自营进出口，不断做大做强，均顺利通过国家经贸委评审晋升为国家大型一类企业。期间，境域锰资源无证滥采仍然屡禁不止，往往市、县政府组织白天炸毁，夜晚又在偷偷开采，还存有非法洞井、加工点100多个。1995年，有从业人员40533人，生产总量214.4万吨(其中钢、铁、钢材168万吨，锰及其制品33万吨，铁合金7.5万吨，铝产品5.9万吨)，完成工业总产值26.84亿元(其中4家大型企业26.29亿元，锰开采洞井、加工点5500余万元，分别占97.95%和2.05%)，实现税金2.14亿元，利润盈亏两抵后亏损5156万元(其中湘钢盈561万元，湖铁盈1万元，湘铝盈1131万元，湘锰亏损6849万元)。生产量、工业总产值、税金分别比1990年下降3.18%、增长99.04%、37.32%。

1996年起，境域冶金工业受民营企业大量涌现、产品无序竞争及自身机制不活等因素的影响，生产经营普遍不景气。湘钢钢材价格一路下跌，利润逐年下降，1997年实现利税1.47亿元，分别比1995年1.73亿元和1993年5.25亿元下降14.48%、72.05%。湘锰连年亏损，每年亏损1000万元以上，成为市里特困企业。湖铁、湘铝由于产品滞销、效益滑坡，生产经营十分困难。1998年，湘钢领导班子经省委、省政府调整后，抓住被国务院列入全国110户大中型扶持企业的有利时机，率领职工学邯钢，建立"模拟市场核算"和"横向到边，纵向到底"的成本指标考核体系；开发出高软线材、热扎锣纹钢和出口韩国的盘条钢材等10多个新品种，线材产能突破年产60万吨；产能的扩大和管理的精细，使当年吨钢成本从1996年2772元下降到1683元，下降39.29%。湘锰根据国家冶金集团总公司的批复，改制为湘潭锰业集团有限公司(以下简称湘锰集团)，试图通过企业改制，扭转亏损的被动局面，但终因锰资源逐渐枯竭、从业人员过多、银行债务包袱过重等原因，收效甚微。湖铁努力扩大铁合金产品产能，逐步达到经济规模。1999年，湘钢与涟钢、衡钢共同组建湖南华菱管线股份有限公司。湘铝深化劳动、人事、分配"三项制度"改革，精简三分之一管理人员，实行全员竞聘上岗，经营形势转好。期间，锰资源非法采掘造成湘锰集团人员、财产重大伤亡和损失，市、县联合整治关闭、炸毁非法洞井146个。2000年，有从业人员37233人，生产总量492万吨(其中钢、铁、钢材422万吨、锰及其制品48万吨、铁合金16万吨、铝产品6万吨)，完成工业总产值37.61亿元(其中4家大型企业36.91亿元，60多个锰开采洞井及加工点7000余万元，分别占98.14%、1.86%)，实现税金3.3亿元，利润1.37亿元(其中湘钢1.04亿元、湖铁501万元、湘铝2754万元、湘锰潜亏严重)。生产量、工业总产值、税金，分别比1995年增长130.99%、40.41%、53.97%。

2001年，湘钢加大工艺技术创新力度，将原把铁炼成钢水、浇铸成钢坯、再加热轧制成坯材的工艺(二火成材)，改成将铁炼成钢水后，直接连铸成坯材(一火成材)，生产能力大幅攀升，工厂成本大幅度下降。加上创新机制，建立总厂、二级厂、车间三级技术带头人制度和处(科)级干部综合考核尾数免职(低聘)制度，企业管理工作上新台阶、各项综合经济指标创历史新高。全年完成工业总产值38.72亿元、实现利税8.91亿元，分别比上年26.37亿元和4.96亿元增长46.83%、79.64%。是年，湖铁、湘铝分别改制为"湖南铁合金集团有限公司"和"湖南湘铝有限公司"，但由于没有建立真正意义上的"现代企业制度"，产权性质和人员利益格局并未发生根本改变，企业改制后收效甚微。湘锰集团负债总额达9.56亿元，资产负债率高达121.97%，生产经营难以为继，企业全面停产并进入国家计划破产程序。香港(湘潭)佳力资源有限公司(以下简称佳力公司)租赁其冶炼、烧结等生产设备接续经营。2002年,湖铁亏损6600万元,湘铝生产经营同样艰难,亏损严重。2003年,湘钢实施300万吨钢配套技改工程,完成技改投资12亿元,为历史上技术改造投资最多年份,当年企业现代信息化建设列中国企业信息化建设500强,排第79位。2004年,湘钢启动500万吨钢配套技改工程,完成技改投资20亿元。预应力混凝土用钢丝、钢绞线、碳素结构钢、热扎圆钢等多个优质产品同获"全国冶金产品实物质量金杯奖"。2005年8月,经省、市政府协调,湘锰集团的资产以1亿元的价格有偿转让给湘潭电化集团。至年底,境域冶金工业有企业(含锰开采洞井、加工点)近40余家(个),其中有国有大型企业3家,即:湘钢、湖铁、湘铝及民营企业佳力公司与湘潭县、湘乡市30余个锰开采、加工点。从业人员32376人,生产量1175万吨(其中钢、铁、钢材1145 万吨、铁合金9万吨、铝产品7万吨、佳力公司及其他30多个锰洞井、加工点14万吨),完成工业总产值129.02亿元(其中除电化外的其他3家大型企业127.62亿元,佳力公司及锰洞井、加工点1.4亿余元,分别占98.91%和1.09%),实现税金6.14亿元,利润:湘钢盈6.39亿元,湖铁亏8081万元,湘铝亏3660万元,佳力公司及其他盈亏持平。生产量、工业总产值、税金,分别比2000年增长138.82%、243.06%、86.04%。

境域冶金工业,通过持续艰难发展,已成为全市工业的支柱产业和全市财政收入的主要财源。但发展面临诸多困难:钢铁主要原材料铁矿石受制于国外;钢材作为冶金工业主要产品仍处于粗放型生产阶段,后劲不足;锰下游产品虽然前景广阔,但号称世界储量第一的锰资源却近于枯竭;铁合金及铝业属高能耗产品;全部国有大型企业虽然已按现代企业制度改造成公司制,但投资主体单一,体制、机制不活,难以适应越来越激烈竞争市场经济。

第一章 钢铁

1986年,境域有"湘潭钢铁厂"(以下简称湘钢)和"湘潭市红旗钢铁厂"。湘潭市红旗钢铁厂停止生产,名存实亡,正常生产钢铁企业只有湘钢。是年,湘钢被湖南省批准为首批推行厂长负责制试点企业。在干部制度改革上废除领导干部职务终身制,实行任期制;在分配制度改革上,实行浮动工资制及职务(岗位)津贴制。制订厂内简政放权38条规定,扩大二级机构的权利,增强生产经营的活力。湘钢结合自身实际,创建融"技术、操作、安全和设备维修"四大规程为一体的独具特色的标准化作业体系。是年,从业人员24469人,生产能力为50万吨钢。实际产铁48.56万吨、产钢41.14万吨、产钢材42.91万吨;工业总产值51500万元;利税总额12112万元:其中利润5705万元、税6407万元。1988年,湘钢全面推行标准化作业,获湖南省现代化管理成果一等奖。冶金工业部十分重视这一成果,在全国冶金行业中推广。1988年,产钢62.40万吨;1989年,产铁65.06万吨,钢、铁产量首次突破60万吨。1990年,湘钢在国家500家最大工业企业中排名第97位。同年,从业人员25863人,生产能力为70万吨钢。实际产铁60.51万吨、产钢56.86万吨、产钢材43.68万吨;工业总产值82834万元、利税总额20467万元:其中利润8538万元、税11929万元。与1986年相比,铁增长24.6%,钢增长38.2%,钢材增长1.8%;工业总产值增长60.84%;利税增长68.98%,其中利润增长49.65%、税增长86.18 %。

1992年,湘钢执行国务院《全民所有制工业企业转换经营机制条例》,按照"精干主体,搞活其他,多种经营,发展湘钢"的总体思路,逐步实行"以营销为龙头"的生产经营指导方针;重点深化岗位技能工资制为核心的"三项制度"(人事、用工、分配)改革。以"剥离辅助""减员增效"为主要内容,加快转机建制和技术改造步伐。1994年,铁、钢产量双双突破80万吨。同年,湘钢在中国500家最佳经济效益工业企业黑色金属冶炼业中排名第17位;在中国500家最大经营规模工业企业中排名第87位。1995年,钢材市场显现疲软态势,铁、钢产量均出现较大幅度下滑。年末,从业人员24777人,生产能力为80万吨钢。全年实际产铁64.03万吨、产钢62.90万吨、产钢材41.69万吨;工业总产值为191032万元;实现利税17172万元:其中利润561万元,税16611万元。与1990年相比,铁产量增长5.83%、钢产量增长10.63%、材产量下降4.56%;工业总产值增长130.62%;利税总额下降16.1%:其中利润下降93.43%,税增长39.25%。

1996年,国家钢铁行业形势继续低迷,钢材市场供大于求,价格不断下跌,企业效益不断下滑。受全行业形势变化影响和内部诸多因素制约,湘钢生产经营形势十分严峻,资金状况异常紧张。1997年,全年产铁110.57万吨、产钢100.19万吨,虽然铁、钢产量"双超100万吨",但生产成本居高不下,企业潜亏更为严重,生产经营一度陷入困境。1998年4月,湖南省对湘钢领导班子进行调整。新班子抓住国家加大对国有大中型企业扶持力度与国家市场经济体制不断完善的有利时机,率领广大职工认真学邯钢,建立"模拟市场核算,实行成本否决"机制。设立"横向到边,纵向到底"的成本指标考核体系,将成本等各项指标逐层分解、责任到人、规范运作、兑现考核;并以改善技术经济指标为重点,开展挖潜工作。努力开发生产ER70S-6和H08Mn2SiA等新产品,填补湘钢产品在品种结构上的空白。当年,产铁114.24万吨、产钢111.54万吨、产钢材91.09万吨;实现工业总产值210495万元;利税16162万元:其中利润790万元、税15372万元,一举扭亏为盈。1999年4月,湘钢、涟钢、衡管以优质资产为资本共同设立湖南华菱管线股份有限公司,在深圳证券交易所成功上市。7月,全面淘汰平炉炼钢改转炉炼钢。是年底,覆盖钢材产品的质量体系一次性通过外部认证机构的现场审核,获得ISO9002质量体系认证证书。新开发中高碳系列产品、系列碳素焊条钢盘条和BL系列冷拔拉丝用盘条。2000年,湘钢品种钢比例上升到27.69%;高线高附加值钢材比例上升到45.42%,线材产品在质和量方面都登上一个新台阶。产品规格也由过去单一的直径6.5毫米扩展到直径5.5~20毫米,结束建厂以来只能生产直径6.5毫米盘条的历史,逐步形成了线、棒材多规格、多品种的格局。是年,从业人员21590人,初步形成年产200万吨钢的综合生产能力。当年实际产铁152.43万吨、产钢145.80万吨、产钢材125.92万吨;完成工业总产值263790万元;实现利税39150万元:其中利润10418万元、税28732万元。与1995年相比,铁增长138.05%,钢增长131.79%,材增长202.02%;工业总产值增长38.09%;利税增长127.99%:其中利润增长1757.04%、税增长72.97%。

2001年,完善技术管理,推进科技体制改革,建立科技带头人制度,选拔和评定公司专业带头人、二级厂技术带头人、车间技术尖子等,建立与之相配套的科技人员激励机制。重点完善厂处级管理人员、科级管理人员及专业技术人员综合考核、尾数免职(低聘)办法,建立各层次人员能上能下的约束机制。制定并实行厂处级管理人员领导责任和连带责任经济处罚办法、厂处级管理人员重大责任事故引咎辞职办法,增强管理人员的责任心。同年,实际完成技改投资4.08亿元。1月份,实现"一火成材"(即由过去的铁炼成钢水浇铸成钢坯再加热后轧制成可加工的坯材的"两火成材",变为铁炼成钢水后直接连铸成为可加工的坯材的"一火成材");5月份,淘汰模铸实现全连铸。下半年,以构建集团化管理模式为方向,按照"流程唯一,责任唯一"的要求,使管理模式由粗放式、层级制向集约、扁平化转变，这是湘钢历史上规模最大的一次组织体系变革。2002年，在国内长流程钢铁企业中，第一家引进国外成熟的ERP(企业资源计划)商业软件和先进的管理思想和理念，率先建立与国际一流水平接轨的企业信息化平台。基本实现信息流、物流、资金流的集成与统一，为企业管理和决策提供强有力的支撑。2003年，重点实施300万吨钢配套技改工程，全年完成固定资产投资11.78亿元，其中重点技改工程完成投资10.7亿元。当年进入中国企业信息化建设500强，列第79位，在行业测评中，湘钢紧随宝钢和武钢，排名第三，获国家信息化测评中心“ERP最佳应用奖”；“实施ERP建立面向流程的管理模式”成果获当年中国冶金企业管理现代化创新成果二等奖。在湖南省百强企业中，湘钢位列第十。2004年，湘钢重点围绕300万吨钢配套技改的扫尾工程、达产达效和500万吨钢配套建设工程等省标志性工程项目建设，全年完成固定资产投资20.46亿元，其中重点技改工程完成投资18.1亿元。高炉TRT(高炉炉顶煤气压差发电)项目投产，成为湘钢一个新的重要节能项目，共发电1217.6万千瓦时，节约能源折合标准煤4919吨，被湖南省政府评为年度技改目标管理先进单位。中高碳系列钢产品的研制与开发、BL系列冷拔拉丝用盘条的研制与开发分别荣获湖南省科技进步一、二等奖；系列冷镦用钢盘条荣获湖南省新产品称号。预应力混凝土用钢丝和钢绞线、优质碳素结构钢、热轧圆钢、冷镦用热轧圆钢和盘条、合金结构钢荣获全国冶金产品实物质量“金杯奖”。2005年，新增科研投资2.78亿元，新立科研项目52项，申报国家、省以上科技项目共计7项，其中“典型钢铁企业MES(制造执行系统)及产销一体化关键技术研究”被列入国家863计划，是湘钢历史上第一次确立的国家高科技项目。是年，按照“先定位，再重组，求发展，后改制”思路，重点培养钢材深加工、循环经济和环保、重工设备制造、物流贸易及服务钢铁主业等五个方向的产业支柱。同时按照现代企业制度的要求实行分类管理：对集团公司直属二级单位实行模拟独立法人运作；对全资子公司、控股子公司按法人治理结构实施管理；对参股公司按公司法人治理结构实施管理。在湘潭市政府下发《关于湘潭钢铁集团有限公司等四家驻潭企业分离办社会职能的实施意见》后，湘钢积极推进企业办社会职能分离工作，加快中小学、公安的移交。是年，从业人员18808人，生产能力500万吨钢。当年实际铁、钢总量均突破400万吨。全年产铁402.71万吨、产钢401.50万吨、产钢材340.73万吨；完成工业总产值1194764万元；实现利税122344万元：其中利润63938万元、税58406万元。与2000年相比，铁产量增长164.19%、钢产量增长175.38%、材增长170.6%；工业总产值增长352.92%；利税增长212.5%：其中利润增长513.73%、税增长103.28%。当年，全国钢产量为35578.97万吨，湖南华菱钢铁集团有限公司以钢产量845.41万吨，排在全国钢产量第10位。在华菱的三家企业中，湘钢、涟钢、衡管分别产钢401.5万吨、403.51万吨、40.39万吨。如果单独以湘钢为单位来排钢产量的位置，湘钢在全国排第二十五位，在全省排第二位。

1985~2005年部分年份湘钢产值、利税、利润

表19-1-1　　单位：万元

年度	1985	1987	1989	1991	1993	1995	1997	1999	2001	2003	2005
产值	44142	52200	74674	93890	225853	191032	203206	230816	387249	644782	1194764
利税	11882	12122	19310	20593	52529	17172	14684	24187	65026	106828	122344
利润	5905	4796	7937	6452	21625	561	1404	3073	24108	42021	63938

第一节 原、辅材料

境域湘钢的原、辅材料供应以市场采购为主,铁矿石和煤炭全部靠市场采购,主要辅助原料石灰石和白云石,由湘钢两个矿区自产。

铁矿石和煤炭绝大部分从外省采购,运量大、运距长。炼焦煤主要由山东、河南、河北及省内供应;动力煤由山西、河南及省内供应。铁矿石在"六·五"时期以海南铁矿、大宝山铁矿、湘东铁矿供应为主。1985 年湘钢开始使用进口澳大利亚矿。此后,铁矿石供应逐步过渡到以进口澳矿和收购福建、广西、广东高品位地方矿为主。1994 年打破单一进口澳矿的状况,新增进口南非粉矿和巴西粉矿。为提高炼铁的熟料比,从 1997 年开始,新增秘鲁球团,之后增加印度球团和巴西球团。为降低进口成本,1998 年起,进口品位与澳矿接近的印度粉矿。

所需石灰石由湘钢东安矿生产,主要产品为优质石灰石。产品主要供应炼钢、炼铁、烧结作溶剂矿和原料等,少量外销。白云石由湘钢湘乡矿生产,该矿矿石储量丰富,拥有小豹子山、万罗山两个采区。总量 1.18 亿吨,质量上乘,矿石品位均在Ⅱ级以上。产品主要供应炼钢、炼铁使用,部分产品外销娄底、长沙、衡阳等地。

1986~2005 年部分年份湘钢原燃料采购情况

表 19-1-2　　单位:万吨

年份	1986	1990	1995	2000	2005
铁矿石	77.5	93	99.2	235.6	465
铁合金	0.07	0.09	0.09	0.21	0.43
废钢铁	2.5	3.0	3.1	7.3	15.0
煤炭	84.6	84.6	123.6	135	215

一、石灰石矿

1985 年, 湘钢东安石灰石矿主要生产设备有: 粗、中破生产线各一条,4 立方米电铲两台,KQ-200 潜孔钻 1 台,大型运矿汽车(15 吨)1 台。东安矿是石灰石露天矿,整个工艺由 KQ-200 潜孔钻钻孔,实行爆破作业,由 4 立方米电铲装矿,大型运矿汽车(15 吨)运输,粗、中破生产线破碎,进行水洗、筛分。形成炼钢、炼铁、烧结、水泥等成品矿,泥沙、泥浆由尾矿坝储存。其所占比例分别为炼钢矿 45%、炼铁(烧结)矿 30%、水泥矿 20%、尾沙 5%。

1986 年,东安矿产能得到释放,用于炼钢、炼铁、烧结的石灰石能做到均衡生产和发货,形成 30 万吨生产规模,当年实际年产量为 30.89 万吨。东安矿同长沙矿山研究院合作,开展采矿中爆破降震和改善爆破效果的科研工作,大块降低率达 50%,降震率达 40%。1987 ~ 1990 年,共增加大型运矿汽车(15 吨)7 台。1990 年,生产石灰石成品矿 37.21 万吨。

1992 年,该矿攻克粉矿回收关,延长尾矿坝的使用寿命。1993 年,增加大型运矿汽车(15 吨)1

台。1994年,利用隔声技术对破碎系统进行噪音治理,噪声由原来的105分贝降至80分贝。1995年,产量20.91万吨。

1996年,由于湘钢工艺技术结构调整,对矿石需求锐减,只要直径35~70毫米单一品种。为提高炼钢矿产量,降低火工消耗,组织力量攻关,成功掌握空气间隔装药中爆破技术。2000年,产量27.11万吨。

2003年,将电雷管改为纸雷管,由电启爆改为非电启爆,由威力大的硝铵炸药改为威力小的中性炸药,成本降低50%,块矿率提高20%,减少废矿所占比例,延长矿区开采年限。同时,对破碎系统进行改造,对粗、中破进行调整,分级筛筛网执行新的标准,降低粉矿率,提高直径35~70毫米炼钢矿矿量。随着湘钢工艺改进和技改深入,对东安矿实行限产限运。自停供烧结矿后,产品结构严重失衡,生产组织难度加大,产量逐年萎缩。2005年,从业人员124人;生产能力30万吨,实际产量15.42万吨。至2005年底,该矿拥有石灰石储量112.76万吨。

二、白云石矿

湘钢湘乡白云石矿是露天矿,于1983年建成白云石生产线一条,有挖机、电铲、潜孔钻等大型设备设施。整个工艺由KQG-150潜孔钻钻孔,实行中深孔爆破作业,再由2立方米电铲和挖机装矿,大型运矿汽车运输。粗、中破生产线破碎,进行水洗、筛分,形成直径20毫米以上粒子矿,直径20毫米以下矿石经锤破、粉筛等形成直径5毫米以下烧结粉矿,其所占比例分别为35%、65%。

1986年,生产能力50万吨,实际采剥总量为12.49万吨,外销两万吨。1990年10月,为适应湘钢二烧系统投产粉矿急剧增加需要,进行破碎系统细碎工程建设,利用直径5~10毫米尾矿加工白云石矿粉,完成破碎三筛分改造,增加运矿皮带一条及对辊机两台,建细碎原矿储矿仓一个。矿石品种由直径40~100毫米、20~40毫米、10~20毫米、5~10毫米、5毫米以下变直径为40~100毫米、20~40毫米、10~20毫米、5毫米以下,粉矿产量由1万吨增至3万吨。

1995年,购进一台上海120推土机、两台红岩车。大幅度精简机构和人员,管理人员定员比1994年压缩8%,工人压缩12%。通过开展技术攻关和TPM(全员设备维修)活动,推广新技术,主要生产设备故障停机时间大幅下降。通过加强成本管理,加大考核力度,完善财务制度,全年成本降低55万元。全年采剥总量18.74万吨,生产成品矿13.27万吨。

1998年11月,该矿对破碎系统工艺设备再次进行改造。将原两台对辊机更换为一台柱磨机,粉矿生产能力从年产3万吨提高到4万吨。粉矿质量有改善,直径小于3毫米的粉矿增至85%以上。为改善爆破效果及安全作业环境,提高爆破能量利用率,将原来的毫秒微差电爆网络改成非电导爆管起爆网络;在装药结构上,把连续装药改变成间隔分段装药。1999年湘钢淘汰平炉炼钢,直径40~100毫米的炼钢矿不再使用。2000年,为解决中破瓶颈问题,对破碎系统进行改造:完成老中破系统拆除和二筛分大楼、11号皮带通廊拆除爆破;更换两台中破机和一台重型筛;增加两台锤破机、一台粉筛及18~23号皮带机等破碎后工艺流程。该技改工程竣工后,矿石品种扩展到直径100毫米以内的各种规格,粉矿生产能力达30万吨。

2004年,建成溅渣护炉轻烧白云石窑。2005年,由于烧结利用轻烧白云石粉部分替代烧结矿提高烧结产量,粉矿生产能力严重过剩,为此,采取空气间隔装药的新技术提高块矿率。同年,250立方米焦烧窑投产达效，形成年产 7 万吨轻烧白云石规模。焦烧窑为机械竖窑，原料为直径 40～70 毫米白云石矿块，与燃料按 8.8:1.2 配比混合，经预热、焙烧、冷却后出炉，再经筛分成轻烧白云石块灰和粉灰。生产的轻烧白云石主要用于炼钢及板材生产，轻烧白云石粉灰送烧结使用。是年，从业人员 193 人；生产能力 50 万吨，实际采剥总量 61.4 万吨。

第二节 烧结

一、烧结矿

1986 年，湘钢烧结厂生产烧结矿的主要设备有：原料场的两台 24 平方米烧结机（简称：一烧）、翻车机、混匀堆取料机、皮带机、给配料设备、混料设备、带冷机、主风机、除尘等。采用氧化镁高含量生产烧结矿新技术；原料入机采用“三倒一推吊车混合”的操作方法。烧结矿年生产能力 45 万吨，实际产量 48 万吨 。1987 年，烧结厂在 38 个工种（岗位）中试行标准化作业；在操作工艺上，继续推行厚料层烧结法。转鼓指数和利用系数进入国家特级；品位、碱度稳定率进入国家二级；工序能耗进入湖南省先进标准。1989 年，烧结矿产量 55 万吨。

1991 年 2 月 28 日，90 平方米烧结机（简称：二烧一期）正式投产。科研成果“烧结机密封技术”获得专利。1992 年，在继续巩固和抓好一烧工序控制管理网的同时，针对二烧新的工艺特点，在配料室、烧结机等关键岗位共设置工序控制点 10 个，运用控制图进行工序控制；对入厂原料按堆料图分品种、品位采取“鱼鳞状”堆料法堆放，使料场管理逐步规范，原料波动得到有效控制。年烧结矿产量首次突破 100 万吨。1993 年，重点抓工艺操作，整顿工艺纪律，强化岗位标准化作业，强化实施点巡检，提高设备作业率。两台 24 平方米烧结机采用水平式摆架、活动式篦条、水冷滚动轴承等新技术；在一烧返四、返五岗位安装扁布袋除尘器；二原料场增加直进系统，完善供料工艺。1994 年，建立三级信息质量管理网，对进厂原料进行跟踪管理。混匀料堆严格按品位搭配，稳定原料成分，南非矿烧结配矿试验成功，取得提高烧结矿精粉率、二原料混匀堆料和液压系统改造等 10 余项科研攻关成果。

1996 年，做好生产均衡工作，加强信息反馈，强化计划检修和事故抢修，烧结机作业率明显提高。烧结矿产量由原来每月不足 10 万吨，上升到每月 11 万吨以上。1997 年，狠抓原料管理，严格原料质量检验，并坚持“精确配料，稳定水碳，厚铺慢转”的要求，烧结矿质量有提高。1999 年，重点抓白灰工程建设并投入使用，显著提高烧结矿产、质量。转炉泥综合利用正式投产。完成转炉渣试验、计算机预配料应用、降低烧结矿中细粒级含量研究等多项课题。其中添加生石灰一项，可使烧结矿产量年增 8%以上。2000 年，强化设备管理措施，规范设备信息反馈，完善点巡检记录。实施对设备备件的定置管理和对重点设备的特护，使设备对生产的负面影响下降到最低程度，并于当年建成 105 平方米烧结机（简称：二烧二期），生产烧结矿 189.83 万吨，创年产量最高纪录。

2001～2002 年，加大科研技术改进力度，成立 20 个 QC 活动小组。以新工艺找技术改进突破口，针对工序、技术参数、能耗等积极进行摸索攻关。2003 年，先后成立精料攻关组、布料攻关组、工艺参数研究组，从提高混匀料质量、稳定配料操作水平以及如何铺平烧透等多方面进行研究，确立

28 项效率改进项目,取得效果。为解决低硅烧结难题,在二烧烧结矿上喷洒喷洒剂(型号为:DS-1)、在一烧配加蛇纹石进行烧结等措施。180 平方米烧结机(简称:三烧)正式投产,烧结设备装备水平大大提高。2004 年,组织重点技术力量摸索新设备运行规律和工艺性能。同时,抓住试生产及主风机不顺生产空隙,对三烧工程存在设备制造和安装缺陷进行整改达 300 项。2005 年,为满足 3 号高炉大修投产和公司"产钢四百万"对烧结矿的增量要求,开展降低小粒级和返矿攻关。以量化设备点检路线和标准体系为重点,推进 EAM(企业资产管理)系统。加强设备检修计划管理,设备故障停机率比上年降低 23.89%。全年从业人员 1300 人,生产能力 580 万吨,实际产烧结矿 588.15 万吨。

二、球团矿

2000 年 10 月,湘钢为改变球团矿长期依赖进口状况,成立"湘潭市瑞通球团有限公司"。引进杭钢竖炉球团生产工艺,新建 4 平方米竖炉一座,设计年生产能力 12.5 万吨。这是境域首家生产球团矿的企业,也是湘钢内部首家有职工个人参股的股份制单位。2001 年 7 月,4 平方米竖炉生产。由于配料系统设计不完善,导致精矿和膨润土配料系统无法正常运转,经过采用拖料式配料皮带及封闭式螺旋配料工艺,解决这一问题。随着生产发展,4 平方米竖炉使用的两台直径 4.2 米造球圆盘的造球机,成为制约生产能力提高的瓶颈,为解决造球能力不足的问题,先后两次对造球机进行改造。圆盘直径从 4.2 米扩大到 4.5 米,再从 4.5 米扩大到 4.8 米。4 平方米竖炉成品输送借鉴杭州钢厂设计使用的钢丝网带输送,投产第一天钢丝网带报废,后改用独创的皮带打水方式。2003 年,新建多管除尘器,改善除尘效果。2004 年,全年产量 34.8 万吨,创全国中小型竖炉球团生产最好水平。同年,应湖南省资兴矿务局邀请以"瑞通生产球团技术"入股,作价 120 万元,共同发起组建"兴通球团有限公司"。2005 年,湘钢利用第一座 4 平方米竖炉球团生产的成功经验,决定投资 6700 万元建第二座年设计生产能力 50 万吨球团矿的 10 平方米竖炉球团生产线。经过 9 个月的紧张施工,于 2005 年 3 月 31 日建成投产。至此,湘钢形成年产球团矿 80 万吨的生产能力。全年实际产量 66.2 万吨:其中 4 平方米竖炉为 32.5 万吨,10 平方米竖炉为 33.7 万吨。从业人员 200 人。

第三节　炼焦

1986 年,湘钢焦化厂主要为炼铁生产合格的冶金焦。其主要原料为炼焦煤等。生产工艺:入厂炼焦煤经检验判定后卸入煤场指定位置,依次经过配煤、粉碎、配合煤入焦炉炼焦、出焦、熄焦,筛分后大块焦送至炼铁,焦粉送烧结。设计年产焦炭能力 114 万吨。主要设备有焦炉 4 座,此外还有煤场龙门吊、配煤槽、粉碎机、焦炉四大车以及煤气鼓风机、横管初冷器脱硫塔、喷淋式饱和器、洗苯塔等副产品回收设备。当年产焦 54.07 万吨。1987 年和 1988 年先后建成 1、2 号 42 孔 JNX43-83 型焦炉。1990 年 1、2 号新焦炉通过冶金工业部检查,被评为"红旗炉"。

1995 年,3 号 45 孔 JN43-80 型焦炉建成投产,焦炭产量逐年增加,当年焦炭产量达到 63 万吨。

1998 年,改圆柱形配煤斗槽为双曲线斗槽。1999 年,湘钢和株洲工学院合作开发焦化厂煤气集气管压力自动调节系统,每年减少荒煤气损失 207 万元。同年还采用胶补法处理上升管阀体开裂问题,改善焦炉操作环境,减少酚水和荒煤气泄漏。用满流法代替定期喷补法,喷补焦炉砖煤气道,节约炉料，降低热耗，对改善焦炭质量和延长焦炉寿命起到重要作用，并对3号和1号焦炉用高炉煤气代替焦炉煤气加热，每年降低成本2000万元。同年，对东西煤场进行两次改造，提高焦炉产量和质量。全年焦炭年产量达到85.5万吨，首次超过焦炭年产85万吨设计能力。2000年，焦化厂共生产焦炭83.62万吨。

2002年2月，高压氨水装煤消烟装置正式投产运行，高压氨水泵出口压力保持在1.8～2.5兆帕（MPa），减少煤气泄漏，增加煤气产量，减少煤料飞损，并且减轻煤气和烟尘对大气、环境的污染。同年，在1号焦炉地下室安装一套煤气监控系统，消除安全隐患，确保进入地下室人员的安全。2003年，在4号焦炉基础上新建一座45孔的JN43-80型复热式焦炉，并正式投产运行。同时安装SC-90焦炉三车联锁控制系统，通过天线箱和扁平电缆之间的通讯来确定推焦车、拦焦车以及熄焦车的准确对位来解决红焦落地的问题，增强整个系统的安全性能。全年产焦109.21万吨，突破百万吨。2004年，三期环保工程投入运行，在现有外排水达标基础上，增强突发生产事故状态下预防污染事故能力，以杜绝异常状态下对湘江的污染及增强清污分流的力度和效果。2005年，75吨/小时干熄焦装置投产运行。该项目是国产化第一套75吨/小时干熄焦装置，取得提高焦炭质量和节能环保效果。同年，焦炭生产能力114万吨，实际产量为115.41万吨，从业人员1063人。

第四节　炼铁

1986年，境域湘钢炼铁厂有两座高炉冶炼生铁，其冶炼过程主要是化学反应。从高炉本体上部装入的铁矿石、燃料和熔剂；下部鼓入空气燃烧燃料；炉料经过加热、还原、熔化、造渣、渗碳、脱硫等一系列物理化学过程，最后生产液态炉渣和生铁。主要设备有原料场的高炉本体（含送风、放风、冷却、探测设备）、翻车机、堆取料机、皮带、料仓的下料设备（含过筛设备）、上料设备、炉顶的布料设备、热风炉、除尘设备、喷煤系统等。主要产品有炼钢生铁、铸造生铁等。主要原燃料为烧结矿、铁矿石、白云石、石灰石、冶金焦炭。炼钢生铁主要供应平炉、转炉炼钢，铸造生铁中有部分供应中央在省企业。是年，1号高炉大修后投产，生产能力35万吨，实际产量37万吨。在高炉贯流式风口研制与使用项目中，主持焊接技术的带头人艾爱国获国家科技进步二等奖。1987年，2号高炉改造性大修后投产。1988年，强化生产调度指挥，制定物资消耗定额，加强成本核算，把标准化作业纳入经济承包制考核，并与分配挂钩。1989年，组织2号高炉精料生产、热块矿高品位矿入炉，抓好富氧，提高炉顶压力，强化设备管理，全年铁产量65.06万吨。1990年，由高级工程师黄光华设计一套可控硅调速控制装置，使超龄服役的1号高炉电控设备在晚期仍正常运行。

1991年，采用无水炮泥、风口袖套、高炉富氧等新技术，提高利用系数；为增大风量，引进日本风机。1992年，更换3号风机，实现22项技术改造；采用大风量、高风温的先进操作法；实行炉外增硅冶炼等新技术。1993年，3号高炉投产。1994年，实施3号高炉TL565计算机上料系统程序重设调整、喷煤制粉工艺改造、延长1号高炉生产寿命改造；进行高炉冷却设备新型维护法、高风温水平攻关；进行2号高炉中心布焦及炉前水冷砂口改造；实施3号高炉探尺自动控制系统及料位显示装置重设调整、3号高炉装料和配料程序改变等一大批工艺、技术改进和设备改造项目，并得到成功运用。是年，炼铁产量80.16万吨。

1996年,1号高炉开展大矿批攻关,先后经过3次改进,将矿批从17吨/批扩大到32吨/批。此后又攻下节流阀开度自动补偿等技术难题,矿批多环布料技术创新获得成功,焦比下降50千克/吨,高炉利用系数提高0.277,煤比上升10千克/吨。同年7月,扩容为1000立方米的1号高炉投产,至此,炼铁已具备年产量130万吨生产能力。1997年,面临90年代以来原燃料供应最困难境遇,全年炉料熟料率不到70%。面对在生产中烧结矿的短缺,以配加球团矿来弥补不足,并通过原料的筛分提高炉料质量。重点确保1号高炉达产达效,坚持2号高炉护炉保产,3号高炉稳产高产,实现2、3号高炉原燃料的合理配用。当年主要技术经济指标回升,全年产铁110.57万吨。2000年,1号高炉在操作上采用极限操作法,通过高风温、全喷吹、大风量、高顶压、低硅数操作,实现煤气富化、炉顶均压、放散系统改造,促进主要技术经济指标的提升。炼铁厂高炉利用系数达到2.63,迈入全国先进行列,占湘钢总能耗达50%以上的炼铁工序能耗下降20%。其他主要技术指标,如入炉焦比由616.77千克/吨(1998年)降到463.84千克/吨;喷煤比由56千克/吨上升到94千克/吨。全年产铁152.4万吨。

2001年,面对原燃料条件差等困难,采用炉况上部控制边缘气流、开放中心气流,改善煤气利用;炉前以提高铁次和出铁正点率为中心,改善渣铁排放等一系列新工艺。是年5月15日,2号高炉大修改造竣工,点火开炉,实现9天达产、利用系数突破2.0、一个月达效。炼铁厂全年产铁206.84万吨,焦比降到400千克/吨以下。2002年,狠抓精料工作,以槽下筛分工作为重点,减少粉末入炉,料柱透气性改善,炉况稳定性增强。在1号高炉率先使用大矿批多环往复式布料后,煤气利用率进一步提高,燃料比大幅下降,突破500千克/吨。2003年,2号高炉利用富氧有利条件,不断提高冶炼强度,利用系数突破2.8。三座高炉从下部入手,提高风速和鼓风动能,改善炉缸工作状况,减少风渣口损坏,降低休风率。1号高炉生产进入第8个年头,因此和3号高炉一起采用钒钛矿护炉,两座高炉进入炉役晚期,生产指标仍维持较高水平。炼铁厂全年铁产量登上250万吨新台阶,焦比降为395.92千克/吨。2004年2月11日,4号高炉顺利点火开炉。该高炉采用软水密闭循环、皮带上料、铜冷却壁、余压发电、焦炉煤气加压富化等多项先进技术。至此,高炉总炉容达到4550立方米。4号高炉开炉第5天,利用系数达到2.0,创造同类型高炉开炉达产(9天)新纪录。2005年2月17日,3号高炉大修改造后顺利点火开炉,投产第四天利用系数达到2.0,创造同类型高炉开炉达产(5天)新纪录。同年8~10月份,利用系数达到2.7,焦比降到380千克/吨,迈入全国先进行列。2005年,炼铁厂拥有4座高炉,全年炼铁生产能力为395万吨,实际产量402.71万吨,首次突破400万吨。从业人员为1298人。

图19-1-1 炼铁厂矗立的高炉

第五节 炼钢

一、平炉炼钢

1986年,湘钢一炼钢厂有三座平炉。平炉炼钢工艺:在平炉内利用氧气氧化作用,去除铁水中碳和部分杂质,调节温度和化学成分使铁水变成合格的钢水,通过模具浇注成初轧的原料——60钢坯。是年,湘钢对使用17年主厂房屋面进行大修和1号平炉改造。全年产钢54.23万吨。

1987年,改造后的1号平炉于5月14日投产。完成沉渣室门砌筑工艺、白灰三级固定式料钟、1号、2号、3号炉清渣吊斗滑道、平炉蓄热室格子砖砖型等多项技术改造,同时采用水浴除尘器替代振动筛MG-72袋式除尘器等多项新技术。1988年,1号平炉进行沸腾钢轧制7倍尺钢锭等14项技术改造,采用蓄热室顶用3级高铝砖代替1级高铝砖等5项新技术。1989年,完成2号平炉改单枪吹氧等7项技术改造和平炉蒸汽封顶压力记录自动化等6项技术攻关。但由于1号平炉作业率低,未达到79.9%的设计要求,作业率实际只有64.12%;1号平炉设计炉顶寿命应为400炉,实际只达到149炉,全年产钢64.81万吨,为设计能力70万吨的93%。1990年,3号平炉改单枪吹氧。由于动力厂6000立方米/小时制氧机齿轮事故,使1号平炉从10月8日起停产97天,2号、3号平炉也被迫停止供氧,炼钢产量大幅下降。全年产量56.86万吨。

1991年,一炼钢厂全年钢产量达到65.09万吨。1992年,组织开展提高炉顶寿命等多项技术攻关,其中推广和完善乳化油在平炉生产中使用后,节油率达8.45~16.6%,全年节约重油5164吨,创效益295.69万元。同时注重提高钢锭实物质量和新品种研发,钢锭合格率达到99.08%。针对吹氧平炉易出现碳温不协调问题,引进用SiC(碳化硅)进行调温新技术,降低吨钢铁合金消耗。1993年4月和8月,先后完成2号平炉由单枪改成双枪吹氧和将3号平炉由单枪吹氧改造成三枪吹氧两项技改工程。

1996年,科学地计划三座平炉的停、开(炉),避免出现单炉生产。引进使用高档炉顶砖,加强日常炉体维护,控制好炉型。合理安排品种钢生产,杜绝大风大油违章操作。1999年2月,湘钢对炼钢工艺结构进行优化调整,关停生产效率低、能耗高、各项指标差的平炉。铁水供应也优先保转炉生产,炼钢生产模式也由“两平(平炉)一转(转炉)”过渡到“两转(转炉)一平(平炉)”。一钢厂经历由平炉冶炼钢水供二钢厂进行连铸,过渡到从二钢厂接转炉钢水进行模铸变迁。7月4日全线停产,结束境域平炉炼钢历史。

二、转炉炼钢

1994年1月,湘钢成立二炼钢厂,开始建设转炉炼钢项目。转炉炼钢:在转炉内利用氧气的氧化作用,去除铁水中的碳和部分杂质。调节温度和化学成分使铁水变成合格钢水,通过连铸机浇注成轧钢的原料——钢坯。1994年12月,2号铸机建成,1995年1月热试车一次性成功,实现连铸坯“零”的突破。1995年3月,成立2号连铸方坯质量攻关队,配合连铸车间先后对P4台、P5台、扇形段、百吨机、冷床、磨电道等进行大规模整改。年内生产出合格定尺连铸钢坯6581.24吨。二炼钢系统主要有三座转炉及混铁炉、脱硫预处理、浇注吊车、LF 精炼炉、溅渣护炉系统、煤气及烟道系统、连铸系统(4 台连铸机、大包回转台、中间包车、配水系统、火切机、滚道、冷床)和中间包修整等设备。

1996 年,1 号转炉大批量投入生产,年内实现 4 炉钢水连续浇铸(简称:4 连浇),内部连铸比达到 91.8%。同时,开发出 Q195b、20MnSi、30MnSi 等 9 个品种。1997 年,2 号转炉先后完成冷态联动试车和热试车一次成功,形成"两转对两机"(两座转炉对两台连铸机)生产规模。全年产钢 28.3 万吨,品种钢产量达到 1.17 万吨。1998 年,3 号连铸机建成投产。同时,开展水系统与结晶器系统的攻关改造,使结晶器铜管寿命提高到 2000 多吨坯 / 支,连铸拉速也明显提升。生产 65 号钢获得成功,又开发出连铸低碳低硅、合金焊、高碳钢系列,并实现 8 机 8 流(8 台独立的电机对应 8 流次铸坯)。年底,3 号连铸机月产突破 6.2 万吨,超过 5 万吨的设计能力。全年产钢 63.4 万吨。1999 年,先后完成配套的转炉溅渣护炉、转炉刮渣器、2 号连铸机、吊车等技术改造项目。顺利实现"以转(炉)代平(炉)"的平稳过渡,钢包炉试车成功,开发高碳钢、管桩钢和连铸焊条钢等新品种。2 号转炉首役炉龄达 1527 炉,为全国同期较高水平。连铸坯产量由月产 9000 吨跃升至 40000 吨,全年钢产量 110.6 万吨。炼钢厂职工冯宇及冯震亚两人,首创适合湘钢转炉特点高碳钢冶炼操作方法,被湘钢命名为"冯氏操作法"。2000 年,1 号连铸机建成投产,淘汰模铸工艺,实现全连铸生产,使境域湘钢进入国内连铸生产先进行列。

2001 年,3 号转炉技改一次性试车成功、钢包炉、1 号 900 吨混铁炉技改后正式投入运行。同时还组织自动液面控制、铸机大包加盖、结晶器电磁搅拌、炉后挡渣攻关等系列技术改造。2001 年湘钢提前三天完成年产 200 万吨钢目标,全年产钢 201.38 万吨,其中 8 月份两座 80 吨转炉共实现月产钢 18.8 万吨,创国内同类型转炉一流水平。2002 年进行的钢包炉达产、转炉煤气回收工程、2 号铸机等改造项目,使主要技术经济指标优化,长寿中间包使用使平均连浇炉数提高到 30 炉 / 次。1 号转炉炉龄达 18000 炉,刷新炉龄纪录。钢铁料消耗平均降至 1082.4 千克 / 吨;铸坯合格率平均达 99.7%;钢水收得率平均达 98.7%;拉成率平均达 97.6%;品种钢的比例占总量的 75%。成功开发合金焊丝 ER70S ~ 6、H08Mn2SiA、45 号碳结圆、冷镦钢 SWRCH35K、SWRCH10K、高 C 钢 72B 系列、20g 管坯等。全年在品种钢比例提高、产量增加、折旧大修增加的情况下,吨坯成本降至 1423.48 元 / 吨。全年产钢 246 万吨,月产最好水平达 21.7 万吨。2003 年,品种钢占年总产量的 78.6%。同时成功开发 40Cr、20Cr、20CrMo、65Mn、75Mn、H08A1、B4L1、SWRCH8A 等型号的新品种,其中焊条钢、冷镦钢、弹簧钢等品种钢生产和质量的档次形成自己的优势。全年转炉炼钢工序能耗为 -0.08 千克标煤,实现负能炼钢,成为国内继宝钢、武钢、马钢之后,负能炼钢的又一厂家。铁耗全年平均为 947 千克 / 吨,达到全国较好水平。铸坯合格率平均达 99.8%以上;钢水收得率平均 98%以上;拉成率平均达 99.1%以上;8 机 8 流铸机平均连浇炉数达 38 炉。全厂石灰消耗降到 52.2 千克 / 吨;耐材消耗控制在 27.85 元 / 吨钢。年内,4 号精

图 19-1-2　炼钢厂转炉正在生产

品连铸机热负荷试车成功，投产后开发并生产45A、70G、SWRCH8A等品种钢，连浇炉数最好水平达15炉。2004年，通过持续技术攻关，各项技术指标得到突破：负能炼钢达到-2.6千克标煤/吨；1号转炉炉龄超过22000炉。并新开发含铝冷镦钢、B类钢、20CrMnTi等深加工、高附加值品种钢，产品由中低档向中高档转移。全年品种钢比例达到86%。2005年，2号连铸机首次实现热换中包3连浇，连浇炉数达60炉，铁水预处理二期工程热试车一次性成功。铁水预处理脱硫二期项目投产，经除尘净化后，降低烟气含尘浓度，使其达到国家允许的排放要求，且每小时可回收粉尘量约3.4吨。这一烧结原料的重新利用，取得较好的经济效益和环保效益。成功开发出合金冷镦钢、37Mn5、易切削钢以及36Mn2V等新品种，品种钢占总产量的82%。全年，炼钢生产能力350万吨；实际产钢401万吨，年产量在国内同类型转炉中稳居第一。从业人员1278人。

第六节 钢材加工

一、棒材

1993年湘钢兴建一条棒材生产线（简称：一棒材），1994年投产试轧成功。设备为一座推钢式加热炉和三架650横列式轧机；产品为管坯、方钢、窄带钢三种。投产后由于受市场的影响，在一段时间内，生产一直处于停停打打状态。1995年产材4906吨。

图19-1-2 一棒材生产线

1999年，湘钢投资8300万元对一棒材进行技术改造，改造成一条半连续式棒材生产线。改造后保留原来的推钢式加热炉和Ⅰ架650三辊横列式粗轧机，在粗轧机后增加6架水平布置、辊径为450毫米的中轧机组和6架平立交替布置、辊径为350毫米的精轧机组。在中轧第2架与第3架轧机之间设1号飞剪进行头尾剪切和事故碎断；在中轧与精轧之间设2号飞剪进行头尾剪切和事故碎断。成品轧机后设3号倍尺剪、78×11米步进尺条式冷床、500吨冷剪。孔型系统为椭—圆孔型系统，在中轧椭轧件进圆孔型时采用扭转导卫进行90度扭转，在精轧各机架之间采用立活套进行无张力控制。改造后的棒材生产线年设计能力为30万吨，其中螺纹钢为23万吨，圆管坯为7万吨。2000年，实际产量22.5万吨。

2000年12月，随着生产发展的需要，建成第二条棒材生产线（以下简称“二棒材”），共有3台轧机，生产能力为60万吨。2003年12月15日，二棒材停产实施半连轧改造，并于2004年2月22日中班试轧。原有设备除保留800轧机和400吨剪以外，新增和改进步进式加热炉、具有20世纪末世界先进水平的意大利POMINI八架短应力线红圈轧机、横移设备、4台锯机以及冷床，生产工艺水平跨入国际先进行列，总投资1.6亿元。2004年，一棒材年产量达到52.7万吨的超常水平；二棒材在停产近两个月的情况下，年产圆管坯71.95万吨。

2005 年，一棒材产品已覆盖优碳圆、普碳圆、冷镦钢、合结圆、易切削钢、螺纹钢、S45C、S10C、S20C 等品种，规格在直径 16～45 毫米之间。出口材产量以及品种钢生产比例提升；技术经济指标也有改善。成材率由 76.74%提高到 96.66%；合格率由 83.02% 提高到了 99.42%。二棒材新增倒棱机、矫直机，使出口材、品种钢产品质量得到提升。老式轧机生产的产品修磨率在 12%以上，设备改造后生产的圆钢修磨率控制在 1%左右，最好水平达到 0.8%。生产的品种有管坯、中低压管坯、普圆、碳结圆、合结圆五大类数十个品种，规格在直径 50～170 毫米之间。是年，棒材生产能力 105 万吨，实际产量 152.47 万吨。从业人员 765 人。

二、线材

1986 年，湘钢主要线材产品为低碳和低合金盘卷，是企业创造利税的主要当家产品。因此，设备一直处于满负荷运转，设备老化严重。1988 年，高级热工工程师尚永发，采用重油掺水乳化燃烧技术，使重油掺水 8%左右，改善燃烧状况，节约能源 3%。他提出采用不定型耐火材料对炉体部分结构进行整体浇注，提高炉子寿命，节省检修时间。同时引进计算机控制操作技术，有效地控制热工参数，节约能源。

1992 年 8 月，湘钢和香港中银集团投资有限公司合资兴建中外合作经营企业—— 湘钢华光线材有限公司(简称：一高线)。1993 年 7 月 1 日破土兴建，共有轧机 28 架。1995 年 12 月轧机通过第一根红钢，生产第一年就轧出铆螺钢、82A、72A 等几个高难度、高附加值的新品种。

1996 年，一高线组织 2 架入口导卫改造；全自动轧制、集卷筒技术改进；开发新品种、优化控冷参数等攻关，解决生产中堆钢和提高轧制速度等问题。成功开发 17 个品种，先后试轧出口韩国的 1000 多吨 20K、H08A 盘条。1997 年针对 1 架倒坯、集卷卡钢、PF 链和卸卷站、粗中轧立式轧机螺伞和吐丝机甩尾等制约生产的难题进行攻关，对 1 架导卫、PF 链、卸卷站、集卷站进行技术改造，对螺伞实行特护。1998 年针对加热炉间隙时间过长，轧制硬线 STM 辊道插线、RMC2 跳闸、芯轴挂线及双臂芯轴不到位等制约生产的难题进行攻关，缩短加热炉隔号时间。对双臂芯轴和 CTC 运卷小车进行改造，成功开发出合金焊条、H08Mn2Si、弹簧钢、60SiMn、连铸高碳等品种钢。是年，提前 57 天达到年产材 38 万吨设计能力，全年产量 46.6 万吨。1999 年，解决氧化铁皮过厚易脱落、RMC2 计算机跳闸和计算机 Y2K 的问题；对双臂芯轴鼻锥和斯太尔摩首段进行改造。同年热轧螺纹钢(直径 10 毫米)获得成功。全年线材产量 53.64 万吨，其中 品种钢 11.27 万吨，品种比达 20%以上。高软线获全国冶金行业实物质量“金杯奖”。 2000 年，完成热送、热装改造工程，热装率达到 56.25%。同时完成提高合金焊盘条性能和表面质量、建立高线内部网络管理系统、MV320 及硬考贝和国产化等三项科研项目。年内，“全自动高速线材生产工艺”项目，被评为湖南省科技成果一等奖。同年，又开发直径 5.5 毫米、8 毫米、16 毫米、20 毫米规格的出口线材， 以及 BL1 系列、SAE1008、S20C、S45C 等品种，品种比达到 40%以上。高硬线获冶金行业实物质量“金杯奖”。成材率达到 96.67%，日历作业率达到 79.52%，吨钢单位成本从 2772.78 元(1996 年)下降到 1683.69 元。线材产量 60.06 万吨，突破 60 万吨，达到设计能力(38 万吨)的 158%。

2000 年湘钢第二高速线材厂建成(简称：二高线)，共有轧机 41 架。由原 4 条普线，改为 A、B 线单线生产，2001 年顺利投产及达产达效，年设计生产能力 45 万吨。实践证明，在国内没有先例的情况下，利用相应的老轧机改造成为高速线材轧机，其工艺设计是成功的，设备的配置和自动控制系统能充分满足工艺要求。同年C、D线改造投产，并开始双线生产，年设计能力70万吨。

2003年，一高线成立6个科技攻关组，对精轧堆钢与吐丝乱的问题，组织技术力量对各道工序进行攻关。从吐丝机日常维护到吐丝管的弯制等各个环节均严格按标准进行作业，使每个环节受到控制。并且实行工程师、主管工程师日检制度，定点跟踪，加强对岗位人员的专门培训，基本解决这两个问题，不断探索轧制工艺优化，先后组织专业技术人员对直径7毫米、10毫米、12毫米几种规格的产品在生产中堆钢频繁、产量不高、轧件头部弯曲等问题进行工艺攻关。同时对已立项的"低温轧制""减少切头切尾攻关""含铝冷镦钢轧制""预应力钢丝及钢绞线研究开发""系列弹簧钢开发""大规格小时产量提升研究""减少检轧废攻关"等课题按进度进行攻关。还组织对高压水除鳞工程项目土建施工、设备安装调试与整改；8.5bar水过滤器的整改、CP8盘卷定位自动控制技术改造；CP6新标牌打印机及机房的安装、调试，实现称重与标牌打印自动化；精轧机在线测振系统和油膜轴承温度监控系统安装调试工作等项目进行一系列技术改造。

2004年，高线总产量为190.41万吨。其中二高线产量117.39万吨，二高线产量位居全国同类型轧机第一，合格率99.81%，成材率98.05%，处于全国领先水平。

2005年，高线生产能力108万吨，实际产量184.2万吨，从业人员710人。

三、板材

2004年，湘钢规划投资40亿元，建设年产量250万吨宽厚板生产线。其中一期于2004年1月开工，投资28亿，分为炼钢和轧钢两大部分。宽厚板厂具有世界先进、国内一流水平的工艺技术和装备，其宽厚板的质量和性能按照国标和国际先进标准的要求生产和供货，达到国内一流的产品质量水平。宽厚板品种包括碳素结构钢、优质碳素结构钢、低合金高强度结构钢、造船用钢、管线钢、锅炉用钢、压力容器用钢、桥梁钢、工程机械用钢、汽车大梁用钢、抗层状撕裂钢等，生产的宽厚板：厚度为6～120毫米，宽度为1500～3600毫米，长度为6000～18000毫米。

2005年3月，6号转炉出钢，4月连铸出坯，4月18日，6炉钢水一次性连续浇铸完毕，标志着宽厚板转炉、连铸生产已进入到逐步稳定阶段。9月一条双机架轧机投产试轧，宽厚板精轧机轧出湘钢历史上第一块板材，改变湘钢以生产线棒材为主单一产品结构，形成板材和线棒材两个拳头产品。9月通过ISO9001质量管理体系外部审核。12月底宽厚板初轧机开始轧钢，炼钢区达到日产钢坯5000吨、轧钢区达到日轧板材5500吨。同年，开发出Q235、Q345、Q195、SS400、SPHC、SAE1006、50号、45号、25Mn、16MnR、船板、20克等品种。主要设备：一座转炉，年设计能力150万吨；一条双机架轧机，年生产能力180万吨。实际产钢53.53万吨，实际产材4.33万吨，从业人员625人。

四、钢丝及其制品生产

（一）预应力钢丝及钢绞线

1994年5月，湘钢子公司湘辉公司与香港利晖实业有限公司签订合资合同，1996年1月，经湖南省招商局批准为境域生产预应力钢丝及钢绞线的中外合作专业生产厂家。1996年12月，预应力钢丝及钢绞线建设项目竣工并试生产。主体设备包括RI900/8、RI900/9拉丝机各1台，PC钢丝稳定化处理生产线1条及PC钢绞线生产机组1套，全部从意大利引进，具有20世纪90年代国际先进水平。主要产品为高强度低松弛预应力PC钢丝及钢绞线。设计生产能力：年产高强度低松弛预应力钢丝1万吨、钢绞线1.5万吨。使用原料主要为高速线材SWRH82B、77B、72B，直径8～16毫米。同年，为满足市场需要，湘辉公司解决商品车间原来只能生产单一规格较大的产品问题，恢复停产多年镀锌生产线。1998年，生产预应力金属制品0.77万吨，销售产品0.8万吨，实现销售收入3659.39万元，首次实现盈利。1999年，在全国高线厂家中筛选出以马钢、宝钢为主优质原料供方，签订盘条供应技术协议，规范采购程序，提升原料的实物质量，降低采购成本。同时，对稳定化处理热交换器进行国产化改造，将进口热交换器合二为一用于绞线生产线，新增国产热交换器用于钢丝生产线，解决因水质引起热交换能力不足问题；对生产工艺进行不断完善，针对铬氧化物难以去除问题，采取在酸槽中加盐的方法予以解决；开发直径7毫米螺旋肋钢丝，广泛用于铁路轨枕领域。年内，一次性通过冶金行业质量认证中心审核。2000年，成功开发直径9.53毫米、直径11.11毫米270K级小规格钢绞线等适销对路的系列产品。面对市场挑战，积极开拓新的销售市场，使销售网点扩大到全国80%的地区。当年产量1.48万吨，销售量1.61万吨，销售收入5112.29万元。

2001年，全年生产PC钢绞线和PC钢丝1.83万吨，销售1.91吨，实现销售收入6244.39万元。2002年，开发直径9.53毫米290K级高强度钢绞线。年内，预应力金属制品市场开始凸现疲软，供大于求，原材料价格上扬，产品售价下滑，经营成本增高，在非常不利的形势下，仍然产出1.57吨，销售2.01万吨，完成销售收入6389.41万元。2003年，开发直径18毫米1700MPa大规格模拔型钢绞线。向国外寻找商机，开辟国际市场，4月份PC钢绞线成功打入美国市场。全年，生产总量为2.05万吨，售总量为2.14万吨，其中出口美国6000吨，三项指标虽均超历史同期。由于市场持续低迷，企业仍然亏损。2004年，开发直径9毫米1470MPa大规格螺旋肋钢丝。确立"以出口产品为主导，以创造效益为中心"的经营方针，在重点保证出口合同完成的同时也保证国内合同生产计划如期完成。全年产量2.59吨，销售2.83万吨，其中钢绞线出口1.02万吨，销售收入14331.73万元。2005年，湘辉公司定位于规模化发展战略目标——建设成为"国际国内一流钢绞线企业"。开发新品种直径7毫米、正十二边形钢丝。出口美国钢绞线产品从未出现任何质量异议，在美国享有盛誉，成为美国进口品牌产品，湘辉公司成为国内预应力钢绞线出口美国最大厂家。全年销售收入15020.96万元，实际产量2.87万吨，其中出口钢绞线1.35万吨。从业人员137人。

(二)钢丝绳

1986年，湘钢有钢丝绳生产线一条，主要设备有：成绳机、股绳机、拉丝机、热处理炉、镀锌炉。同年，钢丝绳厂对生产工艺中的关键性数值，如原料盘原、热处理温度、钢丝直径、钢丝绳直径、预变形参数加强控制；完成铅液循环、焊接断头检测等7项科研成果。将原钢丝绳厂薄板车间厂房改成商品钢丝车间，产能逐步释放，当年实现金属制品产量2.63万吨，超过2.6万吨的设计能力，其中钢丝绳1.24万吨。1987年，对113个工种制定岗位标准，推行标准化作业。从西德引进"三机两炉"，即2台1600/6拉丝机、1台2500/6拉丝机、一条1号明火加热炉热处理连续作业线、一条厚镀锌作业线，并于年内竣工投产。由于种种原因，设备引进后基本处于停滞，直到第三期高效钢材改造工程后才开工。1989年，引进6/1000成绳机1台。同年完成太阳伞骨钢丝研制、煤气磁化器应用、新型后变形器等科研攻关。1990年，完成粗直径钢丝热处理连续作业线试验与高强度新结构钢绳等科研项目。通过整合设备，新建航绳车间。当年全厂金属制品总量达到 3.24 万吨，其中钢丝绳 1.3 万吨。

1991 年，针布钢丝产品受销路影响停产。开发 6×26SW+FC—37.5 毫米和 6×SW+FC—40 毫米皮带运输绳。从德国引进一台 8/550 交流变频调速直进式拉丝机，为粗直径高档次钢丝绳生产创造条件，钢绳产品直径从 6.2～43 毫米拓展到 6.2～56 毫米。全国五一劳动奖章获得者张远华，采取升高 10 度炉温等措施，使 1.7 毫米制绳钢丝特号生产率由 40%提高到 89.7%以上，为企业创效益 11.9 万元。1992～1995 年，共开发辐条钢丝、出口碳结钢丝和铁丝、6T×l9S 多丝面绳、粗直径太阳伞骨钢丝、8×19 电梯钢丝绳等 7 个品种。但受市场因素影响，金属制品总量与钢绳产量回落，以销定产，限产疏库，1995 年产量仅有 2.2 万吨。

1996 年，对 24 号、25 号 8／600 拉丝机改活套—直进积线式，解决积线冷却效果差问题；将 18 号 7／450 拉丝机改为 9／450--550 型，以适应大压缩率拉拔要求。严把产品改制关，改制耳子线 470 吨，取得明显节材降耗效果。成功开发 8×19S 电梯钢丝绳和碳素弹簧钢丝产品。1997 年，对热处理炉采用新型铅液覆盖剂，对过热区进行水管冷却等措施，使产品质量有较大提高，质量异议损失明显降低。1998 年，全面推行 IS09000 质量管理模式后，产品实物质量提高。当年开发轮胎钢丝和直径 9 毫米以上工具钢丝产品，按日本标准试制生产 6× 29Fi+FC(IWR)一 35.5 毫米钢丝绳顶替进口钢丝绳。1999 年，开发铆螺钢丝、胶管钢丝、床垫钢丝等产品。停 5 号电加热连续线，改造恢复 1 号煤气加热炉生产，使电耗量大幅度降低。2000 年，调整工艺技术结构，实施集约化生产，停酸洗西跨，实现盘条无酸洗拉拔。直径 3 毫米和直径 2.4 毫米以上的钢丝产品先后实现“一火成材”（指钢丝生产过程只经过一次热处理炉处理）。改造镀锌 1 号炉，恢复镀锌 2 号炉，镀锌产品稳定增长，质量稳步提高。是年，由于产品品质、销路受市场因素制约，金属制品总量始终在 2.5 万吨之间徘徊，钢绳产量保持在 1 万吨。

2001 年，8 号热处理炉竣工投产，制绳钢丝内在质量提高，一次重要用途率由原来的 80%提高到 95%以上，能耗明显降低，生产效率得到较大提高。引进两台 11/560 重型水箱拉丝机，形成年产优质床垫钢丝 4000 吨的生产能力。引进 13/450 水箱拉丝机 7 台、20/260 水箱拉丝机 3 台、15/350 水箱拉丝机 6 台，制绳钢丝生产逐步实现“工字轮周转”。 年内获《钢丝绳生产许可证书》，生产产品在市场中的认知度逐步提高。2002 年，引进 18/305 股绳机 5 台。陆续开发出生拉床垫钢丝、高级床垫钢丝、压扁钢丝等产品，床垫钢丝和压扁钢丝月供货量分别达到 400 吨和 300 吨。镀锌钢绞线达到年产 4000 吨水平。成功开发港口用绳、镀锌钢丝绳、五金弹簧钢丝和伞弹钢丝等产品。8 号热处理炉作业线点火投产，实现大盘重周转。至此，钢丝绳厂逐步形成年产金属制品总量 4.5 万吨生产能力，产品结构发生根本变化，形成钢丝绳、商品钢丝、镀锌产品三足鼎立格局。2003 年，引进高速管式捻股机 5 台，对商品车间 1 号热处理炉、大酸洗作业线和成品库房进行改造。全年实现金属制品总量 3.86 万吨。2004 年对钢丝车间 24 号、25 号、27 号三台大拉、钢绳车间 1 号、2 号成绳机、商品车间 1 号、2 号、3 号大拉与镀锌炉锌锅等设备进行改造，进一步提高生产能力，当年金属制品总量首次突破 5 万吨大关，达 5.24 万吨，钢绳产量 2.5 万吨。2005 年，引进 18/455 股绳机 6 台、7/600+ 象鼻子等系列拉丝机，新建国内首台 GSZ6/760 高速管式成绳机，推动生产能力再上一个档次。当年，生产能力 6 万吨。线面绳、大规格钢丝绳、镀锌钢丝绳占比达到 20%。床垫钢丝年销量 2.34 万吨，非弹钢丝年销量 8136 吨，钢绞线的年销量达到 5803 吨，出口床垫钢丝达 982.94 吨。生产金属制品

6.07 万吨，钢绳、钢绞线产量达到 2.7 万吨。从业人员 736 人。

附 湘潭钢铁集团有限公司简介

湘潭钢铁集团有限公司(简称湘钢)在 1956~1957 年选厂址阶段时称“湖南钢铁厂”，1957 年正式定址在湘潭市岳塘区，1958 年 8 月正式建厂时改称“湘潭钢铁公司”，1965 年改称“湘潭钢铁厂”，1988 年 6 月恢复“湘潭钢铁公司”名称，1998 年 6 月改制后称“湘潭钢铁集团有限公司”，是国内大型钢铁联合企业和线材、棒材、板材、金属制品重要生产企业之一。占地面积约 500 公顷。1990 年，在国家 500 家最大工业企业中排名第 97 位。1994 年，在中国 500 家最佳经济效益工业企业黑色金属冶炼业中排名第 17 位；在中国 500 家最大经营规模工业企业中排名第 87 位。1995 年，在“中国脊梁”500 强排名中名列 110 位；在国家经贸委“500 优”评选中排名第 97 位。2003 年，在湖南省百强企业中湘钢位列第 10。企业于 2001 年荣获“全国先进基层党组织”、2003 年获“全国厂务公开先进单位”、2005 年获“全国民族团结进步模范单位”和“全国实施卓越绩效模式生产企业先进单位”等称号。2005 年，湘钢拥有炼焦、烧结、炼铁、炼钢、轧材等一整套工艺装备。其中，进口高速线材轧机、宽厚板炼钢、精炼和轧机均达到国际先进水平。进入 21 世纪，湘钢围绕产品结构调整进行一系列技术改造，全面优化工艺结构。先后实现全转炉、全连铸和“一火成材”，一批主要技术装备达到国内先进水平，完成年产钢 500 万吨配套建设。湘钢线材主要开发高碳钢、冷镦钢、焊条钢、拉丝材四大系列，2004 年出口线材居全国第一。棒材主要有管坯、碳结圆钢和合结圆钢。2005 年 9 月 29 日第一块板材试轧成功后，改变湘钢以生产线棒材为主的单一产品结构，形成板材和线棒材两个拳头产品。湘钢有 12 种产品分别获国家、冶金行业、省优质产品称号。高线盘条和矿用钢丝被评为湖南省名牌产品，均已通过国家产品质量认证；电铲钢丝绳荣获国家银质奖、全国冶金产品实物质量“金杯奖”。产品行销全国及出口到美国、日本、欧洲、韩国。

2005 年末，在岗职工 18808 人，其中专业技术人员 4356 人(高级职称 548 人、中级职称 1543 人)，固定资产原值 85.5 亿，固定资产净值 51.2 亿，基本折旧率 10.02%，年产铁、钢首次突破 400 万吨。湘钢已形成年产钢 500 万吨生产规模，600 万吨规划配套项目正按计划推进，被国务院确定为国家要重点抓好 300 家大型企业之一。

第二章 铁合金

1986 年，境域铁合金产品只有湖南铁合金厂(以下简称“湖铁”)一家企业生产。有金属铬生产线 1 条，总容量 8.03 万千伏安的各种铁合金冶炼电炉 12 台，铁合金年生产能力 9.82 万吨；在岗职工 2749 人；厂区占地面积 98.99 万平方米，是国家 18 家重点铁合金生产企业之一。是年 7 月，湖铁开始实行厂长负责制，党政分开，厂长在企业生产经营中中心地位确立。在生产经营方面，仍然是以计划为主、市场调节为辅经营体制。是年，生产铁合金 5.21 万吨，实现工业总产值 6497 万元，实现利税 2242 万元(其中利润 1259 万元)。

1988 年，湖铁收购原兵器工业部 375 库地皮和厂房，厂区面积扩大。1989 年，湖铁在实际供电只有国家供电计划 89%情况下，生产铁合金 65632 吨，结束连续 15 年年产量在 5 万吨左右徘徊局面；实现工业总产值 8128 万元；销售收入 15273 万元；实现利税 3940 万元（其中利润 2165 万元），创历史最好水平，成为当时湖南省利税大户。1990 年，湖铁有在岗职工 3793 人，生产铁合金 6.55 万吨，实现工业总产值 8504 万元，实现利税 2481 万元（其中利润 1164 万元），产量、产值、利税分别比 1986 年增长 25.7%、31%、10.66%。

1991 年，湖铁适应国家大气候由计划经济向市场经济转轨，将铁合金产品随行就市经营。地方小铁合金迅猛发展，产能严重过剩，市场竞争异常激烈。湖铁为求得生存和发展，在扩展市场、融通搞活资金上大做文章，实行自销、代销、联销结合及来料和进料加工，调整销售策略，实施分片包干、一人一厂一策，加大销售力度搞活自营进出口，使企业站稳脚跟。是年 10 月，从原西德克虏伯公司引进具有国际先进水平 1 台 3 万千伏安硅锰电炉竣工投产，总投资 5480 万元，为企业新增生产能力 3.6 万吨 / 年。1992 年，实现由单纯依靠代理出口和以自营进出口为主到自营和代理进出口相结合转变。1993 年，湖铁执行全国铁合金产品在国内冶金行业率先放开，取消指令性计划，代之以指导性计划政策，企业完全自主经营，自负盈亏，逐步由生产型转向生产经营型。1995 年，湖铁外销产品 2.95 万吨，创汇 2203 万美元，自营创汇 1185 万美元，创历史最好水平。全年在岗职工 4300 人，生产铁合金 7.58 万吨，实现工业总产值 25002 万元，实现利税 2860 万元（其中利润 1 万元）。产量、产值、利税分别比 1990 年增长 15.7%、194%、15.27%。

1996 年，湖铁因生产铁合金的民营企业大量涌现，市场竞争更加激烈和无序，加上内部机制不活、人浮于事，以及大量的退休职工使企业负担加重等原因，在市场竞争中处于明显劣势，生产经营每况愈下，当年亏损 3423 万元。1997 年，湖铁拥有铁合金生产电炉 16 台，金属铬、钛铁生产线各 1 条，年生产能力 15.79 万吨，厂区占地面积扩大到 115.17 万平方米。1999 年产量首次达到 10 万吨。2000 年，全厂在岗职工 4259 人；生产铁合金 16.21 万吨，产量为历史之最；实现工业总产值 48777 万元；实现利税 2767 万元（其中利润 501 万元）。产量、产值、利税分别比 1995 年增长 113.1%、95.1%和下降 3.3%。

2001 年 9 月，湖南铁合金厂整体改制为湖南铁合金集团有限公司（国有独资）。这种改制并未使企业性质和利益格局发生根本性改变，企业机制依然不活，仍无法适应市场经济要求，企业并未从此走出困境，生产经营仍举步维艰。2002 年亏损 6600 万元。2005 年，湖铁在岗职工 2251 人，生产铁合金 9.43 万吨，实现工业总产值 50766 万元，缴纳税金 1824 万元。当年亏损高达 8081 万元，创企业亏损之最。产量、产值分别比 2000 年下降 41.8%、增长 4%。由于连年亏损，企业陷入十分艰难境地。

第一节　普通铁合金

一、生产规模

1986 年，湖铁普通铁合金生产能力为 6.02 万吨，当年实际生产 2.89 万吨。主要品种有高碳锰铁、中碳锰铁、低碳锰铁、硅锰合金、硅铁等。由于这些产品应用范围较广，市场需求量较大，企业

60%左右的精力都投放在普通铁合金生产上。

1987年，湖铁抓住国内铁合金市场需求旺盛良机，通过扩容改造、建设新电炉1台扩大生产能力。1988年12月，新102号电炉由厂附属冶炼厂（原附属钙镁磷肥厂）建成投产，生产能力为5000吨/年。同时厂里为满足市场需求扩大计划外生产，大搞来电、来料加工，甚至使用计划外议价电，千方百计多生产。1989年生产铁合金6.6万吨，结束连续15年年产量在5万吨左右徘徊的局面，创建厂31年以来历史最好水平。1990年又将102号炉由生产硅铁转产硅锰，生产能力由8400吨/年提高到1.9万吨/年。当年湖铁生产普通铁合金3.09万吨。

1991年10月，引进原西德克虏伯公司3万千伏安硅锰电炉竣工投产，新增生产能力3.6万吨/年。是年，湖铁生产普通铁合金3.38万吨。1993年，普通铁合金市场行情转旺，特别是硅铁价格看好。湖铁及时组织电炉转炼硅铁，当年生产硅铁1.16万吨，创建厂以来硅铁年产最高纪录。是年，普通铁合金产量为4.83万吨，为全年铁合金总产量的67.7%。1999年湖铁铁合金产量首次突破10万吨，其中普通铁合金6.36万吨。2000年，湖铁铁合金产量16.21万吨(其中普通铁合金8.87万吨)，为历史之最，比1990年增长423.3%。

2001年起，由于硅铁电力成本占总成本70%以上，在电力供应紧张、电价大幅上涨情况下，只能一再压缩产量，至2004年，年产量仅有537吨，并于年底不得不停止硅铁生产。2005年，湖铁的电炉总容量为13.39万千伏安，普通铁合金的生产能力为20万吨。是年，生产普通铁合金6.47万吨，比2000年下降60.06%。

二、品种质量

1986年，湖铁第5次连续被评为湖南省质量管理先进单位，产品质量指标全部达到或超过国家二级企业标准要求。1988年下半年起，湖铁全面采用国际先进标准组织生产，普通铁合金产品综合合格率稳定在99.65%，所有普通铁合金产品均分获部优或省优称号。1990年，企业获“湖南省质量管理奖”桂冠，产品出口获得省商检“免检产品”证书。“湖铁牌”产品在国内外享有较高声誉，主要销往宝钢、武钢、首钢、鞍钢等大中型钢铁企业，国外远销美国、日本、韩国、西欧、东南亚等国家和地区。硅锰合金作为湖铁主打拳头产品，更是倍受市场青睐。2004年，“湖铁牌”商标获湖南省著名商标称号。2005年，湖铁各类产品保持优质产品标准生产。

三、工艺技术

1986年起，湖铁在普通铁合金生产中，摸索出不少切实可行且效益可观新工艺：硅铁合金侧下部浇注，硅铁炉外精炼降铝，无熔剂法生产硅锰，硅锰高氧化铝少渣冶炼和不打炉送电生产，砂模浇注等。1991年10月，从原西德克虏伯公司引进3万千伏安大电炉投产后，由于原料和配套设施不适宜，平均日产量始终在80吨左右徘徊。通过对除尘及烟气净化系统、出铁系统、原料系统进行大刀阔斧的改造，变“精”料入炉为“普”料入炉，大电炉的技术经济优势真正得到发挥，日产量从80吨逐步上升至近120吨，电耗也相应下降，由最高时的6233千瓦时/吨降至4683千瓦时/吨，而且产品含硅较高、含碳较低，产品品位大幅提升。

1994年，硅铁生产通过改进操作、精料入炉、优化渣型结构，摸索出高三氧化二铝少渣量生产新工艺,渣量比原来减少三分之一,这对提高产量和回收率,降低电耗和成本效果明显。此工艺获得湖南省科技进步二等奖。75%硅铁单位冶炼电耗一般在9000千瓦时/吨左右,2002年应用新工艺生产,创造出单位电耗仅有7157千瓦时/吨好成绩。尽管硅铁单位电耗不断下降,但电费的占生产成本仍占70%以上,仍然严重亏损,2005年,只好完全停止硅铁生产。

第二节 特种铁合金

1986年,湖铁特种铁合金生产能力为3.8万吨,实际生产2.1196万吨。产品主要有中低碳锰铁、碳素铬铁、中低碳铬铁、微碳铬铁、硅铬合金等品种。此外还有一些市场需求量不大,年产量只有数十吨至数百吨的品种:钨铁、钛铁、氮化锰铁、低钛铬铁、铬铝合金、硅钙合金、硅铝铁、硅钙钡、锰铝合金等。所有产品合格率一直稳定在99.66%以上,其中碳素铬铁、中低碳锰铁、中低碳铬铁、微碳铬铁、硅铬合金5个长年批量生产特种铁合金产品均为部优、省优,在国内外客户中享有很高的信誉。1987年后,湖铁在特种铁合金生产中,科技投入不断增加,新品种、新工艺不断开发并采用。炉内直接生产低钛铬铁工艺取得成功并获得国家专利;硅铬合金炉外脱碳,高碳铬铁、硅铬合金侧下部浇注,精炼铬铁真空脱气,低碱底少熔剂法冶炼中锰和炉外摇包回收渣铁,铬矿球团预还原等技术方面有重大突破。

1991年,硅铬冶炼从5000千伏安电炉转移到1.4万千伏安大型电炉生产。通过反复艰苦摸索和有针对性工艺技术攻关,克服大型电炉冶炼硅铬许多不利因素,先后开发出消除炉底上涨控制技术和开炉新工艺,使炉况明显改善,产量大幅度增加,冶炼过程电耗由5550千瓦时/吨降至5000千瓦时/吨,从而确立大型电炉冶炼硅铬合金经济技术优势。是年,经过扩容改造的203#炉,产量成倍增加,冶炼电耗仅为3019千瓦时/吨,每吨比计划下降181千瓦时/吨。1992年改革中锰浇注工艺,甩开使用多年的中锰浇注机,采用短流槽加钢盘浇注工艺,使中锰浇注损失由15%降至5%,中锰每炉平均产量由3.7吨左右提高到4.2吨以上,平均日产由37吨左右提高到48吨。1993年开始采用低碱度生产中锰,副产品富锰渣供硅锰生产使用,中锰生产时锰的回收率由原来68%提高到89.2%。1995年,创硅铬单位冶炼电耗4380千瓦时/吨、回收率95.34%、合格率100%的国内外先进水平,年节电1922万千瓦时,单位可比成本降低1295元/吨,年直接经济效益1283万元。生产中大胆采用简单易行且安全可靠的炉底爆破实用技术,攻克炉底上涨难题,较国外通用“拉渣机强行排渣技术”和国内流行的“稀释排渣技术”或“硅铬—碳铬不定期转炼技术”更加优越。同时利用液态中锰渣物理热及锰成分,通过掺加硅铁进入炉外摇包脱碳降温,中锰渣里锰含量从18%降至5%以下,既节约锰资源,又能生产含碳和磷极低的高硅锰硅合金,供低碳锰铁生产自用,大幅度降低低碳锰铁成本。2000年,湖铁特种铁合金生产能力通过不断扩容改造有很大提升,年产量达7.34万吨。

2002年,采用热兑法生产高硅锰硅合金获国家专利。2003年碳素铬铁、中低碳锰铁、中低碳铬铁、微碳铬铁、硅铬合金等5种产品获湖南省商检出口“免检产品”证书。2005年,中锰渣炉外摇包生产高硅锰硅合金技术获本市科技进步二等奖。全年生产特种铁合金2.96万吨。

第三节　金属铬

1986年，湖铁金属铬生产主要设备有1台直径1.9米、长32米回转窑，是年生产461吨。金属铬在生产过程中产生5%左右3毫米以下的小块金属铬，返回重炼，损失很大。而电焊条生产厂家等单位则需要大量金属铬粉剂。湖南没有一家金属铬粉剂加工厂，省内电焊条厂需把买来金属铬运到千里之外的上海去加工，不仅成本高，而且质量得不到保障。应用户的要求，1986年4月，湖铁开始进行金属铬粉剂的研制，技术人员克服粉尘大、易着火、设备易磨损等难题，经过对多种方案反复比较，确定采用特种粉碎机生产金属铬粉剂，试制获得成功，并通过省级鉴定。该工艺生产的产品，化学成分稳定，粒度均匀，结构合理，铬含量高，质量达到国内先进水平，填补湖南省金属铬粉剂生产空白，获得省科技进步三等奖。1989年6月，同样规模金属铬2号回转窑扩建工程竣工，新增产能750吨/年，全厂金属铬的生产能力达到1600吨/年。

1990年，为将金属铬含氮量降至0.05%以下，湖铁着手进行金属铬冶炼新发热剂的选择。通过反复比较试验，最终选定氯酸钾代替硝石作为新的发热剂，1991年10月试生产成功，金属铬含氮量由原来的0.12%降至0.02%。1993年7月开始对铬酸钠还原工艺进行改造，取消传统的硫化钠还原工艺，改用较为先进的硫磺还原工艺。当年采用新工艺冶炼出金属铬732吨，单位可比成本降低2763元/吨。冶炼金属铬所需铝粉，一直采用卧式喷铝方法生产，不仅含铁高，严重影响产品质量，容易引起爆炸。湖铁技术人员经过努力，攻克熔铝、雾化等技术难关，新工艺竖式喷铝于1995年成功投入运行，铝粉质量大大提高，含铁量由卧式喷铝的0.3%降至0.15%，金属铬的优质品率由原来的45%提高到70%以上，冶炼过程中铝损降低1%，每生产1吨金属铬节约铝粉6.5千克。

1997年生产金属铬1551吨，创湖铁金属铬生产史上最高年产记录。1998年后，由于产品销路不畅，市场萎缩，金属铬生产经常处于停停打打状态。其生产过程中产生大量的铬浸出残渣，其中含有0.5%左右的水溶性有毒物质六价铬，处理不当时，对环境造成严重污染。企业技术人员经过反复试验，利用铬浸出残渣作熔剂在高炉中生产出用途广泛含铬生铁，使六价铬有机物质彻底解除。1999年12月28日动工建设120立方米高炉及配套设施，到2004年5月9日竣工，总投资8380万元，年产含铬生铁10万吨。尽管此技术有效地解决铬浸出残渣出路问题，由于金属铬市场萎缩趋势未变，2004年，停止金属铬生产，至2005年设备一直闲置。

第三章　氟化盐、铝锭、锂盐

1986年，境域氟化盐、铝锭、锂盐，只有湘乡铝厂（以下简称湘铝）生产。是年，湘铝开始实行厂长负责制，党政分开，厂长在企业生产经营中的中心地位确立。当年有从业人员2644人，产量33630吨（其中氟化盐30435吨、电解铝3159吨，锂盐36吨）；完成工业总产值6541万元，实现利税2322万元。1987年，湘铝开展“抓管理、上等级、全面提高企业素质”工作，工厂的各级管理机构围绕厂长的任期目标进行科学管理，企业从物资由国家统配、产品由国家包销单纯生产型，逐步走向注重经济效益、注重经营策略生产经营型道路。1988年，工厂全面实行目标管理，推行经济承包责任制。1989年开始抓企业管理上等级工作，围绕年度目标，开工建设干法氟化铝工程，修订和完善经济责任制，调整内部机构，取消车间建制，实行总厂、分厂、工段、班组四级管理模式；采取聘任、选举、组合等办法进行劳动人事改革。是年，企业获国家二级企业称号。1990年，对基层单位试行利税总额与工资总额挂钩承包办法，分配上向生产一线倾斜，逐步向结构工资过渡。建成涟水河株津渡泵房至厂净水厂输水管道工程，结束韶山灌渠北干渠冬修停水时影响企业生产经营历史。是年从业人员3366人，生产量43674吨（氟化盐39140吨、电解铝4025吨、锂盐509吨），完成工业总产值21160万元，实现利税2751万元；生产量、产值、利税分别比1986年增长29.9%、223.5%、18.5%。

1991年，湘铝经济效益开始滑坡。是年，氟化盐产品供大于求，国家指令性计划缩小，取消氟化盐计划配额，企业开始实行“以销定产”和调整产品结构，厂里召开多年未开的产品订货会，筹备组建外贸出口班子，开始进行类似自营出口业务。1992年，湘铝提出面向市场拓销促产的工作思路，着重抓经营机制转换和内部搞活；7月，企业晋升为国家大型一档工业企业。1993年，湘铝在加强技术进步和营销上下功夫，干法氟化铝引进工程竣工并投入试生产，开发出高分子冰晶石、氟硼酸钾、氟钛酸钾等新产品。1994年，全厂围绕增产增收、减亏控亏开展工作，干法氟化铝生产实现正常化，内部改革得到推进。营销上取得自营进出口权，成立湘乡铝厂进出口公司。1995年，从业人员3947人，生产量59467吨（其中氟化盐46779吨、电解铝12157吨、锂盐531吨），完成工业总产值30235万元，实现利税2131万元；产量、产值分别比1990年增长36.2%、42.89%、利税下降22.54%。

1996年，湘铝对氟化盐销售实行分片包干，并发展代理、联营销售、继续扩大出口；在管理上学习“邯钢经验”，突出成本和效益意识；完成制酸5号炉生产系统扩建，关停硫酸铝生产系统。有7个新产品开发并通过部级鉴定，干法氟化铝产品获国家优质新产品证书。1997年湘铝以销售为龙头、以科技为先导，将全厂各项工作纳入以市场为导向、以效益为中心的轨道；研制出高分子比颗粒状冰晶石，开工建设第一条多品种氟化物生产线，关停锂盐生产系统。1998年，实施下岗分流、减人增效和再就业工程，对在岗职工开始推行量化考核办法。“湘铝牌”冰晶石获湖南省名牌产品称号，企业工会获全国模范职工之家称号。1999年，出台《湘乡铝厂关于深化改革、加快发展的决定》，在同行业中率先通过ISO9002—1994质量管理体系认证，深化“三项制度”改革，实行公开招聘，全员竞聘上岗。“湘铝牌”氟化铝获湖南省名牌产品称号，企业成为国家有色金属标准样品定点研制单位。2000年，全面引入“模拟市场核算、成本否决管理”模式；完善分配制度，实行职能绩效岗薪制，将业绩考核引入到分配机制；大幅度精简二级机构和管理人员。是年，有从业人员4153人，生产量63354吨（其中氟化盐52478吨、铝锭10876吨），完成工业总产值31494万元，实现利税3754万元，产量、产值、利税分别比1995年增长6.54%、4.16%、76.16%。

2001年5月，湘乡铝厂通过债转股改制为湖南湘铝有限责任公司（以下简称湘铝公司）。2002年，通过消化吸收干法氟化铝引进技术，自主设计施工建成第二条干法氟化铝生产线。2003年，湘铝公司实施3.5万吨/年的8.5万安培电解铝扩建工程；开展信息化建设，内部局域网建设完成，办公自动化系统投入运行；获湖南省百强企业、全国设备管理优秀单位称号。2004年，第三条干法氟化铝生产线建成投产；受国家宏观调控影响，原有电解铝生产系统全部关停，新的扩建项目停建；根据湖南省委、省政府要求开始实施主辅分离辅业改制。2005年，湘铝公司制酸6号炉建成投产，辅业单位开始按照民营模式独立试运作，分立重组开始进行；公司产品商标“湘铝牌”被认定为湖南省著名商标。至是年，湘铝公司原有氟化盐、电解铝、锂盐三大系列产品经过市场优胜劣汰和产品结构调整，只剩下氟化盐一个系列。是年，有从业人员3927人，生产量70629吨（氟化盐），完成工业总产值30695万元，实现税金1171万元，企业亏损3660万元，产量、产值分别比2000年增长11.48%、下降2.5%。

第一节　氟化盐

一、氢氟酸

1986年，湘铝氢氟酸生产系统有制酸反应炉3台，年产能为2.2万吨，当年实际生产19786吨。1987年4月，根据中国有色金属工业总公司要求，氟化盐扩建工程制酸4号反应炉系统开工建设，1988年6月建成投产，增加生产能力8000吨，当年生产21376吨。制酸4号反应炉系统在扩建的同时进行技术改进，将炉体坡度从2%降到1.5%，物料在炉内的反应时间得以延长，物料反应更加充分，有利于提高原料使用率，降低消耗。1995年，又将其他3台反应炉的坡度降到1.5%，是年，生产25482吨，比1986年增长28.8%。

1996年，制酸5号反应炉生产系统扩建完成，氢氟酸年生产能力达到4万吨；是年，还开展制酸计算机自动配料研究，完成4号炉给料机卧式改立式的改造。1997年将此项技术推广到其他4台反应炉，稳定制酸的给料配比。1998年4月，成立干法氟化铝生产工艺消化吸收小组，消化吸收干法氟化铝工艺中预反应器生产制造并应用于湿法制酸系统。1999年，在制酸5号反应炉开展预反应器试用，由于5号炉是内热式反应炉，内径较小，排气时带走大量粉尘，容易造成导气管堵塞，实验被迫中止。这项实验虽未成功，但预反应器生产制造却取得成功，为扩建制酸6号炉和干法氟化铝第二条生产线创造条件。

2003年，湘铝公司在制酸系统消化吸收进口干法氟化铝生产工艺，建设制酸6号反应炉，2005年6月正式投入生产，湿法制酸系统氢氟酸年生产能力达到5万吨。6号炉运用干法工艺的预反应技术、外热炉技术、预净化技术的自动化程度提高；氢氟酸中硫酸含量大幅度降低，质量明显好转且稳定；对萤石适应性增强，改变制酸内热炉不能使用碳酸钙含量高的萤石局面，在后来萤石供应紧张、采购质量降低情况下发挥重要作用。当年，生产氢氟酸18784吨，比1995年下降26.3%。

二、冰晶石

1986年，湘铝冰晶石年产能2.7万余吨，当年实际生产18958吨。1987年，原生产湿法氟化铝1号干燥炉改为生产冰晶石，同时增加一套冰晶石合成系统。1992年，改用收尘母液法回收氟化铝母液制取低分子比冰晶石，其工艺简单，操作安全可靠，产品质量合格。该年9月，厂部成立高分子比冰晶石研究小组，经过一年多时间研究获得成功。1993年11月，生产出分子比在2.7以上的冰晶石合格产品。1994年，高分子比冰晶石生产技术获得国家专利。同年，冰晶石年生产能力达3.5万吨，实际生产25880吨,产量比1986年增长36.5%。

1998年,冰晶石产品获得湖南省名牌产品称号。是年后,多次组织生产分子粒状冰晶石出口埃及、土耳其等国家;2002年,建成冰晶石机械造粒生产线,对高分子比冰晶石生产后的筛下物进行造粒。随着氢氟酸产量增大,冰晶石产能进一步扩大,到2005年,生产能力达到4万吨;因市场需求不足,是年实际生产冰晶石7076吨,产量比1997年下降72.7%。

三、氟化铝

(一)湿法氟化铝

1986年,湘铝有年湿法氟化铝产能2万吨。当年实际生产8791吨。由于2万吨湿法氟化铝生产系统技术和设计存在问题,产能难以发挥。1988年,对合成槽、过滤机等设备进行改造,产量仍未达到设计能力,且消耗高、质量低,劳动条件差。1989年组织技术攻关,先后对尾部风机、主烟道、旋风炉、燃烧室等设备进行改造,在合成岗位增设氟酸高位槽和收尘酸性母液高位槽等设施,产量大幅上升。是年,湿法氟化铝产品获国家优质产品银质奖。1991年4月,月产首次突破2000吨,达到设计产能。当年生产湿法氟化铝15343吨,产量比1986年增长74.5%。

1992年后,湿法氟化铝生产工艺一直没有变化,在原有主要设备不变的情况下,因氢氟酸产量增大,氟化铝产能扩大。1999年,湿法氟化铝产品获得湖南省名牌产品称号。2005年,湿法氟化铝产能达到2.4万吨,但由于市场因素及原料供应紧张,产能远不能充分发挥,是年生产11331吨,比1991年下降26.1%。

(二)干法氟化铝

1986年,湘铝启动从国外引进干法氟化铝主要生产装置工作。1988年6月,湘铝根据国家计委关于"用中国银行外汇贷款引进氟化铝关键设备技术,工程规模为年干法氟化铝产能1.5万吨,总投资4000万元人民币"的批复,正式与德国克洛克纳公司签约,并从瑞士布斯公司引进技术和关键设备。1989年9月20日,干法氟化铝工程破土动工,1993年初,主体工程竣工开始试生产,累计完成投资9275万元,时为国内第一条干法氟化铝生产线。在试生产系统机械性能试车过程中,瑞士布斯公司提出因工程建设周期延长,要厂方支付"额外费用",在此要求未得到满足情况下,单方面提前撤走全部专家,终止合同。合同条款中的技术资料未交全,机械性能试车未完成,投料试车和性能保证试车尚未开始,给工程造成很多困难和压力。是年6月6日,湘铝在上级部门支持下依靠自己的力量完成机械性能试车,6月7日开始投料试生产,至7月25日先后组织7次投料试生产,打通工艺流程,生产干法氟化铝产品316吨。本次试生产,不但产品质量达不到标准,而且发现大量设计、施工、设备选型、自控调试、操作和管理等方面的问题。此后又进行长时间的试生产。通过边试边改,1994年11月中旬基本实现生产正常化。此后到年底连续生产57天,共生产干法氟化铝1915吨,产品合格率为100%。整个试生产累计进行173天,投入大量物料,共计生产出干法氟化铝4059吨(1993年211吨、合格率29%;1994年3848吨,合格率82%)。

1995年5月,干法氟化铝工程通过国家验收,当年生产干法氟化铝产品9295吨,合格率为81%;11月,干法氟化铝产品通过省级技术鉴定。1996年10月,干法氟化铝被评为国家级新产品,同时获湖南省科技进步三等奖,12月获有色长沙公司科技进步二等奖。此后,湘乡铝厂一面组织生产，一面继续对该生产系统进行技术改进和设备更新，生产线更加完善，产量、质量持续提高，各项消耗逐步降低。2000 年，生产 15155 吨。2001 年达到 16086 吨，产品合格率达到 99%；与 1995 年比，产量增长 73%，产品合格率提高 17 个百分点。

2002 年 6 月，湘铝在消化吸收引进技术的基础上，自筹资金 4000 万元，自主设计建设第二条年产 1.5 万吨干法氟化铝生产线竣工投产，工程建设只花时一年半，试生产只用一个星期即转入正常，一个月即实现达标达产。在建设中，对原设计中存在的不足和缺陷进行局部改进：自控设备以先进的 DCS 控制系统取代盘装模拟仪表和操作盘，由 DCS 软件取代传统的中间继电器，自动化程度进一步提高，生产设备除进口部分关键设备的特殊材料外基本实现国产化，湘铝公司成为当时国内唯一成功掌握干法氟化铝生产技术的厂家。

2004 年 10 月，湘铝公司通过进一步改进工艺设计，并利用国家第八批国债贴息贷款项目，投资 5000 万元建成第三条年产 1.5 万吨的干法氟化铝生产线，同时具备生产低硫、低硅氟化铝和无水氢氟酸能力。至此，湘铝公司干法氟化铝生产线达到 3 条，年生产能力达到 4.5 万吨，形成国内最大的干法氟化铝产能，产品性能稳定，质量可靠，在国内、国际市场呈现出供不应求的趋势。2005 年，生产干法氟化铝 42213 吨，产品合格率 91%；与 2001 年比，产量增长 162.4%。

四、氟化镁

1986 年，湘铝有氟化镁年产能 3000 吨。因氟化镁作为铝电解的添加剂用量较少，历年产量不大，只在一定季节集中时间组织生产，生产工艺基本没有变化，设备改造也不大。该年生产氟化镁 1667 吨，合格率 100%。1990 年生产氟化镁 3071 吨，合格率 100%，产量为历史最高；与 1986 年相比，产量增长 84.2%。2004 年生产氟化镁 1264 吨，合格率 100%；与 1990 年比，产量下降 58.8%。2005 年无生产，设备装置仍在。

五、其他氟化物

其他氟化物产品的研发、生产始于 20 世纪 90 年代初。1991 年，湘铝研制出氟硼酸钾。1992 年研制出氟钛酸钾、氟硅酸钾。1992 年 4 月至 1993 年 8 月，对氟硼酸钾、氟钛酸钾新产品进行试生产并取得成功，为批量生产打下基础。1995 年开发出高纯氟化镁、溴化锂、氟化锂等新产品，同年，氟化物系列产品通过省级技术鉴定。1996 年 8 月，湘铝决定停产硫酸铝转产多品种氟化盐，将科研所新产品车间和原硫酸铝分厂合并成立多品种分厂，改变多品种氟化物的生产一直在厂科研所组织进行，规模很小，生产厂房及设备简陋的状况。当年生产多品种氟化物 519 吨，质量达到国际水平。当年 10 月，多品种氟化物研制、生产获湖南省科技进步三等奖。1997 年 10 月，在原硫酸铝厂房开工建设第一条多品种氟化物生产线，1998 年 6 月投入运行，年产能 5000 吨，湘铝成为全国最大的多品种精细氟化物生产厂家，当年生产多品种氟化物 1350 吨。2000 年研制出氟锆酸钾，并对氟化钾、氟化钡、氟化铵、氟化锆进行探索性实验。

2001 年，开发出氟化氢铵。此后，因多品种氟化物多个产品共用一条生产线，最初的设计已不能满足全部产品的生产要求。2003 年 11 月，湘铝公司投资 300 多万元，自主设计、建设一条新的多品种生产线，新增多品种氟化物年产能 4000 吨；当年生产 6539.5 吨，与 1996 年比增长 1160%。2005

年底,湘铝公司开始对多品种老生产线进行扩产改造。待整个技改完成后新增年产能 1.2 万吨。是年,共生产多品种氟化物 9186.7 吨,产量与 2003 年比,增长 40.5%。

六、氟系列副产品

(一)硫酸铝

1986 年, 湘铝有年产 2 万吨利用处理氟化盐系统废渣、废水有效成分生产硫酸铝生产装置一个,但产量、质量一直未能达标。当年生产硫酸铝 13646 吨。1987 ~ 1991 年,硫酸铝系统一直在围绕提高产能进行技术改造,此阶段是硫酸铝生产高峰期,平均年产量在 1.5 万吨以上,其中 1991 年生产 15793 吨,产量比 1986 年增长 15.7%。1992 年,湘铝因硫酸铝投产后从未盈利;及全国性生产规模不断扩大,产能过剩;加上国家为治理造纸行业水质污染,关停大量造纸厂致需要硫酸铝市场萎缩,且硫酸铝又列入当年化工部公布 18 种被淘汰的化工产品之一,采取逐年限产办法。1996 年,生产硫酸铝 12766 吨后,停止生产。

(二)石膏粉

1985 年,湘铝附属工厂利用氟化盐生产过程中的反应炉排渣,生产可用于建筑材料石膏粉。以后氟化盐生产规模扩大,生产氟石膏排渣增加。厂部对石膏干燥系统进行扩建改造,有主要设备干燥炉 2 台,年设计产能 16 万吨。1986 年,石膏干燥只有一台炉投入生产,当年生产干燥石膏 7.5 万吨。同时从事氟石膏的开发利用,建成采掘湿石膏加工成石膏粉和石膏装饰板等年产能 2 万平方米生产线。1989 年 4 月,根据石膏粉市场不断扩大而上马的另一台干燥炉投入使用。1990 年生产石膏粉 12.6 万吨,为历史最好水平,比 1986 年增长 68%。1991 年后,因能源价格上涨,人造石膏产品成本逐年增加,质量又比天然石膏差,市场需求减少。1996 年 6 月石膏干燥系统停产。当年生产干石膏 1.1 万吨。石膏干燥系统停产以后,厂部利用石膏堆场挖掘的湿石膏和干法氟化铝生产的干石膏掺和后继续销售,满足部分客户需求。

2005 年,湘铝公司附属厂改制成立创益建材公司并投资 240 多万元对石膏粉生产线进行改造,引进国内 FC- 分室沸腾煅烧系统生产线,同时实现计算机 DCS 系统集散自动控制,生产线设备先进,实现环保生产,石膏粉年总产能达到 5.5 万吨。同时相继开发出建材石膏、建材微膨胀剂、胶凝材等石膏建材产品,并分别获得省、市科技成果二等奖,其中建材微膨胀剂获得国家专利和省建设新产品推广证书。

第二节 电解铝

1986 年,湘铝有生产电解铝的 2.4 万安培侧插自焙阳极电解槽 66 台,采用熔盐电解法生产金属铝,年铝锭生产能力 3700 吨。是年 6 月,关停原有装置改扩建年产能 1 万吨电解铝装置。当年实际生产铝锭 3159 吨。1990 年,1 万吨电解铝改扩建工程东厂房 42 台电解槽竣工投入试生产。同年,原 2.4 万安培电解铝生产线出完最后一炉铝水后关停。1991 年 12 月,改扩建工程西厂房 30 台电解槽建成。1992 年 1 月,1 万吨电解铝工程基本竣工。整个工程建设内容包括电解铸造系统、供电配套系统、辅助生产系统及总图运输四个部分,完成总投资 5130 万元,建设 6 万安培旁插自焙阳极电解槽72台,年铝锭产能1万吨。该装置采用国内较先进的工艺设备及操作制度,选用改进型6万安培旁插自焙阳极电解槽、槽控箱及计算机设备、国内先进的供变电设备、整流机组和动力变压器。2月,东西厂房全部72台电解槽一起试生产,由于借鉴第一次东厂房42台电解槽试生产经验,进展比较顺利,生产逐步正常化。全年生产铝锭8049吨,铝锭综合交流电耗1.80万千瓦小时/吨。

1993年,湘铝职工集资334万元,成立厂办内部股份制集体企业湘乡铝冶炼厂,兴建12台6万安培旁插自焙阳极电解槽,年产铝锭2000吨,独立核算,自负盈亏,按股分红。7月,湘乡铝冶炼厂正式开始生产、销售。1996年3月,湘乡铝冶炼厂通过自筹资金增加电解槽4台,电解槽总数达到88台,年产能由1万吨提高到1.25万吨。全年生产铝锭1.3061万吨,铝锭综合交流电耗1.6801万千瓦小时/吨。与1992年比,产量增长62.3%,综合交流电耗下降7%。时,国家开始对电解铝生产实行宏观调控,提出"在2003年底淘汰落后自焙电解技术"。2002年10~11月,湘乡铝冶炼厂根据国家环保政策要求及自身发展需要,对88台6万安培自焙阳极电解槽进行7.5万安培预焙槽型改造。改造的7.5万安培预焙阳极电解槽的底部仍然采用6万安培自焙阳极电解槽槽堂,通过对电解槽进行短时间断电停槽、保持一定温度方式进行。改造后整个系统年产能达到1.7万吨。

2003年初,湘铝冶炼厂进一步发展壮大电解铝,动工建设8.5万安培电解铝扩建项目,拟建电解槽148台,设计年产能3.5万吨。是年,7.5万安培电解铝系统生产铝锭12855吨,铝锭综合交流电耗17065千瓦小时/吨。与1996年比,产量下降、综合交流电耗上升,主要原因是6万安培自焙阳极电解槽进行7.5万安培预焙电解槽型改造后生产不稳定;国家对电解铝行业实施宏观调控政策电费价格大幅上调;主要原料氧化铝价格不断攀升。2004年1月,湘铝冶炼厂7.5万安培电解铝生产系统全部停产;2005年,建的8.5万安培电解铝生产系统安装电解槽54台,发生总投资8565万元。但出于市场的原因,彻底关停。

第三节　锂盐

1986年4月,湘铝有年产能800吨锂盐的试生产装置1套;采用锂云母——石灰石焙烧法生产,在国内是最先应用于生产的工艺。是年5~7月,锂盐生产系统开始投料试生产,基本上打通烧成、浸出、蒸发三个方面工艺流程,摸索出影响主要技术经济指标因素,生产出合格单水氢氧化锂。是年10月,湘铝与广州有色金属研究院协作进行"锂云母—硫酸盐法制取碳酸锂"主流程扩大模拟实验,验证实验室扩大实验技术条件。并有计划地组织进行184天试生产,生产出合格单水氢氧化锂114吨。1987年7月,湘铝锂盐工程通过中国有色金属工业总公司的验收交付生产。

1988年3月,湘铝利用本厂生产煤气的条件,对锂盐生产熟料用重油焙烧改为煤气焙烧,开创国内锂盐焙烧用煤气先例,缓解重油供应紧张矛盾,降低生产成本。1989年,锂盐生产系统启动碳酸锂生产流程,7月份生产出碳酸锂合格产品。是年,共生产锂盐255吨,合格率100%。1990年5月,碳酸锂正式按国家标准组织生产,12月获省经委颁发的新产品证书。

1991年,湘铝锂云母—硫酸盐法制取碳酸锂工艺,在北京通过中国有色金属工业总公司召开的新工艺专家评审。1992年,研制溴化锂混合液获"湖南省新技术新产品交易会创新金奖"。1993年3月,湘铝根据锂云母——石灰石焙烧法生产锂盐,存在物料流量大、设备产能低、能耗大、成本高、经济效益低、缺乏市场竞争力的情况,成立技术研究小组进行攻关,开始研究石灰乳压煮焙烧锂云母生产锂盐新工艺。是年,共生产锂盐产品 675 吨,合格率 100%;与 1989 年比,产量增加 164.7%。

1994~1997 年,锂盐新工艺研究相继完成实验室实验、半工业实验、工业化实验和试生产,将锂总回收率由原来 65%提高到 80%,吨锂盐能耗降低一半,生产成本降低四分之一,石灰石用量减少三分之一,渣量减少一半,年产量由 800 吨提高到 2500 吨。此项技术获国家发明专利,成为国内以锂云母为原料生产锂盐的最先进工艺方法。但国外锂盐工业利用自然资源卤水提锂工艺出现,生产成本很低,产品销价低于国际市场平均价格 30%以上,对国内锂盐工业产生巨大冲击;加上湘铝锂盐产量小、成本高,亏损大,市场竞争力不强。1997 年 6 月锂盐系统正式停产。是年,共生产锂盐产品 321 吨,合格率 100%。

第四章　锰业

境域锰矿石资源丰富,分布较广,除湘潭锰矿(简称湘锰)有 300 万吨以上资源储量外,还有湘潭县九潭冲和湘乡市金石两个锰矿,资源储量各在 100 万吨以上。湘潭县的白衣庵、楠木冲、潭家山等三地均有几十万吨不等的锰矿石资源储量。湘潭县境域的莲花山、水井、桑树坳、乌田、白石、八尺坝、观山、杨林和湘乡市尧子冲等九地均有零星锰矿石分布。而境域规模以上锰矿石开采和锰产品加工企业只有湘锰 1 家,有"中国锰都"之称。

1986 年,湘锰贯彻执行中共中央《关于经济体制改革的决定》,深化企业内部改革,进一步完善经济责任制,根据冶金部、省政府关于扩大企业自主权有关规定,实行投入产出总承包和上缴税利递增包干。同年,经配套完善的 2 台 CS-1 型强磁选机投入生产,矿山年选矿量达 10 万吨规模。本年度电解金属锰被评为冶金工业部优质产品。是年末,湘锰从业人员共有 7081 人,其主要产品产量为:锰矿石 114600 吨,烧结矿 94806 吨,高炉锰铁 29627 吨,富锰渣 61600 吨,电解金属锰 1533 吨,锰粉 30066 吨,完成工业总产值 5512 万元,实现税收 641 万元,利润 658 万元。

1987 年,湘锰实行"上缴税利与工资总额挂钩"经营承包责任制,对内部分别实行吨产品含量包干和内部利润、费用、销售额与工资挂钩等承包经营方式。是年,新建锰粉生产线和老生产线配套改造相继完工并投入生产,形成年 8 万吨锰粉生产能力。1988 年湘锰进一步完善矿长负责制,中层干部由任命制改为聘用制,分配制度改为包费用、保实现利润同浮动工资、效益工资、奖金挂钩。年内,红旗井区深部开拓工程全面铺开,与先锋井区形成 20 万吨锰矿石年生产能力。同年 10 月,湘锰建成国内最大锰铁冶炼高炉—300 立方米 5 号高炉,冶炼生产能力得到极大提升,形成锰铁 10 万吨、富锰渣 10 万吨年生产能力。1989 年,湘锰的电解金属锰、电解二氧化锰遴选为北京国际博览会参展产品,电解金属锰再次被评为冶金部和湖南省优质产品,通过国家质量监督检验测试中心执行国际标准质量认证。1990 年,湘锰实行超产、超内部利润加奖办法,企业生产潜能得到充分发挥,产品产量得到大幅提升。同年,湘锰周边出现群采洞井多达 500 余个,且 60%以上为无证开采,洞主招纳外地民工达 3000 多人,经联合治理整顿,非法无序开采得到基本制止。是年,湘锰从业人员有

7578 人，主要产品产量为：锰矿石 156500 吨，烧结矿 160400 吨，高炉锰铁 46574 吨，富锰渣 93600 吨，电解金属锰 2564 吨，锰粉 50560 吨，完成工业总产值 19579 万元，实现税收 1364 万元，利润 27 万元。

1991 年 5 月，湘锰 2 号 18 平方米新烧结机与 1 号 18 平方米老烧结机的改扩建工程同时完工投产，形成年烧结矿 32 万吨生产规模。同年，湘乡市金石镇政府投资 800 万元扩建金石锰矿，其年产矿石能力达到 4 万吨。1993 年 2 月，湘锰扩建的电解锰技改工程顺利投产，新增电解金属锰生产能力 3800 吨，形成电解金属锰 6000 吨、电解二氧化锰 3600 吨的年生产能力。4 月，电解金属锰、电解二氧化锰、高炉锰铁产品被国家指定参加在北京举行的“全国进出口商品质量展览会”。湘锰锰系列产品遍销全国 29 个省、市、自治区 500 多家大中型企业，并远销西欧、北美、东南亚等 20 多个国家和地区。电解锰分厂二车间五队队长虞湘定带领全队职工创电解金属锰单槽年平均产量国内最好纪录和主要原材料消耗全国最低指标，连续三年产品合格率为 100%，荣获全国“五一劳动奖章”。1994 年 8 月，省委组织部、省工交工委、省冶金企业集团公司对湘潭锰矿矿级领导班子进行调整，原矿长容涛因贪污受贿罪被判有期徒刑 7 年。1995 年，湘乡市金石锰矿由民营企业承包经营。同年，湘锰受市场疲软和内部管理等因素影响，生产经营严重滑坡。是年，湘锰从业人员有 7509 人，主要产品产量为：锰矿石 87000 吨，烧结矿 135382 吨，高炉锰铁 42307 吨，生铁 14344 吨，电解金属锰 4153 吨，锰粉 51329 吨，完成工业总产值 16611 万元，实现税收 965 万元，全年亏损 6849 万元。

1996 年上半年，湘锰因连年亏损，成为全省特困企业。经调整企业领导班子，加强内部管理，并采取针对性措施控亏、减亏，生产经营初有起色。1997 年 6 月，国家对外经济贸易合作部批准湘锰自营进出口业务。同年，冶炼二厂 5 号高炉创日产锰铁 256.39 吨、月产锰铁 5678 吨、年产锰铁 51532 吨历史最好纪录。1998 年，《湘潭锰矿公司制改组实施方案》获省冶金企业集团总公司批复同意，湘锰组织推进“三改”（改组、改制、改造）工作。1999 年 12 月，根据湖南省政府批复同意的《湘潭锰矿建立现代企业制度实施方案》，湘潭锰矿改制为湘潭锰业集团有限公司（仍简称湘锰）。2000 年湘锰研制的高纯低硒电解金属锰被国家经贸委授予“国家级新产品”称号，湘锰“湘鹤牌”电解金属锰、高炉锰铁荣获湖南省经贸委、省技术监督局和省名牌产品审定委员会授予的“湖南名牌产品”称号。是年，湘锰从业人员 7231 人，主要产品产量为：锰矿石 82643 吨，烧结矿 256361 万吨，高炉锰铁 80113 吨，电解金属锰 5565 吨，电解二氧化锰 2748 吨，锰粉 56506 吨，完成工业总产值 25029 万元，实现税收总额 1006 万元，但亏损仍在大幅增加。

2001 年，湘锰因人员、债务等包袱沉重，行业竞争激烈、亏损严重及内部管理不善，生产经营无法继续运转，被迫于 5 月 20 日全面停产。经省审计厅审计，截至 2001 年 6 月，湘锰资产负债总额达 95508.99 万元，资产负债率为 121.97%。是年 9 月，职代会审议通过《湘潭锰业集团有限公司破产预案》并上报。停产期间，有少部分职工留守，主要负责守护国有资产和维护内部稳定。2002 年，湘锰将冶炼生产系统租赁给港资企业经营，电解锰分厂、锰粉分厂分别由两家民营企业租赁生产。同年 11 月 28 日，经国务院批准列入国家计划性破产。2003 年，湘锰组织内部职工以承包形式在井区二期区回采残矿，在三期区继续采矿。湘锰停产后，其周边非法群采又呈蔓延之势，对湘锰三期区、四期区锰矿资源造成严重破坏。2005 年 8 月，由市政府组建的湘锰破产清算组正式入驻湘锰实施破产清算。原湘锰生产经营性资产估价 1 亿元有偿划拨给湘潭电化集团有限公司,企业社会职能部门包括公安、中小学、电视台及其人员先后移交地方管理。湘乡市金石锰矿仍由民营企业承包开采,本年产锰矿石 42000 吨。湘潭县锰矿石开采企业共有 9 家,本年创工业产值达 12690 万元。期间湘锰原所签租赁经营合同与承包生产协议仍继续履行,本年主要产品产量为:锰矿石 41000 吨,烧结矿 137000 吨,高炉锰铁 43100 吨,电解金属锰 5850 吨,电解二氧化锰 1899 吨,锰粉 44650 吨。是年,湘锰共有职工 13795 人,除 6405 名原离退休职工外,对 7390 名在职职工均按矿山破产有关政策作出安置,其中有 207 人随社会职能部门移交地方,2045 人办理退休,1167 人办理退养,3971 人买断工龄解除劳动关系。至此,湘锰破产改制已付出成本 13 亿余元。

第一节 采矿

1986 年,湘锰的红旗分矿主要在二期区负 70 米、负 110 米、负 140 米等几个水平采矿,先锋分矿主要在三期区一采区正 60 米、正 30 米、正负 0 米等几个水平采矿。井下开采仍坚持"采掘并举,掘进先行"规则,掘进作业均采用 YT-25 或 7655 型风腿凿岩机打眼破岩,配备 Z20C 型装岩机装岩石、0.55 立方米矿车盛岩石、ZK3-6/250 架线电机车拉运岩石至提升处。是年采出锰矿石 114600 吨。1987 年,仍在二期区负 110 米、负 140 米,三期一采区正 30 米、正负 0 米等几个水平面采矿。其时,急倾斜和倾斜矿体采用水平分层和"V"型工作面水砂充填采矿法,缓倾斜矿体采用壁式水砂充填采矿法,采准布置采用脉外运输巷与同一水平切脉巷的双巷制。是年采出锰矿石 131500 吨。1988 年,两分矿继上述水平面采矿外,先锋分矿新增三期一采区负 30 米与二、三采区正负 0 米采矿水平面。其时,井下爆破作业采用点火筒一次点火起爆技术,井巷掘进支护采用永久型、长久型和临时性三种不同方法,采场支护全部用木材,采用一梁两柱、一梁三柱或抬楼加固。是年采出锰矿石 146000 吨。1989 年,除红旗分矿新增负 170 米采矿水平面外,两分矿仍在上述几个水平面采矿。矿井通风仍以前进、东风、先锋斜井等井口为出风井,红旗、上游、鹅公塘等井口为进风井,并根据实际需要在其水平线安装局部通风设施。是年,采出锰矿石 149600 吨。1990 年初,三期一采区正负 30 米、正负 0 米扫尾工程结束。6 月 12 日,湘锰地区突降暴雨,大量地表水从群采洞井涌入红旗井区,致停产 2 个月。是年,井下爆破作业全面推广应用"非电导爆起爆"系统,井下通风紧随二期区负 200 米以下深部开拓下移,在负 140 米、负 230 米等水平线增加 7 台风机通风,并将鹅公塘井口改为出风井口,先锋斜井改为进风井口。期间,由于矿井排水线不断深入加长,二期区排水由二段接力改为四段接力。是年,共采出锰矿石 156500 吨,与 1986 年比增长 36.5%。

1991 年,湘锰两分矿仍在二期区负 110 米、负 140 米、负 170 米,三期一采区负 30 米与二、三采区正负 0 米等水平面采矿。红旗分矿井区无矿带扩大,矿体趋薄且不规则,加上残采矿多,38 个生产作业场中只有 8 个作业场有全年作业矿量。在实行按"吨矿工资含量包干"经营承包中,出现"采富丢贫、采大丢小、采易丢难、采厚丢薄"不良现象,后通过调整承包方案和修改采掘计划,有效制止这种现象。是年采出锰矿石 131086 吨。1992 年,湘锰井下二期区负 110 米和三期一采区正负 0 米水平线以上的矿石基本采空,采掘始向深部下移。是年采出锰矿石 121900 吨。1993 年,红旗分矿在负 140 米、负 170 米,并新增负 200 米水平面采矿,先锋分矿在三期一采区负 30 米、负 70 米与二、三采区正负0米水平面采矿。是年采出锰矿石147100吨。1994年两分矿在二期区负140米、负200米，三期一采区负70米与二、三采区正负0米，新增负30米等几个水平面采矿。其中二期区负140米、负170米，三期一采区负70米与二、三采区正负0米完成扫尾工程。是年，采出锰矿石108000吨。1995年，湘锰继续在上述几个开采水平面采矿，其中二期区负110米及以上完成扫尾工程，三期一采区采矿全部结束。是年，采出锰矿石87000吨，与1990年比减少44.5%。

1996年，湘锰两分矿分别在二期区负200米、新增负230米和三期二、三采区负30米等几个水平面采矿。7月12日，因群采洞井黑色页岩自燃起火，大量二氧化硫等有毒气体从红旗井区正30米大巷大量涌入井下，造成5名职工死亡，12名职工中毒住院。是年，采出锰矿石96900吨。1997年，继续在上述几个水平面采矿。采出锰矿石96700吨。1998年三期二、三采区新增负52米水平面采矿，采出锰矿石91600吨。1999年除在上述几个水平面采矿外，二期区采矿深入至负260米。是年，采出锰矿石95900吨。2000年，湘锰主要在二期区负260米，三期二、三采区负52米水平面采矿。红旗井区因开采深度超过原设计，且余矿不多，于11月18日闭坑。是年，共采锰矿石82643吨，与1995年比减少5%。

2001年5月，井区随着湘锰冶炼系统全面停产而相继停产，但井区均有职工值班守护，井下排水维持。2003年，湘锰组织职工生产自救，在二期区负30米以上各水平面回采残矿，在三期二、三采区负30米、负52米水平面继续采矿，是年开采锰矿石31500吨。2004年、2005年分别采出锰矿石47500吨、41000吨。

附 群采治理

1986年，国家对矿产资源实行开放政策，湘锰周边村民未经办理开采许可证，即强行进入矿山生产区采矿，先后有数百个非法洞井在湘锰红线区内乱采滥挖，湘锰矿产资源和地质环境受到严重破坏。1987年8月，市政府成立群采治理整顿领导小组，对193个无证开采的井洞进行清理整治，乱采滥挖之风得到基本控制。1989年，市政府发布《关于清理整顿湘潭锰矿矿区内小锰矿的通知》，召开清理整顿专题工作会议，出动宣传车到有关县、乡、村巡回宣传《矿产资源法》，对非法洞井强制封闭，对非法开采的设备设施予以收缴，说服动员2300多名外地民工返乡，乱采滥挖之风再一次得到遏制。1990年，乱采滥挖之风再度盛行，湘锰周边开挖的洞井多达500多个，外地来的采矿民工多达3000余人。6月12日，湘锰地区突降暴雨，因群采洞井穿通红旗井区正30米大巷，大量地表水涌入红旗井区巷道内，致红旗井区负200米以下全部被淹，损失惨重。

1994年，湘锰前进井保安矿柱被非法采空，造成前进井卷扬机房墙体开裂，破碎机房龟裂下沉。1996年7月12日群采洞井黑色页岩自燃，其毒烟涌入湘锰井巷内，造成井下人员重大伤亡。同时，因无序开采，四期规划区(石冲)全被破坏，正30米标高以上有近40万吨矿量已无法组织开采，并给湘锰二、三期区的正常生产带来严重危害。是年在市矿管局、公安局等执法部门的配合下，组织专门力量对影响极坏且民愤较大的所谓“残联”洞井进行炸毁，对在整治过程中顶风盗采矿石的洞主依法进行处理。此次整治，关闭非法洞井146个，其中炸毁27个，推平28个，基本控制湘锰地区乱采滥挖的混乱局面。1998年3月底，湘锰地区仍有非法开采洞井65个，年采锰矿石约6万吨。

2001 年湘锰停产后,市有关部门又进行几次大治理整顿,均只收到暂时性效果。由于非法采矿能带来暴利,故一直难以根治。2005 年 8 月湘锰进入破产改制程序后,仍有 30 多个非法群采洞井在原湘锰三、四期区继续掠采锰矿资源,年采锰矿石 30000 余吨。

第二节 选烧

一、选矿

1986 年,湘锰有 2 台 CS-1 型强磁选机对自产矿石进行精选,以提高入炉矿石品位。外进矿石一般品位高,不经选即可直接烧结入炉。同年 5 月,配套完善的 CS-1 型强磁选机投入生产,同时将停用重介质—强磁选联合流程工艺试验设施改为单一 GCDE-210 型磁选工艺流程进行生产,形成年 7 万吨选矿功能。是年共选精矿 4768 吨。1988 年 4 月,湘锰将 CS-1 选厂的一粗一精工艺流程改为一段选别,将精选的磁选机改为精选机,年选矿能力由 7 万吨扩大到 10 万吨。湘锰为回收历年积淀 20 余万吨尾矿,投资 116 万元建设尾泥矿回收工程于当年 5 月建成完工,9 月组织试生产,由于原矿和精矿中泥质多,入选矿浆中纤维状杂物多,磁选机齿板堵塞严重,作业率仅 10%。是年选精矿 53826 吨。1989 年元月,对尾矿回收组织技术攻关,经试验成功,未正常投产。其主因是积存的尾矿泥含锰均在 16%左右,不经选可直接加工生产锰粉。是年选精矿 47045 吨。1990 年,湘锰主要由 CS—1 型磁选机选矿,GCDE—210 型磁选机停止生产。是年选精矿 45949 吨。

1991 ~ 1993 年,随着井区出窿矿石的增多和冶炼高炉满负荷生产,三年间年选精矿量达到最高,分别为 57857 吨、71695 吨、76182 吨。1994 ~ 1996 年,湘锰生产处于低潮,各项经济指标完成不佳,选烧分厂年选精矿量逐年减少,1996 年仅选精矿 19887 吨。1997 ~ 1999 年,湘锰大打扭亏增盈战,生产满负荷,各项经济指标完成较好。此期间进口矿石增多,自采矿石年选精矿量均在 35000 吨左右。2000 年底,红旗矿井闭坑,CS-1 型磁选机也随之停止生产,是年选精矿 27901 吨。

二、烧结

1986 年,境域湘锰主要有 1 号 18 平方米烧结机烧结矿石,其烧结矿年生产能力为 13 万吨。同时辅以传统的“七一”园窑焙烧烧结矿。烧结矿主要保障 5 号高炉冶炼锰铁。是年生产烧结矿 94806 吨。1987 年,冶金工业部批准并下达技改与扩建项目要求设计任务书,对 1 号 18 平方米烧结机工艺设施进行系列配套改造,同时投资 937 万元扩建一台 18 平方米烧结机,将烧结矿年生产能力扩大至 32 万吨。是年生产烧结矿 106774 吨。1989 年,1 号 18 平方米烧结机试生产三元碱度为 3 的锰高碱度烧结矿获得成功。是年生产烧结矿 155660 吨。期间,烧结改扩建工程一直紧锣密鼓进行,至 1990 年年底即完成投资 720 万元,是年。生产烧结矿 160400 吨。

1991 年 4 月,烧结改扩建工程基本完成,同时 2 号 18 平方米新烧结机点火试机,随后联动试车并试生产。是年生产烧结矿 185305 吨。改扩建工程完成后,两台烧结机同时生产,烧结矿产量大幅提高,1992 年、1993 年分别达到 227337 吨、216387 吨。1994 年,高炉锰铁市场疲软,湘锰生产滑坡,生产烧结矿 154505 吨。 1995 年 6 月 7 日至 11 月 8 日,冶炼 5 号高炉停产中修,烧结机同时停产。

是年生产烧结矿 135382 吨。

1996 年 5 月至 9 月，因湘锰资金短缺，原燃料供应不继，冶炼 5 号高炉连续停产 5 个月，烧结机第二次较长时间停产。是年生产烧结矿 117494 吨。1997 年，冶炼 5 号高炉恢复正常生产，是年共生产烧结矿 180031 吨。1998 年、1999 年湘锰全面恢复生产，5 号高炉满负荷运行，烧结矿年产量也达历年来最高，分别为 274096 吨、316403 吨。2000 年 7 月 14 日烧结机日产烧结矿 930.32 吨，创日产历史最好水平，8 月烧结机生产烧结矿 23849 吨，创月产历史最好纪录。11 月 9 日至 12 月 25 日因焦炭紧缺，冶炼 5 号高炉焖炉，烧结机第三次停产。是年生产烧结矿 256361 吨。

2001 年 5 月 20 日，冶炼系统全面停产，烧结机再次停产。是年生产烧结矿 91019 吨。2002 年 1 月香港（湘潭）佳力资源有限公司租赁湘锰冶炼生产线，烧结机又重新恢复生产，直至五年期租赁合同履行结束。2005 年生产烧结矿 137000 吨。

第三节　冶炼

一、高炉锰铁

湘锰是全国高炉锰铁重要冶炼生产基地。1986 年，湘锰主要有 1 号（100 立方米）和 2 号（100 立方米）两座锰铁高炉冶炼锰铁。3 月，湘锰成立 300 立方米锰铁高炉建设指挥部，新建国内具发展趋势年设计生产能力为 6 万吨最大锰铁高炉，并抽调 70 余名管理干部和工程技术人员负责各项施工建设。是年生产锰铁 29627 吨。1987 年，300 立方米高炉，包括高炉炉体、热风炉系统、原燃料贮运系统、鼓风机站、软水站及冲渣与废水处理系统等 18 项主要工程项目建设进展顺利，6 月开始全面安装设备。是年生产锰铁 33367 吨。1988 年 1 月，300 立方米高炉开始单机和系统无负荷试车。3 月 21 日热风炉点火烘炉。4 月 15 日高炉点火烘炉。5 月 16 日，高炉正式点火试生产。10 月 1 日，总建设费为 3170 万元的国内最大锰铁高炉——5 号 300 立方米高炉正式建成投产，湘锰高炉锰铁年生产能力达到 10 万吨。是年生产锰铁 4016 吨。5 号高炉投产后事故相对较多，1989 年，先后出现炉缸冻结、渣沟铁水爆炸、烧坏风口大、中、小套 89 个，期间休风多次，事故处理达 53 天。是年生产锰铁 48644 吨。1990 年 4 月至 5 月间，5 号高炉发生上升管堵塞、炉缸堆积事故，全年烧坏风口大、中、小套 97 个，休风 40 次，事故处理 40 余天。是年生产锰铁 46574 吨。

1991 年，湘锰 5 号高炉采用直径 125 毫米的短大风口进行下部调节，同时制作风冷堵渣机，安装空压机，出铁改每班三炉为四炉，基本消除渣口带铁现象。本年，5 号高炉连续 1000 炉无废品，1 号高炉连续 1500 炉无废品。是年共产锰铁 57908 吨，其中 5 号高炉生产 48208 吨，焦比为 1994 千克 / 吨，1986 年以来首次将焦比控制在 2000 千克 / 吨以内。1992 年 5 号高炉试用长斜（大）风口，其风口大、中、小套烧坏现象明显减少，11 月份 5 号高炉平均日产达 158 吨。是年共生产锰铁 71043 吨，其中 5 号高炉生产 51808 吨，均为历史最高年产。1993 年，5 号高炉采取抽矿补焦新装料制度，以适应高炉上部调节的需要，同时对炉顶均压阀和炉顶液压油路进行改造，较好解决上料系统中卡料、料车掉道、皮带跑偏等老大难问题。是年生产锰铁 67621 吨。1994 年 2 月 3 日，2 号高炉停炉扒炉后复风，22 日换西渣口小套时，炉内焦炭喷出，发生死亡 1 人，重、轻伤各 1 人严重烧烫事故。是年生产锰铁48283吨。1995年,因受资金困扰,原、燃料难以正常供应,高炉时开时停。是年生产锰铁42307吨。

1996年9月,5号高炉点火恢复生产。是年生产锰铁36717吨。1997年,湘锰生产全面启动,高炉逐步恢复正常运行。11月28日,5号高炉日产合格锰铁256.39吨,11月,共产合格锰铁5678吨,为日产、月产历史最高纪录。是年生产锰铁56850吨。1998年3月,5号高炉产锰铁5950吨,11月份1号高炉产锰铁1746吨,2号高炉产锰铁2053吨,均创湘锰历史新高。是年共产锰铁85655吨,其中5号高炉产53780吨,焦比为1824千克/吨,均为湘锰历史最好纪录。1999年湘锰冶炼高炉生产达到盛期,全矿生产锰铁98876吨,其中5号高炉产66016吨,均为湘锰锰铁生产历史最高纪录。2000年共产锰铁80113吨,其中5号高炉生产53444吨。

2001年5月20日,湘锰因企业长期亏损,债务包袱沉重,生产已无法继续组织,冶炼系统被迫全面停产,本年生产锰铁仅28443吨。2002年1月,湘锰将1号、2号高炉及配套设备设施租赁给香港(湘潭)佳力资源有限公司经营至五年租赁期满。2005年共产锰铁43100吨。

二、高炉富锰渣

1986年,湘锰有3号(55立方米)和4号(55立方米)两座高炉冶炼富锰渣,是年生产富锰渣61600吨。1987年,生产富锰渣54700吨。1988年,3号高炉因炉体严重破损,加之富锰渣库存较多,于2月停产,是年生产富锰渣40400吨。1989年生产富锰渣37700吨。1990年富锰渣产品市场需求增大,6月起,湘锰2号高炉转炼富锰渣。是年共生产富锰渣93600吨,是湘锰生产富锰渣最多的一年。1991年生产富锰渣61830吨。1992年富锰渣产品市场出现疲软,是年生产富锰渣33060吨。1993年,湘锰3号冶炼高炉拆除。为调整产品结构,适应市场变化,停止富锰渣生产。是年生产富锰渣仅3370吨。生产富锰渣的4号高炉也于1999年11月被拆除。

附　高炉生铁

1993年,湘锰为调整产品结构,适应市场需求,投资210万元,对1号高炉进行改造,7月30日开始冶炼生铁。是年生产生铁9613吨,焦比为1356千克/吨。1994年生产生铁26556吨,焦比为1304千克/吨。1995年、1996年两年期间因资金紧张,原燃料供应不继,生铁冶炼时开时停,两年生产生铁分别为14344吨、13818吨。1997年7月29日生产生铁207.9吨、8月份生产生铁5043吨、全年生产生铁42309吨,分别创湘锰日、月、年产历史最高纪录。1998年、1999年分别生产生铁33945吨、14234吨。2000年,因企业资金匮乏,生产经营困难,停止生铁冶炼,是年生产生铁4953吨。

第四节　制粉

1986年,湘锰有碳酸锰粉和化工锰粉生产线各1条,年生产规模4万吨。期间,碳酸锰粉产品市场畅销,湘锰投入177余万元改扩建锰粉生产线。是年共生产锰粉30066吨,其中化工锰粉1834吨。1987年,湘锰对锰粉分厂实行为期三年的内部利润递增包干、超利润分成的内部承包责任制。7

月,锰粉生产线改扩建工程建成投产,形成碳酸锰粉和化工锰粉各2条生产线,采用递进式粉磨法工艺,拥有6台雷蒙机及其配套颚式破碎机、干燥机、分离器、螺旋运输机等数十台件设备,年生产能力达8万吨。是年生产碳酸锰粉45565吨,其中化工锰粉1891吨。1988年,锰粉分厂产、销两旺,生产锰粉57795吨,其中化工锰粉2954吨,利润突破100万。1989年,生产碳酸锰粉59886吨,含锰品位平均为21.50%,化工锰粉2011吨,含锰品位平均为54.63%,利润再次超100万元。是年,锰粉分厂被湖南省人民政府授予"模范分厂"称号。1990年生产锰粉50560吨,其中化工锰粉1997吨。

1991年~1995年,锰粉分厂按市场和电解锰分厂需求保持均衡生产,期间每年生产碳酸锰粉、化工锰粉均在50000吨、2500吨左右。1996~2000年年均产量较前略有降低,其中1996年生产碳酸锰粉31834吨、化工锰粉1979吨,2000年生产碳酸锰粉53031吨、化工锰粉3475吨。

2001年5月湘锰停产后,锰粉分厂先后由民营企业湘鹤新材料有限公司和湘潭市振发锰制品加工有限公司租赁生产锰粉产品至2005年,其中2001年生产碳酸锰粉22200吨、化工锰粉1790吨,2005年生产碳酸锰粉41224吨、化工锰粉3426吨。

第五节 电解锰

1986年,湘锰电解锰分厂主要生产电解金属锰产品。是年,生产电解金属锰1553吨,电解金属锰产品被评为冶金工业部优质产品。同时,湘锰向湖南省冶金工业厅上报电解金属锰增扩1200吨/年生产规模的可行性研究报告。1987年5月,省冶金厅批复同意投资460万元按1200吨/年生产规模扩建电解金属锰车间,8月扩建工程正式动工。是年生产电解金属锰2159吨。1988年9月扩建工程竣工试生产,电解金属锰槽由原来的186个增至264个,年生产能力扩大为3300吨。是年生产电解金属锰2455吨。1989年,湘锰电解金属锰产品通过国家质量监督检验测试中心质量认证,同时被遴选为北京国际展览会参展产品,并第三次被评为冶金工业部优质产品。是年生产电解金属锰2771吨。1990年,电解金属锰产品出现滞销,是年,生产电解金属锰2564吨。

1991年,湘锰生产电解金属锰1928吨。1992年,湘锰根据企业发展和市场需求,决定易地新建电解金属锰生产线,预算投资为669万元。是年,生产电解金属锰2555吨。1993年2月,湘锰电解金属锰易地扩建工程(新电解锰厂)竣工,首批64个电解金属锰槽顺利投产。本年生产电解金属锰5000吨。同年,开始电解金属锰锭的加工实验。1994年,生产电解金属锰5032吨。1995年,湘锰有电解金属锰加工槽296个。同年,湘锰将原电解锰分厂一分为二,老厂为电解锰一分厂,新厂为电解锰二分厂。是年生产电解金属锰4153吨。

1996年,两电解锰分厂均未满负荷生产。厂房租赁给中国冶金进出口湖南分公司经营,租赁期为三年。是年生产电解金属锰2811吨。1997年4月,电解金属锰锭厂建成投产,所建0.25吨、0.5吨、1吨三个中频反射炉,年产能1万吨。是年生产电解金属锰4922吨。1998年,湘锰的高纯低硒厚片电解金属锰研制成功,样品平均含硒量为0.015%。电解金属锰锭脱硫攻关取得成效,含硫从0.065%降至0.025%以下。是年,生产电解金属锰5832吨。1999年,湘锰已具备年产电解金属锰6000吨、电解金属锰锭10000吨的规模。湘锰组织开发的高纯低硒电解金属锰及无汞碱性电池用电解锰生产技术通过湖南省科委组织的鉴定,确认分别达到国际先进水平和国内先进水平。"湘鹤牌"

电解金属锰获“湖南产品质量奖”。是年生产电解金属锰5766吨。2000年,“湘鹤牌”电解金属锰获得“湖南名牌”产品称号。湘锰高纯低硒电解金属锰被国家经贸委授予“国家级新产品”称号和荣誉证书,且湘锰《三万吨高纯低硒电解金属锰》项目顺利通过国家计委和专家评审及环评审查。是年生产电解金属锰5565吨。

2001年5月20日湘锰全面停产后，电解锰厂房均由湘潭湘鹤新材料有限公司租赁经营。是年,生产电解金属锰5224吨。其租赁合同履行至2005年年底,本年生产电解金属锰5850吨。

第二十篇　机械工业

概　述

1986年,境域机械工业保持“一电三江”(分别为湘潭电机厂、江南机器厂、江麓机械厂、江滨机器厂,以下简称湘机、江南、江麓、江滨)等国有大型企业为主导、中小企业为基本面的工业架构,围绕机电龙头产业,形成以机电、线缆、矿山设备、工程机械、输配电及电气控制设备、交通运输设备及配件、柴油机、工业锅炉、通用设备、专用设备、轴承、标准紧固件、电器元器件制造等15大门类产品为主的产业体系,电机、电缆、塔吊、柴油机、工业锅炉等10多种产品产量位列湖南省第一,电动轮自卸车、塔吊等产量位居中国第一。全行业共有大小企业345家,其中规模以上企业49家(部省属企业7家),从业人员7.94万人。是年,企业在进一步推行厂长负责制,扩大企业自主权和厂长任期目标制,试行以“两保一挂”(保财政上交、保固定资产投入和职工工资与经济效益挂钩)以及“上交利润递增包干”为主要内容的承包经营责任制,深化内部改革,建立健全经营管理机制。通过市政府“牵线搭桥”,市电线厂、市液压件厂等部分企业采取合并重组,发挥电工电器和机械加工潜在优势,实现优势互补、整合资源、提升产能。为提高产品质量和工艺技术水平、扩大生产能力,多数企业抓住国家实行宽松的银行信贷政策机遇,落实各种贷款近亿元,积极进行技术改造,提高制造技术装备水平,增强与产品主机配套能力。全行业无亏损企业。是年,境域机械工业完成工业总产值8.69亿元,实现税收5697万元,利润9196万元。

1987年,境域湘机、湘潭电缆厂(以下简称“湘缆”)、江麓等一些企业分别引进美国、瑞士、德国、意大利等国家先进技术和设备,促进企业的技术进步,提高产品质量和新产品研发能力。当年,全行业完成技改投资4100多万元,9个技改项目投产,开发新产品60多项,其中1.5吨球磨机、108吨电动轮自卸车、Y355—400中型异步电动机、TBR、TBY、TBY2系列铜扁线、M—230IEZ1轴承等评为部优产品,完成出口产值6470多万元。1988年后,企业进一步完善承包经营责任制,试行车间承包、销售承包、产品分项承包等多种承包形式和企业内部银行、费用包干等经营模式,强化基础管理工作,加强现场调度及班组管理与建设,开展“升级达标”活动,提高企业综合素质。湘机、市汽配厂、市柴油机厂(简称湘柴)、市风动机械厂(简称湘风)、市标准件厂等5家企业被省政府授予“省级先进企业”称号,湘机、市汽配厂被评为“国家二级企业”。[①]全行业制定“发挥电工和汽车配件的潜在优势、形成15大类优势特色产品体系,建成12个大中型企业和5个出口基地”的规划,引导企业调整产品结构、扬优抑劣。湘机108吨电动轮自卸车和江麓QT120塔式起重机分获“国家质量金奖”,开发新产品83项,其中3吨球磨机、175—II型柴油机、全系列纸包线等8种产品评为部优产品,优质产

① 本志中“国家二级企业”属管理工作奖项;“国家大型二类企业”属综合经济规模,两者不等同。

品产值率 51.5%以上。1990 年,国内机械制造业遭遇市场疲软、银根紧缩、原材料涨价的冲击,普遍出现生产经营困难,经济效益大幅滑坡。境域机械工业企业坚持以改革为动力,强化内部管理,积极开拓市场,组织开展"学长炼、赶湘缆、赛汽配"节约挖潜提高经济效益的厂际竞赛活动,采取企业兼并联合、技术攻关协作、限产促销、企业诊断及现场办公等 20 条措施应对生产经营运行中的困难。当年,湘缆、湘乡机械厂评为省先进企业,湘缆、湘风、湘柴被评为"国家二级企业"。175A 柴油机获"全国首届科技贷款金箭奖",优质产品产值率达 45.4%,完成出口产值 7986 万元。是年,境域机械制造业共有大小企业 378 家,其中规模以上企业 45 家,从业人员 8.36 万人。完成工业总产值 13.84 亿元、实现税收 5997 万元、利润 8094 万元,分别比 1986 年增长 59.3%、5.3%、下降 11.9%。继续保持全市第一大主体工业地位,湘缆、湘机在全国 500 家最大工业企业中分别排名 385 位和 402 位。

1991 年,境域机械工业企业在市委、市政府"工业兴市"指导方针引导下,开展"质量、品种、效益年"活动,改善企业经营状况提高经济效益。湘柴柴油机年产量突破 8 万台,产值、销售、实现利税等经济指标位居全国 39 家 185 以下小型柴油机行业第 4 位,被国家机电部列为重点企业;市阀门厂开发的对夹式止回阀替代传统的升降式和旋启式止回阀,取得国家专利产品证书,被迅速推广运用;各类电线电缆、小型柴油机、工业锅炉、标准紧固件等 30 多种产品产量居全省第一, 108 吨电动轮自卸车、大型工矿车辆、塔吊等 10 多种产品产量居全国第一,Y280—600 高压电机、108 吨、154 吨电动轮自卸车、低氧圆铜杆、软铜扁线、硬铝母线、铝绞线、钢芯铝绞线等 20 余种产品达到世界先进水平,被国家确认为可替代进口产品。1992 年,境域机械工业企业全面推行劳动、人事、分配三项制度改革。年内,湘机、湘缆、湘柴、湘锅、市汽配厂列为放开经营实行一定九年的"投入产出总承包"试点企业;市客车厂划归市机械行业统一规划管理,与湖南汽车厂联合生产 6450 轻型汽车和豪华型大客车;湘柴与上海内燃机研究所联合开发 R170、R190 型柴油机,通过部级鉴定并批量生产,填补省内空白;花石水泵厂开发的 IY 油泵、卧式抽浆泵分别在"全国新产品新技术博览会"和墨西哥举办的"中国实用技术展览会"上获得金奖。在机构改革中,市机械工业局经市政府批准成建制转体,与市属 34 家机械企业联合组建"湘潭机械工业集团公司",湘缆经省体改委等部门批准成立"湖南电线电缆集团公司"。当年产品质量稳定提高率 96%,开发并鉴定新产品 61 个。1993 年开始,为实现与市场经济接轨建立现代企业制度,湘机作为母体成立"南方通用电气集团公司",并联合省内 23 家成员单位组建"南方通用电气集团";省轻机厂联合福建晋江陶机厂、广州粤湘工贸发展公司等 8 家单位成立"湖南五菱集团公司"。是年,全市机械工业由于受经济形势不景气"大气候"影响,在与市场经济接轨中凸显各种缺陷和矛盾,严重制约经营效益,多数企业出现亏损,部分企业被迫停产息工。全行业按"一厂一策"制订扭亏增盈工作方案,通过调整企业领导班子,精简机构、分流人员、限产促销、增收节支、风险抵押承包等措施力图改善企业生产经营状况。1995 年,境域机械工业企业实施市委"强工富市"发展战略,开展以成本管理为核心、以质量管理为重点、以现场管理为基础的"企业管理年"活动,采取节约、挖潜、增效措施努力实现扭亏控亏目标,探索产权制度改革推进建立现代企业制度,寻求解困的各种办法。当年,湘机、省轻机厂被列为全省现代企业制度试点单位,市锅炉厂(简称湘锅)、湘柴、市汽配厂、市开关厂、市离心机厂等企业被列为市现代企业制度试点单位和实行股份制改革的试点单位,市整流器厂实行"国有民营"试点,全行业有 80%的企业实行计件工资制,改变长期以来"吃大锅饭"现象,其中有 16 家企业实行全员劳动合同制。湘机作为全市第一批实施主辅分离的试点单位，将幼儿园、招待所、商店等单位剥离组建“九州实业开发总公司”，分流职工403人，仅工资一项每年可节省开支49.3万元。在规模以上市属企业中亏损户由20家减少到16家，有效控制亏损面的扩大。是年，境域机械制造业共有大小企业227家，其中规模以上企业54家，从业人员6.92万人。完成工业总产值29.83亿元、实现税收7870万元、亏损1706万元，工业总产值、实现税收分别比1990年增长121.3%、31.2%。

1996年后，境域多数机械工业企业陷入经营困境，亏损户增加，部分企业职工工资发放困难。为推动企业产权制度改革，帮助企业走出困境，主管部门根据《湘潭市国有企业破产有关政策规定（试行）》文件，成立“破产工作领导小组”机构，加强对全行业破产改制工作组织领导和协调服务，抓住湘潭市列为“全国优化资本结构试点城市”的机遇，按照市政府“依法破产、规范操作、突出重点、积极稳妥”工作方针，将市二机厂率先破产重组，并引导市低压电器厂、市客车厂、市压缩机厂、市高压电器厂依法破产，湘锅、市机床电器厂、市阀门厂、市电器厂实行股份制改造，市离心机厂、市调速电机厂、市标准件总公司、市液压件厂列为减员增效试点企业。调整充实16家企业领导班子，公开招聘10位年龄在30岁左右年轻人担任厂级领导。在推进国有大中型企业改革中，湘电集团公司和湖南电线电缆集团公司相继成立，实现由工厂制管理模式向公司制管理模式转型。平安电气集团公司等一些乡镇或集体企业改制为股份合作制民营企业后，在新体制下企业凝聚力提升、科技实力增强，其中平安电气集团公司先后自主研发出PYF系列消防高温排烟轴流式风机、YBK56系列矿用地面抽出式轴流风机，获“国家级重点新产品”证书。但湖南电线电缆集团公司按集团公司制运作后，由于决策失误、管理失控、国有资产流失等原因出现巨额亏损，被迫全面停产。2000年，境域机械工业通过产品结构和产业结构调整，生产经营出现恢复性增长的势头。当年，市汽配厂、市离心机厂、湘锅、湘风等企业实现盈利，改变行业内国有企业连续三年全面亏损的局面。在“学邯钢、强管理、降成本、增效益”活动中，市属企业实现增收节支3387万元，综合成本降低率在5%以上；同时精减内部机构30%，减少非生产人员近50%，下岗分流人员1.05万人，其中进再就业中心托管人员1400余人。在“抓大放小”优化布局和结构、实行战略性调整中，市汽配厂组建“湘潭华美曲轴制造有限公司”，返租企业优质资产重点组织汽车曲轴生产。市离心机厂采取国有控股、职工持股形式组建“湘潭离心机制造有限公司”，市标准件总公司、市调速电机厂、市开关厂、市液压件厂、市机床厂等一些企业实行内部租赁、分块搞活、一厂多制等改革办法，为保持企业稳定和实施改制打好基础。年内，湖南电线电缆集团公司将优质资产分立重组为湘潭电缆有限公司后实施破产。是年，境域机械制造业共有大小企业193家，其中规模以上企业43家，从业人员5.36万人。完成工业总产值19.22元、实现税收6452万元、亏损2404万元，工业总产值、实现税收分别比1995年下降35.6%、18%。

2001年，境域机械工业企业按照市委、市政府提出“以产权制度改革为核心，以化解债务为前提，以盘活资产为途径，以安置职工为重点，以创新制度为目的”基本思路，稳妥推进企业改制进程，先后有离心机厂、离心机配件厂、市电器厂依法破产，市整流器厂、市轴承厂实行返租经营。市变压器公司、市泵业集团、市电磁线厂、大众整流器制造有限公司等一些民营企业通过兼并、改制，企业经济实力进一步提升。平安电气集团公司与西北工业大学合作采用“弯掠组合正交开型三维扭曲叶片”核心技术，成功研发掠弯组合正交型对旋主通风机，主要性能达到国际先进水平，获“国家安全生产科技成果二等奖”证书，被列入国家火炬计划重点推广新产品。2002年，湘电集团公司子公司

“湘电股份”7500万股A股在上海证券交易所发行上市，成为境域实施核准制后首支对外发行股票。江麓机械集团有限公司成立后，民品开发进入快速发展阶段，YZLK20型城市垃圾压实机、W1102DZ高性能无人驾驶大吨位压路机和QTZ315大型塔式起重机各项指标达到国际同类产品先进水平，被列入国家重点技术创新项目和国家重点鼓励发展环保产品目录，在国内润扬长江大桥二期工程所需QTZ315、QTZ150塔式起重机建筑设备国际招标中，击败国内外同行业竞争对手，取得全部订货合同。2003年，平安电气公司为解决国内煤矿瓦斯突出超限事故频发问题，成功研发出“PA矿井通风监测与智能控制系统”软件和控制系统设备，填补国内在矿井通风监测与智能控制领域的空白，被列入“十五国家科技攻关计划”。江麓机械集团公司研制QTZ400巨型塔式起重机，通过全国建筑机械质量监督检测中心检测取得市场准入证，该机最大起重量达20吨、提升高度375米，起升、回转、牵引三大机械采用全变频无级调速技术，操纵驾驶室采用全数字化人机界面液晶显示仪，其安全性、可靠性、先进性均达到国际同类产品一流水平，W系列全液压振动式压路机被国家科技部评为“全国重点推荐产品”。江南自行设计制造的JNW01—50—42数控回轴玻璃钢缠绕机在第十四届“全国发明展览会”上获发明银奖。湘电集团公司进一步完善母子公司运行机制，生产经营快速增长，被全国总工会授予全国“五一劳动奖状”，成为境域工业企业唯一获此殊荣的企业。市汽配厂、市标准件总公司、市轴承厂、市电工机械厂等一些企业依法破产，资产变现后这些企业职工得到妥善安置，出资人收购这些破产企业后，组建新企业，调整产品结构，加大技改投入，保留产品门类，使企业焕发生机。2005年，境域机械工业企业根据市政府《湘潭市加快推进工业进程的若干政策规定》，积极实行以产权制度为核心企业体制改革。湖南江滨机械集团公司成立后，与香港富华国际工业(集团)有限公司合资组建“湖南江滨富华机油泵有限责任公司”，通过引进外资和技术，逐步形成产业优势和“江滨活塞”品牌优势，为汽车机油泵、活塞等零部件生产能力逐年翻番和进入国际市场夯实基础。湖南华菱线缆股份有限公司成立后，收购湘潭电缆有限公司全部资产，成为省内最大规模专业生产电力电缆、控制电缆、船用电缆、架空电力导线、特种电缆、橡套电缆等综合性线缆企业。江南机器(集团)有限公司成立后，吸纳民营资本进行股份制改造，与浙江吉利汽车有限公司等3家民营企业组建“湖南江南汽车制造有限公司”，当年具有完全自主知识产权、自主商标和自主品牌的首款经济型两厢半轿车“江南传奇”成功下线。年底，境域机械行业国有大型企业全面完成公司制改革，实现投资主体多元化，并全力推行现代企业制度，建立健全运行机制，提升产业规模和效益水平，保持主导产业地位。市整流器厂、湘锅等20多家中小企业通过破产、整体出让、重组或“退二进三”(退出加工制造业转为服务业)等方式进行改制。平安电气公司、三弘重科、市变压器公司、海日整流器厂、凌天科技等一大批民营企业，逐步拓展产品发展空间，成长壮大，填补国有中小企业或公有制企业退出市场的缺失。当年，全行业投入技改资金和新产品开发资金近亿元。SF31904W矿用电动轮洒水车、混合动力电动城市客车、变频调速同步电动机、FSZ50吨级全自动粉末压力机等产品主要技术指标达到国内领先水平，填补国内空白；矿井通风设备制造形成八大系列360余种规格，通风机产销量居国内同行业第一位。是年，境域机械制造业共有大小企业101家。其中规模以上企业52家，从业人员4.57万人。完成工业总产值55.61亿元、实现税收13846万元、利润11975万元，工业总产值、实现税收分别比2000年增长189.3%、114.6%，机械工业总产值占全市工业总产值13%。经过产业结构调整和体制改革整合后，境域机械制造业逐步向高端技术产业发展，成为国家机电一体化产业基地。

第一章　电机制造业

第一节　电动机

1986年，境域电动机制造企业有10多家，其中专业制造厂家有湘机、市调速电机厂（又称市岳塘电机厂）2家企业，从业人员近9000人，主要生产大型交直流电动机、中小型交流异步电动机、分马力电机、控制微电机等产品，其余为县区、乡镇的机电厂、机修厂生产小型电动机，但都规模小、产量低，未形成批量生产，从业人员300余人。湘机在深化企业内部改革中继续推行和完善厂长负责制，建立健全厂部和分厂两级责任中心、两级利润中心和两级分配中心，确立厂部为经营决策层、分厂为管理层、车间为作业层的“三级管理”模式，进行劳动、人事、分配“三项制度”的改革，同时安排技术改造项目4项，投资3000多万元新增厂房建筑面积4000余平方米、设备200多台（套），增强企业活力。市调速电机厂实行承包经营责任制，及时调整产品结构，淘汰JO2交流电动机生产，更新为符合国际标准的节能型Y系列电动机，具有体积小、功率大的特点，能生产36个规格产品。是年，境域生产各类交直流电动机82.6万千瓦（湘机生产75.7万千瓦），完成工业总产值1.94亿元，实现税收1168万元，利润2833万元。

1987年，湘机引进美国西屋公司和瑞士BBC公司30万-60万千瓦电站辅机技术，先后为国内平圩、阳逻电厂研制2500千瓦和3150千瓦大型立式电机，并开发出10千瓦级Y系列电机产品，逐步完善Y、YKS、YKK500-630型6千瓦及Y500-630型10千瓦等电机系列，同时与清华大学、海军工程大学、华中工学院、中南矿冶学院等多所大学及中国机械工业第八设计院、上海电气科学研究所、南阳防爆电气研究所等科研院所建立广泛的产、学、研合作关系，联合研发新产品解决技术难题，Y355-400中型异步电动机被评为部优产品。湘机还与市政府签订“两保一挂”（保利润上交、保技术改造和工资总额与上缴利税挂钩）三年经营承包合同，厂部采取效益工资和综合奖金与包干指标挂钩、质量和确保任务双百分考核计奖等办法，将指标分解，对分厂、处室实行经济责任制，推行全面质量管理和班组科学管理，运用网络技术、ABC分类法、看板管理、系统工程等方法，提高管理水平，实现现代化课题成果225项，创直接和间接经济效益2048.5万元。十二分厂扩大机换向器班通过严格管理、开展技术革新和合理化建议，提高换向器质量和经济效益，先后评为机械工业部模范班组、全国先进班组，被全国总工会授予“五一劳动奖状”。班组长陈善周荣获“五

图20-1-1　湘电集团公司YD1250千瓦双速电机新产品

一劳动奖章”。市调速电机厂通过加强质量管理、提高产品质量，该厂 Y132-4 交流电动机评为省优产品、YCT 电磁调速电动机评为省优秀新产品。1988 年后，湘机经过三年的努力实现国务院“抓管理、上等级、全面提高素质”的要求，被省政府授予省级先进企业称号，被评为国家二级企业。Y450、Y500 中型高压三相异步电动机和 DWB-8-2-2 电容运转单相异步电动机评为省优产品。市调速电机厂兼并市硅酸盐制品厂，通过对厂房及设备的技术改造，固定资产增至 2000 多万元，形成 Y80-160 交流电动机、XCT112-225 电磁调速电动机、电磁调速电机配电控制器等三大类 61 个规格的产品生产规模，其中调速电机及配电控制器产能国内排名第 8 位。1990 年，湘机完成新产品试制任务 77 项，其中为平圩电站配套的 2500 千瓦大型立式电机达到国际先进水平；产品质量考核指标全面完成，优质产品产值率达 35.2%。全年完成工业总产值 3.06 亿元，实现利润 1304 万元，在全国综合经济指标考核 500 家最大工业企业中排名第 402 位。在基本完成“两保一挂”经营承包合同后，又与市政府签订为期 4 年的“三保一挂”（保实现利润和上缴利润、保技术改造、保企业上等级、工资总额与经济效益挂钩）的第二轮经营承包合同。电炉分厂模具班班长戴步曦长年坚持技术革新，在攻克技术难关方面作出重大贡献，被全国总工会授予全国“五一劳动奖章”，同时被评为湖南省劳动模范和“学铁人”标兵。是年，境域 2 家规模以上电动机制造企业，从业人员 10699 人，生产各类交直流电动机 76.17 万千瓦（湘机生产 67.42 万千瓦），完成工业总产值 3.2 亿元、实现税收 1671 万元、利润 1343 万元，产量、产值、税收、利润分别比 1986 年下降 7.8%、增长 64.9%、43.1%、下降 52.6%。

1991 年，湘机积极投入全市统一开展的“质量、品种、效益年”活动，提出“三上”（上品种、上备件、上出口）、“两提高”（提高实物质量、提高企业素质），抓好一个调整（产品结构和内部生产能力调整）、拓宽两个市场（国内、国际市场）、实现三个增长（产值、销售收入、利润）的工作目标，通过全厂职工的共同努力，产值、销售、利润分别比上年增长 7.7%、8.7%、4.5%。完成新产品试制任务 151 项，有 6 项产品获国家重大技术装备奖，其中 23 立方米矿用挖掘机电机电控系统获特等奖，YKK500-WFZIP55-400 千瓦、3 千伏中型高压户外防强腐蚀交流电机和采煤机用的 26 千瓦防爆电机填补国内空白，Y 系列中心高 500-560 的 10 千伏级异步电动机形成新型节能系列，创造良好经济效益，同时争取到技术改造项目 4 项，投资额 5081 万元。市调速电机厂进一步扩大 Y 系列中小型交流电动机、调速电动机产能，同时开发微型电机产品，在省内 7 家电动机专业生产企业中产能上升到第五位，调速电动机产能在机电部定点生产企业中排名第六位。1992 年，湘机为提高企业自我发展能力实施“科技兴厂”战略，增加技术改造投入以适应市场经济挑战。当年被省、市政府确定为投入产出总承包试点企业。在产品开发上，湘机把交直流电机和电机电控产品放在优先发展战略地位，结合引进国外先进技术和国家能源工业发展，扩产 Y、YL 系列电机和开发大中型直流电机，全年完成新产品试制任务 133 项，其中完成 YKS630-4 万伏级 2560 千瓦交流电机和 Y 系列 17 种交流电机试制任务，新产品产值达 1524 万元，比上年增长 98.6%。1993 年，湘机根据省政府“授权经营、资产重组、同步设计、分步实施、强化管理、依法操作”的工作思路，挂牌成立“南方通用电气集团公司”，以南方通用电气集团公司为核心企业，联合省内生产、经营、科研、设计等 24 家成员单位组建“南方通用电气集团”，形成跨地区、跨行业、跨所有制具有综合功能的大型企业集团，企业向市场化转型迈出关键一步。当年，交流电动机年产量首次突破 100 万千瓦。1994 年，国内机电行业遭遇市场疲软、资金紧缺、成本上升和经济效益下滑严峻挑战，湘机贯彻党中央提出的“抓住机遇，深化改革,扩大开放,促进发展,保持稳定”的方针,按照公司制管理机制探索深化内部体制改革,转换经营机制,把分厂推向市场,发挥厂部和分厂两个积极性,并通过划小核算单位、实行“分灶吃饭”,强化经营管理、立足内部挖潜和增收节支,推进科技进步,投入 1600 万元对交流电机实施专项技术改造,取得生产增长、效益上升的好成绩,当年生产交直流电动机 115.9 万千瓦,完成工业总产值 4.04 亿元,实现利润 1018 万元。市调速电机厂投入技改资金 326 万元,调整产品结构、扩大适销对路产品生产规模,加强内部管理、努力降低成本,经济效益回升,被评为湘潭市优秀企业。1995 年,湘机由于受国家宏观调控政策影响,产品市场需求不足,生产经营运行困难。为走出困境,企业根据市委、市政府“强工富市”发展战略,开展以成本管理为核心、质量管理为重点、现场管理为基础的“企业管理年”活动,从厂部到分厂分别成立扭亏增盈领导小组,把扭亏控亏作为全厂头等大事,实行成本费用目标管理,层层分解指标落实到人,压缩非生产性开支,同时在加强质量管理中,调整划分全厂各部门的质量管理职能,明确各类人员的岗位质量职责,建立和完善产品质量保证体系。经过科学论证,大型电站辅机配套电机技改项目正式列入国家“八五”双加项目,总投资 6600 万元,首笔 3500 万元资金到账开始实施,当年开发新产品 27 项,实现新产品产值 2935 万元。同年,湘机进入全国 500 家最大经营规模工业企业排名第 455 位。厂劳动模范、高级技师李家模被评为“全国技术能手”。市调速电机厂根据市场需求变化,先后开发出建筑行业急需的立式调速电机、YCT-315 及 Y 系列 200、225 等中型电机产品,同时加强成本控制,完成工业总产值 2670 万元,实现利税 184.3 万元。是年,境域 2 家规模以上电动机制造企业,从业人员 11763 人,生产各类交直流电动机 93.2 万千瓦(湘机生产 85.3 万千瓦),完成工业总产值 4.56 亿元,实现税收 4021 万元,产量、产值、税收分别比 1990 年增长 22.3%、42.5%、140.6%。

1996 年,湘机根据省政府“先上收(由市直企业改为省直企业)、后挂牌、先改制、壮大母体,待时机成熟后再辐射全省”的要求议定转机建制方案和实施细则。是年,湘机推行全员劳动合同制,职工签约率达 99.9%,并实行双向选择、择优、竞聘、执证上岗等办法,改革劳动用工制度;大中型交流电机、直流电机通过 IS09001 质量体系认证,Y355-630 电机被国家授予优等品称号并被评为湖南省名牌产品,全年完成技改投资 2674 万元,研制新产品 45 种,新产品产值达 1370 万元,其中 YKS、YRKS 万伏级电机获省新产品证书,YD1250 千瓦双速电机获国家重点新产品证书。厂技术开发中心副总工程师朱菱因在产品开发、技术创新方面的突出贡献荣获全国“五一劳动奖章”,并被评为省劳动模范。1997 年,湘机按现代企业制度新机制运行的湖南通用电气集团、湘潭电机集团有限公司(以下简称湘电集团公司)正式挂牌成立,母体公司为湘电集团公司,由 11 个分公司、6 个全资子公司、10 个控股或参股公司组成,被省政府授权行使国有资产投资主体职能,实现由工厂制管理模式向公司制转型。实施减员增效,湘电集团公司职工总数比上年净减 845 人,其中分流下岗职工 634 人;改革用工分配制度,实行竞争上岗、择优录用,加大经济责任考核力度,拉开单位之间的分配差距,工资分配重点向科技、营销和生产一线职工倾斜。年内,湘电集团公司 304 千瓦 GTO 直流斩波调压系统获国家“八五”科技攻关 A 类一等奖和国家科技进步二等奖,中大型单绕组双速笼型异步电机获机电部科技进步二等奖,电机电控装置产品通过 ISO9001 质量体系认证。市调速电机厂虽被列为全市综合配套改革试点单位和“强工富市”扶优扶强企业,企业自身也相应制定出一系列配套改革措施,包括按产品分类设立分厂,划小独立核算单位,实行产供销人财物分级管理和承包经营责任制，但受国家宏观调控政策的影响，加上三角债务增加，致大量应收货款难以收回，造成资金周转十分困难，生产和经济效益全面滑坡。1999 年，湘电集团公司集中主业部分的优质资产，联合北京地下铁道总公司、上海铜材厂等 6 家企业共同发起成立“湘潭电机股份有限公司”（简称湘电股份公司），湘电集团公司出资额占股份公司总股本 96.2%，通过资产重组、资本运作促进产业升级，提高资产运营效益。同年，按照“加快开发争市场、完善工艺抓质量、降低成本创效益、深化改革促发展”工作方针，调整内部结构，实行目标管理严格考核机制，积极开拓产品市场，在水利、基础建设和国家重点工程交流电机等项目方面取得重大突破，中标承接的订单超过 80 万千瓦，扭转连续三年下滑局面，全年完成工业总产值 4.52 亿元、销售收入 5.19 亿元、实现利税 3917 万元，被国家经贸委列入全国 520 户国家重点企业。电机分公司中型电机车间车一班工人夏伯存因 5 年完成 13 年的工作量，提出技术革新和合理化建议 40 项，创经济效益 138.5 万元，连续七年评为厂级劳模，荣获“全国五一劳动奖章”，并被推选为全省唯一赴京受奖代表。韶山清溪机械厂通过产权置换改制为民营企业“韶山市如意节能电器厂”，生产 Y 系列交流异步电动机。市调速电机厂因资金匮乏和严重亏损，被迫停产，厂房对外实行分块租赁，转由租赁户接续电动机生产。2000 年，湘电集团公司按照建立现代企业制度要求，完成对非经营性资产和非主业部分剥离后，拥有全资子公司 13 个，控股子公司 11 个、参股公司 18 个，进一步完善和理顺母体公司与子公司管理体制，把握“磨合期”，保持新机制健康运行。同时按照“以需定岗、以岗定人、岗变薪变”改革思路，推行用工、用人、分配制度改革，其中湘电股份公司实行全员竞聘上岗，全年分流、让岗、下岗 700 余人，确保 5200 人时点人数。其他子公司从铸造公司开始，也相继实行不同程度人员下岗分流，到年底再就业服务中心托管职工达 970 人。为扩大产品销售市场，湘电集团公司确立抓重点市场、重点项目的营销策略，先后在东北地区、新疆地区、山东地区成功召开产品推介会或用户恳谈会，争取订单，其中交流电机全年订货突破 100 万千瓦，并开发新产品 16 项、完成新产品设计 150 余项，Y 系列电机接受国家质量监督检查，复评为“湖南名牌产品”，电镀热处理公司 QC 成果分别被部、省、国家授予一等奖，QC 小组被命名为“全国优秀质量管理小组”。为挖潜增效盘活存量资产、优化资源配置，湘电集团公司列为省内第二批债转股单位，实施债转股金额 1.47 亿元，公司投资管理部门抓好对外投资管理，收回投资收益 217 万元；湘电股份公司在伊朗德黑兰地铁工程、军品退税、材料节约差价、利用库存材料改代等方面共创效益 4451 万元，有效缓解资金紧张的矛盾。是年，境域 2 家规模以上电动机制造企业，从业人员 8900 余人，生产各类交直流电动机 77.32 万千瓦（湘电集团公司生产 73.32 万千瓦），完成工业总产值 5.17 亿元，实现税收 4371 万元，利润 513 万元，产量、产值、税收、利润分别比 1995 年下降 17%、增长 13.4%、8.7%、63.4%。

2002 年，湘电集团公司整体兼并湖南五菱集团公司（原省轻工机械厂），组建全资子公司“湖南五菱机械有限公司”；“湘电股份”7500 万股 A 股在上海证券交易所发行上市，全年完成工业总产值 5.73 亿元、销售收入 5.77 亿元、贷款回笼 6.39 亿元、实现利润 6311 万元。特电分公司 301 车间浸漆班荣获全国“五一劳动奖状”，Z、ZQ 系列直流电机（轧钢电机）评为省名牌产品。韶山市如意节能电器厂 Y 系列交流异步电动机获得省产品质量奖。2003 年，湘电集团公司进一步完善母子公司运行机制，克服原材料涨价等因素带来的不利影响，突出抓好交直流电机和电机电控等技改项目的实施，投入资金近 1.2 亿元，新增 TK90125 双面镗床、数控卧车、6.5 米外园磨库、6 米深孔镗钻床、真空压力浸漆机、数控涨形机、全自动包带机、数控激光切割机等一大批高精数控及进口设备,提升企业整体技术装备水平，设备新度系数由 1995 年末的 0.39 提高到 0.63，项目生产能力达到年产 200~250 万千瓦以上。同时以市场为向导加大技术引进和提高技术创新能力,先后引进美国西屋公司、瑞士 ABB 公司、德国 AEG 公司大中型电机设计和制造方面先进技术,创新开发出 MY7864 软件,完整地计算电机的效率、功率因数、起动转矩、最大转矩、起动电流、电机容的安全起动时间、实现起动时间及电机过载时热限制曲线等关键技术数据；使用美国 Ansoft 电磁计算软件进行三维电磁场的有限元分析,使用美国 Ansys 机械计算软件进行转子铜排、端环等关键部件发热和应力有限元分析以及电机机座和定子铁心的振动和变形进行频谱分析，为开发交直流电机新产品搭建高起点平台。是年,湘电集团公司完成工业总产值 8.85 亿元,销售收入 9.36 亿元,实现利润 2137 万元,企业面貌得到较大改善,被全国总工会授予全国“五一劳动奖状”,并获得“湖南省优秀企业”称号。2004 年 2 月,湘电股份公司全面推行事业部制,使湘电组织结构由原来集中、统一直线职能式的生产经营管理模式向拥有面向市场自主权的分权式事业部制模式转变。是年,国内矽钢片、铜线、铜材、型材价格平均涨幅达到 19%,湘电集团公司面临采购成本攀升、资源供应紧张且资金严重不足挑战,公司实施“坚持解放思想、深化改革创新、做精做强主业、提速壮大母体、持续协调发展、实现历史跨越”经营管理方略,交直流电机完成产值 5.62 亿元。并通过技术合作引进交流变频技术和变频调速技术,使传统电机产品技术档次得到质的提升,确保经济运行质量。韶山市如意节能电器厂更名为“韶山电机电器有限公司”,并加大资金投入使 Y 系列交流异步电机生产能力达到 6 万千瓦。2005 年,湘电集团公司通过对综合实力和国内外市场形势分析,作出“夯实壮大母体,打造企业集群”的经营决策,加快引进合作者进行结构调整的步伐,全面接触美国 GE 公司及 CENTCOM 公司、日本东洋公司、日立公司及原弘产株式会社、丹麦罗迪克一福克可再生能源中心及 Norwin 公司、德国 Dewind 公司、英国 Clayton 公司、意大利菲亚特公司等跨国企业,以及国内美的公司、厦门红金龙公司、吉利汽车等知名企业,组织完成 20 余个对外投资和合资项目的评估,选择与美国 GE 公司、日本东洋公司、原弘产株式会社、吉利汽车建立战略合作关系,在消化吸收引进技术和再创新的基础上,相继自主研发出 1000 兆瓦火电站大型辅机电机、冶金轧钢变频调速电机、南水北调工程用大型低速同步电机、紧凑型电机、高效电机、防爆电机等系列产品,新产品产值年递增超亿元,特别是在火力发电站辅机驱动电机等高端用户领域,市场占有率达到 80%,大型直流电机和直流轧钢电机打破进口产品在国内的垄断地位,占据市场份额的 54%,被评为湖南十佳经济效益专利产品。还投资 400 万元,与上海思普公司合作,建立开发产品数据管理系统(PDM),夯实技术管理体系的创新和信息化建设基础工作。是年,境域规模以上电动机制造企业 2 家,从业人员 9500 余人,生产各类交直流电动机 357 万千瓦,完成工业总产值 21.16 亿元,实现税收 9967 万元,利润 8156 万元,产量、产值、实现税收、利润分别比 2000 年增长 361.7%、309.3%、128%、14.9 倍。

第二节　发电机

1986 年,境域发电机制造有湘机和江麓 2 家企业,从业人员 300 多人。湘机在原有发电机制造技术的基础上,通过消化吸收国外交流发电机制造技术,自主研制柴油发电机、海上钻井平台发电机等产品。江麓在成功开发出7500千瓦水轮发电机组后，开始研制12500千瓦大功率汽轮发电机组。是年，境域生产各类发电机4组0.73万千瓦。1988年，江麓研制出12500千瓦汽轮发电机投放市场。1990年，湘机开发出QFK3-2型3000千瓦汽轮发电机和ZQD2-8/ZQF-12型8千瓦发电机组等新产品。是年，境域2家发电机制造企业，从业人员350多人，生产各类发电机4组/1.67万千瓦，发电设备容量比1986年增长128.8%。

图 20-1-2　湘电集团首台EYF-315/4风力发电机

1991年，江麓集中人力、物力开发建筑机械等民品，停止发电机产品生产。1992年，湘机试制出TQFR800发电机新产品(配120吨车电传系统)，出口到白俄罗斯重型汽车厂。1993年，又研制出JF-230-1763千伏安无刷励磁同步发电机。1994年，湘机成功研制出国内首套由交流发电系统、可控硅整流系统、直流传动系统、同控操作系统、马达控制中心、变配电及室内照明系统组成的国产化海上石油4500米电驱动钻机电力及控制系统，系统主要设备均达到国际同类产品水平，结束国内不能生产海上石油电驱动钻机电力及控制系统的历史。1995年，湘机成功研制出国内首台大功率FYF-315/4风力发电机并参加"95国际北京风力发电设备展览会"，主要技术性能达到国际同类产品先进水平，被运往新疆达坂城风力发电厂安装试用，同时还完成普通型200~1000千瓦系列柴油发电机组的技术设计，试制出250千瓦、320千瓦、1000千瓦三种规格的柴油发电机。完成秦山核电二期工程6000千瓦应急柴油发电机组及机组控制系统技术设计，经过机械部重大装备司、国家计委核电、中船总公司科技局、核工业二院、上海交大、核电秦山联营公司评审认为：整个设计科学合理，具有先进性、可靠性。是年，境域发电机制造企业1家，从业人员280余人，生产各类发电机21台0.61万千瓦，发电设备容量比1990年下降63.5%。

1996年起，湘机转体为湘电集团公司，把风力发电机列入新兴产业发展规划，开发出FYF-200/4风力发电机新产品。2000年，湘电集团公司完成SYF600/125KW-4/6风力发电机和CCF280-2柴油发电机组等新产品试制任务。是年，湘电集团公司发电机制造从业人员260余人，生产各类发电机7台0.17万千瓦，发电设备容量比1995年下降72.1%。

2001年，湘电集团公司为尽快提升可再生能源发电和钻井平台驱动电力装置技术水平，先后引进国外太阳能电站设计与制造技术、海上石油钻井平台发电机制造技术和海上石油钻井平台电站成套装置制造技术，通过消化吸收加快自主创新步伐，同时编制出国家风力发电行业部分标准，初步具备兆瓦级风力发电机批量生产能力，产品质量在国内处于领先地位。2005年，国家发改委批准湘电集团公司为兆瓦级风力发电机组产业化基地。为做精做强主业，实现产业集群化发展，湘电集团公司抓紧研发1.5兆瓦以上风力机组双馈发电机、1.5兆瓦以上直驱式永磁发动机、2.5兆瓦以上直驱式恒频风电机组等新机型制造技术和整机系统集成技术及部件，并拟成立湘电风能有限公司，形成产业集群。是年，湘电集团公司发电机制造有从业人员近300人，生产各类发电机23台/0.91万千瓦，发电设备容量比2000年增长435.3%。

第三节　牵引电机

1986年，境域有湘机、市牵引电机厂2家企业生产各类牵引电机，从业人员600余人。湘机生产牵引电机包括矿用井下架线式及蓄电池式电机车用牵引电机、准轨工业电机车用牵引电机、干线电机车用牵引电机、内燃机车用牵引电机、地下铁道车辆用牵引电机、电动轮自卸车牵引电机、蓄电池式工程车及道路车辆用牵引电机、城市无轨电车用牵引电机等11个系列78个品种，主要与本厂生产的工矿用电机车及电动轮自卸车、有轨及无轨城市交通车辆配套。是年，境域生产各类牵引电机4.7万千瓦，完成工业总产值952万元、实现利润94.5万元。1987年后，湘机引进日本日立公司HS14531—03RB型直流牵引电机技术，设计制造ZQ—BO型直流牵引电机，用于北京地铁斩波调速、再生制动车辆上。1990年，市牵引电机厂先后开发出ZQ—4—3直流牵引电机，完成ZQ—7、ZQ—21两种直流牵引电机图纸整理与工夹模具的设计制造。是年，境域2家牵引电机生产企业，从业人员621人，生产牵引电机3.4万千瓦，完成工业总产值1196万元，实现利润78万元，产量、产值、实现利润分别比1986年下降27.6%、增长25.6%、下降17.4%。

1991年后，湘机先后研制出ZQDR—500、ZQ—150、ZQBD—1、ZQB—20、ZQB26等ZQB系列直流牵引电机、直流牵引辅助电机等新产品，并组织出版《电气牵引》期刊、《牵引电气标准汇编》，为牵引电机制造行业提供交流信息平台和制订行业技术标准。1994年后，市牵引电机厂提高经营管理水平，加大产品开发力度，先后开发出ZQ—8B至ZQ—22B、ZQ—24至ZQ—52、ZQBD—1—2等系列中小型直流牵引电机，企业得到发展。湘机组建湘电集团公司后，开拓市场，先后为长春有轨电车、天津地铁研制所需牵引电机。2000年，境域2家牵引电机生产企业，从业人员510人，生产牵引电机3.1万千瓦，完成工业总产值2067万元、实现利润86万元，产量、产值、实现利润分别比1990年下降8.8%、增长72.8%、10.2%。

2001年后，市牵引电机厂通过ISO9002国际质量保证体系认证，并成为湘电集团、市电机车厂、市矿通电机车厂、山西矿务局工矿机车有限公司、常州工矿车辆有限公司等矿用电机车生产厂家指定直流牵引电机定点供应厂家。2004年，市牵引电机厂生产的矿用直流牵引电机通过国家煤炭安全标志认证，湘电集团公司开发的YQ—180—2交流异步变频牵引电机和ZQBD—1—3直流隔爆牵引电机，“湘电牌”Z系列电机获国家质监总局免检产品证书。2005年，境域2家牵引电机生产企业，从业人员近600人，生产牵引电机10.36万千瓦，完成工业总产值3192万元、实现利润397万元，产量、产值、实现利润分别比2000年增长234.2%、54.4%、361.6%。

附　湘潭电机集团有限公司简介

湘潭电机集团有限公司原名为湘潭电机厂(简称湘机)。1936年7月，原中华民国政府资源委员会选址下摄司成立中央电工器材厂。中华人民共和国建立后，由省人民政府接管定名为湘潭电机厂，在“一五”计划期间被列为国家156项重点建设项目之一的企业。到1985年止，经过30余年投资建设，发展成为国内电工行业的大型骨干企业和国务院确立的重大技术装备国产化基地。拥有固定资产1.5亿多元,金属切削机床和锻压设备达1400多台(套),有职工12000多人,生产20大类、153个系列、3030多种规格机电产品。

1986年后,湘机深化企业内部改革,推行现代企业制度,同时加大技术改造力度,积极引进新技术、新工艺、新材料,提升装备技术水平,并以电机电控产品技术为基础,衍生电动车辆制造、船舶电力推动、电气牵引控制三大核心技术,先后研制开发国内重大新产品1100多项,其中船用电力推进成套装备、200吨工矿电力机车、70%低地板交流传动城市轻轨车、混合动力电动城市客车、108吨电动轮自卸车等100多项重大装备制造填补国内空白,企业被国家经贸委列为全国500家最大工业企业、国家520家重点企业、国家级企业技术中心、高新技术产业基地和创新型企业之一。1993年,以湘机为核心企业联合省内生产、经营、科研、设计等24家成员单位组建"湖南南方通用电气集团"。1997年3月,母体公司(湘机)改制为"湘潭电机集团有限公司"(简称湘电集团公司),实现由工厂制向公司制转型。1999年底,湘电集团公司集中部分优良资产,联合北京地铁总公司等6家企业共同发起成立"湘潭电机股份有限公司","湘电股份"于2002年7月在上海证券交易所成功挂牌交易,成为实施核准后市内首家上市公司。党和国家领导人江泽民、吴邦国、温家宝、乔石、尉健行等先后来企业视察。

2005年,湘电集团公司资产总值达46.13亿元,职工11300多人(其中工程技术人员1465人、高技能人才1584人),拥有全资子公司12个、控股公司9个、参股公司17个。主导产品包括船舶电力推进系统、大型风电成套装备、太阳能热发电成套装备、大型工业泵和核泵、城轨交通电机电控与轻轨整车、新能源汽车、大型电动轮自卸车、大中型高效节能电机等,并按照"集中优势资源、调整产品结构、优化主营业务"发展战略,做大做强风电成套设备、矿山运输成套装备、大中型交直流电机、工业泵、船舶全电系统,电机电控成套系统等6大核心主业。同时,开拓国内外两个市场,培育新的经济增长点,推动产业优化升级,壮大新兴产业,巩固和提升市场领先地位,打造成行业龙头。是年,湘电集团公司完成工业总产值20.5亿元,实现利润8106万元,成为境域电工装备制造业的排头兵和国家机电一体化重大成套装备国产化事业领军者。

1986~2005 年湘潭市主要电机制造企业(湘电、调速)产品产量及主要经济指标

表 20-1-1

年份	1986	1987	1988	1989	1990	1991	1992	1993	1994	1995	1996	1997	1998	1999	2000	2001	2002	2003	2004	2005
电动机总计(万千瓦)	81.69	90.03	90.94	98.6	76.42	66.27	87.34	117.3	125.9	96.3	84.13	71.62	67.39	74.13	77.32	98.47	133.5	185	302	357
其中:湘电集团	75.69	83.03	81.94	89.6	67.42	59.27	79.34	107.29	115.88	85.3	78.13	68.62	65.39	74	73.32	98.47	133.5	185	302	349
调速电机厂	6	7	9	9	9	7	8	10	10	11	6	3	2	0.13	—	—	—	—	—	—
工业总产值(万元)	19358	21552	24042	27782	31385	33559	36232	47954	56033	45566	38463	37248	45687	45208	50663	59063	69362	88476	156121	210092
其中:湘机	18843	21284	23281	27016	30675	32167	34481	46117	54306	42896	37723	35711	45078	45208	50663	59063	69362	88476	156121	210092
调速电机厂	515	268	761	766	710	1392	1751	1837	1727	2670	740	1537	609	—	—	—	—	—	—	—
实现利税合计(万元)	4024	3910.7	2561.3	2765.2	3053.8	3407.2	3327.5	3803.6	5125.9	4159.4	3582.1	2543.2	2789	3917	4824	1070	5489	6939	12849	18003
其中:湘机	3943	3856	2434	2659	2965	3304	3220	3742	5104	4150	3577	2536	3039	3917	4824	1070	5489	6939	12849	18003
调速电机厂	81	54.7	127.3	106.2	88.8	103.2	107.5	61.6	22.9	9.4	5.1	7.2	-250	—	—	—	—	—	—	—
实现利润(万元)	2833	2460.7	1115	1325.6	1343.3	1398.7	1491.9	822.8	1035.2	229.4	269	306.8	104	362	503	809	1002	2137	4882	8106
其中:湘机	2785	2420	1034	1271	1304	1363	1459	782	1019	220	269	306	354	362	503	809	1002	2137	4882	8106
调速电机厂	48	40.7	81	54.6	39.3	35.7	32.9	40.8	17.2	9.4	0	0.8	-250	—	—	—	—	—	—	—
从业人员(人)	12846	13344	13380	13723	13900	13933	14019	13539	13137	13306	13225	12410	12089	11437	11181	10635	10197	10500	12223	12202
其中:湘机	12365	12844	12849	13003	13169	13180	13258	12778	12371	12417	12362	11517	11364	11437	11181	10635	10197	10500	12223	12202
调速电机厂	481	500	531	720	731	753	761	761	766	889	863	893	725	—	—	—	—	—	—	—

第二章 电工器材

第一节 电线电缆

1986年,境域有湘潭电缆厂(以下简称湘缆)、市电线厂、市霞城电工厂、市五一电线厂4家电线电缆生产企业,从业人员5200余人。湘缆按照"技术改造十年规划"蓝图,引进技术和提升设备制造水平,坚持以市场为导向开发新产品,加强质量监督管理保持产品信誉。年内引进加拿大盘式成缆机和日本320高速拉丝机技改项目投产,试制成功船用护套电力电缆、军工用HJ-8-2型制导线、电视接收用同轴电缆、TLFBL铝芯耐热涂漆电线及KFVP耐寒护套控制电缆等新产品,其中船用电缆评为省优质产品同时获得国家"工厂认可"和"产品认证"两个证书。为扩展产品外销市场和整合优势资源壮大产业规模,在深圳与香港基信有限公司兴办太平洋铜材有限公司,与市电线厂合并,实行"产供销人财物"六统一,还在吉首、安乡两地合办电缆分厂。是年,境域生产电线电缆1.05万千米、铜杆2.48万吨、铝杆1.12万吨,完成工业总产值1.99亿元,实现税收2601万元,利润2064万元。

1987年,湘缆转换经营机制,实行"两保一挂"(保上交利润、保技术改造项目完成,工资总额与上缴利润挂钩)的承包经营责任制,对9个分厂和供应、销售二个处室采取风险承包制,以公开招标形式选拔负责人,实行财务独立核算。同时加强设备管理和开展QC小组活动,获得国家机电部、省机械工业厅"设备管理优秀单位"称号,其中有10个QC小组评为省市优秀QC小组。工人粟铁球因在工艺设备改造中革新操作技术、超额完成生产任务,被全国总工会授予"五一劳动奖章"。年内,湘缆引进德国年产低氧铜杆3.5万吨连铸连轧生产线试车投产,开发热电偶屏蔽补偿导线电缆、玻璃丝包薄膜绕包铜扁线、H级玻璃丝包铝扁线、电梯电缆、500千伏电站用软母线、氟塑料绝缘耐寒PVC护套电缆等10个新产品,以及F4DGP高温电缆、双沟电车线、阻燃船用电缆等3种特种电缆产品。铝包钢载流承力索通过部级鉴定,填补国内空白,裸铜圆线被评为国优产品,聚酯漆包线、铜扁线被评为部优产品,铜芯铝绞线、玻璃丝包线、纸包线、铜杆船用电缆、塑力缆、红箭—8制导线被评为省优质产品。1989年,市五一电线厂和市霞城电工厂共有职工3600余人,生产漆包线、云母缘包扁线、高密度漆包扁线、复合层纸包线等产品,完成工业总产值均超过1000万元,利税均超过150万元。1990年,湘缆引进美国"三层共挤"交联电缆生产线试车投产,成为国内首家采用该项新工艺的企业,并成功试制出自阻尼导线、聚氯乙烯绝缘护套防波数字传输电缆、低孤垂导线、额定电压1KV以下架空绝缘电缆、自粘直焊漆包圆铜线等新产品。为改变电磁线生产工艺落后、设备陈旧的状况,又利用奥地利政府优惠贷款500万美元,引进MAG公司具有国际一流的电磁线技术装备11台套及成套测试设备,建成电磁线生产新厂区。同时按照"优化管理,深入挖潜,从提高企业素质中求效益"的工作方针,全面加强班组建设和生产经营管理,开展企业升级达标活动。针对定额流动资金占用过大的问题,从加强销售货款回笼入手,制定工作目标和划分经济责任,仅在一季度收回货款4500多万元。是年,湘缆全面完成经营承包指标,被评为"国家二级企业",被评为"省先进企业"、机电部“机械电子工业百家出口先进企业”，由中型企业挤升为全国500家最大经营规模工业企业第385位，在全国大中型企业利税总额500家中排序第279位。“金凤牌”电线电缆被机电部评为全国信得过产品。厂长熊泽钧被授予“全国机电工业优秀企业家”称号，获得“五一劳动奖章”。市霞城电工厂被评为省先进乡镇企业。是年，境域电线电缆企业3家，从业人员5600余人，生产电线电缆0.72万千米、铜杆1.11万吨、铝杆0.55万吨，完成工业总产值3.62亿元、实现税收3453万元、利润2176万元，产值、税收、利润分别比1986年增长66.8%、32.8%、5.4%。

1991年，国内电线电缆行业受原材料涨价、成本上升、市场疲软、资金紧缺等因素影响，出现生产经营困难。湘缆依照市委、市政府“工业兴市”指导方针，提出“以本部为核心、沿海特区为桥梁、香港为前哨，面向海内外一手出、一手进的三点两线两面”的经营决策，实行企业扩张和产业延伸。市五一电线厂投资40多万元扩建生产线，产品品种增加到6个系列，产量由1000吨增至4000吨。1992年，湘缆兼并市仪器仪表厂、霞城木工厂等企业后，全厂设分厂10个、附属工厂3个、处室37个，组建中外合资企业11个、国内合资企业6个。年内，湘缆被列为省“投入产出总承包”试点企业，并经省体改委、省计委、省经委批准，以湘缆为核心联合省方园进出口公司、深圳太平洋铜材有限公司、香港金桂实业有限公司等16家成员单位，成立“湖南电线电缆集团公司”(以下简称湘缆集团)，开展多种经营活动。实行分级核算制后，下属各类经营实体130多家，由于战线拉得太长使得企业负担加重，但得力于技术装备实力和产品研发能力的优势，当年湘缆集团试制成功聚乙烯绝缘尼龙护套绕组线、高压特种聚氨酯漆包铜线、220级聚酯亚胺酰复合漆包铜圆线、栅极用鸭嘴形铜母线、X边型铜排、TMY10×150铜母线等6个新产品。1993年，湘缆集团研制的氯磺化聚乙烯绝缘机车车辆用彩色电缆通过省部级鉴定，Q2B-1/130、120×9.30聚酯漆包铜扁线投产后各项指标均达到国际领先水平，LXGJ型铜芯稀土铝绞线通过省级鉴定，出口1400多吨、创汇300多万美元。市五一电线厂完成工业总产值4000万元、实现利税232万元，当年在全省乡镇企业中名列经济效益百强企业第34位。1994年，湘缆集团在全国500家最大经营规模工业企业及行业评价中分别排名395位、28位，在省内最大工业企业中排名第14位，成为铁道部电气化改造电车用线、全国大中城市城网改造电缆用线、山西煤炭系统矿用电缆用线的指定生产厂家。1995年，湘缆集团引荐深圳大阳电工材料有限公司总经理陈海燕接任集团公司法人代表。年内，湘缆集团引进年生产3000吨铝包钢生产线投入生产，额定电压450/150V级以下固定敷设用聚氯乙烯绝缘耐火电缆和额定电压450/750V铜芯聚氯乙烯绝缘护套耐火控制电缆通过省级鉴定，抗核电磁脉冲特控电缆通过航天部鉴定，单玻璃丝包薄膜绕包漆包线填补国内空白。市五一电线厂完成工业总产值3996万元，产值居全省村办工业企业规模首位，市霞城电工厂实现利税150万元，为岳塘区年度纳税大户。是年，境域电线电缆生产企业3家，从业人员8000余人，生产电线电缆2.18万千米、铜杆1.59万吨、铝杆0.42万吨，完成工业总产值10.73亿元，实现税收383万元，利润7523万元，产值、税收、利润分别比1990年增长208.4%、下降88.9%，增长244.9%。

1996年，湘潭市电线电缆有限公司在易俗河开发区成立，有职工30余人，生产软硬铜绞线、铝绞线、架空导线、通用橡套软电缆等产品。湘缆集团调整内部机构、裁撤部分二、三级经营实体，试图推行现代企业制度，但规范公司制运作进展迟缓，“以包代管”的现象严重。但产品开发仍保持强势，当年开发出风力发电机用橡套软电缆和用于航天工业超高温电缆、柔软型抗电磁脉冲电缆等新产品，大阳电磁线产品通过ISO9002质量认证，130级聚酯包圆铜线、交联聚乙烯绝缘电缆评为省名牌产品，完成工业总产值21.5亿元、实现税收3170万元、利润2130万元，出口创汇7053万美元。1997年，在推进国有大中型企业改制中，湘缆集团更名为“湖南电线电缆集团有限公司”，作为集团母公司成立“湖南电线电缆集团”，被授权经营管理核心层企业（全资子公司）湘潭电缆厂、衡阳电缆厂、衡阳电线电缆厂、涟源电线电缆总厂等单位，集团与集团母公司的总部均设在湘缆集团内。由于内部工厂制、公司制交叉重叠，套用集团公司超事业部管理体制后，愈显监管严重失控，存在私企与国企不分、私企挤占侵吞国有资产和偷漏税款等现象。1998年，潭州电线厂成立，生产钢芯铝绞线。市霞城电工厂在全市乡镇企业中率先通过ISO9002质量体系认证。湘缆集团亏损高达8476万元，下属企业香港金桂公司炒期货亏损、二三级经营实体亏损及其债务形成的潜伏性亏损巨大，无力按时偿还银行10.65亿元贷款，银行中止放贷，导致资金链断裂，企业经营濒临绝境。集团公司运作的失败使得湘缆集团元气大伤，加上企业主要决策者腐败、贪污和挪用公款现象严重，使国有资产大量流失。由于管理层上的问题，造成大批技术、管理骨干和技术资料流失，引发职工强烈不满出现群体性上访事件，法人代表陈海燕因涉嫌贪污、虚开增值税发票，偷逃税款等经济犯罪，被移送司法机关判处有期徒刑。1999年，湘缆集团形势更为严峻，资产负债率高达262.7%，当年仅完成工业总产值0.68亿元、实现税收191万元、企业亏损2236万元。年底被迫全面停产。湘缆集团出现严峻局势，引起国务院、省市政府及有关部门高度重视，多次批示妥善解决企业出现的问题。2000年，根据国家企业兼并破产领导小组和湖南省经贸委批示，湘缆集团实施分立重组破产，将优质资产剥离分立重组为湘潭电缆有限公司，湘缆集团破产倒闭。年内，湘潭市通达电线厂在九华工业园内置地建厂，生产塑胶电线、漆包线等产品，有职工40多人。是年，境域电线电缆生产企业5家，从业人员1500多人，由于铜铝材价格暴涨、资金实力不济等原因，生产处于半停产状态，仅生产电线电缆0.76万千米，完成工业总产值3760万元、实现税收153万元、利润11万元，产值、税收、利润分别比1995年下降96.3%、增长121.9%、下降99.8%。

2001年，湘潭市电磁线厂成立，拥有拉丝机2台，退火系统2套及6条玻包机生产线、5条纸包生产线，生产双玻璃丝包铜（铝）圆（扁）线、玻璃丝包聚酯薄膜绕包铜（铝）扁线、复合纸包绕组铜扁线等10多种产品。潭州电线厂生产的钢芯铝绞线和湘潭市电线电缆有限公司生产的聚氯乙烯绝缘电线、通用橡套软电缆等评为市名牌产品。2002年后，市电磁线厂加大资金投入，新增厂房建筑面积3880平方米，购置挤压机、卧式玻璃丝包机、无氧铜杆生产线、漆扁线生产线等23台套设备，年生产电磁导线能力达6000吨规模，还获得省“自主出口经营许可”资格，部分产品销往东南亚国家。湘潭市通达电工发展有限公司（原为市通达电线厂）生产的45/750V聚氯乙烯绝缘电线评为市名牌产品。2002年12月，由湖南华菱公司、湘钢、上海迪策科技公司、市经济建设投资公司、湘潭电化5家单位开始收购接收湘缆有限公司资产，发起成立国有股份制企业“湖南华菱线缆股份有限公司”（简称华菱线缆）。2004年5月，湘潭电缆有限公司资产正式过户后，华菱线缆采取实物交接和设备检修同步进行方式，迅速启动架空导线、线芯、塑缆、橡缆、型材等分厂生产，成为省内最大规模专业生产电力电缆、控制电缆、船用电缆、架空电力导线、橡套电缆、特种电缆等综合性线缆企业。湘潭市电线电缆有限公司加大资金投入，新建厂房增添设备，产品注册“金驰”商标，不断拓展市场，其通用橡胶软电缆分获省优质产品和省名牌产品称号。潭州电线厂改制为“湘潭潭州电力电线电缆有限公司”后，抓产品质量，铝绞线及钢芯铝绞线评为省优质产品。2005 年，华菱线缆加强员工培训、质量管理和成本控制等基础工作，并投入技术改造资金 1500 万元，先后对架空导线厂、特缆厂、橡缆厂、塑缆厂基础设施和设备进行改造和“填平补齐”，形成以特种专用线缆为主导的电线电缆制造体系。当年，华菱线缆生产的高温导线应用于神舟六号航天载人飞船工程，受到国务院、中央军委等有关部门通报嘉奖。是年，境域电线电缆生产企业 7 家，从业人员 2200 多人，生产电线电缆 3959 千米，完成工业总产值 4.59 亿元，实现税收 1760 万元，利润 996 万元，产值、税收、利润分别比 2000 年增长 1121.1%、1050.3%。89.5 倍。华菱线缆股份有限公司“金凤”商标被评为“中国驰名商标”，其线缆产品评为省消费者信得过产品。此外境域电线电缆生产企业还有湘桂电缆厂、宏海电磁线厂等小企业。

1986~2005 年湘潭市电线电缆制造工业企业主要产品产量及主要经济指标

表 20-2-1

年份	1986	1987	1988	1989	1990	1991	1992	1993	1994	1995	1996	1997	1998	1999	2000	2001	2002	2003	2004	2005
1. 电线电缆（公里）	11009	18307	8738	7864	7233	14507	13045	10634	13375	21849	20234	16774	14536	12638	7653	1738	747	1145	2107	3959
其中：湘缆	10528	17898	8288	7275	6966	13765	12245	9849	12432	21270	19132	15738	13418	2183	1466	316	155	250	—	—
华菱线缆	—	—	—	—	—	—	—	—	—	—	—	—	—	—	—	—	—	—	1234	2181
2. 铜杆（吨）	24842	18108	12617	13573	11055	10394	7806	4646	9909	15932	7630	20987	7724	—	—	—	—	—	—	—
3. 铝杆（吨）	11161	11814	5878	6042	5527	4775	6117	4500	2029	4223	7922	7170	7052	—	—	—	—	—	—	—
4. 工业总产值（万元）	19943	22628	22587	35842	36243	43457	45312	41235	45943	107321	219643	158017	42355	9145	3760	4832	6145	8069	13266	45913
其中：湘缆	19943	22628	21893	34718	33207	38969	40856	35505	41860	102457	215237	153198	38273	6780	—	—	—	—	—	—
华菱线缆	—	—	—	—	—	—	—	—	—	—	—	—	—	—	—	—	—	—	—	26813
5. 实现税收（万元）	2601	2754	2249	4261	3453	2146	3051	3063	218	163	3215	2186	1014	214	153	161	182	221	415	1760
其中：湘缆	2601	2754	2207	4204	3334	2079	2992	2982	176	114	3170	2145	992	191	—	—	—	—	—	—
6. 利润或亏损（万元）	2064	1600	842	2035	2176	907	353	3595	3029	7523	2152	141	−8521	−2192	11	24	47	73	154	996
其中：湘缆	2064	1600	808	1962	1964	783	333	3563	2993	7506	2130	141	−8476	−2236	—	—	—	—	—	—
7. 从业人数（人）	5234	5172	5417	5538	5641	5828	6213	5671	6228	8025	8392	7963	7779	7915	1573	1434	1407	1550	1921	2261
其中：湘缆（华菱）	4351	5172	5209	5286	5371	5539	5900	5238	5555	7152	7680	7121	6915	6826	532	381	273	364	(398)	(414)

第二节　蓄电池

1986年,境域蓄电池生产企业10多家,其中只有市蓄电池厂、市汽车蓄电池厂2家企业专业生产蓄电池,从业人员800余人,其他为乡镇或个体经营户,生产规模小。年内,市蓄电池厂在企业改革中,并入湘潭电工设备成套公司,成为该公司紧密型企业。是年,境域蓄电池生产企业完成工业总产值470万元,实现税收70万元,利润5万元。

1987年后,市蓄电池厂经过技术改造,产品研发能力提升,新产品D-440-KT防爆蓄电池通过煤炭部科研院上海研究所鉴定投入批量生产, KT-300型矿山防爆电池获煤炭部新产品开发一等奖,产品填补国内空白,自主研发的D-385-KT蓄电池投产后,新产品产量占蓄电池总产量的15%。1989年,市蓄电池厂生产的防火铅酸蓄电池、市汽车蓄电池厂生产的启动用铅酸蓄电池均被评为省优产品。1990年,市电工设备成套公司撤销,市蓄电池厂仍归属市机械系统,企业根据市场需求变化,调整产品结构、加大新产品开发力度,成功研制出铁道用蓄电池和520、560等牵引用蓄电池及成套电源装置等11个品种,新产品品种占产品总量的70%,形成蓄电池产品系列化,其中矿用防爆系列蓄电池在沈煤集团、淮北矿务局等煤炭系统企业中深受欢迎。是年,境域有2家蓄电池制造企业,从业人员859人,完成工业总产值1608万元、实现税收109.7万元,利润117.5万元,产值、税收、利润分别比1986年增长242.1%、56.7%、22.5倍。

1991年后,由于行业竞争激烈,蓄电池生产销售下降,经济效益滑坡。2000年,境域规模以上蓄电池制造企业2家,从业人员683人,完成工业总产值745万元,实现税收127万元,亏损89万元,产值、税收分别比1990年下降53.7%、增长15.8%。

2001年后,市蓄电池厂边生产边亏损,企业包袱越来越重,陷入停产半停产状态。2005年,境域规模以上蓄电池制造企业2家,从业人员203人,完成工业总产值276万元,实现税收9万元,亏损11万元,产值、税收其他分别比2000年下降62.9%、92.9%。年底,市蓄电池厂破产倒闭后,只存在市汽车蓄电池厂1家专业生产企业。

第三节　电焊条

1986年,境域生产电焊条企业仅市电焊条厂1家,拥有固定资产79.7万元,机制电焊条生产线设备21台套,设计年生产J422碳钢焊条、不锈钢焊条等产品能力2000吨,从业人员123人。当年,生产电焊条321吨,完成工业总产值53万元,实现税收1.8万元,亏损2万元。

1991年,市电焊条厂加强管理,实行内部承包和计件工资制,企业经营状况改善扭亏为盈。1992年,生产电焊条1267吨、完成工业总产值352万元、实现税收31.8万元、利润20.3万元,产值比1986年增长294.7%。该厂"湘岳"牌电焊条通过船级社武汉分社鉴定认可,获得国家船级社产品目录备案中认定选用焊接材料之一。1993年,市电焊条厂由事业单位性质转换为自主经营、自负盈亏的企业经营实体,当年生产电焊条1563吨、完成工业总产值422万元,创建厂以来最高水平。1994年后,市电焊条厂因行业竞争激烈,自身设备陈旧、技术落后、资金短缺等原因,出现连年亏损。1999

年，市电焊条厂生产电焊条201吨、完成工业总产值47万元、亏损19.7万元，产量、产值分别比1992年下降84.1%、86.6%。2000年，市电焊条厂全面停产，职工全部下岗。2001年后，湘潭市大唐特种焊条厂成立，引进先进生产工艺和技术，调整产品结构，生产气体保护电焊用碳钢、低合金钢焊丝，畅销境域外。2005年，境域电焊条(丝)生产企业只有市大唐特种焊条厂1家，从业人员80余人，完成工业总产值560万元，实现税收22.4万元，利润15万元。

第三章　输配电及控制设备制造

第一节　变压器

1986年，境域变压器生产企业有湘机变压器厂、市变压器厂、市防爆电器厂、市机床电器厂、市调压电器厂5家企业，主要产品为SJ1、S7型油浸式电力变压器和小型干式变压器，从业人员840余人。是年，生产各类变压器7.76万千伏安，完成工业总产值960万元、实现税收28万元、利润46.4万元。1987年后，市变压器厂克服生产场地狭小和流动资金不足的困难，提高产品质量和开拓销售市场，保持生产稳步发展。湘机变压器厂开发与电铲配套KSG—180型干式变压器和KSG1型矿用防爆干式变压器等5种新产品。1990年，湘机变压器厂研制出YSJ—1800型试验变压器，形成S7、SJI、SG、KSG、YSJ及DK系列变压器产品。市防爆电器厂对隔离型干式变压器进行改型，使产品达到节能和安全的效果，1991年由煤炭科学研究院上海分院防爆检验站颁发产品合格证。市机床电器厂等企业实行以销定产生产小型变压器。1995年，市防爆电器厂进行公司化改制，成立民营企业“湘潭平安电气集团有限公司”(简称平安电气公司)，围绕煤矿井下所需电器设备，对干式变压器产品升级换代。湘机变压器厂投资500万元兴建厂房购置设备进行技术改造，形成生产电压35万伏、容量1万千伏安电力变压器生产能力，当年SG180、SG800、SG400及SG200型干式电力变压器批量生产。是年，境域有变压器生产企业5家，从业人员近900人，生产各类变压器20.47万千伏安，完成工业总产值2529万元、实现税收75.2万元、利润121.4万元，产量、产值、税收、利润分别比1986年增长163.8%、163.4%、168.6%、161.6%。

1996年，湘机变压器厂搬迁至新厂区，订单减少，生产经营极不景气，当年仅完成工业总产值888万元，亏损42万元，职工息工面达65%。1998年后，市变压器厂为提升产品市场竞争能力，加大新产品开发力度，通过采用新型绝缘材料和新工艺，先后成功研制出S9型、SZ9型节能变压器，其中S9型系列油浸式变压器比S7型系统变压器，空载损耗降低10.25%、空载电流降低37.9%、负载损耗平均降低22.4%，并提高抗短路能力，产品性能达到国际同类产品水平。湘机变压器厂抓住国家城乡电网改造的机遇，投资32.5万元开发新Sq型变压器，并在省农网首轮变压器招标中中标，签订新Sq型变压器192台合同。2000年，市机床电器厂停产，终止小型干式变压器生产。平安电气公司通过引进技术、提高产品性能，专业生产煤矿井下KSG系列隔爆干式变压器。湘机变压器厂在市场疲软的情况下，采取加强内部管理，从工艺改进、材料采购、外协加工等方面节省开支，实现控亏，并开发出 HCCSPZ 大型油水冷却结构新型电炉变压器，产品竞争能力增强，但变压器生产徘徊在 3 万千伏安左右。市开关厂在调整产品结构中，开发生产干式变压器。是年，境域变压器生产企业 5 家，从业人员 720 余人，生产各类变压器 24.23 万千伏安，完成工业总产值 2894 万元、实现税收 80.5 万元、利润 69.4 万元，产量、产值、税收、利润分别比 1995 年增长 18.4%、14.4%、7%、下降 42.8%。

2001 年，民营企业“湖南华力通电器制造有限责任公司”成立，有职工 280 余人，生产 10 千伏以下变压器。市变压器厂实行产权制度改革，由集体所有制企业置换为股份制民营企业，企业名称变更为“湘潭变压器有限公司”（以下简称市变压器公司），当年引进德国 MORA 公司 H 级干式变压器生产设备及技术，多次派出技术人员出国学习掌握生产工艺技术，并请国外专家来厂现场指导，成功生产出 SGB10 型非封包型干式变压器系列产品。该产品适用在防火性能要求极高及湿热度大和化学污染严重、通风不良等恶劣环境下正常工作，被广泛用于高层建筑、地铁、矿山、冶炼、船舶等领域，填补中南地区环保干式型变压器产品空白。平安电气公司生产的 KSG 系列隔爆干式变压器因具有体积小、重量轻、移动方便、防爆性能好，被广泛运用爆矿井下。2002 年，市变压器公司在高新区置地近 45 亩，新建厂房 2 万余平方米。同年 9 月，湘潭华夏特种变压器有限公司成立（以下简称华夏特变公司），投资 560 万元在岳塘区晓塘路设厂生产各类用于整流、电炉、电力工程等特种变压器系列产品，有职工 93 人。2003 年后，湘机变压器厂随着湘电集团公司对所属分厂、集体企业进行机构调整，先后归口湘潭电工设备成套公司、劳动服务公司管辖，生产逐渐萎缩。市变压器公司先后通过国家 ISO9001:2000 质量体系认证和 ISO14001 环境管理国际标准体系认证，相继开发 S9-M、S11、S11-M、S11-M-R 系列油浸式变压器，以及 ZGS9-2（H）组合式变压器、YBM-12/0.4（FR）/T 型高 / 低压预装式变压站等新产品，产品具有节能降耗功效及优化环境的双重功能，SGB710 型非封包型干式变压器获“省名牌产品”称号；华夏特变公司研制的“新型填沟式大电流低压出线端子”和“新型多层堆叠端圈工艺技术”被国家专利局确认为国家实用新型专利技术。2005 年，湘机变压器厂生产场地转交湘电特变电工有限公司后，原有图纸、技术资料归档，企业停止生产经营活动，市开关厂、市调压电器厂，平安电气公司停产或转产。华夏特变公司投资 580 万元研制开发的 ZHSSPT 系列整流变压器，经省经委评审为“2005 年度湖南新产品”，获得 “省诚信企业”荣誉；市变压器公司通过研发新产品和开拓市场，生产 35 万千伏级容量为 63000 千伏安以下各等级电力变压器、整流变压器、

市变压器公司整流变压器

市变压器公司全密闭带电缆盒出线配电变压器

市变压器公司系列干式变压器

图 20-3-1

电炉变压器、矿用变压器、防雷变压器、箱式变压器、全密封变压器、单相变压器及新型环保干式变压器等30多个系列、600多种规格变压器。华力通电器公司10千伏以下变压器获省名牌产品证书。是年,境域变压器生产企业3家,从业人员680余人,生产各类变压器38.03万千伏安,完成工业总产值7686万元、实现税收195万元、利润388万元,产量、产值、税收、利润分别比2000年增长56.9%、165.6%、142.2%、459.1%。

第二节 整流器

1986年,境域整流器生产企业仅市整流器厂1家,生产可控硅KP型、ZP型硅整流元器件及电镀用大功率整流设备GD、KGD系列、充电浮充电用直流电源GC、KGC系列整流装置等产品,从业人员255人。是年,市整流器厂生产各类整流器71台套,完成工业总产值220万元、实现税收7.9万元、利润17.1万元。1987年后,民营企业湘潭大众整流器制造有限公司(以下简称大众公司)成立,有职工50多人,试产ZD、KD电镀用大功率整流设备、牵引整流设备ZG系列及中频感应加热用变电频器KP系列产品。市整流器厂在深化企业内部改革中,公开招聘厂长并实行承包责任制,加强生产管理积极开拓产品市场,同时与多家科研院所和高等院校建立技术合作关系,陆续开发出电解电化学用整流设备GH、KGH系列、直流电机调速电源KGS系列、同步电动机励磁用整流设备KLF系列、牵引用整流设备ZGQ系列、特殊用途直流电源设备KGY系列、一般工业用硅整流设备GB、KGB系列等6种新产品,产销逐年上升。1990年,境域整流器生产企业2家,有职工300余人,生产各类整流器322台套,完成工业总产值318万元、实现税收18.8万元、利润8.4万元,产量、产值、税收、利润分别比1986年增长353.5%、44.5%、137.9%、下降50.9%。

1991年,整流器行业内部竞争激烈。市整流器厂克服资金紧缺、原材料上涨、生产成本攀升的困难,引入乡镇企业经营管理机制,挖掘内部潜力,改进生产工艺、完善产品系列化配套生产,努力实现产销平衡。大众公司利用经营机制灵活的特点,不断扩展产品销售市场,同时加大产品开发力度,先后研制出直流电源ZB、KB系列、大功率整流器设备ZH、ZE、KH、KE系列及电机励磁用整流设备等新产品。1995年,境域2家整流器生产企业,从业人员354人,生产各类整流器610台,完成工业总产值630万元,实现税收33.7万元,利润16.1万元,产量、产值、税收、利润分别比1990年增长89.4%、98.1%、79.2%、91.7%。

1996年,市整流器厂受资金短缺、债务包袱沉重、成本居高不下的严重影响,经济效益滑坡,生产萎缩下降,加上企业内部管理松弛,生产经营十分困难。为摆脱困境,企业实行“国有民营”改革试点,在厂内公开招聘法人代表,但未走出困境。而大众公司抓住产销两旺的契机,加大新产品开发力度,先后研发出直流电动机调速设备、控制板、铝氧化用整流设备KE系列及铝着色用整流设备KY系列等新产品。2000年,境域2家整流器生产企业,从业人员360余人,生产各类整流器290台,完成工业总产值490万元,实现税收34万元,亏损36万元,产量、产值、税收分别比1995年下降52.4%、22.2%、增长0.9%。

2001年后,市整流器厂生产处于停产状况。大众公司产品通过ISO9001质量认证,并斥资在荷塘工业小区征地15亩多土地,兴建厂房面积3000平方米。2002年,经市政府批准市整流器厂将优势资产剥离组建“湘潭市整流器有限公司”，实行返租经营，当年成功开发调功(调压)器电源设备、BZGN 微机控制铝酸免维直流电源成套系列及整流变压器等产品，但由于产权制度改革不彻底，职工身份和企业性质没有改变，未能扭转企业经营颓势。2005 年，市整流器厂宣告破产。大众公司迅速发展为生产各种类型的整流器设备、同步机励磁装置、直流电流成套设备、自动化控制成套设备以及各种高、低压屏、动力箱等产品的专业厂家。是年，湘潭市海日整流器厂成立，有职工 50 多人，试产各种整流器元器件及整流器成套装置。是年，境域整流器生产企业有 2 家，从业人员 239 人，生产各类整流器 412 台，完成工业总产值 950 万元，实现税收 52 万元，利润 45 万元，产量、产值、税收分别比 2000 年增长 42.1%、93.8%、52.9%。

第三节　电器元器件

一、断路器

1986 年，境域断路器生产企业有市低压电器厂、市电器厂、市机床电器厂、市中南电瓷电器厂 4 家企业，有职工近 600 人，主要生产市场需求量大、使用面广的塑料外壳小型断路器及基础元件。是年，境域生产断路器 10.1 万台，完成工业总产值 1130 万元，实现税收 49 万元，利润 117 万元。1987 年，市低压电器厂试制成功 DZ15-63 型断路器通过省级鉴定，并获“湖南省优秀新产品”证书，与机电部上海电器科研所合作研制的 DZ20 型断路器，主要技术指标达到 20 世纪 80 年代初国际同类产品水平，填补省内空白。1988 年后，市电力电容厂新增断路器生产，有职工 180 余人，先后研制并批量生产 DM5、DM5C、DMX15、DMX15C 系列低压万能式、限流式、抽屉式空气断路器。1990 年，市低压电器厂因生产的断路器通断能力强、安全系数高、产品性能可靠，被机电部批准为生产 DZ20-100、200、400、630 型系列断路器定点企业。是年，境域断路器生产企业 5 家，职工 800 余人，生产各类断路器 10.76 万台，完成工业总产值 1383 万元，实现税收 27.9 万元，利润 8 万元，产量、产值、税收、利润分别比 1986 年增长 6.5%、22.4%、下降 43%、下降 93.2%。

1991 年后，市低压电器厂生产 DZ20Y-100 型断路器通过省级鉴定投入批量生产，DZ20Y-400 型断路器通过省级鉴定获得省新技术新产品交易会科技创新金奖，企业被指定参加机电部上海电器科研所组织的 DZ35 系列断路器联合设计工作。1993 年，市低压电器厂完成 DZ20C-160、250 型及 DZ20-630 型断路器图纸、工艺和工装模具设计，并开始试制 DZ47(C45)型断路器，DZ20Y-200、DZ20J-100、DZ20J-200 三个型号断路器一次性通过省级鉴定投入生产。同年，市电器厂生产 DM15 万能式断路器 3000 台。1995 年，由于资金短缺、成本居高不下、内部管理混乱等多种原因，市低压电器厂等企业经营十分困难，企业出现严重亏损。是年，境域断路器生产企业 5 家，从业人员近 800 人，生产各类断路器 2.1 万台，完成工业总产值 1073 万元，实现税收 17.6 万元，亏损 182 万元，产量、产值、税收分别比 1990 年下降 80%、22.4%、36.9%。

1996 年，市电器厂、市机床电器厂、市中南电瓷电器厂等企业因资金周转困难，产品竞争力不强，处于停产状态。市低压电器厂因产品散乱且小而全，管理混乱，出现连年亏损、资不抵债，宣告破产。1997 年 4 月，原市低压电器厂重新组建为“湘潭低压电器有限公司”，但因改制不彻底无法启动生产，年底全面停产。2002 年，原市低压电器厂生产区改造为幸福湾服装广场后，境域停止断路器生产。

二、接触器

1986 年，境域接触器生产企业仅市开关厂 1 家，从业人员 817 人，主要产品为 CJ20 系列、CJ12F 系列交流接触器，C20、C25 系列直流接触器和 CP2 系列中频接触器，其中 CP2 系列中频频接触器为国内独家生产产品。是年，生产各类接触器 2 万台，完成工业总产值 365 万元、实现税收 20 万元、利润 52 万元。1988 年后，企业生产的 G12F-100 等 6 种型号交直流接触器分别通过省级鉴定，成为机械工业部定点生产交、直流接触器和高低压电器成套设备的专业厂家。1990 年，市开关厂实行全员风险抵押承包，在“升级达标”活动中各种指标验收合格。是年，境域生产各类接触器 2.1 万台，完成工业总产值 607 万元，实现税收 47.1 万元，利润 53 万元，产量、产值、税收、利润分别比 1986 年增长 5%、66.3%、135.5%、19%。

1991 年后，市开关厂经机电部、能源部验收为低压开关柜整顿合格企业，新产品 CJ20-250 型交流接触器、JYN2-10 型手车式交流金属封闭开关设备、XMC 系列插拨式照明配电箱、CJ12F 系列交流接触器改版成 CJ12F(D)系列 5 种规格的交流接触器，分别通过省级鉴定，投入批量生产。1993 年，市开关厂进一步完善内部承包机制，研制成功 CJ-10、630A 等 5 种规格的交流接触器，通过省机械厅、上海电器科研所组织的专家鉴定，成为中南地区首家生产 CJ20 全系列交流接触器产品的企业。1995 年，市开关厂被电力部定点为生产 GGD 型低压配电柜企业。是年，境域生产各类接触器 2 万台，完成工业总产值 1828 万元，实现税收 23 万元，利润 85 万元，产量、产值、税收、利润分别比 1990 年下降 4.7%、增长 201.2 %、下降 51.2 %、增长 60.3 %。

1996 年后，市开关厂由于内设各种公司、外埠设立多处销售机构(公司)，资金、人员分散，管理无序，导致经营混乱，连年亏损。2000 年，市开关厂仅生产各类接触器 0.25 万台，完成工业总产值 230 万元，实现税收 2 万元，亏损 247 万元，产量、产值、税收分别比 1995 年下降 87.5%、87.4%、91.3%。2001 年后，市开关厂生产处于严重开工不足状态，几经调整领导班子但未能使企业走出困境。2005 年，市开关厂全面停产，境域未生产接触器。

三、调压器

1986 年，境域调压器生产企业仅市调压器厂 1 家，从业人员 140 多人，生产 TSGC、TDAC 系列调压器产品。是年，生产各类调压器 2.53 万千伏安，完成工业总产值 144 万元。1987 年后，市调压电器厂进一步落实厂长负责制和内部经济责任制，投入 200 多万元新增磨床、剪板机、卷片机、百吨冲床等工装设备 20 余台套，自行设计制造的退火炉既满足工艺要求又使工效提高 10 多倍，产品产量、质量逐年提高。在冷压硅钢片供应紧张且价格急剧上涨情况下，企业采用材料供应比较充足的冷压钢片作为铁芯材料，开发出 TDGC2J、TSGC2J 两个系列调压器产品，具有调压平滑、损耗低的特点，运用于电压级次为 500V 以下、额定功率 50Hz 连续工作条件下实现调压、控温、调速、调光、功率控制目的。1990 年，市调压电器厂生产各类调压器 3.97 万千伏安、完成工业总产值 201 万元，分别比 1986 年增长 56.9%、39.6%。

1991年，市调压电器厂与日商合作研制用于游戏机自动调节电能的环形调压器，经过2年多时间攻关试制成功。1993年，企业投资50万元自制环变绕线机8台，月平均产环形调压器3000台，TDGC2J调压器通过沈阳变压器研究所等单位专家鉴定，批量投入生产。1995年，市调压电器厂生产各类调压器3.51万千伏安，完成工业总产值583万元，分别比1990年下降11.6%、增长190%。

1996年后，调压器行业竞争激烈，市调压电器厂由于产品过于单一、销售渠道不畅，加上厂小家底薄、人员负担重等原因，生产急剧萎缩。2000年，企业仅生产各类调压器0.32万千伏安，完成工业总产值48万元，分别比1995年下降90.9%、91.7%。2001年后，市调压电器厂严重开工不足，处于半停产状态。2005年，企业全面停产，当年生产各类调压器仅0.1万千伏安、完成工业总产值4万元，分别比2000年下降69.3%、91.7%。

四、互感器

1986年，境域互感器生产企业有8家，其中专业生产厂家只有市互感器厂、市长城电器厂2家，从业人员150人，主要生产10KV互感器产品。其他为乡镇企业，小批量加工生产互感器。是年，境域企业共完成工业总产值140万元，实现税收5.5万元、利润1.8万元。1987年后，市互感器厂在市技术监督局、电业局支持下调整产品结构，开发新产品，先后研发出ZMZ-0.5、JDZJ-3-6-10等10余种型号的低高压互感器新产品投入生产。1989年，市长城电器厂高压电流互感器获“部优产品”证书，市互感器厂LA-10系列互感器产品获“湖南省名优产品”证书。1990年，经市计委批准，由市互感器厂牵头，联合市永红互感器、市矿山电器厂组成松散型企业集团“湘潭互感器总厂”，原所有制和隶属关系不变。市互感器厂投资200多万元兴建厂房，引进沈阳、广州全真空浇注工艺设备和新增先进的HE5互感器检测仪、电流电压互感器检测仪等设备，改进生产工艺和提高产品质量。是年，境域有6家互感器生产企业，从业人员300余人，完成工业总产值245万元，实现税收13.9万元，利润4.5万元，产值、税收、利润分别比1986年增长75%、152.7%、150%。

1991年后，市互感器厂克服原材料涨价、成本上升、市场疲软困难，保持生产稳步发展，经济效益逐年上升。湘潭互感器总厂因未涉及产权制度改革，缺乏凝聚力自行解散。1997年，市互感器厂进行股份制改制，企业更名为“湘潭市三益电器有限公司”（以下简称三益公司）。三益公司成立后，注重加强企业技术人才的培养，同时引进高级机电工程师和互感器专业工程师，充实企业科技人员队伍。1998年后，三益公司相继开发户内、户外35KV系列电流互感器、35KV电压互感器、JDZXF9-10全封闭电压互感器等系列产品上百种规格的新产品，产品覆盖中南、西南等地区及海南省。市矿山电器厂等企业经营陷入困境，生产处于停产状况。2000年，境域有4家互感器生产企业，从业人员280多人，完成工业总产值380万元，实现税收18.1万元，利润4.8万元，产值、税收、利润分别比1990年增长55.1%、30.2%、6.7%。

2001年后，三益公司严格按照GB/T19001-ISO9001质量体系标准组织生产，“三益”牌互感品产品获得“湘潭市名牌产品”证书，市矿山电器厂破产改制。2005年，境域互感器生产企业3家，其中规模以上生产企业有三益公司1家，长城互感器厂、永红互感器厂等乡镇企业大都停产歇业，偶尔接单生产互感器。从业人员230余人，完成工业总产值800万元，实现税收28.9万元，利润25万元，产值、税收、利润分别比2000年增长110.5%、59.7%、420.8%。

五、电容器

1986年,境域电容器专业生产企业仅市电器厂1家,从业人员551人,生产电力电容器27万千瓦,完成工业总产值544万元、实现税收46万元、利润34万元。1987年后,市电器厂加大技术改造力度,投资1000多万元新建厂房面积2.6万平方米,更新改造专用设备30多台套,形成年产100万千瓦电容器生产能力。1991年,市电器厂生产BW0.4—14.3并联电力电容器获"省优产品"证书。1993年,市电器厂生产电力电容器7500台、成套电气装置92套,并开发JTBB(F)半封闭式电容器补偿装置、JYN2-10手车式高压开关、BCMJ金属化电容器、BFF电容器等新产品,完成工业总产值1920万元,实现税收84万元,利润78.1万元,为建厂以来效益最好年份,分别比1986年增长252.9%、82.6%、129.7%。

1994年后,市电器厂受原材料价格上涨、行业无序竞争、销售疲软的影响,加上企业的管理模式和经营方式落后,生产直线下落,经营陷入困境。2000年,市电器厂完成工业总产值579万元,实现税收12.2万元,亏损251万元,产值、税收分别比1993年下降69.8%、85.5%。2002年,市电器厂在产业结构调整中因产品缺乏市场竞争能力、债务包袱沉重且严重资不抵债,依法宣告破产。此后,境域无电容器生产企业。

第四节　控制设备

1986年,境域控制设备制造业有大小企业10余家,在规模以上企业中除湘潭电机厂自身配套生产控制设备外,还有市矿山电控设备厂、市开关厂、市煤机厂、市机床电器厂、市电气控制设备厂等5家企业,从业人员近1000人。其余为乡镇企业。是年,境域生产高低压和矿用成套电控设备等32台,完成工业总产值269万元、实现税收23.2万元、利润22.9万元。1992年,市矿山电控设备厂投资200万元购置设备开发生产挖掘机、起重机、提升机等配套WK(D)系列成套电器控制设备。1993年,市矿山电控设备厂在先锋乡先锋村征地3.26亩新建厂房;市电气控制设备厂获机电部、电力部颁发的高压生产许可证和低压成套开关设备整顿合格证书。1995年,市矿山电控设备厂改制为民营企业"湘潭电气设备制造有限责任公司"(以下简称市电气设备公司),公司成立"湘潭电气传动研究所",先后与中科院、北大、清华等科研院所建立长期产学研合作关系,并承担国家、省级科技计划重点项目研发任务。是年,境域有5家控制设备制造企业,从业人员1000多人,生产高低压电气成套控制设备78台(用于国内外500吨级以下石灰矿、铜矿、煤矿等矿用挖掘机、牙轮钻机配套的矿用成套电控设备42台套),完成工业总产值1340万元,实现税收107.5万元,利润71.8万元,产量、产值、税收、利润分别比1986年增长143.7%、398.1%、363.4%、313.5%。

1997年,市电气设备公司投资220万元研制出斗容量16立方米以下挖掘机直流调整电控设备,通过省级鉴定,项目技术居国内先进水平,电控产品注册"湘控"牌商标。市电气控制设备厂TS移动控制设备获专利产品证书,并参加国家重点工程三峡大坝临时船闸吊门电控设备制造,但企业经济效益严重滑坡,经营十分困难。1998年后,市开关厂等4家企业因资金短缺,生产陷入困境,先后退出控制设备生产。市电气设备公司又投资250万元研制开发出"湘控"牌WDA-6挖掘机成套电控设备及 WD(K)系列挖掘机成套电控设备，在 1999 年 11 月国家科委举办的“星火计划实施十周年暨‘八五’农业科技攻关成果博览会”上分别被评为“优秀项目”，获得“专利技术博览会金奖”。2000 年，市电气设备公司通过 ISO9001 国际质量管理体系认证，投资 250 万元研制开发“湘控”WK(D)-4E～6E 型挖掘机成套控设备，通过省科委组织的科技成果鉴定。“湘控”WD(K)-4A(C)-6 型挖掘机成套电控设备获省科技进步二等奖，填补国内空白。是年，境域市电气设备公司有从业人员 100 余人，生产各类矿用成套电控设备 86 台套，完成工业总产值 1986 万元，实现税收 156 万元，利润 136.5 万元，产量、产值、税收、利润分别比 1995 年增长 10.2%、48.2%、45.1%、90.1%。

2001 年后，市电气设备公司“湘控”商标被评为“湖南省著名商标”，企业获湖南省质量信誉“五星级企业”称号，拥有 39 项国内专利技术，WDK 挖掘机电控设备被评为“湖南名牌产品”。2004 年，市电气设备公司成立“湖南三弘重科机械制造有限公司”(简称三弘重科)，进一步加强在电铲(挖掘机)、牙轮钻机的电控设备系统的技术改造和研发，其“交流变频调速技术在牙轮钻机中实现挖掘机特性的研究和开发”科研项目，被科技部列为国家火炬计划项目。2005 年，市电气设备公司(三弘重科)WK(D)挖掘机电控设备评为“湖南名牌产品”，同时在九华开发区购置土地 190 余亩，打造“空气源热泵与冷蓄冷技术建设项目”和“电力电子与新型电机建设项目”两个产业基地。是年，境域市电气设备公司有从业人员 180 余人，生产电气控制设备 141 台套，完成工业总产值 3250 万元，实现税收 263.5 万元，利润 224 万元，产量、产值、税收、利润分别比 2000 年增长 63.9%、63.6%、68.9%、64.1%。

湘潭电气设备公司
牙轮钻机交流变频调速控制设备
KY系列产品

湘潭电气设备公司
牙轮钻机交流变频调速控制设备
YZ系列产品

图 20-3-2

第五节　高低压电器制造

1986 年，境域高低压电器制造除湘潭电机厂终端产品自行配套生产外，还有市低压电器厂、市矿山电控设备厂、市开关厂、市三开关厂、市机床电器厂、市中南电瓷电器厂等 6 家企业，生产小型、技术级次低的高低压电器产品，从业人员近 1000 人，当年完成工业总产值 616 万元，实现税收 34 万元，利润 57 万元。1988 年，市煤机厂生产 JXJ-22G 型电控箱通过省级鉴定；市低压电器厂分别从西安高压电器研究所和天津电气传动设计研究所引进 GG 系列高压开关柜图纸、PGL-1.2 系列低压配电屏和无功功率补偿屏图纸，开发生产高低压开关柜成套装置,1989年取得PGL低压配电屏生产许可证和型号证书;市三开关厂PGJ1型、PGL-1-2型交流低压配电屏、无功功率自动补偿屏取得产品生产许可证。1990年,境域有6家高低压电器生产企业,从业人员1100多人,完成工业总产值742万元,实现税收64.5万元,利润26.3万元,产值、税收、利润分别比1986年增长20.4%、89.7%、下降53.8%。

1991年后,市煤机厂研发的BGB8-6矿用隔爆型高压真空配电装置通过部级鉴定,被评为省优产品,获省科技进步三等奖,同时试制成功BGB8-6K矿用隔爆型高压配电装置;市开关厂先后开发GG-A型高压开关柜、JBB6-10-35型高压并联电容补偿装置、GR-1型高压电容器柜、KBZ矿用隔离型真空计量防爆开关柜、GCS、MN3、GGD型交流低压配电屏等多种新产品;市低压电器厂在全国三箱(动力箱、配电箱、照明箱)统检中取得统检合格证书,并试制成功JYN2-10型高压手车柜;市矿山电控厂研发出GG-1A(F/J)系列高压开关柜、GR-1型高压电容器柜、GFW-1型矿用高压开关柜、TGG及WGG-0407型高压开关柜。1995年,市煤机厂生产的BCP8-10、BGP9L-6防爆型高压真空配电装置通过部级鉴定,其中GBP9L-6防爆型高压真空配电装置被评为国家级新产品,职工汤世明被评为煤炭部劳动模范,进京参加煤炭部英模表彰会。市电气设备公司(市矿山电控厂)成立后，又开发PGL-2/1低压配电屏、RGJ1型无功功率补偿装置、GQA系列整流装置等产品。是年,境域高低压电器制造企业有7家,从业人员890多人,完成工业总产值597万元,实现税收31万元,利润14万元,产值、税收、利润分别比1990年下降19.5%、51.9%、46.8%。

1996年后,境域中小型高低压电器制造企业面临行业竞争激烈、原材料涨价、成本增高、资金短缺的困难,多数企业陷入经营困境,出现严重亏损导致企业处于停产半停产。市低压电器厂、市机床电器厂先后破产。1998年,市煤机厂改制成立"湘潭(郑煤集团)机械电器有限公司",成为郑煤集团公司旗下的全资子公司。1999年,市电气设备公司(三弘重科)投资200万元开发的XGW3型矿用户外高压微机电缆保护柜通过省级鉴定,评为省级优秀专利项目;湖南科通电气设备制造有限公司(以下简称科通公司)成立,研发出GWB5-6C高压户外计量保护柜,在全国(HN)新技术新产品交易会上评为"科技创新金奖"。2000年,境域高低压电器制造企业6家,从业人员681人,完成工业总产值387万元,实现税收9.2万元,亏损182万元,产值、税收分别比1995年下降35.1%、70.3%。

2001年后,市中南电瓷电器厂、市开关厂等企业相继破产。市电气设备公司(三弘重科)继续加大技术创新和产品研发,适时将专利技术转化为产品优势和市场优势,企业产销两旺;科通公司以科技创新为动力,拥有14项产品专利;市三开关厂通过ISO900-2001产品质量认证,户内交流低压配电屏、GGD母线、配电箱及户内金属铠装抽出式开关设备、35KV交流金属封闭式开关设备、高压SF6环网开关设备投入生产,企业走上稳步发展阶段。2005年,境域高低压电气制造企业3家,从业人员近400人,完成工业总产值5040万元,实现税收392万元,利润246.5万元,产值、税收分别比2000年增长12倍、41.6倍。

附　湘潭电气设备制造有限责任公司简介

湘潭电气设备制造有限责任公司原名为湘潭市矿山电控设备厂,1979年12月成立，1993年后改称湘潭电气传动设备厂，为私营企业。初始从事电器元件和电气传动设备制造与销售。到1995年的16年，企业先后投资450万元，开发高低压配电设备、电动机起动控制设备、WK(D)系列成套电气设备等，购置制造设备扩大再生产，实现自我积累，并聚集一批专业性人才，产品拥有一定的市场占有率。当年完成工业总产值980万元，实现税收77.6万元、利润67.9万元。年内，湘潭电气传动设备厂改制为“湘潭电气设备制造有限责任公司”(简称湘潭电气设备公司)股份制民营企业。

1996年后，湘潭电气设备公司在新机制下与中国科学院、清华、北大等科研院所建立产学研合作关系，成立湘潭电气传动研究所，先后投资1370万元建立生产基地和承担国家、省科技计划重点项目研发任务，相继研制出电缆保护柜、挖掘机成套电控设备、调速电控设备、成套电气设备及配件和高频臭氧给排水处理装置，取得多项专利技术。企业通过ISO9001质量体系认证，先后获得“湖南省明星民营科技企业”“湖南省质量信得过单位”等多项荣誉。2000年，湘潭电气设备公司完成工业总产值1986万元，实现税收156万元、利润136.5万元，分别比1995年增长102.6%、101%、101%。

2001年后，“湘控”商标被评为湖南省著名商标，湘潭电气设备公司实施“名牌”战略，建立完备质量管理体系，以市场为导向加快产品更新换代，在取得22项高新技术产品、39项国内专利技术基础上，实施以挖掘机(电铲)电控设备和牙轮钻机交流变频调速电控设备为龙头，推进电气、电控产品系列化、多元化，带动空气源热泵和冰蓄冷技术新型环保产业的发展。2004年，湘潭电气设备公司注册成立“湖南三弘重科机械制造有限公司”，投入2300余万元进行产业园区建设。2005年，湘潭电气设备公司(三弘重科)完成工业总产值3250万元、实现税收256万元、利润224万元，分别比2000年增长63.6%、64.1%、64.1%。公司成为国家火炬计划湘潭机电一体化产业基地首批骨干企业。

第四章 交通运输设备制造

第一节 汽车

一、客车

1986年，境域有客车制造企业市客车厂1家，从业人员696人。年内，市客车厂自行设计试制的XT652EF青岩牌豪华团体客车参加全国城市建设成就展览评比会获“金杯奖”及技术进步奖，随后又设计生产XT641、XT642、XT661A型、B型大客车，实现产品升级换代。为提高生产能力，省建委批准市客车厂投资1092万元进行技术改造。是年，市客车厂生产客车202辆，完成工业总产值822万元、实现税收73.6万元、利润100.3万元，为建厂以来经济效益最好年份。1987年后，市客车厂通过技术改造提高设计制造能力，形成3个系列、10种车型的生产能力，被国家机械委定为全国机械行业重点企业。1989年，市客车厂采用湖南汽车制造厂生产的NI136A型底盘，成功设计制造出XT660轻型客车投入批量生产。由于受国家对汽车产业实行宏观调控以及前期技改投资调整为“拨改贷”等因素影响，企业出现亏损。1990年，境域生产客车60辆，完成工业总产值309万元，实现税收 2.6 万元，亏损 137 万元，产量、产值、税收分别比 1986 年下降 70.3%、62.4%、96.5%。

1992 年，市客车厂由市城建局划归市机械局管理，并加入"湖南汽车集团有限公司"（简称省汽车集团公司），企业人财物产供销由集团公司统一管理。1993 年，在省汽车集团公司安排下，市客车厂生产 HQC1020S 双排座、HQC6460A 乘用车、HQC1091PC 五平柴油车、XT146600 轻型客车、XTK6902 型东风客车、XTK5090PCX 厢式车等产品共 384 台，完成工业总产值 2035 万元、实现税收 89.8 万元、利润 3.2 万元，当年实现扭亏为盈。1994 年，市客车厂与省汽车集团公司脱钩。年底市客车厂更名为"湘潭汽车制造厂"（以下简称市汽车制造厂）。1995 年，市汽车制造厂由于管理体制变动，销售环节出现梗阻，汽车销售量严重滑坡，加上货款不能及时回笼，生产经营出现严重亏损。是年，境域生产各种客车 187 台，完成工业总产值 1034 万元，实现税收 110.5 万元，亏损 277.5 万元，产量、产值、税收分别比 1990 年增长 211.7%、234.6%、41.5 倍。

1996 年，市汽车制造厂经营濒临绝境，70%以上职工息工，生活费发放困难。是年，市汽车制造厂生产客车 33 台，完成工业总产值 174 万元，实现税收 19.5 万元，亏损 378 万元。1997 年，市汽车制造厂由于严重亏损资不抵债，资产负债率高达 212.9%，依法宣告破产。是年起境域无客车制造业。

二、微型汽（轿）车

1985 年 12 月，江南被列为兵器工业部"军转民"开发微型汽车产品单位之一，开境域制造微型汽（轿）车之先河。1986 年，江南引进法国爱克森样车及生产工艺，试制成功玻璃钢和金属车身客货两用超微型车各一辆，在兵器工业部主办的民品展览会展出。在此基础上，江南又引进菲亚特 126P 型微型车整体布局的技术，改进设计试制成功 4 人座超微型轿车，产品定位为"江南牌"HN710 型超微型轿车。1987 年后，江南成立超微型汽车（轿）事业部，集中力量攻克汽车部件和整体结构十大技术难题，同时对新样车进行各种路面测试和 25000 千米行驶及性能试验，900 次可靠性项目检查、250 项装机质量验收，成功完成工厂实验，通过省国防工办工厂鉴定，得到兵器工业部 201 所的肯定，获得国家机械委生产许可证被列入全国汽车生产企业及产品目录，总装 103 辆 HN710 型微型轿车。1989 年，江南针对生产中的质量问题进行整顿和返修后，将 HN710 型改为 JNJ710 型超微型轿车，年内生产 230 辆。1990 年，江南为保留 JNJ7050 超微型汽车产品目录，组织生产 JNJ710 型 103 台超微型汽（轿）车后，JNS710 型汽车停止生产。4 年共生产 JNJ710 型超微型汽（轿）车 466 辆，销售 458 辆，实现销售收入 557.5 万元。

1991 年，兵器工业部安排江南生产引进日本铃木公司发动机排量 796 毫升、额定功率 25.4 千瓦、最高时速 120 千米 / 小时、平均油耗 4.4 升 /100 千米的 ALTO 奥拓微型轿车，并要求以江南为龙头在湖南形成 10 万辆奥拓车一条龙配套生产体系。1992 年，江南成立汽车工程指挥部，编制完成奥拓微型车立项、技术改造实施方案以及投资计划，利用原工房面积 13564 平方米、改建工房面积 800 平方米，投资 2980 万元购置设备 576 台（套）、自制非标设备 118 台（套），建成焊装、涂装、总装和检测 4 条生产线，同时派出工程技术人员和管理骨干赴日研修、掌握生产技术和经营管理，1993 年 6 月 18 日，第一批 10 辆江南奥拓轿车装配下线，该年生产奥拓轿车 1506 辆。1994 年后，为稳步推进奥拓轿车国产化率进程，江南成立国产化工作领导小组，积极组织技术人员消化吸收引进技术资料制定分期国产化目录 759 项，建立国产化配套体系选定配套部件生产厂家 120 多家，除覆盖件、发动机外基本形成自己的生产体系，并成立轿车销售公司，采取按区域分销和“车销到哪里，维修服务到哪里”的经营策略，在湖南、湖北、广东等12个省区建立经营部及30多个维修服务网站。1995年，在全国质检中心组织的全国微型轿车检测中，综合得分91.25分，江南奥拓车评为一级品，国产化率达到40%。是年，江南机器厂生产奥拓微型轿车1568辆、销售1578辆、销售收入6706万元，分别比1990年增长236.5%、244.5%、1102.8%。

1997年，江南奥拓微型轿车国产化率达到80%，出现供不应求产销两旺的局面，并先后研制开发97新款型奥拓（改进标准装配件60项）、98新款型奥拓（改进标准装配件15项）、99新款型奥拓（改进标准装配件19项）、2000新款型奥拓（改进标准装配件15项），其中将JL368Q化油器式发动机换装为JL360QE电喷式发动机，降低油耗减少污染，带来较好的社会效益。1998年后，随着人们生活水平的提高，以奥拓微型车为代表缺乏市场竞争力的低档次轿车逐步淡出市场，加上受资金、体制方面的制约，江南奥拓轿车生产逐年萎缩。2000年，江南仅生产奥拓微型轿车343辆、销售379辆、销售收入1673万元，分别比1995年下降78.1%、76%、75.1%。

2001年后，江南按“以销定产”的原则生产奥拓微型轿车，并对国内小轿车开展市场调查、调整产品结构；在转换企业经营体制中探索实现民品投资多元化，吸纳民营资本进行股份制改造，联合浙江吉利汽车有限公司等三家民营企业组建“湖南江南汽车制造有限公司”（以下简称江南汽车公司），以此盘活国有资产促进境域小轿车产业发展。2003年，江南汽车公司投入1732万元新建焊装线、返修工房、面漆工房和日产100台新面漆线、停车场等工程项目，兴建厂房建筑面积18000平方米，生产能力由原来1.5万辆/年提高到5万辆/年；年底又投资3000万元在九华工业园区征地160亩，新建厂房50000平方米，新增3条生产线，优化产品结构、建立和完善配套体系，先后研发出防撞车型，自动挡等新款式，江南奥拓形成基本款、普通款、豪华款、江南公主、江南王子系列轿车格局。在此基础上研发具有完全自主知识产权的1.8L“江南风光”、1.5L“江南传奇”中档轿车。当年，江南汽车公司125辆江南奥拓车出口叙利亚，成为湖南轿车首家出口企业。2004年，江南汽车公司生产奥拓轿车8180辆、销售8421辆，销售区域扩大到拉丁美洲、非洲等多个国家和地区，出现产销两旺的势头。2005年，江南汽车公司继续加大技术改造力度，完善生产线配套建设，拓展销售渠道，把江南汽车做大做强，在九华经济区建立轿车工业园为引进吉利汽车落户湘潭奠定基础。是年，江南汽车公司生产微型轿车3574台、销售3264台、销售收入1.37亿元，分别比2000年增长9.42倍、7.61倍、7.06倍。

第二节　城市电气交通车辆

1986年，湘机通过引进日立公司高性能电机、逆变器、转换组合开关、快速断路器、电磁接触器等生产技术，试制成功斩波调压地铁电车和大功率无轨电车斩波调压电阻制动电控成套装置。1987年底，湘机地铁电车在长春客车厂组装车辆一组在北京地铁载客运行一年多时间，行程达10万千米，1989年4月通过部级鉴定，地铁电车电机电器设计制造能力提高到国际20世纪80年代初水平。同年，湘机运用斩波调压带再生电阻复合制动成熟技术，采用新材料、新工艺试制能代表国内电气牵引设备最高水平的新型快速有轨电车（简称城市轻轨车），实施国家“七五”重点新产品攻关项目。1991 年,第一辆样车完成总装及厂内型式试验,该车采用单电机转向架,空心轴传动、弹性消声轮、盘式制动与电磁轨制动装置、斩波调压再生、电阻复合制动系统构成,经国家计委、科委、建设部联合召开的"城市轻轨车科研样车技术鉴定和验收会"专家组鉴定认为:该车是集多项新技术于一体的高技术产品,为国内自行设计制造、国产化率 100%符合轻轨交通特点的城市轻轨车,获当年国家科技进步特等奖。1992 年后,湘机首台城市轻轨车发往辽宁鞍山市投入工业性试运行,通过建设部产品鉴定。1995 年,湘机通过国内协作联合攻关,完成"八五"地下铁道 GT0304KW 直流斩波调压系统国家重点科技攻关项目任务,采取微机控制,攻克恒加速起动、再生及电阻混合制动等关键技术,解决电网电压大幅度波动稳定调节技术及电制动恒流、恒压控制技术、系统综合保护技术和整车设备布置及布线技术等难题,使地铁车辆调速系统具有牵引特性好、效率高、耗能小、运行可靠等特点,达到国际 20 世纪 80 年代末先进水平,填补国内空白。1996 年,GT0304KW 直流斩波调压系统获国家科技攻关 A 类一等奖。1997 年,湘机作为分包商承揽国家中标承建伊朗德黑兰地铁工程项目中全部配套电机电器产品,合同金额达 2.3 亿元,首批 3 辆地铁车电机电控设备交付长春客车厂组装。1999 年,城市轻轨车直流牵引传动及控制系统国产化项目实施方案通过专家评审,湘机成为国家城市轻轨设备国产化项目 5 家主要生产企业之一。2000 年,湘机承制伊朗德黑兰地铁电机电控产品在伊铁 2 号线试运行成功,被誉为中国机电产品出口该地区的"示范工程"。2002 年,湘机研制成功国内首创"双电源低地板无轨电动客车"样车下线调试,进入环线运行。该车电控系统采用最先进的 VVVF 交流调速系统,微机控制,显示故障检测功能齐全,配有交流变频冷暖空调装置,具有绿色环保、低地板、全交流化、造型美观、舒适豪华的特点。城市轻轨车在长春市国内首条轻轨车运营线投入试营运。2003 年后,城市轻轨车直流牵引传动及控制国产化技术改造项目通过省发改委验收评审,形成年生产能力 428 台套,产品接近国际先进水平。湘机与日本东洋电机制造株式会社各出资 250 万美元在长沙高新技术开发区组建"湖南湘电东洋电气有限公司"合资企业,生产制造代表国际水平的城市轻轨车辆用电机、电气成套设备,获国家发改委唯一批准的城轨合资项目。与海军工程大学、金龙公司共同研制的 XD6120 型混合动力电动城市客车成功下线,该车采用柴油机和电动机为动力,设置中央能量管理系统对两种动力进行合理分配,使综合排放达到"欧Ⅲ"标准以上,符合环保节能要求,产品通过国家级专家评审。在"北京国际商用车展览会"和"上海世界客车博览亚洲展览会"上分获最佳科技创新奖、最佳环保型城市客车奖、公交客车优胜奖等奖项。2005 年,湘机完成长春市一号城市轻轨线 16 台轻轨车生产任务投入运营,双电源低地板电动客车在长沙开通试运营,XD6120 混合动力电动城市客车通过省科技厅和中国国家机械联合会专家评审鉴定,被列入国家"863"计划和"十五"规划中重点科技产业专项。

图20-4-1 湘电集团公司生产的新型快速有轨电车城市轻轨

第三节 汽车零配件

1986年，境域汽车配件制造企业有湘潭汽车配件厂（以下简称市汽配厂）、江滨2家企业，从业人员800人，主要生产各类汽柴油发动机曲轴、连杆、凸轮轴、活塞、齿轮等产品。是年，根据兵器工业部和省人民政府安排，溆浦红阳机械厂与湖南省江滨机器厂合并组建为“国营江滨机器厂”，并与重庆康明斯发动机有限责任公司签订N系列和K系列活塞试制协议，开始生产汽车配件实现“军转民”结构调整。市汽配厂开发出BJ212凸轮、6135、12V135系列总成及单节、SH361中节、EQ140及BJ212连杆等产品。是年，境域生产汽车配件520吨，完成工业总产值689万元，实现税收46万元，利润130万元。

1987年，市汽配厂加大固定资产投入更新改造设备，开发出185Q、2185、4135系列总成及61020Q、486Q、YT180Q、KK180Q等7种产品。1988年后，江滨N系列活塞完成强化试验后投入生产，被重庆康明斯发动机公司选定为配套供货商，同时与山东潍坊柴油机动力股份有限公司（以下简称潍柴）和杭州发动机厂分别签订斯太尔发动机WD615·67活塞试制布点扩散协议、X6130活塞试制合同。市汽配厂先后被评为“湖南省先进企业”和“国家二级企业”。1990年，江滨K系列活塞和WD615.67活塞和X6130活塞均通过全速全负荷及热冲击试验，成为潍柴和杭州发动机厂定点生产厂家。市汽配厂开发出272Q、YT105QC、尼桑Q、X6135Q、376平衡轴及亚马斯Q、CA141Q、EF110Q、E170Q、CA141连杆等13种新产品，企业产品研发和制造水平得到迅速提高，省机械厅授予技术改造先进企业奖状。是年，境域汽车配件生产企业2家，从业人员近1000人，生产各类配件1311吨（活塞9.3万只），完成工业总产值4239万元，实现税收161.7万元，利润178万元，产量、产值、税收、利润分别比1986年增长152.1%、515.2%、251.5%、36.9%。

1992年，江滨完成原溆浦红阳机械厂、安化青山机械厂2家“三线”企业搬迁，实现在湘潭新址三厂合一，同时投资2980万元的高性能发动机活塞生产线技改项目开工建设，形成年产高性能发动机活塞100万件（含奥拓发动机活塞36万件）的生产能力，完成南京依维柯汽车制造有限公司TVECO（4837030、4837132）活塞试制，通过全速全负荷检测及国产化预审，开始批量生产。市汽配厂被列入湖南省“投入产出总承包试点”单位，多个固定资产规划项目进入国家技改项目的笼子，累计投入兴建厂房、更新设备等资金3523万元，同时开发6110Q、J4、E220Q丰田7R、4105Q等曲轴、EQ140-1、6105连杆、6105凸轮轴及376Q平衡轴等19个新产品，被评为“湖南省综合经济实力百强企业。1995年，江滨与国内最大的发动机生产厂家玉林柴油发动机股份有限公司（以下简称玉柴）签约生产YC6112活塞，占玉柴使用活塞总量的一半以上，成为玉柴活塞供应的最重要合作伙伴。是年，境域汽车配件生产企业2家，从业人员1100多人，生产各类汽车配件2501吨（活塞22.7万只），完成工业总产值5476万元，实现税收302

图20-4-2 江滨活塞

万元，利润 55 万元，产量、产值、税收、利润分别比 1990 年增长 90.8%、29.2%、86.8%、下降 69.1%。

1996 年后，江滨提出“转换经营机制、抓大放小、精干主体、分片搞活、整体解困”的经营思路，对主导产品活塞生产实行“抓大”，其他生产部分放开搞活，并在劳动、人事、分配三项制度改革中，精简机构、分流人员、竞聘上岗、以销计酬、按能分配，活塞生产量逐年上升。市汽配厂根据市场变化，适时淘汰 40 多个发生亏损的连杆、凸轮轴老产品，重点生产适销对路的 YC6105、X6135、G6135、J4、6110Z、6114 等曲轴，开发 G6135 软氮化曲轴和 4110Q 曲轴新产品。但企业由于前期固定资产投入过大、还贷包袱沉重，加上技术和管理工作跟不上，投资效果成效不大，生产陷入困境，经济效益严重滑坡。2000 年，市汽配厂在产权制度改革中将职工集资款大部分转为股金，组建“湘潭华美曲轴制造有限公司”（以下简称华美公司），返租企业优势资产恢复正常生产秩序。是年，境域汽车配件生产企业 2 家，职工 800 余人，生产各类汽车配件 3281 吨（活塞 55.4 万只），完成工业总产值 10632 万元，实现税收 238 万元，利润 23 万元，产量、产值、税收、利润分别比 1995 年增长 31.1%、94.2%、下降 21.2%、下降 58.2%。

2001 年后，江滨强化技术创新，不断开发新产品，新产品产值占总产值 60%以上。华美公司成立后，精简机构、开拓市场，开发与上海柴油发动机配套的 G6135 强化处理（1-3#）曲轴（软氮化加圆角滚压）及 J4、E6、QY98 等出口产品生产，通过 QS9000 质量体系认证，“XP”牌 YC6105、G6135Z 等中型及重型内燃机曲轴获省名牌产品称号，企业生产经营步入良性循环。2003 年，江南、江南汽车公司、自然人李胥兵共同出资组建“湘潭江南汽车部件有限公司”，在江南奥拓座椅基础上开发出分体式高靠后座椅，以及江南传奇座椅、江南精灵座椅、江南风光座椅等产品。同年，市汽配厂因积欠银行贷款本息及欠缴职工养老费、水电费等债务共计 8000 多万元，严重资不抵债依法宣告破产。2004 年，江滨进行公司制改造，挂牌成立“湖南江滨机器（集团）有限责任公司”，顺利通过瑞士 SGS 认证公司 ISO/TSI6949：2002 质量体系认证，取得产品通往国际市场的通行证和 GJB9001A-2001 质量体系认证证书，职工谭石坚被授予“全国国防科技工业系统劳动模范”称号。2005 年，江南机器（集团）有限公司牵头，联合市国润招商投资有限公司、湘潭聚龙高科技有限责任公司与德国 AR 公司、Grimm 焊接技术工程有限公司在高新区德国工业园注册成立中德合资企业“湖南威斯特汽车零配件有限公司”，主要生产达到欧Ⅲ、欧Ⅳ排放标准的三元催化净化器，当年试销产品 800 套，收入 21.6 万元。江滨机器（集团）有限公司经过多次技术引进和改造，已逐步形成产品技术优势、市场优势和“江滨活塞”品牌优势。市汽配厂破产后，变现资产全部用于职工安置，受买人将原市汽配厂处置资产与华美公司净资产重新整合，注册成立“湘潭新煌曲轴制造有限公司”，接继各类汽车曲轴、连杆等零部件生产。是年，境域有汽车配件生产厂家 4 家，职工 1200 余人，生产各种汽车配件 1935 吨（活塞 212 万只），完成工业总产值 20543 万元，实现税收 366 万元，利润 208 万元，产量、产值、税收、利润分别比 2000 年下降 61.9%，增长 46%、53.8%、804%。

第四节　船舶制造及修理

1986 年，境域船舶制造及修理企业有 20 余家。其中只有湘潭船舶厂（以下简称市船厂）1 家能建造 300 吨以上钢质船和进行大型船舶修理，从业人员 602 人。其他为乡镇小型船舶修造厂，主要承接木质船、水泥船等加工业务,从业人员 500 余人。是年,市船厂获省经委颁发的 40HP 双向推轮新产品证书,新造钢质船总吨位 5436 吨、修理钢质船 3100 吨,完成工业总产值 636 万元、实现税收 8.7 万元、利润 64.9 万元。1987 年后,市船厂实行承包责任制,根据市场需求试制新型内河船舶,获得省经委颁发的 240 吨油驳船、500 吨分节驳轮及 150HP 航标船等新产品证书,造船能力迈上新台阶,同时利用造船焊接技术优势承接矿山、冶金、建材、化工用钢质结构件业务。1990 年,市船厂建造 441 千瓦沿海拖网渔轮并取得新产品证书。是年,境域市船厂从业人员 593 人,新造钢质船总吨位 2157 吨、修理钢质船 1125 吨,完成工业总产值 654 万元,实现税收 7.5 万元,亏损 61.6 万元,产值、税收分别比 1986 年增长 2.8%、下降 13.8%。

1992 年,市船厂取得交通部颁发的 1000 吨内河钢质船生产许可证,以及省经委颁发的 CZL0.05 油水分离器新产品证书,自行设计制造 200 立方米 / 小时挖砂船。同年,市船厂从市交通局划归市化工医药工业(集团)公司管理。1994 年,境域遭遇百年一次特大洪水,市船厂在遭受洪水重大损失的情况下,积极开展生产自救克服各种困难,确保设计制造的岳阳金湖号 200 立方米 / 小时自航挖砂船按时交货。1995 年, 市船厂承建武汉中南石化公司 596 千瓦油品推轮和四川民强轮船公司 1500 吨集装箱船先后下水出厂。是年,境域市船厂从业人员 561 人,新造钢质船 1274 吨、修理钢质船 420 吨,完成工业总产值 1005 万元,实现税收 8.7 万元,亏损 64.5 万元,产值、税收分别比 1990 年增长 53.7%、16%。

1996 年,市船厂取得省航运局、船舶检验局颁发修造船舶一类认可证和设计证,承建长江三峡工程指挥部的 65 米豪华趸船顺利下水并续签第二艘趸船合同。1998 年后,市船厂为湖南金迪化纤有限公司设计制造 400 吨乙二醇化学品专用驳船, 并自行设计制造船台龙门吊车获得成功。2000 年,新造省石油航运船队 2 艘 500 吨级油轮出厂。是年,境域市船厂从业人员 486 人,新造钢质船总吨位 2466 吨、修理钢质船 310 吨,完成工业总产值 1516 万元,实现税收 5.8 万元,亏损 92.6 万元,产值、税收分别比 1995 年增长 50.8%、下降 33.3%。

2001 年后,市船厂先后新造岳阳化工总厂 2 艘 65 米油泵趸船和 1500 吨级 56 标箱的集装箱船顺利下水。但由于企业经常性受洪水袭击,加上厂房简陋、设备老化、造船业务严重不足、债务包袱沉重等一系列问题,长期处于半停产状态,导致严重亏损,资不抵债,2002 年宣告破产。2004 年,外商以 765 万元整体收购市船厂生产区另作他用。境域散落在湘江两岸、水府庙库区及涟水河等流域还有 20 余家小型民营或个体经营船舶修理厂(店),主要承接 80 吨以下排水量钢质船和 50 吨以下排水量水泥船修理或制造业务,从业人员 870 多人,2005 年共完成工业总产值 2757 万元。

附　江南机器(集团)有限公司简介

江南机器(集团)有限公司原名江南机器厂,成立于 1952 年 10 月,由汉阳新新工业公司、武汉实验工厂、株洲兵工厂一部分、柳州兵工厂一部分组成,选址在湘潭县云湖桥设厂,"一五"计划期间,被国家列为 156 个重点建设项目之一的企业。到 1985 年末,江南机器厂拥有总资产 13479 万元,其中固定资产 7498 万元,各类设备 4070 台(套),职工 10036 人。

1986 年后,江南机器厂在"保军转民,军民结合"的转型中,把民品生产作为增强企业活力的重要着力点,深化内部改革,先后开发电风扇、洗衣机、农机具、超微车等产品。在1989年3月由改革杂志社、中央电视台、中央人民广播电台举办的“全国企业十年改革创新奖”评比活动中,荣获“改革创新杯”,职工宋国良被评为全国劳动模范并荣获“五一劳动奖章”。1992年,江南机器厂出现生产经营困难,企业及时转换经营机制,大力组织民品开发,以江南奥拓车、工业包缝机为主导,对各分厂、实体公司放权搞活,分兵突围,形成10余项系列近300个品种民品产品。1993年,江南机器厂民品产值达1.6亿元,比1992年翻四番;1994年民品产值达2.1亿元,占企业全部工业总产值70%。1996年后,江南机器厂通过IS09000质量体系认证,江南奥拓微型轿车国产化率达80%,产品出现供不应求产销两旺的局面,成为兵器工业集团公司所属的大型一类企业。

2000年后,江南机器厂着力进行产品结构调整,先后投资6832万元,购进高精、大型、数控、加工中心设备104台套,建立汽车、汽车零部件、压力容器、航模、缝纫设备、机电机床设备等6大类民品生产系列,提高民品生产集中程度,改善产品跨行业多、种类繁杂、效益不高的状况。2004年,江南机器厂实行公司制改制,成立江南机器(集团)有限公司,公司下设7个分厂、6个控股参股子公司,从精密铸造到机械加工,从冷锻到热挤压,从工模具制造到设备制造与维修,形成比较完整的工艺体系。职工周民荣获全国“五一劳动奖章”,被评为全国劳动模范。2005年末,江南机器(集团)有限公司占地620万平方米,资产总值15.77亿元,其中固定资产6.49亿元,流动资产9.28亿元,拥有各类设备6000余台套,从业人员4953人(其中各类专业技术人员1961人)。当年完成工业总产值9.1亿元,其中民品完成工业总产值2.76亿元,占企业全部工业总产值30.3%,实现利润1.66亿元,并通过国家企业技术中心资格认定。

附　湖南江滨机器(集团)有限公司简介

湖南江滨机器(集团)有限公司原名为湖南省江滨机器厂,始建于1970年,系由湘潭矿山机械厂与湖南省青山机械厂合并组成。1986年后,溆浦红阳机械厂迁入湖南省江滨机器厂,更名为“国营江滨机器厂”(简称江滨)。在“保军转民,军民结合”的转型中,江滨致力于中高档发动机活塞研发与制造,通过多年对引进技术的消化吸收和自主创新,先后研制出电子束焊接活塞、组合式活塞、铰接式活塞等多种产品填补国内空白,成为重庆康明斯、玉林柴油发动机、潍坊柴油发动机、杭州发动机配套用活塞主要生产厂家。1999年,江滨通过IS09002、GJB/Z9002、GB/T19002质量体系认证。2002年,江滨占地面积约30万平方米,建筑面积15万平方米,拥有各类现代化高新数控设备1400多台套,建成省级技术中心,生产的高性能军民两用发动机活塞品种达30多个系列、300多个品种,产品覆盖缸径φ60~320毫米范围各类内燃机发动机活塞,年产销中高档发动机活塞350万只,成为中国兵器装备集团公司下属大型骨干企业。

2004年,江滨按现代企业制度模式由工厂制改制为公司制,成立“湖南江滨机器(集团)有限责任公司”,不断拓展市场、提升产品性能,生产的高、中档柴油机活塞可达到欧Ⅲ、欧Ⅳ以上排放标准,产品销售在国内市场占有率达到三分之一以上,企业通过GJB9001A-2001、GB/T19001-2000idtIS09001:2000等质量体系认证。2005年,江滨资产总额2.91亿元,其中流动资产1.29亿元、固定资产1.62亿元,拥有活塞机加工生产线11条(其中数控生产线1条),职工2122人(各类专业技术人员498人)，为汽车、船舶、工程机械、发电机组、小型飞机发动机配套生产活塞、齿轮、机油泵等产品，当年产销活塞230万只、齿轮5万件、机油泵8万台，完成工业总产值1.92亿元。"江滨牌"活塞被评为"湖南省名牌产品"，建有300多个销售网点遍及国内30个省、市、自治区，产品部分出口美国、意大利、立陶宛、中东、东南亚等国家和地区。当年，江滨被评为"2005年全国用户满意企业"。

第五章　工程机械制造

第一节　压路机

1986年，境域江麓试制成功全液压单驱动YZJ10A振动式压路机，当年生产3台。1987年后，研发出YZJ10LF和YZJ10L二款振动式压路机，YZJ10L振动式压路机被评为省优产品，同时引进德国VIBROMAX公司技术，生产具有先进水平的W系列全液压振动式压路机投放市场，改变国内大吨位振动式压路机依赖进口局面。1990年，江麓通过合作开发，消化吸收引进技术，自主研发第二代W1102D型全液压振动式压路机，产品获得兵器部科技创新二等奖和省科技进步一等奖。是年，境域江麓生产振动压路机50台。

图20-5-1　江麓产轮胎式压路机

1991年，江麓压路机技改项目立项，投资2282万元建立生产线和新建下料工房、喷砂工房。1994年，企业又投资2600万元对W1102系列振动式压路机生产线进行专项技术改造，新增设备和检测仪器243台套、新增厂房面积3164平方米，使驾驶室生产线、热处理生产线、精铸生产线、机加工生产线工装设备成龙配套，形成年生产振动式压路机能力达到800台规模。1995年，江麓生产振动式压路机35台，比1990年下降30%。

图20-5-2　江麓产双钢轮压路机

1995年后，江麓不断改进压路机设计促进产品升级换代，先后自主研发W1803振动式压路机、YSK1.5型压路机，其中W1803振动式压路机获国家重点新产品证书，W系列振动式压路机获省产品质量奖。2000年，江麓转换经营机制，成立"江麓工程机械有限公司"，专业从事压路机生产，与国防科技大学共同承担开发国家"863计划"科研项目"高性能无人驾驶中重型振动压路机”任务，研制出 W1102DZ 无人驾驶压路机，通过国家专家组验收，产品填补国内空白；还研发出 W1103D/PD、W1803D/PD 等 6 种型号振动式压路机和双钢轮压路机等新产品，其中 W1803D/PD 振动式压路机获“国家重点新产品”证书，W 系列振动式压路机获湖南省名牌产品称号。是年，江麓生产振动式压路机 115 台，比 1995 年增长 228.6%。

2001 年后，江麓研发出全液压单驱动、结构简单、操纵方便、易保养、故障低、经济实惠的 W1605、W1801、W2002 等经济型振动式压路机，采用串联铰接式全液压双轮驱动、双轮振动、双频双幅、静液压加断油制动、自动停振启振、自动喷水等新技术，先后研发出 W1806DD、W1202DD、W1401DD 双钢轮压路机，W2005DW/PDW、W1805D/PD、W1201 双钢轮压路机和 W2601DW 超重型全液压振动式压路机等新产品，被列为国家“九五”规划重点推广的新产品。18 吨级振动式压路机获国家金奖。2005 年，企业又开发出 W1205DD 双钢轮压路机和 YL25H 轮胎式压路机，其中轮胎式压路机为全液压后轮驱动，两档无级变速，前轮液压动力转向，双座椅可旋转 360°，前后轮有喷水装置，产品投放市场后深受用户欢迎，企业由此被国家机械委、国家质量管理协会评为“用户满意先进企业”，产品远销亚洲、非洲、美洲等地区。是年，江麓生产振动式压路机 79 台，比 2000 年下降 31.3%。

第二节　建筑机械

一、施工升降机

1987 年，境域江麓在开发民用产品实现“保军转民，军民结合”转型中，研发出 SF12 型施工升降机投入生产，同时引进瑞典艾迪玛克公司先进技术研制生产 JT1 型技术级次高的施工升降机。1988 年后，企业投资 320 万元对 JTI 施工升降机生产线进行改造，完善补充生产线的钢材下料及预处理设备、井架节和桥箱焊装设备、蜗轮减速器生产线的铸造、热处理、机加工关键设备、齿轮和齿轮条加工设备以及静电喷漆设备等，使施工升降机达到批量生产。1990 年，JT1 型建筑施工升降机获省国防科工办新产品二等奖。是年，江麓施工升降机生产从业人员 100 余人，生产施工升降机 80 台。

图 20-5-3　江麓产 SF12 型施工升降机

1991 年后，江麓先后开发出单、双笼“双速式”“垂直式”“带司机室吊笼”“非标吊笼” 等施工升降机。1994 年施工升降机产量达到 110 台，为产量最高年份。1995 年，江麓组建江麓浩利建筑机械有限责任公司专业从事建筑机械研发生产，先后研发出 SC160/160X 型斜爬式施工电梯、SS200/100、SS200/200 施工升降机，获“湖南省优质产品奖”。同年，湘潭县电器设备厂引进开发出 ST240A 型简易建筑提升机获新产品证书。1997 年后，江麓生产出国内斜度最大的 SC160/160X 型 9 度斜爬式“江麓牌”施工升降机，获“湖南省名牌产品”称号。2000 年，江麓研制的施工升降机超载报警器获国家实用新型专利技术。是年，境域 2 家施工升降机生产企业，从业人员近 200 人，生产施工升降机 21 台，比 1990 年下降 73.7%。

2001 年后，江麓研发出变频式施工升降机、不锈钢施工升降机、710 和 800 型井架节施工升降机以及各种加长加宽吊笼等新产品，施工升降机实现多样化、系列化，应用范围不断扩大，产品技术水平保持国内领先地位，至 2004 年，连续十二年被全国建设机械用户委员会评为“用户满意产品”，还被国家建设部指定为施工升降机大型制造基地。湘潭县电器设备厂改制为股份民营企业后，调整产品结构转产其他产品生产。2005 年，江麓建机公司已形成年产施工升降机 150 台生产能力，销售范围覆盖国内东北、华北、西北、中南、华东等广大区域。从业人员 300 余人，生产施工升降机 92 台，比 2000 年增长 338.1%。20 年累计出口升降机 287 台。

二、混凝土输送泵

2000 年，江麓通过市场调研决定立项开发适应高层建筑用混凝土输送泵（简称拖泵）。2001 年，“江麓”牌 HBT70·16·110S 型电力输送泵试制成功，该产品利用电力驱动可将混凝土输送到垂直距离为 120 米高程，全年生产 2 台，试销一台。2002 年，为满足不同地域建筑市场对拖泵的需求，江麓研制出 HBT80·161·SR 型拖泵，该产品利用柴油发电机驱动，具有功率大、不受地域环境限制，特别适合电力供应不足或电力供应不稳定的边远地区使用，同时开发出 HB60-16S 型、HBT60R 和 HBT60 型柴油机拖泵。在试制 HBT60 型拖泵时，工程技术人员设计制造 28 套模夹具，保证产品装配质量。2003 年，江麓又研发出 HBT60·13·90S、HBT60·16·90S 和 HBT50·13·95S 等三种拖泵，均以电力驱动，采用进口德国主油泵，排量大、功率高、寿命长；液压系统主辅阀组采用进口美国阀组及全液压换向的开式系统，系统工作可靠、换向平衡、效率高。2004 年，为加强拖泵生产管理、扩大销售市场，江麓成立“江麓混凝土机械有限公司”，实行独立核算、自负盈亏，有职工 45 人，开发出 HBT90·18·181SR、HBT80·16·110S 二个型号的柴油机拖泵，形成电力驱动和柴油机驱动两大系列拖泵生产体系，成为建筑市场热销产品。2005 年，民营企业“锦宏重工业机械设备制造有限公司”成立，当年试产拖泵 8 台。是年，境域 2 家混凝土输送泵生产企业，从业人员 150 余人，生产各型号混凝土输送泵 62 台。

三、混凝土振动机械及其他建筑机械

1986 年，境域混凝土振动器（棒）生产企业有市电机制造学校机械厂（简称市电校机械厂）、市建筑机械厂、市湘中机械厂、市湘南建筑机具厂、市软轴机具厂等 5 家企业，从业人员 800 余人，具有年产振动器（棒）3000 台的生产能力。当年市建筑机械厂 ZX50 振动器获农业部优质产品证书。1988 年，市建筑机械厂投资 45 万元兴建 250 平方米车间和增添 6 台设备，提高生产能力。1989 年后，市电校机械厂更名为湖南机电专科学校机械厂，投入 120 万元更新设备扩大生产能力，形成 ZX 电动软轴行星插入式振动器、ZF 附着式振动器、ZG 型单向振动器 3 种系列 10 多种型号产品体系，同时与长沙建筑机械研究所合作研制 ZB55—50 型平板振动器、ZJ150—50 型台架式振动器通省级鉴定，批量投入生产。1990 年，境域混凝土振动机械生产企业 5 家，从业人员 1100 多人，生产各类混凝土振动器 3200 台。

1991年后，湖南机电专科学校机械厂引进国外先进技术，通过科技攻关先后开发出HCR80系列冲击夯、HCD80型振动冲击夯新产品及EY20D罗宾汽油机式振动夯，彻底改变传统人力夯实地面的落后工艺。1994年，市建筑机械厂与建设部长沙建筑机械研究所共同研制成功ZDN100电机内装式插入振动器，填补省内空白。1995年，湖南机电专科学校机械厂成功研制出GW40钢筋弯曲机和GQ40A及GQ4013钢筋切断机，减轻建筑工作劳动强度提高工作效率。1997年，市建筑机械厂改制为民营企业后，调整生产机构、精减人员，开发出操作简便、可靠性强的BR系列施工泵。市湘中机械厂、市湘南建筑机具厂先后停产歇业。2000年，湖南机电专科学校机械厂随机电专科学校并入湖南工程学院，更名为"湖南工程学院机械厂"，企业科技实力增强，并抓住国内高等级公路建设发展迅速的机遇，研制出HQL400—500混凝土路面切割机和抹光机等新产品。是年，境域混凝土振动机械及其他建筑机械生产企业3家，从业人员1000余人，生产各类振动机械及其他建筑机械4500台，比1990年增长40.6%。

2001年后，湖南工程学院机械厂通过ISO9001:2000质量保证体系认证，ZN50型插入式振动器获得国家产品质量银质奖，主要产品均通过3C国家安全认证，企业步入快速发展阶段。2003年，市建筑机械厂研制开发出JS500强制搅拌机，ZX50型插入式混凝土振动器通过强制性产品安全认证。2005年，湖南工程学院机械厂生产混凝土振动机械、建筑切割机械、夯实机械、钢筋机械、软轴磨石机、软轴液下泵和建筑工程微型水泵等七大系列40多个型号规格的产品，产品销往全国各地和南美洲及东南亚国家。是年，境域混凝土振动机械及其他建筑机械企业3家，从业人员900余人，生产各类振动机械及其他建筑机械5280台，比2000年增长17.3%。

第三节　起重机

一、塔式起重机制造

1986年，境域仅江麓生产塔式起重机，从业人员600余人，当年生产QT80A塔式起重机42台。1987年后，企业投资400万元对塔式起重机生产线进行技术改造，引进意大利树脂砂铸造工艺技术和进口生产线的控制设备及混砂机等关键设备，建成树脂砂铸造生产线，提高塔式起重机铸件质量，同时工程技术人员设计出塔式起重机标准节主张杆焊接夹具，解决标准节互换性问题。1989年，江麓QTZ120自升塔式起重机获得国家塔机制造行业唯一一块"国家质量金质奖"奖牌。1990年，江麓塔式起重机生产从业人员830余人，生产塔式起重机60台，比1986年增长42.8%。

1991年起，江麓投资286万元对塔吊大件机加工生产线、铸件生产线、标准节生产线进行专项技术改造，提高塔式起重机批量生产能力，并相继研发出JL150、QTZ160、QTZ250、QTZ315、QTZ400、QTD160等大型水平臂和动臂式塔式起重机，其中QTZ315塔式起重机列入国家"九五"规划重点科研项目。1995年，江麓与外商共同投资1480万美元成立江麓—浩利工程机械有限公司，从业人员近1000人，生产塔式起重机327台，比1990年增长445%。

1996年起，江麓先后投资2960万元对塔式起重机配套件生产线再次进行技术改造，新建一条连接套专用生产线、改造驾驶室生产线、塔帽生产线、机加工生产线及增加关键测试设备等，使塔式起重机配套件年生产能力达到生产700套，满足整机装配和维修需求，并研发QTZ30A、QTZ50、QTZ80等3个系列10种型号塔式起重机，产品逐步系列化。1998年后，江麓生产的QTZ50、QTZ80F、QTD160型塔式起重机均获得国家级重点新产品证书。2000年，江麓研发出JL4210、QTZ50A、JL5015、QT80EA等4个系列8种型号塔式起重机，年生产能力达到300台。是年，外商撤出合资企业，通过内部调解，江麓机械厂以205万美元买断外方在合资公司中的全部股份，并克服债务包袱沉重、亏损严重的困难，依靠改革和科技两个轮子着手对原合资公司进行改造，以产品为龙头重组三个独立的民品子公司，塔式起重机生产系统改为江麓建筑机械公司。是年，江麓塔式起重机生产从业人员900余人，生产塔式起重机68台，比1995年下降79.2%。

图20-5-4　江麓产QTZ120型塔机(获国家质量金奖)

2001年后，江麓克服资金紧、材料成本上升的困难，继续完善塔式起重机生产体系，坚持持续开发和技术创新，开拓产品销售市场，先后研发出QTZ125、QTZ125F、QTZ200A、QTZ315A型塔式起重机，生产逐年回升。在国内润扬长江大桥二期工程建筑设备国际招标中，QTZ315、QTQ150塔式起重机击败国内外竞争对手中标取得全部订货合同。2003年，江麓研制成功QT2400巨型塔式起重机，一次性竖塔成功。该机最大起重量达20吨、提升高度375米，起升、回转、牵引三大机械采用全变频无级调速技术，操作采用数字化人机界面液晶显示仪，其安全性、可靠性、先进性均达国际同类产品一流水平，被列入国家火炬计划。到2005年，江麓起重机公司研发出QTZ20、QTZ30、QTZ40、QTZ50、QTZ63、QTZ75(JL3522)等多种系列塔式起重机，形成20吨/米～400吨/米18个塔机系列58个品种，建立起国内塔式起重机制造业最完整齐全的塔机型谱，产品有轨道行走式、固定式、附着式和内爬式等工作型号，工作幅度从25米到70米，可满足国内外不同用户需求，产量居全国之首，销售遍及国内30个省市自治区，在大型桥梁、码头、水电站等国家重点工程建设中都有江麓塔机产品，还出口283台塔机销往亚洲、非洲、北美洲等10多个国家。年内，锦宏重工业机械设备制造有限公司成立后，研发出QT63自升式塔式起重机，在此基础上生产新型QTE635型起重机，该产品臂长56米，吊装重量1吨，适合住宅工地施工需求。是年，境域2家塔式起重机生产企业，从业人员1100多人，生产塔式起重机180台，比2000年增长164.7%。

二、桥式起重机

1986年，境域江麓厂开发电动单梁起重机和双钩桥式起重机，试制出LD型5吨×16.5米电动单梁桥式起重机、JS10/3吨×16.5米双钩桥式起重机，从业人员240余人。1987年，投资50余万元建立两条生产线和制造工装夹具14套，完善质量管理体系。JS10/3吨×16.5米电动双钩桥式起重机出口孟加拉国，创当年试产当年出口的业绩。1988年后，江麓设计试制出LD型1～5吨×7.5～22.5米电动单梁起重机、50533型抓斗桥式起重机、QDQ轻型吊篮桥式起重机以及SDQ5吨手动单梁吊、JS5 吨、JS10 吨电动吊钩桥式起重机,其中 LD 型电动单梁桥式起重机获省优质产品奖。1990 年,江麓生产桥式起重机 34 台,完成工业总产值 330 万元。

1991 年后, 江麓设计试制出 LD×10 吨×7.5~22.5 米电动单梁起重机,15 吨电动双梁桥式起重机取得省劳动厅颁发的生产许可证。1994 年,江麓试制出 QD16/3.2 吨、QD32/5 吨双钩桥式起重机、LX5、LX10、LX20 电动单梁悬挂式起重机、ZLD80 电动吊篮,产品研发能力进一步提升。1995 年,江麓生产桥式起重机 9 台,完成工业总产值 120 万元,分别比 1990 年下降 73.5%、63.6%。

1996 年后,江麓以市场需求为导向,不断对单、双梁桥式起重机的性能、规格型号进行设计更新和完善,生产逐步回升。2000 年,江麓试制成功 WQ15 吨×10 米固定门吊。是年,江麓生产桥式起重机 22 台,完成工业总产值 310 万元,分别比 1995 年增长 144.4%、158.3%。

2001 年,江麓根据市场需求变化确定桥式起重机向多型号、大吨位、长跨度、系列化方向发展,加大新产品开发力度,当年研制出"铁道部国家重大装备国产化项目"PCD-250 铁路铺轨转运龙门吊,用于秦沈高速铁路建设,替代同类进口设备。2002 年后,江麓试制出 5 吨单梁高低腿桥式起重机、PCS10 吨铺轨龙门吊,同时 QD20 型双梁桥式起重机取得生产许可证。2004 年,江麓成功研发出具有自主知识产权的国内跨度与吨位最大的 LDY2 吨 +2 吨全自动氧化吊,取得工厂运行试验效果优良后,为广东凤铝铝业有限公司生产氧化电泳自动线专用的 LDY2+2 吨×18.5 米型氧化吊,填补国内空白。2005 年,江麓为湘钢集团生产 3 台 QD32/5 吨×33.5 米型双梁吊;为鲤鱼江水电有限公司生产 1 台 QD50/10 吨×14 米型变频双梁吊,承接湖南重点工程水口山铸渣机双门吊项目;同时还试制出 YH 卧式氧化起重机、QD50 型双钩桥式起重机,取得生产许可证。年内,锦宏重工业机械设备制造有限公司开发生产 GQ1018、GQ3020 全回转固定式起重机,用于港口码头装卸作业,从业人员 40 多人。是年,境域 2 家桥式起重机生产企业,从业人员 300 余人,生产桥式起重机 42 台、完成工业总产值 1210 万元,分别比 2000 年增长 90.9%、290.3%。

第四节 电梯

2004 年,湖南五菱机械股份有限公司(以下简称五菱公司)引进德国 HIRO 电气有限公司电梯生产技术并与其合资合作成立"湖南海诺电梯有限公司",生产无机房电梯产品。公司落户境域高新区德国工业园内,投入资金 9273.9 万元,建成办公楼、部分厂房包括 70 余米高五井道试验塔,并安装电梯生产设备和检测试验设备 200 余台套。2005 年, 境域海诺电梯有限公司试制出首台样机并进行安装调试获得成功,从业人员 100 余人。

第五节 路面养护设备

一、路面养护车

1987 年,境域市公路机械厂研制出适应层铺法养路作业的第一代 ZYZ-1 型沥青路面综合养护车。1988 年后,根据市场需求,改进为 ZYZ-II 型沥青路面养护车。1990 年,市公路机械厂选用跃进牌 NJ1061DAS 汽车底盘和电传动方式，集路面开挖、沥青拌和、热沥青加热保温、沥青喷洒、路基夯实等多功能于一体，试制出第二代 XTG5071-DVD 型和 XTG5071-DVD-A 型沥青路面综合养护车，特别适合于高等级沥青混凝土路面养护作业，1991 年分获省科技进步三等奖。1992 年，市公路机械厂与省公路局、湘潭公路总段联合承担交通部"八五"规划"XTG5070TYH 型水泥混凝土路面综合养护车"科技攻关项目试制任务。1996 年 8 月样车通过交通部鉴定，具有整车自动移位连续作业、锤式破碎、路面开挖、路面清理、灌浆、振捣等多种养护功能，其破碎装置的锤击能量大、破碎效率高，获得两项国家实用新型专利技术，被评为省优秀科技项目，整车技术处于国内先进水平，填补国内大面积破碎水泥混凝土路面施工设备的空白。1998 年后，市公路机械厂为适应高等级公路建设需要，研制新一代 XTG5062TYH 路面养护车，2000 年完成样车试验检测，不断征询用户意见，不断改进完善，创新设计出可连续作业的双锥滚筒式拌和装置、布袋式除尘装置，并采用 PLC 微电脑控制技术，使其具有一车多用、高效、适应性强的特征，在国内同类产品中处于领先地位。是年，市公路机械厂有从业人员 64 人，生产路面养护车 8 台，完成工业总产值 200 万元，实现利税 35 万元。

2001 年，市公路机械厂 XTG5062TYH 路面养护车正式定型生产。2002 年后，相继开发 XTG5072TYH、XTG5100TYH、XTG5040TYH 等系列路面养护车及拖挂式路面养护车，获得两项国家专利，产品行销全国各地，成为企业主导产品，每年新增产值 500 万元以上、新增利税近 100 万元。2005 年，市公路机械厂有从业人员 60 余人，生产路面养护车 21 台，完成工业总产值 940 万元，实现利税 160 多万元，产量、产值、利税分别比 2000 年增长 162.5%、370%、357.1%。

二、超导加热沥青油罐及储运设备

2003 年，市公路机械厂为改善路用沥青加热使用柴火燃烧的落后状况，提高沥青在储运使用过程中加热保温及沥青喷洒效果以满足施工质量和养护要求，与省公路局联合协作研制出 XTG/CTG—3 型超导加热沥青油罐，采用传热效率极高的超导热管将热量通过运用极小截面积实现远距离快速传递、罐中罐局部加热，空压机高压气流清洗沥青管道内残渣等技术，达到高效节能降耗、防止污染的效果。2004 年，超导加热沥青油罐通过省交通厅科技成果鉴定获省科技进步三等奖，同时二项国家实用新型专利技术获省级新产品证书。市公路机械厂还针对沥青储运使用过程中养护工人加热沥青劳动强度大、环境污染严重的状况，研制出用于县级沥青供应站、公路机械化养护站、沥青混合料拌和场的 XTG/CTG10 型超导加热沥青储运设备，应用成熟的超导热管技术和局部动态加热技术，满足整机快速自动加温、保温、储存、转运、抽喷及管道清洗等多功能工作要求。2005 年，市公路机械厂超导加热沥青储运设备列入省交通厅科技项目，还开发出 XTG/CTG30、XTG/CTG40、XTG/CTG100 等型号超导加热沥青储运设备及 XTG/CTG—1.5、XTG/CTG—2、XTG/CTG—5、XTG/CTG—7 等系列超导加热油罐，通过实体工程应用，受到用户特别是养护工人的一致好评，XTG1CTG—3 型超导加热油罐在省公路系统推广，产品覆盖省内各机械化养护站、工班，并向省外拓展市场。为提升路面施工养护机械化程度、改善劳动强度，市公路机械厂先后还开发出沥青油泵、洒布拖车等新产品，进一步研制沥青路面再生设备、水泥路面清灌缝机械和沥青路面同步碎石封层机组等道路实用工程设备。同年，市公路机械厂根据 GB/T1900:2000、GB/T24001:2400、GB/T28001:2001 等标准建立全面质量管理体系，获得质量、环境、职业健康安全 CCC 认证，在公路养护机械行业中享有良好的声誉。

附　湖南江麓机械集团有限公司简介

湖南江麓机械集团有限公司是兵器工业集团公司所属大型一类企业，1958年5月由辰溪县迁来境域建厂，定名为江麓机械厂。自建厂以来，江麓机械厂先后生产过“友谊牌”缝纫机、T180液压履带式推土机、台式电风扇、124千瓦到7500千瓦水轮发电机组、烧结机等多种民品。

1979年后，江麓机械厂贯彻落实“保军转民、军民结合”的方针，调整经营方向，大力开发民用产品生产。1985年后，江麓机械厂抓住国内基本建设高潮对各类建筑工程施工机械需求旺盛的机遇，集中科技力量着重研发生产塔式起重机、桥式起重机、施工升降机、压路机等大型建筑施工机械，引进、消化、吸收国内外先进技术和生产工艺，加大资金投入增添高精尖先进生产设备和检测设备，提升产品自主研发和制造能力，QTZ120塔式起重机获国家质量金质奖、振动式压路机、桥式起重机评为省优产品。1991年后，江麓机械厂重点围绕塔式起重机、施工升降机和振动式压路机三大主导产品，对其生产线继续加大资金投入进行技术改造，增强产品研发能力，提高产品质量和制造技术水平，实现产品标准化、系列化，并通过ISO9001国际质量体系认证，取得自营出口权。QTZ315塔机列入国家“九五”计划重点科研项目，QTZ400塔机列入国家火炬计划，W1102DZ无人驾驶压路机通过国家“863”计划专家组验收鉴定。

2002年，江麓机械厂实行公司制改革成立江麓集团公司后，进一步拓展民品开发领域，先后研制出国内第一代环保用YZLK20型城市垃圾压实机、拖式混凝土输送泵、高速铁道专用转运龙门吊、粉末冶金压力机、多功能沙漠植被机等系列产品，多项产品分别填补省内、国内空白。到2005年，江麓集团公司拥有生产区占地面积93万平方米，生产性建筑面积33万平方米，固定资产7.3亿元，各类生产设备2800多台套，形成年生产18个系列58个品种的塔式起重机生产能力400台，桥式起重机2大系列20多个品种的生产能力150台，单、双笼施工升降机7大系列30余个品种的年生产能力150台，振动式压路机6大系列26个品种的年生产能力200台，拖式混凝土输送泵7种型号的年生产能力100台。从业人员7700多人，其中各类专业技术人员600多人、高级技工160多人。是年，江麓集团公司完成工业总产值10.32亿元，实现销售收入7.85亿元，税收228万元，出口创汇373万美元，被列入国家机械制造企业100强企业及国家火炬计划湘潭机电一体化产业基地首批骨干企业。

1986~2005年江麓机械集团有限公司主要产品产量及经济指标

表 20-5-1

年份	1986	1987	1988	1989	1990	1991	1992	1993	1994	1995	1996	1997	1998	1999	2000	2001	2002	2003	2004	2005
塔式起重机(台)	42	41	82	35	60	115	134	306	295	327	107	77	82	56	68	107	147	166	177	180
桥式起重机(台)	4	15	33	36	34	49	76	103	114	9	13	13	6	13	22	30	14	34	64	42
施工升降机(台)	—	7	7	28	80	65	47	85	110	95	38	41	16	19	21	37	62	88	93	92
混凝土运送泵(台)	—	—	—	—	—	—	—	—	—	—	—	—	—	—	—	2	4	10	24	24
振动式压路机(台)	3	29	6	45	50	11	30	52	58	35	47	64	81	177	115	96	89	119	78	79
烧结机(台)	1	3	4	3	3	—	—	—	—	—	—	—	—	—	—	—	—	—	7	2
粉末冶金压力机(台)	—	—	—	2	—	2	2	—	—	—	—	—	—	—	—	—	—	11	10	12
发电机组(台)	2	4	2	1	2	2	—	—	—	—	—	—	—	—	—	—	—	—	—	—
垃圾压实机(台)	—	—	—	—	—	—	—	—	—	—	—	—	—	—	—	1	3	5	4	7
缝纫机(万台/架)	7.32	2.36	7.64	9.29	12.15	6.2	11.02	4.23	—	—	—	—	—	—	—	—	—	—	—	—
工业总产值(万元)	5881	8151	10170	9620	10128	11853	16559	24596	28085	36954	31917	22375	21014	21536	26048	30226	45497	50258	61908	103168
销售收入(万元)	5696	8001	9225	7445	9208	10411	15982	28469	32619	34692	37101	27075	16041	26049	31050	33218	40011	39269	53862	78505
上交税金(万元)	93	296	299	302	312	282	434	306	66	23	56	34	—	—	33	108	105	94	96	97
实现利润(万元)	371	404	455	308	-1991	-1537	-988	20	33	415	-6840	-1211	-47	-2129	-487	201	-3120	2103	262	131
出口创汇(万美元)	323	349	750	551	1325	1128	1113	702	651	702	521	282	—	40	—	13	4	3	43	372
从业人员(人)	5884	6028	6204	6360	6587	6637	6720	6853	7046	7019	7046	9462	9402	8207	7751	7346	7119	7061	7884	7780

第六章　矿山设备制造

第一节　矿山运输及电控设备

一、矿用提升设备及防爆电器

1986年,境域仅市煤机厂专业生产矿山用提升设备及矿用防爆电器,从业人员681人,当年开始研制JD11.4型矿用调度绞车。1988年9月,样机通过检测试用效果良好,列入煤炭部矿用专用设备生产目录。1990年,市煤机厂着手研制在易燃易爆气体工作环境下的防爆绞车和提升机及BGBP8—6矿用隔爆型高压真空配电装置。是年,市煤机厂完成工业总产值1471万元,实现税收44.5万元,利润30万元,为建厂以来效益最好年份。

1991年,市煤机厂JKY2.5/1.2BS型矿用防爆绞车研制成功通过出厂鉴定,JKY2.5型液压防爆提升机被国家经委授予"国家新产品"证书,JD11.4型调度绞车在全国行业质量评比中获三等奖,由国家矿山检测中心发放生产许可证,同时开发JD25型矿用调度绞车投入生产,BGP8—6矿用隔爆真空配电装置被评为省优产品,获省科技进步三等奖。1992年后,市煤机厂克服原材料涨价、成本上升、资金紧缺的困难,开展内部挖潜增效,消化减利因素改善企业经营状况。BGP8—6K新型矿用隔爆型高压真空配电装置试制成功,JKY2.5/1.2BS型防爆液压提升机、GBP8—10矿用隔爆型高压真空配电装置、ZNK—10/400—8型矿用真空断路器分别通过部级鉴定,JD11—4调度绞车获国家矿山检测中心生产许可证,矿用隔爆型高压真实配电装置在国内市场占有率达30%。1995年,市煤机厂研发出JT800×600单筒式提升绞车,BGPqL—6防爆型高压真实配电装置、ZNK—6/40012.5型矿用真实断路器分别通过部级鉴定,但受成本费用居高不下的影响,出现严重亏损。是年,市煤机厂完成工业总产值2107万元,实现税收217.1万元,亏损251.3万元,产值、税收分别比1990年增长43.2%、387.9%。

1996年后,市煤机厂JKY2.5液压防爆提升机获省科技进步二等奖、JKY2.5/1.2BS液压防爆绞车获国家科技进步三等奖,JKY2.5型液压防爆提升机出口孟加拉国。BGPqL—6防爆型高压真空配电装置评为国家级新产品,其改进型C型配电装置出口土耳其,但企业仍陷入严重亏损。1998年,在推进国有大中型企业深化体制改革中,市煤机厂由郑州煤炭工业(集团)有限责任公司兼并,成为郑煤集团公司旗下全资子公司,更名为"湘潭(郑煤集团)机械电器有限公司"(简称湘煤机电公司),在郑煤集团公司资助下生产逐步恢复正常。2003年,湘煤机电公司实现利润48.3万元,甩掉连续9年亏损帽子。2005年,湘煤机电公司完成工业总产值3513万元,实现税128.4万元,利润0.7万元,产值、税收分别比1995年增长66.7%、下降40.8%。

二、工矿用电机车及电动轮自卸车

1986年,境域仅湘机生产工矿电机车及电动轮自卸车,从业人员845人。年内为开滦煤矿设计试制XK5—4/88型5吨88伏457轨距防爆特殊型蓄电池式斩波调速井下矿用电机车,SF3102型108吨电动轮自卸车在首钢水厂铁矿进行“四铲一车”工业性试验。是年,湘机生产各类工矿电机车1094台、108吨电动轮自卸车1台,完成工业总产值7552万元。1987年,湘机与美国德莱赛公司合作生产出3台170D型154吨电动轮自卸车,将154吨车的部分技术移植到108吨车上,108吨车性能更加完善,同时投资3450万元增添先进设备,包括引进国外高精度、高效能设备及测试设备23台,保证自卸车车架等大型焊接件和电机、电控产品的质量,形成年产50台大车的生产能力。当年,SF3102型108吨电动轮自卸车评为省优质产品,SF3103型108吨防寒电动轮自卸车经过内蒙古霍林河煤矿作试验运行后,可在零下37℃高寒地区作业,达到技术要求投入批量生产。1988年,湘机已形成准轨架线式、窄轨架线式和蓄电池式井下矿用3个系列33个品种59个规格的工矿电机车生产能力,2.5吨、5吨、8吨、12吨防爆特殊型小机车和10吨双机牵引小机车,其性能和质量均居全国之首,SF3102型108吨电动轮自卸车评为部优产品并获得国家质量金奖。1990年,湘机试制ZK10—9/550—6C10吨双轨牵引机车,采用微机控制的电控系统,解决双机牵引同步问题,通过部级鉴定,主要技术指标居国内领先地位,154吨电动轮自卸车国产化率达70%。是年,湘机工矿用电机车及电动轮自卸车制造从业人员806人,生产各类工矿用电机车669台、电动轮自卸车29台,完成工业总产值1.2亿元,产量、产值分别比1986年下降38.8%、增长28倍、增长58.8%。

图20-6-1 湘机获国家金质奖108T电动轮自卸车

1992年后,湘机108吨电动轮自卸车C型车试制成功,在鞍钢齐大山铁矿通过国家评审,并研制生产XK2.5—6/48—IKBT防爆特殊型矿用电机车5台,出口土耳其开创小机车出口先例,创汇11万美元。同时还为鞍钢研制出大吨位、大功率200吨工矿电机车,主电机采用F级绝缘,应用先进的弹簧储能停放制动及全焊接式转向架等技术,牵引能力比150吨车提高30%以上,通过鞍钢进行满载试运行,效果良好。1995年,湘机工矿电机车及电动轮制造有从业人员780余人,生产各类工矿用电机车349台、电动轮自卸车2台,完成工业总产值7202万元,产量、产值分别比1990年下降47.8%、93.1%、40%。

1996年,湘机200吨工矿电机车通过部级鉴定,定型为ZG200—1500型直流架线式准轨工矿电机厂,填补国内空白。同时加大营销力度,搞好售后服务和“质量三包”工作,拓展产品市场,接订单108吨电动轮自卸车5台、150吨大吨位电机车7台,小机车247台,完成工业总产值9532万元。当年,湘潭市电机车制造有限公司(以下简称市电机车公司)成立,从业人员45人,从事工矿用电机车和配套产品生产与销售。1998年后,湘机开发出XK18—9.7/208、XK15—9.7/56蓄电池式电机车和 ZK14—9.7/550 架线式电机车,并根据订货反馈信息,及时开发出 ZK14—6/550、ZK10—6/550—6C.1 架线式电机车、XK121—6/192—3KBT 蓄电池式电机车。1999 年,湘潭市牵引机车厂注册成立,从业人员 200 多人,开始试制工矿电机车。2000 年,湘机按公司制重组为湘电集团公司后,开发出 ZG224—1500 型 224 吨电机车,该车是在原 200 吨电机车改进设计的,较以前牵引力更大、制动结构更合理、司机室内装饰美观舒适,改变矿山用车"黑、灰、土"概念,同时 ZK20—9/550—2C20 吨双机牵引架线式工矿电机车通过设计评审。年内,乡镇企业市桐梓工矿机电配件厂转产改制为"湘潭矿通电机车有限公司"(简称市矿通公司),从业人员 40 多人,聘请湘机退休技术人员,研发生产矿用小型窄轨电机车。是年,境域 4 家工矿用机车及电动轮自卸车制造企业,从业人员 1100 多人,生产各类工矿用电机车 176 台(湘电集团公司 156 台),完成工业总产值 5137 万元,产量、产值分别比 1995 年下降 49.6%、28.6%。2002 年后,湘电集团公司首批 5 台改型 SF31904 型 108 吨电动轮自卸车经过在霍林河煤业股份有限公司试运行一年时间,通过省级鉴定,达到国际同类产品先进水平,填补国内空白。市牵引机车厂矿用电机车通过煤炭部 MA 认证和 ISO9001—2000 质量保证体系认证,拥有 2 万平方米生产车间,形成年产窄轨矿用电机车 300 台能力。市电机车公司投资 160 余万元进行技术改造,形成生产 5 吨防爆特殊型电机车和 10 吨普通型电机车 100 台生产规模。市矿通公司采取滚动渐进式发展模式,由维修矿用小型窄轨牵引电机车,到能生产 1.5 吨至 10 吨以下 6 种窄轨电机车,生产能力达 50 台。2005 年,湘电集团公司提出将工矿用电机车及电动轮自卸车作为主导产品,向产业集群化发展,并通过规范化管理、积极开拓市场,工矿用电机车和电动轮自卸车订货回升。是年,境域 4 家工矿用电机车及电动轮自卸车制造企业,从业人员 1360 多人,生产各类工矿用电机车 774 台(湘电集团公司生产 654 台)、电动轮自卸车 10 台,完成工业总产值 2.31 亿元,工矿用电机车产量、产值分别比 2000 年增长 3.4 倍、3.5 倍。

第二节　矿山挖掘机械

1986 年,境域矿山挖掘机械制造企业有市煤机厂、市风动机械厂 2 家企业,从业人员 892 人,主要生产气腿式、液压式凿岩机等产品。年内,市煤机厂研制出国家"六五"规划重点攻关项目 ZZM8-12 型钻装锚机组并通过部级鉴定,该设备用于煤矿井下、岩石平巷掘进及冶金矿山、地质勘探、铁路隧道、水利和国防工程中巷道掘进,能独立完成钻炮眼、锚杆眼和耙装岩石等多种工序动作,填补国内空白,被批量生产推广应用。市风动机械厂研制的 YYT30 支腿式液压凿岩机分别获得省机械行业科技一等奖、省优秀新产品奖,并试制出用于装配在 PYT—Z 类型轻型钻车上的 YYG30 轻型导轨式液压凿岩机,YTD26 气腿式凿岩机基础件寿命攻关获省科技进步三等奖。是年,境域矿山挖掘机械制造企业生产各类挖掘机械 2967 台,完成工业总产值 1053 万元,实现税收 95 万元,利润 119.3 万元。

1987 年,市风动机械厂成立液压凿岩机分厂专门开发液压凿岩机产品。市煤机厂又承担国家"七五"规划科技重点攻关项目 JZZ8—12Y 型全液压钻装锚机组的研制。1989 年,市煤机厂 JZZ8—12Y 型全液压钻装锚机组研制成功,经工厂出厂评议合格交资兴矿务局周源山煤矿进行工业性试验,平均工效达到 2.4 立方米 / 小时,同时还开发出 XZP—30B(A)型耙斗式装岩机。市风动机械厂开发出YT25DY、YTP26JH两种新机型，其中YT25DY型多用途气腿式凿岩机获省科技进步三等奖。1990年，市风动机械厂通过狠抓机械凿岩产品开发扩大市场份额，建立健全内部管理制度，加强成本管理、降低消耗、经济效益明显提高，年内晋升国家二级企业。是年，境域2家矿山挖掘机械制造企业，从业人员1000余人，生产各类挖掘机械2986台，完成工业总产值1306万元，实现税收179万元，利润151万元，产量、产值、税收、利润分别比1986年增长0.6%、24%、88.4%、26.6%。

1991年后，市风动机械厂根据《完善提高液压凿岩机的性能可靠性研究》国家重点科技项目合同，与煤炭科学研究上海分院共同承担攻关任务，研制YYG90SX导轨式液压凿岩机样机，同时还与中国工业大学联合研制开发SQZ—2型自行式深孔钻机，该机集机械、电气、液压作业于一体，是一种新型矿山深孔钻掘进大型机械产品，用于地下、矿山钻凿各种环形、扇形和平行深炮孔及天井的下向深孔。YS35型向上式凿岩机通过省级鉴定，该机型在结构上创新具有高效节能特点，主要技术指标达到国内先进水平，填补国内无阀型向上式凿岩机的空白。市煤机厂研制成功JZZ8—12Y型钻装锚机组通过部级鉴定，处于国内领先水平。1994年，市风动机械厂研制出YC21型气动凿岩机并通过省级鉴定，填补国内外手持式气动无阀凿岩机的空白，同时完成YYG90SX导轨式液压岩机样机工业试验后，通过煤炭部技术鉴定，该机具有冲击活塞耐疲劳动和耐磨损，回转机构、油封及水封等关键部件寿命长，密封可靠和冲击效率高等优点；蓄能器隔膜、后轴承骨架油封等典型易损件使用寿命均大于2.5万钻米，接近国际同类产品水平。同年，市风动机械厂YYT25型气腿式液压凿岩机完成样机试制，经长沙矿冶研究所性能测试，指标达到或超过设计要求。1995年，市风动机械厂生产的YTP26、YT25DY气腿式凿岩机双双评为机械工业部可靠性考核达标的优等品编入机械工业部特别推荐产品目录。是年，境域2家矿山挖掘机械制造企业，从业人员870余人，生产各类挖掘机械4991台，完成工业总产值2100万元，实现税收139万元，利润7.2万元，产量、产值、税收、利润分别比1990年增长67.1%、60.8%、下降22.3%、95.2%。

1996年，市风动机械厂生产的凿岩机其机械可靠性、性能参数虽在国内属上乘，但产品覆盖面仅占国内市场5%份额，抗市场风险能力弱，生产长期徘徊不前并出现经营性亏损。市煤机厂受市场疲软、成本攀升的影响，陷入严重亏损。2005年，市风动机械厂企业通过开发产品市场，加强内部管理，生产逐步回升。市煤机厂通过改制更名为"湘潭(郑煤集团)机械电器有限公司"后，接续煤矿采掘机械制造，生产经营情况好转。是年，境域2家矿山挖掘机械制造企业，从业人员761人，生产各类挖掘机械9943台，完成工业总产值6020万元，实现税收175万元，利润4.8万元，产量、产值、税收、利润分别比1995年增长99.2%、186.7%、25.9%、下降33.3%。

第三节 矿用风机

1986年，境域市防爆电器厂开始试制矿用风机产品，从业人员近100人。1990年后，市防爆电器厂组织技术力量对老式矿用防爆局扇改标改型，通过省煤炭厅的科技鉴定及国家防爆产品质量抽查，取得煤炭科学研究总院上海分院颁发的YBT局扇防爆合格证。1992年，防爆局扇、PYF系列斜流、轴流风机等产品完成改型取得国家能源部颁发的"安全标志"准用证，获省标准化科学进步四等奖。1994年，市防爆电器厂开发的2BKJ系列对旋隔爆轴流式局部通风机获国家"科技创新金奖”,企业获得“湖南省经济活力百强企业”称号。1995年,市防爆电器厂更名为平安电气公司。晋升为中二型企业,有从业人员约200人,生产矿用风机793吨,完成工业总产值1872万元,实现税收110万元,利润12万元。

1996年后,平安电气公司加强科技队伍建设、加大科技投入,不断完善产品结构,2BKJ56系列对旋隔爆轴流式风机获“国家级重点新产品”证书和湖南省产品质量奖,同时与国防科技大学合作开发的863/CIMS应用示范工程获“国家863/CIMS应用示范单位”和“国家高新技术研究发展计划CIMS应用工程示范企业”标志。1998年,平安电气公司实行股份制改造成为民营企业,在新体制下企业凝聚力提升,科技实力增强,自主研发的YBK56系列矿用地面抽出式轴流风机居国内先进水平,获“国家级重点新产品”证书。2000年,企业自主研发的YBK56-11弯掠组合正交型高效低噪音矿用轴流主通风机技术达到国际先进水平,入选省企业重点技术创新项目。是年,平安电气公司有从业人员320人,生产矿用风机742吨,完成工业总产值1752万元,实现税收106万元,利润23万元,产量、产值、税收、利润分别比1995年下降6.4%、6.4%、3.6%、增长91.7%。

2001年后,平安电气公司抓住国家对煤矿“一通三防”(改善通风条件、防火、防尘、防瓦斯)的安全改造大面积更换主通风机的契机,与西北工业大学合作引进航空发动机叶片技术应用在BD-11系列矿用隔爆风机设计制造中,成功研发出BD-11系列弯掠组合隔爆对旋轴流式主通风机获“湖南省新产品”和“国家级重点新产品”证书,列入省重大科技项目、省重点技术创新项目及国家技术创新项目,2BKJ、YBK56、BD-11系列矿用隔爆风机获得“湖南省名牌产品”称号。2003年后,“平安”商标获得“湖南省著名商标”证书,产品获国家“煤机放心产品”证书,BD-11系列矿用隔爆通风机列入“国家火炬计划”,BD-11系列主通风机、DBKJ多级多速对旋轴流式局扇分获“国家安全生产科技成果”二等奖和三等奖,FJC矿井通风监测与智能控制系统列入“国家技术改造补助资金计划”。2005年,平安电气公司投资1200万元,兴建9798平方米新车间竣工,并安装喷漆房和两条风机装配流水线工装设备,同时与中南大学合作共同开发智能多级对旋局部通风机专用防爆磁力启动器,BD-11系列隔爆对旋轴流式主通风机获“国家安全生产科技成果”二等奖,公司还获得“全国煤炭机械工业优秀企业”称号。董事长兼总经理陈重新被评为“全国煤炭机械工业优秀企业家”。是年,平安电气公司有从业人员417人,生产矿用风机7802吨,完成工业总产值14129万元,实现税收828万元,利润1863万元,产量、产值、税收、利润分别比2000年增长9.51倍、7.06倍、6.8倍、80倍,出口创汇60万美元。

平安电气BD-Ⅱ型弯掠组合对旋主通风机

平安电气DBKJ对旋局部通风机

图20-6-2

附　湘潭平安电气集团有限公司简介

湘潭平安电气集团有限公司(简称平安电气公司)前身为湘潭市防爆电器厂,始建于1963年,从事地下通风机、配套电机及控制设备生产,从业人员不足100人,产值不过100万元。1986年后,企业通过全面整顿,建立健全各项规章制度,强化内部管理,推行全面质量管理,确定以矿井、地下风机及电器控制设备为企业产品发展方向,首先对隔离型干式变压器、防爆型局扇组织技术力量改标改型获得成功,产品取得防爆合格证和安全标志准用证,畅销国内18个省市自治区。1995年,市防爆电器厂完成工业总产值1872万元,销售收入1600万元,实现利税122万元。企业晋升中二型企业,先后获得"湖南省经济活力百强企业""湖南省科技兴农创新奖""湖南科技示范单位"等荣誉。当年,市防爆电器厂作为母厂成立平安电气公司。

1996年后,平安电气公司建立以企业为主体、联合大专院校和科研院所共同参与的技术创新机制,并每年从销售收入中提取5%作为科研经费投入,先后研制出PYF系列消防离温排烟风机、2BKJ系列对旋隔爆风机,均获"国家级重点新产品"证书。1998年,平安电气公司实行股份合作制改造,企业由集体所有制经济置换为民营经济,职工解除原单位劳动关系一次安置后,按双向选择、择优上岗原则重新建立劳资关系。改制后,企业建立新的管理模式,增强企业活力和凝聚力,同时通过引进科技人才和依托大专院校,科研院所研发力量,相继研制出YBK56系列矿用地面抽出式轴流主通风机、BD—II系列隔爆对旋轴流式主通风机、DBKJ系列多级对旋隔流式局部通风机等产品,其中YBK56型矿用地面轴出式轴流风机获"国家级重点新产品"证书。2000年,平安电公司抓住国家对煤矿"一通三防"安全改造更换主通风机的机遇,与西北工业大学联合制造具有世界一流水平的"弯掠组合正交型三维扭曲叶片技术BD—II系列隔爆对旋轴滚式主通风机"获"国家级新产品"证书,被列入"国家技术创新项目"和"国家火炬计划"推广产品,并获得煤炭部"安全生产科技成果"二等奖。为扭转煤矿瓦斯突出、超限引发安全事故的现状,自主研发"PA矿井通风监测与智能控制系统",项目被列入"十五国家科技攻关计划",其子系统矿井智能局部通风系统通过技术协作攻关研制成功,填补国内空白。平安电气公司投资1200万元建成9798平方米1号车间,安装喷漆房和2条流水装配线设备。到2005年,平安电气公司厂区面积13万平方米、厂房建筑面积1.8万多平方米,拥有大中型设备及精密机床300多台套,生产矿用地面抽出式轴流主通风机、对旋隔爆轴流式局部通风机、隔爆对旋轴流式主通风机等8大系列360余种规格,以及矿用主通风机、局部通风机配套防爆电器、电控设备和遂道、地铁风机及配套产品等,成为国家火炬计划湘潭机电一体化产业基地首批骨干企业。是年,完成工业总产值1.84亿元,销售收入1.2亿元,实现利税3510万元,分别比1995年增长8.84倍、6.55倍、27.7倍。

第七章　锅炉、辅机和压力容器制造

第一节　锅炉及辅机

1986 年，境域锅炉及辅机制造企业有市锅炉厂（以下简称湘锅）、市生活锅炉厂（以下简称生活锅炉厂）2 家企业，从业人员 932 人。年内，湘锅推行厂长负责制，集中力量抓质量和产品开发，加大技术革新和技术改造的力度，自行设计制造集箱收口机一台，改炉体有缝焊接为无缝旋压成形，提高生产效率 10 倍以上，DZL1-7-WII/AI 卧式快装锅炉通过省级鉴定，达到国内同类产品领先水平，DZL2-10-WII/AI 卧式快装锅炉获市科技成果三等奖及国家专利证书，35 吨余热锅炉在湘钢点火运行成功，收尘效率达到 96.4%、排烟浓度可降至 150 毫克 / 标千立方米以下，每天节煤 120 吨左右，达到节能环保效果，同时还投资 300 万元兴建 7000 平方米总装车间购置配套设备。是年，境域生产各类锅炉 565 蒸吨、辅机配件 690 吨，完成工业总产值 1343 万元，实现税收 87 万元，利润 166 万元。

1987 年后，湘锅与北京大学、清华大学等一些知名大学及科研院所开展产品咨询论证和科技横向联合，提升新产品研发能力和产品质量，DZL4-1.25-WII/AT 燃多煤种快装锅炉通过省级鉴定，获省实用技术“十佳项目”奖、省科技成果三等奖，6 吨沸腾炉撮箕型布风板、空气预热器和大块炉排获国家专利证书，企业获得省“质量管理先进企业”称号，取得劳动部颁发的 C 级锅炉制造许可证。1990 年，湘锅 DZL2-10-WII/AI 型卧式快装锅炉获全国首届科技成果展览会“金箭优秀奖”、DZL4-1.25-AII 型卧式快装锅炉获全国第二届国际专利及双新展览会优秀奖、SZF6-1.25-A·W 型循环床锅炉通过省级鉴定获省科技进步二等奖及国家专利证书；DHCF20-3.82/450-W·P·A 型热电联产循环流化床沸腾锅炉通过省级鉴定获国家专利证书，产品填补国家空白。是年，境域 2 家锅炉及辅机制造企业，从业人员 1032 人，生产各类锅炉 767 蒸吨、辅机配件 307 吨，完成工业总产值 3237 万元，实现税收 90 万元，利润 73 万元，产量、产值、税收、利润分别比 1986 年增长 35.7%、下降 55.5%、增长 141%、增长 3.4%、下降 56%。

1991 年后，湘锅相继开发出热效率高、余热回收利用、适用无烟煤劣质煤燃多煤种的节能环保型快装链条、水管链条、三回程自动燃油等锅炉新产品，以及快装链条燃多煤种系列锅炉和循环流化床锅炉，攻克国内燃高硫煤大气污染及内循环燃烧的难关，其脱硫、节能、环保、适应煤种等方面采用的新技术属国内首创，获得国家“双新展览交易会”银奖。1992 年，省委、省政府授予湘锅“双文明建设先进企业”称号。1993 年，湘锅开发出用于钢铁、冶金、化工行业平炉、转炉、氢化炉、沸腾焙烧炉余热回收利用的 12t/h 转炉余热锅炉、F-190 余热锅炉、WNS8-1.25Y 等 7 种余热锅炉，全年生产锅炉 1001 蒸吨、完成工业总产值 6915 万元、销售收入 7550 万元、实现利税 334.9 万元（其中利润 271.3 万元），为历年生产经营效果最好年份，新产品产值、销售占当年总值的 50%以上。1995 年，湘锅开发出 IXGF330、214m2、XGF330·13·0 型沸腾焙烧炉余热锅炉，产品形成系列化，逐步建立全面质量管理和保证体系。是年，境域 2 家锅炉及辅机生产企业，从业人员约 1100 人，生产各类锅炉

909 蒸吨、辅机配件 488 吨，完成工业总产值 5772 万元，实现税收 29 万元，利润 55 万元，产量、产值、税收、利润分别比 1990 年增长 18.5%、58.9%、78.3%、下降 67.8%、24.7%。

1996 年，湘锅取得劳动部“B”级锅炉制造许可证，通过 ISO90001 质量保证体系认证，锅炉制造等级上新台阶，同时研发快装自动燃油锅炉、组装燃多煤种全水管链条锅炉及循环流化床锅炉。其中循环流化床锅炉采用飞灰回收仓布置水冷壁，降低灰仓温度，实现高温回收、中温回送，可再一次送入炉膛燃烧，具有分离效率高、阻力小、节能环保的特点，深受用户欢迎。1998 年，湘锅进行股份制改造，量化优质资产由职工认股参股，经市政府批准成立“湘潭金锋锅炉有限公司”（以下简称金锋锅炉公司），实行董事会领导下的总经理负责制，因未克服企业原有“小而全”“统包统揽”的弊端，机制仍显不活，缺乏资金投入进行技术改造，当年盈利仅 0.5 万元。1999 年，金锋锅炉公司将募集的集资款投入产品开发和采购原材料，暂时缓解生产资金困难，先后开发出 19 平方米余热锅炉，组装燃油水管全自动锅炉、联苯载体锅炉、组装燃气锅炉及燃油立式载体加热锅炉等新产品。2000 年，金锋锅炉公司取得国内最高锅炉制造级别“A 级”锅炉制造许可证，同时落实节约挖潜措施，加强现场管理，推行减员增效，优化劳动组合提高生产效率。是年，境域 2 家锅炉及辅机生产企业，从业人员 800 余人，生产各类锅炉 892 蒸吨、辅机配件 66 吨，完成工业总产值 5712 万元，实现税收 278 万元，利润 140 万元，产量、产值、税收、利润分别比 1995 年下降 1.9%、86.5%、1%、增长 858.6%、154.5%。

2001 年后，金锋锅炉公司被国家质检总局复查认定保持 A 级锅炉制造企业资格，并相继开发出用于纺织印染、机械冶金生产及石化等行业新型锅炉品种，但经营上由于湘锅历史形成的债务和人员包袱沉重，实行股份制改造后配套政策不完善，内部改革不彻底，机制不活，出现严重亏损，企业生产举步艰难。2002 年，金锋锅炉公司更名为“湘潭锅炉厂有限公司”。同年民营企业湘潭锅炉容器制造有限公司成立（以下简称市锅炉容器公司），从业人员 100 余人，生产新型节能环保立式锅炉、小型燃油锅炉、电热锅炉等产品。2003 年，湘锅经市政府指导协调，股东代表大会通过，以优势经营性资产与香港恒通投资（中国）有限公司合资成立“湘潭锅炉有限责任公司”（以下简称湘锅公司），湘锅占 32%股份，港方占 68%股份，企业恢复生机步入新的发展阶段。在新体制下，湘锅公司开发出适用重点环境保护区域、炼油等工业和生活用汽的组装全自动燃油锅炉，当年实现利润 156 万元，一举扭亏为盈。之后又开发出发展前景广阔、运行成本低的循环流化床锅炉。市锅炉容器公司取得 B 级锅炉制造许可证并通过 ISO9001-2000 质量保证体系认证。2005 年，原湘锅全体职工投票表决通过企业整体出让给港商，湘锅公司破产还债，职工按照国有企业改制政策妥善安置的方案，年底香港恒通公司整体收购湘锅公司及湘锅附属厂，接续原有产品生产。湘锅公司及湘锅附属厂宣告破产。市锅炉容器公司在先锋工业园购置土地 4 公顷，兴建 20000 平方米现代化花园式工厂，该公司 2 吨 B 级锅炉成功出口印尼、秘鲁。是年，境域锅炉及辅机生产企业 3 家，从业人员 900 多人，生产各类锅炉 1126 蒸吨，完成工业总产值 9806 万元，实现税收 319 万元，利润 276 万元，产量、产值、税收、利润分别比 2000 年增长 26.2%、71.7%、14.7%、97.1%。另外，境域与湘锅产品配套零部件生产企业还有市环保设备厂、县马家堰农机厂、楠竹山铸造厂、荷塘综合农场、云塘玛钢件厂等多家乡镇企业，主要外协加工锅炉用可锻铁件、普通铸铁件、球墨铸铁件、玛钢铸铁件及煤斗、烟囱、烟风道等组件。

第二节 压力容器

1986年,境域有湘锅、生活锅炉厂、市船厂3家企业生产压力容器,从业人员150余人,主要生产分气缸、化工用反应釜等产品,当年生产各类压力容器260台。1987年后,湘锅和生活锅炉厂经省劳动厅、省机械厅全面检查验收,取得Ⅰ、Ⅱ类压力容器设计制造许可证,1988年,市食品机械总厂MJG20型超高温瞬时灭菌机试制成功并获得省食品和包装机械优秀设计产品证书。1989年市船厂取得省劳动厅颁发的Ⅰ、Ⅱ类制造和安装许可证。1990年,境域4家压力容器生产企业,从业人员180余人,生产各类压力容器614台,产量比1986年增长136.2%。

1991年,市食品机械总厂取得省劳动厅、省机械厅Ⅰ、Ⅱ类压力容器制造许可证,MJG20型超高温瞬时灭菌机获省科技进步四等奖,在全国"食品工业十年新成就展示会"上获优秀新产品证书。1992年,市船厂取得省劳动厅、省化工厅颁发的Ⅰ、Ⅱ类压力容器设计许可证。1993年,市食品机械总厂投资近300万元新建压力容器分厂(以下简称市食品压力容器分厂),专业生产食品用高温高压杀菌锅、夹层锅、真空浓缩锅以及二氧化碳回收装置。1994年,江南利用军工技术优势和富余生产能力,在实施"保军转民、军民结合"的转型中开发生产"银箭"牌液化石油气钢瓶,月产量达500~600只。1995年,境域压力容器生产企业5家,从业人员230余人,生产各类压力容器757台、液化气钢瓶1.2万只,压力容器产量比1990年增长22.9%。

1996年后,江南通过设备填平补齐建成钢瓶生产线;湘锅及生活锅炉厂、市船厂受资金紧缺、经营困难的影响,压力容器生产逐年萎缩;市食品压力容器分厂因内部管理体制不顺等原因投资效益难以发挥,生产徘徊不前。1999年,市食品压力容器分厂由市建恒公司租赁经营。2000年,境域压力容器生产企业5家,从业人员200余人,生产各类压力容器448台、液化气钢瓶2.2万只,产量分别比1995年下降40.8%、增长83.3%。

2001年,江南投资近400万元,形成年产30万只液化气钢瓶生产线,产品逐渐由15千克钢瓶1种规格增加至5千克钢瓶、50千克钢瓶3种规格的钢瓶品种。市食品压力容器分厂转由市银汉公司租赁承包。生活锅炉厂因长期亏损而停产。2002年,市锅炉容器公司成立后,生产锅炉分气缸及化工反应釜等产品,并取得D级Ⅰ、Ⅱ类压力容器设计、制造许可证。年内市船厂宣告破产。2004年,江南钢瓶生产线按市场经营机制运作实行独立核算,提出"钢瓶要养人、向钢瓶要发展"的奋斗目标,当年产品实现盈利。但由于受管道天然气用户普及、液化石油气价格居高不下等因素影响,需求量减少、生产下滑。2005年,生活锅炉厂宣告破产,由香港恒通投资有限公司整体收购后仍保留湘锅压力容器设计制造许可证资格。市银汉公司租赁市食品压力容器分厂后,因压力容器设计制造许可证为市食品机械总厂拥有,引起权益纠纷取消二证资格。是年,境域压力容器生产企业4家,从业人员150余人,生产各类压力容器402台、液化气钢瓶7.8万只,产量分别比2000年下降10.3%、增长254.5%。

1986~2005 年湘潭市锅炉及压力容器制造企业主要产品产量及经济指标完成情况

表 20-7-1

年份	1986	1987	1988	1989	1990	1991	1992	1993	1994	1995	1996	1997	1998	1999	2000	2001	2002	2003	2004	2005
锅炉（蒸吨）	565	577	724	604	767	678	1013	1163	835	909	926	598	650	489	892	753	1028	1077	1386	994
其中：湘锅(金峰锅炉)	565	570	717	593	741	639	945	1068	753	835	860	551	585	399	764	658	(927)	(856)	(1225)	(968)
生活锅炉厂	—	7	7	11	26	39	68	95	82	74	66	47	65	90	128	95	101	221	161	26
锅炉辅机（吨）	690	482	483	477	307	256	449	933	432	488	113	92	94	116	66	111	—	—	—	—
其中：湘锅	94	99	127	217	198	164	241	341	255	188	77	81	50	85	66	111	—	—	—	—
生活锅炉厂	596	383	356	260	109	92	208	592	177	300	36	11	44	31	—	—	—	—	—	—
市船厂压力容器（台套）	—	28	40	70	85	97	114	253	214	205	253	35	105	103	114	141	38	28	—	—
工业总产值（万元）	1343	1547	2276	2401	3237	3563	5124	6915	5110	5772	6042	4837	5080	4838	5712	4935	5773	6492	10013	9690
其中：湘锅(金峰锅炉)	1230	1381	2056	2153	2966	3202	4502	6008	4405	5169	5509	4452	4540	4053	4928	4385	(5240)	(5500)	(9201)	(9206)
生活锅炉	113	166	220	248	271	361	622	907	705	603	533	385	540	785	784	550	533	992	812	484
实现税收（万元）	87	66	90	88	90	147	165	142	25	29	38	109	335	310	278	164	333	104	303	319
其中：湘锅(金峰锅炉)	87	59	88	84	86	120	124	142	22	29	37	21	334	310	278	164	333	(104)	(303)	(319)
生活锅炉	—	7	2	4	4	25	41	—	3	—	1	88	1	—	—	—	—	—	—	—
实现利润（万元）	166	143	171	179	73	16	236	316	31	55	20	2	−121	8	140	−111	—	156	318	258
其中：湘锅(金峰锅炉)	151	133	156	156	45	11	221	271	28	55	21	1	1	8	140	−111	—	(156)	(318)	(258)
生活锅炉	15	10	15	23	28	5	15	45	3	—	−1	1	−122	—	—	—	—	—	—	—
从业人员（人）	932	964	995	1006	1032	1077	1047	983	1055	1108	1118	1120	1112	1059	930	1027	998	898	844	936

第八章　通用基础件制造

第一节　锻、铸件

一、锻件

1986年，境域锻件制造企业有30余家，从业人员近800人。其中区街乡镇所属小规模锻件生产企业近20家，主要靠承揽外协加工业务生存。此外在机械制造企业中，大都配置空气锤、冲床等锻造设备，加工自用锻件。规模以上专业制造企业只有市锻造厂、湘机2家，从业人员160余人，主要生产各类钢球、毛坯锻件。是年，生产锻造钢坯件3127吨。1987年，市锻造厂通过技术改造，投资160万元建造连续式反射炉、24.8米烟窗各1座，添置400千克、560千克、752千克空气锤各1台，以及100吨、160吨冲床各2台，生产能力和产品质量得到提升。1989年，湘机将锻工车间改为十八分厂，拥有1960平方米作业厂房，冲压机床5台、锻压机床8台、型弯机1台、扩孔机1台，当年生产锻件651吨，完成工业总产值1306万元。1990年，市锻造厂为整合产业资源，优化产品结构，促进标准件产业做大做强，经市体改委批准与湘潭市标准件厂合并成立"湘潭标准件总厂"(简称市标准件总厂)，为预算内全民所有制企业。是年，境域规模以上锻件制造企业2家，从业人员197人，生产各类锻钢件1426吨，产量比1986年下降54.4%。

1991年，市标准件总厂停止各类钢球、钢锻件生产，原市锻造厂锻压设备转产加工各类标准紧固件。湘机十八分厂投资481万元进行节材技术改造，采用计算机套裁精密气割、轴钢拔长、以铸代锻等手段，增添必要的设备和仪器，当年完成投资181万元。1992年，为适应市场经济的发展，湘机在管理体制改革中，将十八分厂与七分厂合并成立冷焊锻造分厂，拥有厂房建筑面积6282平方米，主要生产设备46台，其中进口设备1台、金属切削机床10台、锻压设备21台，从业人员266人。当年生产锻钢件611吨。1993年，湘机调整产品结构，冷焊锻造分厂锻钢件生产任务不足，决定在保证内部产品配套的前提下，积极开拓外加工业务，实行以成本核算为内容的管理承包制，每吨锻件电耗由过去164千瓦小时降到108.6千瓦小时，耗重油也由原来72千克减少到67千克，实现利润181万元。1994年，江麓成立锻件制造专业车间，拥有锻电液锤、摩擦压力机、冲床、空气锤等设备39台，当年生产锻件812吨。1995年，湘机冷焊锻造分厂生产任务不足，当年生产锻钢件521吨，亏损398万元。1997年，湘电集团公司成立后，撤销冷焊锻造分厂，原有锻造设备和人员分流到结构件、铸造等分公司，保留锻钢件产品生产，当年生产锻钢件274吨。1998年后，湘电集团公司锻钢件生产徘徊在320吨左右，生产集团公司内部配套锻钢件产品为主。2002年，江麓锻造车间更名为"江麓机械集团锻造公司"，从业人员64人。2003年，湘电集团公司产业拓展提速发展，锻钢件生产大幅增长，当年生产510吨。2005年，境域规模以上锻件制造企业2家，从业人员251人，生产各类锻件1893吨(其中江麓生产1235吨)，产量比1990年增长32.7%。此外湘乡市长生锻造厂、湘潭县前街锻造厂等区街乡镇企业，仍加工日用生活铁制品，规模较小。

二、铸件

1986 年，境域从事铸件制造企业有 60 余家，其中湘乡县有铸造厂 54 家，仅东郊乡就有铸造企业 30 家(含个体户 15 家)被誉为“铸造之乡”，主要生产铸铁管、沟井盖板。共年产量 1.2 万吨，产值约 5600 万元。此外，大中型机械制造企业内部设立的铸造车间(或称翻砂车间)也生产各种铸件，年生产能力 9000 余吨，从业人员有 1200 余人。其中江麓铸造分厂下设 4 个车间，拥有铸钢、有色精铸、铸铁 3 条生产线，从业人员 380 余人。年内，湘机六分厂改造落砂除尘系统，减少灰尘影响，同时对 2 台铸铁半自动造型机进行改造，当年生产各类铸件 5706 吨，从业人员 408 人。1987 年后，湘风为适应主要产品凿岩机快速增长的需要，投资兴建 1500 平方米精密铸造车间及关键设备，采用以铸代锻的先进工艺，自行设计制造精密铸造挂砂流水线，通过不断完善工艺、添置专用设备，确保凿岩机机壳毛坯的供应。1990 年，湘风拥有自动压蜡机、机械化制壳机、焙烧浇注线、中频快速熔炼炉、蜡模恒温库等全套高效生产设施和先进工艺技术，并具备快速测温、型壳高温强度测试理化分析等现代检测手段，生产的铸件内在质量好、尺寸精度高、表面光洁。精密铸造件产品远销美国、澳大利亚、中国香港等国家和地区。湘机六分厂应用树脂砂工艺技术，提高铸件精度和表面质量，且溃散性好易于旧砂再生利用，减轻造型工人劳动强度，适应机械化作业。是年，境域铸件制造企业 62 家，从业人员近 4000 人，生产各类铸件 22498 吨，其中湘机六分厂生产 4593 吨。

1991 年，湘风将精密铸造车间升格为精密铸造分厂，市经委又将精密铸造分厂定点为“湘潭市精密铸造中心”，精密铸件年生产能力 800 ~ 1000 吨规模。实行专业化管理后，精密铸造分厂产品扩大为可生产各种材质的精密铸造件。江麓投资 200 余万元，自行设计安装的半自动真空实型履带板铸造生产线建成投产。湘机六分厂先后投资 77 万元新增井式电炉 1 台，3 吨梁吊车 1 台、改造 3 台高温重油炉，解决新产品、重点产品热处理、减少环境污染及提高生产能力，当年完成各类铸件 4354 吨。1993 年，湘机六分厂更名为铸造分厂，又投资 48.7 万元更新电炉变压器、双梁吊、颚式破碎机等设备，投资 10 多万元购进微型计算机和引进铸造工艺辅助设计软件，进一步改善技术装备条件，同时采用新工艺开发铸态球铁、高强度高韧性合金钢、高强度铜合金等铸件产品，整体提升百吨车质量水平。此后，由于湘机调整产品结构，铸造分厂承接集团公司内部加工任务严重不足，只占正常年份生产量的 54%，企业以开拓外部市场求发展，承接外加工铸件合同产值 555.7 万元。1995 年，铸造分厂为改善劳动环境，突出解决粉尘超标问题，狠抓环保技术改造投入资金 45 万元，新增除尘设备和改造旧设备，使铸件车间工作场地得到改善，空气中粉尘大大减少，当年生产各类铸件 3262 吨。1996 年，湘风精密铸造件由于无自营出口权，外贸销售价格低，经济效益不高，加上缺少资金投入产品老化、市场竞争能力不强，生产急剧萎缩。1997 年后，湘电集团公司成立，对原湘机各分厂进行调整，铸造分厂定名为“湘潭电机力源铸造有限公司”(以下简称力源铸造公司)，成为由集团公司控股、社会法人参股、职工持股资产多元化经济实体。江麓铸造分厂面向社会扩大承揽外协加工业务，解决开工不足的困难，当年完成产值 1600 多万元。由于工程建设中大量使用 PVC 管，湘乡市东郊乡生产的铸铁管逐渐萎缩，东郊铸造厂、曙光铸造厂率先转产沟、井盖板，分别获自营出口权，产品出口欧洲等地。1999 年，银田乡引进环球铸造厂，生产沟、井盖系列产品，创产值 1000 多万元。

2000 年，湘风精密造件停止生产。力源铸造公司改制后，外抓市场、内抓管理，争取到集团外合同订货价值 940 万元，节约材料采购成本 39.4 万元，节约动力费用 92 万元。是年，境域铸件企业制造企业 59 家，从业人员 3680 余人，生产各类铸件 19205 吨，比 1990 年下降 14.6%。

2001 年后，力源铸造公司投资 22.6 万元兴建 1.5 吨双排大间距送风式冲天炉，淘汰老式冲天炉后全年减少浪费 2 万元；投资 11 万元购进 1 台 1.5 吨蒸汽锅炉，全年节约能源费近 50 万元；投资近 10 万元建立一套循环冷却水系统，降低用水量节约成本 5 万元；同时将一直亏损的铸铁有色机加工车间以承包性质租赁给至诚公司经营。2004 年末，江麓铸造分厂投资近 400 万元对原有铸造生产线进行调整及改造，将铸铁件生产线改为有色铸件清理和精密铸造，新增水力喷砂机、激光快速成型机、电脑模拟凝固软件系统等先进设备，形成年产铸钢 3000 吨、铸铁 2000 吨、铸铝 300 吨、铸铜 30 吨能力。2005 年，力源铸造公司承揽铰链梁的加工业务，通过改进工艺、提高质量、扩大生产能力等手段，占据全省铰链梁市场份额 80%以上，在国内冶金行业有较高知名度，全年生产各类铸件 2575 吨。同年，市电机车制造公司投资 30 万元，新增一条铸钢件生产线。是年，境域规模以上铸件专业制造企业 60 余家，从业人员 3840 余人，生产各类铸件 25975 吨，比 2000 年增长 35.2%。其中湘乡市仍保有铸造企业 50 余家，从业人员达 3000 多人，生产各类铸件近 1.3 万吨，产值 7400 万元。

三、冷拉型材

1988 年，市标准件总厂投资 240 万元建成年产 2000 吨规模冷拉型材生产线。1993 年，冷拉型材技改项目竣工投产，承接 φ2.5 ~ φ60 圆钢、6 ~ 40 方钢、S5 ~ S41 六角钢等产品生产，年生产能力 2500 吨，约占省内市场份额的 30%。当年共生产各类冷拉型材 1716 吨。1994 年，市标准件总厂更名为“湘潭标准件总公司”后，设立冷拉型材分厂（简称冷拉分厂），实行独立核算。1995 年，冷拉分厂克服资金困难，努力开拓市场，扭转生产下滑趋势，当年生产冷拉型材 2066 吨，比 1993 年增长 20.4%。1996 年后，市标准件总公司把冷拉型材作为产品销售新增长点，实行“租赁承包、分块搞活”的办法，扩大冷拉型材生产。2000 年，境域冷拉分厂生产冷拉型材 2988 吨，比 1995 年增长 44.6%。

2001 年后，冷拉分厂克服原材料涨价、资金紧缺的困难，连续 2 年保持冷拉型材料生产量在 2300 多吨。2003 年 8 月，冷拉分厂破产倒闭，当年生产冷拉型材 1327 吨，比 2000 年下降 55.6%，此后境域停止冷拉型材生产。

第二节　标准紧固件

1986 年，境域规模以上标准紧固件制造有市标准件厂、市紧固件厂 2 家企业，从业人员 684 人。年内，市标准件厂为调整产品结构、开发国内外市场适销的德制、美制、英制紧固件，投资 65 万元进行技术改造，添置 Z41—20、Z47—20、Z46—16 型等多工位冷镦机，形成生产机螺钉、螺钉、光螺栓、光螺母、双头螺栓、平键、平垫圈等 7 大类 58 个品种，以及直径从 2.5 ~ 30 毫米、强度等级为 4.8 级、5.8 级、8.8 级，螺纹精度为 6H 级的各种标准紧固件，并承接各种异标或来样加工的紧固件，年生产能力 3 亿件（合 3800 吨）。M20、M24 螺帽被评为省优质产品。是年，境域生产各类标准件 2936 吨，完成工业总产值 790 万元，实现税收 7 万元，利润 80 万元。

1989年，市紧固件厂加强内部管理，提高产品研发能力，先后开发出CA—10B、JN150、BJ—130、BJ212、JN—151、EQ—140等汽车轮胎螺栓、钢板销、U型螺栓、中心螺栓及半轴螺栓等产品，由单一车型几个品种发展到8种车型近300种规格的汽车紧固件品种，占据省内汽车紧固件销售市场份额9成以上。市标准件厂深化内部改革，强化基础管理，落实经营目标经济责任制和考核办法，当年产值突破千万元大关，实现利税146万元。1990年，市体改委、市计委批准由市标准件厂与市通用设备厂、市锻造厂兼合并成立"湘潭标准件总厂"（以下简称市标准件总厂），为预算内全民企业，固定资产增加到1056万元，职工增加到931人。年内，市标准件总厂开发出"十字槽"螺钉及双头螺栓、长牙螺棒、垫川等非标产品，长牙螺棒产品填补省内空白。是年，境域2家标准紧固件制造企业，从业人员1072人，生产各类标准紧固件3247吨，完成工业总产值1367万元，实现税收44.7万元，亏损54.6万元，产量、产值、税收分别比1986年增长10.6%、73%、538.6%。

1992年，市标准件总厂与香港川泽有限公司共同投资220万元美元，成立中外合资企业"湖南莲港紧固件有限公司"（以下简称莲港紧固件公司），引进意大利先进工艺和设备，共同开发生产具有国际先进水平的铆螺母系列产品。该产品采用板件连接紧固零件新工艺，改变在薄板上安装零部件的传统方式，它不需内攻螺纹，也不需要焊接螺母，直接铆接牢固零件，广泛使用在汽车、航空、铁道、造船、空调、电梯、仪表、家具、建筑等机电和轻工产品装配上，填补国内空白。年内，市标准件总厂在"质量、品种、效益年"活动中，狠抓质量管理和产品开发，德制标准紧固件、德制全螺纹螺栓（全螺纹牙棒）通过省级鉴定投入批量生产，完成工业总产值2022万元，销售收入2315万元，实现利税184万元（其中利润11万元）。1994年，国内标准件销售市场大幅度回落出现库存积压现象。市标准件总厂为增强市场应变能力和转换经营机制，实行公司制改革成立"湘潭标准件总公司"（简称市标准件总公司），抓紧开发高强度螺栓、铆螺母等系列产品。市紧固件厂自筹资金11万元，购进2台C618车床和自制1台160吨冲床，生产高强度双头螺栓、内六角螺栓、六角螺栓及六角螺母等市场适销产品，还为江麓生产多种型号塔吊配套连接螺栓、地脚螺栓及施工电梯螺栓等紧固件。同年，莲港紧固件公司获省科委颁发的"高新技术企业认定证书"，试制的铝制铆螺母被列为省科技新产品。1995年，国内标准紧固件制造业竞争激烈，低质廉价产品大量涌入冲击市场，市标准件总公司调整产品结构，开发预应力锚具生产，同时分流人员以"减员增效"。莲港紧固件公司生产的铆螺母评为国家级新产品，列入国家火炬计划。是年，境域标准紧固件制造企业3家，从业人员1013人，生产各类标准紧固件2338吨（锚具20254件），完成工业总产值1612万元，实现税收120.8万元，利润5.2万元，产量、产值、税收分别比1990年下降28%、增长17.9%、增长170.2%。

1996年后，市标准件总公司受紧固件市场萎缩的影响，出现经营性亏损。企业采取措施扩大高强度紧固件锚具、异型标准件等产品生产，同时实行"租赁承包、分块搞活"的内部改革，但收效甚微。1997年，市标准件总公司退出与莲港紧固件公司合资经营。市紧固件厂由于车用螺栓等紧固件无销路被迫停产。2000年，市标准件总公司作为"职工一次性买断工龄"的试点单位，有151名职工与企业解除劳动关系，领取一次性安置费。公司为盘活资产，与上海罗店螺帽总厂签订《标准件设备租赁合同》，将44台标准件设备运抵上海。是年，境域标准紧固件制造企业3家，从业人员726人，共生产各类标准紧固件279吨（锚具9719件），完成工业总产值2184万元，实现税收42万元，亏损211万元，产量、产值、税收分别比1995年下降88.1%、增长35.5%、下降65.2%。

2001年后，莲港紧固件公司通过ISO9001:2000国际质量体系认证，"莲港"牌铆螺母大批量出口欧美等国家，生产车间迁入书院路霞城工业园内。韶山高强螺栓制造有限责任公司成立后，租赁市轴承厂韶山分厂场地，生产高强度螺栓。2003年，市标准件总公司因严重资不抵债宣告破产，原有土地厂房、设备对外公开拍卖。2004年，"湘潭莲城基础件制造有限公司"成立后，收购市标准件总公司、厂房设备接续生产标准紧固件，从业人员250多人。市紧固件厂全面停产。2005年，境域标准紧固件制造企业3家，从业人员556人，生产各类标准紧固件2223吨（锚具5756件），完成工业总产值2347万元，实现税收22万元，利润7.3万元，产量、产值、税收分别比2000年增长696.8%、7.5%、下降47.6%。

第三节　阀门

1986年，境域阀门制造仅市阀门厂1家，从业人员751人，主要产品有闸阀、截止阀、排污阀、安全阀、铁道阀等，当年生产各类阀门1654吨，完成工业总产值480万元，实现税收32万元，利润51万元。1987年在激烈的市场竞争中，厂部提出"更新产品抓快、预测市场求准、占领市场靠优、巩固用户靠好"的四大措施，对产品生产过程实行全面质量管理监控，"湘潭"牌Dg40Z44H快速排污阀、A47H—1.6C、DN40、50和A48Y—1.6C安全阀相继取得机械部全国工业产品许可证，以及省机械工业厅机电产品采用国际标准验收合格证，产品畅销国内21个省市自治区。1990年，市阀门厂成为市属机械行业全面完成经营承包各项指标且效益较好的大型集体企业。是年，市阀门厂有从业人员738人，生产各类阀门1370吨，完成工业总产值450万元，实现税收31万元，利润37万元，产量、产值、税收、分别比1986年下降17.2%、6.2%、3.1%。

1991年，市阀门厂为改变产品吨位高、价值和经济效益低的局面，投资36万元购置1台D68型镗床，与科研院所联合开发高附加值产品的A48Y(47H)—16安全阀，被评为省优产品。1993年，市阀门厂与中南勘测设计院联合研制出的XFY46T—1.6、DN150减压阀，投入广东花山电站使用效果良好，是年产值突破千万元、利税近100万元。1994年后，市阀门厂陆续开发XFY46T—1.6/2.5DN80～400水组合式减压阀，以及阀门配套件等新产品，并通过部级鉴定，其中组合式减压阀产品分别获得电力部及水利规划设计总院科技进步二、三等奖，在国内李家峡、天生桥、宝珠寺、小浪底、华能铜头、大平驿等50余座电站使用，部分出口到马来西亚等国家。新开发的对夹式止回阀获国家专利，替代原使用的升降式和旋启式止回阀。1995年，市阀门厂受阀门制造行业无序竞争、新产品问世累遭仿制侵权、假冒同类产品充斥市场等行为的影响，经济效益急剧下降。是年，市阀门厂从业人员796人，生产各类阀门639吨，完成工业总产值520万元，实现税收19万元，亏损164万元，产量、产值、税收分别比1990年下降53.4%、增长15.6%、下降38.7%。

1996年后，市阀门厂受债务包袱沉重、资金紧缺及成本居高不下的影响，生产开工不足，出现亏损。1998年，市阀门厂进行公司制改造，成立"湘潭阀门有限公司"（简称市阀门有限公司），但经营不善继续出现亏损。2000年，市阀门有限公司生产的阀门在"全国质量万里行"活动中，被评为全国"质量信得过产品"且排名前十名，但受廉价阀门的挤压，市场占有率低。是年，境域市阀门有限公司有从业人员438人，共生产各类阀门118吨，完成工业总产值308万元，实现税收23万元，亏损

168 万元，产量、产值、税收分别比 1995 年下降 81.5%、46.9%、增长 21.1%。

2001 年后，市阀门有限公司生产经营难以为继，职工大部分下岗待业。2003 年，企业全面停产，当年生产各类阀门 39 吨，完成工业总产值 46 万元，实现税收 10 万元，亏损 132 万元，产量、产值、税收分别比 2000 年下降 66.9%、85.1%、56.5%。2005 年，境域市阀门公司仅留 40 余人守厂，做企业破产改制前期准备工作。

第四节　轴承

1986 年，境域轴承制造有市轴承厂、湘乡轴承厂 2 家企业，从业人员 1543 人。主要生产"2"字头大型、特大型 2 种短圆柱滚子轴承，辅助生产"7"字头类型圆锥滚子轴承、"O"字头类型轴承等产品。年内，为扩大轴承生产能力，市轴承厂兼并韶山仪表厂，成立"湘潭轴承厂韶山分厂"，实行内部独立核算、自负盈亏，新增两个车间安装轴承磨加工生产线和轴承车加工生产线及一条装配生产线，专门生产等 M 系列电机轴承，是年，境域共生产各类轴承 51.67 万套，完成工业总产值 1968 万元，实现税收 167 万元，利润 303 万元。1987 年后，市轴承厂实行"两保一挂"承包经营责任制，加强内部管理，落实目标责任，企业产销两旺，同时研制出 552732QT、752732QT、5527362QKT 等型号的铁路专用轴承通过省级鉴定，T 字头 4GTOO2136H 轴承评为省优产品。1989 年，市轴承厂研制出 8E42330 轴承新产品通过省级鉴定，大批量出口泰国、越南、新加坡和俄罗斯等国家，出口创汇超百万美元，被评为全国轴承行业出口创汇先进企业。1990 年，市轴承厂利用争取到的中日政府间低息贷款 200 万美元，展开综合性技改项目施工，新建生产车间 3685.5 平方米，购置生产设备 53 台(套)，形成年产圆柱滚子轴承 50 万套、圆锥滚子轴承 200 万套生产能力。同年，该厂生产的"T"字头 2312E21～2322E21 轴承、HY7204E～7210E 圆锥滚子轴承均评为省优产品。是年，境域轴承制造企业 2 家，从业人员 1528 人，生产各类轴承 44.2 万套，完成工业总产值 1905 万元，实现税收 201 万元，利润 65 万元，产量、产值、税收、利润分别比 1986 年下降 7.9%、3.2%、增长 20.3%、下降 78.5%。

1991 年后，市轴承厂综合性技改项目相继竣工投产，8E42328EHT—8E42330EQT 轴承评为省优产品，同时开发出单列、双列满滚子轴承。但由于内部管理存在漏洞，主要经济指标不升反降。1993 年，国内轴承销售市场转旺，产品出现热销势头。是年，市轴承厂完成工业总产值 4228 万元，销售收入 5161 万元，实现利税 934 万元，其中实现利润 672 万元，为建厂以来历史最好水平，提前两年超额完成"八五"计划目标。1994 年，市轴承厂开发出替代上海宝钢进口轧机 XT—212 轴承(该轴承外径为 520 毫米、单套净重 270 千克）及南通柴油机厂的船用柴油机非标轴承 7002136K～7002136K1 等新产品，其中船用柴油机非标轴承是在 4G7002136EHT 基础上，通过工艺技术人员协和攻关改型取得成功，主要性能达到国外同类产品水平，被列入国家火炬计划，并申请到 200 万元科技贷款用于提高装备水平。但获得这笔款项后，市轴承厂只是用于补充流动资金不足而没有用于添置检测仪器及关键设备等辅助设备，错失提升产品质量和附加值的机会。1995 年，由于轴承销售市场跌宕起伏，市轴承厂轴承产品大量积压引起三角债务缠绕、资金极度短缺、成本升高、经济效益急剧下降等连锁反应，生产直线下落，特别是质量监控不严造成原热销的拳头产品 8E42328EHT、4E42330EQT 等铁路轴承连续出现质量事故，之后又未采取过硬整改措施，以致用户取消合同，企业被挤出铁路领域轴承销售市场。湘乡市轴承厂亦因资金紧缺、销售疲软、经营亏损等原因,生产陷入停产半停产状况。是年,境域轴承制造企业 2 家,从业人员 1418 人,生产各类轴承 15.2 万套,完成工业总产值 2021 万元,实现税收 248 万元,亏损 23 万元,产量、产值、税收分别比 1990 年下降 65.6%、增长 6.1%、下降 23.4%。

1996 年后,市轴承厂积极消化库存、压缩生产、精减人员,其中科室管理人员精减三分之一,一些技术管理人才也没有留住。在实行内部改革中探索过"兼并联合""减员减负"等一些方案,因意见分歧大难于付诸实施,1998 年,市轴承厂经营亏损高达 699 万元,生产难以为继。2000 年,企业把主要精力放在回收货款及稳定客户扩大销售,维持基本生产运转和职工队伍稳定上。是年,境域轴承制造企业 2 家,从业人员 1401 人,生产各类轴承 9.1 万件,完成工业总产值 1186 万元,完成税收 28 万元,亏损 851 万元,产量、产值、税收分别比 1995 年下降 40.1%、41.3%、88.7%。

2001 年,市轴承厂内部开始酝酿"减负脱壳",对子弟学校、医务所等后勤部门实行辅业分离,缓解企业负担压力。2002 年,市轴承厂在广泛听取职工意见并取得市政府及主管部门同意后,募股成立"湘潭星特轴承制造有限责任公司"(简称星特轴承公司),租赁总厂接续生产轴承,减轻负担养活部分职工,稳定产品生产和销售市场,争取壮大实力后回购市轴承厂。同年,湘乡市轴承厂宣告破产。2003 年,市轴承厂宣告破产。星特轴承公司成功开发出替代进口的 33212 圆锥滚子轴承,该产品主要用于电梯、曳引机等要求噪声低、运转平稳、性能可靠的设备上。2004 年,星特轴承公司为四川长江起重机公司研制出单列满滚子轴承 NV1008、NCF3006、3008、3009、2917 等 10 个新品种。同年,湖南崇德工业科技有限公司成立后,生产 SM 系列立式推力(滑动)轴承。2005 年,由民营资本整体收购市轴承厂后,成立"湖南广绘轴承制造有限公司",接续生产轴承产品。星特轴承公司因租赁市轴承厂生产场地被他人收购后停产歇业。是年,境域轴承制造企业 1 家,从业人员 500 余人,生产各类轴承 6.04 万套,完成工业总产值 1249 万元,实现税收 35 万元、利润 12 万元,产量、产值、税收分别比 2000 年下降 33.6%、增长 5.3%、增长 25%.

第五节　液压元件

1986 年,境域规模以上液压元件制造(含设备、缸、泵、阀)企业主要有市液压件厂、市锻造厂 2 家企业,从业人员 500 余人。年内,市液压件厂生产的 PHY—G20L、PHY—G25LQZ—5 平衡阀评为省优产品,市锻造厂开发的上下车组合液压阀批量投入生产。是年,生产各类液压元件 8531 台。1987 年,湖南省东升机械厂迁入湘潭,与市液压件厂合并组建"湖南液压件厂"(以下仍称市液压件厂)升格为中型二类企业,通过设备"填平补齐",形成各工序设备配套齐全的液压件生产线及检测、计量等设施齐备的生产体系。1989 年,市液压件厂试制液压八联阀,三个月完成样机,组装在泰安重型机器厂生产的挖掘机上调试,达到使用要求后批量生产,XB—F40 型液压轴向柱塞泵评为省优产品。1990 年,市标准件总厂成立后,继续保留被兼并的原市锻造厂液压阀生产。是年,境域液压元件制造企业 2 家,从业人员 800 余人,生产各类液压元件 11367 台,产量比 1986 年增长 33.2%。

1991 年,市力威液压设备有限公司(简称力威液压公司)成立后,生产各种液压起道机、液压油缸和成套液压系统。市液压件厂生产的 PHY—G25 液压平衡阀、HDG 及 HSG 系列液压油缸分别评为省优产品，市标准件总厂相继开发出液压平衡阀、双向液压锁等新产品。1994年，市标准件总厂按公司制改组后成立市标准件总公司液压件分厂，实行独立核算，当年生产液压阀327台。1995年，境域液压元件制造企业3家，从业人员870多人。当年生产各类液压元件13636台，产量比1990年增长20%。

1998年后，市液压件厂开始研发多种排量与变量的CY系列轴向柱塞泵，样机测试合格后投入小批量生产。市标准件总公司液压件分厂因资金短缺、经济效益差，液压阀生产徘徊不前。2000年，市液压件厂CY系列轴向柱塞泵转入批量生产，产品畅销省内外。力威液压公司改制为股份制民营企业，通过ISO9001国际质量体系认证。2002年，力威液压公司在天易生态工业园购地15600平方米新建现代化标准厂房，形成HSG—01工程机械系列液压油缸、QTZ25—250系列塔机液压顶升系统、YQ20及YQ30型铁道专用液压起道机、钢丝预应力液压强拉机等产品体系。2003年，市标准件总公司破产后其西厂区被自然人整体收购，成立民营企业"湘潭莲城基础件制造有限公司"继续生产液压阀产品。2005年，境域液压元件制造企业3家，从业人员600余人，生产各类液压元件7172台，产量比1995年下降47.4%。

第九章 通用设备制造

第一节 离心机

1986年，境域离心机制造有市离心机厂、湘潭县环保设备厂2家企业，从业人员745人，主要生产三足式离心机、上悬式离心机、卧式活塞推料离心机、离心力卸料离心机等4大系列12个品种。市离心机厂实行厂长负责制，深化企业内部改革，落实各项承包责任，企业得到较快发展。是年，境域生产各类离心机321台，完成工业总产值626万元、实现税收32万元、利润67万元。1987年后，市离心机厂投入技改资金214万元兴建1440平方米车间、购置设备26台套，提高工艺设备装备水平，加快新产品开发步伐，先后自主研发出SX800-N型三足式下部卸料离心机等4种新产品，其中IW630-N型卧式离心力卸料离心机获省经委颁发的新产品证书，WH80-NA型卧式离心机在全国同行业质量评比中获得第一名。1990年，由于受市场疲软、产品积压严重的影响，市离心机厂生产经营出现困境，经济效益大幅滑坡。是年，境域2家离心机制造企业，从业人员725人，生产各类离心机241台，完成工业总产值532万元，实现税收21.4万元，利润3.7万元，产量、产值、税收、利润分别比1986年下降24.9%、15%、33.1%、94.5%。

1991年后，市离心机厂提出向高技术含量、高附加值的产品方向发展，投资95万元兴建1440平方米准备车间、250平方米处理车间，投资279万元添置高精技术设备27台套，成功研制出XZ-1200型上悬式自动卸料离心机、SGZ1250-N型三足式刮刀自动卸料离心机，均获得省优秀新产品证书，HR630-N型卧式螺旋卸料离心机，获省新技术、新产品科技创新金奖，填补国内空白。1992年，市离心机厂产值、销售过千万元，实现税收86.1万元、利润55.9万元，为建厂以来效益最好年份,企业由小型晋升为中型二档型企业。1995年,市离心机由于综合实力提升、产销两旺评为“湖南省经济活力百强工业企业”之一。是年,境域2家离心机制造企业,从业人员940余人,生产各类离心机502台,完成工业总产值1956万元,实现税收57万元,利润89万元,产量、产值、税收、利润分别比1990年增长149.8%、108.3%、166.3%、23倍。

1997年后,市离心机厂因受原材料价格上涨及东南亚金融危机因素的影响,出现资金短缺、成本增高、债务包袱加重、经济效益严重滑坡的状况。1999年,湘潭县环保设备厂改制为股份制民营企业,更名为“湘潭县离心机厂”(以下简称县离心机厂),有职工110余人。2000年,市离心机厂列为全市企业产权制度改革的试点单位,进行国有控股的股份合作制改造,企业更名为“湘潭离心机制造有限责任公司”,调整经营管理方式、调动职工积极性,产品通过ISO9001国际质量体系认证,当年生产离心机237台,完成工业总产值2003万元,实现扭亏为盈。是年,境域2家离心机制造企业,从业人员880余人,生产各类离心机367台,完成工业总值2303万元,实现税收90.8万元。利润10.2万元,产量、产值、税收、利润分别比1995年下降26.8%、增长17.7%、59.3%、下降88.5%。

2001年,按国有股份制改造后的市离心机厂仍未摆脱“吃大锅饭”的陋习,机制不健全,管理混乱。2002年,湘潭离心机制造有限责任公司为甩掉包袱,加快发展步伐,经市政府批准依法破产,以职工的安置费为基础重组为“湘潭离心机有限公司”(以下简称市离心机公司)。2003年,县离心机厂陆续投入技改资金600多万元购置2米五双柱立车、精密自动平衡机、气体保护焊接设备及振动时效专家系统等先进设备, 先后开发出双级活塞式推料离心机、GMP标准制药用大直径平板吊装卸料离心机、钾肥生产专用虹吸式刮刀卸料离心机、卧式螺旋卸料离心机等新产品,以及气动螺旋散料器、耐磨型铁制筛网、高效布料器等离心机配套产品。2004年,市离心机公司经全体股东投票表决通过以承债式资产整体转让方式,企业实行“两个退出”,由民营资本投资收购企业经营离心机生产,所得收购款全部用于原市离心机厂职工安置。2005年,境域2家离心机制造企业,从业人员670余人,拥有固定资产3550万元,形成10多个系列、100多种规格的离心机生产体系,产品畅销国内、部分出口到非洲、东南亚等20多个国家和地区,成为境域平稳增长的优势产业。是年,境域生产各类离心机810台,完成工业总产值6584元,实现税收136.5万元,利润93万元,产量、产值、税收、利润分别比2000年增长120.7%、185.9%、50.3%、8.1倍。

第二节 内燃机

1986年,境域仅市柴油机厂(以下简称湘柴)生产内燃机产品(以下统称柴油机),有职工1192人。该年,湘柴被列为省、市实行资产经营责任制首轮承包改革试点单位,并在省内公开招聘厂长。恰逢国家进一步实施“放开搞活”政策,农机市场活跃,湘柴生产的“湘潭”牌柴油机在全国农机产品订货会上供不应求。企业抓住契机新增技改和科技贷款175万元用于改善铸造、总装、试车工序的生产条件,提高产品质量和开发新产品扩大生产能力,试制成功175A、175AN型柴油机新产品。是年,湘柴生产各类柴油机2.18万台,完成工业总产值1469万元,实现税收68万元,利润200万元。出口柴油机790台、创外汇20万美元。

1987年后,湘柴在实行厂长资产经营责任制中,改革劳动、人事、分配“三项制度”,实行以产值、产量、利润、质量、安全与工资总额挂钩的经济责任制，形成风险共担机制，对外开展横向联合扩散柴油机零部件生产，打破“小而全”格局，柴油机总装生产规模不断扩大，经济效益上升。R175A型柴油机获得“省优秀新产品”证书，175II 型柴油机获国家机电部、国家经贸委、国家商检局颁发的出口产品质量许可证。开发 185Q 型柴油机新产品样机。企业获省政府颁发的“质量管理先进企业”奖状及省机械系统“先进单位”奖状。1989 年，湘柴进一步落实经济责任制考核分配办法，三年承包累计生产柴油机 11.47 万台，完成工业总产值 8598.9 万元，实现利税 1052.9 万元、利润 697.5 万元，出口柴油机 1.1 万台、创汇 209 万美元，超额完成资产经营责任制合同指标，企业获得省政府“省级先进企业”证书及牌匾，划为省重点一类企业。在提前完成“七五”技改项目投资 266 万元的基础上，又投资 120 万元用于新增设备，提高产出能力，改进 175A、175AN 型新产品技术性能，175II 型柴油机再度获得部优产品证书，175A(N)型柴油机获省优产品证书。是年，湘柴为扩大柴油机生产能力，兼并市洗衣机厂为其配件厂。1990 年，湘柴 175A 型柴油机获“全国首届科技贷款成果金箭奖”，R170、R190 型柴油机试制成功，被机电部批准为“国家机电产品第八批出口扩权企业”，列入机电部骨干和重点企业目录，并晋升国家二级企业。是年，湘柴从业人员 1499 人，生产各类柴油机 6.3 万台，完成工业总产值 6744 万元，实现税收 142.1 万元，利润 553 万元，产量、产值、税收、利润分别比 1986 年增长 189%、359.1%、108.9%、176.5%。出口柴油机 7774 台，创汇 117 万美元。

1991 年，湘柴 185 型柴油机获得“部优秀产品”证书，企业被评为“全省优秀企业管理单位”。同年，市政府批复将市木材厂并入湘柴。1992 年后，湘柴经省政府批准列入“实行放开经营、投入产出总承包第一批试点企业”，同时开发的 R170、R190 型柴油机新产品通过部级鉴定，达到国际同类产品先进水平，填补省内空白，R375Q 型柴油机通过省部级鉴定。企业投资 378 万元引进西德马豪公司 2 台先进的加工中心设备装置，抓紧 R190 型柴油机机体生产线的改造；投资 215 万元购置大连机床厂专用机床 7 台，建成 R375Q 型柴油机机体生产线。但由于行业竞争激烈，国家宏观调控紧缩银根，致三角债务蔓延，资金紧缺，成本增高，产品积压，加上兼并市木材厂等企业后增加职工 800 余名及 300 多万元债务，湘柴企业负担逐渐加重，冗员和社会性服务包袱积弊日显突出，出现连年亏损。为扭转生产经营的被动局面，湘柴想办法筹措资金，调整内部机构，充实销售队伍，拓宽销售渠道，扩大适销对路产品生产，实行多元化经营分块搞活等一系列措施办法解困。1994 年，在国内农机市场普遍不景气的情况下，湘柴当年实现减亏 600 万元。1995 年，湘柴 175II、185 型柴油机通过国家技术监督局审查保持“部优产品”称号，荣登国家优秀产品“龙虎榜”，175II 型柴油机获“全国消费者质量信得过产品” 荣誉牌匾，175II、R175A、175 三种机型柴油机再度获得国家农业机械推广许可证，企业获“中国最佳企业 AAA 级”荣誉。同时实施内部挖潜，外延扩大产品配套的办法，继续将柴油机零部件扩散到省内 120 多家企业协作生产，厂内集中力量，提高总装产出率。为稳固和拓宽产品国际市场，湘柴与省轻工业品进出口公司、香港淦辉实业有限公司联合组建中外合资威格动力机械有限公司，开展对外贸易。是年，湘柴从业人员 1851 人，生产各类柴油机 10.1 万台，完成工业总产值 10387 万元，实现税收 211 万元，利润 80 万元，产量、产值、税收、利润分别比 1990 年增长 60.3%、54%、48.5%、下降 85.5%。出口柴油机 4.4 万台，创汇 680 万美元。

1996 年，湘柴 175II、185 型柴油机通过国家技术监督局、国家经贸委对企业管理软件和产品实物硬件双检合格后，取得生产许可证和出口许可证。产品出口通过合资公司解决出口配额，稳固国外市场，成功将190型大马力柴油机首次出口50台到泰国。根据市场需求变化和用户特点，湘柴开发出适应西南山区丘陵地带农村农户需要小巧玲珑、灵活好用"一肩挑"式的2马力160型柴油机，广泛用于小打稻机、收割机、耕田机、粉碎机、蒲滚机等农业机械动力驱动，并研制出185N和R190N型二种冷凝式柴油机，其中185N型柴油机获省经贸委"省名牌产品"证书。当年，湘柴坚持以质量为中心强化管理，分别实行产值、产量、质量与基本工资挂钩，内部利润与奖金挂钩的经济责任制和百分制考核分配办法，生产经营继续看好。1997年后，国内出现部分小型柴油机生产企业以低价格、垫底销售等方式快捷占领和扩充市场，而湘柴存在产品老化、新产品技术性能成熟完善滞后，生产能力偏低，缺乏市场竞争能力，加上人员负担沉重，小不如小型农机厂"船小好调头"，大不敌四川内燃机总厂、安徽全椒柴油机厂等为代表的生产集团，动辄年产量四五十万台并有雄厚资金作保障，加上主要出口对象孟加拉国突发洪涝灾害又受东南亚国家金融危机影响，农民购买力低，以及经销商乘机囤积柴油机实行售后付款，造成湘柴多承付仓储费用，导致原本脆弱的企业经济一落千丈，使得"湘潭"牌柴油机国内单机和配套市场几乎丧失殆尽，生产经营形势急转直下，出现企业亏损、欠发职工工资的状况。1998年，湘柴全面停产7个月，企业陷入瘫痪。调整厂领导班子后，企业提出"同心同德、生产自救、共渡难关"口号，组织600余名职工上岗并集资60多万元启动生产，依照"以稳定为前提、以市场为轴心、突出效益抓管理、围绕市场拓经营"指导方针组织生产，将销售重点放在出口市场，保住总销量50%的孟加拉国传统市场，逐步恢复数年未供货的印尼、缅甸、越南、老挝等市场，还采取合作出口方式由外贸公司垫付资金的办法融资100余万元，对内充分盘活库存、狠抓产销管理、努力降低成本。2000年，湘柴从业人员1686人(其中下岗职工954人)，生产各类柴油机2.58万台，完成工业总产值2658万元，实现税收108.8万元，亏损431万元，产量、产值、税收分别比1995年下降74.4%、74.4%、48.4%。出口柴油机23220台，创汇286.7万美元，出口占生产总量的90%。

2001年，湘柴频繁更换厂长仍未能扭转企业颓势，内部矛盾不断升级，多次发生群体上访等不稳定现象。2002年，湘柴由职工民主选举产生新的领导班子，新班子上任后曾试图启动生产，仅维持5个月后又全面停产。2003年后，湘柴将所有生产车间对外租赁。2005年，湘柴已负债13987.9万元，资产负债率高达579.1%，依法宣告破产。其生产区(含各附属单位)土地房屋等资产公开拍卖，所得收入全部用于安置3147名职工(含各附属厂集体职工)。至此，境域停止生产柴油机产品。

第三节　泵业

1986年，境域泵制造业有湘潭县花石水泵厂(以下简称花石水泵厂)、市液压件厂、湘潭县工业泵厂、市电动工具厂等4家企业，从业人员400余人，主要生产各类水泵、油泵、液压泵等产品，其中规模以上专业制造企业仅花石水泵厂1家，有职工77人。年内，花石水泵厂与长沙水泵厂联营后，投资45万元兴建厂房及添置配套设备，开发出具有八十年代国际先进水平的IS系列清水泵25、35悬架部分等12个新品种，广泛用于工业和城市给排水和农田排灌，被纳入省首批星火计划推广项目，成为企业的主导产品。是年，境域生产各类泵7258台，完成工业总产值324万元。1987年，花石水泵厂投入研发资金15万元，试制成功IS80-65-160型单级单吸清水离心泵系列17个品种。1988

年，市煤机厂研制的BFW32-25型风动涡轮潜水泵通过省级技术鉴定，获得新产品证书和专利证书，该产品采用特殊结构设计、性能稳定耐用，得到矿山用户好评。花石水泵厂试制出用于无腐蚀油类、石油类工业用途的IY型系列25·35段型泵、35·45段型泵。1990年，市调速电机厂经市计委批准成立分支机构“潜水泵厂”（以下简称潜水泵分厂），生产电泵、微型潜水泵产品。是年，境内泵制造企业6家，从业人员500余人，生产各类泵17900台，完成工业总产值1059万元，产量、产值分别比1986年增长146.6%、226.8%。

1991年，潜水泵分厂开发生产电泵、潜水泵10余种型号产品，市煤机厂研制BFW35-18A风动涡轮潜水泵系列获省科技成果奖并取得国家专利证书。市电动工具厂试制出WDB直流泵，当年生产180台。1992年后，花石水泵厂为改善产品单一结构，实现向多功能及产品系列化发展，投资95万元进行技术改造和科技攻关，研制开发S型单级双吸泵、WX18-20型等卧立式抽浆泵及S2-4型水环式真空泵，系列35·45段型泵、100D16和125D25多级离心泵投入批量生产。1995年，花石水泵厂为提高设备装备水平满足扩大规模生产的需要，投资400多万元新建600平方米铸造车间，购置立式车床、镗床、行车等大型设备，开发出ISY型油泵、IR型热水泵和S型中开泵，IY油泵在“全国新产品、新技术博览会”上获得金奖，卧式抽浆泵在墨西哥举办的“中国实用技术展览会”上获得金奖。企业由生产单一小型泵向生产系列化大中型泵转型，生产经营得到飞跃式发展。潜水泵分厂经过市场调查，瞄准农民家庭和搅拌机生产厂家急需微电机电泵产品，先后开发出微型水泵、工业泵、潜水泵、软轴振动泵等4大类近20种新产品，其中微型水泵参加“全国新产品、新技术博览会”获优秀奖，在省“新产品、新技术博览会”上，微型水泵和潜水泵双双获得金奖。是年，境内6家泵制造企业，从业人员600余人，生产各类泵57856台，完成工业总产值2932万元，产量、产值分别比1990年增长223.2%、176.8%。

1997年后，境内泵制造企业除花石水泵厂外其他企业因产品技术含量低、成本高，缺乏市场竞争力，潜水泵分厂、市电动工具厂等企业逐步停止各种泵生产。年内，花石水泵厂顺应市场经济发展实行股份制改造，由集体所有制改制为股份制民营企业，企业更名为“湘潭泵业集团有限公司花石水泵厂”（以下简称市泵业集团），仍以生产各类型泵为主业，重点开发生产达到国际水平、高技术含量的工业泵。市煤机厂生产的BFW35-18A型风动涡轮潜水泵首度出口澳大利亚。1999年，市泵业集团通过ISO9000国际质量体系认证。市液压件厂开发出多种排量和变量的CY系列轴向柱塞泵并批量生产，产品畅销省内外。2000年，市泵业集团投入技改资金50多万元，开发200D43型多级水泵取得成功。是年，境内泵制造企业3家，从业人员560余人，生产各类泵13636台，完成工业总产值2510万元，产量、产值分别比1995年下降76.4%、14.4%。

2001年后，市泵业集团产品研发和生产能力进一步提升，先后试制出250D60大型多级泵、YQH型油气混输泵以及D、DG155多级离心泵、XBD型立式多级消防泵、IS型单级泵、S型中开泵等产品均获省通用设备工业协会“名优产品”称号，YQH型油气混输泵填补国内空白。2003年后，市泵业集团又开发出D80-30、125D25等5种型号多级清水离心泵，部分IS型单级泵取得煤炭工业安全标志准用证。2004年，湘电集团公司成功收购长沙水泵厂，成立“湖南湘电长沙水泵厂有限公司”，开发出挖泥船泵、600兆瓦机组冷凝泵、RS型热网循环泵、立式直联水平中开泵等产品，并引进211—80斜流泵技术，试制“南水北调”工程用泵、1000兆瓦机组循环泵等产品。2005年，江滨机器厂与香港富华国际工业有限公司合资成立"湖南江滨富华机油泵有限责任公司",生产汽车用机油泵。市泵业集团开发出DG85-67型多级泵、D450-80型多级矿山专用泵,产品达到国内先进水平。湖南凌天科技有限公司成立后,生产地源(温)中央空调机组专用热泵。是年,境内泵制造企业6家,拥有固定资产9300余万元、从业人员1000人,具备生产各类清水泵、输油泵、消防泵、污水泵、矿用泵、热水泵、锅炉泵等25大系列500多个品种生产能力,当年产各类泵19328台,完成工业总产值6585万元,产量、产值分别比2000年增长41.7%、162.3%。市泵业集团进入全省机械行业500强排名第34位。

第四节 压缩机

1986年,境域压缩机制造企业有市压缩机厂(以下简称湘压)、江滨2家企业,生产活塞式和螺杆式气体压缩机、动力压缩机以及汽车用微型空气压缩机等产品,从业人员1600多人。当年,江滨试制的2B-70型车用空压机、2B-0.7/T型移动式压缩机分别投入小批量生产。湘压实行厂长经济责任制,层层分解承包指标。是年,境域生产各类压缩机71台、完成工业总产值1290万元,实现税收38万元,利润0.1万元。1987年后,湘压以新产品开发为重点进行产品升级换代,提高产品质量,ZDZ5·5系列氮氢气循环压缩机获省优产品证书。江滨车用微型压缩机由于市场容量小实行以销定产。1990年,境域2家压缩机制造企业,从业人员1625人,生产各类压缩机52台,完成工业总产值1360万元,实现税收45万元,利润0.5万元,产量、产值、税收、利润分别比1986年增长下降26.8%、增长5.4%、18.4%、400%。

1991年后,江滨因转产其他产品,停止车用微型压缩机生产。湘压因受原材料涨价、产品销售不旺的影响,生产徘徊不前,成为行业的亏损大户。1994年,在深化国有企业改革中,湘压作为产权制度改革试点单位,成立国有股份制公司"湘潭压缩机股份有限公司"。由于改革配套政策不到位,责权利不明晰,企业仍未脱困。1995年,湘压列为全市机械行业特困企业,市委、市政府派驻工作队协助企业解决生产经营中的困难,做好维稳工作。是年,境域只有湘压1家压缩机生产企业,从业人员1586人,生产各类压缩机34台,完成工业总产值1016万元,实现税收51.4万元,利润持平,产量、产值、税收分别比1990年下降34.6%、下降25.3%、增长14.2%。

1997年,湘压因潜伏性亏损巨大、无法承受沉重债务包袱且人员负担重,难于走出经营困境,宣告破产。2000年,市政府批准将原湘压优势资产重组为"湘潭压缩机有限公司"(以下简称湘压公司),实行股份制改造,下设三个分厂、15个车间,产品注册"震旦"牌商标,接续生产100多种工艺压缩机、动力压缩机及脉冲气力输送装置。是年,湘压公司有从业人员1238人,生产各种压缩机30台,完成工业总产值1490万元,实现税收59万元,利润0.6万元,产量、产值、税收分别比1995年下降11.8%、增长46.6%、14.8%。

2001年后,湘压公司不断完善产品结构,开发新产品,提高市场覆盖面,同时规范公司化管理,降低生产成本,提高产品质量,并通过ISO9000质量体系认证。2005年,湘压公司已形成生产D型、DW型、Z型、ZW型、L型、LW型、P型、PW型系列特种气体和变换气压缩机,Z型、DW型、DZW型系列氮氢气及甲醇气压缩机,V型、ZW型、LG型系列空气压缩机和移动式螺杆压缩机,W型、SF

型、L 型等系列中低压电站、水利水电工程用空压机，3DTY 系列三柱塞泵等 130 多种产品，其中特种气体压缩机及氮氢气高压压缩机和氮氢气、甲醇气循环压缩机系化工部定点生产产品，产品遍布全国。是年，境域只有湘压公司 1 家压缩机生产企业，有职工 1020 人，生产各类压缩机 49 台，完成工业总产值 1580 万元，实现税收 68 万元，利润 1.2 万元，产量、产值、税收、利润分别比 2000 年增长 63.3%、6%、15.2%、100%。

第五节　机床及工具、模具

一、机床制造

1986 年，境域无专业化生产机床的制造企业，大都为自制机床用于企业内部生产，只有市电工机械厂生产的内圆磨床、无心磨床和插床两大总成零部件销售。1999 年，江滨与湖南大学共同研发活塞异形外园车床、活塞异形销孔镗床等专用机床，解决同类型数控设备需依赖进口的问题，填补国内空白。2000 年后，江南开发出轴承套圈双端面磨床、轴承套圈沟槽自动车床、卧式压力机、五轴数控钻尖磨床、五轴数控凸轮磨床、薄刀分切压痕机、钻床研磨机、炮塔式铣床的立铣头等专用机床设备。2002 年，江南研制的 JNW01-50-42 数控四轴玻璃钢缠绕机床，产品技术领先于国内水平，获得国家级发明银奖，旋压机床 JMS 系列微电脑机床数控系统等产品畅销省内外。2005 年，江南拥有年产 1000 台轴承专用机床的生产能力，主导产品 601 型、691 型轴承套圈自动车床销量占国内产品市场份额的 40%，被评为省优质产品。是年，江南轴承套圈自动车床生产线有职工 418 人，完成工业总产值 2200 万元，销售收入 1800 万元，实现利税 135 万元。

图20-9-1　银箭 CZ691 轴承弯圈自动车床

图 20-9-2　卧式数控纤维缠绕机

二、工具和模具制造

1986 年，境域工具模具制造企业有市二机厂、市电动工具厂、市刃具模具厂、江麓等 10 多家企业，从业人员 520 余人，主要生产老虎钳、车床卡盘、手电钻、磁座钻、千斤顶等产品。1987 年，市政府决定将市刃具模具厂并入湘机，实行“人财物产供销”统一管理，改名为“湘潭电机厂十六分厂”，购置电脉冲冲床 2 台，T4163C 坐标镗床 1 台，修复原有设备 8 台，主要生产工业模具和本厂自用复杂刀具，年产工业模具能力 3000 标副，从业人员 79 人。江麓承接到外贸出口扳手的加工订单，经过组织设计、技术攻关，解决扳手头外形设计和内腔及齿轮加工的难题，为香港太禄有限公司生产1/2、1/4、3/8英寸多功能扳手。1989年，湘机十六分厂为广东顺德华星工业集团公司研制的康乐风扇注射成型模具参加全国模具评选，因设计结构合理、新颖、工艺先进，CAM辅助制造加工精密，经生产验证生产效率、制件合格率、模具寿命等性能均超过同类引进模具水平，被评为全国优质模具。1990年，使用该套模具生产的DS-468A立柱式及HQPEE“555”牌康乐扇，获北京第七届国际博览会金奖。当年，境域工具模具制造企业12家，从业人员约600人，生产模具3564套，量具25093套/项，完成工业总产值1842万元。

1991年，湘机十六分厂成立“模具加工中心”，投资600万元扩建4800平方米热处理车间，添置高效、高精度关键设备，模具加工中心形成能向全省提供精密、复杂、长寿模具，年生产模具3000标副、工装夹具2000套、量刃具8000件的生产规模。1992年，江麓成立工模具公司，拥有光学坐标镗床、数控升降铣床、数控分度花键磨床、五联动刀具刃磨床等195台高性能加工设备。年产夹模辅具能力1920套/项、刀量具35886套/项能力。从业人员200余人。1993年，湘机将十六分厂和九分厂合并成立模具制造分厂，从业人员150多人。当年承接大港油田4500米钻机电机转子整形复冲模制造任务。由于该模具必须由拼块组成上下模，工艺复杂、加工难度大。通过由工程师、技师组成QC攻关小组，群策群力解决上凹模、下凸模咬合和模具尺寸精度控制的难题，成功完成V67157—5050转子整形复冲模制造任务，独创该类模具加工工艺和制造技术，居国内领先水平。模具QC攻关小组被评为省优秀QC攻关小组。1995年后，模具制造分厂承制广东万家乐电器公司前后罩形状复杂、表面线条和光洁度要求高的30立升电热水器的深拉伸大拉模，在工程技术人员和高中级技师紧密配合下，通过精心加工和处理制造成功，得到使用单位好评。市二机厂因长期严重亏损资不抵债，宣告破产，停止液压千斤顶产品生产。1997年，湘电集团公司成立后，模具制造分厂改制为“湘潭电机力源模具有限公司”(以下简称力源模具公司)，成为湘电集团公司下属全资子公司，从业人员577人，当年完成海尔公司、科龙公司等国内著名家电企业价值近400万元模具合同，30立升电热水器前罩拉模和1.5P空调室外机前罩成形模评为全国优质模。1999年，力源模具公司承接广东科龙公司冰箱压缩机罩壳钣金模具。通过设计、工艺人员奋力攻关，经过12次边修改、边试模，制作出合格样件交用户试生产，并根据使用情况多次改进，将注射模中两项脱模机构原理运用到罩壳成型模上，成功解决不能满足大批量生产难关，从而全面掌握钣金模具制造的独门技术，弥补国内生产空白。此后，又研制出230W、T00、TB00等型号压缩机罩壳模具，完成近140万元产值的加工合同，吸收国内一批大型家电生产定制冰箱压缩机罩壳钣金模具。2000年，力源模具公司在巩固科龙、海尔、长虹等老用户的基础上，开发广合、LG、万宝等家电生产厂家新用户，并成为日本松下空调公司在大陆最大的模具供应商，一次性承揽合同金额达200万元，还通过ISO9001质量保证体系认证。市电动工具厂等10家企业因市场疲软、模具制造技术水平低，亏损严重，先后停产歇业。是年，境域工具模具制造企业2家，从业人员500余人，生产模具12773套、工量具22090套/项，完成工业总产值1421万元，产量、产值分别比1990年增长258.4%、下降12%、下降22.8%。

2002年，江麓工模具公司为塔机、压路机、建筑施工升降机等民品配套制造工具模具外，面向市场承接加工难度大、技术含量高的工具模具加工业务。力源模具公司被列为全国144户重点专业模具企业，享受增值税先征后返70%的优惠政策，得到补贴收入119.4万元。2003年后，力源模具公司开拓宁波“奥克斯”、衡阳凌风车架模具制造市场，使企业由承制季节性模具拓展到洗衣机、灶具、热水器、汽车等长年性模具。2005年，力源模具公司通过市场调查，开发出φ500毫米大缸径金刚石压机模具，属升级换代产品，市场需求量大。是年，境域工具模具制造企业2家，从业人员563人，生产模具13709套，工量具25683套/项，完成工业总产值1917万元，产量、产值分别比2000年增长7.3%、16.3%、34.9%。

第六节 通风设备

境域通风设备制造始于1988年。当年，市风动机械厂（简称湘风）开发出9-19型高压离心通风机，用于锻冶炉及高压强制通风，也可广泛用于输送物料、空气及无腐蚀不自燃不含黏性物质的气体，1990年取得生产许可证。1991年后，湘风又开发出4-72系列、L4-73系列风机，用于工厂及大型建筑物的室内通风换气，但通风设备制造未形成大批量生产，年产值徘徊在50万元左右。

1993年，平安电气公司开发出用途广泛的PYF系列斜流式、轴流式消防高温排烟风机，获省科学进步四等奖，取得省公安厅颁发的消防排烟风机生产许可证。经过不断完善产品结构和性能，其技术性能达到国内领先水平。1998年，PYF系列消防高温排烟风机分别获得“国家级重点新产品”和“湖南省名牌产品”证书，年产值超过800万元。1999年后，平安电气公司与清华大学联合研制出YBK56型地面抽出式轴流风机，获得“国家级重点新产品”证书和“湖南省产品质量奖”，年产值1500万元。2005年，境域通风设备制造企业2家，从业人员200余人，生产通风设备2340吨，完成工业总产值4496万元，实现利税793万元。

第七节 空调

1992年，湘潭顺风空调有限公司成立，开始从事中央空调研发生产，有职工近百人。后因公司法人代表离世，公司随之关闭歇业。

2001年，湖南凌天科技有限公司（简称凌天科技）成立，有职工60余人，与清华大学在引进消化国内外地温中央空调先进技术基础上，导入调频概念进行技术创新，研发第三代地源（温）中央空调，产品工作原理是以提取地温能源（地下水、土壤能量），以水为载体、以电为辅助，经加工转换实现夏季制冷、冬季供热及供卫生热水为一体的“三联供”机组，该机组采用多台涡旋式压缩机并联具有自动调节负荷功能，同时采用干式管壳蒸发器及冷凝器，克服板式蒸发器、冷凝器易堵塞现象。

2002年，湖南喜尔电器有限公司（简称喜尔电器公司）在昭山高新技术开发区内成立，有职工320人，投资300万元引进国外先进技术，开始研制家用型和工业型节能环保空调，产品注册为喜尔空调。由于喜尔空调是无压缩机、不使用氟利昂制冷的环保型产品，且耗电量只有传统氟利昂制冷空调的1/6至1/8，节能效果好，广为南方沿海地区和东南亚国家用户接受。是年，喜尔电气公司生产空调机3000台，完成工业总产值900万元、实现利税56万元，企业实现当年投资、当年出效益。XE-01E、XE-01A空调机获得国家“三C”认证以及外观设计专利证书。凌天科技研发的LD系列地源（温）中央空调机组通过省经贸委新产品新技术鉴定，并取得ISO9001:2000质量体系认证证书。2003 年,喜尔电器公司获得 GB/T19001 质量管理体系认证和进出口企业资格证书。年内追加投资 400 万元,生产环保空调机 4750 台,完成工业总产值 1450 万元,实现利税 267 万元。2004 年,喜尔电器公司又投资 500 万元完善生产线配套设备和生产设施,形成年产 5 万台生产能力。2005 年,凌天科技与清华大学联合开发研制的 LD-W(BL)系列地源(温)中央空调机组在市政府大厦装机运行,取得成功。喜尔电器公司节能环保空调产品列为省火炬计划推广项目,产品已销往东南亚、日本、澳大利亚、美国等市场,创汇 30 万美元。是年,境域空调制造企业 2 家,从业人员 500 余人,生产各类空调 9005 台(组),完成工业总产值 5500 万元,实现利税收 205.2 万元,利润 300.4 万元。

第十章 专用设备制造

第一节 纺织工业设备

1986 年,境域仅市纺织机械厂(简称纺机厂)生产细纱落纱机和麻纺配件及高压黄油枪等产品,从业人员 292 人。当年,纺机厂 AU513—205 型电动落纱机参加广州春交会展出引起轰动,外商纷纷提出订货,新开发的 FU221 型电动落纱机取得省经委颁发的新产品证书。纺织部纺织机械工业总公司批准纺机厂为国内细纱落纱机出口定点唯一厂家。是年,境域生产落纱机 400 台(麻纺配件 124 吨),完成工业总产值 181 万元,实现税收 12 万元,利润 23 万元。

1987 年后,纺机厂实行厂长经营承包责任制,积极稳妥地推进新产品研制工作,FU221 型改进型电动落纱机取得国家专利证书,在法国巴黎第十届国际纺织机械展览会上展出,引起国外厂商关注和称赞,FU881A 型细纱理管机、FU891 型绒辊清洁机等产品批量投产。1989 年,纺机厂超额完成经营承包指标,树为全市纺织系统标杆单位,研制出 AU521F 型绽子清洗加机油,受到试用纺纱厂好评。1990 年,境域纺机厂有从业人员 333 人,生产落纱机 533 台(麻纺配件 86 吨),完成工业总产值 391 万元,完成税收 27.2 万元,利润 63.9 万元,产量、产值、税收、利润分别比 1986 年增长 33.2%、65.7%、116%、177.8%。出口落纱机 96 台,实现出口产值 52 万美元。

1991 年,纺机厂采取内部挖潜和节能降耗等措施,加强成本管理和控制,在纺织行业普遍不景气情况下,仍保持生产持续均衡发展,落纱机螺杆输管车式管箱装置获得国家实用新型专利,FU921 型锭子冲洗机新产品投入生产。1995 年,境域纺机厂从业人员 283 人,生产落纱机 395 台(麻纺配件 121 吨),完成工业总产值 410 万元,实现税收 25.7 万元,利润 0.3 万元,产量、产值、税收、利润分别比 1990 年下降 25.9%,增长 4.9%,下降 5.5%、99.5%。出口落纱机 33 台,实现出口产值 26 万美元。

1996 年后,纺机厂取得落纱机剪纱装置、直流驱动装置、落纱机输管扦管装置以及细纱机上供落纱、上下车装置国家实用新型专利。由于受落纱机等产品销售市场疲软产品积压,货款难于收回,企业生产经营陷入困境。1998 年,纺机厂职工民主选举厂长,新班子上任后,采取剥离辅业、分流人员等办法减轻企业负担。2000 年,纺机厂研制出 FU804A 型磨皮辊机、FU246 型皮辊压圆机、A808A 型皮辊机等新产品投入生产销售,企业实现扭亏为盈。是年,境域纺机厂从业人员 259 人,生产落纱机 590 台(麻纺配件 106.6 吨),完成工业总产值 406 万元,实现税收 36.5 万元,利润 2 万元,产量、产值、税收、利润分别比 1995 年增长 49.3%、下降 1%、增长 42%、566.7%。

2002 年,纺机厂进行产权制度改革,实行"两个退出"(企业退出国有身份,职工退出全民身份),将优质资产剥离重新评估再量化股份到人,职工自由选择认股、配股以及转让。改制后,按公司法组建民营企业"湘潭纺织机械厂有限公司"(简称市纺机公司)。2004 年,市纺机公司为重点抓好新产品开发提高产品竞争能力,专门设立纺织机械研究所。2005 年,境域市纺机公司拥有主要生产设备 75 台套、总资产 850 万元,生产电动落纱机、套皮辊机、理管机、磨皮辊机、皮辊压圆机、绒辊清洁机、锭子清洗机、高压黄油枪等 20 多种产品,产品远销日本、泰国、巴基斯坦、叙利亚、墨西哥等 20 多个国家,成为纺织工业部定点生产棉纺辅助专用设备的厂家,从业人员 192 人。是年,境域市纺机公司生产落纱机 603 台(麻纺配件 78.3 吨),完成工业总产值 412 万元,实现税收 35.8 万元,利润 6.8 万元,产量、产值、税收、利润分别比 2000 年增长 2.2%、1.5%、下降 1.9%、增长 240%。

第二节　食品机械

1986 年,境域食品机械制造有市食品机械总厂(简称食品机械厂)、湘潭包装和食品机械研究所(简称食品机械研究所)2 家企业,从业人员 688 人,主要生产系列不锈钢过滤机、饮料泵、饮料生产线、二氧化碳回收装置、多功能自动油炸机、灌装生产线等产品。当年,食品机械厂自行设计生产出锥盘水果压榨机、葡萄除梗机、巴式灭菌机等新产品,JZ20—30 型不锈钢自吸泵获省经委、省包装技术协会"优秀包装产品奖"。GZV20 水果压榨机在"省名优特新食品芙蓉奖"评比中,评为优秀食品机械。是年,生产食品机械 254 台套,完成工业总产值 521 万元,实现税收 21.4 万元,利润 32.7 万元。另有市、县粮食部门设立的粮油机械厂,制造一些组合碾米设备,榨油机等。

1988 年后,食品机械研究所自行设计制造的多功能自动油炸机、白酒过滤机获省优秀设计奖。酱油灌装生产线通过验收交付使用,该条生产线从洗瓶—空瓶灭菌—灌装—压盖—热收缩—贴标—装箱打包实现机械化流水作业,大大减轻一线工人的劳动强度,被市龙牌酱油公司推广应用于各酱厂;生产线还适应麻油、食醋、沙司等液体调味品包装。食品机械厂饮料泵、过滤机向产品系列化发展,其中 YB 型不锈钢饮料泵、GZV20 水果压榨机、GS60 水果破碎机等均通过省、市技术鉴定,YLB 系列不锈钢饮料泵、ZXB 系列自吸泵、GS60 型水果破碎机、GXL15 型榨汁机等被评为省食品和包装机械行业优质产品。1990 年,境域食品机械制造企业 2 家,从业人员 875 人,生产食品机械 194 台套,完成工业总产值 423 万元,实现税收 31.6 万元,亏损 97.1 万元,产量、产值、税收分别比 1986 年下降 23.6%、18.8%、增长 47.7%。

1991 年,食品机械厂研发的 MJG20 超高温瞬时灭菌机获得省科技进步四等奖,并在全国食品工业十年新成就展示会上获"优秀新产品"证书。湘潭县粮油机械厂生产的 MZN-20 型组合米机获全国"七五"星火计划科技成果博览会金奖。1994 年,民营企业湘潭市林海食品机械厂成立(简称林海食品机械厂),占地 6000 平方米,拥有固定资产 200 余万元,研制生产高精度多容量灌装机、低真空灌装机、硅藻土立式过滤机、全自动封盖机、链道式冲洗瓶机、风刀式烤干机及不锈钢饮料泵、输瓶机等产品,有职工 10 余人。1995 年,食品机械厂由于摊子铺得大、产品门类多疏于管理,亏损达

39.3 万元。是年,境域食品机械制造企业 3 家,从业人员 810 人,生产各类食品机械 277 台套,完成工业总产值 591 万元,实现税收 24 万元,亏损 37.9 万元,产量、产值、税收分别比 1990 年增长 42.7%、39.7%、下降 24.1%。境域由于市场饱和,粮油机械相继停止生产。

1996 年后,林海食品机械厂先后开发出硅藻土烛式过滤机、硅藻土立式过滤机和链道式冲(洗)瓶机等新产品,其中硅藻土烛式和立式过滤机采用硅藻作助滤剂将过滤液体达到需要的清亮度,该机组不受电压或停电影响改变压力差而导致介质脱落,也不受压力变化导致杂物穿透内层,且设有降低劳动强度、提高生产效率的自动化冲洗装置;链道式冲(洗)瓶机综合国内外各种洗瓶机的优点,采用高压水对瓶内外跟踪冲洗,具有适用瓶形广、性能稳定、洗净度高、无破瓶率、残留水少等特点,被省内外酿酒业采用。食品机械研究所开发的 80 头酱油灌装机通过省级鉴定验收,产品销往省内外。食品机械厂由于主业不突出,内部管理混乱未得到根治,生产急剧下滑。2000 年,境域食品机械制造企业 3 家,从业人员 780 人,生产各类食品机械 180 台套,完成工业总产值 321 万元,实现税收 19.6 万元,亏损 147.7 万元产量、产值、税收分别比 1995 年下降 35%、45.7%、18.3%。

2001 年,林海食品机械厂先后研制出速冻二级过滤机组、高精度多容量灌装机新产品,2003 年又研制出用于灌装生产线上的瓶罐进行水分吹干、粘贴不干胶商标流水作业的风刀式烘干机,成为酒类包装线上最理想的烘干设备。2004 年,林海食品机械厂生产的硅藻土立式过滤机获国内过滤机"十大名优品牌"称号,并评为"国家专利技术发明"二等奖。2005 年,市改制办批准食品机械研究所"整体出让、妥善安置职工"的改制方案,实行"二个退出"。市食品机械厂停产后亦酝酿破产改制。是年,境域食品机械制造企业 2 家,从业人员 187 人,生产各类食品机械 96 台套,完成工业总产值 637 万元,实现税收 43.3 万元,亏损 153.4 万元,产量、产值、实现税收分别比 2000 年下降 46.7%、增长 98.4%、120.9%。其中林海食品机械厂完成工业总产值 580 万元,实现税收 35 万元,利润 8 万元。

第三节　冶金设备

一、烧结机及部件(辅机)

1986 年,境域江麓生产大型冶金非标设备烧结机。在成功开发出 24 平方米烧结机后,根据市场需求生产 18 平方米至 115 平方米整台烧结机和部件,形成产品系列研发以及各种型号的高炉设备及部件的生产能力。到 1990 年,江麓累计生产烧结机 14 台。2001 年,湘潭市江大机械制造有限公司成立后,研发生产烧结机各种部件。2003 年,江麓承揽昆明钢铁公司烧结机生产线 9 台(套)制造合同,价值达 2600 万元,2004 年按期交货且一次试车成功。2005 年,境域烧结机及部件生产企业 2 家,从业人员 400 余人,完成工业总产值 4500 万元,实现税收 185 万元,利润 118 万元。

二、冶金冷却机及其他冶金设备

1986 年,境域湘机电炉分厂生产中频熔炼、透热设备等产品,从业人员 150 余人,当年生产各类中频电炉 86 台。1987 年江麓开发出 SLZS-1560 型冷矿振动筛及一、二次圆筒混料机、单辊水冷破碎机等产品。1988 年,市煤机厂为攀枝花钢铁公司成功研制出 1 台 145 平方米鼓风环式冷却机,重达 700 吨，经省冶金总公司组织的国家物资总局和上海、南京、鞍山等地 10 多家大型钢铁企业及电力、冶金系统 40 多名烧结冷却专家验收评议，一致认为该产品技术含量高、制造精良、运转平稳、操作灵活，达到设计要求，填补省内制造大型烧结冷却设备空白。湘机电炉厂研制成功 GW-0.15 吨、0.25 吨中频电炉及透热感应器等新产品。中频感应电炉评为部优产品。1989 年后，江麓相继开发出 36 平方米至 120 平方米整台带式冷却机及部件；ф800 至 ф1700 长度从 1000 毫米至 3300 毫米单齿辊破碎机；各种型号的双齿辊、四辊、光辊破碎机；ф1800×4500 毫米至 ф3500×1600 毫米的圆筒混料机、制拉机、流烧机、滚煤机；各类型号的冷、热所振动筛；圆盘给料机、振动给料机；铅阳极铸型机、直线机、铸渣机；武钢二硅 PA3 包装线等产品，这些冶金设备已在全国数十家企业投入使用，设备运行良好。

1991 年，市煤机厂为武钢第三烧结厂设计制造 140 平方米抽风环式冷却机。湘机电炉厂坚持以“科技为先导、以质量为主线”的工作方针，广泛开展“保优创优”的活动，通过国家电炉质量监督检测中心验收，成功研制出 GW-1 吨电炉、YKS-560 冷却器。1993 年，市江大制造公司成立后，生产冶金机械非标成套设备，从业人员 100 余人。湘机电炉厂为适应市场需要，与香港日达贸易公司合作成立“湘潭日鑫电热设备贸易公司”，实行合资企业用工分配机制，当年开发出 GW-2 吨电炉新产品，生产各类中频电炉 160 台，实现利润 59.2 万元。1994 年，湘机电炉厂面向市场把开发新产品作为新的经济增长点来抓，先后设计研发 30 千瓦、105 千瓦多种型号电阻炉，150 千克、500 千克等手电动简易电炉新产品，新产品产值达 402 万元，投入 7 万元开发网带可控气氛炉全套技术图纸资料，作为电炉厂主导产品重点发展方向，年产 60 台左右。1997 年，湘机电炉厂在电炉生产萎缩的情况下，加强质量管理，中频电炉成套设备仍被列为中国电器工业协会推荐使用产品。1999 年，市煤机厂为涟钢设计制造 157 平方米抽风环式冷却机。湘机电炉厂开发出 GW-1-160/1t 中频底注式保温炉、GWB1-160/1t 中频保温炉投入生产，同时设计出 GW-0.5-250/1t-3 等 5 种型号电炉及网带式淬火炉、台车式电阻炉等新产品。2000 年，湘电集团公司撤销湘机电炉厂，中止电炉产品生产。2001 年后，市江大制造公司承接华菱湘钢公司中轧机装配业务，先后为长沙铜铝材厂、华菱湘钢分别制作三辊行星轧机、4# 铸机回转装置及横移台架，并通过 IS09001 质量保证体系认证。2005 年，市江大制造公司为华菱湘钢分别制作 1#、2# 脱破装置及宽厚板 2#、3# 冷床设备共 4 套。是年，境域冶金冷却机及其他冶金设备制造企业 3 家，从业人员 200 余人，完成工业总产值 3200 万元，实现税收 125 万元，利润 30 万元。

三、粉末冶金压力机

1987 年 4 月，江麓根据省经委下达研制自动压力机任务，成立以总工程师为首的专门班子开展试制工作。在研制过程中，按照压力机具体结构特点分解成 14 个组件部分，绘制机械设计图纸 1505 张，编制工艺图纸 1100 多份，制造工装模具 34 套。1989 年 1 月前后，完成 2 台 LJK62—15A 型自动压力机组装任务。在试车过程中，压力机出现下拉前回跳精度超过允许值范围，经过 QC 小组历时 2 个多月多次攻关取得突破，使样机下拉前回跳只有 0.03 毫米，超过国外同类产品 TPA—15/3 型自动压力机 0.04 毫米的标准要求。1989 年 5 月，2 台压力机通过株洲硬质合金厂几何精度、技术性能、实际投入生产一系列技术指标的检测和试验，均达到西德 DORST 公司生产的压力机水平。整机除变速皮带是采用进口产品外，其余零部件、外购件、标准件全部实现国产化，售价仅 30 万元，只相当进口设备价格的三分之一。1991 年，江麓生产的 LJK62—15A 全自动压力机评为国家级新产品，同年列入国家火炬计划项目，获得国家有色总公司引进吸收进口设备一等奖、湖南省引进技术消化吸收项目奖。1999 年，江麓对原机进行改进，研制成功 TZJ160 型自动碳压力机，被评为 2000 年湖南省科技创新项目，获 2001 年“全省百万职工科技兴湘”技术金奖。

2003 年 3 月，由江麓集团、职工个人、外部自由人联合出资组建“湘潭江麓精密机械有限公司”（以下简称江麓精密公司），成为江麓第一个投资主体多元化企业。2004 年，江麓精密公司成功开发出国内首台智能型全自动粉末压力机，此后产品成功出口美国及英国摩根公司。2005 年，通过消化吸收引进技术，解决在机械、液压、控制、电瓶调整、装配等方面诸多难题，江麓精密公司研制出 FSZ50 吨级全自动粉末压力机，该产品质量达到国际先进水平。压力机产品发展到 20 吨杠杆压力机、S 系列 3 吨至 20 吨双向压力机、FZJ60、160、500 系列压力机及新型全自动碳刷压力机、智能型数字化全自动机械手压力机等系列产品，广为国内硬质合金、磁性材料、陶瓷等粉末冶金行业采用并替代进口设备为国家节省大量外汇。是年，江麓精密公司生产各类粉末冶金压力机 12 台。

第四节　陶瓷机械

1986 年，境域陶瓷机械制造企业仅湖南省轻工机械厂（简称省轻机厂）1 家，从业人员 949 人，主要生产 TCM1140 型 1.5 吨球磨机、1X—25 型真空泵、TCZL255—1 型真空练泥机等系列产品。年内，省轻机厂坚持以“科技兴厂”的指导方针，作出由日用陶瓷设备转向建筑陶瓷设备生产为主的重大决策，同时试行“厂长任期目标负责制”“工资总额与利税挂钩”的经营承包责任制以及“岗位技能工资制”等改革措施，促进企业由生产型向经营型转变。是年，省轻机厂完成工业总产值 1320 万元，实现税收 79 万元，利润 180 万元。

1987 年后，省轻机厂投资 2460 万元进行大规模技术改造，建成从铸造、冷作、电焊、机加工到装配、油漆等有完整流程设施的生产线，引进数控车床和镗铣加工中心等高精技术设备，建立 CAD/CAM 系统，用计算机进行辅助设计、工艺编制及计量检测。同时加快产品结构调整，先后开发出建筑陶瓷用 30 吨大吨位球磨机、系列喷雾干燥塔、系列窑炉、1000 吨压砖机等设备，试制的 TC3380 型 800 吨全自动液压压砖机，填补国内空白。该厂生产的 TCM1180 型球磨机、TCYL—75K 全液压压滤机、TCGB210 型双缸隔膜泵分别获省优产品。1989 年，省轻机厂生产的 TCYL—75K 全自动液压压滤机、TCZL25 型真空练混机、TCM1180 型球磨机、3TCIP1500B 型自动控制喷雾干燥塔在北京“首届全国轻工业产品博览会”上被评为国家级新产品。1990 年，省轻机厂从业人员 986 人，完成工业总产值 1505 万元，实现税收 175 万元，利润 68 万元，产值、税收、利润分别比 1986 增长 14%、121.5%、下降 62.2%。

1992 年，省轻机厂推行双态工资制（计件与计时工资）、优化劳动组合，调动员工生产积极性，当年完成工业总产值 4515 万元、实现税收 216.8 万元、利润 492.2 万元，职工年平均收入 4650 元。企业跻身全国机械行业 500 强，被评为“全国双文明先进单位”。1993 年，省轻机厂实行模拟市场运作的管理方法及“绩效工资制”，企业进入湖南省工业企业 100 强。同年，省轻机厂牵头联合晋江陶机厂、广州粤湘工贸发展公司、香港五星企业贸易公司等8家单位组建湖南五菱集团公司(以下简称五菱集团公司),成为跨地区、跨行业、多元化、外向型、集团化发展的陶瓷机械生产和出口基地。1994年,五菱集团公司晋升为国有大型二档企业,成为国内专用设备制造业100强企业,产品行销全国30个省市自治区,部分产品销往亚、非、拉美等国家和地区。1995年,五菱集团公司开发出"五菱"牌TC3340型系列液压自动压砖机,其中400吨液压全自动压砖机获国家级新产品证书。是年,境域省轻机厂有从业人员1092人,完成工业总产值5670万元,实现税收634万元,利润200万元,产值、税收、利润分别比1990年增长276.7%,276.7%、194.1%。

1996年后,由于陶瓷产业结构调整、市场萎缩以及成本上升等因素影响,五菱集团公司出现经营困难。2000年,五菱集团公司生产经营跌落低谷,仅完成工业总产值2125万元,实现税收43.2万元,利润0.1万元,产值、税收分别比1995年下降62.5%、93.2%。

2002年7月,湘电集团公司整体兼并五菱集团公司,更名为"湖南五菱机械有限公司",成为湘电集团公司全资子公司。2003年,由湖南五菱机械有限公司发起联合几家民营企业组建由湘机集团有限公司相对控股的"湖南五菱机械股份有限公司"(简称五菱股份公司),实现资本多元化转变。五菱股份公司组建后,先后筹资528万元投入技术改造,购置T6216D大型落地镗床和五米大立车,成立CAD中心、实施ERP管理,实现生产计划、物资采购、物料管理、资金管理的电算化管理,并具备提供日用陶瓷、建筑陶瓷和卫生洁具成套生产线等各种设备能力。当年完成工业总产值5020万元,实现税收550万元,资产负债率由102%降至67%。2004年,五菱股份公司通过转换机制步入良性发展轨道,先后开发出技术含量高WL1700B、WL1700C、WL3200吨全自动液压压砖机;TY67800、TY64100型大型陶瓷喷雾干燥塔;TCM1700型40吨大型球磨机。2005年,境域五菱股份公司具备生产系列间歇式球磨机、系列连续式球磨机、系列全自动液压压砖机、系列练泥机、系列压滤机,TCX26330型瓷盘等静电压成型机、卧式干燥器系列与辊道窑系列、TP系列施釉线、喷雾干燥器系列、液压柱塞泵系列等13大类100多种陶瓷设备生产能力,从业人员500余人。是年,完成工业总产值5016万元,实现税收221万元,利润300万元,产值、税收分别比2000年增长136%、411.6%。

第五节　环保机械

一、除尘设备

1986年,境域除尘设备制造企业有7家,从业人员近800人,其中产能较大的企业有市风动机械厂(简称湘风)、湘乡县机械厂2家,主要生产脉冲除尘器、电除尘器、布袋除尘器(含回转反吹和横布袋)等产品,从业人员500多人。其他为区街和乡镇小厂。年内,湘风成立除尘设备分厂,JH型反吹袋式除尘器获省科委"科学技术进步"四等奖。是年,境域共生产各类除尘设备319台(其中湘风生产183台、湘乡县生产136台)。1987年,湘风研制的LZH型振打横插扁袋除尘器通过市级鉴定,振动清灰装置设计新颖、独特,性能达到国内先进水平。1988年后,规模以下企业湘乡市工业装备厂、星星无线电厂、红星电子设备厂等企业先后退出除尘器生产行业。湘乡市机械厂投资180多万元更新机械设备,扩大除尘器研发生产。1990年,境域除尘器设备制造企业2家,从业人员500

多人，生产各类除尘设备522台(其中湘风生产175台、湘乡市生产347台)，产量比1986年增长63.6%。

1991年，湘风与省机械研究所联合研制的LCJ—7.5型扁袋除尘器通过省级鉴定，该产品单位风量能耗处于国内领先水平。1992年，湘乡县机械厂投资400多万元在东山乡征地100多亩兴建厂房4800平方米，改善生产条件。1996年，民营企业湘潭市碧绿环保产业发展有限公司成立(简称碧绿环保公司)，自主研发工业烟气脱硫除尘设备。1997年后，湘风相继开发PPW型气箱脉冲除尘器、LCDM型长袋低压脉冲袋式除尘器和DBP型高压静电除尘器等新产品。2000年，境域除尘设备制造企业3家，从业人员530余人，生产各类除尘设备147台(其中湘风生产80台、湘乡市生产67台)，产量比1990年下降71.8%。

2001年，碧绿环保公司研发出首台SYBL一体化脱硫除尘器安装在湘潭莲城宾馆2吨/小时锅炉上运行，经市环保监测站监测，脱硫除尘效果达到国家排放标准。2002年，湘乡县机械厂破产改制后，成立湘乡机械厂有限责任公司，继续生产除尘设备。同年，民营企业湘乡机械制造有限公司成立，生产除尘设备。2004年，碧绿环保公司成功研发出FS—04规流填料塔及工艺集成系统，首次应用于湘潭电化科技股份有限公司35吨/小时锅炉脱硫除尘治理，经市环保部门监测，脱硫效率、除尘效率分别达到96.1%、99.5%，治理后烟气中硫和灰尘的含量大大低于国家排放标准。2005年，FS—04规流填料塔通过省科技厅、省环保局组织的科技成果鉴定会，核心技术具有独创性，达到国际先进水平，适应大型锅炉烟气治理。当年，碧绿环保公司生产规流填料塔24套，出口马来西亚小型垃圾发电厂锅炉烟气脱硫装置1套，实现境域脱硫技术设备首度出口。碧缘环保公司还与德国Wielu公司签约，由中方提供技术，德方出资金组建中德合资企业"湖南碧绿环保产业发展有限公司"。是年，境域除尘设备制造企业4家，从业人员570余人，生产各类除尘设备176台(套)，产量比2000年增长19.7%。

二、扫路机及垃圾压实机

(一)扫路机

1987年，境域江麓与上海环卫局联合开发具有20世纪80年代中期国际先进水平的新型道路清扫机。1988年初，江麓抽调32名工程技术人员组成研制开发组，根据上海环卫局提供的车体、动力电气传动、清扫功能等工艺技术参数进行设计制造。1990年8月，完成2台SHZ22扫路机总装及工厂测试。1991年5月，国家检测中心和上海环卫局在上海长宁区对扫路机进行400小时清扫作业和400次翻倾翻斗作业可靠性试验和工业考核，测试表明扫路机各项性能指标达到国外同类机型水平，使用可靠，性能稳定，9月通过机电部扫路机科学技术成果鉴定，批量投入生产。1992年，江麓为上海环卫局生产14台SHZ22型扫路机。1993年，该产品获兵器工业总公司科学进步二等奖、省企业科技进步"巨龙奖"二等奖。但由于扫路机成本高、操作难，用户少，未成为城市道路清扫首选工具。1998年，江麓停止SHZ22型扫路机生产。至是年止，境域共生产扫路机28台。

(二)垃圾压实机

2001年底，江麓根据国家经贸委制订的《国家技术创新项目计划》中开发生产垃圾压实机环保项目，利用20年来制造压路机的研发技术与工装设备生产优势，开发出国内第一代环保型YZLK20

垃圾压实机样机。该机采用凸块滚轮及车体自身质量和滚轮内偏心质量旋转产生激振力，以及驱动时产生驱动力联合作用，对垃圾进行捣碎挤压压实，又依靠各凸块强大的附着力及双油缸推整机构，将堆积的垃圾推平压实，可使单位体积城市生活垃圾压缩 60%以上。同时借鉴军用技术在驾驶室内增设空气净化装置，改善驾驶员工作环境，后轮设计弹性悬挂结构，提高整机抗冲击力，推铲设计成双油缸推整结构，提高工作平稳性。2002 年，样机在市郊张家浸垃圾卫生填埋场进行可靠性试验，通过省级科技成果鉴定和产品生产鉴定，取得“垃圾振动捣碎技术参数配合最佳的垃圾压实机”“空气净化装置”两项国家实用新型的技术专利，YZLK20 垃圾压实机列入国家和省重点环保实用技术项目，获得省优秀新产品证书。2004 年后，江麓根据垃圾压实机试用结果在原有基础上进一步改进设计，相继开发出 YZLKI20A 型垃圾压实机、YZLK17 型垃圾压实机、YZLK14 型垃圾压实机等新产品，形成产品系列化，填补国内大吨位垃圾压实机采用振动捣碎密实垃圾的技术空白。2005 年，YZLK20A 垃圾压实机取得国家重点新产品证书。至是年止，江麓共生产垃圾压实机 20 台，产品销往江苏、沈阳、广东、广西、四川及省内等地，用户普遍满意。

图 20-10-1　江麓产 YZLK20A 垃圾压实机

三、沙漠植被建造机

2003 年，江麓为配合西北地区风沙治理工程，利用军工技术为沙漠地区研制沙漠人工植被建造机设备，主要由履带行走式车辆底盘、物料装储摊铺机构、播种机构和喷水机构等部分组成，一次性完成行驶、喷水开沟、播种、物料摊铺作业。2004 年，江麓完成首台多功能沙漠植被建造机样机试制任务。该设备采用中科院科技成果人工植被技术（AVT），具有科技含量高、机械化程度高、操作简便、见效快、成效好的优点，主要技术指标达到国际先进水平。2005 年，江麓根据样机试验数据，改进行动部分设计，解决履带接地单位面积压力偏高的问题；改进传动、发动机辅助系统设计，解决装卸、操纵、维修、保养等问题；改进外观和整体设计，满足集装箱运输要求。同年底完成第二轮样机工程设计，转入试制生产。改进后的沙漠植被建造机能在零下 20℃至零上 50℃的温差环境，以每小时 3 千米速度同时完成行驶、喷水、开沟、播种、摊铺保护层、施肥等作业。每台植被机每年可完成 5400 亩沙漠草皮的植被工作量，适用于沙漠、干旱地区的绿化作业，具有良好的安全效应和市场前景。到 2005 年底，境域共生产沙漠植被建造机样机 2 台，产品仍处于进一步完善阶段。

图 20-10-2　江麓研发的沙漠植被建造机

第六节 缝制设备

1986年,境域缝制设备制造企业有江麓、江南2家企业,从业人员近300人。当年,江南从意大利罗克韦尔一利满地公司引进1条缝纫机生产线。江麓生产“天使”牌缝纫机7.32万台(架)。1987年后,江南投资623万元的缝纫机生产线建成投产,年生产包缝机能力1万台;江麓通过北方工业公司燕兴公司所设广州分公司、大连分公司、深圳分公司等对外窗口,开辟外销缝纫机销售渠道,分别签约出口中东阿联酋带盖缝纫机头9000台,出口马来西亚带盖手摇缝纫机3750台。1990年,江南生产的高速工业包缝机获省优产品证书。是年,境域缝纫机制造企业2家,从业人员300余人,生产各类缝纫机16万余台(架),出口创汇415万美元。

1991年,受海湾战争影响出口中东地区缝纫机受阻,出口订单锐减,江麓决定将产品改型生产缝纫机衍生产品JA2—ISI三线机。1993年,江麓缝纫机铸造生产线因国内外缝纫机市场日趋萎缩被拆除,当年生产缝纫机4.23万台(架),出口6万台后,结束持续39年缝纫机生产的历史。1997年,江南527、529系列高速工业包缝机分别获得湖南产品质量奖。为加快发展民品生产,江南出资与意大利RimoIdi—Necchi公司、意大利Simeste公司合作注册成立中外合资企业“湖南江南—利满地缝制设备有限公司”(以下简称江南利满地公司),产品全部由意大利RimoIdi—Necchi公司包销。合资公司成立后,经过不断技术革新改造,高速工业包缝机逐步形成CN09系列产品、629系列产品、F27、F29系列产品。2001年,江南自主研发出高速工业平缝机,投资360余万元建成年产10万台高速平缝机生产线,形成机械零件加工、机壳铸造、表面处理及装配流水作业线。2003年11月,由于RimoIdi—Necchi公司破产,江南利满地公司出口的4批高速工业包缝机约137万美元货款无法收回,造成合资公司流动资金严重遗乏,生产经营十分困难,同时拖欠江南债务800多万元。2004年,经市中级人民法院审理裁定,查封、评估、变卖被执行人江南利满地公司整体资产(含商标专用权、使用权)偿还江南债务。同年6月,江南将执行到原江南利满地公司偿债的工业高速包缝机生产线与自身投资建设的平缝机生产线,重新注册成立江南威格缝制设备制造分公司。2005年,境域缝纫设备制造企业1家,从业人员100余人。江南威格公司虽在原有产品基础上开发出627、CN27、Veg2等机型包缝机,还通过贴牌方式增加双针平缝机、电脑平缝机、高速绷缝机、暗缝机等产品,实现产品多样化,但由于意大利RimoIdi—Necchi公司破产,产品在国外市场运作艰难,市场占有率很低。高速平缝机生产线建成后,生产平缝机只有2878台,实现销售收入285万元,远未达到产品设计生产能力。

第七节 农用机械

1985年,湘潭市从事农机具制造、农机配件制造和农机具修理的工厂共77家,其中县属企业8家,余皆为乡镇企业,从业人员2800人,年总产值1154.67万元。

1986年,由于农机产品获利甚微,且大多亏本,很多改行从事工业产品生产,湘潭县农机厂、湘乡农机厂改为生产机械工业产品,农机部门所辖的国营湘乡农机修造厂也改行从事化工机械产品,乡镇企业中的易俗河乡农机厂改为生产化工产品立德粉厂等。是年,全市从事农机生产的企业53家,从业人员1500人,年总产值750万元。其中:国营企业湘潭县农机修造厂,以生产水田耕整机为主,从业人员120人,全年生产水田耕整机500台,同时还生产曲轴等大型农机配件,年产值98万元。县属大集体性质的工厂2家,湘潭县青山桥农业机械厂,从业人员110人,生产机滚船400台,碾米机500台,粉碎机400台,年产值100万元,湘乡五金机械厂,从业人员50余人,生产粉碎机1000台,年产值40万元。乡镇企业和私人企业中从事农机生产的有50家,主要生产人力喷雾器、人力和动力打稻机,也有生产机滚船和碾米机、粉碎机的,产量、产值都不大。1987年8月,湘潭县农机修造厂研制的湘潭—3A型水田耕整机通过湘潭市科委的鉴定,市计委安排生产700台。1988年3月,农业部农业机械试验鉴定总站在沅江县组织对耕整机进行试验鉴定,湘潭—3A型水田耕整机鉴定合格,由农业部授予《农业机械推广许可证书》。随之省计委安排年产2000台,1988年实际生产销售1570台。1989年生产2100台。至1990年末,全市从事农机制造、规模较大较正规的工厂仅3家,从业人员320人,总产值560万元。其中:湘潭县农机修造厂生产水田耕整机2000台,年产值达300万元;湘潭县青山桥农业机械厂仍然以生产粉碎机、碾米机为主,同时也生产水田耕整机,停止机滚船的生产(原因是销售不好),总年产值达200万元;湘乡五金机械厂生产粉碎机1500台,年产值60万元。乡镇企业和个体企业中由于人力打稻机市场需求减少,人力喷雾器外来产品增多,因而这些生产小农机具企业逐步改行或停产。

1991年,湘潭县农机修造厂由于耕整机销售不景气,效益滑坡,全年只销售耕整机1281台,完成销售收入134.5万元,效益下降。1992年,机滚船销售情况看好,湘潭县青山桥农业机械厂生产机滚船2000台。1993年,湘乡市东山乡农机站从湖南大学引进农用运输车技术资料,成立碧洲农用运输车辆厂,生产碧洲牌7Y—JZ—14750A2型农用运输车,通过省级鉴定,进入国家机械产品推广目录。1994年起,农机销售市场变化频繁,农机生产利润下降,生产厂家竞争激烈,一批小厂逐步退出农机生产,国营、大集体体制的农机生产厂家受市场影响面临改制。1995年,湘潭县农机修造厂改名为振兴机械厂,实行个人承包经营,生产其他机械配件产品,是年,产值达到386万元;湘潭县青山桥农业机械厂改为湘潭县农业机械有限公司,实行民营,产值300万元;湘乡五金机械厂改为湘乡市五金机械制造有限公司,实行民营,产值140万;碧洲农用运输车辆厂改为湘乡农用运输车有限责任公司,年产值420万元。是年,全市从事农机制造,较正规的工厂4家,从业人员415人,总产值1246万元,比1990年增长122.5%。

1997年始,全市大力推广联合收割机,有湘潭田丰责任有限公司生产田丰HZ—130联合收割机50台;湘潭市粮油机械厂生产莲花王子4L—120型联合收割机2台;湘乡市山枣镇白沙村生产振湘4L—110型收割机2台;雨湖区先锋乡桐子村生产先锋HZ—130型联合收割机5台;江南机器厂生产金箭4L—120型收割机4台。1998年,湘潭县石潭镇湘莲收割机厂生产4L—120型联合收割机10台。是年,湘乡五金厂开始生产农家乐牌7Y—430型小三轮和7Y—750型大三轮运输车,通过省农机鉴定总站鉴定。至2000年,生产联合收割机的厂子仅保留湘莲收割机厂1家,其余的都停止生产。湘潭县振兴机械厂(原农机修造厂)由于亏损,100多职工下岗,停止生产。是年,全市从事农机制造的工厂为5家,从业人员422人,总产值1615万元,比1995年增长29.61%。其中:湘潭县湘莲收割机厂产值30万元;湘潭县农业机械有限公司产值600万元;湘乡市五金机械制造有限公司产值 310 万元；湘乡农用运输车有限责任公司产值 600 万元；湘乡五金厂产值 75 万元。

2002 年，湘乡市金鑫农用三轮车厂、湘乡市农用车改装厂生产的 7Y—850 型农用运输车通过省农机鉴定总站的鉴定。2003 年，湘潭县湘莲收割机厂生产的 4L—08 型（原为 4L—120 型）收割机通过省农机鉴定总站鉴定。2004 年，湘潭县皇马农机科技发展有限公司生产的皇马牌 4LZ—0.5 型水稻联合收割机通过省农机鉴定总站鉴定，有几项关键技术具有自主知识产权，并为国内首创；湘乡市潭市机械配件厂生产的明洋牌耕整机获得国家专利。2005 年，湘潭县湘莲机械厂生产 LZS—20 型耕整机通过省农机鉴定总站鉴定；湘潭县气缸盖厂开始生产机滚船、水田耕整机。2005 年，全市从事农机制造，具有一定规模的工厂有 11 家，从业人员 476 人，总产值 4447.4 万元，比 2000 年增长 175.38%。其中：生产联合收割机的有湘潭县皇马农机科技发展有限公司、湘潭县湘莲收割机厂；生产农用运输车的有湘乡农用运输车有限责任公司、湘乡五金厂、湘乡金鑫农用三轮车厂、湘乡农用车改装厂；生产水田耕整机、机滚船、饲料粉碎机、碾米机的有湘潭县昌锋机械有限公司（原湘潭县农业机械有限公司）、湘乡市五金机械制造有限公司、湘乡潭市机械配件厂、湘潭县气缸盖厂、湘潭县湘莲机械厂。

图 20-10-3 皇马收割机收割演示

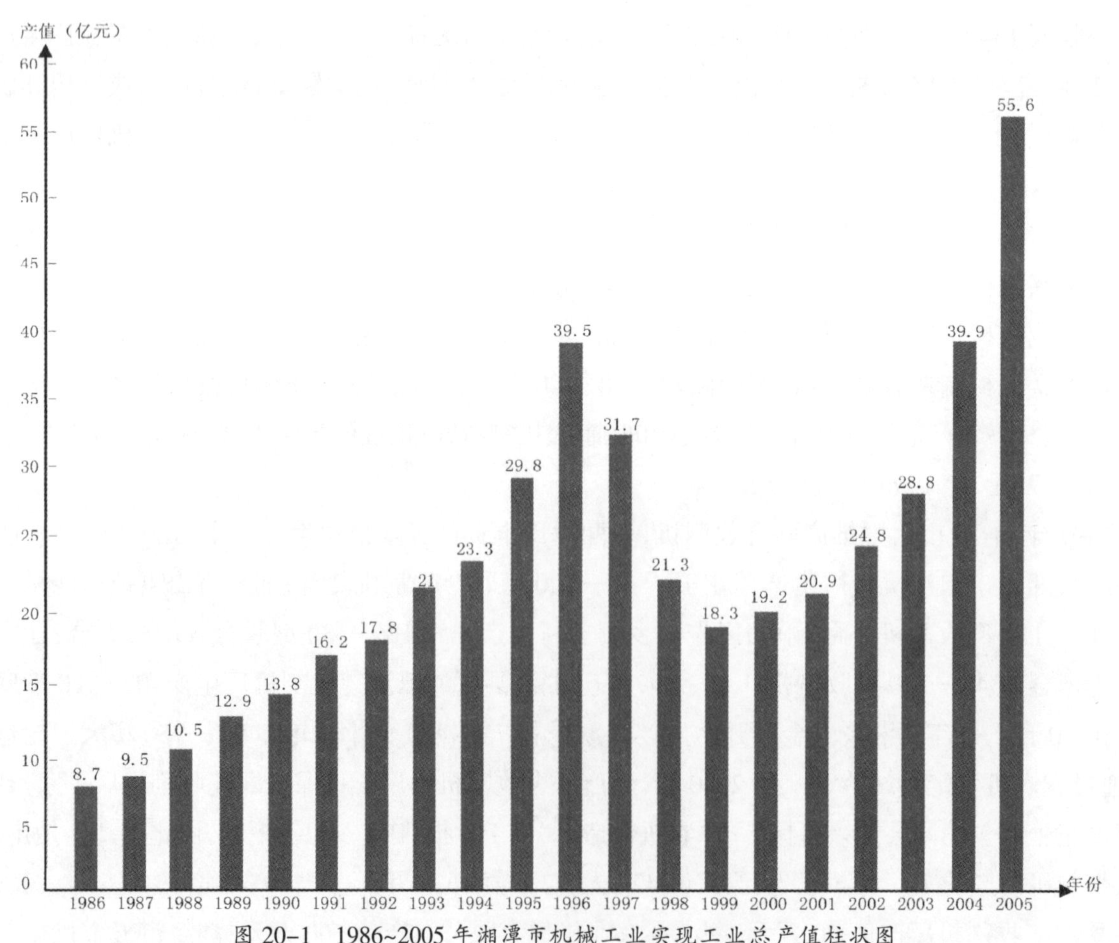

图 20-1 1986~2005 年湘潭市机械工业实现工业总产值柱状图

第二十一篇　纺织服装工业

概　述

1986年，全市纺织行业在国家"六五"计划期内取得的技术改造成果基础上，保持强劲发展势头。市委市政府提出纺织行业要以设备更新改造为重点加紧第二轮技术改造，争取挤上国家重点扶持发展轻纺工业的"末班车"，以此提升纺织产业上规模、上水平。当年落实各种贷款1335万元，开工项目13个，主要有扩4000吨涤纶长丝项目、扩2400枚毛纺精纺锭及纯棉粗厚织物技改工程等。同时加强基础管理和班组建设，引入竞争机制，改革劳动用工和分配制度，推动企业各项规章制度的建立健全，重点加强质量管理和提高操作技术及现场生产调度，全面落实企业升级达标工作，并与上海对口企业开展横向经济技术协作联合。是年，境域有纺织企业22户，从业人员2.24万人，完成工业总产值4.5亿元、实现税收3722万元、利润3813万元。纺织工业总产值占全市工业总产值的15.2%。

1987年后，企业调整产品结构，扩大外贸产品生产提高经济效益，实行以"上缴利润递增包干"为主要形式的承包经营责任制，挖掘内部潜力，强化质量管理和经营管理促进企业升级达标。在国内先后出现羊毛、棉花、苎麻原料供应紧张的状况下，境域纺织企业克服经营困难，坚持以提高经济效益为中心，深化内部改革，完善承包经营责任制，狠抓节能降耗和提高产品质量的工作。湘潭纺织印染厂（以下简称湘纺）荣获"国家二级企业"称号。1989年，受原材料短缺、市场销售疲软及出口订单骤减的影响，境域纺织企业生产经营困难，但通过技改项目陆续投产和积极消化减利因素，继续保持一定的增长速度。当年，湘纺被纺织工业部授予"双文明优秀企业"和"国家一级计量合格单位"荣誉证书。1990年，第一轮经营承包合同兑现，大多数企业三年综合承包指标完成，湘纺被纺织部评为"全国纺织工业技术进步先进企业"获得"腾飞奖"。年底，全市有棉纺织印染整理、化学纤维、针织、复制、毛纺织及丝绸、服装6大门类，生产棉纱、棉布、色织布、涤纶长丝、针织化纤面料、针织内衣、人造毛皮、羊毛衫、桑蚕丝、丝织品、精粗纺呢绒、毛毯、化纤袜、毛巾、毛巾被、各种边带、民用线、各类服装等，初步形成门类较为齐全的大纺织体系，其中棉纺织印染及整理工业的产能和效益位于全省第一。是年，境域有纺织企业28家，从业人员2.74万人，完成工业总产值5.1亿元、实现税收2516万元、利润549万元，分别比1986年增长27.3%、22.3%、13.3%、下降32.4%、85.6%。

1991年后，纺织企业深受市场疲软、产品积压、三角债务增加、回笼资金缓慢的影响，生产经营逐步跌落低谷，特别是长期亏损凸显流动资金紧缺，企业不得不大量举债解决历史欠账和维持生产经营，陷入投入大产出少的恶性循环。原开工兴建的技改项目因技术力量薄弱、后续管理跟不上，不能充分发挥投资效益，造成人员负担包袱加重和银行债务偿还困难。韶山针织厂被迫首先停产。1994年湘潭市服装一厂（以下简称服一）实行"公有民营"试点。市针织厂部分车间转由个人承包。1995年，在大多数企业经营出现凋敝时，民营企业湘潭市三有纺织有限公司（简称三有公司）成立，租赁湘纺闲置厂房和设备，当年生产棉纱888吨；湘潭神龙实业有限公司（简称神龙公司）创立，开发“神州龙”服装品牌赢取市场；湘潭光华纺织印染有限公司（以下简称光华公司）成立，生产床罩被套1.2万套。是年，境域有纺织企业32家（其中半停产企业达16家）、从业人员2.89万人、完成工业总产值6.99亿元、实现税收1401.3万元、亏损5579.3万元，工业总产值和税收，分别比1990年增长37%、下降44.3%。

1996年后，纺织企业在低谷中徘徊，亏损面高达87.5%，大部分企业陆续停产，市毛纺厂和湘纺先后宣告破产。市二纺厂停产后，引入民营企业湘潭市高新区金龙纺织有限公司租赁生产棉纱。湖南中国虎服饰股份有限公司（以下简称中国虎公司）创立后，投入350多万元引进日本年产30万件衬衣生产线，依托湘纺面料生产优势，袭用20世纪30年代一度流行上海“中国虎”服饰品牌，精心组织衬衫生产。湘潭市万事达染织整理厂有限公司（简称万事达公司）成立后租赁市色织厂，湘潭同人纺织有限公司租赁湘纺纺纱设备。1999年3月，境域，湖南金迪化纤有限责任公司聚酯化纤基建项目竣工投产，年内共生产聚酯切片4.06万吨，完成工业总产值2.16亿元，实现利税2975万元，跃升为境域纺织产能和利税大户。8月，湖南东信棉业公司成立，租赁市二纺厂和湘纺设备。2000年，韶峰毛巾有限公司（简称韶峰公司）成立，用租赁方式生产毛巾。同年3月，市化纤厂引进香港恒通资源有限公司合资成立湘潭荣通化纤有限公司（以下简称荣通公司），由港商投资846万元建成年产1800吨POY涤纶长丝生产线。是年，境域有纺织企业35家（其中停产半停产企业21家）、从业人员2.39万人、完成工业总产值10.3亿元、实现税收6590万元、利润2728万元，工业总产值和利税分别比1995年增长47.1%、370.3%。

2001年后，市政府加大国有企业产权制度改革力度，通过破产改制途径维护职工权益和实现产业结构调整，纺织企业出现新一轮整合。一部分企业破产后，由实力基础雄厚的民营企业斥资收购，实现民营资本扩张壮大。市色织厂破产后，由万事达公司以750万元整体收购；韶棉破产后，由韶峰公司以500万元整体收购；市化纤厂破产后，由荣通公司以4500万元整体收购；市绸厂破产后，由市城市中心区建设指挥部征用拆迁；市二纺厂破产后，由湘潭东信棉业公司（简称东信公司）以2000万元整体收购。2005年，境域纺织工业产业门类萎缩为4大门类，年生产能力有各类纱2.4万吨、各类布7553万米、聚酯切片10万吨、涤纶长丝2.8万吨、各类毛巾1800万条、床上用品25万件套、边带50吨、各类服装265万件。是年，境域有纺织企业有18家，从业人员8937人，完成工业总产值13.86亿元、实现税收4440.6万元、亏损6004.4万元，总业总产值和税收分别比2000年增长34.5%、下降32.6%。纺织工业总产值占全市工业总产值的3.2%。占全市规模以上工业总产值的3.7%。纺织业在湘潭国民经济产业地位日显萎缩下降。

第一章　棉纺织印染及整理

1986年，境域棉纺织印染及整理生产企业9家，是依托湘纺为龙头，通过产品扩散或上下游产品对接发展起来的，经过设备更新改造和填平补齐，形成完整的产业链，设备拥有量及棉纱棉布产量居省内第一位，从业人员14200人。其中湘纺是工业总产值过2亿元的大型企业。是年，棉纺织印染及整理企业完成工业总产值2.98亿元,实现税收2920万元、利润2553万元。1987年后,企业深化内部改革,围绕提高产品产量和质量、改善生产环境进行技术改造。但受原料供应紧张、棉花等级虚高、成本增加的影响,经济效益不升反降。1990年,境域有棉纺织印染及整理企业10家,从业人员14800余人,完成工业总产值3.16亿元、实现税收1236万元,亏损287万元,总产值和税收分别比1986年增长6%、下降57.7%。1991年后,由于受全国纺织工业结构调整"大气候"影响,加上原材料短缺、成本倒挂,出现连年亏损,企业经营困难,绝大多数企业停产息工,部分相继破产。2000年,境域棉纺织印染及整理生产企业7家,从业人员9900余人,完成工业总产值1.4亿元、实现税收163万元、利润亏损28万元,总产值和税收分别比1990年下降55.7%、86.8%。2001年后,东信公司等民营企业采取先租赁后整体收购方式,使棉纺织印染及整理得到新的发展。2005年,境域棉纺织印染及整理生产企业恢复到9家,从业人员6000余人,完成工业总产值4.89亿元、实现税收1511万元、利润835万元,总产值和税收分别比2000年增长249.2%、827%。设备拥有量及产能又位居省内第一位。

第一节 纺纱

1986年,境域有湘纺、市二纺厂生产棉纱,从业人员9800多人,拥有棉纺锭136770枚,占全省纺锭的19%,排名省内第一位,其中湘纺106770枚,市二纺厂30000枚。湘纺按"深化改革、加强管理、增加效益、提高素质"治厂方针,推行经济承包责任制,开展增产节约活动。市二纺厂加强现场生产管理和调度,提高环锭纺设备运转率。是年,境域生产棉纱16158吨、完成工业总产值27263万元、实现税收2843万元、利润2464万元。

1987年后,湘纺为使车间温湿度满足生产工艺要求,投资200万元新建双效溴化锂制冷工程,在生产一线推行全额计件工资制,按劳动数量、质量和经济效益分配工资奖金。市二纺厂为提高产品质量、改善生产环境,投资31万元购置清花除尘设备一套,建成省麻棉纱出口基地,同时为提高档车操作技术和技能在生产一线开展操作技术竞赛激励职工,当年优级手、一级手率由1986年的43%上升到64%。湘纺实行经营承包目标管理后,从厂部到分厂、分厂到车间、车间到班组三级建立承包网络,落实目标责任制。推行QC小组、生产小组、工会小组三位一体的班组管理模式,加强班组建设推动企业升级。企业获得"国家二级企业"和"国家一级计量合格单位"称号,通过国家二级标准化工作验收达标,并投资4077万元引进瑞士的梳棉机、整经机、日本的并条机、捷克的气流纺等先进设备,新建纯棉粗厚织物技改项目开工。市二纺厂进一步完善内部经营责任制,对前纺、细纱、筒摇三个车间实行以产量为主的车间承包,为克服条干不均等一些技术质量问题,多次组织技术人员和生产骨干去上海培训学习,并在厂内组织科技攻关小组开展岗位竞赛。1989年,境域纺纱企业受棉花短缺、等级虚高、价格上涨的影响,三分之二的纺纱设备出现经常性停工待料,造成企业成本增高,经济效益下降。对此,湘纺扶持产棉区织布厂进行产销联营交易,换取棉花解决原料,同时发放"爱厂债券"集资1174万元,缓解购买原料资金短缺的困难。年底湘纺纯棉粗厚织物技改工程投产,气流纺新工艺填补省内空白,新产品7s纱投放市场后深受欢迎。1990年,湘纺新建区域性热电站技改工程,新增35吨中压锅炉2台,6000瓦背压发电机一组改善供电供热结构。市二纺厂生产继续受棉花短缺的影响,省计划分配用棉3450吨,实际到厂2050吨,仅为计划的59.5%,且每吨价格从3440元提高到7380元,每销售一吨21S纯棉纱亏损1760元,致三分之一的机台关车,职工轮流息工。是年,境域纺纱企业2家,从业人员12300多人,生产棉纱11473吨、完成工业总产值23314万元、实现税收1047万元、亏损257万元,工业总产值和利税(下同)分别比1986年下降14.5%、63.2%。

1991年后,企业生产继续滑坡,且亏损加大。面对经营困难,市二纺厂实行销售集体承包,将销售人员工资、奖金、销售费用与销售货款到账挂钩,调动销售人员积极性,单月货款回收额1000多万元。与香港创源有限公司合资,成立湘潭金源纺织有限公司,由港商承包经营,每月付给市二纺厂租金19.8万元。合资企业由于经营不当、亏损严重,运作半年多后停产,企业转向来料加工和联营分利办法维持部分机台生产。湘纺受棉花等级虚高、价格暴涨、掺杂使假等原因的影响,生产非常困难。为弥补生产资金短缺,发行"内部风险抵押债券"再次集资1300万元,同时关闭部分机台,维持最低限度生产。1995年,三有公司租赁湘纺2万锭闲置设备生产。是年,境域纺纱企业3家,从业人员13400多人,生产棉纱16745吨、完成工业总产值42844万元、实现税收1271万元、利润亏损3399万元,分别比1990年增长8.9%、45.9%、83.7%、21.4%。

1996年后,市二纺厂因长期拖欠电费,电力部门拉闸关闭生产用电被迫停产,由高新区金龙纺织有限公司承包继续生产棉纱,安排市二纺厂息工职工300多人上岗,开工达到2.25万锭。湘纺生产经营状况继续恶化,关停大部分设备,60%以上职工息工。1998年,湘纺因严重亏损、资不抵债,宣告破产。三有公司搬出湘纺,租赁湘潭市毛纺厂车间,开设二个工场组织生产。1999年,湖南省纺织工业集团公司批准成立湘纺资产启动筹备小组,负责湘纺资产保值保全、租赁以及行政后勤管理工作。市二纺厂引进佛山伟信纱业有限公司租赁纺纱车间。湘纺破产后,先后成立湘潭市同人纺织有限公司、湘潭市新同人纺织有限公司租赁纺纱设备生产。2000年,境域纺纱企业4家,从业人员8600多人,生产棉纱16018吨(其中湘潭市新同人公司生产纱10376吨,佛山伟信公司生产纱3806吨,三有公司生产纱1836吨)、完成工业总产值14011万元、实现税收96万元、利润3万元,工业总产值和税收分别比1995年下降67.3%、92.4%。

2002年1月,湖南东信棉业有限公司法人代表高骅在境域注册成立全资子公司湘潭东信棉业有限公司(以下简称东信公司)租赁湘纺继续生产棉纱,投入5000多万元对湘纺设备进行技术改造,用国产FA系列新型纺纱机替换淘汰的"I"字头纺纱机,并改建湘纺厂房设施,购入国产最新的前纺清梳联生产线2套共4条生产线,引进国产化的高档次PX-2型精梳机组一套、国内先进的悬锭粗纺机17台和新型FA507、FA503细纱机136台,形成年生产高中档棉纱6000吨的规模。之后,东信公司又投入899万元对市二纺厂纺纱设备进行全面技术改造,棉纱产能和质量有很大提升。2005年初,东信公司收购市二纺厂后,再次投入1611万元购进电子清花设备一套、FA213型梳棉机6台,并对A272型并条机、A513型粗纺机、A513W型细纱机等设备进行改造,进一步提高设备装备水平及产品档次和质量,安排400余名职工上岗。3月,市二纺厂启动职工安置程序,市政府拨入改制现金成本1120万元,对1339名在职职工和382名退休职工进行妥善安置,化解银行债务4900余万元。同年12月,市政府、市改制办在确定东信公司整体收购湘纺意向后,组成湘纺资产重组和职工安置工作领导小组进驻湘纺,展开资产变现和启动对8000余名在职职工及近4000名退休职工的安置工作。该年，境域有5家纺纱厂，拥有棉纺锭27万锭、年产棉纱能力2.4万吨。其中东信公司有纱锭21万锭、年产各类棉纱1.8万吨；三有公司有纱锭2万锭、年产涤棉纱2000吨；湘乡市湘中纺织厂（湘乡市桑枣村）2万纱锭、年产纯涤纶纱1800吨（已安装部分设备试运行）；湘潭市旺湘纺织有限公司（湘潭市板马路）1万纱锭、年产涤棉纱、纯涤纶纱1000吨；湘潭市万金纺织厂（湘潭市板马路）1万纱锭、年产涤棉纱1000吨。至此，棉纺锭及棉纱产能又位列全省第一位。是年，境域纺纱企业5家，从业人员6500余人，生产棉纱19222吨、完成工业总产值45129万元、实现税收1311万元、利润806万元，工业总产值和税收分别比2000年增长3.28倍、13倍。

第二节　织布

1986年，境域有湘纺、市色织厂、市四织布厂、湘乡市织布厂（以下简称湘乡织布厂）、湘潭县织布厂（以下简称县织布厂）、市线带厂、湘潭市社会福利工厂（以下简称福利工厂）、湘纺附属工厂等8家织布企业，拥有各种布机3762台，年生产坯布、白市布、蚊帐布、工业用布（含帆布、过滤布）以及色织布（包括服装面料布和装饰布）等各种织布能力7500万米，从业人员约5500人。当年，市色织厂与上海市赢洲色织厂建立技术协作关系，投资13万元购置织机下龙头设备56套，开发色织布花色品种。湘纺深化内部改革，加强内部管理，适当划小核算单位，加强基础管理工作，统一班组建设模式和班组工作台账，获得“全国企业整顿先进单位”称号。是年，境域生产坯布6938万米（其中湘纺6024万米、其他6家坯布厂生产914万米）、色织布202万米。

1987年，市色织厂扩96台织布机技改项目开工，色织布工艺生产周期缩短，由原来60多天缩短为32天。扩大小批量多品种生产，客户订货达50余家。1988年，湘纺支持下岳塘区兴办市三织布厂，拥有408台布机、职工456人，年产能坯布800万米。是年，该厂生产坯布502万米、完成工业总产值729万元、实现利税86万元；市四织布厂扩增布机50台后，达到布机282台规模，形成年产坯布600万米能力。湘纺纯棉粗厚织物技改项目土建工程完工后，新建厂房面积24613平方米，新增布机504台、进口剑杆织机8台，弥补织布能力小缺陷，并保持织布工艺上车率和操作上车率在92%以上，全套一级手率达79%，获“国家二级企业”称号。市色织厂开发苎麻棉、亚麻棉、纯亚麻等色织布外销产品，其涤棉花格呢和涤棉细纺格评为省优质产品，稀密筘麻棉混纺布填补省内空白。1989年，因棉花短缺、棉纱供应紧张，湘纺纯棉粗厚织物技改工程投产后设备，开工率不足一半。市色织厂扩大外销色织布技改工程投产后，由于外商单方面毁约，价值700多万元的145万米外销布成为积压产品，造成企业巨额亏损。市四织布厂新增64台国产56寸宽幅布机，湘乡、湘潭县织布厂分别更新布机20余台，坯布产能进一步提升。韶山市永义乡在本级市政府支农工作队帮助下，购置59台布机成立韶山织布厂试产坯布。1990年，境域织布企业10家，从业人员9100多人，生产坯布6306万米，色织布204万米，分别比1986年增长25%、65.5%、下降9.1%、增长1%。

1991年，市色织厂申请到国家低息贷款300万元，利用省内苎麻原料资源丰富及生产麻棉色织布优势，新建2000平方米能控温、控湿、防噪声、防火的高标准车间，购置剑杆织机和宽幅布机，以改善企业生产经营状况。湘纺通过狠抓质量，T/C45S×45S110×76坯布横档合格率提高到70%，在全省评比中得总分第一获省优产品，麻棉坯布新产品批量生产78.5万米。市三织布厂产销两旺，生产坯布810万米、完成工业总产值1778万元、实现利税135万元。1992年后,市色织厂外销订单开始增多,但棉纱价格直线飙升,外销产品单价不升反降,企业陷入两难境地,接受部分订单避免出现停产和职工下岗。市三织布厂抓住市场机遇,及时调整产品结构增加斜纹坯布生产,产量虽有下降,但实现利税101万元,成为境域唯一保持盈利的织布厂。市四织布厂将老式布机全部更新后,坯布生产能力达到750万米。湘纺为减少三角债蔓延和及时回收货款,采取"现款现货"方式销售产品,同时对窄幅布机进行改造,开发T/C80S/2衬衫布、T/C60S防雨布等技术含量高、附加值大的产品投放市场,新产品产值占总产值30%以上。1995年,市色织厂将织造、染整、动力三个车间分别划为分厂独立核算,因权责不分明、承包指标低以及厂部监管不到位等原因,企业陷入混乱,全面停产。市三织布厂因领导班子变更造成管理混乱也被迫停产。当年,三有公司租用湘纺厂房和设备,生产坯布516万米。是年,境域织布企业11家,从业人员9400多人,共生产坯布7774万米,色织布101万米,分别比1990年增长10%、3.3%、23.2%、下降50.5%。

1996年后,除三有公司生产逐年增长外,多数织布厂生产经营十分困难。市色织厂停产后职工全部下岗。1998年,湘纺破产。万事达公司租赁市色织厂,对设备进行维修改造,当年恢复生产安排下岗职工295人。1999年,市四织布厂和市三织布厂因长期亏损和经营困难全面停产。2000年,仅剩湘纺、三有公司、万事达公司、市福利工厂、市先锋麻棉织布厂等5家织布企业,从业人员近3000人,生产坯布7459万米,生产色织布257万米,分别比1995年下降54.5%、68.1%、4.1%、增长154.5%。

2002年,境域织布行业出现转机,东信公司租赁湘纺织布一分厂、二分厂,投入2000余万元淘汰陈旧落后的有梭织机,运用新型织造技术、提花技术,大面积使用无梭织机,开发高档次无梭布产品。6月,万事达公司收购市色织厂,市政府同时投入1048万元改制成本,对690余名在职职工和140余名退休职工进行妥善安置,化解银行债务3000余万元。三有公司从湘纺搬迁到市毛纺厂生产区,突出抓产品质量,在国家工商总局注册"三晶牌"坯布商标,涤棉坯布评为省优产品。2005年,境域织布企业7家,从业人员2200人,拥有各类布机3251台,年生产各类布能力7553万米(坯布7053万米,色织布500万米)。其中东信公司有布机2020台,年产坯布能力5083万米。三有公司有布机550台,年产坯布能力1000万米;市福利工厂有布机40台年产帆布、蜡染布50万米。市麻棉织布厂有布机88台年产过滤布、麻棉布120万米。2005年创立的湘潭市万金纺织厂有布机178台,年产T/C布400万米。湘潭市建丰织布厂(已部分试产),有布机180台年产T/C布400万米。万事达公司有剑杆织机195台,年产色织布500万米。全市布机拥有量及织布产能仍位居省内前列。是年,企业个数、从业人员及坯布、色织布产量分别比2000年增长40%、下降26.7%、下降17.8%、增长63.4%。

第三节 印染及整理

一、印染

1986年,境域印染业只有湘纺印染分厂1家,设计年印染布生产能力1亿米,从业人员1500余人。拥有进口照相雕刻设备、平网园网印花机、涤棉印染生产线、日本产涤棉染整高速生产线、西德产多功能轧光机以及炼漂机、染色机等设备500多台套,集漂炼、染色、印花、整理于一身,能加工纯棉、涤棉两大类印染产品。以设备数量多、设备性能好、生产能力强冠于省内同行业。年内,从加强现场生产管理入手,恢复三班轮班日调度制度,推行QC小组活动、加强事前优选工艺和事中质量控制,首次运用到承接出口苏联30/36纯棉花布生产任务中,产品如期报关商检交货。为解决涤卡经向缩水率偏高的问题,按最佳工艺参数进行工序控制,并采用快速树脂整理工艺,简化工艺流程,不但涤卡经向缩水率明显下降,而且降低物质消耗。T/C什色克罗布、T/C45-2浅花布评为省优质产品,C14.5/C14.5什色细布评为部优产品。是年,生产印染布9063万米(其中涤棉印染布5894万米,纯棉印染布3169万米)。

1987年后,印染分厂推行经济承包责任制,对漂炼、染整、印花、维修、装璜车间实行单项承包,按百分制考核,开发网印装饰花布、改造松式染整线和宽幅纯棉印染线技改项目,陆续投资1000余万元,引进日本布铗丝光机1台、西德均匀轧光机2台、英国光源相机1台,以及国产气体烧毛机、八色印花机等设备,提升印染技术水平和产能,扩大外销出口业务,使外销印染布增加到1390万米,创出口产值3475万元。涤棉机印花型花布评为省优良产品,TC13/13浅花布评为纺织部优质产品,纯棉21/21小花毕吱获省优质产品。为全面落实承包责任制,按"三对等"(责任、奖罚、机会对等)"一挂钩"(奖罚与指标挂钩)原则,对漂染、印花、染整、装潢、雕刻、维修等车间,采取一包一否决(包质量、质量不好一票否决)、二定三挂钩(定员、定工资总额与安全、消耗、管理挂钩)方式,从车间到班组分别签订承包合同。针对被市质量技术监督局在产品抽检中发现3个产品漏检不合格问题,立即狠抓整改,成立6个攻关小组进行工艺质量攻关。举办质量培训班和疵布展览,参加岗位培训有1488人次,员工质量意识增强,浆斑疵布率从20%降至2%。为解决金粉色防雨布因印染工艺缺进口助剂着色牢固度不够的问题,工艺组长、工程师徐学文组织工艺攻关,经反复试验选用4种国产助剂替代进口助剂,既从工艺上解决着色牢度不够的问题,使防雨布质量达到国家标准,又为企业节省紧缺的外汇。13×2/25(45S/2×23S)涤棉半线卡其布复评为国家优质产品,星星牌13/13涤棉漂白什色细布、13×2/25涤棉什色卡其评为纺织部优质产品。1990年,印染分厂更换煮布锅设备,出现新设备对纯棉厚织物产生擦伤,影响生产。技术科和车间工程技术人员跟班作业,攻克工艺难关。在北京"中国妇女儿童用品四十年"博览会上,13×2/25涤棉什色卡其获金奖,13×13涤棉花布、13×13涤棉杂色细布、13×13涤棉漂白细布获银奖,28×28纯棉印花布获铜奖。是年因坯布货源减少,生产印染布6390万米,比1986年下降29.5%(其中涤棉印染布4584万米,纯棉印染布1806万米),出口印染布1346万米,创出口产值3365万元。

1991年后,国内纺织品市场供大于求,印染分厂处于坯布货源少、设备开工不足且生产的印染布大量积压的两难境地,库存量达1200多万米,占用资金3000余万元。企业实行"全员风险共担、利益共享"的劳动用工制度,采取产品质量由工程技术人员跟单、产品交货期由车间管理人员跟单的办法,进行生产调度。1993年,又在内部试行"国有私营"模式,按"精简、高效、满负荷"的原则,组合生产要素,由过去单工种转化为一岗多能、一职多能,班组由过去按工种定员改为按机台主操、副操、助手三个岗位定员,精减人员600余人。受纺织品市场萎缩的制约,经营状况仍不见好转。1995年,印染布生产跌落到4012万米,比1990年下降37.2%(其中涤棉印染布2470万米,纯棉印染布1542万米),出口印染布986万米,创出口产值2465万元。

1996年后，印染分厂生产经营陷入极度困难，各类订单明显减少，生产迅速萎缩，经营出现"三多""三少"（印染代加工业务、涤棉布、印花布多；漂白布、色布、外销订单少）。1998年，湘纺破产后，印染分厂逐步关停印染设备，年内仅生产印染布102万米。此后承接来料加工业务，先后为湘潭同人纺织有限公司、湘潭新同人纺织有限公司加工印染布。2000年，加工印染布636万米。

2002年，东信公司租赁原湘纺后，印染分厂才按订单生产印染布。2004年2月，光华公司以60万元收购市绸厂全部染整设备，又配套购置进口园网印花机、制网设备，形成年加工印染布300万米能力。2005年，境域有印染企业两家，从业人员约600余人，年生产印染布能力约1亿多米，其中东信公司（租赁印染分厂设备）拥有年印染布生产能力1亿米，光华公司年印染布能力300万米。是年，境域生产印染布1720万米（其中东信公司生产印染布1620万米比2000年增长154.7%，光华公司生产印染布100万米）。两企业印染布生产均未达到设备装机生产能力。

二、整理

1986年，境域整理企业只有市色织厂一家，建有1378平方米整理车间，拥有一条色织布后整理线，主要包括定型机、烧毛机、拉幅机、预缩整理机、高温高压染色机、布铗丝光机等百余台设备，年加工涤棉布、中长纤维布、麻棉布等色织布能力为1000万米，从业人员180余人。年内，市色织厂加强与上海技术协作对口单位的合作，改进工艺技术，45S×45S 96×72涤棉细纺格衬衣料和涤棉提花条经过后整理烧毛、退浆、丝光、定型、拉幅、防缩处理后，布面平滑、色彩亮丽，深受市场青睐，是年，色织布后整理加工410万米，出口色织布7.3万米，实现出口产值34万元。

1987年后，市色织厂以外销产品为重点提升产品开发能力，当年出口色织布30万米，创出口产值95万元，内销产品摩登呢、涤异型丝交织格成为服装厂抢手货，色织涤棉花格呢和涤棉细纺格评为省优质产品。由于色织布后整理效果优于湘纺印染分厂加工效果，省内长沙红旗织布厂、长沙红卫织布厂、长沙立新织布厂以及省外江西萍乡织布厂、湖北襄樊色织厂等一些客户都来定点加工色织布，使加工色织布单月产量30～40万米，上升到80～90万米。1989年，因色织布出口受配额限制，市色织厂外销产品大量积压，来料加工色织布减少，后整理生产线开工不足，企业开拓境外市场增加业务。1990年，色织布后整理加工438万米，出口色织布34.5万米、实现出口产值158万元，分别比1986年增长6.8%、372.6%、364.7%。

1992年，市色织厂后整理线因适应市场变化，能承接小批量多品种的加工业务，加上色织布外销市场转旺，当年外加工整理色织布616万米，出口色织布163万米，实现出口产值771万元，为历史最好年份。1993年后，市场突变，加工量骤降。1995年，后整理加工色织布只有296万米、出口色织布37万米、实现出口产值327万元，分别比1990年下降32.4%、增长7.2%、107%。

1996年后，色织布后整理加工停产。1998年5月，万事达公司租赁市色织厂，先后投入近60万元陆续将烧毛、退浆、丝光、拉幅、防缩、钢丝拉毛等设备逐一更新改造，次年投入生产运行。2000年，后整理加工色织布单月产量突破110万米，且保持相对均衡生产。是年，后整理加工色织布达700万米、出口色织布147万米、实现出口产值950万元，分别比1995年增长136.5%、297.3%、190.5%。

2002年6月，万事达公司将色织布大整理线再次进行更新改造，使后整理生产线设备不但能加工中厚纯棉弹力布，还能为粗厚牛仔布定型。2004年，万事达公司采用新的经营策略，色织布生产对外派放订单进行联营协作，对内重点抓产品染色质量和半成品布的后整理加工，既搞活自身经营，又相对扶持一大片单织厂，形成双赢局面。2005年，万事达公司通过了ISO9001—2000质量认证。为搞好节能减排，万事达公司购置6吨蒸汽节能链排锅炉，将后整理设备蒸汽余汽回收再利用。是年，境域后整理加工色织布达1200万米、出口色织布340万米、实现出口产值2908万元，分别比2000年增长71.4%、131.3%、206.1%。

附一 湘潭纺织印染厂简介

湘潭纺织印染厂（简称湘纺）始建于1952年11月，是新中国成立初期由省政府批准兴建的省内第一个重点纺织企业。经历30余年的发展，到1985年湘纺已拥有固定资产原值1.09亿元，职工1.05万人，棉纺锭10.68万锭、线锭2.13万锭、布机2440台，印染布年生产能力1亿米，纺纱、织布、印染生产能力均居全省同行业之首，成为省内规模最大、设备较先进、技术力量较强的棉纺织印染联合企业。先后获得全国经济效益先进单位、省优秀企业等多种荣誉，还为省内新建厂输送领导干部、技术业务干部、技术工人近1000人，被誉为湖南省纺织工业人才培养基地。

1986年后，湘纺深化内部改革，推行和完善经济承包责任制，引进竞争机制，改革分配办法，加大力度进行技改增强企业后劲。1988年，湘纺完成工业总产值2.38亿元、实现税收1587.6万元、利润3950万元，实现利税为历史最好年份。企业晋升“国家二级企业”。1989年后，由于受原棉短缺、质次价高、资金匮乏且纺织品供过于求的影响，经济效益明显下降。到1991年，湘纺实现税收只有928.8万元、利润21万元，出现较大面积停台息工。1992年后，湘纺经营状况进一步恶化，企业人员负担和债务包袱沉重，出现连年巨额亏损。到1998年7月末，累计亏损3.5亿元，资产负债率高达155.8%，已严重资不抵债，同年8月宣告破产。

附二 湘潭东信棉业有限公司简介

湘潭东信棉业有限公司（以下简称东信公司）是湖南东信集团有限公司的下属全资子公司，注册资本金为500万人民币，法人代表高骅。东信公司的前身为佛山伟信纱业有限公司，1995年后开始与湘纺有大宗业务往来。1998年，湘纺宣告破产后，高骅与原湘纺资产启动筹备小组及原湘纺剥离出来的二级机构合股成立湘潭同人有限公司，租赁原湘纺纺纱厂房和设备，代理加工佛山伟信公司所需要的产品。1999年8月，高骅在湖南省工商局注册成立湖南东信棉业有限公司，租赁市二纺厂车间生产。2002年1月，高骅在境域注册成立湘潭东信棉业有限公司后，并继续租赁湘纺和市二纺厂。2005年2月，东信公司以2000万元整体收购市二纺厂生产区。年底，东信公司又酝酿整体收购湘纺生产区全部资产。到2005年止，东信公司拥有棉纺锭21万锭、布机2020台及年产1亿米印染布生产线规模，累计共产棉纱64141吨，坯布18764万米，实现工业总产值10.6亿多元，上交国家税金2633万元，安排从业人员7000余人，成为境域纺织工业支柱企业。

1986~2005 年湘潭市规模以上棉纺织/印染工业企业主要经济指标

表 21-1-1

年份	1986	1987	1988	1989	1990	1991	1992	1993	1994	1995	1996	1997	1998	1999	2000	2001	2002	2003	2004	2005
工业总产值（万元）	29415	29219	29854	28113	27687	41110	36371	39788	44960	46703	42846	39114	33745	9717	14011	20077	22816	33150	35147	48937
其中：湘纺	25143	24378	23793	22040	20388	31993	26447	29874	34532	37190	35824	30851	24355	—	—	—	—	—	—	—
二纺厂	2120	2375	2296	2044	2926	4447	5407	5087	6183	3532	1337	2447	3287	3447	—	—	—	—	—	—
色织厂（万事达）	733	866	884	832	774	619	952	957	1327	815	13	—	(1123)	(1658)	(2109)	(2450)	(3115)	(3180)	(3363)	(3385)
三有公司	—	—	—	—	—	—	—	—	—	2122	3016	3382	3712	3753	4408	4521	4636	4712	4761	4829
东信公司	—	—	—	—	—	—	—	—	—	—	—	—	—	—	7494	12816	14745	24946	26637	40300
销售收入（万元）	25426	28851	29134	27383	25878	29512	34064	42527	43800	53005	47424	36685	31895	8960	13648	19967	22576	33345	34344	47722
其中：湘纺	20128	23208	22651	20982	19409	20848	25177	32684	34959	44600	40297	28526	23009	—	—	—	—	—	—	—
二纺厂	3101	3072	2790	2758	2557	4319	4880	5669	5277	2251	1308	2320	3022	3174	—	—	—	—	—	—
色织厂（万事达）	634	810	933	696	839	868	992	1023	1417	870	14	—	(900)	(1170)	(2074)	(2449)	(3004)	(3171)	(3363)	(3388)
三有公司	—	—	—	—	—	—	—	—	—	2064	2976	3264	3600	3696	4320	4416	4560	4574	4608	4704
东信公司	—	—	—	—	—	—	—	—	—	—	—	—	—	—	6919	12714	14628	25226	25910	39126
实现利税（万元）	5473	5540	6305	4949	949	570	753	−886	287	−2451	−1594	−2026	−2132	−6	135	528	874	1435	1625	2346
其中：湘纺	4974	5161	5538	4323	1188	949	781	273	1630	−1267	−1286	−1698	−2020	—	—	—	—	—	—	—
二纺厂	333	218	470	290	−398	−282	78	−901	−1084	−937	−195	−286	−177	−143	−91	−70	—	—	—	—
色织厂（万事达）	87	60	79	8	−100	−336	−275	−351	−212	−271	−92	−27	(1)	(−50)	(27)	(23)	(203)	(212)	(231)	(215)
三有公司	—	—	—	—	—	—	—	—	—	76	82	106	123	161	187	194	177	173	184	231
东信公司	—	—	—	—	—	—	—	—	—	—	—	—	—	—	—	368	483	1037	1198	1886
合计中利润（万元）	2553	4129	4432	3319	−287	−628	−522	−2367	−1532	−3837	−3126	−3598	−2989	−256	−28	178	352	609	622	835
其中：湘纺	2307	3904	3950	3002	243	21	−246	−945	18	−2370	−2564	−2996	−2670	—	—	—	—	—	—	—
二纺厂	157	116	336	170	−500	−367		−978	−1154	−1049	−223	−317	−198	−151	−98	−63	—	—	—	—
色织厂（万事达）	47	52	53	−5	−136	−353	−275	−376	−231	−274	−121	−102	(−24)	(−87)	(−31)	(−73)	(45)	(50)	(56)	(23)
三有公司	—	—	—	—	—	—	—	—	—	20	24	35	42	78	101	122	85	76	75	120
东信公司	—	—	—	—	—	—	—	—	—	—	—	—	—	—	—	190	219	478	488	686
从业人员（人）	14205	14738	14961	15831	16156	15895	15916	15590	15744	15724	14520	14051	12757	10237	9772	8983	6277	5870	6344	6537
其中：湘纺	10321	10816	10725	11154	11507	11209	11274	11153	11546	11471	11223	10782	9938	7846	7523	7012	—	—	—	—
二纺厂	2016	1967	1904	1928	1895	1966	1935	1860	1737	1689	1215	1192	861	542	492	434	59	—	—	—
色织厂（万事达）	836	857	895	982	1038	1028	976	872	861	793	791	282	(295)	(356)	(322)	(301)	(322)	(348)	(425)	(480)
三有公司	—	—	—	—	—	—	—	—	—	268	317	398	412	606	654	733	874	856	903	906
东信公司	—	—	—	—	—	—	—	—	—	—	—	—	—	—	—	346	4835	4312	4867	5013

第二章　化学纤维

1986年,境域仅市化纤厂一家企业生产化纤。经一、二期投资改扩建,到1990年,形成6000吨涤纶长丝年生产能力,成为省内唯一拥有无拈丝、牵伸丝、低弹丝、网络丝等涤纶长丝产品的生产企业,升为境域工业总产值过亿元的中一型企业。1994年,成立湖南金迪化纤有限公司(以下简称金迪公司)。1999年3月,金迪公司6万吨聚酯切片工程竣工投产,成为境域经济增长新亮点。2000年,荣通公司创立生产涤丝长丝。是年,境域有化纤生产企业3家,从业人员1793人,完成工业总产值8.37亿元、实现税收6310万元、利润2936万元。2001年后,由于化纤总量市场供需失衡,行业竞争激烈,境域化学纤维产能规模效益差,无市场竞争优势,经营十分困难。2003年,市化纤厂宣告破产。2005年,金迪公司全面停产,荣通公司酝酿产业转向。是年,境域化纤生产企业为2家,从业人员861人,完成工业总产值7.6亿元、实现税收2725万元、亏损7156万元,工业总产值和税收分别比2000年下降9.2%、56.8%。境域聚酯切片和涤纶长丝生产濒临消亡。

第一节　聚酯切片

一、生产规模

境域酝酿生产聚酯切片始于1988年。当时聚酯切片供应紧俏,市化纤厂每年从纺织工业部得到计划供应量仅满足生产所需36%。湖南是纺织业较发达的省份,用聚酯切片生产涤纶纤维可替代棉花,腾出几千万亩棉田种植粮食和其他经济作物,可解决粮棉争地的问题。以市化纤厂为基础配套建设聚酯切片生产线,得到省市政府高度重视。是年,市化纤厂提交年产6万吨聚酯切片可行性分析报告。1992年,国家计委批准立项,市政府批复同意在市郊宝塔乡燕山冲征地501亩作为聚酯切片工程建设用地,成立"湘潭化纤厂聚酯工程指挥部"。1993年,市化纤厂6万吨聚酯切片项目可行性报告获准,完成征地拆迁,年底完成"三通一平"。1994年,省政府以市化纤厂6万吨聚酯切片工程成立国有股份公司"湖南金迪化纤有限责任公司"(以下简称金迪公司),省建委批准项目初步设计方案,总投资概算为10.87亿。1995年初,公司登记注册资本为2.5亿元,其中湖南省经济建设投资公司(以下简称省经投公司)占股68%,湘潭市经济建设投资公司(以下简称市经投公司)占股24%,市化纤厂以前期投入征地拆迁费2400万元和无形资产800万元占股8%。2月16日,金迪公司正式挂牌和工程奠基,省市有关领导到会祝贺。1996年,金迪公司迁入新址办公。1998年,聚酯切片项目土建及管道安装工程完工,建成6万多平方米生产厂房,引进具有国际先进水平的瑞士伊文达公司切片生产整套设备。在项目建设中,利用剔除公共事业投入(职工宿舍、幼儿园、学校等)、享受国家关税减免优惠政策、建材市场价格普遍下降、以及施工过程加强管理和节省调试费用等有利因素,项目实际总投资8.5亿元,比预算节约投资2.37亿元。

1999年,聚酯切片项目竣工投产。金迪公司有员工630余名。当年生产"神迪牌"聚酯切片4.06

万吨,完成工业总产值2.16亿元。2000年初,金迪公司调整工艺,将聚酯熔体单日产量由180吨提升到220吨,超过设计能力17%,使其生产能力由年产6万吨提升到8万吨。是年底,国家计委、国家纺织工业局、国家环保局及省市有关部门共68个单位120多人在湘潭宾馆召开金迪聚酯切片工程竣工验收大会,一次验收合格并办理固定资产移交手续。是年,生产聚酯切片6.75万吨、完成工业总产值4.09亿元,分别比1999年增长66.3%、89.4%。2001年,为提升产品规模效应,金迪公司投资3500万元扩增聚酯熔体装置,使其聚酯切片年生产能力增至10万吨。2002年后,受聚酯切片市场萎缩和国际石油价格暴涨的影响,金迪公司聚酯切片年产量徘徊在6万多吨水平。2004年,聚酯切片因巨额亏损生产难以苦撑下去,受其影响,企业人气波动,出现生产经营混乱,金迪公司寻求重组改制方式也未能摆脱困境。2005年,金迪公司被福建升汇投资集团兼并重组后,因改组改制不到位,年底聚酯切片全面停产,后无能力再恢复生产。原拟启动扩建5万吨聚酯短纤维工程虽完成"三通一平",只能自行下马。是年,生产聚酯切片3.35万吨、完成工业总产值3.54亿元,分别比2000年下降50.4%、13.4%。

二、经营管理

1999年3月25日,金迪公司聚酯切片正式投料生产,同日产出第一批合格的聚酯切片产品。由于企业确立新的经营模式:突出主业,剥离辅业,采用外包经营和合作方式解决水路运输、陆路运输、消防设施和生活配套设施,节省投资和营运成本以及人力资源。投产后,公司集中力量狠抓生产管理和产品质量管理以及员工的业务技术操作培训,保持生产稳定正常运行,产品销往河南、河北、广东、福建、江苏、江西、浙江、贵州以及部分出口荷兰、西班牙等地。是年,实现销售收入2.42亿元、税收1093万元、利润1882万元。2000年初,改进聚酯熔体生产工艺,提高产能,使每吨成本降低90元,并在全公司设立40多个信息网络点,将计算机技术融入企业管理,各职能部门实行计算机办公和电算化管理,公司被评为"湖南省2000年度工业企业扭亏增盈暨三年二大目标工作先进单位",公司总经理袁志明因在工程筹建和投产经营管理中的突出表现,由国家人事部、国家纺织工业局授予"全国纺织工业系统劳动模范"。是年,产销两旺,实现销售收入4.6亿元、税收3832万元、利润1673万元,分别比1999年增长90.1%、250.6%、下降11.1%,为历史最好年份。

2001年,国内聚酯切片产品供大于求。聚酯切片市场价从每吨9100元跌至5800元,跌幅达37%,金迪公司因此减少销售收入1亿多元。在市场萎缩、资金紧张和还贷负担沉重压力下,通过加大开拓市场力度、强化内部管理等措施,化解市场不利因素,基本维持保本经营。是年,实现销售收入3.37亿元、税收4489万元、利润2万元,分别比2000年下降26.7%、增长17.1%、下降99.9%。

2002年,受伊拉克战事影响,石油类产品价格暴涨,主要进口原料精对苯二甲酸从每吨350美元涨至680美元,涨幅94.3%,乙二醇从每吨3700元涨至6200元,涨幅67.6%,压缩产品利润空间,加上受突如其来的"非典"影响,使低迷的聚酯切片市场更加萎缩。同时,国内生产企业竞争加剧,产业优势逐渐向年产20万吨以上的大型聚酯切片企业倾斜,年产10万吨及10万吨以下的小型企业因达不到保本点产量规模,亏损日益扩大。当年,金迪公司亏损1143万元。2003年,在原材料涨价、产品降价两头挤压下,金迪公司亏损3265万元。

2004年,金迪公司与福建升汇投资集团(以下简称升汇集团)签署全面托管重组的协议。升汇集团按照新的管理模式，对金迪公司各部门工作职能、工作流程、组织框架进行改造，剥离供应、销售、财会和市场管理部门，成立以总裁办公会领导下的以生产制造为主的七大组织架构，执行预算授权管理。金迪公司根据重组协议进行改制。公司员工代表大会通过"企业改制员工安置方案"，省国资委批准该方案，省经投公司与升汇集团正式签订股权转让协议和担保协议。升汇集团办理企业法人工商变更登记和国有划拨土地使用权出让及税务变更登记等手续，金迪公司由国有股份公司变为民营资本控股的公司。是年，在省经投公司和升汇集团共同管理下，金迪公司实现销售收入3.52 亿元、税收 1490 万元、亏损 4185 万元，分别比上年下降 22%、15.2%、增亏 28.2%。

2005 年，国内聚酯切片产能严重过剩，市场需求低迷，价格疲软，企业开工率不足 60%。在全行业不景气的大氛围下，金迪公司根据"企业改制员工安置方案"对员工进行全民职工身份置换，实行"双向"择业。因离岗人员不满公司作法，引发群体性上访。升汇集团将金迪公司与厦门利恒公司合并组成"升汇聚酯工业控股有限公司"，金迪公司更名为"金迪工厂"。升汇集团又进行重大改组，撤销"升汇聚酯工业控股有限公司"，集团按区域管理工厂，金迪工厂划归厦门区域管理。由于市场饱和的原因，集团指令金迪工厂停产。后来又指令恢复生产，因设备出现故障，聚酯切片生产装置无法启动，年底全面停产。是年，金迪公司实现销售收入 3.48 亿元、税收 1459 万元、利润亏损 4781 万元，销售收入和税收分别比 2000 年下降 24.3%、下降 61.9%。此后，境域聚酯切片生产再未恢复生机，产品黯然淡出市场。

第二节　涤纶长丝

1986 年，境域市化纤厂拥有涤纶长丝年生产能力 2000 吨，从业人员 1100 余人。是年，生产涤纶长丝 2320 吨、完成工业总产值 4975 万元、实现税收 134 万元、利润 595 万元。1988 年市化纤厂扩建 4000 吨技改工程项目竣工，形成年产 6000 吨涤纶长丝生产能力，由一小型化工企业跃升为中型企业。年内，引入竞争机制，深化内部改革，优化劳动组合，层层实行承包责任制，经济效益持续攀升。1990 年，企业克服电力紧张、资金短缺、原料供应不足的困难，进一步强化基础管理，调整产品结构，完善质量管理体系，全年生产涤纶长丝 6173 吨、完成工业总产值 1.42 亿元、实现税收 1027 万元、利润 2486 万元，分别比 1986 年增长 166%、185%、666.4%、317.8%。

1991 年，市化纤厂归口市经委管理，企业开展效益年活动，经济效益抬升，当年实现利润 3166 万元，为历史最好年份。企业实施技术改造，新增 3 台 FK6 加弹机扩大产能，但因原辅材料价格猛涨，资金周转困难，经济效益开始下滑。1995 年，市化纤厂受国际国内纺织产业结构大调整影响，涤纶长丝的原材料聚酯切片由 8400 元 / 吨猛涨到 18000 元 / 吨，而产品涤纶长丝价格大幅度下跌，导致成本倒挂。是年，市化纤厂生产涤纶长丝 8995 吨、完成工业总产值 1.71 亿元、实现税收 632 万元、利润 19 万元，分别比 1990 年增长 45.7、20.4%、下降 38.5%、99.2%。

1996 年后，市化纤厂新增倍捻机 8 台，试制出倍捻丝新产品，但经济效益继续下滑，亏损 32 万元。1998 年受东南亚金融危机的影响，纺织品市场进一步萎缩，国内化纤销售市场疲软，全行业经营亏损。市化纤厂通过"学邯钢，狠抓成本管理"的活动，采取减员增效、建立销售网络等措施，勉强维持生产经营。1999 年，金迪公司引进瑞士伊文达公司的 POY 纺丝生产线共 72 个纺位 432 头直纺装置、引进法国 ICBT 公司的后纺 DTY 装置 FTF12E3 机 15 台，建成年产 1 万吨涤纶丝项目投产，当年生产涤纶长丝 7054 吨。2000 年，市化纤厂引进香港恒通资源有限公司成立荣通公司，投入 846 万元合资建成年产 1800 吨 POY 涤纶长丝生产线，投入生产运行。是年，境域有 3 家涤纶长丝生产企业，从业人员 1400 余人，共生产涤纶长丝 2.27 万吨(其中金迪公司生产 1.18 万吨)、完成工业总产值 4.28 亿元、实现税收 2460 万元、利润 1263 万元，分别比 1995 年增长 152.3%、150.3%、289.2%、65.5 倍。

2001 年，荣通公司投资 2450 万元，从日本引进一条年产 5000 吨 24 部位的 FDY 生产线投入生产。此时国内涤纶长丝市场萧条，将近 80%生产企业停产，境域企业在边生产边亏损情况下，继续经营。2003 年，市化纤厂因长期拖欠银行债务，无法筹措资金再投入生产，且潜伏性亏损巨大，资不抵债，宣告破产。金迪公司也因流动资金不足、产能结构不合理、盈利能力不强出现巨额亏损。2004 年，市化纤厂由市政府拨入改制成本资金 921.9 万元，一次性安置职工 978 人，并为 305 名退休职工办理医疗保险，化解银行债务 1.05 亿元。2005 年，境域只有荣通公司、金迪公司二家化纤企业，从业人员近 600 人，生产涤纶长丝 4.03 万吨、完成工业总产值 4.71 亿元、实现税收 1266 万元、亏损 2375 万元，产量、产值、税收分别比 2000 年增长 77.5%、10%、下降 48.5%。年底，金迪公司全面停产，境域涤纶长丝产品濒临市场淘汰。

第三章　复制品

第一节　毛巾

1986 年，境域有韶山棉织厂(以下简称韶棉)和市毛巾厂 2 家企业生产毛巾，拥有毛巾织机 172 台、毛巾被机 44 台，从煮纱、染色、上浆、织造、印花到整烫各工序设备基本配套，从业人员 1300 多人。韶棉生产规模居省内同行业第二位，是省内出口毛巾主要生产厂家。当年，韶棉抓住出口毛巾定单多、批量大的机遇，及时调整产品结构，加强经营管理和质量监督，克服经常限电和原材料涨价的困难，保证占生产总量 70%的外贸产品按时交货。市毛巾厂根据内销毛巾需求旺盛的特点，改进工艺技术，先后增添节能锅炉、绳状染色机、浆纱机等 10 多台设备，提高产能和产品质量。是年，境域生产毛巾 936 万条(毛巾被 8.2 万条)，完成工业总产值 986 万元，实现税收 107.4 万元、利润 63.9 万元。韶棉实现出口产值 566 万元，创汇 140 余万美元，成为省内同行业出口创汇大户。

1987 年，韶棉根据市场供需变化，加大设备投入，年内新增 1515B-230 型宽幅织机 16 台、75 英寸织机 12 台。同时加强产品研发和花型设计工作，拓展产品市场容量，完成出口产值 712 万元，出口创汇 130 多万美元，被省政府授予“湖南省出口商品毛巾生产专厂”标牌。市毛巾厂新增 1511B-44 毛巾织机 24 台，添置升降式染色机、烘纱机、绷板机等配套设备，开发双人枕巾和割绒枕巾。为解决染整车间纳夫妥染色、浆纱生产技术难题，与上海毛巾九厂结对开展技术协作攻关，组织生产技术骨干去上海对口学习培训，A518 面巾获纺织工业部优良产品称号，并出口面巾 7.1 万条、浴巾 1.2 万条,直销日本、新加坡等地,创出口产值 8 万元。

1988 年,韶棉开展"创优达标"活动,通过"省先进预备级企业"验收。厂技术员周孝全设计的玫瑰花型印花毛巾获全国复制行业花型设计三等奖,韶峰牌 85125 提花浴巾获纺织工业部优质产品称号。市毛巾厂完善经济责任制,实行全员优化劳动组合和效益浮动工资制,调动职工生产积极性。是年,韶棉实现利润 140 万元,市毛巾厂实现利润 48 万元,均为历年效益最好年份。1989 年,韶棉和市毛巾厂通过建立质量保障体系,扩大外贸出口,尽管年底出口订单减少,生产受到影响,但由于及时调整畅销产品的生产比例,当年分别实现利润 62 万元和 6 万元。韶棉被评为省先进企业。

1990 年,境域毛巾生产企业外销市场订单锐减,出口产品大量积压。内销市场毛巾大面积滞销。企业为克服经营困难,加大产品研发,当年韶棉提花割绒喷花枕巾、提花割绒面巾均通过省级鉴定评为省优秀新产品。市毛巾厂开发餐巾、儿童面巾、擦洗巾等产品面市。韶山市韶光棉织厂成立,有 14 台织布机、8 台宽幅织机,试产毛巾坯布。是年,境域有 3 家毛巾厂,从业人员约 1400 人,生产毛巾 1443 万条(毛巾被 4.9 万条)、完成工业总产值 920 万元、实现税收 46.5 万元、亏损 80 万元,产量、产值、税收分别比 1986 年增长 54.2%、下降 6.7%、56.7%。韶棉完成出口产值 418 万元。市毛巾厂出口产值 47 万元。

1991 年,韶棉开发的提花割绒印花面巾"渴望"图案获全省复制行业百花奖一等奖,并推荐参加全国第四届纺织复制产品花型与配套产品大奖赛,成为省内入围参赛企业中唯一荣获二等奖的产品。市毛巾厂开发的柔性印花毛巾,被省科委列为重点科技成果推广项目。韶棉和市毛巾厂虽然在新产品开发和花型设计上有长足进步,限于市场购买力不强和外贸出口萎缩,没有出现新的产销两旺的局面。1992 年后,韶棉投资 250 万元技术改造工程建成投产,新增织机 60 台和松式后处理生产线一条,形成年产毛巾 1540 万条、毛巾被 25 万条的生产能力,成为全省最大的毛巾生产企业。但韶棉受原材料价格上涨、产品销售疲软、资金紧缺的影响,没有显现产能规模效应。市毛巾厂因产销不畅、资金困难,已征地准备新建车间的技改项目被迫下马。韶光棉织厂转产其他纺织产品生产。1995 年,境域有 2 家毛巾生产企业,从业人员 1200 多人,生产毛巾 1131 万条(毛巾被 0.4 万条)、完成工业总产值 1846 万元、实现税收 106.3 万元、亏损 413 万元,产量、产值、税收分别比 1990 年下降 21.6%、增长 100.6%、增长 128.6%。韶棉完成出口产值 1775 万元,创汇 160 多万美元。

1996 年后,韶棉和市毛巾厂企业处于半停产状况。1997 年,市毛巾厂全面停产,韶棉因无资金购买棉纱被迫关停大部分设备。2000 年,境域只有韶棉 1 家毛巾厂,从业人员近 900 人,生产毛巾 363 万条、完成工业总产值 423 万元、实现税收 43.3 万元、亏损 280 万元,产量、产值、税收分别比 1995 年下降 68%、77%、59.3%。

2001 年初,民营企业韶峰公司租赁韶棉,确定经乌鲁木齐转口到俄罗斯及中亚国家的沙滩巾和提花割绒毛巾为主要产品方向,当年批量生产,安排下岗职工近 500 人。2002 年,韶峰公司生产经营来势看好,生产毛巾 1146 万条、完成工业总产值 1962 万元、销售收入 2590 万元、实现税收 67 万元、利润 34 万元。2003 年 6 月,韶棉宣告破产,韶峰公司整体收购韶棉,湘潭市政府和韶山市政府共拨入改制现金成本 841.5 万元,安置在职职工 834 人和退休职工 240 人,化解银行债务 2056.3 万元。2005 年,湘乡市金兔纺织有限公司在湘乡市棋梓桥镇注册成立,购进 116 台毛巾织机,设计年产毛巾 220 万条生产规模,从业人员 200 余人。韶峰公司由于转口贸易货款难于按时到位,内销毛巾销售不畅，产品盈利小，酝酿产业转向。是年，境域有2家毛巾生产企业，从业人员600余人，生产毛巾937万条、完成工业总产值2520万元、实现税收42万元、利润11万元，产量、产值、税收分别比2000年增长158%、496%、下降3%。

第二节 床上用品

境域工业化生产床上用品始于1990年，当年湘乡市织布厂试产床单坯布，因产品达不到工艺要求停产。1991年，韶光棉织厂购进宽幅布机14台，试制线毯及床单坯布，从业人员60余人，次年生产线毯0.5万条，床单坯布1.3万米。1993年，光华印花厂创立，外购印染布台板印花，缝制加工床单和被套。1994年，光华印花厂更名为光华公司，注册资本500万元，租赁湘潭市板塘汽车修理厂并新增缝制设备提高后工序加工能力。1995年，境域有床上用品企业2家，从业人员110余人，生产床单被套1.2万套件、线毯1.4万条、床单坯布4.3万米，完成工业总产值156万元、实现税收2万元、利润11.5万元。

1998年，光华公司为解决生产工序配套、扩大规模搬迁至市毛纺厂内，新建污水处理设施，陆续添置联合练漂机、平拉机等染色设备，由外购印染布改为自产印染布加工床上用品，产品由原单一床单、被套生产扩展为床上用品成套件生产。2000年，床上用品生产企业2家，生产床上用品和家居布艺6.8万套件、线毯2.1万条、床单坯布5.6万米，完成工业总值389万元、实现税收18.3万元、利润20万元，产值、实现税收、利润分别比1995年增长149.3%、815%、73.9%。

2001年后，光华公司扩大产能，实现产品多样化、系列化，“华笑”高级纯棉被套被市技术监督局评为湘潭市名牌产品。2004年，光华公司从市绸厂购置单炮筒染色机、双炮筒染色机、呢毯整理机等20余台专用设备，引进荷兰园网印花机一台及电脑描稿分色、制网设备，使前后工序设备配套齐全，形成坯布→前处理→染色(印花)→后整理→半成品→缝制→包装→成品出厂完整的工艺流程，依托“华笑”品牌不断推出款式新颖、质地优良、适应不同消费层次需要的产品，从床上用品发展到家居布艺8大系列40多个品种，同时应用后整理新技术和染整富余生产能力对外承接印染布加工。同年，光华公司“华笑”系列床上用品、窗饰布艺产品通过ISO9001:2000质量认证，“华笑”商标被授予湖南省著名商标称号。2005年，光华公司更名为湖南华笑家纺印染有限公司。韶光棉织厂因缺乏资金投入以及产能盈利水平低而歇业。是年，境域仅光华公司一家床上用品生产企业，从业人员158人，生产床上用品8.1万套件、窗饰布艺8.4万套件，完成工业总产值1200万元、实现税收32万元、利润100万元，产值、实现税收、利润分别比2000年增长208.5%、74.9%、400%。

第三节 线带

1986年，境域有市制线厂、市线带厂两家线带企业，从业人员350余人，生产木纱线、宝塔线、棉球线、涤纶线、花圆带、工业用边带等产品。年内，市制线厂购进24台新式辘线机、2台腊光机、3台球线机，从加强设备管理入手提高工人操作技术、促进班组建设，提高企业管理水平。市线带厂从大湖街海会寺搬迁至东湖路10号，当年搬迁当年全面恢复生产。是年，境域生产工业用边带和各类线

212 吨，完成工业总产值 585 万元，实现税收 11 万元，利润 21.7 万元。

1987 年，市制线厂和市线带厂分别与主管部门签订三年承包经营合同，厂内按车间、班组层层分解指标落实责任，抓管理上等级，提升企业经营水平。1988 年，市制线厂克服电力紧张、原材料供应短缺、资金周转等困难，实现产量、产值、产品合格率、利润四项指标创历史最好水平。市线带厂抓住 21S 二股宝塔线评为外贸出口免检产品的机遇，扩大宝塔线生产，全年生产宝塔线 41 吨。是年，市制线厂盈利 48.1 万元，市线带厂盈利 9.2 万元，均为历史最好水平。1989 年，出口服装企业订单锐减，线带行业深受影响，生产急转直下，线产量下降近 4 成。1990 年，生产经营继续滑坡，因服装行业不景气造成各类线带产品市场疲软。是年，境域生产工业用边带和各类线 134.3 吨、完成工业总产值 385 万元、实现税收 30.1 万元、利润亏损 9.2 万元，产量、产值、税收分别比 1986 年下降 36.6%、34.2%、增长 173.6%。

1991 年后，线带行业因销售疲软、产品压库、加上原材料价格上涨、资金紧缺，生产急剧萎缩，亏损增大。1994 年，湘潭市嘉信织带厂创立(以下简称嘉信织带厂)，投资 10 余万元购入新型织带机 10 台，生产工业用边带，当年投产。1995 年，境域有线带企业 3 家，生产工业用边带和各类线 33.2 吨(嘉信织带厂生产 15.9 吨)、完成工业总产值 150 万元、实现税收 9 万元、利润亏损 61.8 万元，产量、产值、税收分别比 1990 年下降 75.3%、61%、70.1%。

1996 年，境域线带行业生产经营愈加困难，只得实行分车间停产的办法降低费用支出，多数职工被迫下岗，年底市线带厂全面停产。而嘉信织带厂又投入近 10 万元购入织带机 8 台，生产工业用边带 18.3 吨。1997 年后，市制线厂全面停产，仅剩嘉信织带厂生产工业用边带，原各类棉球线、木纱线、宝塔线、涤纶线等产品全部退出市场。2000 年，境域线带企业 1 家生产工业用边带 40.1 吨、完成工业总产值 152 万元、实现税收 2.9 万元、利润 7.3 万元，产量、产值、税收比 1995 年增长 20.8%、1.3%、下降 67.8%。

2001 年，嘉信织带厂投资 12 万元购进织带机 6 台及配套设备，形成年产工业用全棉绝缘带、服装用带 60 吨生产能力，从业人员 20 余人。2005 年，境域线带生产企业 1 家，从业人员 21 人，生产工业用边带 50 吨、完成工业总产值 220 万元、实现税收 6.1 万元、利润 9.2 万元，产量、产值、税收分别比 2000 年增长 24.7%、44.7%、110.3%。

第四章　针织

1986 年，境域有针织企业 7 家，从业人员 3327 人。产品涵盖经纬编化纤面料(包括外衣布、衬衣布、装饰布、蚊帐布)、人造毛皮、绒类装饰面料布、汗布类衫裤、棉毛类衫裤、化纤袜、纱线袜、手套、羊毛衫等百余种产品，其中经纬编化纤面料占全省总产量 35%以上，居省内第一位。是年，完成工业总产值 5248 万元、实现税收 167 万元、利润 339 万元。1987 年后，随着消费市场的变化和国外化纤面料大量涌入国内，针织企业尤其经纬编生产受到严重影响。1990 年，境域针织业完成工业总产值 3785 万元、实现税收 189 万元、亏损 743 万元，产值和税收分别比 1986 年下降 27.8%、增长 13.2%。

1991 年后，境域针织企业因跟不上市场逆转及自身竞争不强，普遍存在产品滞销、经济效益差、严重亏损等现象，尽管采取更新设备、开发新产品、加强经营管理、实行内部改革等一些措施，仍不能摆脱衰落的局面。1995 年，完成工业总产值 1043 万元、实现税收 44 万元、亏损 629 万元，产值和税收分别比 1990 年下降 72.4%、76.7%。2000 年，境域针织工业生存空间丧失殆尽，产品全部被市场淘汰。

第一节 经纬编

1986 年，境域有市针织厂和韶山针织厂 2 家企业生产经纬编化纤面料，拥有经编机 59 台（含进口经编机 9 台）、大园纬编机 51 台（含进口纬编机 10 台）、高温高压染色机 18 台、热定型机 4 台（含进口定型机 1 台），年生产能力 1600 吨，从业人员 1100 多人。同年，国内放开纺织品进口限制，大批国外化纤面料涌入国内市场，市针织厂顶着市场压力，加强销售力量和产品开发力度，推行工资总额包干为中心的经济责任制，努力提高经济效益。韶山针织厂发挥进口设备优势，扩大适销产品生产，力求产销平衡。是年，境域生产经纬编化纤面料 751 吨、完成工业总产值 4472 万元、实现税收 111 万元、利润 330 万元。

1987 年，境域生产企业受国内化纤面料市场饱和、行业竞争激烈的影响，经济效益下滑，市针织厂亏损 203 万元。1988 年，市针织厂公开选拔厂长，实行目标经营承包责任制，新产品经编绒类装饰面料大批量投放市场，销售情况转好，当年盈利 70 万元。韶山针织厂通过加强质量管理，实行车间、科室承包，保持企业盈利。1990 年，受国内无梭布机、剑杆织机生产的化纤面料充斥市场，经纬编面料生存空间收窄的影响，生产每况愈下。是年，境域生产经纬编化纤面料 478 吨、完成工业总产值 2890 万元、实现税收 131 万元、亏损 747 万元，产量、产值、税收分别比 1986 年下降 36.4%、35.4%、增长 18%。

1991 年后，市针织厂受三角债困扰，资金短缺、产品大量积压。韶山针织厂虽几经调整班子也难以改善管理松弛的局面，亏损居高不下。市委、市政府派驻支帮促工作队，协助企业扭亏控亏，但收效甚微。1993 年，韶山针织厂停产，转由个人承包机台生产。市针织厂根据市政府“分块搞活、分步突围”的导向，实行“一厂两制”，允许本厂职工和外来租赁户承包经编车间生产涤纶蚊帐，承包染整车间加工坯布染色拉幅定型和整理。1995 年，境域生产经纬编化纤面料 150.1 吨、完成工业总产值 861 万元、实现税收 38 万元、亏损 416 万元，产量、产值、税收分别比 1990 年下降 68.8%、70%、71%。

1996 年后，仅存市针织厂少量机台从事经编生产外，纬编生产全部停产。1998 年，市针织厂全面停产。是年，境域生产经编化纤面料 40.3 吨、完成工业总产值 220 万元、实现税收 32 万元、亏损 612 万元，产量、产值、税收分别比 1995 年下降 73%、74%、15.8%。1999 年后，境域再未生产经纬编化纤面料。

第二节 针织内衣

1986 年，境域有湘潭市二针织厂（以下简称市二针织厂）和市二纺厂内衣分厂生产内衣，拥有台车 29 台、棉毛车 33 台及配套缝纫设备，从业人员 500 余人，当年生产内衣 141.3 万件、其中汗布类衫裤49.8万件、棉毛类衫裤91.5万件。

1987年后，市二纺内衣分厂为改变坯布染色定型受外加工的制约，经过市场调研和论证，投资230多万元新建漂染车间及污水处理设施，购置漂染、整烫设备，使年产300万件内衣生产线前后工序完整配套。市二针织厂新增4台棉毛车，提高棉毛类衫裤产量。1989年，市针织厂为改变生产单一化纤面料的颓势，利用纬编成熟工艺和操作技术，以及染整富余能力的优势，先后购置台车20台、棉毛车4台，试产汗衫、背心等内衣产品。1990年，境域有三家内衣生产企业，拥有台车48台、棉毛车41台，形成年产600万件内衣生产能力，从业人员增至600余人。是年，生产内衣总量为141.1万件、其中汗布类衫裤91万件、棉毛类衫裤50.1万件，分别比1986年下降0.1%、增长82.7%、下降45.2%。出口内衣12.1万件，其中，市二纺内衣分厂出口文化衫10.4万件，市二针织厂出口1.7万件，共创出口产值73万元。

1991年，市针织厂又购入棉毛车6台。市二针织厂购入棉毛车5台、台车2台。但由于市场疲软，两企业新增的生产设备并未发挥经济效益。1993年，外贸市场对文化衫的需求旺盛，拉动境域内衣生产快速增长，当年生产内衣203.3万件，出口173.3万件，其中市二纺内衣分厂出口154万件，市二针织厂出口19.3万件，共创出口产值696万元。但市针织厂内衣生产却持续萎缩仅有0.6万件。1994年，市针织厂内衣生产因资金、管理和销售存在严重问题导致全面停产。市二纺内衣分厂停止市场疲软的棉毛类衫裤产品生产，与香港富登有限公司合作成立湘潭金桦针织制衣有限公司，专营汗布类产品，由中方负责生产，港方负责销售。同年，市二针织厂发生火灾事故，车间受损，内衣生产由此一蹶不振。1995年，境域有二家内衣生产企业，从业人员400多人，因产品滞销，仅生产内衣102.7万件，其中汗布类衫裤100.4万件，棉毛类衫裤2.3万件，分别比1990年下降27.2%、增长10.3%、下降95.4%。市二纺内衣分厂出口文化衫53.7万件，实现出口产值216万元。

1996年，针织内衣生产跌落低谷，不仅市二纺内衣分厂生产急剧萎缩，而且市二针织厂因资金短缺、原材料涨价、销售业绩下降及灾后重建困难，生产难以维持。是年，境域生产内衣14.8万件、其中汗布类衫裤14.1万件、棉毛类衫裤0.7万件，分别比1995年下降85.6%、86%、69.6%。1997年，市二纺内衣分厂和市二针织厂先后停产，再没有生产针织内衣企业。

第三节　织袜业

1986年，境域有市袜厂、市二针织厂2家织袜企业，有电动袜机112台、半自动袜机22台，年生产各类袜（弹力袜、锦丝袜、纱线袜、毛巾袜、运动袜、薄弹袜等）能力250万双，有从业人员700余人。市袜厂推行承包经营责任制，与上海统益袜厂结对加强横向技术协作，分批次输送骨干人员去上海培训学习，引进上海老师傅来厂传帮带，提高织造技术和管理能力。是年，境域生产各类袜180万双（其中弹力袜120万双，锦丝袜32万双，毛巾袜17万双，纱线袜11万双），完成工业总产值509万元，实现税收34万元，利润2万元。

1987年后，市袜厂在上海统益袜厂的帮助下，有效破解一些生产技术难关，提高工艺操作水平，解决弹力袜原料供应紧张的问题，年加工锦纶弹力丝能力由不足10吨增加到31吨。市二针织厂试产弹力袜，弥补品种单一的缺陷，并将滞销的成人纱线袜停产，保留生产儿童纱线袜。1990年，化纤袜市场饱和、行业竞争激烈、产品大量积压，市袜厂处于经营亏损状况。是年，境域生产各类袜145万双（其中弹力袜123万双，锦丝袜14万双，薄弹袜8万双），完成工业总产值390万元，实现税收21万元，利润亏损28万元，产量、产值、税收分别比1986年下降19.4%、23.4%、38.2%。

1991年后，境域织袜业持续低迷，市二针织厂淘汰袜机设备，改生产其他产品。市袜厂虽千方百计调整品种生产，先后推出麻棉袜、运动袜、老板袜、腿套等一些产品应市，但销售市场并未因此转旺。1995年，境域仅存市袜厂一家织袜企业，拥有电动袜机96台，从业人员500余人，生产各类袜5.5万双（其中弹力袜5.4万双，麻棉袜0.1万双），完成工业总产值67万元，实现税收2万元，利润亏损163万元，产量、产值、税收分别比1990年下降96%、82.9%、90.4%。

1996年，因资金短缺且长期亏损，市袜厂全面停产。1997年后，境域织袜业设备全部闲置，除推销库存积压产品外，再未生产袜子。

第四节　毛针织

一、人造毛皮

1986年，境域仅市针织厂人造毛皮分厂（以下简称毛皮分厂）生产人造毛皮，拥有人造毛皮机15台，其中进口西德产MKP—Z电子提花毛皮机5台，PR—GZ180剪烫联合机2台，生产素色毛皮、二色提花毛皮、三色提花毛皮三大类，其中菱形、豹皮、兰草、金钱豹、梅花鹿、狐狸、人字花、斜兰花等提花毛皮产品填补省内空白，从业人员100余人。是年，生产人造毛皮51万米（其中素色毛皮36万米，二色提花毛皮12.5万米，三色提花毛皮2.5万米）。

1987年后，人造毛皮主要原材料有光腈纶毛进口量减少，国产替代原料达不到进口设备生产要求，设备磨损严重，进口配件又因外汇紧张无法保证供应，毛皮分厂被迫缩减市场适销的提花毛皮生产量。到1989年，二色提花毛皮降为4.6万米，三色提花毛皮降为1.9万米。1990年，毛皮分厂因进口配件无法保障供应，停开部分进口设备，拆卸停开设备零配件维持生产，同时采用粘胶纤维替代腈纶毛。是年，生产人造毛皮23.2万米（其中素色毛皮22万米，二色提花毛皮1.2万米），比1986年下降54.5%。

1991年后，市针织厂整体生产经营状况恶化，毛皮分厂因资金短缺继续采用替代原料生产低档产品。1995年，生产素色和杂色人造毛皮16.1万米，比1990年下降30.6%。1996年，人造毛皮生产无法走出困境，厂部采取消化库存原料的办法，一次性投料生产杂色毛皮31万米，然后停机封存设备。此后，没有生产人造毛皮企业。

二、羊毛衫

1986年，境域有市袜厂、市红卫针织厂（以下简称红卫针织厂）、湘乡市羊毛衫厂3家企业生产羊毛衫，共有各种横机136台（其中市袜厂72台），年生产能力100万件，从业人员约300人。是年，境域生产羊毛衫12.8万件（其中市袜厂4.6万件、红卫针织厂3.9万件、湘乡羊毛衫厂4.3万件）、完成工业总产值320万元、销售收入246万元、实现利税8.7万元。

1987年初，市袜厂曾试用弹力丝替代膨体纱生产羊毛衫，因产品容易起球影响外观品质，当年停止生产。1988年后，由于羊毛衫生产工艺简单，操作易学易懂，膨体纱供应充足，家庭作坊式生产发展迅猛，羊毛衫产品市场供大于求，而境域生产起步晚，花型和款式设计远不及江浙发达地区，造成产品大量积压。1989年，市服装二厂被市毛纺厂兼并，更名为市毛纺厂羊毛衫分厂，新增46台横机，利用自产毛纱生产高档产品。1990年，境域有4家羊毛衫生产企业，从业人员400余人，共生产羊毛衫4.2万件、完成工业总产值106万元、销售收入84万元、实现利税2.8万元，分别比1986年下降67.2%、66.9%、65.9%、67.9%。

1991年，市袜厂停止羊毛衫生产，市毛纺厂羊毛衫分厂生产的纯羊毛衫因缩水和定型工艺未过关，也改用膨体纱生产羊毛衫。1992年后，湘乡羊毛衫厂因销售业绩差停产。红卫针织厂靠承接来料加工业务维持生产，1994年停产。1995年，境域仅市毛纺厂羊毛衫分厂生产羊毛衫0.5万件，比1990年下降88.1%。

1996年，市毛纺厂羊毛衫分厂停产。市袜厂引进香港高运织造厂，成立湘潭市雨湖织造企业有限公司利用闲置横机设备合资生产麻棉衫。1997年，雨湖织造企业有限公司倒闭，市袜厂因融资没成功停产关闭，此后，境域没有生产羊毛衫生产企业。

第五章　毛纺织与丝绸业

第一节　毛纺织

1986年，境域仅市毛纺厂一家毛纺织企业，从业人员1900余人。为扩大生产能力和调整生产布局，上扩建2400锭精纺锭、48台毛织机及洗毛炭化等技改项目，与上海第一毛纺织厂（以下简称上海一毛）协作攻关解决染色、梳毛、刺果拉毛等工艺流程中的技术难题，提高产品质量，全毛水波纹毛毯、雪花大衣呢、海军呢评为省优质产品，新开发的混纺毛毯、女式呢、霜花呢、仿拷花大衣呢填补省内空白，深受市场欢迎。是年，生产粗纺呢绒50万米（毛毯5.9万条）、完成工业总产值1408万元、实现税收283万元、利润218万元，为境域工业企业利税大户之一。

1987年，国家放开纺织工业技改项目和规模审批限制，各地出现兴建毛纺厂风潮，引发抢购羊毛原料的混乱局面。受其影响，企业在牧区设点收购羊毛，同时试产兔毛针织纱以改善原料结构应对新情况。1988年，市毛纺厂通过技术改造后，拥有13套梳毛机，精纺锭2400锭、粗纺锭2160锭（含毛毯粗纺锭480锭），毛织机108台（其中精梳毛织机48台），粗梳毛织机44台，提花毛毯织机16台等生产设备，成为省内唯一具有洗毛、炭化、制条、纺织、染整综合功能齐备的精粗毛纺织全能生产企业。1989年，市毛纺厂在市政府主持下兼并市服装二厂、市服装三厂，形成年产洗净毛1200吨、炭化毛500吨、毛条200吨、精纺呢绒60万米、粗纺呢绒67万米、毛毯11.5万条、绒线200吨、羊毛衫15万件、毛呢服装3万套的生产能力，从业人员一度达到2200多人。同时与上海第一毛纺厂联营合作，开发精纺全毛华达呢、毛麻精纺条花呢两个新产品，全毛水波纹毛毯、雪花大衣呢、海军呢等产品在上海市场深受欢迎。1990年,进口羊毛减少,国内抢购羊毛原料事态愈加严重,市毛纺厂深受原料质次价高、掺杂使假的影响,不但生产成本虚高且可用毛数量减少,造成生产调度困难。而采用兔毛原料生产,工艺不稳定,成本高,且原料来源无保障,加上基础管理工作滞后,企业经济效益大幅滑坡。是年,生产呢绒33.5万米(其中精纺呢绒3.4万米,毛毯2.5万条)、完成工业总产值1073万元、实现税收148万元、亏损944万元,产量、产值、税收分别比1986年下降33%、23.8%、47.7%,成为境域亏损大户。

1991年后,市毛纺厂生产经营陷入困境。市委、市政府派出支帮促工作队,加强内部整顿,调整领导班子,以图改善经营状况但成效不大,不能扭转多年来盲目投入、摊子铺得大、投资效益差,出现大量资金沉淀、资金周转困难和技术力量薄弱、管理松弛、巨额亏损的局面,企业处于半停产状态。1995年,生产呢绒1.5万米(其中精纺呢绒1.2万米、粗纺呢绒0.3万米,毛毯2.3万条)、完成工业总产值429万元、实现税收16万元、亏损1013万元,产量、产值、税收分别比1990年下降95.5%、60%、89.2%。

1996年,市毛纺厂累计亏损达7915万元,且积欠银行贷款本息高达1.44亿元,资产负债率高达293%,已属资不抵债、扭亏无望的企业。年底,市毛纺厂宣告破产,生产厂房对外租赁,职工1600余人等待安置,境域没有生产毛纺织品企业。

第二节 丝绸

一、缫丝

1986年,境域仅湘乡市苏坡缫丝厂(以下简称苏坡丝厂)生产缫丝,拥有缫丝机100台共2000绪,年产桑蚕丝生产能力25吨,从业人员400余人。是年,生产桑蚕丝25.2吨、完成工业总产值402万元、实现税收29.6万元、利润32万元。出口蚕丝10吨,创出口产值198万元。

1987年,因收购的蚕茧混杂,生产的白厂丝达不到出口标准全部转为内销,企业出现严重亏损。1988年后,苏坡丝厂狠抓出口产品质量,加强蚕茧收购环节管理,又恢复白厂丝出口。1990年,苏坡丝厂进一步加强企业内部管理,挖掘设备潜力,生产桑蚕丝25.5吨,完成工业总产值489万元,实现税收27.2万元、利润16万元,分别比1986年增长1.2%、21.6%、下降8.1%、50%。出口厂丝6.2吨,创出口产值120万元。

1991年后,境域由于蚕茧品种退化、桑园老化以及种养殖技术不及江浙和省内湖区一带,蚕茧养殖逐渐萎缩且收购难。而出口真丝绸受国外配额限制,各地绸厂改用化纤生产仿真丝绸产品后,桑蚕丝用量急剧减少,导致境域缫丝生产陷入困境。1995年,生产桑蚕丝24.2吨、完成工业总产值502万元、实现税收30.7万元、亏损123万元,产量、产值、税收分别比1990年下降5.1%、增长2.7%、12.9%。当年无厂丝出口。

1996年,苏坡丝厂将已收购的蚕茧一次性投料生产桑蚕丝24吨、完成工业总产值489万元、实现税收81.9万元、亏损509万元,产量、产值、税收分别比上年下降0.8%、2.6%、增长166.8%。年底停止生产,此后境域没有生产缫丝品企业。

二、织绸

1986 年，境域只有市绸厂 1 家生产绸料，拥有丝织机 118 台、绳状染色机 1 台、高温高压染色机 1 台、热定型机 1 台，年生产各种绸料能力 100 万米，从业人员近 600 人。是年，生产各种绸料 87 万米，完成工业总产值 422 万元，实现税收 20 万元、利润 21 万元。出口绸料 4.7 万米，创出口产值 50 万元。

1987 年后，市绸厂扩 80 台丝织机项目投产，与上海丝织三厂、丝织十六厂和苏州振亚丝绸厂建立横向技术协作关系，长期聘请上海师傅和技术人员来厂进行指导和培训操作技术。同时，全面落实承包经营责任制、加强内部管理，并投资 244 万元兴建炼染生产线，提高丝织品染整质量，满足出口绸料要求。苏坡丝厂购置铁本丝织机 20 台生产坯绸。1989 年，市绸厂出口绸料订单大幅减少，企业适时调整产品结构，开发缎条绸、凌云绸、豪华绸、牛津纺等新产品，新增提花丝织机 2 台，确保生产经营正常运转。1990 年，市绸厂新建剑杆织机车间，购置剑杆织机 14 台，增强产品开发和生产能力，由于原材料价格暴涨、生产成本陡增，加上产品一等品率不高，尽管产能提升但经济效益差。是年，境域有织绸企业 2 家，从业人员 600 余人，生产各种绸料 139.1 万米、完成工业总产值 945 万元、实现税收 41 万元、亏损 29 万元，产量、产值、税收分别比 1986 年增长 59.9%、123.9%、105%。出口绸料 6.4 万米、创出口产值 204 万元。

1991 年，市绸厂炼染生产线技改项目完工，增加卷染机 4 台、单炮筒、双炮筒高温高压染色机各 1 台、O 型高温染色机 1 台、溢流染色机 3 台、呢毯整理机 1 台，形成年产丝织品 200 万米、染整能力 300 万米（其中真丝绸炼染能力 200 万米）的规模。是年，出口绸料 13.4 万米，创出口产值 446 万元，为建厂历史最高水平。但由于生产成本居高不下，出口真丝产品制成率低，出口愈多亏损愈大，当年亏损高达 223 万元。1992 年后，停止出口绸料生产。1995 年，境域生产各种绸料仅 34.4 万米、完成工业总产值 656 万元、实现税收 4 万元、亏损 304.1 万元，产量、产值、税收分别比 1990 年下降 75.3%、30.6%、90.2%。

1996 年，市绸厂和苏坡丝厂全面停产。市绸厂 182 台绸机及整经设备全部拆卸变卖，车间对外租赁。2003 年 12 月，市绸厂宣告破产，市政府拨入改制成本现金 250 万元，市城市中心区建设指挥部拨入拆迁补偿费 1850 万元，一次性安置在职职工 558 人和 117 名退休职工，化解银行债务 4321 万元。2005 年末，市绸厂厂区夷为平地。苏坡丝厂关闭。境域没有生产织绸品企业。

第六章　服装工业

第一节　生产规模

1986 年，境域有 7 家服装生产企业，拥有服装生产线 11 条、设备 800 余台套，年生产服装能力 120 万件，从业人员约 1000 人。除市服装一厂（以下简称服一）、市服装三厂（以下简称服三）分别引进日本西服生产线和百褶裙机具有一定规模外，其他市服装二厂、市牡丹服装厂、湘潭县服装厂、湘乡市服装厂、市制帽厂等大都为规模小、设备陈旧老化的小企业。年内，服一投入27万元增加水洗设备一套，使服装专用设备达到282台套，形成年产服装50万件能力。是年，生产各类服装80.5万件、完成工业总产值1073万元，出口服装32.2万件、实现出口产值331万元。

1987年，市牡丹服装厂投资60万元引进日本产缝纫设备50多台套，提升缝制装备水平。1989年，市服装二厂、服装三厂被市毛纺织厂兼并，企业减少到5家，从业人员900余人。1990年，境域生产各类服装77.1万件、完成工业总产值1253万元，分别比1986年下降4.2%、增长16.8%。出口服装60.6万件、实现出口产值856万元，分别比1986年增长88.2%、158.6%。

1991年后，牡丹服装厂投资190万元，兴建出口服装车间、成品仓库和更新整烫设备，使厂房建筑面积达到7132平方米，拥有高速平缝机、进口锁眼机、进口五线机、进口打结机、进口四针橡筋机及进口电脑排版机等460余台套设备，形成年产服装100万件套能力，成为境域设备齐全，生产条件较好的企业。1995年，市制帽厂停产。当年神龙公司创立，投资100余万元购入缝纫设备200多台套，建有二条服装生产线，年生产能力30万件。是年，境域有6家服装企业，拥有服装生产线15条、缝纫设备1100多台套，从业人员1200余人。生产各类服装60.4万件、完成工业总产值995万元，分别比1990年下降21.7%、20.6%。出口服装48.4万件、实现出口产值1422万元，分别比1990年下降20.1%、增长66.1%。

1996年，市绸厂与省丝绸公司合资成立湖南桑园有限公司，投资120余万元建立一条年产10万件出口服装生产线。1997年，服一、湘潭县服装厂、湘乡市服装厂停产。1998年，中国虎公司创立，投入350多万元从日本引进年产10万件具有先进水平的衬衫生产线。湖南桑园有限公司因经营效益差而倒闭。2000年，中国虎公司又投资建设出口衬衣生产线新增配套设备，形成年产30万件衬衣生产能力。神龙公司建成有6000平方米厂房、12条服装生产线、400余台(套)设备规模的服装研发和生产销售基地，并投资100多万元在北非阿尔及利亚创立龙鹏进出口公司，利用国内生产设备组建服装加工厂和三个自营服装商场，通过产品拓展延伸，形成西服、西裤、领带、T恤、休闲夹克、休闲裤、皮带皮包等系列产品，达到100万件套生产能力。是年，境域有3家服装企业，拥有服装生产线20条、设备1300余台套，从业人员1000余人，生产各类服装83.9万件、完成工业总产值3864万元，分别比1995年增长38.9%、288.3%。出口服装56.3万件、实现出口产值2359万元，分别比1995年增长16.3%、65.9%。

2001年，湘潭市永辉工矿贸易公司(以下简称永辉公司)成立，投资60余万元购置各类缝纫设备百余台，形成年产劳动防护服15万件(套)规模，从业人员60人。2003年，市牡丹服装厂停产。2005年，境域有3家服装企业，拥有服装生产线18条、设备1000余台，年服装生产能力265万件套，其中神龙公司年产服装150万件，中国虎公司年产服装100万件套，永辉公司劳保服装15万件，从业人员近1200人。是年，生产各类服装133.6万件、完成工业总产值9707万元，分别比2000年增长59.2%、151.2%。出口服装76.5万件、实现出口产值3160万元，分别比2000年增长35.9%、34%。

第二节　经营管理

1986年，服装消费市场发生大变化，以经纬编化纤面料生产的服装、裙裤全面滞销，境域服装业因产品结构调整不及时，外销服装订单少，生产下降，企业出现亏损。1987年，纺织工业部提出“纺织、服装一条龙，以服装带动纺织”的产业调整方针，市政府将服装企业划归纺织系统归口管理，确定以扩大外销市场为企业发展方向。市牡丹服装厂利用“牡丹牌”衬衣生产优势，贴牌生产出口服装；服一因西服生产线技术力量薄弱、工艺操作水平低停产，改用“碧天”“大酋长”品牌牛仔工装、牛仔裤成熟生产技术，扩大牛仔工装、牛仔裤生产。湘潭县服装厂加大劳保手套出口生产。服三承接市牡丹服装厂半成品加工。服二及湘乡市服装厂承接劳保服装生产。是年，牡丹服装厂和服一扭亏为盈，分别盈利18万元和36万元。1988年，市牡丹服装厂和服一落实行经营承包责任制，人员进行优化组合并在生产一线实行全额计件工资制。1989年，服三被市毛纺厂兼并，改为生产呢绒制服的时装分厂，原有职工在纺织系统内部消化。1990年，出口服装受配额限制的影响，生产萎缩下降。为应对市场挑战，市牡丹服装厂加强内部管理，积极争取出口订单。服一更换厂长设法改善经营管理。市毛纺厂时装分厂更新原有服装设备，摸索呢绒服装加工工艺。是年，服装销售收入859万元、实现税收30.5万元、亏损14.3万元。

1991年，境域服装企业成立以市牡丹服装厂为龙头实行产供销一条龙的“湘潭纺织服装集团公司”。市牡丹服装厂在引进电脑排版机设备中产生严重失误，造成近100万元的债务包袱。1992年，湘潭纺织服装集团公司解散，企业恢复原建制。1994年，服一经批准进行公有民营试点。1995年，神龙公司实施品牌战略，以质量、款式赢取市场回报，“神州龙”服装进入阿尔及利亚市场。是年，全市服装销售收入1127万元、实现税收2.9万元、亏损43.4万元。

1996年，服一公有民营改革试点失败，企业负债累累、陷入经营困境。湖南桑园有限公司成立，因缺乏工艺技术和主导产品支撑，投入生产后经济效益差。1997年，服一全面停产歇业，“碧天”“大酋长”两个品牌的牛仔工装、牛仔裤、休闲装全部退出市场。市牡丹服装厂频繁更换厂长，边亏损边生产。湘潭县服装厂、湘乡市服装厂因经营状况不好，先后歇业。1998年，中国虎公司依重“中国虎”品牌效应，严格按照ISO9000质量体系要求组织衬衫生产，在生产流程中设首检、巡检、查检、抽检等多道质量监督岗位，产品赢得消费者的认可和国家质监部门肯定。年内，神龙公司获得自营出口权，湖南桑园有限公司经营不善倒闭。2000年，神龙公司获准在阿尔及利亚首都创建龙鹏进出口公司，创外汇48万美元。是年，服装销售收入3708万元、实现税收59.5万元、利润91万元。中国虎公司盈利38万元，神龙公司盈利53万元。

2001年，“中国虎”服饰从衬衫扩展到西服、领带、T恤衫等15大系列近千个花色品种，创外汇148万美元。民营企业永辉公司成立，投入60余万元兴建劳保服务生产线。2003年后，市牡丹服装厂全面停产。永辉公司生产工矿服、医护服8.3万件。神龙公司生产跃上新台阶，创外汇达485万美元。2005年，“神龙”系列服装通过ISO9000质量认证，被中国轻工产品质量中心评为“中国优质产品”。是年，服装销售收入9016万元、实现税收124.5万元、利润196.4万元。神龙公司盈利102.7万元，中国虎公司盈利85万元，永辉公司盈利8.7万元。

附 湘潭神龙实业有限公司简介

1995年元月，湘潭人士龙碧玉、曹祖瑛夫妇投资100余万元在雨湖区湘衡路13号创建湘潭神龙实业有限公司，注册“神州龙”商标，兴建两条服装生产线，从事服装研发和生产销售。是年，“神州龙”服装销往阿尔及利亚等国际市场。1998年，公司获自营进出口权，董事长龙碧玉赴阿尔及利亚考察境外投资设厂。2000年，公司经国家外贸部批准在阿尔及利亚首都阿尔及尔创建“中国龙鹏进出口公司”，投资100多万元，建立1个服装加工厂和三个自营商场，派出管理和技术人员18名进行生产经营管理。11月，李鹏委员长访问阿尔及利亚期间，接见龙碧玉等中方人士。是年，公司生产“神州龙”服装30万件套，完成工业总产值2000万元，创外汇48万美元。

2001年公司进一步壮大发展，生产“神州龙”服装40万件套、完成工业总产值2800万元、创外汇148万美元，分别比上年增长130%、140%、300%。2002年，朱镕基总理访问阿尔及利亚接见公司员工。2003年公司继续强势发展，全年生产“神州龙”服装45万件套、完成工业产值3800万元，创外汇245万美元。2004年，胡锦涛主席出访阿尔及利亚，中国龙鹏进出口公司总经理曹伟受到胡主席亲切接见。是年，生产“神州龙”服装50万件套、完成工业总产值4200万元、创外汇485万美元。2005年，“神州龙” 系列服装通过了ISO9001质量体系认证，被中国轻工业产品质量中心检验评为“中国优质产品”。公司拥有生产厂房6000余平方米，12条先进服装生产线，形成年产“神州龙”服装100万件套生产能力。是年，生产各类衬衫、唐装、西装、休闲服、T恤衫等70余万件，完成工业总产值5000万元，出口创汇580万美元，分别比2000年增长133.3%、150%、1108.3%。神龙公司成为境域服装工业产能和出口创汇的支柱企业。

1986~2005 年湘潭市规模以上服装工业企业主要经济指标

表 21-6-1

年份	1986	1987	1988	1989	1990	1991	1992	1993	1994	1995	1996	1997	1998	1999	2000	2001	2002	2003	2004	2005
服装合计(万件)	80.5	82.1	76.1	91.5	77.1	77.3	68.8	87.4	62.8	60.4	68.6	46.3	51.4	60.5	83.9	114.3	114.9	101.7	113.4	133.6
其中：牡丹服装厂	18.1	22.6	28.5	55.5	42.9	43.4	38.2	49.5	38.3	38	40.7	20.2	19.5	24.1	26.3	21.4	24.3	—	—	—
市服装一厂	30.2	42.9	28.9	28.2	24.2	26.3	25.8	30.9	18.5	15.4	6.7	2	—	—	—	—	—	—	—	—
神州公司	—	—	—	—	—	—	—	—	—	—	6.6	18.9	23.4	24.7	30	40	40.5	45.2	50	59.5
中国虎公司	—	—	—	—	—	—	—	—	—	—	—	—	1.5	11.7	27.6	52.9	44.4	48.7	54.2	62.9
工业总产值(万元)	1073	1087	1033	1095	1253	1126	1054	1309	1168	995	1891	2086	2118	3162	3864	6832	7983	7212	8097	9709
其中：牡丹服装厂	224	297	339	456	668	639	622	694	723	683	971	477	350	606	726	504	487	—	—	—
市服装一厂	299	525	387	360	383	322	324	475	336	222	121	14	—	—	—	—	—	—	—	—
神州公司	—	—	—	—	—	—	—	—	—	—	526	1514	1875	1980	2000	2800	3400	3800	4200	5000
中国虎公司	—	—	—	—	—	—	—	—	—	—	—	—	184	576	1138	3528	3975	3218	3572	4156
出口服装(万件)	32.2	60.4	55.7	74	60.6	60.2	59.3	75.9	53.6	48.4	47.1	39.2	38.2	46.8	56.3	70.8	53.8	59.4	62.2	76.5
其中：牡丹服装厂	12.1	19.3	26.2	47.8	38.4	37	35.4	45.9	37.3	35.6	40.4	22	19.5	24.6	26.3	21.3	—	—	—	—
市服装一厂	20.1	41.4	24.2	26.2	22.2	23.2	23.9	30	16.3	12.8	6.7	2	—	—	—	—	—	—	—	—
神州公司	—	—	—	—	—	—	—	—	—	—	—	15.2	18.7	22.2	26.8	38	26.5	43	48	56.6
中国虎公司	—	—	—	—	—	—	—	—	—	—	—	—	—	—	—	—	—	—	—	—
出口产值(万元)	331	757	592	30	856	932	1020	1471	1370	1422	1387	1225	1312	1722	2359	2809	2240	2458	2559	3160
其中：牡丹服装厂	126	244	295	425	558	607	678	877	852	1120	1215	587	554	794	1043	771	—	—	—	—
市服装一厂	205	513	252	205	298	325	342	594	518	302	172	30	—	—	—	—	—	—	—	—
神州公司	—	—	—	—	—	—	—	—	—	—	—	608	758	928	1172	1520	1460	1720	1920	2260
中国虎公司	—	—	—	—	—	—	—	—	—	—	—	—	—	—	144	518	780	738	639	900
实现利润(万元)	-41	20	-21.5	12.8	-14.3	-22.9	-10.5	-21.6	-41.9	-43.4	-196	-185.7	-19.6	13.4	71.2	129.8	146.8	152.5	159.2	196.4
其中：牡丹服装厂	-10.9	18	11.14	26.8	21.3	23	17.8	10.4	7.2	-14.1	-146.3	-166.6	-16.3	-10.4	-19.8	-20.2	7.7	—	—	—
市服装一厂	-10.1	36	3.6	-15	-38.1	-43.9	-26.3	-26	-43.1	-24.3	-52.7	-34.1	-27.3	-21.2	—	—	—	—	—	—
神州公司	—	—	—	—	—	—	—	—	—	—	10	15	24	26	53	67	78	91	84	102.7
中国虎公司	—	—	—	—	—	—	—	—	—	—	—	—	—	19	38	83	76.5	58	69.5	85
销售收入总计(万元)	891	989	765	841	859	1077	878	946	816	1127	1498	1921	2333	3008	3708	6434	7269	6649	7617	9016
实现利税(万元)	-3	62	18.5	70.7	16.2	16.8	34.7	15.1	19.3	-40.5	-106.6	-147.8	43.6	66.5	130.7	156	228.7	231.3	286.2	320.9
从业人员(人)	992	1005	963	869	913	829	872	898	922	936	906	753	772	798	629	889	896	961	964	855

第二十二篇　化学工业

概　述

1985 年,境域化学工业拥有农药、化肥、有机、无机、颜料、染料六大类 80 多个品种,生产企业(包括市、县、区企业,乡镇企业,中央省属企业化工分厂)99 个,从业人员 12757 人,年生产能力 38 万吨,1985 年完成工业总产值 25260 万元,实现利税 2920 万元。

1986 年,贯彻中央、国务院关于实施《中华人民共和国企业法》《企业承包条例》,在境域化工企业推行厂长负责制。对厂长任期内产值、利税增长和固定资产保值增值进行考核,促进企业管理升级和技术改造大投入,使化学工业快速发展。是年,湘乡化工厂年产 4 万吨纯碱项目启动,市合成化工厂兴建年产 1500 吨季戊四醇生产装置、市电石厂引进日本信和工业株式会社 UUSP—100 型年产 70 吨计 10 万瓶规模溶解乙炔生产线投产。1987 年,市硫酸厂投入 180 万元把年产 1 万吨硫酸生产线进行"填平补齐"扩大到年产 2 万吨。市二化工厂与上海化工研究院联合开发的 DU—3A 分子筛通过部级鉴定,产品在大庆石化总厂、上海石化总厂、扬子江石化公司、山东齐鲁石化公司等 30 万吨以上大型乙烯生产装置上运用,取代进口,为企业带来较好的经济效益。是年,有 10 个产品分获国优、部、省优称号,其中,一氰、红丹获国家银质奖;甲醛、三盐基硫酸铅、1605 原油、敌百虫、甲胺磷、百菌清、B311 立德粉、水质稳定剂、四钠盐获部、省优质产品称号。市精细化工厂等 11 家企业被化学工业部授予"清洁文明工厂"和"无泄漏工厂"荣誉称号。

1989 年,对企业实行保实现利润税金,保技术改造任务,保企业上等级,工资总额与经济效益挂钩为主要形式的"三保一挂"招标承包经营。同时采取多种形式:对效益较好的企业实行超额利润四六或对半分成;对微利企业实行上缴利润基数包干;对连续亏损企业实行盈亏包干,亏损不补,盈利全留。是年,湘乡化工厂 4 万吨纯碱工程建成投产。市冶金化工厂从城镇街整体搬迁至护潭乡文昌村,征地 31 亩,投资 504 万元,红黄丹从年产 1000 吨能力扩大至 2860 吨,三盐基硫酸铅从年产 1700 吨能力扩大至 4700 吨。全年全行业完成工业总产值 29316 万元,实现利税 6499 万元,产值利税率指标在全国城市化工联合会 72 个中小城市中名列第一。

1990 年, 由王庆河为主开发并填补国家空白的染料中间体一氰生产能力在市染料化工总厂扩大至年产 500 吨,成为湘潭化工支柱产品之一。1992 年市化学工业局在全市行政机关中率先"脱钩"成立市化学医药工业(集团)公司,实行企业性经营。年内湖南农药厂 1.5 万吨烧碱扩产项目竣工投产。是年有 9 家企业晋级升档,其中市染料化工总厂、市有机化工厂、市精细化工厂、市工矿药厂、市化工厂、市冶金化工厂由小型企业晋升为中型二档企业;湘乡化工厂从中型二档企业晋升为中型一档企业;湖南农药厂、市合成化工厂晋升为国家大型二档企业。市摩尔化工有限责任公司溴化锂装置投产。1993 年,南天实业股份有限公司(湖南农药厂改名)以股权证形式募集资金 3000 多万元建成年产1000吨医药中间体d－吡咯烷酮装置与市染料化工总厂投入3700多万元建成年产200吨医药产品氯霉素装置，都由于市场原因项目建成就停产。到是年底6年间，全行业共投入技术改造、产品开发资金1.42亿元，完成大小技术改造项目42个，新增工业总产值能力2.2亿元，利税能力2500万元。大量的技术改造投入有成功有失败，但整体上还是推动全市化学工业的发展。产品结构发生很大的变化，形成一氰、立德粉、纯碱、甲醛、邻甲苯胺、甲胺磷、百菌清、群青、硝酸钾、氯酸钾、红黄丹、镉系颜料等一批有湘潭特色的全国知名产品。1993年底，境域化工生产企业102家，从业人员13520人，生产能力45万吨，完成工业总产值4.68亿元，实现利税3537万元，比1985年增长3%、6%、18.4%、85.3%、21.1%。在省内长沙、湘潭、株洲、衡阳、邵阳、益阳、常德等7个城市化学工业综合经济指标竞赛中获得4个冠军、1个亚军。

1994年后，由于国有企业从计划经济走向市场经济中原有的各种弊端逐渐显露，加上b—吡咯烷酮、氯霉素、乙二胺等一批关键性医药、化工产品技术改造项目失误造成严重损失，以及市化学工业局在改革过程中分散很大一部分精力，淡化行业管理指导，1995年市里又将集团公司所属湖南农药厂和市冶金化工厂一大一小两个效益较好的企业从集团公司划出，定名为“无主管单位”，归市有关部门直管，使集团公司完全丧失管好集团公司及所属企业的信心。一时出现管理的真空，企业脏、乱、差、跑、冒、滴、漏现象抬头，财务管理混乱，效益流失。再加上企业人员无序增多，负担超重，全行业生产经营和经济效益每况愈下。是年12月20日，化学工业部以化计发973号文件批复，将湘潭市列为全国中小城市14个精细化工基地之一。但由于此时的湘潭化工已陷入困难境地，其规划的目标愿望无法很好实现。1997年5月，市政府根据国家签订的《禁止化学武器公约》，成立《禁止化学武器公约》协调小组，市政府常务副市长任组长，由市化工局履行工作职责，对境域拥有的三氯化磷等10余种受监控产品进行监控。到2000年全市化工行业共计发生亏损7770万元，还有1.3亿元潜亏，几乎所有的企业都处于资不抵债的状况，生产经营活动十分艰难。是年，境域化工企业41家，从业人员5602人，生产能力32万吨，实现工业总产值41260万元，分别比1993年下降59.8%、58.6%、28.9%、11.8%，全行业亏损。

2001年开始，市委、市政府相继出台潭市发5号、33号、41号文件，把国企产权制度改革作为重中之重来抓，提出“以产权制度改革为核心，以化解债务为前提，以安置职工为重点，以盘活资产为途径，以创新机制为目标”的改革思路。时境域有国营化工生产(流通)企业17家，总资产81833万元，总负债额140100万元，资产负债率为193%，职工10705人，其中离退休人员2218人，在册8487人。根据企业资产负债状况，这些企业已“资不抵债，扭亏无望”，符合《中华人民共和国破产法》条件。湘乡化工厂等13家企业实行破产消债。共化解债务108102万元，安置职工6487人，共解决各类矛盾300多起，使产权改革顺利推进。

产权改革使大批民营资本通过购买国有企业资产接续发展。在市染料化工总厂、市有机化工厂、市合成化工厂等一批原国有企业地盘上衍生华莹精化、昭山冶化、合力焦化等22家民营企业，工业总产值和利税比原来增加10多倍。湘乡化工厂在破产改制过程中，职工集资入股成立湘潭碱业公司，先租赁后收购湘乡化工厂资产，并筹资4800多万元对原4万吨纯碱进行技术改造，生产规模一下提升到年产15万吨。生产能力比1989年装置建成时翻三番。产权改革还促进化工产品结构呈现新的变化，环保节约型的有机颜料、无机颜料、包裹颜料、电源新材料得到极大发展，总量占域化工产品的40%左右。其他一些有发展前途的有机化工、无机化工占30%左右,原“牛气”一时农药化肥只占8%。企业结构也发生很大变化,一些“拳头”产品从过去遍地开花逐渐向集约化经营大企业、大集团靠拢,化工生产企业骤减,湘钢的冶金焦和城市煤气生产能力大幅攀升。到2005年全市拥有无机、有机、颜料、染料及其中间体、农药、化肥等六大类50多个品种,生产企业(包括县、市区企业)37家(其中国有企业1家:湖南南天实业有限公司;集体企业1家:市化学助剂厂;其余均为民营企业),从业人员4700多人,生产能力190多万吨,实现工业总产值160307万元,实现利税4932万元,分别比2000年下降9.8%、16.1%和增长493.8%、288.5%,企业全面扭亏为盈。工业总产值占全市工业总产值3.8%。另有湘钢及合成化生产冶金焦120余万吨,输送城市煤气1800万立方米。

第一章 无机化工

1985年,境域有无机化工产品11个,生产企业10家,生产能力7.6万吨,其中硫酸1万吨、盐酸3000吨、烧碱7000吨、硝酸钾3000吨、锅炉清灰剂200吨、三盐基硫酸铅500吨、分子筛100吨、金属锌粉1000吨、液氯3000吨,共完成工业总产值2090万元,利税308万元。另有冶金焦54万吨,其中湘钢50万吨,市合成化工厂4万吨。

1986年后,锅炉清灰剂和橡胶制品停产,硫酸生产能力扩大到2万吨。纯碱仍维持原规模。硝酸钾和氯酸钾生产能力达到了6500吨,但是生产很不正常。三盐基硫酸铅生产能力到3000吨,分子筛产供销比较红火。金属锌粉保持原有规模。因市合成化工厂上城市煤气及湘钢扩产,冶金焦增长较快。到2000年有无机化工产品19个,生产企业9家,生产能力17.5万吨,完成工业总产值3800万元,实现利税920万元。产值和利税分别比1985年增长81.8%、198.7%。另有冶金焦60万吨,其中湘钢50万吨,市合成化工厂10万吨。

2001年后,先后有20多家民营企业通过先租赁后购买国有破产企业资产进入无机化工行业发展,新上高纯铋、电解铅、氢氧化镍、活性二氧化锰、硫酸铵、氧化钴等无机化工产品6个。纯碱年生产能力达到15万多吨,部分装置设备和基础设施达到30万吨。至2005年,有无机化工产品25个,生产企业26家,生产能力34万多吨,完成工业总产值5.2亿元,实现利税5800万元。产值和利税分别比2000年增长1268%、530%。另外冶金焦和城市煤气恢复到最优状态,年产冶金焦超过120多万吨,城市煤气超过1800万立方米。

第一节 酸

一、硫酸

1985年,境域硫酸生产单位只有市硫酸厂,生产硫酸8000吨,完成工业总产值190万元,利税9万元。

1986年以后,临近市硫酸厂的耗酸大户市电化厂和市有机化工厂的需求量猛增。市硫酸厂审时度势，于1987年投资180万元将生产规模扩大至年产2万吨。1988年后生产量逐步超过设计能力。1990年实际生产1.5万吨，完成工业总产值700多万元，实现利税60万元。分别比1985年增长87.5%、268.4%、566.6%。1991年以后，不断在原有生产装置上填平补齐，实际生产规模不断扩大。到2005年生产规模达到2.5万吨，是年实际生产2万吨，实现工业总产值2800万元，实现利税120万元，分别比1990年增长33.3%、300%、100%。

二、盐酸

境域生产盐酸主要是湖南农药厂利用生产烧碱的尾气——氢气和氯气生产合成盐酸，用作农药原料。1985年有生产能力3000吨左右。1986年生产盐酸1357吨，比上年增长5%。1987年后生产量略有上升。1990年生产1483吨，比1986年增9.3%。1990年后市场销售转旺。2000年生产达到2500吨，比1900年增长68.6%。2003年后市场份额减少。2005年生产1337吨，比2000年下降46.5%。

三、巴比妥酸

2004年，境域科旺化工有限公司开始生产医药和染料产品的中间体——巴比妥酸。主要销往德国、印度等国家。是年科旺化工有限公司生产70吨，创工业总产值320万元，利税42万元。2005年生产120吨，创工业总产值520万元，利税70万元，分别比2004年增长71.4%、62.5%、66.7%。

第二节　碱

一、纯碱

1986年初，为解决湘潭无纯碱的空白，促进湘潭工业的发展，湖南省政府将境域湘乡化工厂年产4万吨纯碱项目建设列为全省重点工程。工程于1986年4月破土动工，经过2年零3个月的施工，1988年7月竣工。累计完成投资4885万元。项目竣工后，经过八个月的单项单机试车和连动试车，于1989年3月投料生产出第一批纯碱，当年生产1.08万吨。1990年生产逐步走入正常，是年生产2.18万吨，产量比1989年翻一番。但1991年后由于生产装置技术原因，产量一直在2万吨左右徘徊。1995年对生产装置进行填平补齐技术改造，产量略有上升，是年生产2.75万吨，比1990年增长26.1%。但装置仍然没有达到设计能力，成本居高不下，企业连年亏损。到1997年，已累计负债近2亿元。是年，市委、市政府派驻工作队，帮助企业进行改制。职工集资入股以租赁湘乡化工厂年产4万吨纯碱等有效资产的形式成立"湘潭碱业有限公司"（以下简称"碱业公司"），生产经营机制改善，生产形势逐步好转。2000年生产量达到3.87万吨，比1995年增长40.7%。2001年湘乡化工厂进入国家计划破产的笼子，年产4万吨纯碱项目的2亿多负债全部破掉，使改制后的碱业公司有机会收购破产资产，既资产清晰又轻装上阵。同时加大技术改造，不断扩大规模。是年生产纯碱4.41万吨，完成工业总产值8000万元。但企业仍处于亏损状态。2003年，企业开始先后四次发动员工筹集资金4800多万元，对热工、合成、造气、联碱4个车间的各个工序的设备进行全面的技术改造和扩建。到 2005 年 12 月，生产能力已达到年产 15 万吨，部分设备装置和基础设施达到年产 30 万吨。是年生产纯碱 10.05 万吨，比 2001 年产量产值翻一番多，完成工业总产值 2.25 亿元，比 2001 年增长 181%。实现利润 3349 万元，上缴税金 1660 万元。企业从亏损到盈利大户，当年上缴税金比前 19 年总和还多。

二、烧碱

1985 年境域有湖南农药厂一家企业生产烧碱。是年生产烧碱 4049 吨，主要在厂内自用。

1986 年，湖南农药厂 7000 吨烧碱生产线经过不断的工艺技术完善，达到年产 7500 吨规模。为满足厂内部诸多农药产品用烧碱的需要，1987 年 10 月 14 日和 11 月 22 日分别向湖南省石油化工厅上报"烧碱由年产 7500 吨扩产至 1.5 万吨"可行性报告。省石油化工厅于 12 月 28 日批复同意，要求投资控制在 985 万元之内，批准贷款 875 万元，企业自筹 110 万元。1988 年 10 月开工，1990 年 11 月蒸发装置和盐库竣工。工程实用资金 1049 万元。由于大大超过工程预算，送变电工程未按时完工。1991 年 6 月企业申请增加投资 330 万元，其中 250 万元由中国银行贷款，其余自筹，于同年 11 月开工，1992 年底竣工，形成年 1.5 万吨烧碱生产能力。当年生产烧碱 4026 吨。此后生产量不断攀升，1995 年 5228 吨，比 1992 年增长 29.9%。2000 年 7142 吨，比 1995 年增长 36.6%。此后由于市场萎缩，生产量逐年减少，2005 年只生产 123 吨，比 2000 年减少 98.3%。

第三节　盐

一、硝酸钾

1985 年，境域采用硝酸钠与氯化钾复分解工艺（简称硝钠法）生产硝酸钾产品的只有市工矿药厂一家，年生产能力 3000 吨。产品主要用于烟花、军工引线等。是年实际生产 2000 多吨，完成工业总产值 300 多万元。

1986 年后，市场烟花逐渐旺销。市工矿药厂位于车站路的厂区已不适应发展的要求，1989 年，投入 185 万元购买位于响水乡朝花村的湘潭市驾校，占地面积 8.53 公顷，用其中的一块土地建设硝酸钾生产线，生产规模从年产 3000 吨扩大到 6000 吨，扩大一倍；更新生产工艺，改用硝酸法生产。原采用硝钠法工艺，每吨硝酸钾产品耗硝酸钠占全部原材料消耗的 93%，价格比较贵。采用硝酸法后，每吨产品耗硝酸只占全部原材料的 71%，价格比硝酸钠低 30%左右，每吨产品成本比采用硝钠法生产降低成本 600 元左右。1990 年生产 5000 吨，完成工业总产值 814 万元，分别比 1985 年增长 150%和 171.3%。1996 年以后，硝酸钾产品在省内以及全国遍地开花，市场竞争激烈。市工矿药厂硝酸钾生产线半开半停。1998 年 8 月至 1999 年 10 月，工矿药厂职工左启群与蔡燕成等 11 人出资 50 多万元成立市工矿化工有限公司租赁厂内硝酸钾生产线，累计生产 9200 余吨。1999 年底市工矿药撤销租赁合同，由企业自己生产经营。同年，左启群租赁的位于五家花园的市塑料八厂建成年产 1000 吨硝酸钾生产线，创立"湘潭市丹祥化工电子有限公司"。2002 年市塑料八厂破产改制，市丹祥化工电子有限公司整体购买全部资产，经过技术改造，形成年产 6000 吨硝酸钾规模。

2005年，境域只有市丹祥化工电子有限公司生产2000余吨，完成工业总产值1600多万元，分别比1990年下降60%和增长96.6%。

二、氯酸钾

用氯酸钾作原料制造烟花、鞭炮、礼花，效果好于硝酸钾。1991年，境域市工矿药厂花8万元从天津化工研究院引进氯酸钾生产技术，在位于响水乡朝花村的新厂区建成年产2500吨氯酸钾生产装置，当年投产见效。1993年，市工矿药厂新上一套年产3000吨氯酸钾生产装置。以后两套氯酸钾生产线经过逐年的完善，共投入700多万元上6套44台电解槽、2台整流变压器、3台冰机、2台4~6吨的锅炉，产品主要销往浏阳、醴陵、安徽、台湾以及东南亚、巴西、美国等地。1995年生产5870吨，完成工业总产值1936万元。

1996年后，市场发生很大变化。全国氯酸钾生产遍地开花，湖南省境域就有30多条生产线，大多数是突然窜起的个体、民营企业，经营机制活。市工矿药厂人多、债重，机制不活，企业连年出现亏损。1999年，境域的几家民营企业在水府庙水库、洋潭拦河坝、株津渡拦河坝等地各建一条氯酸钾生产线。市工矿药厂是年停产。到2005年，境域共有氯酸钾生产线3条，年生产能力1.15万吨。实产9800吨，完成工业总产值4200多万元，分别比1995年增长67%和116.9%。

三、三盐基硫酸铅

1985年，境域有市冶金化工厂开始生产三盐基硫酸铅，年产500吨规模。产品主要用于塑料行业作稳定剂和助剂，销往湖北、四川、广东、福建及省内。是年生产810吨，完成工业总产值610.5万元。

1986年后市冶金化工厂生产的三盐基硫酸铅通过除尘技术改造，产品质量达到国家标准。1989年5月29日首批300吨销往巴基斯坦，打入国际市场，出口价格为每吨690美元。年底，生产线从市城正街迁至护潭乡文昌村新址，规模从年产500吨扩大至2000吨，并采用蒸气干燥工艺，生产环境大为改善，产品质量进一步提高。1990年1月，获化学工业部优质产品奖，名列全国同行业第三名。是年生产910吨，完成工业总产值682.5万元，分别比1985年增长12.3%和11.8%。1991年至2000年生产量维持在1990年水平。

2001年后，由于市冶金化工厂陷入困境，生产量逐年下降。2003年只生产20吨，2004年停产。是年民营企业三星塑料助剂有限公司在竹埠港建成年产3000吨生产线。2005年上海惠天然化工有限公司整体收购市冶金化工厂，并生产三盐基硫酸铅1000吨。

2005年，境域有三星塑料助剂公司、上海惠天燃化工有限公司2家生产企业，共计生产能力5000吨，实产4000吨，完成工业总产值2450万元。分别比2000年增长339.6%和259%。

四、溴化锂

1993年，境域私营业主王林等人创建市摩尔化工有限公司，投资100万元建成年产1000吨用于中央空调制冷剂的溴化锂生产线。当年生产320吨，实现销售收入304万元，利税68万元。

1994年后生产量逐步攀升，1995年生产563吨，创销售收入577万元，利税82万元。1998年后产量突破 1000 吨，2000 年达到 1532 吨，创销售收入 1546 万元，利税 156 万元，分别比 1995 年增长 172.1%、167.9%、90.2%。2001 年以后生产销售基本维持原有水平，2005 年生产 1560 吨，创销售收入 1556 万元，生产量和销售收入与 2000 基本持平。但利润率提高，当年实现利税 235 万元，比 2000 年增长 50.6%。

五、高纯铋

2003 年，境域昭山冶金化工厂在竹埠港建成年产 1000 吨高纯铋生产线。生产规模为全国第一，产品广泛用于医药、电子、化工、陶瓷、涂料、散弹枪子弹等领域。主要销往国内及欧美市场。是年生产 690 吨，创销售收入 2817 万元，利税 150 万元。2004 年生产 711 吨，创销售收入 2950 万元，利税 310 万元。2005 年生产 676 吨，销售收入 2800 万元，利税 290 万元，均比 2003 年略有降低。

第四节　电缘新材料

一、氢氧化镍

2003 年，境域金天能源材料有限公司在竹埠港建成年产 2000 吨球型氢氧化镍生产线，产品主要用于电池生产等行业，销往国内外市场。是年生产 500 余吨，创工业总产值 5000 余万元。2004 年后企业加大投入和技术改造，生产量不断攀升，2005 年生产 3000 余吨，创工业总产值 1.5 亿多元，比 2003 年增长 3 倍。

二、活性二氧化锰

2004 年，境域湖南科源科技有限公司在竹埠港建成年产 3 万吨活性二氧化锰生产线，主要用于电池、化工等行业，产品销往国内市场。2004 年生产 2 万吨，创工业总产值 1000 万元，税金 14 万元。2005 年生产 3 万吨，创工业总产值 6000 万元，税金 95 万元，分别比 2004 年增长 50%、500%、578.6%。

三、硫酸钴

2004 年，境域金科实业有限公司在竹埠港形成年产 800 吨硫酸钴生产装置，采取湿法冶金萃取技术生产，产品用于陶瓷、电池、硬质合金等生产行业，产品销往国内及日本市场。2004 年，生产 135 吨，创工业总产值 861 万元，税金 66 万元。2005 年生产 617 吨，创工业总产值 2700 万元，税金 114 万元，分别比 2004 年增长 357%、213.6%、72.7%。

四、氧化钴

2003 年，境域金科实业有限公司在竹埠港形成年产 200 吨氧化钴生产规模，当年生产 26 吨。产品用于陶瓷、电池、硬质合金等生产行业，产品销往国内和日本等地。2004 年生产 56 吨，比上年增长 115%。2005 年生产 108 吨，比上年增长 92.9%。2003 ~ 2005 年，累计完成工业总产值 3284 万元，税金 165 万元。

第五节　其他无机化学品

一、分子筛

1985年,境域市二化工厂已具有A型、X型和Y型三大类十多个品种,其中从上海化工研究院引进的DU-3A分子筛具有年产100吨规模。分子筛主要作为吸附剂用于大型石化企业。

1986年后,国家陆续从日本及西欧等国家引进年产10万吨至30万吨等大型乙烯装置多套,装置中所需的3A分子筛主要从美国和日本进口,每吨价3200~3500美元。为尽快实现国产化,市二化工厂和上海化工研究院联手研究完善DU-3A分子筛工艺技术，并分别在大庆石化总厂年产30万吨乙烯装置和上海石化总厂年产11.5万吨乙烯装置中试验，经操作检测，与从美国进口的UCC3A分子筛各项性能和效果一致,产品完全合格。这一效果引起中国石化总公司的高度关注和重视,于1988年10月31日在湘潭市召开DU-3A分子筛生产及工业试用鉴定会。此后,在南京扬子江石化公司年产30万吨乙烯装置、山东齐鲁石化公司年产30万吨乙烯装置以及辽阳石油化纤公司年产7万吨乙烯等装置中相继应用,替代进口产品,给国家节约外汇,给工厂带来良好的经济效益。1989年9月,DU-3A分子筛获中国石化总公司科技进步成果三等奖,1990年获湖南省优质产品称号。是年底,市二化工厂分子筛产品国内市场份额从原先的3%左右迅速攀升到20%左右。全年生产分子筛351吨,其中80%为3A分子筛,创工业总产值526万元,利税50万元。

1991年后,上海分子筛厂采用美国先进工艺技术标准生产分子筛,合资企业本土化运作,同样以人民币结算,使市二化工厂原拥有的替代进口国家外汇结算的优势消失,加上规模小,缺乏技术更新,管理相对滞后,生产、销售逐渐萎缩,市场份额退回到3%以下。2000年生产分子筛102吨,创工业总产值153万元,利税15万元,分别比1990年下降70.9%、70.9%、70%。

2001年后,市二化厂生产分子筛市场份额进一步萎缩,生产难以为继, 2002年全部停产。

二、金属锌粉

1985年,境域只有市电石厂1000吨金属锌粉生产规模。全年生产437吨,完成工业总产值140万元,实现利税20万元。

金属锌粉在油脂净化、农药制造、印染、镀锌、粗铅贵重金属提取、湿法冶锌、医药、化工试剂、油漆、颜料、涂料等领域广泛运用。1986年市电石厂生产金属锌粉437吨,为历史最高。此后由于市场原因产量逐年下降, 1990年生产1.6吨。1991年后产量在10吨左右。2001年停止生产。2004年市富虹工业(气体)有限公司在滴水埠建成年产500吨生产装置,2005年境域只有富虹工业(气体)有限公司一家企业生产金属锌粉,当年生产370吨,创造工业总产值720万元,实现税金16万元。境域金属锌粉生产分别比1985年下降15.3%、增长414.3%、下降20%。

三、氧化锌

2001年，境域牛头化工有限公司投资200多万元建成年产4000吨氧化锌生产线，当年生产

2508 吨,完成工业总产值 1254 万元。2002 年湘潭红燕化工有限公司氧化锌厂建成年产 8000 吨生产线。至此,境域生产氧化锌企业 2 家,年生产能力 1.2 万吨,当年生产 2754 吨。2003 年生产 4418 吨,比上年增长 60.4%。2004 年生产 7929 吨,比上年增长 79.5%,至 2005 年境域仍然是牛头化工有限公司和红燕化工有限公司 2 家企业生产氧化锌,当年生产 8626 吨,完成工业总产值 4850 万元,分别比 2001 年增长 243.9%和 286.8%。

四、硫酸锌

1992 年,境域市化工厂建成年产 1000 吨一水硫酸锌生产线。由于市场和工艺等方面的问题,1993 年停止生产。2003 年,湘潭红燕化工有限公司投资 100 多万元建成 3000 吨一水硫酸锌生产线,当年生产 500 吨。2004 年生产 700 吨,比上年增长 28%。到 2005 年,境域只有湘潭红燕化工有限公司生产硫酸锌,生产能力 3000 吨,当年生产 900 吨,比上年增长 28.6%。

五、碳酸锌

2004 年,境域湘潭红燕化工有限公司投资 400 多万元建成年产 1000 吨碳酸锌生产线,2005 年投产。当年生产碳酸锌 818.25 吨,实现工业总产值 714.39 万元。

六、橡胶制品

1986 年,境域市二化工厂投入 130 多万元上一条橡胶制品生产线,主要生产橡胶运输带、三角带、夹布胶管、红胶管、橡胶板、骨架油封等橡胶杂件。当时上该项目有一定的盲目性,加上技术和生产管理等问题,生产出的产品正品少,废品多,在市场上没有一席地位,1992 年停止生产,累计只生产 10 余吨产品。此后境域没有其他企业生产。

第二章 有机化工

1985 年,境域有有机原料、农药中间体、助剂、树脂等有机系列产品 21 个,生产企业有市有机化工厂等 6 家,年生产能力 38500 吨,工业总产值 5100 余万元。

1986 年后,有机化工产品生产逐年萎缩,主要原因是国际卫生组织发现杀虫脒农药在水稻杀虫中造成残留,人食用后致癌,严令禁止生产。因此湖南农药厂杀虫脒停产,其配套的甲酸、二甲基甲酰脂、三氯氧磷相继停产。市有机化工厂 1000 吨邻甲苯胺生产装置原主要是为生产杀虫脒配套的,全国杀虫脒生产线相继停产后,邻甲苯胺市场销路减少。且邻甲苯胺装置在生产邻甲苯胺同时,还副产对硝基甲苯和邻硝基甲苯,邻甲苯胺停产后,其他副产品也相应停产。市化学助剂厂羧甲基纤维素、甲基纤维素、羟丙基甲基纤维素也因产品档次低被市场淘汰出局。1991 年后因全国甲醛生产企业快速发展从 9 家发展到 100 多家,生产能力从 20 万吨达到 200 万吨,供大于求,普遍开工不足,产品大量积压,销价跌到成本以下,因此市合成化工厂甲醛产品市场慢慢萎缩,于 1998 年停产。同年,季戊四醇、六亚甲基四胺停产。2003 年甲醛恢复生产。到 2005 年底,原有 22 个有机化工产品有 20 个停产，只有甲醛和溶解乙炔 2 个产品继续存在，是年甲醛和溶解乙炔等有机化工产品创工业总产值 3500 余万元，有机化工工业总产值比 1985 年下降 31.4%。

第一节　脂肪族类

一、乙二胺及三胺、多胺

1985 年，市精细化工厂乙二胺生产装置达到年产 500 吨规模。副产三胺、多胺年产 200 吨规模。当年共生产乙二胺及三胺、多胺产品 290 吨，完成工业总产值 1200 万元。产品主要用作环氧树脂的固化剂，以及涂料、水处理、橡胶等产业的促进剂等。

1986 年后，市精细化工厂乙二胺及三胺、多胺产品生产遇到极大压力。时国内生产乙二胺市场价每吨在 8000 元左右，而进口产品价仅 4000 元左右，随着进出口放宽，许多国内乙二胺用户纷纷选择使用进口产品。市精细化工厂乙二胺产品用户逐年减少。1990 年生产 281 吨，比 1985 年增长 40.5%。1991 年后生产持续走低。1993 年只生产 15 吨，完成工业总产值 62 万元，是年停产。此后境域再未有企业生产。

二、甲酸、二甲基甲酰胺、三氯氧磷

1985 年境域湖南农药厂为生产杀虫脒提供原料，建设具有年生产规模各 1000 吨甲酸、二甲基甲酰胺、三氯氧磷三套装置。当年共生产 900 多吨，全部自用。

1986 年，随着杀虫脒所需原料逐步从外购进以及国际卫生组织要求停止生产杀虫脒，湖南农药厂为杀虫脒配套生产的甲酸、二甲基甲酰胺、三氯氧磷逐步退出。1986 年底甲酸停产。1988 年二甲基甲酰胺停产。1990 年三氯氧磷停产。

三、氯甲烷

1985 年境域湖南农药厂建设敌百虫生产线时一起建设敌百虫的副产品年产 100 吨规模的氯甲烷回收装置，并小量生产。

1986 年后，湖南农药厂继续利用回收装置批量生产氯甲烷，每年 100 吨左右。1991 年氯甲烷回收装置场地要建农药车间中心站被拆除停产。

四、甲醛

1985 年，境域市合成化工厂甲醛生产能力 3 万吨，是年生产 1.38 万吨，创工业总产值 743 万元。

1986 年后，市合成化工厂甲醛产品稳步发展，1990 年生产量达到 1.65 万吨，创工业总产值 1745 万元，分别比 1985 年增长 19.6%、134.9%。1991 年后，随着市场俏销，又投入 540 万元将原 1 万吨装置填平补齐改造建成年产 3.5 万吨装置，企业生产能力达到 5.5 万吨。1992 年后市场无序竞争。国内甲醛年生产量在 20 万吨左右，市场需求量在 40 万吨以上，供不应求，导致国内甲醛生产厂家猛增至 100 多家，省内增加 9 家，全国年甲醛生产能力超过 200 万吨。虽然市场需求增加到 120

万吨左右,仍供大于求,普遍开工不足,产品大量积压。1998年市合成化工厂甲醛装置由于受市场挤压停产。

2003年后,市合成化工厂破产改制,由民营企业合力焦化有限公司整体收购,甲醛装置由市银河化工有限公司租赁重新起动生产,2005年,境域生产甲醛1.5万吨,创工业总产值1820万元,分别比1990年下降9%和增长4.3%。

五、季戊四醇

1986年12月,市合成化工厂建成年产1500吨季戊四醇装置。装置建成后因技术原因生产不稳定。到1990年才开始正常生产,是年生产590吨,创工业总产值944万元。此后随着市场的需求量增大,市合成化工厂对生产装置进行多次扩产技术改造。1991年投120万元进行低温法工艺改造。1993年,生产能力由1500吨扩大至3000吨。1994年由3000吨扩大到4000吨。1995年生产1513吨,创工业总产值2420万元,分别比1990年增长156.4%、156.4%。1996年后全国季戊四醇生产企业从4家发展至20多家,年生产能力从2万吨增到7万吨左右。市合成化工厂季戊四醇受市场挤压难以为继,于1998年停产。

六、六亚甲基四胺

1985年2月,市合成化工厂建成年产1000吨六亚甲基四胺(又名乌洛托品)装置,全年生产10多吨合格产品投向市场,完成工业总产值5.4万元。当年被化学工业部评为优质产品。

1986年后,六亚甲基四胺生产量逐年上升,1990年生产255吨,完成工业总产值255万元,分别比1985年增长2450%和4622.2%。1993年企业投入100多万元进行技术改造,年生产能力从1000吨扩大至年产3000吨。1995年生产量857吨,完成工业总产值463万元,分别比1990年增长236%和81.6%。1996年后生产稳定,1998年生产887吨,比1995年增长3.5%。是年底由于市合成化工厂负债过重,整体关停,该产品随之停产。

第二节 芳香族

一、对苯二酚

1985年境域市有机化工厂有用于照相行业作显影剂的200吨对苯二酚生产装置,当年生产92.4吨,完成工业总产值116万元。产品主要通过上海外贸出口。1986后市场销路不俏,生产装置未进行过大的技术改造,年生产量很少,每年保持在50吨左右。1990年生产61吨,完成工业总产值135万元,分别比1985年下降34%和增长16.3%。1991年后每年生产10吨左右,到1996年因企业负债过重倒闭而停产。

二、邻甲苯胺

1982年,市有机化工厂利用国家核留外汇建成年产1000吨主要用作生产农药杀虫脒及分散染料原材料的邻甲苯胺装置。1985 年生产能力达到 2000 吨,当年生产 900 余吨,创工业总产值 500 余万元。

1986 年后市场很旺,年生产保持在 900 吨左右。1990 年生产 1215 吨,创工业总产值 704 万元,分别比 1985 年增长 35%、40.8%。1991 年后,因主要下游产品杀虫脒禁止生产,市场逐步萎缩,1995 年生产 962 吨,创工业总产值 600 万元,分别比 1990 年下降 20.8%、14.8%。1996 年因企业负债过重整体倒闭停止生产。

三、邻硝基甲苯

邻硝基甲苯是生产邻甲苯胺的原料。1982 年市有机化工厂利用邻甲苯胺同一装置生产邻硝基甲苯还原邻甲苯胺。1985 年生产 1232 吨,产品全部自用。

1986 年生产 1232 吨。1987 年后生产量逐年增加,1989 年为历史最高,生产 2903 吨,比 1986 年增长 135.6%。1990 年后,生产量在 1000 吨左右徘徊。1995 年生产 1286 吨,比 1989 年下降 55.7%。1996 年因企业负债过重倒闭而停产。

四、对硝基甲苯

1982 年市有机化工厂利用邻甲苯胺同一装置生产主要用作增白剂和染料助剂的对硝基甲苯。1986 年生产 800 吨, 创工业总产值 176 万元。1987 年后生产量略有上升,1990 年生产 913 吨,比 1986 年增长 14.1%,创工业总产值 703 万元,增长 299.4%。1991 年后由于市场原因生产量逐年减少。1995 年生产 727 吨,比 1990 年下降 20.4%,创工业总产值 559 万元,下降 20.5%。1996 年因企业负债过重倒闭而停产。

第三节　聚合物

一、羧甲基纤维素

1985 年,市五化工厂形成年产 800 吨羧甲基纤维素能力,当年生产 67.8 吨。

1986 年以后,企业根据市场需求,不断提高装置技术水平,改原间歇蒸馏为连续蒸馏,酒精吨位单耗从 1 吨降至 500 ~ 600 千克,1989 年生产规模扩大到 1000 吨,1990 年生产 348 吨, 比 1985 年增长 413.3%。1991 年后,国内生产同类产品的厂家增多,竞争激烈,市场份额逐渐缩小,1995 年生产 171 吨,比 1990 年减少一半。1996 年以后市场不景气,销量锐减,于 1997 年停产。

二、甲基纤维素

1985 年,市五化工厂生产甲基纤维素 14 吨,创工业总产值 70 多万元。

1986 年后,市场上多彩油性涂料走红,作为多彩油性涂料分散剂的甲基纤维素市场火爆,产品一度脱销。在市场的诱导下,1987 年市化学助剂厂组织 200 万元扩大生产能力, 新建一栋车间,购置钛反应釜 2 台,拟将年生产规模扩大到 200 吨,边改造边生产,1990 年生产 18 吨,创工业总产值

120 多万元,分别比 1985 年增长 28.5%、和 71.4%。1991 年后生产量稍有增长。1995 年生产 43 吨,创工业总产值 250 多万元,分别比 1990 年增长 138.9%、和 108.3%。1996 年后由于多彩油性涂料含有甲苯、二甲苯等有毒性溶剂成分,风行一时后迅速滑落,被其他新型环保性涂料所取代,甲基纤维素产品也因此失去市场,扩产工程尚未完全竣工就无疾而终。1997 年停产。

三、羟丙基甲基纤维素

1985 年市化学助剂厂生产羟丙基甲基纤维素 13 吨。

1986 年以后,国外生产厂家逐步淘汰羟丙基甲基纤维素絮状形产品,改用技术含量比较先进,附加值比较大的粉末状产品。1990 年市化学助剂厂生产絮状产品 36 吨, 比 1985 年增长 176.9%。1991 年后,先后向化学工业部、地方政府、银行、科研单位申请改用粉末状立项,由无锡化工研究院提供技术做一系列小试、中试,并对原车间进行改造,新建配套原料氯甲烷车间,购置高速离心机、喷雾干燥系统,以及供汽锅炉,耗资 200 多万元,因项目核心技术——原料粉碎未过关而搁浅。1996 年停产。

四、羧甲基淀粉钠

2004 年,境域泰森化工有限公司在滴水埠形成年产 500 吨羧甲基淀粉钠生产规模,产品主要用于造纸,销往浙江等地。2005 年生产羧甲基淀粉钠 636 吨,创工业总产值 445 万元。

五、聚酰胺树脂

1985 年境域有市精细化工厂、市化学助剂厂 2 家企业生产用于环氧树脂的固化剂及金属与非金属的黏接剂、水下设施与地下管道的防腐剂等的 650 号聚酰胺树脂,生产规模 140 吨,当年生产 102 吨,创工业总产值 370 余万元。

1986 年后生产规模不断扩大。1987 年市化学助剂厂扩产至 150 吨。1988 年市精细化工厂扩至 650 吨。1989 年市精细化工厂和市化学助剂厂均开发出 651# 新品种。是年市化学助剂厂扩产至 300 吨。1990 年境域共有生产能力 950 吨,是年两家企业共生产 147 吨,创工业总产值 500 余万元,分别比 1985 年增长 44.1%、和 35.1%。1991 年后生产量逐步增长。1995 年共生产 209 吨,创工业总产值 700 余万元,分别比 1990 年增长 42.1.6%、和 40%。1996 年市化学助剂厂聚酰胺树脂因市场萎缩而停产。同时市精细化工厂也因市场影响生产量锐减,2000 年停产。

六、溶解乙炔

1986 年 5 月市电石厂溶解乙炔项目动工兴建,当年 12 月建成试车投产,年产溶解乙炔 70 吨规模,项目总投资 278 万元。当年生产 8679 瓶,创工业总产值 147 万元。产品主要用于维修、制造业,大部分销在市内。

溶解乙炔为无色气体,可燃,无味,在一定条件下可发生剧烈爆炸。1989 年 9 月 9 日上午 10 时 30 分,市电石厂乙炔车间停产检修时,因未清理干净,产生大量乙炔余气引起防爆膜爆炸,导致 2 人死亡,2 人重伤。1990 年生产 38935 瓶, 创工业总产值 358 万元, 分别比 1986 年增长 348.6%、

143.5%。1995 年，私人业主曾电波在易家湾建成相当于市电石厂同样规模的溶解乙炔生产装置。全年两家企业共生产 83785 瓶，创工业总产值 820 万元，分别比 1990 年增长 115.2%、129.1%。2004 年，私人业主李茂功在湘乡市境域建成年产 8 万瓶溶解乙炔生产线。至 2005 年，境域有溶解乙炔生产企业 3 家，生产能力 28 万瓶。是年，3 家企业共生产 193530 瓶，创工业总产值 1960 万元，分别比 1995 年增长 131%、139%。

第三章　颜料

1985 年，境域颜料生产企业有市化医集团颜料厂等 5 家，生产能力达到 2.6 万吨，其中立德粉 2.5 万吨，红黄丹 1000 吨，镉系颜料 56 吨，群青 500 吨。当年生产 1.32 万吨，完成工业总产值 2700 余万元。

1986 年后，颜料生产仍然主要以立德粉、红黄丹、镉系颜料、群青等产品为主。1995 年生产 2.53 万吨，完成工业总产值 5970 万元，分别比 1985 年增长 91.7%、121.1%。1996 年后境域颜料生产呈现出新的气象，从原来只单纯生产无机颜料到有机颜料、无机颜料并存；在保持立德粉、红黄丹、镉系颜料等品种的同时，市化医集团颜料厂和市金环化工实业公司、市立发颜料公司开始生产陶瓷、搪瓷颜料和色素。市华莹精化公司开始生产有机颜料喹吖啶酮和 150 黄。金环化工实业公司开始生产包裹颜料。并且瞄准国际水平质量不断攀升。到 2005 年，境域有颜料生产企业 13 家，主要产品 9 个，生产能力 9.1 万吨，比 1985 年增长 250%。当年生产颜料 2.63 万吨，完成工业总产值 3.2 亿元，分别比 1995 年增长 4%和 436%。

第一节　立德粉

1985 年底，境域有市化工厂、湘潭县化工厂、市郊区宝塔化工厂 3 家企业生产主要用于制造高档油漆和涂料，也部分用于油墨、橡胶、造纸、搪瓷、制革、木业等领域的立德粉，年生产能力 2.5 万吨，全年实产 14200 吨，工业总产值 3800 余万元，利税 700 余万元。

1986 年后，由于立德粉生产过程劳动强度大，污染重，发达国家已不再生产。国内需求量逐年增大，国外市场也要从中国进口，国内和国际市场的需求促进国内立德粉生产行业的大发展。境域 3 家生产企业除市郊区宝塔化工厂因地处市中心关停外，其他 2 家企业不断发展。市化工厂利用“牛头”牌的品牌优势，深度开发 B301、B302、B311 等 3 个品种，完成从手工操作的反射炉到旋转炉的改造，实现半机械化。湘潭县化工厂也不断扩大规模，质量上等级被评为全国优秀乡镇企业。1988 年市化工厂利用自有资金进行技术改造，完善两条钡粉转炉，增加 1 台干燥转炉和两座直径 2.5 米的煤气炉，年生产能力达到 2 万吨，翻一番。实产 1.35 万吨，湘潭县化工厂生产 4560 吨。1990 年，市、县 2 家化工厂共生产 24486 吨，创工业总产值 6200 万元，利税 1100 万元，分别比 1985 年增长 72.4%、63.2%、和 57.1%。1991 年后，市县化工厂立德粉生产平稳。1998 年后市县企业适应时代的要求进行产权制度改革，市化工厂通过向银行转借贷款方式购买市化工厂立德粉生产装置及配套设施组建湘潭牛头化工有限责任公司，湘潭县化工厂进行股份制改造成立湘潭红燕化工有限公司，改制后的牛头化工有限公司和红燕化工有限公司稳步发展。2000年，市、县企业共生产31925吨，创工业总产值7567万元，利税545万元，分别比1990年增长30.4%、22%和下降50.5%。2001年后，市、县企业不断深化内部劳动、人事、分配制度改革，生产经营逐渐进入良性发展。2005年市、县企业共有生产能力6万吨，实产44824吨，创工业总产值1.57亿元，利税678万元，分别比2000年增长40.4%、107.5%、24.4%。

第二节 红黄丹

1985年，市冶金化工厂采用马伏炉和机械炉生产主要用做建筑、陶瓷、烟花的着色原料红黄丹(红丹、黄丹)。当年生产红黄丹530吨，完成工业总产值209.6万元，实现利税29.5万元，主要销往国内造漆、塑料行业。

1986年后，市冶金化工厂的文定国利用自己所学的专业知识对红黄丹生产工艺进行环保改造，即：氧化工艺采用梯炉密封式，除尘分别采用闭路式水循环和压缩机真空抽灰和布袋除尘，改善生产环境，不仅减轻工人的劳动强度，而且减少铅中毒概率和空气污染，产量提高80%，产品质量相应提高。1988年5月23日，企业与天津市外贸公司签订红丹出口合同250吨，每吨售价620美元，主要出口美国、加拿大、法国。1989年12月，厂区从城正街搬至护潭乡文昌村，投入504万元征地31亩，建起新的厂房，借助搬迁的机遇，红黄丹生产能力从1000吨扩大到2860吨。工艺上采用水循环闭路式除尘，生产环境面貌一新。搬迁后，市冶金化工厂红黄丹产品一直稳定、优质生产。1989年12月20日，红丹产品获全国同行业唯一一个国家级最高质量奖—国家银质奖牌。1990年，生产红黄丹860吨，完成工业总产值310万元，实现利税29.8万元，分别比1985年增长62.3%、47.9%、1%。1991年后，尽管红丹已获银质奖，但由于企业处于边搬迁、边建设、边生产的“三边”状况，生产周转资金及管理不到位等原因，生产起色不大。2000年产量750吨，完成工业总产值370万元，分别比1990年下降12.8%和增长19.4%；企业亏损20万元。

2001年后，由于企业盲目投资新建红丹车间和办公楼，造成生产周转资金进一步紧张，生产面临停产窘境。2002年企业四位职工集资54万元入股成立湘潭未来化工有限公司租赁红黄丹生产线，艰难运行至2004年停产。2005年上海惠天然投资有限公司买下全部资产继续生产红黄丹。生产产品505吨，完成工业总产值260万元，分别比2000年下降32.7%、29.7%。

第三节 镉系颜料

1985年，境域生产搪瓷、陶瓷、油漆等彩绘着色品镉系颜料的生产单位有市化工研究所、市二化工厂、市化工厂、市染料化工总厂等4家企业，生产能力15吨，当年实产9吨，完成工业总产值404万元，利税119万元。

1986年后，境域镉系颜料发展很快。主要品种有镉红、镉黄、杂色、电解镉等。1989年市化工研究所更名为市化工研究设计院，以生产镉红、镉黄为主。到1990年，境域镉系颜料生产企业4家，当年生产 12 吨，完成工业总产值 502 万元，利税 121 万元，分别比 1985 年增长 33%、24.3%、1.7%。1993 年，市金环化工实业有限公司开始生产镉系颜料。1995 年，境域镉系颜料生产企业 5 家，生产产品 28 吨，完成工业总产值 706 万元，实现利税 80 万元，分别比 1990 年增长 133%、40.6%和下降 33.9%。1996 年市二化工厂因建建材市场镉系颜料停产。1997 年市化工厂和市染料化工厂镉系颜料因污染重停产。1998 年市化工研究设计院投资 200 万元将镉系颜料生产装置搬迁至竹埠港，1999 年 6 月恢复生产，年生产规模 50 ~ 100 吨。2000 年境域共生产镉系颜料 121 吨，完成工业总产值 914 万元，利税 21 万元，分别比 1995 年增长 322%、29.5%和下降 73.8%。2001 年以后由于国内生产企业猛增，市场竞争白热化，境域镉系颜料生产经营情况呈下降趋势。至 2005 年，共有生产企业 2 家，生产产品 98 吨，创工业总产值 410 余万元，利税 15.6 万元，分别比 2000 年下降 19%、55.9%、25.7%。

第四节　包裹颜料

包裹颜料由镉系颜料深加工而成，与镉系颜料相比较既耐高温，采用化学沉淀法，通过 1280 度左右的高温煅烧形成晶体结构；又耐强酸，为一种高档陶瓷颜料。1998 年市金环颜料化工实业有限公司从江西省景德镇陶瓷学院引进小试成果，公司总工程师周曙光为首的课题组经过 2 年的摸索改进，于 1999 年 10 月完成自主配方并投产，在国内率先推出包裹颜料。产品有红、黄、橘黄等多个品种。2000 年建成年产 20 吨规模，以后逐年扩大生产规模，2005 年生产能力达到 600 吨。是年生产包裹颜料 650 吨，创工业总产值 5450 多万元，税金 348 万元。40%左右销往西欧、东南亚，其他销在国内，销往国内部分占全国市场份额 60%左右。

第五节　陶瓷、搪瓷瓷釉及色素

一、瓷釉

1993 年，市化医集团颜料厂建成年产 1000 吨瓷釉简易生产装置，生产瓷釉半成品销往陶瓷生产企业加工地砖等产品，销路不畅，至 1994 年底只生产销售 300 多吨，完成工业总产值 120 多万元。1995 年，私营业主梁梦林等人在竹埠港创立湖南立发颜料化工有限公司建成年产 1 万吨瓷釉生产线，生产瓷釉 369 吨，实现工业总产值 200 多万元，利税 20 多万元，部分产品出口创汇 10 多万美元。

1996 年后，湖南立发颜料化工有限公司瓷釉生产随着国内外需求的增加，不断扩大规模，做大做强，产品主要销往香港、土耳其、德国、智利、印度、巴基斯坦、苏丹、美国、韩国、印尼、越南、泰国等国际市场，年生产、销售量 700 吨。到 2005 年，境域有瓷釉生产能力 1.1 万吨，实产 1200 吨，实现工业总产值 1800 多万元，创利税 120 万元。分别比 1995 年增长 225%、800%、500%。

二、色素

1994 年，市化医集团颜料厂建成年产 500 吨陶瓷色素生产线。主要品种有镨黄、钒锆兰、铬锡红、赭色、锰红、橘黄、红棕、黑等。当年打入湖北枝江等地市场。1995 年生产量达到 30 多吨，完成工业总产值108万元,创利税11万元。1996年,金环化工实业有限公司和湖南立发颜料化工有限公司在竹埠港建成年产700吨搪瓷色素生产线,实产300余吨,完成工业总产值2100万元,实现利税190万元。1997年以后,市化医集团颜料厂销售市场逐渐萎缩,金环化工实业有限公司和湖南立发颜料化工有限公司销售方式灵活,市场一年比一年兴旺,品种花色增多,质量提高,应用范围从搪瓷生产行业扩大至玻璃、印花纸、油漆等生产行业并打入国际市场,主要销往香港、印度、美国等地。2005年,境域生产陶瓷、搪瓷色素700多吨,实现工业总产值4100多万元,利税780万元,分别比1995年增长近23倍、37倍、70倍。

第六节　有机颜料

一、喹吖啶酮

1995年3月，湘潭华莹精细化工有限公司高级工程师、公司总经理王庆河为首课题组试制成功并建成年产200吨用于高档轿车、工程塑料、喷灭涂料等产业的高档有机颜料喹吖啶酮生产装置。填补国内空白。这一成果立即引起国内外高度关注,世界500强瑞士汽巴精化公司表示积极的合资愿望,于1998年7月与湘潭华莹精细化工有限公司合资成立"湘潭颜料化学有限公司",将生产规模扩大到年产400吨,到2005年累计生产喹吖啶酮823.5吨,70%左右出口欧美市场,每吨销售价格2.9万美元左右,其余部分销在国内市场。

二、颜料150黄

国内一直无技术和生产厂家。2000年,以王庆河为首课题组成功研制出用于油墨的高档有机颜料150黄,2001年建成年产100吨颜料150黄装置投入生产,到2005年累计生产218.2吨,主要销往欧洲国家,每吨销售价2万美元左右。

第七节　群青

1985年,市二化工厂拥有群青系列661号、662号、663号等3个品牌产品。是年生产520吨,完成工业总产值234万元,实现利税42万元。

1986年以后,随着国家经济建设的快速发展,涂料、油漆、橡胶、塑料等行业对群青的需要量逐年增大。市二化工厂努力提高产品质量,"双鸥"牌群青获得湖南省优质产品、出口免检产品称号,畅销国内20多个省市,同时出口东南亚各国,市场份额占全国26%左右。跻身全国三大群青生产厂家之一。

1988年,因市二化工厂地处市中心建设路口,周围商店林立,居民密集,生产群青的主要原材料硫磺在前期工序的煅烧过程中产生大量的二氧化硫气体污染空气,附近居民意见很大,市政府下令限期搬迁。市二化工厂将群青生产线的前期工序陆续搬迁至湘乡市第二化工厂(地处湘乡市洪塘乡)、市昭山农药厂、及宁乡县龙凤山化工厂等地,采取联营方式生产群青产品,由以上单位烧制出半成品送到市二化工厂进行后处理加工成产品。但由于联营合作中一些矛盾未得到很好解决，市二化工厂又缺乏对前期工序的质量监管，加上原材料和成品往返运输成本增加，导致亏损，境域群青生产迅速下滑。到1990年，市二化工生产260吨，完成工业总产值135万元，创利税24万元，分别比1985年下降50%、42.3%、42.9%。1991年市二化工厂群青产品的联营生产方式被迫终止，至此，市二化工厂也就完全停止群青生产。

联营生产形式终止前后，湘乡市第二化工厂投资60多万元建成群青后处理生产装置，完成前后工序的衔接开始独立生产群青产品，年生产能力为500吨。产品评为省优质产品。1991年后湘乡市第二化工厂兴旺一段时间，每年创税收25万左右，利润20万元左右。1995年境域只湘乡市二化厂1家企业生产群青，当年生产300吨，完成工业总产值320万元，实现利税45万元，分别比1990年增长15.4%、137%、87.5%。1996年以后，由于湘乡市第二化工厂属于国有产权管理模式，各种弊端暴露。到2000年企业因严重亏损而倒闭，境域无群青产品生产。

第四章　分散染料及染料中间体

第一节　分散染料

境域生产分散染料从1980年研制生产分散染料的重要中间体“一氰”开始。1985年，市染料化工厂利用王庆河研制出的一氰开发分散黑、分散兰、分散红玉等多个染料品种，是年生产132吨，完成工业总产值480万元，创利税177万元。

1986年后，市染料化工厂生产的分散染料经历一个短暂的发展期。1987年底与新加坡籍商人合资建立“中国翔鹏精细化工有限公司”生产分散染料。到1988年分散染料品种7个，当年生产723吨，实现工业总产值2550万元，利税960万元，出口创汇300万美元。1989年后，市染料化工厂由于与市硫酸厂、市建筑陶瓷厂三厂合并后一些投资项目受挫，分散染料发展速度放慢。到1990年，中国翔鹏精细化工有限公司形成1000吨生产规模，当年生产154吨，完成工业总产值585万元，实现利税129万元。1990年，境域企业生产分散染料419吨，完成工业总产值1829万元，实现利税426万元，虽然比历史最好年份的1988年分别下降42%、28.3%、55.6%，但仍比1985年分别增长217.4%、281%、140.7%。1991年，翔鹏精细化工有限公司独资成立精密陈氏化学有限公司。市染料化工总厂和陈氏精密化学有限公司共形成分散染料生产规模年3000吨左右。此后，外商独资企业陈氏精密化学有限公司陆续建成年产分散染料1000吨规模，生产逐步显旺。而市染料化工总厂由于市场竞争加剧，企业处于困境。1997年，市染料化工总厂实施第一次破产减债。2003年，市染料化工总厂进入破产程序停止生产。2005年，该企业第二次破产。是年，境域生产分散染料企业只陈氏精密化学有限公司一家企业。当年生产分散染料1400余吨，完成工业总产值4700多万元，实现利税320余万元，分别比1990年增长234%、157%，下降24.9%。

第二节 染料中间体

1986 年全国染料中间体一氰生产企业只有境域染料化工总厂一家。当年生产 130 吨，创工业总产值 456 万元，利税 175 万元。1987 年后企业先后共投入 1100 多万元，采用氨氧化合成法工艺，上 3 套氨氧化装置，3 套氨化装置，3 套硝化装置，将年生产能力从原来的 50 吨逐步扩大至 800 吨。并不断提升产品的技术含量，产品质量达到国际同类产品标准。1988 年获得化工部科技进步一等奖，国家优秀新产品金质奖，国内市场销售火爆，同时出口美国、欧洲和日本等国家和地区，市场销售价格在每吨 8 万 ~ 10 万元人民币。1990 年生产 255 吨，创工业总产值 1249 万元，利税 297 万元，分别比 1986 年增长 96.2%、173.9%、69.7%。1991 年后，由于市场原因生产逐渐下滑，1995 年生产 138 吨，创工业总产值 622 万元，利税 96 万元，分别比 1990 年下降 45.9%、50.2%、67.7%。1996 年以后，一氰生产技术外流，在全国各地逐步建起 10 套生产装置，全国年生产能力达到 8000 吨，增加上 10 倍，产品销售价格一下子从原来每吨售价 10 万元左右下跌至 3 万元左右，下跌 70%左右。同时由于生产 1 吨一氰有 8 吨左右废硫酸，企业连年亏损拿不出钱来治理“三废”（废气、废水、固体废弃物），造成有毒废水直排湘江，2004 年市染料化工厂一氰装置被市环保局强令关闭停产。

第五章 农药

1985 年，境域生产农药 8000 多吨，创工业总产值 5000 多万元，实现利税 381 万元。

1986 年后，境域主要农药生产企业湖南农药厂的六六六粉剂停产，另外的主产品甲胺磷从 500 吨扩改至 3000 吨，杀虫双从 1500 吨扩改至 10000 吨，杀虫脒等其他一些产品也相应扩产。开发百菌清等新产品。狠抓产品质量，甲基 1605 原油、50%甲胺磷乳油、25%杀虫双水剂、敌百虫原药、百菌清原药等产品获部优称号。1989 年企业总产值突破一个亿，利润突破 2000 万元大关，一举成为全国知名企业。1990 年，境域生产农药 7200 吨，完成工业总产值 9800 万元，实现利税 1570 万元，分别比 1985 年下降 10%，增长 96%、312%。1992 年，湖南农药厂更名为湖南南天实业有限公司，被国家认定为大型二档企业。但是年后由于市场竞争及管理不善等原因，湖南南天实业有限公司农药生产逐步滑坡并出现亏损。1995 年，境域生产农药 5900 吨，完成工业总产值 7400 万元，实现利税 92 万元，分别比 1990 年下降 18.1%、24.5%、94.1%。1998 年已被国家明令禁止的杀虫脒在市精细化工厂偷偷生产，生产量从原年产 1000 多吨上升到年产 3396 吨。同时建成年产 7000 吨杀虫双生产线，1998 年市精细化工厂全面停产，南天实业公司时开时停。2000 年，境域生产农药 1.7 万吨，完成工业总产值 9200 万元，分别比 1995 年增长 118.1%、24.3%，潜在亏损 2000 多万元。2001 年以后，境域农药生产进一步萎缩。2003 年南天实业有限公司停产。是年南天实业有限公司农药车间对外租赁，生产装置时开时停。2005 年境域生产各类农药 9303 吨，创工业总产值 4000 余万元，分别比 2000 年下降 45.3%和 56.5%。湖南南天实业有限公司等待破产。

第一节 原药

一、敌百虫

1985年，境域的湖南农药厂有主要用于防治蔬菜、水稻、果树、棉花和森林害虫的敌百虫生产规模6500吨，当年生产1600吨。

1986年后，由于市场发展较好，敌百虫生产比较稳定，每年生产量在2000吨左右，1990年生产2722吨，比1985年增长70.1%。1991年后市场继续看好，生产规模不断进行技术改造有所扩大，1993年规模达到1万吨。年生产量保持在7000吨左右。1995年由于全国生产同类产品企业增多，该企业市场份额萎缩，当年只生产2124吨，比1990年下降22%。1996年后由于市场销售不畅影响生产继续滑坡，到2000年只生产410吨，比1995年下降80.7%。2001年停产。

二、甲基1605原油

1985年，境域湖南农药厂有年产3000吨广泛应用于农业植物的广谱杀虫剂甲基1605原油生产装置，当年生产4吨。1986年生产594吨，1997年后因为生产过程的氯化物主要用于生产甲胺磷，少量用于生产甲基1605原油，生产量逐年减少，1990年只生产96吨，此后每年生产量极少，到2002年停产。

三、敌敌畏

1985年境域湖南农药厂拥有50%敌敌畏原油生产装置能力2000吨，当年生产910吨。

1986年后50%敌敌畏原油年生产量保持在2000吨左右。1990年后市场销售较旺，生产量有所增长，当年生产2742吨，比1985年增长201.3%。1991年后市场逐年萎缩，生产量很少。2000年停产。

四、甲胺磷

1985年，境域湖南农药厂拥有500吨主要用于防治水稻、棉花、森林等植物害虫的甲胺磷乳油生产能力，当年生产甲胺磷乳油400吨。

1986年后，甲胺磷乳油市场销售很旺，是年企业将装置扩大到750吨，并采用湘潭大学化工学院的甲胺磷转位新工艺，使甲胺磷原药含量平均提高2%。1987年企业对包装等工序进行改造，设备噪声由96分贝降至78分贝，空气中有毒成分从1.35毫克/立方米降至0.52毫克/立方米，装置年生产能力扩大到1000吨。1989年扩产改造至1500吨。1990年生产甲胺磷乳油2582吨，比1985年增长545.5%。1991年销售市场继续看好，企业又将装置扩产改造至年产2500吨。1995年企业再次将其扩产改造至3000吨。当年生产甲胺磷乳油3228吨，比1990年增长25%。1996年后生产装置保持原有能力，生产量略有增加，2000年生产乳油4677吨，比1995年增长44.9%。2001年后因市场原因生产滑坡，年生产、销售量不断回落，2005年生产2086吨，比2000年下降55.4%。

五、氧化乐果

1990年境域湖南农药厂开始建设年产400吨氧化乐果生产装置。由于市场封杀，技术资料不齐，生产工艺过程反复修改，至1993年才生产出第一批产品3吨，1994年后又经过多年的工艺改造，技术指标基本稳定，1996年生产3.8吨，1997年生产6.9吨，由于技术及市场两方面的原因，1998年生产17.6吨后停产。

六、百菌清

广泛用于防治蔬菜、农作物、观赏植物病虫害的高效低残留广谱性杀虫剂百菌清，国内一直是空白。1982年，境域湖南农药厂花4万元引进长沙市化工研究所年产40吨百菌清生产线，同年10月化学工业部将百菌清列为国家科技攻关项目。至1985年，湖南农药厂建成年产100吨百菌清中试装置，当年生产百菌清原粉18.4吨，投放市场试销。

1986年后，百菌清仍处于不断的试验摸索中，小批量生产投向市场应用。1990年，生产原粉60吨，比1985年增长226.1%。1991年正式得到化学工业部的认可，并颁发《科技新产品证书》。1993年，企业在东厂区氯碱车间以南新建年400吨生产装置，生产、销售量逐年有所上升，1995年，生产263吨，比1990年增长338%。1996年以后，销售市场平衡，生产装置基本维持原有水平，2000年，生产265吨，与1995年持平，2001年后，企业整体处于停产半停产状态，百菌清生产、销售量下滑。2003年企业将百菌清装置对外租赁经营，2005年，租赁户生产250吨，比2000年下降5.7%。

第二节 水剂

一、杀虫脒

1985年境域有湖南农药厂、市精细化工厂2家企业生产主要用于水稻、棉花等农作物的杀虫脒，共计生产能力5000吨，其中湖南农药厂2000吨、市精细化工厂3000吨。当年共生产杀虫脒水剂2700吨。

高残留的杀虫脒杀虫剂，在对水稻杀虫过后，往往造成严重残留，稻谷加工成大米吸食后有潜在的致癌危险，国际卫生组织在20世纪80年代明令禁止生产。但湖南农药厂和市精细化工厂出于企业生存需要在1986年后继续生产，每年销售1000吨左右，1990年生产1586吨，比1985年下降41.3%。其中湖南农药厂生产1006吨，市精细化工厂生产580吨。当年底湖南农药厂停止生产。1991年后市精细化工厂在工商部门严厉禁止生产情况下，采取更换名称和夜晚及星期天偷偷生产等手段继续生产，年生产销售量3000吨左右。1998年生产3396吨，比1990年增加114.1%。是年底，迫于政府查处的压力停止生产。此后境域没有生产杀虫脒企业。

二、杀虫双

1985年境域湖南农药厂拥有主要用于防治水稻、蔬菜、柑橘等害虫，并无残留的杀虫双，年生产能力 1500 吨，当年生产水剂 109 吨。

1986 年以后，湖南农药厂着手对杀虫双生产线进行改造，1987 年改进磺化工艺，使磺化收率从 76.13%提高到 84.15%。1989 年改进胺化工艺，使胺化收率从 87.15%提高至 98.14%。1988 年将年生产能力扩大到 3000 吨。经过多次扩产提质改造，产品各项经济技术指标相对稳定，年生产突破 3000 吨，1990 年生产水剂 3357 吨，比 1985 年增长近 30 倍。1991 年后，杀虫双市场需求一直很旺，企业生产量一直稳步攀升。1995 年湖南农药厂又将其扩大到年产 10000 吨。1996 年处于困难中的市精细化工厂看好市场俏销的杀虫双产品，开始寻找技术来源，筹集资金，投入 100 多万元建成年产 5000 吨杀虫双生产线，当年生产 261 吨。1997 年市精细化工厂生产能力扩大到 7000 吨，当年生产 440 吨，但由于设备工艺技术不优，原材料消耗高，产品没有利润。1998 年市精细化工厂杀虫双停产。2000 年湖南南天实业公司生产杀虫双水剂 11736 吨，比 1990 年增长 249.6%。2001 年后湖南南天实业有限公司处于停产半停产状态，杀虫双生产逐渐滑坡。2003 年对外租赁经营。2005 年租赁企业生产 6697 吨，比 2000 年下降 42.3%。

三、杀虫单可湿性粉剂

1992 年，境域湖南农药厂建成主要用于防治水稻、蔬菜、柑橘等农作物病虫害，年产 1000 吨杀虫单可湿性粉剂生产装置，1993 年，开始批量生产，当年生产 69 吨。1994 年后，市场需求较旺，生产量逐年增加，2000 年，生产 219 吨，比 1993 年增长 217.4%。2001 年后，市场萎缩，生产量逐年减少。2003 年，生产 2.7 吨，年底停产。

第六章　化肥

1985 年，境域化肥生产企业有市有机化工厂等 9 家，从业人员 3000 多人，生产 18.56 万吨，其中氮肥 11.36 万吨，磷肥 7.2 万吨，完成工业总产值 1.3 亿余元，创利税 900 多万元。

1986 年始，化肥生产呈下降趋势。相继有湘钢、市有机化工厂、市昭山农药厂、湘乡化工厂、湘乡县化工厂停止生产。到 2000 年，境域化肥生产企业剩下韶山氮肥厂、湖南铁合金钙镁磷肥厂 2 家，共计生产化肥 4.9 万吨，完成工业总产值 3500 万元，实现利税 102 万元，生产量、工业总产值、利税分别比 1985 年下降 73.6%、73.1%、88.7%。2001 年，境域化肥生产形势开始好转。湘乡桂兴肥业有限公司整体收购湘乡县氮肥厂恢复碳酸氢铵生产，韶山氮肥厂改制为韶山氮肥有限责任公司，碳酸氢铵生产量翻番。湘潭碱业有限公司氯化铵生产量突破 10 万吨。2005 年，境域共有化肥生产企业 4 家，从业人员 900 多人。生产化肥 33.5 万吨，其中生产氮肥 33.4 万吨，磷肥 1000 吨，创工业总产值 2.3 亿多元，实现利税 700 多万元，生产量、工业总产值、利税分别比 2000 年增长 583.7%、557.1%、586.3%。

第一节　氮肥

1985 年，境域已形成氮肥生产能力 15.4 万吨，实产氮肥 11.36 万吨。

1986 年始，氮肥生产逐年下降。1988 年，因湘钢焦化分厂硫酸铵是炼钢产焦的附产回收物，平均每吨亏 215 元，随钢铁主业的发展，硫酸铵停产。1989 年 3 月，湘乡化工厂 4 万吨纯碱项目投产，停产碳酸氢铵。1990 年全市共生产氮肥 9.49 万吨（其中韶山氮肥厂 5,49 万吨、湘乡县氮肥厂 4 万吨）。1991 年后，氮肥生产量继续下滑，1995 年共生产氮肥 7.35 万吨，比 1990 年下降 22.6%（其中韶山氮肥厂生产 6.35 万吨、湘乡县氮肥厂生产 1 万吨）。1997 年湘乡县氮肥厂破产，碳酸氢铵停产。湘乡化工厂利用纯碱生产线开始生产氯化铵。2000 年共生产氮肥 6.62 万吨，比 1995 年下降 10%（其中韶山氮肥厂 2.45 万吨、湘乡化工厂 4.17 万吨）。2003 年桂兴肥业有限公司整体收购原湘乡县化肥厂资产生产碳酸氢铵。是年韶山氮肥厂改制为韶山氮肥有限责任公司，碳酸氢铵生产量成倍增长，使全市氮肥生产迅速回升。2004 年湘潭碱业有限公司氯化铵生产能力超过 10 万吨。2005 年，境域氮肥生产企业共 3 家，全年共生产氮肥 33.4 万吨，比 2000 年增长 40 倍（其中韶山氮肥有限公司碳酸氢铵 11.23 万吨、桂兴肥业有限公司碳酸氢铵 11 万吨、湘潭碱业公司氯化铵 11.17 万吨），创工业总产值 21396 万元。

第二节　磷肥

1985 年，境域磷肥生产企业有市有机化工厂等 5 家，生产磷肥 7.2 万吨。

1986 年后，磷肥生产大幅度萎缩。1987 年，市有机化工厂因为主要是生产邻甲苯胺，过磷酸钾是邻甲苯胺生产过程利用废硫酸的副产品。当年只生产 400 多吨就停产。1988 年后市合成化工厂（磷肥厂注销）生产量下降。1989 年，市昭山农药厂因以生产农药为主，生产磷肥质量不过关停产。到 1990 年，境域磷肥生产企业 3 家，共生产磷肥 6.65 万吨，比 1985 年下降 7.6%。1991 年后生产继续萎缩，到 1995 年只生产 6.1 万吨，比 1990 年下降 8.3%。1998 年市合成化工厂因建设城市煤气拆除磷肥生产线而停产钙镁磷肥。到 2000 年境域只湖南铁合金厂 1 家企业生产磷肥，当年生产 2.3 万吨，也于当年停产。2004 年市环鑫化工有限公司在竹埠港建成年产 1000 吨过磷酸钙装置，2005 年境域生产企业只有市环鑫化工有限公司一家，生产磷肥 800 吨，比 2000 年下降 96.5%。

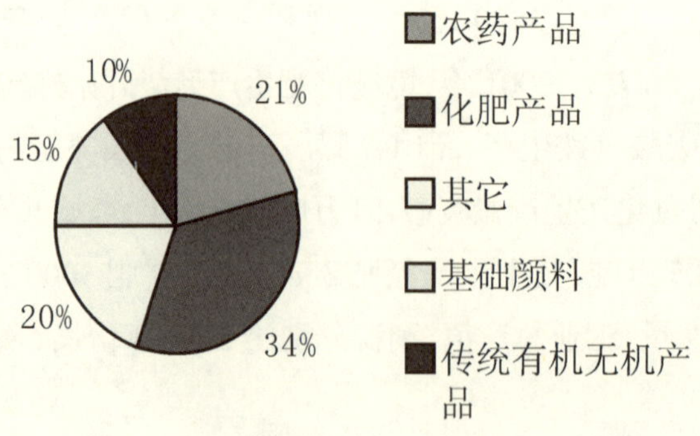

图 22-1　1986 年湘潭市化工产品比例图

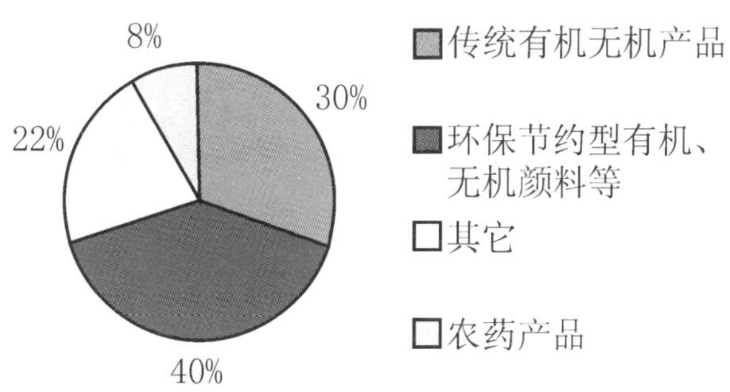

图 22-2　2005 年湘潭市化工产品比例图

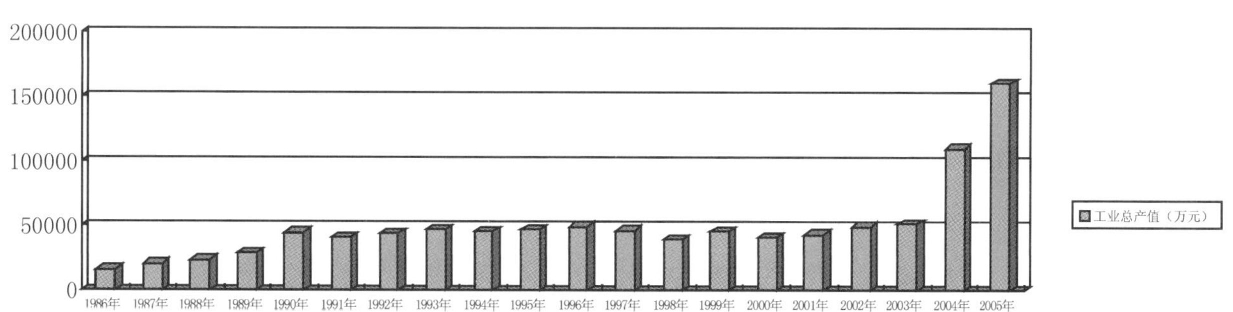

图 22-3　1986~2005 年湘潭市化工工业总产值柱状图

第二十三篇　建材工业

概　述

1986年,境域建材工业有瓦灰砂石、水泥、水泥制品、墙体材料、建筑卫生陶瓷、耐火材料、非金属矿等7大系列20多个品种,有规模以上生产企业298家(其中国有企业13家,其他系县〈市〉属和乡镇集体企业285家),从业人员19070人,完成工业总产值25921.87万元,实现利税4406.71万元。

1987年后,境域建材工业迅速发展。1988年,瓦灰砂石、水泥产量、墙体材料、耐火材料等生产能力不断扩大,其中耐火材料从单一品种发展到4个品种。1989年,湘钢耐火材料厂开发出使用寿命比一般的外购产品高出一倍以上的新产品镁铝砖。1990年,境域有规模以上建材生产企业300家,从业人员19360人。全市建材产品31个,工业总产值34735.30万元,实现利税5453.39万元,企业数量、从业人数、工业总产值、实现利税分别比1986年增长0.7%和1.5%、34%、23.8%。

1991年,贯彻湖南省人民政府《关于加快我省墙体材料改革的通知》,新型墙体材料开始稳步发展。韶峰牌525号矿渣硅酸盐水泥获国家产品质量银质奖,水泥制品生产发生质的变化:新型水泥砖和建筑砌块市场需求呈直线攀升。年内,湖南省建筑陶瓷厂(简称省建陶)建成花岗石板生产线一条。1995年,境域有规模以上建材生产企业292家,从业人员19080人,工业总产值49324.13万元,实现利税7143.94万元,分别比1990年下降2.7%、1.4%和增长42%、31%。

1996年后,水泥制品企业产品结构和企业结构剧烈震荡,大批乡镇水泥厂改制为民营企业。湘乡水泥厂改制为湖南韶峰水泥集团有限责任公司。市新型建材厂资不抵债扭亏无望,依法宣告破产。新型墙体材料出现黏土烧结砖、粉煤灰黏土烧结砖、轻质板等品种。省建陶由于企业机制不活等原因处于停产半停产状态。1998年后,耐火材料企业陆续开发出适应湘钢转炉的新型耐火材料吹氩透气砖、不烧钢砖、铝镁绿色衬砖、高铝轻度砖等20多个品种。2000年,境域建材产品生产能力大幅攀升,其中石灰生产能力65万吨,比1990年增长116.67%,砂石挖采总量190万吨,增长108.79%,水泥生产能力274万吨,增长34.31%。当年,韶峰集团获"全国质量管理先进企业"称号。是年,境域规模以上建材生产企业280家,从业人员21800人,完成工业总产值100835.72万元,实现利税18150.42万元,分别比1995年下降4.1%和增长14.3%、104.4%、154.1%。

2001年后,市委、市政府下大力气创建文明城市,全市大规模开展"一化三清"(城市绿化,清理违章建筑、违法建设用地、违规房地产开发市场),市区湘江西岸砂石场一律予以拆除或搬到指定场地。在城区砂石场拆除搬迁过程中,减少砂石采挖企业20多家,但砂石资源得到有效整合,采挖量大幅攀升。水泥生产企业出现不采矿、不制生料、不烧成,只外购水泥熟料制成水泥产品的磨粉站,投资少,见效快,水泥生产能力进一步扩大。墙体材料生产发生根本变化,新型墙体材料黏土多孔砖、砼小型空心砌块、粉煤灰加气砼砌块、页岩多孔砖、轻质墙板等项目纷纷上马。省建陶引进重庆四维瓷业股份公司组建湖南四维洁具股份有限公司，成为中南地区最大的卫生陶瓷生产企业。国家经贸委批准设立北京瑞泰高温材料科技股份有限公司湘潭分公司，生产熔铸耐火材料等高新技术产品，产品出口美国等10多个国家和地区。2005年，境域有灰砂石、水泥、水泥制品、墙体材料、建筑卫生陶瓷、耐火材料、非金属矿等七大类40多个建材品种，当年，实际生产水泥210.37万吨。全市规模以上建材生产企业308家(其中国有企业4家，其他304家均为民营、个体私人企业)，从业人员21800余人，全年完成工业总产值168246.35万元，实现利税22990.54万元，企业数、总产值、利税分别比2000年增长10%、66.9%、26.7%。是年，全市建材工业总产值占全市工业3.94%。

第一章　瓦灰砂石

1986年，境域瓦、灰、砂石已具备一定规模，有市建材化工厂等生产企业121家(其中国有企业2家，集体企业119家)，从业人员3550人，年产瓦1.15亿片，石灰生产量10万吨，砂石采挖量120万吨，工业总产值3800万元。1987年后，房屋建设盛行钢筋水泥预制平顶，瓦产量逐渐减少，石灰、砂石业迅速发展。红平瓦和机制水泥瓦逐步停产。1995年，有生产企业102家，从业人员3420人，完成工业总产值6150万元。1996年后，灰、砂石进一步发展。2005年有瓦灰砂石企业116家，全部是民营企业，其中瓦生产企业20家，生产量1.2亿片，石灰生产企业61家，石灰生产量70万吨左右；砂石挖采企业35户，挖采量400万吨左右。从业人员5780人，瓦灰砂石工业总产值18600万元左右。企业数、从业人员、工业总产值分别比1995年增长13.3%、69%、193%。

第一节　瓦

1986年，境域瓦生产企业40余家，主要集中在湘乡市和湘潭县域内。从业人员1300多人，生产量1.15亿块，其中红平瓦生产量1000万块，水泥瓦、水泥纤维瓦、化学纤维瓦、石棉瓦等500万块，小青瓦1亿块，工业总产值1500余万元。1987年以后，生产红平瓦的湖泥逐渐枯竭。从事红平瓦生产的乡镇企业在1990年全部停产。1991年以后，无论城市建筑还是农村建房，基本上都采取平顶预制结构，水泥瓦、水泥纤维瓦、化学纤维瓦、石棉瓦等逐步失去市场，到1995年此类生产企业全部停产。小青瓦因为主要用于部分私人建房和装饰性用途，尽管销售市场大幅度缩小，但仍在湘乡市、湘潭县部分乡村生产。到1995年，生产瓦企业12家，从业人员300人，完成工业总产值1700万元，分别比1986年下降70%、76.9%，增长13.3%。1996年后，随着亭、台景观等装饰式建筑增加，小青瓦生产量逐步增大，到2005年，境域瓦生产品种只存在小青瓦一种，有生产企业20家，从业人员1200多人，生产量为1.2亿片，工业总产值4800万元。是年底，瓦生产企业数、从业人员、工业总产值分别比1995年增长66.7%、300%、182.4%。

第二节 石灰

1986年,全市石灰生产企业74家,有从业人员1830人,除市建材化工厂是全民企业外,其他73家均属乡镇集体企业,主要分布在湘乡市、湘潭县境域,主要是生产农用石灰和建筑用石灰。年实际生产量10万吨左右,完成工业总产值1100万元。

此后,境域石灰生产随着城市的发展和农村住宅的发展而迅速发展。原来的农用石灰与建筑石灰并存全部转为建筑石灰。1989年,湘潭市城区及湘潭县、湘乡市掀起办石灰窑的高潮,市城区及两县(市)出现生产石灰窑(厂)200多处。1995年,石灰生产量15万吨。有生产企业76家,从业人员1920人,完成工业总产值2300万元,企业数、从业人员数、完成工业总产值分别比1986年增长2.7%、4.9%、109.1%。

1996年后,所有的乡镇石灰企业都因产权不清,机制不活陷入困境。唯一的国有企业市建材化工厂也由于人员多,包袱重,生产经营不景气。1999年初,市建材化工厂部分职工组建市生力建材有限公司,租赁市建材化工厂有效资产进行生产经营。同年6月,湘潭钢铁公司进行技术开发,大量利用石灰作为烧结和炼钢的催化剂,使境域石灰有新的用途,而且用量大,这给改制后的市生力建材有限公司带来生机,生产量持续上升。湘潭县、湘乡市等县(市)一批乡镇民营个体企业原一直采用土窑生产石灰,质量达不到工业用石灰要求,这时也纷纷投资新建竖窑,直径比土窑大,采用机械化全自动操作,质量完全符合工业用石灰要求,生产能力和产品质量迅速攀升,到2000年末,全市工业用石灰年生产能力达到65万吨,当年实际生产量30万吨,比1995年增长107.00%。2003年8月,市建材化工厂依法破产,结束境域石灰行业国有企业存在的历史。市建材化工厂破产后,用国有土地资产对职工进行安置,职工用安置资产到市生力建材有限公司入股,企业改制平稳过渡。2004年,市生力建材有限公司投入300多万元新建一座年产5万吨竖窑。

2005年底,境域有石灰生产企业61家,全部是民营企业,其中湘潭县30家,湘乡市18家,韶山市8家,岳塘区5家。从业人员2430人。年生产能力75万吨,其中市生力建材有限公司年生产能力13万吨。当年境域实际生产石灰70万吨,完成工业总产值7000多万元,企业数、从业人员数、工业总产值分别比1995年下降19.7%、增长26.6%、204.3%。

第三节 砂石

境域水系纵横,湘江、涟水、涓水等流域河砂卵石资源丰富。许多丘陵山地蕴藏多种石料可供开采。1986年,全市有砂石采挖企业7家(主要分布在市城市中心区的湘江沿岸,其中有市属企业和湘潭县属企业),从业人员420多人,产砂石120万吨,实现工业总产值1200多万元。

1987年后,国家工业建设和城市建设迅速发展,对砂石的需求量日益增大,境域砂石生产随即迅猛发展。市城区和湘潭县水运企业拥有挖砂工程船16艘,实行采运分规,清洗、上坡、装车一条龙机械化作业,另有湘乡市棋梓桥镇等多处陆地砂石场,年挖采量140万吨。1988年后,城市建设速度加快,砂石需求量上升。境域砂石产量达150万吨,工业总产值达1130多万元,其中市水运公司生产量和工业总产值占92%。所产砂石除供应本市基本建设所需外，通过铁路运输销往张家界、怀化、吉首、靖州县，通过水运销往岳阳、湖北等地。1990年，境域有市、县经营砂石企业30家，有挖砂工程船11艘，从业人员1100多人，年采挖量150万吨，实现工业总产值1600万元。企业数、从业人员数、采挖量、完成工业总产值分别比1986年增长328.6%、161.9%、25%、33.3%。

1991年后，由于建房、修路、城市扩展，带来砂石需求猛增，加上市场放开，管理滞后，采砂业进入无序发展阶段。湘江沿岸私人经营砂石户和从业人员增多，有100～120吨自航自卸驳船30余艘，大中型挖砂船7艘，造价50万元以上工程船7艘。到1995年，境域砂石采挖企业36户，从业人员1300多人，是年采挖量170万吨，完成工业总产值2150万元，分别比1990年增长20%、18.2%、13.3%、34.4%。

1996年后，砂石采挖基本上从国营集体为主转变为以个体私营为主。有挖砂工程船22艘，自航自卸驳船53艘，砂石储转场地11.2万多平方米，皮带装卸线59条。2000年，境域从事砂石产销业主168户，从业人员2000多人，砂石采挖量190万吨，完成工业总产值2850万元。企业数、从业人员、采挖量、工业总产值分别比1995年增长367%、53.8%、11.8%、32.6%。

2001年后，市政府实施“美化城市、规范经营、扩大湘江排洪截面、建设湘江风光带”的整体规划，将湘江沿岸风光带纳入规划建设，市区湘江西岸砂石场一律予以拆除，或搬迁到指定场地。在城区砂石场拆迁过程中，砂石业资源得到有效整合，乱采滥采的个体砂石业主减少，机械化程度增加，砂石采挖量反而大幅攀升。2005年，境域民营砂石经营企业大幅减少至35户，从业人员2100人，年产砂石猛增至400万吨，创工业总产值6800万元，企业数、从业人员、采挖量、工业总产值分别比2000年下降79.2%、增长5%、110.5%、138.6%。

第二章　水泥

第一节　生产规模

1986年，境域有湘乡水泥厂等水泥生产企业21家，从业人员8000多人。以回转窑、机立窑为主体，普立窑为基础，生产工艺过程一般为采矿、生料、烧成、制成等几个阶段，称“两磨一烧”，水泥品种主要有矿渣硅酸盐水泥和普通硅酸盐水泥2种，以普通硅酸盐水泥为主。按包装分类有包装水泥和散装水泥2种。共计生产能力115.7万吨，是年生产水泥124.7万吨，完成工业总产值8506万元。

1987年，随着城市的发展和公路交通建设的加快，境域水泥生产迅速发展，规模相对向大型企业集中。市水泥厂投资1000万元，新建年产10万吨 $\phi2.5\times10$ 米塔式机立窑水泥生产线，年生产规模由8.8万吨扩大到18.8万吨；湘乡水泥厂投资6500万元扩建的第四条湿法生产线投入生产，生产规模由60万吨扩大到122万吨。湘潭县荷塘乡政府新建湘潭县荷塘水泥厂，投资1000多万元建设年产4.4万吨 $\phi2.2\times7$ 米普机立窑生产线；湘乡市东郊乡政府投资1000多万元新建年产4.4万吨生产线。是年，湘潭钢铁集团公司水泥分厂投资1200多万元，新建一条年生产规模为10万吨水泥生产线，企业年生产规模由原来的 4.4 万吨，扩大到 14.4 万吨；1988 年，湘潭县水泥厂投资 200 多万元，对原水泥生产线进行技术改造，年生产规模由原来的 4.4 万吨扩大到 8 万吨。湘乡建材厂仍维持 17.6 万吨生产能力。境域水泥生产企业产品质量迅速提高，8.8 万吨以上生产规模的水泥生产企业，生产水泥标号一般都是在 425# 以上，其中湘乡水泥厂可以生产 525# 以上标号水泥。1990 年，有企业 29 家，从业人员 9200 人，生产水泥 189.41 万吨，完成工业总产值 13893 万元，分别比 1986 年增长 38.1%、15%、51.9%、63.3%。

1991 年，境域水泥继续保持发展态势。湘乡建材厂在原有二条年产 8.8 万吨水泥生产线的基础上，投资 1300 多万元，动工新建年产 15 万吨水泥 ф3×48 米预热式干法旋窑生产线。1992 年，湘乡水泥厂获国家企业管理“二级企业”称号，其生产的韶峰牌水泥获湖南省著名产品称号。1993 年，湘乡水泥厂被列为中国 500 强最大企业第 347 位，晋升国家一类一档企业。1994 年 7 月，湘乡水泥厂 15 万吨预热式干法旋窑生产线投入生产，年生产规模由原来的 17.6 万吨扩大到 32.6 万吨。1994 年 1 月，谭家山煤矿水泥厂在原 2 万吨年生产规模基础上，另择新址，在谭家山 107 国道边，投资 1800 多万元新建年生产规模 10 万吨 ф2.5×10 米机立窑水泥生产线，企业年生产规模由原来的 2 万吨扩大到 12 万吨。1994 年 2 月，湘潭县楚丰水泥厂由 8 个股东合伙，投资 1100 多万元，新建年生产规模 8 万吨 ф2.5×8.5 米机立窑生产线，1995 年 10 月投产。1995 年，全市水泥生产规模为 243 万吨，比 1990 年增长 21%。是年有水泥生产企业 29 家，从业人员 9800 人，生产水泥 210 万吨，完成工业总产值 15386 万元，与 1990 年比，企业数持平，其余分别增长 6.5%、10.9%、10.7%。

1996 年 7 月，湘乡水泥厂改制为韶峰水泥集团有限公司（简称韶峰水泥集团），12 月，韶峰水泥集团 2000 吨 / 日新型干法生产线建成投产，企业年生产规模由 122 万吨扩大到 202 万吨。是年开始，大批乡镇水泥生产企业改制为股份合作制企业，其中一部分企业经营不善陆续关闭。1998 年湘潭县荷塘水泥厂投资 150 多万元，对原 4.4 万吨 ф2.2×7 米普机立窑进行技术改造，将窑径扩大到 ф2.5×8 米，将年生产规模由 4.4 万吨扩大到 6.4 万吨。同年，韶山市境域的韶山市水泥有限公司和韶峰水泥有限公司、湘乡境域棋梓桥水泥有限公司三个水泥企业，分别投资 250 多万元，将原有的 4.4 万吨水泥生产线进行技术改造，3 家水泥企业的水泥生产规模都由原来的 4.4 万吨扩大到 8.8 万吨。1999 年，湘乡建材工业公司水泥厂（原湘乡市城郊水泥厂），投资 100 多万元将机立窑扩径到 ф2.5×10 米，生产规模达到 8 万吨。湘潭县水泥厂投资 120 多万元，对原年生产规模 6.4 万吨水泥生产线进行改造，年生产规模扩大到 8.8 万吨。湘乡建材厂又投资 2300 多万元，新建第二条年产 15 万吨 ф3×48 米预热式干法旋窑生产线，同时废除一条年产 8.8 万吨水泥生产线，2000 年 10 月该企业年产 15 万吨水泥生产线建成投产，年生产规模由原来的 32.6 万吨扩大到 38.8 万吨。到 2000 年，全市水泥生产规模达到 352 万吨，比 1995 年增长 44.86%。是年，境域水泥生产企业 26 家，从业人员 9700 人，生产水泥 244.88 万吨，完成工业总产值 36500 万元，分别比 1995 年下降 10.3%、1.02%，和增长 16.6%、137.2%。

2001 年后，水泥市场需求量继续旺盛，境域水泥生产进一步发展，并出现水泥粉磨站这一新生产形式，即不采矿、不制生料和烧成，直接外购水泥熟料制成水泥产品出厂，投资少、见效快。2002 年，湘潭县荷塘水泥厂投资 100 多万元，对原 6.4 万吨水泥生产线进行技改扩产，年生产规模扩大到 8 万吨。2003 年，中外合资企业恒宇建材有限公司年生产规模 60 万吨粉磨站建成投入生产；2005

年1月，湘潭市水泥厂投资300多万元，新建年产20万吨的水泥粉磨站，企业年生产规模由原来20万吨扩大到40万吨。2月恒宇建材有限公司又投资600多万元将年生产规模扩大到100万吨。同月，湘乡建材工业公司水泥厂投资180多万元，废除机立窑，将生料生产线改造成粉磨站，外购熟料生产水泥，企业水泥年生产规模由8.8万吨扩大到20万吨。11月，韶峰水泥集团公司二号窑技改工程开始动工，设计能力达到270万吨，作为二号窑技改项目配套工程，韶峰水泥集团公司年产45万吨的株洲水泥粉磨站当年投产，同时年产60万吨益阳粉磨站也在建设中，企业年生产规模由原来的202万吨扩大到247万吨。

至2005年底，全市水泥生产规模接近550万吨，比2000年增长56.25%，主要生产设备有：旋窑7座，比1985年增加5座，机立窑26座，比1985年增加14座。生料磨31台，水泥磨37台。没有普立窑。是年，境域水泥生产企业26家（国有控股企业1家，民营企业25家），从业人员10560人，生产水泥254万吨，完成工业总产值71120万元，与2000年比，企业数持平，其他分别增长8.9%、3.7%、94.8%。

2005年湘潭市规模以上水泥生产企业基本情况

表23-2-1

企业名称	水泥年生产能力（万吨）	厂址	职工人数
韶峰水泥集团公司	247	湘乡市棋梓桥	3774
湘潭恒宇建材有限公司	100	湘潭市双马工业园	262
湘潭市水泥制造有限公司	40	湘潭市马家河	365
谭家山煤矿水泥厂	8.8	湘潭县潭家山	160
湘乡水泥制造公司	38	湘乡市棋梓桥	251
湘潭钢铁集团公司水泥厂	15	湘潭市铁牛埠	165
湘乡棋梓桥水泥有限公司	8.8	湘乡市棋梓桥	143
湘乡水泥有限公司	8	湘乡市和睦	128
湘乡市建材工业有限公司	20	湘乡市城郊	138
湘乡建材有限公司二水泥厂	8.8	湘乡市育塅乡	158
韶山市水泥有限责任公司	8	韶山市银田	135
韶山市韶峰水泥有限公司	8.8	韶山市大坪	120
湘潭楚丰水泥有限公司	8	湘潭县云湖	98
湘潭县牛力水泥厂	15	湘潭县响塘	130
湘潭县水泥有限公司	8	湘潭县方上桥	165
湘潭县水泥厂	8	湘潭县石潭	85

第二节 工艺技术

1986年，境域水泥生产企业分别采用干法和湿法两种生产工艺生产水泥。其生产过程大同小异，采矿—粉碎制成生料—煅烧制成半成品—制成产品用纸袋包装或入散装罐销售，其制成过程简称“两磨一烧”。是年，水泥生产量占境域全部水泥生产量70%湘乡水泥厂有4条湿法生产线。1987年，湘乡水泥厂开始采用熟料干法生产工艺建设年产10万吨熟料干法水泥生产线。1996年底，韶峰水泥集团建成湖南省首条2000吨/日新型干法水泥生产线，主要机件全部采用德国进口设备，中控自动化系统采用德国洪堡公司计算机控制软件，总投资7.8亿元，当年达产、达标，顺利通过国家专家组验收。期间，湘乡市、湘潭县境域的水泥生产企业基本上采用旋窑干法生产工艺为主，湿法生产工艺为辅。2000年后，境域出现“熟料基地+磨粉站”生产工艺模式。韶峰水泥集团在采用干法生产工艺和“熟料基地+磨粉站”模式同时，突出综合利用，治理粉尘污染，提高环保水平。在组织粉煤灰外掺技术攻关，综合利用矿山剥离土等方面有很大投入。2001年，韶峰水泥集团对湿法窑喷煤管进行工艺改造，改变长期依赖烧烟煤的历史，使无烟煤掺和比例从10%提高到50%。2005年，韶峰水泥集团年产45万吨“熟料基地+磨粉站”建成投入运行。到是年止，境域水泥生产工艺技术主要以干法工艺和“粉磨站”模式为主。

第三节 经营管理

1986年，境域水泥生产企业为便于管理，一般设生产技术科、人事劳资科、财务科、供销科、调度室、化验室、办公室等职能部门及采矿、生料、烧成、制成、机修等生产车间。经营上基本是计划经济模式，按照上级下达的产量计划组织生产，企业不太重视企业管理，不计成本、人力，只要完成产量就行，产品不愁销路。70%以上水泥主要销往市外，销售人员拿固定工资和出差补助费。1990年，水泥企业共实现销售收入2.3亿元，利税890.5万元。

1991年后，水泥生产经营开始引入以市场为导向的管理方法。为降低成本，企业实施全面经济核算，各项指标层层分解，实行定额核算管理，分配实行效益工资制，员工工资基本上是按吨位工资和质量、成本挂钩的结算方法。人员主要是因事设人，按岗设人，企业多余人员实行下岗分流，企业部分管理岗位进行公开招聘和竞聘上岗，干部队伍逐步趋于年轻化，同时精减缩若干管理岗位，管理岗位与工人的比例越来越少，企业管理方法有较大的改进。销售方法也开始灵活多样，对水泥销售人员逐步实行工资含量包干，以及吨位包干的销售方法，即销售的水泥越多，销售人员的收入也越多，同时非本厂职工的社会人员也一视同仁，只要你为水泥生产企业销售水泥，就可以按销售水泥的吨位拿销售报酬。企业所需原材料、燃料也由过去固定的供销人员采购，逐渐实行择优采购和公开招标。水泥工业企业充满活力，大小水泥厂基本家家盈利。1995年湘乡水泥厂厂长王玉林因企业管理成绩显著获全国劳动模范称号。是年，全市水泥企业共完成销售收入3.9亿元。

1996年后，由于境域水泥生产能力不断扩大，产品销售市场竞争越来越激烈，原、燃料不断涨价，产品成本逐渐上升，企业包袱越来越重，加上企业机制不活等原因，国营企业和乡镇集体企业不堪重负，许多乡镇集体企业率先转为民营企业，国有企业也开始破产关闭或改制为有限责任公司。2000年，韶峰水泥集团获全国质量管理先进单位奖牌和全国设备管理优秀单位称号。是年，除极少数几家水泥生产企业有盈利外，大多数水泥生产企业都出现不同程度的亏损。2005年，全市水泥企业共完成销售收入7.62亿元。

附一　散装水泥推广

一、散装水泥规模

1985年，散装水泥推广刚刚起步。境域有湘乡水泥厂、湘乡建材厂、湘潭市水泥厂等3家企业从事散装水泥销售，有散装水泥库3座，散装水泥车6辆，发放能力20万吨。

1986年，市编委根据国务院《关于加快发展散装水泥的意见》及省政府相关文件规定，下发《关于成立湘潭市散装水泥办公室的批复》，成立湘潭市散装水泥领导小组，组建湘潭市散装水泥办公室（下称市散装办），配备专人，力求将散装水泥推广工作打开局面。7月市政府转发市经委、计委、建委《关于加快发展我市散装水泥的意见》。1987年，散装水泥逐步在水泥生产企业中推广。是年，市水泥厂扩建2个250吨水泥散装库，湘钢水泥分厂兴建2×500吨散装水泥库，添置2台散装水泥车以及地磅、散装罐等设施，湘潭县水泥厂兴建2×250吨的散装库，湘乡建材厂兴建1座400吨散装库。1988年12月，湘潭市乡镇企业散装水泥办公室成立，负责乡镇水泥企业的推散工作。1988年境域新增散装水泥运输车4辆，供应点达到50个。1989年8月，市政府办下发《关于进一步加强推广使用散装水泥工作的意见》，市散装办下发《进一步为鼓励推散的具体奖励政策》，与各生产企业分别落实推广散装水泥资金风险抵押承包、签订经济承包合同、目标考核三种形式的责任制考核办法。散装水泥推广有较大发展。是年境域共有散装水泥发放库19座，库容量4.31万吨，流动罐112个，容量0.28万吨，中转库1座，容量1万吨，火车皮90节，容量5400吨，专用汽车34辆，容量170吨，发散企业4家，发散能力40万吨。

1990年5月，市散装水泥领导小组下发《关于进一步加快推广散装水泥的几条规定》。是年湘潭县水泥厂扩建一座250吨散装水泥圆库，谭家山煤矿水泥厂新建4个小型土洋并举的散装水泥库。到是年底全市共投资200.1万元（省散装水泥办21万元，市散装水泥办109.2万元，企业自筹69.9万元），新增加发放库7个，流动罐72个，汽车4台，一次性散装水泥供应周转量达2900吨。

1991年，在谭家山煤矿水泥厂进行土洋结合推散的试点，湘乡电器厂继1990年在全国率先推出散装水泥手动定值计量器后，1991年又试制出用于固定库底的全自动散装水泥定值计量器。1992年6月调整市散装水泥领导小组，分管副市长为组长，出台《湘潭市散装水泥管理办法》，1992年市水泥厂新添专用汽车2台，湘钢水泥厂新添1台，谭家山煤矿水泥厂新添专用农扶1台。1993年，市水泥厂、湘潭县水泥厂、湘乡建材厂新购专用汽车各一辆，新增钢板罐8个。是年，乡镇水泥企业推广散装水泥销售量跨越4万吨的台阶。1994年6月，市人民政府下发《湘潭市重点建设工程使用散装水泥具体实施细则》。是年，机械化推散占推散总量的60%。当年，湘钢水泥厂投资对散装库提升机进行改造。湘乡建材厂对散装水泥设施进行改造。谭家山煤矿水泥厂开始建设2×250吨散装水泥圆库。1995年开展“五比五看”（推散量、散装率、散装增长量、机械化推散量、服务态度好坏）推散竞赛活动。1997年3月,市政府办根据《国务院对进一步加快发展散装水泥意见的批复》下发《关于进一步加快发展我市散装水泥使用的补充规定的通知》,散装水泥推广力度加大。当年,市散装办与各企业签订推散经济责任承包合同,开展市场清理整顿工作3次,累计走访用户50余家,在全省率先规定建设项目使用散装水泥的比例,1998年,全市机械化发运散装水泥(简称发散)企业增至6家。1999年,市散装水泥办公室与韶峰水泥集团公司、省318库中转库建立定期工作联系机制。到2000年,全市共有专用汽车120辆,总容量1400吨,发放库25座,固定接收库40座,中转库7座,专用火车皮252节,流动钢板仓200余个,发散企业6家,机械化推散率达100%,推散量达98万吨,年综合发散能力100余万吨。从2000年开始的3年间,以韶峰水泥集团为主体,累计投入资金6000多万元,新增发放库10座,火车皮150余节,专用汽车150余辆,50吨型流动罐200多台。2001年,根据湖南省人民政府发布的《湖南省散装水泥管理办法》,成立湘潭市中级人民法院散装水泥管理行政审判联络处。散装水泥管理步入法制化轨道。2002年,长沙新生水泥厂租赁响塘水泥厂组建湘潭县牛力水泥厂,推广散装水泥8万吨,乡镇水泥企业推散取得突破。2003年,湘乡市、湘潭县、韶山市成立散装水泥管理机构归口建设局管理。10月,贯彻商务部、建设部、公安部、交通部《关于限期禁止在城市城区现场搅拌混凝土的通知》,境域预拌混凝土工作开始起步。2004年3月,贯彻商务部财政部等七部(局)发布《散装水泥管理办法》,加大依法兴散的力度。同年12月,市乡镇企业散装水泥办并入市散装办,理顺散装水泥管理职能,推散工作步入新时期。是年,中外合资湖南恒宇建材有限公司年产60万吨粉磨站建成投入生产,散装率达70%;2005年1月,市水泥厂新建年产20万吨的水泥粉磨站,2月恒宇建材有限公司将生产规模扩大到100万吨,同月湘乡建材工业有限公司废除立窑,改造成粉磨站,投资100多万元,添置散装水泥设施。粉磨站的建设加快全市散装水泥的发展。

到2005年,境域先后建成云林混凝土有限公司、耀成混凝土有限公司、建发伟业混凝土有限公司、潭建混凝土有限公司、九龙混凝土有限公司、湘钢城投混凝土有限公司等6家预拌混凝土企业,共有散装水泥专用汽车200余辆,专用火车皮258节,发放库25座,接收库40座,流动罐300余个,中转库7座,发散企业10家,年综合发散能力200万吨。预拌混凝土年产规模达300万立方,可吞纳散装水泥100万吨,完成散装量162万吨,散装率达63%,散装水泥发展步入新阶段。

至2005年20年间,全市共推广应用散装水泥1307.48万吨,节约木材431万立方米,利用工业废渣458万吨,减排粉尘64万吨,二氧化碳96万吨。

二、散装水泥专项资金管理

1986年5月,湘潭市财政局、湘潭市建材工业公司下发《关于按规定上缴纸袋押金作为发展散装水泥专项资金的通知》,每吨水泥向用户预收纸袋押金4元。50%上缴国家财政,50%作为发展散装水泥专项基金。1988年9月1日,调整散装水泥节包费,由原来每吨12元调至23元。1989年9月下发《关于调整散装水泥节约包装费分配数额的通知》,散装水泥专项资金以收取逾期纸袋押金和节包费为主,向企业收取。"七五"期间共收取专项资金222.3万元,共投入散装水泥设施218.5万元。"八五"期间共收取专项资金428万元,共投入141万元。

1995年3月,根据国家出台的《全国散装水泥专项资金管理办法》,开始规范境域散装水泥专项资金的管理。1997年市政府办下发《关于进一步加快发展我市散装水泥使用的补充规定的通知》,

率先在全省提出预交扶散费及对全市包装水泥实行收取扶散费的新概念。1998 年 11 月，贯彻财政部下发《散装水泥专项资金管理暂行办法》，同年 12 月，市散装办制订征收散装水泥专项资金实施细则。1999 年，市政府办印发《关于做好市散装水泥专项资金收缴的会议纪要》，明确市散装办为全市散装水泥专项资金执收主体，市乡镇企业经委散装水泥办变为委托代征地位。是年 4 月出台《湘潭市征收散装水泥专项资金实施细则》，顺利启动限袋费征缴机制，市散办与市建委签订委托代办使用散装水泥手续的协议，对建设工程项目征收散装水泥专项资金，标准为砖混结构 2 元/平方米，框架结构 3 元/平方米，其他构筑物 4 元/平方米。2000 年元月，改由市房地局在办理建设项目所有权证前代收使用散装水泥手续费，标准为每平方米 3 元。“九五”期间共征收散装水泥专项资金 332.3 万元，共投入 82.8 万元。

2002 年 4 月，执行财政部《散装水泥专项资金征收和使用管理办法》，同年 9 月，经市政府领导批示将散装水泥专项资金纳入建设项目“一门式”联合办公征缴，标准为 1.2 元/平方米。2003 年 9 月，市散办委托市建设项目执法监察大队就建设工程应缴未缴的专项资金开展稽查和追缴。同年 10 月，执行《湖南省散装水泥专项资金征收使用管理实施办法》。2004 年 4 月，市政府出台《关于调整湘潭市建设工程报建综合收费的有关规定》，明确散装水泥专项资金正式纳入“一门式”征缴。到 2005 年，散装水泥专项资金征缴分为企业的征缴和对建设项目的征缴，标准分别为 1 元/吨和 1.2 元/平方米。“十五”期间，境域共征缴散装水泥专项资金 441.2 万元，共投入散装水泥设施资金 76.6 万元。

1991~2005年湘潭市散装水泥专项资金征收使用情况

表 23-2-2

年份	收入(万元)	支出(万元)	备注
1991	58	11	技改投入
1992	93	3.1	设备维修
1993	102	76	设备购置
1994	102	7.9	设备维修及奖励
1995	73	43	设备投入
1996	34	11	宣传及奖励
1997	76	—	—
1998	78	23	宣传及投改投入
1999	51.3	12	设施投入
2000	93	36.5	设施投入
2001	129	49	设备投入
2002	75.5	2.2	设备维修
2003	78	7.5	设施投入
2004	78.7	3	设施投入
2005	80	7.9	设施投入

附二 湖南韶峰水泥集团有限公司简介

湖南韶峰水泥集团有限公司始建于1958年，前身为湘乡水泥厂，是新中国成立后第一家自行设计、制造、安装的大型水泥生产企业。地处湘乡棋梓镇。1991年，韶峰牌525#矿渣硅酸盐水泥获国家质量银质奖章。1992年，企业被国家建材局认定为大型一类企业。1996年，湘乡水泥厂改制为湖南韶峰水泥集团有限公司，为湖南省建材行业龙头企业，被列为国家“十五”期间重点扶植的九大水泥集团之一，产品主要覆盖全省及广东市场，发散率高达70%以上，居全国行业之首。改制后的韶峰水泥集团以做大做强为目的，狠抓企业文化建设、产品质量、环境保护、节能降耗和重点项目建设，企业保持持续稳定发展。“韶峰”牌水泥被评为中国千种畅销品牌，先后取得产品质量认证证书、质量体系认证证书、质量管理体系认证证书、环境管理体系认证证书、计量检测体系合格证书，荣获全国建材产品金马奖。1997年，韶峰集团水泥年生产能力达到202万吨，同年取得湖南省产品质量监督免检资格证书，1999年韶峰水泥获得中国水泥房建材料产品质量认证标志，2000年获全国质量管理先进企业称号，并被授予全国建材行业先进单位，1991~2000年，连续10年荣获全国设备管理先进单位，2001年获湖南省首批全国产品质量免检证书，2003年被授予中国建材百强企业，2004年再获全国产品质量免检证书，同时韶峰牌水泥被中国水泥协会认定为绿色产品。

2005年，湘乡总厂总占地面积223.7公顷，房屋建筑面积158188平方米；其中工业用面积87599平方米，拥有固定资产9371万元；注册资金45685.8万元。韶峰水泥集团有母子公司11家，职工3860人，水泥年生产规模达到247万吨，是年实际生产水泥155.75万吨，实现产值4.2亿元。“韶峰”牌水泥被评为湖南省消费者信得过品牌和获中国优秀建材产品称号，公司荣获中国建材优秀企业称号。

第四节 水泥制品

1986年，境域有水泥制品企业42家，其中国有企业1家、集体企业以及乡镇企业41家，生产预制构件16850立方米，水泥电杆18089根，水泥排水管204米，完成工业总产值1486万元。

1987年，境域水泥制品生产以湘潭混凝土制品厂1家国有企业和市新型建筑材料厂、市水泥电杆厂、锰矿劳动服务公司3家市属集体企业为主体，设备比较完备，操作比较规范，水泥制品质量较好。另在湘乡市和韶山市境域有30多个小型乡镇生产企业，乡镇水泥制品企业基本上是露天作业，除必备的模具、搅拌机等通用设备外，均靠手工作业和人工养护。是年，湘潭混凝土制品厂更名为湖南大板建筑公司，具有水泥制品生产能力年2.5万立方米。市新型建筑材料厂和市水泥电杆厂水泥制品生产能力各为年9000立方米。1989年，湘潭锰矿劳动服务公司开始生产水泥预制构件，水泥预制构件生产能力年1.5万立方米。1990年，境域共生产预制构件176251立方米，(其中省大板建筑公司13440立方米、湘潭锰矿劳动服务公司3700立方米、市新型建筑材料厂697立方米、市郊区16800立方米、湘潭县100000立方米、湘乡市41100立方米、湘江区514立方米。)比1986年增长946%，生产水泥电杆16525根，减少8.6%，生产水泥排水管6840米，增长3252.9%。共计完成工业总产值 1980 万元,增长 33.2%。

1991 年后,水泥制品生产发生一些质的变化,新型水泥砖建筑砌块出现,需求量呈直线攀升。1995 年,境域生产预制构件 197000 立方米,比 1990 年增长 11.8 %,生产水泥电杆 14000 根,减少 15.28%,生产排水管 3200 米 ,减少 53.22%,生产水泥砖 85.5 万块,建筑砌块 8548 立方米。共完成工业总产值 2780 万元,比 1990 年增长 40.4%。

1996 年后,随着市场需求结构的调整,许多水泥制品生产企业生产经营发生剧烈震荡。是年,市新型建材厂资不抵债依法破产,企业变现资产安置职工。1997 年湘潭锰矿劳动服务公司停止水泥制品生产。与此同时,众多的乡镇水泥制品企业逐步从集体所有制过度为民营企业。1999 年后,受国家要求三年完成农网改造和村村通广播等“惠农政策”的带动,境域以水泥电杆为主体的小水泥制品企业如雨后春笋。韶山市和湘乡市境域乡镇水泥制品小企业(场所)达 250 多个,其中湘乡市境域生产空心板、行条、涵管等建筑预制件生产小企业 20 多家,生产水泥电杆小企业 30 多家。全年湘乡市境域共生产建筑预制件 2.5 万多立方米,水泥电杆 7000 余根。韶山市境域水泥制品小企业 200 余家,绝大多数是生产水泥电杆,还有不少村民赴四川等西部多个省份建设水泥电杆企业。是年韶山市境域生产水泥电杆 30 多万根。2000 年,境域水泥制品完成工业总产值 3950 万元,比 1995 年增长 42%。

2001 年后,境域水泥制品企业仍然有所发展。2005 年,全市拥有水泥制品企业 36 家(其中省属 1 家:湖南大板建筑公司,市属集体企业 1 家:市水泥电杆厂,乡镇民营企业 34 家)。另外,乡镇小水泥制品企业(场)比 1999 年大幅度减少到 120 多家,比 1999 年净减 110 多家,但这些小企业(场)生产规模不断扩大,水泥预制件达 270 多万立方米,生产水泥电杆 24900 根,水泥排水管 7547 米。2005 年,境域水泥制品完成工业总产值 5467 万元,比 2000 年增长 38.4%。

第三章　墙体材料

1986 年,境域墙体材料主要是传统手工砖和机制砖两种。新型墙体材料生产刚刚起步。是年共有生产企业 60 余家,其中生产新型墙体材料粉煤灰掺兑砖企业 2 家,生产传统墙体材料机制实心黏土砖企业 2 家,另有 140 余家遍布乡村生产手工实心黏土砖的小窑厂。是年,有从业人员 1780 多人,共计生产量约 2.4 亿块标砖,完成工业总产值 3600 余万元,其中传统墙体材料手工砖和机制实心黏土砖占 94%,新型墙体材料粉煤灰掺兑砖占 6%。1987 年后,机制实心黏土砖发展较快,而手工实心黏土砖逐年减少,到 1995 年,手工实心黏土砖生产基本停止。是年有墙体材料生产企业 190 余家,从业人员 1530 多人,完成工业总产值 4100 万元,从业人员和工业总产值分别比 1986 年下降 14%和增长 13.9%。

1996 年以后,新型墙体材料迅速发展,黏土多孔砖、砼小型空心砌块、粉煤灰加气砼砌块、页岩多孔砖、轻质墙板等新型墙体材料项目纷纷上马。到 2005 年,境域共有墙体材料生产企业 123 家,其中传统机制实心黏土砖生产企业 25 家,新型墙体材料生产企业 98 家,从业人员 2100 多人,共生产墙体材料 10.7 亿块标砖,其中新型墙体材料 3.2 亿块标砖,占墙体材料总产量 30%,共创工业总产值 21400 多万元。从业人员和工业总产值分别比 1995 年增长 37.3 %、422%。

第一节 传统墙体材料

1986 年,境域有传统墙体材料手模砖和机制砖生产企业 198 家,其中机制砖生产企业有市电机砖厂、湘乡县建材制品厂 2 家,年产机制实心黏土砖 4000 万块左右(其中市电机砖厂年产 3000 万块,湘乡县建材制品厂年产 1000 万块)。有手模实心黏土砖窑厂 196 家,遍及境域乡村,年产 2 亿块左右,全是手工操作,土围窑烧制,生产设备简陋,劳动强度大,季节性生产,企业规模不大,产量少,外观毛糙,质量低劣,一般是农村盖房自用。共有从业人员 1530 人,是年完成工业总产值 2500 万元。1987 年后,机制实心黏土砖开始大发展,仅城市中心区年产 1000 万块标砖以上的机制实心黏土砖厂就有 4 家,农村乡镇小机砖厂更是遍地开花。1991 年,市电机砖厂与红旗钢铁厂合并,市电机砖厂注销,原砖厂设备租赁给个体经营户黄学金继续生产实心黏土砖,年生产量仍保持 3000 万块左右,年工业总产值 500 余万元。1995 年,全市有传统墙体材料生产企业 152 家,(其中机制砖生产企业 40 家),生产量达 9000 万块,共有从业人员 1180 人,完成工业总产值 2900 万元,从业人员、工业总产值分别比 1986 年下降 22.9%、增长 16%。

1996 年后,随着机制实心黏土砖的发展,手模实心黏土砖逐年减少,到 2000 年,农村乡镇基本停止手模砖生产。2001 年后,境域机制实心黏土砖大发展。到 2005 年,全市生产传统机制实心黏土砖企业 118 家,其中正规轮窑生产企业 78 家,简易轮窑生产企业 40 家,共有从业人员 1760 人,年产机制实心黏土砖 5.5 亿块,实现工业总产值 6600 万元,从业人员、工业总产值分别比 1995 年增长 49.2%和 127.6%。

第二节 新型墙体材料

1986 年, 境域市电机砖厂首次利用电厂废渣粉煤灰生产新型墙体材料粉煤灰黏土烧结砖,粉煤灰掺兑量 20%左右。

1987 年后,市电机砖厂及一些企业开始生产粉煤灰硅酸盐砌块、砼小型空心砌块、混凝土建筑大板等。到 1990 年,全市新型墙体材料生产企业有市电机砖厂、省建三公司砌块厂、湘乡市建材厂等 3 家,年生产量 0.38 亿块标砖,占当年全市墙体材料总产量 6%。

1992 年 6 月,市政府根据湖南省人民政府《关于加快我省墙体材料改革的通知》发布《湘潭市墙体材料改革的若干规定》。同年 11 月,根据国务院《批转国家建材局等部门关于加快墙体材料革新和推广节能建筑意见的通知》,和国务院关于凡粉煤灰等工业废渣掺兑量达 30%以上的新型墙体材料享受国家免征增值税政策优惠,提高对发展节约型环保新型材料重视,加速境域新型墙体材料发展。1992 年,全市新型墙体材料生产量在 0.4 亿块标砖,比 1990 年增长 5.3%。

1993 年后,全市砼小型空心砌块迅速发展。1995 年,在市墙改办登记生产新型墙体材料企业达 39 家,年生产量 40 万立方米。规模比较大的企业有省建三公司砌块厂,年生产能力 5 万立方米;湘钢修建公司砌块厂,年生产能力 3 万立方米。其余大多是不太规范的小企业。1995 年湘潭县易俗河镇银杏大厦采用非正规小企业生产的砼小型空心砌块建楼，造成二、三层墙体及楼板、梁、柱、楼梯出现部分断裂，造成负面影响，砼小型空心砌块生产基本停止。是年，原市电机砖厂租赁经营户生产的粉煤灰黏土烧结砖达到国家规定的粉煤灰掺兑量要求，年生产量 4000 万块标砖。同年，湖南铁合金厂职工陈道恒等人在湘乡东郊铃子桥建成年产 800 万块规模的节能盲孔砖厂，当年生产黏土盲孔砖 200 万块。

1996 年，市邓桥电机砖厂利用湘潭电厂废弃在马家河堆场的粉煤灰生产粉煤灰黏土烧结砖，年生产规模 3000 万块。市云峰机砖厂、华德机砖厂、湘潭县塔岭一、二、三砖厂、湘乡望春门机制砖厂相继生产粉煤灰黏土烧结砖。市雨湖区金环建材厂以低碱水泥、被复玻纤网格布、粉煤灰、膨胀珍珠岩为原料，投资 80 万元建成年产 10 万平方米轻质墙板生产线，当年生产 2 万平方米。1998 年，省建三公司轻质墙板材料厂以普通硅酸盐水泥、低碳防锈钢丝、膨胀珍珠岩、脱碳粉煤灰为原料建成年产 10 万平方米轻质板生产线。是年，湖南铁合金厂职工陈道恒等人生产的黏土盲孔砖受到湘乡市建委等部门的重视，集中在湘乡市城区建成 6 栋宿舍及一栋办公楼共计建筑面积 2 万平方米，但由于此种新型墙材成本高，销售价格高，不受市场欢迎，于年底停止生产。同年，砼小型空心砌块生产企业全面整顿，企业统一执行国家标准，并指定省建三公司砌块厂、湘钢修建公司砌块厂、高新区中南建材厂、湘潭县塔岭砌块厂 4 家企业实行定点生产。砼小型空心砌块市场得以逐渐恢复，陆续有建设北路人民银行大楼、车站路国土大楼、板塘区综合大楼、建设南路华凯大酒店、韶山东路久久大厦等建筑采用砼小型空心砌块，其中人民银行大楼、国土大厦获省新型墙体材料建设示范楼科技进步一等奖。是年，粉煤灰黏土烧结砖进一步得到发展，到 2000 年全市生产粉煤灰黏土砖企业发展到 14 家，年生产量 1.5 亿块。

2001 年后，境域新型墙体材料生产无论在规模和品种上都有飞跃式的发展。2003 年，市金湘建材公司、市株潭建材厂、湘潭县易俗河金洲空心砖厂、市塔岭空心砖厂均适应市场需要进行技术改造，在原生产机制砖工艺基础上增加练泥、制坯工序，生产多孔砖和空心砖，年生产能力达 1.6 亿块标砖。同年，河南省长垣县人胡配中等投资 1300 多万元在岳塘区双马镇成立湘垣建材有限公司，利用电厂排放的粉煤灰建成 3 条粉煤灰加气砼砌块生产线，年生产能力 22 万立方米，产品先后用于市中心医院住院大楼、市妇幼保健院综合大楼、市消防大楼、长沙东一国际大楼、衡阳安麒广场大楼等建筑，符合建筑质量。同年，市高新区华宇轻质建材公司以陶粒、膨胀珍珠岩、水淬矿渣、低碳钢丝为原料，投资 60 万元建成年生产 18 万平方米陶粒轻质墙板生产线。2004 年，个体户易放辉等人在岳塘区荷塘乡翰林冲组建市翰林页岩空心砖厂，开采当地页岩建成年产 3000 万块标砖页岩多孔、空心砖生产线。

到 2005 年，境域有新型墙体材料生产企业 26 家，有新型墙体材料品种 10 个，当年生产新型墙体材料 3.2 亿块标砖，占境域墙体材料生产总量 10.7 亿块标砖 30%，实现工业总产值 14800 万元，利税 2368 万元。

1992~2005 年湘潭市新型墙体材料推广情况

表 23-3-1

年份	新型墙体产量（万块标砖）	利用工业废渣（万吨）	节约土地资源（公顷）	节约能源（吨标煤）	新型墙体建筑面积（万平方米）
1992	4400	4.15	2.2	3200	2
1993	5500	5.9	2.73	4400	7
1994	6800	7.5	3.4	5400	9
1995	8800	9.5	4.4	7000	11
1996	6100	4.8	3	3700	7
1997	8249	9.0	4.13	6500	8
1998	9000	12.0	5.33	8100	9
1999	9600	15.0	6	9000	9.5
2000	18500	18.0	7.33	11000	14
2001	20250	20.0	8	15000	18
2002	24000	24.0	9.33	20000	22
2003	28000	28.0	10.7	24000	26
2004	30000	32.0	12	24000	27
2005	32000	34.0	13.3	24000	30

附　新型墙体材料推广

1992 年 8 月，根据湖南省人民政府办公厅发布《关于〈试点市新型墙体材料发展专项基金管理暂行规定〉的批复》，在长沙市、岳阳市以及邵阳市、湘潭市、常德市市区进行墙体材料改革试点，建立新型墙体材料发展专项基金。明确新型墙体材料发展基金的来源及征收标准为：工业建筑每平方米 4 元；民用建筑每平方米 4.6 元；其他建筑，按实际用量每块黏土实心砖 0.02 元计收精神，湘潭市市区开始征收新型墙体材料发展基金。

1994 年，执行湖南省物价局、湖南省财政厅发布《关于发布建材系统行政事业性收费项目和标准的通知》，新型墙体材料（发展基金）改革费收费标准为：工业建筑每平方米 4 元；民用建筑每平方米 4.6 元，其他建筑，按实际用量每块黏土实心砖 0.02 元计收。1995 年市人民政府发布《批转市墙改办＜关于开通县（市）墙改工作的意见＞的通知》文件，开启县（市）墙改工作。

1996 年后，境域加大墙改政策宣传力度，充分利用报刊、电视、网络等宣传墙改和禁止使用实心黏土砖政策法规及发展新型墙体材料的重大意义。1997 年，市建设委员会、市经济委员会联合发布《关于进一步加强我市砌块生产和建筑应用的通知》，重新启动全市混凝土小型空心砌块的生产和工程应用。1998 年 7 月 21 日，贯彻湖南省人民政府第 126 号令《湖南省发展推广应用新型墙体材料管理规定》，境域墙体材料改革工作开始步入法制化轨道。根据上级文件精神，进一步健全机构，各县(市)都成立墙体材料改革办公室。1999年,贯彻财政部《关于加强新型墙体材料专项基金管理有关问题的通知》及省财政厅《关于印发〈湖南省新型墙体材料专项基金财务管理办法〉的通知》,全市进一步巩固加强新型墙体材料专项基金管理。

2000年,执行国家建材局、建设部、农业部、国土资源部墙改办发布《关于公布"在住宅建设中逐步限时禁止使用实心黏土砖"大中城市名单的通知》,湘潭市被列为全国第一批"禁实"城市,要求2002年6月30日前限时禁止使用实心黏土砖。同年,贯彻财政部、国家经贸委关于《新型墙体材料专项基金征收和使用管理办法》,全市进一步规范新型墙体材料专项基金收支管理。2003年省财政厅、省经贸委发布《湖南省新型墙体材料专项基金征收使用管理实施办法》,规范专项基金的征收使用管理,调整专项基金的征收标准,规定新型墙体材料专项基金按建筑面积每平方米6.9元征收,加大调控力度,加快墙体材料改革工作的发展。

2003年3月湘潭市人民政府发布2号《通告》,规定在城市规划区内,限时禁止使用实心黏土砖。2005年,执行国家发改委《关于公布第二批限时禁止使用实心黏土砖城市名单的通知》,境域湘乡市、韶山市被列为全国第二批限时禁止使用实心黏土砖的城市,要求2008年底前限时禁止使用实心黏土砖。同年,贯彻国务院办公厅关于《国务院办公厅关于进一步推进墙体材料革新和推广节能建筑的通知》《国务院关于做好建设节约型社会近期重点工作的通知》,全市进一步限制境域毁田烧砖及禁止使用实心黏土砖。

1992～2005年湘潭市新型墙体材料专项基金征收、使用情况

表23-3-2

年份	征收基金(元)	支出(元)	说明
1992年	56439.65	30957.54	8—12月
1993年	1192950.06	580969.95	科研项目和墙材项目贴息231680.00元 返退专项基金7030.00元
1994年	743731.20	588506.91	科研项目和墙材项目贴息15000.00元 返退专项基金47000.00元
1995年	389378.34	422195.64	返退专项基金23417.00元,砌块项目 补贴17000.00元 轻质墙板项目补贴50000.00元
1996年	250562.61	315095.47	返退专项基金28106.00元
1997年	304886.80	632351.01	返退专项基金31702.80元
1998年	666119.30	552645.88	—
1999年	546157.10	531789.31	—
2000年	801557.28	759241.40	—
2001年	1289593.51	918180.75	一门式收费
2002年	1237733.00	1119356.54	—
2003年	1714164.00	1406309.10	扶持企业补贴600000.00元
2004年	3298545.00	765158.10	—
2005年	1335915.00	880789.51	—

第四章 建筑卫生陶瓷及耐火材料

第一节 建筑卫生陶瓷

1986年,境域建筑卫生陶瓷生产企业有湖南省建筑陶瓷厂(简称省建陶),湘潭市建筑陶瓷厂(简称市建陶),湘潭市雨湖陶瓷厂(简称雨湖陶瓷厂),以及湘潭县陶瓷厂,湘潭县荷塘陶瓷厂(简称荷塘陶瓷厂),湘乡市陶瓷厂,湘乡市二陶瓷厂等7家企业,从业人员500多人,主要生产釉面砖、墙地砖等建筑陶瓷和大便器、浴缸等卫生陶瓷。当年,生产10万余件,完成工业总产值500余万元,其中生产大便器、浴缸等卫生陶瓷的省建陶完成工业总产值392万元。另外,在湘乡市谷水、壶天、湘潭县龙口、响塘等地有民间小陶瓷厂多家,主要生产缸、罐、钵、壶等简易日用陶瓷产品,制作比较粗糙。

1987年以后,建筑陶瓷和简易日用陶瓷普遍不景气,而卫生洁具陶瓷开始受到青睐。1988年,市建陶厂、雨湖陶瓷厂、荷塘陶瓷厂相继关停倒闭,其中市建陶由市染料化工厂整体兼并转产。是年,省建陶抓住市场卫生洁具陶瓷俏销的机遇,投入1800余万元对原有卫生洁具陶瓷生产线进行技术改造,并在燃料上由烧重油改用烧煤产生蒸汽生产,生产能力从原年产10万件卫生洁具陶瓷扩大到年产36万件。1990年,境域有建筑、日用、卫生陶瓷生产企业4家,从业人员600多人。当年生产50余万件,完成工业总产值1200余万元,从业人员、生产量、工业总产值分别比1986年增长20%、400%、140%。其中省建陶厂生产34.19万件,实现工业总产值958万元,分别占全部生产件数和工业总产值的98%和80%。

1991年以后,卫生陶瓷进一步发展。省建陶对设备又进行技术改造。1995年,境域有建筑卫生陶瓷生产企业4家,有从业人员780人,当年生产58余万件,完成工业总产值4000余万元,与1990年比,从业人员、生产量、工业总产值分别增长30%、16%、233.3%。其中省建陶在快速发展中固定资产净值达到8308.7万元。卫生陶瓷生产能力达到70万件,当年,实际生产卫生陶476643件,其中:大便器112223件,洗面器164614件,水箱48580件,实现工业总产值3070.3万元。另有湘潭县陶瓷厂、湘乡市陶瓷厂、湘乡市陶瓷二厂生产建筑、日用陶10万余件,完成工业总产值900多万元。

1996年以后,境域省建陶生产陶瓷虽然规模发展很快,但建陶产品档次跟不上市场发展的需求,加上机制不活,企业包袱越来越重,生产经营逐渐走下坡路,卫生陶瓷产品大量积压,企业严重亏损,处于停产和半停产状态,人员大量下岗。同期,湘潭县瓷厂建筑、日用陶瓷销售不畅,产品积压,企业开始出现亏损。1999年,湘潭县瓷厂在累计亏损900万元情况下停产整顿。到2000年,境域4家建筑卫生陶瓷生产企业,从业人员520人,当年生产20万件,完成工业总产值3250万元,与1995年比,分别下降33%、60%、19%。

2001年,省建陶在艰难维持生产经营的同时,千方百计寻找出路,多方寻求合作伙伴,经过多次谈判协商,由重庆四维瓷业(集团)股份有限公司(占总股本的67.5%)、湖南省建筑陶瓷总公司(占总股本的13.2%)、四川陶瓷厂(占总股本的8.2%)、奥地利维端克公司(占总股本的5.5%)等五家单位共同出资组建湖南四维洁具股份有限公司(简称湖南四维瓷业)。是年6月15日正式注册。湖南四维瓷业组建后,由重庆四维瓷业绝对控股经营,采用董事会领导下总经理负责制,依托四维瓷业技术和管理经验,运用四维瓷业的销售网络体系,重组、盘活原省建陶国有资产存量,将产品销往国内外市场,利用四维公司的节水型设计、制造和配套技术生产高档四维牌卫浴、茜茜牌卫浴等2大系列10多个品种卫生陶瓷,产品供不应求。当年形成年卫生陶瓷生产能力70万件,一举成为中南地区规模最大的卫生陶瓷生产企业。同年,湘潭县瓷厂整体出租,租赁人组建莲城瓷业有限公司继续生产建筑日用陶瓷。2002年,湘潭县瓷厂承租人经营不畅拆租,企业依法进入破产程序。是年,湘乡市瓷厂和湘乡二瓷厂停产关闭。同年,湘潭县射埠乡、长岭乡以及湘乡市东郊乡等乡镇涌现一批个体私营陶瓷生产企业。同年6月,湖南四维瓷业又投资1600万元实施年产30万件技改工程,年卫生陶瓷生产能力达到100万件,并逐步增加就业岗位,安置省建陶全部下岗工人和其他企业下岗工人和农民工500多人,企业实现扭亏增盈。2003年,湘潭县瓷厂破产后继续对外租赁生产,安排100余名下岗职工上岗。2004年湘潭县陶瓷厂依法破产,破产后实施租赁生产,由私人租赁当年完成工业总产值2086万元,上缴税金60万元,破产租赁略见成效。但由于产权不清等原因,2005年又陷入困境停产关闭。

2005年底,境域有建筑、日用、卫生陶瓷企业14家,从业人员1500多人,生产建筑、日用、卫生陶瓷等110多万件,完成工业总产值7000多万元,从业人员、生产量、工业总产值分别比2000年增长188.5%、450%、115.4%。其中省建陶生产卫生陶瓷85万件,完成工业总产值4760万元,分别占77.3%和68%。

第二节 耐火材料

1986年,境域耐火材料生产企业有湘钢耐火材料厂、中国建筑材料科学研究院湘潭中间试验厂(以下简称中国建材湘潭试验厂)2家。湘潭耐火材料厂主要生产黏土耐火砖产品,中国建材湘潭试验厂主要生产微晶铸石。共有从业人员210多人,年生产能力4万多吨。是年生产2万余吨,完成工业总产值790万元,实现利税130万元。

1987年,湘钢耐火材料厂以生产单一的黏土砖扩展到生产铬渣砖和各种散装耐火材料,生产发展较缓。中国建材湘潭试验厂从生产微晶铸石逐步转向研发高温耐火材料。是年境域共计生产耐火材料4.46万吨。1988年,湘钢耐火材料厂逐步实行独立核算,开始引入市场经济机制,由模拟市场核算过渡到层层实行经济核算,改变过去的只为湘钢总部生产,不计分厂盈亏的经营模式,在保障湘钢总部需求的前提下,努力寻找其他市场,当年企业实现盈利80多万元。1989年,湘钢耐火材料厂为湘钢、武钢的高炉建设所需的耐火材料高材质刚玉、莫来石组合砖组织技术攻关,新增试制4米离心成型设备、原料筛分设备及切砖机湿碾生产设备7台件,保证产品按质按量按时交货。

1990年,湘钢耐火材料厂根据湘钢平炉修建的需要,开发出比外购的产品使用寿命高出一倍以上的新品种镁铝砖。是年,境域耐火材料企业2家,从业人员230人,实现工业总产值1608万元,利税257.28万元,与1986年比,企业数持平,其他分别增长9.5%、103.5%、97.7%。

1991年,境域耐火材料调整产品结构进一步有所发展,是年,湘乡石英砂厂开始生产石英砂

(粉)、炉衬砂、硅危砂等耐火材料，主要作为大中型中频变频电炉衬材料，销往本省及浙江等地大中型钢铁企业。1992 年，中国建材湘潭试验厂更名为中国建筑材料科学研究院湘潭中间试验所，在高温玻璃窑耐火材料研发和应用上有新的进展。1995 年，境域耐火材料生产企业 3 家，从业人员 250 人，完成工业总产值 6900 万元，实现利税 390 万元，分别比 1990 年增长 50%、8.69%、329.1%、51.8%。

1997 年，湘钢耐火材料厂由于湘钢淘汰落后的平炉炼钢工艺，企业原与湘钢配套的耐火材料镁铝砖等产品同时淘汰，销售收入大幅下滑，企业出现亏损。是年 7 月，中国建材湘潭试验所顺应市场经济发展的需要，由科研事业单位转体为企业。1998 年后，湘钢耐火材料厂陆续投入 630 万元开始研发出适应湘钢转炉工艺的新型耐火材料吹氩透气砖、不烧钢砖、铝镁饮包衬砖、炉顶镁铝砖、高炉风口小套衬砖、氧化铝空心球砖、高强度漂珠球、黏土轻度砖、高铝轻度砖、高炉高密度低气黏土砖、浸磷酸黏土砖、有水泥和无水泥钢包用镁铝炭砖、镁炭砖、铝碳质滑板、石英水口、转炉终渣改制剂、彩色路面砖等 20 多个产品。2000 年，湘乡市石英砂厂改制为湘乡炉衬材料有限公司，占地面积为 1.13 万平方米，固定资产 400 万元，年生产能力 3 万吨。全年，境域生产耐火材料企业 3 家，从业人员 520 人，生产总量 17 万吨，完成工业总产值 15300 万元，实现利税 2907 万元，与 1995 年比，从业人员、产值、利税分别增长 108%、121.7%、645.4%。

2001 年以后，境域耐火材料生产发生质的飞跃。是年 12 月，以中国建材湘潭中间试验所为主体，国家经贸委批准设立北京瑞泰高温材料科技股份有限公司湘潭分公司，湘潭分公司为北京瑞泰高温材料科技股份有限公司的重要生产基地。主要生产技术含量高，附加值高的高新技术产品熔铸耐火材料。2002 年，北京瑞泰湘潭分公司收购原市客车厂，兴建用于建材、轻工、医药、玻纤、化工、电子等多个领域 2 吨电弧熔铸氧化铝生产线 1 条，3 吨电弧炉熔铸氧化锆玉钢生产线 2 条，年产 8000 吨中高档熔铸耐火材料，产品畅销国内，并出口美国、俄罗斯、巴基斯坦、孟加拉国、印度、印度尼西亚、哥伦比亚、古巴等 10 多个国家和地区。2003 年，湘钢耐火材料厂完成多项技术改造，添置新设备 15 台，生产能力扩大。

2005 年，境域耐火材料生产企业有北京端泰湘潭分公司、湘钢耐火材料厂、湘乡炉衬材料有限公司 3 家，从业人员 900 余人。生产品种有熔铸锆玉刚、熔铸氧化铝、吹氩透气砖、铝镁饮包衬砖等 20 多个，生产能力 23.8 万吨(其中北京瑞泰湘潭分公司 8000 吨、湘钢耐火材料厂 20 万吨、湘乡炉衬材料有限公司 3 万吨)，全年生产耐火材料 23.8 万吨，完成工业总产值 24063 万元，实现利税 3280 万元，至是年底，除企业数持平外，从业人员、产值、利税分别比 2000 年增长 73%、57.3%、12.8%(其中北京瑞泰湘潭分公司完成工业总产值 1.55 亿元，利税 3100 万元，湘钢耐火材料厂完成工业总产 8563 万元，实现利税 180 万元，湘乡炉衬材料有限公司完成工业总产值 400 万元)。

第五章　非金属矿开采

境域非金属矿资源丰富，有较长的采选历史。1986 年，全市共有湘乡铝厂附属厂等非金属矿采选企业 37 家。拥有固定资产原值 711.5 万元，完成工业总产值 843.7 万元，产品销售收入为 1350 万元,实现利税 180 万元。1987 年后不断发展,2005 年,全市共有非金属矿采选企业 41 家,拥有固定资产原值 7646 万元,是年完成工业总产值 6317 万元,产品销售收入 7036 万元,创利税 813 万元,完成工业总产值和实现利税分别比 1986 年增长 647.3%、351.67%。

第一节 石膏矿

1986 年,境域的湘乡市、湘潭县有生产企业 14 家,其中湘乡市 9 家,湘潭县 5 家。年共产石膏 5 万吨。完成工业总产值 380 万元。

1987 年,湘乡铝厂附属厂利用本厂氟化盐排渣生产建筑石膏粉。1995 年以后,由于乡镇石膏矿逐步被私营企业代替,私营企业投资改变生产程序和生产环境,石膏生产得到迅速发展,年生产量逐年大幅度上升。1991 年,湘潭县泥湾村集资办村石膏矿,年产 7 万吨,创工业总产值 210 万元。1993 年,湘潭县花石、排头等地相继建石膏矿企业。1998 年,湘乡铝厂附属厂更名为湘乡铝厂创益实业公司,拥有固定资产 592 万元,厂房占地面积 1.2 万平方米,逐渐建成年产 1.5 万吨石膏粉生产线。2002 年,境域有石膏矿 7 家,从业人员 1200 人,年产石膏 135 万吨,完成工业总产值 1878 万元。2005 年初,湘乡创益实业公司投入 240 多万元,上一条年产 4 万吨石膏粉 FC- 分室沸腾煅烧系统生产线,实现计算机 DCS 系统集散自动控制,公司年生产能力共达到 5.5 万吨。同时,湘乡创益公司还以石膏为原料,开发出建材石膏、建材微膨胀剂、胶凝材、氟石膏等产品。其中石膏建材膨胀剂获国家专利和省新建材产品证书。由于石膏受生产程序和生产环境的影响,石膏生产发展缓慢,2005 年底,境域石膏年生产企业 8 家,生产量达到 20 万吨,完成工业总产值 1820 万元,实现利税 228 万元,生产量和工业总产值分别比 2002 年下降 82.5%、3.1%。

第二节 其他非金属矿

1986 年,境域其他非金属矿有采掘企业 37 家,生产非金属矿产品 12 种。

1987 年后,境域初步探明有海泡石、花岗岩、大理石、矽矿、磷矿、石英砂等 10 多种非金属矿,其中海泡石矿储量较为丰富,主要分布在湘潭县雁坪乡、杨嘉桥以及韶山市东南至永义乡西北一带,共计储藏量 400 万吨以上,1991 年以后,由于私营经济发展壮大,非金属矿的开采得到快速发展,各种非金属矿生产量大幅度增长。湘乡新研等乡村生产钾长石、钠长石、方解石、萤石等。

到 2005 年,海泡石、花岗岩、大理石、石英砂等其他非金属矿年产量达到 9776 万吨。其中石棉制品 11 万片、石灰石 600 万吨、滑石粉 1.2 万吨、花岗岩 5500 立方米、瓷土 9000 吨、方解石 1.1 万吨、矽砂 42 万吨。

第二十四篇　轻工电子工业

概　述

1986年，境域轻工电子工业拥有湘潭市半导体厂、湖南玻璃厂等企业112家(国有企业25家、集体企业87家)，从业人员16317人。主要生产日用化工、日用玻璃、燃气灶具、塑料制品、皮革及皮革制品、家用电器制品、电子制品及印刷产品。是年，完成工业总产值22317.4万元，实现利税1668.4万元。

1987年后，轻工电子工业适当分离企业所有权和经营权，实行资产经营责任制，促进企业生产发展和经济效益提升。塑料工业公司、皮革工业公司、家用电器五金制品公司等3个行政性主管公司被撤销，还权于企业，促进自主发展能力。同时，试行厂长承包任期责任制、行业经济目标管理责任制等一系列举措，发展横向经济联合，加强技改投入，引进开发先进技术和产品，取得长足发展。市电化厂被湖南省人民政府评为省级先进企业，被轻工部授予出口创汇先进企业铜牌奖；电子工业各项经济指标列全省地(州、市)的第二位，获湖南省电子工业目标管理一等奖。1990年，轻工电子工业有企业339家，从业人员17702人，完成工业总产值35016.56万元，实现利税1905.6万元，分别比1986年增长203%、8.4%、56.9%、14.2%。

1991年后，境域市电化厂被评为湖南省“百强企业”(经济效益省内排名21位)，潭州牌电解二氧化锰获省著名商标，年产6000吨电解二氧化锰项目被列入国家“八五”重点技改项目之一；湖南迅达集团发展到拥有省内外14家成员单位。1995年，境域轻工电子工业有企业404家，从业人员19524人，完成工业总产值94493万元，利税3790万元，分别比1990年增长19%、10.3%、169.9%、98.9%。

1996年，境域民营皮革制品企业迅速崛起，拥有制鞋、服装、皮件加工等私营个体厂、店达280家，从业人员3600余人。其中，湘乡市皮革企业35家，年工业总产值达9亿元，利税5400万元。同年，境域印刷企业自动化水平不断提高，拥有142家企业，从业人员3700人。1997年，湘潭县青山桥镇皮鞋制造业异军突出，拥有250余家个体鞋厂、鞋店，从业人员1000多人，年产皮鞋150万双，年总产值7000万元。市塑料一厂、市塑料九厂由于企业投资大，生产能力上升，被认定为中型一档企业。湘潭电化集团有限公司新建成年产6000吨无汞碱电池专用电解二氧化锰生产线，被列入国家火炬计划，企业年生产能力达到2万吨，跃居世界第三位。但其他市属国有、集体企业所面临的困难没有缓解，效益不高，停工待工困难企业增多，有50%的企业列入市政府确认的特困企业名单，有80%职工被企业拖欠工资。2000年，境域轻工电子工业企业505家，从业人员20534人，工业总产值96221.8万元，利税6157万元，分别比1995年增长25%、51.7%、1.8%、62.4%。

2001年，境域私营合股的皮革鞣制加工企业发展到22家，从事皮革制品的公司、厂(店)有80

余家，另有5100余家个体皮革制品户，主要产品有皮鞋、皮服装、皮手套、箱包配件等，从业人员近7500人。市电化集团电解二氧化锰生产能力经过不断提升，达到年产5万吨，居世界第一位；迅达集团发展成为拥有8家全资子公司、3大产业园区的“全国优秀民营科技企业”。与此同时，面对激烈的市场环境，为确保国有资产不流失和维护广大职工利益，境域轻工电子工业中的资不抵债市属企业以化解债务为前提、以安置职工为重点、以盘活资产为途径，依照政府有关政策，依法稳步推进企业破产及职工安置工作。到2005年，完成改制企业21家，安置职工5618人。另有9家企业处于停产状态，向市政府申请改制。境域私营制革、制鞋合资、合股、个体厂店逐渐走向成熟，不断壮大，产值近21亿元。其中，湘乡市私营制革企业22家，从业人员1万余人，完成工业总产值19.3亿元，利税1亿元。是年，境域轻工电子工业有企业5414家，从业人员44524人，完成工业产值370892万元，实现利税20425万元，分别比2000年增长972%、117%、285%、232%。

第一章　日用化工

第一节　生产规模

1986年，境域日用化工产品生产企业有市电化厂（简称电化厂）1家，电解二氧化锰生产能力为5000吨/年，实现产值1356.4万元、利税110万元，从业人员750人。由于电解金属锰产品供不应求，湘潭锰矿湘锰投资225.66万元将电解二氧化锰加工槽改装为96个电解金属锰工艺槽，试产电解二氧化锰。是年，电化厂试制成功碱性电池专用电解二氧化锰（无铵型），市轻工局受湖南省轻工厅委托，组织专家进行技术鉴定，认定“该产品属国内首创，对加速国内碱性电池的发展具有重大意义，已达到或接近国外同类产品的先进水平”。年内，该产品获湖南省轻工厅优秀新产品金奖。同年，电化厂试制成功磁性材料专用电解二氧化锰，为发展国内磁性材料提供一种新型含锰原料，对加速国家磁性材料工业发展创造条件。1987年，电解二氧化锰获湖南省轻工厅新产品一等奖、湖南省优质产品奖。1988年，电化厂被湖南省人民政府批准为省级先进企业、被轻工部授予轻工出口创汇先进企业铜牌奖。1990年，电化厂生产电解二氧化锰6000余吨，产值3600万元，利税360万元，从业人员850人，分别比1986年增长20%、165%、227%、13.3%。

1991年，电化厂与香港先进化工有限公司合资投入5000余万元，创办“湖南湘进电化有限公司”，其中电化厂投入3750万元，占股份75%，兴建年产6000吨电解二氧化锰项目，被列入国家“八五”重点技改项目之一。年底建成投产，生产能力达到年产11000吨。是年，企业被国家质量奖评审委员会授予“中华人民共和国国家质量优胜奖”。另湘锰更注重电解二氧化锰产品生产开发和技术攻关，是年生产电解二氧化锰1348吨。1992年，电化厂被评为湖南省“百强企业”，经济效益排名百强企业21位，《潭州牌》电解二氧化锰获省著名商标。同年，湘锰电解二氧化锰质量攻关取得成功，经轻工业部电池质量检测中心检测，产品优于国内同类产品指标，达到出口质量要求。是年，湘锰生产电解二氧化锰1948吨。1994年，电化厂为加快电解二氧化锰生产，转变经营方式，建立现代企业制度,成立“湘潭电化集团有限公司”(简称电化集团),注册资本8559万元。湘锰的电解二氧化锰产品经轻工业部电池质量监检测中心检测,其产品质量与日本东洋曹达产品一致。1995年,境域电化集团生产电解二氧化锰1.3(湘锰生产电解二氧化锰1105吨除外)万吨,产值7800万元,利税690万元,从业人员960人,分别比1990年增长116%、116.7%、91.7%和12.9%。

1997年,电化集团投资8000万元,建设年产6000吨无汞碱性电池专用电解二氧化锰生产线,被列入国家火炬计划和国家高科技产业化示范项目,年底建成投产。至此,电化集团电解二氧化锰年生产能力达到2万吨,年产值达到1.23亿元,产量跃居世界第三位。同年,电化集团在全国同行中首家通过ISO9002国际质量体系认证。湘锰电解锰厂房租赁给中国冶金进出口湖南分公司经营,是年,湘锰生产电解二氧化锰1382吨。2000年5月,电化集团为满足市场需求,投资1.78亿元,上年产2万吨无汞碱性电池专用电解二氧化锰生产线技改扩建工程。是年,生产电解二氧化锰2.1万吨(湘锰生产电解二氧化锰2748吨除外),产值1.4亿元,利税1500余万元,从业人员1000人,分别比1995年增长61.5%、79.4%、117.4%、4%。

2001年4月,电化集团扩建的年产2万吨无汞碱性电池原料专用生产线竣工投产。至此,生产能力达到年产4万吨,排名世界第二位,被国家科技部认定为国家级高新技术企业。同年,出口创汇增长率在全市大中型企业中排名第一,被市政府授予“外贸出口创汇先进单位”,被国家发展计划委员会授予“国家高新技术产业化示范工程”。2001年5月20日湘锰全面停产后,电解锰厂房均由湘潭湘鹤新材料有限公司租赁经营。2003年,电化集团获“全国五一劳动奖状”。2005年4月,电化集团面对矿石日趋减少、原材料竞争日渐激烈局面,与衡阳市华林锰业有限公司签订合作协议,成立“靖西湘潭电化科技有限公司”,双方共投资9000多万元(其中电化集团8000余万元),在盛产锰矿石的广西靖西县建成年产1万吨生产线1条,在市场资源争夺战中获得一席之地。至此,电化集团电解二氧化锰年生产能力达到5万吨,居世界第一,拥有5条生产线,其中3条生产无汞碱性电解二氧化锰,2条生产P型电解二氧化锰。是年,生产电解二氧化锰5.1万吨(湘锰生产电解二氧化锰1899吨除外),产值达5.1亿元,利税4900万元,从业人员1300人,分别比2000年增长143%、264.3%、226.7%、30%。

第二节 工艺技术

1985年9月,电化厂参加在奥地利召开的国际电池原材料协会年会,被接纳为会员单位,成为该协会唯一的中国成员企业。其生产的P型电解二氧化锰被列为国际电解二氧化锰产品共同样品之一,编号26号。电解二氧化锰为Y型晶体结构黑色粉末,具有纯度高,活性强,吸附性大等特点。主要用于干电池极化剂,亦可用于化工、轻工等行业作氧化剂、催化剂、着色剂、消色剂和制造锌锰铁氧性材料。按照用于生产电池类型的不同,产品可分为磁性材料专用电解二氧化锰、无汞碱性电解二氧化锰和一次锂锰电池专用电解二氧化锰。电解二氧化锰生产工艺分为三大部分:一是电解液的制备,二是电解,三是产品的后处理。

1990年,电化厂为提高产品质量和产量,引进美国钛波纹板替代原来钛阳极,采用铜阴极替代原来的碳棒阴极,电解生产工艺达到国际先进水平。

1993年,电化厂率先采用国内首创的粗颗粒漂洗工艺,缩短操作流程,降低生产成本,提高生产效率。1996年,电化集团开始研制无汞碱锰电池专用电解二氧化锰,经过一年时间大小上千次试验探索,先后在深度除钼、去钾和去除重金属以及降低成品铁含量、控制成品水份含量、比表面积、视比重、吸液量等方面取得重大突破。1997年,执行中国轻工总会、国家经贸委等9个部委为减少和避免电池中汞含量对环境污染而联合发布《关于限制电池产品含汞量的规定的通知》要求"自2001年1月1起,禁止在国内生产各类汞含量大于总量0.025%电池,自2005年起,禁止生产含汞量大于0.0001%的碱性电池"的规定,电化集团开始研发无汞碱锰电池专用电解二氧化锰获得成功,经中国轻工总会电池质量检测中心检验以及各电池厂家试用,质量完全达到国外质量标准,企业被中国电池协会指定为国内唯一无汞碱性电池专用电解二氧化锰生产基地。

2003年后,国内锂锰电池生产进入高速发展期,一次锂锰电池专用电解二氧化锰的需求也随之增加。一次锂锰电池具有工作电压高、比能量大、使用温度范围广、自放电小、安全无公害等优点。电化集团在专业生产电解二氧化锰的基础上,采用先进的工艺技术和设备,研发出纯度和性能都十分优越一次锂锰电池专用电解二氧化锰。该产品经长沙矿冶研究院分析检测,所有化学指标全部符合标准,其中钠等杂质含量远低于一般电解二氧化锰水平,高压放电性能有大幅度提高。

第二章　玻璃工业

第一节　生产规模

1986年,境域有湖南玻璃厂等日用玻璃企业6家,从业人员2493人,其中国营企业2家、职工1980人,乡镇企业3家、职工238人,集体企业1家、职工275人。拥有熔炉17座,机械化生产线15条,半机械手工生产线10条,固定资产净值5000万元,主要生产玻璃器皿和玻璃器具、医用量具、容器、灯饰制品等产品。同年,湖南玻璃厂(简称湖玻)成为生产白酒瓶、饮料瓶、罐头瓶、农药瓶等系列120多个品种的生产大户;新扩建1条3万吨双滴料啤酒瓶生产线,生产规模达到年产8万吨,居国内同行业第三,产值3000余万元,职工1700人。是年,境域日用玻璃企业共生产玻璃制品17.757万吨,产值8718.6万元,利税156万元。

1987年,湖玻从英国引进玻璃窑炉,从比利时引进S10型制瓶机生产线投产,基本保障长沙、湘潭等啤酒厂家所需啤酒瓶的正常供应。1988年后,全国玻璃制品市场趋于疲软,境域企业生产开始滑坡,销售迅速走向低谷。1990年,境域日用玻璃企业6家,从业人员2696人,生产玻璃制品11万吨,产值5400余万元,利税503万元。分别比1986年持平、增长8%,减少38%、38%,增加222%。湖玻被列为湘潭市"特困企业"。

1991年,湘潭县境域私营玻璃企业崛起。以姜畲镇为主,云湖桥、易俗河等地办起十几家股份制私营玻璃企业。这些民营企业主要利用废旧玻璃,用高炉熔化生产各类日用器皿以及医疗器具、容器等,产量达到2500吨,产值1678万元,从业人员600余人。是年,湖玻积极转换经营机制,加快产品结构调整，一手抓市场、一手抓管理，企业出现新的转机，全年完成产量 65691 吨、产值 4447 万元、销售收入 4948 万元、实现利税 654 万元，一举摘掉“特困企业”帽子，被国家轻工部定为重点骨干企业。1992 年，湖玻 12 条生产线全面恢复生产，总产量达 80356 吨、产值 5456 万元、销售收入 5534 万元、实现利税 753 万元，进入湘潭市“十佳”企业。同年，湖玻设计、开发、批量生产品种有异型瓶、六旋盖瓶、四旋盖瓶、防盗盖瓶等 50 多个新品种，涵盖食品、饮料、农用、医药等四个系列，具有多品种、多料色、多造型、多用途的新格局，改变过去产品结构单一的局面，拓宽市场。试制的高白料瓶打破省内玻璃瓶罐行业无高白料瓶的历史。1993 年，湖玻将手工艺车间改为平板玻璃车间，当年建成投产。是年，湖玻完成产量 77888 吨、产值 6029 万元、销售收入 6637 万元、实现利税 1000 万元，创历史最好水平，企业被国家统计局列为“中国 500 家最大建材企业”之一。1994 年，湘潭县河口镇建村办玻璃厂，回收废旧玻璃用浮法生产平板玻璃，当年生产 3 毫米平板玻璃 108 万平方米，但因技术及产品质量不过关，不久就关闭。同年，湖玻因通货膨胀、三角债、原材料涨价、市场疲软和库存积压过大、流动资金短缺、历史包袱沉重等因素，包括引进生产线、平板玻璃生产线在内 6 条生产线先后被迫停产检修，生产开始下滑，部分职工下岗，工资不能按时发放，企业难以为继。湘潭县玻璃厂因产品档次低，销售不畅，企业走入困境。境域民营企业因经营灵活，保持平稳发展。是年，生产各类日用玻璃制品 1.8 万吨，产值 1393.2 万元。1995 年，境域日用玻璃企业 17 家，从业人员 3504 人，生产玻璃制品 7.5 万吨，产值 5805 万元，利税 101 万元，分别比 1990 年增长 183%、30%，减少 31.8%，增长 7.5%，减少 79.9%。

1998 年，湖玻因企业债务包袱沉重、经营机制不活、市场萎缩等原因，开工率不足 50%，资产负债率达 101.61%，濒临破产。企业采取“先分立再破产”等措施，将其正常生产的三、五车间全部和四车间一部分优良资产分离出来，按照《中华人民共和国公司法》和现代企业制度的要求新组建“湖南玻璃制品有限责任公司”(简称湖玻责任公司)。同年 6 月，正式成立，注册总资本为 1369.6 万元，其中职工个人参股 138 万元。下设四个分厂，职工 706 人，有玻璃窑炉 5 座、生产线 12 条、年生产能力 10 万吨，生产规模在全国玻璃瓶罐行业排名第六。将优良资产分立出去后的湖玻资产负债率达到 121.03%，经“职代会”同意，报批列入国家 1998 年破产计划。是年 6 月，由市中级人民法院受理裁定，湖玻进入破产还债程序，10 月底破产终结，共冲销银行呆坏账 5200 余万元、不良债务及潜亏 4000 余万元。至此，湖南玻璃厂不复存在。1999 年底，湘潭县政府创办吴家巷工业园，拟以玻璃灯饰制造为主要产业，因市场原因玻璃灯饰没有形成产业，工业园不久就改为发展其他产业。2000 年，湖玻责任公司因流动资金紧缺，原材料涨价，市场疲软等因素，产品库存积压，企业面临困境，被迫限产，12 条生产线只留下 4 条正常生产，生产玻璃制品 2.3 万吨，产值 1780 万元。境域民营企业因经营机制灵活，转向产品快捷，基本维持正常生产经营。是年，境域有日用玻璃企业 17 家，从业人员 2900 人，生产玻璃制品 5.7 万吨，实现产值 4411.8 万元，利税 106 万元，分别比 1995 年持平、减少 17.2%、24%、24%，增长 5%。

2001 年，湖玻责任公司与湖北武汉振兴玻璃有限公司签署合作协议，由其承租四分厂经营(年租金 200 万元)，注册成立“湘潭振湘玻璃有限公司”(注册资金 300 万元)，安排下岗职工 208 人。2 月启动 2 条生产线，年产量达到 2.92 万吨，产值近 3000 万元。2002 年，湖玻责任公司与南光公司签署合作协议，由其承租三分厂(每年租金 180 万元)，南光公司自带资金 300 万元，启动 3 条生产线，安排下岗职工120多人，年产量达3.1万吨，产值3600多万元。同年，湘潭市康盛玻璃有限公司生产的医用盐水瓶很快占领市场。2003年，南光公司投入160多万元，新启动2条生产线，年产量达20000吨，产值2200余万元。2004年，湖玻责任公司以五分厂固定资产作为股份，与私营业主胡劲松合资组建“湘潭市顺兴玻璃有限公司”，注册资金300万元，湖玻责任公司占股份35%。至此，湖玻责任公司三个分厂全部实行对外租赁（合资）经营。截至2005年底，在湖玻责任公司租赁生产的湘潭振湘玻璃有限公司、湘潭市康盛玻璃有限公司、湘潭市顺兴玻璃有限公司，建有玻璃窑炉3座、制瓶生产线9条、年产量达7万吨、员工800人。是年，境域有日用玻璃企业27家，从业人员1600余人，生产玻璃制品13万吨，产值17542万元，利税65万元，分别比2000年增长58.8%，减少44.8%，增长128%、298%，减少38.6 %。

第二节　工艺质量

1986年，境域生产瓶罐玻璃和平板玻璃从原材料粉碎、拌料输送到熔炉全部实现机械化，黄沙一度取代矽砂成为制造啤酒瓶的原料。熔制玻璃液的主要原料为石黄、矽砂、长石、白云石、石灰、方解石、重晶石和纯碱，玻璃液的配方经过严格计算和验证后使用，以保证产品达到设计要求。40平方米马蹄焰熔化窑炉，占地面积小，熔化效率高，可对玻璃熔液面温度进行自动控制，延长窑炉使用期，日溶化玻璃量74吨。玻璃器具的制造方法长时期多为口吹手捏，即溶器灯罩等用铁管操出料后置于模具中口吹成型。酒杯、花瓶、糖缸等口吹初成形后，再用手持铁钳、铁夹，捏出各种形状，即成半成品，半成品以室式窑炉退火，其火候全凭人眼观察掌握，出窑后的半成品大多数须再次加热，点水裁口，然后置于磨盘上磨平，夹入烧口机中圆口，经磨口后的玻璃制品成为成品。然后进行装饰性加工，其工艺有本色车花、着色描花、印花与喷涂。随着科学技术的发展，玻璃工业生产工艺不断改进。是年，湖玻引进国外玻璃啤酒瓶生产新技术，电脑全程控制，每分钟可生产啤酒瓶106个，比原国产制瓶机产量提高30%，产品成品率大幅提高，工人劳动强度明显减轻。

1987年，湖玻在新扩建3万吨生产车间中，添置6组双滴料行制瓶机，使每分钟生产的瓶罐个数翻番。1989年，湖玻采用高铝配方成功生产出小口瓶，原钠钙玻璃每吨降低纯碱三分之二，为降低成本开辟一条途径。机修车间胡运新在技术革新上取得突出成绩，被省政府授予省劳动模范。三车间45平方米窑炉成功正常运行5年零2个月，直接节约大窑修建费210万元。湖玻450毫升农药瓶、355毫升啤酒瓶分获省新产品花色奖。1990年，湖玻生产的啤酒瓶、白酒瓶、罐头瓶在省行业评比中，均获第一名。

1994年，湖玻在对单滴S机技术改造后，成功实现一机多用，并试制出防伪、压盖酒瓶。三车间制瓶甲班在生产过程中，对QD6A型行列式制瓶机产品正品率低、机速提不上去进行攻关，改造该机型17路管道倒吹气中存在的问题，滴料合格率提高2%、机速每分钟提高3%，全年全台机增效益57万元。1996年，500毫升啤酒瓶通过国家合格统检、450毫升翠绿料农药瓶通过省技监局合格统检。1997年，湖玻三车间被全国总工会授予“五一劳动奖章”。是年，湖玻针对重油价格市场连续几年急剧上涨、难以承受的情况，将一分厂的燃油玻璃窑炉改造为半煤气熔化窑炉，以降低生产成本。1998年，“湘字牌”啤酒瓶被“全国日用玻璃协会”推荐为全国18家啤酒瓶首选产品之一，成为唯一国控标准。2000年，四分厂瓦工班长黄晓良在玻璃窑炉维护和改造中，大胆施行新工艺，在延长炉龄和充分利用砖材等方面节约经费27万元，被国家人事部、国家轻工局授予“全国轻工系统劳动模范”。湘潭康盛玻璃有限公司和湘潭顺兴玻璃有限公司先后将二分厂、三分厂的玻璃窑炉改造为煤气熔化窑炉，节约生产成本。

2002年，湘潭康盛玻璃有限公司对刚成型的啤酒瓶外部进行热喷涂工艺，提高啤酒瓶的耐抗强度。至2005年，玻璃制品自动化水平、工艺技术、品种质量日渐成熟，并向更多领域拓展。

第三章 印刷及燃气灶具

第一节 印刷

一、生产规模

1986年，境域有印刷企业57家，其中国有企业12家、集体企业45家，从业人员1780人。有印刷设备480余台(套)，具有胶印、铅印、塑印和印刷各种报刊、书刊、彩图、彩色纸质装潢品与彩色塑印装潢品等能力，年总产值540万元，利税102万元。湘潭市彩色印刷厂为探索一条搞活国有工业企业的新路子，实现所有权和经营权的适当分离，在市政府主导下，进行资产经营责任制试点，在全省范围内公开招聘企业厂长。资产经营责任制的实行使企业由生产型转变为生产经营型，促进企业生产发展和经济效益提高。

1987年后，湘潭市彩印厂融资近200万元，购置多台单、双色胶印机、单色双面胶印机、六色塑印机、复膜压合机等，工业总产值、经济效益大幅度提高，连续三年利税总额突破100万元。湘潭县人民印刷厂引进彩色凸版印刷等先进印刷设备。湘乡市印刷厂进行技术改造，购置胶印机等设备，生产规模有较大的发展。1990年，湘潭市彩色印刷厂根据主管部门要求，兼并湘潭市印刷一厂，规模进一步扩大，企业资产总额达680余万元。是年，境域印刷企业数达70家，从业人员2300人，总产值约7000万元，利税240万元，分别比1986年增长22.8%、29.2%、1196%、135%。

1991年起，湘潭市印刷业进入快速发展阶段。为适应印刷业技术发展形势，提高生产竞争能力，各主要印刷企业加大技术改造力度。1993年，湘潭市彩色印刷厂筹资300万元，购置对开激光照排系统、全套彩色制版桌面系统、四色胶印机等先进设备，设计能力、生产规模、生产周期、产品质量都上一个新台阶，达到胶印18万色令、书刊9万令、书刊装订5万令的能力，年总产值2000余万元。湘潭市地调印刷厂分三期进行技术改造，购置四开胶印机、对开胶印机、电子排版系统、AGFA25S激光照排机、网屏8060Ⅱ电分机、冲片机及胶片检测仪等，填补湘潭市不能生产彩色片的空白。1994年，湘潭日报出版印务中心筹资90余万元，购置对开双面胶印轮转机，大大提高报纸的品质和出版速度。1995年，境域印刷企业数达到93家，从业人员2600人，总产值约9500万元，利税284万元，分别比1990年增长32.8%、13%、35.7%、18.3%。

1997年，湘潭日报出版印务中心筹资60万元引进照排系统1套，湘潭县人民印刷厂引进激光照排系统，单、双色胶印机，双面胶印机等设备，其他近40家印刷企业购置胶印印刷设备，印刷工艺实现重大发展。印前工艺逐步由激光照排代替铅印排版，印刷工艺逐步由平版胶印代替凸版铅印，装订工艺自动化水平提高。民营企业迅速崛起。2000年，湘潭市印刷企业共有142家，其中，国家级书刊定点印刷厂1家(湘潭市彩色印刷厂)、省级书刊定点印刷厂2家(湘潭县人民印刷厂、湘乡市印刷厂)、其他书刊印刷厂13家、包装装潢印刷厂16家，塑料印刷厂8家，其他印刷品厂102家，从业人员3700人，总产值约15000万元，利税616万元，分别比1995年增长52.7%、42.3%、57.9%、116.9%。

2002年，湘潭日报出版印务中心投资400余万元，进口1台对开六色双面印报轮转胶印机及晒版、冲版系统1套，年总产值达到2000万元。湘潭交通印刷厂投资近800万元，引进电脑表格印刷机、数字喷印机、NP胶印机、票据分切机等，总资产达到1075万元。主要承接各种有价证券、票据的印刷。2003年后，随着社会主义市场经济体制改革的不断深化，原以国营企业为主、集体企业为辅的格局被打破，湘潭市彩色印刷厂、湘潭县人民印刷厂、湘乡市印刷厂按照《湘潭市国有工业中、小型企业产权制度改革的若干规定》进行整体改制，职工以现金进行安置，解除全民职工身份，企业不复存在。2004年，湘潭市地调彩印厂购置德国海德堡GT052四色胶印机，海德堡满天星数码打样系统等，发展成集平面设计、电分制版、印刷、装订、包装等一体化综合性印刷企业，在湘潭短版彩印领域处于领先地位。

2005年，湘潭市印刷业印前工艺发生质的变化，拥有奔腾四代PC工作站，数码打样机，ACFA25S激光照排机，能电分彩色胶片企业3家，能平面设计、制作的企业15家，全面淘汰水与火的印前工艺。印后工艺有最先进高速折页机、对开柜式折页机和高速包书机等。是年，境域塑印印刷企业迅猛地增加到24户，资产总额达到7000余万元，年总产值达到6000余万元，比1985年的200万元增加近30倍。其中塑印龙头企业巨友包装有限公司，拥有多台8～10色塑印机及复合机、中分机等成套制版、印刷设备，能生产各种复杂精美的包装装潢产品。2005年底，境域有印刷企业171家(国有企业8家，集体企业45家、民营企业118家)，其中出版物印刷企业19家，包装装潢印刷企业50家，其他印刷企业102家，主要从事纸制品印刷(147家)和塑料制品印刷(24家)，从业人员4200人。主要技术装备有：纸制品印刷拥有单色对开印报机1台、对开六色双面进口印报轮转机1台、对开四色海德堡胶印机1台、六开四色海德堡胶印机1台、四开双色胶印机3台、对开双面胶印机14台、对开胶印机37台、四开胶印机87台、六开或八开胶印机101台；塑料制品印刷方面拥有多台六色、八色、十色塑料薄膜印刷机及制版、复合、分切、烙蒂等配套设备。资产总额达到23000万元，全年完成总产值22000万元，利税700余万元。企业数、从业人员、产值、利税分别比2000年增长20.4%、13.5%、46.7%、13.6%。

此外，境域还有“三印”(打字、复印、影印)门店计193户，其中雨湖区89户，岳塘区44户，湘潭县、湘乡市、韶山市60户。“三印”企业的特点是占用资金少、经营场地小、工艺简单。

二、品种质量

1986年，境域印刷企业产品的品种分类为：出版物书刊产品、包装装潢产品、零杂件产品。除书刊产品，零杂件产品中的财务报表、凭证、账簿，信封等产品有标准规格要求外，其他产品都是根据客户要求进行设计、制版、印刷、装订。对以销定产性质的印刷企业而言,一个订单就是一个品种。

1988 年起,境域国家级书刊定点企业湘潭市彩色印刷厂、省级书刊定点企业湘潭县人民印刷厂、湘潭市印刷厂等企业,落实国家新闻出版署和省新闻出版局对书刊产品(教科书、本版图书)产品质量评选制度,每年参加全国、全省的书刊印刷质量评比。湘潭市彩色印刷厂每年均有书刊产品被评为名优产品,1993 年、1995 年、1996 年、1997 年四度荣获湖南省“书刊印刷质量十佳企业”和“优秀企业”光荣称号。至 1998 年,共有 151 个品种被评为优质产品,其中 1 个国优产品即《高中代数上册(必修)》,68 个新闻出版署名优产品;书刊产品优品率上升到 31.2%,书刊良好品率上升 36.75%,书刊产品质量上一个新台阶;书刊印刷业务遍及北京、上海、云南、湖北、广东等省市。湘潭县人民印刷厂、湘潭市印刷厂有 30 多个品种被国家新闻出版署、湖南省评为名优产品。

随着印刷工艺的发展,高端胶印设备的更新,工作技术素质的提高,书刊产品质量越来越高。在 1999 年至 2000 年的年度书刊评比中,湘潭市彩色印刷厂 48 个产品被国家新闻出版署评为名优产品,20 个产品被省评为名优产品。湘潭县人民印刷厂有 17 个产品被国家新闻出版署和省评为名优产品,均创历史最好水平。湘潭大学印刷厂、地调彩印厂各有 1 个书刊产品被评为省优产品。其他 19 家出版物印刷企业都十分重视加强书刊印制质量管理和样书生产管理,坚持每年送样书两次的制度。境域包装装潢产品、零杂件产品经省轻工厅、省包装技术协会组织质量评比。湘潭市彩色印刷厂自行设计生产的“节目乐烟花包装”“彩珠筒系列包装”“紫油姜系列包装盒”“果脯系列包装盒”“龙牌酱油标签”等 21 个品种获省轻工厅,省包装技术协会质量评比一、二、三等奖和优秀产品奖。湘潭县人民印刷厂生产的零杂件产品,在省内零杂件印刷品质量评比中被多次评为第一名。

2001 年后,境域印刷业积极引进先进技术和高端胶印设备,加强工艺管理和质量管理,求生存,促发展。湘潭市地调彩印厂更新照排电分设备,购置境域第 1 台先进海德堡四色胶印机,通过 ISO9001 质量体系认证,成为湘潭市印刷企业第一家获得国家质量体系认证单位。印制的“齐白石国际文化节系列彩色产品”“湖南地矿职工艺术作品集《情铸山野》”“湘潭市国税局税务文化系列画册”“2005 年湘潭县、湘乡市年鉴”等多部彩色精品画册获得广泛好评,湘潭彩色包装装潢印刷质量上一个新档次,市场占有率逐年提高。2005 年,境域印刷企业拥有先进印刷设备 266 台(套),具备胶印、彩色印刷、包装印刷、装潢印刷等能力,产品质量达到国家先进水平。

三、行业管理

1986 年,境域个体印刷企业的数量、规模大幅度攀升,点多、面广、线长、可控程度低及其设备和技术含量越来越高,朝着多元化、综合化趋势发展,为加强监管,由公安部门统一归口管理,以规范印刷市场秩序,打击非法印刷活动、促进印刷业健康发展。

1988 年,境域印刷业执行国家新闻出版署、公安部、国家工商总局等五部、局联合颁发的《印刷业管理暂行办法》,实行“两证一照”制度,即由市新闻出版行政管理部门颁发《印刷行业经营许可证》,市公安部门颁发《特种行业许可证》,市工商部门颁发《营业执照》。1992 年 1 月 15 日,成立湘潭市印刷行业协会(简称印刷协会),隶属市公安局主管,主要为会员单位提供技术信息,开展科研咨询,组织技术人才培训,进行产品质量评比,维护会员合法权益。

1997 年 3 月,执行国务院颁发的《印刷业管理条例》。1998 年,市印刷协会隶属市新闻出版局主管。1999年,印刷协会协助市新闻出版局、市公安局、市工商局取缔3家地下印刷厂,向14家印刷企发出整改通知,对21家不符合办厂条件的不予办证,通过清理整顿,保证湘潭印刷业健康有序地发展。

2001年7月,根据修订后的《印刷业管理条例》,进一步明确印刷业由各级新闻出版部门实行统一归口管理,健全承印验证、承印登记、印刷品保管、印刷品交付、印刷活动残次品销毁等五项制度,解决印刷行业多年来存在的多部门管理,政令不一、管理不到位等问题,理顺印刷业管理体制。是年,在行业清理整顿中,限期整改企业48家,停业整顿4家,吊销证照1家,警告21家,由于设备陈旧、技术落后不能维持正常生产自行关闭的5家。

2003年后,湘潭市彩色印刷厂、湘潭县人民印刷厂、湘乡市印刷厂等国有企业先后整体改制,近800名职工被解除全民职工身份。2005年,境域印刷业继续执行印刷行业管理条例。

第二节 燃气灶具

1984年8月,湘潭市原科协干部伍尚魁辞去公职,办起湖南省第一家民办科研所——湘潭市新产品开发研究所,专门研究生产燃气灶具。经一年多时间研究和试制,1985年9月,试制成具有迅达标志性的产品——迅达灶具。这种灶具燃烧器,一改原分散平流燃烧方式,采用完全不同的"旋流集中燃烧法",它通过对灶头的改造,使气流从燃烧器的缝隙中成切线方向喷出,像龙卷风一样成螺旋式上升,形成旋流火焰,燃烧更完全、充分,延长热交换时间,做饭菜省时省气还省钱。与此同时,"煤气灶压电陶瓷自动点火装置"试制成功并应用在燃气灶上,结束用火柴和打火机点火历史。灶具面板改成坚固体轻的不锈钢面板,取代传统、老式、笨重热效率低产品。"缝隙孔旋流燃烧器""煤气灶压电陶瓷自动点火装置"是迅达最早两个专利。经科学测试,使用这种"旋流集中燃烧法"燃气灶,比过去老式灶热效率提高10%至15%,节能显著,同时燃烧废气中一氧化碳含量大大降低,减少环境污染,被誉为燃气灶具界的一次革命。科学燃烧方式和显著节能效果,让迅达燃气灶很快被用户所接受。

1986年,境域燃气灶具生产企业仅有湘潭市新产品开发研究所1家,生产灶具21500多台,产值222.4万元,从业人员16人。1990年,生产灶具124000台,并建成燃气灶自动生产线,产值达1280多万元,从业人员360人。产量、产值、从业人员分别比1986年增长477%、476%、2150%。

1992年,湘潭市新产品开发研究所更名为湖南迅达集团,拥有省内外14家成员单位。1994年,湖南迅达集团投资1000多万元,建成迅达大厦。1995年,生产灶具135000多台,产值4455万元,从业人员1015人。分别比1990年增长8.2%、28.7%、182%。

1997年,湖南迅达集团投资2000万元,建成湖南迅达工业园,成立湖南迅达集团有限公司(简称迅达集团)。1998年,迅达集团开始自控气锅灶的试制,经历多次试验,一种把旋流燃烧技术和自动控温有机结合的新产品问世。它由燃气控制部分,蒸汽控制部分、电子控制部分构成,能有效控制压力锅内的压力。当达到预先设定的程序控制时间时,电子控制件发信号使电磁阀关闭燃气通道,自动完成烹调过程,省时、省气、安全。是年12月,"迅达"商标被评为湖南省著名商标。1999年,87型、5118型、琴键式、5318超强火力、5528镶嵌式3火眼炉灶开发并试制成功,自控气锅灶获"中国专利技术博览会金奖"。是年秋季广交会上,迅达集团应爱尔兰康赛普公司客商要求,开发研制可移动燃气式户外取暖器，仅用3个月试制成功，拿到4万台订单。2000年，迅达集团研制的自控气锅灶被评为“2000年度国家级新产品”。在旋流燃烧技术基础上，迅达集团研究开发出一代又一代新产品，产品涵盖燃气灶、大火炉，其中高新技术产品达113项，畅销国内和东南亚、欧美、中东等60多个国家和地区，并在16个国家注册，迅达燃气灶在全国同行业销量排在前二位，出口量居全国第一，出口创汇上千万美元。在同行业中率先通过IS09001国际质量体系认证，通过IS014001国际环保认证以及燃气具“3C”认证和“CE"认证，并获得“全国用户满意产品”“全国产品质量服务信誉双保障企业”等殊荣，荣获“湖南省质量管理奖”，“迅达牌”荣获“中国驰名商标”。是年，共生产灶具71万台，产值12740万元，从业人员1600人，分别比1995年增长180%、68.6%、57.6%。

2003年，迅达集团入驻岳塘区双马工业园，占地面积13公顷，其中生产厂区面积4万平方米，有员工700多人。是年，迅达集团与爱尔兰康赛普公司合资，建成“迅达·康赛普燃具有限公司”，针对欧美市场开发燃气花园灯、燃气简易烤火炉、燃气烤盘等50多种新产品，年户外取暖器单项产品直接发往爱尔兰创汇200多万美元。

2005年，迅达·爱尔兰康赛普燃具有限公司投资2000多万美元，在湖北迅达工业科技有限公司新扩场地150亩，专门生产供爱尔兰市场的产品。迅达燃气灶年产量达到140万台，单项产值达3.2亿元，在国内市场占有率20%。迅达集团共获国家批准专利151项，被评为“全国专利先进单位”“全国优秀民营科技企业”“全国名优企业产品售后服务先进单位”“全国守合同重信用企业”“全国就业和社会保障先进民营企业”“全国高科技产业品牌质量示范基地”“湖南省重点高新技术与创新型试点企业”，获“湖南省著名商标”和通过SA8000国际社会责任认证体系。是年，迅达集团在全国各地拥有全资子公司8家，建有迅达湖南科技园、湖北工业园、湖南可再生能源产业园三大产业园，总占地面积48公顷，共有员工2000多人，总产值达8亿元，年销售额近10亿元，年出口创汇达1亿元，年生产灶具能力达800万台以上。其中，迅达湖南科技园实现工业产值5.7亿元。产量、产值、从业人员分别比2000年增长8.8倍、4.8倍、25%。

第四章　塑料制品、制革及皮革制品

第一节　塑料制品

一、生产规模

1986年，境域国有、集体塑料制品企业有湘潭市塑料四厂等10家(国有企业1家、集体企业9家)，从业人员2837人。主要生产全塑鞋、管材、编织袋等10大类60多种规格产品，工业总产值3570万元，利润495.7万元。另外，湘乡县有乡、村、联户个体塑料制品厂30余家，年产塑料制品630吨。1987年后，经济体制改革进一步深化，企业自主权不断加强，有条件的企业发展较快。湘潭市塑料四厂建设年生产能力2000万条复合塑料编织袋进口成套设备生产线投入生产，并与中化(美国)

分公司合资成立“湖南丰润塑料制品公司”，合资生产经营国际通用型方底阀口袋和普通塑料编织袋等6大类产品，年生产能力达5000万条/3500吨，被轻工部确认为中型二档企业。湘乡市月山镇投资60余万元，兴办塑料编织袋厂。市塑料七厂、塑料八厂、布鞋厂等部分企业因规模小，产品销售跟不上市场需要，逐渐衰落，较长时间停产待工，欠发职工和退休人员工资，成为困难企业。1990年，塑料制品业企业11家（含乡镇企业1家），从业人员2766人，完成工业总产值6856万元，利润230万元。企业数、从业人员、产值、利润分别比1986年增长10%、减少2.3%、增长9.2%、减少53.6%。

1991年后，境域塑料制品业适应市场经济需要，迅速发展。市塑料四厂以85%的股份与“香港全球国际企业公司”共同投资400万元，成立中港合资企业“湖南汇利聚酯片材有限公司”，生产多层共挤的PET、PP、PC、PE、PS等各类片材，年生产能力5000吨。市塑料一厂钙塑瓦楞箱生产线投资改造，使生产线正常运转，年产量达1134吨。市塑料九厂投资3000万元，引进法国、奥地利具有90年代水平的成套塑编设备和技术，开发裂膜丝织土工布系列产品，填补省内空白，形成年产800万平方米生产能力，企业效益明显增加。另外，湘乡市龙洞乡中朝村投资200多万元，兴办塑料泡沫厂。湘乡铝厂附属厂投资60万元，建成塑料编织袋生产线。1995年，境域有塑料制品企业10家，从业人员2764人，完成工业总产值7477万元。部分企业因资金短缺、技术跟不上市场发展、产品销售停滞而亏损逐渐加大。全行业亏损达1112万元。企业数、产值分别1990年减少10%、增长9.1%。

1996年，市塑料一厂、市塑料九厂由省经贸委等确认为中型一档企业。市塑料六厂，市塑料三厂停产待工。1998年，市塑料三厂因技改项目失败、产品结构不合理、经营管理不善等多种原因停产，企业亏损，严重资不抵债，扭亏无望，依法破产，重组为通用塑料厂。湘乡铝厂附属厂更名为湘乡铝厂创益实业公司，投资200万元，建成年产普通编织袋400万套、集装袋20万套生产线。2000年，市塑料四厂、塑料一厂、塑料九厂、塑料二厂维持运转，其他企业均停产待工。是年，塑料制品企业19家（其中湘乡市新办私营塑料制品企业9家），从业人员2290人，完成工业总产值4895万元，亏损824.2万元，企业数、从业人员、工业总产值分别比1995年增长90%、减少17.2%、34.6%。

2001年后，境域乡镇集体、股份制塑料制品企业发展快，生产能力逐渐增强，规模不断扩大。2003年，市塑料二厂、通用塑料厂停产待工。市塑料八厂依法破产，收回国有划拨土地整体出让，一次性安置职工195名。2004年，市塑料四厂由于两个合资企业合同到期，流动资金短缺等原因停止运转。市塑料一厂承租给个体生产的生产线，也因各种原因无法维持运转而停产。市通用塑料厂改制整体出让资产，安置职工174人并依法清偿债务。2005年，境域市属国有、集体塑料制品企业只有市塑料九厂1家生产，其他全面停产待工，但民营企业迅速发展仍使境域塑料制品产业快速增长。是年，境域塑料制品企业40家，从业人员2973人，主要生产编织装、集装袋、PVC管材管件等十大类产品，完成工业总产值15491万元，利税265万元。其中，私营集体、合股、个体企业发展到32家，生产能力2万吨以上，年产值达11500万元以上。企业数、从业人员、产值分别比2000年增长110%、29.8%、216%。

二、经营管理

1986年，塑料制品企业生产经营活动坚持以经济效益为中心，完善各种形式的经济责任制，加强企业制度管理，促进企业发展。市塑料四厂依靠严格的管理制度，产量猛增，质量稳定，各项经济技术指标居全国同行业的前列；产品质量各项指标超过部颁标准，达到国际先进水平，获“部优”“省优”称号，出口免检；原材料消耗大大降低，原使用旧设备生产编织袋万平方米耗聚丙烯最低在1.1吨以上，使用新设备后降低到0.37吨/万平方米。1990年，境域塑料制品企业销售收入5126万元，是1986年3504万元的1.46倍。

1991年，境域塑料制品企业抓市场和抓内部管理并举，企业管理水平上等级，产品质量上升。“君子莲”牌柔性集装袋获“省优产品”称号，“东方”牌安全帽获第二届国际博览会银奖。市塑料四厂机台操作工人黄香花，因工作吃苦耐劳、产品质量过得硬，被国家轻工部授予“劳动模范”称号。1995年，境域塑料制品行业销售收入6401万元，是1990年的1.25倍。

1996年，市属5家企业因规模小、技术力量薄弱，产品销售跟不上市场发展需要，资金无法筹措，企业面临的困难加大，不得不停工、待工。1997年，境域市塑料一厂、市塑料四厂、市塑料五厂等企业一方面采用职工内退或部分下岗待业等办法，保证生产经营的运转；另一方面尝试生产经营权与所有权分离的办法，将停滞的产品生产线向社会招租，由个体承租生产经营，以缓解企业的困难和压力，收到一定成效。2000年，境域塑料制品企业销售收入4060万元，较1995年下降36.6%。

2004年，市塑料一厂承租出的钙塑瓦楞箱生产线、市塑料四厂承租出的PET片材生产设备，以及丰润公司与山东天驰公司合作成立“方园塑料制品有限公司”，都因各种主、客观原因停止运转。市通用塑料制品厂整体出让资产，安置职工。2005年，境域市属塑料制品企业除少数企业有留守职工外，都下岗待业，无法进行生产经营活动。

第二节 制革

1986年，湘潭市制革总厂是境域唯一一家国有中型制革厂家，从业人员486人，年生产皮革37万张，产值1101万元，实现利税126.5万元。该厂通过引进先进设备，由原来手工操作发展成为机械化半机械化流水作业，试制生产铬植结合鞣猪箱包革、带胺箱包革、高档型包革、软鞋面革等产品。1987年，生产的江花牌“植鞣猪皮里革”由省经委批准为“省优产品”，企业生产的其他产品质量都得以提高。同时与多家公司、地区联营，开辟皮革服装等新产品线。是年，完成工业产值1165万元，利税231万元，分别比1986年增长5.8%和83%。1989年，湘潭市制革总厂因国家分期取消对收购猪皮的政策补贴，并要按规定缴纳产品增值税，使得收购每张猪皮价格比取消补贴之前的1988年增加3.4元以上，加上其他困难，亏损迅速加大，难以运转，成为特困企业。1990年11月，湘乡市村民李阳维、宋绍林、陈国良、彭罗松四人集资创办境域第一家合作股份制制革企业“湘乡市制革厂”，产品为兰湿皮（皮革半成品）。是年，境域制革企业两家，从业人员493人，生产皮革56.31万张，完成工业产值1882万元，亏损252.7万元。

1992年，彭罗松、宋绍林从湘乡市制革厂退出，分别创办宏达制革厂、国强制革厂。1993年，湘潭市制革总厂由于累计亏损严重、债务重，无法继续维持运转，经市体改委等五部门批准进行国有民营的尝试。原副厂长李清明经竞标，以50万元抵押资产，成为民营试点企业厂长。1994年，境域制革业基本集中到湘乡市，发展到35家，其产值占到全市乡镇企业产值五分之一，湘乡市乡镇工业产值三分之一，成为湘乡市工业的拳头产品。是年，湘乡市为使皮革工业健康有序发展，组建皮革公司,成立皮革工业总会。1995年,境域制革企业36家,工业产值4.7亿元,利税2300万元。企业数、工业产值分别比1990年增长1700%、2397%。湘乡市皮革(集团)总公司取得自营进出口权。

1996年,市制革总厂面对原材料涨价、生产成本居高不下、企业贷款利息达到最高峰无法偿还、货款难以收回等现状,被迫停产,国有民营最终以累计亏损940万元失败告终,职工全部下岗待业。1997年,湘乡市制革一厂、二厂、宏达制革厂等厂家采用兰皮工艺,每家投资200万元以上添置设备,实现产品风格国际化、质量高档化。1998年,湘乡市皮革(集团)总公司自营组织进出口,直接出口110万美元,间接出口近5000万美元。同年,湘乡市7家制革企业因污染严重被湘乡市政府关闭。1999年,8家企业受俄罗斯卢布贬值和东南亚金融风暴影响自行倒闭。2000年,湘潭市制革总厂停止运转。是年,境域制革企业20家,从业人员约1800余人,年加工猪皮的能力为500万张左右,完成工业产值约3.2亿元,利税约1600万元。企业数、产值、利税分别比1995年减少37.5%、31.9%、30.4%。

2003年,湘乡市皮革工业园正式动工建设,当年入园的制革企业有7家。是年,成立湘乡市皮革工业协会。2005年,境域有皮革鞣制加工企业22家,全部集中在湘乡市,为股份合作和个体私营企业,年加工猪原皮能力3000万张以上,年产皮革2375万平方米,产品有:服装革、绒面革、沙发革、鞋履革、手套革等,产品主要销往美国、加拿大、日本、俄罗斯、欧盟等国家和地区。全市完成工业产值19.3亿元,利税1亿元。企业数、产值、利税分别比2000年增长10%、500%、525%。湘乡市皮革工业已形成一个整体结构合理、产业链完整、资源优势明显、具外向型经济特色的产业。

第三节 皮革制品

1986年,境域皮革制品企业10家,从业人员1954人。主要生产有皮鞋、皮箱、皮手套、皮箱配件、皮革化工助剂六大类产品,花色品种齐全。其中皮鞋有牛皮面凉鞋、猪皮面皮鞋、合成革皮鞋等28个品种,产量124.58万双、产值658万元;市皮鞋一厂生产的线缝三节男皮鞋,在全省优质产品评比中被评为一类第一名。皮箱生产从裁片、报皮、切角、下料等工序实现机械化操作,质量好,花色品种多,规格尺寸齐全,而且新增尼龙布包、真皮包等各种包袋,产量达20.4万口,在全国的销售网点达到283个,人均年劳动生产率18780元,为全省同行业之首。是年,境域皮革制品企业完成工业产值2172万元,实现利税113.2万元。

1987年,市皮革五金厂生产的旅行软箱获省皮革行业质量鉴定评比第一名和"金杯"奖。市制革厂与多家公司、地区联营,开发皮革服装、药物胶囊等新产品,工业总产值突破千万元。1988年,湘潭县皮件厂为省出口手套生产定点企业,生产出口皮包袋。湘潭县制鞋厂生产各类皮鞋,除供应本地市场外,还远销到北京、上海等10多个省、市的120个商家。湘潭县环山乡发展集体、家庭皮鞋厂100多家,成为小有名气"皮鞋之乡"。1989年,市皮革制品厂根据市场需要,转产皮革服装,得到银行支持,引进先进制作技术和设备,使服装生产、销售很快形成市场。1990年,市皮件一厂生产的"人造革家用衣箱"评为省优产品。新增产品皮服装产品质量好、花色品种多,各种规格型号齐。其中市皮革制品厂生产"东雅"牌绒面女夹克,获对外贸易部"优质产品"奖,销售名列全省前茅,远销到欧美国家。市工业皮件厂等3家企业,因产品销售跟不上市场发展需要而停滞,企业困难逐渐加大,被迫停产或半停产,列为市特困企业。是年,境域皮革制品企业 224 家,从业人员约 2700 人,完成工业产值约 3500 万元,利税约 200 余万元。分别比 1986 年增长 2410%、38%、61%、76.7%。

1991 年后,境域市、县属皮革制品企业由于规模小、资金短缺、技术力量薄弱、产品销售跟不上市场需要等多方面原因,出现半停产、停产,亏损加剧。1993 年,湘潭县制鞋厂引进外资,组建湘浙合资塑料制品厂。1995 年,境域皮革制品企业 220 家,从业人员 2833 人,完成工业产值约 2689 万元,亏损 372.7 万元。企业数、从业人员、产值分别比 1990 年减少 1%、增长 4.9%、减少 23%。

1996 年,随着制革业的发展,湘乡市皮革制品企业应运而生,拥有皮服、皮件加工厂 18 家。市皮革制品厂因保管员管理不慎引起火灾,使企业再无力回生。1997 年,青山桥地区皮鞋制造业异军兴起,拥有 250 余户个体厂、鞋店,从业人员 1000 多人,年产皮鞋 150 万双,完成工业产值 7000 万元,并成立青山桥皮鞋业协会。市属 6 家皮革制品企业全部停产待工,95%以上职工下岗待业,湘潭县属 3 家企业相继停产。1998 年,湘潭县制鞋厂因资不抵债,依法破产,以 95 万元整体出让资产,安置 194 名职工。2000 年 10 月,青山桥镇民营企业涓江鞋业有限公司生产的“涓江”牌皮鞋通过 IS09001 质量认证,获省著名商标、中国真皮标志称号。湘乡市通达皮革化工有限公司生产的劳保手套价廉物美,走俏德国、意大利、西班牙、美国等 10 多个国家和地区,年出口额达 1000 万美元。是年,境域皮革制品企业 280 余家,从业人员 2800 余人,年产皮鞋 200 万双,完成工业产值近亿元,利税 500 余万元。企业数、从业人员、产值分别比 1995 年增长 27.2%、减少 1%、增长 272%。

2001 年后,境域皮革制品业相继集中到湘潭县、湘乡市。2004 年,湘潭县皮件厂以 283.5 万元整体拍卖,资金安置 336 名职工。2005 年,市属 7 家集体皮革制品企业,有职工 1065 人,已长时间停产待工,正进行改制。湘潭县皮革制品私营厂(店)已有 5000 余家,主要集中在青山桥镇皮鞋工业园,生产经销的皮鞋、皮箱等产品销往北京、上海等 20 多个省、市,有部分产品出口。湘乡市的私营皮革制品企业有湘潭金子箱包有限公司、湖南省怀其皮革集团制品有限公司等 32 家,另有上百家皮革制品制造个体户分布在湘乡市城乡各地。主要产品有服装、鞋、手套,箱包、配件等,年产皮革服装 8 万件,皮手套 200 万打,皮鞋 220 万双。其私营企业“怀其皮革集团制革有限公司”下辖的皮革制品有限公司主营皮革制品,是湖南省最大的猪皮加工企业,产品有皮服装、皮手套、箱包等七大系列 100 余个品种,98%以上产品出口美国、俄罗斯、欧盟等国家和地区。是年,境域皮革制品企业完成工业产值约 1.5 亿元、利税 720 万元。较 2000 年,分别增长 50%、44%。

第五章　家用电器及五金制品

第一节　家用电器

1986 年,境域家用电器企业 4 家(家用电器厂、电镀厂、洗衣机厂、电机厂四分厂),从业人员 1297 人,年产值 663 万元,主要产品有侧开门滚筒式洗衣机、电风扇、电熨斗、电热毯等。湘潭市电机厂四分厂(下简称四分厂)自成体系经营,生产的“天仙”牌电风扇销售量达 14.6 万台。1987 年,四分厂试制出 FC-20 型 1200 毫米吊扇、FT5-40 台扇、FH-25 换气扇、FTS-25 全塑台地扇等，销量达 17.8 万台，销售网点遍及湖南、湖北、四川、河南、河北、贵州、江西、浙江、北京等 500 多家主要商业单位，FC-15 吊扇获湖南省优质产品证书。同年 6 月，生产侧开门滚动式洗衣机的市洗衣机厂，因生产规模小、资金严重短缺、企业内在负担不断加重等原因停产，由湘潭市柴油机厂兼并。1988 年，市电镀厂生产的“电熨斗”被评为轻工部“部优产品”。四分厂被“湖南省质量管理协会”和《湖南日报》社组织的“家用电器使用质量及售后服务评优”活动评为最优厂家称号，用户满意率为 94.2%，居全省第一。制伞厂为有利企业的生产和发展，加挂“金三角机电厂”厂牌，与市体育器材设备厂研制开发“万向轮”，研制人员经过一个多月的奋战，制造生产需要的模具 20 付并试制成功。当年，签订生产 10 万支万向轮支架的合同。1989 年，为解决市电镀厂污染市区的问题，市政府决定电镀厂与皮革五金厂合并，以充分发挥地盘和各自产品的优势来搞活企业。同年，四分厂试制出 FC2-15 吊扇，销量达 23 万台。1990 年，市家用电器厂、电镀厂停产待工，企业困难无法扭转，被列入市特困企业。四分厂调整生产电机为主，风扇生产大幅减少并停产。金三角机电厂生产的万向轮，销售稳定上升，当年投资 40 万元，新增生产的相关设备和厂房，实现产值 116.56 万元，利润 32.6 万元。SK 系列万向轮获省经委颁发的“优秀新产品”证书，1991 年获省二轻科技进步二等奖，1992 年获中国新产品新技术博览会金奖。1995 年增加投入 55 万元，新添设备和新建厂房 1000 平方米，年产值达到 987 万元。

1996 年，金三角机电厂组建“湘潭市金三角万向轮有限公司”，同时注销“市金三角机电厂”，各类伞的生产、销售逐步减少，1997 年全部停止。1998 年，该公司试制成功中型万向轮，公司由单一品向多品种系列化方向发展，相继开发 7 个系列百余品种万向轮。公司连续 4 年被湖南省机械设备进出口公司评为出口创汇先进单位。2000 年，系列产品获湖南省产品质量奖。

2001 年，市金三角万向轮有限公司因价格原因，湖南省机械设备进出口公司停止收购产品，由公司自营出口。2002 年，公司获得自营出口权。但市场竞争激烈，企业经营困难逐步加大。2005 年底，2 家家用电器企业停止运转，从业人员 347 人，按市委市政府的有关政策安置。

第二节 五金制品

1986 年，市属五金业有市轻工机械厂、仪表厂等 9 家企业，其中国有中型二档企业 1 家、市属集体企业 8 家，在职职工 1479 人，工业产值 1578 万元。主要产品有镀锌丝、显示仪表、三轮车、铁皮水桶、工艺标牌、鞍座、钢球、低压阀、轻工机械系列等。1990 年，市化工机械厂、轴承配件厂等 5 家企业由于规模过小，市场竞争力低，技术水平跟不上市场发展的要求，资金严重短缺等而全面停工。拉丝编织厂与塑料九厂经二轻工业局协调合并。是年，有企业 8 家，在职职工 1093 人，工业产值 905 万元，较 1986 年下降 42.7%，利润 13 万元。

1991 年，市轻工机械厂等生产显示仪表、三轮车、工艺标牌的企业，产品销售量虽不大，但还是有一定的市场，但资金筹措困难，艰难运转。是年，市轻工机械厂生产的 JPD5400 型移动式饮料过滤机获“省优产品”称号。1993 年，境域五金制品企业由于市场竞争激烈，国家紧缩银根，工业产值逐年下降。1995 年，五金制品业企业 9 家，在职职工 984 人，工业总产值 895 万元，亏损 158 万元，较

1990 年,在职职工减少 10%,工业产值下降 1.1%。

1998 年,市轻工机械总厂出现严重滑坡,处于停产半停产,工资难以按时发放。企业实行股份制改制因多方面原因未能成功。2004 年,市轻工机械总厂和市化工机械厂顺利进行企业改制。2005 年,五金业市属集体企业 6 家,没有生产,有在职职工 470 人,都下岗待业。

第六章 电子制品

第一节 生产规模

1986 年,境域电子工业有市半导体厂等 14 家企业,其中国有企业 7 家、集体企业 7 家,从业职工 3225 人。主要生产电子元器件、消费类电子产品、电子技术应用品等三大类产品。电子元器件类产品生产厂家有市半导体厂、半导体二厂、无线电五厂,具有年产半导体二极管、三极管、可控硅 1800 万支和黑白电视机行输出变压器 50 万支能力。消费类电器产品生产厂家有市无线电厂、无线电二厂、韶山电视机厂等,具有年生产黑白电视机 22 万台、彩色电视机 15 万台、收录机 20 万台能力。电子技术应用类产品生产厂家有市无线电厂、无线电二厂、五厂、电子设备厂、电子研究所、计算机公司、湘潭县无线电厂、韶山无线电厂、湘乡无线电厂、湘乡电控环保厂,主要产品有声波产品系列、直变器、给料机系列、电子秤系列、除尘器系列、电源电控、控制箱系列、检测系列等,具有年生产 1.5 万台(套)的能力。市无线电二厂筹资 135 万元,引进建成单班年产 12 万台黑白电视机生产线,年底生产上海牌电视机 3010 台,创产值 130 万元,质量符合部颁标准,有 1000 台销往香港。市电子设备厂投资 113 万元,购得原市农资公司房地产后,将工厂从自力街搬迁至韶山西路 304 号。市半导体厂被省经贸委批准为中型二档企业。是年,电子工业完成工业总产值 2396 万元、销售收 1604 万元,实现税金 74 万元、利润 149 万元。

1987 年,市半导体二厂投资 150 万元,引进苏州金塔公司"金塔"牌 BSH-3 型黑白电视机一体化回扫变压器生产技术,建成一条年产 50 万只黑白彩色兼容的一体化回扫变压器生产线。市无线电厂投资 62 万元建成一条生产线,组织试生产中国兵器工业第 203 所研制的 X 制导控制箱;与湖南省广播设备厂联合,筹资 34 万元,建立一条年产 20 万台收录机通用流水生产线。市电子设备厂与河北煤炭设计院共同研制生产的 KYCJ 磁性接近开关,投入批量生产。1988 年,电子工业继续保持良好发展态势。市无线电五厂投资 73 万元,引进西安整流器研究所 KK200A、500A 晶闸管制造工艺技术,改造建成年产 2.5 万只的生产线。是年,电子工业共生产半导体二极管 164.4 万个、三极管 202.9 万个、黑白电视机 8.12 万台、收录机 1616 台、控制箱 19 套、给料机 1216 台、控制器 341 套、皮带电子秤 181 台、除尘器 138 台、声波仪系列 20 套、声波换能器 261 套、永磁开关 525 套等,完成工业总产值 6125 万元、销售收入 5872 万元、实现利税 318 万元、利润 325 万元。各企业户户盈利,经济增长 34%,接近全国发展水平。各项经济指标列全省电子行业地(州、市)的第二位,获湖南省电子工业目标管理一等奖,提前实现工业总产值比"六五"期间翻两番奋斗目标,是湘潭市电子工业发展的最佳时期。

1989年,市半导体厂发展成为专业生产3DG、3DK、3CG等8个系列、370个型号硅高频小功率三极管的国家重点建设骨干厂之一,3DG360、720、2891、3440型号规格为全国独家生产，取得“七专”(指专人、专机、专料、专批、专检、专技、专卡)生产许可证,有年产三极管1500万只能力。“七专”产品先后为回收人造地球卫星等提供配套,作出特殊贡献;又筹资61万元,建成一条生产KK300A和内压螺栓型晶闸管的生产线,年产50万只。市电子研究所研制检测可燃物品发热量的RHD恒温热量计和HKY时温程控仪,用于煤炭、石油、化工、电力、农业、食品等部门,分别生产128台和85台,完成产值84万元。1990年,由于受电子市场饱和且竞争激烈、原材料价格上涨、利润空间急剧缩小等诸多因素影响,出现亏损。是年,境域电子工业有企业13家,从业人员3154人,完成工业总产值4477万元、销售收入3115万元,实现税金180万元,亏损118万元。企业数、从业人员、工业总产值、销售收入、税金分别比1986年减少7%、2.2%,增长86.7%、94.2%、143.2%。

1991年,境域电子工业在困难中求生存、求发展。市无线电二厂投入990万元,与上海广播电视集团公司(简称上广集团)联合进行二期生产彩色电视机的技术改造工程项目,在市建设北路300号征地2.1万平方米，建成一栋1万平方米年产黑白电视机12万台、彩色电视机15万台综合大楼,当年生产彩色电视机15945台、黑白电视机6274台,完成工业产值4403万元,新增利润30万元。市半导体厂开发生产高效电子节能灯,具有年生产7万盏的能力,当年生产4857盏,实现收入31万元。1992年,市电子工业产量有所提升,但销路不畅,收益不佳。市半导体二厂投资187万元,引进彩电用一体化行输出变压器,因工艺专利技术质量指标太低,产品滞销。湘乡电除尘器厂经省、市批准,建立电除尘专用轧机生产线,产品主要用于冶金、矿山、建材、医药、粮食加工等企业的通风、除尘、净化方面。市电子设备厂生产粮油机械产品项目,筹资270万元(含职工集资110万元),进行厂房设备技术改造。市无线电二厂被省经贸委批准为中型二档企业。1993年,湘乡无线电厂研制生产的双悬臂电子秤和GZJ降低噪音电振动器扩大产品市场,完成工业总产值827万元,销售收入1209万元,实现利税198万元;并投资800万元征地13亩,建成一栋集科研、设计、试制、生产于一体的科技综合大楼,使该企业发展上一个新台阶。1995年,电子工业各企业均不景气,效益持续下滑。是年,有企业14家,从业人员3045人,完成工业总产值7885万元、销售收入6765万元,实现税金23万元、亏损1078万元,分别比1990年增加7.7%,减少3.5%,增长76.1%、117.2%,减少87.2%。

1996年,境域电子工业深入开展三项制度改革,市委、市政府对重点单位进行支帮促,认真应对困境与危机,利用企业一切可用资源,争创效益。1997年,市无线五厂生产的KJHS-10KA/75V大型整流设备出口伊朗,创汇100多万元。韶山电视机厂组织科技攻关,对韶峰牌电视机原机壳、基板及生产工艺进行改进,提高整机可靠性,降低单台生产成本,全年节约生产成本65万元。1999年,市电子工业困难加剧,特困企业占行业的50%,行业有80%职工被拖欠工资,欠薪达700多万元。2000年,电子工业艰难开展生产自救,采取企业闲置土地变现、设备转让、向职工借贷等方式,维持企业运转。是年,有企业14家,从业人员2844人,完成工业总产值3175万元、销售收入2443万元,实现税金35万元、亏损557万元,分别比1995年持平、减少6.6%、59.7%、63.9%,增长52.2%。

2001年,境域电子工业充分发挥企业主观能动性,坚持在困境中艰苦工作。湘潭无线电责任有限公司改进电路旋转连接器系列、和继电器盒产品,收入 250 万元;生产检测设备,收入 1860 万元。2002 年,电子工业组织 10 家企业生产,从业职工 1943 人,完成工业总产值 2284 万元、销售收入 2343 万元、实现税费 26 万元,减亏 80 万元。2003 年,市电子工业以市场为导向、以新产品为突破口,科学安排生产经营,开始出现转机。8 家企业恢复生产,从业职工 1467 人,共生产半导体二极管 17 万个、三极管 2.02 万个、控制箱 9 套、检测仪系列 14 套、给料机 500 台、皮带电子秤 100 台、声波换能器 212 套、永磁开关 315 套等,完成工业总产值 2650 万元、销售收入 2555 万元,实现税金 30 万元、利润 10 万元,各项指标比上年平均增长 15%左右,各企业开始扭亏为盈。

2005 年,境域电子工业破产改制企业共 10 家(市半导体厂、市无线电二厂、市电子研究所、市电子器材公司、湘潭县无线电厂、韶山无线电厂、韶山电视机厂、湘乡无线电厂、湘乡电控厂、湘乡电除尘厂)。存有企事业单位 5 家,其中事业单位 1 家(微电脑研究所)、国有企业 1 家(湘潭无线电责任有限公司)、集体企业 3 家(市半导体二厂、市电子设备厂、市无线电六厂),职工 634 人。湘潭无线电责任有限公司、市半导体二厂生产基本正常,共生产半导体二极管、三极管 20 万个、控制箱 57 套、检测仪系列 4 套、给料机 500 台、皮带电子秤 100 台、声波仪系列 5 套、声波换能器 123 套、永磁开关 270 套等,完成工业总产值 3850 万元、销售收入 2176 万元,实现税金 80 万元、利润 44 万元,分别比 2000 年减少 64.3%、77.7%,增长 21.3%,减少 10.9%,增长 128.6%。

第二节　工艺质量

1986 年,境域电子工业发展迅速,并注重于以质量占领市场,积极开发研制高、精、尖产品。是年,电子工业有 4 项产品获奖。其中,韶山无线电厂研制的平面键整字分面式汉字键盘。获全国第二届发明展览会银牌奖;韶峰牌 SF35-1U 和 SF44-501 黑白电视机获电子工业部优质产品称号,湖南省用户满意奖;市半导体二厂生产的 2CP35、2CP36、2CP39 系列产品,具有体积小、电流大、反压高、性能稳定,为国内独家生产。2CZ52 整流管被评为省优质产品。市无线电厂生产的 X 控制箱技术性能达到国际先进水平。市无线电五厂改进可控硅烧结工艺材料, 采用铅锡合金代替金锑的生产工艺,节约黄金,简化工艺,降低成本,提高烧结的合格率,年节约材料成本 20 万元。

1987 年,市无线电厂研制的 MH-1 煤层厚度探测仪,获第三届全国发明展览会银牌奖;市无线电厂生产的地面控制箱、市无线电二厂和韶山电视机厂生产上海牌及韶峰牌黑白电视机,分别被国家部委评为优质产品;市电子研究所研制的多路电能计量仪、市无线电二厂研制的 HX-3 型单色监视器、市半导体厂开发的 3DG360、391、3440、720 高温晶体管获“省优秀新产品”称号;市无线电二厂生产的飞翔牌直变器、市半导体厂生产的 3DG111、182、102 三极管、湘乡无线电厂生产的 ZDZ 电子振动给料机,均被评为“省优质产品”。

1988 年,市无线电五厂生产的 2CZ500A-800A/2400V 器件与湘潭电工厂生产的 SF3102 型 108 吨电动轮自卸车配套,获国家金质奖。市半导体二厂生产的 2CP35 和 3DG102、111、182 三个型号产品被评为省优质产品。1990 年,市无线电厂生产的 X 控制箱被机械电子工业部评为 241 个优质电子产品之一。

1992 年后,市电子工业企业推行全员质量管理,建立 QC 质量小组 43 个,开展行之有效的 QC

小组活动，获机电工业部“优秀先进QC小组”6个，省级“优秀先进QC小组”15个，省电子行业“优秀先进QC小组”10个。电子产品中，获国家奖5个、省奖2个。其中，市电子电除尘厂生产的SQW双飞除尘器获国家环保科技成果奖和中国新技术新产品博览会银质奖；市无线电厂生产的X综合检测仪样机，通过设计评审，其总体技术居国内领先水平；市半导体厂生产的内压式螺栓型晶闸管QC成果获机电工业部一等奖；韶山电视机厂生产的电视机宽电源保护装备获全国星火计划科技成果金奖。市电子电除尘厂生产的GW管帏式电除尘器获湖南省科技进步二等奖；韶山电视机厂生产全自动水位压力测试仪获湖南省新技术新产品金奖。

1996年后，境域电子工业把提高产品质量、开发研制高新产品作为取胜电子市场、求生存保增长突破口，产生一定效果。市无线电厂按GJB/Z9002-96保障体系标准，通过国家级新时代认证中心的审核，是湘潭市电子工业第一家与国际质量标准接轨、实施国标管理并通过认证审核单位，是湖南省电子系统第一批按国标管理通过认证单位。1999年，市半导体二厂的二极管产品，参与航天工程配套，获“中国载人航天工程办公室”嘉奖。湘潭无线电有限责任公司（简称湘无公司）生产的Ⅰ型X型控制系统检测仪获军内“科技成果三等奖”。

2001年，市电子工业积极开发研制新产品、升级产品质量。湘无公司参与研制X型检测车检测设备，通过技术鉴定，居国内领先、国际先进水平，获军内“科技进步一等奖”。市半导体厂生产的3DG系列三极管通过赛宝认证中心审核，获得ISO-9001-2000质量管理体系认证证书。2004年，湘无公司试制生产检测车检测系统，获“科技进步二等奖”。2005年，湘无公司参与研制的X型检测车检测设备，被湖南省授予“科技成果推广二等奖”；车载X型控制系统检测仪，通过技术鉴定，其技术居国内领先水平，被湖南省授予“科技成果推广一等奖”；改型后的X制导控制箱，被湖南省授予“科技成果推广一等奖”。至此，境域电子工业产品获国家奖19项、省奖20项。

第三节　经营管理

1986年，境域电子工业为适应经济体制改革的需要，推行企业管理创新和改制，试行招聘厂长，实行厂长承包任期责任制；行业实行经济目标管理责任制，职工工资总额与经济效益挂钩；定额定员，优化劳动组合；打破“三铁”（铁饭碗、铁工资、铁交椅）；全员风险抵押等，实行企业用人用工和经营自主权；发展横向经济联合，加强技改投入，引进开发先进技术和产品，增强企业自我发展能力。湘乡电控环保设备厂加入中国环保协会，成为湖南省环保协会常务理事单位。市无线电五厂被行业推荐为中南变流技术网副组长单位。市半导体厂被机械电子工业部评定为“七专产品科研生产先进单位”。省政府批准建立“湖南电视机厂韶山分厂”，由湖南电视机厂和韶山经济开发公司合资经营管理。韶山无线电厂经市体改委、计委、经委联合下文，整体并入湘潭市压缩机厂。同年，市无线电二厂经批准加挂“上广厂湘潭分厂”厂牌，加入上海广播电子电器集团总公司（共89个单位），并为常务理事单位之一，被湖南省政府以“横向联合、成效显著”进行表彰奖励。

1991年，市电子行业制定《湘潭市电子工业“八五”发展规划》和《湘潭市电子工业科技振兴纲要》，重点依靠科技进步、强化产品开发、强化质量管理、强化技术改造和改善人才结构，应对电子行业经济下滑的严重形势，产生一定成效。是年，市无线电二厂和市无线电厂销售收入超1000万元，利润超100万元，被湖南省电子工业局评定为湖南省电子行业重点企业。江南机器厂附属湘潭电工厂、湘乡市电除尘器厂、韶山电视机厂，经湖南省电子工业局批准同意，由湘潭市电子行业归口管理。1992年，市无线电厂经湖南省电子工业局和机电工业部复评通过国家安全级企业标准，批准为国家安全级企业。同年，市电子仪表工业局改为湘潭市电子仪表工业集团公司，由行政管理部门逐步转为自我经营、自负盈亏、自我发展、自我约束的经济实体。

1994年，市电子工业因缺乏拳头产品，老产品在逐步萎缩，研制开发新产品成效甚微，原材料、能源价格上涨，科技骨干、技术流失，企业陷入困境。湘潭市政府确定市半导体厂、市无线电厂、二厂、六厂为特困企业，给予重点支持帮助。湘潭县无线电厂长期处于停产半停产状况，其厂房占地4.7万平方米，有固定资产41万元，累计负债达150万元。经市体改委同意，由湘潭市化工厂兼并，接受全部资产，承担其全部债权，安置全体职工。江南机器厂附属湘潭电工厂也因企业经营困难，效益差，职工处于息工状况而停止归口管理。

1996年，市电子公司恢复行政管理职能。为帮助企业加强管理、深化改革，市委、政府派出工作队进驻市半导体厂、市无线电厂、无线电二厂等重点单位，进行支帮促，并录用3名后备干部到困难企业担任主要领导，千方百计启动生产，利用厂房、设备、技术等资源，采取招商引资、股份合作、公有民营、优势资产剥离等方法，办经济实体、发展第三产业、内部租赁承包、分块搞活、分灶吃饭、委托管理等，均收效甚微。与此同时，电子行业深入“三项制度”改革，贯彻执行劳动法，推行劳动合同制管理，市半导体厂、二厂，市无线电厂、二厂、五厂、六厂和市电子设备厂共7家企业2240名职工（全民工985名、集体工1225名），均与单位法人代表签订劳动合同书，实现全员劳动合同制管理。市电子研究所、市电子器材公司由事业单位改为企业单位后，120名职工均签订劳动合同书。市无线电三厂被注销，其债权、债务、员工全部转入市无线电厂。1997年，市计算机技术公司更名为湘潭市微电脑研究所。1999年，在市政府指导下，市无线电厂改制为国有控股（51%）和职工个人集资参股（49%）的湘潭无线电有限责任公司（简称湘无公司）。该公司抓住机遇，按照“立足军品、发展民品、搞好科研、创造效益”的经营方针，在省对口双联单位财政厅的支持下，增加技改投入，改造生产线，不断改进和开发出新的产品，并积极与部队院校和科研单位进行有效合作，为企业稳定发展打下基础，是电子行业10年来一直保持生产经营稳定、职工生活安定、管理规范、质量可靠、发展持续的单位。

2001年，市电子行业以化解债务为前提、以安置职工为重点、以盘活资产为途径，利用政府有关政策，依法稳步推进行业资不抵债企业破产解散及职工安置工作。2002年，市政府进行机构改革，撤销湘潭市电子仪表工业局，成立湘潭市电子工业行业管理办公室；湘乡电控环保厂、电除尘厂停产，自动脱离行业归口。2003年，市半导体厂利用市政中心建设征地，由市政府出资3000万元收购原工厂土地、建筑物等补偿金，依法破产，安置职工647人。2005年，市电子行业依据有关政策，加大企业改制力度，采取土地拍卖和设备、技术转让等措施筹集资金，除按规定缴纳各种费用外，全部用于缴纳职工养老保险金、失业保险金和解除职工劳动合同安置职工，全行业有湘乡无线电厂、韶山电视机厂、市电力整流厂、市器材公司、市电子研究所、市无线电二厂等6家企业依法破产，安置职工978人（其中职工715人、退休人员263人）。

2005年湘潭市电子行业单位基本情况

表 24-6-1

单位名称	经济性质	建立时间	原名称	地址	说明
市电子工业行业管理办公室	行政事业	1975	市电子仪表工业局	市建设北路116号	—
市半导体厂	全民	1967.1	市半导体研究所	市岳塘区宝塔岭留霞坡5号	2005年破产
湘潭无线电有限责任公司	全民	1968.9	市无线电厂	市韶山西路328号	—
市电子研究所	全民	1975.4	市电子研究所	市建城路72号	2005年破产
市电子器材公司	全民	1974	电子器材服务部	市韶山西路11号	2005年破产
市微电脑研究所	全民	1983	市计算机技术公司	解放南路243号	—
市韶山无线电厂	全民	1979	市韶山无线电厂	市河东三角坪蛇塘	1989年被兼并
市无线电二厂	集体	1965	河西可控硅厂	市建设北路300号	2006年破产
市电子设备厂	集体	1966	市无线电四厂	市韶山路304号	—
市电力整流设备厂	集体	1970	市无线电五厂	市岳塘娥嵋路	2005年破产
市无线电六厂	集体	1966	市第二晶体管厂	市楠竹山镇	—
市半导体二厂	集体	1975	市半导体二厂	市建城路68号	—
市无线电三厂	集体	1977	市半导体三厂	市韶山西路328号	1996年并入市无线电厂
湘潭县无线电厂	全民	1969	县一中校办厂	湘潭县易俗河金霞山	1994年被兼并
韶山电视机厂	全民	1970	韶山电视机厂	韶山市竹鸡段	2005年破产
湘乡市无线电厂	全民	1958	湘乡县广播器材修造厂	湘乡市东风路101号	2005年破产
湘乡市电控环保设备厂	集体	1970	湘乡县星星无线电厂	湘乡市东风路23号	2002停止归口
湘乡市电除尘器厂	集体	1991年归口	湘乡县红星电子设备厂	湘乡市东山路5号	2002停止归口
湘潭电工厂	集体	1991年归口	湘潭电工厂	市楠竹山镇	1996年停止归口

1986~2005 年湘潭市电子工业基本情况

表 24-6-2

年份	企业数(个)	职工人数（人）	固定资产（万元）	工业产值（万元）	销售收入（万元）	实现税费（万元）	利润（万元）
1986	14	3225	1285	2396	1604	74	149
1987	14	3325	1452	4585	3927	206	280
1988	14	3249	1828	6125	5872	318	325
1989	13	3187	2850	6011	4149	182	33
1990	13	3154	6013	4477	3115	180	–118
1991	17	5381	8481	10700	8144	230	580
1992	16	5526	1037	9000	6149	171	–527
1993	15	3423	1155	3985	5597	209	–1033
1994	14	3090	9586	8047	7278	36	–1119
1995	14	3045	9590	7885	6765	23	–1078
1996	14	3088	9165	6352	5177	20	–1025
1997	14	3060	7913	5295	4058	30	–1267
1998	14	3108	7801	4052	3651	53	–1278
1999	14	3139	7442	2753	2280	12	–694
2000	14	2844	7788	3175	2443	35	–557
2001	14	2735	5662	2563	1887	20	–527
2002	10	1943	5394	2284	2343	26	–447
2003	8	1467	3568	2650	2555	30	10
2004	8	1320	3504	3040	3037	40	–65
2005	5	634	1300	3850	2176	80	44

1986~2005 年湘潭市电子工业主要产品产量

表 24-6-3　　　　计量单位:台、个、套

年份	1986年	1987年	1988年	1989年	1990年	1991年	1992年	1993年	1994年	1995年	1996年	1997年	1998年	1999年	2000年	2001年	2002年	2003年	2004年	2005年
半导体二极管	229.7	169.9	164.4	250.2	49.7	29.1	33.2	34.7	59.79	61.73	29.71	22.27	13.55	7.65	17.56	30.94	26.09	17	15.75	15
半导体三极管	222	175.4	202.9	219.4	165.7	123	121	98.4	33.39	28.33	26.03	15.13	10.19	3.69	4.11	6.13	7.66	2.02	10.3	5
黑白电视机	4899	68262	81200	69000	3120	8400	7000	5900	81300	68700	60300	57700	2760	6000	16000	10000	—	—	—	—
彩色电视机	—	—	—	—	—	17000	18200	2300	900	—	—	800	—	—	—	—	—	—	—	—
收录机	—	—	1616	4300	400	1945	1112	—	—	—	—	—	—	—	—	—	—	—	—	—
控制箱	—	10	19	53	120	66	45	12	41	73	81	77	47	38	31	12	14	9	51	57
检测仪系列	—	—	—	—	—	—	—	2	—	—	—	—	6	10	6	5	9	14	1	4
给料机	1144	1342	1216	588	312	580	1351	1935	1704	1666	1027	692	546	559	877	383	500	500	500	500
控制器	1110	1184	341	371	939	802	1251	1017	1295	323	729	486	575	575	401	575	—	—	—	—
皮带电子秤	116	112	181	82	38	75	146	137	177	219	115	29	53	74	85	19	100	100	100	100
除尘器	82	129	138	80	50	70	63	91	67	86	24	12	26	—	4	5	—	—	—	—
声波仪系列	130	15	20	40	20	20	20	45	—	20	2	20	20	10	10	—	2	—	9	5
声波换能器	98	334	261	216	228	245	141	264	172	264	318	255	264	231	285	279	275	212	215	123
永磁开关	—	253	525	310	547	453	796	474	1000	326	475	492	454	227	303	329	450	315	150	270

1986~2005 年湘潭市轻工电子工业部分年份情况

表 24-1

区分	1986 年				1990 年				1995 年				2000 年				2005 年			
	企业数	从业人员	产值万元	利税万元	企业数	从业人员	产值万元	利税万元	企业数	从业人员	产值万元	利税万元	企业数	从业人员	产值万元	利税万元	企业数	从业人员	产值万元	利税万元
日用化工	1	750	1356.4	110	1	850	3600	360	1	960	7800	690	1	1000	14000	1500	1	1300	51000	4900
玻璃	6	2493	8718.6	156	6	2696	5400	503	17	3504	5805	101	17	2900	4411.8	106	27	1600	17542	65
印刷	57	1780	540	102	70	2300	7000	240	93	2600	9500	284	142	3700	15000	616	171	4200	22000	700
燃气具	1	16	222.4	242	1	360	1280	265	1	1015	4455	350	1	1600	12740	1800	1	2000	57000	3651
塑料制品	10	2837	3570	495.7	11	2766	6856	230	10	2764	7477	—	19	2290	4895	—	40	2973	11500	265
皮革	1	486	1101	126.5	2	493	1882	—	36	529	47000	2300	20	1800	32000	1600	22	10000	193000	10000
皮革制品	10	1954	2172	113.2	224	2700	3500	200	220	2833	2689	—	280	2800	10000	500	5139	21000	15000	720
家用电器	3	1297	663	30	3	1290	116.56	32.6	3	1290	987	42	3	900	—	—	2	347	—	—
五金制品	9	1479	1578	70	8	1093	905	13	9	984	895	—	8	700	—	—	6	470	—	—
电子制品	14	3225	2396	223	13	3154	4477	62	14	3045	7885	23	14	2844	3175	35	5	634	3850	124
合计	112	16317	22317.4	1668.4	339	17702	35016.56	1905.6	404	19524	94493	3790	505	20534	96221.8	6157	5414	44524	370892	20425

第二十五篇　电力工业

概　述

1986年，境域火力、水力发电和输送电企业有湘潭电厂、水府庙电站、湘潭电业局（属企业性质兼行政安全执法职能）3家，另外在湘潭钢铁厂备有燃煤发电设备1组。在湘乡市、湘潭县境域有小水力发电站10座。全市电力工业从业人员2857人，发电装机容量22.21万千瓦（其中火力含燃煤发电18.6万千瓦、水力含小水电3.61万千瓦），发电量6.67亿千瓦时（其中火电5.76亿千瓦时、水电0.91亿千瓦时），用电量13.83亿千瓦时，有35千伏至220千伏变电站27座，6千伏电压至220千伏电压输电线路48条共784千米，有配电线路49条共1702千米，在湘潭电业局设地调中心，对境域输、供电进行调度。当年实现工业总产值1.39亿元，占全市工业总产值4.69%，上缴税金1034万元。

随着国务院"政企分开，省为实体，联合电网，统一调度，集资办电"二十字方针的实施，办电理念发生根本变化。1988年，市政府牵头供电、用电企业集资2000多万元，建成220千伏茶园变电站，为保证耒阳电厂、东江电厂"南电北送"，及湘潭电网成为连接湖南南北电网的枢纽，缓解境域用电压力发挥作用。1989年，境域用电趋紧，高峰期出现拉闸限电，严重影响工业生产及关键部门正常运转，除湘潭钢铁厂外，又有湘潭电机厂、江南机器厂等15家企业备有燃煤和柴油机发电设备15组。市电力部门贯彻国务院批转国家经委、国家计委《关于进一步加强节约用电的若干规定》及《湖南省节约用电实施细则》，开始限制空调用电规模和时间。湘潭市三电管理办公室（"三电是指计划用电、节约用电、安全用电"以下简称'市三电办'）采取发放空调使用证、设置用电限额等措施全方位控制空调用电量。1990年，境域发电、输送电企业未变，全市电力工业从业人员3012人，火、水力装机容量26.24万千瓦（其中火力22.55万千瓦、水力3.69万千瓦），发电量7.15亿千瓦时（其中火力5.82亿千瓦时、水力1.83亿千瓦时），用电量18.04亿千瓦时，有变电站28座，输配电线路98条，完成工业总产值2.57亿元，占全市工业总产值4.81%，上缴税金2250万元。从业人数、发电量、用电量、工业总产值、上缴税金，分别比1986年增长5.43%、7.08%、30.47%、85.8%、117.6%。

1991年，市电业局完成对楠竹山地区6千伏升压为10千伏的线路改造，至此，境域再无6千伏配电网及相对应的电压等级线路，最低为10千伏线网，最高为220千伏线网，电网供电能力大幅提升。同年，湖南铁合金厂新建220千伏变电站一座，湘潭钢铁厂新建220千伏变电站两座，工业电力大户专属供电能力进一步加强。同时，五强溪至娄底，娄底至株洲云田500千伏输电线路（简称娄云线）湘潭段开始动工建设。1993年，有3家工业企业共欠电费1100多万元。当年，市电业局为实施农村供用电改革，设立农电管理办公室，在各县（市区）设农电总站。为加快电力抢修速度，成立"电力110"抢修队，负责24小时处理电力设施故障，开展电力优质服务。年内，110千伏梅坪变电站建成投运,成为湘乡城区电力负荷中心,改善该城区供电质量。

1994年,湘潭电厂6万千瓦机组节能技改工程顺利投产,企业装机容量达到13.9万千瓦。是年,湘潭电网集成电路调度自动化系统开始应用,实现电网实时运行信息在线监视。1995年11月,为保证湘潭新电厂建设顺利进行,组建湘潭发电有限责任公司。12月,娄云线湘潭段500千伏线路建成并网,由湘潭电业局负责运行维护检修。年内新建变电站8个,升压、改造变电站4个,净增容量22.1万千伏安。新建输电线路12条共66.53千米,新建配电线路1937千米。1995年末,境域发电、输送电企业未变。全市电力工业从业人员3125人,发电装机容量32.3万千瓦(其中火力28.55万千瓦、水力3.75万千瓦),发电量10.40亿千瓦时(其中火力8.94亿千瓦时、水力1.46亿千瓦时)。用电量24.38亿千瓦时,有35千伏至220千伏变电站32座。10千伏至500千伏输电线路99条。完成工业总产值7.02亿元,占全市工业总产值6.04%,上缴税金4846万元。从业人数、发电量、用电量、工业总产值、上缴税金,分别比1990年增长3.75%、45.4%、35.17%、172.6%、115.4%。

1996年,境域同全省、全国一样,结束长达二十多年严重缺电局面。为适应电力供应由"卖方"市场转变为"买方"市场格局,市电业局完成"电力负荷控制系统"建设,境域电力企业"需求侧管理(供需平衡的方式)"进入新时代,在整个湖南省电力系统领先。1997年,湘潭新电厂一期工程第一台30万千瓦机组开始并网发电。市电业局根据国家电力公司实施政企分开进入操作阶段的现实,开始实施企业化经营。当年,省政府下发《关于整顿水府庙水电站库区用电秩序的通知》,开始对电站库区用电秩序进行整顿。1998年6月,水府庙水电站与库区管理工作机构合并成立"湖南省水府庙水库管理局",负责电站和整个库区管理。同年,市电业局贯彻国家电力公司《关于下发〈城镇一户一表改造的若干规定〉的通知》,开始小量对企业职工生活用电进行"一户一表"改造。110千伏韶山变电站建成投产,韶山地区单相电源供电模式结束。湘潭新电厂2×30万千瓦机组工程建设全部完工并网发电,企业装机容量达到70多万千瓦。1999年,境域大规模的城乡电网建设与改造全面铺开,当年完成投资1.12亿元。为加强管理,市电业局按照行政区域,在5县(市、区)设置52个供电营业所,采用营配合一的管理模式,陆续建立健全内部管理制度和考核细则,将电管站顺利转变为县级供电企业的派出机构——供电营业所。是年,220千伏西湖变电站建成投产,使湘黔电气化铁路工程项目建设的电力供应得到保障。2000年,境域随着全国电源建设的重大进展,电力供需矛盾的进一步缓和,"市三电办"完成使命被撤销。全年完成城乡电网改造资金1.41亿元。年末,境域发电、输送电企业未变。全市电力工业从业人员3534人,发电装机容量92.38万千瓦(其中火力88.55万千瓦、水力3.83万千瓦),发电量30.36亿千瓦时(其中火力29.07亿千瓦时、水力1.29亿千瓦时)。用电量32.14亿千瓦时,有35千伏至220千伏变电站60座,10千伏至500千伏输、配电线路94条。完成工业总产值12.96亿元,占全市工业总产值7.5%,上缴税金1.10亿元。从业人员、发电量、用电量、工业总产值、上缴税金,分别比1995年增长13.1%、191.9%、31.33%、84.62%、127.7%。

2001年,完成城乡电网改造投入资金8735万元,至此,三年大规模城乡电网改造基本结束,共完成城乡电网改造投资3.45亿元,新建、改造变电站12座,新建、改造线路共5318千米,完成一户一表改造41600户,新增、改造配电变压器1363台/112235千伏安。完成行政村电网改造857个。完成客户改造177436户。2002年,随着国务院《电力体制改革方案》出台,电力企业厂网分开脚步加快,湘潭新电厂被整合为国家电网大唐集团公司下属企业——湖南湘潭发电有限责任公司。市电业局成立客户服务中心，全过程跟踪管理电力客户服务。同年，贯彻国家计委、国家经贸委《关于停止收取供(配)电工程贴费有关问题的通知》，随即停止供(配)电贴费的收取，为境域电力客户增容减轻负担。至年底的10年间，境域电力客户累计欠电费高达6.3亿元，为遏制恶性欠费增长，年内加紧对大型工矿企业实施的“两电分离”(企业用电与生活用电分离)。2003年，境域实现城乡居民生活用电“同网同价”。农村电价降幅20%以上，切实减轻农民负担。

2005年末，境域发、输电力企业未变。全市电力工业从业人员3424人，装机容量89.48万千瓦(其中火力85.65万千瓦、水力3.83万千瓦)，发电量46.65亿千瓦时(其中火力45.27亿千瓦时、水力1.39亿千瓦时)。用电量43.11亿千瓦时，有35千伏至220千伏变电站72座，其中220千伏变电站8座，变电容量102万千伏安，110千伏变电站32座，总容量166.5万千伏安，35千伏变电站32座，总容量19.7万千伏安。10千伏至500千伏输电线路107条，其中500千伏输电线路1条，116.25千米，220千伏输电线路24条共837千米，110千伏输电线路49条，494.24千米，35千伏输电线路33条，455千米；配电线路303条，线路总长达5144千米。配电变压器容量达141.2万千伏安。完成工业总产值22.90亿元，占全市工业总产值5.36%。上缴税金1.88亿元。从业人员、发电量、用电量、工业总产值、上缴税金，分别比2000年下降3.1%和增长53.7%、34.11%、76.7%、70.8%。

至2005年底，境域电力工业虽然有很大的发展，但基础仍然薄弱。火力发电因依赖境外燃煤经常掣肘。水力发电受枯水期长的影响不能满负荷运行。更突出的是220千伏和110千伏电网线路和变电站的发展远远跟不上全市生产、生活用电量迅速增长的需求。新一轮供需矛盾开始凸现。

第一章　电源建设

1986年，境域有火力发电和水力发电装机容量22.21万千瓦，全年发电量6.68亿千瓦时。其中火力发电规模企业只有湘潭电厂1家，装机容量7.9万千瓦，当年发电5.14亿千瓦时，另有湘钢备有燃煤发电机组一套，装机容量10.7万千瓦，当年发电0.63万千瓦。水力发电规模企业只有水府庙水电站1家，装机容量3万千瓦，当年发电0.58亿千瓦时。有�津渡、洋潭、东山、花石、列家桥等10家小水电站，装机容量0.61万千瓦，当年发电0.33亿千瓦时。此后连续5年境域火电和水电装机容量和发电量保持稳定。1991年后，湘潭电厂对11号锅炉进行技术改造，装机容量和发电能力有所提高。湘潭电机厂、江南机器厂等15户企业继湘钢之后备有燃煤和柴油机发电设备15套。1995年，全市火力和水力发电装机容量32.3万千瓦，当年发电10.40亿千瓦时，装机容量和发电量，分别比1986年增长45.43%、55.7%。

1996年后，境域火力发电发展快。1997年12月和1998年8月，湘潭电厂2台30万千瓦机组先后竣工并网发电，境域火力发电装机容量净增60万千瓦，成为湖南电网中的特大型燃煤火力发电企业和湖南电网负荷中心强有力电源支撑点。2005年，全市火力和水力发电装机容量89.48万千瓦，其中火力发电装机容量85.65万千瓦，水力发电装机容量3.83万千瓦。总发电量46.65亿千瓦时，其中火力发电量为45.27亿千瓦时，水力发电量为1.39亿千瓦时。装机容量和发电量，分别比1995年增长177.03％、348.6%。

1986~2005 年湘潭市发电量情况

表 25-1-1 单位:万千瓦时

年份	发电量合计	火电			水电		
		小计	湘潭电厂	厂矿自备电厂	小计	水府庙电站	装机 100 千瓦以上水电站
1986	66779	57687	51406	6281	9092	5823	3269
1987	68619	55852	49704	6148	12767	9383	3384
1988	71268	58623	52497	6126	12645	9402	3243
1989	66103	52551	46531	6020	13552	9771	3781
1990	71506	53154	47352	5802	18352	10911	7441
1991	69347	55035	47760	7275	14312	11555	2757
1992	54975	43595	43455	140	11380	9295	2085
1993	67047	53646	42106	11540	13401	9353	4048
1994	98296	81644	70411	11233	16652	12500	4152
1995	103999	89442	79985	9457	14557	10565	3992
1996	101006	87802	80048	7754	13204	9375	3829
1997	84831	70648	60975	9673	14183	10339	3844
1998	176452	161760	152149	9611	14692	11456	3236
1999	297147	284246	271345	12901	12901	10912	1989
2000	304693	290930	277753	13177	13763	9598	4165
2001	345238	331900	321841	10059	13338	9680	3658
2002	333436	318077	301746	16331	15359	11322	-
2003	402186	389867	389647	220	12319	9333	-
2004	414600	402467	373416	29051	12133	8271	3862
2005	466544	452669	416614	36055	13875	10045	3830
总 计	3664072	3391595	376741	214854	272477	198889	73588

第一节 火力发电

1986 年,境域火力发电规模企业只有湘潭电厂 1 家,是湖南 8 个中型发电厂之一,装机容量为 7.9 万千瓦,当年发电量 5.14 亿千瓦时。另外,湘钢备有燃煤发电机组 1 套,装机容量 10.7 万千瓦,当年发电量 0.63 万千瓦时。全市火力发电工业总产值 2765 万元。

1987 年,湘潭电厂为企业的生存和发展,一方面开始谋划建设新电厂,先期投入 110 万元,为新电厂建设预留铁路专用线涵洞,并进行土地前期征用;另一方面,决定对老电厂实行节能技术改造,选择符合国家"开发与节约并重"政策支持技改方案进行扩建。技改方案主要内容是在 2×2.5 万千瓦机组扩建端,兴建一台 410 吨 / 时锅炉、一台 CC50 型高压抽气式前置机组,利用此前置机组 3.73

兆帕压力抽汽向原有两台2.5万千瓦中压机组供汽，使全厂按“串置热力循环”的方式运行，由中温中压电厂变为高温高压电厂，从而实现节能、增容、提高经济效益，并缓解长、株、潭地区负荷中心供电紧张局面的目标。方案经过专家缜密论证，获得市人民政府、省电力工业局、省人民政府、华中电管局、国家能源部、国家经委的支持。1992年10月1日正式开工，1994年初竣工并网发电。完成投资1100多万元，从主厂房开工至并网发电，工期15.5个月。1995年5月，谋划多年的新电厂2×30万千瓦机组项目在双马镇奠基开工，11月，省电力工业局和省经济投资公司为建设湘潭新电厂的需要组建湖南湘潭发电有限公司。另外，在湘钢、湘锰、湘纺、电化及江麓等企业中有燃煤发电和柴油机发电设备16台套，装机容量14.65万千瓦，其中湘钢等4家企业燃煤发电装机容量12.55万千瓦，江麓等12家企业柴油机发电装机容量2.1万千瓦，当年发电量0.95亿千瓦时。以上企业的燃煤发电和柴油机发电，都是为应对枯水季节和用电高峰期备用，发电时断时续。1995年末，境域火力发电规模企业仍只湘潭老电厂1家，装机容量13.9万千瓦，当年发电量7.99亿千瓦时，全市火力发电工业总产值5850万元。装机容量、发电量、工业总产值，分别比1986年增长75.9%、55.6%、111.57%

1996年，湘潭电厂对9、10、11号炉磨煤机大齿轮进行加装喷雾润滑装置技术改造，引用喷雾润滑后，齿轮磨损减少，齿轮使用寿命延长，设备使用可靠性得到提高。高级工程师陆文彬因在企业科技创新中成效突出，获全国五一劳动奖章。同年，湘潭电厂老厂正常运转，新厂建设进入高潮。湖南湘潭发电有限公司按照市场经济体系迅速建立完善项目法人责任制、招投标制、合同管理制、工程监理制和资本金制等“五制”，该工程成为湖南省电力建设中最早全面实行“五制”管理项目。是年11月16日，为新电厂建设需要，由华中电力集团公司、湖南省经投公司、湖南华银电力股份有限公司和湖南省信托投资公司湘潭办事处共同发起组建湘潭发电有限责任公司，原湖南湘潭发电有限公司注销。1997年，正当一期工程2×30万千瓦机组建设期，湘潭发电有限责任公司不失时机开始运筹第二期扩建2×60万千瓦机组的前期准备工作。1997年12月，一期工程第一台30万千瓦机组并网发电，该机组从主厂房浇注第一罐混凝土到并网发电，仅用16.5个月时间，比国家电力公司规定定额工期提前15个月，创全国同类机组高速建设之最。

1998年4月，一期工程第一台30万机组获中国企业管理协会颁发的“中国企业新纪录”证书。同月，湘潭发电有限责任公司董事会通过湘潭老电厂重组并入湘潭发电有限责任公司决议。8月，新、老电厂并账，湘潭老电厂结束历史使命。是年，境域企业自办的燃煤发电和柴油机发电，随着国家电力事业的大发展，全国大电网不断扩大，供电能力增强，供需矛盾的缓解，受国家对油类资源限制政策影响，设备多数闲置未用。

1998年8月，电厂2×300兆瓦机组1、2号锅炉采用亚临界压力一次中间再热自然循环汽包和平衡通风以及四角切圆燃烧方式新技术，有效增强发电能力。新电厂2×30万千瓦项目第2台机组并网发电，第一期工程圆满结束，经国家审计署驻长沙特派员办事处审计，确认工程完成总投资为29.93亿元，单位投资4989元/千瓦，较概算节约3.14亿元。新电厂2×30万千瓦机组投入运行和并网的设备有供热锅炉2台×1025吨/小时。升压变压器2台×37万千伏安，1999年6月，2×30万千瓦机组获国家电力公司“达标投产机组”称号。是年，原老电厂发电机组因设备老化，退役淘汰机组3.9万千瓦，余下装机容量为10万千瓦。

2000 年 1 月，2×30 万千瓦机组荣获国家电力公司"火电优质工程"称号。2000 年 4 月，又荣获国家电力公司 1998～1999 年度"电力建设无事故工程"称号；同年，电厂与武汉水利电力学院合作，采用三相流化床除尘脱硫一体化工艺对除尘器进行改造，其石灰石制粉系统、石膏脱水系统、事故浆液系统、通过除尘器改造后，脱硫系统的脱硫效率由原来 15%左右提高到 80%，除尘效率由原来 89%提高到 98%，烟尘和二氧化硫的排放减少，每年节约排污费约 150 万元。2002 年，湘潭新电厂按国家厂网分家方案划归属中国大唐集团公司，更名为"大唐湘潭发电有限公司"。大唐湘潭发电有限公司，在稳定现有机组生产同时，在省、市政府支持下，加快二期工程 2×60 万千瓦机组项目前期工作步伐。2003 年，2×60 万千瓦机组工程奠基。2004 年 2 月 24 日，国家发展和改革委员会正式下文批复湘潭二期扩建工程立项。11 月，项目开工建设，被列为国家重点建设工程。2005 年底，境域规模火电发电企业只有大唐湘潭发电有限公司 1 家，装机容量 71.67 万千瓦，占湖南省火电装机容量 721.3 万千瓦 9.7%，当年发电量 41.66 亿千瓦小时。另外，湘钢、湘纺、湘锰、电化，及江麓等企业自备燃煤发电和柴油机发电 14.75 万千瓦设备仍保持备用。当年全市火力发电工业总产值 3.10 亿元，装机容量、发电量、工业总产值，分别比 1995 年增长 487.6 % 420.9%、429.90%。大唐湘潭发电有限公司第二期 2×60 万千瓦项目正在加紧建设中。

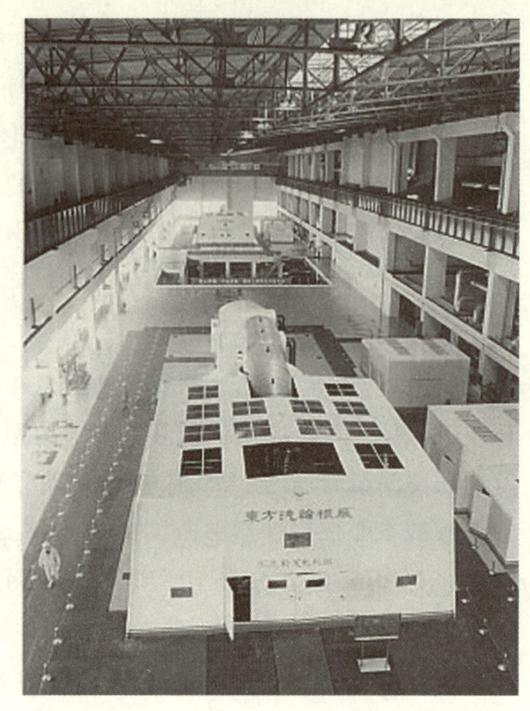

图 25-1-1 湘潭新电厂 2×30 万千瓦机组

1985~2005 年 湘潭电厂主要经济技术指标完成情况

表 25-1-2

年份	发电量（亿千瓦时）	供电煤耗率（克/千瓦时）	厂用电率（%）	单位成本（元/千千瓦时）	工业总产值（万元）	全员劳动生产率（元）	备注
1985	4.6199	581	8.94	52.89	3003	25004	工业总产值为1990年不变价
1986	5.1406	565	8.45	51.23	2565	21268	
1987	4.9704	575	8.43	57.12	2312	19219	
1988	5.2497	560	8.41	69.61	2442	20232	
1989	4.6531	574	8.71	96.47	2157	17900	
1990	4.7352	555	8.64	100.34	3417	28642	
1991	4.776	540	8.58	102.97	3449	29353	
1992	4.3455	537	9.03	122.19	3123	27909	
1993	4.2106	538	9.35	173.11	3015	23996	
1994	7.0411	514	9.86	177.74	5014	44330	
1995	7.9985	503	9.78	225.13	5700	47103	

续表

年份	发电量（亿千瓦时）	供电煤耗率（克/千瓦时）	厂用电率（%）	单位成本（元/千千瓦时）	工业总产值（万元）	全员劳动生产率（元）	备注
1996	8.0048	484	9.45	246.44	5726	44930	工业总产值为1990年不变价
1997	6.0975	484	10.15	276.50	4297	22538	
1998	15.2149	403	7.53	217.65	11100	91021	
1999	27.1345	378	5.82	259.70	20031	198937	
2000	27.7753	372	6.22	230.52	20489	208858	
2001	32.1841	363	5.92	217.65	23730	284532	
2002	30.1746	358	5.56	235.72	22345	290572	
2003	38.9647	355	5.45	219.84	28934	660846	
2004	37.3416	355	5.49	249.39	27635	676834	
2005	41.6614	356	5.54	281.60	30699	800302	

第二节　水力发电

1986年，境域规模以上水电发电企业只水府庙电站1家，电站正常蓄水位94米时，水面面积45平方千米，水库库容3.7亿立方米，其中有效库容为2.63亿立方米，死库容1.1亿立方米。总装机容量3万千瓦，设计年发电量1.09亿千瓦时，当年发电量为5823万千瓦时。另外，装机容量在100千瓦以上，并入湖南电网的小水力发电站有10座，总装机容量0.61万千瓦，其中在湘潭县境域有吟江坝、杜家坝、花石水库、明珠、列家桥、塔岭6座，在湘乡市境域有赤石、洋潭、洙津渡、东山4座。但这些小水电站多数因受水资源制约发电断断续续。

1987年后，水府庙水电站受库区来水丰、枯的影响，加上发电设备老化，发电出力不足，发电量减少。水府庙水电站正确处理防洪、灌溉、发电三者的关系，千方百计利用水资源，争取多发电。每年从有限自有资金中提出一部分用于机电设备维护、检修。至1992年的7年间，共计投入资金230万元，完成中控室及3号、4号机组的大修等更新技改工程10余项。1995年，境域水电站规模企业仍1家、小水电站10座。总装机容量3.75万千瓦，发电量1.46亿千瓦时，(其中水府庙水电站装机容量3万千瓦，发电量1.06亿千瓦时、全市小水电装机容量7500千瓦，发电量0.40亿千瓦时)。全市水电装机容量和发电量分别比1986年增长25%和33.9%。

1996年，电厂对9、10、11号炉磨煤机大齿轮进行加装喷雾润滑装置技术改造，引用喷雾润滑后，齿轮磨损减少，齿轮使用寿命延长，设备使用可靠性得到提高。高级工程师陆文彬因在企业科技创新中成效突出，获全国五一劳动奖章。同年后，水府庙水电站仍处于维持状态，每年抓住水库来水偏丰的季节争取多发电，在保证防洪、灌溉的前提下，每年发电量均保持在0.9亿千瓦时左右。2003年，除险加固工程的主要项目：大坝非溢流段和溢流段灌浆、大坝观测设施安全监测自动化系统、水情自动化测报系统、防汛公路硬化工程、大坝预应力锚索工程、厂房修补改造加固、防汛楼危房改造、上下游护坡、中导墙修复、电防汛公路基础施工、枢纽区防汛公路改造、闸门控制系统及拦污栅制作安装、防汛调度楼装修等15项完工,处理设备故障58项,完成机组开关更换、高低压气机大小修、大坝拦污栅制作安装等27项,机组容量和运行能力有所增强。2005年,境域水电站数量未变,共计总装机容量3.83万千瓦(其中水府庙水电站装机容量3万千瓦、小水电装机容量0.83万千瓦);发电量1.39亿千瓦时(其中水府庙水电站1.01亿千瓦时、小水电3830万千瓦时)。全市水电装机容量未发生变化,发电量比1995年下降4.68%。

附 水府庙库区用电秩序整治

水府庙水电站处于湘乡、双峰、娄底市娄星区三县(市、区)的交界处,地域关系和行政关系复杂,管理矛盾多,难度大。由于关系没有理顺,有历史原因,从建站开始,经常因周边用电问题,电站生产、生活受到严重干扰。1992年7月28日,因300#线路接地故障停电,附近双源村、三斗冲等3个村的村民小组近100名村民冲击水电站,强行要求进厂搭线送电,无理取闹达8个小时。1995年元月30日,以刘冰文、刘辉平为首的30余名不法村民,冲进电站寻衅闹事,正在值班副站长兼总工程师欧阳怀玉被围攻而惨遭毒打,后送邵阳市第一人民医院,因伤势过重,抢救无效死亡。此事引起社会广泛关注,舆论哗然,纷纷要求严惩凶手。12月14日,经娄底地区中级人民法院一审判决罪犯刘冰文、刘辉平死刑,缓期两年执行,其他四名罪犯分别判处15年、10年、5年有期徒刑。

水府庙电站库区用电秩序混乱,库区内违章用电,乱拉乱接、不装表、不计量、不缴费现象非常严重。至1996年,电站累计被扣库区群众用电电费1600多万元,严重危及电站生存和发展。为解决这一问题,电站数十次奔波于省、地(市)、县各级机关谋求解决。在省水利水电厅的高度重视和支持下,省委、省政府多次批示,并先后三次召开会议,专题研究解决办法。1996年5月9日,湖南省政府办公厅下发了《关于整顿水府庙水电站库区用电秩序的通知》。在省政府《通知》下发后,库区用电秩序混乱局面逐步好转。

1998年6月15日,省政府为加强水府庙水库管理和开发,成立湖南省水府庙水库管理局,湖南省水府庙水库管理局与湖南省水府庙水电站属两块牌子,一套人马,负责水府庙水库枢纽三大建筑物及其附属工程设施的运行操作、维修养护、更新改造、保护、开发和利用水府庙水库法定管辖范围内水土资源等。水府庙水库管理局成立以后,争取到由加拿大政府提供设备,中国政府提供资金,合作对水府庙水库大坝进行安全监测及如何提高管理水平的项目,经专家组织论证,鉴定水府庙水库大坝为Ⅲ类坝,列入水利部和国家计委第三批病险水库除险加固项目。

1999年,水府庙水库库区各级政府及有关部门积极行动,在拆除高耗能变压器、打击违章用电等做大量工作,使库区用电混乱局面有所缓解,但仍未取得实质性成果,抵扣水府庙电站上网电量有增无减,是年扣电站上网电量电费高达210.6万元,是历史上最多一年。对已得到初步规范的双峰库区用电秩序产生严重的负面影响。2002年,经过湘乡市和双峰县各级地方政府的有力整顿,水府庙库区用电秩序有较大改善,湘乡方面没有再扣抵电站上网电费,双峰方面已承诺自9月15日起不再从电站上网电费中抵扣库区电费,电站也不再无偿提供库区任何其他用电补助。库区电费按月结清,极大地改变库区电费拖欠、不交现象,原由电站出线直供库区的300#线路、316#线路,改由供电部门直供。是年,在省水利水电厅的支持下,配置精干力量,成立省水政监察总队水府庙水库支队，加大水费回收力度和水库治理力度，当年收缴水费及水面占用费21.86万元。2005年，根据《水法》及上级有关文件精神，在省水利电力厅的大力支持下，提请省物价局对工程用水水价进行核定，从原来3分/方提高到5分/方。取水十余年没有交纳过水费的娄底市二水厂，7月份实行装表计量，并签订取用水协议，每年可增收水费30万元。电站从提高水政监察人员的业务水平和办事能力入手，严抓水库管理，加强水行政执法，对库区的非法围垦，加大打击处理力度。全年查处6处非法围垦、淤填水库的事件。

第二章　电网建设

第一节　500千伏电网

1991年12月，湘潭市人民政府开始配合国家计委满足湘中地区用电之急需，解决五强溪水电站120万千瓦的电力外送，建设五强溪至娄底民丰、民丰至株洲云田的500千伏输电线路。1993年12月13日，电力工业部批复该项目500千伏输变电工程初步设计方案及其概算。工程于1995年12月26日建成并网送电。该工程使湖南电网形成葛洲坝—常德岗市—株洲云田—娄底民丰—五强溪—常德岗市500千伏菱形环网，总投资12.057亿元，其中，500千伏输电线路的娄底至云田(以下简称娄云线)，西起娄底的民丰500千伏变电站出线挂点，路经娄底地区娄底市、长沙市的宁乡县、长沙县、湘潭市的湘乡市、韶山市、湘潭县、湘潭市岳塘区、株洲市的郊区，进入云田500千伏变电站，全长116.254千米，全线杆塔共计321基，总投资1.54亿元，由湘潭电业局运行维护。

娄云线湘潭湘江大跨越长1.72千米。跨越铁塔4基，全线导线采用GB1179-83标准生产的LGJ-300/40钢芯铝绞线，每相四分裂。避雷线采用GJ-70镀锌钢绞线，挡距500米以上安装防振锤防振，直线杆塔悬垂绝缘子串采用26片LXY-160钢化玻璃绝缘子，耐张串采用28片LXY-210钢化玻璃绝缘子。此大跨越耐张段长1722米，跨越档距809米。东岸跨越塔为ZBK31-98直线，西岸跨越塔为ZBK31-98直线，塔高105米。设计最大风速取值为34米/秒，设计最大冰厚取值为20毫米。工程完成投资1418万元，耗用钢材3200多吨。

2005年，娄云线运行稳定。同年，为保证湘潭新电厂第二期工程2台60万千瓦机组发出的电力能外送，新架从湘潭电厂至株洲云田的500千伏变电站500千伏线路2条，调度命名为湘云Ⅰ线、湘云Ⅱ线，共52.55千米，归属省送变电建设公司运行维护管理。至年底，境域有500千伏线路共3条，共168.80千米。但境域无500千伏变电站，没有形成500千伏网架。

第二节　220千伏电网

1986年，境域已有在20世纪60年代初至80年代中期为配合柘溪水电站和金竹山电厂电力送往湘中，在湘潭响水坝、湘乡泉塘建成的两个220千伏变电站。与其相配套的有柘溪至湘乡泉塘变电站Ⅰ回、Ⅱ回,响水坝变电站至湘乡泉塘变电站,响水坝变电站至白马垅变电站,湘乡泉塘变电站至白马垅变电站,金竹山电厂至湘乡泉塘变电站,娄底变电站至湘潭响水坝变电站等,共7条220千伏线路,形成湘潭220千伏电网。

1988年,为使先后建成的耒阳电厂、东江水力发电站相继发电,并与湘南地区联网,保证"南电北送",在湘潭河东茶园建成220千伏变电站,安装主变2台/24万千伏安变压器,相配套,建成从衡阳麻塘和湛家塘两个变电站至湘潭茶园变电站两条220千伏线路。并将原湘乡(泉塘)至白马垅的220千伏线路π接进茶园变电站。随着湘潭新电厂的建设,为保证新电厂电力送出,在荷塘乡建设一座220千伏变电站,安装1台/18万千伏安主变压器,于1997年12月4日建成受电运行,相配套,该变电站建成220千伏进出线8回,其中两回与湘潭新电厂连接,其他六回分别将茶园—白马垅、响水坝—白马垅,茶园—响水坝三条220千伏线路π相接。荷塘变电站成长、潭、株三市双环电网枢纽变电站,也是湘潭新电厂单元接入枢纽点。

1999年,为满足湘黔电气化铁路工程项目需要,在湘潭县云湖桥镇马栏桥村建设西湖220千伏变电站,安装1台/12万千伏安主变压器。从民响线(娄底民丰500千伏变至响水坝220千伏变)建成π220千伏线路接进西湖变电站。2002年,拆除220千伏柘泉Ⅱ线(柘溪—湘乡泉塘)。2003年新架柘民(柘溪—民丰)、民泉(民丰—泉塘)两条220千伏线路,使220千伏电网有500千伏网架的支撑。经过不断改造,湖南铁合金厂建成220千伏变电站一座,湘潭钢铁厂建成220千伏变电站2座,配套相应建成220千伏进出线。

至2005年,境域共有220千伏电网变电站8座,其中公用变电站5座,主变压器8台/102.00万千伏安,客户变电站3座,主变压器7台/72.60万千伏安。有220千伏电网线路24条,其中客户自维线路4条,共计870.25千米。

一、220千伏变电站

(一)响水坝变电站

1984年4月,为配合"金娄潭"(金竹山—娄底—湘潭)送电线路工程,对响水坝变电站进行扩建,接受金竹山电厂送来电能。1995年,响水坝变电站进行增容改造,增加2台容量为9万千伏安主变压器,主变容量增至12万千伏安。同时取消35千伏电压等级。2002年,建站时安装的2台/3万千乏的调相机拆除。2005年底,响水坝变电站有主变2台/24万千伏安、无功补偿电容器36000千乏、220千伏进出线7回、110千伏出线7回。

(二)泉塘变电站

1977年7月,泉塘变电站建成投入运行。此变电站是湘潭电网继湘潭响水坝变电站之后第二个220千伏变电站。1990年4月19日,取消35千伏电压等级。1995年3月,新安装25000千乏调相机1台。1997年5月,安装1台12万千伏安主变,拆除1台6万千伏安主变。2005年底,有主变压器2台/24万千伏安、调相机2台/5万千乏、220千伏进出线7回、110千伏出线9回、10千伏出线6回。

(三)茶园变电站

1988年11月28日,位于湘潭市岳塘区宝塔乡茶园村茶园变电站建成投入运行。这是湘潭电网第三座规模较大220千伏变电站。初建时安装1台12万千伏安主变压器,220千伏出线3回,110千伏出线4回。1990～1991年,安装1台12万千伏安主变,缓解河东地区的用电紧张状况。2004年6月8日,该站无人值班改造竣工,是湘潭第一个实现无人值班的220千伏变电站。2005年底,有主变2台/24万千伏安、无功补偿电力电容器2组/72000千乏、220千伏进出线6回、110千伏出线8回、10千伏出线6回。

(四)荷塘变电站

1997年12月10日,荷塘变电站建成投入运行。该变电站是湖南省电网变电工程建设推行"五制"管理(招投标制、合同管理制、工程监理制、资本金筹措制及资金管理制)第一个项目。工程于1999年获得"基建移交生产达标输变电工程"奖励。2005年底,有主变压器1台/18万千伏安、220千伏出线8回,110千伏出线3回,无功补偿电容器1组/12000千乏。

(五)西湖变电站

1999年12月3日,位于湘潭县云湖桥镇马栏桥村西湖变电站投入运行。该站是为满足湘黔电气化铁路需要和湘潭县西南部地区以及韶山地区用电需要,将民丰500千伏变电站电源送往湘潭,以完善和强化湘潭220千伏电网结构需要建设的。安装1台12万千伏安主变压器,220千伏进出线2回。2005年底,有主变1台/12万千伏安、220千伏出线3回、110千伏出线6回。

(六)湖南铁合金厂变电站

1986年,湖南铁合金厂变电站用110千伏线路为湖南铁合金厂供电。1989年4月,为适应生产发展需要,该变电站开始将110千伏变升压改建为220千伏变,220千伏电源由泉塘变电站供给,安装2台6.3万千伏安主变,于1991年5月完工投入运行。2005年底,有主变2台/12.6万千伏安、220千伏进线2条。

(七)湘潭钢铁厂变电站

1994年,湘潭钢铁厂为适应钢生产发展和满足其供电要求,在原有一中央(110千伏)变,二中央(35千伏)变基础上新建三中央220千伏变电站,属工矿降压变电站,位于湘钢厂区范围内负荷中心。1994年11月上1#、2#主变压器,容量为12万千伏安,2004年3月上0#主变,容量为12万千伏安,电源从茶园变电站提供。2005年,又建成四中央220千伏变电站投入运行。至年底,有主变压器3台/36万千伏安,220千伏进线1条,电源由响水坝变电站和西湖变电站提供,安装2台12万千伏安变压器。有主变2台/24万千伏安,220千伏进线2条,其中至湘钢三中央联络线1条。

(八)湘潭电厂220千伏升压变电站

1997～1998年,经过两年建设,湘潭电厂220千伏升压变电站建成投入运行。为湘潭新电厂2×30万千瓦机组网发电配套,上2台37万千伏安升压变压器。2005年底,有主变2台/74万千伏安。

二、220千伏线路

1986年,境域有柘溪水库至泉塘变、泉塘变至响水坝变等7条220千伏线路,共870.25千米。

1988年新建茶园变电站时,将原乡白线从196号杆解开,新架220千伏线路12.97千米,进入茶园变电站,再从茶园变电站新架线路13.4千米和原乡白线198号杆联结,乡白线变为泉茶线和茶白线。1989年,新架从衡阳湛家塘、麻塘变电站至湘潭茶园变电站线路2条(以下简称湛茶、麻茶线),湛茶线221—402号杆、麻茶线228—410号杆线路归湘潭电业局运行维护。在湘潭境域分别为57.11千米、57.6千米。两条线路之间距离300米左右,均在湘潭县金霞山(易俗河镇)共塔跨越湘江,跨越方式为耐—直—直—耐,两岸耐张塔段档距分别为379米、311米。跨江段档距1016米,高塔为ZK-2型,全高98米。耐张塔为JK2-12型,导线IHGJT-440型铝合金钢芯绞线,避雷线GJ-235型。至1990年,境域有220千伏输电线路9条,共1011.33千米。

1991年5月,湖南铁合金厂110千伏变电站升压为220千伏变电站,配套新架泉塘变至湖南铁合金变厂电站220千伏线路(泉铁Ⅰ、Ⅱ回),共4.21千米(客户自己维护线)。1994年11月,新架响水坝变至湘钢四中央(简称响四线)220千伏线路13.63千米。1995年3月,新架茶园变至湘钢三中央(简称茶三线)220千伏线路11.52千米。至1995年底,境域有220千伏输电线路10条,共1040.69千米。

1997年,荷塘变电站开工建设,从湘潭电厂新厂新架220千伏双回线路至荷塘变(潭荷Ⅰ、Ⅱ回)共16.36千米。在荷塘变建设时,将原响白线、响茶线、茶白线三条线路分别π进荷塘变,形成六条线路,新架线路共18.05千米。1999年西湖变建设的同时,原豹响线分别π进民丰变和西湖变,形成豹民线、民西线、西响线。至2000年,境域有220千伏输电线路20条,共1049.55千米。

2002年6月,原柘溪至泉塘的Ⅱ线157.25千米220千伏线路退出运行。2003年4月,新建柘溪至500千伏民丰变电站220千伏线路121.1千米(柘民)。2003年4月,新建500千伏民丰变至泉塘变电站220千伏(民泉Ⅱ回)线路49千米。2004年3月,新架西湖变至湘钢四中央(西四)220千伏线路28.94千米,其中湘钢西四三联络线0.6千米(客户自维线)。2005年底,经过改扩建境域有220千伏输电线路24条,共计870.25千米。

2005年湘潭市220千伏线路基本情况

表25-2-1

序号	线路名称	起止地点	起止杆号	线路长度	杆塔基数			地线型号	导线型号	投运日期	说明
				(千米)	铁塔	混凝土	小计				
1	民西线	民丰变—西湖变	1—244	75.26	46	198	244	GJ—50	LGJ—400	1999.12.2	—
2	民泉Ⅰ回	民丰变—泉塘变	1—178	55.955	36	142	178	GJ—50	LGJ—300	1996.4.21	—
3	西响线	西湖变—响水坝变	1—66	19.927	15	51	64	GJ—50	LGJ—400	1999.12.2	—
4	湛茶线	湛家塘变—茶园变	221—403	57.109	29	154	183	GJ—50	LGJQ—400	1988.12.1	—
5	麻茶线	麻塘变—茶园变	229—410	57.597	22	161	183	GJ—50	LGJQ—400	1989.12.1	—
6	潭荷一回	湘潭B厂—荷塘变	1—29	8.099	29	0	29	GJ—50	2×LGJ—400	1997.12	—
7	潭荷二回	湘潭B厂—荷塘变	1—27	8.261	27	0	27	GJ—50	2×LGJ—300	1997.12	—
8	荷茶一回	荷塘变—茶园变	1—45	12.692	22	23	45	GJ—50	LGJQ—300	1997.12.12	—

续表

序号	线路名称	起止地点	起止杆号	线路长度	杆塔基数			地线型号	导线型号	投运日期	说明
				（千米）	铁塔	混凝土	小计				
9	荷茶二回	荷塘变—茶园变	1—39	12.287	22	17	39	GJ—50	LGJ—400	1997.12.12	—
10	荷响一回	荷塘变—响水坝变	1—57	17.955	29	28	57	GJ—50	LGJ—300	1997.12.4	—
11	荷响二回	荷塘变—响水坝变	1—69	21.453	39	30	69	GJ—50	LGJ—400	1997.12.2	—
12	荷白一回	荷塘变—白马垅变	1—27	8.597	15	12	27	GJ—50	LGJ—300	1997.12.4	—
13	荷白二回	荷塘变—白马垅变	1—28	8.367	12	17	29	GJ—50	LGJ—300	1997.12.12	—
14	泉响线	泉塘变—响水坝变	1—150	48.913	31	119	150	GJ—70	LGJQ—400	1965.10	—
15	泉茶线	泉塘变—茶园变	1—237	72.194	38	199	237	GJ—50	LGJQ—300	1988.12.1	—
16	柘泉线	柘溪电站—泉塘变	1—437	157.249	237	201	438	GJ—70	LGJQ—400	1967.2.1	—
17	柘民线	柘溪电站—民丰变	1—341	121.084	237	104	341	GJ—50	LGJ—300	2003.4	—
18	民泉Ⅱ回	民丰变—泉塘变	1—148	48.933	39	109	148	GJ—95	LGJ—300	2003.4	—
19	茶三线	茶园变—湘钢三中央	1—40	11.521	26	14	40	GJ—50	LGJX—400	1995.3	—
20	响四线	响水坝变—湘钢四中央	1—45	13.634	21	22	44	GJ—50	LGJX—400	1994.11.20	—
21	泉铁线一回	泉塘变—铁合金厂	1—11	2.125	8	3	11	—	LGJQ—400	1991.5	客户自维
22	泉铁线二回	泉塘变—铁合金厂	1—11	2.098	8	3	11	—	LGJQ—400	1991.5	客户自维
23	西四线	西湖变—湘钢四中央	—	28.34	—	—	—	—	—	2004.3	客户自维
24	钢四三线	湘钢四中央—三中央	—	0.6	—	—	—	—	—	2004.3	客户自维
合计：24 条 /870.25 千米，其中：客户自维线路 4 条 /33.163 千米											

第三节 110 千伏电网

1986 年，境域 110 千伏电网结构不够完善，网架比较单薄。仅有 9 座 110 千伏公用变电站，4 座 110 千伏客户专用变电站，110 千伏线路 6 条 /81.76 千米。

1987 年后，为满足境域用电负荷日益增长需要，提高变电站供电质量和供电能力，新建湘潭县石潭，湘乡市梅坪、东山，湘潭市区的瓦子坪等 4 座变电站，净增容量 10.3 万千伏安。对境域野鸭坡、易俗河、马家岭、易家湾等 4 座 110 千伏变电站进行升压、增容、改造，净增容 11.85 万千伏安。

厂矿企业自备专用变电站有锰矿、湘钢、湘乡铝厂、湘乡水泥厂 4 家，容量为 20.2 万千伏安。到 1995 年的 10 年间，新建楠石线、茶野线、摄茶线、茶五线、泉梅Ⅰ、Ⅱ回、泉铝Ⅰ、Ⅱ回、摄野线、野钢线、白易线、茶瓦线等 12 条 110 千伏线路，共 66.53 千米。

1996 年后，境域抓住国家投入大量资金启动城乡电网建设与改造机遇，在大力加强 220 千伏主网建设同时，积极规划和部署 110 千伏电网的建设与改造。完善网架结构，将 110 千伏高压引进湘潭市区和湘乡市工矿区，逐步取消市区内 35 千伏电压等级，市区和工矿区 110 千伏主要变电站都有两个及以上的电源。共新建、易地新建、原地升压新建湘潭市区霞城、桂花园、繁城、菊花塘；湘潭县留田、谢家湾、长岭；湘乡市长丰；韶山市韶山等 9 座 110 千伏变电站，新增容量 43.2 万千伏安。还对湘乡棋梓桥、梅坪等 8 座 110 千伏变电站进行增容，新增容量 25.95 万千伏安。新建云湖桥电铁和潭市电铁牵引变电站及湘潭电机厂、湘乡碱业公司、江麓机械厂、鑫湘锰业等 5 座 110 千伏企业专用变电站，新增容量 21.2 万千伏安。配套新架茶潭线、茶霞线等 110 千伏线路 28 条，共 276.28 千米。

至 2005 年底，境域 110 千伏电网共有变电站 32 座，主变 61 台，总容量 166.45 万千伏安。其中公用变电站 20 座 /36 台 /108.6 万千伏安；客户变电站 10 座 /21 台 /41.4 万千伏安；电厂升压变电站 2 座 /4 台 /16.45 万千伏安。全部实现无人值班。共有 110 千伏线路 49 条 /494.24 千米（其中客户自己维修线路 6 条 /4.86 千米）。

一、110 千伏变电站

（一）五里堆变电站

1986 年，该站经过两次升压改造成为 110 千伏变电站。1988 ~ 1990 年 2 月，更换主变压器 1 台 /3.15 万千伏安，取消 35 千伏电压等级，6 千伏供电全部升压为 10 千伏供电。1999 ~ 2000 年，在城网建设改造期间，进行无人值班改造，增容主变 1 台 /3.15 万千伏安。2005 年底，有主变压器 2 台 /6.3 万千伏安，110 千伏进线 2 回，10 千伏出线 11 回，主供五里堆地区负荷。

（二）楠竹山变电站

1986 年，该站进行一次改造。1990 年 3 月 ~ 12 月进行 6 千伏升压改造，楠竹山地区 6 千伏升压 10 千伏供电后，湘潭电网再无 6 千伏供电电压等级。2001 年，该站进行城网扩建改造。2005 年底，有主变压器 2 台 /6.3 万千伏安、110 千伏进出线 3 回，35 千伏出线 4 回，10 千伏出线 8 回。

（三）野鸭坡变电站

该站于 1985 年 11 月升压改建为 110 千伏变电站，上主变 1 台 /3.15 万千伏安。1993 年 10 月 ~ 1994 年 11 月扩建增容。2001 年 4 月 18 日改造成无人值班变电站。2005 年底，有主变压器 2 台 /6.3 万千伏安，110 千伏进出线 5 回，10 千伏出线 18 回。

（四）马家岭变电站

该站于 1984 年 10 月建成送电，是河西地区 15 平方千米范围内仅有的一座 110 千伏变电站。1993 ~ 1994 年，进行增容扩建。1998 年城网建设改造期间，进行无人值班改造。2005 年底，有主变 2 台 /6.3 万千伏安，110 千伏进出线 3 回，35 千伏出线 3 回，10 千伏出线 8 回。

（五）瓦子坪变电站

该站位于湘潭市岳塘区荷塘乡滴水村瓦子组。1995 年，为解决竹埠港地区电化、硫酸、染料化、有机化等4个企业35千伏T接变电站保护难以配合，同时为满足市电化厂、江滨机器厂增容扩建使竹埠港地区用电负荷增长而新建。根据国家有关110千伏及以下送变电工程建设“谁受益、谁出钱”政策，由湘潭电业局、市电化厂、江滨机器厂等21个单位集资建设。2003年4月，瓦子坪变电站进行增容扩建和无人值班改造。2005年底，有主变2台/6.3万千伏安、无功补偿电力电容7200千乏。110千伏进线2回，10千伏采用单母线分段方式，出线11回，主供荷塘路口至株易路口以及竹埠港地区的化工工业的用电负荷。有七条公用线路及瓦电Ⅰ、Ⅱ、Ⅲ、Ⅳ专用线路。

(六)易家湾变电站

1993年12月，该站由35千伏变电站原地升压为110千伏变电站。1995年11月，增容主变1台/2万千伏安，增加无功补偿电力电容器2组/7200千乏。1999年8月，进行无人值班改造。2005年底，有主变2台/4万千伏安、无功补偿电力电容器2组/7200千乏。110千伏进线2回，10千伏出线10回。

(七)霞城变电站

位于湘潭市岳塘区霞城乡。1995年，为满足下摄司地区、化纤厂和电机厂生产发展对电力需求而新建的110千伏变电站。该变电站按有人值守、无人值班变电站设计。于1997年9月30日竣工送电。2005年底，有主变2台/6.3万千伏安、无功补偿电力电容器2组/7200千乏。110千伏进出线4回，10千伏出线11回。

图25-2-1　霞城变电站内外景

(八)桂花园变电站

1986年，湘潭市河西地区原仅有马家岭110千伏变电站和桂花园35千伏变电站。1998年，为提高河西地区的供电能力和供电可靠性，降低线损，桂花园35千伏变电站易地新建为110千伏变电站，工程于1999年1月竣工投产。无人值班改造于1999年3月投入使用。2005年底，有主变2台/10万千伏安、无功补偿电力电容器2组/14400千乏。110千伏进线2回，10千伏出线15回。

(九)繁城变电站

该站是河西地区继桂花园变电站后于1999年新建的又一座110千伏变电站，位于雨湖区护潭乡繁城村新屋组。变电站按无人值班、有人值守设计。第一期工程于2000年4月投产运行。2005年，有主变1台/3.15万千伏安，110千伏进线2回，10千伏出线8回。

(十)菊花塘变电站

该站位于湘潭市建设路口东泗路侧，1999年开建，是按照城网建设规划新建一个110千伏变电站，按无人值班进行设计，采用分层分布综合自动化系统，除了主变及其中性点设备安装于户外，其他设备(110千伏与10千伏设备)均配置于户内。2001年1月22日建成投产。2005年底，有主变1台/3.15万千伏安、无功补偿电容器1组/3600千乏。110千伏进线1回，10千伏出线10回。

(十一)易俗河变电站

1986年,该站主变容量小,难以满足用电需要。1991年新上主变1台/3.15万千伏安,采用110千伏双电源供电方式及备用电源自投装置,提高供电可靠性。2004年再次进行增容改造,增加主变1台/3.15万千伏安。2005年底,有主变2台/6.3万千伏安、无功补偿电力电容7200千乏。110千伏进出线3回,35千伏出线3回,10千伏出线11回。

(十二)石潭变电站

1986年,该站为35千伏变电站,供电范围仅限于石潭,由于主变容量小,制约湘潭县西部经济发展。是年,易地升压建设为一座110千伏变电站,于1987年5月建成投入运行。1999年新架110千伏西石线(西湖220千伏变至石潭变),实现双电源供电。2001年12月新架110千伏石留线(石潭变至留田变)。2005年底,有主变压器1台/2万千伏安,无功补偿电力电容4800千乏。110千伏出线3回,35千伏出线4回,10千伏出线5回。

(十三)长岭变电站

该站于1999年开始建设,按无人值班变电站要求设计,设备采用微机保护进行监控。一期工程主变1台/3.15万千伏安,无功补偿电力电容3600千乏。110千伏电源从易俗河变新架线路引入。35千伏出线3回,10千伏出线5回。长岭变的投运改善谭家山、长岭、中路铺、白石铺等地区的电能质量。2000年3月投运。2005年底,该站有主变1台/3.15万千伏安,无功补偿电力电容3600千乏,110千伏进线1条,35千伏出线3回,10千伏出线5回。

(十四)留田变电站

2001年,在原花石35千伏变电站场地升压改造为110千伏变电站。110千伏线路从石潭变单回路引入,变电站按综合自动化无人值班变电站设计。有35千伏出线3回,10千伏出线6回,2001年12月投运。有效缓和湘潭县花石、青山桥一带供电紧张局面,提高电能质量。2005年底,该站有主变1台/2万千伏安,无功补偿电力电容3000千乏,35千伏出线3回,10千伏出线6回。

(十五)谢家湾变电站

2001年,在原35千伏变电站基础上扩建升压为110千伏变电站。变电站按无人值班方式设计。主变容量为1台/3.15万千伏安, 无功补偿电力电容7200千乏。110千伏进线2回,35千伏出线2回,10千伏出线11回,升压工程于2002年9月投运。由于用电负荷增长需要,2005年8月又扩建增容主变1台/3.15万千伏安。至年底,该站有主变压器2台/6.30万千伏安,110千伏进线2回,35千伏出线2回,10千伏出线11回。

(十六)棋梓桥变电站

1986年,棋梓桥变电站有主变1台/8000千伏安。1996年,为解决湘乡棋梓桥地区用电增长和变电站设备老化问题,对棋梓桥变电站进行第二次扩建,1996年11月投入运行。2001年3月,湖南省电力公司把棋梓桥110千伏变电站列入年度第一批城网建设与改造投资计划项目。这是该站进行第三次扩建。工程从2001年9月15日开工,当年11月20日竣工投运。2005年底,有主变2台/5.15万千伏安。无功补偿电力电容6000千乏。110千伏进出线6回,35千伏出线2回,10千伏出线8回。

(十七)梅坪变电站

1986年该站已存在。位于湘乡市新湘路办事处梅坪村,离原可心亭变电站约一千米多。是由国家补贴、用户集资兴建的110千伏变电站。当年12月10日，省电力工业局同意可心亭110千伏变电站易地改造为梅坪110千伏变电站，工程于1993年4月完工投入运行。1997年12月再次扩建，新上主变1台/3.15万千伏安。2005年底，有主变2台/6.3万千伏安、无功补偿电容器2组/4000千乏，110千伏进线2回，35千伏出线5回，10千伏出线13回。

(十八)东山变电站

湘乡市东山变电站于1998年12月17日开工，属湘黔电气化铁路工程的重点配套项目之一。1999年6月竣工投产运行。第一期工程上主变1台/2万千伏安，无功补偿电容器1组/3600千乏。2003年10月，城网建设改造时新增主变1台/2万千伏安。2005年底，有主变压器2台/4万千伏安、无功补偿电容器2组/7200千乏，110千伏进出线3回，10千伏出线8回。

(十九)长丰变电站

2004年，为满足湘乡市城区负荷增长要求，减小送电半径，提高供电质量和可靠性，新建长丰110千伏送变电工程。2005年4月20日长丰变电站竣工送电。一期工程上主变1台/3.15万千伏安；110千伏进出线2回；无功补偿电容器1组/3600千乏；10千伏出线12回。2005年底，有主变1台/3.15万千伏安，110千伏进出线2回，10千伏出线12回。

(二十)韶山变电站

1994年9月15日，韶山市人民政府作出集资兴建韶山110千伏变电站决定，按照国家"谁用电，谁出钱"规定，集资办电。1997年10月动工，第一期上主变1台/3.15万千伏安；110千伏进线从泉塘220千伏变电站扩建110千伏间隔一个、新架线路19.69千米至韶山变电站，35千伏出线2回，10千伏出线8回，1998年7月投产送电。2001年韶山变电站列入城乡电网建设与改造工程项目计划。2002年2月20日，该站进行第二期扩建，将原有2号主变调往谢家湾变电站，新上2×2万千伏安变压器。2005年底，有主变2台/4万千伏安、无功补偿电力电容器2组/2400千乏，110千伏进线2回，35千伏出线2回，10千伏出线8回。

(二十一)可心亭变电站

该变电站建成于20世纪50年代。1993年4月，新建的梅坪变电站投入运行后，逐步取代可心亭变电站送电。1999年7月，可心亭变电站退出运行，其变电站的设备、设施全部拆除，完成长达40年历史使命。

(二十二)龙田变电站

1986年已存在。该站于1978年、1987年进行两次扩建和生活设施完善。曾是安化梅城、桃江锰矿及近区供电中心，并给柘溪至湘乡两条220千伏线路架空地线提供熔冰电源。为便于区域性供电业务管理，经湘潭电业局和长沙电业局协商，省电力公司同意，1998年8月1日0时，该站整体移交给长沙电业局管理。

二、110千伏输电线路

1986年初，境域有110千伏输电线路6条，共81.76千米。1987年9月，新建湘潭县石潭变电站时，新架楠石线(楠竹山变至石潭变)13.86千米。1988年12月，新建茶园变电站时，新架茶野线(茶园变至野鸭坡变)2.27千米。是年12月，新架摄茶线(湘潭老电厂至茶园变)5.2千米。1989年2月，湘乡梅坪变电站建设时，在泉塘变电站扩建两个出线间隔，新架泉梅Ⅰ、Ⅱ回线路（泉塘变至梅坪变）长度各为1.48千米。是年12月，新架茶五线（茶园变至五里堆变）9.03千米。是年12月，湘乡铝厂扩建，由35千伏升压为110千伏供电，在泉塘220千伏变电站扩建两个出线间隔，新架泉铝Ⅰ、Ⅱ回线路（泉塘变至湘乡铝厂变），长度分别为2.76千米、2.96千米。1991年1月，新架摄野线（湘潭电厂老厂至野鸭坡变）5.46千米。是年7月，新架野钢线（野鸭坡变至湘钢一中央）3.88千米。1995年3月，易家湾变扩建增容时，新架白易线（白马垅变至易家湾变）10.35千米。5月，瓦子坪变电站建设时，新架茶瓦线（茶园变至瓦子坪变）8.29千米。至1995年，境域有110千伏输电线路18条，共147.57千米。

1996年6月，为配合韶峰水泥厂、湘乡建材厂扩建，棋梓桥变电站同时扩建增容，新架泉棋Ⅰ线（泉塘变至棋梓桥变）32.59千米。1996年9月，对响锰线（响水坝变至锰矿变）更换1-32号杆架空地线，1997年1月，新架响马Ⅱ线（响水坝变至马家岭变）5.72千米。9月，新架野霞线（野鸭坡至霞城变）、茶霞线（茶园变至霞城变）、茶潭线（茶园变至湘潭新电厂）线路3条，分别为2.49千米、3.92千米、5.09千米。1998年3月，新建荷易线（荷塘变至易家湾变）、荷五线（荷塘变至五里堆变）、荷瓦线（荷塘变至瓦子坪变）线路3条，分别为9.98千米、7.54千米、2.96千米。是年7月，新建韶山变电站时，在泉塘220千伏变扩建110千伏间隔1个，新架泉韶线19.69千米。1999年西湖220千伏变电站建设时，响楠线开脱 π 进西湖变，分为西楠线（西湖变至楠竹山变）长5.58千米和响西云线（响水坝变至西湖变至云湖桥电铁牵引变）长18.72千米。同年1月桂花园变易地升压新建110千伏变电站时，响野线 π 进接入桂花园变，分为响桂线（响水坝变至桂花园变）5.63千米和野桂线（野鸭坡变至桂花园变）7.9千米。新架泉东线（泉塘变至东山变）6.37千米。新架东铁线（东山变至潭市电铁牵引变）21.57千米。新架泉棋潭线（泉塘变至棋梓桥变）31.02千米，从其84号杆T接至潭市电铁牵引变线路4.23千米。新架从响西云线72号杆T接进云湖桥电铁牵引变线路3.22千米。新架西湖变至云湖桥电铁牵引变（西云线）3.48千米。新架西韶线（西湖变至韶山变）20.4千米。新架西石线（西湖变至石潭变）10.95千米。新架俗长线（易俗河变至长岭变）18.57千米。当年共新架线路9条/119.81千米。2000年4月，新建湘潭市繁城变电站时，从响马繁Ⅰ、Ⅱ线（响水坝变至马家岭变至繁城变）19号铁塔双回共塔引入繁城变电站，线路长2×5.33千米。是年10月，新架茶俗线（茶园变至易俗河变）13.19千米。2001年12月，新架石留线（石潭变至留田变）31.65千米。2002年2月，谢家湾变电站原地35千伏升压为110千伏，新架响谢Ⅰ线（响水坝变至谢家湾变）5.33千米。

2003年3月，新架茶菊钢线（茶园变至菊花塘变至湘钢一中央变）7.11千米，从26号塔T接至湘钢一中央（钢支线）0.3千米。是年12月，从泉梅东碱（泉塘变至梅坪变至东山变至碱业公司变）线7号杆T接进东山变，6.35千米。同年荷塘220千伏变电站建成后，瓦五线经改造变成荷五线、荷瓦线，线长分别为7.34千米、2.96千米。2005年9月，新架1-7号杆，将响504改由524供电。几次改造，响锰线长度为12.7千米。2005年12月，鑫湘锰业公司新建110千伏变电站，从响锰线（响水坝变至锰矿变）53号杆T接进鑫湘锰业变，支线长2.47千米。同月，新架响谢Ⅱ线（响水坝变至谢家湾变）5.17千米；谢家湾变原地升压110千伏变时，新架响谢Ⅱ线（响水坝变至谢家湾变），从该线7号杆T接至坪塘变，原1-7号杆废除。另外茶园变、野鸭坡变、霞城变、湘潭老电厂变、湘钢变、电机变电站这一地区的110千伏线路结构复杂,亦进行多次改进、改造。在新建湘乡长丰110千伏变电站时,泉楠线 π 进长丰变,分为泉长线和长楠线,线路长度分别为12.14千米、12.82千米。至年末,境域有110千伏输电线路49条,共494.24千米。

2005年湘潭市110千伏输电线路情况

表25-2-2

序号	线路名称	起止杆号	起止地点	导线型号/长度(千米)	投运时间	说明
1	白易线	1—38	白马垅变—易家湾变	LGJ—185/10.354	1995.03.29	—
2	荷易线	1—37	荷塘变—易家湾变	LGJ—185/9.976	1998.03.04	—
3	茶五线	1—36	茶园变—五里堆变	LGJ—240/9.026	1989.12.01	—
4	荷五线	1—31	荷塘变—五里堆变	LGJ—185/7.337	1998.03.04	—
5	茶瓦线	1—34	茶园变—瓦子坪变	LGJQ—300/8.286	1995.05.29	—
6	荷瓦线	1—12	荷塘变—瓦子坪变	LGJ—240/2.964	1998.03.04	—
7	野霞线	1—10	野鸭坡变—霞城变	LGJ—240/2.485	1997.09.30	—
8	茶霞线	1—17	茶园变—霞城变	LGJ—240/3.920	1997.09.30	—
9	茶潭线	1—22	茶园变—湘潭电厂(新)	LGJ—240/5.093	1997.07.26	—
10	茶野线	1—14	茶园变—野鸭坡变	LGJ—300/2.070	1988.12.03	—
11	摄茶线	1—21	湘潭电厂(老)—茶园变	LGJ—240/5.196	1988.12.03	—
12	摄野线	1—24	湘潭电厂(老)—野鸭坡变	LGJ—240/5.464	1991.01	—
13	野桂线	1—43	野鸭坡变—桂花园变	LGJ—240/7.896	1999.01.10	—
		29T—4	29T—菊变	LGJ—240/0.62	2001.01	—
14	响桂线	1—22	响水坝变—桂花园变	LGJ—240/5.634	1999.01.10	—
15	响俗线	1—96	响水坝变—易俗河变	LGJ—240/20.336	1978.01.01	—
16	茶俗线	1—47	茶园变—易俗河变	LGJ—240/13.188	2000.10	—
17	响西云线	1—75	响水坝变—西湖变	LGJ—185/18.720	1999.12	—
		72T—14	72T—云铁牵引变	LGJ—120/3.220	1999.12	—
18	响马繁Ⅰ线	1—25	响水坝变—马家岭变	LGJ—240/5.724	1984.12.01	—
		19T—23	19T—繁城变	LGJ—240/5.326	2000.04	—
19	响马繁Ⅱ线	1—25	响水坝变—马家岭变	LGJ—240/5.724	1997.01	—
		19T—23	19T—繁城变	LGJ—240/5.326	2000.04	—
20	响锰线	1—52	响水坝变—锰矿变	LGJ—50/12.697	1959.01.01	—
21	鑫湘锰业支线	53T—10	53T—锰业	LGJ—35/2.465	2005.3.29	客户自维
22	西楠线	1—24	西湖变—楠竹山变	LGJ—185/5.575	1999.12	—
23	长楠线	1—54	长丰变—楠竹山变	LGJ—185/12.819	1965.01.01	—

续表

<table>
<tr><th>序号</th><th>线路名称</th><th>起止杆号</th><th>起止地点</th><th>导线型号/长度(千米)</th><th>投运时间</th><th>说明</th></tr>
<tr><td>24</td><td>西韶线</td><td>1—77</td><td>西湖变—韶山变</td><td>LGJ—185/20.400</td><td>1999.12</td><td>—</td></tr>
<tr><td>25</td><td>泉韶线</td><td>1—82</td><td>泉塘变—韶山变</td><td>LGJ—185/19.694</td><td>1998.07</td><td>—</td></tr>
<tr><td>26</td><td>西云线</td><td>1—17</td><td>西湖变—云铁牵引变</td><td>LGJ—120/3.477</td><td>1999.12</td><td>—</td></tr>
<tr><td>27</td><td>楠石线</td><td>1—69</td><td>楠竹变—石潭变</td><td>LGJ—150/13.855</td><td>1987.09</td><td>—</td></tr>
<tr><td>28</td><td>西石线</td><td>1—42</td><td>西湖变—石潭变</td><td>LGJ—185/10.949</td><td>1999.12</td><td>—</td></tr>
<tr><td rowspan="2">29</td><td rowspan="2">茶菊钢线</td><td>1—36</td><td>茶园变—菊花塘变</td><td>LGJ—240/7.105</td><td>2003.03</td><td>—</td></tr>
<tr><td>26T—2</td><td>26T—湘钢一中央</td><td>LGJ—240/0.300</td><td>1999.01.10</td><td>—</td></tr>
<tr><td>30</td><td>野钢线</td><td>1—16</td><td>野鸭坡变—湘钢一中央</td><td>LGJ—240/3.88</td><td>1991.07.11</td><td>—</td></tr>
<tr><td rowspan="2">31</td><td rowspan="2">泉梅东碱线</td><td>1—7</td><td>泉塘变—梅坪变</td><td>LGJ—240/1.480</td><td>1989.02.01</td><td>—</td></tr>
<tr><td>7T—东变</td><td>7T—东山变</td><td>LGJ—240/6.35</td><td>2003.12</td><td>—</td></tr>
<tr><td>32</td><td>泉梅线</td><td>1—7</td><td>泉塘变—梅坪变</td><td>LGJ—240/1.480</td><td>1989.02.01</td><td>—</td></tr>
<tr><td>33</td><td>泉铝Ⅰ线</td><td>1—14</td><td>泉塘变—湘乡铝厂</td><td>LGJ—240/2.775</td><td>1989.12.27</td><td>—</td></tr>
<tr><td>34</td><td>泉铝Ⅱ线</td><td>1—14</td><td>泉塘变—湘乡铝厂</td><td>LGJ—240/2.955</td><td>1989.12.27</td><td>—</td></tr>
<tr><td>35</td><td>水棋线</td><td>1—28</td><td>水府庙变电站—棋梓桥变</td><td>LGJ—120/7.155</td><td>1959.11.01</td><td>—</td></tr>
<tr><td>36</td><td>泉东线</td><td>1—27</td><td>泉塘变—东山变</td><td>LGJ—240/6.371</td><td>1999.01.15</td><td>—</td></tr>
<tr><td>37</td><td>东潭线</td><td>1—89</td><td>东山变—潭铁牵引变</td><td>LGJ—120/21.569</td><td>1999.01.15</td><td>—</td></tr>
<tr><td>38</td><td>泉棋Ⅰ线</td><td>1—113</td><td>泉塘变—棋梓桥变</td><td>LGJ—240/32.589</td><td>1996.06</td><td>—</td></tr>
<tr><td rowspan="2">39</td><td rowspan="2">泉棋潭线</td><td>1—132</td><td>泉塘变—棋梓桥变</td><td>LGJ—150/31.018</td><td>1999.01.15</td><td>—</td></tr>
<tr><td>84T—19</td><td>84T—潭铁牵引变</td><td>LGJ—120/4.230</td><td>1999.01.15</td><td>—</td></tr>
<tr><td>40</td><td>泉长线</td><td>1—43</td><td>泉塘变—长丰变</td><td>LGJ—300/12.141</td><td>2005.11.16</td><td>—</td></tr>
<tr><td>41</td><td>响谢Ⅰ线</td><td>1—24</td><td>响水坝变—谢家湾变</td><td>LGJ—240/5.333</td><td>2002.12</td><td>—</td></tr>
<tr><td rowspan="2">42</td><td rowspan="2">响谢Ⅱ线</td><td>1—24</td><td>响水坝变—谢家湾变</td><td>LGJ—240/5.167</td><td>2005.12</td><td>—</td></tr>
<tr><td>7T—102</td><td>7T—坪塘变</td><td>LGJ—150/23.025</td><td>1966</td><td>—</td></tr>
<tr><td>43</td><td>俗长线</td><td>1—66</td><td>易俗河变—长岭变</td><td>LGJ—185/18.572</td><td>1999.12</td><td>—</td></tr>
<tr><td>44</td><td>石留线</td><td>1—124</td><td>石潭变—留田变</td><td>LGJ—185/31.652</td><td>2001.12.31</td><td>—</td></tr>
<tr><td>45</td><td>霞机Ⅰ线</td><td>1—3</td><td>霞城变—电机厂变</td><td>LGJ—185/0.527</td><td>2001.4</td><td>客户自维</td></tr>
<tr><td>46</td><td>霞机Ⅱ线</td><td>1—3</td><td>霞城变—电机厂变</td><td>LGJ—185/0.537</td><td>2001.8</td><td>客户自维</td></tr>
<tr><td>47</td><td>棋泥Ⅰ线</td><td>1—</td><td>棋子桥变—韶峰水泥厂</td><td>LGJ—185/0.277</td><td>2002.7</td><td>客户自维</td></tr>
<tr><td>48</td><td>棋泥Ⅱ线</td><td>1—</td><td>棋子桥变—韶峰水泥厂</td><td>LGJ—185/0.277</td><td>2004.11</td><td>客户自维</td></tr>
<tr><td>49</td><td>马江线</td><td>电缆线</td><td>马家岭变—江麓厂变</td><td>YJL03—2/0.778</td><td>2005.12</td><td>客户自维</td></tr>
</table>

合计:49 条 /494.237 千米,其中:客户自维 6 条 /4.861 千米

第四节　35千伏电网

1986年,境域有35千伏电网配套变电站16座,主变24台,总容量8.365万千伏安。35千伏输电线路29条/371.3千米。1987年至1995年9年间,新建湘乡市翻江、亭子仑两个35千伏变电站,主变3台/11150千伏安。新架35千伏线路8条/78.02千米。到1995年末,境域有35千伏电网配套变电站18座,主变27台,总容量9.48万千伏安,35千伏输电线路37条,共计449.32千米。

1996年、1997年,响水坝、泉塘两个220千伏变电站相继取消35千伏电压等级。1999~2003年,城网建设、改造期间,将110千伏高压引入市区。湘潭市区内的野鸭坡、五里堆、易家湾、桂花园等多个35千伏变电站升压为110千伏变电站。35千伏电网重点转向农村发展。同时,由国家投入大量资金进行农网建设、改造。先后新建10座35千伏变电站,主变14台、容量61200千伏安,并新增一些35千伏输电线路。至2005年底,湘潭市35千伏电网共有35千伏变电站34座,主变53台,容量19.698万千伏安。其中公用变电站24座,主变33台,总容量13.305万千伏安,全部实现无人值班。客户自备变电站10座,主变20台,总容量6.393万千伏安。35千伏线路33条/601千米。

一、35千伏公用变电站

(一)建设变电站

位于岳塘区马家河,1969年建成投入运行。二次侧原为6千伏,1985年升压为10千伏,无人值班。2005年底,有主变压器1台/5600千伏安,35千伏进线1回,10千伏出线4回。

(二)杨嘉桥变电站

1967年建成。2000年11月拆除新建,2001年1月15日投入运行,为无人值班的箱式变电站。2005年底,有主变压器2台/6300千伏安;35千伏进线2回,10千伏出线4回。

(三)云湖桥变电站

1961年7月建成投入运行，位于湘潭县云湖桥镇新南村。2001年11月完成无人值班改造。2005年底,有主变压器2台/6300千伏安;35千伏(T接楠杨线)进线1回,10千伏出线4回。

(四)中路铺变电站

建于20世纪60年代,1972年、1982年两次进行增容改造,2002年7月，实行无人值班改造。2005年底,有主变压器2台/6350千伏安,无功补偿电容1200千乏,35千伏进出线2回,10千伏出线6回。

(五)射埠变电站

20世纪80年代建成投入运行。2001年10月实现无人值班。2005年底,有主变2台/7200千伏安,无功补偿电容900千乏,35千伏线路3回,10千伏出线4回。

(六)毛集井变电站

1987年易地新建于湘潭市雨湖区鹤岭镇七亩村。2001年10月改造为无人值班变电站。2005年底,有主变2台/2.16万千伏安,无功补偿电容2400千乏,35千伏进线2回,10千伏出线8回。

(七)青山桥变电站

位于湘潭县青山桥镇青山村道公组龙头岭上，始建于1983年，由留田110千伏变电站留青线作主供电源。该站历经多次改造，2001年12月实现无人值班。2005年底，有主变压器1台/5000千伏安、无功补偿电容600千乏；10千伏出线4回。

(八)白石铺变电站

1992年10月建成送电。后因外力破坏，基础严重塌方，威胁变电站安全运行。2004年3月18日，易地新建在白石乡新桥村，于2004年12月7日竣工送电，同时实现无人值班。至2005年底，有主变1台/4000千伏安、无功补偿电容1200千乏，35千伏进线1回，10千伏出线5回。

(九)乌石变电站

20世纪70年代建成投入运行。位于湘潭县乌石瓦子坪(彭德怀元帅故居)。由于主变容量小，电压质量低，1998年从原址乌石中塘坳迁建于瓦子坪，同年8月投入运行，同时实现无人值班。2005年底，有主变1台/4000千伏安，无功补偿电容1200千乏，35千伏进线1回，10千伏出线4回。

(十)姜畲变电站

按无人值班方式设计，2000年12月正式投运。第一期工程上主变1台/3150千伏安，无功补偿电容1200千乏，35千伏进线1回，10千伏出线3回。第二期工程增加主变1台/4000千伏安，2002年1月投入运行。2005年底，该站有主变压器2台/7150千伏安，35千伏进线1回，10千伏出线3回。

(十一)罗山变电站

位于湘潭县石鼓镇石鼓村罗山组，按无人值班变电站设计。2004年3月27日竣工送电，同时实现无人值班。2005年底，有主变1台/4000千伏安，无功补偿电容600千乏，10千伏出线5回。

(十二)河口变电站

位于湘潭县河口镇板桥村麻园组，按无人值班变电站设计。2003年6月19日投入运行，同时实现无人值班。2005年底，该站有主变1台/4000千伏安，无功补偿电容600千乏，35千伏进线1回(T接俗射线)，10千伏出线4回。

(十三)月山变电站

位于湘乡市月山乡洪汇村，1979年10月受电运行。历经一次扩建、四次增容。2005年底，有主变压器2台/6300千伏安，无功补偿电容1200千乏，35千伏进线1回，10千伏出线4回。

(十四)虞唐变电站

位于湘乡市虞唐镇杨智村，1985年2月建成送电。经过一次扩建、一次增容、两次改造。2005年底，有主变2台/7200千伏安，无功补偿电容1080千乏，35千伏进线1回，10千伏出线6回。

(十五)翻江变电站

位于湘乡市翻江镇，1988年12月建成送电。曾经两次增容。2005年底，有主变1台/4000千伏安，无功补偿电容600千乏，35千伏进、出线各1条，10千伏出线4回。

(十六)亭子仑变电站

位于湘乡市潭市镇，1989年1月建成投运。2005年底，有主变2台7150千伏安，无功补偿电容600千乏，35千伏进线1条，10千伏出线5回。

(十七)壶天变电站

位于湘乡市壶天镇，1999年9月建成。2005年底，有主变2台/6300千伏安，无功补偿电容600

千乏,35 千伏进线 1 回(番江 35 千伏变电站至该站),10 千伏出线 4 回。

(十八)白田变电站

该站位于湘乡市白田镇,2001 年 7 月建成投运。至 2005 年底,有主变 1 台 /3150 千伏安,无功补偿电容 600 千乏,35 千伏进线 1 回,10 千伏出线 3 回。

(十九)毛田变电站

位于湘乡市毛田乡,与乡政府毗邻,2001 年 12 月建成投运。2005 年底,有主变 1 台 /3150 千伏安,无功补偿电容 600 千乏,35 千伏进线 1 回,10 千伏出线 3 回。

(二十)花坪变电站

位于湘乡市花坪镇松邮村,2001 年 12 月建成投运。2005 年底,有主变 1 台 /4000 千伏安、无功补偿电容 600 千乏,35 千伏进线 1 回,10 千伏出线 3 回。

(二十一)香铺变电站

位于湘乡市梅桥镇香铺村,2002 年 8 月建成投运。2005 年底,有主变 1 台 /4000 千伏安,无功补偿电容 600 千乏,35 千伏进线 1 回,10 千伏出线 3 回。

(二十二)长丰变电站

位于湘乡市东郊乡长丰村,2005 年 4 月长丰 110 千伏变电站建成后,该站退出运行。原梅坪变至长丰变的 35 千伏梅长线,2005 年底降压为 10 千伏运行。

(二十三)银田变电站

建于 20 世纪 60 年代,于 1984 年、1990 进行两次扩建增容。2005 年底,有主变 2 台 /6300 千伏安,无功补偿电容 2400 千乏,35 千伏进线 2 回,10 千伏出线 4 回。

(二十四)董家冲变电站

由泉塘变和楠竹山变提供 35 千伏电源,是韶山供电的唯一电源点。1998 年 7 月,韶山 110 千伏变电站投产后,该站 35 千伏退出运行,成为 10 千伏开闭所。2005 年底,有 10 千伏出线 7 回。

二、35 千伏线路

1986～1995 年,境域新建 35 千伏线路 8 条 /78.02 千米,即马麓Ⅰ、Ⅱ线、留青线、梅长线、石射线、梅亭线、楠氮线、中白线。

1996～2005 年,新建线路 12 条 /152.33 千米。即韶银线、翻壶线、马谢毛锰线、楠姜线、韶白线、俗铁线、棋毛线、花坪支线、梅香线、谢毛线、留罗线、锰矿支线。其中在城网改造期间,因电网结构变化,35 千伏线路有的已经拆除, 有的降压为 10 千伏运行, 有的经过升压改造进入 110 千伏系统。至 2005 年底,境域共有 35 千伏线路 33 条 /601 千米。

第五节　10 千伏配电网

1986 年,湘潭电网的配电网络设市区配网、湘潭县配网、湘乡县配网、韶山区配网等 4 个,这 4 个配网覆盖全市城区和农村,有配电线路 1702 千米,有公用配电变压器容量 12.72 万千伏安。有一部分配电网是以 6 千伏电压等级供电,部分农村存在“二相一地”的情况。1991 年,对南北塘、易俗河、银田寺、马家河等地的6千伏线路由原来的“二相一地”改造升压为三相10千伏供电，6千伏配电变压器也同时改造升压。并对五里堆地区、易家湾地区、楠竹山地区6千伏升压为10千伏供电。至此，境域再无6千伏电压等级。至1995年，境域配电网有公用配电线路3639千米，比1986年净增1937千米，增长130.8%。公用配电变压器容量共计38.64万千伏安，比1986年净增25.92万千伏安，增长203.8%。

1996年，由于加强电网建设，境域配电网络得到快速发展，湘潭电网10千伏配电网络结构明显改善，电能质量和供电可靠性明显提高。湘潭市城区、韶山市区、湘乡市区配电线路互联率分别达到69.66%、58.82%、100%。大批高能耗配电变压器得以更换，低压网络得以改造，以及“供电台区”建设和台区管理制度的健全完善，降低配电损耗。2005年底，全市变电站10千伏出线共303条，线路总长5144.01千米，比1995年的3639千米净增1505.01千米，增长41.36%。10千伏配电变压器7045台/1412597千伏安。变压器容量比1995年净增102.62万千瓦，增长265.6%。

一、湘潭市城区配电网

1986年，湘潭市城区的配电网络仅有公用配电线路和厂矿直供配电线路49条/368.8千米，配电变压器267台/40950千伏安。

1987年后，市区配电网络有很大发展。1991年，在城市区取消6千伏电压等级和减少35千伏电压等级，并将110千伏高压引进城市区，从市区10个110千伏变电站、3个开闭所增加10千伏出线，实现用户就近供电，新建和改造配电线路，实行多回共杆，加大线径截面，提高线路绝缘程度，增加配变布点和低压无功补偿，提高用户电能质量。着力郊区农网改造；积极开展“两电分离”“一户一表”改造工程，实行“公变台区管理”。

2005年底，湘潭市区配网共有10千伏线路116条/842.368千米。共有10千伏配电变压器2206台/814364千伏安。市区配网共有电缆线路101.90千米、绝缘线路206.18千米，绝缘化率达39.71%，线路互联率达69.7%。

二、湘潭县配电网

1986年，湘潭县的配(农)电网是以易俗河、楠竹山两个110千伏变电站和响塘、杨嘉桥、南北塘、中路铺、射埠、青山桥、石潭、中塘坳8个35千伏变电站为电源中心，形成配电网，放射性向周围供电。布局不尽合理，供电半径长，可靠性差。1995年之后，由于县治搬迁，在易俗河新城区开展配网建设，但配电网发展不快。

1998年后，湘潭县配(农)电网通过建设和改造，有较大发展。至2000年，县城双环网采用LGJ-240导线，安装真空开关3台，负荷刀闸16组，新布点200千伏安公用变压器20台，低压主干线更换为LGJ-120导线，实现10千伏环网供电、多处分段的网络格局，保证县城供电安全可靠，并改造17条10千伏主干线，完成部分110千伏和35千伏变电站的10千伏出线工程，新架10千伏线路328千米。为降低线损，提高电压质量，在部分10千伏线路和400伏线路上安装无功补偿装置。完成371个行政村低压电网的改造，新增台区404个，改造台区161个。新架400伏主干线3077千米，改造420千米。新架220伏支线2548千米，改造1309千米。完成一户一表改造123129户。完成谭家山煤矿、韶山氮肥厂、湘潭锰矿等企业向外转供电的24个村的改造任务。实现谭家山煤矿等8家企业的"两电分离"。2002年6月，一种安全、可靠的新型导线——平行集束绝缘电缆在湘潭县河口镇双江村农网改造中使用，是全省农村低压电网中首次采用。

截至2005年底，湘潭县配(农)电网共有配电线路95条(含共屏出线6条)2247.44千米。共有配电变压器2668台/343143千伏安。

三、湘乡市配电网

1986年，湘乡市配(农)电网包括用户自建、自管在内的配电线路有700多千米、配电变压器600多台。由于当时"重主网、轻配网"，10千伏出线不足，配电线路供电半径最长的达到40多千米。用电"卡脖子"现象严重。

1987年后，湘乡市配电网络有一些发展。虞塘、长丰、翻江、亭子仑4座35千伏变电站先后建成，以此为电源中心形成辐射配电网。新增10千伏棋普线、长龙线、梅铁线、虞桂线、虞机线，建成普安堂微波站、广州铁路局湘石会让站、省邮电局褒忠山微波站、�津水厂等一批客户10千伏专用供电工程；完成东山开闭所的建设，在城区东风广场、镇湘楼、夏梓桥等重负荷区加装公用变压器8台，增容2台，在农村新增公用变压器36台，增容3台，投入资金65.4万元整改农村三类低压线路870千米，配电室219间，配电屏180块；改造高能耗变压器120台。改造低压照明户15292户。1995年在全市开展"电力扶贫共富工程"，新架设10千伏线路7.6千米，安装配电变压器4台、容量260千伏安，使涧山乡岩前村、壶天镇石狮村、中沙乡龙山村和桂花乡梅口村最后4个无电村通电，实现全市村村通电。1995年9月，在全市农村开展用电秩序整顿，历时4个月，整改13个村，更换线路、电杆、整修配电室，仅望春门办事处联盟村，就整改线路8千米，更换水泥电杆178根，用户电表箱全部移至户外。1996年6月，采取"湘乡市财政拿一点、电力部门出一点、电力用户集一点"方式筹集280万元，将城普线从可心亭变改进梅坪变供电，将城网原有2条回路改成3条线路供电。次年4月，电力部门自筹资金122.2万元，架通梅泉(梅坪变—泉塘变)10千伏联络线，新增公变16台、容量3200千伏安。完成梅城Ⅰ、Ⅱ回10千伏线路的改造工程，新增柱上控制开关4台，保障市中心正常供电。

1999年开始三年城网建设与改造期间，市工矿区10千伏电网和居民小区改造以"市工矿区项目"进入城网改造范围，成为全省仅有2个城网改造县(市)之一。完成工贸新区电气建设工程，对湖南铁合金厂路口至壕塘口的主干线全部更换，市内立起第一座21米整体吊装铁塔与三基钢管杆。完成东山北路10千伏/380伏线路改造工程。1999年7月，先行对东泉、泉洙、棋谷、虞洋、壶天等256.08千米线路进行改造。完成城区结合部城东、新岸等20个村低压电网改造。新增配电变压器181台，改造111台，容量总计19068千伏安。2003年，梅坪变和东山变向城区环网供电新建和改造工程完工，加装分段环网开关6处，城区10千伏主干线路增至8条，全部实现"手拉手"互联。结合一户一表改造，改造城区公变80台。全市配(农)网改造工程一、二期全部竣工投运。共完成441个村低压电网改造。新架10千伏配电线路236.077千米，改造357.857千米。新建配电台区239个，总容量16600千伏安，改造配电台区443个，总容量34035千伏安。改造农村配电间600余间，改造低压配电屏916块。通电农户达到98.87%。新架400伏–220伏线路6424.438千米，改造1509.3千米；

完成农村一户一表改造 117608 户，占农村用电户总数 63%。2004 年，完成二十三冶一公司、化工厂家属区、湘乡市建筑三公司等企业的户表改造和转供电整顿工作。经过改造和建设，湘乡市城区 10 千伏配电线路互联率 100%，绝缘化率达 85%。农村电网网络结构、配电能力、降损节电、安全有序用电等，都得到提高和加强。境域农村用电用户达 193155 户。

至 2005 年底，湘乡市有 10 千伏线路 75 条 /1694.7 千米。配电变压器 1694 台 /208305 千伏安。

四、韶山市配电网

1986 年，韶山配（农）电网主要以韶山和银田两个 35 千伏变电站为电源中心，形成配（农）电网，共有 10 千伏线路 340 余千米；配电变压器 240 台。

1998 年 7 月，韶山 110 千伏变电站建成，韶山的配（农）电网络得到改善。原韶山 35 千伏变电站退出运行，改为 10 千伏开闭所。市区配网互联率达到 58.82%。从是年开始的 3 年进行农网改造，新架 10 千伏线路 86.744 千米，新增配电变压器 148 台 /7465 千伏安；更换高能耗配变 136 台 /8995 千伏安；改造配变台区 40 处；新上综合配电箱 13 台；新架 400 伏线路 390.93 千米、改造 272.06 千米；新架 220 伏线路 285.3 千米、改造 233.35 千米；更换下户线 512.79 千米。韶山供电区共有 89 个行政村（含金石镇 24 个村，龙洞乡 4 个村），户表改造竣工的有 76 个村。

2005 年底，韶山供电区共有配电线路 17 条 /359.51 千米。共有配电变压器 477 台 /46785 千伏安。

第六节 城乡电网建设与改造

1986 年，按照国务院提出"联合电网、统一调度、集资办电"的方针，采取由地方政府牵头，用户集资、电力部门适当补贴方式，全市新建一批供电工程项目，一定程度缓解全市用电紧张状况。由于没有稳定资金来源，完善的湘潭电网并未形成。1999 年开始，国家开展大规模城乡电网建设与改造，市城区和湘乡市工矿区列入湖南省第一批城网建设与改造项目，拉开全市电网建设与改造的序幕，改造着重于主网和农网建设。在总体规模不突破前提下，按照省电力公司提出以"提高社会效益和企业效益"要求，至 2001 年，境域城网改造新建 110 千伏变电站 3 座，升压改造 110 千伏变电站 1 座，共计增容 163000 千伏安，新建改造 110 千伏线路 148.6 千米。新建、改造 10 千伏线路 323.64 千米，新增分段开关 180 台，新增配变 218 台 /49800 千伏安。更换高能耗配变 131 台 /24300 千伏安。改造低压线路 356.83 千米，新增无功补偿容量 44540 千乏。改造完成一户一表 41600 户，新建市河东新区光纤通信环网 64 千米。农网累计完成输变电工程项目共 25 项，总计新建 110 千伏变电站 2 座，新增容量 134500 千伏安。新建 110 千伏线路 4 条 /75.411 千米，新建 35 千伏变电站 6 座，新增主变 14 台 /49350 千伏安。新增 35 千伏线路 9 条 /96.99 千米。改造和扩建变电站 10 座。完成县调自动化项目 3 个，新建 10 千伏线路 542.87 千米，改建 563.15 千米。新建 400 伏线路 3685 千米，改建 2797.5 千米。新增配电变压器 838 台 /65270 千伏安，改造配电变压器 525 台 /46965 千伏安。完成行政村改造 857 个，占总行政村比率 51.85%。完成户表改造 177436 户，占总户表 29.9%。全市城乡网建设与改造三年累计完成投资 33789 万元，其中，输电网工程完成投资额 11531 万元，10 千伏及以下工程完成投资额 23477.9 万元。完成农网改造项目 25 项。

2003年,根据省电力公司《关于湘潭电业局供电台区改造项目可行性研究报告的批复》,开始对供电台区进行改造,全年完成投资9377万元,其中市区城网部分台区改造投资3707万元。全市城乡网新建、改造10千伏线路路径长6.58千米,新增配变91台/24550千伏安,新建改造400伏低压线路(含电缆和进户线路)244.07千米,改造户表37883户,新增负控远抄系统主站1套,新增远抄数传采集终端423个。改造后,境域1座220千伏变电站、20座110千伏变电站、22座35千伏变电站实现无人值班,分区分块供电网架已经形成,变电站布点基本完备,网络结构基本完善,绝大多数变电站满足n-1准则电网抗拒自然灾害能力和自身调节功能明显增强。220千伏容载比达到2.318,110千伏容载比达到2.35。全网最大供电负荷达到79.02万千瓦。市城区售电量达到34.8万千瓦时。城市配电线路改造增加配变布点,增大电能表容量,有效地解决供电"卡脖子"的现象。城区配网售电量由改造前的5225.57万千瓦时增加到25941万千瓦时。大大扭转改造成前境域配变布点少,供电半径大,供电能力明显不足,大量的台区在高峰期超极限运行,线路老化、偷漏电现象严重,主干线、接户线线径小,客户计量表计容量小,限制客户用电量的增长的被动局面。至2005年底,全市共有公变台区825个,16万余户。10千伏公用配电线路89条/742.583千米,其中绝缘线206.18千米,电缆线路88.731千米,绝缘化率39.71%。城区"手拉手"互联线路62条,互联率69.66%。城区共有配变872台/240400千伏安。10千伏无功补偿设备18处/4860千乏。400伏线路4196.68千米,其中绝缘线3546.2千米,绝缘化率84.5%。低压无功补偿设备497处/27335千乏。改造后湘潭电网对客户供电可靠率从改造前99.84%提高到99.89%,综合电压合格率从98.29%,提高到98.94%,市城区配网400伏电压合格率从98.8%提高到99.89%。

第三章　电网调度

第一节　调度机构

1986年,市电网调度分地调、县调两级,地调为湘潭电业局调度管理所(以下简称地调,代号401),下设3个县(市)调,分别为:湘乡电力局调度室(代号403)、湘潭县电力局调度室(代号405)、韶山电力局调度室(代号407)。地调401全天候监控地区电网运行,指挥调度操作和事故处理。调度员对全市电网运行、操作和事故处理进行总指挥。地调401下设运行方式班,负责地区电网年度、日运行方式、设备计划、临时检修、继电保护和自动装置整定计算、新设备投产、网损潮流计算、无功电压管理和电力负荷管理;设通讯调度班和检修班与交换机班,负责对电话交换

图25-3-1　湘潭电力调度中心大楼

机、有线、载波、微波、光纤通讯设备的运行维护管理;设调度自动化班,负责远动装置和电能量采集装置的运行维护、实施调度自动化管理。2005年,地调及县(市)调专业调度机构4个,工作人员总计近100人。

第二节 电网负荷调度及调度范围

1986年,境域湘潭电厂火力发电机组发出的电以2回220千伏出线并入湖南电网。水力发电从水府庙变电站并入省电网运行。地调和县(市)调主要对境域输、供电进行调度,并形成比较稳定调度体系。当电网发生事故,频率下降到49.5Hz以下时,地调立即按电网事故限电序位表切除部分负荷。接到省电网调度(简称省调)事故压负荷命令后,地调立即按电网事故限电序位表切除部分负荷,并汇报省调(所切负荷数按省调命令决定)。因特殊原因需要保电开关,地(县)调提前汇报省(地)调,申请暂时取消限电或提早送电。各县(市)电力局调度根据电网频率下降情况,配合地调,按照电网事故限电序位表,主动切除所辖范围内的部分负荷,使频率恢复正常。当电网频率下降到49.8Hz以下时,地调立即按超电网供电能力序位表限制本地区超用负荷。在接到省调临时压负荷通知后,地调立即通知各县(市)调限制负荷或直接按超电网供电能力序位表切除部分负荷。当地区系统发生事故或设备过温过载时,地调可通知有关县(市)调限制相应地区的超用负荷或直接按照超电网供电能力序位表切除部分负荷。当某县(市、区)执行《电力供应应急预案》不力,超调度计划指标用电,在规定时间内未压下时,地调可按超电网供电能力序位表向有关电厂、变电站和各县(市)调下达拉闸命令,由受令单位执行后汇报地调。

当年8月中旬,境域电网最高负荷45.2万千瓦,通过压缩大工业部分负荷,重点保障生活用电和不能够停产的如钢铁炉等重要产业产品等措施应对高峰期。

1995年8月中下旬,境域最高负荷51.3万千瓦,由于电网结构比以前有改善,用电负荷压力减少。从1998年开始,湘潭电业局积极参与省调开展全省地调商业化运营竞赛。湘潭电业局地调负荷管理所深入客户调查研究,掌握解客户设备、生产状况,准确预计负荷。2005年4月,湘潭地调响应国家电网公司提出公平、公正、公开的"三公"调度十项措施以后,根据《国家电网公司"三公"调度工作管理规定》,对内进一步完善有关制度,建立健全"三公"调度机制。统一规范调度信息发布内容、形式和周期,建立问询答复制度,严格执行《国家电网公司电力调度机构工作人员"五不准"的规定》,将"三公"调度作为评价和考核调度工作的重要内容。对外则由市电力行业协会牵头协调,建立监督员制度,聘请大唐湘潭电厂、水府庙电站、湘潭钢铁厂、湘潭电机厂、湖南铁合金厂、韶峰水泥厂、江麓机械厂七家单位有关负责人为"三公"调度监督员。每年召开评议座谈会两次,汇报电网运行情况,听取意见和建议,并邀请市经委和市电力行协工作人员与会评议。对电厂和电力客户提出的问询在10个工作日内答复。制定"三公"调度测评表,并设置"三公"调度监督电话。至2005年末,"三公"调度正常推行。电网负荷调度及调度范围未变。当年电网最高负荷达到79.2万千瓦,尽管负荷比十年前增长54.39%,由于境域及全国电力建设飞速发展,电力敞开供应,没有对境域用电造成影响。

从1998年开始到2005年的8年间,湘潭电网负荷合格率在全省地调中排名第一,共获奖励电量1894万千瓦时,按内部结算电价折合金额405万元。

第三节　调度安全

1986 年,境域调度工作仍沿袭以往的"操作票制度"。凡计划检修,操作票经过拟写、审核、预发等环节。临时的检修停电时,可以经过拟写、审核不预发,但复电时一定要预发到现场。在执行逐项操作指令票时,做到逐项操作逐项汇报,严禁跨越大项操作。

1987 年后,电网安全调度更讲究合理安排设备检修计划,开展设备有序检修,全面保证服役设备在健康状态下运行。对于设备检修计划管理、检修申请与批答、运行设备缺陷处理、临时检修、带电作业等都严格按调度规程检修管理规定办理。调度在批答检修前,必须考虑电网结线、功率平衡、电能质量、检修单位配合、继电保护和安全自动装置定值调整或投退,对通讯、自动化和用户供电影响等因素,充分考虑停送电操作所需时间,提出注意事项和事故处理原则。

湘潭地调截至 2005 年 12 月 31 日止,实现安全运行 6303 天(共 17 年零 268 天),是省内地调系统安全记录较长单位之一。

第四节　调度通信

1986 年,湘潭地区调度室,通信方式是有线通信、电力载波,并借助邮电部门电话。使用人工交换机(磁石总机),容量 100 门。后将人工交换机改造为纵横制(电磁式)自动交换机,容量从 100 门扩充到 400 门,步入自动电话时代。1990 年后,省电网统一规划建设五里堆—湘乡泉塘微波电路,开始有大容量通信方式。1994 年,自动交换机升级为程控交换机,容量从 400 门扩充至 800 门。湘潭电力调度无线寻呼台(BP 机台)也于是年开通,无线寻呼范围为湘潭市、安化县、宁乡县。1997 年,由于手机广泛应用,无线寻呼台被自动搁置不用。

1998 年,大规模城乡电网改造开展以后,由于变电站无人值班改造工程的需要,大量信息要从变电站传送到集控中心和调度中心,经过多种通信方式的论证比较,选择灵活、经济、易于实现一点多址微波通信方式。1999 年建成第一条光纤电路(和平路老局址—响水坝变电站),形成一点多址微波系统,容量为 155 兆。同时,湘乡市、韶山市、湘潭县等县(市)级调度光纤通信网络形成,县(市)、局程控交换机的投入和市区程控交换机扩容,通信状况得到根本改变,满足电力系统对通信大容量、多层次服务要求。同时,每年进入电力线路防冻融冰警戒期后,仍保持租用省无线电管理委员会电台,安放在安化山区界山、五龠山等处冰情观测哨所,及时向调度发出线路结冰信息,以便采取及时熔冰措施,保证电力线路安全。

至 2005 年末,湘潭电网通信,已从单一有线通信方式发展到由载波通信、微波通信、光纤通信、自动交换网组成现代通信网。不仅确保电网调度电话的可靠、畅通,还可兼容行政通信、计算机通信、电网自动化、继电保护、调度传真、住宅电话、可视电话会议等信息传输与交换综合业务数字通信。共有 71 个通信对象,其中有 3 个电厂,7 个行政机构,49 个变电站,10 个用户单位以及 2 个农村供电营业所。现代调度通信网的建立,电力系统提供自动化信息、远切保护、办公自动化信息、电视会议、电话会议、故障录波远传、工业电视监控、微机防误、电能量计费、远程抄表、光纤微波传输 2M

专用远切信号通道、电压监控通道、95598咨询业务平台和银电联网等通信业务和调度数据网业务以及光纤专用传输保护通道业务。

第五节 调度自动化

一、地调调度自动化

1986年，湘潭地调电网调度自动化，仍沿用20世纪60年代末厂站端采用的晶体管式集成电路，主站端采用一对一的接收装置。由于设备的稳定性差，基本依赖人工维持设备运转，并且因设备分布不全、功能少，应用效果亦不理想。

1987年后，集成电路式的自动化设备开始大力发展和应用，1989年10月从美国进口一套ILEX调度自动化系统，包括厂站端ILEX的RTU、主站计算机系统，于1991年底投入试运行，率先在全省实行自动化调度。该设备在功能上因软件系统(数据库、操作系统、人机界面)的完善而得到改善，实现大量电网实时运行信息的在线监视，调度员可以利用人机工作站对电网进行监控，系统的维护方便，节省人力物力。1992年，市电业局为提高电网调度自动化水平，投入320万元从美国引进ILEX—8000电网计算机控制系统，使调度和事故处理效率提高。并由局自行研发"FQT导地线敷冰监测系统"。

1997年，由于随着电网的发展，众多变电站的兴建以及变电站无人值班工作的开展，厂站端大量信息需要接入，以及硬件设备老化等原因，原ILEX调度自动化系统已不堪重负，无法满足电网调度的需求。1998年开始，对厂站端的自动化设备进行更新换代改造，同时与中国电力科院合作开发一套调度主站计算机系统，基于面向对象的编程设计而形成软件系统以及添置的先进计算机设备构成EPRI-SC新系统。与此同时，变电站自动化设备也大量投入使用，除逐步完善RTU，还形成综合测控系统、综合自动化系统等。

2001年，由于EPRI-SC系统不具备高级应用软件功能，不能满足电网发展需要，通过考察比较，采用山东烟台东方电子生产DF8002系统。此系统设计为双网双服务的结构，采用当时最稳定的Unix操作系统，与厂站端联络采用双通道，这样能大大提高数据的准确性及系统稳定性，同时在硬件和软件配置上也按照10年不换原则进行配置，全面实现遥测、遥信、遥控、遥调的"四遥"功能。2005年，湘潭地调DF8002调度自动化系统共接入24个厂站自动化系统和设备，包括17个变电站、1个火电厂、1个水电厂、2个县调、3个用户变电站，系统采集的信息总量达6050个。

二、县(市)调调度自动化

1999年底，境域韶山调度自动化系统采用京电公司的主站系统投入运行。2002年，湘潭县、湘乡电力局县调自动化系统工程分别采用东方电子公司DF8002和北海银河YH-2000系统，正式投入运行。

2005年，湘潭县调DF8002调度自动化系统共接入16个厂站自动化系统和设备，系统采集的信息总量达5887个。湘乡YH-9000调度自动化系统共接入19个厂站自动化系统和设备，系统采集信息总量达4342个。韶山市调度自动化系统共接入3个厂站自动化系统和设备，系统采集信息总量共计654个。

第四章 用电

1986年,全市有生产、生活用电用户103800余个,总售电量13.83亿千瓦时,售电均价72.07元/千千瓦时,总营业收入1.1亿元。

1987年后,用电趋紧,境域生产、生活用电实行有计划、均衡供电,高峰期实行限电,生产、生活因电力紧张受一定影响。1995年,境域生产、生活用电用户425000余个,当年总售电量24.38亿千瓦时,售电均价259.98元/千千瓦时,总营业收入6.3396亿元,用户数、用电量、售电均价、营业收入,分别比1986年增长 309.4%、76.4% 260.7% 512.9%。

1996年,境域生产、生活用电同全省、全国一样,发生翻天覆地变化,从计划用电、限电,到放开、鼓励用电,成为电力供需一个分水岭。1999年后,随着民营工业经济的发展和生活用电实行一户一表,生产、生活用电用户激增。至2005年末,境域生产、生活用户964569户,总售电量43.11亿千瓦时,售电均价487.31元/千千瓦时,营业收入19.62亿元,用户数、售电量、售电均价、营业收入,分别比1995年增长127%、76.8%、87.4%、209.5%。

1986~2005年湘潭市用电售电量、均价、销售收入情况

表25-4-1

年份	售电量(万千瓦时)	售电均价(元)/千千瓦时	销售收入(万元)
1986	138264	72.07	10344
1987	148730	77.76	11566
1988	160932	73.12	14949
1989	169841	74.1	16885
1990	180389	118.51	21378
1991	185201	147.76	24761
1992	206619	170.62	35253
1993	229595	220.14	50543
1994	238131	263.87	56834
1995	243843	259.98	63396
1996	252775	310.43	78468
1997	260668	319.71	83338
1998	260220	314.33	81795
1999	283306	306.23	86576
2000	321432	316.01	108252
2001	338855	320.18	108493
2002	341276	325.28	111009
2003	360592	347.00	121238
2004	401260	384.44	160300
2005	431064	487.31	196186

第一节 生产用电

1986 年，境域生产用电在电网调度中称动力用电，下细分为：大工业用电（315 千伏安以上的）、普通工业用电（300 千伏安以上的）、农村生产用电等 3 个类别。当年，用电趋紧，为卖方市场，用户用电以计划分配为主。根据国家统一部署，市政府设立湘潭市三电（计划用电、节约用电、安全用电）办公室（以下简称三电办），由市经济委员会（以下简称经委）副主任担任“三电办”主任，由市电业局用电科负责人担任副主任，“三电办”放经委，常设办事机构设在电业局用电科。用户用电执行全国统一用电价格。当年，有生产用电户 5190 户，占全市总用户数 5%，用电量 12.4 亿千瓦时，占总用电量 89.67%。

1987 年后，生产用电继续趋紧，市“三电办”为执行计划用电、节约用电、安全用电政策，加强监管，在全市供电区域内，把同一条公用配电线路的工业用户组织起来，成立马家岭、桂花圆、野鸭坡等 10 多个“线路用电管理委员会”（以下简称线管会），各线管会人员由所在区域的工业企业抽调优秀电工组成线管会班子。各线管会协助市“三电办”制订有序用电方案，方案由输送电部门严格执行。为鼓励用户按计划用电、节约用电，制定丰水季节放开用电，电价下调，枯水季节严格计划用电，超负荷电价大幅上调或强制拉闸等政策措施。对高能耗工业产品，如铁合金等 9 种产品的用电，每千瓦时加价 0.5 元。同时大力推广节能新工艺、新设备、新产品，千方百计降低企业生产用电量。由于农村生产耗电用户分散，架线成本大大高于市城区，用电电价高于城区 20%以上。1993 年，由于一些工业企业不适应市场经济，企业严重亏损，欠交电费，当年湖南铁合金厂、湘潭锰矿、湘潭电缆厂、湘潭纺织印染厂、谭家山煤矿等用电大户共计欠交电费 3500 多万元。是年，市电业局为保障 740 多千米 10 千伏配电线路、1800 多台配电变压器的抢修速度，成立电力 110。1995 年 12 月，开始执行刚刚颁布实施的《中华人民共和国电力法》。当年，有生产用电户 46424 户，占总用户数的 10.54%，用电量 21.56 亿千瓦时，占 88.42%。

1996 年，境域生产用电随着国家电源建设的飞速发展得到缓解，供需矛盾从卖方市场转为买方市场，企业生产用电除用电高峰期有拉闸现象外全部按需供给。由于电力缓解，用电放开，市“三电办”的权威性职能开始削弱。当年，贯彻国家《电力供应使用条例》和《供电营业规则》，市供电部门积极应对，不断更新工业用电设施，改变供电服务态度。1997 年，为使电力 110 更有效地服务于用户，反应更加快捷，施救更加及时，加入全市社会联动报警系统，此后，电力 110 实行全天候值班，接警即出，在 45 分钟内到达现场，按时到达率 99%。10 千伏线路的低压工业用户排除故障不超过 12 小时，按时率 100%。

1998 年，市电业局根据工业用电量从 1996 ~ 1998 年连续 3 年出现负增长严峻形势，积极推行“需求侧管理”，千方百计促销电量：鼓励企业以电代油、代气、代煤，提高电力终端用能份额；鼓励工业生产多用电，实行超基数用电优惠政策；启动城市亮丽工程，免收城市亮丽工程贴费、城市公用事业附加费。同年，贯彻国家“关于农村用电‘两改一同价’（改革农村电力管理体制、改造农村电网、实行城乡同网同价）”的政策，农村生产用电价格开始下降。为提高生产用电计量准确性，开始继 80 年代第一阶段计量设备改造后，又进行第二阶段计量设备改造。改造以低压表、封印、高压计量、关口计量、购电计量箱等为重点，主要解决误差大、少计量、防窃电功能差等问题，至是年底，全市电网改造计量设备82万套只，其中城网17万套只，农网65万套只。1999年，为适应城市东迁、高新技术产业快速发展、工业客户增加的现实，让新老工业客户享受更方便、更快捷的供电服务，市供电部门将用电管理所一分为二，成立城东、城西供电局，增设城东营业厅。2000年，市“三电办”撤销，结束其历史使命。同年，电力110被中国质量管理协会用户委员会授予“全国用户满意服务”匾牌。

2001年，工业用户累计欠交电费4.4819亿元。2001年，根据省经贸委、省电力公司《关于加快电费回收工作的紧急通知》，市电业局加快生产用电与生活用电分离工作进度，欠费大户毛纺厂、湘锰率先分离。2004年，电力部门从着力提高电力营销服务质量出发，成立配网公司和营销公司，让营、配两大公司从不同角度更好地服务于用户，加强带电作业、零点检修等优质服务项目，以减少生产停电事故，提高用电可靠性和供电质量。同年，电力部门对141户欠电费工业企业采取先交钱后供电措施，欠费状况有所缓解，部分特困企业以土地为抵押偿还电费，铁合金厂当年归还陈欠1800万元。2005年，根据工业产值亿元以上的大客户用电、结算的复杂性，按大客户直属化、小客户台区化的思路，成立大客户直属分局，专门负责湘钢、湘机等18户大工业用户的用电、抄表、结算收费。并实行一厂一策的个性化服务，在直属分局内成立客户服务中心。至2005年的8年间，“电力110”共接警15200次，年平均接警2000多次，是全市除公安接警外出警最多单位，连年被评为湘潭市社会联动先进单位、省电力公司“110”先进集体。年末，工业用电量回暖。当年生产用户108253户，占总用户的16.04%，用电量34.6195亿千瓦时，占80.31%。

第二节　生活用电

1986年，境域生活用电分居民照明用电、非居民照明用电（办公用电）、商业服务用电三类。生活用电价格执行全国统一政策，每年根据市里实际情况作一些微调，是年，全市生活用电每度微调加价0.022元。当年，生活用电户98610户，占总用户的95%，用电量1.43亿千瓦时，占总用电量的10.33%。

1987年后，由于用电趋紧，市电力部门对生活用电实行限量、控制供电，限每户6~9月丰水季节每月最高用电80千瓦时，其他枯水季节限每月最高用电60千瓦时，超出最高限额电价按基数三倍收费。1988年后，工矿居民住宅小区大规模建设，一般采取由企业的供电设施统一供电，生产生活用电混在一起，有的企业还作为福利不收取职工家属住户电费，用电成本混合摊在生产成本中。1995年，全市生活用电户394090户，占总用户数的89.46%，用电量2.82亿千瓦时，占总用电量的11.58%。

1996年后，商品房居住小区楼盘大量建设，新建商品房小区采用一个单元一表、或一户一表，生活用电用户增多。市电业局针对生活用电复杂性，开发用电营销管理系统。1998年，国家电力公司“关于城镇一户一表若干规定”出台，市电业局开始对公用变压器合表用电的居民住宅，包括企事业单位自供的职工住宅、实行物业管理的由房产公司管辖的住宅小区，实行一户一表改造。鼓励居民使用空调、电炊、电热设备。2000年湘潭县、湘乡市、韶山市三县（市）使用电力营销信息系统，用电营销管理系统涵盖用电管理的全过程。系统主要包括业扩管理、电费电价管理、电能计量管理、营业账务处理、用电工作质量管理、台区管理、综合查询、用电决策分析等模块。2001 年，境域雨湖区、岳塘区率先根据国家“关于‘两改一同价’”的精神，实现农村村民用户用电，与城区居民用户用电同网同价。当年，农村生活用电财务管理得到进一步规范，规范农电总站和供电营业所的财务行为，对整个农电财务实行统一科目，统一核算，统一报表。基本实现资金全部上交，收支两条线管理。城东农电总站还实行结算中心式统一管理，统一用电报表和台区管理。城东、湘乡实现总站按月按台区核算，荷塘供电所的台区管理受到国电公司和省电力公司检查组好评。韶山局重新招聘人员后，管理上有较大起色，通过努力，保证当年农电电费结零。湘潭县电力局农电总站通过审计并与检察院联合办案，挽回经济损失 20 多万元。供电营业所按照“五统一”（统一电价、统一发票、统一抄表、统一核算、统一考核），“四到户”（销售到户、抄表到户、收费到户、服务到户），“三公开”（电量公开、电价公开、电费公开），“两监督”（社会监督、群众监督）的管理，杜绝“关系电、人情电、权力电”和“乱收费、乱加价、乱罚款”现象发生。狠抓农村电价管理。降低农村到户电价，农网改造竣工村电价由 0.76 元 / 千瓦时降至 0.65 元 / 千瓦时。全年组织用电宣传 14 次，组织查窃电、查违章行为 240 余次，查处窃电用户 469 户，查处违章用电 484 户，收取违约电费 139.43 万元。调整灯力比 175 处，查处故障表 15 处，查处存在问题和安全隐患的 136 户。打击严重窃电和违章用电歪风。

2002 年，根据省经贸委、省电力公司指示精神，各工矿企业开始把工厂住宅小区职工生活用电分离出来，实现一户一表。当年有毛纺厂、湘潭锰矿等企业住宅小区的 2.7 万户职工家属户实现一户一表改造。当年 5 月，为强化生活用电服务功能，市电力部门在主营业厅设立客户服务中心，为客户提供新装、变更、查询、电费交纳等服务项目，把优质、方便、规范、忠诚，作为服务客户的座右铭。服务大厅设休息室和供应饮用水，有宣传资料，电价和办事程序公开，电子触模系统为客户提供自动查询服务，对有困难的伤残、孤寡老人展开上门服务。当年，加强农村电工自用电的管理，从 11 月 10 日起，所有村电工家里用电全部按表计量收费（在工资内扣除）。对农村供电所推行经济承包责任制，实行“责任承包、分级考核、管理两头、放开中间”管理模式，供电所实行台区综合经济责任制承包，责任到人，签订供电所经济合同、台区合同。对供电所实行线损、均价、售电量主要经济责任承包。2003 年，全市农村电价基本实现城乡居民用电同网同价，即 0.548 元 / 千瓦时，切实减轻农民负担。2004 年，客户服务中心城东营业厅由于服务承诺率 100%，被国家电网公司评为“供电企业规范化服务红旗窗口”。服务中心主任王郁之因服务管理有方，成绩突出，获全国五一劳动奖章。同年，市电力 110 自发组建社区用电帮困服务队，在各社区建帮困联系点，用温心、爱心和真情帮教特别困难军烈属、伤残及孤寡老人。是年，生活用电因燃煤涨价每千瓦上调 0.284 元，居民用电价仍为 0.548 元，非居民（办公）用电业用电为 0.993 元。2005 年，全市生活用电户 566776 户，占总户数 83.96%，用电量 8.4869 亿千瓦时，占总用电量 19.69%。

1985~2005 年部分年份湘潭市用电情况

表 25-4-2　　单位:万千瓦时

年份	用户数			用电量	工业用电量					农业用电量					生活用电量				
	合计	生活	生产		小计	市区	湘潭县	湘乡市	韶山市	小计	市区	湘潭县	湘乡市	韶山市	小计	市区	湘潭县	湘乡市	韶山市
1985	—	—	—	135199	117236	54465	10625	52058	88	8218	1216	3910	2240	852	9745	7718	746	693	588
1986	103800	98610	5190	138264	120289	—	—	—	—	3691	—	—	—	—	14284	—	—	—	—
1990	353146	335626	17520	180387	157843	71913	14818	69439	1673	6473	258	3165	2475	575	16071	10679	2670	1848	874
1995	440514	394090	46424	243829	208935	96957	21737	87914	2327	6659	850	2844	2163	802	28235	16727	6082	4205	1221
2000	528676	460814	67862	321432	238361	117146	18936	99435	2344	8968	1151	3537	3461	819	74103	27614	11878	32988	1624
2005	675029	566776	108253	431064	315686	282415	16213	13969	3088	30509	3924	18901	6285	1399	84869	58011	11940	12141	2777

第五章 安全生产管理

第一节 发电企业安全生产

一、火力发电企业安全生产

1986年,境域火力发电企业的安全管理市政府有一名副市长分管,市安全监管部门进行宏观督促检查,主要管理工作由发电企业承担。是年,湘潭电厂厂部设安全科,负责安全监督和安全生产保障。1987年,湘潭电厂执行年度反事故技术措施与安全技术措施项目计划,为确保运行安全,厂建立由运行班组技术员、检修班组技术员、生产车间技术员、值班班长等人参加的缺陷管理网,履行消缺工作组织与协调、验收试运。是年,厂部将安全生产监督和保障两个体系分离,设独立的安全监察科。对20世纪80年代初期形成的二级安全监督网络进行完善,分别在厂级设安监工程师,车间设专职安全员,班组设兼职安全员,形成三级安全生产监督网。厂部成立安全生产与防火委员会。防火委员会设防火组,生产副厂长为组长,保卫科长、消防人员为成员,主要负责消防安全管理,另兼管车辆和交通安全。全年组织全厂性安全大检查3次,发现各种事故隐患或不安全苗头228起。

1988年,在全厂范围内开展安全竞赛活动和“安规四项基本要求”检查验收工作,在全厂范围内进行一次群众性安全大检查,对查出的328项问题,下达到各个车间进行整改。11月上旬,以总分181分好成绩通过省电力工业局组织的“安规四项基本要求”验收,率先获得安全合格证,成为省电力工业局第一个示范性单位。1990年,针对不同季节不同特点有重点的进行4次安全大检查,查出较大隐患23项。各种专业检查54次,发现各种问题都得到及时整改。1991年,开展以防雷、防汛、防火以及9号炉7号机大修实行“两票三制”(两票:工作票及操作票;三制:交接班制、设备巡回检查制、设备定期维护及轮换制)为主要内容安全检查7次,发现问题26项逐一整改。当年,通过省电力工业局安全、文明“双达标”验收。1993年,2×300兆瓦机组开工兴建,企业面临生产、基建两线作战,安全检查向基建工地重点转移,检查工作全面加强。全年组织全厂性防火、防雷、防洪、防暑、防寒、防冻等专题安全大检查6次。当年获国家能源部“双达标企业”称号。1996年,按照省电力公司关于发电企业厂长是第一安全责任人精神,厂里将厂长至车间、班长三级安全网成员名单用企业红头文件进行确定公布。1999年,根据省电力公司安全工作安排,组织对80%以上班组进行《安规》四项基本要求专项检查,共查出需整改项目291个,对给予黄牌警告或批评部门、班组进行复查,共查到162个整改项目,整改后合格班组达100%。2000年,除坚持春、夏、秋、冬的季节性专题安全大检查外,坚持每月1次安全大检查,做到缺陷、隐患微机管理,敦促及时整改消缺。2001年,按照超前控制的思路,全年开展两次大的“查危”活动,共查出危险点、危险源253处。开展定人、定时段、定指标的查无后果违章活动。生产系统的中层干部、专工、部室安全员,每月查出的无后果违章行为不得少于一起,而且必须是非违纪和考核过的违章行为。全年共查出无后果违章208次。同年,厂安全责任人按中国大唐集团公司关于“各发电企业安全监督机构归口行政正职主管”的规定执行。2004年，厂里进行季节性安全大检查4次，发现设备缺陷、管理障碍、安全隐患170项，整改率100%。秋季安全检查发现设备缺陷、设施不完善、管理隐患等550项，有23项需停机整改处理，完成整改527项，整改率95.8%。迎峰度夏安全大检查1次，发现问题140项，整改124项，整改率96.4%。开展防雷、防汛、防灰坝垮坝、砍青扫障、防冻、电气防火、现场安全设施、危险化学品管理、安全工器具管理、施工机械管理等专题性安全检查11次，发现问题350项，全部完成整改。2005年，根据大唐集团公司和湖南分公司部署，进行季节性安全大检查3次，其中：春季安全大检查发现问题85项，完成整改81项，整改率95.3%，未整改2项需由地方政府或上级部门统一安排。秋季安全检查发现问题17项，完成整改17项，整改率100%。全年开展专题性安全检查16次。在防雷、防火、防冻、安全设施、特种设备、易燃易爆、非生产用电、生产与基建工程隔离、定期试验、25项反措对表检查中，发现问题283项，全部及时安排整改。至2005年末的20年间，企业没有发生重大安全事故。

二、水力发电企业安全生产

1986年，境域水力发电安全生产，主要是在确保灌溉安全、坝基防洪安全的前提下，确保发电安全。是年，水府庙电站较好地处理灌溉、防洪、发电三者之间关系，确保电站发电安全生产。湘潭县、湘乡县境域小水电站由所在地安监部门检查督促安全生产。1993年7、8月，水府庙电站多次遇降水集中，流速强度大的严峻形势，为保大坝安全，开闸弃水。洪峰过后，又科学调度，合理蓄防，根据自然来水规律，精心计算，年水量利用率达78.6%，实现确保灌溉用水、安全防洪、和最高限值发电。1994年8月6日，水府庙水电站在遇到流量2360立方米/秒洪水时，通过提高水位削峰，流量下降至420立方米/秒，为下游错峰提供机会，减少洪水冲击损失。全年，电站来水量37.85亿立方米，是历年来水量的1.75倍，过境大小洪水26次，安全启闭泄洪闸157次。1997年，水府庙水电站争取到由加拿大政府提供设备，中国政府提供资金，两国政府合作的“中国大坝安全监测与管理工程水府庙项目”，项目的实施增强电站大坝的安全监测管理。1998年，水府庙电站对已运行30多年设备进行更新改造，采用先进的PLC可编程计算机监控系统，提高发、供电水平。1999年，水府庙水电站面对设备老化，已严重危及安全生产现状，争取到国家水利部、国家计委立项的电站大坝加固工程项目。2000年，大坝加固工程完成大坝锚索、非溢洪坝灌溉、安全观测自动化、水情自动化测报、防洪公路硬化等项目。2001年，继续完成非溢洪流坝灌浆、溢流坝段灌浆等项目。至2002年，大坝加固工程全面竣工，完成投资1622万元，有效地保障水库大坝安全，保障水电站灌溉、防洪、发电效益充分发挥。2004年，为确保水库枢纽生产安全，又投资57万元完成快速闸门启闭机小修，和溢洪闸门的大修。至2005年的20年，水府庙水电站和湘潭县、湘乡市境域的小水电站均没有发生重大安全生产事故。

第二节 输送电企业安全生产

一、机构

1986年,境域电力安全管理已形成市政府、电业局及电业局下属班组三级安全监督网。由于输送电专业性强,具体操作在湘潭电业局。湘潭电业局下属各单位设置安监专责,班(站)配兼职安全员。湘潭电业局成立安全督查领导小组(不脱产机构),由局长兼总工程师任组长,安监科科长担任常务副组长,办公室设在安监科,其日常工作由安监科归口,负责全局所属各单位安全督查工作。

1990年,湘潭电业局成立安全生产督查领导小组,由总工程师任组长,安监科科长任副组长。日常工作由安监科负责。

2001年,湘潭电业局成立安全生产委员会,安委会由局领导以及部门负责人组成,下设办公室,负责日常工作。

至2005年,湘潭电业局建立健全安全生产保证体系和监督体系,除局设立安全生产委员会外,各基层单位、班组(站所)均建立相应的组织,明确职责,设立专兼职安全员,在全局上下完善局、单位、班组三级安全网络。

二、变电站运行安全生产

1986年后,境域的变电安全管理,基本延续以减少设备障碍异常、杜绝误操作事故、防止大面积停电为目标运行方式。通过加强设备整治,完善各项技术措施和规章制度,全市变电运行保持安全稳定局面。1995年,在全市设湘潭市河东、河西维操队、湘潭县局维操队、湘乡维操队、韶山维操队,对220千伏响水坝变、荷塘变、西湖变、泉塘变等4个站进行日常监、控维护和操作管理。1996年印发《关于重申操作票和工作票制度的有关规定》,每个变电站每月必须对“双票”进行统计、评价、分析,找出本月“双票”执行中存在问题。1997年开始,在220千伏响水坝变电站和荷塘变电站使用珠海晋电微机防误装置,随后在其他3个220千伏变电站推广使用。2000年,随着110千伏变电站无人值班改造完成,又率先在市区10个110千伏无人值班变电站安装集控式微机防误装置。完成市区防误装置的改造后,相继在韶山局、湘乡局、湘潭县局的110千伏变电站安装使用微机防误装置。35千伏变电站则使用机械程序防误装置,共21套。实现每个35千伏及以上变电站都有一套独立防误装置。2001年,印发《两票三制管理、评价及检查制度》。当年,响水坝变电站参加省公司工会组织同工种安全知识竞赛,取得小组竞赛第一名,荷塘变电站取得小组竞赛二等奖,西湖变电站取得小组竞赛三等奖。2002年,荷塘变电站被授予“国家青年文明号”,2003年又获得省公司220千伏站同工种安全竞赛第一名。2004年,为提高变电运行人员技能水平,将每年变电运行人员竞争上岗与局技能大赛等项工作相结合,举行专门的技术培训与讲座。当年全局各变电站开展技术问答共1796人次、现场考问2356人次、事故预想1422人次、反事故演习430人次、技术讲课1102人次。同时各班组还坚持季度规程考试,组织多专业配合的反事故演习,规范作业人员的行为。2005年,按照省公司部署,在变电专业全面推广标准化倒闸操作和标准化巡视操作作业,变电值班人员操作行为更加规范，巡视设备更加细致。

2005年，境域有运行、维护、管理的35千伏及以上变电站72座，主变总台数77台，总容量2236.05兆伏安，其中：220千伏主变8台，容量102万千伏安，110千伏主变36台，容量166.5万千伏安，35千伏主变33台，容量19.7万千伏安，都处于安全运行中。

三、输电线路运行安全生产

1986年，境域输电线路遍及市城区及湘潭县、湘乡市、韶山市，部分线路还延伸至娄底、株洲、安化、宁乡、长沙境域。当年，市电业局利用科技手段，对所辖的柘乡、柘潭、金乡、乡白、潭白、娄潭6条220千伏线路开展循环综合带电检修，消除大量缺陷，并在提高线路绝缘耐雷水平基础上，开始应用微机参与管理。1996年，民云线投入运行，湘潭电业局带电作业进入500千伏领域。带电作业的工作人员在电网结构相当薄弱，电力供需矛盾十分突出的情况下，保证作业安全，多送电量达5.5亿千瓦时。当年，全市电力运行基本达到微机化，第三代微机型方向高频保护、成套线路微机保护装置在220千伏、110千伏线路使用。

1997年，市电业局在220千伏响水坝变电站和荷塘变电站使用微机防误装置，在城区实现两个110千伏变电站无人值班，新建设集控站，成立监控与维护操作队，实行调度——集控站分级管理运行模式。是年，根据线路实际和多年来的运行经验，先后编制《湘潭电业局220千伏架空送电线路运行规程（试行）》《湘潭电业局35千伏—110千伏架空送电线路运行规程（试行）》，并颁布施行。

2000年后，全市逐步完善局、基层、班组三级技术监督网络，从防雷、防污、防冰闪以及线路金属零件完好程度等各个方面监督设备运行状况。2002年，湘潭电业局首次开展配网带电作业，循序渐进，在保证安全的前提下，开展一些简单、常用、对提高供电可靠性有明显成效的一些配网带电作业项目。2003年，按国家电网公司统一模式，开展年度三大检查。2004年以后，逐步改为以防雷迎峰为主春季安全大检查，春季监察性巡视，秋季安全大监察，冬季开展以防冻为主的安全大检查“四大检查”。通过自查、抽查、整改，提高设备健康状况和管理水平。同时积极应对《森林法》出台后，封山育林使线路走廊树竹丛生，给输电线路运行带来极大安全威胁，安排人力、物力、财力，对110千伏和220千伏线路通道进行砍伐，杜绝树竹碰线事故，遏制山火导致跳闸事故。

至2005年底，全市共有10～500千伏线路107条，总长1902.49千米，都处于良好安全运行状态中。

四、电力设备检修安全生产

1986年，电力设备检修仍沿袭老的模式，几乎全靠手工作业，没有电动液压等检修设备，不但繁杂，工作效率不高，由于检修试验手段有限，测出数据准确度也有限，检修过程安全保障条件差。1987年后，执行电力部的DL/T596《电力设备预防性试验规程》和《继电保护及电网安全自动装置检验条例》，设备检修安全管理进一步加强。

1990年后，随着技术的进步，新的试验设备和检修设备不断涌现和投入使用，全局对110千伏及以上高压开关全部更换为少油开关，35千伏及以下开关大部分更换为真空开关和SF6开关。为保障安全生产，每年投入在检修试验设备和工器具设备上资金不少于200万元，不仅减少检修人员劳动强度和提高工作效率，而且大大提高设备检修预试安全系数。1997年，根据省电力公司文件精神，适当延长设备预试和检修周期。2001年，境域电力安全开始执行省电力公司探索的一种新检修管理模式——安全状态检修。

2002年，市电业局加强对全局检修人员的安全操作技能培训，在参加省公司组织的继电保护专业安全检修竞赛中，取得团体第三名，童小寒取得个人第三名。2005年周立参加省公司组织的开关安全检修竞赛获得个人第四名；2005年童小寒在参加省公司组织的继电保护专业安全生产竞赛中获得个人第一名，并代表湖南省电力公司参加华中电网组织的继电保护专业安全生产竞赛获得个人第三名，他和其他人员组成湖南省电力公司代表队获得团体第一名。

2005年底，全局110千伏及以上开关无油化率达到36%，35千伏及以下开关无油化率达到100%。提高设备档次，同时减轻检修工作量和劳动强度。原来的老旧试验设备都被淘汰，取而代之的是高度集成、高度自动化、微电脑控制试验设备。都处于安全运行中。

五、电力设施的社会安全保护

1986年，仍沿袭省电力公司经保处提出“条块结合、以块为主，保护重点、兼顾一般”工作思路，加强对变电站和输、配电线路设备设施安全保卫工作。境域电力设施点多、面广、线长这一特点给电力设施保护工作带来一些困难，特别是输、配电线路长期立于野外，跨越地区多，地形复杂，盗窃破坏案件较多。1987年，贯彻国务院《电力设施保护条例》，加强电力设施保护的宣传教育。2005年5月底，市公安局、电业局联合成立涉电犯罪侦查大队，市刑警支队抽调三名警察与电业局安保部的专责人员合署办公办案，并在五个县市区刑警队明确一名副职为打击涉电犯罪工作联系人。通过打击涉电犯罪专业队伍和联络员制度建立，使发生涉电案件有人管、有人查，发挥警电联合共同打击涉电犯罪作用，有效保障电网安全输送。

六、农电安全生产管理工作

1986年，农电安全生产管理模式仍是沿袭每个乡（镇）成立电管站，每个电管站设置4~5名农电员，由各乡（镇）政府负责管理。1993年，湘潭电业局为加快农村电气化事业发展，更好地为农业、为农民、为农村（简称“三为”）经济服务，根据能源部《乡电管站管理办法》及省电力工业局精神，设置农电管理办公室，城区用电管理所、湘乡电力局、湘潭县电力局、韶山电力局、分别设置县（市）一级农电管理总站。各用电乡成立电力管理站。形成农电管理办公室抓县（市）农电总站、农电总站抓乡（镇）电管站、乡（镇）电管站抓村管电小组四级农电安全生产管理体系。农电管理办公室对全市69个乡（镇）电管站、478名电管员，2023名村电工进行安全生产管理和指导。

1999年，根据国家“两改一同价”精神，加快农村电力体制的改革，在各县（市）区重新组建供电营业所，采取营配合一管理模式，设置综合班、营抄班、维护班。建立内部安全生产管理制度和考核细则。在改革中，顺利将原来乡（镇）电管站转变为县级供电企业的派出机构。乡（镇）电管站人员通过考试、考核，按照“双向选择、择优录用、竞争上岗”原则重新上岗，实行合同制。全市农村经过缩编设立52个农村供电营业所，工作人员共1869人。因农村供电所人员是由原乡（镇）电管站人员聘任上岗，较少接受过规范的业务指导和专业培训。为提高他们的业务技术素质和安全生产能力，举办各类业务技术以及安全知识培训班，组织进行《安规》考试，农电队伍安全意识、安全生产能力有所加强。按照农电《人身安全四项基本要求验收》标准，对所有农村供电所进行检查验收。通过验收活动，各农村供电所的安全生产基础管理工作有所提高。人员安全生产意识加强，制度完善，特别是环境和设施得到改观，安全工器具也得到充实和完善。

2000 年，为适应农电安全生产管理，湘潭电业局在农电管理办公室加设农电安全生产工作部，将农电安全生产管理纳入其管理范畴。为强化管理，确保农村用电安全，在安全保卫部设立农电安监工程师岗位，建立监察机构和安全监督网络，农电总站配备安监员，农村供电营业所也设置安监员岗位，班组配兼职安全员，层层落实安全责任。全面实行工作票、操作票制度。严格执行《电力安全工作规程》等一系列规章、制度。实施防止人身触电的技术保障措施，完善漏电保护器的规范化管理，漏电保护器的安装、投运、合格率 100%。同时广泛进行安全用电宣传教育，提高农民安全用电的知识水平，农村用电安全状况好转，触电等安全事故下降。2001 年，严格执行《电力安全工作规程》等一系列规程、制度。逐步将主业安全生产管理模式推广应用到农电安全管理。经过三年农网改造，农村输电网络结构得到很大改善，供电安全性、可靠性以及供电质量明显提高。

2002 年，对各农村供电所提出安全工作目标，要求各供电所全面取消农电挂钩用电，以保证农村用电安全。同时建立农电安全生产考核办法，规范农电生产流程，规范现场作业行为，制止违章行为。2005 年，进一步加大供电所专业化班组建设力度。面对抄收分离的改革，大部分供电所都成立运行维护班，配备专职生产人员，并明确其工作职责和责任分工。认真贯彻安规四项验收工作，年内全局共有 51 个供电所通过“安规”四项验收，参与验收供电所安全基础管理、设备管理都上一个新台阶，安全生产管理理念有很大变化。与此同时，严格执行安规四项验收动态管理，对各供电所认真进行督查，发现问题进行及时处理。至 2005 年末，农电安全管理工作实现常态化。

附　220 千伏柘民线安全事故

2005 年 2 月，湖南电网遭遇一场自 1954 年以来罕见特大冰冻灾害，500 千伏民云线和多条 220 千伏线路出现冰闪跳闸，220 千伏柘民线发生多处倒塔断线，电网安全面临前所未有的考验。此次事故造成 220 千伏柘民线 8 基铁塔倒塔，其中两基拉门塔，5 基自立塔，1 基转角塔。98#–99# 中、右相导线断线；98#–100# 导、地线受损；192#–196# 导地线受损；202#–203# 复合光缆断；201#–205# 导、地线受损；233#–238# 三相导线受损。保险公司初步认定损失 350 万元。基层管电乡高所组织 37 人抢修队伍立即赶到现场，采取临时加固措施，确保事故控制在最小范围。

省公司有关人员，会同湘潭局工作人员，对现场进行查勘，并召开碰头会，制定抢修计划。明确人员分工，在条件十分恶劣情况下，历经半个多月艰苦战斗，安全、圆满完成保网抢修重大任务。

1986~2005年湘潭市电力连续安全运行无事故记录

表25-5-1

年份	年内实现连续安全运行天数	年内实现百日安全期个数
1986	139、153	2
1987	264	2
1988	140	2
1989	384(跨年度)、107	3
1990	236	2
1991	222	2
1992	337(跨年度)、139	2
1993	309	2
1994	207、185	2
1995	178、186	2
1996	186、100	2
1997	207、137	2
1998	572(跨年度)	3
1999	333(跨年度)	3
2000	699(跨年度)	3
2001	1064(跨年度)	3
2002	1429(跨年度)	3
2003	1644(跨年度)	3
2004	320	3
2005	685(跨年度)	3

第二十六篇　食品医药工业

概　述

1985 年，市委、市政府为加大对食品工业的领导，成立湘潭市人民政府食品工业办公室，境域食品工业开始加速发展。1986 年，境域有食品医药工业企业（店、铺、作坊）300 多家，其中肉类食品加工企业 10 家，酿酒制造企业 4 家，调味品酱油加工企业 17 家，大米、面粉、米粉加工企业 23 家，槟榔加工作坊（店、铺）250 多家，从业人员 12416 人。当年，共计加工量 6 万余吨，实现工业总产值 10828 万元，实现利税 331 万元。

1987 年后，受国家改革开放大环境的带动，境域食品医药工业迅速发展。随着农村养猪业的放开和喂养量的迅速增长，肉食宰杀、加工企业（店、铺）遍及城乡。获得巴拿马世界博览会奖牌的传统调味品龙牌系列酱油年生产量突破 4000 吨。湘莲之乡的湘潭县白石乡、花石乡、中路铺镇等 10 多个乡镇的农民开始利用本地资源为主进行湘莲粗加工，年加工量达到 5000 吨。槟榔作为境域人们交往的招待食品进入千家万户。代温灸膏、参桂鹿茸丸等医药产品以它温通经脉和补气健脾疗效开始家喻户晓。1990 年，境域有食品医药工业企业 500 余家，从业人员 12780 人，是年加工量 9 万余吨，完成工业总产值 21590 万元，实现利税 1058 万元，分别比 1986 年增长 67%、2.9%、50%、99.4%、219.6%。

1991 年后，境域食品医药工业呈快速发展势头。1993 年，在全市机构改革中湘潭市人民政府食品工业办公室被撤销，在市计划委员会设立医药食品科。1995 年，境域有食品医药工业企业（店、铺、作坊）1100 家（其中肉类加工企业 60 多家，湘莲加工企业 9 家，酿酒企业 4 家，乳制品加工企业 2 家，调味品加工企业 17 家，大米、面粉、米粉加工企业 21 家，槟榔加工店、作坊 1000 余家），从业人员 13062 人，当年共计加工量 29 万余吨（其中肉类加工 5 万吨，湘莲加工 1.37 万吨，调味品 1 万吨，大米、面粉、米粉 17.5 万吨，槟榔 1500 吨，乳制品 800 吨），完成工业总产值 42392 万元，实现利税 3801 万元。分别比 1990 年增长 120%、2.2%、222.2%、96.4%、259.3%。

1996 年，市委、市政府加大对食品医药工业的扶植力度，是年 7 月，市政府重新恢复湘潭市人民政府食品工业办公室，明确分管工业副市长主管食品工业，管理体制。当年，市政府提出食品工业要为市委、市政府强工富市决策作贡献，并根据全市食品工业存在“五有五不”状况：即有发展，但步子不快；有拳头，但拳头不力；有名牌，但名牌不响；有骨干企业，但骨干企业不多；有市场，但市场不宽。提出借湘潭列为“全国商品粮、商品猪基地”的优势，突出重点，优先发展肉食加工业，以带动其他食品医药工业的全面发展，从工业切块资金中拿出 300 多万元，用于贷款贴息扶植肉食、湘莲等食品工业的发展。是年，市先锋农场组建先锋食品有限公司加工肉食制品，年加工能力 500 吨。1997 年开始，湘潭金锣肉食制品有限公司、韶山国英食品有限公司、湘潭伟鸿食品有限公司、韶山港越食品有限公司等肉食加工企业相继创立，生产火腿肠、分割肉等肉食产品，年肉类加工量达 5 万多吨。

同时,湘莲、槟榔、焙烤食品、茶叶等加工业和医药工业发展。2000 年,境域有食品、医药工业企业(店、铺、作坊)1691 家,从业人员 28896 人,当年加工量 31 万吨,完成工业总产值 72155 万元,实现利税 4135 万元,分别比 1995 年增长 53.7%、121%、6.9%、70.2%、8.8%。

2001 年后,市委、市政府为进一步加强食品医药工业的发展,理顺管理职能,将市政府食品工业办公室成建制划归市经济委员会管理,同时,将医药工业管理职能也从医药局划归市经济委员会管理。市经济委员会根据市委、市政府建"食品、医药放心工程"的目标任务,成立食品医药安全专项整治工作领导小组,加强对境域食品、医药工业的检查、监督,帮助企业建立食品医药安全卫生保障体系,抓行业管理和质量准入,开展产品树名牌、创品牌活动,突出企业产权改革,紧盯国际市场,加大产品结构调整,推进企业技术进步,使境域食品医药工业得到进一步发展。肉类加工企业开始形成国内、国际两个市场双向纵深发展产业链;槟榔加工开始形成产业化经营、现代化管理、机械化加工;啤酒制造在规模、质量、效益上有很大的突破;医药工业登上一个新的台阶;其他如湘莲、焙烤食品、乳制品、调味品、茶叶、大米、面粉、米粉等加工业也有不同程度的起色。2005 年,境域有食品、医药工业企业(店、铺、作坊)2300 余家,从业人员 95754 人,是年加工量 70 多万吨,完成工业总产值 28.5 亿元,实现利税 5700 万元,分别比 2000 年增长 36%、231.4%、125.8%、295%、37.8%。2005 年,食品医药工业总产值占全市工业总产值 6%。

到 2005 年,境域食品医药工业虽然不断发展,但占工业产值比重仍然较小,除肉类加工、槟榔加工 2 个产业各有工业总产值 10 个亿,湘莲加工、医药工业 2 个产业各有 3 个亿左右外,其他 7 个产业都在几千万、甚至几百万之间徘徊;拳头产品不多,尤其占有地方资源优势的湘莲在下游产品开发方面不够。

第一章 肉类加工业

第一节 生产规模

1986 年,境域有肉类食品加工企业 10 家,其中国营企业 1 户(湘潭市肉联厂),集体企业 1 户(湘乡县冷冻加工厂),其他均为私有民营作坊式企业,从业人员 1000 人,年加工能力 2 万余吨,实际加工 1 万余吨,年工业总产值 1000 余万元。

1987 年后,随着农村土地承包责任制促进农业特别是生猪养殖业的发展,肉类加工业也随之迅速发展。个体私营生猪宰卖加工点遍布城乡。是年,湘乡冷冻加工厂扩大规模并更名为湘乡肉类联合加工厂,年加工分割肉和腊制品能力从原 1000 吨扩产达 3000 吨。1990 年,全市肉类加工企业 22 户,从业人员 1300 余人,年加工分割肉 13000 多吨,年工业总产值 1500 余万元。分别比 1986 年增长 120%、30%、30%、50%。

1991 年,随着国家改革开放政策的深化,市场经济体系逐步建立,城乡人民生活较大改善,肉类需求增加,境域肉类加工业进一步发展,年初,多人合伙创建湘乡东山冷冻厂,年底更名为湘乡城南肉联冷冻厂，年加工分割肉能力2000吨。1992年，湘乡张江村由村投资创立湘乡张江肉联冷冻厂，年加工能力5000吨。韶山食品开发有限公司开始加工冻猪分割肉，年加工能力2000吨。与此同时，境域原一批向广东从事生猪贩运的经营户眼界得到开阔，从贩运生猪迅速转为收购生猪就地加工分割肉，然后向有市场需求的广东、香港、澳门等地市场供应，比原单纯贩运生猪能赚取更多的利润。一些小肉食加工作坊也不断发展。1995年，境域肉类食品加工企业60余家，从业人员3000余人，当年加工2万余吨，年工业总产值8000万元，分别比1990年增长173%、130.8%、54%、433%。

1996年后，以生猪、家禽为资源的肉类加工业向规模化、深加工发展。是年，市先锋农场设立市先锋食品有限公司，加工肉食制品，年加工能力500吨左右。1997年3月，山东金锣肉食制品有限公司购并市肉联厂创建湘潭金锣食品有限公司，建火腿肠生产线10条，年产火腿肠等肉食制品能力2万吨，当年生产部分产品投放市场。1998年韶山市国英食品有限公司建成年产1000吨肉食加工生产线，当年生产670吨。1999年，韶山肠衣厂、湘潭伟鸿食品有限公司、韶山港越食品有限公司创立，其中韶山肠衣厂投入1000余万元建设年产40万把用于香肠、肉肠、火腿肠、大红肠等产品加工肠衣生产线；湘潭伟鸿食品有限公司以生猪养殖、加工为主体，建成年产2万吨分割肉、冰鲜肉、腊制品系列产品生产线；韶山港越食品有限公司依托本地生猪资源建成年产3000吨猪肉制品生产线。是年，湘潭金锣食品有限公司开始生产冻猪分割肉，当年加工318吨。2000年，境域肉类加工企业117家，从业人员5000余人，当年实际加工4万余吨，完成工业总产值1.8亿元左右。分别比1995年增长95%、66.7%、100%、125%。

2001年后，境域肉食加工企业进一步发展，个体作坊式加工坊不断发展，一些有一定规模的民营企业开始进军肉食品加工市场。是年，心连心集团有限公司整体收购市先锋食品有限公司扩大肉类加工规模，韶山港越食品有限公司、湘潭伟鸿食品有限责任公司、湘潭金锣食品有限公司等一批境域肉类加工龙头企业进一步做大做强。2002年，韶山市食品开发有限公司更名为韶山市三旺实业有限公司，并于2003年与香港丰裕食品有限公司共同投入1600万元，建设一条全由不锈钢制作，有中央空调、电视监控、电脑温控等现代化设施，年加工冻猪分割肉、冻中猪、冻乳猪1万吨的生产线。是年，湘潭伟鸿食品有限责任公司投资3000多万元，在荷塘食品工业园购置土地120亩，开始建设年宰杀200万头生猪、年加工5万吨肉类食品生产线。2004年，境域又新增7家规模以上肉类加工企业，新增年加工能力2万多吨，其中，韶山长久食品有限公司冻猪分割肉4000吨、韶山国英食品有限公司冻猪分割肉2000吨、湘潭县友谊肉类联合加工厂冻猪分割肉3000吨、湘潭县富石肉联厂冻猪分割肉300吨、湖南长盛科技开发有限公司肠衣60万把、湘潭市山里来绿色食品科技开发有限公司腌腊制品1000吨、湘乡东旺食品公司肉类制品5000吨。到2005年，境域年加工能力达20万吨。2005年，境域有肉类加工企业200余家，从业人员9000余人，当年加工11万余吨，完成工业总产值10亿多元，分别比2000年增长70.9%、80%、175%、455.6%。

第二节 品种质量

1985年，境域肉类加工产品主要是分割肉和卤味制品2个品种，质量上主要是粗加工。

1986年后，肉类加工产品随着市场的需求，品种不断增多，质量不断提升。1987年，湘乡冷冻厂开始加工冷冻分割肉和腊制品，此后多年，陆续有湘乡张江肉联冷冻厂等多家企业生产冷冻分割肉和腊制品。1996年，湖南乡里美食有限责任公司创立，以生猪家禽为资源，生产冷冻分割肉、冰鲜肉、肉禽类腊制品等，其中腊制品又细分为：腊猪肉、腊牛肉、腊香肠、腊味四喜、腊味六顺、腊味八发、腊味十全十美等品种。1997年，湘潭金锣肉食品有限公司开始境域首次机械化自动线生产火腿肠。1999年，韶山肠衣厂开始以生猪小肠为原料生产肠衣，广泛用于肉类产品食品包装。同年，湘潭伟鸿食品有限公司开始生产分割肉、冰鲜肉、肉类熟食制品、腊制品等。同年底，韶山港越食品有限公司开始生产猪肉分割肉、牛肉分割肉、羊肉分割肉以及家禽肉制品。到2000年底，境域肉类加工品种达30余种，其中分割肉、冰鲜肉质量比较稳定。

从2001年开始，境域规模以上肉类加工企业进入国际市场，越来越重视产品质量。伟鸿食品有限责任公司每年投入10多万元用于强化职工技术培训。公司借助信息化手段构建以防疫、收购、加工、出口等各个环节为监控对象的产品质量追索保障体系，实行无公害技术生猪养殖，确保原料安全。加工采取封闭无菌操作流程，分销过程始终处于冷链控制之下，病源菌的活动受到抑制，确保产品安全卫生。并通过HACCP、ISO9001/14001等国家体系认证和农业部无公害农产品产地认定及产品认证。2003年“伟鸿”商标获“湖南省著名商标”，“伟鸿”产品获“全国消费者信得过产品”称号。是年，韶山市食品开发有限公司与香港丰裕食品有限公司合资创立韶山三旺实业有限公司，开始生产冻中猪、冻乳猪、分割肉和肉类腊制品。2004年，湘潭金锣食品有限公司的“金锣”牌肉食品和伟鸿食品有限责任公司的“伟鸿”牌冷鲜肉制品，被中国名牌战略推进委员会确定为“中国名牌产品”，“金锣牌火腿肠”被中国质量监督检验检疫总局认证为“国家级免检产品”。同年，湖南乡里美食有限公司被湖南省预防医药学会评为卫生质量信得过单位。2005年乡里美食有限责任公司腊制品产品获“中国 湖南第七届（国际）农博会金奖”。韶山三旺实业有限公司为提高产品质量加强员工素质培训，并对生产车间实施电脑温控、电子全程监控，产品质量大幅上升，每吨产品价格高出原来产品100～200元。由伟鸿食品有限责任公司开发的冰鲜肉通过冷却、排酸，质地柔软鲜美，受消费者青睐。

到2005年底，境域肉类食品生产品种主要有冻猪分割肉、冰鲜肉、热鲜肉、肉类腊制品、火腿肠、冻中猪、冻乳猪等7大类100余个花色品种。有乡里腊肉、伟鸿牌分割肉、金锣牌火腿肠等10余个产品被评为市及市以上优质产品。

第三节 经营管理

1986年，境域肉食品加工企业规模小，品种单一，管理方式也比较原始，一般都为宰、卖一体，店铺遍布城乡，价格随行就市。1991年，境域肉食品加工企业经营管理方式逐步转变。1992年，湘乡张江村筹资建设肉联冷冻厂，由村协会管理，产品主要销往广东等地。1997年，湘潭金锣食品有限公司投资建多条火腿肠生产线，公司采取对产品销售实行一个窗口对外，统一广告用语，子公司独立核算，自负盈亏，市场化运行方式，其经营管理模式先进。

2000年后，境域规模以上肉类加工企业普遍选择产业化经营模式，即从生猪养殖开始，至屠宰、加工、销售等环环紧扣，形成产业链。2001年，韶山港越有限责任公司从肉食加工的源头生猪养殖抓起，在韶山市周边七个乡1580多户生猪养殖户中成立生猪养殖协会，实行一垫、一保、四统一

（即垫资投放种猪、保最低收购价、统一品种、统一饲料、统一防疫、统一收购标准）。配备专业兽医和交通工具，“兽医120”24小时服务。2004年，乡里美食有限责任公司按照公司“前店后厂”发展战略，着手在湖南、江西两省建有40多个连锁终端超市，利用这一产品输出平台以及新产品试销平台优势，在湘潭市周边建立年出栏30万头无激素生猪养殖基地，建设具有2万吨冰鲜肉和冻猪分割肉以及3000吨腊制品生产线。是年，伟鸿食品有限责任公司秉着“奉献绿色食品，创造健康生活”的宗旨，紧跟国家食品安全技术潮流，逐步创建并完善集生猪生产、收购、加工、连锁销售、出口贸易、科研服务等综合肉食品加工产业链。在周边地市8个县（市、区）建65个村级养殖基地协会，拥有3.8万多养猪农户，年出栏80万头。投入100多万元收购湘潭县杨家桥镇三合村原县外贸猪场建“万头猪场”。瞄准欧盟标准，联手荷兰泰高集团在湘潭市分公司成功申请荷兰政府技术援助，荷方派出高级兽医官、卫生检疫官、养殖工程技术人员帮助建立质量追索体系，从饲料、养殖、加工、经销等环节均按欧盟安全生产标准生产。公司形成一头连着千家万户，一头连着国际市场，以产业化经营，专业化生产，市场化运作，经济效益与社会效益兼具的产业发展链。2005年，韶山三旺食品有限责任公司在稳定国内和港澳市场的基础上，邀请麦当劳及日本西尾公司现场考察，签订分割肉供货合同，产品打入国际市场。

到2005年底，境域有实行产业化经营的肉食品加工企业20余户，年营业收入9亿多元，其中有伟鸿食品有限公司、湘潭金锣食品有限公司、韶山三旺实业有限公司、韶山港越食品有限公司、湖南乡里美食有限责任公司等5户企业共有营业收入6亿多元，占境域肉类加工全部营业收入67%。

附　伟鸿食品公司简介

伟鸿食品有限公司成立于1999年，位于湘潭市岳塘区荷塘乡团山铺路8号，是一个拥有自营进出口许可权的省级农业产业化龙头企业，注册资金9000万元，主要产品有“伟鸿”牌冻猪分割肉、冰鲜肉、生鲜肉、腊制品系列100多个品种，2001年后，“伟鸿”牌冻猪分割肉、冰鲜肉产品远销独联体、东亚、东南亚、东欧和港澳特区及国内各大城市，肉类产品出口创汇居全省同类企业第一。2005年10月，公司投资1.5亿元建成的现代屠宰加工厂竣工并投入使用。到2005年，资产总规模1.65亿元，占地300多亩，员工800多人，拥有1个加工出口厂、3个万头猪场、1个农产品批发市场、53家连锁专卖店和直销网点，建有涵盖近4万农户的65个养殖基地。成为一个融社会生产、收购、加工、连锁销售、出口贸易、科研服务为一体综合性肉类加工企业。

第二章　湘莲加工业

第一节　生产规模

1986年，境域湘莲加工停留在粗加工状态。主要主产区湘潭县花石镇、中路铺镇、白石乡、排头乡等乡镇的农民利用本地产“寸三莲”资源，以及大量收购境外壳莲（包括福建宁乡建莲、从广西购进泰国、越南莲）进行粗加工，以家庭主妇为主一家一户分散加工，从业人员 7000 人，年粗加工能力 5000 吨左右，当年实际加工 3000 吨，实现总产值 1200 余万元。

1987 年湘潭宏兴隆湘莲有限公司实行公司化运作。该企业在花石镇 25 个村设有 28 个加工点，1991 年，加工湘莲 520 吨，实现销售收入 1172 万元，利税 190 万元。1992 年下半年，湘潭县锦石乡农民阳伯凡创建湘潭月亮情食品有限公司，依靠长沙市食品科研所的技术人员试制出“月亮情”湘莲即食糊，开境域湘莲深加工的首次尝试，建年产 500 吨生产车间，当年生产 10 余吨投放市场。1993 年，湘潭县花石镇企业办成立湘潭莲中皇食品饮料有限公司，聘请长沙市食品科研所工程师叶光辉、省轻工专科学校老师陈奇作技术指导，研制出莲中皇湘莲汁，随即投入 150 多万元建年产 3000 吨湘莲汁生产车间，当年生产 100 余吨投向市场。1994 年 6 月，月亮情湘莲即食糊和莲中皇湘莲汁，在北京第五届亚太地区博览会上获得银奖，带去的产品销售一空，激发湘潭县委、县政府振兴湘莲产业的决心。县委县政府成立湘莲开发办公室，县领导亲自跑中央、省、市争取项目和资金。聘请中国食品发酵研究所及省内有关技术专家开发湘莲系列产品。在这种背景环境下，湘潭粒粒珍湘莲食品有限公司、湘潭县三湘莲蓉公司、湘潭市莲城食品有限公司、湘潭市湘莲开发研究所、湘潭县盛宾食品有限公司、湘潭县亿诚食品有限公司、湘潭市莲城食品饮料厂等一批企业脱颖而出。1995 年，月亮情食品有限公司聘请陈奇作技术指导，投资 300 多万元建年产 4000 吨湘莲汁生产车间，当年生产 50 多吨投放市场。到是年底，境域湘莲加工企业 10 家，年加工能力 15700 吨。是年全市湘莲加工从业人员 9000 人，实际加工量 7000 吨，完成工业总产值 6000 多万元。从业人员、加工量、工业总产值分别比 1986 年增长 28.6%、133%、400%。

1996 年，境域湘莲加工业开始走下坡路。主要是体制不顺，没有“龙头”企业和“拳头”产品带动以及没有打开市场等原因，几乎所有的企业都出现严重亏损。1998 年，湘潭县爱莲食品有限公司、湘潭市湘莲开发研究所、湘潭莲中皇饮料有限公司、湘潭县盛宾食品有限公司、湘潭亿诚食品有限公司等 5 家企业停产，其他未停产企业都是半死不活，或者回到老路进行湘莲粗加工维持生存。2000 年，境域湘莲加工规模以上企业只剩下湘潭宏兴隆食品有限公司、湘潭粒粒珍食品有限公司 2 户，年加工能力 7000 吨，从业人员 6000 人，当年实际加工 2000 吨，完成工业总产值 3829 万元。从业人员、加工量、工业总产值分别比 1995 年下降 33.3%、71%、36.2%。

2001 年后，境域湘莲加工经历一段低迷期后又有所发展。但仍以粗加工产品为主。2002 年，湘潭宏兴隆湘莲食品有限公司投入 2200 万元，分别在易俗河和湘潭高新技术开发区建立“宏兴隆”工业园产品开发研究所，并获“绿色食品”商标使用权，年湘莲加工能力达到 1.2 万吨。同年，湖南粒粒珍湘莲有限公司投资 1500 万元扩建加工车间，添置机器设备，年加工能力均达到 1 万吨。与此同时，湘潭县鸿昌湘莲有限公司、湘潭县宏大湘莲有限公司，湘潭县宏昌湘莲有限公司等企业的加工能力各达到年产 3000 吨左右。2005 年，境域湘莲加工企业 20 余家，年加工能力 3.5 万吨，从业人员 9300 人，当年实际加工 1.2 万吨，完成工业总产值 2.85 亿元，从业人员、加工量、工业总产值分别比 2000 年增长 55%、500%、644.3%。

第二节 品种及工艺

1986年，境域湘莲加工只是简单的粗加工，工艺过程为：收购莲子→去壳→去皮→钻心→粗加工产品→打莲仁→品种。其成品有去心白莲、圆粒莲、开边莲、洗白莲、磨白莲等。

1991年以后，境域陆续有人对湘莲深加工进行探索。1992年下半年，月亮情食品有限公司，采用磨粉加兑等工艺，研制出“月亮情”湘莲即食糊。1993年，莲中皇食品饮料有限公司，采用磨粉、加拌等工艺成批生产“莲中皇”湘莲汁。此后，陆续有圣洁湘莲发展有限公司等多家企业采用磨粉、加拌等工艺加工。其加工的产品饮料类有湘莲汁、莲心露、莲心茶、湘莲奶；糊状类有湘莲早餐糊、湘莲贡品糊；罐头类有湘莲糖水罐头；酿酒类有湘莲稠酒；保健饮品类有湘莲液；初级传统类有湘莲传统粥、通心白莲、莲心茶、湘莲礼品盒等。但由于这些湘莲系列产品加工规模小，加工设备简陋，科技含量不高，产品质量不稳定，口感一般化，缺乏独特风味，一直没有打开市场，许多产品昙花一现。

2000年后，境域湘莲加工仍主要在传统粗加工产品上做文章。2002年，湖南宏兴隆湘莲食品有限公司在宏兴隆湘莲工业园建成湘莲加工生产线5条，工艺技术条件大大提升，精加工开边湘莲、磨皮白莲、贡品湘莲、莲芯茶、莲蓉、湘莲月饼等。同年，湖南粒粒珍湘莲食品有限公司开始精加工圆粒湘莲、钻芯湘莲、开边湘莲、通芯湘莲等产品，到2005年，境域湘莲深加工产品主要有开边湘莲、钻心湘莲、圆粒湘莲、磨皮湘莲等12个。其中粒粒珍磨皮湘莲获2005年第八届中国湖南（国际）农博会金奖。

第三节 经营管理

1986年，境域湘莲粗加工主要是一家一户农民散户，作坊式经营，谈不上什么管理。加工出来湘莲粗品由流动商贩收购后销往外地。

1991年后，境域陆续上马一些湘莲加工企业，有个体经营企业、乡镇企业、县属企业。其中乡镇企业、县属企业主要是集体经济，产权不清晰。1996年，湘潭县人民政府成立“湘潭县湘莲集团公司”，为行政管理机构，但只是一个“空壳”，无力对湘莲加工企业行使管理，境域湘莲加工企业成“想管管不了，不管一盘沙”的局面。尽管湘潭县及县湘莲集团先后为湘莲加工企业争取到中央及省市投资和本级财政投资共600多万元资金支持，但钱花了，企业却死了，大部分企业严重亏损关闭。2000年底，湘莲主产区湘潭县花石镇成立湘潭县湘莲协会，力图加强湘莲加工业管理，但效果不明显。

2001年以后，民营股份制企业湖南宏兴隆湘莲食品有限公司和湖南粒粒珍湘莲食品有限公司逐渐成长壮大，企业产权清晰，权责明确。这些企业集湘莲种植、收购、加工、贸易、科研开发于一体，拥有自营进出口权，实行董事会领导下的公司化管理。到2005年，境域有实行公司化管理的湘莲加工企业20余家，均为民营企业，年销售收入近3亿元。其中湖南粒粒珍湘莲食品有限公司6000万元，湖南宏兴隆湘莲食品有限公司1.2亿元。

第三章 槟榔加工业

第一节 生产规模

槟榔是湘潭人一种特色的消费食品，到 1986 年，已有手工加工小作坊 50 多家，从业人员 100 余人，年加工量 50 吨，年工业总产值 100 余万元。

1987 年后，境域槟榔加工仍延续手工作坊式加工，其加工工具多为简便竹筛子、竹盘箕、木(铁)桶、盆，一家一户在厅堂、路边进行洗、切、点卤、晾晒加工。1990 年，境域约有加工小作坊(店、堂)100 多家，从业人员 1000 余人，年加工量 100 余吨，工业总产值 300 余万元。分别比 1986 年增长 100%、900%、100%、200%。

1993 年，境域"宾之郎""王爷""大哥大"等槟榔加工小作坊突破传统加工模式，开始使用切籽机、蒸、煮、浸泡等机械化、半机械化设备进行加工。这些加工企业从业人员从原一家一户几人、十几人，一下增至百多人、几百人。其成品采用袋式全新包装，统一标准，逐步尝试产业化经营。到 1994 年底，又有"郎舅槟榔""胖哥槟榔""王爷槟榔""鸿福槟榔""一品堂槟榔""皇爷槟榔"等一批槟榔加工小作坊(店、堂)紧随其后，实现机械化、半机械化加工。同时境域小作坊式加工方式仍然普遍存在。1995 年，境域有槟榔加工企业 1000 余家，(其中规模以上槟榔加工企业 7 家，其他都是手工小作坊、店堂)，从业人员 8000 多人，加工量 1500 余吨，工业总产值 9000 余万元。分别比 1990 年增长 900%、700%、1400%、2900%。

1996 年"胖哥""皇爷""郎舅"等槟榔店建立专业加工厂，每个加工厂年生产能力约 500 吨，与此同时，原有一些小作坊(店、堂)不断扩大规模，一些新的小作坊(店、堂)不断出现。1999 年，由湘潭纺织印染厂下岗职工张定强在株洲创办的"小龙王"槟榔店迁回湘潭市岳塘区境域办厂，创立小龙王食品有限公司，生产规模达年产 1000 吨。2000 年，境域有槟榔加工企业(公司、小作坊、店堂)1500 多家(其中规模以上 11 家)，从业人员 2 万多人，全年加工 5000 多吨，全年工业总产值 3 亿余元。分别比 1995 年增长 50%、150%、233%、233%。

2001 年以后，境域槟榔加工强势发展，"龙头"企业纷纷投资兴建标准化厂房，实行产业化规模加工、现代化经营管理、机械化清洁制作。2002 年，胖哥食品有限公司投入 3000 余万元，在易俗河吴家巷建 4 万余平方米加工厂房，全部采用自动化切籽机、封口机、发籽机、电脑防伪喷码机、真空机等先进设备，年加工规模 5 万万片(折合为 1000 余吨)。是年，湘乡市郎舅槟榔全部实现机械化生产，加工规模达到年产 800 吨，当年实现工业总产值 2500 万元。2003 年，小龙王食品有限公司在天易开发区投入 1000 多万元征地 470 亩，建成全部采用国际先进的轻钢结构不褪色洁面恒利板厂房 5.8 万平方米，购置较先进的电动切籽机、电脑防伪喷码机、枕式包装机、自动封口机、发籽机、真空机以及电脑等设备 365 台，年加工能力 100 万件。是年"龙少爷"槟榔店投资 200 万元收购湘潭县木工厂建年产 500 吨生产线，"好运来"槟榔店投入 200 万元收购湘潭县油脂厂建年产 500 吨生产线。

同年，位于岳塘区的皇爷槟榔加工厂成立湘潭市皇爷槟榔食品有限公司,2004年更名为湖南皇爷食品有限公司,实现规模化、现代化生产,年生产规模800吨。2005年,境域有槟榔加工企业(公司、工厂、小作坊、店、堂)2000余家,从业人员8万余人,全年加工9万余吨,工业总产值9.5亿元。分别比2000年增长33.3%、300%、1700%、216.7%。

第二节　加工工艺与品种质量

1986年以后很长一段时期,湘潭槟榔品种一般只分为"海南个籽""泰国个籽"或"越南个籽"。因海南原果纹路粗,肉厚、浑嫩、甜香,加工出来的槟榔耐嚼,招槟榔食客喜欢,价位也卖得高些。加工槟榔的作坊、店、堂也常以人名或地点作为加工作坊、店、堂的招牌,并未着意创什么品牌,加工工艺非常简陋。其加工过程为:购进原果→用盆或水泥池用自来水冲洗原果→晾干原果→用桶或盆盛着加香料浸泡发酵→切片→点卤水→晾干→手工包装。这种在简陋设备和环境下加工的槟榔卫生难以保障。

1990年以后,随着槟榔销售市场的日益扩大,湘潭槟榔作为一种产业日益被人们重视,各加工作坊、店、堂纷纷打出自己的品牌,提高加工质量,换上精美的包装,抢占市场。胖哥槟榔、郎舅槟榔、一品堂槟榔、大哥大槟榔、宾之郎槟榔、小龙王槟榔、皇爷槟榔、老爷槟榔、金三角槟榔等许多品牌脱颖而出。到2000年,境域约有槟榔品种100余种,其中"胖哥槟榔""皇爷槟榔""小龙王槟榔"占的市场份额最大,共约占市场份额20%。

2001年以后,"胖哥槟榔""皇爷槟榔""小龙王槟榔" 等企业纷纷告别家庭传统作坊式加工方法,均采用自动化、机械化加工,产品追求"天然化、卫生化、保健化""纯天然口香糖绿色产品",加工过程严把发籽、卤水、包装"三关",确保籽壳的柔软度;确保香精香料入味口味纯正;确保包装新颖,无漏气、无损坏、片片到位。原果加工时用蒸气把水煮沸在不锈钢容器内清洗,消毒彻底,使原果软化;采用无毒塑料装置发酵,使原果发酵均匀,芬芳不露。吸收干果食品配料优点,采用防霉、防变质新型配料和蒸气加油吸附,使配料吸附充分,保质期从原来一周提高到二至三个月。这样加工出来槟榔肉质鲜嫩,口感回味悠长;员工均培训上岗,持健康证明上岗,完全按《工业食品企业卫生标准》设置入厂门槛,员工进入加工车间必须在更衣室更换工作服,戴工作帽,穿过防蝇通道,进入消毒室消毒,用流水洗手,消毒杀菌设备齐全,车间、仓库均有良好的换气设备,加工车间周围厂区实行花园式绿化、美化,槟榔产品质量得到稳定提高。2003年,"小龙王槟榔""胖哥槟榔""皇爷槟榔""宾之郎槟榔""鸿福槟榔"通过ISO9001国际质量认证。这些企业随着产品质量的提高,品种也不断出新,其中"胖哥"企业先后研制出口味浓或清淡型的"胖哥多味槟榔""胖哥菊香槟榔""胖哥桂圆槟榔""胖哥薄荷槟榔""胖哥什锦槟榔"等;"小龙王"企业先后研制出"小龙王红彩头槟榔""小龙王金龙嚼头槟榔""小龙王香槟槟榔""小龙王青果槟榔""小龙王特纯槟榔"等。到2005年,境域槟榔产品有300多个品种、花色。其中"小龙王槟榔""宾之郎槟榔""胖哥槟榔"被评为湖南省名牌产品,"小龙王槟榔""皇爷槟榔" 生产企业被评为湖南省质量管理五星级企业,"小龙王""胖哥"、"皇爷"商标被评为湖南省著名商标。"小龙王""胖哥"生产单位被中国消费者协会评为消费者信得过单位。

第三节 经营管理

1986年,境域作坊式加工槟榔店(堂)都是在店面或路边摆个摊子进行经营,一般不包装,将加工好的槟榔分等级标明价格散装在小盆或小篮子里,旁边放上筷子,由客人自由挑选,然后简单包一下由客人带走。其管理也是一家一户。这种分散式经营管理状况一直延续到1992年。

1993年,随着"宾之郎""大哥大""王爷"等一批槟榔加工店(堂)进行规模化加工,境域槟榔加工行业产业化经营也随即开始,其经营理念发生根本变化,管理模式焕然一新。1994年,"郎舅"槟榔店在湘乡市城关镇建厂,产品开始向邵东、邵阳、双峰、娄底、怀化、衡阳、耒阳市场渗透。与此同时,"胖哥""小龙王""宾之郎""皇爷"等槟榔也向长沙、株洲、益阳、常德、张家界等地市渗透。采用全新包装,有专车定点送货。1995年,随着境域一些品牌槟榔在市场上销售一天一天见好,假、伪、劣货随即出现。一些不法商贩通过隐蔽手段大量印制"宾之郎""王爷""鸿福""一品堂""大哥大"等品牌包装袋装入劣质槟榔低价在市场上销售,坑害消费者和品牌槟榔业主。是年底,砂子岭和大同路"槟榔一条街"因假冒伪劣槟榔的侵害使店面从60余家减少至30余家,减少一半。槟榔加工业主开始会同工商、公安部门打假,以保护合法经营。1996年,在知名媒体上做广告成为境域食用槟榔经营的一个亮点。是年,"皇爷"槟榔在湖南经视3721栏目宣传自我,聘本土笑星何晶晶做形象代言人。"郎舅"槟榔在包装上向消费者打出"除了'郎舅'无好亲"的广告语。是年,槟榔作为一个发展产业开始引起市委、市政府领导的重视,槟榔加工业第一次被纳入全市工业行业规范管理范畴,规定当年起列为市经委生产调度内容之一,由市政府食品工业办公室归口统计上报。市政府食品工业办公室开始做一些境域槟榔行业的管理工作,并着手筹备成立食用槟榔协会。1998年,市食用槟榔协会成立,并征得省有关部门支持,以市食用槟榔协会为主体成立湖南省食用槟榔协会。100多户槟榔加工业主入会。省市食用槟榔协会开始规范行业各种不正当行为,并着手起草《湖南省食用槟榔标准》。1999年《湖南省食用槟榔标准》发布,境域槟榔加工开始进行标准化管理,《标准》规定:各槟榔加工企业都必须按标准生产,不能加入有碍于人体健康的有毒有害成分,确保食用者健康;要求各品牌包装印刷前必须经协会审查,然后印上"湖南省食用槟榔协会监制"字样方许上市。协会负责槟榔食品行业卫生检查、推荐优质产品,会同公安、质监、工商部门进行打假,协调处理境域外经营关系。2000年,以湘潭为主体的食品槟榔协会与公安、质监、工商部门一起查处浙江人周某在省内多个地市制造销售冒牌槟榔案,打击制假行为,维护出自湘潭的品牌槟榔在全省各地顺利有序营销。

2001年,境域槟榔加工业经营管理方式和理念进一步创新,一些主要品牌槟榔企业业主纷纷利用槟榔主治虫积、食滞、脘腹胀、水肿、脚气等病痛的药用价值,加大市场宣传,将企业做大做强,一方面巩固长、株、潭市场,广泛开辟农村市场,另一方面不断扩大全国市场并逐步向港澳台以及东南亚等国家和地区渗透。"胖哥"槟榔在管理与营销中实行终端销售,每天有20多辆汽车、100多辆摩托车送货上门,销售市场不断扩展,除长株潭市场外,销广东、广西、上海、北京、四川、重庆、大连、长春、吉林、内蒙古等省、市。是年,食用槟榔协会组织大中型企业厂长(经理)50多人进行卫生、技监、工商等法律知识规范培训。在湖南电视台成功举办首届"新世纪"槟榔行业先进企业、先进个人电视颁奖晚会,有"胖哥"等12家企业和8名先进个人获奖。2002年,食用槟榔协会会同质监、卫生部门对食用槟榔氟含量和水分标准在做大量的试检情况下进行修改，保护消费者利益。规范协会行业管理，出台《食用槟榔行业自律公约》，对扰乱市场、烂价行为严格约束。开展打击假槟榔包装专项斗争，从广东、常德、益阳、长沙、株洲、湘潭抓获制假犯罪嫌疑人多名，保证境域食用槟榔质量。

2004 年，协会出台《规范槟榔市场竞争公约》，通过省、市有关部门组织质检监察队到张家界、岳阳、常德、邵阳、娄底等地进行行业内部监督检查。重拳打击境域砂子岭一些槟榔加工户在加工过程中加入麻黄，损害人们身体健康事件，清理槟榔加工企业内部质量管理混乱的问题。是年，经过修订后的《食用槟榔地方标准》颁布。专门报道槟榔加工行业新闻、宣传槟榔文化、探讨槟榔产业发展思路、介绍明星企业的食用槟榔协会网站开通。第一次打破区域界限，吸收安徽圣唐食品有限公司、天津北方食品有限公司、香港华鑫食品有限公司加入省、市食用槟榔协会。当年“皇爷”槟榔请著名电影演员唐国强作形象代言人，“皇爷”槟榔当年在长沙市场销售量列为第一。2005 年，协会组织“胖哥”等龙头企业赴泰国、越南及中国台湾等国家和地区进行原果市场考察，并与来访的台湾槟榔协会会员座谈探讨两岸槟榔文化及其前景。到是年底，境域食用槟榔销售额接近 10 亿元。

第四章　酿酒制造业

第一节　啤酒

1986 年，境域仅有湘乡啤酒厂（国营）一家啤酒生产企业，从业人员 300 多人，年啤酒生产能力 10000 吨，啤酒品种有：涟河牌瓶装啤酒、菊花牌甜啤酒等，是年生产 6772 吨，完成工业总产值 278 万元，实现利润 65 万元，上缴税金 72 万元。

1987 年 9 月，根据啤酒市场需大于供的状况，湖南省人民政府批准湘乡啤酒厂新建一条年产 4 万吨啤酒生产线，生产线共计花费外汇 250 万美元引进意大利普瑞尼兹啤酒公司卡瑞修啤酒厂二手设备 429 件，购买比利时二手包装机、装订机、起重机等设备多台。1989 年 12 月，湘乡啤酒厂年产 4 万吨啤酒生产线基本竣工投入生产，同时与 4 万吨啤酒生产线相配套的年产 6000 吨麦芽车间和其他配套设施也在逐步完善中。由于 4 万吨啤酒生产线建设工期比原计划拉长，增加利息支出等财务费用，加上引进国外设备不完全配套，企业的管理水平、操作人员素质不到位等各方面的原因，生产线投产后其产量、质量等均未达到预想的经济效果。1990 年，湘乡啤酒厂已形成年产啤酒生产能力 5 万吨，有从业人员 700 多人，当年生产 16642 吨，完成工业总产值 1959 万元，上缴税金 375 万元，其生产量、完成工业总产值、上交税金分别比 1986 年增长 145.7%、604.7%、420.8%，但企业出现严重亏损。

1991 年 5 月，湘乡市委、市政府对湘乡啤酒厂领导班子进行重大调整。新领导班子在全厂推行人事、劳动、工资制度改革，不断完善和加强内部管理，下大功夫抓产品质量和达规模、上档次，企业整体效益逐步回升。是年，湘乡啤酒厂生产啤酒 17884 吨，生产量比上年增长 7.46%，但只有年产 5 万吨生产规模的三分之一强，规模效益仍然没有发挥，当年亏损 811 万元，累计亏损 1074 万元。

1992 年，全年啤酒生产量 23712 吨，比上年增长 32.6%，企业扭亏增盈，盈利 2 万元。自此，湘乡啤酒厂开始步入各种综合经济指标俱佳的良性发展期。1993 年，湘乡啤酒厂生产的骄扬干啤获香港国际酒文化名酒博览会金奖，市场销售量大增，当年生产量突破 3 万吨，达到 31943 吨，企业盈利 162 万元。1994 年，生产量突破 4 万吨，达到 40508 吨，企业盈利 301 万元，上缴税金 1937 万元。当年，企业乘势而上，决定走自我改造、自我完善、自我发展之路，自筹资金 3000 多万元将原 1 万吨老生产线进行设备更新改造，引进一批国外比较先进的糖化、冷冻、灌装设备，新增一台 20 吨锅炉。1995 年，原 1 万吨老生产线设备更新改造项目竣工，新增生产能力 5 万吨，并一次性试车成功。至此，湘乡啤厂啤酒生产能力达年产 10 万吨，为省内最大，全年生产啤酒 53059 吨，完成工业总产值 6252 万元，实现利润 674 万元，上缴税金 2391.09 万元。其生产量、工业总产值、上缴税金分别比 1990 年增长 218.8%、219.14%、537.6%。成为全省啤酒行业产销量、综合经济效益均名列第一的企业，当年评为“湖南省经济活力百强企业”之一。厂长孙菊四因管理有方，被授予全国五一劳动奖章。

1996 年后，湘乡啤酒厂利用生产啤酒矿泉水资源丰富优势，逐步做大做强。1997 年 9 月，湘乡啤酒厂由北京军神集团兼并，北京军神集团一次性出资 960 万元给湘乡市财政，然后整体接收湘乡啤酒厂人员、资产、债务，从此，湘乡啤酒厂转换成北京军神集团全资子公司——湖南湘啤饮料有限公司。当年北京军神湖南子公司生产啤酒 52461 吨，完成工业总产值 6579 万元，生产量与完成工业总产值分别比上年下降 7.6%、4.3%，但企业效益大幅攀升，实现利润 1026 万元，上缴税金 2936 万元。实现利润和上缴税金分别比上年增长 896.1%、20.4%。1999 年 7 月，企业第二次重组，北京军神集团将湖南湘啤饮料有限公司（原湘乡啤酒厂）80%股份转让给北京燕京啤酒股份有限公司，占股份 92.6%的北京燕京啤酒股份有限公司随即组建湖南燕京啤酒有限公司，并陆续注资进行技术改造，新建、改造年产 20 万吨糖化、发酵、过滤生产线。2000 年，湖南燕京啤酒有限公司生产的骄扬啤酒被推荐为国家优质产品。全年生产啤酒 48546 吨。实现工业总产值 6102 万元，实现利润 150 万元，上缴税金 2603 万元，生产量、工业总产值、上缴税金分别比 1995 年下降 8.5%、2.4%、和增长 8.87%。

2001 年，湖南燕京啤酒有限公司在车间实施的技术改造仍在继续。是年，骄扬啤酒获“中国优质新品啤酒”称号。2003 年，燕京集团对湖南燕京啤酒有限公司领导班子、管理机构进行重大整合调整，新的管理层对公司干部全部实行竞聘制，制定公司近期和长期发展规划，确立上质量、扩市场、增效益的工作方针，导入燕京集团管理模式和现代管理理念，实行劳动用工合同制、按劳计酬等一系列内部政策。2004 年，历经多年的技术改造基本完工，共完成技术改造投资 6300 余万元，新建的糖化、发酵、过滤等生产线开始投入运作。2005 年 7 月，100 骄扬啤酒和 110 燕京啤酒被授予行业优质产品称号。10 月，100 骄扬啤酒获全省消费者信得过金牌啤酒称号。到是年底，境域湖南燕京啤酒有限公司生产啤酒能力达 15 万吨，比 1986 年的 1 万吨增加 14 倍。由于市场竞争激烈及企业重组过程，新老对接对管理工作有一些影响等原因，企业经济状况反不如以前。是年生产啤酒 46783 吨，完成工业总产值 5280 万元，上缴税金 2137 万元，其生产量、工业总产值、上缴税金分别比 1990 年下降 3.6%、13.5%、17.9%，全年亏损 1831 万元，企业效益严重滑坡。

第二节　白酒

1986年，境域生产白酒企业有湘潭市酒厂、湘潭县酒厂、湘乡县酒厂3家国营企业。从业人员900多人，白酒年产生产能力3500吨，其中湘潭市酒厂1500吨、湘潭县酒厂1000吨、湘乡县酒厂1000吨。采用机械化和半机械化及传统酿酒工艺生产。此外，民间素有酿酒习惯，家庭作坊式手工酿造遍及城乡，自酿自喝。

1987年以后，境域白酒的酿造业小有发展。湘潭市酒厂建成年产3000吨"湘潭汾酒"生产线，配套建设年产4000吨酒精生产线，生产清香型、浓香型、米香型三大系列白酒。湘潭县酒厂和湘乡市酒厂生产能力均有增长。尽管市、县三个酒厂生产能力在逐步增长，由于其冠名的"湘潭汾酒""齐公酒"等品牌白酒市场份额有限，实际生产量不到生产能力的四分之一。1988年，山西汾酒厂把"汾酒"二字注册为商标，自此全国工商部门禁止一切白酒再冠名"汾酒"。市酒厂已产销多年并占有一定市场的湘潭汾酒只好更名为潭州大曲，更名后的潭州大曲更无法打开销售市场。1990年，市、县(市)三家酒厂生产能力达7500吨(其中湘潭市酒厂4000吨、湘潭县酒厂2000吨、湘乡市酒厂1500吨)，实际只生产白酒1700吨，完成工业总产值2000万元，亏损300多万元。

1991年，湘潭县酒厂开发的乾隆皇酒、宋酒获国家科委颁发的银质奖，但销售市场没有打开。湘潭市酒厂为寻找自救门路开发新产品，开始建设湘潭市酒厂肌醇分厂，但由于技术原因产品不过关，导致全厂停顿，当年职工陆续下岗，企业陷入困境。1993年，湘潭县酒厂加挂"湖南湘潭乾隆皇酒厂"牌子，生产"乾隆皇"系列白酒，但由于品牌缺乏竞争优势逐渐退出市场。1994年，湘潭县酒厂实行国有民营，仍因无品牌优势没有市场而濒临倒闭，至1996年累计亏损400多万元，资不抵债依法破产，由市液压气动设备制造公司以50.5万元买下全部资产，一次性安置职工128人。同年，湘潭县人刘孟龙利用酒鬼酒酒业有限公司实行企业裂变的机会，投入30万元在湘潭市砂子岭创立湖南龙行天下酒业有限公司，在贵州建厂生产"龙行天下"酒，当年完成工业总产值100多万元，有从业人员10多人。2001年，早已资不抵债的湘乡市酒厂依法破产，私人业主买下其资产成立湘乡酒业有限公司继续生产白酒，因不善经营，处于停产半停产状态。2002年，全市小酒厂纷起，湘潭县境域有湖南贡莲皇酒业有限公司生产"贡莲皇"白酒，有大将军酒业饮品有限公司生产大将军白酒，有留芳酒厂生产乾隆龟鹿驴白酒。韶山市境域有韶山元生酒业公司生产元生白酒、韶山市韶城酒业生产"韶山冲"贵宾白酒。湘乡境域有"东方威酒""老山堂国公酒"等白酒。但市场份额均很少。2004年，龙行天下酒业有限公司的"龙行天下"商标，被评为湖南省著名商标。2005年，境域有白酒生产企业8家，其中国有企业1家(湘潭市酒厂，已停产10多年正在申请依法破产)，民营企业7家，其中"龙行天下"酒主要在贵州生产，以湘潭为集散地在全国销售。另外7家共计产量900吨左右，其中龙行天下酒业公司产白酒500吨，上缴税收90万元。湘潭县境域湖南贡莲皇酒业有限公司生产"贡莲皇"白酒300余吨，完成工业总产值280万元，上缴税收10万元。

第五章 饮品加工

第一节 矿泉水、纯净水

境域矿泉水资源有湘潭县青山桥三富村、湘乡市东山泉井坳、韶山市大坪乡大坪村龙潭坳等多处。1989年,境域开始利用本地矿泉水资源生产桶装矿泉水。是年,湘乡啤酒厂利用南乐山资源建矿泉水生产线,投资100多万元,经过二年多施工,1991年建成年产10万桶矿泉水生产线,但由于市场销售不畅,当年只少量生产投放市场试销。1991年,韶山市大坪乡整合民营资本成立韶山滴水洞矿泉水饮料有限公司,利用龙潭坳资源建成年产10万桶矿泉水生产线,当年批量投放市场,并注册"滴水洞"牌矿泉水。1994年,"滴水洞"矿泉水获亚太国际博览会金奖。受外地矿泉水、纯净水进入湘潭市场的挤压,市场销量不大。1995年,位于雨湖区的市东宝饮料厂建年产10万桶纯净水生产线,当年投放市场但销路不畅。楠竹山镇建成纯净水厂,也没有打开销路。1999年,湘乡市梅桥镇在花湾村建纯净水生产线一条,年生产能力5万桶,销量很少。2000年,湘潭县青山桥镇三富村利用本地资源,与长沙大泽矿泉水公司共同投资500万元,创立"大泽矿泉水厂",建成年产20万桶矿泉水生产线,当年投产,没有打开市场,由于内部管理混乱、法人侵吞资金等原因,当年倒闭。是年,市东宝饮料厂纯净水生线因市场问题停产。湘乡啤酒厂矿泉水生产线自建成至2000年的12年间总共只生产3439吨(计10余万桶),没有收回投资,亏损严重。2001年,湘乡啤酒厂矿泉水生产线承包给本厂职工潘雄辉经营。2002年,湘潭县青山桥镇三富村与海南椰树集团合作重启"大泽矿泉水厂",生产"椰树牌矿泉水",但销路不畅。2003年湘乡市龙洞乡建仙女山矿泉水厂,年生产能力5万桶。2004年,湘乡市白田乡建天马山纯净水厂,年生产能力5万桶。是年,湘潭县三富村与椰树集团合作重启的"大泽矿泉水厂",又因市场不畅及管理混乱等原因停产,亏损严重。

2005年,境域有矿泉水、纯净水生产企业6家,从业人员100余人,年生产能力50万桶(折合16250吨),是年实际生产不足10万桶(折合3000余吨),完成工业总产值100余万元,实现利税8万元。境域矿泉水、纯净水生产由于一直受"娃哈哈"等品牌纯净水及株洲、娄底等周边大量矿泉水、纯净水的进入挤压,市场空间极少,未形成产业规模。

第二节 冷饮

1986年,境域冷饮生产企业有市汽水冰棒厂一家国有企业,有从业人员130余人,年产冷饮规模300余吨,是年完成工业总产值100多万元。另有市区岳塘饭店、大桥饭店、锰矿饭店、江南饭店、五一饮食店、国一饮食店、板塘饭店、华北春饮食店、湘江饮食店等小型全民、集体餐饮企业自办冷饮加工应市。5月,市糖果厂投资30万元改造建成冷饮车间。市郊区先锋农场和湘潭县、湘乡市、韶山区均有一个自办冰厂和饮料厂。湘潭钢铁公司、江麓机械厂、江南机器厂等多家大型企业有饮品生产装置，主要是盛夏为职工防暑降温，属福利性事业，季节性生产。是年，全市共有国营集体冷饮生产企业（车间）16个，从业人员450人，生产冷饮产品1.8万吨，生产总值560万元，上缴国家税收48万元。其中市汽水冰棒厂生产汽水0.4万吨，冰淇淋1300吨，其生产的巧克力雪糕和朱古力雪糕深受境域居民欢迎，“晶牌”系列饮料被湖南省第六届运动会指定为专用饮料。

1987年，境域饮品加工稍有发展，先后有市先锋饮料厂、市深情饮料厂、电缆厂附属饮料厂、韶峰银田镇饮品汽酒厂、湘乡龙洞汽水厂、岳塘百花饮料厂等相继创立生产碳酸系列汽水和冰棒。1989年，境域冷饮产品工艺创新，花色品种增加，由棒式向杯式、盒式和桶装发展。冷饮产品形状各异，风味不同，形象生动，并向卫生、营养、休闲食品发展，深受消费者欢迎。市汽水冰棒厂投资30万元进行技术改造，建成水蜜桃汁、荔枝汁饮料生产线和酸奶生产线，成为中南地区第一家拥有盒装饮料的企业，其生产的“芝麻雪糕”“足球冰淇淋”在省商业厅举办的冷饮产品创新评比会上获省优质产品。是年销售67万余盒计160余吨，实现工业总产值40余万元。湘潭县、湘乡市、韶山区冰棒厂扩大生产规模，引进饮料生产线，冷饮产品产量增加。1990年，湘潭县粮油食品厂开始生产冷饮产品，以生产冰淇淋雪糕为主。市区小型企业、集体餐饮企业的自办冷饮加工车间，因企业改革改制，停止生产。湘潭钢铁厂、湘潭电机厂、江麓机械厂、江南机器厂因从业人员增加和部分产品对外销售，扩大加工规模，增加生产量。是年，全市冷饮加工企业23家，从业人员700人，生产冷饮产品2.2万吨，生产总值750万元，上缴国家税收52万元，分别比1986年增长44%、55.5%、22%、34%、8.3%。

1991年，国家支持食品工业发展，加大投入力度，市冰棒厂享受国家财政贴息贷款500万元，用于80平方米冷库扩建，120平方米车间改造，购进连续式凝冻机一台和一条速成蛋筒生产线。市汽水冰棒厂继盒中袋软包装系列饮料后，又推出“晶牌乳酸奶”饮料，是年生产60余吨，完成工业总产值12万余元。湘潭市肉类联合加工厂投资120万元，新建冰淇淋生产线，个体私营业主申勤自筹资金创办湘潭市深情饮料有限公司，建成饮料加工企业。但由于境域冷饮生产企业扩产技术改造资金未到位，加上广东等外地饮料开始大量入境等原因，部分产品被迫停产。1993年，市东宝饮料厂建碳酸汽水生产线一条，用半斤玻璃瓶装在市场销售，但份额极少。1995年，境域冷饮市场形成省外加工企业和以市汽水冰棒厂为代表的国营冷饮企业，私营企业湘潭市深情饮料有限公司以及大型国营企业自办冷饮加工车间四个方面竞争的局面。是年，全市冷饮生产企业28个，从业人员950人，生产冷饮产品2.5万吨，生产总值980万元，上缴国家税收78万元，分别比1990年增长21.7%、35.7%、13.6%、30.6%、50%。

1996年后，境域销售的冷饮产品种多样，式样新颖，冷饮产品不断更新。市汽水冰棒厂与长沙冷饮批发商联合开发冷饮产品，由长沙批发商提供需求信息和市场对路产品，市汽水冰棒厂组织生产，产品辐射全省各地。1996年后，市东宝饮料厂连续开发东宝豆奶、东宝菊花茶等冷饮，原已投入生产的碳酸冷饮也形成一定气候。同时，地处岳塘区内的湘东饮料厂建成冰棒、碳酸汽水等三条冷饮生产线。1998年，市东宝饮料厂生产冷饮500余吨，完成工业总产值300余万元，实现利税30多万元，市湘东饮料厂生产300余吨，完成工业总产值200万元，实现利税17万元，均为所在企业历史最好。1999年，市东宝饮料厂从河西搬至河东，试图更大发展。但境域冷饮加工终究敌不过娃哈哈、旺仔牛奶、王老吉、雪碧等外地冷饮品牌，加工销售量逐年萎缩。2000年，境域国营企业改革改制步伐加快，市汽水冰棒厂、市糖果厂、市肉类联合加工厂等有一定规模的冷饮生产企业，因企业改制，退出冷饮产品生产。湘乡市、湘潭县、韶山市冰棒厂等小型冷饮产品加工车间，因设备老化，逐步停止生产。是年，全市冷饮产品生产企业只剩下7个，从业人员120人，生产冷饮产品0.8万吨，生产总值58万元，上缴国家税收9.2万元。分别为1995年的1/4、1/8、1/3、1/17、1/9。

2001年后，境域私营企业湘潭市深情冷饮有限公司也因产品单一，跟不上消费市场变化，停止生产经营。国营大型企业的冷饮加工车间仍从事小批量生产，满足本企业职工需求和防暑降温的福利事业。2005年，境域停止冷饮产品生产，市场冷饮产品全部由外地产品代替。

第三节 乳制品加工业

境域乳制品加工始于20世纪70年代末，时有湘潭市豆奶厂在三角坪养殖奶牛100余头，所产牛奶用于制作面包等糕点。由于养殖气候、技术等原因，到1985年已经停办。

1986年，毕业于北京农业大学畜牧系在市五中任教的戴朝立，因在学校从事养殖业教学需要实物为学生作示范，就在学校附近租用农家杂屋养2头奶牛，奶牛产奶高峰期能日产鲜奶20千克，学校自产自销。1987年，市五中因生源等原因停办中学养殖专业，戴朝立根据市场奶源奇缺的情况，向学校申请停薪留职"下海"，从事奶牛专业养殖，当年养奶牛20头。在这时起，因南方养奶牛先天不足，奶牛气温超过摄氏30度就减产30%以上，而南方一半天气气温在摄氏30度以上。另外，南方缺少大片天然丰嫩的水草，用稻草替代喂养挤下的牛奶含蛋白质低，加上北方奶牛到南方水土不适，易发病。"要想赚畜牲的钱，就得与畜牲眠"，戴朝立吃、睡在牛棚，妻子为他买的电风扇几乎全是用来为牛降温。当年产鲜奶50多吨，主要用半斤、一斤装玻璃瓶装送各销售点卖给市民，当年实现总产值10多万元，利税1万余元。1988年后，戴朝立不断扩大奶牛养殖规模，先后在市郊双马镇、伍家花园等地选择场地流动喂养或委托扶植农户喂养。1992年，戴朝立发起成立湘潭市远山乳业有限公司(简称远山乳业)，出任董事长，在市红旗农场租地3亩，实行公司加农户模式喂养奶牛，是年喂养奶牛过100头。此后远山乳业不断发展，1995年，公司加农户喂养奶牛达300余头，年产鲜奶1382吨，创工业总产值1000余万元。

1996年后，远山乳业在生产设备、工艺、经销方式上有很大改变：引进国外一流水平的超高温瞬时杀菌消毒设备及自动灌装机器；将以前的代销点扩展为"鲜奶屋"，不仅销售鲜奶，还利用奶源加工面包、糕点等奶制品；鲜奶包装改为美观、方便的杯装、袋装。2000年，远山乳业乳牛喂养350余头，加工乳制品2000多吨，总产值1603万元，利税285万元，从业人员90余人。加工产品有鲜奶、消毒鲜奶、AD钙学生奶、酸牛奶、面包、糕点等多系列20多个品种。在城区设有"鲜奶屋"经销店50个，临时供奶点2000多个，供应城区用奶户1.3万多户。是年，"远山乳"被市技术监督局授予"消费者满意产品"称号。同年底，市委、市政府分析发达国家年人均用奶50~60千克，国内人均为7.2千克，湘潭市若达到发达国家水平，日需用奶14吨，按此计算，可发展奶牛2500头至1万头，乳制品加工产值可达15亿元，因此决定在全市启动"奶瓶子工程"，将乳制品加工业作为全市一个前景可瞻发展产业来抓。

2001年后，根据市委、市政府"奶瓶子工程"要求，市经委及工商、质监、卫生、税务等部门积极组织落实，带领有关企业到邵阳"南山奶粉"学习。在办理工商登记、卫生许可证以及资金上给予支持扶植,并进行免税扶持。在这种氛围下,湘潭市泉塘子镇“泉隆乳业”、韶山银田镇“永义乳业”应运而生,到2003年,泉隆乳业和永义乳业喂养奶牛规模各达到200头,采取公司加农户模式分散喂养。同时市委、市政府以最优惠地价扶持远山乳业在荷塘乡农产品加工区征地56亩,建设新的奶牛养殖与乳制品加工基地。2003年,“泉隆乳业”和“永义乳业”都因受气候、草地、喂养技术、兽医条件等因素影响,其奶牛喂养远远达不到预先规划经济目标,企业运作艰难,许多奶牛被当作菜牛宰杀掉,两个企业停办。而远山乳业由于有戴朝立这样的专业人员,又逐渐培养儿子戴湘、女婿何鹏等技术人员,加上积累近20年喂养经验,稳扎稳打,仍在逐步发展。2005年,境域乳制品加工企业只有远山乳业一家,是年,从业人员130人,喂养奶牛400余头,加工鲜奶等乳制品3551吨,总产值2385万元。远山乳业其荷塘乡农产品加工区新乳制品基地正在建设中。

第四节 茶叶加工业

1986年,境域有湘潭市菜厂等制茶企业10多家,大部分分布在湘乡市、湘潭县境域,有从业人员600多人,年加工茶叶1250余吨。完成工业总产值1100万元,实现利税50万元。

1987年后,随着农村联产承包责任制的不断完善巩固,境域茶叶加工业进一步发展。1990年,境域有制茶企业30多家,其中湘乡市18家,湘潭县5家,韶山市、雨湖区、岳塘区共10余家。共有从业人员800多人,主要加工品种有绿茶、红碎茶、红条茶、茉莉花茶等。全年加工量约2750余吨,完成工业总产值2300万元,利税300多万元。企业数、从业人员、加工量、工业总产值、利税分别比1986年增长200%、33.3%、120%、109%、500%。其中湘潭县加工约2000吨,占境域茶叶加工量的72%,湘乡市加工量550吨,占20%。湘潭县较大的茶厂主要是湘潭县茶厂,以加工绿茶、茉莉花茶为主,其“月宫牌”珍眉、炒青、烘青等品种出口德国和原苏联地区,1990年出口近2000吨,创汇420万美元。另有杨家桥羊鹿茶厂生产“羊鹿毛尖”、射埠船形茶厂生产“船形毛尖”,梅林桥乌龙茶厂生产“乌龙”绿茶等。湘乡市比较大一点的茶叶加工企业是湘乡东山茶厂,年加工红碎茶200余吨,工业总产值180万元,利税30万元,该厂生产的红碎茶主要销给省进出口公司转销国外市场。

1991年后,依赖出口市场的企业茶叶加工量逐年减少。依靠国内市场特别是境域市场的绿茶加工企业有所发展。1993年,湘乡市山枣谭某建湘乡山枣茶厂,年加工能力约800吨。1994年,湘乡红仑茶场依靠自身资源建湘乡茶场茶厂,年加工能力约500吨。同年,韶山茶厂生产的“韶峰茗茶”“韶峰茉莉花茶”“韶峰绿茶”三大系列比较畅销,当年生产、销售200多吨,其产品在省第九届茶叶展评会上被评为湖南名茶。1995年,境域茶叶加工企业27家,从业人员850人,年加工量2250吨,完成工业总产值2100万元,利税280万元,分别比1990年减少10%、增加6.3%、减少18.2%、8.7%、6.7%。

1996年,湘潭县杨家桥羊鹿茶厂生产的“湘潭银毫”在省第三届“湘茶杯”评审会上获优胜奖。同年,湘乡市樊某建湘乡东胜茶厂,年加工能力1000吨左右。另有湘乡东山陈某租赁湘乡东山茶厂进行经营,年产销量200吨左右。1997年,湘乡茶场茶厂因经营不善,资不抵债而申请破产,湘乡茶场茶厂破产后湘乡刘某租赁其厂房设备成立湘乡振兴茶厂,年加工能力1000吨左右。1998年,湘乡潘某租赁湘乡市供销社仓库加工茶叶,年加工能力500吨左右。2000年,湘乡东山茶厂由于经营不善,资不抵债而破产。是年,境域茶叶加工企业22家,从业人员1500多人,年加工能力约1万吨,实际加工量2500吨,完成工业总产值3700万元,实现利税480万元,比1995年分别减少18.5%、增加76.5%、11%、76.2%、71.4%。

2001年后,境域茶叶加工量和茶叶品种开发方面基本维持原状,在茶叶包装上开始让人们耳目一新,许多茶厂开始采用各式各样盒式包装,盒面印刷追求精美,有一两装、二两装、四两装、半斤装到一斤装,形式和重量不等,让选购者有选择的余地,促进茶叶深加工、精加工的发展。2003年,湘乡茶场茶厂加工"红仑春"绿茶400盒,每盒4两,每盒销价200~380元,每斤茶叶销售价比原来提高。2005年,境域茶叶加工企业20家,从业人员1800多人,加工能力1万吨,实际加工量折合2750吨,完成工业总产值达到5000多万元,利税800多万元,分别比2000年减少9%、增长20%、10%、35.1%、66.7%。

第五节 竹元素

2005年,境域市恒盾集团有限公司利用年消耗3000~4000吨楠竹加工竹砧板尾料,建年产1000吨竹元素饮料生产线一条,是年生产600余吨,均以赠送、试用、品尝等形式送有关部门、单位和经销店,试图扩大知名度,打开市场销路,以求以后有大发展。

第六章 焙烤糖蜜饯等食品加工

第一节 焙烤食品加工

1986年,境域生产焙烤食品的企业有市莲城食品有限公司、一方食品厂、长城食品厂、好朋友食品有限公司等企业,批量生产便于工作携带、方便旅游的油炸小鱼、鸡翅膀等风味食品。同时湘乡的烘糕及市城区的月饼、蛋糕、面包、灯芯糕制作等,仍然有少量生产。是年,市食品厂引进福建万士利饼业有限公司生产饼干。1997年,已有多年手工作坊焙烤经验的原湘潭电缆厂职工刘光义创立湘潭市万利隆食品有限公司,投入资金从著名的食品加工企业新麦公司、科麦公司、早苗公司、永诚公司引进成套焙烤食品加工设备,建年产500吨焙烤加工场。聘请台湾国际著名的烘焙大师林承贤先生为顾问,生产西点、面包、蛋糕、黄金条等四大系列100多个品种,在市区设多个店面,当年投放市场100多吨,完成营业收入20多万元,创利税5多万元。同年,市蔬菜肉食集团投入130多万元,建年产1000吨五香蹄花焙烤熟食品生产线,1998年改造达到年产5000吨规模。2000年,境域有焙烤食品加工企业12户,加工能力7000多吨,但产出很少,除万利隆外,其他企业因市场竞争激烈及产品销售不畅,生产萎缩,很快就瘫痪。

2001年后,万利隆食品有限公司越做越大,本市店面扩展到10多个,在长沙、邵东、怀化、吉首、常德、澧县、冷水江、绥宁等地设有连锁店40余家,2001年营业收入达到300多万元。

2002年,湖南乡里美食有限公司建年产500吨休闲食品生产线,其中糕点焙烤食品生产量占

20%。同年，日出东方有限责任公司在宝庆路投资建糕点厂，年加工能力 100 多吨，生产梅花蛋糕、灯芯糕、湘乡烘糕。众友贸易有限公司也于同年建成年产 50 吨烘糕、花根、月饼生产线。2005 年，境域有规模烘烤食品加工企业 4 家（万利隆、日出东方、众友贸易有限公司、湖南乡里美食有限责任公司），从业人员 1000 余人，年加工规模 2000 余吨，实际加工量 400 余吨，营业收入 800 多万元，利税 90 多万元。

第二节　糖蜜饯及其他加工

一、糖果加工

1986 年，境域糖加工有市糖果厂及湘乡县糖果厂等少数几家加工企业。是年加工糖果 540 吨，完成工业总产值 336 万元。品种有高粱饴、酥心糖、芝麻糖、牛皮糖等。1988 年后，芝麻糖、牛皮糖逐渐被市场淘汰。1990 年，境域生产糖果 254 吨，完成工业总产值 180 余万元，分别比 1986 年下降 53%、46.4%。1991 年后，境域产糖受境外高档糖果挤压，市场越缩越少，到 1996 年，境域糖果生产企业全部转产或停产。

二、蜜饯加工

1986 年，境域蜜饯加工企业有市蜜饯加工厂、市果品加工厂 2 家，从业人员 120 多人，完成工业总产值 210 万元，利税 10.6 万元（其中市蜜饯加工厂产值 160 万元、利税 8 万元、市果品加工厂产值 51 万元，利税 2.6 万元）。1987 年以后，由于蜜饯在市场上的销售量不大，两家企业都没有更新改造发展。1990 年，市蜜饯厂因搬迁新址未通过卫生防疫站验收而停产。1992 年，只有市果品加工厂加工蜜饯完成工业总产值 100 万元，利税 1.5 万元。当年底，生产车间改建朝阳农贸市场拆除。境域蜜饯生产停止。

三、其他加工

1986 年，境域有市红旗农场食品罐头厂生产糖水罐头，年销售收入 30 多万元。另外，湘潭县中路铺一带有生产药糖的小作坊 20 余家，产量不大，主要是临近中秋季节性生产。20 世纪 90 年代后，市红旗农场食品罐头厂停产。境域中路铺一带季节性生产药糖的习惯至 2005 年仍在延续。

第七章　调味品加工业

第一节　生产规模

1986 年，境域调味品主要有酱油系列产品和味精。酱油生产企业有湘潭酱厂、湘潭县酱厂等 17 家企业，年生产能力约 7000 吨，实际生产 4100 吨，从业人员 1000 多人，年工业总产值 230 多万元。

味精生产企业只市味精厂1家企业,有味精生产能力1.5万吨,由于市场问题,实际生产量只1000余吨。

1987年,境域酱油加工企业为做大做强,成立湘潭市龙牌酱油集团公司,集团公司对酱油加工企业实行统一管理、集中经营。1988年,新成立的市龙牌酱油集团公司由于没有从体制、机制等方面有突破,致集团公司与下面企业以及企业与企业之间矛盾不断,反而制约生产的发展。1990年,香菇鸡精及味精等调味品生产和销售较旺,是年,境域有规模以上调味品酱油、味精加工企业18家,从业人员1500余人,年生产能力10000余吨,实际加工6100吨,年工业总产值430多万元。

1991年,境域国有制酱企业规模逐年扩大,个体私营制酱企业也蓬勃发展。1993年,市味精厂由于连年亏损,资不抵债,成为《中华人民共和国破产法》颁布以来境域首家国有企业破产单位。依据《破产法》破解企业全部债务,但职工未妥善安置。破产后由民营企业卓越有限公司接管经营。次年,由于职工不满意,卓越有限公司退出,由厂内职工发起组建市建源调味品厂继续经营。到1998年,境域调味品加工企业达57家,年调味品生产能力达到1.5万吨,其中酱油生产能力1.4万吨,香菇鸡精、香菇鸡粉、味精等1000余吨。市人民政府为加强对调味品生产发展和领导管理,组建湘潭龙牌酱油集团有限责任公司,当年,湘潭龙牌酱油集团有限公司生产量达到4000吨,完成工业总产值1000万元,实现利税110万元。1999年,外来调味品大量涌入,境域调味品加工业开始滑坡,企业产品销售不畅,市建源调味品厂等一批企业陆续关闭,湘潭龙牌酱油集团有限公司生产量大幅减少。2000年,境域调味品企业20余家,从业人员1200余人,当年生产量2000吨,工业总产值1300余万元。从业人员、生产量、工业总产值分别比1990年减少20%、67.2%、增长202.3%。

2001年以后,由于外来调味品迅速占领境域市场,境域调味品生产企业多数处于停产状态而倒闭。其龙头企业市龙牌酱油集团有限公司开始对外招商改制,2002年,邵东个体私营业主张巨民等人整体购买龙牌集团有限公司及所属全部资产,成立湖南龙牌酱业集团有限公司,并继续生产龙牌系列酱油。此后境域湖南龙牌酱业集团有限公司调味品加工量逐年有所回升,但回升缓慢,2005年,境域调味品加工企业有湖南龙牌酱业集团有限公司、湘潭县酱厂等3家,从业人员500余人,全年生产6792吨,完成工业总产值2010万元,实现利润96万元,上缴税金238万元,从业人员、生产量、工业总产值分别比2000年下降58.3%、增长239.6%、54.6%。其中湖南龙牌酱油集团有限公司生产3396吨,实现工业总产值1203万元,税收118万元。

第二节 品种质量工艺及经营管理

1985年,境域龙牌酱油获国家产品银质奖。

1986年后,境域调味品加工业主要是酱油和味精加工,主要品种有“龙牌”“凤牌”散装酱油和香椿牌味精等4种,企业生产经营以计划为主,属市商业系统管理。酱油加工工艺主要是用黄豆、面粉、食盐3种原料通过浸籽、蒸料、制曲、发酵、取油五个传统加工环节制成酱油产品。1988年,龙牌酱油获首届中国食品博览会金奖。1990年,龙牌酱油又获国家产品质量银质奖。

1991年以后,境域调味品加工业略有发展,涌现出30多家个体私营调味品加工企业,其品种有龙牌酱油、凤牌酱油、芙蓉牌酱油、散装酱油、香菇鸡精、香菇鸡粉、味精等10余种。个体私营制酱企业市二酱联厂、市第七酱厂、市长城酱油酱色厂、湘潭县第二制酱厂、市福利莲康制酱厂等企业在市场竞争中逐步壮大，产品打入湖北、江西、浙江、河南等地。1993年，市味精厂更名为卓越实业有限公司建源调味品厂，其生产的香菇鸡精、味精等调味品在境域占有一定市场。1994年，卓越实业有限公司建源调味品厂生产香菇鸡精获第五届亚太地区调味品国际金奖。1998年，境域调味品企业坚持以市场为导向，以质量求生存，以营销促生产，保持旺盛发展势头。当年，龙牌酱油集团公司改制为龙牌集团有限责任公司。1999年后，大量境外调味品涌入，境域生产的调味品生产量剧减，到2000年，传统名牌产品龙牌酱油产销量急剧下降到700吨左右。

2001年以后，境域调味品厂多数转行或歇业，市卓越实业有限公司建源调味品厂倒闭，龙牌集团有限公司开始对外招商引资，于2002年由个体私营企业整体购买，成立湖南龙牌酱业集团有限公司。到2005年，境域开发龙牌系列强化酱油、草菇老抽、红烧酱油、蒸鱼豉油、特制酱油、生抽酱油等10余种高档酱油调味品。

第八章 大米、面粉、米粉粉丝、油脂加工

第一节 大米加工

1986年，境域有国营大米加工企业18家，其中，湘潭县9家，湘乡县3家，韶山区1家，市区5家，共有从业人员1000余人，加工大米170072吨，完成工业总产值9520万元。广大农村稻谷加工普遍采用小型黄谷机、组合米机，加工量无法统计。

1987年后，境域大米加工方式有一定改变，加工形式开始多样化，境域国有大米加工企业开始面向农民代加工大米，实行一次性储粮，分次提米，农民一次性把稻谷送到国有粮食仓库，由加工企业发给代加工凭证，农户凭代加工证分次随时提米。基本上按每100斤稻谷换70斤大米兑换。国有大米加工企业每年代为农民加工量在2万吨左右。1988年，韶山大米厂加工的韶山牌精洁米在中国北京博览会上获铜质奖，市湖头岭米厂生产的晚籼米、市三角坪米厂、湘乡第一大米厂加工的早籼标一米评为湖南省优质粮食食品。1989年，湘乡市新建长桥粮库大米加工厂。1990年，境域国营大米加工企业19家，从业人员1500余人，全年加工大米104675吨，完成工业总产值5233万元。

1991年后，境域大米加工企业不断进行技术改造，增强除杂、碾白、色选等设备，提高大米质量。是年，湘乡长桥粮库大米加工厂进行技术改造，年大米加工能力从1万吨提升到1.5万吨，湘潭县易俗河大米厂扩大规模，年加工量从1万吨提升到2万吨。广大农村出现一种小型、方便、多功能的大米加工机械。加工专业户以拖拉机、农用车载小型大米加工机械上门服务，农户加工大米足不出户，且米、糠分离，不需筛选和风吹，米质好，十分方便。组合米机从农家口粮加工领域逐步向专业粮食加工发展。1992年，省市粮食部门自筹资金500多万元，对市板塘粮库大米加工厂等6家大米加工企业进行扩产提质技术改造，1995年，技改基本完工。到是年底，境域大米加工企业达20家，从业1600余人，当年加工89238吨。完成工业总产值5312万元。农村组合米机加工大米厂达到102

家，年产销量达37万吨。

1996年后，境域国营大米加工企业生产的原粮是库存的定购粮和保护价粮，原粮收购价格偏高，加工出的大米高于市场价，又受放开个体私营加工大米的影响，加工量逐年减少，部分企业歇业。1997年，境域大米加工企业基本停止加工标一米，改加工早籼、晚籼特二米，提高大米质量，吸引顾客。1998年，加工专业户王志勇，在市郊区南盘岭租用场地建凤凰米业加工厂，年产销量5万吨，生产的“布谷鸟”品牌大米大部分销往广州、深圳等地。随后湘乡市华龙米业等多家大米加工专业户出现。1999年，市湖头岭米厂、市三角坪米厂、市板塘粮库米厂在粮食局的协调下实行统一质量标准，统一价格销售，各企业加工的大米统一命名为“聚宝”牌大米。1999年，以三角坪米厂为龙头成立聚宝米业公司。2000年，市湖头岭米厂宣布破产，聚宝米业公司收购全部资产成立聚宝米业加工厂。至2000年底，境域大米加工企业9个，从业1700余人，加工大米55420吨，完成工业总产值7758万元。

2001年以后，因国营粮食仓库存粮价高，顺价销售大米不畅，又个体私营大米加工坊大量出现，国有大米加工企业数和大米加工量继续萎缩，大部分国有大米加工企业处于停产、半停产状态。2002年，聚宝米业公司筹资200万元，新建一条高档优质的大米生产线，填补境域不能生产高档优质米的空白。2004年，境域18家国有大米加工企业全部实行产权改革，职工全部置换身份，其中聚宝米业民营资本占90%，国有股份只占10%，到此，除湘潭板塘国家粮食储备库大米厂、湘乡长桥国家粮食储备库大米厂少量加工外，境域其他国有企业停止加工大米。2005年，境域有民营和个体私营大米加工企业100余户，从业人员1900多人，加工大米85000吨；实现工业总产值8560多万元，产销量达25万吨。

第二节 面粉加工

1986年，境域有专业规模面粉生产企业2家（市面粉厂、湘乡面粉厂），职工200余人，年加工2.98万吨，完成工业总产值1780万元。

当年，境域2家面粉厂不断创新发展，质量、产量不断提升。市面粉厂生产的富强粉为湖南省粮食行业优质产品。湘乡面粉厂年单班产量从原年产7000吨增长至7500吨，增加7.1%。1987年，市面粉厂生产富强面粉获湖南省产品质量芙蓉奖。此期间，兴起3家私营小型面粉加工企业，年产面粉1万吨，为农村个体面条加工提供低档廉价面粉。1988年，市面粉厂投入50多万元进行技术改造，完善初清工艺，新上一台每小时加工30吨初清振动筛和一台自动秤等设备，提高产量和面粉加工纯度。1990年，市面粉厂生产的富强面粉开始调运出境支援省会长沙及邵阳等地市场，是年，该厂生产富强特一面粉、标准面粉均被湖南省粮食行业评为优质产品。1990年，境域专业规模面粉生产企业仍然2家，职工人数300余人，全年加工2.23万吨，完成工业总产值1860万元。

1991年，湘乡面粉厂为质量上等级投入260多万元进行技术改造，企业由只生产普通面粉到开始生产等级面粉。是年市面粉厂生产的富强标准面粉获湖南省优质产品奖、商业部优质产品奖。1994年，市面粉厂投入450多万元引进先进加工设备进行质量升级扩产技术改造。当年，湘乡面粉厂又投入1190多万元引进磨粉机5台，清粉机3台，安装国产1000型磨粉机12台。1995年初，质量升级扩产技术改造竣工，是年5月投入生产，年加工面粉能力3.5万吨，比1990年增加367%，成为境域最大，省内也是最大的面粉加工企业之一，全部生产等级面粉，企业更名为湘乡市面粉公司。是年境域2家规模面粉企业加工面粉2.53万吨，完成工业总产值2170万元。

1996年，市面粉厂经过多年的改造后，年面粉加工能力达到5万吨，为境域最大，是年生产面粉4.44万吨。1997年，市面粉厂被中国食品协会评为优质效益单位。1999年，市面粉厂投入100多万元安装一套由北京市制粉研究所生产的电脑自控系统，对面粉生产实行全过程自动监控。是年湘乡面粉公司更名为湖南裕华粉业公司，生产的面粉为裕华牌面粉。2000年由于市场原因境域面粉生产量大幅减少，全年共生产面粉3.49万吨，完成工业总产值3260多万元。

2001年，市面粉厂改制为湘潭市帅牌面粉公司，生产的帅牌面粉被中国粮食行业协会授予"放心面粉"称号，同年12月，湖南裕华粉业公司（原湘乡市面粉公司）由北京军神集团承债式兼并，其企业资产、债务、人员全部由北京军神集团接受，湖南裕华粉业公司被注销并停止面粉生产。2002年，旷亚军创办天人谷业有限公司，租用湘潭市湖头岭省粮食储备库棚仓，兴建日产60吨面粉加工厂，生产的"弘絮"牌面粉畅销市场，成为境域首家成规模、能生产高档面粉民营面粉企业。2005年，市帅牌面粉公司实行产权改制，由民营资本天人谷业有限公司控股90%，国有股份占10%。到2005年底，境域只有民营面粉企业1家（即帅牌公司），是年生产面粉16万吨，完成工业总产值2840万元，分别比2000年增长下降54.2%、12.9%。

第三节　面条加工

1986年，全市有专业面条加工厂1个，兼营面条厂1个。面条质量不稳定，水煮易碎。为解决面条质量问题，市粮食局成立面条生产质量攻关小组，派出技术人员到外地考察学习，破解面条下锅碎老大难问题。1987年，湘潭市粮油食品厂（兼营面条厂）划归湘潭市面粉厂，隶属该厂面条生产车间，由面粉厂定向生产面条加工专用粉，解决面粉质量问题，但效果不明显。1989年恢复粮油食品厂原编制，市粮食局派出技术管理人员进驻该厂攻关面条生产技术见成效，8个月生产面条1740吨，比上年同期增长219.8%。当年，全市生产面条3329吨，比上年增长70%。

扩大面条生产，稳定质量，1990年，市粮食局投资14万元，对湘潭市粮油食品厂面条生产线进行技术改造，增加1台熟化机，烘烤房由原来的31米增加到41米，改过去50摄氏度以上高温烘烤面条为40摄氏度中温自动控温烘烤面条，面条的质量稳定，产量提高。是年生产的特一粉面条被评为湖南省粮食行业优质产品，面条由季节性计划供应转变为长年保障供应。湘潭县响塘粮站聘请黄荆坪乡生产面条世家出身颜清云，办起全县粮食企业首家面条加工厂，把握和料、压坯、烘晒、断切和包装关，面条量足质好，包装切口美观，不断条，水煮不糊汤，口感好，在湘潭县和湘潭市区有"响塘面条响当当"之美誉，年产量100吨左右。产品在湖南省粮油食品展销会上，评为优质产品。几次作为湘潭市承办全国性会议的会务食品，受到与会者高度赞扬，一次会议的外省代表购买700多千克带回给家人品尝。1990年响塘粮站调整生产管理人员，增加产量，确保质量，当年生产面条260吨，创利3.6万元。是年，全市面条产销量8060吨，创利润111.6万元。

1991年，湘潭市粮油食品厂开发出魔芋面条、豆浆面条、高蛋白面条投放市场，面条品种、供应量逐渐增多。同年,市粮食局投资 40 万元改造湘潭市面条厂,采用热烘炉烘烤面条,烘房由原来的 30 米增长至 45.5 米,由高温烘烤转为中温自动控温烘烤,面条质量稳定,水煮不碎,产量增加。从当年起,免计划、敞开供应面条。为综合利用糠油车间热能烘烤面条,节约能源,提高综合效益,1992 年,湘潭市面条厂并入湘潭市湖头岭米厂。1995 年,湘乡市面粉公司建成面条生产车间,年生产面条 1200 吨。1997 年,湘潭市帅牌面粉公司面条车间竣工投产,年生产帅牌面条 500 吨。1998 ~ 2000 年个体面条厂增多,外地品牌面条涌入,面条供大于求,面条销路不畅,境域粮食企业面条生产线陆续停产。2001 年,湖南裕华粉业公司被北京军神集团兼并,面条生产随之终止。

2004 年湘潭市区粮食企业进入改制,除湘潭市帅牌面粉公司面条车间继续生产面条外,其余公有专(兼)业面条生产企业(车间、作坊)实行产权置换,面条生产线也不复存在。城乡私营面条厂(坊)成为生产、供应面条市场的主体。

第四节 米粉加工

1983 年,湘乡人陈宽生、刘文光等 10 余人用一些炉灶等工具在境域城区用铝盘"荡"粉皮,切成条状出售,称"手工米粉",颇受欢迎,1985 年,境域城区有简单加工点 3 个,从业人员 20 余人,日产手工米粉 1 吨左右。

1986 年后,境域米粉加工坊店逐渐增多,到 1988 年,有加工坊、店 10 余家,日加工手工米粉 5 吨左右。此时,朱启根、赖日照、刘义端等人开始在境域城区河东、河西各建一个机制扁米粉加工厂(坊),每厂日产 5 吨左右,每斤机制加工扁米粉可盈利七、八分钱,几个机械加工米粉厂的老板几年间成"暴发户"。 1995 年,境域机械米粉厂(坊)13 户,从业人员 200 余人,年加工米粉 13000 余吨,工业总产值 1500 万元左右。

1996 年后,米粉已成为境域城区居民主要早餐食品之一,逐步引起政府部门的注意。1998 年,在市人民政府食品工业办指导下,成立市米粉食品行业协会,协会对米粉行业以保证质量,保护人民身体健康为目标,进行规范管理、协调,米粉加工厂(坊)卫生条件大为改善。2005 年,境域米粉加工企业(厂、坊)20 余户,从业人员 400 余人,年加工 15000 余吨,创工业总产值 3000 多万元。

第五节 粉丝加工

1986 年,由于市场被外地粉丝大量占领,原有境域粉丝加工业气息奄奄。是年有市大湖粉厂、湘乡市壶天红薯粉丝厂、湘乡粉丝酱油厂、市葩金粉丝厂、市霞城和平粉丝厂等 5 家企业,从业人员 70 多人,年生产能力 700 余吨,全年实际生产 300 吨,完成工业总产值 120 万元,利税 19 万元。

1988 年后,市大湖粉厂更名为湘潭市第一制粉厂,年加工量 100 吨左右。1990 年,湘乡粉丝酱油厂停产粉丝。1992 年,市大湖粉厂由于市场销售不畅,企业生产、经营艰难停办。市霞城和平粉丝厂接着停办。市葩金粉丝厂也由于市场问题于 2000 年后停办。

2005 年,境域只有湘乡市壶天红薯粉丝厂一家粉丝生产企业,有从业人员 18 人,年生产能力 250 吨,是年生产 180 吨,完成工业总产值 40 万元,实现利税 5 万元。此外,一家一户利用锅、瓢、筛等原始工具，以红薯为原料加工“南粉”情况，在境域农村红薯收获季节随处可见，其加工出来南粉除自家食用外，多余部分也在乡间集市上出卖。

第六节　油脂加工

1986年后，国营粮食部门收购油料（油菜籽、油茶籽）很少。糠油加工成为粮食部门油料加工的主业，有“碾米不榨油，银子往外流”之说。1986年，全市粮食系统总结推广湘潭县石潭米厂油米比达到1.22（加工100千克大米的油糠出油1.22千克）、湘潭市湖头岭米厂陈谷细糠炒前适当加水，油米比由0.7提高到1.02的经验，当年全市生产糠油1655吨，占省下计划103.45%。1987年推广湖头岭米厂榨油后的糠饼边沿重新粉碎、蒸炒、复榨的做法，提高油米比，全市大米加工油米比达1.03，比上年提高0.03。1988年湘潭县云湖桥炼油厂新建一条精炼糠油生产线投产，后因加工任务不足，炼油厂停产。1990年后，因境域油菜籽种植面积大幅度减少，油茶林经营粗放，油茶籽产量低，油料收购无源，植物油加工停止。同时，多数大米加工厂生产糠油的榨油机开始更新换代，由原来90型液压榨油机改为ZX—10型螺旋榨油机，降低工人劳动强度，改善工作环境，降低生产成本，提高出油率。湘潭县每年提高经济效益30万元以上，被评为湖南省粮食系统质量管理二等奖。1993年随着粮食“三放开”，大米加工量减少，糠油生产也随之减少，当年生产米糠油633吨，比1986年下降61.75%。20世纪90年代后期兴起民营粮食加工企业，利用细糠榨油，油米比一般在1.0左右。2004年，粮食企业全面改制，糠油生产停止，油脂油料加工、精炼设备资产置换。2005年，全市农村私营小型油坊240个，有榨油机308台，分布在湘乡市、湘潭县和韶山市农村，以代加工农户口油为主。

第九章　药品加工工业

第一节　医药

1986年，境域有湘潭市制药厂（国有）、湘潭市制药二厂（集体）、湘乡明胶厂（集体）等3家医药工业企业，从业人员294人，主要生产附桂风湿膏、胎盘组织液、人胎盘脂多糖注射液、医药（及食用）明胶等产品，是年生产量51.8吨，完成工业总产值1119万元，实现利税216万元。

1987年，湘潭市制药厂陆续研发系列纯中药制剂：治支气管炎的复方岩白菜素片（复方虎耳草素片）、温通经脉的中药保护品代温灸膏、补气健脾的参桂鹿茸丸；湘潭市制药二厂不断开发化学药品和中成药：注射用胸腺素、注射用转移因子、凝血酶冻干粉；湘乡明胶厂保持每年产医药（及食用）明胶40吨左右。到1990年，上述3家企业平稳发展。是年，境域医药企业有从业人员306人，生产量60.8吨，完成工业产值2048万元，实现利税382万元，从业人员、生产量、工业总产值、利税分别比1986年增长4.1%、17.4%、83%、76.9%。

1991 年后，市制药厂和市制药二厂保持原有的水平发展。另有市化工行业开始盲目发展医药工业，处于困境中的市染料化工厂、湖南农药厂相继成立湖南合成制药厂、湖南合成制药二厂，通过银行贷款、发行债券及内部股筹集资金上医药产品。1992 年，湖南合成制药厂通过银行贷款和发行债券筹资 3700 万元上常用消炎药氯霉素碱的主要原料：对硝基丙乙酮，以及 CPA 激素药。与此同时，湖南合成制药二厂通过内部股筹资 3000 多万元上主治记忆障碍和思维障碍的脑复康主要中间体 α—吡咯烷酮，以及治心力衰竭的特效药 1.6—二磷酸果糖三钠盐（FDP）。1993 年，市制药二厂新研发主治毒性角膜炎等病的聚肌胞注射液，年生产能力 1 万支。到 1995 年，湖南合成制药厂和湖南合成制药二厂上马的对硝基丙乙酮、CPA 激素药、α—吡咯烷酮、1.6—二磷酸果糖三钠盐（FDP）等医药产品，共计只生产试产品 24.3 吨，产品均因技术和质量不过关，生产成本价大大超过市场价，企业亏损严重而停产，投资本息损失 1 亿元以上。停产闲置的设备陆续被企业拆卖用于买职工养老保险和发放停产期间职工生活费。1995 年，境域医药工业企业 5 家，其中实际生产的只有市制药厂、市制药二厂、湘乡明胶厂 3 家，另有湖南合成制药厂、湖南合成制药二厂 2 家企业等待注销。当年境域医药工业有从业人员 310 人，生产量 71.5 吨，完成工业总产值 2530 万元，实现利税 410 万元，分别比 1990 年增长 1.3%、17.6%、23.5%、7.3%。

1996 年，境域医药工业呈快速发展趋势。是年，市制药厂新研发补气充血的中成药三胶冲剂（龟胶、驴胶、鹿胶冲剂），受市场青睐，企业药品生产量达到 64.3 吨，工业总产值达 3819 万元，分别比 1990 年翻一番多。1997 年，市制药二厂被深圳锦盈投资有限公司湘潭分公司承债式整体购并，保持原有企业名称继续生产原有医药产品，管理机制焕然一新。1998 年，市制药厂实行企业内部股份制改造，企业更名为湘潭市飞鸽药业有限公司，职工实行平均持股，此次改制虽然没有摆脱国有企业“吃大锅饭”的模式，但企业管理机制有明显改变，企业逐步迈上加速发展快车道。2000 年，韶山肠衣厂利用生产肠衣过程附产天然高效抗凝血药物肝素钠，当年生产 6000 千克，完成工业总产值 2000 万元，创利税 30 万元。是年，境域有 4 家医药企业。共有从业人员 406 人，生产医药 162.1 吨，完成工业总产值 11321 万元，实现利税 1247 万元，分别比 1995 年增长 31%、125.3%、347.5%、204.1%。

2001 年，市委、市政府出台文件鼓励民营资本进入包含医药工业在内的工业企业发展。是年初，湖南绅泰药业有限公司投入 500 多万元，建设盐酸特拉唑嗪、消炎平、跌打红药片、炎立消胶囊、通窍鼻炎片、血塞通片等西药片剂生产线，当年生产 90 多吨，完成工业总产值 1293 万元，创利税 235 万元。同年 6 月，湖南振华益阳药业有限公司落户湘潭县，投入 5500 万元，在易俗河征地 13.3 公顷创立湘潭振华制药厂，生产鱼腥草系列 30 多种药品。同年 11 月，湖南雅康制药有限公司投入 3200 万元在湘潭县易俗河购地 8 公顷创办湘潭雅康制药厂，生产治疗高血压、糖尿病等药品四十余种。是年，湘潭市制药二厂更名为湖南一格制药有限公司，投入 8000 万元整体搬迁至先锋工业园。2002 年，正在建设中的湘潭振华制药厂更名为湖南五洲通药业有限公司。2004 年，湘潭雅康制药厂更名为一笑堂（湖南）制药有限公司。湖南福寿堂制药有限公司更名为福寿堂制药有限公司，在岳塘区双马工业园落户。是年，湖南飞鸽药业有限公司整体搬迁至双马工业园，进行第二次改制，更名为湖南飞鸽药业有限公司。湘大比德化工技术有限公司建成化学成品药 200 吨五氯吡啶装置，湘潭韶峰明胶厂在竹埠港建成年产 400 吨医药（及食用）明胶生产线。2005 年，境域有医药、生产企业 12 家,其中医药企业有湖南飞鸽药业有限公司、湖南一格制药有限公司、湖南五洲通药业有限公司、湖南绅泰药业有限公司、福寿堂制药有限公司、湘大比德化工技术有限公司、韶山肠衣厂、湘乡明胶厂、湘潭韶峰明胶厂、一笑堂(湖南)药业有限公司等 9 家企业,生产甲亢灵片、三胶颗粒、参桂鹿茸丸、代温灸膏、复方岩白菜素片、血塞通分散片、聚肌胞注射液、克林霉素磷酸酯注射液、注射用泮托拉唑钠、肝水解肽、天麻素注射液、小牛血去蛋白提取物注射液、阿昔洛韦乳膏、血塞通片、肝素钠、五氯吡啶、明胶等 100 多种医药卫生药品;是年,境域医药工业从业人员 924 人,生产量 1136.5 吨,完成工业总产值 33494 万元,创利税 3005 万元,分别比 2000 年增长 127.6%、601.1%、195.9%、141%。

第二节　兽药

一、动物药业

1991 年,市域韶山市属集体企业兽药厂有粉针、水针、中草药、压片和新上马的“杀螨灵”生产线 5 个车间,生产水剂、粉剂、片剂 3 类 30 多个常用兽药,其新药“杀螨灵”为湘潭市科委第二批科技开发项目。是年,该厂职工 125 人,创产值 205 万元,销售 220 万元,税利 16.5 万元。1993 年,固定资产 295 万元,从业 270 人,完成产值 486 万元,税利 51 万元。

1996 年,韶山市高级兽医师文士元创办世源兽药厂,主产“世源牌”动物药品。生产牲畜用药品肠炎净、呼美舒、林芝草、痢魁等产品 9000 余件,完成工业总产值 180 万元,创利税 15 万元。2002 年,韶山如意添加剂厂转体为民营企业,更名为如意兽药股份有限公司,生产兽药和饲料添加剂。2003 年,韶山动物药业有限公司(即原韶山市兽药厂)由北京大北农集团收购,更名为韶山大北农动物药业有限公司,生产“北农”牌畜用、禽用、鱼用药品 50 余种。当年生产 7 个月,实现产值和销售收入 1300 多万元。生产卫康消毒剂、德利片、新宝康口服液、黄氏多糖、农喜福、泰诺康、溴灭海因、痢魁、林芝草、肠炎净、咳喘威、呼美舒、流感止咳散、长效土霉素、瘟毒康、败毒康、奶之源、乳炎康、宫速孕等 100 多种兽药产品。2005 年,韶山大北农动物药业有限公司、世源兽药厂、如意兽药股份有限公司 3 家企业共有职工 180 人,创产值 7000 多万元。

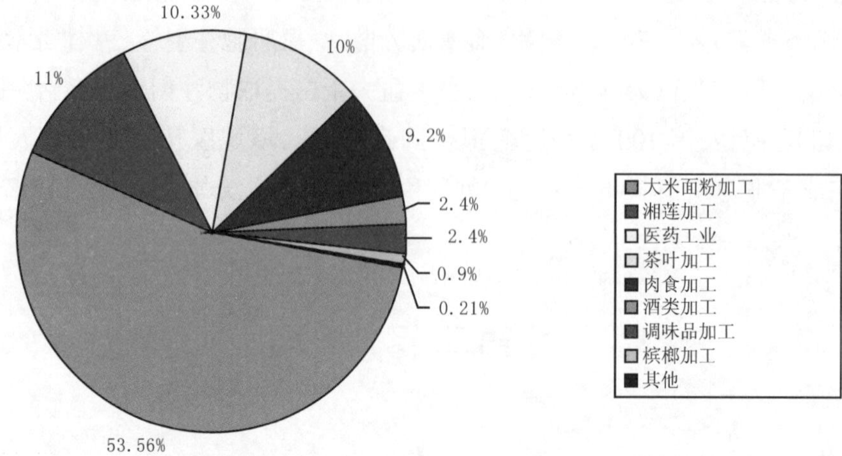

图 26-1 1986 年湘潭市食品医药工业比例图

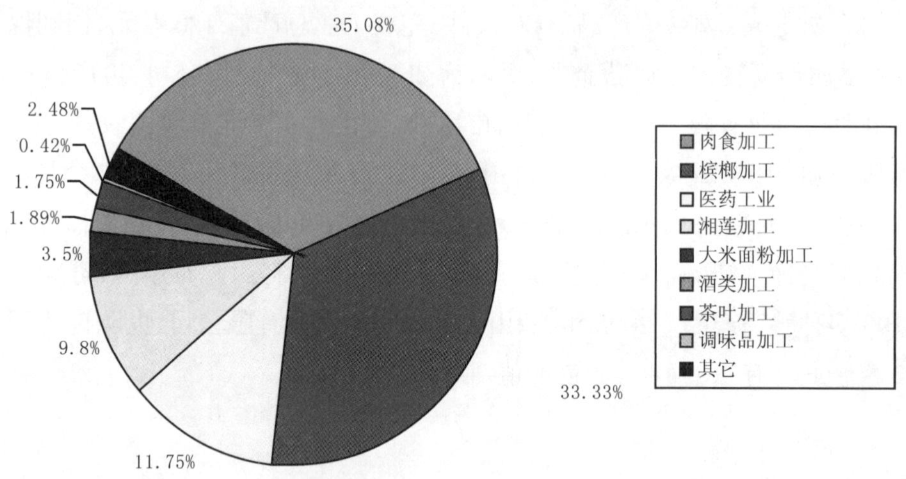

图 26-2 2005 年湘潭市食品医药工业比例图

2005 年湘潭市重点食品医药工业企业基本情况

表 26-1 单位:人、万元

企业名称	从业人员	生产能力	主要产品	实际产量	工业总产值	上缴税金
湖南燕京啤酒有限公司	1020	15 万吨	啤酒	5.2 万吨	12041	2094
湘乡市张江冻库	128	3000 吨	猪肉	3000 吨	6228.2	22
伟鸿食品有限公司	380	30000 吨	鲜、冷冻猪肉	24000 吨	31050	258
湖南小龙王槟榔食品有限公司	252	20000 吨	槟榔	1700 吨	22787	40
湖南胖哥槟榔食品有限公司	2800	20000 吨	槟榔	1600 吨	20500	120
湖南宏兴隆湘莲食品有限公司	800	100000 吨	莲蓉、月饼	24000 吨	10850	52
韶山港越食品有限公司	55	10000 吨	分割猪肉、中猪	4600 吨	11449.6	200
韶山三旺实业有限公司	50	10000 吨	分割猪肉	4550 吨	11000	150
韶山长久食品有限公司	30	7000 吨	分割猪肉	3000 吨	5333	80
湖南乡里美食责任有限公司	400	5000 吨	系列腊肉制品、酱肉制品	2100 吨	2394	17
聚宝金昊米业有限公司	90	200000 吨	大米加工	10000 吨	8326	–
湘潭金锣肉食制品有限公司	180	20000 吨	火腿肠	8000 吨	9388	50
湘潭一笑堂制药有限公司	55	补肾益寿胶囊 0.5 亿	中成药	20000 盒	2600	45
湖南五洲通药业有限公司	108	80000 盒	中西药	40000 盒	3960	82
湖南绅泰春药业有限公司	85	50000 盒	医药制品	10000 盒	1434	39
湖南一格制药公司	75	80000 盒	冻干粉针剂、生物制品等	38000 盒	3439	122
韶山大北农动物药业有限公司	85	500000 件	卫康、泰诺康	143754 件	4380	455
韶山市世源兽药厂	80	500000 件	肠炎净、瘟毒康	61255 件	2564.6	62

第二十七篇　煤炭工业

概　述

1985 年，境域有煤矿 63 家，其中国有煤矿 3 家（即：谭家山煤矿、王家山煤矿、湘潭县长岭煤矿），乡镇小煤矿 60 家，从业人员 2000 余人。这些煤矿大部分分布在湘潭县谭家山、杨嘉桥，韶山市银田，雨湖区楠竹山地区。是年产原煤 60.46 万吨，完成工业总产值 3289 万元，盈利 20 万元。

1986 年，市委、市政府贯彻《中华人民共和国矿产资源法》（以下简称《矿产资源法》）精神，加强煤炭生产安全监管，抓住煤炭生产中的质量、消耗、安全三个环节，完善煤矿内部经济责任制。谭家山煤矿等国有煤矿实行职工工资与煤矿设备完好率和各种能源材料消耗及安全等指标捆绑挂钩的办法，取得一定成效。全市全年完成井巷开拓进尺 1116 米，生产原煤 64.59 万吨，完成工业总产值 3513.7 万元。原煤产量和工业总产值均比上年增长 6.8%。1987 年，国有煤矿实行承包经营责任制，将计划指标层层分解，采用“定、包、保”（定经济指标、包经营责任、保安全生产）形式进行联产计酬和联利计酬。同时，乡镇煤矿无序发展，谭家山、杨嘉桥、楠竹山等地区一年内增加小煤矿 100 多家。市煤炭监管部门加大清理整顿力度，全年关闭 17 家无证开采的小煤矿，将 18 家持证小煤矿整合为 8 家。

1988 年，全市治理整顿煤炭生产秩序，在所有煤矿开展质量标准化工作，特别狠抓采掘工作面机电、运输、通风工程质量达标，促进技术进步。当年王家山煤矿列家桥井单列成立湘潭市列家桥煤矿。该矿在掘进中全面推广光面爆破和喷射混凝土支护新工艺。同年小煤矿继续无序发展，边整治关闭，边偷偷开采，全年境域小煤矿达到 216 家，比 1985 年 60 家净增 156 家。1989 年，根据小煤矿多，安全生产问题严峻情况，全市先后五次开展煤矿安全大检查，查出煤矿安全隐患 554 处，及时得到整改 486 处，整改率为 87.7%。1990 年，市委、市政府对煤炭行业提出：“安全第一，预防为主，行政负责，齐抓共管，突出重点，狠抓整顿”的工作思路，重点监督查处煤炭生产中违章作业、违章指挥、违反劳动纪律“三违”现象。同时打破“大锅饭”，从管理挖效益。当年全市煤炭生产从业人员达 7000 余人，开拓进尺 2176 米，生产原煤 68.58 万吨，完成工业总产值 3730.7 万元，分别比 1986 年增长 250%、94.98 %、6.17%和 6.18%，亏损 200 万元。

1991 年，市政府组织煤矿企业参加湖南省煤炭厅开展的“湖南省煤炭系统‘乌金杯’劳动竞赛”，国有煤矿和部分乡镇小煤矿广泛开展小指标赛、对口赛、对手赛、专项指标赛等各类竞赛活动。同时继续完善经济承包责任制，把煤炭安全生产注入各项经济承包指标中。继续整治小煤矿，年内关掉小煤矿 8 家。同年 3 月 7 日，列家桥煤矿发生 −150 米水平放炮引发煤尘、瓦斯爆炸，致 35 人死亡的特大安全事故。1992 年，市委、市政府贯彻《中华人民共和国矿山安全法》和国家能源部相应颁发的《煤矿安全规程》，在全市煤炭行业开展以确保煤炭安全生产为中心，推进标准化、推进技术进步、推进企业内部管理的"三推"活动，并对整顿通风、防火、防瓦斯、防煤尘的"一通三防"进行督查。1993年，全国煤炭价格放开，煤炭生产经营走向市场化，一些人为追逐利润不顾国家禁令继续上马小煤矿。为制止小煤矿继续无序发展，全市进一步加大整顿小煤矿力度，对持证或不持证，且安全隐患大或超深越界121家小煤矿实施关闭。1994年，全市首次在市、县(区)煤炭生产监管部门和煤矿科以上干部中实行安全生产保证金制度，按层次交纳保证金，强化安全监管责任。同时根据境域一些矿区资源逐渐枯竭现状，开始注重采掘接替，产转结合。当年，被关闭小煤矿又有22家悄然恢复开采。1995年，市煤炭监管部门出台《煤炭生产奖罚办法》，在市、县(区)煤炭生产监管部门和煤矿科以上干部中继续实施安全生产保证金制度，并开展"百日安全竞赛活动"，组织"一通二防"大会战。在"一通三防"会战中，国有煤矿敷设防尘注浆管路1300多米，打栅栏280多个，打密闭150多处，火区注浆1000多立方米。同年全市煤炭生产从业人员为6000余人，开拓进尺1557米，生产原煤65.51万吨，完成工业总产值12809.55万元，分别比1990年减少14.5%、下降28.44%、4.49%以及增长243.35%。全行业亏损255.4万元。

1996年，国务院相继颁发《中华人民共和国矿山安全法》和《中华人民共和国煤炭法》。市委、市政府举办《中华人民共和国矿山安全法》《中华人民共和国煤炭法》和《中华人民共和国矿山资源法》等电视知识大奖赛。在县、乡、矿区组织巡回宣讲。当年，发生安全事故38起，死亡68人，其中云湖桥盛家山煤矿特大瓦斯爆炸事故死15人，谭家山镇棠霞煤矿特大穿水事故死15人。全市煤炭生产监管部门采取强力措施关闭非法小煤矿9个。1997年，市政府成立"全市煤炭生产秩序整顿领导小组"，工作班子以市煤炭局为主体，全年组织安全大检查8次，关闭超深越界，无证开采，安全隐患严重的小煤矿20多家。1998年，全市继续开展煤炭生产秩序清理整顿，关闭非法开采小煤矿12个，境域煤炭非法开采、乱采滥挖现象得到有效遏制。1999年，全市贯彻国家"关井压产"的宏观政策，继续强化对煤矿生产安全的监管，严格依法治矿，全年又关闭非法小煤矿38个，压减煤炭生产量16万余吨。2000年，全市关闭非法小煤矿3个，国有王家山煤矿由于资源枯竭于年内关闭。继续生产小煤矿其生产安全条件大为改善。是年全市煤炭生产从业人员5500余人，开拓进尺1100米，生产原煤58.73万吨，完成工业总产值9514.3万元，分别比1995年减少8.3%，下降29.35%、10.34%、25.72%，全行业亏损369万元。

2001年，市煤炭局与各县、市(区)煤炭生产监管部门一道对境域煤矿生产许可证进行全面初审，加强煤矿管理。2002年，市政府机关实行机构改革，市煤炭工业局改为市煤炭工业行业管理办公室(以下简称市煤炭行办)，履行政府授权的行业管理职能。在全市开展以强化煤矿安全为重点的专项整治，境域各煤矿共投入安全专项整治资金1800多万元，通过专项整治，多数煤矿的装备水平和安全生产条件进一步改善，当年发生安全事故和死亡人数均比上年下降33%。是年关闭不符合要求的小煤矿12个。2003年，全市继续进行以深化煤矿安全为主线的专项整治，重点强化煤矿生产现场管理。市煤炭行办先后对各大小煤矿检查督查达37次，查出事故隐患700多处，整改率91%以上，煤炭生产安全状况进一步好转。同年，谭家山煤矿改制为湖南湘潭矿业有限公司。2004年，全市煤炭生产监管坚持装备、管理、培训三并重，强化安全责任。市煤炭行办与各县市(区)及直属煤矿责任人层层签订煤炭生产安全责任书，组织大检查46次，查出隐患700余处，关闭不合格小煤矿3个。2005年，国务院颁发《关于预防煤矿生产安全事故的特别规定》446号令。市人民政府根据国务院446号令关于煤炭生产安全实行“国家监察、地方监管”的原则，下发《关于建立和完善全市煤矿安全监管体制的通知》，明确市煤炭行办有对境域煤矿行使监管和执法的职能。市煤炭行办认真履行市政府赋予的职责，积极开展“五整顿”（即五项停产整顿：1.逾期没有提出办理煤矿安全生产许可证申请、煤矿安全监管监察机构已责令停产整顿矿井；2.已提出申请、但经审查认定不具备安全生产条件、责令限期整顿矿井；3.证照不全矿井；4.超能力生产矿井；5.没有按规定建立瓦斯监测和瓦斯抽放系统、没有采取防突措施、没有经过安全生产“三同时”竣工验收而投产的基建和改扩建矿井）、“四关闭”（即四项关闭：1.无证非法开采矿井；2.以往关闭之后又擅自恢复生产矿井；3 经整顿仍然达不到安全标准、不能取得安全生产许可证矿井；4.无视政府安全监管，拒不进行整顿或停而不整、明停暗开的矿井）专项整治。湘潭县对6家以开片石场为幌子非法小煤矿实行炸毁，对18家不符合生产安全要求的小煤矿实行停产整顿。当年，湖南湘潭矿业有限公司（原谭家山煤矿）改制为湖南湘潭矿业集团有限公司。该矿在掘采现有矿区资源同时，在贵州毕节地区注资成立“黔西正湘煤业有限公司”，兴建两对年产60万吨原煤矿井。同年，湘潭县长岭煤矿承债式下放至谭家山镇管理，但其国有性质仍然不变。到2005年底，境域有煤矿23家，其中国有煤矿3家（即：由谭家山煤矿改制的湖南湘潭矿业集团有限公司、列家桥煤矿和长岭煤矿），乡镇煤矿20家，从业人员5000余人。全年开拓进尺1500米，生产原煤76.19万吨，完成工业总产值29790.29万元，分别比2000年减少9%，增长36.36%、29.72%、213.11%，全行业亏损19.7万元。

到2005年，境域煤炭远景储量约6000万吨，比1985年减少约1500万吨，资源逐渐减少，部分矿区基本枯竭。

第一章　煤炭生产

第一节　煤矿建设

1985年，境域有谭家山煤矿等63家，设计年生产能力60万吨。国有煤矿有谭家山煤矿、王家山煤矿、长岭煤矿3家，设计年生产能力39万吨。其他60家均属乡镇小煤矿，设计年生产能力21万吨。在全部63家煤矿中，谭家山煤矿设计年生产能力28万吨，占全市煤矿设计年生产能力的46.7%。

1986年，国有煤矿基本未开新井，主要在原有井硐中不断向纵深延伸。小煤矿开始进入新一轮无序发展。同年元月，王家山煤矿杨嘉桥井从设计年生产能力3万吨扩大到6万吨，井巷从-100米水平延伸至-180米水平。同时，该矿被淹的列家桥井重新建设，将被淹原主井作副井，在原主井西北方向重开主井，设计年生产能力6万吨。同年，谭家山煤矿青山岭井硐从-160米水平向-260米水平延伸工程、土地庙井从-100米水平向-250米水平延伸工程、老山坡井（原跃进煤矿）年生产能力15万吨扩建工程等均在建设中。同年，长岭煤矿在101地标孔附近开始建集通风、排水、提升为一体、年设计年生产能力从原3万吨扩大到6万吨全能立井。1987年，长岭煤矿设计年生产能力6万吨全能立井投产。同时，境域小煤矿在谭家山、杨嘉桥、楠竹山等产煤区遍地开花，当年新开小煤矿有 110 多家，大多采取独眼井掠夺式掘采，吞食国有煤矿资源，生产条件简陋，生产隐患多，死亡事故不断。1988 年，谭家山煤矿青岭井 -160 米至 -260 米水平延伸工程完工，设计年生产能力从 10 万吨增至 15 万吨，完成投资 752.9 万元。同年，王家山煤矿列家桥井从王家山煤矿分立出来成立具有独立法人资格列家桥煤矿，并进行扩产。1989 年，谭家山煤矿土地庙煤井 -100 米至 -250 米水平延伸项目完工，完成投资 58 万余元。该矿老山坡煤井 -120 米至 -250 米水平延伸项目正在进行。当年，列家桥煤矿扩产改造项目完工，设计年生产能力 7 万吨，完成投资 1310 万元。1990 年，谭家山煤矿土地庙煤井—250 米至 -300 米水平延伸项目开工。至 1990 年底，全市共有煤矿 220 家，设计年生产能力约 110 万吨，比 1985 年增长 83.3%。其中国有煤矿 4 家，设计年生产能力 70 万吨，乡镇小煤矿 216 家，生产能力约 40 万吨。

1991 年，国有煤矿继续向纵深开拓，乡镇小煤矿通过整顿逐年减少。谭家山煤矿佐塘主煤井 -50 米至 -100 米水平、副煤井直接延伸至 -100 米水平，列家桥煤矿 -150 米至 -250 米水平延伸。1992 年，列家桥煤矿 -150 米至 -250 米水平延伸项目完工，从 -250 米至 -280 米水平延伸项目开工。1993 年，谭家山煤矿青山岭煤井 -260 米至 -400 米水平延伸项目开工。同时，该矿土地庙煤井 -250 米至 -300 米水平延伸项目完工。当年，列家桥煤矿 -250 米至 -280 米水平延伸项目完工，从 -280 米至 -290 米水平延伸项目开工。同年，市、县（区）政府对小煤矿的整治力度加大，关闭小煤矿 121 多家，但是一边关闭，一边又在悄悄掘采。当年 8 月，楠竹山镇罗金塘村集体投资 2630 万元建设村办年产 3 万吨生产能力的楠竹山煤矿。1994 年，谭家山煤矿老山坡煤井 -100 米至 250 米水平延伸项目完工，该矿土地庙煤井向 -250 米水平延伸时遇复杂地质条件大量涌水，经省煤炭厅批准该煤井报废并进行残采。到 1995 年，境域有大小煤矿 120 家，设计年生产能力 90 万吨，分别比 1990 年减少 44.4%和 18.2%。

1996 年，谭家山煤矿佐塘井 -100 米至 -225 米水平延伸项目和老山坡井 -250 米至 -400 米水平延伸项目开工，该矿青山岭井 -260 米至 -400 米水平延伸项目完工。当年，全市展开新一轮小煤矿整治，关闭非法和安全不达标小煤矿 90 多家。1997 年，列家桥煤矿在 -150 米东大巷东水仓至 -200 米水平延伸项目完工，接着从 -200 米至 -250 米水平延伸项目开工。同年，王家山煤矿被淹多年王家山井排干积水恢复生产。1998 年，谭家山煤矿青岭井 -400 米至 -500 米水平延伸项目和老山坡井 -250 米至 -400 米水平延伸项目开工。1999 年，谭家山煤矿佐塘井 -100 米至 -225 米水平延伸项目完工，至此，该井历经 8 年完成三次深度延伸，完成投资 1159.9 万元，年生产能力达到 9 万吨，同时，该井 -225 米至 -450 米水平延伸项目开工。同年 8 月，列家桥煤矿扩产配套的北翼风井工程 -150 米水平中心石门动工开掘。当年，贯彻国务院《关闭非法开采和布局不合理煤矿，压减煤炭产量的通知》，境域又有 38 家小煤矿被关停，同年，王家山煤矿因资源枯竭关闭，至 2000 年，全市有大小煤矿 38 家，设计年生产能力 80 万吨，分别比 1995 年减少 68.3%和 11%。

2001 年，列家桥煤矿扩产配套的北翼地面风井工程动工开掘。谭家山煤矿青山岭井 -400 米至 -500 米水平延伸项目和佐塘井 -225 米至 -450 米水平延伸项目，以及老山坡井 -250 米至 -400 米水平延伸项目完工，同时，该矿青山岭井 -500 米至 -600 米水平延伸项目开工。2002 年，列家桥煤矿北翼风井工程完工，至此，该矿由原南翼生产变为南北两翼生产，年生产能力增加 15%左右。同年，全市继续开展非法小煤矿整治，又有 12 家小煤矿被关闭。2003 年，谭家山煤矿青山岭井 -500

米至 -600 米水平延伸项目完工，至此，该井历经 6 次延伸，完成投资 5704.9 万元，年生产能力增加 50%。2004 年，谭家山煤矿老山坡井 -400 米至 -500 米水平延伸项目和土地庙井由 -250 米回采残煤至 -175 米水平项目开工。当年，境域有 3 家小煤矿被关停。2005 年，谭家山煤矿 -400 米至 -500 米水平延伸项目完工，该矿土地庙井 -10 至 -100 米井硐大巷改造项目和佐塘井 -450 米至 -550 米水平延伸项目开工。同年，谭家山煤矿更名为湖南湘潭矿业集团有限公司，长岭煤矿承债式下放到谭家山镇管理。至 2005 年底，境域有煤矿 23 家，设计年生产能力 70 万吨，分别比 2000 年减少 39.5%和 12.5%。有国有煤矿谭家山煤矿（湖南湘潭矿业集团有限公司）、列家桥煤矿和长岭煤矿 3 家，乡镇煤矿 20 家。

第二节　开采

一、掘进

20 世纪 80 年代前期，境域煤矿矿井掘进主要沿袭 60、70 年代掘进方法：用双斜井开拓，一个井用于采煤运输和提升，一个井用于通风和行人。也有少数采用立井，一主一副，主井用于出煤排水、上下人，副井用于通风。同时一些个体私营小煤矿采用危险隐患大的独眼井。

1986 年后，国有煤矿未开新井，地在原已成形老矿井主井中水平延伸掘进，一般分 3 ~ 4 个水平，第一水平一般在 -80 ~ -150 米；第二水平一般在 -150 ~ -200 米；第三水平一般在 -300 ~ -400 米；第四水平一般在 -500 米左右，境域最深水平延伸是谭家山煤矿的青山岭井第四水平达到 -600 米水平。延伸掘进一般均是掘进至某一水平后掘运输大巷，大巷中又掘若干小巷至工作面，小巷中再掘天眼若干，该水平采空后再从主井掘进下一水平，再下一水平，有的矿井亦有多个水平同时开采。当时小煤矿无序发展，多数采用独眼井掘进采煤。2000 年后，非法小煤矿特别是独眼井被强制炸毁关闭。到 2005 年，境域采用独眼井掘进小煤矿已不存在，仍然在开采的煤矿主要是采用双斜或全能立井掘进，主井和副井都通过总回风巷贯通，部分矿井根据煤层分布延伸到第五、第六水平掘进。

（一）巷道布置

1986 年后，境域煤矿矿井巷道布置主要根据矿山地质特点和煤层分布设置。规模较大煤矿一般将巷道置于底板岩石中，如谭家山煤矿破茅口灰岩设置巷道，将水平车场、集中运输巷、主要机电硐室、水仓、总回风巷、通风上山等关键性巷道设置在地层底板的茅口灰岩中，比较坚固，又在集中运输大巷中每隔 100 米设采区石门与煤层连通，有的在两个石门之间掘一个腰石门，回采巷道都设置在各个煤层，上下联通，形成通风系统后进行回采。其他小煤矿巷道布置一般都设在煤层或底板岩层中。杨家桥地区的煤矿巷道布置一般设在首兴灰岩和砂岩结构中；楠竹山地区的煤矿一般设在大灰页岩和砂岩结构中。这种视地质结构和煤层分布设置巷道的方法到 2005 年仍然沿袭。

（二）掘进工艺

1986 年后，境域煤矿掘进工艺有多种，条件差规模小小煤矿仍沿用手工掘进。国有煤矿和有一定规模的小煤矿则用电煤钻打眼放炮工艺，有的运输大巷采用气腿式风钻湿式凿岩，而煤巷采用风镐和电煤钻打眼，用液压式耙式装岩机出岩。其工艺流程为：打眼—装药—放炮—通风—洒水—装岩—支护—运输。1990年,境域国有煤矿及有一定规模小煤矿在掘进中均采用比较先进VTP-26型自动式气腿湿式打眼风钻和Y-26型高频风钻。在煤巷和半煤巷掘进中,普遍采用风钻、风镐、电煤钻等进行作业。1991年列家桥煤矿发生煤尘爆炸事故后,境域煤巷和半煤巷一律采用风镐作业,加以手工辅助,如遇特别坚硬岩石层则采用在局部放震动炮的工艺方法进行掘进。到2005年,此种掘进工艺仍在延续。

(三)爆破

1986年后,境域煤矿井下掘进基本上是使用甘油、梯恩梯炸药和纸质雷管进行爆破,少数小煤矿甚至采用明火明电放炮。无论是使用甘油、梯恩梯炸药和纸质雷管爆破还是明火明电爆破,均存在安全隐患及危险性。

1992年,国务院颁布的《煤矿安全规程》规定:“严禁煤巷掘进中使用冻结的或半冻结的硝化甘油类炸药”“必须使用取得产品许可证的煤矿许用炸药和煤矿许用电雷管”。此后,境域煤矿执行《煤矿安全规程》,根据矿井瓦斯等级使用2#抗水岩石铵梯炸药和2#煤矿许用铵梯炸药和铜质外壳瞬发或毫秒雷管以及用80-100发大功率放炮器爆破,对放炮线的铺设距离、装药数量严格按《煤矿安全规程》。放炮员持培训上岗证上岗,炮眼的布置,岩巷一般采用周边眼、掏槽眼、辅助眼等形式,炮眼的个数视断面大小而定,煤巷视煤层地质情况确定炮眼数量。到2005年,仍然延续此种爆破方法。

(四)装岩

1986年,境域煤矿仍然采用手工装岩,即用耙子扒,篼箕提,劳动强度大,工效低。1987年,王家山煤矿列家桥井在水仓掘进中使用钢丝绳扒岩机装岩,但此扒岩机操作不灵活,有局限性,在完成水仓施工后就停止了使用。1990年后,谭家山煤矿逐渐使用液压式耙式装岩机装岩,实现装备机械化。到2005年,除谭家山煤矿外,其余煤矿仍然是使用耙子、篼箕等简易工具手工装岩。

二、采煤

(一)巷道布置及采煤方法

1986年后,境域煤矿巷道布置及采煤方法大同小异,一般都是从石门揭煤后沿煤层地板推进,如遇缓倾煤层,在一定的地方沿地板开上山,上山一般采用2~3个一组同时进行,上山在掘进到一定长度(一般10-15米)时开设一道平巷,平巷横向贯穿一组上山后继续推进。每组上山具体分行人上山、溜煤上山。行人上山供作业人员上下和材料运送。为避免上山煤块、材料等坠落伤人,因此在一道平巷再向上一道平巷掘进时,其上山向左或向右偏离1~2米距离,与下一道上山位置错开,如此类推,一直到上一水平掘进石门为止,溜煤上山则为直道。如遇急倾斜煤层就从底板开天眼,根据煤层走向决定回采工作面划分,回采从最上平巷开始,首先从外向里推进,然后从里向外,后退式回采。当然,因生产条件差异和煤层走向差异,煤矿与煤矿,某一地区与另一地区巷道布置和采煤方法也略有不同,规模小的小煤矿采取巷道式采煤法,直接沿煤层露头而采,以掘代采,采掘不分,用陷落法管理顶板,沿煤层倾斜或微倾斜开上山,再沿走向开平巷,在平巷上帮放顶,至无法再放时打木垛,另辟新区。1990年后采用此类采煤方法的煤矿逐渐被关闭。规模较大煤矿多采用水平分层布置巷道和倒台阶采煤法。谭家山煤田区域谭家山煤矿规模较大,形成自己巷道布置和采煤方法生产体系,采区巷道都是按正规设计,布置运输大巷和回风大巷,然后每隔100米左右开一运输石门,并在巷道内设采区车场，当运输大巷穿透所有煤层后，依序对天眼贯穿两道水平（即生产水平和回风水平），以构成采区通风系统，从回风水平起往下每隔15米左右划分一个小阶段，每个阶段掘回风顺槽和运输顺槽各一条，并掘天眼贯穿上下顺槽成工作面，工作面内再沿煤层走向每隔5米左右掘一天眼穿透上下顺槽，以及根据巷道和煤层特点配合使用短壁式采煤法或倒台阶采煤法。到2005年，上述巷道布置及采煤方法仍在继续。

（二）煤的装运

1986年，境域大煤矿采煤煤巷装运以手工为主，特别众多小煤矿一般都是采用耙、铲、篼箕、拖箕等简易工具装运，也有的斜井用0.75吨非标人力矿车装运出井。1990年后，曾普遍使用没安全保障"吊箩子"装运。1995年后，谭家山煤矿基本实现机械化装运，使用电溜子将煤运至溜煤天眼，然后至运输石门放斗装车，运输大巷使用电机车运至提升井底。2000年后，各级政府煤炭监管部门强制改造煤装运设备，到2005年，大多数小煤矿使用刮板机送煤至溜煤天眼，在石门溜煤入人力矿车，推至运输大巷后由电机车装运至主井车场。

（三）回拉放顶

1986年后，境域煤矿主采煤层基本告别"千不拉"或"锤打斧敲"的回拉放顶历史，而采用"回柱绞车"回拉放顶，利用绞车钢绳钩住截顶线以内支柱往外拖，使顶板在失去支撑情况下自然垮落。当然也存在打眼放炮，强制放顶办法。在薄煤层回采时由于巷道窄小，不利于机械操作，就由人工从内向外拆卸支架，让顶板自然冒落，如果是壁式工作面，就采取采四回三，或者采五回三办法回柱放顶。到2005年，此种回拉放顶作业方法仍在延续。

三、支护

（一）井巷支护

1986年后，境域煤矿的井巷支护视客观地质条件而定。谭家山区域的煤矿一般选择茅口灰岩，杨嘉桥、云湖桥地区的煤矿一般选择长兴灰岩和砂岩等结构层开掘巷道。此类岩石结构坚硬，采取"裸巷"，加锚杆喷浆支护。当巷道过溶洞或破碎带时，采用木料或金属和水泥预制件支架支护。矿井主要巷道，采取选择永久性支护材料，如料石、红砖、水泥灰砂砌碹支护，碹断面是三心半圆状，俗称"三心拱""半圆拱"。巷道如遇底板特别不好地段，则采取砌反拱形式压住"鼓底"，保护巷道。有时，根据巷道情况采用金属无腿棚支护。对于井下水仓、泵房、车场，有用风钻打孔，用圆钢插入孔中，里端切开加铁楔让其膨胀与钻孔紧合，外端用钢板加螺帽，让里外岩梆紧扣的支护办法。1990年后，也有采用钢丝绳注浆代替圆钢锚杆支护的。1997年，列家桥煤矿在建设跨度大中央泵房和中央变电站施工中则采用钢筋混凝土特别支护以及采用废旧钢丝代替圆钢进行锚喷支护。到2005年，境域煤矿井巷支护，仍沿袭以上办法。

（二）采煤工作面支护

1986年后，境域煤矿采煤工作面支护一般采用木材支护，用木材做支护架一般上宽下窄呈梯形状，支架间距一般0.5～0.7米，支护架"担山""柱子""地脚"之间采用对榫形式固定，支护架与支护架之间棚顶附以撑杆加固，支护架之间空隙采用杂木条和竹枝子进行背棚背帮，同时用榴树形式把支架连成一体，增加抗压能力。如果是壁式采煤工作面则采用一梁三柱的杠子式支护。谭家山煤矿曾用木条捆扎成把,代钢架平板倾斜柔性掩护支架方法,到 2005 年,此方法仍在煤巷中沿用。

四、通风

1986 年后,境域煤矿井下通风状况喜忧参半,有一定规模煤矿矿井均为机械负压通风,在矿井主回风井砌回风道,安装主通风机,风流从立井进入井巷,流经井下各需风点,从回风井抽出,井下空气畅通。而许多土法上马小煤矿多以自然通风为主,容易发生窒息、瓦斯、煤尘爆炸事故。1990 年后,市县政府煤炭监管部门加强监管,一批小煤矿开始安装离心式抽风机作为主扇通风,但仍有少数小煤矿还是自然通风。2000 年后,为解决事故多发局面,煤炭监管部门强制取缔这类小煤矿或强制安装通风设备。2003 年,列家桥煤矿井下通风形式由原来中央并列式改为中央分区式,通风效果更好。到 2005 年,境域所有大小煤矿都安置井下通风设备,井巷空气畅通。

五、排水

1986 年,境域所有煤矿都采用电泵排水,各煤矿都建有水仓和排水泵房,其水仓的设计都是根据矿井最大涌水量设计建设,其安装水泵功率是矿井最大涌水量时所需功率。主水仓入口处建有沉淀池,带泥沙水流经过时落在池里面,有利水泵排水畅通。1990 年后,境域小煤矿基本采用国有煤矿矿井排水工艺流程,安装水泵两台以上,多数煤矿备有柴油发电机,以备停电时用。1995 年后,井下排水均逐渐改为防爆水泵,以防瓦斯爆炸。一些煤矿矿井逐步形成二级或者三级及三级以上排水系统。2005 年,列家桥煤矿形成三级排水,谭家山煤矿形成四级排水。各矿矿井中央泵房还备有一定数量备用泵,装有两路以上大口径排水管通往地面,以保证最大涌水量时排水畅通。

六、矿井供电、照明和通讯

(一)矿井供电

1986 年以后,境域年产 3 万吨规模以上煤矿均建有双路专用架空高压线至矿井,各煤矿建有自己的变电所,用双回路钢铠高压电缆延向井下供电,矿井井下建有中央变电所,变压以后向各工作面供电。随着矿井的水平延伸,在井下各水平工作面建有采区变电站。1990 年后,市县煤矿监管部门严禁各煤矿井下使用明刀明闸电器,强制使用防爆电器。到 2005 年,境域煤矿井下供电全部采用防爆电器设备。

(二)井下照明

1986 年,境域煤矿井下巷道照明一般使用 220 伏防爆灯泡,采用明电照明,采掘工作面大多使用防爆矿灯。但也有一些煤矿没有使用防爆灯泡和防爆矿灯,事故常有发生。1990 年后,市煤炭局强化安全责任,严禁非防爆矿灯和灯泡入井。1993 年,全市开展煤矿安全联合大检查,查明仍有 10 多家煤矿还在使用明电和不防爆矿灯。2000 年后,经过新一轮强制性整改,境域矿井逐步使用防爆矿灯和防爆照明。到 2005 年,境域煤矿全部使用防爆矿灯和防爆照明。

(三)井下通讯

1986 年后,境域规模以上煤矿开始使用手摇式防爆电话,这种电话机一方与另一方联系时需要摇动摇把,通过总机值班员接线与对方联系。但众多的小煤矿大都是利用运行中的矿车或“吊箩子”用粉笔把需要传递信息写在上面进行通讯。1990年后,小煤矿也普遍使用手摇式防爆电话进行井下通讯。谭家山等大中型煤矿开始使用较为先进程控电话。2000年后,境域多数煤矿使用程控电话,井下各硐室、机房、作业工作面随时可以与井上各职能部门直接联系,能及时、快捷、方便传递井下信息。到2005年,所有大小煤矿全部使用程控电话。

第三节　提升运输

一、井下运输

1986年后，境域中型以上煤矿井下运输一般在煤巷使用刮板运输机，在大巷装运使用1吨或0.8吨矿车,用架线电机车牵引或人力推动。小煤矿运输条件比中型以上煤矿简陋,井下运输均由人工完成,用竹制拖箕装煤,矿工肩挂脱索,在工作面四肢着地爬行前进,在斜巷,矿工手攀地梁子或梯子,背扛拖箕上下进退,到大巷,采用0.75吨非标矿车人力推车而行。1990年后,架线电机车和无绳牵引矿车以及电力绞车在各大小煤矿普遍使用。谭家山煤矿开始使用防爆特殊型蓄电池电机车牵引。到2005年,境域所有大小煤矿井下运输基本上都实现电动化。

二、井硐提升

1986年后,境域中型以上煤矿基本上都采用电机双滚绞车提升,一次串车3~5辆,井口采用自动双摘钩。井下各水平暗井提升多采用单滚筒绞车,人工摘钩或自动摘钩。而中型以下小煤矿一般使用竹制或用废旧轮胎制作的“吊箩子”用人力绞车提升,这种“吊箩子”提升经常发生事故。1999年,市煤炭局强制取缔“吊箩子”,此后这些小煤矿陆续采用双钩简易罐笼,由1.2米电力绞车牵引提升。谭家山煤矿和列家桥煤矿对于工人上下班一直采取架空人车提升。到2005年,境域煤矿仍然延续使用双钩简易罐笼电力绞车牵引提升和架空人车提升方法。

三、地面运输

1986年后,境域煤炭运输以汽车运输为主。规模以上煤矿都建立自己汽车队,其中谭家山煤矿建立自己的汽车运输公司。1992年后,随着市场经济发展,个体私营汽车或汽车队也加入煤炭运输行业。境域煤炭主要销在100千米周边范围内,也有人用25吨载重汽车超载至60吨左右长途运输至广东韶关等地销售。到2005年,地面运输基本上都是由个体私营车辆承担。

第四节　产品产量

一、产品

境域煤田以产烟煤为主,其中谭家山地区烟煤品质最优,发热量一般在5500大卡左右,灰分在15%~25%之间,但有害物质超过国家标准,其中含硫量在1.6%以上,最高达2.8%,明显次于北方煤。杨嘉桥、云湖桥地区煤炭含硫量较低，但灰分较高，挥发份和含碳较低，发热量在 5000 大卡以下。

二、产量

1986 年，境域生产原煤 64.59 万吨。1987 年后，由于谭家山煤矿青山岭矿井生产能力从年产 10 万吨扩产至 15 万吨，加上谭家山、杨嘉桥、楠竹山等地区小煤矿遍地开花，境域原煤生产量持续上升，1989 年，境域原煤生产量创历史最高点，达到 77.6 万吨，比 1986 年净增 13.01 万吨，增长 20.14%，其中谭家山煤矿产原煤 42.23 万吨，增长 38.9%，其他小煤矿产原煤 35.37 万吨，增长 3.5%。

1990 年后，由于谭家山煤矿部分矿井资源枯竭，几处新下掘的矿井还未达到最大生产量，致产量急剧下降。境域小煤矿尽管被强令关闭一批，但往往这一边关，另一边又在开，生产量相对还在上升。1992 年，境域原煤生产量剧减至 59.91 万吨，比 1989 年下降 22.8%，其中谭家山煤矿下降 45.5%，而小煤矿增产 4.3%。1993 年，境域原煤生产小幅上扬，当年生产原煤 68.28 万吨，比上年增长 14%。从 1994 年开始，仍由于谭家山煤矿许多矿井资源枯竭问题，以及各级政府整治小煤矿动真格，炸毁关闭一大批存在安全隐患小煤矿，境域原煤生产持续 8 年下滑，2001 年，境域生产原煤 55.21 万吨，比 1993 年净减 13.07 万吨，下降 19.14%。

2001 年后，由于谭家山煤矿多处新下掘的煤巷进入产煤高峰期，另外通过整治仍然存在的一批小煤矿努力改善采掘条件，进一步整合资源，扩大采掘量，致境域原煤生产量持续增长。2005 年，境域产原煤 76.19 万吨，比 2001 年净增 20.98 万吨，增长 38%，其中谭家山煤矿净增 19.1 万吨，增长 44%，小煤矿净增 14.59 万吨，增长 14.8%。

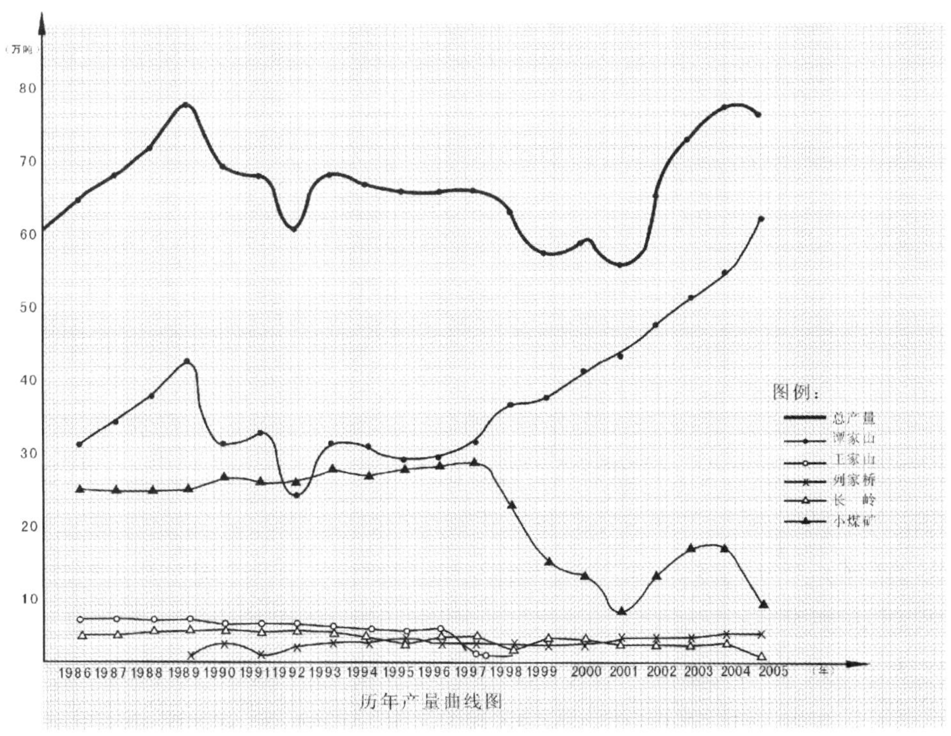

图27-1-1　1986-2005 年湘潭市域煤炭生产量曲线图

附 湖南省湘潭矿业集团有限公司简介

湖南省湘潭矿业集团有限公司(简称矿业集团)前身为谭家山煤矿。1958年建矿,属湘潭专署管辖。1980年元月收归省煤炭厅,更名湖南省谭家山煤矿,并兼并原湘潭市跃进煤矿。2003年更名为湖南省湘潭矿业有限公司,2005年更名为湖南省湘潭矿业集团有限公司。

全矿探明保有原煤储量1097.6万吨,可采原煤储量880万吨,设计年规模50万吨,2005年达到年产61.6万吨,超过设计能力12%。现辖青山岭、土地庙、佐塘、老山坡4个矿区,5个分公司、11个子公司、5个直属单位,在职职工2256人,另有常年性农民工2401人。在职职工中大学以上学历142人,中专学历155人,有专业技术职称人员277人,其中高级职称人员12人。

随着矿山发展,生产条件和生产环境不断得到改善,机械化程度不断提高,劳动强度降低,劳动生产率提高,井巷开采中广泛使用电煤钻,回柱绞车、电溜子,岩巷掘进使用凿岩机、装岩机、扒岩机,井下运输用电瓶机车,地面运输用电动绞车、爬车机、自动进罐装置、电动翻罐笼、给煤机、筛分机、皮带运输机,职工上下班乘架空人车,通风防水安全设施一并齐全。

矿业集团同时具有完备生产、生活设施,广泛开展多种经营,有水泥厂、洗煤厂、机修厂、针织厂、建安公司、运输公司、劳动服务公司、种养殖基地等,安置从业人员1500多人。有房屋建筑面积23.45万平方米,其中生产性建筑面积5.85万平方米,生活性建筑面积14.92万平方米,在易俗河建有安居工程面积4万平方米,职工住房580多套。2005年职工人均收入13680元。

2005年,矿业集团着眼长远,开拓经营,实施走出去发展战略,在贵州毕节地区投资创立黔西正湘煤业有限公司,拟建年产原煤60万吨矿井两对在实施中。

第二章 煤矿安全

第一节 安全管理和监督

1986年,全市贯彻《矿产资源法》,组织工商局、乡镇企业局、公安局、法院、检察院对境域煤矿进行全面清理整顿,将小煤矿安全管理纳入市政府议事日程。同时,境域审批办矿秩序混乱,群采、群挖、乱采滥挖、伤亡事故不断的现象一时难以扭转,受利益驱动,一些小煤矿封了又开,被炸了又挖,甚至越整治越多,一些矿主只顾赚钱,不顾矿工和矿山安全。是年,国有及小煤矿共发生安全事故10多起,死亡10多人。

1987年,市政府成立“乡镇煤矿清理整顿领导小组”,对全市小煤矿进行清理整顿。对17家无证、超深越界小煤矿实施关闭,将19个小煤矿整合为8家。1988年,全市重点对谭家山地区这个事故高发区域进行检查清理,未取得实质性效果。1989年,全市组织五次安全大检查,查出隐患554处,查处三违(违章操作,违章指挥,违反劳动纪律)人员116人次,罚款3100多元。但事故居高不下，全年发生事故20多起，死亡31人。1990年，市政府提出煤矿安全整治“以预防为主，行政负责，突出重点，狠抓整顿”。1991年初，列家桥煤矿发生特大瓦斯、煤尘爆炸事故，死亡35人。市委、市政府在全市大小煤矿组织安全生产大检查，重点对事故频发、小煤矿多、安全管理薄弱的重点区域谭家山地区进行逐一摸排，对安全生产不合格煤矿责令关停，对局部存在一定隐患的煤矿限令整改。

1992年，《中华人民共和国矿山安全法》颁布，国家能源部制定下发《煤矿安全规程》和《关于煤矿实施安全生产黄牌警告的通知》。市政府责令煤矿安全生产监管部门认真贯彻落实。全市展开以煤矿安全生产为重点的“一通三防”（通风、防瓦斯、防火、防煤尘）大整顿，并对顶板管理、机电运输管理、质量达标管理实施“三考，一挂钩”（考核安全、考核质量、考核产量，与工资效益挂钩）。1993年，全市再次组织贯彻《中华人民共和国矿山安全法》《煤矿安全规程》督察大检查，尤其重点对湘潭县55家持证和33家无证小煤矿逐井排查，发现有25家为严令禁止的独眼井，瓦斯和二氧化碳超过8%仍在危险作业，有26家井下电器不防爆，有8家掘进巷道存在危险隐患，空帮、空顶作业现象普遍。检查组立即限令整改。当年发生安全事故29起，死亡33人，事故起数和死亡人数均比上年同期发生安全事故19起，死亡22人，上升55%和50%。

1994年，国务院发布《煤炭生产许可证管理办法》和《乡镇煤矿管理条例》，煤炭部出台《煤矿职工安全技术培训规定》。市委、市政府鉴于煤炭安全生产的严峻形势，贯彻上级关于煤炭安全生产的一系列法规和文件，进一步加强对煤炭安全生产的监管和整顿，在全市开展煤炭安全生产整顿大检查，关闭10多家不合格小煤矿，并集中举办一期煤矿矿长培训班，三期瓦斯安检人员培训班，参加培训人员100余人。1995年，煤炭部发布《关于煤炭生产许可证管理办法实施细节》。全市继续将煤炭安全生产摆在一切工作的首位，全年下、转发文件40多份，制定《湘潭市煤矿安全生产奖罚办法》，对市、县（区）煤炭生产监管部门科以上干部按责任大小划分档次实施交纳风险抵押金制度，组织《中华人民共和国矿山安全法》等法规文件考核，1136人参考，查处三违人员294人次，罚款4.2万多元。继续举办井下瓦斯安检人员和钳工、绞车司机等培训班5期，214人参加培训。当年，煤炭安全生产形势仍然严峻，发生事故48起，死亡50人。

1996年，《中华人民共和国煤炭法》颁布，煤炭部下发《中华人民共和国矿山安全法实施条例》以及《小煤矿安全规程》。年初，云湖桥镇盛家山煤矿发生特大瓦斯爆炸事故，死亡15人。谭家山镇棠霞煤矿发生特大穿水事故，死亡15人。针对继续严峻的安全形势，全市煤炭行业组织学习贯彻《中华人民共和国煤炭法》《中华人民共和国矿山安全法》《煤矿安全规程》等一系列法规文件，开展“百日无安全事故”活动，组织7次安全大检查，查出隐患615处，整改608处，培训安全监督员、特种作业人员以及乡镇小煤矿矿长165人。1997年初，煤炭部下发《煤炭行政处罚办法》《开办煤矿企业审批办法》《关于依法整顿煤炭生产秩序的通知》。年中，国务院主持召开全国性“依法办矿，整顿煤炭生产秩序”电视电话会议。同年7月，市政府成立“湘潭市小煤矿清理整顿领导小组”，全市组织新一轮煤矿安全生产清理整治，关闭33家无证或证照过期非法小煤矿，对11家独眼井和17家“吊箩子”上下人小煤矿停产整改。全年发生安全事故41起，死亡58人。

1998年，国务院成立国家煤炭工业局和国家煤矿安全监督局。全市配合全国第9个“安全生产周”活动，部署各县（市）区对辖内乡镇小煤矿进行全面安全自检，市督查组进行跟踪督查，查处隐患700余处，投入500多万元整改隐患200余处，小煤矿安全条件得到一定改善，全年发生安全事故

15起,死亡39人。1999年,市政府提出“谁主管,谁受益,谁负责”煤炭安全生产工作原则,与市、县(区)各职能部门层层签订煤矿安全工作目标责任状,大力整治煤矿安全生产秩序。2000年,国家颁布《煤矿安全监察条例》。全市开展春季、夏季、秋季、冬季“四季”煤矿安全生产大检查。是年发生安全事故25起,死亡27人。

2001年,国务院发布《关于特大安全事故行政责任追究的规定》。市委、市政府,进一步加强煤炭安全生产整治。市、县(区)煤炭生产监管部门下发文件27个,转发国家、部省文件30个,组织6次安全大检查,每次参加检查人员60多人,查出各类事故隐患300多处,整改率95%以上。全年发生安全事故12起,死亡15人,分别比上年下降52%和44%。2002年,《中华人民共和国安全生产法》颁布,重点对煤炭行业安全生产进行规范。市委、市政府,进一步加大煤炭安全生产整治力度,全年组织4次安全大检查,查出各种安全隐患4100多处,下达限期整改监察指令书。检查人员190余次下井跟踪整改情况。共投入1700多万元改善安全设施,安全生产条件有所好转。当年发生事故11起,死亡12人,比上年均略有下降。

2003年,市委、市政府贯彻国家安全生产监督局和国家煤炭安全监察局联合发布《煤矿安全生产基本条件20条》,加强安全生产监督和管理,把安全生产监督管理职能从市经委划出单独成立“湘潭市安全监督管理局,对包括煤炭安全生产在内工业企业安全生产进行综合监管。2004年,由省、市统一部署,在煤炭生产行业开展质量标准化建设活动。全市结合各煤矿实际,制定煤炭安全生产整改指令表,各大小煤矿纷纷加大投入,全年用于煤矿井巷及设施质量标准化建设投入4000多万元,其中用于小煤矿标准建设1900余万元,重点是建立独立的通风系统、完善安全监控设备、全部使用防爆电器、建设通达地面的安全出口、建设水仓和完善排水设施、对危险巷道进行维修改造等。全年发生安全事故13起,死亡40人,重大伤亡事故有所回升。

2005年,市委、市政府贯彻国务院《关于预防煤矿生产安全事故的特别规定》446号令,进一步理顺和明确煤炭生产监管体制和责任,下发《关于建立和完善全市煤矿安全监管体制的通知》,明确市煤炭行业管理办公室行使煤炭安全生产监管和执法职能。同年市煤炭行办认真贯彻国务院对煤炭生产实行“五整顿”“四关闭”安全生产专项活动,全年关闭非法煤矿6家。2005年发生事故6起,死亡6人。

第二节 灾害及其防治

一、水害及其防治

地表水、岩溶裂隙水、老窿水一直是境域煤矿最大安全隐患。1986年后,境域煤矿不断进行地质勘查并加大水害防治防治力度。同年5月,谭家山煤矿投资50余万元由湘潭矿业学院地质水文物探教研室对谭家山地区水文地质进行动态观测,打钻眼17孔,进尺1880米,获取大量的水文地质数据。当年谭家山煤矿一号井-160米水平发生透水,该矿成立15人组成专业队伍采取封、堵办法防治成功。同年,境域规模以上煤矿也都成立防水害小分队,指定专管部门和人员,坚持采掘过程中“有水必探,先探后掘,有患即堵”。1988年,谭家山煤矿除实施强排疏降、疏水采煤外,还使用电岩钻在巷道钻探老窿水5次，共15孔，进尺300余米，每孔疏放老窿水100～200立方米。

1989年王家山煤矿杨井-130米水平发生顶板穿水，死亡2人，伤2人，致井峒废弃改向。当年，谭家山等煤矿开始使用QZJ100B型潜孔钻机探水。此外，各矿均重视坝塘、水溪、河流、水库等地表水治理。

1991年，云湖桥煤矿发生透水被淹，虽无伤亡，但得另开新井。同年，谭家山矿区水库库底开裂，该煤矿在裂口处铺衬厚0.3米钢筋混凝土600立方米。是年，湘潭县对存在严重水害的茶园等煤矿下达停产整顿书。

1992年，谭家山煤矿对矿区340米水渠综合治理，新开500米水渠，用混合砂浆砌墙铺底，断面为原水渠的二倍，将上游水引入新水渠，将公路抬高一米，把洪水拦在公路外侧入新渠，以减轻矿区地面压力，同时对矿区塌坑均用砼填实。同年，谭家山煤矿投入10多万元由省煤田勘探六队整理矿区地质报告，通过科学勘查，确定谭家山地区下二叠统茅口灰岩有裂隙溶洞水储量亿多吨，长兴灰岩破碎砂粒层和大冶灰岩裂隙溶洞水各数千万吨，同时，矿区已有470多年开采历史，加上20世纪70、80年代小煤窑乱挖滥采，老窿和小煤窑巷道积水无处不有，开采稍有不慎，即穿透成灾。1992年2月，列家桥煤矿-50米岩巷西头透水，导致巷道变形，一场水患即将发生。该矿当即采取措施，用填充法迅速填充堵死巷道，阻止事故发生。

1994年楠竹山煤矿发生透水，矿井报废，接着第二次断层裂隙渗透水损失100多万，年内采区再次裂隙透水损失100多万元。

1995年，谭家山煤矿一号井发生水库透水事故，直接经济损失470多万元。同年，该矿三号井穿透溶洞水直接经济损失450多万元。1996年，谭家山矿区棠霞煤矿井下-80米水平发生特大透水事故，死亡15人，直接经济损失100多万元。棠霞煤矿发生特大水害后，市委、市政府及县(市)区更进一步重视煤矿防水害的责任制度的管理，各矿均加强排水设施管理和维护。至1999年以后，境域煤矿未发生重大水灾事故。

2000年8月20日，长岭煤矿-235米发生穿水事故，启动预防机制施救，事故未造成人员伤亡。2003年韶山茶园煤矿三井透水以后，一直停关。至2005年，境域煤矿对发生井下透水事故仍然采取堵、排、绕等传统方法进行防治。

二、火灾及防治

境域煤田均为自然发火煤层，且发火周期短，一般为3～6个月，部分煤层甚至为1~3个月。1986年后，境域煤矿高度重视和加强火灾火患防治。主要采取黄泥灌浆，预埋笛管、在煤巷设隔绝防火大门、安装消防水管路、在可燃煤层地面设消防器材库等综合防治措施，取得很好效果，连续9年未出现煤层自燃现象。1995年5月28日列家桥煤矿-150米水平七石门煤层自燃，当即采取关闭封堵办法熄火。其后，直至2003年境域无煤层自燃发生。2004年7月14日，谭家山镇双扶煤矿井巷提升运输时将-450米处悬挂电缆挂断起火引起煤巷煤尘燃烧，致10人死亡，直接经济损失500多万元。同年12月13日，谭家山镇新立煤矿主井空气压缩机起火引发煤巷大火，致18人死亡，直接经济损失300多万元。2005年无火灾事故。

三、瓦斯及防治

境域除楠竹山煤田属低瓦斯区域外，其他煤田均属高瓦斯区域。

1986年5月18日，谭家镇牛形山矿东井-175米瓦斯超标自燃爆炸，致3人重伤，直接经济损失50万元。这一瓦斯爆炸事故引起周围煤矿的重视，纷纷采取防范措施。1987年，谭家山煤矿开始在二工区-10米水平回风大巷安装瓦斯报警仪，1988年谭家山煤矿矿部安装KJ-101型瓦斯监测系统仪，用微电脑跟踪监测瓦斯，专人值班，24小时不间断监测，自动显示报警。这是境域煤矿首次安装使用较为先进的瓦斯监测设备。1991年3月7日上午，列家桥煤矿-150米水平西五石门七平巷发生瓦斯煤尘爆炸，致35人死亡，直接经济损失200多万元。列家桥煤矿瓦斯煤尘炸事故后，谭家山煤矿进一步加强对瓦斯滥测，该矿经两次测定，矿区瓦斯相对涌出量13.8～15.9立方米/吨·日，绝对涌出量2.36～3.21立方米/吨·日，为高危瓦斯区，矿部进一步加强对瓦斯检测防范的管理和制度化建设。境域其他煤矿均引起重视，相应采取增加防范瓦斯基础设施建设，采取给井下工人发自救器和全棉工作服等措施。1996年元月17日，云湖桥镇盛家山煤矿发生瓦斯超标作业爆炸，致15人死亡，直接经济损失100多万元。1997年后，市煤矿安全监管部门采取强制性行政措施使各煤矿均逐步安装瓦斯监测系统，同时对矿长、分管安全副矿长、技术负责人、瓦斯检测员、放炮员、绞车司机、电、钳工等特殊岗位一律实行要先获得培训资格证才允许上岗等措施。1997～2005年境域未发生瓦斯爆炸事故。

四、顶板危害及防治

1986年后，顶板事故仍然频发，同年7月，列家桥煤矿-150米水平东水仓施工中顶板岩冒落，死1人，直接经济损失3万余元。根据顶板事故频发的原因，市煤矿安全监管部门督促各煤矿均建立顶板管理制度，尽量把巷道设计布置在抗压程度较大的岩石中，对岩石裸巷采取锚喷支护，破碎顶板段用砌碹支护。在煤巷严格执行“敲帮问顶”制度，“三五控顶”制度，严禁空顶作业，采区回柱实行机械化，同时及时清理、控制顶板冒落。

1987～1989年，境域煤矿共发生冒顶事故多起，死亡5人。1990年，韶山银田煤矿井下发生冒顶，死1人。1993年2月列家桥-150米水平西石门采区冒顶死1人。1996年10月谭家山镇茶盘煤矿井巷失修冒顶死1人，同年11月谭家山镇杉坡煤矿-150米水平回采冒顶死1人。1997年韶山银田煤矿井巷冒顶死1人，2001年韶山银田煤矿再次发生冒顶死1人。2003年3月列家桥煤矿南翼-200米水平东四石门大巷冒顶死1人，同年韶山银田煤矿又发生冒顶死2人。2004年10月列家桥南翼-250米水平东石门3116回采工作面冒顶死1人。至2005年的20年间，境域煤矿共发生冒顶事故100起，死亡101人，其中湘潭县境域煤矿发生冒顶94起，死亡94人。

五、矿尘危害及防治

矿尘分为煤尘和岩尘两种，其中煤尘具有爆炸性。矿尘通过呼吸进入人肺部可致尘肺病，危害人健康。1986年后，境域煤矿主要采取净化空气，冲洗巷帮，采空区灌水，刷白巷道，建隔爆岩水棚，湿法打眼凿岩，放炮喷雾，装岩洒水，通风排尘，作业戴口罩等综合防治措施。1991年3月7日，列

家桥煤矿 -150 米水平西五石门 7 平巷违章放炮引发爆炸，造成致 35 人死亡特大伤亡事故和 200 多万元重大经济损失。1992 年后境域再未发生矿尘爆炸事故。但受矿尘危害致矿工发生尘肺病人比较多，至 2005 年的 20 年间，境域因矿尘死亡近 100 余人，其中谭家山煤矿死于尘肺病 24 人。

六、坠落及预防

1986 年后，坠落主要发生在采用斜井开采的小煤矿和采用人力绞车和“吊箩子”提升的立井，斜井经常有松岩坠落致人死伤，人力绞车和“吊箩子”是因操作不当或违章作业发生坠落致人伤亡。1990 年后，规模以上煤矿大多实行立井联合开拓，巷道水平分层采煤，提升工具改为电力绞车和载人专用矿车提升，但事故仍然常有发生。1996 年 8 月 16 日，谭家山镇红田煤矿因当班绞车司机作业不当，致暗井一小工从 70 米高处的“吊箩子”中摔出当场死亡。同年，谭家山地区还有南泉煤矿、东升煤矿、金凤煤矿、四龙坡煤矿、合资煤矿、西竹煤矿、宏田煤矿、众富煤矿等共发生立井提升坠落事故 9 起，死亡 9 人。市、县政府煤矿监管部门对此采取强硬措施整改，多数煤矿逐渐安装 0.5 吨载人双钩罐笼或修建行人梯道。2000 年后坠落事故有所减少。到 2005 年底 20 年间，境域共发生坠落事故 86 起，死亡 86 人。

七、窒息及防治

窒息主要发生在煤巷通风不畅以及在通风不良情况下违章作业。1986 年后窒息死亡事故时有发生，到 1995 年共发生窒息死亡 17 人。1996 年市县煤矿监管部门加大监管力度，规模以上煤矿基本上都成立通风科，配备专业技术人员，加大对井巷通风设备的投入，关闭一批通风不畅的独眼井。但窒息事故仍有发生，1996 年 12 月，谭家山镇中心煤矿一维修工在立井维修当头时，由于通风不良，二氧化碳聚集，在 -60 米窒息死亡。1999 年 1 月，谭家山镇杉坡煤矿一小工违章钻入废弃的盲巷中休息窒息死亡，同年，谭家山镇老屋煤矿和照先煤矿在采煤天眼及盲巷中各窒息死亡 1 人。2000 年以后，煤矿安全监管部门加强防窒息事故安全教育，并强制性督促加强井下通风系统建设。到 2005 年底的 20 年间，境域煤矿共投入用于通风设备建设资金 2000 多万元。

第三节　矿山救护

一、救护队伍

1986 年，湘潭市矿山救护队为正科级全额拨款事业单位，定员 18 人，隶属市煤炭工业局管理，负责全市包括乡镇、个体私营煤矿或非煤矿矿山救护。1987 年，谭家山煤矿为加强自救也成立矿山救护队，人数 10 人左右。1996 年，根据境域煤矿安全严峻形势，市矿山救护队升格为矿山救护中队，并实行半军事化管理。1988 年，谭家山煤矿矿山救护队也升格为矿山救护中队，人员增加至 20 人，以上两支救护中队均配备较为完备救护装备。1999 年，王家山煤矿、长岭煤矿、列家桥煤矿也相继建立矿山辅助救护队。2000 年，王家山煤矿资源枯竭关闭，其矿山辅助救护队解散。到 2005 年，境域有专业矿山救护中队 2 支，辅助矿山救护队伍 3 支。

二、重大事故救护

1986年后，境域重大事故救护均以救人为先，及时救护伤员和幸存者，并力争把事故损失降到最低程度。1989年6月5日，谭家山镇坪塘二井，越界开采并违章作业，导致瓦斯爆炸。湘潭市政府和湘潭县政府安全主管部门立即组织谭家山煤矿救护中队、长岭煤矿辅助救护队和湘潭县中医院医务人员奔赴现场，及时救出伤员7人，搜救出遇难者5人。此次事故直接经济损失50万元。1991年3月7日上午10时40分，列家桥煤矿-150米水平西五石门放炮引发煤尘爆炸，当时井下75名矿工作业，紧急撤出40名，35名被困井下。第一时间，矿辅助救护队和湘潭市矿山救护队赶赴现场施救，紧接着省煤炭厅、省经委安监局、省劳动厅、湘潭市政府有关领导赶赴现场组织施救。由于施救过程中屡遇巷道垮塌和残火复燃，给施救工作带来巨大困难。至事故发生88天后的6月3日终止搜救，共搜救遇难者遗体32具，3人失踪。此次事故直接经济损失300多万元。1996年元月7日，云湖桥镇盛家山煤矿因违规采用独眼开采，井下通风不良瓦斯浓度超限，加上井下电器设备不防爆，运行中产生火花引发瓦斯爆炸。当时井下15人作业。事故发生后，湘潭市、湘潭县领导立即组织公、检、法等部门及调集湘潭市矿山救护中队，谭家山煤矿救护中队，宁乡煤炭坝煤矿救护中队等100多名干警及30多名救护队员赶赴现场救护。由于井下发生瓦斯爆炸后有毒气体超限，支护垮落，冒顶随时发生，抢救工作进展缓慢，至2月11日下午才搜救出15名遇难者。此次事故直接经济损失100多万元。1996年6月25日下午，谭家山镇棠霞煤矿-170米水平西采区突然穿水，当时涌水量达1500-2000吨/小时，15名矿工被困作业面。事故发生后，该矿矿长和正在附近检查工作的湘潭县矿管局局长一边向上级报告，一边带人下井组织自救，随后，湘潭县相关领导赶到现场，立即成立事故抢救指挥部进行具体安排，组织清理水沟排水，以求降低水位，但效果不大。6月29日上午，湘潭市政府、湘潭县政府、谭家山镇三级政府领导及有关专家、技术人员紧急商讨，制定在矿井外围姚家井排水降低穿水区水压，以及在棠霞煤矿-80米水平井底车场、煤层运输平巷、天眼、副巷、穿水工作面等地方步步为营，逼近穿水区抢救等两套方案并实施，但实施过程中异常艰难。至7月16日即事故发生后的第22天，从井下抢救出3具遇难者遗体，其余12人葬于采区。抢救过程投入人力上千，资金100余万元。此次事故损失500万元左右。2004年7月14日上午7时，谭家山镇双扶煤矿主井运输系统提升时在-450米处将井壁上电缆挂断导致发生特大火灾。时井下有作业工人95名，发现后，矿方及时将电源切断实施抢救，39名矿工安全撤出，56名矿工被围井下。上午9时30分，湖南省政府、湘潭市政府、湘潭县政府有关领导奔赴现场指挥抢救，省长周伯华接到报告后立即作出批示。湘潭市矿山救护中队、涟邵矿务局救护大队、谭家山煤矿救护中队、白沙矿务局救护大队、湖南煤炭坝救护大队和境域多家医院医疗队先后赶赴现场施救。至15日凌晨4时，从井下救出47名幸存者，6名遇难者遗体，另有3人下落不明葬于采区。此次事故直接经济损失500余万元。2004年12月13日下午6时，谭家山镇新立煤矿主立井井底一个空气压缩机突然起火，引燃附近的电缆和电机，火势和有害气体漫延至矿井下，27名作业矿工有6名自救出井，其余21人困于井下。事故发生后，湖南省政府、湘潭市政府、湘潭县政府有关领导赶赴现场指挥抢救，湘潭市矿山救护中队、谭家山煤矿救护中队第一时间赶到现场施救。至14日23时10分，抢救出3名幸存者，18名遇难者遗体。此次事故直接经济损失500余万元。

到2005年底的20年间，境域共发生重大事故6次，共计死亡97人，直接经济损失2000余万元。事故发生后，省、市有关矿山救护队伍共参加现场救护30余场/次，救出幸存者99名。

附　1986~2005年湘潭市域重大煤矿事故

一、列家桥煤矿特大瓦斯煤尘爆炸事故

1991年3月7日上午10时40分，市列家桥煤矿-150米水平西五石门放炮引发煤尘爆炸，一声巨响，强风、黄烟和热浪四处冲击，-150米大巷进风顷刻变为反风，-50米总回风巷尘雾迷漫，主斜井口和主扇抽出风流烟幕升腾，当时井下75人，紧急撤出40人，尚有35人被困井下，生死不明。

第一时间，矿辅助救护和市矿山救护队赶赴现场施救，紧接着，市煤炭局、市政府、省煤炭厅、省经委安监局、省劳动厅矿山处等领导先后赶到现场组织抢救，迅速成立以湘潭市人民政府副市长为组长抢险救灾领导小组，建立前线救灾、后勤供应、安全保卫、通讯调度、联络应急指挥系统，先后增调谭家山煤矿救护中队，宁乡煤炭坝救护大队、涟邵矿务局救护大队、白沙矿务局救护大队前来救灾，境域救护队以及省管救护队由省煤炭厅和省煤炭厅安监局统一指挥。

在慎重、稳妥、安全抢救原则下，当日先后派出4批救护队员下井侦察施救，发现-150米与-50米巷道多处垮塌，在-50米水平巷道内发现20具尸体，救出2名严重中毒并烧伤者，但在医院抢救中死亡，余下13名遇险人员仍下落不明。当日23时，在放水上山上平巷冒顶处发现有白色烟雾，分析认为是爆炸后残火复燃，立即采取措施。3月8日6时，主扇出风口又黄烟翻滚，立即将-150米进风口密闭，在-50米煤巷用局扇送风降低有害气体浓度，向火灾区适度江水，发射高倍数泡沫灭火剂。3月17日，在-150米煤巷发现余火由放水上山烧到-150米煤巷，行人上山一平巷出现明火，顿时将-150米大巷五石门采区永久密闭，并将密闭的五石门大巷用水淹没，隔绝进风以控制火情。由于井下煤巷垮塌，残火不断复燃，抢救工作十分艰巨复杂和危险。抢险救灾领导小组和专家分析认为，井下遇险人员生还的希望很渺茫，因此决定寻找失踪人员工作在修复巷道时再进行。施救工作暂告一段落，3月18日，省调集4支矿山救护队撤离现场。

3月20日至4月8日，在修复六平巷道时见到10具遇难者尸体。4月中旬，开始修复-150米煤巷和上山，以期与六平巷沟通寻找最后3位遇难者，但打开密闭口后又残火复燃，被迫停止修复工作。5月3日，改为放弃修复老巷而新掘六石门和沿煤上山绕过灾区巷道，逐段与二平巷、三平巷、六平巷贯通施救，可当在6月3日贯通二平巷后，看到放水上山口支架被烧裂，残火再度复燃，寻找3名遇难者工作被迫终止。此次事故共死亡32人，3人失踪，1人重伤，2人轻伤，直接经济损失300多万元。

二、谭家山镇双扶煤矿特大火灾事故

2004年7月14日7时，谭家山镇双扶煤矿主井运输系统提升时，将井下-450米处悬挂在井壁上的电缆挂断引发井下火灾，当时井下95人，矿方第一时间将电缆电源切断并组织抢救，有39名矿工被及时安全疏散出井，井下被困56名。上午10时50分，市、县相关领导和镇机关干部及市救护中队迅速赶到现场组织施救。省主要领导接到事故报告后立即指示尽最大努力迅速抢救遇险人员。现场立即成立以湘潭县县长为指挥长的事故抢救指挥部，成立救护、医疗、事故调查、善后处理、

后勤保障、宣传、维稳7个工作组,省里紧急调涟邵矿务局救护大队,谭家山煤矿救护队、白沙矿务局救护大队、宁乡煤炭坝救护大队支持救援,市、县主要医院都迅速组织医疗队参加救治。

15日凌晨4时,救护队从井底救出轻伤者31人,重伤者16人,重伤者在医院救治中死1人,抬出6具尸体,失踪3人。此次事故共造成7人死亡,3人失踪,直接经济损失500多万元。7月16日,市县有关部门决定对该煤矿实行永久关闭。

三、谭家山镇新立煤矿特大火灾事故

2004年12月13日18时,谭家山镇新立煤矿主立井井底一台空气压缩机因超时工作起火,迅速引燃附近的电缆和电机,继而大火弥漫整个井巷,接着燃烧的有害气体进入车场和运输大巷,井底有27名作业人员,其中6名自救出井,21名被困井下。

事故发生后,省、市、县各级政府马上组织抢救,市救护中队、谭家山煤矿救护中队、宁乡煤炭坝救护大队、白沙矿务局救护大队、涟邵矿务局救护大队迅速赶赴现场实施抢救。14日23时,救护队员从井下救出3名遇险人员,抬出18具遇难者尸体,直接经济损失500多万元。当月22日,市县有关部门决定对该矿实行永久性关闭。

第三章 煤炭经营及加工

20世纪70年代末,国家开始实施"改革开放,搞活经济"的方针,境域煤炭经营出现计划外购销活动,由国营独家经营变成多渠道多家经营。1986年后,随着国家经济体制改革步伐的不断加快,境域煤炭经营继续从计划经济向市场经济转轨。1992年,国家全部放开煤炭购销价格,取消城镇居民生活用煤价格补贴,允许用煤企业直接与产销单位见面,煤炭产销完全市场化,煤炭经营市场开始激烈竞争。

第一节 经营机构

1985年,湘潭市煤炭公司(以下简称市煤炭公司)是境域唯一市属国有煤炭经营机构。湘潭县、湘乡县、韶山区也都设立煤炭经营公司。市县(区)共有煤炭经营网点50余个,储煤场地4万多平方米,年购销量40万吨左右,有职工700余人。

1986年后,境域煤炭经营以计划为主,市场为辅,市煤炭公司和下属湘乡县、湘潭县、韶山区煤炭公司统一负责境域企业、居民生活用煤的购销。有储煤场地4.37万平方米,煤场铁路专用线1143米,配煤线5套,运输车辆20台,藕煤生产机37台,年煤炭购销量50多万吨。市区设有火车站煤栈、板塘煤栈、岳塘煤栈、湘江总店、雨湖总店、岳塘总店、机修厂、藕煤加工厂、汽车队、劳动服务公司9个二级机构。市煤炭公司和所属各县(区)煤炭公司负责境域企业生产用煤的调运和城镇居民生活用煤购销、加工。每年参加全国、全省煤炭订货会,把全国、全省分配的计划煤炭供应指标与境域各需要煤炭的企业签订合同,然后组织货源,同时加强计划外采购,以保证境域生产、生活用煤需求。

1992年,国家全部放开煤炭购销价格并取消城镇居民生活用煤补贴。市煤炭公司和所属县

(区)煤炭公司原代行的部分行政职能自然丧失,境域煤炭经营机构面临生存挑战,1995 年,市煤炭公司适应市场经济的需要进行改革,将原有 13 个科室合并为三科一室,机关管理人员从 86 人精减至 32 人,同时对原所属二级机构剥离分立,实行独立核算,自主经营,自负盈亏,原有专营煤炭的一批二级机构、网点逐步向化工建材、五金交电等其他行业发展,寻求生存空间。

1998 年,市煤炭公司大量网点关闭,铁路专用线、生产经营设备闲置,职工下岗歇业,是年公司亏损 730 多万元。1999 年后,火车站煤栈等部分网点采取土地资产整体出让方式,将其收益妥善安置职工,人走企散。2000 年后,市煤炭公司进一步推进改革,实行灵活经营,煤炭以外经营收入达到总经营收入 70%以上。内部继续精简机构、分流人员。至 2005 年,市属煤炭经营机构市煤炭公司仍然存在,有在岗职工 39 人,离退休人员 228 人,内退人员 81 人,没有开展经营业务。

第二节　购(调)进

1985 年,境域企业年生产用煤 200 余万吨,主要来自山西、河北、河南、贵州及省内其他地市及境域的煤矿。生活用煤 20 多万吨主要来自省内涟源、双峰、茶陵、攸县、水口山及境域谭家山煤矿等地,大多为国家、省计划分配,小量自行采购。

1986 年后至 1992 年期间,境域生产用煤和生活用煤以计划购进为主。为加强计划购进,境域煤炭经营机构积极参加全国及全省煤炭订货会,设立专职计划调度员,建立调度台账,编制运输计划,健全煤炭进栈接卸联络,当驻外采购员发回煤炭起运信息后立即向各煤栈通报起运和到站时间,让预先作好接卸、验收准备。在搞好计划内煤炭购进的同时,努力组织计划外煤炭的采购,以满足需要。煤炭经营机构派出大量人员,克服种种困难,每年从山西省大同、长治、河南省平顶山、贵州省水城矿务局、省内的恩口煤矿、斗笠山煤矿、资兴煤矿、鲤鱼江煤矿、湘永煤矿、马田煤矿、新生煤矿、唐洞煤矿、周源山煤矿、煤炭坝煤矿、辰溪煤矿以及境域谭家山煤矿等采购回计划外煤炭几十万吨。

1993 年后,境域煤炭购调进完全放开,全市年购进原煤在 200 万吨左右。2001 年后,随着境域工业企业生产扩张的需要,境域购进原煤逐年增长。2005 年,境域购进原煤 439.97 万吨,洗精煤 17.89 万吨,焦炭 76.72 万吨。

1986~1990 年湘潭市煤炭经营机构计外购进煤炭数

表 27-3-1　　单位:万吨

年份	合计	其中			
		市区	湘潭县	湘乡市	韶山市
1986	55.69	37.15	7.94	7.52	2.28
1987	68.25	36.88	14.16	14.65	2.56
1988	68.94	37.32	13.52	15.39	2.71
1989	60.06	36.81	9.17	12.01	2.07
1990	48.78	28.96	7.59	9.81	2.42

2001~2005年湘潭市煤炭购进数

表27-3-2 单位:万吨

年份	原煤	洗精煤	型煤	焦炭
2001	269.91	114.38	—	36.91
2002	310.81	129.84	—	39.59
2003	371.69	151.46	0.047	25.54
2004	424.81	173.40	0.092	74.76
2005	439.97	174.89	0.315	76.72

第三节 煤炭加工

1986年,随着境域湘潭钢铁厂对精煤需求量扩大,以及迅速发展乡镇铸造业对土焦需求量增多,境域煤炭加工业也迅速发展。当年,谭家山煤矿投资285万元在二井附近建洗煤厂,安装洗煤设备114台(件),年产精洗煤设计能力20万吨。同时,谭家山煤矿周边沿107国道及潭家山至株洲公路沿线有炼焦火炉50余座,年产焦能力2000余吨。当年境域共生产精洗煤9万余吨,产土焦1000余吨,营业收入900余万元。

1987年后,谭家山地区土法炼焦迅猛发展,许多农户在屋前屋后因陋就简筑起土炉炼焦,到1990年发展到100多座,年生产能力1万余吨。1991年后,谭家山和杨家桥两地兴起配煤热,从北方调进一些煤炭与本地煤按照比例搭配,使挥发份、灰粉、结焦率、发热量符合气煤标准,送境域外煤气厂炼焦,年配送能力1万余吨。同时,土法炼焦在进一步发展,到1995年,谭家山地区有土法炼焦炉200多座,年生产能力3万余吨。土法炼焦污染非常严重,且浪费资源,湘潭县政府多次组织专项整治行动,炸毁、强拆土法炼焦炉110余座。1997年土法炼焦势头有所收敛。1998年,谭家山煤矿洗煤厂因经营管理不善停办。当年,谭家山镇煤炭贩运户唐定龙用简单的水洗法降低灰分提高发热量加工精洗煤,渐渐生意越做越大,并有利可图,于是在2000年投资建洗煤厂并成立湘潭株潭洁净煤有限公司,年产精洗煤生产能力30万吨。与此同时,该公司还从河南省购进煤炭与本地煤按标准比例混合加工配煤,年加工能力5万吨。2002年,谭家山煤矿见洗煤行业好,又投资100多万元在一井附近建洗煤厂,年生产精洗煤能力8万吨。到2005年,境域有洗、配煤加工企业2家,年生产能力43万吨,比1986年增长115%,当年生产精洗煤21万余吨,实现营业收入6000余万元,比1986年增长133%。另外境域仍存在土法炼焦炉20余座,年生产能力2000余吨。

第四节 供应

1986~1992年,境域煤炭供应一直坚持“先生活后生产,先计内后计外,先重点后一般”原则。1992年以后,国家放开煤炭购销价格并取消城镇居民生活用煤补贴,用煤单位逐渐自行采购,供应结构发生根本变化。

一、工业用煤

1986~1992 年,境域工业用煤基本分为三大块:一块是耗煤大户湘潭钢铁厂、湘潭电厂、湘乡水泥厂等直接由国家统分统配,定点供应,保证供量,年供应量 100 多万吨。二块是 208 户县管以上企业,以计划供应为主,市场供应为辅,由市煤炭公司衔接计划申报,以及采购、运输、供应,年供应量 50 多万吨。三块是县属以下乡镇企业,实行计划外临时性采购、供应,年供应量 30 多万吨。

1992 年,国家放开煤炭购销价格并取消城镇居民生活用煤补贴。此后,到 2005 年,境域工业企业用煤均为企业与生产煤炭的矿山直接挂勾,自主采购。2005 年,自主采购量 300 万吨左右。

1986~1990 年湘潭市煤炭公司采购供应工业用煤数量

表 27-3-3　　单位:万吨

年份	合计	其　中			
		市区	湘潭县	湘乡市	韶山市
1986	18.62	14.38	1.64	2.26	0.34
1987	21.60	14.82	2.44	3.87	0.47
1988	23.63	16.81	2.23	4.12	0.47
1989	19.79	13.62	1.75	3.64	0.48
1990	17.53	12.62	1.05	3.30	0.56

二、生活用煤

1985 年,境域生活用无烟煤量约 16 万吨,由于境域所有煤矿均产工业用烟煤,生活用无烟煤全部从域外金竹山、洪山殿等煤矿调入。

1986 年后,境域生活用煤供应渠道基本未变,但供应量在逐年上升。1986 年达 18.6 万吨,比 1985 年增长 16%。生活用煤进入境域后,主要由市煤炭公司所属藕煤厂加工后供应藕煤,由于加工点和加工量偏少,居民生活用藕煤一度紧张,湘乡等地开始兴建藕煤厂。1987 年初,市河西煤栈完成以扩大规模为主的技术改造,至此,境域藕煤加工点达 17 个。但“买煤难”问题并未完全解决,一些“煤霸”(群众称呼)趁机抢购生活用煤,乱收、多收费用,运输秩序混乱,群众意见很大。1989 年春,市人大、市政协“两会”期间许多代表根据群众呼声提出专项提案 18 件。3 月 10 日,湘潭市人民政府办公室以“潭政办【1989】89 号”文件转批下发《关于整顿居民生活用煤供应和运输市场秩序的方案》,并由市交通局、市物价局、市煤炭局、市公安局联合发布《关于整顿居民生活用煤供应和运输秩序的公告》,印 600 余份张贴在大街小巷,电视台、电台、报社等传媒单位配合宣传报道。煤炭经营单位市煤炭公司召开职工大会 48 场次,班组骨干会议 95 场次,党员大会 42 场次进行内部整顿,取缔打击非法运输。组建有 71 人的煤运队,配板车 65 辆,机动三轮车 5 台,至年底共为居民送煤 1.31 万吨,减轻群众运费 20 多万元,抢煤哄抬运价的现象由此消失。当年 12 月 4 日《湘潭日报》以《我市煤炭市场一片新气象》进行全面报道,省电视台也播放湘潭市整顿生活用煤市场取得成果的专题新闻。1990 ~ 1992 年,这种整顿成果一直得以延续。

1992年以后,国家放开煤炭购销价格,并取消城镇居民生活用煤价格补贴,从此境域生活用煤完全市场化。由于国家经济建设不断发展,相对清洁、干净、省力城市煤气和液化石油气进入普通百姓家,直接用藕煤等作为生活用煤的家庭越来越少。2005年,境域生活用煤供应量5万吨左右,比1986年净减13万吨。

1986~1990年湘潭市煤炭经营系统供应居民生活用煤数量

表27-3-4　　单位:万吨

年份	合计	其中			
		市区	湘潭县	湘乡市	韶山市
1986	17.96	13.85	1.02	2.11	0.98
1987	20.49	16.20	1.79	1.79	0.88
1988	20.71	16.82	1.79	2.02	0.68
1989	18.77	15.57	0.75	1.86	0.59
1990	16.11	13.07	0.68	1.78	0.58

第二十八篇　建筑工业

概　述

1986年，湘潭市根据国家建设部（下简称建设部）、省建委要求，在企业改革中，原由财政全额拨款的国营勘察设计单位，均改为自收自支事业单位；建筑施工企业（建筑业企业）全面推行百元产值工资含量包干和栋号包干等经济承包责任制，并进行人事、劳动、分配制度（以下简称“三项制度”）改革。8月1日，市委决定撤销市建筑工程总公司，成立市建筑工程管理局（下简称市建工局），负责全市建筑市场、建筑施工企业、建筑工程质量、施工安全等行业管理工作。是年，勘察设计单位23家，职工745人，营业收入240万元；建筑施工企业257家，职工5.63万人，建筑总产值3.71亿元，占湘潭市GDP（地区生产总值）15.1%。1987年，建筑施工企业在内部推行单独核算生产经营单位经济承包责任制；栋号包干制由集体经营性承包衍生个人经营性承包。市建委、建行根据省建委、建行规定，从7月1日起，建筑施工企业劳动保险费用由建筑施工企业劳保费用管理机构向建设单位在工程报建时统一预收，返回给建筑施工企业。同年，建筑市场出现混乱，市建委根据建设部、省建委要求整顿建筑市场，共查处无证施工、不报建等违规行为70起，另将7起经济案件移交司法部门处理。1988年，企业经营理念转变，勘察设计单位开始去广东、福建、长沙等地承接业务；市、县、乡镇属建筑施工企业出省承包工程业务增多，外拓产值1.14亿元，占行业建筑总产值的31%。为提高建筑队伍技术水平，市建委创办市中等城乡建设职业技术培训学校，统一培训中级施工、预算、质检、安全、材料员（下简称“五大员”）。1989年，因国家压缩基本建设规模，湘潭基本建设投资减少致使勘察设计与建筑施工业务减少，企业进入“渡难关”期。4月，市政府根据省政府要求，成立机构清理回收拖欠工程款，共清出历年被拖欠工程款4796万元，年底收回904万元。1990年，勘察设计单位24家，职工914人，营业收入231万元，分别为1986年的104.3%、122.7%、96.3%；建筑施工企业248家，职工7.89万人，建筑总产值4.05亿元，分别为1986年的96.5%、140.1%、109.2%，建筑总产值占湘潭市GDP的9.57%。

1991年，湘潭市勘测设计院运用计算机技术及航测仪器，通过空中摄影，将航片转化为大比例尺地形图，其成图速度、精度及成图软件的开发利用，均达国内先进水平。年底，建筑企业“渡难关”结束，但部分老施工企业从此一蹶不振，半数职工下岗。1992年，建筑施工企业经济性质开始变化，非公有制企业出现，打破原公有制企业一统天下局面；乡镇建筑施工企业快速发展，成为城市建筑施工企业的竞争对手。因经济发展加速，基本建设投资增多，加上外拓力度增大，致使施工业务增多，建筑总产值达8.4亿元。第一个住宅小区出现，市民家庭居室装饰装修开始。1993年，为纪念毛泽东诞辰100周年，湘潭第一栋超高层建筑——湘潭国际金融大厦开工，该楼主楼34层，建筑面积4.8万平方米；韶山毛泽东铜像基座、2万平方米的韶山毛泽东诗词碑林、1.2万平方米的韶山烈士陵园等工程竣工。是年，建筑总产值首次过10亿元。1994年，市、县（区）、街道行政、事业单位兴起办“实体”热，竞相成立建筑施工企业（时称“机关建筑企业”），企业无序发展，达413家，比上年新增84家，多为“提篮子”公司，扰乱建筑市场秩序，造成境域建筑队伍多施工业务少的矛盾。1995年，因人民生活水平提高，城市住宅户型二室一厅减少，向三室一厅发展。建筑施工企业向“做大做强”方向发展，建筑产值过5000万元企业4家。是年，勘察设计单位27家，职工950人，营业收入662万元，分别为1990年的112.5%、103.9%、286.6%；建筑施工企业460家，从业人员9.87万人，建筑总产值22.21亿元，分别为1990年的185.5%、125.1%、548.4%，建筑总产值占湘潭市GDP19%。

1996年，由于大型建筑工程增多，勘察设计和建筑施工应用新技术、新材料、新工艺、新设备（下简称“四新”）水平得到显著提高。市、县属建筑施工企业首次走出国门，在老挝、越南承包施工业务。是年，开始推行建设工程监理制和工程造价咨询制；全面推行建筑工程施工招标投标制，招标率91.26%，比上年上升61.86个百分点。1997年，贯彻执行《中华人民共和国建筑法》，建筑市场由人治转向法治。为杜绝建材试验弄虚作假，根据省建委规定，建材试验全面实行见证取样和送检制度。1998年，湘潭城市中心区开始东移，高层和大型建筑工程建造量增多；推行商品房制度，住宅建造量增多，为勘察设计和建筑施工企业提供了发展条件，但仍“僧多粥少”。1999年，市政府根据省政府要求，开展建设领域专项治理，整治建设领域行贿受贿、偷税漏税等不法行为。根据省建委要求，实施建筑工程质量终身负责制，凡竣工工程都设立永久性质量责任标牌，以便社会监督。是年，市建工局根据《中华人民共和国招标投标法》监管招标投标活动，招标率98.54%，位居全省第一。2000年，湘潭农村3–4层楼房、别墅式住宅、庭院式建筑开始出现。年底，建设领域专项治理结束，除查处一批违章工程外，还查出建设、施工单位偷税漏税479万元；职务犯罪42起，涉案人员45人，为国家挽回经济损失780万元。勘察设计单位19家，职工809人，营业收入1419万元，分别为1995年70.4%、85.2%、214.4%；建筑施工企业247家，从业人员10.04万人，建筑总产值29.93亿元，分别为1995年53.7%、101.7%、134.8%，建筑总产值占湘潭市GDP的16.6%。

2001年，行业管理进一步加强。市建设局建立施工图审查制度，开展建筑、市政工程施工图审查；实施勘察设计工程招标投标制，以招标投标发、承包业务；推行建设工程招标代理制；根据建设部规定，建筑业设立注册建造师制度，取消原项目经理制度；按照建设部《建筑业企业资质管理规定》，建筑业开展资质就位工作，所有企业均按新标准定级，取消原四级和等外级企业。市政府批准成立市建设工程交易中心，境域建设工程施工项目入场交易。10月，市委决定撤销市建工局，设立市建筑行业管理办公室（下简称市建筑行业办），负责建筑业和建设监理企业资质、建造师（项目经理）和监理工程师、工程交易、建筑劳保基金等管理工作。2002年，资质就位工作结束，全市建筑施工企业131家，比就位前的2000年247家减少116家；“机关建筑企业”全部与其主管部门脱钩；行业结构得到调整，3家市属企业首次晋升国家一级企业。2003年，境域办公楼和住宅小区工程建造量增多。湘潭第一个高层建筑住宅小区——湘潭云盘花园住宅新区开工，计12层5栋、18层9栋，建筑面积10万平方米。根据建设部《建筑业企业资质管理规定》，湘潭将砌筑、木制作等13个劳务专业，从房屋建筑总承包和专业总承包中分离出来，设立建筑劳务作业分包专业系列，新成立建筑劳务分包企业5家。按照省建设厅规定，勘察设计和建筑施工企业开展改制。市政府根据国务院办公厅、省政府要求，成立机构清理建设领域拖欠工程款和农民工工资。是年，建筑总产值过40亿元。

2004 年，湘潭设计单位根据《湖南省居住建设节能设计标准》，开始住宅建筑节能设计。市政府办公楼竣工，该楼 19 层，建筑面积 47380 平方米，获国家工程质量“鲁班奖”。建筑总产值过 50 亿元。2005 年，湘潭勘察设计和建筑业改革得到深化，行业管理加强，勘察设计、施工技术和质量水平提高，实现安全施工。是年，建筑设计应用 CAD 微机出图率、建筑节能设计推广率、施工图审查普及率均为 100%。全部使用国有资金的建设工程强制采用工程量清单计价，采用率 94%。建设工程施工招标率 100%，建设监理率 90%，工程质量合格率 100%、优良率 30%；完成改制比例：勘察设计企业为 38%，建筑施工企业为 57.8%。年底止，清理出历年被拖欠工程款 16982 万元、农民工工资 1246 万元，偿还均达 90%。勘察设计企业 21 家，职工 1060 人，营业收入 3644 万元，分别为 2000 年的 110.5%、131%、256.8%。建筑施工企业 163 家(其中产值过亿元企业 7 家，过 10 亿元 1 家)，从业人员 11.64 万人，建筑总产值 65.4 亿元，分别为 2000 年 66%、115.9%、218.5%，建筑总产值占湘潭市 GDP17.8%。建筑业作为湘潭经济支柱产业地位得到确立。

第一章　勘察设计

1986 年，湘潭勘测勘察单位完成工程测量 32 标准平方千米，工程地质勘查 5779 标准米；设计单位完成施工图设计项目 810 个，建筑面积 87 万平方米。1987 年起，湘潭勘测单位进行基础测绘，为城市建设和管理打下扎实基础；勘察单位为大型公共、工业与住宅建筑工程进行地质勘查，逐渐掌握市区地质情况，为工程设计提供可靠地质资料；设计单位设计出一批富有时代特色、彰显湘潭现代风貌的建筑工程，湘潭城市形象不断改变。1995 年，完成工程测量 52.1 标准平方千米，工程地质勘查 9220 标准米，分别为 1986 年 162.8%、159.5%；完成施工图设计 815 个，建筑面积 147.2 万平方米，分别为 1986 年的 100.6%、169.2%。1996 年起，勘察单位除进行房屋建筑工程勘察外，还为桥梁、污水处理厂等城市基础设施工程进行勘察；设计单位所设计的公共、工业、住宅建筑体型外观美感增加，住宅小区规划设计不断完善。2005 年，完成工程测量 105 标准平方千米，工程地质勘查 6 万标准米，分别为 1995 年的 201.5%、650.8%；完成施工图设计 427 个，建筑面积 125.2 万平方米，分别为 1995 年的 52.4%、85.1%。

第一节　建筑勘察

1986 年，湘潭公共、工业、住宅建筑工程规模较小，勘查量不大。完成工程测量 32 标准平方千米，工程地质勘查 5779 标准米。1987 年起，勘查单位为建设 10 层以上钢筋砼框架结构工程，如市粮贸大楼、湘潭农业银行大楼等进行地质勘查，为工程设计提供充分数据。1990 年，湘潭开始水下地质勘查。4 月，由市勘测设计院勘查的市十四总千吨级泊位码头，工程地质条件复杂，对难于取得原状样地层，采取原位测试技术，取得充分数据。组织 QC 小组攻关，解决断层的存在、分布和性质问题，为正确评价工程地质条件和对桩基方案的选择，提供确切设计参数，获市优秀工程勘察项目三等奖。是年，完成工程测量 2.1 标准平方千米，工程地质勘查 6660 标准米，分别为 1986 年的 6.6%、115.2%。

1991年，工程测量和工程地质勘察量增加，在地形测绘中通过机助航测绘制出湘潭大比例尺地形图。1992年，开始进行水文地质勘察，当年完成1150标准米。1994年，开始高层建筑地基地质勘察。12月，由市勘测设计院勘察的市财政大楼，位于市大湖路，16层，地域地质为角砾土层。在勘察中采取综合勘探测试手段，为获得角砾土层承载力等参数，在几米深基坑进行原位载荷试验，就其层土力学性质进行研究，其"如何科学地评价高层建筑地基承载力"获省第七届优秀QC成果二等奖。查明岩溶发育情况及溶洞对场地稳定性的影响，同时通过对角砾土层试验研究，既为设计提供可靠资料，又为解决河西地区大面积角砾土层物理力学性质取得宝贵资料，获省优秀工程勘察项目三等奖。1995年，完成工程测量52.1标准平方千米，工程地质勘查9220标准米，分别为1990年的2480%、138.4%。

1996年开始进行工程物探，当年完成工程物探674标准点。同年起，勘察单位在工程勘察中，不但为所勘察工程的设计与施工单位提供可靠地质状况数据，还在河西一些地域发现土洞、溶洞、溶漕、裂隙、断层等不良地质现象，为市城区地质状况积累宝贵资料。1998年，勘察单位开始为大桥建设进行地质勘查。10月，由市勘测设计院承担地质勘查、测量的市三大桥，桥长1366米，主桥长836米，桥面宽20.5米。在勘查中，使用CASIOFX—4500P计算器编程，以桥轴线为纵轴的坐标系进行钻孔定位，水上钻孔40个，实行旁压试验、P—S波速检层试验等，结合室内试验结果，为工程设计提供准确地质数据，获省优秀工程勘察项目二等奖、测量三等奖。同年，启动全市地形图数字化工作。1999年始，大型公共、工业、住宅建筑工程勘察量不断增大。市、县(市)城市、小城镇、工业园区和住宅小区规划和地形测绘量大增。全市地形图数字化工作在省内处于领先水平。勘测和勘察工作进入快速发展阶段。2000年，完成工程测量216.5标准平方千米，工程地质勘查13409标准米，分别为1995年的415.5%和145.4%。

2001年起，城区河东地区房屋建筑和市政基础设施工程建设步伐加快，勘察单位为其进行大量地质勘察。2003年，开始建设城市污水处理厂，首次对污水厂工程进行地质勘查。由省资源规划勘测院承担岩土工程勘察市河西污水处理厂一期工程，位于市雨湖区湘竹村，污水日处理总规模20万立方米，其中一期日处理10万立方米。工程由预处理构筑物、氧化沟、二沉池、贮泥池、污泥脱水间及综合业务楼组成，占地面积7.63万平方米。工程临湘江，地质条件复杂，上履地层中粉土层工程性质较差，且地下水量大并具承压性。勘察中详细查明粉土层在场地内纵、横向分布特点；进行大量原始测试，较准确判别其密实度及液化等物理特性；提出对粉土层进行深层粉喷搅拌处理方案等，为业主和设计方接受，获省优秀工程勘察设计表扬奖。

2004年，建设工程勘察1万平方米以上的公共、工业和12层以上高层住宅工程15个，市委、人大办公楼等，经过勘察掌握其地质情况，为工程设计提供地质状况数据。2005年，首次勘察和基坑支护大型地下工程。由省资源规划勘测院勘察和基坑支护韶山中路商业广场(金湘潭商业广场)，位于市韶山中路与建设北路交汇处东南角，总用地面积2.3万余平方米，地上7层，地下2层。基坑开挖深11.7米，基底开挖边线总长392米，时为湘潭规模最大、开挖最深基坑支护工程。场地地下基岩为白垩系灰质砾岩层，岩溶十分发育，地下水量大，基岩上残积土较厚，在勘察中查明岩土工程及水文地质条件，对基坑支护方案进行技术会审，为工程设计提供准确参数，且为湘潭今后有效开发利用地下空间和河西地区在复杂地质条件下实施更多深大基坑项目建设积累成功经验。

2005 年，完成工程测量 105 标准平方千米，工程地质勘查 6 万标准米，分别为 2000 年的 48.5%、447.5%。至是年止的 20 年中，市勘测设计院投资建立四等首级平面测量控制网、三等首级高程测量控制网、四等平面控制网控制面积均达 600 平方千米。市区各主次干道采用导线网布设，市郊采用三角网、导线网及 GPS 网方式布设，并通过联测四等水准或三角高程进行平面及高程等级控制加密。共测制 1:500 比例尺地形图 149 平方千米，1:1000 比例尺地形图 201 平方千米，1:2000 比例尺地形图 594 平方千米；完成城市主干道自来水、煤气和天然气、污水、电信等管线测量总长度 452 千米。这些基础测绘资料，在湘潭二、三、四大桥和潭邵、潭耒两座高速公路大桥以及高新、双马、先锋、九华开发区的建设，湘潭大学和湖南科技大学的扩建中，都得到充分利用。

第二节　建筑设计

1986 年，为适应湘潭公共、工业、住宅建筑发展需要，设计工作者贯彻落实国家一系列设计规范、规程和标准，所设计项目达到经济、适用、安全，在可能条件下实现美观目标。建筑物地震设防基本烈度 6 级。是年，完成施工图设计 810 个，建筑面积 87 万平方米。1987 年起，设计工作者坚持“繁荣建筑设计，提高设计质量”方针，解放思想，突破传统设计形式束缚，推广应用“四新”，加快设计进度，提高设计质量。1989 年，湘潭根据建设部新标准规定，在工程设计中开始利用建筑物金属体做防雷及接地装置。铝合金门窗出现，设计中按新标准开始将铝合金门窗应用于工程。电气配线设计中用硬塑料管代替金属管。1990 年，住宅厨房、卫生间、门、热水器、电线等，均按国家新标准设计。设计中开始推广应用多孔砖墙体和砼小型空心砌块及外墙保温设计。是年，完成施工图设计 639 个，建筑面积 58.2 万平方米（含境外开拓数，下同），分别为 1986 年的 78.9%、66.9%。

1991 年起，公共、住宅建筑项目增多，面积逐渐增大，建筑设计推广应用“四新”力度加大。1995 年，完成施工图设计 815 个，建筑面积 147.2 万平方米，分别为 1990 年的 127.5%、252.9%。

1996 年起，执行国家《人民防空地下室设计规范》，在大型公共建筑工程设计中结合地下工程（车库、设备用房等）设计防空地下室。2000 年，完成施工图设计 699 个，建筑面积 124.7 万平方米，分别为 1995 年的 85.8%、84.7%。

2001 年，设计工作坚持以人为本，强调平面布局合理，空间形态美观；小区规划设计、工程单体设计及环境设计同步进行，协调统一；区域基础设施和公共服务设施设计趋向配套，达到经济、适用、安全、美观、环保目标。按省建设厅《关于转发建设部发布的 < 自动喷水灭火系统设计规范 > 等 28 项国家行业标准的通知》进行工程设计。同年，贯彻执行建设部《关于批准 < 多、高层民用建筑钢结构节点构造详图 > 等 7 项国家标准设计图集的通知》，按其新标准进行公共、住宅工程设计。2003 年，执行建设部《关于批准 < 建筑无障碍设计 > 等 10 项国家建筑标准设计的通知》，其中对新建、改建城市道路和建筑物按城市道路和建筑物无障碍设计规范进行工程设计。

2004 年，执行省建设厅《湖南省居住建设节能设计标准》，按其标准进行住宅建筑节能设计。根据省建设厅等有关部门关于地震设防规定，湘潭除湘乡市、韶山市外，建筑物地震设防按基本烈度低于 6 度规定进行工程设计。2005 年，湘潭按照国家防空地下室设计新规范设计地下防空设施。建筑节能设计全面推广，比例达 100%。是年，完成施工图设计 427 个，建筑面积 125.2 万平方米，分别为 2000 年的 61.1%、100.4%。

一、公共建筑设计

1986 年，湘潭公共建筑以办公楼、综合楼、教学楼为主，建筑规模不大，设计较为简单。办公楼平面设计开间不大，每间建筑面积 15～20 平方米；顶层多设计为会议室。综合楼一般 1～3 层为商场，4～6 层为办公或职工宿舍。教学楼设计，农村为 1～2 层，城镇为 3～6 层，平面布局和空间及体型大多雷同而少变化，其安全要求遵照国家标准设计。影剧院基本是中小型规模，平面布局设计通常以门厅、观众厅（多附挑楼）、舞台传统三部分及附属用房组成，观众厅设计注重视听要求，趋于传统，新型结构采用少。由市规划建筑设计院设计的湘潭电缆厂影剧院，位于建设南路，建筑面积 4000 多平方米，观众厅 25×30 米，含挑楼座共 1440 座，排架结构，非标准梯形钢屋架，正立面二层，半地下一层。大方庄重，时为湘潭最好影剧院。建成后曾接待中央级文艺团体大型文艺演出，其功能及厅堂音质效果符合演出要求。是年，完成施工图设计 240 个，建筑面积 25.8 万平方米。

1988 年，湘潭商业楼设计布局较前期变化不大，1～4 层商场一般为大开间，每一层内部空间连通，5 层及其以上在梁柱上用砖墙间隔成小开间，作为办公、招待所、职工宿舍用。由市建筑设计院设计的湘潭商业大厦，位于市韶山中路，6 层钢筋砼框架结构，工程造价 240 万元，建筑面积 9324 平方米，时为湘潭最大商业楼，市民购物集中地，但地面四周空余面积不大。同年，广播电视建筑设计开始，由市建筑设计院设计的湘潭电视台发射综合楼，位于市东湖路，平面正方形，四角设四根粗柱，上架设钢架结构电视发射塔，底面积 30×30 米，建筑物高 150 米，是湘潭当时最高钢结构建筑物，可较大距离传播电视节目，获省优秀设计三等奖。1989 年起，因国家压缩基本建设规模，基本建设投资减少而设计项目减少。1990 年，完成施工图设计 185 个，建筑面积 16.5 万平方米，分别为 1986 年的 77.1%、64%。

1991 年起，公共建筑设计由过去的经济、适用、功能单一，向经济、适用、多功能与美观方向发展。注重建筑体型和城市面貌要求，成为公共建筑设计特征。高层建筑设计已成为设计业务一部分，应用设计新技术和建筑新材料成为设计新内容。高层和大型建筑设计地下层以用于停车和水、暖、电、通讯等设备安装，战时亦可用于防空。1992 年，由市规划建筑设计院设计的市人民银行大厦，位于建设北路，19 层，其中地下二层：负一层为停车库及设备用房，负二层结合箱形基础为消防及生活用水池；地上 17 层为金融办公楼，框架剪力墙结构。建筑面积 1.6 万平方米。内部空间布局合理，外形造型美观，为湘潭当时最高、最新颖办公楼。1993 年，由市建筑设计院设计的潭水大厦，为市自来水公司办公楼，位于市建设路口，17 层框架结构，建筑面积 1.3 万平方米，外观雄伟。

1994 年，湘潭教学楼建筑面积扩大，使用功能增加，注重立面造型美观，设计出一批风格各异教学楼。尤在农村，最好建筑就是教学楼。由市规划建筑设计院设计市一中教学楼，建筑面积 15468 平方米，6 层，一层架空为单车库，2～6 层为教室及辅助用房，南北两栋为普通教学楼，在两栋之间西向设阶梯教室、多媒体教室及报告厅，平面布局为“门”字形，中间地面留有较大空间，设旱喷泉。整栋建筑平面布局合理，立面造型美观大方，获省优秀设计三等奖。同年，纪念性建筑增加，功能亦较齐全，其外型设计富有特色。10 月，由湖南省建筑设计院设计韶山毛泽东图书馆开工，该馆分阅览、书库、办公三部分，五层框架结构，总跨度 17.54 米，主楼高 24.5 米，建筑面积 3086 平方米。底层地面为细石砼防潮,上铺花岗岩或做水磨石;楼地面为水磨石或防滑地板砖;内墙面刷888仿瓷涂料;外墙面为白色瓷面砖;现浇砼刚性防水、蓝色玻璃瓦屋面。用于储藏毛泽东生前所阅读、批注过书、报、刊和毛泽东文稿、各时期国内外各种毛泽东著作版本及国内研究毛泽东、毛泽东思想文章、专著。正面外形设计庄严,富有馆舍特征。1995年,由市建筑设计院设计彭德怀纪念馆,位于湘潭县乌石镇,建筑面积2780平方米,砖混结构。整体布局和屋顶处理与乌石群峰背景环境相得益彰,建筑造型充分体现彭德怀元帅横刀立马、无私无畏崇高精神,达到建筑、环境与人和谐统一。展室空间布局和展览内容有机结合,人流路线通畅。内外空间层次分明,相互渗透,园中有园,观展与游憩结合。工程设计独具匠心,建筑造型新颖,较好地处理传统与时代关系,获省优秀设计一等奖。是年,完成施工图设计228个,建筑面积41.1万平方米,分别为1990年的123.2%、249.1%。

1996年起,湘潭公共建筑不断增加,但仍以办公楼、综合楼居多。所设计工程造型新颖,功能齐全,装修装饰档次提高。1997年,办公楼设计建筑面积增大,一些办公楼一楼多用,立面造型突破传统方型格局。由市规划建筑设计院设计的市高新科技办公楼,位于芙蓉路,17层,其中地下一层为车库、设备用房,建筑面积1.5万平方米。平面功能为展览厅、办公楼。整体片筏基础,主体框架结构。体型设计新颖,立面由三组建筑高低凹凸造型构成整体,美观大方。

1998年开始,湘潭城市中心逐步东移,河东地区凡大型建筑,都独立于一个较大区域内,四周留有较大空间用于广场和绿化,重要建筑与周边环境融合,城市街区面貌改善。楼房设计面积增大,开间面积亦增大,如办公楼开间面积达20~25平方米,且有套间设计。虽改变过去使用拥挤状况,宽阔空间也增加人的舒适感,但对土地资源和能源浪费较大,有悖国家经济、适用、环保设计标准。以人为本,建筑与环境协调统一,建筑为环境增色,提升城市美感,是其时公共建筑设计特点。部分大型公共建筑工程为境外设计单位设计。1999年,完成市城区消防、路网、排水、市场等专业规划设计和韶山东路、丝绸路、桃园路、昭山开发区、白马湖等14个控制性详细规划设计。2000年,完成施工图设计210个,建筑面积39.1万平方米,分别为1995年的92.1%、95.1%。

2001年起,湘潭大面积框架结构的公共建筑工程设计量大增,冷轧带肋钢筋、砼空心砌块、粉煤灰砌块等建筑新材料大量、广泛应用于工程设计中,建筑立面造型雷同现象大减,新颖别致的建筑造型随处可见,如位于齐白石广场侧湘潭移动通讯大楼、基建营处湘潭中荣大厦、河东地区市政府办公楼、湘潭广电中心等。

2002年,为纪念湘潭名人齐白石,市政府在市大湖路白马湖建设齐白石广场,将原齐白石纪念馆改扩建为齐白石艺术中心。该中心由市建筑设计院设计,砖混结构,建筑面积9795平方米,其中齐白石纪念馆3377平方米。设计保留原馆平面布局与“情与景融,寓神于形”的构思,通过对建筑空间的重新塑造与相临白石广场有机结合,互为衬托,强化白石广场文化氛围。整体建筑形象与风格采取“以简驭繁,简洁无华,拙中有巧,天趣自然”手法,继承传统风格,突出现代典雅,其坡顶错落,青砖蓝瓦,轻巧飘逸,和谐自然。充分反映白石老人既师古人,又坚持创新的本色,获省优秀设计二等奖。

2003年,一批新型教学、医院、演艺性公共建筑完成设计并相继建成,城市功能不断配套齐全。是年,由市规划建筑设计院设计的市一中体育馆,建筑面积8888.8平方米,框架及网架结构。主体为二层大空间,其中一层设有4个主要大体操室等活动用房,二层设有体育(篮球、排球)比赛场、文艺演出大舞台及其相应功能的辅助用房。看台有近 3000 个座位,视线、音质效果良好。建筑形式大方而充满动感,获省优秀设计表扬奖。同年,由市建筑设计院设计的湘潭中心医院住院部,19 层框架结构,建筑面积 3.58 万平方米,可容床位 900 张。体型设计简洁,内部人流顺畅,医患空间考虑缜密,使用方便,具有现代新型医疗建筑特色,时为境域最高医疗建筑,医患集中,易于管理,获市优秀设计一等奖。同年,由市建筑设计院设计的韶山韶乐演出厅,位于韶山市毛泽东纪念园侧。设计者充分利用纪念园良好环境,建立一个富有特色的新景点。其体型虽不大,但采用凸出式舞台和半环绕式观众座位布置,能较好地适应小型古朴乐舞互动演出要求。颇具特色八字形陡坡草屋顶和正面粗犷木构架,获省优秀设计三等奖。2005 年,完成施工图设计 132 个,建筑面积 38.2 万平方米,分别为 2000 年的 62.9%、97.7%。

二、工业建筑设计

湘潭工业建筑通用厂房,多由市内设计单位设计;特殊厂房,如湘潭钢铁厂、湘潭新电厂等安装大型或重型设备厂房,一般由中央、省或省外专业对口设计单位设计。

1986 年,湘潭工业厂房体型设计一般为长方形或正方形多跨组合,结构较简单,多为单层排架结构,建筑面积每栋为五六千平方米,主要用于产品生产或加工,大型生产线车间较少,特殊工业建筑工程设计也较少。是年,完成施工图设计 60 个,建筑面积 9.1 万平方米。1987 年底投产的由武汉设计院设计湘潭钢铁厂 10 万立方米高炉干式煤气柜工程,时为国内中南地区第一座大型干式高炉煤气柜。1989 年起,工业建筑设计中按照国家新的设计规范,更新单层厂房屋盖系统标准设计。1990 年,完成施工图设计 49 个,建筑面积 4.7 万平方米,分别为 1986 年的 81.7%、51.6%。

1991 年起,工业建筑设计仍以单层排架结构为主。1995 年,完成施工图设计 73 个,建筑面积 11.8 万平方米,分别为 1990 年的 149%、251.1%。

1996 年起,湘潭工业快速发展,工业厂房建设增多,因大型生产线安装而体型增长。排架结构设计减少,框混结构设计增多。建筑面积每栋一般为八九千平方米,大型厂房在一万平方米以上。因高新技术广泛应用于工业生产,故设计时已将其特殊要求纳入设计内容,设计技术趋向复杂。多层厂房设计出现。因老工业企业,特别是大型老工业企业为提升生产能力而进行技术改造,技改设计项目增多。2000 年 2 月,湘潭钢铁厂为形成年生产 200 万吨钢综合能力技改项目二烧二期工程开工,改造后年新增烧结矿石容储量 105 万吨。是年,完成施工图设计 50 个,建筑面积 9.9 万平方米,分别为 1995 年的 68.5%、83.9%。

2001 年后,工程主体单层轻钢结构大型厂房设计增多,如由市建筑设计院设计湖南金钢钢结构有限公司二期重钢厂房和湘潭九华汽车生产基地主厂房等。通用厂房多由湘潭设计单位设计,如 2004 年由市建筑设计院设计市伟鸿食品有限公司厂房,二层框架结构,建筑面积 1.4 万平方米,用于食品加工。2005 年,完成施工图设计 31 个,建筑面积 9.7 万平方米,分别为 2000 年的 62%、98%。

三、住宅建筑设计

(一)城市住宅建筑设计

1986 年,湘潭住房较紧张,公房户型设计多为二室一厅一厨一厕,以"大房小厅"布局,户型建筑面积55平方米左右，客厅与餐厅、厕所与浴室共用，使用不便；三室一厅建筑面积75平方米左右。单栋建筑面积二三千平方米。建有少量居民点，叫新村。是年，完成施工图设计510个，建筑面积52.1万平方米。1987年起，新村建设逐年增多。由市房产局建设、市住宅设计研究所设计民主新村，位于市民主路，共5栋，建筑面积1.75万平方米，6层砖混结构。1988年，由市城建开发公司建设、市建筑设计院设计天鹤新村，位于市建设南路，建筑面积6.1万平方米，6层砖混结构。时为最具规模新村之一。1989年起，湘潭公房住宅户型、建筑面积设计变化不大。其私房户型、建筑面积与公房相差无几，如两层小楼房建筑面积只在60~80平方米之间，因国家政策对私房建筑面积亦有控制。1990年，因湘潭基本建设投资减少，住宅建筑亦减少。是年，完成施工图设计405个，建筑面积37万平方米，分别为1986年的79.4%、71%。

1991年起，公房套房面积有增加，每户65~85平方米，以两室一厅为主，三室一厅比例较少。其设计工作量逐年增大，但功能布局、结构等与前期比变化不大。1995年，户型设计二室一厅减少，向三室一厅发展，但户型建筑面积仍控制在65~85平方米之间。是年，完成施工图设计514个，建筑面积94.3万平方米，分别为1990年的126.9%、254.9%。

1996年起，湘潭兴起集资（单位补助、个人出资或全部个人出资）建设住宅热潮，多为三室二厅，建筑面积100平方米以内。1998年8月起，国家取消福利房、推行商品房制度，住宅公房概念不复存在，居民所购商品房户型设计发生很大变化：二室一厅大幅减少，三室一厅、三室二厅增多；户型面积增大，二室一厅为70平方米左右，三室一厅为100~120平方米。时兴设计小房（10~12平方米）、大厅（20平方米左右）、大卫（3~3.5平方米）；阳台宽至1.5米，大户型设计通阳台。居住使用较为舒适。居民新村改称为住宅小区，开始注重环境美化设计，居住条件改善。1999年，厂矿、机关单位、居民自建住宅和集资住宅停建，全面推行商品房制度。2000年，设计理念变化加快，传承四五十年的“火柴盒”“军营”式住宅减少，外形设计风格多样住宅大量出现，体形外观美感增强。是年，完成施工图设计439个，建筑面积75.7万平方米，分别为1995年的85.4%、80.3%。

2001年起，按照以人为核心小康住宅示范工程规划和设计原则，树立小康住宅设计新概念，打造文明居住社区新环境，住宅小区实现整体规划设计，水、电、燃气、消防等设施配套，设计有花园、假山、亭阁、溪流、小桥，树木花卉草坪点缀，居住环境质量提高。鉴于市场需求增加，户型设计进一步变化，三室一厅减少，三室二厅为主流，四室二厅一厨二卫增多，有的还设计有健身房、保姆房、储藏室。套房面积增大，一般每户为120~140平方米，个别在200平方米以上。跃式、复式和屋顶花园住宅出现。高收入家庭已拥有豪宅。为满足中低收入家庭购房需求，根据建设部指令建设经济实用住宅，设计为二室二厅或三室二厅，每户建筑面积90平方米以下，做到使用功能齐全；建设廉租房，户型建筑面积50平方米左右。建筑设计处于繁荣昌盛期。上规模小区增多，如由原湘潭纺织印染厂破产清算小组建设、市建筑设计院设计的银海花园，位于市板塘铺，共19栋，建筑面积6.93万平方米，3~6层底框、砖混结构。2002年，由市大同房地产实业股份有限公司建设、市住宅设计研究所设计百姓家园，位于市熙春东路，建筑面积5.28万平方米。6层砖混结构。整体规划合理，外形设计新颖，居室和环境舒适。

2003年，湘潭开始建设高层住宅小区，建筑设计上档次，如湘潭第一个高层住宅小区——湘潭云盘花园，建筑群体型设计美观大方，富有时代气息，增加城市美感，其建筑上的塔式蓝色屋顶设计特别引人注目。2004 年，住宅小区均为同片规划，同片设计，同片施工。2005 年，建筑面积 10 万平方米以上住宅小区增多，建筑外形设计变化亦大，由湘潭金侨房地产开发有限公司建设、市建筑设计院设计的金侨世纪苑二期工程，位于市双拥中路，建筑面积 10.09 万平方米，6 层底部框架、砖混结构。花园式布局，其设计富有现代风格中融入中国江南民居建筑特点。是年，完成施工图设计 264 个，建筑面积 77.3 万平方米，分别为 2000 年的 60.1%、102.1%。

(二)农村住宅建筑设计

1986 年起，湘潭农村 1~2 层、建筑面积 200 平方米以内住宅工程，一般无正规设计，是“套他人式样”施工，多数工程平面布局和外形千篇一律。国家和省曾组织编印《农村住宅设计标准图集》，但因不适用而推行面不广。3~4 层楼房或庭院式建筑面积 200 平方米以上工程，多由正规设计单位设计，平面布局合理，立面造型新颖，成为农村一亮点。2000 年后，新农村建设试点村庄贯彻可持续发展战略，注重保护生态环境，统一规划设计，民居从分散到适度集中，以二层住宅为主，也设计和建造有少量多层公寓式住宅，使用功能较为完备，居住适宜。其趋势至 2005 年。

第二章 建筑形式风格

1986 ~ 1995 年，湘潭公共、工业、住宅建筑工程的体型、平面布局、建筑面积等，与前期比变化不大，小型工程居多。

1996 ~ 2005 年，新型建筑材料、施工工艺不断应用，建筑工程结构形式和建筑风格发生巨大变化。其主要特征：建筑功能不断完善，如公共建筑和住宅建筑面积不断扩大，公共、工业建筑结构由单一砖混向框架、框剪、框网、轻钢等多种形式发展，生活设施不仅强调配套，还注重环保和舒适；充分展示现代建筑风格，在继承传统建筑基础上，吸收西方建筑风格，不断创新发展，建筑体型、立面处理、内外空间的组织、装修及色彩应用等，既注重适用，又讲究美观；“四新”被广泛推广运用，折板结构、悬索结构、网架结构、筒式结构等新结构不断涌现，从而为大跨度建筑和高层建筑施工提供物质、技术基础；建筑的经济性与技术性、艺术性相结合，房屋建筑除做到适用、坚固、经济合理外，还尽可能根据房屋不同特点和使用要求，对建筑空间形象和外部体形加以适当处理，达到经济、技术、艺术三者统一。

第一节 公共建筑

1986 年，湘潭公共建筑主要注重经济、适用，在可能条件下注意美观。绝大部分为 6–7 层砖混结构。综合楼用于营业、办公和住宿，一楼多用。教学楼建造量较大，多为小型工程，单栋建筑面积为三四千平方米。4 月，湘潭第一幢高层百货营业楼——湘潭百货营业楼开工，该楼地处市区最繁华的建设北路，由市村镇规划设计研究所设计，市第二建筑工程公司施工。塔式体型，钢筋砼框架结构，12 层(其中半地下一层)。由营业间、办公室、业务洽谈室、职工宿舍等组成。建筑面积 6300 平方米，工程造价 201.6 万元。大楼东西长 24.4 米，南北宽 15 米，建筑总高度 58 米。

1987年，湘潭开始建筑大型办公楼。2月，江麓机械厂办公楼工程开工。该楼由机械工业部设计，湘潭县工程公司施工。8层框架结构，建筑面积7950平方米，工程造价252万元。同年11月，湘潭百货营业大楼竣工。1988年5月，江麓机械厂办公楼竣工。

图 28-2-1　湘潭市百货大楼

1992年，为纪念毛泽东诞辰100周年，韶山部分纪念性工程开工。1993年8月，湘潭第一栋超30层建筑——湘潭国际金融大厦开工。该楼位于市建设南路与河东大道交汇处东南角，湘潭中苑房地产综合开发公司建设，湖南省第三工程公司施工，框剪结构，主楼34层(含地下2层)，裙楼5层(含地下1层)，建筑面积4.8万平方米，为商业、办公合用综合楼。12月中旬，由韶山市第二建筑公司承建的韶山毛泽东铜像基座、2万平方米的韶山毛泽东诗词碑林、1.2万平方米的韶山烈士陵园等纪念工程竣工。

1994年起，湘潭公共建筑规模逐步扩大，纪念性建筑增加，韶山毛泽东图书馆和湘潭县乌石彭德怀纪念馆；较大型综合楼开始兴建，如位于市建设路与车站路交汇处东南角的潭城商厦，一楼多用，集营业、办公于一体。

1996年，公共建筑工程增加，以办公楼、教学楼、综合楼为主。同年2月，湘潭国际金融大厦竣工，工程质量优良，时为湘潭标志性建筑。至1997年止，公共建筑大多数仍为中小型建筑。

1998年，湘潭城市中心逐步东移，公共建筑规模都有很大变化，高层建筑和大型建筑工程逐年增多，湘潭地税局办公楼(15层)、湘潭汽车东站等，建筑面积都在一万平方米以上。3月，湘潭第一个大型商贸城——红旗商贸城开工。该城位于市河东大道中段，湘潭红旗集团公司建设，市红旗建筑公司等单位施工，6层框架结构，建筑面积8万多平方米，工程造价七千多万元，为综合型商场。1999年9月，湘潭第一幢高层办公楼——湘潭电力生产调度通讯大楼开工，该楼由湘潭电业局兴建，是集办公、电力调度、通讯、客户交易于一体的综合楼，位于市河东大道与双拥北路交汇处西北侧，由湖南省建筑设计院设计，湖南省第三工程公司施工。工程主体为全现浇钢筋砼框架剪力墙结构，人工挖孔桩箱形基础。建筑面积2.5万平方米，工程造价6000万元。主楼22层(其中地下1层)，裙楼3层；檐口标高84.4米，屋顶设有31.2米高的微波发射塔，建筑总高度115.6米。地下室为平战结合车库。柔性加刚性双层防水屋面。工程布局合理、功能齐全，室内装饰格调高雅，外形简洁明快。大楼前坪为一万平方米绿化广场，建筑周边环境优美。是年，随着城市人口增多，人民生活质量提高，医疗设施建设速度加快，大型医疗建筑开始兴建。10月，湘潭中心医院急救中心开工。该中心由

图 28-2-2　湘潭国际金融大厦

市建筑设计院设计，湖南省第三工程公司施工，建筑面积1.8万平方米，总高度23.4米，造价1400万元。独立柱基和砖砌条形基础，7层框架结构。

2000年8月，湘潭电力生产调度通讯大楼和红旗商贸城同时竣工。其通讯大楼施工优质快速，内外装饰高档，美观适用，获省工程质量芙蓉奖。

2001年起，城市建设速度加快，河东地区办公楼建设项目增加，河西地区综合楼、教学楼、商场等建筑兴起，其建筑从规模到造型，都出现一个飞跃，建成一批具有现代色彩工程，使城市增添现代气息。湘潭中心医院急救中心竣工，工程质量优良。

2002年10月，市人民政府办公楼（人民大厦）开工。该楼位于河东市政中心区芙蓉路，由市规划建筑设计院设计，湖南省建筑工程集团总公司施工，占地面积3.64万平方米，建筑面积4.738万平方米，建筑高度71.9米，主楼19层（含地下一层，半地下架空层一层）、连廊三层、附楼带架空层六层，工程造价1.05亿元。人工挖孔桩基础，框架剪力墙结构，现浇楼盖。建筑群体采用向心放射对称手法，形成丰富、有序空间层次，主楼、附楼通过弧形连廊有机地连接在一起，形成整体建筑。布局统筹考虑市政府及其有关职能机构统一集中办公功能体系，确保优化办公环境。在立面造型上，主楼巧妙利用弧形突出主入口，两个竖向对称玻璃幕墙使建筑外轮廓形成优美而又富有阳刚之气的曲线，玻璃幕墙间窗户与实墙对比，立面上在适当位置采用横线条分隔，凹凸的檐口处理，灰、白为主调外墙装饰色彩，共同营造建筑物庄重简洁风格。整个建筑群着眼于内外空间及建筑环境综合处理，采用明快、流畅手法，使建筑典雅、庄重中又充满朝气蓬勃现代气息，既具有独特办公建筑特性，又具有深厚行政建筑文化内涵。是年，湘潭电力生产调度通讯大楼被建设部评为国家工程质量“鲁班奖”，为湘潭首项最高工程质量奖。

图 28-2-3 湘潭电力生产调度通讯大楼

2003年，市河东行政中心区办公楼建造量大增。7月，湘潭广电中心开工。该楼位于市芙蓉路东方红广场西端，由市广播电视局建设，市建筑设计院设计，中建五局第三工程公司施工。是一栋集办公、采、编、播、宾馆于一体综合楼。基础为人工挖孔桩，主体为框架结构，屋面在现浇砼基础上加做金属网架，演播大厅的18米跨度采用预应力结构。主楼16层（含地下1层），附楼5层，通高65米。占地面积23亩，建筑面积2.05万平方米，工程造价7000万元。整栋大楼以银灰色为基调，以铝塑板加带状玻璃做幕墙，彰显广电特色模拟发射天线直插云天，外观造型美观大方，充满现代气息。

2004年，较大型教学建筑工程兴建。湘潭大学体育馆和市一中体育馆相继开工，两馆规模均超前。3月开工湘潭大学体育馆，是湘潭第一座多功能现代化标志性智能建筑。建筑面积1.48万平方米，工程造价3100万元。由湖南大学设计院设计，湖南省第五工程公司施工。人工挖孔桩基础。主体框架结构，屋面网架结构，外装饰为点式玻璃和铝板幕墙。室内采用中央空调系统，防排烟、自动喷淋灭火系统，有线电视、背景音乐、电话、综合布线系统，电视监控、入侵报警系统，音响扩声和灯光照明系统及LED电子真彩显示屏，屋面采用虹吸式排水系统。主馆为无黏结预应力后张拉梁和

GBF 空心楼板。屋面为塔式拉索网架及屋面系统，采用正放四角锥螺栓节点网架，局部采用焊接球节点，中间和周边多柱支撑，屋面板采用铝镁锰合金板、镀铝锌穿孔钢板和保温、吸音玻璃棉。外墙为氟碳漆铝板幕墙和点式玻璃幕墙。体育馆比赛大厅采用美国科勒地板，训练场和乒乓球场地采用法国洁福运动塑料地板。室外设有 50 米 10 泳道标准游泳池，装备有循环水净化系统。工程设施先进、功能较为齐全，为节能环保建筑。9 月，市人民政府办公楼竣工，获省工程质量芙蓉奖。

图 28-2-4　湘潭广电中心

2005 年 9 月，湘潭广电中心竣工，工程质量优良。年底，湘潭大学体育馆主体竣工。市政府办公楼被建设部评为国家工程质量“鲁班奖”。所竣工形式和风格各异行政办公、教学、商业、医疗、广播电视、纪念、风景园林等公共建筑，有美化城市功能。

第二节　工业建筑

湘潭工业建筑因生产用途及工艺不同，分类亦不同。按用途可分为生产厂房、动力厂房、辅助生产厂房、储藏建筑；按车间内部生产状况分为热加工车间、冷加工车间、恒温恒湿车间、洁净车间。其主要特点是适应生产工艺要求，做到适用、坚固、经济、技术先进和美观。厂房内由于生产设备多，体形大，各部门生产联系密切，并有多种起重和运输工具通行，因而内部大都有较大敞通空间。为解决宽度较大（多跨）厂房室内采光、通风和屋面防、排水，屋顶一般都设置天窗及排水系统，因而屋顶构造较为复杂。如省轻机厂、市毛纺厂、化纤厂的车间等。

1986 年 2 月，湘潭纺织印染厂第三织布车间开工。该车间二层钢筋砼、砖混结构。南北向长 71.1 米，东西向宽 58.8 米，檐口高度 11.18 米，建筑面积 7942 平方米（其中主车间 4942 平方米，辅助车间 3000 平方米），工程造价 85 万元。湖南省第三工程公司施工。主车间为装配式钢筋砼柱网、梁板结构，杯形基础，方形柱，矩形梁，槽形板楼盖和刚性防水屋面。辅助车间为钢筋砼、砖混结构，砼垫层、砖砌条形基础，混水砖墙，钢筋砼板楼面和刚性防水屋面。一楼做硬质纤维板天棚，地下做回风道，调温室通风机房做钢筋砼保温墙。主车间及楼面为水磨石及菱苦土（中国北方产自然土）地面（菱苦土加细砂、卤水凝固剂捣拌而成的地面）。内墙面窗台以下部分做油漆墙裙；外墙面的东、南、北向以土黄色干粘石装修，西向粗砂灰粉刷。同年 12 月，位于市郊荷塘的市客车厂装配冲压、油漆车间开工。装配冲压车间为 3×18 米联跨单层装配式钢筋砼排架结构，建筑面积 8198 平方米。油漆车间为 2×24 米双跨单层装配式钢筋砼排架结构，建筑面积 7776 平方米。两车间建筑面积 15974 平方米，工程造价 315 万元。车间柱有工字形、矩形两种，吊车梁为普通钢筋砼梁，139 品砼屋架均为折线形预应力钢筋砼屋架，砼构件约 1000 立方米。独立钢筋砼杯形基础，三毡四油防水屋面。机电工业部第八设计院（长春设计院）设计，市第二建筑工程公司施工。

1987 年 3 月，湘潭纺织印染厂第三织布车间竣工。同年 12 月，市客车厂装配冲压、油漆车间竣工。

1988年起,工业建筑具有简洁、朴素、大方的外观形象,不同生产工艺流程有着不同的厂房体型。轧钢、造纸等工业,由于其生产工艺流程是直线的,故多采用单跨式或单跨并列体型。一般中小型工业生产厂房内部空间连通,厂房高低悬殊不大。但在重型机械厂如江麓机械厂、江南机器厂、江滨机器厂的金工车间,由于各跨加工的部件和所采用的设备大小相差很大,故厂房的体型起伏较大;铸工车间各跨的高、宽均有不同,还有突出屋面的化铁炉、露天跨的吊车挂桥、烘炉及烟囱等,因此厂房体型组合较为复杂。单层框砼、排架结构厂房居多。1989年12月,湘潭电缆厂漆包线车间和综合仓库开工。漆包线车间为单层30米跨排架结构,建筑面积6165平方米,工程造价207.89万元;综合仓库为四层框架结构,建筑面积3028平方米,工程造价107万元。机电工业部第八设计院设计,市第二建筑工程公司施工。

1990年9月,湘潭江滨机器厂101厂房开工。该厂房建筑面积7004平方米,造价230万元。平面形状呈"m"形,长144米,宽48米。系单层双跨工业厂房,两跨均为24米,边柱间距6米,中柱间距12米,柱顶标高8.9米,檐口标高11.7米。由北方设计院设计,湖南省第三工程公司施工。装配式钢筋砼排架结构,杯形基础,钢筋砼矩形柱,6米钢筋砼吊车梁,12米钢吊车梁,24米跨预应力钢筋砼屋架,12米预应力钢筋砼托架,钢筋砼天窗架,大型钢筋砼屋面板。

1991年1月,湘潭电缆厂漆包线车间和综合仓库竣工。同年6月,湘潭江滨机器厂101厂房竣工。1992年,湘潭一些老工业厂开始技术改造,新建和改造一批建筑项目。是年10月,湘潭钢铁厂为满足100万吨钢生产需要而建设的14000牛立方米/小时(在标准状态:温度20摄氏度,压力0.101兆帕、湿度65%,每小时14000立方米)制氧工程开工。武汉钢铁设计研究院设计,工程总投资5865.11万元,其中约1200万元建安工作量由中国二十三冶第一工程公司完成。该项目是当时全国最大制氧项目,技术要求高,施工难度大,该公司共制作、安装机械设备52套,工艺管道4410米,支架5.487吨,隔音绝热管682米,机器仪表71台件;电气设备79台,电缆总长2.06万米;电焊焊口2560个,焊缝总长1341米。外置设备空风塔(冷箱)的平面尺寸为6480×12000毫米,高38.55米,总重256吨,框架式钢结构。1993年6月,湘潭钢铁厂制氧工程竣工,为省优质工程。至1994年止,湘潭工业建筑规模与1991年前比,稍有改观,但变化不大,中小型工程居多。

1996年起,工业厂房仍以中型、单层为主。但在单层厂房基础上,多层厂房总建造量增加,主要是由于建筑物占地面积小,不仅节约用地,而且还降低基础和屋顶工程量,缩短水、气管道长度,利于节约建设投资和维护管理费。厂房宽度较小,可不设天窗而利用侧窗采光。因屋顶面积较小,雨、雪水排泄方便,利于室内保温和隔热。2000年,湘潭中型、单层工业厂房仍居多。

图28-2-5 湘潭九华江南汽车生产车间

2001年起,大型工业建筑增多,以框混、框架结构为主,但钢结构、轻钢结构、网架结构、悬索结构已在工业建筑中开始应用,特别是网架、悬索结构的出现,增大空间体系,能较经济地跨越很大跨度,利于生产线设备安装。2004年7月,湘潭第一个轻钢结构工业建筑——湘潭九华汽车生产基地主厂房开工。该厂房由市建筑设计院设计，湖南兴华建设工程有限公司施工。建筑面积 8.97 万平方米，工程造价 3600 万元。为单层丁类厂房，由冲压车间、焊装车间、涂装车间和总装车间四部分组成。厂房主体和屋面采用轻钢结构，车间跨度为 30 米 × 3 跨轻钢结构。钢筋砼独立柱基础。厂房内墙刷灰色调和油漆，外墙刷钛白色油漆，上部为轻钢龙骨，双面钉防火墙。钢板屋盖。年生产汽车 8 万辆规模。8 月，湖南金钢钢结构有限公司二期重钢厂房开工。该厂房位于市岳塘区双马工业园内，由市建筑设计院设计，该公司自行施工。建筑面积 1.18 万平方米，高度 12 米，造价 1200 万元。基础采用夯扩灌注桩，桩长约 15 米，基础和地梁砼强度等级为 C25。钢筋采用 HPB235 和 HRB335 级。工程主体为单层轻钢结构。防水等级二级。采用超薄型防火涂料，安全等级二级。屋面为单层镀锌台湾海蓝色彩板；檩条为热轧油漆冷弯薄壁 C 型钢；梁、柱结构采用焊接工艺工字截面；构件之间为一般螺栓或高强度螺栓连接，用于梁、柱钢构件的结合采用性能等级为 10.9S 摩擦型高强螺栓。2005 年 5 月，九华汽车生产基地主厂房竣工，为省优质工程。6 月，二期重钢厂房竣工。

第三节　住宅建筑

一、城市住宅建筑

1986 年，城市住宅建筑注重经济适用，6 ~ 7 层砖混结构。多为单栋住宅。除房地产部门建筑居民点（新村）外，大厂矿也建有成片住宅（新村），湘潭钢铁厂建有一、三村。1987 年起，仍多为单栋住宅，且见缝插针建设；中华人民共和国成立以来所形成的办公与住宅区组成机关院落建筑仍在增加。

1991 年起，城市住宅建筑仍侧重于经济、适用，砖混结构，6 ~ 7 层。临街住宅楼一层为门面，2 ~ 7 层为住宅，栋栋住宅相连，或住宅与公共建筑相连而无多余空间，时称“一条巷（街），两垛墙（房）；栋栋有门面，人人在经商”，如市韶山路和大湖路等。1992 年，由房地产公司开发住宅小区开始出现，位于市建设中路市体育中心正对面福星花园，是湘潭第一个统一规划、设计、施工的住宅小区。由市福星房地产开发公司开发，市高新区建筑公司、雨湖区建筑公司施工，共七栋，建筑面积 2.43 万平方米。1993 年起，湘潭城市住宅建筑规模不大，仍是单栋住宅较多。

1996 年，工业厂矿企业，湘潭钢铁厂、江麓机械厂等单位自建新村量增多。湘潭钢铁厂为解决职工住房问题而建设的斑竹塘住宅区，位于市岳塘区书院路，市第二建筑工程公司等单位施工。建筑面积（含附属工程）5.74 万平方米，工程造价 2500 余万元。共 22 栋 774 套 5.34 万平方米，其中：65 平方米套型 648 套，76 平方米套型 24 套，85 平方米套型 72 套，92.97 平方米套型 12 套，119.9 平方米套型 12 套，133.84 平方米套型 6 套。其各类建筑面积户型配置在当时新村建设中具有代表性；小户型多能解决更多住房需求者需要，且能节约土地和能源。1997 年 7 月，福星花园竣工。同年 10 月，湘潭钢铁厂斑竹塘住宅区竣工，为湘潭第一个施工质量优良工程区，优良率 95%。至是年底止，单栋住宅、机关院落住宅和新村兴建并存。

1998 年起，单栋住宅、机关院落住宅建筑逐年减少；新建住宅区（新村）改称为住宅小区，小区建造量逐年增多，规模扩大，多为 6~7 层砖混结构。2000 年，高档次、高品位住宅小区、别墅开始出现，如位于韶山西路沙子岭西北角的阳光山庄，市阳光房地产开发有限公司开发建设，一、二、三期工程共开发土地260余亩，房屋建筑面积14.46万平方米，总投资3亿多元，有公寓楼、复式楼、别墅等多种户型。2~6层砖混结构。为市级重点工程，湘潭第一个全能型住宅小区。整体上为褚红色基调的仿欧式建筑风格，规划呈和谐的太极布局。市规划设计院设计，市阳光建筑公司等单位施工。

2001年起，住宅建设速度加快。2003年，湘潭高层建筑住宅小区始建。3月，湘潭云盘花园高层住宅区开工，该小区北临福星东路，西临红旗商贸大市场，东临双拥北路。占地面积100亩，建筑面积10万平方米，建设投资1.3亿元，是集居住、文娱和休闲为一体住宅区。框剪结构。共5栋12层的单元式住宅，9栋18层的塔式住宅，一栋3层会所，房屋顶层均为跃式住宅。配套设施齐全，绿化率52%。湖南省建筑设计院设计，湖南省第三工程公司、湖南省第四工程公司、中建五局、湖南沙坪建筑有限公司、长沙建筑公司等单位施工。2004年，市中心区单栋住宅基本停建。2005年5月，阳光山庄住宅小区全面竣工，为湘潭一个知名度较高的成熟品牌，它在整体环境、园林景观等方面独树一帜，绿化率高达62.5%，种植115种珍稀花草苗木，营造了小区内满目翠绿、鸟语花香、移步换景独特景观，成为莲城一道亮丽风景，获“2005年湖南省最具影响力楼盘”“湖南省十大名盘”“湘潭市首家省级绿色环保小区”称号。同年8月，湘潭云盘花园住宅区竣工。

图28-2-6 云盘花园

二、农村住宅建筑

1986年起，湘潭农村新建住宅一般是将老宅拆旧建新。多为一层平房，外形为“一”“7”或“门”字形，平面布局为“中间厅堂，左右厢房”，厨房、厕所、猪栏、杂屋等建在正房左右或后边。红砖墙，内墙面石灰、外墙面水泥砂浆粉刷，也有清水墙。多数人家的桁、梁用木料，少数用钢筋砼预制件。门、窗框为木料，玻璃扇。屋顶为“人”字形，盖小青瓦或红平瓦。水泥地面。每户建筑面积100~140平方米，个别为200多平方米，工程平方米造价约100元。门前有一地坪，个别人家建有后院。湘潭县农村过去在地坪一角挖一个2×3米左右的沤肥凼情况已不见。如韶山市清溪镇庞氏住宅，“门”字房型，正房三间，横屋左右各三间，红砖空心清水墙，小青瓦盖，“人”字顶，木质桁梁，木门、窗，玻璃扇，水泥地面，内墙石灰膏粉

图28-2-7 韶山市清溪镇庞氏住宅

刷，建筑面积 200 多平方米，工程造价约 2 万元。至 1992 年止，湘潭农村新建住宅规模较小，均立足于经济、适用，约 10%农户建新房，户均建筑面积约 130 平方米。

1993 年起，湘潭农村掀起拆旧房盖新楼高潮，为砖混结构二层楼房，外形为“火柴盒”，布局仍是“中间厅堂，左右厢房”（一二层相同），厨房、厕所等多数在正房内。二楼前边多建有走廊（阳台）。红砖内墙面多用磁性涂料（刮涂）粉刷，外墙面多为撒米石、条形白色瓷片装修。二楼地板和房顶盖砼预制板，屋顶多为平顶，“人”字形屋顶已不多见。地面用水泥或水磨石、彩瓷地板砖。铝合金玻璃窗逐步取代木窗。较富裕人家还在屋面边沿装饰彩色琉璃瓦、龙凤或花草图案，室内以红、黄胶木板作墙裙，用石膏线、宝丽板等吊顶。每户建筑面积 120~150 平方米，个别为 200 多平方米，工程平方米造价约 400 元。韶山市杨林乡萧氏住宅，“火柴盒”式房型，二层红砖墙，砼平面屋顶，砼预制楼板，铝合金门窗，茶色玻璃扇，地面砖地面，内墙面磁性涂料粉刷，外墙面白色条形面砖装饰，建筑面积 120 多平方米，工程造价（含装修）六七万元。至 1999 年，湘潭农村新建住宅面积较前期扩大，装饰装修水平提高，由经济、适用到追求舒适、美观，约 45%农户建新房，户均建筑面积约 140 平方米。

2000 年起，一般农户仍沿建二层“火柴盒”式楼房，但水泥空心板、砼预制构件、不锈钢、玻璃钢、花岗岩、大理石、彩色瓷片及地板砖、胶木板、888 和 988 乳胶等建筑、装饰材料已大量应用于工程。3~4 层楼房、别墅式住宅、庭院式建筑开始出现，其建筑外形和内外装饰，逐步与城市住宅建筑接近。每户建筑面积 130 ~ 160 平方米，个别为 300 平方米，工程平方米造价约 600 元。部分农户将前几年、十几年所建住宅进行改建，或重新装饰装修，使使用功能提高，外观形象美观。如韶山市韶山乡田氏住宅，组合式房型，二层，红砖墙，砼平面屋顶，砼预制楼板，铝合金窗，玻璃扇，地面砖地面，内墙面磁性涂料粉刷，外墙面白色面砖装饰，蓝色琉璃瓦装饰檐边沿，建筑面积 300 平方米，工程造价（含装修）近 20 万元。

至 2005 年，湘潭山区很多农户则与原住自然村脱离，单独建房在附近山边，一户一栋一小庭院，于是，在青山下散布着星星点点白色楼房，形成一道靓丽风景，但由此而造成村庄布局无序，有碍村庄整体形象，并对今后村庄化建设带来不利影响。在小平原地区，农户则把住宅建在公路或村道两旁，自然形成街道式村庄，不仅整齐有序，还有利于今后的基础设施建设。农村住宅建筑发生质的变化，几千年来的土墙茅草房，除边远山区外，其他地区已不多见，凡新建住宅都是砖混结构的二、三层小楼房，由只求遮风避雨演变到宜居。是年止，湘潭农村约 80%农户建新房，户均建筑面积约 150 平方米。

图 28-2-8　韶山市韶山乡田氏住宅

图 28-2-9　韶山农房

第三章　建筑技术

1986年起，湘潭建筑技术发展较快：一方面，国家有关建筑勘察设计与施工的“四新”（新技术、新工艺、新材料、新产品）发展快，推广力度大，给境域建筑工程应用“四新”创造条件；另一方面，湘潭房屋建筑逐步向高、大、美方向发展，促使建筑勘察设计与施工应用“四新”，以满足公共、工业与住宅建筑工程发展的需求。但建筑设计与施工仍多以手工为主。1996年起，湘潭建筑技术迅速发展，应用国内最新建筑技术进行勘察设计与施工。2000年起，废除手工设计，广泛应用电脑和设计软件进行建筑设计。至2005年，湘潭建筑技术与全国同步发展，从而使设计、施工进度加快，质量提高。建筑设计应用CAD微机出图率100%，大中型建筑工程施工应用“四新”率90%以上。

第一节　勘察设计技术

1986年后，湘潭在工程测量方面使用的仪器，有高精度经纬仪、激光地形仪、自动安平水准仪、立座投影仪、红外光电测距仪等，采用聚酯膜测图。在工程地质勘查方面使用的机具，有各种型号的工程钻机、汽车钻机、冲击回转钻机、载荷试验机、静力触探机、标准贯入试验总成和液压双缸静力触探仪、轻便触探仪，具有一定规模的工程勘察测绘能力。设计单位进行工程设计时，制图、描图仍多用图板、丁字尺。1991年，应用最新技术进行地形测绘。市勘测设计院运用计算机技术及航测仪器，通过空中摄影，将航片转化为大比例尺地形图，其成图速度、精度及成图软件的开发利用，均达国内先进水平。《湘潭市大比例尺机助航测成图》，获建设部科技进步三等奖。1992年，设计手段开始向电子计算机方向发展，自动绘图机、晒图机和复印机逐步使用。至1995年，用于勘察设计的微机45台，设计用CAD微机16台，工程工作站1个。

1996年起，勘测单位的勘测手段由半自动化逐步向自动化发展，计算机、航测仪、全站仪、扫描仪等使地形数字化。计算机和相对应的软件逐步应用于勘察、测量、检测工作中，各类专业机具、仪器齐全，承担境域各类建设工程的勘察、测绘、桩基检测、岩土工程试验、工程物探等任务。设计仍以图板、丁字尺工具，手工为主。1999年，湘潭根据建设部“甩掉图板迈入21世纪”要求，从2000年开始，设计单位大量购置新设备，在设计工作中广泛应用电脑和设计软件，废除手工设计，并将计算机联网。到2005年，勘察设计技术上升到一个新水平，全市21家勘察设计单位拥有微机655台，CAD微机35台，工程工作站15个，应用CAD微机出图率达100%。同时，在建筑设计中大力推广新技术、新材料，大跨度轻钢网架结构、高层结构、深基、玻璃幕墙等新技术得到广泛应用。

第二节　建筑施工技术

一、基础施工

1986年起，湘潭建筑基础施工技术主要为砖砌条形基础、毛石基础、钢筋砼独立柱基础施工等。基坑主要采用人工开挖，遇岩石时采取爆破后人工开挖。深基坑开挖工程较少，少数深基础都采用大开挖施工。地基处理多采用黏土换填方法。基础砼主要采用人工搅拌、人工浇筑。至1990年止，基础施工基本以人工为主。

1991年起，湘潭经济发展速度加快，建筑工程逐年增多，年达200多项。为适应各类建筑工程的需要，基础施工技术已不局限于普通的砖砌条形基础、钢筋砼独立柱基础等，各种桩基施工技术逐步兴起，基坑逐步采用机械开挖，各类地基处理措施，如夯实水泥土桩复合地基成套技术，强夯法处理大块石、回填土方地基、爆破挤淤法等逐步采用。1998年后，湘潭城市建设加快，各类建筑出现，与其相关的建筑施工技术进入快速发展期。基础施工时，各种桩基、箱形基础、筏板基础等广泛采用，基础土方开挖主要以机械施工为主，高层建筑深基坑喷锚支护技术开始应用，夯扩桩施工技术、预应力管桩锤击及振动沉管桩技术也开始应用。2001年后，各种公共、工业、住宅建筑大量兴建，基础施工中的先进设备及工艺被广泛采用。如基础施工前，测量放线由经纬仪、水准仪升级到全站仪，建筑物测量定位更加准确。基础施工时，各种检测技术，如桩基动测技术、计算机监测技术等广泛应用。深基坑桩锚支护及帷幕止水、砼预应力管桩等高新技术施工工艺已有应用。至2005年，基础施工新技术、新工艺得到广泛应用。

二、主体施工

1986年起，主体施工以普通钢筋砼浇筑、红砖砌筑、砼预制楼板安装为主。施工机械主要为门式吊。水泥多采用袋装水泥。砼多采用人工搅拌，少数砼用量较大的建筑工程开始采用搅拌机。模板大多数采用木模板。钢筋连接主要采用电弧焊接及绑扎技术。脚手架主要采用竹木，铁丝绑扎。垂直运输多以斜道为主，水平和垂直运输机械化水平较低。1989年11月，根据建设部规定，实行工法（按照施工规范和操作规程，结合实践经验，研究制订施工方法，有国家、省、市工法，要求企业也有自己的工法）制度。1990年，贯彻省建委湘建〔1990〕管字第21号文《关于在全省推广“2381砌砖法”的通知》，广泛推广其法（即两种步法、三种身法、八种铺灰手法、一种挤浆动作，是按砌砖动作中人体手、眼、身、步生理规律进行设计简化组合砌筑法），功效明显。至同年止，主体施工基本仍为传统材料和工艺。

1991年起，主体施工时各类现浇钢筋砼结构逐步增多，普通砖混结构技术相对成熟。施工机械开始较多地采用塔吊、门式吊等。砼广泛采用搅拌机搅拌、塔吊吊运、机械振捣。模板逐步由木模向竹胶板过渡，大模板、定型模板、爬模、滑模、整体模板等技术日臻完善。脚手架开始采用扣件式钢管脚手架，但用铁丝绑扎的竹木脚手架仍大量存在。1994年起，推广冷轧带肋钢筋，钢筋连接开始应用电渣压力焊及钢筋对焊技术。至1995年，主体施工新技术、新工艺的应用和机械化程度显著提高。

1996年起，由于高层建筑逐步发展，主体施工时，各种大型塔吊、人货电梯等垂直运输设备陆续采用，高强砼施工技术及大体积砼施工技术应用较多。由于国家大力提倡节约土地资源，各类轻质砌体逐步出现，墙体砌筑不仅仅局限于红砖，已逐步推广应用砼空心砖、渣土空心砖等。因屋面绝大多数改“人”字瓦盖为平顶、砼浇注，故小青瓦和红平瓦淡出工程，几千年传承的“秦砖汉瓦”作用日小。钢筋砼结构现浇时的模板主要采用覆膜竹胶板，木模板已逐步淡出建筑工地。钢筋套筒连接及电渣压力焊技术兴起。至2000年，城市建筑主体施工中竹木脚手架逐渐被扣件式钢管脚手架取代。农房建筑施工仍大量使用竹木脚手架。砼泵送技术开始应用，湘潭三大桥施工为湘潭第一个应用该技术工程。

2001年起，主体施工时各类新技术、新材料广泛应用，如冷轧带肋钢筋、新三级钢材料和粗直径钢筋的电渣压力焊、套筒连接、锥螺纹和直螺纹连接、砼养护技术等。大量新型墙体材料，如钢丝网珍珠岩夹芯板、砼空心砌块、粉煤灰砌块等逐步取代黏土砖砌体。钢筋砼结构现浇时的模板除采用覆膜竹胶板外，各种定型钢模也大量采用。脚手架除采用扣件式钢管脚手架外，各类工具式脚手架大量兴起，高层建筑施工已大量采用悬挑架技术。至2005年，主体施工新技术、新工艺广泛应用，竹木脚手架全部退出城市建筑工地，水平、垂直运输机械化水平极大提高，肩挑人抬状况改变，副工劳动强度减轻。

三、屋面施工

1986年后，屋面防水主要采用沥青及沥青油毡防水，隔热采用砖墩上盖砼预制小板架空隔热。至1990年止，屋面施工基本为这些传统材料和工艺。

1991年起，屋面施工时，由于防水材料的不断更新，施工技术随之改进，屋面防水开始采用改性沥青卷材防水、设置刚性防水层等。隔热仍采用砖墩上盖砼预制小板架空隔热。1996年起，屋面防水已不仅仅局限于改性沥青卷材，开始采用合成高分子卷材及涂膜，屋面砼自防水技术也逐步开始应用。至2000年，海泡石、珍珠岩等各类轻质保温、隔热材料在屋面工程中广泛应用。

2001年起，屋面防水技术水平大幅度提高，除采用微膨胀自防水砼外，高分子涂膜防水被广泛采用。保温材料也大量应用挤塑板。至2005年，因屋面施工广泛应用新材料、新工艺，过去屋面漏水通病问题基本得到解决。

四、建筑安装施工

1986年起，建筑安装主要为水管、电线、室内照明灯具的安装和防雷接地等。给水管主要采用镀锌钢管丝扣连接为主，排水管主要为铸铁管。室内水管及电线以明设为主，很少暗敷。至1991年，建筑安装施工材料、工艺无甚变化。

1992年起，建筑给排水安装除采用镀锌钢管、铸铁管外，塑料管开始应用。室内水管和照明、电气设备电线多为暗敷。1998年起，建筑安装施工技术发生较大转变。给排水管已大量采用PVC、PPR及UPVC等材料，镀锌钢管应用不断减少，铸铁管基本停用；各类电气管线均采用穿套管暗埋技术；设备安装采用单位吊装和卡箍整体吊装技术。2000年起，建筑安装给排水连接大量采用热熔连接技术。通风管道大量采用金属矩形风管薄钢板法兰法连接技术。管、线布置采用综合平衡技术。大型设备广泛采用整体提升、直立双桅杆整体划移法、龙门桅杆扳立技术、液压顶升技术等。随着计算机工程、通迅工程等一些高新技术飞速发展，建筑智能化系统安装、调试技术也突飞猛进，住宅（小区）智能化、电气设备、监控系统、通信系统、火灾和防盗自动报警及联动系统等，均被大量应用于工程中，其安装技术水平要求更高。至2005年，建筑安装施工技术和工艺完全适应建筑工程发展需要。

五、装饰装修施工

1986年起，外墙面装修多以水刷石、干粘石为主。内墙面装修主要刷106涂料。地面装修主要为水磨石及水泥砂浆，少数装修较好的则在水泥砂浆面上再刷地板油漆。门窗主要为木门、木窗扇，外刷土红油漆。宾馆及部分办公楼会议室用轻质高强装饰石膏板和浮雕装饰石膏板吊顶。至1990年止，装饰装修处于经济、适用阶段。

1991年后，外墙装修广泛兴起贴长条形或小方块等多种形式、颜色各异面砖。内墙面装修主要刷涂料、贴墙纸等。地面装修主要采用地面砖、水磨石等。铝合金窗、茶色玻璃扇开始出现，木窗逐步减少。住宅室内吊顶开始出现。1995年，推广水磨石抛光、刮涂工艺。至1997年止，装饰装修仍处于经济、适用、朴素阶段。

1998年起，外墙装修已不局限于贴面砖，干挂石材及铝塑板技术已开始应用。内墙装修广泛应用仿瓷涂料。地面装修主要采用600×600或800×800毫米花岗岩、大理石、地面砖等，防静电木地板、耐磨木地板等也不少见。各类铝合金窗、塑钢窗广泛应用。公共、住宅建筑工程时兴吊顶，各类铝合金等轻钢龙骨吊顶广泛应用。至2000年，装饰装修已上一个档次。

2001年起，外墙面装修技术不断推陈出新，各类贴面砖、干挂石材、外墙漆工艺随处可见。内墙面装修广泛采用仿瓷涂料、乳胶漆、内墙漆等。地面装修材料与前期相同，只是材质档次高低区别很大，地面砖等铺贴已由过去的湿铺法逐步被干铺法取代。房地产商出售的住宅均为“毛坯房”（不安内门，内墙、地面、顶棚仅刮涂或砂浆找平），业主需进行二次装修才可使用。无论公共建筑还是家庭居室的装饰装修水平不断提高，适用和美观并重，大多数住宅特别是别墅装饰豪华。至2005年，家庭装饰装修费用一般为购房款的40%～50%，富裕家庭为70%～80%，家居装饰装修水平提升。

第四章　建筑企业

1986年，湘潭勘察设计业有市、县（市）和厂矿属企业23家，从业人员745人；建筑业有部、省驻潭和市、县（市）、乡镇属施工企业257家，从业人员5.63万人。1995年，湘潭勘察设计企业27家，从业人员950人，分别为1986年的117.4%、127.5%；建筑施工企业460家，从业人员9.87万人，分别为1986年的179%、175.3%。1996年开始，湘潭建设监理、造价咨询、招标代理企业相继成立。至2005年，基本形成勘察设计、建筑施工和建筑中介服务企业门类齐全的体系。勘察设计企业21家，职工1060人，分别为1995年的77.8%、111.6%；建筑施工企业163家，从业人员11.64万人，分别为1995年的35.4%、117.9%；建设监理企业11家，从业人员409人；工程造价咨询企业7家，从业人员87人；招标代理企业5家，从业人员82人；建筑检测试验单位14家，从业人员159人。

第一节 勘察设计企业

1986年，湘潭原由财政全额拨款的国营勘察设计单位均被"断奶"，改为自收自支的事业单位；部门和企业所属的国营勘察设计单位改为企业化管理。全市勘察设计单位有市建筑设计院等23家，职工745人（其中技术人员651人），完成营业收入240万元，税金5.2万元。

1987年，市建筑设计院具备国家建筑工程甲级设计资质，成为全省地市首家甲级设计单位。市住宅设计研究所成立。1988年起，湘潭勘察设计单位开始去广东、福建、长沙等地承接工程勘察设计业务。1990年，湘潭勘察设计单位24家，职工914人（其中技术人员808人），完成营业收入231万元，税金7.0万元，分别为1986年的104.3%、122.7%、96.3%、134.6%。

1991年后，湘潭勘察设计单位步入稳定发展期。队伍不断发展，勘察设计业务逐年增多。1993年，为适应湘潭水利水电事业快速发展需要，市水利水电勘测设计室、湘潭县水利水电勘测设计室、湘乡水利水电勘察设计室等5家单位成立。1994年，设计单位新成立1家，注销2家。1995年9月，市第二建筑设计院、市城建设计研究所、市规划咨询事务所合并组建为市规划建筑设计院，承担全市规划设计任务。是年，全市勘察设计单位27家，职工950人（其中高、中、初级技术人员820人），完成营业收入662万元，税金18.5万元，分别为1990年的112.5%、103.9%、286.6%、264.3%。

1996年，全市勘察设计单位27家，其中：甲级2家，乙级4家，丙级8家，丁级13家。根据国家建设部、省建委关于实施注册建筑师制度规定，申报注册二级建筑师考核、考试148人。1998年，勘察设计单位实行"职工下岗分流、减人增效"，改革职工分配制度，打破"大锅饭"，其工资与单位经济效益挂钩，即"工效挂钩"。同年，根据建设部、省建委要求，勘察设计单位开始换发资质证书，第一批换证3家。1999年起，部分勘察设计单位打破单一经营模式，实施"一业为主，两头延伸，多种经营"制度，除主业外，还开辟建设工程监理、城镇规划等业务，因而有的单位持有2～3个资质证书，企业经营机制发生变化。2000年起，部分勘查设计单位进行产权制度改革。至是年止，江麓、湘锰、湘纺、韶山灌区管理局、市煤气公司、湖南省大板公司、江滨、湖南省电线电缆厂所属8家设计室（所）被注销。是年，全市勘察设计单位19家（其中：甲级2家，乙级4家，丙级10家，丁级3家），职工809人（其中高、中、初级技术人员605人），完成营业收入1419万元，税金59万元，分别为1995年的70.4%、85.2%、214.4%、318.9%。

2001年1月，市勘测设计院院长刘智新被国家建设部评为全国优秀勘察设计院院长，是湖南省唯一获此荣誉者。9月，根据省建设厅湘建设〔2001〕402号文《湖南省建筑工程设计招标投标实施细则》规定，废止过去行政分配任务制，推行建筑工程设计招标投标制，企业被完全推入市场。是年，湘潭工程地质勘查院成立。2002年，根据建设部2001年7月发布的《建设工程勘察设计企业资质管理规定》和省建设厅关于勘察设计企业资质年检及开展第二、三批勘察设计企业资质换证要求，结合实际，兼并、淘汰一批小企业，湘乡水泥厂、市电机厂、市城建开发总公司等5家所属勘察设计企业被注销；全行业资质换证工作全部结束。开始推行注册岩土工程师执业资格制度，考核、考试18人。2003年，出台《湘潭市工程勘察设计单位体制改革实施意见》，加速改革步伐，促使勘察设计单位由事业单位向企业体制转型，部分勘察设计单位开始改制。同年起，湘潭勘察设计业增设园林、环保、交通等专项设计资质，新成立企业 5 家。2005 年，湘潭勘察设计业建筑、冶金、电力、工程勘察和勘测、园林、环保、水利、交通类别已达 9 个。勘察设计企业 21 家（其中甲级 4 家，乙级 3 家，丙级 14 家），职工 1060 人（其中高、中、初级技术人员 934 人），完成营业收入 3644 万元，税金 181.1 万元，分别为 2000 年的 110.5%、131%、256.8%、306.9%；已改制为有限责任公司的 8 家，职工 306 人，分别占行业总数的 38%、29%。

第二节　建筑施工企业

1986 年，境域建筑施工企业 257 家（国营企业 10 家，集体企业 247 家），其中：部、省属有中建五局机械施工公司、中国 23 冶第一工程公司，湖南省第三工程公司、湖南省大板建筑公司 4 家；市、县（区）属“县以上”施工企业有市第一、二、三建筑公司、水电安装公司、住宅建筑公司、大板湘建公司，湘潭县工程公司、湘潭县振湘建筑公司，湘乡工程公司、湘乡第二、三建筑公司，韶山区工程公司，湘江、雨湖、板塘、岳塘、郊区建筑公司、郊区设备安装公司 18 家；厂矿属有湘钢、湘机、湘纺、湘缆、湘锰、江麓、江南建安公司 7 家；部门属有中南石油局第五物探大队、湖南省谭家山煤矿、湘潭电力、市二轻建安公司等 27 家；街道建筑工程队 22 家；乡镇建筑队（农建队）179 家。类别有房屋建筑、安装、土石方、防腐保温、输变电、基础、装饰、铁路施工等，其中房屋建筑施工企业占 90%。部、省、市、县（区）属企业分别承担中央、省、市、县投资建设项目施工，厂矿、部门属企业分别承担其厂矿、系统内工程施工，其他企业承担市内小型工程施工和维修。18 家市、县（区）属施工企业为湘潭建筑骨干企业，有固定职工 5660 人，每个企业下设工区或工程队，有成建制配套的泥、木、副、架子、钢筋、砼、油漆工等班组，除季节性使用民工外，均自行完成施工任务。乡镇建筑队每队二三百人，人员不固定，“农忙务农，农闲务工”“招之则来，挥之即去”。一些有实力的乡镇建筑队开始改名为建筑公司。同年，为打破长期以来实行的 8 级工资制，使职工工资和企业经济效益挂钩，在市、县（区）属建筑施工企业推行百元产值工资含量包干（下简称“百含”）制，省建委下达湘潭“百含”包干年计划指标为 18%，湘潭建筑行政管理部门按其指标核发企业工资总量，但半数企业“百含”实际达 19%，工资超支。根据省建委要求，在建筑行业全面推行栋号包干制，由企业指定包干人，由包干人组织以固定职工参与的包干班子，对工程项目实行工作量、工期、工程质量、施工安全、建筑材料、工资等集体经营性承包，承包者向其公司交纳工程造价 10%~14%的管理费，自负盈亏。全行业推行栋号包干面达 80%。建筑施工企业开始进行“三项制度”改革。是年，全行业年末从业人员 5.63 万人，完成建筑总产值 3.71 亿元，利税 1288 万元。建筑总产值位居全省第五，占全市 GDP 的 15.1%

1987 年，湘潭建筑施工企业栋号包干制由集体经营性承包衍生个人经营性承包，因承包者除用企业五六个管理人员外，不需要安排企业固定职工上班而雇请乡镇建筑队施工，上交公司管理费又比集体经营性承包少 2~3 个百分点，是“包头弄大钱，职工（管理人员）弄饭钱”“富了和尚穷了庙”，造成部分固定职工下岗。同年，建筑施工企业在内部推行单独核算生产经营单位，如小构件厂、加工厂、修理车间等经济承包责任制，企业对其放权，允许开展多种经营，自找门路跨行业经营，但要求尽可能安排其内部职工上班，除上交企业一定比例管理费外，企业不干涉其生产经营活动。1988 年，市建工局在全行业推行经理负责制，开始由经理主管企业生产经营。10 月，市建工局组织全行业进行砌筑、抹灰“鲁班杯”大赛，市第三建筑公司、湘潭县杨嘉桥建筑公司分别获第一、二名，湘潭县古塘桥建筑公司、市昭山建筑公司并列第三名。是年，市雨湖区建筑公司经理秦忠策因企业管理好，成绩突出，被建设部授予“全国建筑行业银质奖杯”称号。“百含”指标为20%。1989年，部分建筑施工企业实行工区、工程队或直属队分级承包制。“百含”指标20%。同年起，因国家压缩基本建设规模，湘潭基本建设投资减少而施工任务减少，全行业企业进入“渡难关”期，市、县(区)属施工企业部分固定职工放假自谋生路。1990年9月，市建工局组队参加全省建筑业青工技术竞赛获团体第一名，湘乡工程公司黄湘林获瓦工第一名，韶山工程公司肖海清、湘乡第三建筑公司钱和生各获辅助工第一名。10月，省建委组队参加全国建筑业青工技术竞赛，黄湘林获全国瓦工第11名。是年，市第二建筑公司经理罗戈乐，被建设部授予全国建筑行业劳动模范称号。全市建筑施工企业248家(其中：国营10家，集体238家；一级3家，二级6家，三级36家，四级90家，等外级113家)，从业人员7.89万人，完成建筑总产值4.05亿元(其中：国营企业2.32亿元，集体企业1.73亿元，依次占建筑总产值的57.3%、42.7%)，利税1328万元，分别为1986年的96.5%、140.1%、109.2%、103.1%。建筑总产值占全市GDP的9.57%。

1991年4月，市建工局为使市、县(区)属施工企业“渡难关”，决定暂停招投标，除以行政干预给其“限额分配施工任务”外，还支持企业开办第三产业，扩大营业范围。同年，湘潭部分市、县(市、区)行政机关和事业单位及其劳动服务公司开始掀起兴办“实体”热，竞相成立建筑公司(时称“机关建筑企业”)，无固定施工队伍，有业务顾请乡镇建筑队施工。因分级承包制仍是“大锅饭”不能激发职工生产积极性而终止。至年底，“渡难关”结束，但部分老施工企业从此一蹶不振，每况愈下，除管理人员外，已基本没有固定队伍，半数职工下岗，原成建制班组多数不复存在。

1992年，政企不分的“机关建筑企业”大增，乡镇、街道、各行各业竞相成立建筑公司。由于建筑队伍膨胀而施工业务少，老施工企业处境更艰难，固定职工下岗率达60%。是年，湘潭第一次出现非公有制建筑施工企业2家。1993年，非公有制建筑施工企业不断增加，但均为小企业，主要从事装饰、安装专业经营。是年，建筑总产值首次过10亿元。1994年，建筑施工企业迅速发展，达413家，比上年329家新增84家(多为“提篮子”公司)，比1990年248家增加165家，绝大部分行政机关、事业单位、乡镇、街道和各行各业都成立有一个或几个建筑公司，其中乡镇、街道建筑施工企业总数达210家，平均每个乡镇、街道达2.5家。至年底，全行业栋号包干制推行面达100%。1995年，栋号包干制演变为项目负责制，凡国营、集体建筑施工企业在实行项目负责制时，均实行集体经营性负责制。建筑产值过5000万元企业4家，这些企业开始向“做大做强”方向发展。是年，建筑施工企业继续发展，达460家(其中：国营38家，集体416家，非公有制6家；一级3家，二级20家，三级135家，四级171家，等外级131家；比1990年248家增加212家，其中“机关建筑企业”125家，占59%)，从业人员9.87万人，完成建筑总产值22.21亿元，利税4333.7万元，分别为1990年的185.5%、125.1%、548.4%、326.3%。建筑总产值位居全省第五，占市GDP的19%。

1996年，湘潭根据中央、省关于行政机关、事业单位“实体”与其脱钩，政企分开和建设部、省建委关于对所有建筑施工企业进行资质就位规定，对不符合条件的企业予以取缔，基本符合条件的实行合并、兼并或改组，符合条件的保留，全市建筑施工企业比上年460家减少219家(其中“机关建筑企业”95家)，保留241家(其中“机关建筑企业”30家)。乡镇建筑队经改组全部改名为建筑公司。

街道建筑队少数被兼并，多数被取缔。是年起，全行业继续实行经济承包责任制和深化“三项制度”改革，计划经济时期所形成的经营机制、管理模式等被加速打破，但新机制、模式尚未建立，企业管理从而出现混乱。1997 年，湘钢建筑安装公司职工艾爱国被选为党的十五大代表，出席十五大会议。1998 年，根据建设部、省建委关于凡新成立建筑施工企业必须是非公有制体制的要求，停止申报成立公有制企业，大力发展非公有制企业，非公有制建筑施工企业达 15 家。根据省建委湘建〔1998〕建字第 128 号文《关于加强我省建筑业企业改制试点工作的通知》要求，市建工局组织在市第一、二建筑工程公司进行改制试点，但因“未动筋骨”（未置换产权和职工身份）而半途而废。同年，市建工局根据省建委有关改制精神和湘潭实际，下发潭建工〔1998〕10 号文《关于湘潭市建筑业企业改制工作的意见》，提出建筑施工企业改制具体做法，要求全市建筑施工企业逐步开展改制工作。至是年底止，在推行经济承包责任制期间，大部分市、县（市、区）属国营、集体建筑施工企业管理出现混乱状况，约 80%职工下岗，资产大量流失，个别企业成为一个“空壳”。1999 年，湘潭根据建设部、省建委要求，取消项目负责制，全面推行项目经理责任制，由项目经理对建设项目负责，既是项目施工组织者又是经济承包责任人。同年，市建工局将境域建筑施工企业改制范围分为四块：部、省属驻潭国营企业由其主管部门改制；湘钢、湘机、湘纺、湘锰、湘电、江南、江麓等大厂矿所属国营、集体建筑安装企业融入其总厂矿改制；市、县（市、区）、乡镇属国营、集体企业纳入建筑行业统筹改制；其他应改制企业由其主管部门自行改制。是年，湘潭在企业资质年检中，清理无技术人员、无资金、无业绩、无机械设备、无办公场地、无管理制度“六无”“皮包公司”9 家。2000 年，湘乡市第一建筑公司经理龚罗平，被国务院授予全国劳动模范称号。至年底止，为行业统筹改制准备期，主要是做好企业职工分流、下岗安置工作。市长城建筑工程公司改制为有限责任公司，成为湘潭建筑业第一家改制企业。全市建筑施工企业 247 家（其中：国营 23 家，集体 187 家，非公有制 37 家；一级 3 家，二级 20 家，三级 80 家，四级 82 家，等外级 62 家），从业人员 10.04 万人（其中管理和技术人员 9984 人），完成建筑总产值 29.93 亿元，利税 8078.6 万元，分别为 1995 年的 53.7%、101.7%、134.8%、186.4%。建筑总产值占市 GDP 的 16.6%。

2001 年 7 月，根据建设部〔2001〕第 87 号令《建筑业企业资质管理规定》和省建设厅要求，开展资质就位工作。全市建筑施工企业打破过去房屋建筑总承包和专业承包不分界限，按照“房屋建筑总承包企业”“专业总承包企业”一、二、三级和“建筑劳务分包企业”一、二级资质等级标准定级，取消原四级和等外级资质级别。几家二级资质企业兼并一批三级或等外级企业，一批三级或等外级企业合并组建成有限责任公司，为后步改制奠定基础。至 2002 年 8 月，资质就位工作结束，全市建筑施工企业 131 家（比资质就位前的 2000 年 247 家减少 116 家），其中：一级 6 家，二级 27 家，三级 98 家；房屋建筑总承包 81 家，专业总承包 50 家。在资质就位中通过改组、联合、兼并等方式，全行业企业经济性质发生很大变化，公有制国营企业 25 家、集体企业 42 家共 67 家，比 2000 年 210 家减少 143 家，非公有制企业 64 家，比 2000 年 37 家增加 27 家；行业结构得到调整，房屋建筑总承包企业减少 17.8%，专业总承包企业增加 17.8%；市第二建筑工程公司、双马建设有限公司、湘潭公路桥梁建设有限责任公司升为房屋建筑和路桥总承包一级企业。湘潭首次有市属国家一级企业。“机关建筑企业”全部与其主管部门脱钩。但全行业有些企业在联合、兼并中“拉郎配”，且存在“虚假出资”情况，其半数企业未办资产过户手续；一些企业管理松散，股份制企业运作不规范。

2003年,根据国家建设部〔2001〕第87号令规定,实行建筑施工企业管理层与劳务层分离制度,将砌筑、木制作、钢筋、架子工、油漆等13个劳务专业从房屋建筑总承包和专业总承包中分离出来,设立建筑劳务作业分包专业系列,当年组建湘潭县云湖桥镇北岸建筑施工队、市宏发铁路施工有限公司等建筑劳务分包企业5家。是年,根据省建设厅关于加速企业改制进程的要求,建筑业改制工作全面铺开。凡改制企业在清产核资、资产评估、财务审计、底价确定公开拍卖之后,以企业资产变现资金为主,行业建筑劳保积累基金补贴为辅,为其固定职工购买社会养老保险;企业资产变现购买职工社会养老保险后的剩余资金量化到人,作为对职工一次性安置费,市属建筑施工企业人平一般为5000~8000元,多的达26000元。全行业约三分之一的老建筑施工企业因无资产变现则无安置费。建筑总产值过40亿元。2004年,具有实力的非公有制企业增多,建筑业由过去国营、集体企业占主导地位发展到由非公有制企业占主导地位。建筑总产值过50亿元。2005年,市、县(市)属建筑产值过亿元企业6家(共13.88亿元),均为非公有制企业。是年,全市建筑施工企业163家(其中:国营16家,集体56家,非公有制91家;一级6家,二级30家,三级110家,劳务分包17家;应改制128家,已改制74家),从业人员11.64万人(其中:管理人员6236人,技术人员9348人,执证技术工人19531人,劳务人员81000多人),完成建筑总产值65.4亿元(其中国营企业25.65亿元,集体企业7.57亿元,非公有制企业30.18亿元,建筑劳务企业2亿元,依次占建筑总产值的39.22%、11.57%、46.15%、3.06%),利税2.246亿元,分别为2000年的66%、115.9%、218.5%、278%。建筑总产值位居全省第六,占湘潭市GDP的17.8%,建筑业作为湘潭经济支柱产业的地位得到确立。

附 建筑施工企业选介

一、中国二十三冶集团第一工程有限公司

为国家施工总承包一级企业,具有冶炼、房屋建筑工程施工总承包一级;钢结构、机电设备安装、炉窑工程专业承包一级;市政公用工程总承包、高耸构筑物工程专业承包二级;火电设备安装工程专业承包三级和压力容器、起重机械、压力管道、工程试验等资质。始建于1953年。1987年由湖南省人民政府授予"重点工程建设先进单位"。1996年起,连续9年被评为湖南省"重合同守信用"单位。1999年被评为湖南省"AAA"特级资信单位。2003年被评为全国"重合同守信用"单位。2005年改制为国家控股企业,注册资金5000万元,固定资产8397万元,资产总值25964万元,完成产值55388万元,上缴税金1692万元,各类主要施工设备1103台套,动力总功率3265.66千瓦。员工3154人,各类技术经济职称586人,其中高级职称47人,中级251人,初级288人;项目经理176人;国家注册一级建造师23人,二级44人。前20年,创省、部优质样板工程60多项。

二、湖南省第三工程公司

成立于1951年,2005年为国家统计局颁发《中国500家最大建筑企业》。具有房屋建筑、机电安装、市政公用工程一级和化工石油、公路工程二级总承包资质;地基与基础、高耸构筑物、消防设施工程一级和堤防工程二级、钢结构工程三级专业承包资质。注册资本金6166万元,固定资产1.86亿元。职工8256人,有职称技术人员1680人,其中高、中级462人,初级1218人;项目经理(建造师)387人;特种工持证954人。完成产值128438万元,上缴税金4095万元。半个世纪以来,施工项

目遍及全国各地,并在冈比亚、泰国、厄里特立亚等国家和地区承建总统官邸、宾馆、医院等工程。获国家鲁班奖工程2个、省"芙蓉奖"工程14个、省优质工程33个,获建设部"全国先进施工企业""全国建筑业新技术应用先进单位""全国建筑业科技进步与技术创新先进单位"和省主管部门"建设科技先进单位""安全生产先进单位""重合同、守信用单位"等称号。

三、湖南湘潭公路桥梁建设有限责任公司

成立于1958年10月。2005年,为国家公路工程施工总承包一级企业,银行信用等级为AAA级,省级重合同守信用企业。固定资产净值6892万元,资产总额2.17亿元,完成施工产值3.5亿元,上缴税金1057万元。员工2551人,各类专业技术人员388人,其中:高级职称28人,中级152人,一级项目经理35人。机械设备322台(套),总功率21304.7千瓦。近5年承包工程有长益、益常、长沙绕城、耒宜、潭邵高速公路,浙江丽青、诸永,江西赣定、泰井、京福、乐福、景德镇绕城,云南小磨,福建龙长,河南济邵、洛阳至南阳分水岭等高速公路和郑州至开封城市通道、东莞市港口大道等建设施工任务。

第三节 建筑服务企业

一、建设监理企业

1996年,根据建设部、省建委有关规定,湘潭开始推行建设工程监理制。同年,市建筑工程监理咨询有限公司、湖南建钢工程监理公司成立。受建设业主委托,根据有关法律、法规、工程建设合同、监理合同等文件,派出总监和监理工程师对建设工程施工工期、质量、安全实施监理管理,包括对建筑用钢材、水泥、红砖、砼预制构件等质量进行复检和有关监理内容报验。1998年,市工程建设监理公司、市宏达建设监理公司成立。1999年,市华厦建设监理公司、市恒星建设监理公司成立。至2000年,全市监理企业6家,受监建设工程37个,受监工程投资6.63亿元。

2001年,湘潭县建设监理公司、湘乡市建设监理公司成立。至2002年,监理企业承担建设工程监理业务,为与建设业主协商交易方式。2003年起,监理业务实行招标投标制,境外监理企业开始入境承揽建设监理业务。监理业务步入市场竞争。

2004年,市诚信监理公司、湘乡市湘军监理公司成立。同年,市宏达建设监理公司房屋建筑、市政公用工程监理资质升甲级,有从业人员103人,其中:国家注册监理工程师29人,省注册监理工程师32人,监理员42人。

2005年,湖南新纪监理有限公司成立。同年,市建筑工程监理咨询有限公司房屋建筑工程监理资质升甲级,有员工102人,其中:国家注册监理工程师30人、造价师2人,省注册监理工程师55人,其他持证人员15人;注册资本金100万元。是年,全市建设监理企业11家(其中:房屋建筑甲级2家,乙级3家,丙级6家);注册资本金360万元;从业人员409人(其中:国家注册监理工程师167人,省注册监理工程师154人);全年受监建设工程124个,受监工程投资16.94亿元,分别为2000年的335%、255.5%;受监工程建筑面积246.6万平方米。

二、工程造价咨询企业

1996年,根据省建委规定,开始推行建设工程造价咨询制。湖南神州造价工程师事务所有限公司成立,开始受建设业主委托,对建设工程造价的确定与控制提供专业服务。2001年,湘潭中兴有限责任造价工程师事务所成立。2004年,湘潭恒顺工程造价咨询有限公司、湘潭精诚工程造价咨询有限公司、湘潭国信有限责任会计师事务所、湘潭丰润工程造价咨询有限公司、湘乡新宇工程造价咨询有限公司成立。2005年,湖南神州造价工程师事务所有限公司资质升甲级,有从业人员22人,其中国家注册造价工程师12人。湘潭中兴有限责任造价工程师事务所5年来完成工程预决算项目950个,招标代理金额10.65亿元。是年,全市工程造价咨询企业7家(其中:甲级1家,乙级6家),从业人员87人(其中:国家注册造价师52人),注册资本金450万元,完成营业收入900万元,创利税110万元。

三、招标代理企业

2001年起,根据建设部和省建设厅规定,改变过去由建设业主自行招标机制,推行建设工程招标代理制。湘潭中兴有限责任造价工程师事务所,开始为建设业主提供专业、社会招标服务。2002年,湖南通达招标代理有限责任公司、湘潭县恒信招标代理有限公司成立。至2003年,湘潭招标代理为起步阶段,其代理率仅为18%。2004年,湘乡新宇工程造价咨询有限公司、湘潭恒顺工程造价咨询有限公司具备招标代理资质,承揽招标代理业务。是年,全市招标代理率31%。至2005年,全市招标代理企业5家,从业人员82人,具有初级以上职称人员74人(其中注册造价工程师29人),注册资本金500万元,营业收入319.88万元,创利税24.57万元,招标代理率64%。

四、建筑检测试验单位

1986年,湘潭建筑检测试验单位有5家:湘潭金湘技术开发公司、湘潭金科建筑检测服务公司、湘潭建钢工程公司、市规划建筑设计院科研所、市建筑工程质量检测中心,承担境域建筑材料检测试验任务。1988年起,因建材检测试验量增大,湘潭县建筑工程质量检测中心、湘乡市建设工程质量检测中心、韶山市建筑工程质量检测中心成立,承担各自区域内的建材检测试验任务。1993年后,市信元工程材料科研所、市湖科大工程检测中心、湖南江南建设监理公司建筑试验检测站、市湘大建设工程检测中心、市勘测设计院检测中心、市宏达建筑检测服务有限公司相继成立。至2005年,湘潭建筑检测试验单位14家(其中一级资质8家,二级6家;国营11家,非公有制3家),设备仪器706台(件),固定资产净值1149万元,从业人员159人,全年完成营业收入773万元。因检测试验单位多业务少,市场竞争激烈,部分单位业务不足。

第五章　建筑管理

第一节　建筑管理体制

一、勘察设计业管理体制

1986 年起,市建委、建设局内设勘察设计管理科,管理全市建设工程勘察设计市场和建设工程勘察、工程设计、建筑装饰设计、施工图审查机构的企业资质,负责勘察设计质量、建设工程总图审批、设计招标投标、初步设计审查和施工图、设计文件审批,以及注册执业资格制度的推行和管理,组织注册建筑师、结构工程师、岩土工程师及其他专业注册工程师的资格审查、考试、考核、培训和注册,其体制至 2005 年未变。

二、建筑业管理体制

1986 年 8 月,市编委根据市委、市政府决定,撤销市建筑工程总公司(市建筑施工管理处),成立市建工局,为正县级事业单位,隶属市建委管理。职能范围:管理全市建筑市场、建筑施工企业、建筑工程质量、施工安全。归口管理市建筑工程质量监督站(下简称市建筑质监站)、湖南省建筑工程定额管理站湘潭市分站(下简称市建筑定额站)、市建筑管理站、市建筑工程招标投标管理办公室(下简称市招标投标办)、市建筑科研所和局直属 7 家建安、工业企业的党、政、工、青、妇工作。经费来源按省建委湘建企字〔1979〕191 号文规定,向全行业建筑施工企业以施工产值 0.5%的比例收取“上级管理费”。1988 年 8 月,市建筑企业劳动保险事业管理所(下简称市建筑劳保所)成立,隶属于市建工局管理,负责全市建筑施工企业劳动保险基金统筹管理。县(市)建委及其建筑管理站并区建筑管理站,与市建工局对口管理建筑业。其体制至 1994 年未变。

1995 年 8 月,市建筑工程安全监督站成立,与市建筑质监站合署办公;同月,市建筑稽查站成立,均隶属市建工局管理。10 月,经市委批准及市编委规定,市建工局为正县级事业单位,主要职责:对全市建筑行业管理实行“四统一”,即统一管理建筑市场,统一管理建筑队伍,统一管理建筑工程质量和施工安全,统一制订实施行业政策,归口管理局直属 7 家企业。事业编制 40 名,经费来源仍按省建委文件规定收取管理费。局二级机构有市建筑质量安全监督站、市建筑定额站(同年底归口市建委管理)、市建筑稽查站、市招标投标办、市建筑劳保所、市建筑科研所、市建工局劳动服务站。市建筑管理站撤销,其职能并入市建工局。至 2000 年止,市建工局与县(市、区)建筑业管理机构的管理内容未变。

2001 年 10 月,撤销市建工局,设立市建筑行业办。2002 年 9 月,明确市建筑行业办为副县级事业单位,归口市建设局管理,核定财政综合预算事业编制 14 名。主要职责:贯彻实施有关建筑业管理的政策和法规,制定行业规划和政策,引导行业结构调整,负责行业改革等。受市建设局委托,负责建筑施工企业和建设监理企业资质及建造师(项目经理)与建设监理工程师管理、对外开拓经营、建筑劳务输出、外地队伍进潭施工注册等工作;管理市招标投标办、市建设工程交易中心、市建筑劳保所、市建筑科研所、市建筑行业办劳动服务站。市建筑质量安全监督站、市建筑稽查站划归市建设局管理。县(市)建设局与市建筑行业办对口管理其所属建筑业和建设监理工作。各区建管站撤销,其原所属建筑业管理工作分别归口市建设局和市建筑行业办。其体制至 2005 年未变。是年,市建筑科研所、市建筑行业办劳动服务站改制后撤销。

第二节 勘察设计市场管理

1986 年起,境域勘察设计工程业务,采取由建设、勘察设计单位协商,市建委调整安排的办法,其收费以工程总造价勘察为 0.5%、设计为 1%的比例收取。勘察设计市场中的证照、勘察设计质量和建设工程总图、施工图、设计文件审批、初步设计审查等,均按国家、省建委规定管理。1987 年,在全市勘察设计市场整顿中,共查处无证设计 64 起,越级设计 17 起,出卖设计图纸 7 起。至 1995 年,其管理内容未变。

1996 年后,境域勘察设计单位和私人勘察设计者增多,境外勘察设计单位进入湘潭承包业务,形成勘察设计力量大于工程业务量的局面,勘察设计市场出现无证勘察、设计,超资质设计,私人勘察设计,资质挂靠,出卖图纸和图章以及建设单位压低勘察设计费等混乱现象。为解决这些问题,市建委根据 2000 年 1 月省人大颁布的《湖南省建设工程勘察设计管理条例》和同年 9 月国务院《建设工程勘察设计管理条例》,于是年冬对勘察设计市场进行全面整顿和规范,依法查处无证设计 14 起,超资质设计 6 起,资质挂靠 9 起,并对境外勘察设计单位进入湘潭承担业务实行注册管理,市场秩序好转。

2001 年起,市建设局加强勘察设计市场管理,严把勘察设计文件审批和勘察设计质量关,推行勘察设计工程招标投标制;成立市施工图审查中心,建立并实施施工图审查制度,开展建筑、市政工程施工图审查。2002 年 11 月,市勘察设计协会为贯彻建设部发布的《建设工程勘察质量管理办法》和省建设厅有关勘察设计质量管理规定,与企业签订《工程勘察设计质量公约》,审查勘察设计单位业务合同,强化企业自律意识等,取得成效。2003 年,施工图审查项目 283 个,建筑面积 82 万平方米,审查率 70%。至 2005 年,无证设计、资质挂靠等违规现象基本消除,市场管理基本步入规范有序轨道。是年,施工图审查项目 310 个,建筑面积 168 万平方米,建设投资 1.25 亿元,普及率 100%。

第三节 建筑市场管理

一、招标投标管理

1986 年,境域建筑工程施工以邀请招标和议标(建设单位和施工企业协商工程造价交易工程)并行。是年,市区招标投标中标工程 56 个,工程造价 2554 万元,招标率 38.5%。1987 年起,建筑工程施工仍采取招标、议标方式进行;计划经济指令性因素较多,行政安排施工任务比例达 40%;建设、施工单位私下交易工程业务占 35%。部、省属施工企业在潭承担大厂矿、大专院校大型工程施工任务。1989年起,因国家压缩基本建设规模,境域基本建设投资减少而施工业务减少,市建工局为照顾城市建筑施工企业业务而实行行政安排、招标、议标相结合的倾斜办法,招标率下降至19%。1990年,行政安排、议标工程进一步增多,招标投标工程进一步减少,市区招标投标中标工程11个,工程造价459万元,招标率为5.3%,比1986年下降33.2个百分点。

1991年,市建工局对城市建筑施工企业继续实行业务倾斜,采取限额分配施工任务办法,因而直接发包工程多,招标工程少。1992年,湘潭基本建设投资增加而施工业务增加,市建工局取消倾斜制度,推行招标投标制。但因存在建设业主、施工企业私下交易工程业务的问题,招标投标推行面不广。1993年招标率为2.3%,成为历史最低点。1995年,市委、市政府下发《关于加强建筑工程施工招标投标管理的规定》,彻底放开建筑市场,全面推行招标投标制,招标率上升。是年,市区招标投标中标工程20个,工程造价4160万元,招标率为29.4%,比1990年上升24.1个百分点。

1996年,境域强制推行招标投标制。市政府成立市建设工程招标投标领导小组,协调处理招投标工作中重大问题。市建工局相继出台《湘潭市建设工程施工招标程序》《湘潭市建设工程施工投标程序》《湘潭市建设工程施工开标评标定标程序》,以规范招投标各方主体行为。为规范建设单位标书的编制,市招标办编写《湘潭市中、小型建设工程施工招标书》范本。是年,境外建筑施工企业开始进入湘潭参加建筑工程施工投标;市区招标率上升,为91.26%,比上年上升61.86个百分点。

1997年起,组建市建设工程施工招标标底审委库和建设工程施工招标评委库,并对评(审)委会组成和评(审)委产生及管理制定制度和措施。为提高招投标透明度,聘请行风评议员和社会监督员监督招投标活动及招投标管理。1999年8月,市建工局以"宣传一条街"、宣传车、散发宣传资料等形式宣传《中华人民共和国招标投标法》。同年,制定《湘潭市建设工程施工招标百分制评标办法》和百分制记分表。2000年,市招标投标办主任夏盈钢依据有关法规和政策监管招投标工作,推行规范化、程序化管理,招投标率大幅度上升,工作成绩突出,被国家建设部评为"全国建筑市场管理先进个人"。是年,市区招标投标中标工程130个,工程造价2.64亿元,招标率为96.28%,比1995年上升66.88个百分点,位居全省第一。

2001年后,招标投标管理制度不断健全。2002年,根据省建设厅《湖南省房屋建筑和市政基础设施工程施工招标评标定标办法》,对标底采取将招标人编制的标底与各投标人的有效投标报价加权平均的方式确定,评标侧重于企业信誉和施工组织设计优劣,推行合理低价评审、合理定价后随机抽取中标人等多种方式定标。2003年,市建设局印发《湘潭市建设工程自行招标资格审查及项目招标代理管理暂行规定》和《湘潭市建设工程公开招标投标人确定管理办法》,招投标管理力度加大,招标率上升。2005年,市区招标投标中标工程200个,工程造价11.14亿元,招标率100%,比2000年上升3.72个百分点,位居全省第一。

二、工程交易市场管理

1996年10月,市建工局设立市建筑工程交易市场,组织建设业主和施工企业进场进行工程业务交易,直至2000年11月止。2000年12月,市编委批复成立市建设工程交易中心,负责收集、存储和发布各类工程、企业状况、材料价格、法规政策等信息,为发、承包交易双方提供信息、咨询服务;为开标、评标、定标、洽谈提供活动场所等。

2001年4月,市政府发布《湘潭市建设工程交易管理暂行规定》,明确市建设工程交易中心是湘潭建设工程发、承包单位以及中介服务单位,按一定规则和程序进行工程业务交易活动唯一合法场所,规定境域由市以上计划立项的建设工程勘察、设计、施工、建设监理业务招投标都必须进入该中心交易,交通、水利、邮政、电信、能源等部门的专业工程和政府采购、成套进出口设备采购活动,依照其行业有关管理规定,按投资审批渠道,分级分专业管理原则,亦进入该中心依法交易。同时,市政府办发文要求境域施工单项、采购单项合同估算价各在50万元以上和建设工程项目总投资500万元以上的,都必须进入该交易中心进行招标投标。同年5月18日,市建设工程交易中心开业。其先进的信息管理设备和高效的计算机管理系统的科技含量及管理方式、方法、手段,时为省内同行第一。5月28日,市政府办发函批准成立市建设工程交易中心管理委员会,负责工程交易组织、协调等工作。

2002年起,市建设工程交易中心内抓管理,建立规章制度,人员定岗、定职、定责,工程交易全面实现电子化管理;外树形象,员工统一服装,挂牌上岗,规范言行举止,提高服务水平和质量,成为湘潭文明服务示范窗口。2003年,该中心被授予省"文明服务示范窗口""湖南省先进建设工程交易中心"称号;主任杨大晋被建设部评为"全国建筑市场管理先进个人"。2004年,交易中心改造交易信息管理系统后实现互联网处理业务,建立"湘潭建设信息网"和OA办公自动化系统,在互联网实现办公自动化。2005年,该中心被评为"湖南省青年文明号"。至是年底止,5年共办理各类交易服务690宗,交易额40亿元,其中建设工程施工招标596项,中标额29.42亿元。但专业工程和成套进出口设备采购进场交易者少。

三、建设监理管理

1996年起,根据建设部关于推行建设工程监理制规定,开始推行建设工程监理制,主要是管理监理企业资质和协助省建委进行监理工程师培训。1998年起,市建工局执行省人大颁布的《湖南省建设工程监理条例》,加强对建设工程监理单位资质及监理人员资格、监理范围及内容、监理实施的管理,监理工作开始步入轨道。1999年起,市建工局开始实行监理合同备案制、监理审查和推行工程监理招标投标制。2000年8月,为加强建设工程监理管理,市建工局下发《关于建设单位凭<监理审查表>办理报建手续的通知》,建设单位在办理工程项目报建手续时,必须首先到建筑行政管理部门办理监理审查;不实行监理而自管项目(对建设工程施工工期、质量、安全实施自行管理),向建筑行政管理部门申请领取《湖南省建设单位工程项目管理资质等级证书》。市区内开发建设项目、单项工程造价200万元或县(市)100万元以上项目、国家规定的其他建设项目的施工阶段必须实行监理。同年9月,市建工局下发《湘潭市建设工程监理管理暂行规定》,境域凡国家、省、市重点工程项目;政府投资和行政事业单位自筹资金项目;单项工程七层(含七层)或单跨大于12米以上项目;单项工程造价200万元(含200万元)以上项目;开发和代征代建项目等实行社会监理。推行建设单位自管项目和社会监理双向选择机制。这两个文件实施后,市区建设工程监理项目数量上升,至年底,建设单位与监理企业签订监理合同40个,其中受监37个。

2003年,市建设局下发《关于加强建设工程监理审查的通知》《关于进一步规范我市建设监理市场的意见》《湘潭市建设工程监理招标评标暂行办法》,规范建设工程监理审查、监理市场和监理招投标。2004年，根据省建设厅规定，湘潭取消建设单位自管项目制，全面推行社会监理制。至2005年，全市建设工程监理率达90%。

四、工程定额造价管理

1986年，湘潭建筑工程定额管理仍沿用“量价合一，固定收费”的定额计价模式。1987年，执行省建委编发的《建设工程直接费调整系数、部分材料预算价格》，这在当时材料原价变动频繁情况下，使材料预算价格得到及时调整且保持相对稳定。1988年，执行省建委按补充定额编发的补充定额材料预算价格、单位估价表和单价汇总表。1989年，按建设部推荐定额编发推荐定额材料预算价格和单位估价表，与1985年编发的预算价格、单位估价表、单价汇总表配套执行；按省预算、综合预算、安装工程定额和房屋修缮、装饰、园林绿化、市政、人防工程定额计价。计价体系渐趋完整。1990年，开始推行建筑工程概预算人员持证上岗制度。

1991年后，湘潭以省建筑工程定额管理站根据建设部《全国统一建筑工程基础定额》和《全国统一建筑工程预算工程量计算规则》编制的《九一抗震加固估价表》《九二安装基价表》《九二仿古园林估价表》《九二概算定额》《九三修缮定额》《九四建筑预算定额》等及相应取费标准，作为当时承、发包方计价、定价的主要依据。1994年，市建筑定额站根据《湖南省建设工程材料预算价格管理办法和价格编制办法》组织编制《湘潭市主要材料调整预算价格》《湘潭市材料预算价格结算调整处理办法》，指导建筑施工企业及时调整建安工程材料差价。1995年，市建筑定额站根据省建委《关于调整定额人工工资单价和取费标准的通知》，测算发布新的定额工资标准和取费标准。同年，根据省建筑工程定额管理站关于调整机械费文件，理顺机械台班预算价格，测算发布机械费调整系数，与定额配套执行。

1996年后，贯彻国家《建筑法》《合同法》《招标投标法》和《湖南省建设工程造价管理暂行办法》，工程定额管理方式发生一系列变化，其中管理从业范围向项目设计阶段前期延伸。计算机技术开始应用于工程定额管理部门日常业务处理中。建筑工程费用项目的组成和分类标准被取消，补充了别墅等新型建筑的分类标准。市建筑定额站1999年编发《湘潭市建筑工程人、材、机价差调整办法，主要材料调整预算价格》，并发布新的人工工资单价标准和机械费调整系数。2000年，市建筑定额站出台《关于在我市工程计价中限期淘汰手工套价，全面推行计算机套价》规定。湘潭首批淘汰手工套价单位有湖南省第三工程公司、市第二建筑工程公司。是年，湘潭50人获国家注册造价工程师执业资格证，造价人才队伍初步形成。

2001年8月，建筑工程定额改称为建设工程造价。市建筑定额站更名为市建设工程造价管理站。执行省建设工程造价管理站编制的《2001概算定额及取费标准》。同年，受市场燃油价格下调影响，市建设工程造价管理站再次对机械费系数作出调整，停止执行原定额估价表机械费调整系数。贯彻建设部《建设工程发包和承包计价管理办法》，按工程承、发包方标底价、投标价和评标、定标、签订合同价等规定进行管理，建设工程计价工作走向市场化管理轨道。2002年，根据《湖南省建设工程计价暂行办法》和建设部《建筑工程施工发包与承包计价管理办法》，推行“三制度一改革”（造价工程师签字、合同备案、竣工结算备案制度，改革现有计价模式和计价方法）。2003年，制定《湘潭市房屋建筑和市政基础设施工程施工工程量清单招标实施办法》，全面推行工程量清单计价模式，与国际惯例接轨。2004年，执行省政府有关《湖南省建设工程造价管理办法》，规范工程造价管理。2005年，电脑和工程预结算、工程量计算、钢筋用量计算等软件在造价管理中广泛应用，工作效率提高。湘潭规定建设投资对全部使用国有资金或以国有资金投资为主的工程强制采用工程量清单计价，非国有资金投资工程推行工程量清单计价。是年，市区公开招标项目33个，其中采用工程量清单计价招标项目31个，采用率94%。

五、砼预制构件管理

1986年，根据国务院《工业产品质量责任条例》和省建委《转发建设部<关于发布“建筑构件厂营业管理规定”的通知>的通知》，在全省最先实行砼预制空心板和大型屋面板生产许可证制度，审批、核发湖南省大板建筑公司湘建综合加工厂等30家砼预制构件生产企业许可证。1987年，根据建设部《建筑工程质量责任暂行规定》，实行砼预制构件出厂印章制，由市建筑质监站统一制作39枚产品合格印章[标有合格厂(场)编号及生产许可证内容]，发放到湖南省大板建筑公司湘建综合加工厂等39家砼预制构件生产单位，供其加盖在合格产品上，禁止施工现场使用无合格印章砼预制构件。1988年，鉴于一些生产厂(场)名称等情况变化，市政府下发《关于颁发<湘潭市建筑工程质量监督试行办法>的通知》，市建筑质监站重新统一制作和颁发44枚合格印章。1991年，湘潭砼预制构件生产技术和质量管理方法被建设部在全国推广。1992年，全市砼预制构件生产厂(场)变动为38家，市建筑质监站第三次重新制作、颁发38枚合格印章。

1993年10月，湘潭遵照建设部关于取消砼预制空心板和大型屋面板生产许可证制度，改由地市级城市建筑行政管理部门核发《砼建筑预制构件企业资质等级证书》规定，对砼预制构件企业进行资质管理，开始企业资质定级准备工作。1995年，湘潭对原有砼预制构件生产企业组织申报、考察和初审，经省建委审批后第一批发证41家(其中:一级1家，三级39家，四级1家)。1996年起，湘潭砼预制构件生产企业快速发展，至1998年，境域共有砼预制构件生产企业84家(其中一、二级各1家，三级80家，四级2家)。

1999年，湘潭根据省建委《关于对全省建筑业企业进行资质年检的通知》，首次将砼预制构件生产企业纳入建筑业企业资质申报、年检范畴。市建委、建工局对全市砼预制构件生产企业进行年检，取消3家企业资质。2000年，全市砼预制构件生产企业81家。

2001年，在全国建筑业企业资质就位时，砼预制构件生产企业完全纳入建筑业企业管理范畴。2002年起，取消一批不合格企业资质，至2005年，境域有资质的砼预制构件生产企业23家，从业人员约200人。但因管理难到位，无资质砼预制构件生产厂(场)遍布农村。

六、家庭居室装饰装修管理

1992年开始，城市部分家庭开始对居室进行简单装饰装修。其施工人员大多为农村进城的泥、木、水、电、油漆工等，包工头制，每支队伍三五、七八人不等，时称“游击队”、做“上门功夫”，为包工不包料承接业务，家庭居室装饰装修企业(下简称家装企业)产生。1998年后，家居装饰装修档次升级，家装企业增多，出现一批有工商营业执照但无施工资质的家装企业，家居装饰形成市场。1999年8月，市建工局为加强家居装饰市场和队伍管理，根据建设部《家庭居室装饰装修管理试行办法》

和省建委有关要求，进行家装管理试点；市政府办公室决定成立“湘潭市家庭居室装饰装修管理工作领导小组”。同年10月，市福源建筑装饰有限公司经理粟伏泉在市砂子岭宝庆路湘潭市旧货市场租赁1500余平方米房屋，组建“湘潭市家庭装饰工程交易市场”，吸收市振华、方圆、燎原、三星、珠江、时代、骏达、幸福、光明、金达、民兴、世纪、利源、兴业、民主、百信、友缘等21家家装企业加盟入场。2000年4月，市建委、建工局下发《湘潭市家庭居室装饰装修管理实施细则》，对家装市场和队伍管理内容进一步明确。2001年后，湘潭家居装饰市场越来越大，市内队伍越增越多，深圳、广州、长沙等地装饰企业也进入湘潭经营家装业务。2002年2月，建设部下发《住宅室内装饰装修管理办法》，对家居装饰市场各方主体行为和质量、安全、环保及法律责任作出规定。湘潭因未将住宅室内装饰装修实行统一管理而未能贯彻执行。至2005年，全市家装企业（有工商营业执照但无施工资质）100家左右，“游击队”二三十家，从业人员上万人（80%以上为农民工）；部分企业管理较好，内设机构、技术人员较齐全，设计人员多为大专院校专业培训生；全年完成家装产值约4亿元。但从上至下，对家居装饰装修市场管理不力，存在多头发放企业资质、技术人员未纳入建筑行业管理、市场中违规行为无人执法等混乱状况。

七、项目经理管理

1992年，湘潭开始实行施工企业项目经理资质管理制度，向省建委申报项目经理培训、考核计划。1993年11月至1995年，省建委共举办项目经理培训班10期，湘潭送培382人。

1995年，开展项目经理资质认证考核定级，首批申报考核定级项目经理500人（其中：二级67人、三级353人、四级80人）。1998年，首批领取项目经理资质证书589人（其中：一级1人、二级56人、三级377人、四级155人）。同年，对持三级《项目经理培训合格证》上岗者，允许其证交叉使用到1999年元月。2000年，湘潭组织全行业项目经理参加全省复审，计924人。

2001年起，湘潭根据建设部关于设立注册建造师制度，取消项目经理制度，并设5年（2003年3月至2008年3月）过渡期（过渡期内，原项目经理资质证书继续有效；大中型工程项目项目经理补充，由获得建造师执业资格渠道实现；小型工程项目项目经理补充，由企业依据原三级项目经理资质条件考核合格后聘用；过渡期满后，项目经理资质证书停止使用）规定，逐步做好其过渡工作。至2005年，全市项目经理1866人，其中：考核认定一级建造师80人，二级建造师293人；一级建造师考试合格82人，二级建造师考试合格194人。

八、人员培训与岗位资格鉴定

1987年，市建委为提高建筑业从业人员技术水平，成立高校函授培训中心，与西安冶金建筑学院共同成立湘潭函授站，进行全日制教学。1988年起，市建委创办市中等城乡建设职业技术培训学校，统一培训初、中级“五大员”（指预算员、施工员、质检员、材料员、安全员）。至1995年7月止，湘潭函授站全日制毕业生累计250人（其中：建筑学本科33人，工民建本科87人，工民建专科130人）。1996年起，开展建筑行业岗位技能培训，每期培训时间6~8周。

2001年，开始进行职业技能岗位资格培训、鉴定工作。2002年，根据省建设厅要求，湘潭设立市建设职业技能岗位资格鉴定站，湘潭县、湘乡市也分别设立资格鉴定站，开展建筑中级工和初级工的鉴定工作。同时,确定市中等城乡建设职业技术培训学校、湘潭县土建学会、湘乡市建筑业协会为职业技能岗位培训机构,统一开展其工作。至2004年止,市中等城乡建设职业技术培训学校累计培训结业中级“五大员”9801人(其中:施工员4569人、预算员2695人、质检员956人、安全员875人、材料员706人),培训率93%。至2005年止,全市累计培训、鉴定中级技能工7247人(其中:砌筑工2474人,抹灰工1506人,钢筋工1098人,混凝土工1050人,木工669人,油漆工283人,防水工167人),占应培训、鉴定人员的80%。

九、建筑行政执法

1986年9月,市建委根据建设部、省建委关于认真整顿建筑市场的要求,下发《关于整顿我市建筑市场的通知》,并经市政府同意,由市建委、计委、建工、工商、税务、审计、建行等9部门派员组成领导小组,就无证施工、偷税漏税、出卖证照、偷工减料和不报建、超规模建设、私招乱雇等问题进行清查整顿。至1987年7月,共查处无证施工28起,越级施工6起,不报建、无计划基建36起;经济案件7起,涉案金额4万元,均移交司法部门处理。1988年,针对建筑市场中存在严重拖欠工程款问题,市政府根据省政府规定成立市清理回收拖欠工程款领导小组(下简称市清欠小组),共清查出223家建设单位历年累计拖欠26家建筑施工企业工程款4796万元,收回904万元。1990年4月,为解决建设单位与施工企业工程款结算纠纷,经市中级人民法院批准,成立市基建经济仲裁庭,当年调处结案基建经济纠纷10起,涉及合同金额309万元,收回工程欠款75万元。

1991年起,市建工局针对建筑市场中存在的违章行为,加大行政执法力度,至1992年底止,共检查工程项目662个,建筑面积52.1万平方米,工程投资3.5亿元,其中违章项目142个,建筑面积8.98万平方米,投资2.74亿元,均按规定作出停工、清退、补办手续、没收证照和罚款1.35万元处理。

1993年,市中级人民法院针对建筑市场中违法违规案件增加情况,成立市中级人民法院建筑法规执行室,专项处理建筑市场中违法违规案件;撤销市基建经济仲裁庭。是年起,因境域一些建设单位“有钱要上工程,无钱借钱也要上工程”,要求建筑施工企业垫资承包工程,且不按时结算工程款,因而拖欠工程款问题越来越严重,至1994年底止,历年累计拖欠工程款8000多万元,经市清欠小组收回欠款900多万元。至1996年3月,市中级人民法院建筑法规执行室12次对违规工程实行法律程序处理,执法收回欠款110万元。4月,建筑法规执行室撤销。

1997年起,湘潭建筑市场中严重存在工程建设不报建、不经招标投标私下交易工程业务、压工程造价、垫资发包工程、建设和施工单位签订阴阳合同、无证或超资质施工、资质挂靠、偷工减料,特别是建设、施工方受贿、行贿,权钱交易问题十分严重,以致“一栋栋楼房竖起来,一批批干部倒下去”,工程建设诱发干部腐败成为突出问题。1999年4月,市委、市政府为贯彻落实全国人大于1997年11月1日颁布的《中华人民共和国建筑法》,遏制建设领域越来越严重的行贿受贿等犯罪行为,根据中央纪委、监察部、建设部关于在全国开展建设领域专项治理和省委、省政府关于开展建设领域专项治理的布置,全面开展专项治理工作。至2000年底,持续近两年的建设领域专项治理结束。除查处一批违章工程外,还查出建设、施工单位偷漏税金479万元;职务犯罪42起,涉案人员45人(其中:贪污5万元和挪用公款10万元以上17件17人,涉及县处级干部10起10人);市纪委、监察局在专项治理中受理群众举报86件,立案查处26件,查结并移交司法机关18件18人中,县处级4人,科级14人,涉及贪污受贿万元以上23件,10万元以上3件,为国家挽回损失780万元。

2001年10月,撤销市建工局属市建筑稽查站和市建设局属市建设项目稽查队,组建市建设项目执法监察大队,隶属于市建设局领导,负责市区建设项目行政执法和建设项目综合报建费征缴。

2003年,湘潭贯彻省建设厅所发《湖南省建筑市场责任主体不良行为记录公示制度》,当年无不良行为记录公示。同年12月,市委、市政府为贯彻国务院办公厅《关于切实解决建设领域拖欠工程款和农民工工资问题的通知》及省政府关于清理建设领域拖欠工程款和农民工工资（下简称清"两欠")的指示,成立以市建设、财政、劳动和社会保障局及发改委、中级人民法院等14单位组成的清"两欠"工作领导小组,开展清欠工作。

2004年,清"两欠"继续进行。市建设项目执法监察大队行政执法查处工程项目41个,建筑面积29.5万平方米,造价1.33亿元,其中:处罚19个,建筑面积19.3万平方米,造价8704万元,罚款30万元。上报省建设厅不良行为记录公示项目6个,涉及建设单位6家、施工单位7家、项目经理7人。

2005年,湘潭上报省建设厅不良行为记录公示项目6个,涉及建设、施工单位各6家,项目经理6人。4年中,市区累计收取建设项目综合报建费17455万元,其中城市市政公用设施配套费8189万元;两年中,清理出建设单位历年累计拖欠工程款16982万元,涉及建设单位55家,建设项目171个;施工企业拖欠农民工工资1246万元,涉及施工企业38家,农民工45047人次,上述"两欠"已偿还90%。

第四节　质量安全管理

1986年起,湘潭市、县(市)建筑行政管理部门内设质量安全管理科,编制3~4人,负责行业建筑工程质量、施工安全管理;市、县(市)设建筑工程质量和安全监督站,合署办公,市编制25~30人,县(市)编制8~12人,负责其质量安全监督;各建筑施工企业内设质量安全管理科(部),1~2级企业定员3~4人,其他企业2~3人,每个工地设有专职质量安全员1~2人,分别负责企业、工地质量安全管理。市建工局在全行业大力推行"六法"(即技术交底、施工程序、施工技术规程、操作规程、质量评定检测、事故报告处理制度)、"七关"(即图纸会审、测量放线、地基基础、材料试验、砼施工、砌筑砂浆、砼预制构件及加工件)、"十二有"(即图纸有会审、测量有成果、施工有方案、技术有交底、材料有试验、成品半成品有检验、设计变更有核定、隐蔽有记录、施工有日志、质量有评定、事故有分析、交工有档案);开展"质量通病(厨房、厕所、屋面漏水,木门窗制作不规则,楼梯踏步高差大等)攻关"和"安全周""安全月"活动;对施工现场的电器设备、脚手架、"三宝"(安全网、安全带、安全帽)进行重点检查,促进工程质量提高和保障安全生产。是年,全行业工程质量合格率100%、优良率28%。1987年始,为加强工程质量管理,提高工程质量水平,开展创工程质量"鲁班奖"活动。1988年始,开展创省优良样板工程活动,开展创市优良样板工程活动,当年创市优工程46个。1989年4月起,根据建设部《建筑施工安全检查评分标准》<JGJ59-88>,对建筑工地安检实行百分制评价,当年检查工地68个,80分以上占70.6%。1990年,对境域新建、改建和扩建的工民用、市政公用工程和建筑构件质量,实行政府监督,自此质量监督全面推行。是年,全行业创省优良样板工程1个,市优良样板工程58个;工程质量合格率100%、优良率28%。

1991年,根据建设部15号令《建设工程施工现场管理规定》,加强施工现场安全、文明施工、环境、卫生等管理,其工作水平显著提高。1992年起,为保障安全生产,实现文明施工,从临街建筑开始,对施工现场实行封闭式管理。1993年起,为提高企业素质和工程质量水平,根据建设部有关《"八五"期间深化施工企业全面质量管理工作的意见》,在全行业推行全面质量管理,当年评审市优秀奖单位3家。1994年,市建工局鉴于近3年来住宅建造量增大,但因工程造价低,建材用量大、档次低,工程质量不易控制,特别是影响使用功能的质量通病较普遍存在的问题,开展创"无质量通病住宅工程"活动,当年竣工住宅工程通病减少。1995年,市建委为贯彻省人大颁发的《湖南省建设工程质量管理条例》,对全市在建工程进行普查,对15个存在质量问题的工地进行整改。同年,为提高工程质量,根据省建委、省建筑业协会要求,开展争创和申报省工程质量"芙蓉奖"活动;根据建设部、省建委要求,开展施工现场综合考评活动,内容包括工程质量、安全生产、文明施工等,推动施工现场管理工作。是年,创省优良样板工程6个,市优良样板工程72个;工程质量合格率100%、优良率31%。

1996年起,建筑行政管理部门对质量安全的管理,由对企业或工地的微观管理转为对行业的宏观管理,即贯彻法律、法规和政策,强化制度建设,加大行政执法力度等。1997年,为杜绝建材试验弄虚作假现象,根据建设部、省建委规定,制定《关于实行见证取样和送检制度的规定》,建材试验全面实行见证取样和送检(由质监站质监员、监理单位监理员现场监督施工单位提取送检建筑材料试验样品)及"四连单"(建筑检测试验单位将施工单位送检的建材试验样品的试验结果,分别给施工、监理单位和质监站及自存的联单)制度。是年,第一次创省工程质量"芙蓉奖"3个。1999年,贯彻执行国家新的《建筑施工安全检查标准》,对施工安全实行百分制评价。根据省建委《关于对建设工程设立永久性质量责任标牌的通知》,凡竣工工程都设立永久性质量责任标牌,内容为工程名称,建设、设计、施工单位名称,建筑面积,质监员、质安员、工程监理总监姓名,开竣工时间,为提高相关单位、人员的责任心和追究质量终身责任起警示作用。2000年,根据建设部《房屋建筑工程质量保修办法》,建筑施工企业开始实行工程质量保修担保制度。在开展施工现场综合考评中,实行文明施工责任制,整治施工现场脏、乱、差,以实现安全生产,促进文明施工,当年创省综合考评样板工程3个,临街建筑工地文明施工面100%。同年,开展创工程质量"湘莲奖"活动。是年,创省优质工程6个,市"湘莲奖"、市优质工程各16个;工程质量合格率100%、优良率30%。

2001年,开始创建"安全文明工地"活动。改工程质量由建筑质监站核定等级制度为施工企业备案制度。贯彻落实建设部有关《工程建设标准强制性条文》(房屋建筑部分),以保障人民生命财产安全、人身健康、环境保护和其他公众利益以及提高经济和社会效益。2002年,湘潭首创国家工程质量"鲁班奖"1个(市政府办公楼人民大厦)。2003年起,贯彻省建设厅湘建建〔2003〕51号文《湖南省建筑市场责任主体不良行为记录公示制度》、国务院2004年393号令《建设工程安全生产管理条例》、省建设厅湘建建〔2004〕153号文《湖南省建筑工程质量安全监管警示制度(试行)》等规定,先后以目标管理责任制形式,把质量安全各项工作责任落实到单位、个人,实行企业、个人责任与行业主管部门、社会监督相结合机制。2004年,实行安全生产许可证制度,当年95家施工企业取得该证。2005年,全行业有专职安全员1100人,占职工总数的0.94%;2144人取得省建设厅颁发的三类人员(企业负责人、施工项目负责人、专职安全员)安全生产考核合格证。市区工程质量、施工安全监督受监率100%。创国家工程质量"鲁班奖"1个,省优质工程8个,市"湘莲奖"7个,市优质工程16个;

工程质量合格率100%、优良率30%。

附　工程质量、施工安全事故选介

1986年2月，湘乡县建材二厂熟料圆筒库，因无证设计，导致倒塌，直接经济损失12.4万元。1987年1月19日，由市郊先锋农场工程队施工的市委党校车库雨篷拆模后倒塌，造成重伤2人，轻伤5人，直接经济损失3000元。至1990年，5年施工死亡共22起23人，其中一次死亡2人事故1起。

1991年，施工死亡有增加，当年死亡7人。1993年12月25日，由湘潭县第六建筑公司施工的湘潭县青山桥税务所综合楼工程，建筑面积1194平方米，主体施工未完，因设计和施工存在问题导致约三分之一主体倒塌，直接经济损失3.86万元。省建委将该公司由四级降为等外级企业。至1995年，5年施工死亡共28起29人，其中一次死亡2人事故1起。

1996年起，湘潭因加强工程质量和施工安全管理，未发生房屋倒塌事故，其施工死亡人数减少。至2000年，5年施工死亡21起21人。2001~2005年，5年施工死亡共1起1人，其中4年无死亡事故。施工安全位居全省同行先进行列。

第五节　对外开拓经营管理

1986年起，为解决境域施工企业多、业务不足矛盾，在支持乡镇施工企业大力开拓经营的同时，动员市、县属城市施工企业“立足湘潭，面向全国”，把开拓经营业绩与评比先进单位挂钩。建筑业外拓经营快速发展，在境外开始承包较大建筑工程施工业务，如市第一建筑公司1986～1991年在湘西承揽12个工程业务，建筑面积4万多平方米，包括天门山宾馆和张家界农行营业大楼、桑植县湘运汽车站工程等。湘乡市王云生带21人去新疆开拓建筑市场，后发展到1200多人，承包大型建筑工程施工任务，致富后回乡投资800多万元办厂；1992年起，湘潭市建工部门派员去外地开拓经营集中地，如广东、广西、新疆等省、区，检查外拓企业生产经营工作，走访当地建设行政主管部门，协调施工企业与建设单位关系。县(市)建设行政主管部门利用外地同乡、亲友关系，为施工企业联系施工业务。外拓经营由单一承包房屋建筑工程拓展到承包专业工程，如电力、铁路、公路、土石方、防腐保温等工程，一些专业在开拓地具有一定影响力。1993年起，市建工局把开拓经营纳入行业工作计划，作为行业发展重要措施，鼓励企业“打出去，争市场”，外出队伍和完成外拓产值逐年增多。1995年外出人员达3.2万人，完成产值7.5亿元，分别为1986年0.5万人的6.4倍和0.75亿元的10倍。

1996年起，市、县(市)建设行政主管部门在企业资质升级、个人资格认证及技术培训等方面对外拓企业给予优惠政策，在同等条件下，外拓经营企业比非外拓企业资质高一个等级。湘潭建筑队伍遍布全国20多个省、市、区200多个大中城市，特别在新疆、广东、广西、福建、江苏、浙江、江西、湖北的队伍尤多。市、县属建筑施工企业走出国门：湘潭县永盛建筑公司与越中联营公司联营，在老挝承包7000多万元人民币的土建工程；湘乡市送变电建设公司在老挝承接80千米长、投资800多万元人民币的火电架线工程；湘乡建筑工程总公司在越南胡志明市承接800多万元人民币的房屋桩基工程任务。一些建筑施工企业在外地迅速发展,一些企业由一业变多业,开展多种经营活动:湘乡市谭建辉在新疆塔城成立惠远房地产开发集团公司,基本垄断塔城地区房地产开发市场。至2000年,湘潭电力、防腐保温施工在全国有名气,如防腐保温施工湖南在全国名列第四,而湖南力量主要在湘潭。

2001年后,湘潭各级政府大力支持建筑施工企业开拓经营。湘乡市政府制定鼓励政策,优先安排外拓施工企业负责人"农转非"、户口进城、子女就业和当选人大代表、政协委员,评比表彰"建筑业明星""对外开拓标兵"等先进个人14人。至2003年,市、县(市)建设行政管理部门开始利用外拓施工企业优势,成建制输出建筑劳务。2004年,市建设局申请、省建设厅批准湘乡市为省建筑劳务基地,市建设局批准湘潭县为市建筑劳务基地,负责建筑农民工的培训、发证、储备、输出等工作,为湘潭外拓施工企业和中国二十三冶第一工程公司、湖南省第五工程公司等6家部、省属施工企业提供建筑劳务。外拓施工不仅缓解市内队伍多任务少的压力,还为解决境域农村剩余劳动力就业,增加农民收入发挥重要作用。2005年,全市建筑外拓人数4.7万人,完成外拓产值22.7亿元,分别为1995年的146.9%和302.7%;占全行业建筑总产值48%;为湘潭增加劳务收入5.67亿元。

第六节 建筑劳保基金管理

1987年,根据省建委、建行有关文件精神,市建委、建行下发《湘潭市建筑安装企业劳动保险费用实行统一预收试行办法》,从1987年7月1日起,建筑施工企业劳动保险费用由建筑行政管理部门设立的建筑企业劳保费用管理机构向建设单位在工程报建时统一预收,其标准:县(区)属及其以上国营和集体建筑施工企业按建安工程预估造价2.5%预收,竣工后按工程结算直接费3.2%结算;县(区)属以下按2.3%预收,竣工后按3%结算;包工不包料的按工程预算工资费25%预收,竣工后按工程结算工资费23%结算。工程竣工后按工程造价中劳保费用取费返回比例返回给企业,市建筑劳保费用管理机构按返回总额1%收取管理费。是年,全行业收取149.8万元。

1988年8月,其工作进入正式运行阶段。1989年,由于建设单位不理解,施工单位不配合,致使其基金欠交、漏交、少交现象严重,收取率仅50%左右。1990年,全行业收取231.7万元,支付120.8万元。

1993年元旦起,对建筑劳保基金实行统收统支管理;国营和县属以上集体建筑施工企业统一按工程造价3.5%向建设单位收取,按月拨付给统收统支企业用于离退休职工工资的发放。所纳入的统收统支企业,有市第一、二、三、四建筑公司,市安装、市建筑装饰公司,市湘江、雨湖、岳塘、板塘区建筑公司,市雨湖区第一建筑公司,市设备安装公司,市八达、市住宅建筑公司,韶山市工程公司,湘潭县、湘乡市工程公司及其第二建筑公司共19家企业,离退休职工共4067人。对非统支企业,则按工程造价3.5%收取劳保基金后,再按工程造价1.6%~3.3%的不同比例返回,其中乡镇属建筑施工企业按1%返回。湖南省第三工程公司、湘潭县工程公司是国营企业,其基金拨付是按全额返回加补贴办法。1995年,全行业收取1025.8万元(收取率65%),支付1064.4万元,分别为1990年的442.7%、881.1%。基本保证统收统支企业4624名离退休职工工资的按月发放和对困难企业的调剂补助。

1997年,湘潭根据国务院《关于建立统一企业职工基本养老保险制度的决定》、省政府关于《湖南省建立统一企业职工基本养老保险制度的实施意见》和省建委有关规定，建筑行业劳保基金统筹开始向社会养老保险过渡。是年，全行业纳入统收统支离退休职工 4616 人。1998～1999 年，韶山市工程公司、市八达建筑公司、市设备安装公司、湘潭县第二建筑公司、湘乡市工程公司、湘乡市第二建筑公司先后退出行业统筹管理，参加统一社会养老保险管理。其余 13 家统收统支企业由于在职和退休职工多，承担工程任务少而劳保基金收入少，经济困难，故迟迟不能参加统一社会养老保险管理，市建筑劳保所继续按月拨付其离退休职工工资。2000 年，全行业收取 1106.2 万元，支付 939.6 万元，分别为 1995 年的 107.8%、88.3%。

2001 年后，湘潭继续推进建筑施工企业参加统一社会养老保险，因工作难度大工作进展缓慢。为加快参加统一社会养老保险进程，2003 年，湘潭根据省建设厅、财政厅《关于进一步加强建筑行业劳保基金统筹管理规定》，取消过去城市与乡镇建筑施工企业被拨付基金标准区别，对凡参加统一社会养老保险企业均拨付劳保基金基本部分 100%；没有参加的拨付 50%。政策上鼓励企业积极参加社会养老保险。2004 年元月，市、区属建筑施工企业脱离建筑行业劳保基金统筹管理，全部参加统一社会养老保险管理。为此，市建设局下文，规定从 2004 年 4 月开始停止按月拨付企业离退休职工工资，改为按企业承担工程项目所完成产值拨付劳保基金，由企业用于缴纳社会养老保险基金。市建筑劳保所为帮助企业参保、改制，筹资对市、区属参加统一社会养老保险管理存在资金困难建筑施工企业给予一次性调剂补助。2005 年，全行业收取 2658.4 万元，支付 2403.9 万元，分别为 2000 年的 240.3%、255.8%。至是年止，18 年累计动用市级积累基金 1200 万元调剂补助市、区属建筑施工企业参加社会养老保险，动用 1100 多万元作为困难资金补助湖南省第三工程公司、湘潭县工程公司、中国二十三冶第一工程公司等国营企业。实行建筑劳保基金行业统筹管理，对稳定行业起到积极作用。

1987~2005 年湘潭市建筑劳保基金收支情况

表 28-5-1

年份	劳保基金		年份	劳保基金	
	收取（万元）	支付（万元）		收取（万元）	支付（万元）
1987	149.75	0	1997	1233.86	1339.30
1988	212.58	60.49	1998	1127.65	998.67
1989	207.84	108.67	1999	1229.99	947.06
1990	231.66	120.84	2000	1106.23	939.58
1991	560.86	210.33	2001	1673.08	1355.36
1992	722.56	320.16	2002	1288.81	861.55
1993	1055.9	637.31	2003	2004.25	1754.15
1994	655.29	790.23	2004	2393.11	2113.21
1995	1025.77	1064.4	2005	2658.41	2403.93
1996	1336.47	1409.32	—	—	—

第二十九篇　商业贸易

概　述

1986年，由国家掌握的商品量在社会商品总量中占有相当比重。钢材、石油实行计划供应，烟草、食盐实行国家专卖。境域国营、集体商业企业经营仍处于主渠道地位。全市社会消费品零售总额10.78亿元（其中：国营、集体商业企业零售总额达8.41亿元，占78.06%）。全市商业网点18522个。全市从事商业贸易的从业人员50428余人。商业贸易企业上缴国家税收5850万元。

1989年，国家实行在计划经济条件下，逐步放开市场调节的范围。对国营商业企业经营的优惠政策和财政补贴逐步取消。境域国营、集体商业企业开始实行承包经营责任制、租赁经营责任制以及集体商业企业的股份制政策。在不改变公有制的基础上，实行所有权和经营权的适当分离，责、权、利密切结合。是年，全市市直52家国营中型商业企业全部实行承包经营。156家国营小型商业企业中，有73家实行租赁经营，占46.8%。141家归口国营企业管理的集体企业中，有103家实行股份制，占75.2%。1990年全市社会消费品零售总额达20.56亿元（其中：国营、集体商业企业零售总额10.15亿元，占49.4%，比1986年下降28.66个百分点）。全市商业网点20850个，全市从事商业贸易的从业人员61700余人，商业贸易企业上缴国家税收6150万元，分别比1986年增长90.7%、12.6%、22.4%、5.1%。

1992年3月21日，市人民政府制定《关于国合商业企业实行经营、价格、分配、用工“四放开”的有关政策规定》，确定市五交化公司、糖酒副食公司、肉食水产综合商场、湘潭县百货纺织品公司、湘乡市五交化公司、韶山市五交化公司等33家企业作为试点。国营商业企业“大锅饭”“铁饭碗”被打破。实行上岗、试岗（试用）、待岗（等待上岗）、寄岗（寄存职工档案）“四岗”制度，试行工人内部合同制、干部聘任制、职工内部待业制、内部退休制。分配上实行联销联利计酬，收入拉开差距。至7月底，全市城区349家中小型国营、集体商业企业，实行“四放开”的达198家，占56.8%。

1995年3月，由王填（原湘潭市南北特产食品公司职工）投资5万元，创办湘潭步步高食品有限公司（后改为湖南步步高商业连锁经营股份有限公司），租赁位于河西解放南路的国营菜肉市场，开办全市首家超市“步步高量贩店”。以开放自选、电脑结账式的商业经营模式，开全市商业购物先河。新的商业经营业态出现使消费者耳目一新，购物十分踊跃，成为全市一大亮点，带动全市商业贸易的快速发展和个体私营商业兴起。是年，全市社会消费品零售总额达45.3206亿元（其中：国营、集体商业企业零售总额6.7894亿元，占14.9%，比1990年下降34.5个百分点）。全市商业网点49700个，全市从事商业贸易从业人员128000人，商业贸易企业上缴国家税收12870万元，分别比1990年增长120.5%、138.4%、107.5%、109.3%。

1996年，全市国营商业企业继续深化改革，逐步退出商品经营和市场竞争。是年，市委决定对市财贸工作办公室试行"三位一体"的体制，成立湘潭市直属商业国有资产经营公司；对所属湘潭市一商、蔬菜肉食、糖酒副食、饮食服务、龙牌酱油、湘潭百货大楼等6个集团公司实行资产经营责任制；对市直商业企业租赁的市房地局的直管公房和商业门面实行总承租；对市直商业企业和商办工业的国家税费和地方税费的征收入库实行责任制。这一新的国营商业贸易体制改革的新尝试，在全省起到示范作用。市直国营大中型企业继续完善股份制改造。成立湘潭百货贸易股份有限公司、湘潭天隆实业有限公司。小型国营商业企业采取兼并、联合、股份合作、租赁、托管、破产、出售等多种形式，加快产权制度改革。私营商业企业和个体商业网点迅速增加。

1998年，市人民政府对国营商业企业提出"放开搞活、逐步退出、适当收缩、效益为本"改革方针。国营商业企业向民营经济和混合经济转变，实现资本重组。全市国营商业企业实行股份合作制企业4家、股份制2家、租赁经营28家、出售3家、承包经营4家、合资经营7家、托管3家，其他形式8家，占市直国营商业企业72%。2000年，全市国营商业贸易企业因人员多、包袱重、资产少、经营机制不灵活等弊端，绝大部分退出商品经营和市场竞争。运用市直商业企业租赁直管公房有偿划转（即国营、集体商业企业租赁国有公房按不同区类作价划拨给企业作为改革改制成本）政策，采用"三引一合"（即：引进人才、引进资金、引进机制、合作办店）、"四自一包"（即自由组合、自筹资金、自主经营、自负盈亏、包离退休人员生活费）、剥离有效资产承债式出售给职工和引进民营资本组建新的企业等形式，加快改革改制进度。湘潭县、湘乡市、韶山市所属国营、集体商业企业全部停止经营，退出市场。全市商业贸易基本由个体私营商业贸易企业主导市场。是年，全市社会消费品零售总额达69.28亿元（其中：国营、集体商业企业零售额4.16亿元，仅占6%，比1995年下降8.9个百分点）全市商业网点64500个，全市从事商业贸易从业人员225000人。商业贸易企业上缴国家税收19350万元，分别比1995年增长52.9%、29.7%、75.8%、50.3%。

2003年，市人民政府制订鼓励优势民营商贸企业兼并收购国营商业贸易企业的政策。湖南步步高商业连锁经营有限公司承债式收购湘潭百货大楼和华隆大厦，做到国有资产有效安置职工，步步高得到低成本扩张，实现改革和发展双赢，成为全市国营商业企业改革的典范。2005年，组建市商务局，实现国内贸易和对外贸易的统一管理、促进现代化市场形成，并决定打造湘中南现代物流中心。发挥境域港口、车站和骨干企业的优势，建设生产资料与消费资料相结合的专业物流和综合物流企业。是年，全市商业贸易拥有生活、医药、日用工业品连锁企业20家、门店100多个。其中：湖南步步高商业连锁经营有限公司已拥有4座现代化购物广场，12家大型综合超市，31家标准超市和1个现代化配送中心。遍布湖南、江西省14个市、县，从业人员15000人。其中，安置下岗职工11000余人，营业面积25万平方米，年销售额突破20亿元，晋升为全国零售业50强。以湖南心连心实业公司、湖南万客源商业连锁有限公司、湖南万利隆食品有限公司为代表的经营日用生活、家用电器、副食品的连锁超市；以汇鑫药业、海诚药业、民生药业、福寿堂药业为代表的经营药品的连锁店；以万博港为代表的"产前配套、产后服务"的经营工业产品的超市，主导境域消费品市场。并向周边省份拓展，被誉为超市"湘军"。初步建成和顺石油物流中心、湖南步步高物流配送中心、铁牛埠港口物流中心。贯彻落实国家商务部在全国部分县市开展引导城市连锁超市向农村伸延，发展"农家店"为主要内容的"万村千乡市场工程"的决定。以湘潭县、湘乡市、韶山市为试点，湖南步步高连锁超市、心连心超市、万客源超市、振兴超市、金虹羽超市在农村建成生产资料、生活用品、医药品"三合一”超市27家，解决部分农民卖难买难问题。

2005年，全市消费品零售总额达113.4亿元。其中：国营、集体商业企业零售额12459万元，仅占1.1%，比2000年下降4.9个百分点。全市商业网点75780个，从事商业贸易的从业人员达41万人，商业贸易企业上缴国家税收29680万元，分别比2000年增长63.7%、17.5%、108.8%、53.4%。以市场配置为主的商品流通体系基本建立。但全市仍有103家国营、集体商业企业没有进行改制（其中：国营企业66家，职工4687人，集体企业37家，职工1305人）。

第一章 日用工业品商业

1986年，境域日用工业品商业企业全面推行经营承包责任制。全市16家国营大中型日用工业品企业全部实行上缴利润包干承包责任制。国营日用品工业品经营网点58个，从业人员5235人。个体私营经营网点9203个，从业人员19980人。全市经营网点9261个，从业人员25215人。全市商品总购进43000万元，总销售42050万元。实现利税8300万元。

1988年，全市国营日用工业品商业企业，适应改革开放的需要，改善经营环境，扩大经营场地。湘潭百货大楼新建一座营业大楼。该楼高12层，建筑面积6300平方米，营业面积4478平方米。是全市最高日用工业品经营大楼，年销售达4600万元。经理谭海清被评为国家商业部劳动模范。湘潭商业大厦，建筑面积5000平方米，营业面积3500平方米，是全市最大的集体所有制商场。国营、集体商业企业发挥主渠道作用。是年全市国营、集体日用工业品经营网点72个，从业人员6125人，个体私营经营网点10353个，从业人员24725人。1990年，境域经济发展较快，群众购买力增强，国营集体商业企业加大购销力度，涌现8家销售额达千万元企业。其中：湘潭百货大楼4896万元。由于政策进一步宽松，个体私营经济企业加快发展，全市国营、集体经营网点74个，从业人员6250人，个体私营经营网点16776个，从业人员31450人。是年全市共计经营网点16850个。从业人员37700人。商品总购进81000万元，总销售80200万元，实现利税23000万元，比1986年分别增长82%、49.5%、88.4%、90.7%、177%。

1992年，市人民政府决定国营商业企业实行“四放开”改革（即用工、分配、价格、经营放开），进行国有企业股份制改革试点。国营商业企业开始突破所有制禁区。湘潭市百货文化用品采购供应站进行股份制改造，成立湘潭百货股份有限公司（该公司总股本140万股，其中：国家股87.33股、法人股24.67万股、个人股28万股）。国营湘潭市五交化店、湘潭市纺织品供应站、湘潭百货大楼、湘潭市商业大厦、中山路五交化大楼、江南百货店，试行“四开放”。

1995年，境域涌现首家超市步步高量贩店。个体私营企业发展，给国营企业的经营方式较大冲击，湘潭百货大楼、湘潭商业大厦、湘潭友华商厦抓紧网点扩建改进，增设中央空调，自动扶梯，实行开架式销售。湘潭百货大楼投资1200万元，新建河东华隆大厦，营业面积达8000平方米，成为全市最大百货商场。湘潭商业大厦与湘潭知青商场合并，营业面积达6000平方米。市区新建千里鞋业大厦、九天商厦、岳塘百货大楼、下摄司百货大楼、锰矿百货大楼。此时，“南华隆、北大楼，引导消费新潮流”“欲行千里路，须穿千里鞋”“买家电到友华，服务在友华，放心在友华”等消费口碑在全市广泛流传。湘潭百货大楼、湘潭商业大厦被评为全国、全省优秀企业。湘潭友华商厦家电销售达2500万元,业务副总经理蒋亿萍被评为国家国内贸易部劳动模范。全市国营集体经营网点35个,从业人员3850人,个体私营网点24815个,从业人员60650人。全市共计经营网点24850个,从业人员64500人，商品总购进158000万元，总销售156500万元，实现利税32000万元。比1990年分别增长47.5%、71.1%、95.2%、95.1%、39%。

1998年,全市国营商业企业因经营机制的制约,普遍进行承包租赁经营,合资合作经营,托管拍卖等形式改革改制,开始逐渐退出商品经营。以步步高连锁超市、心连心连锁超市为代表的百货超市深受消费者喜爱和欢迎。个体私营商户发展扩大 。2000年,贯彻落实国务院和湖南省人民政府关于非国计民生商品的国营商业企业退出市场经营规定,国营商业企业加快改革改制步伐。湘潭百货大楼将所属华隆大厦剥离整体转让给湘潭步步高,转让资金5900万元,安置职工1166人。成为全省国营商业企业改革典范。私营商业企业如湖南心连心实业公司、康星百货、百信鞋业、现代科文、名人文具、湘乡兴隆实业公司以及经营电视机、电冰箱、服装鞋帽、日用化妆品的专场店、代理商、代销店壮大兴起,经营日用百货的个体私营门店随处可见。是年,全市经营网点32250个,从业人员112500人,全部为私营企业或个体商户。商品总购进271000万元,总销售270100万元,实现利税42750万元,比1995年分别增长29.8%、74.4%、71.5%、72.6%、33.6%。

2001年后,境域城区规模扩大,市区河东新区扩建和市政中心搬迁,湘潭市城区和湘潭县城扩建、湘乡市、韶山市城区人口增多。步步高、心连心连锁超市纷纷扩充网点,个体私营临街门店逐步增加。境域农村城镇化建设加快。市人民政府贯彻落实国家商务部关于“万村千乡市场工程”建设的要求,商业连锁超市企业在农村较发达的乡镇扩人经营网点,开拓农村市场,满足农民需求。2005年,全市经营网点37890个,从业人员205000人,商品总购进443000万元,总销售442200万元,实现利税63200万元。分别比2000年增长17.5%、82.2%、63.4%、63.7%、47.8%。

第一节　百货文化用品购销

一、鞋类

1986年,境域鞋类经营包括皮鞋、胶鞋、布鞋、凉鞋、旅游鞋、童鞋、拖鞋。是年,境域专营鞋类批发仅为国营湘潭市百货文化用品采购供应站鞋帽批发部1家,对全市各商业零售企业批发经营。市区零售专卖店仅国营鞋帽专卖店和千里鞋店2家。县、市(县级市)乡镇以国营商业企业和供销社经营。是年,全市销售各种鞋类167.5万双(其中,皮鞋28.9万双,胶鞋79.6万双,凉鞋、布鞋、童鞋等59万双)。商品购进总额1200万元,销售总额1050万元。

1988年,境域市区湘潭百货大楼,国营岳塘、下摄司、江南、板塘百货商场及湘潭县、湘乡市百货采购站主动与湘潭市皮鞋一厂、二厂实行厂商联营,设立本地鞋类销售专柜。是年销售本地皮鞋8万双。从事百货零售的个体商贩租赁沿街门面或在农贸市场设立零售门点,利用农村集市送货下乡供应鞋类。是年,全市销售鞋类188.2万双(其中,皮鞋35.8万双,胶鞋85万双,凉鞋、布鞋、童鞋等67.4万双),商品总购进额1400万元,销售总额1080万元。

1991年,上海、福建、江浙等省外知名鞋类品种进入市区销售。如上海产“红蜻蜓”“牛头”“花牌”、福建省产“富贵鸟”等鞋类深受消费者喜爱。农村仍以胶鞋、凉鞋为主。是年,全市销售各种鞋类271万双(其中,皮鞋81万元,胶鞋96万双,凉鞋、布鞋、童鞋等94万双)。商品购进总额2400万元,销售总额2800万元。

1995年,市区知名国营企业千里鞋店扩大经营规模,成立千里鞋业公司。营业面积达1500平方米。下设五个分店,成为全市鞋类经营规模最大、品种最齐、信誉最好的专业鞋店。一时流传“欲行千里路,必穿千里鞋”的佳话。深受消费者青睐。湘乡市城区和湘潭县易俗镇也效仿成立专业鞋店。全国各地知名鞋类品牌争相进入境域销售。是年,全市销售各种鞋类320万双(其中,皮鞋120万双,胶鞋78万双,凉鞋、旅游鞋、布鞋122万双)。商品购进总额5100万元,销售总额5400万元。

1998年,境域经营鞋类的国营商业企业退出市场经营,主要由民营商业企业、商业超市、鞋类专卖店和个体私营鞋类销售门店代替。2000年,位于河西砂子岭地区金都大市场地下鞋城开业,鞋类经营摊位68个,韶山中路青山鞋城开业,鞋类经营摊位80个。位于河东地区建设路口的华隆商厦地下鞋城开业,鞋类经营摊位110个。是年,全市销售各种鞋类420万双(其中,皮鞋185万双,胶鞋45万双,凉鞋、旅游鞋、童鞋等190万双)。商品购进总额7780万元,销售总额8950万元。

2003年,境域皮鞋生产十分兴旺。湘潭县青山桥镇皮鞋生产厂家达220户,除境域销售外,产品远销东北、新疆等地,十分走俏。该镇不少皮鞋加工户纷纷在市区租赁门店,边加工边销售,群众购买十分方便。2005年,市区新增百信鞋城和康星百货鞋类专卖店,并在湘潭县、湘乡市、韶山市城区设立经营网点。商业超市扩大鞋类销售专柜,个体私营加工销售门店遍布主要街道。农村乡镇所在地均有鞋类专卖网点。是年,全市销售鞋类585万双(其中:皮鞋285万双,胶鞋28万双,旅游鞋、童鞋、凉鞋、拖鞋272万双)商品购进总额9870万元,销售总额12100万元。

二、洗涤用品

1986年,境域洗涤用品销售主要是肥皂、洗衣粉。是年,境域群众由于传统习惯,洗涤用品仍以肥皂为主。洗衣粉占销售总量的18%左右。是年,全市洗涤用品销售总量560吨,销售总额1340万元。

1988年起,群众逐步改变消费习惯,加之洗衣机的普及较快,洗衣粉销量增加,洗涤液、沐浴露等开始在境域销售。1990年,全市洗涤用品销量1200吨,销售总额2800万元。

1993年,洗涤液因其包装美观,携带方便,销售较旺,居民家庭厨房和餐饮企业用量增加较快。1995年,浙江省生产的雕牌洗衣粉、广州生产的汰渍洗衣粉深受境域消费者喜爱,是年,全年洗涤用品销售总量1560吨,销售总额4230万元。

1998年起,国内生产厂家不断更新品种,提高档次,加大广告宣传力度,加之宾馆酒店业的发展,促进洗涤用品用量增加。2000年,进口香皂和力士香皂等品牌进入境域市场,家庭用沐浴露基本普及。是年,全市洗涤用品销售总量1850吨,销售总额5270万元。

2005年境域洗涤用品档次提高,品种增多。肥皂由传统肥皂发展到透明肥皂,雕牌、汰渍、立白洗衣粉成为主销品种,湖南省日化总厂生产的光辉、丽臣洗衣粉占有50%的市场份额。是年,全市洗涤用品销售总量2680吨,销售总额8750万元。

三、化妆品

1986年，境域化妆品销售主要是雪花膏、口红、香水、护肤液、痱子粉等。是年，全市销售总额125万元。此后，随着生活水平的提高，人们审美观念日渐提高，爱美、追求美已成为一种时尚。化妆品也由过去的单一传统品种，发展到护肤液、进口香水、化妆粉等五十多个品种，1990年销售总额达520万元。

1995年进口香水、美容、美体、护肤物品种增多，市场经营品种达到60多种。全年销售额达1415万元。

2000年全市各大中型商场均设化妆品专柜。美容、护肤专店达120余家。经营品种达68种。全年销售额达2850万元，比1995年增长101.4%。此后，老人、男人和儿童也广泛使用化妆品。如男人的护肤男宝，儿童的护肤儿童霜郁美净，销售成倍增长。洗面奶、护肤霜、发胶等美容产品达百余种。2005年销售额达5200万元。

四、钟表

1986年，全国钟表生产发展迅速，货源充裕，手表取消票证供应。全市销售钟表87900只，销售额达960万元。

1990年，由于产品更新换代，传统机械钟、表逐步被电子石英钟表代替。国产机械表价格下降每只由120元左右降至60元左右，由于城市趋于饱和，销售下降。全市销售钟表66000只，销售总额780万元。

1995年，群众戴手表的习惯逐步消退。全市销售46500只，销售额580万元。

2000年，移动手机普及提高，可以帮助掌握时间。加之高档高价名牌手表出现，制约消费。是年，全年销售31400只，销售额达420万元，比1995年分别下降32%、28%。

2005年，境域钟、表销售除百货超市外，专卖商店仅存“意得记”钟表专卖店一家。年销售额120万元。全市主要以进口贵重的各样钟表为主，学生用表次之，普通机械钟表购买力下降。是年，全市销售钟、表28750只，销售总额380万元。

五、缝纫机

1986年，境域货源充足，取消凭票供应。上海产“蝴蝶”“蜜蜂”等产品走俏。全市销售缝纫机6975架，销售总额160万元。此后，缝纫机销售开始滑坡。1990年，全市销售5931架，销售额140万元。

1995年，服装加工从家庭转移到服装工业的流水线作业，做工精细，款式时尚，深受消费者追捧。家庭做衣穿的也逐渐减少，买服装的逐渐增多，缝纫机销售下降很快。是年，全市销售1668架，销售60万元。

2000年，家庭服装加工很少，仅在街边有修补加工。是年，全市销售788架，销售总额15万元。2005年全市仅销售520架，销售额12万元。

六、文化用品

1986年，境域文化用品销售主要包括纸张、笔、油墨、乐器。是年，境域文化用品销售对象主要是学校学生、机关干部和印刷行业。是年文化用品购进总额800万元，销售总额920万元。其中，销售钢琴2台、机制薄纸702吨、机制板纸262吨、钢笔13.45万支、铅笔96.62万支、油墨24吨。

1987年后，境域文化用品消费呈现中高档商品走销趋势，文化用品市场销售份额增长幅度大。1990年，文化用品购进总额1800万元，销售总额1900万元。其中，销售钢琴25台、机制薄纸1200吨、机制板纸420吨、钢笔24.65万支、铅笔196.72万支、油墨39吨。

1991年后，境域群众精神文化生活的日益丰富。文体活动活跃，文娱、体育器材销售上升很快。1995年，文化用品购进总额2400万元，销售总额2800万元。其中，销售钢琴240台、机械薄纸909吨、钢笔、铅笔144.3万只、油墨54吨。民营企业湘潭现代科文全年销售总额达1200万元。

1996年后，境域中小学校规模扩大，大专院校扩大招生，在校学生增加。文化用品需求量越来越大。仅湘潭大学、湖南科技大学、湖南工程学院等大专院校文化用品销售额就达1200万元。2000年，全市文化用品购进总额3700万元，销售总额4550万元。其中，销售钢琴510台，机械薄纸1080吨，钢笔、铅笔175.25万只、油墨67吨。民营企业湘潭现代科文全年销售2100万元。

2001年后，境域机关、厂矿、学校自动化办公程序提高，电脑普及和文化娱乐场所增加。文化用品质量提高，销售增长很快。2005年，文化用品购进总额4850万元，商品销售额达6580万元。其中，销售钢琴、电子琴、管弦乐、吉他、二胡、琵琶等乐器1560台(把)，厂矿、学校事业单位、社区和体育俱乐部购买篮球架、乒乓球台2600台架，纸张2540吨，钢笔、铅笔240万支，油墨89吨。民营企业湘潭现代科文全年销售总额达2850万元。

第二节 纺织品购销

一、布匹

1986年，是境域布匹经营的鼎盛辉煌时期。除国营商业企业经营外，湘潭布市9月建成开业，建筑面积3万平方米，摊位800余个，经营花色品种万余种，吸引省内外经销商纷至沓来，有中南第一布市之说。是年，全市布匹销售总额8.8亿元，其中，湘潭布市销售额6亿元。

1988年，境域布匹经营除国营商业企业有部分经营外，仍以湘潭布市经营为主。是年，全市布匹销售总额9.1亿元。其中，湘潭布市销售布料68900米、呢绒9200米、红绸10045米。纯棉布主要来自新疆和湖北两省。化纤、涤棉混纺布主要来自浙江和山东。涤丝软面料来自新加坡、马来西亚、日本、韩国。湘潭纺织印染厂生产的涤棉布、装饰布，湘潭色织布厂生产的色织化纤混纺布、湘潭市毛纺厂生产的呢绒、湘潭市丝绸厂生产的丝绸等当地产品也很畅销。该年销售总额达8.5亿元。

1990年，境域国营湘潭市纺织公司与全国480家生产厂家建立直接进货渠道，湘潭布市引进全国生产厂家的近120余个产品，布匹经销商除本省外，还有云南、四川、广东、江西、贵州等20多个省市的经销商。是年，全市布匹销售总额6.5亿元。其中，湘潭布市销售额达6亿元。此后，境域国营纺织品经营企业因经营体制和机制制约，不适应市场竞争，实行改革改制，退出市场。布匹主要由湘潭布市经营。由于居民消费观念更新，一般直接购买成品服装，布匹销售量减少，湘潭布市出现萎缩。1995年，全市布匹销售总额9.2亿元，比1990年减少20%，其中湘潭布市销售8亿元。

1996年后，境域经济发展，居民生活水平提高，追求成品服装和针织品消费。布匹开始转向农村销售。1998年，全市布匹销售总额8.5亿元，其中湘潭布市销售额6.7亿元。

2000年，境域部分从事布匹生意的个体私营经营户，瞄准装饰市场需求，转向经营窗帘布。湘潭布市成为湖南省最大窗帘布市场。当年销售装饰布98万米。其他布料经营继续萎缩。是年，全市布匹销售总额7.8亿元（含窗帘装饰布）。其中湘潭布市销售额6.2亿元（其中窗帘装饰布1.8亿元）。

湘潭布市因场地狭小、存在消防安全隐患、缺少停车场地等不利因素，给经营布匹个体私营户带来诸多不便，布匹销售继续萎缩。但农村仍有较大销售量。2005年，全市布匹销售总额6.2亿元。其中湘潭布市销售4.5亿元。

二、针棉织品

1986年，市针棉织品经营以国营商业企业为主体。市纺织品公司担负着市区14家国营商店和郊区、湘潭县、韶山市、湘乡市等部分供销社商店的针棉织品批发业务。是年，商品购进额3200万元，商品销售额2800万元。其中，销售汗衫、背心46.81万件，棉毛衫38.63万件，床单5.32万条，毛线9.74万千克，毛毯4万条。

1990年，境域出现纯棉织品抢购风，针织内衣、床单、毛毯、毛线曾一度十分走俏，市场供不应求。市纺织品公司派出采购人员126人次奔赴全国13个省市组织1200万元商品。天津毛毯一次组织货源2.8万条，上海、内蒙古、吉林、武汉毛线8.92万千克，各种针织内衣26.80万件。市场较平稳和繁荣。是年，商品购进总额3800万元，商品销售总额3600万元。其中，销售针织内衣210.68万件，床单8.35万条，毛线11.92万千克，毛毯5万条。

1995年，市人民政府作出大力发展个体私营经济的决定，湖南步步高百货开始起步。是年，全市针棉织品购进总额10350万元，销售总额10100万元。其中：销售针织内衣425万件，床单17.52万条，毛毯7万条，毛线25.5万千克。

1996年起，境域商业领域民营经济发展速度加快。经营床上用品如梦洁、故园、多喜爱等名牌产品商店达20余家。市区河西金都市场、河东华隆地下商场以及建设北路、解放南路、湘乡市北正街等经营各种品牌毛线专卖店达数百家；韶山市个体纺织品零售店达70多家。2000年，全市针棉织品购进额18800万元，销售额18600万元。其中，销售针织内衣720万件，床单35.8万条，毛毯12.5万条，毛线28万千克。

2001年后，针棉织品购销增长缓慢。2005年全市针棉织品购进22000万元，销售总额21750万元。其中销售针织内衣780万件，床单38.2万条，毛毯15.4万条，毛线57千克。

三、服装

1986年境域国营服装专卖以19家大中百货商店服装专柜为主。地处河西解放南路第一家自选时装商场开业，营业面积500平方米，经营高档时装。个体私营服装销售商开始在城区主要街道租赁门面销售服装，门店达345家，从业人员850人。全市销售服装35.85万件，销售4480.5万元。此时居民以消费西装、呢绒大衣，军大衣为时尚。

1988年，境域国营服装经营企业扩大服装销售。在商场中划出部分场地设立自选衣框、衣架、提供优质服务，延长营业时间。此时居民青睐西装，大衣，风衣等消费。个体私营服装经营户增加，门店达528家。从业人员1080人。全市销售各类服装40.28万件.销售总额6042万元。

1990年，境域国营商业企业经营服装出现萎缩，但仍有部分经营。个体私营服装经营户开始集中在服装市场经营。如:市区大同世界服装城、板塘铺服装城、下摄司服装城、湘乡市南门服装城等相继建成开业，以门店租赁形式为个体、私营经营户提供方便。个体私营业主清晨4点赶到株洲芦淞市场进货，8时正常开业经营，生意十分红火。居民消费趋向中高档西装、呢子大衣、猪皮、羊皮皮衣等。全市经营门店达788家，从业人员1530人。全市销售服装58.2万件，销售总额10470万元。

1991年后，境域国营服装经营企业越来越不适应市场竞争，萎缩加速。1995年，境域国营服装经营企业，仅存湘潭百货大楼，友华商厦、湘潭商业大厦、湘乡市商业大厦、湘潭县织纺大楼等较大型商场继续经营服装。小型国营百货商店不再经营。是年，市人民政府为解决国有企业下岗职工安置就业，督促业主单位投资建设河西安得地下服装城，经营面积1200平方米，门店140个;韶山中路仁芳服装城，经营面积2000平方米，门店150个;砂子岭金都服装城，经营面积4000平方米，门店320个，均以经营中、低档服装为主，大多从株洲芦淞服装市场批发进货，或从广东、福建、浙江一带进货。全市个体经营门店达1200家，从业人员2650人。全市销售各类服装198万件，销售总额23760万元。

1996年后，境域年轻人在服装方面更加追求高档时尚的国内知名品牌服装。“忘不了西服”“红豆夹克衫”“七匹狼”男装，雅戈尔衬衣等在境域畅销。湖南步步高商业连锁超市、湖南心连心百货超市，开辟名牌服装专销区，带来服装销售时尚潮流。

2000年，高档服装的消费人群增加。“花花公子”服装和韩国服装受到追捧。市区河西建设北路建成幸福湾服装广场，经营面积1200平方米，经营门店88个。雨湖路建成罗源服装城，经营面积1800平方米，经营门店150个。湘乡市城区大正街服装大市场，经营面积14000平方米，经营门面225个。全市个体经营门店2280家，从业人员4850人。是年全市销售各类服装475万件，销售额104500万元。

2003年，境域国有企业改革改制步伐加快。一些下岗再就业人员选择经营服装。个体私营门店增多。湘潭市区、湘潭县易俗河镇(县政府所在地)、湘乡市，韶山市城区主要街道有近60%门店经营服装。有的继续从株洲芦淞服装市场进货;有的从广东，福建等外省进货;有的成为品牌代理商，进一步活跃境域服装消费市场，满足不同类型居民需求。大型商业超市的服装城不断扩大规模，装饰精美，吸引不少消费者。2005年，境域服装个体私营业主和民营百货企业注重品牌效应，引进210个全国知名品牌厂家服装。开展买一送一和节日、年终洗货等促销活动。广东、上海、浙江、福建等地服装加工厂家，在境域城区举办产品直销活动，刺激境域居民消费需求。全市个体私营经营门店4720家，从业人员11200人。是年全市销售各类服装895万件，销售164500万元。

第三节　五金、交电、家用化工商品购销

一、五金商品

1986年,全市经营五金商品国营商店42家,从业人员188人。是年商品购进总额4200万元,总销售额4000万元。其中销售圆钉43吨、销售铁丝45吨、五金工具120吨、水暖器材20吨。

1990年,境域建筑市场发展较快,包装和加工企业增多。全市经营五金国营商店64家,从业人员160人。个体私营商户255户,从业人员676人。全市合计网点319家,从业人员830人。是年商品购进总额5500万元,商品销售总额5800万元。其中销售圆钉329吨,铁丝578吨,五金工具340吨、水暖器材81吨。

1995年,境域商业超市和专卖店、代销商成为五金商品销售主渠道,五金工具注重从上海调入,年销售上海产钳板工具17000把,收购湘潭地方产品千斤顶6000台,马铁零件90万个,台秤3000台,铁铲2000把,阀门30000只。国营企业退出经营。全市个体经营网点560家,从业人员1250人,五金商品购进总额8000万元,销售总额8200万元。其中,销售圆钉567吨,铁丝985吨,五金工具920吨,水暖器材120吨。

2000年,境域个体私营经营五金产品商户和民营企业发展迅速。市区河西砂子岭建材市场内经营五金商品的专业店铺180家,从业人员380人。销售五金商品销售额4000万元。全市五金商品经营门面870家,从业人员1680人,是年商品购进总额11200万元,销售总额11800万元。其中销售圆钉790吨,铁丝1400吨,五金工具1300吨,水暖器材168吨,铁铲28000把。

2005年,境域建筑材料市场扩大经营规模,河东红旗商贸城、河西砂子岭建材市场两处经营五金商品的店铺达198家,销售额达6800万元。全市经营五交化店铺1150家,从业人员2080人,是年,商品购进总额18000万元,销售总额19000万元。其中销售圆钉1250吨,铁丝2240吨,五金工具2100吨,铁铲32000把。

二、交电经营

(一)自行车

1986年,境域自行车供不应求,上海产凤凰、永久牌和天津产飞鸽牌等名牌自行车实行凭票供应。全市自行车销售22750辆,销售总额455万元。

1988年,境域自行车供应取消凭票供应。是年,全市自行车销售27580辆,销售总额610万元。

1990年,自行车仍是境域居民主要交通工具。市五交化公司派出采购人员120人次分赴上海、浙江、天津等地调运永久、凤凰、飞鸽等名牌自行车21000辆;从省内调入洪江产松鹤牌自行车,从当地江南机器厂出产的奔月牌自行车10000辆,满足市场需求。全市自行车销售41900辆,销售额922万元。1993年境域城区交通发达,公交车增多,的士车开始投入运营,居民出行日趋方便,自行车销售开始下降。1995年,境域居民生活水平提高,出行交通工具开始趋向摩托车、汽车。自行车销售持续下降。是年,全市自行车销售21100辆,销量总额527万元。1998年,境域经济发展较快,居民

收入增多，购买摩托车的增加，自行车销量锐减，但价格提高。2000年，境域公交车数量增加，线路延长，居民出行十分方便，除学生上学和农村出行较多骑自行车外，自行车已不被看好，销量继续下降，但款式讲究美观新颖，价格提高较快。是年全市自行车销量15000辆，销售总额498万元。境域万里自行车行成为个体私营经营的一枝独秀，销售自行车5200辆。

2005年，境域自行车销售以轻型车、山地车为主，仍以学校和农村为主要市场。全市自行车销售8800辆，销售金额350万元。

(二)摩托车、电动车

1986年，境域没有摩托车、电动车销售。1988年，摩托车作为新型交通工具进入境域市场，是年全市销售摩托车550辆，销售总额115万元。1990年，境域居民生活水平提高，出行讲究快捷。摩托车购买力增强，是年，全市销售摩托车1880辆，销售总额415万元。

1993年，境域农民收入增长较快，进城务工骑摩托车方便快捷，刺激农村消费市场。1995年，境域经营摩托车形成一定规模，市区河西南盘岭至砂子岭一带形成车行、专卖店一条街，经营门店35家。全市销售摩托车7880辆，销售总额2758万元。

1998年电动摩托车进入湘潭市场，以其操作简单、美观、敏捷，深受消费喜爱。在境域河西砂子岭、河东霞光中路形成专卖店54家。2000年，市人民政府为加快商品市场建设，在河东易家湾株易路口建成长株潭大市场和摩托车、电动车市场。全国各地摩托车经销商纷纷租赁门店，经营南方、雅玛哈、阳光等知名品牌摩托车。是年全市销售摩托车、电动车18500辆，销售总额8325万元。

2005年，境域地处易家湾的长株潭大市场成为全国各地知名摩托车、电动车集散地，在省内有较大知名度。是年全市销售摩托车、电动车25000辆，销售总额11250万元。

(三)灯泡、灯具

1986年，灯泡、灯具主要是满足人们照明需要。以国营企业经营为主，主要为普通型的中、低档产品。全年普通灯泡销售69.85万只，年销售额400万元。1990年，国营商业企业不再经营灯泡、灯具，以个体私营小商店经营为主。全市普通灯泡销售120万只，年销售额600万元。

1995年，全市经营灯具的砂子岭灯具大市场开业，营业面积2000平方米，个体私营从业人员260人，年销售500万元。是年，全市普通灯泡销售150万只，年销售额800万元。

2000年装饰市场兴起。个体私营从事灯具经营有一定规模的门面125家，从业人员410人，灯具商品花色繁多，形式各异，吊顶灯、壁灯、挂灯、射灯五颜六色。灯具市场的繁荣美化人们工作生活环境。是年，销售1800万元。

2005年，由于生活水平的提高，人们把灯泡、灯具作为装饰工艺来美化居住环境。灯泡、灯具经营更加受到重视，全市个体私营经营灯具店铺达210家，从业人员520人，砂子岭灯具大市场和红旗商贸城两处经营店铺达150家，从业人员320人，年销售额1800万元。是年，全市年销售额2350万元。

三、家电电器经营

(一)电视机

1986年，境域电视机销售以国营商业企业销售的12～14寸黑白电视机为主。主要是上海产的金星牌，南京产的熊猫牌，及省内韶峰牌，彩电有日本进口的日立、松下牌。由于电视机供不应求，采取凭票供应，是年全市销售电视机6727台，其中黑白电视机6296台、彩色电视机431台，销售总额380万元。

1988年，全国电视机生产发展较快，境域电视机销售取消凭票供应，彩色电视机销量增加。1990年，境域城乡居民购买电视机开始普及，黑白电视机主要在农村销售。彩色电视机以国产金星、熊猫、厦华、韶峰为主，销售成倍增长。是年全市销售电视机20200台（其中：彩色电视机12000台、黑白电视机8200台），销售总额3920万元。

1993年国产彩色电视机大量投放市场。长虹、康佳、厦华彩色电视机受境域居民喜爱，黑白电视机不再受欢迎，销量急剧下降。1995年，全国电视机生产量增长过快，各大知名品牌，进行品牌大战，争夺市场，彩色电视机销量大增。境域机关单位、宾馆旅店房间普遍有电视机，并出现20～34寸大屏幕电视机。是年全市电视机销售58600台，其中黑白电视机仅950台，销售总额20580万元。

1998年，境域电视机销量集中在商业百货连锁超市和总代理商、总经销商销售。彩色电视机基本普及，黑白电视机几乎没有销售。2000年，境域电视机销售呈现大型化。荧屏小的一般不太受欢迎，并开始销售背投彩色电视机和液晶彩色电视机。是年全市销售电视机102000台，销售金额45900万元。

2003年，境域居民生活水平提高，拥有2台电视机的家庭已屡见不鲜，电视机销售增长较快。2005年，境域农村经济加快发展，农民收入增加，购买力增强，农村市场日趋活跃。是年全市销售电视机销量178000台，销售总额71200万元。

（二）家用电冰箱

1986年，境域家用电冰箱主要由国营商业企业销售，以广州产容声牌，湖南产中意、白云牌为主，是年全市销售家用电冰箱8430台，销售总额2192万元。

1990年，境域居民生活质量提高，使用冰箱的家庭数量增多，仍以容声、中意、白云冰箱畅销，容量一般为165升。是年，全市销售家用冰箱12780台，销售总额3195万元。

1995年，全市餐饮企业普遍使用冰箱，销量增加，经销品种有容声、中意、新飞冰箱等，容量以165～185升为主。是年全市销售家用冰箱18300台，销售总额4575万元。

2000年，国内家用冰箱生产注重冰箱质量和节约用电，大多在境域设立总经销商，加大广告宣传，扩大消费市场，经销品种以容声、新飞、海尔为主：容量以185升为主。是年全市销量家用冰箱22400台，销售总额5152万元。2001年后，境域农村家庭开始普及使用家用电冰箱。城市居民使用的冰箱开始由双门冰箱改为三门冰箱，内部设施更能满足家庭需求，价格趋向便宜。经销品种增加华菱冰箱。湘潭友华家电公司华菱冰箱专卖店销售6000台，在全省销售量排名第一。2005年，全市家用电冰箱销售35700台，销售总额6069万元。

（三）家用洗衣机

1986年境域洗衣机主要由国营商业企业销售，货源紧缺，时有脱销。湘潭百货大楼派出业务人员积极组织“航空”“百花”两个品牌家用洗衣机13019台。是年全市销售家用洗衣机14825台，销售总额593万元，以单缸洗衣机为主。此后，境域销售的洗衣机档次逐渐提升。单缸洗衣机开始淘汰，双缸、滚动式洗衣机走俏，境域居民对洗衣机需求增加。1990年，全市销售家用洗衣机21500台，销售总额1075万元。

1995年境域居民生活质量提高,对家用洗衣机需求迫切。是年全市销售洗衣机32600台,销售总额1630万元。

20世纪90年代中后期,境域居民注重高科技洗衣机使用,国产"小天鹅"半自动和全自动款式走俏。2000年全市销售洗衣机45800台,销售总额2519万元。

2001年后,境域洗衣机销量逐渐以半自动、全自动款式为主、"小天鹅""松下"两个品牌很受欢迎。2005年全市洗衣机销售85900台,销售总额4259万元。"小天鹅"洗衣机境域总经销商湘潭正东电器城,销售"小天鹅"洗衣机8975台。

(四)电脑

20世纪90年代中期,境域有零星电脑销售。主要在机关、学校、科研等单位使用。一般从生产厂家直接购买,每台价格1~2万元左右。

1996~2000年,电脑作为商品进入商业企业销售,此段时间无统计可查。2004年,电脑开始普及湘潭市场。2005年湘潭友华家电公司投资1000多万元,在城区河西韶山中路建成湘潭唯一的"湘潭电脑成",经营面积5000平方米,容纳商户97家,吸引联想、时运、新蓝、奔腾、协和等电脑知名品牌的加入,成为全市电脑经营一大亮点和专业市场,随之带动全市电脑销售热潮。是年销售电脑1.2万台,销售总额达8000万元。

(五)家用空调机

1986~1992年,境域没有家用空调机销售。

1993年,家用空调进入境域市场经营,开始有部分家庭和机关、企业、事业单位办公室使用空调。是年,全市销售空调机343台,销售总额120万元。此后,居民收入增加,家用空调开始热销。1995年,全市销售空调机2260台,销售总额678万元。款式以窗式空调机为主。

1998年,境域宾馆旅店和餐饮企业发展较快,普遍在房间和雅座配置空调机。2000年,空调款式以柜式空调机和分体式空调机为主。全国知名品牌格力、美的、海尔空调机企业在境域加大广告宣传力度,刺激市场消费,并以其优质产品和优良售后服务深受消费者欢迎。是年全市空调机销售10850台,销售总额3798万元。

2001年后,境域城乡居民开始普及使用家用空调。款式以框式,分体机空调为主,格力、美的、海尔、志高、华凌五个品牌走俏。其中格力空调湘潭总经销商－湘潭天马空调专卖店销售2000台。2005年全市销售空调机42500台,销售总额14875万元。

四、民用化工原料商品的经营

1986年,湘潭市经营民用化工商品的专业门店38家,从业人员120人,全年购进总额2200万元,销售总额1800万元,以国有商业企业为主。销售对象主要是湘潭市各厂矿企业和民用市场,其中销售硫酸铝800吨,硫酸锌400吨,立德粉700吨,双氧水250吨,明矾300吨,石蜡100吨,小苏打50吨,各种油漆1200吨。此后,经营民用化工原料商品的个体私营门店有所增加。1990年,经营化工商品的门店68家,以个体私营门店为主,从业人员2500人。全年商品购进总额2600万元,销售总额2800万元。其中销售硫酸铝880吨,硫酸锌520吨,立德粉730吨,双氧水320吨,明矾410

吨,石蜡120吨,小苏打60吨,各种油漆1340吨。

1995年,全市经营化工商品个体私营店铺105家,从业人员3150人。全年购进总额3600万元,销售总额3400万元。其中销售硫酸铝980吨,硫酸锌500吨,立德粉800吨,双氧水200吨,明矾420吨,石蜡100吨,小苏打50吨,各种油漆2100吨。1996年后,随着境域房地产业的发展,油漆销售成倍增加。2000年,全市经营化工商品个体私营店铺160家,从业人员4200人。全年经营化工商品个体私营店铺160家,从业人员4200人。全年购进总额4500万元,销售总额3800万元。其中销售硫酸铝180吨,硫酸锌700吨,立德粉970吨,双氧水320吨,明矾600吨,石蜡140吨,小苏打88吨,各种油漆4000吨。

2005年,随着境域基础设施建设规模的扩大,油漆销售占销售总额的70%。经营化工商品的个体私营门店达200多家,从业人员5800人。购进总额4900万元,销售总额5000万元。其中销售各类油漆达4000吨,中国品牌油漆中的华润、紫金花、湘江等名牌产品备受欢迎。其中品种销售量数据无法统计。

附 湘潭市主要商业楼选介

一、湘潭百货大楼

湘潭百货大楼是一个以零售为主兼营批发的综合性百货商场,地处城区河西中心繁华的建设北路。1986年跻身于全省十大百货商店之列,年销售总额4200万元,实现利润120万元,是年市场洗衣机紧缺,时有脱档,唯有该大楼货源不断,仅“航空”“百花”两种牌号就销售13019台。1990年建成第二营业楼,高12层,共有营业面积4478平方米,内部分设8个商品经营部,31个柜组,另有19个工商联营柜,经营品种16200种,全年销售总额4890万元,实现利润150万。销售各种彩色电视机3109台,冰箱2444台,洗衣机221台,收录机2307台,电风扇5508台,自行车2364辆,各类服装成品86310件。1993年在湘潭河东建设路口新建华隆大厦,建筑面积21000平方米,大楼员工增至1200人,经营上规模、商品上档次,成为湘潭唯一一家大型百货商场。是年全年销售额高达11317万元,实现利润340万元。首次在营业店堂开设了扶手电梯上下楼,并实行商品开架自选。吸引上海、广州、新疆、青岛、江浙、昆明等名优厂家高达820多家,产品3000余种,确保商品声誉,赢得消费者的青睐。1995年,大楼效益一直保持着持续稳定发展,连续三年销售保持在11300万元至11724万元左右。实现利润560万元。1996年,由于基本建设投入过大,经营体制不够灵活,企业效益开始滑坡,全年实现销售额8499万元,亏损304万元。1999年全年销售退减至3000万元,亏损800万元。2001年,由于企业沉重的包袱,无法继续经营。根据市政府国营商业企业全方位退出经营的改革要求,河西湘潭百货大楼营业场地转让给民营企业康星百货大楼,河东华隆商业大厦转让给步步高湖南连锁经营有限公司。

二、湘潭友华商厦

1992年12月30日,湘潭市友谊华侨公司新建友华商厦。商厦高6层,营业面积4000平方米,公司员工160余人。1993年公司销售总额达3200万元,实现利润37万元。

1995年,友华商厦进行扩建改造,增至6000平方米,成为河西较大的综合批零商厦之一。商厦设有彩电、音响、珠宝、首饰、儿童玩具、床上用品、化妆品商品销售专柜,全年销售突破4000万元大关。

1997年,友华商厦更名为友谊华侨家电广场,由综合性经营变为家用电器专业经营的大商场。全国知名品牌的家用电器华菱冰箱、长虹彩电、海尔冰箱、格力空调等30多家知名厂家在商场设立专柜专营,大件商品做到送货上门、负责安装、调试,注重售后维修,为顾客解决后顾之忧。"买家电到友华,放心在友华"成为当时流传较高的广告语。2000年,友华家电公司电脑城开业,吸引客户90多家,奔腾、蓝田、蓝威、联想、乐德等众多电脑知名品牌在电脑城扎营,年销售电脑12000台。2001年公司在开拓经营中下功夫,在河东建设南路开设分店。是年10月1日开业,营业面积2000平方米,拓展友华家用电器商品销售的市场份额。2004年开设湘潭县易俗河分店,营业面积2000平方米。同年,电脑城整体搬迁至韶山中路69号,门面91户,新增营业面积2750平方米。2005年实现销售额5000万元,获"湘潭市十大名店""诚信经营,放心消费单位"、省级"百 城万店无假货"示范店等荣誉称号。

三、湘潭商业大厦

湘潭商业大厦位于市区繁华的韶山中路,始建于1988年5月15日,是全省集体零售企业规模最大、设施最先进、商品最齐全的现代化综合商厦。商厦拥有3层营业大厅,营业面积5000多平方米,固定资产1900万元,员工421人,下设10个科室,3个商场,62个柜组,主要经营品种有家用电器、厨房用具、名优钟表、大小百货、文体器乐、文化办公用品、洗涤化妆、工艺玩具、金银首饰、针纺织品、鞋帽服装、南杂副食、烟酒糖果等30000多个品种。

至1990年销售总额达1782.3万元,销售多种品牌彩电2094台,冰箱1870台,购进名优商品950万元,占全店购进总额52.8%。

1993年,大厦为应对激烈的市场竞争,投资580万元分两期进行店堂改造,第一期对店堂进行全面装修,增设自动扶手电梯、中央空调、消防自动报警装置,改善购物环境,为企业经营上规模、上档次奠定良好的基础,也为企业对外实行经营扩张提供机遇。该商厦先后与全国300多家厂商建立稳固的业务关系,家电部与格力空调、长虹彩电、海尔冰箱等20家名牌家电厂家建立总代理、总经销关系,拥有一批名优骨干商品资源基地,增强商厦竞争实力。是年被评为"全国集体商业优秀企业",总经理张君宇荣获"全国集体商业优秀企业经理"称号。

1997年,由于市场竞争日趋激烈,也因建设规模盲目求大,加之体制不能适应市场经济变化,销售急剧下降至1000多万元,企业开始出现负债经营。2003年企业在无法经营的情况下实行破产关闭。

第二章 蔬菜、肉食商业

1986年,市政府决定逐步减少对境域国营蔬菜、肉食商业企业政策性经营补贴,放开蔬菜、肉食品市场。全市55家国营蔬菜、肉食企业运用国家对"菜篮子"的优惠政策,实行工商、商务企业联合,参与市场调节。是年,全市蔬菜、肉食销售总额66382.5万元。其中国营企业销售25225.35万元、个体私营销售41157.15万元。全市蔬菜肉食经营网点410个,从业人员7216人。其中国营经营网点

182 个、从业人员 420 人，个体私营网点 228 个，从业人员 3796 人。

1988 年后，全市国营蔬菜肉食企业仍参与市场调节，个体私营经营户逐步增多。1990 年，全市蔬菜、肉食销售总额 87845 万元。其中国营企业销售 34580 万元，个体私营销售 53265 万元。全市蔬菜肉食经营网点 785 个，从业人员 8758 人。其中国营经营网点 127 个，从业人员 298 人，个体私营网点 658 个，从业人员 8460 人。

1992 年，市政府决定增强补贴价格调节功能，对国营蔬菜、肉食商业企业经营性补贴，只限于淡季和节日市场供应。蔬菜、肉食市场进一步放开。国营企业内部改革，职工下岗自谋职业。全市蔬菜肉食大部分由农民自养自宰、菜农自产自销，在农贸市场自主销售。

1994 年，市政府决定由湘潭市蔬菜公司投资 1100 万元，在市区河西南盘岭建成蔬菜批发交易市场，成为境域自产蔬菜和境外调入蔬菜交易场所。发挥蔬菜购销的调节功能。国营蔬菜、肉食企业逐步退出市场经营。

1995 年，市政府贯彻执行国务院和湖南省人民政府关于生猪实行“定点屠宰、集中检疫、统一纳税、分散经营”的通知要求。全市部分国营肉食企业利用自身场地、人员、设备优势，参与生猪定点屠宰。境内肉品市场开始逐步由定点屠宰场供应。全市蔬菜、肉食个体私营经营成熟发展，国营蔬菜、肉食企业由于盲目投资和经营管理不善等原因，企业亏损，负债较重，基本退出市场经营。只保留市蔬菜批发交易市场和肉、禽蛋市场及市区砂子岭、三角坪、板塘、小东门、岳塘等 5 个生猪定点屠宰场。市场经营全部由个体私营商户取代。是年，全市蔬菜、肉食销售总额 192800 万元，经营网点 1258 个，从业人员 11580 人。比 1990 年分别增长 119.5%、60.3%、32.2%。

1998 年，全市生猪定点屠宰进一步规范，屠宰数量增加，个体私营蔬菜肉食摊担基本占据农贸市场。

2000 年，市蔬菜批发交易市场扩大 1500 平方米经营面积，生猪定点屠宰扩大到所属县、市（县级市）和部分乡镇。是年，全市蔬菜、肉食销售总额 310673 万元，经营网点 1550 个，从业人员 14750 人，比 1995 年增长 61.1%、23.2%、27.4%。

2002 年，湘潭市蔬菜批发交易市场成交量上升，海南省反季节蔬菜（春夏季菜品种在冬季种植上市）大量涌入交易市场。境域几家大型农贸市场改造升级，为个体私营业主提供更大方便，湖南步步高、心连心等商业超市大量经营蔬菜、肉食及水产品，方便群众购买，生猪定点屠宰提高档次。市区三角坪、宝庆路两个屠场实行机械化宰杀生猪。

2005 年，境域城郊菜农蔬菜种植面积增加，全年供应充足。海南、山东、陕西及东北三省的辣椒、芽白、包菜、土豆等大宗蔬菜品种大量涌入境域蔬菜批发市场进行交易，市场蔬菜品种丰富，数量充足。牛、羊开始实施定点屠宰，经营肉食的摊点门店，除各大农贸市场外，居民集中居住社区都设立蔬菜肉食供应门点。是年，全市蔬菜、肉食销售总额 469850 万元，比 2000 年增长 51.2%。经营网点 2150 个，从业人员 19880 人，比 2000 年增长 38.7%和 34.7%。

第一节 肉、蛋食品

一、肉

1986年,境域肉食品销售主要有猪肉、牛肉、羊肉。是年,全国生猪价格调整和市场逐步放开、境域国营商业企业经营条件简陋,水泥柜台、老式秤杆。一部分在肉店卖肉,一部分在各农贸市场设点或组织流动服务肉担上门服务。个体商贩大多数在农贸市场设担点,或在路边摆摊卖肉。是年,全市销售肉猪82.55万头,销售总额39128万元。销售牛肉786万千克,销售总额8803万元。销售羊肉289万千克,销售总额2826万元。

1990年,市政府决定减少国营肉食企业猪肉,销售经营性补贴,只重点做好"六节"(即元旦、春节、五一劳动节、端午节、国庆节、中秋节)市场供应和地方军队离休老干部、回民等特殊供应,并设立限价。全年"六节"供应猪肉17.92万头,牛肉14.5万千克。是年,全市销售生猪105.22万头,销售总额50111万元;销售牛肉946万千克,销售总额14000万元;销售羊肉595万千克,销售总额3437万元。

1992年,市政府决定停止对城市居民肉食补贴。全市国营肉食企业全面放开,自主经营。只在防止冰冻灾害和保春节供应储备冻肉150吨。肉食品市场基本由个体私营商贩经营。

1995年,受境域养猪饲料价格上涨和自然灾害影响,市场一度出现猪肉供不应求和猪肉价格上涨过快的状况。市政府安排财政专项补贴资金494万元,由国营肉食企业组织冻肉供应,国营猪场储备生猪投放市场,实行定点挂牌限价供应,每千克猪肉价格限价6元。全年销售冰冻猪肉12.27万头,市场猪肉供应得以缓解,价格趋向稳定。是年,全市销售生猪121万头,销售总额84700万元;销售牛肉1595万千克,销售总额28710万元;销售羊肉1406万千克,销售总额22496万元。

1996年,全市国营肉食企业退出市场经营,市政府决定部分企业利用自身场地、人员、设备条件参与贯彻落实国务院《生猪定点屠宰管理条件》,启动全市生猪定屠宰工作。肉食品销售由个体私营商贩从定点屠宰场批发后在农贸市场或摆摊设点销售。

1998年,湘潭县、湘乡市城镇及部分乡镇启动生猪定点屠宰,城区农贸市场扩大肉食品经营场地,大型商业连锁超市出现"生鲜超市"和分割肉供应。农村养殖大户(一般年饲养量200头以上)达180多户。

2000年,市先锋集团食品公司在市区河西民主路农贸市场设立生猪定点屠宰供应店。市伟鸿食品有限公司在市区各农贸市场和商业连锁超市设立"伟鸿"猪肉销售专柜,增加分割肉、包装肉上市总量。市区形成二大新鲜猪肉销售品牌,深受消费者欢迎。是年,全市销售生猪158万头,销售总额126155万元;销售牛肉2895万千克,销售总额57900万元;销售羊肉3878万千克,销售总额63985万元。

2003年,大批农民工进城务工,市城区人口增加,。旅游业发展较快,景点餐饮业,尤其是"农家乐"式的旅游景点增加,肉食品需求量增多。2005年,境域肉食品供应数量充足,各农贸市场、乡镇集市、商业超市、居区小区及街边巷口均有鲜肉供应,分割肉、包装肉,购买十分方便。市政府启动牛、羊定点屠宰工作，群众基本保证吃上“放心肉”。是年，全市销售生猪215万头，销售总额170940万元；销售牛肉4295万千克，销售总额107375万元；销售羊肉5548万千克，销售总额110960万元。

二、鸡、鸭、蛋品

1986年，群众生活水平逐步提高，对肉食品消费结构日趋变化，对高营养低脂肪的鸡、鸭、蛋品需求量增长较快。境域鸡、鸭、蛋品市场逐步放开，国营肉食企业、集体肉食企业和个体私营商贩、农民自养户，共同参与市场销售。是年，全市销售鸡、鸭115万只，蛋品9819吨，合计销售总额7800万元。

1989年，境域农村鸡、鸭养殖发展迅速。养殖大户达2390户，湘乡市潭市镇蛋品市场当年成交鲜蛋350吨，成交总额140多万元。湘潭县石潭镇、河口镇及岳塘区昭山乡形成肉鸡、蛋品连片生产基地。禽蛋加工专业户达30多户，销售烤鸭、烤鸡30多万只。市区各农贸市场出现禽蛋销售专区。

1990年，境域国营肉食企业退出市场经营。鸡、鸭、蛋品市场全部由个体商贩和农民自养、自售，市区主要农贸市场专门设立鸡、鸭、蛋品销售区域，方便个体私营商贩和农民进城推销，群众购买十分方便。部分商家代客户宰杀鸡、鸭。北京、长沙等外地鲜蛋开始在境域大量批销，经营数量逐步增加。是年，全市销售鸡、鸭152万只，蛋品15446吨，合计销售总额12500万元。

1992年，市区农贸市场鸡、鸭、蛋品市场规模扩大，基本上代客宰杀。除农民自产自销外，北京、四川、广东等境外鲜蛋及鸡、鸭加工制品大量涌入，增加境域鸡、鸭、蛋品的供应数量和品牌。1995年，境域商业连锁超市和量贩商业企业设立“生鲜超市”和冷冻柜销售鸡、鸭和蛋。全市销售鸡、鸭178万只、蛋品18458吨，合计销售总额4750万元。

1997年，境域鸡、鸭、蛋品销售形成个体私营商户，农民自产自销和商业连锁超市并存的格局，出现分割鸡、鸭销售、包装销售、加工产品销售和冷冻保鲜销售，群众购买十分方便。2000年，境域餐饮业、夜宵业发展较快，随着群众的生活水平提高，鸡、鸭和蛋品成为日常消费。加之，分割包装、加工产品日益丰富，销售量增加迅速。是年，全市销售鸡、鸭210万只，蛋品21560吨，合计销售总额16800万元。

2003年境域城区人口增加，进城务工的农民和境外流动人口增加，鸡、鸭、蛋品销售量迅速增长。2005年，境域群众消费习惯变化，鸡、鸭、蛋品的消费逐步取代肉制品。尤以农户自养鸡受到消费者的追捧，土鸡、土鸡蛋成为消费热点。是年，全市销售鸡、鸭345万只，蛋品28480吨。

第二节　水产品销售

一、淡水产品

1986年，境域销售的淡水产品主要有草鱼、鲢鱼、鳙鱼、鳊鱼等，还有少量鲶鱼。是年，湘潭市区国营肉食企业开始与城郊养殖户签订收购鲜鱼合同，建立较稳定的购货渠道。个体私营商贩和农民自养自销占有较大的市场份额。是年，全市销售淡水鲜鱼7558吨，销售总额1813.9万元。

1988年，市区国营肉食企业只在“元旦”“春节”“五一”劳动节、“十一”国庆节在市区销售部分淡水鲜鱼,其余均由个体私营商贩和农民自养自销。1990年,淡水鱼全部由个体私营商贩和农民自养自销,他们在市区各农贸市场设立专营鲜鱼区域,并建有鱼池、添置增氧设备。部分个体鱼贩推车在街边经营。淡水鲜鱼因卖活鱼,价格上涨。是年,全市销售淡水鱼14780吨,销售总额9200万元。

1991年后,境域农村科学养鱼技术普及,鱼塘承包经营责任制落实,产量提高,品种增多。市场销售多以草鱼、鳙鱼、链鱼为主、鲶鱼数量上升,部分个体私营销售大户在农贸市场所占区域越来越大,销售量增加较快。1995年,全市销售淡水鱼18680吨,销售总额12300万元。

1996年后,境域一些个体私营商贩从省内岳阳、常德、益阳洞庭湖地区大量采购鲜鱼运往境域批发销售,弥补本地产鱼的缺口。一时市场鲜鱼销售量大增。2000年,市区各商业连锁超市"生鲜部"开始分割鱼供应,分为鱼头、鱼块,并配备冷冻柜保鲜,消费者购买十分方便,个体私营商贩除为商业超市送货销售外,大部分仍以在农贸市场销售和街边推车销售为主。2000年,全市销售淡水鱼25890吨,销售总额19780万元。

2005年,淡水鱼经营形式未变。全市销售淡水鱼33755吨,销售总额27693万元。

二、海水产品

1986年,境域海水产品销售主要有墨鱼、鱿鱼、带鱼、八爪鱼及其他海水鱼、虾类。是年,境域海水产品由国营肉食企业和个体私营商贩共同经营,国营肉食企业只占小部分市场份额。是年,全市销售海水产品26.8万千克,销售总额589.6万元。

1988年,湘潭市区国营肉食企业在"十一"国庆节和"春节"召开商品展销会销售海水产品2.45万千克,销售额49万元,市场销售仍由个体私营商贩为主经营。

1990年,全市国营肉食企业改革改制,逐步退出市场经营。个体私营商贩在农贸市场设点或租赁门面销售。多以干货为主,消费者多在节假日或春节购买墨鱼,鱿鱼。是年,全市销售海水产品32.2万千克,销售总额708.4万元。

1991年,湘潭市区海水产品市场开始活跃。在河西砂子岭食品市场、民主路农贸市场,河东板塘农贸市场、下摄司农贸市场等多处形成墨鱼、鱿鱼、带鱼等单个品种批发专卖门店。位于河西解放路的原国营海水产品市场,市蔬菜批发市场的干货市场成为骨干交易市场。1995年,全市海水产品销售57.8万千克,销售总额1271.6万元。

1996年后,市区商业连锁超市成为海水产品销售市场之一。其中:湖南步步高商业超市日销售海水产品20余种,销售额3.8万元,其余均由个体私营商贩在农贸市场门店销售。市区商业连锁超市规模扩大,农贸市场个体私营商户增多。尤以基围虾、龙虾深受消费者喜爱,销售量增加。2000年,全市海水产品销售72.5万千克,销售总额1595万元。

2001年后,境域群众生活水平不断提高,海水产品进入百姓家庭餐桌已屡见不鲜。2005年,市区海水产品销售90.5万千克,销售总额1998万元。

第三节 蔬菜购销

一、鲜菜

1986年,市国营蔬菜公司下属36个国营菜店,从业人员1396人,经营网点70个。国营蔬菜商业企业运用市政府对鲜菜的经营性补贴,组织收购本地鲜菜和从山东、河北、四川等地调入鲜菜,调节市场淡旺需求,平抑菜价。是年全市销售鲜菜6828万千克(包括湘潭县城居民),销售总额5059万元。其中国营蔬菜公司销售1340万千克,销售额992万元,经营品种14个(其中限价品种7个),占总销售的19.6%;湘乡市城区销售鲜菜2125万千克,销售额1572万元。

1988年,成立湘潭市蔬菜交易所,境外鲜菜和本地合同订购鲜菜进入交易所后批发给零售菜店销售。

1990年,国营蔬菜企业只保留10家菜店在节日组织鲜菜供应。主要由个体商贩和市郊菜农自产自销供应市场需要。全市销售鲜菜10428万千克,销售总额8189.4万元。1991年,市政府对国营蔬菜企业经营性补贴减少,仍保留10家菜店在节日供应市场。1994年,市人民政府贯彻落实国务院和省人民政府关于“菜篮子”工程实行市长负责制的精神,决定由市蔬菜公司投资1100万元,在市区河西南盘岭地区建设蔬菜批发交易。国营商业加大改革步伐,职工自谋职业,形成个体商户为主的经营格局。1995年,全市销售鲜菜11200万千克,销售总额10200万元。

1996年,菜农科学种菜水平提高,从外地引进的叶类、瓜类、豆类的新品种增多,市场花色品种上百个。大力推广塑料大棚科技蔬菜。1997年,根据省政府的决定,在城市远郊的湘潭县九华乡、响水乡扩大蔬菜种植面积,保证市场供应。2000年,菜农依靠科学技术,推广大白菜、黄瓜、番茄、豆角等品种的种植面积。生产反季节菜上市,深受消费者欢迎。同时,鲜菜进入商业连锁超市,净菜和无公害鲜菜挂牌供应。是年全市销售鲜菜15600万千克(其中市区12900万千克,湘市区2320万千克,韶山市380万千克),销售总额23400万元。

2001年后,蔬菜批发市场扩大经营规模、运销大户增多,外地菜源十分丰富,品种齐全。2005年全市销售鲜菜18200万千克(市区1.31万千克,湘乡市区2950万千克,韶山市450万千克),销售总额25800万元。

二、豆制品、干咸酱菜

1986年,豆制品原料实行价格“双轨制”,为做好豆制品供应,市政府安排200万千克平价黄豆价格补贴,不足部分由国营企业从市场议价购进。湘潭蔬菜公司所属11个豆制品厂运用销售价格、传统生产工艺、技术设备和产品质量管理等优势,发挥国营企业的市场主导地位,市区湘江、岳塘、下摄司三个骨干豆制品企业生产品种8个以上。生产的香干色泽鲜亮、块状均匀、四角分明、分量足、弹性好、不含渣。其他豆制品品种有捆鸡、捆肠、百叶皮、百叶丝、卤豆皮、五香三角干、兰花干等。在市区农贸市场设置供应点。是年全市销售豆制品825万千克,销售总额310万元。本地传统酱萝卜、紫油姜、腐乳等干咸酱菜以及四川榨菜、酸菜等全市销售265吨,销售总额53万元。

1988 年,国家取消国营企业平价原料价格补贴。是年国营企业豆制品生产销售量 216 万千克。个体豆制品作坊兴起,市区约 87 家。1990 年,全市豆制品销售 1100 万千克,销售总额 440 万元,比 1986 年分别增长 33.3%和 42%。湘潭本地传统腐乳、酱萝卜等因产品质量不如外地产品而悄然退出市场,取而代之的是长沙、桂林、四川等地产品。全市干咸酱菜销售约 354 吨,销售总额 109.5 万元。

1991 年,本地豆制品企业因经营管理不善出现亏损。1994 年,企业进行改革改制,停止生产经营。豆制品销售由个体私营业主取代。来自湘潭县花石镇、常德、攸县个体作坊以其产品质量优良占领本地市场。1995 年,全市豆制品销售约 1450 万千克。销售总额 652 万元。比 1990 年增长 32%、48.2%。市蔬菜批发市场建成后,在二楼开辟干货市场,全市干咸酱菜销售约 545 吨,销售总额 218 万元。

1996 年后,个体经营豆制品商家实行前店后厂、边生产边销售的以销定产一条龙经营,部分豆制品作坊为商业连锁超市送货,增加"生鲜超市"花色品种。2000 年,全市豆制品销售约 1875 万千克,销售总额 750 万元。干咸酱菜销售以四川榨菜及本地生产的酱萝卜、辣椒萝卜为消费者喜爱。全市生产厂家 100 余户,加工生产量达 500 吨。全市销售 758 吨,销售总额 308 万元。

进入 21 世纪后,豆制品销售一直是个体私营主导市场状况,以农贸市场和连锁超市及路边摊担为主要经营方式。2005 年,全市销售豆制品 2252 万千克,销售总额 1238 万元,比 2000 年增长 20%和 65%。干咸酱菜销售 965 吨,销售总额 446.9 万元。

第四节　生猪定点屠宰

1996 年 6 月 16 日,市政府发出《湘潭市生猪定点屠宰管理办法》的通知,成立由市财贸工贸办公室、市工商行政管理局、市畜牧局、市地方税务局、市蔬菜肉食集团公司等单位组成的生猪定点屠宰领导小组办公室,正式实行定点屠宰。利用国营肉食企业的场地、人员优势,于 8 月 18 日成立小东门食品站、砂子岭食品站、三角坪食品站、板塘食品站、市肉联厂等五个生猪定点屠宰管理委员会。由市家禽疫病防检站、工商局、地方税务局派人参加,制订了生猪定点屠宰有关屠场管理、检疫检验、税费收取、屠宰操作、治安保卫等规章制度。1996 年 12 月 25 日,确定小东门食品站等 14 个定点屠宰场。1996 年 12 月 31 日起全面启动城区生猪定点屠宰工作。组建有相关执法单位人员参加 18 人的生猪定点屠宰稽查队,督促各定点屠宰场,禁止在城区(含城乡结合部)私设屠宰场(点)、禁止非定点屠宰场加工的猪肉、注水猪肉、未经检疫检验的猪肉上市。规范饭店、宾馆、招待所、机关企事业单位食堂及熟肉品加工单位购买猪肉,各生猪定点屠宰场出卖鲜肉均盖有"定点屠宰肉品检验"兰色印章和鲜肉出场证,分别用 A、B、C、D、E、F、G、H、N、O、J、K、L、M 印章代表各屠场,以示区别。当年实际宰杀生猪 85616 头。

1998 年,贯彻执行国务院《生猪屠宰管理条例》及《生猪屠宰管理条例实施办法》,加速屠场设置。设立金锣食品有限公司(原湘潭市肉联厂)等 7 个屠宰场。各屠场(点)所生产加工的生猪产品按照划片定向销售的原则确保区域内各市场和用肉单位的需求。3 月 20 日,领导小组办公室会同卫生、工商、国税、地税、畜牧水产等部门制定《湘潭市餐饮业、加工、集体食堂用肉管理办法》,于 4 月 1 日起在全市执行。是年市区实际定点屠宰生猪 97623 万头,比 1996 年增长 14%。湘潭县内设立易俗河、姜畲、响塘三个生猪定点屠宰场。是年屠宰生猪25000头。湘乡市城区设立双枣、联盟肉类联合加工厂、南门菜市场四个定点屠宰场。是年屠宰生猪30000头。

1999年，全市执行“宰销分离、屠场批发”，屠场自收自宰、合同洗白、统一批发，屠商和肉品经营商持《营业执照》《经营许可证》进场批肉，市区调整只设置三角坪、板塘、小东门、宝庆路四个定点屠宰场(厂)。其余屠场6月5日停止屠宰生猪。税费标准为每头41元(增值税12元、屠宰税12元、工商管理费9元、检疫检验费4元、稽查管理费4元)。当年市级财政拿出20万元，各屠场自筹资金15万元，对屠场设施进行改造，提高机械化屠宰水平，每场日屠宰能力达100头。此时，中心城镇定点屠宰生猪产品市场占有率为30%，农村尚未实现定点屠宰。餐饮业、加工业、集体伙食单位用肉还未有效管理，未经宰前检疫与宰后肉品检验牲畜流入城区时有发生，稽查工作面广点多，执法人员疲于奔波，处罚即时性和对象对抗性，使矛盾冲突尖锐，稽查工作难度较大。是年实际定点屠宰生猪97627头，与上年持平。

2000年一季度开始，生猪定点屠宰工作停滞不前。市政府分管领导发表电视讲话，重申生猪定点屠宰的重要性，下决心把此项工作抓好、抓到底，并调整经营方式，鼓励肉品经营户自带猪进场屠宰，也可由屠场选猪。经屠场代宰后自行销售或批发，各农贸市场与屠场挂钩组织联购分销。7月份开始屠宰量下滑。8月24日，生猪定点屠宰领导小组决定启动城区周边乡镇生猪定点屠宰工作。由所在乡镇政府统一领导乡畜牧和财税部门组织，屠宰生猪在城区以外乡镇销售。税费收取比照城区执行，远离城区的偏僻地带乡镇，由乡镇专管屠宰人员上门代宰代收税费或实行税费包干，或委托乡镇畜牧部门代收。标准为每头36元(增值税12元、屠宰税12元、检疫检验费5元、工商管理费3元、行业管理费4元)。该年在农村31个乡镇发生严重生猪“五号病”，多达7000余头，病牛54头，直接经济损失200多万元。各屠宰场坚持凭户籍地检验证明收购生猪，实施快收快宰、空栏消毒等防疫措施，定点屠宰正常运转。

2001年以后，生猪定点屠宰实行“稳定县城、提高中心城区、积极推进乡镇定点屠宰”的方针，调整和改革税费征收办法。只对生猪贩运、屠宰商统一收取三项费用。即每头生猪检疫检验费5元、定点屠宰管理服务费2元、场地水电费6元。在销售市场每头收取增值税12元、工商管理费9元，该年批准市伟鸿食品有限公司设立“封闭式”屠宰场。“伟鸿”牌生猪产品开始进入城区19个主要农贸市场挂牌销售。步步高、心连心超市被授予“放心猪肉销售单位”匾牌。全市8个超市店销售定点屠宰生猪产品日均90余头，占日定点屠宰总量的20%。

2002年，市家畜疫病防检站设立菜牛定点屠宰场，税费收取每头菜牛40元(检疫检验费10元、屠场管理费10元、场地水费20元)。5月市商业贸易发展局批复同意组建“湘潭市宝庆路定点屠宰有限公司”，公司总股本50万元。其中市人民政府投入20万元技改资金作为国有股，占40%，市渔需物资公司法人股16万元，占32%，自然人个人股14万元，占28%。新公司组建后实行机械化屠宰，实现境域机械化屠宰场零的突破，达到全省先进水平。至2003年，湖南乡里美食有限公司(前身为湘潭先锋企业集团食品工业有限公司)定点屠宰和三角坪定点屠宰场也实行机械化屠宰。全市机械化屠宰场已达到3个。筹集资金50万元，在家畜疫病防检站建立现代化检测体系，实施对“瘦肉精”的检测，推行“悬挂耳标制”。市场销售实行无害化、品牌化、配送制，到该年全市定点屠宰生猪23.8万头。其中城市区12.6万头，湘乡市、湘潭县11.2万头。

2005年，生猪定点屠宰领导小组办公室授权委托市蔬菜肉食行管理办公室对城区所有定点屠宰场实施行业管理。全市城区定点屠宰场调整为5个，即三角坪、宝庆路、小东门、板塘、湖南乡里美食有限责任公司；城区周边5个，即楠竹山、长城乡红旗村、荷塘乡荷塘村、双马镇、易家湾镇。经市政府批准，2005年10月起实施菜场定点屠宰，确定宝庆路、板塘定点屠宰场实施菜场定点屠宰。全年定点屠宰生猪27.7万头，比2002年增长16.4%。其中市区13.4万头，湘乡市城区4.3万头，湘潭县城乡10万头。韶山市因城区人口少，城乡区别不明显，没有引起当地政府足够重视，是年仍未按要求开展生猪定点屠宰工作。

第三章　糖酒副食冷饮商业

1986年，境域糖酒副食商业企业开始适应市场经济的要求，逐步调整供应结构，出现不同所有制形式的商业企业。是年，全市国营、集体副食商店156个，从业人员2845人(其中：湘潭市区119个，2321人，湘潭县、湘乡市、韶山区共37个，从业人员524人)。国营、集体较大规模的有：湘潭市副食店，荣湘、火车站、江南、锰矿等副食品店；湘乡市有东方红、永红、汽车站副食店，湘潭县有韶山中路副食品，韶山区有韶山火车站、韶山冲等副食品店。是年国营、集体糖酒副食总销售7109万元。全市个体私营糖酒副食门店1876个，从业人员4800余人。个体私营企业总购销2600万元。此后，国营、集体糖酒副食商店改革加快。1990年，境域国营、集体副食商店增加到197个，从业人员3205人，国营、集体副食购销总额12763万元。个体私营糖酒副食门店增加到2600余个，从业人员6000余人，销售额4500万元。

1991年后，个体私营糖酒副食企业发展加快，租赁临街门店从事批发零售业务。1994年，市委、市政府发出《关于加快发展个体私营经济的决定》的通知，个体私营副食品企业蓬勃发展。是年10月18日境域首家糖酒副食批发大市场在河西砂子岭地区建成开业。该市场拥有建筑面积14000平方米、营业面积12000平方米、经营门店210个。其中经营糖果门店15个、副食门店20个、酒类门店26个，生意火红、门庭若市，成为境域糖酒副食的主要批发销售地之一。1995年，湘潭市步步高超市成立并在河西民主路原菜肉商场内开设糖酒副食超市，改变传统的柜台经营方式，更加方便消费者购物。是年，境域国营、集体糖酒副食商店208个，从业人员3485人，购销总额16375万元。个体民营门店3050个，从业人员达7600余人，购销总额6800万元。

20世纪90年代中后期，国营糖酒副食企业由于体制及自身困难越来越不适应市场竞争，一些企业经营困难。到2000年，境域国营、集体糖酒副食商业根据国家改革政策要求，85%的门店先后转为租赁、承包经营和转让产权关系买断职工身份等方式的改革。是年，国营、集体糖酒副食商店139个，从业人员2512人，购销总额10980万元。其时，个体私营和民营企业主导市场的格局基本形成。境域个体私营和民营企业已发展到4360个，从业人员11750人，购销总额达24300万元。

2001年后，境域国营、集体糖酒副食继续深化改革。2005年，139家企业全部进入租赁、改制。其中，租赁企业83个，改制企业36个，买断职工身份和进再就业中心企业20个，改制、买断职工身份和其他安置办法共安置职工1247人。境域个体私营和民营企业5800余个，从业人员19800余人，购销总额近18亿元。

第一节 酒类购销与管理

一、购销

1986年，湘潭自产白酒—湘潭汾酒在境域销售1750吨，外销2382.9吨。省产及外省产瓶装名优酒，按市场需求购进，货源充足，能满足市场需求。全国名酒按分配计划调入，数量不能满足市场需求，主要安排节日，并凭批条供应。计划外调入湘潭的，不但价格高于国家牌价，且假冒伪劣产品居多。全市销售酒类的国营、集体、个体商店共2000余家，从业人员达7000人。其中市区880家，经营品种321个，白酒零售总量5223吨，瓶装酒占86%。啤酒零售量达2000吨。以湘乡啤酒厂产品为主，长沙、株洲产品次之，青岛、烟台、广州产啤酒则多用于宴席，年销800吨。全市酒类购进8158吨，销售7223吨，销售总额9730万元。是年9月，改革价格管理办法，名优酒、大曲酒实行固定价格，其余实行浮动价格、浮动幅度为20%。其时湘潭汾酒零售每瓶由2.30元提高到2.42元，并允许企业在加价后价格基础上上下浮动，上浮10%，下浮不限。1988年，根据国家物价总局、商业部、轻工业部《关于放开名酒价格和适当提高粮食酒价格方案的通知》精神，省物价局、轻工业厅、商业厅放开茅台酒、五粮液等全国十三种名酒价格。省产武陵酒、白沙液、优质德山大曲，特制湘泉酒、湘竹液、啤酒仍执行国家定价，生产企业不得浮动。其他属省管价的酒，实行国家指导价，并允许生产企业和销售企业浮动，上浮不超过10%，下浮不限。省外酒按比质比价原则，参照其他可比牌号的调后价格调整。1989年境域一些副食商店还专门定制散装啤酒罐，购酒者自带塑料壶去商店购散装啤酒，既实惠，又方便。其时，市民请客送礼多为送酒；城市以中、高档的泸州老窖、董酒、剑南春、茅台酒等为主；农村则以浏河小曲，邵阳大曲、湘潭汾酒等走俏。1990年，境域酒类购销包装趋向美观、防伪发展，有的高档酒盒内还配有酒杯或打火机、开酒瓶锁匙等物。随着市场进一步放开，酒的品种也不断增多，特别是色酒中的啤酒、葡萄酒销量增加最大。主要品种有民权葡萄酒、青岛葡萄酒、长城干红、骄杨干啤、白沙啤酒、黄酒、五加皮酒、加饭酒、虎骨酒、国公药酒等品种，是年，全市酒类购进14134吨，销售13872吨，销售总额19874万元，分别比1986年增长73.3%、92.1%和104.1%。其时，全市酒类销售企业和个体私营商家达4200余家。

1991年后，全国各地不少名酒纷纷进入境域销售。到1995年，个体私营酒类购销的经销商、代理商迅速崛起。生产厂家也在各地发展经销商、代理商；有的还派出促销员到大酒店、超市促销。厂家为促销、规定经销商、代理商销售达到一定量后，厂家免费赠送汽车或给予一定比例回扣(奖金)。厂家、商家对自己的产品利用报纸、电视、广告牌、宣传车等加大宣传产品力度，有的还租用模型飞机空中盘旋飞翔做宣传。其时，湘潭市酒厂新调制生产的“齐公酒”上市销售，一时受市民青睐。1995年，湘潭酒类销售企业和个体私营商家达7000余家，全市酒类共购进17437吨，销售15200吨，销售总额23516万元，比1990年分别增长23.4%、9.6%和18.3%。

1996年，为使市民能买到货真价实的真品酒，是年9月国营糖酒批发总公司率先在河西民主路开办湘潭市第一家名酒专店，专销各种名优真品酒，深受市民青睐，当年销售额就达198万元。湘乡市酒厂生产的"曾国藩家府酒"和"湘军王酒",湘乡啤酒厂生产的"骄杨干啤"在境域外销售,深受消费者喜爱,颇有知名度。湖南龙行天下酒业公司,生产"龙行天下"酒,在湘潭设立总部、成为境域销售的名酒。当年销售量就达300余吨。1998年,境域的湘乡啤酒、境外的珠江啤酒、青岛啤酒在全市设立总销售商,北京王白酒、山东家府酒等境外一些新品牌酒在境域开展有奖销售促销活动。2000年,国营糖酒副食商业转为租赁、承包或买断经营。对酒的购销量随之大幅减少,只有湘潭市糖酒批发公司和下属的名酒专店销售,年销售70余吨,销售总额2000余万元。全市有一定经营规模的酒类注册个体私营批发和代理商企业达400余家。国营、集体、个体和营销商家达11000余家,全市酒类购进28200吨,销售26800吨,销售总额40759万元,分别比1995年增长61.7%、76.3%和73.3%。

2003年省内常德、邵阳产白酒大量涌入境域,形成两大主要品牌白酒。啤酒和色酒消费人群不断增加,一时成为时尚。2005年,随着国家经济的迅速增长和人民生活水平的提高,人们已不是过去的逢年过节、生日喜庆等重要场合才喝点酒,而是转为很多家庭和多数公共场合都要喝酒。酒类销售量迅速上升。是年,境域酒类个体经营户达15000余家,批发、代理商达600余家,是年全市酒类购进48100吨,销售44000吨,销售总额66886万元,分别比2000年增长70.5%、64.2%和64.1%。其中:销售白酒20000余吨,啤酒和各种色酒24000余吨。

二、管理

1986~2000年5月,境域酒类管理按国家和湖南省政府规定由市财贸委员会、二商业局、物价局、工商行政管理局共同管理,办理工商登记的商户即可经营,同时打击假冒伪劣酒,对暴利经营和违法经营户实行限价销售或没收非法收入。市工商行政管理局打击假酒和劣质酒并集中销毁处理。

2000年6月,湘潭市人民政府贯彻执行湖南省人民政府发布的《湖南省酒类管理办法》和《湖南省酒类管理办法实施细则》,发布《关于加强酒类产销售管理的通告》,并设立酒类管理办公室,维护全市酒类产销市场秩序,负责酒类生产企业,酒类批发、零售经营前资格审查,办理准产证、批发许可证、零售备案登记证和年审变更,对违法违规行业依章给予处罚,打击假冒、伪劣酒类产品。是年境域办理"零售备案登记证"1151个。

2003年,湘潭县、湘乡市、韶山市开展办证工作,办证率分别达到90%、95%和80%。10月1日起开展白酒及其他酒类行业质量审验贴标工作。全市有珠江系列、青岛、惠泉、北京燕京啤酒等20多个品牌及龙行天下、酒桶酒等10多个白酒品种参加质量审验贴标。海口正秋、糖酒副食二公司专卖店、荣昌酒业专卖店等3家企业被授予"湖南省放心酒工程示范店"。查处假冒伪劣啤酒800余件,不能销售的啤酒900余件,未经经营审验的啤酒10余个品种。

2004年,对全市小白酒厂、小甜酒厂、散装白酒进行市场抽样检查,抽样120余个,取缔小白酒厂和散装白酒厂家各1家,整改小甜酒厂2家。制定本地假酒中毒事件应急预案,保证境域酒类生产安全。是年9月举办"湘潭市首届十大诚信经销商"和"湘潭市消费者十大喜爱酒类品牌"评比活动。湖南龙行天下酒类有限公司、荣昌糖酒有限公司、金宏发商贸有限公司评为诚信经销商,湘乡啤酒、珍品邵阳大曲被评为消费者喜爱品牌,零售备案登记办证率达98%以上。酒类市场准入格局初步形成。

2005年,贯彻执行《国家商务部酒类商品批发、零售经营管理规范》的通知,对境域酒类市场清理整顿，办理酒类批发许可证 118 家，酒类零售备案登记证 600 余家。酒类市场准入制度进一步完善。12 月 27 日批准注册成立“湘潭市酒业协会”，使全市酒类市场监管机制和行业自律构架基本形成。

第二节　食糖、糖果、槟榔购销

一、食糖

1986 年，境域食糖购销主要是白糖、红糖、片糖、冰糖及加工用淀粉糖购销。食糖仍为国家指令性计划商品。国家计划分配调拨，市二商业局归口管理，市副食品公司经营。按民用、生产用糖顺序安排市场。批发由副食品公司批发部经营，零售(城区)由各副食品店，农村由供销社经营。其时，食糖实行凭票定量供应，供应方法和定量标准是：城市居民每人每季 500 克，郊区菜农每人每季 250 克，稻农户每户每季 500 克。端午节、中秋节、春节在上述供应标准上分别增供 500 克和 250 克。对特需用糖的高空、高温、井下作业人员、产妇、婴幼儿、住院病人、手术结扎、大专院校、老干、部队、宾馆、招待所、机关团体等单位和个人，核实情况后，实行定量特供。丰年适当增供，欠年适当压缩生产用糖，尽量保民用。生产用糖则提倡低糖代用，保名、优、特产品生产。是年，全市购进食糖 17200 吨。主要从省内大通湖、茶盘洲、千山红等糖厂，省外从广东、广西、云南等省调入。总销售 16800 吨，销售总额 5252 万元。1988 年，湘潭县、湘乡市、韶山区由市财委和二商业局分配指标，自行组织调进。为做好糖的供应工作，市二商业局和市副食品公司根据产糖丰、欠和省下达指标情况，拟定糖的调供计划，多方筹集资金设法如数调回省下达的调入计划指标糖。不足部分，请示市人民政府拨给外汇进口部分食糖；同时向省申请以粮换糖指标；另外自身还利用老往来关系争取调入部分计划外糖。1990 年，贯彻落实省人民政府关于加强食糖市场管理要求，食糖批发业务由国营糖酒副食品公司经营，其他任何单位、企业、个人不得插手食糖批发；严格执行物价部门规定的价格；用糖企业实行签约制，不足部分可自行外采，但只限于本单位加工使用，不得转手批发。随着人口增加和生产提高，用糖量也逐年增加。其时，国家对糖农政策进行调整，糖农种糖积极性提高，种植面积扩大，产量提高，食糖丰收。1990 年，全市总购进 24717 吨(其中计划外购进 5917 吨)，销售 23700 吨，销售总额 7416 万元。

1993 年，市区食品加工企业增加，需糖量急剧上升。1995 年，境域放开食糖市场，价格完全由市场调节。经营也由国营、集体转向个体私营和民营超市经营。是年，全市购进食糖 62750 吨，销售 61820 吨，销售总额 19604 万元。

1996 年后，国营糖酒副食品公司租赁、改制，个体私营起主导市场作用。随着境域人口增多，生活水平提高，加之商业超市食糖供应十分充足。食糖需求较快增长。随着食品价格上涨，食糖价格上升到每千克 4.5 元。2000 年，全市食糖购进 82800 吨，销售 81500 吨，销售总额 27920 万元。

2001 年后，食糖市场供需平稳，货源充足，价格上升幅度不大。市民为身体健康考虑，平时食糖量有所减少。少数个体私营副食加工厂，从自身利益出发，为减少成本，在加工副食时，减少白糖用量，参入糖精代替白糖。2005 年，市区流动人口增加和副食品加工用糖量上升，全市食糖购进达

121000 吨，销售 119800 吨，销售总额 52050 万元。需求基本平衡，价格略有上升，市场货源充足，能满足生产和人民群众用糖需要。

二、糖果

1986 年，全市糖果由国营商业企业和个体私营商店销售。糖果来源市产糖果占 30%，广州、上海、北京、宁波、南宁、杭州、海南等省外产品占 70%。销售品种达 580 余种。市产的优质品种有乐口香糖、万年青奶糖、双喜奶糖、雪花糖、香蕉糖等。全市国营、集体副食品店销售糖果的 55 家，百货、蔬菜、饮食系统兼营糖果的国营商店 114 家。个体私营商店 900 家，共计 1069 家。是年销售糖果 4800 吨，销售总额达 4600 万元。1988 年，本地产糖果因质量和包装水平低，产量下降，市场销售份额只占 20%。省外产品大量引入本地市场，尤其是上海产糖果颇受境域群众青睐。1990 年，境域产低档芝麻糖、牛皮糖被淘汰，江西省糖果生产技师采取带糖加工糖果的办法，生产高档糖 1200 吨，销往境域农村市场。上海、广州糖果继续在境域畅销，销售品种达 600 余种。是年，国营、集体商业企业商店达 189 家，个体私营商店 1180 家，合计 1369 家，比 1986 年增加 28%。全市销售糖果 5800 吨，销售总额 6100 万元。

1991 年后，商业企业改革。国营糖果销售企业减少，个体私营商店增加。全市销售糖果的国营、集体商业企业只有 105 家，个体私营商店达 1376 家，共计 1481 家。1995 年，随着群众生活水平提高，境域婚嫁喜事用糖果量增加，每户用糖果上 100 斤的已不少见。加之户户春节习惯购买糖果。境域产的万年青奶糖、双喜奶糖、乐口香糖，湘乡市糖果糕点厂生产的高粱饴糖、酥心糖在本地区畅销。是年，全市国营、集体销售糖果企业只有 80 家，个体私营商店达 1480 家，共计 1560 家。销售糖果 7670 吨，销售总额 8930 万元。

1996 年后，全市国营、集体销售糖企业全部退出市场，主要由市糖酒副食品批发市场集中批发给个体商店经营。境域商业超市经营糖果数量和品种增加，上海“大白兔”糖和广州“双喜”水果糖最为畅销，深受消费者喜爱。2000 年，境域随着群众生活水平提高，健康意识增强，除婚嫁喜事和春节，平时很少吃糖果。取而代之的是吃口香糖和宁波产的巧克力糖果。境域糖果生产厂家因企业改制全部停止生产经营，市场全部销售省外糖果为主。是年，全市销售糖果商店摊点达 1980 家（主要是个体私营经营户），销售糖果 10020 吨，销售总额达 13900 万元。

2001 年后，境域糖果销售突出品种多、色彩新、味道美、形状奇、质地优，较适合本地消费者口感和身体健康。农村消费市场拓展较快，乡、镇、村经营户增加。全市销售糖果的商店和摊点达 2850 户（主要是个体私营经营户）。2005 年，境域糖果销售，在城区逐步集中到各大型超市、商业连锁经营店及大中型副食品综合商店，农村逐步延伸到村、寨的烟、酒、槟榔摊点。是年，全市销售糖果的商店和摊点达 3540 家。销售糖果 13500 吨，销售总额 22400 万元。

三、槟榔

1986 年，境域群众消费手工作坊式加工的槟榔。一般为“海南个籽”“泰国个籽”或“越南个籽”。因海南原果纹路粗、肉厚、甜香、耐嚼，尤为群众喜欢。泰国和越南个籽以桂枝油配制加工，有一定特色。经营网点以个体私营门店和摊点为主。是年，全市槟榔经营网点达 680 余家，从业人员 1200 人，销售槟榔70余吨，销售总额达140万元。1989年境域槟榔加工作坊发展到100余家，除以前店后厂形式经营外，开始对外批发。由个体经营户零售。1990年，全市槟榔经营网点（门点）达820家，从业人员1500人销售槟榔185吨，销售总额达550万元。

1992年，境域开始出现"王爷""大哥大"等包装槟榔。消费者购买槟榔趋向方便、卫生。销量也随之增长。1995年，境域出现"郎舅槟榔""胖哥槟榔""皇爷槟榔""鸿福槟榔""一品堂槟榔"等多种有品牌特色的包装槟榔，袋装数量一般为10～20粒，消费群体不断扩大。是年，全市槟榔经营网点（门店）达1500家，从业人员2800人。销售槟榔850吨，销售总额2100万元。

1996年后，境域槟榔加工企业的规模扩大，出现"胖哥""皇爷"等规模企业。厂家除做批发生意外，还组织经营人员送货上门，扩大经营网点。2000年，境域槟榔加工企业加快发展，品牌企业实现产业规模化经营，机械化加工数量扩大。除传统品牌外，市场出现"小龙王"槟榔，受到消费者喜爱。是年，全市槟榔经营网点（门店）达2800余家，从业人员5000人，仍从名牌槟榔加工企业和加工作坊进货。销售槟榔2400吨，销售总额12000万元。

2001年后，境域槟榔加工企业产品质量提高，市场上出现不同类型的加工槟榔。"胖哥多味槟榔""胖哥菊香槟榔""胖哥桂园槟榔""胖哥薄荷槟榔""小龙王红彩头槟榔""小龙王青果槟榔" 等消费者喜爱的品牌达50多种。采用前店后厂式的槟榔加工小门店达200余家。酒店、茶楼、会议、活动等各种场合都有槟榔消费。"小龙王槟榔""宾之郎槟榔""胖哥槟榔"被评为湖南省名牌产品。槟榔消费更趋活跃，消费数量增加。2005年，全市经营槟榔的网点（门店）4000家，从业人员10500人，销售槟榔4200吨，销售总额35000万元。

第三节　冷饮购销

1986年，境域冷饮产品经营销售，主要由市汽水冰棒厂、市糖果厂冷饮车间，湘潭县、湘乡市、韶山区冰棒厂对外批发，由个体商贩背箱走街叫卖。湘潭钢铁公司、江麓机械厂所属冷饮产品加工厂生产的产品对企业内部职工销售。市汽水冰棒厂的产品，除在全市布点外，还在宁乡、望城、双峰、攸县等地布点，扩大销售。是年，全市冷饮产品销售网点85个，从业人员456人，销售总额725万元，上缴国家税收36万元。

1987年后，境域冷饮产品销售仍以国营市汽水冰棒厂等冷饮生产企业批发、零售为主。国营大型企业自办冷饮车间对内福利性销售。各批发点购进活动冷库，用于储藏，批发花色品种不断增加。1990年，境域国营冷饮生产企业除坐地批发经营，由个体户走街叫卖外，采取冷藏车送货上门的方式促进经营销售。除市区布点外，扩大农村乡镇集市，并送货到攸县、茶陵、宁乡、株洲等周边地区。全市经营网点125个，从业人员728人，销售总额1080万元，上缴国家税收54万元，分别比1986年增长47%、60%、50%、50%。

1991年后，广东美怡乐冷饮产品进入境域销售，以代理商形式设置销售网点。境域冷饮产品呈现竞争局面，促进经营方式的更新。湘潭县粮油食品厂、私营企业湘潭市深情饮料有限公司开始生产冷饮产品，以批发销售为主，同时聘请送货员，定期为固定客户送货上门，对一些销量较大单位消费，采取先消费后结账的方式，促进经营销售。1995年，湘潭县河口镇人曾超美投资3万元，在湘潭市海水产品市场租赁8平方米冷库,从事冷饮批发零售,销售长沙的“奥尔发”、广东的美怡乐、市汽水冰棒厂的“晶牌”系列产品和市糖果厂的“月月红”雪糕,成为境域第一家专营冷饮产品的个体经营户,当年销售额达35万元。是年,全市冷饮产品销售网点157个,从业人员1280人,销售总额1985万元,上缴国家税收79.5万元,分别比1990年增长25.6%、76%、84%、47%。

1996年,境域国营冷饮企业因设备陈旧、技术落后、产品单一、企业负担过重,逐步改制退出冷饮产品市场销售。湘潭钢铁厂、湘潭电机厂、江麓机械厂等大型国营企业为满足内部职工福利性需求仍维持生产经营。境外内蒙古的伊利系列冷饮产品大量涌入境域,设立代理商,扩充经营网点,在商业超市和个体经营户配置统一销售冰柜,迅速占领境域冷饮产品的市场。销售花色品种不断翻新。是年,“伊利”冷饮产品中的小布丁、老冰棒、红豆冰棒、芒果脆筒、红枣火炬等深受消费者喜爱。

1998年后,内蒙古“蒙牛”系列冷饮产品,长沙“美登高”冷饮系列“步步高”“红豆沙”,江西产“太空杯”等新产品在境域开辟销售市场。在市区及农村乡镇增设经营网点,放置专卖冰柜,并由代理商向机关、学校、企事业单位、施工工地实施配送经营,出现内蒙古“蒙牛”“伊利”,广东“美怡乐”三大产品竞争市场的局面。其中“蒙牛”系列的精布丁、脆皮雪糕、三色杯式冰淇淋;“伊利”系列香蕉牛奶冰淇淋、苦咖啡雪糕;“美怡乐”系列脆宝、脆皮、香蕉脆皮、盐水冰王等品种在境域比较畅销。同时价廉物美冰棒在农村集镇仍受消费者喜爱。2000年,湘潭市美利冷饮有限公司成立,投资100万元,添置4台30立方米冷库,300台零售冰柜,在全市城乡广泛布点,成为全市最大从事冷饮产品批发、零售私营企业。“蒙牛”“美怡乐”系列产品更新配货渠道,由省级代理商用大型冷冻车送货上门。是年,全市冷饮产品经营网点578家,从业人员2458人,销售总额5485万元,上缴国家税收219万元,分别比1995年增长2.7倍、0.9倍、4.1倍、1.75倍。

2001年后,境域“美怡乐”系列产品由代理商直接从产地宁乡进货,减少经营成本,销售产品增加蛋筒系列和杯式系列冰淇淋。内蒙古的“伊利”“蒙牛”冷饮产品,仍由市内代理商统一批发供货,并新增加棒棒冰系列产品,其中冰片蜜桃、山楂爽棒冰,受到小孩喜爱。2005年,境域冷饮产品经营基本实现品牌经营,以内蒙古“伊利”“蒙牛”和广东“美怡乐”为主,占据市场销售的95%以上,经营方式由总代理商集中配送,零售网点设置在主要街道、商业超市、物业小区、企业、学校及城市个体私营经营门店。是年,全市冷饮产品销售网点877家,从业人员3550人,销售总额6550万元,上缴国家税收262万元,分别比2000年增长 52%、44.4%、19.4%、19.6%。

2005年湘潭市主要冷饮产品经销情况

表29-3-1

品种	经营网点(个)	经营收入(万元)
美怡乐	265	1965
伊利系列	300	2085
蒙牛系列	312	2500

第四节 其他副食品购销

1986年,境域其他副食品销售主要有:糕点、饼干、月饼、面包、蛋糕、奶粉、饮料、矿泉水等。副食品市场基本放开。市二商业局和物价局只管奶糕加工和企业综合差率(批发与零售的利润)。湘潭市副食品公司只管动物饼干、桂花饼干、生油月饼、灯芯糕、月饼等5个品种定价和配料标准,其余由国营企业自行定价自主销售。是年,全市国营、集体副食品生产厂家15个,经营网点186个。个体私营糕点小作坊1876个。全市副食品经营网点2062个,从业人员4050人,销售副食品10780吨,销售总额6689万元。其中:销售本地产糕点6780吨,从广东上海等地调入销售4000吨。1988年,生产糕点的白糖、面粉、食油等主要原材料价格大幅度提高。全市国营、集体副食品生产企业趋向疲软。1990年,境域国营、集体副食品生产实行店、厂分离。生产糕点的厂家从商店分离出来。是年,国营、集体副食品生产企业达19家,经营网点205个,主要生产蛋糕、月饼、各类饼干、灯芯糕、面包等12个品种。个体私营小作坊和销售门点2400家。全市副食品经营网点2605个,从业人员5050人,销售副食品12803吨,销售总额8970万元,分别比1986年增长26.3%、24.7%、18.7%、34.1%,其中销售本地糕点4303吨,从广东、上海、长沙等地调入销售8500吨。

1991年后,境域经济发展和人民生活水平提高,开始有奶粉、娃哈哈饮料、小瓶矿泉水等副食品销售。全市19家国营、集体副食生产企业和205个经营网点仍维持生产经营。主要生产销售饼干、月饼、灯芯糕等传统产品,个体私营小作坊和销售门点发展到2800家,1995年,国内知名品牌南山奶粉、娃哈哈矿泉水和可口可乐饮料在境域销售增长较快。广东月饼进入境域市场。其生产的蛋黄、豆沙、水果月饼深受湘潭消费者喜爱。且多采用铁盒、塑料盒和高档纸盒包装,形式新颖、精美,消费者多用于送礼。湘潭市食品厂从福建引进万事利饼业商租赁该厂厂房、生产万事利饼干系列。年生产达1000余吨。其他国营、集体副食品企业生产的生油、莲蓉月饼在境域一直行销。是年,全市其他副食品经营网点达4050个,从业人员7210人,销售副食品17450吨,销售总额13500万元,分别比1990年增长55.5%、42.7%、36.3%、50.5%。其中:销售本地糕点4900吨,广东、浙江、上海等地调入销售12550吨。

1996年后,境域开始有瓶装牛奶、盒装牛奶等小包装牛奶和果汁饮料在全市各大超市、商业连锁内销售。且销量增长较快,成为境域群众餐饮的必备。2000年,全国知名品牌蒙牛、伊利、光明牛奶大量在境域各大商业超市和副食品商店销售,康师傅矿泉水、纯净水,汇源果汁、百事可乐等各种饮料成为境域群众日常消费。国营、集体副食品经营企业全面改革改制,停止市场经营。部分下岗职工回家租赁场地办起副食品加工作坊和经营门店。是年,全市副食品经营网点5600个,从业人员9100人,销售副食品29500吨,销售总额25700万元,分别比1995年增长38.3%、26.2%、69%、90%。其中:销售本地糕点6800吨,上海、内蒙古、广东、湖北等地调入销售22700吨。其时,由韩广宁、刘光义两人投资兴办湘潭市万利隆食品有限公司,成为全市副食品生产经营行业的一枝独秀,生产开发面包、西点、蛋糕、月饼等100多个产品投入市场,深受消费者喜爱。

进21世纪后,境域经济发展,人口增加,生活水平和质量提高,对副食品的品种和质量需求更高。境外生产商和销售商根据市场消费需求,普遍生产集健康、营养、卫生、环保于一体的副食品。水果型、蔬菜汁型的副食品品种增多，且甜度适中。2005年，全市其他副食品经营网点7000个，从业人员10500人，销售其他副食品35000吨，销售总额31000万元，分别比2000年增长25%、15.4%、18.6%、21%。其中：销售本地糕点8200吨，从广东、上海、内蒙古、山东、浙江、长沙等地调入销售26800吨。

第四章 生产资料商业

1986年，境域生产资料市场逐步放开。国营、集体、私营企业共同参与市场竞争。主导市场的国营物资流通企业已由计划管理型转向经营服务型。按照“计划分配与市场调节相结合”和“保障重点与兼顾一般”原则组织供应。计划分配只占当年物资购进总量20%，其后逐年递减。商品价格在“双轨制”中并行开展。国营企业逐年对内全面实行经理负责制，对外开拓市场，建立联营代购代销业务和物资贸易联网，逐步形成向市场过渡的物资供应体系。参与生产资料经营的还有部分厂矿驻潭办事处和工业主管局所辖供销公司。集体和私营企业主要以建筑用钢材、小型机电、建材和化工产品为主开展零售，布局分散。全市生产资料销售网点295家，从业人员1930人，完成物资销售4.76亿元，实现利税4267万元。此后，全市物资市场需求急剧增长，部分生产资料短缺，价格上涨。1990年，生产资料经营网点达540家，从业人员2800人，分别比1986年增长83%、45%。完成物资销售6.7亿元，实现利税8610万元，比1986年分别增长40.7%和101.7%。

1991年后，国营物资部门因经营决策失误、盲目投资和经营管理不善等原因，企业负债较重，出现连年亏损。1993年，计划分配物资全部取消，商品价格全面放开。境域其他国有、集体和私营企业参与生产资料经营。原有的市场格局已打破。市区韶山西路，以经营机电、化工、建材产品为主，开设门店数十家；依托湘潭市金属材料公司，在广云路开设的数十家钢材经营门店，都形成一定气候；市区其他路段也有零星的经营生产资料散户。湘潭县销售网点主要集中在易俗河地区沿107国道旁一线，湘乡市沿302国道的壕塘段、东山中路形成建材经营一条街。湘乡市区的新湘中路、桑梅中路、东风路等，集中较多的机电产品经营门店。1995年，境域有生产资料经营网点620家。从业人员3230人，分别比1990年增长14.8%、15.3%。全市完成物资销售总额10.1亿元，实现利税1.35亿元，分别比1990年增长51%和56%。

1996年后，全市国营物资部门分析前些年经营失误，积极推进企业改革，转换经营机制，先后采取剥离有效资产方式组建6家国有控股公司。湘潭市机电设备公司采取承债方式，将企业整体出售给职工组建股份制企业，打破长期以国营物资流通企业为主经营格局。民营物资流通企业异军突起。市区广云路自然形成金属材料经营一条街；韶山西路一线或砂子岭区域，相对集中了机电、化工、建材产品的门店上百家；人民路、河东大道、建设南路也分布多家经营散户。全市汽车销售有规模的门店10多家，主要分布在河东大道、建设南路和砂子岭一带。湘潭县、湘乡市在原有地段经营户逐年增加，并逐步形成聚集效应。至2000年，境域有生产资料经营网点1571家，从业人员6240人。比1995年增长153.4%、93.2%。是年，全市完成物资销售总额17.51亿元，实现利税1.67亿元，分别比1995年增长73%和24%。

2000年,全市国营物资部门先后有金属回收、物资购销、物资开发、生产服务、机电设备、建筑材料公司及所属的4家集体企业完成改制，用资金补偿或进入社会保障等措施一次性安排职工735人。湘乡市物资部门通过依法破产改制,安排职工235人。湘潭县、韶山市的改制和职工安置工作也积极推进。民营物资流通企业逐年壮大,发展成为有实力、上规模的专业市场。2001年1月10日,红旗商贸城挂牌开业,成为河东地区规模最大、品种最齐的建筑装饰材料市场。湘潭莲城汽车贸易中心建成开业。2002年,地处长、株、潭交界处的株易路口新建长株潭综合大市场开业。2003年,地处易家湾以经营金属材料为主的大汉物流公司成立。2004年，占地99亩的湘潭汽车城建成开业。是时,市政府提出把湘潭建设成湘中南现代物流中心方案,依托境域区位和资源优势,使生产资料销售朝规模化、专业化物流企业发展。2005年末,境域有生产资料经营网点1805家,从业人员8670人,比1995年增长15%、38.9%。全市完成物资销售总额27.83亿元,实现利税2.44亿元,分别比1995年增长59%和46%。

第一节　金属材料

1986年,境域销售的金属材料主要有黑色金属和有色金属两大类。黑色金属包括钢材、钢坯及生铁炉料;有色金属包括铜、铝、锌、锡等及有色三材。由于进货渠道不同,同一品种、规格、材质有固定价、省定价、进口价、进口代理价、优质品加价等多种价格。由于价格繁杂,造成生产企业负担不均,加大供需矛盾,不利于管理。是年,境域对大、中、小型型材、中厚板、薄板、碳结圆钢、焊接管等8类计划内进货钢材实行均价供应。即不论来自哪个渠道,是什么进货价,均按同一品种、规格、材质,采取“加权平均”的计算方法,并结合品种和供求情况在省定价基础上外加固定加价金额。是年,全市经营金属材料网点200余家,从业人员700余人。销售钢材55527吨、生铁5911吨、铜426吨、铝2437吨、镁331吨。销售总额1.43亿元,实现利税200余万元。1987年,金属材料市场交易价格上涨,一般超出计划内供应价50~80%。短缺的金属材料,市场交易价格高出计划供应价1~2倍。以直径6.5毫米线材为例,计划供应价每吨670元,市场交易价每吨1800元。年底,固定加价取消。1988年1月,经省政府报国务院钢材市场领导小组批准,成立湘潭市钢材市场,归口市金属材料公司。钢材市场的建立,成为组织计划外钢材流通的重要渠道。国家规定对进入钢材市场交易钢材,可减免按国拨价征收增值税。钢材市场运用国家优惠政策,积极与省内外钢铁企业、市内大中型生产企业开展联营,组织适销品种,活跃市场供应。市区以雨湖区广云路金属材料仓库为主要购销网点。湘潭县、湘乡和韶山国营物资企业相继成立金属材料经营部,所经营金属材料由湘潭市金属材料公司供给。1990年,随着全市金属材料供应量上升,市区经营金属材料单位,除原有物资企业和工业主管部门供销机构外,新增各种经济成分经营单位361家。湘潭县、湘乡和韶山仍保持国营物资部门独家经营。是年,全市经营金属材料网点410余家,从业人员1600余人。销售钢材75000吨、生铁7900吨、铜615吨、铝1150吨、铅3200吨、锌512吨、铅材180吨、铝材150吨。销售总额2.74亿元,实现利税500余万元。销售额和利税比1986年增长91.6%和150%。1993年,金属材料市场发生变化,计划内价与计划外价基本持平,金属材料“双轨制”价格取消,金属材料全面走向市场。金属材料市场出现疲软,销售不畅,库存积压。1994年,金属材料价格下跌,库存钢材低于进价销售,经营金属材料企业出现大面积亏损。全市金属材料经营企业减少至56家。1995年,市区广云路有经营金属材料的个体户42家,批零兼营,价格随行就市,经营方式灵活。是年,全市经营金属材料网点110余家,从业人员900余人,销售钢材48000吨、生铁5400吨、铜480吨、铝1060吨、铅2900吨、锌400吨、铅材150吨、铝材300吨。销售总额2.78亿元,实现利税700万元,比1990年分别增加1.46%和40%。1998年,国家取消钢材、铜、铝等指令性计划,改为国家订货、产需衔接,湘潭市钢材市场停止经营。同时,经营金属材料国有企业基本歇业,大宗金属材料购销以厂方直销产需衔接为主。市区及湘潭县、湘乡、韶山小宗金属材料购销均由个体经营者经营,个体经营户成为金属材料零售业主力军。2000年,市区广云路基本形成金属材料一条街并延伸至车站路,门店241家,从业人员600余人。湘乡钢材交易市场建成营业,门店140家,从业人员400余人。湘潭县境域易俗河、青山桥、石潭、河口、中路铺均有由个体户经营的网点,从业人员120余人。韶山的如意、大坪两个乡镇有经营钢材的个体户6家。是年,全市经营金属材料网点400余家,从业人员1800余人,销售钢材111000吨、生铁9000吨、铜850吨、铝1350吨、铅3700吨、锌600吨、铅材270吨、铝材700吨。销售总额5.42亿元,实现利税1260万元。比1995年分别增长95%和80%。

2003年,经营金属材料国有企业完成改制,职工买断国有身份进入社会。2004年,湘潭市区车站路金兴金属材料市场建成营业,主要经营线材、螺纹钢、角钢、热板、冷板等10多个品种,经营业主60余家,从业人员200余人。2005年,金属材料市场供应平稳,价格稳定。以6.5毫米普线和规格为12-14螺纹钢为例,每吨价格分别为3860元和3950元。是年,全市经营金属材料的网点480余家,从业人员2500余人,销售钢材145000吨、生铁11000吨、铜1040吨、铝1900吨、铅4120吨、锌880吨、铅材450吨、铝材1200吨。销售总金额8.67亿元,实现利税2079万元,比2000年分别增长60%和65%。

第二节 建筑材料

1986年,境域销售建筑材料品种繁多,有水泥、水泥制品、石棉、石棉制品、玻璃、油毡、金刚钻、金属笔、矿渣棉、石墨、坩埚、烟煤粉、陶土粉、建筑陶瓷、卫生陶瓷、铸石材料、造型材料、装饰材料、防水材料、涂料等400多个品种。其中主要经营品种有水泥、平板玻璃、油毡、石棉瓦。是年,建筑材料指令性计划取消,全市建筑材料以国有企业经营为主,市建筑材料总公司是全市经营建材主要企业,经营网点主要分布在市区建设北路、草塘路、砂子岭。是年,全市经营建筑材料的网点50余家,从业人员310余人。销售水泥33000吨、平扳玻璃17338标箱、油毡10326卷、石棉瓦54400张。销售总额7100万元,实现利税500万元。1988年,湘乡建筑材料公司在320国道城区内壕塘段、东山路设立经营网点。湘潭县建筑材料公司在易俗河、石潭、中路铺、花石、青山桥设立网点。韶山建筑材料公司在如意镇设立网点。1990年,湘潭市区沙子岭、板塘铺等区域有经营建筑材料个体户28家,湘潭县2家,湘乡24家,韶山2家。是年,全市经营建筑材料的网点90余家,从业人员480余人,销售水泥35410吨、平板玻璃45000标箱、油毡28750卷、石棉瓦88300张。销售总额1.2亿元,实现利税850万元,比1986年分别增长67%和70%。

1991年,建筑材料市场全部放开,建筑材料趋向轻质、高强、豪华发展,装饰材料畅销。1992年,市区经营建筑材料的个体户有 152 家，比 1990 年增加 124 户，建筑材料流通活跃。1993 年，水泥、水泥制品、平板玻璃等大宗常用建筑材料实行厂家直供，经营网点以零售为主。1994 年 11 月，湘潭市建筑装饰材料市场建成并营业，市场坐落于市区西大门——砂子岭广场西侧，由雨湖区昭潭乡政府主办，是市首家建筑材料大市场，主要经营建筑材料和建筑装饰材料。1995 年，湘乡 320 国道市区壕塘段、东山中路已分别形成建材产品经营一条街。湘潭县易俗河、河口镇、花石镇均形成小型建材市场。主要经营水泥、水泥制品、装饰材料、防水材料、涂料等。是年，全市经营建筑材料网点 310 家，从业人员 1100 余人，销售水泥 56656 吨、平板玻璃 67500 标箱、油毡 35500 卷、石棉瓦 85000 张。销售总额 2.04 亿元，实现利税 1530 万元，比 1990 年分别增长 70%和 80%。

1996 年，全市国有建筑材料经营企业经营困难，开始改制。1997 年，国有建材企业原网点租赁给个体户经营。1998 年，湘乡建材大市场建成开业，属湘乡大型专业市场之一，城区所有建筑材料经营户进入市场经营。2000 年，全市经营建筑材料的网点有 560 家，从业人员 1800 余人，销售水泥 138450 吨、平板玻璃 91500 标箱、油毡 32000 卷、石棉瓦 75800 张。销售总额 4.48 亿元，实现利税 3672 万元，比 1995 年分别增长 120%和 140%。

2001 年 1 月，红旗商贸城建成营业。该市场位于河东大道北侧，主要经销建筑材料，兼营其他产品。2003 年，经营建筑材料国有企业完成改制，职工买断国有身份进入社会。2004 年 9 月，湘潭市建筑装饰材料市场规模扩大，市场占地面积达到 60 余亩，市场在原经销品种的基础上引进大自然地板、新中源陶瓷、箭牌洁具、3A 油漆等知名建材品牌百余个。2005 年，红旗商贸城扩大，经营建筑材料的场地达到 80 余亩。湘潭市区河西、河东及湘乡三大建材大市场的建立及规模扩展，标志着全市建筑材料市场逐步走向市场化、规模化、集约化。由于市场逐步成熟，原有网点大部分迁入市场经营。是年，全市经营建筑材料的网点有 112 家，比 2000 年减少 80%，从业人员 2700 余人，销售水泥 221520 吨、平板玻璃 118950 标箱、油毡 35000 卷、石棉瓦 64400 张。销售总额 7.9 亿元，实现利税 6609 万元，比 2000 年分别增长 72%和 80%。

第三节　机电产品

1986 年，境域主要经营电线、电缆、机床设备、电机电动机、电器、汽车、工业轴承、量刃磨具、仪器仪表、电工器材、小型机械等 600 多个品种，数千种规格。是年，机电产品放开经营，绝大部分机电产品实行议购议销，随行就市。在机电产品流通领域中，经营机电产品的国有企业依然发挥着主渠道作用，对全市重点建设单位、重点建设项目和农业生产所需的机电设备，坚持优先安排，优先供应，优惠价格等措施，平抑市场价格，保障市场供应。5 月，经市人民政府批准成立市汽车贸易中心，隶属市机电设备总公司，为市内首家具有小轿车经营权单位。该企业既是计划内汽车供应的专营单位，又是湘潭市旧货汽车交易场所。是年，全市经营机电产品的网点 34 家，从业人员 410 余人，销售机床 176 台、汽车 251 辆、锅炉 3 台、轴承 21 万个、水泵 268 台、电焊条 513 吨、布电线 4328 千米、电动机 235 台，销售总额 2.2 亿元，实现利税 1400 余万元。1988 年，经营机电产品的国有企业，由保供促销转变为以销售为中心，购销业务逐步上升，经营实力增强。到 1990 年，经营机电产品国有企业依然占主导地位。是年，全市经营机电产品的网点 41 家，从业人员 480 余人，销售机床 204 台、汽车 1150 辆、锅炉 84 台、轴承 26 万套、水泵 284 台、电焊条 774 吨、布电线 3576 千米、电动机 3272 台。销售总额 2.7 亿元，实现利税 2200 万元，比 1986 年分别增长 22.7%和 57%。

1992 年，市区韶山西路经营机电产品个体经营户 42 家，湘乡城区的湘中路、桑梅路有 17 家，湘潭县的易俗河、中路铺、花石、河口、青山桥等乡镇有 21 家。1995 年，市经营机电产品的网点 151 家，从业人员 750 余人。销售机床 280 台、汽车 2110 辆、锅炉 112 台、轴承 31 万套、水泵 448 台、电焊条 1540 吨、布电线 5546 千米、电动机 4921 台。销售总额 5.48 亿元，实现利税 5700 万元，比 1990 年分别增长 102%和 159%。

199 年，市韶山西路经销机电产品的个体经营户 255 家，是市区经销机电产品的主要网点。湘乡市城区东风北路及汽车站广场分别形成机电产品经销一条街，经营户 97 家。湘潭县易俗河、河口经销机电产品个体户增加到 62 家。由于国家政策环境的宽松，加之个体经营的灵活性，全市经营机电产品的个体经营户蓬勃发展。1998 年，经销机电产品的国有企业购销下降，经营亏损。2000 年开始，市机电设备公司、湘潭汽车贸易中心以及湘潭县、湘乡、韶山机电设备公司歇业，企业进入改制。市场机电产品由个体户经销。是年，全市经营机电产品的网点 414 家，从业人员 1800 余人。销售机床 395 台、汽车 3700 辆、锅炉 242 台、轴承 36 万套、水泵 664 台、电焊条 1950 吨、布电线 7564 千米、电动机 7452 台。销售总额 8.25 亿元，实现利税 7980 万元，比 1995 年分别增长 50%和 40%。

2001 年，莲城汽车贸易中心成立，属私营股份企业。该中心当年销售汽车 1155 辆，成为市汽车销售行业龙头企业。至 2003 年，全市拥有汽车销售企业 16 家，均属私营企业，其中具有小轿车经营权的企业 3 家。2004 年，三鑫车业有限公司成立，属私营股份性质，主要从事旧机动车交易，年销售总额 8000 余万元，旧车交易 1500 余辆。河东成为全市汽车销售、旧车交易的中心。2005 年市机电产品购销市场平稳发展，其中汽车销售市场发展迅猛。是年，全市经营机电产品的网点 481 家，从业人员 2580 余人。销售机床 458 台，汽车 5775 辆、锅炉 110 台、轴承 24 万套、水泵 750 台、电焊条 2110 吨、布电线 9000 千米、电动机 8150 台，销售总额 13.2 亿元，实现利税 1.03 亿元，比 2000 年分别增长 60%和 30%。

第四节 化轻产品

1986 年，境域经营的化轻产品主要有“三酸两碱”（硫酸、盐酸、硝酸、烧碱、纯碱）橡胶、轮胎、炸药、硝酸钠、烯类、苯类、醇类、“三带一管”（三角带、平行带、运输带、胶管）、“三纸”（纸袋纸、胶版纸、绝缘纸）、麻袋、酒精、甘油等 120 个品种，共有 500 多种规格。化轻产品中，统配物资和民爆器材由专业公司专营，其余品种以专业公司为主，综合性公司交叉经营。除炸药、雷管、导火索等易燃易爆剧毒物品外，其他品种放开经营。是年，全市经营化轻产品的网点 11 家，销售硫酸 17478 吨、轮胎 7594 套、烧碱 1307 吨、橡胶 477 吨、酒精 118 吨、炸药 448 吨。销售总额 1890 万元，实现利税 197 万元。

1987～1989 年，化轻产品依然由国有企业主导经营。湘潭市化轻公司是全市化轻产品经营龙头企业，湘潭县化轻公司、湘乡化轻公司、韶山化轻公司均由市化轻公司供货，独立核算。1990 年，化轻产品放开经营。全市经营化轻产品的网点 19 家，从业人员 220 余人，销售硫酸 21054 吨、轮胎 8176 套、烧碱 2414 吨、橡胶 594 吨、酒精 268 吨、炸药 480 吨。销售总额 2280 万元，实现利税 240 万元,比 1986 年分别增长 20.6%和 21.8%。1992 年,市区车站路、岳塘区板摄路、湘潭县易俗河、湘乡新湘中路有经营化轻产品的个体户 7 家,主要经营烯类、苯类、醇类,批零兼营,零售为主。1993 年开始,市化轻公司不再参加全国计划订货会,大宗化轻产品由省化轻公司在全国订货会上按重点固定渠道代订。1994 年,硫酸、硝酸、烧碱、纯碱采用供货单位只给市化轻公司下指标,由市化轻公司分配指标给需货单位,由需货单位直接到供货单位提货的方法经销。1995 年 4 月,国防科工委制定火工产品管理规定,国家对火工产品管理愈加严格。7 月,湘潭市民爆公司成立,隶属于湘潭市化轻公司,主要经营民爆产品。是年,全市经营化轻产品的网点 37 家,从业人员 310 余人,销售硫酸 21581 吨、轮胎 15352 套、烧碱 2814 吨、橡胶 711 吨、酒精 564 吨、炸药 982 吨。销售总额 3192 万元,实现利税 384 万元,比 1990 年分别增长 40%和 60%。

1996 年,个体企业开始经营硫酸、烧碱、橡胶、轮胎等大宗化轻产品业务。至 1997 年,经营化轻产品的个体户有 73 家。1998 年,经营化轻产品的国有企业购销下降,经营亏损。2000 年,除火工产品由市民爆公司独家经营外,其他化轻产品全部转入个体经营。是年,全市经营化轻产品的网点 152 家,从业人员 380 余人,销售硫酸 7982 吨、轮胎 22355 套、烧碱 2900 吨、橡胶 680 吨、酒精 420 吨、炸药 1964 吨。销售总额 4149 万元,实现利税 518.7 万元,比 1995 年分别增长 30%和 35%。

2001 年,经营化轻产品国有企业实行改制,企业停止运作。2003 年,湘潭县、湘乡、韶山化轻公司改制完成,职工买断身份自谋职业。湘潭市区经营化轻产品网点主要分布在韶山西路、车站路、砂子岭、板塘铺。湘潭县分布在易俗河、河口、花石。湘乡分布在新湘中路、桑梅中路。韶山分布在如意、大坪等乡镇。至 2005 年,经营户比 2000 年有所增加,但全市化轻产品经营没有形成专业化、规模化的市场。是年,全市经营化轻产品的网点 176 家,从业人员 410 余人,销售硫酸 6150 吨、轮胎 38500 套、烧碱 2500 吨、橡胶 710 吨、酒精 340 吨、炸药 2680 吨。销售总额 5186 万元,实现利税 615 万元,比 2000 年分别增长 25%和 18%。

第五章　医药商业

第一节　经营机构

1986 年,境域医药市场由卖方市场转入买方市场。全市国营医药经营机构为湘潭市医药公司及所辖县(市)医药公司。国营医药商业批发、零售网点 102 个,从业人员 985 人,集体、个体零售网点 1138 个,从业人员 2350 人。

1987 年 3 月境域组建国营湘潭市医药总公司下属国营湘潭市医药公司、湘潭市药材公司、湘潭县药材公司、湘乡市药材公司、韶山区药材公司。全市国营医药商业批发、零售网点仍为 102 个,从业人员 985 人,集体个体零售网点 1205 个,从业人员 2480 人。

1990 年,国营医药商业企业逐步向以市场为导向,多渠道、少环节的形式过渡。国营医药经营机构有所增加,个体私营医药零售网点增长较快。是年,全市除已有的市、县两级国营医药公司外,国营医药商业批发、零售网点 133 个，从业人员 1230 人，集体、个体零售网点 1425 个，从业人员 2554 人。

1992 年 4 月 29 日，经湖南省医药管理局、湖南省药政局批准同意在境域市郊长城乡和平村建立湖南省湘潭中药材贸易市场。同年 10 月市人民政府批复同意更名为“湖南湘潭国药城”。该市场建筑面积 7200 平方米，总投资 710 万元。湘潭市医药总公司制订“放水养鱼”优惠政策，引进国营、集体、个体经营机构 107 户。是年，国营医药批发、零售网点 145 个，从业人员 1350 人，集体、个体零售网点 1458 个，从业人员 2658 人。

1995 年，市人民政府对医药市场进行整顿。取缔个体无证经营药品户，个体零售门点减少。全市国营医药商业经营机构有国营湘潭市医药公司、湘潭市药材公司、湘潭市中药经营公司、湘潭县药材公司、湘乡市药材公司、韶山市药材公司。市区直属零售总店有国营韶山路药店、杏林药店、解放路药店、红卫药店、益春堂药店、迎接药店、人民药店。全市国营医药商业批发零售网点 165 个，从业人员 1550 人；集体个体零售网点 1086 个，从业人员 1980 人。

2000 年，境域国营医药商业批发、零售企业开始改革改制，民营企业与国营医药商业企业联合，组建新的私营医药商业企业。湘潭市振华经贸公司出资与湘潭市药材公司联合组建私营性质的湘潭市药品公司。湘潭市华商实业公司出资与湘潭市中药经营公司联合组建私营性质的湘潭市华商医药贸易公司。是年，全市国营医药商业经营机构有湘潭市医药公司、湘潭县药材公司、湘乡市药材公司、韶山市药材公司以及原有的市区 7 家国营医药零售总店。全市国营医药批发、零售网点 35 个，从业人员 880 人。私营医药商业企业有湘潭市药品公司、湘潭市华商医药商贸公司。全市个体私营医药商业零售网点 1280 个，从业人员 2885 人。

2002 年，国家加强药品经营质量管理，对医药经营机构实施 GSP 认证管理（医药商业、零售企业质量管理体系，下同）。全市部分国营及私营医药商业企业对经营条件进行改造升级。配备空调机、去湿机等设备。店堂实行开架自选式超市经营。私营医药商业企业湖南五州通医药贸易公司和国营韶山路药店。带头通过 GSP 认证。是年，国营医药商业经营机构为湘潭市医药经营公司、湘潭县药材公司、湘乡市药材公司、韶山市药材公司及原有的 7 家市直零售医药总店。全市国营医药商业批发、零售网点 20 个，从业人员 450 人。私营医药商业企业有湖南五州通医药贸易公司，湘潭市海诚药业有限公司、湘潭市华商医药贸易公司。私营医药商业批发、零售网点 1450 个，从业人员 3550 人。

2005 年，国家继续对医药商业经营企业实施 GSP 认证管理，没有通过 GSP 认证的医药经营企业不允许进入市场经营。是年，全市通过 GSP 认证的批发、零售企业共 92 家，全部为私营医药经营企业。其中包括湖南五洲通医药贸易公司、湖南汇鑫医药有限公司、湘潭市海诚药业有限公司等 18 家批发企业；湘潭市福寿堂大药房等 74 家零售企业。私营医药零售网点遍布城乡各主要区域。是年，全市个体私营医药零售网点 1655 个，从业人员 4120 人。

第二节 医药购销

1986 年，境域医药购销实行中西并重，统一管理体系，医药购销发展迅速。是年，全市医药商业总购进 5678.4 万元，总销售 4128.95 万元。1988 年，境域国营、集体、个体私营医药商业批发、零售网点增加。尤其是一些非医药单位经营药品。医药购销大幅度增长。1990年,全市国营医药商业企业经营条件得到改善,经营方式形成以市场为导向,多渠道、少环节的流通格局。出现医药购进减少、销售增加现象。是年, 全市医药总购进5574.14万元, 总销售7665.54万元, 分别比1986年减少0.2%和增长85.6%。

1992年,境域建成“湘潭国药城”,吸收一批个体私营商贩进场交易。国营湘潭市医药公司建成1万多平方米药品仓库,扩大药品贮藏量。湘潭县、湘乡市、韶山市投资改造四级站仓库门店,以适应医药市场发展需要。普遍实行经营承包责任制,员工收入分配采用联销计酬,积极性得到提高。全市医药购销增长较快。1996年,境域医药市场进一步放开,民营企业与国营医药企业联合,打破国营医药商业一统专营药品局面。全市医药市场出现多主体经营。是年,全市医药购销突破2亿元。其中医药购进总额9187.6万元,销售总额11222万元,分别比1990年增长64.8%、46.4%。

1998年,全市医药商业经营企业扩大经营网点,改善购销环境。国营零售医药商店按国家医药局要求,悬挂湖南省医药局统一制发的“绿十字”标识灯箱,并承诺无假冒药,树立国营医药企业良好形象。

2000年,境域民营资本借助国营医药商业企业经营许可证,联合组建合作制、股份制民营医药企业。湘潭市药材公司职工马海军出资收购该公司经营部、成立湘潭市海诚药业有限公司。以连锁经营形式在城乡布点,促进全市医药购销。是年,全市医药商业购销总额突破3.5亿元。其中:医药购进总额16823万元,销售总额19100万元,分别比1966年增长83.1%和70.2%。

2003年,境域民营医药商业企业取代国营医药商业企业市场地位。周运其投资注册成立湖南五洲通药业有限公司。并收购湘潭市药材公司。福寿堂医药连锁店、海诚医药连锁店、华商医药连锁店在城区主要道路以及农村乡镇设立经营网点,促进全市医药商业的快速增长。2005年,境域医药市场全部由民营医药商业企业主导市场,出现多家实力雄厚企业激烈竞争局面。这些企业采取抢占经营码头,更新促销手段,参加全国性药品订货会议,召开境域代理商会议,奖励业绩优秀的经营户,在店堂延长经营时间,聘请名老医生座堂问诊,扩大职工医疗保险购药范围等措施,促进境域医药购销的进一步发展。是年,全市医药购销总额突破12亿元。其中:医药购进总额61700万元,销售总额59600万元,分别比2000年增长266.7%和212%。

1986~2005年湘潭市医药商业购销情况

表29-5-1　　单位:万元

年度	购销总额	其中:购进总额	其中:销售总额
1986	9807.35	5678.4	4128.95
1987	11519.54	6545.45	4974.09
1988	15408.23	8819.81	6588.42
1989	11776.72	5803.15	5973.57
1990	13239.68	5574.14	7665.54
1991	16635.14	7470.91	9164.23

续表

年度	购销总额	其中:购进总额	其中:销售总额
1992	18770.65	8658.56	10112.09
1993	18634.52	8291.6	10342.92
1994	18149.5	8537	9612.5
1995	19618.86	8902	10716.86
1996	2040.96	9187.6	11222
1997	27808	12134	15674
1998	31925	14125	17800
1999	32000	15000	17000
2000	35923	16823	19100
2001	65600	32700	32900
2002	89600	44100	45500
2003	101600	42500	59100
2004	112300	59500	52800
2005	121300	61700	59600

第六章　烟草专卖

第一节　卷烟经营

一、卷烟购进

1986 年,境域贯彻执行国家《烟草专卖条例》。湘潭市烟草公司及其所属县、区公司按照扩大企业自主权,实行以销定购的要求,三级站(县级站)直接从烟厂购进卷烟 11700 箱,突破 10 万箱大关,购进总额 7634 万元。

1987 ~ 1990 年,全市卷烟购进维持以销定购进货要求,每年仍保持在 10 万箱左右,分别为 103932.6 箱、86328 箱、96798 箱、106821 箱。购进总额分别达 8948 万元、9364 万元、12381 万元、14264 万元。

1992 年,境域贯彻执行国家《烟草专卖法》。放开卷烟零售价格。湘潭市烟草公司及所属县、市(县级市)公司执行"购进、销售"两头在外营销策略。从抓有效货源做起,派出业务采购人员在云南玉溪、昆明卷烟厂驻扎 62 天,采购卷烟货源。湘潭县烟草公司业务采购人员分赴北京、广州、济南、青岛、云南、贵州抓购进。湘乡市烟草公司派出驻厂采购人员,从省内郴州、隆回、新田、龙山等卷烟厂抓卷烟购进，韶山市烟草公司与云南烟草公司签订联营协议。1994 年，全国卷烟价格下调。湘潭市烟草公司在云南昆明设立采购站，巩固在云南业务联系。湘潭县、湘乡市烟草公司与北京、上海、广州、贵州等省市 28 家卷烟厂签订购进合同。在省内，重点推广郴州卷烟厂的精品“相思鸟”和永顺卷烟厂的“司城王”等新品种。按照盈利多进，保本少进，亏本不进的策略，抓全市卷烟购进。是年，全市购进卷烟 102970 箱，购进总额 34184 万元。1995 年，全国卷烟价格上升，卷烟购进成本增加。湘潭市烟草公司调整经营策略。坚持“省内抓长沙、省外抓云南”购货途径，稳定进货渠道。是年，全市购进卷烟 125380 箱，购进总额 53950 万元。分别比 1990 年增长 17.4%和 278%。

1996 年后，湘潭市烟草公司按照“市场导向，效益优先”原则购进品牌卷烟。停购价格倒挂品牌卷烟。市场资源得到均衡利用。韶山市烟草公司从龙山卷烟厂调进适应农村市场需求“909”香烟，缓解市场供需矛盾。2000 年，全市购进卷烟 93432 箱，购进总额 53636 万元。分别比 1995 年减少 26%、0.6%。

2002～2003 年，全市卷烟购进进一步规范。按照签订卷烟购进计划与辖区群众需求，且品牌结构合理的原则。使有效货源居主导地位。长沙卷烟厂白沙、精品白沙，常德卷烟厂芙蓉王等品牌成为主要购进品种。2005 年全市卷烟购进继续坚持购销平衡、大众消费品牌为主的原则组织卷烟购进。是年，全市购进卷烟 105726 箱，购进总额 84762 万元，分别比 2000 年增长 13.2%、58%。

二、卷烟销售

1986 年，市烟草公司所属县级站（三级站），可以直接到烟厂自选适销对路的卷烟产品，按群众需求组织销售。销售网点主要依靠遍布城乡糖酒副食商店，全市卷烟零售网点达 4100 家，从业人员 12300 人。是年，全市销售卷烟 107262 箱，销售总额 8779.3 万元，实现利润 121.3 万元，上缴税金 38.1 万元。

1987～1989 年，全市卷烟销售坚持品牌适销对路、群众购买方便、网点基本稳定、提高经济效益原则，进行销售。1990 年，全市卷烟销售放开卷烟零售价格。随着城乡居民对卷烟需求量增大，市烟草公司及所辖县、市（县级市）烟草公司自身经济效益需求，扩大在城乡设立卷烟零售网点。1990 年，全市卷烟零售网点达 5215 家，从业人员 15640 人，分别比 1986 年增加 27.2%、27.1%。全市卷烟销售 104714 箱、销售总额 16403.7 万元，实现利润 553.1 万元，上缴税金 143.2 万元。分别比 1986 年减少 2.4%、增长 86.8 %、355.9 %、275.2%。

1992 年，市烟草公司及所辖县、市公司开拓省外卷烟销售市场。是年，组织 200 人次业务人员到 10 个省、市开拓 30 余家销售区域，扩大省内卷烟销售。全市卷烟零售网点达 5520 家，从业人员 16580 余人。1993 年，市烟草公司与常德卷烟厂共同开发“滴水洞”牌卷烟，以纪念毛泽东诞辰一百周年。12 月 7 日，“滴水洞”牌香烟在北京人民大会堂举行推介会，原中央领导同志杨得志、廖汉生、毛泽东的亲属邵华、毛新宇及中央有关部门负责人出席推介会，中央电视台、中央人民广播电台、经济日报等新闻媒体作相关报道。全市卷烟继续坚持稳定境域和外省市场。1995 年，境域卷烟销售以市烟草公司推行自批的品牌卷烟战略为主。在全市城市和主要乡镇与省外卷烟厂开展名优卷烟促销活动，或协助卷烟厂在全市商品交易会上推介卷烟。先后推介青岛卷烟厂的“红锡包”卷烟，长沙卷烟厂特制“湘烟”“白沙”，常德卷烟厂“芙蓉王”“芙蓉后”、精品盖“滴水洞”、郴州卷烟厂蓝盖“郴州”“湘南”，零陵卷烟厂盖“红豆”，精品“红豆”“芝城王”；永顺卷烟厂“司城王”以及云南昆明卷烟厂红盖“云烟”。全市卷烟零售网点按照“形式多样，合理布局，强化管理，增加效益”的原则，试行“烟草专卖连锁店（柜组）”在市区规模较大的南北特产商场、商业大厦、华隆大厦、岳塘副食商场、湘亚宾馆等处建立 10 个连锁店（柜）。全市卷烟零售网点 5828 家，从业人员 17600 人，分别比 1990 年增长 11.7%、12.5 %。是年，市卷烟销售 121746 箱，销售总额 50173.7 万元；实现利润 1862.2 万元，上缴税金 250.1 万元，分别比 1990 年增长 16.3%、205.8% 、236.7% 、74.7%。

1997 年，全市卷烟销售以长沙卷烟厂和常德卷烟厂传统品牌为主。市烟草公司与长沙卷烟厂协商，在全市开设“长沙卷烟厂联销点”106 个，配置统一标牌和货柜。全市“烟草专卖连锁店”（柜组）发展到 24 个。市烟草公司投资 600 万元，加强销售环节硬件建设。在城区和农村的 46 个销售网点配备机动车 13 辆，人力车 9 辆、空调机 19 台、去湿机 29 台、电话 25 台、传真机 11 台、电脑 46 台。2000 年，市烟草公司贯彻落实国家和湖南省烟草专卖局提出“狠抓基础、稳中求进、二次创业、做优做强”指导方针。制定“抓好有效货源，全市统一限价、提高服务质量、规范经营行为”等四条措施。市烟草公司在湘亚宾馆成立全省烟草行业首家卷烟零售超市。销售网络建设在全市全面推行卷烟零售户的户籍化管理，将全市持证卷烟经营户全部纳入销售网络。市场经营秩序和入网经营行为得以规范，网内经销体系得以完善。2000 年，全市卷烟零售网点 6510 家，从业人员 19100 人，分别比 1995 年增加 11.7 %、8.5%。是年，全市卷烟销售 92540 箱，销售总额 47829 万元，实现利润 434 万元，上缴税金 625 万元，分别比 1995 年减少 24%、4.7%、76.7%、增长 149%。

2002 年，杭州卷烟厂“利群”系列卷烟，南京卷烟厂“南京”系列卷烟，常德卷烟厂“亚金芙蓉王”卷烟，新黄盖“芙蓉后”卷烟，郴州卷烟厂红盖“华人”卷烟在全市布点销售获得成功。长沙卷烟厂的“白沙金世纪”亦成为畅销品种之一。卷烟经营网点实行全面访销、全面配送，全市共建配送中心 4 个，配送分部 7 个，城市划分 9 条访销线，8 条配送线，平均每台车辆负责配送 220 余户。湘潭县增设中路铺、楠竹山镇 2 个配送分部，湘乡市成立县城配送中心和 4 个农村配送分部，农村每个辖区确定 20~30 个配送户，每周配送 2~3 次。2005 年，市烟草公司配送中心和各地配送分部按“一户一证、一户一档、一户一责任书、承诺书”的要求，建立卷烟经营户文字和电子档案，实施户籍化管理。全市形成“大访销、大配送、大专卖”的访销服务格局。全市卷烟零售网点 8270 户，从业人员 22700 人，分别比 2000 年增长 27%、18.8%。是年，全市卷烟销售 104981 箱，销售总额 105000 万元，实现利润 13166 万元，上缴税金 7524 万元，分别比 2000 年增长 13.4%、119.5%、303%、1103%。

1986~2005 年湘潭市卷烟销售及利润情况

表 29-6-1

年份	卷烟购进（箱）	购进总额（万元）	卷烟销售（箱）	销售总额（万元）	利润总额（万元）
1986	111700	7634	107262	8779.3	121.3
1987	103932.6	8948	105037	10290.7	223.5
1988	86328	9364	89924	10768.1	378
1989	96798	12381	94802	14237.7	556.2

续表

年份	卷烟购进(箱)	购进总额(万元)	卷烟销售(箱)	销售总额(万元)	利润总额(万元)
1990	106821	14264	104714	16403.7	553.1
1991	98571	15921	100887	17690.4	770.3
1992	100711	20365	99477	21978.3	1164.4
1993	95865	26576	97366	30388.9	1383.7
1994	102970	34184	102366	31665.6	1422.9
1995	125380	53950	121746	50173.7	1862.2
1996	127883	75211	133431	70630.6	1974.6
1997	132806	89573	132388	80010.3	1666.2
1998	139928	93882	137659	86139	1258
1999	95290	49653	96449	46898	11
2000	93432	53636	92540	47829	434
2001	93862	56255	94446	52402	1398
2002	92210	61068	95583	60326	2489
2003	87417	65879	85682	66070	4798
2004	91063	74135	98272	112179	12999
2005	105726	84762	104981	105000	16200

第二节　专卖执法

1986年，湘潭市烟草专卖局按国务院《烟草专卖条例》要求实施专卖执法。会同公安、物价、税务等部门印发《联合通告》并在湘潭日报、湘潭市人民广播电台、湘潭电视台广泛宣传，多次组织市场检查。1987年，经市人民政府批准，成立湘潭市城管大队烟草管理中队。1990年，贯彻执行中央有关对整顿烟草市场的重要批示，按国家和湖南省烟草专卖局统一部署，市烟草专卖局组织大小检查84起。至1990年的5年间，共查处各类违章案件2255起，没收违法卷烟、冒牌烟917.04件，罚款35.88万元。

1992年，市烟草专卖局贯彻执行《中华人民共和国烟草专卖法》和国家烟草专卖局颁布的《烟草专卖行政处罚规定》。市政府成立烟草市场综合治理领导小组。全市烟草专卖执法实行外部监督和内部监督两种形式。外部监督包括行政监督、司法监督和社会监督。主要来自地方人大、政府、政协和政府法制办公室、治理"三乱"办公室等相关部门。内部监督由市烟草专卖局内部自我监督、自查和互访。是年，市烟草专卖执法部门以"市场管、路上查"为主要形式，对全市130个委批点和群众举报的违法经营户进行检查。

1993年5月25日后，境域使用烟草专卖经营许可证，分为烟草专卖批发企业许可证(含委托代批)、烟草专卖零售企业许可证(含国营、集体、个体)、特种烟草专卖许可证(含批发、零售)。至1994

年末,全市发放烟草专卖许可证 7098 个。其中:收购许可证 9 个,二级批发许可证 4 个,特种批发许可证 2 个,三级批发许可证 9 个,委托批发许可证 44 个,特种零售许可证 25 个,国营和集体单位零售批发许可证 703 个,个人零售许可证 6302 个。至 1995 年的五年间,共查处违法案件 1263 起,没收违法、走私卷烟、假冒卷烟 2249 件,罚款 163.73 万元。

1997 年,市烟草行政主管部门以贯彻执行国务院颁布《烟草专卖法实施条例》为契机,坚持"内管外打、守土有责",与公安、工商联手,抓源头,堵入口,对市场进行经常性检查。

1999 年 10 月组建湘潭市烟草专卖稽查支队。下辖湘潭县、湘乡市、韶山市局稽查大队和雨湖区、岳塘区两个市管大队和办案大队、结案室、内勤室。是年,取缔市区砂子岭、金马及湘潭县易俗河、湘乡市北门等处非法市场。自 12 月起,湘潭市辖区内销售卷烟一律粘贴专销标识,并由专卖执法部门实施监管。至 2000 年的五年间内共查处违法案件 1294 起,没收假冒卷烟、走私卷烟 6128.78 件,罚款 776 万元。

2002 年,市烟草专卖局全面推行卷烟经营户籍化管理,并在当年开展"专卖队伍素质年""烟草专卖打假年"活动,出动打假 2795 人次,开展端窝点、打团伙、断渠道、清市场的打假行动。共查处违法案件 381 起,没收走私烟 32.5 件,假冒商标烟 102.73 件,非法流入的卷烟 2091 件,罚没款 76.6 万元。捣毁制售假卷烟窝点 10 个,收缴一批制假工具和假冒的各地专销标识,制假烟贩欧阳某某、胡某某和暴力抗法的刘某某、彭某等 4 人被依法拘留。

2003 年,市烟草卖局贯彻国家和省局关于专项治理卷烟体外循环的决策,先后于 4 月 22 日、5 月 29 日、6 月 4 日三次召开会议,重申和明确必须讲政治纪律、保政令畅通的要求。至 2005 年的五年间内共查处案件 2382 起,收缴各类违法卷烟 9214.33 件,罚没款 711.56 万元。取缔制假烟窝点 122 个,移送司法机关处理 16 人。全市卷烟经营行为得到规范,市场秩序得以维护。

第七章　石油经营

第一节　石油购销

1986 年,境域石油经营以国营中国石化湘潭市石油公司为主体。市场体制上开始实行计划与市场结合"双轨制",即在国家计划仍然占主导地位市场上,出现国家定价计划内平价油和市场定价计划外高价油。国营石油经营单位在计划资源只能部分满足销售计划的情况下,必须自行联系计划外高价资源以弥补缺口,即"以高补低"。是年全市石油经营网点 34 个,从业人员近 200 人,销售 41909 吨(其中自采高价油销售 2767 吨),销售总额 4840 万元,实现利润 163 万元。1987 年,国家对农村实行粮油挂钩政策以解决农村用油难的问题,即农民每上交 100 斤征购粮,可到石油经营单位换购平价柴油计划指标 1 千克。是年共销售粮油挂钩柴油 3320 吨,占柴油销售量的 10%。同年,境域唯一的石油批发企业中石化湘潭市石油公司兴建福星加油站,开始进入石油零售行业。是年,全市石油经营网点 45 个,从业人员 310 人。1989 年 2 月 13 日,市政府专题研究石油供应和社会节油工作,将保障石油供应列入政府重点工程。确定“保证重点、兼顾一般、控制消费、合理安排”的原则。在银根紧缩、资金紧缺的情况下,市政府协商银行系统为中石化湘潭石油公司贷款1090万元,责成湘潭石油公司为农村基层供销社运送油料2805车,计13452.32吨。为湘潭市公汽公司增补平价油141吨,限价油100吨。是年全市经营石油网点70个,从业人员600人。1990年受海湾局势影响,国家石油市场前松后紧。市人民政府成立成品油市场整顿领导小组。下设整顿办公室,发布《湘潭市人民政府关于加强成品油市场管理和整顿的通告》,取缔非法个体加油摊点17个,规范市场秩序和哄抬油价行为。是年全市石油经营网点80个,从业人员700人,销售石油65437吨,销售总额8623万元,实现利润295.4万元,比1986年分别增长56%、78%、81%。

1993年,境域石油经营进入市场经济时期,市场竞争十分激烈。市场主体除长沙、株洲、湘潭三市国营石油公司互相渗透外,还有非石油专营单位如株洲959部队油库、154石油储备库、815油库和长沙麓海石油化工公司等,与境外联营的湘潭县易俗河加油站、昭山加油站和湘潭军分区加油站。除农村乡镇由农机部门和供销社外,出现较多个体经营的加油站。全市新增国营石油经营系统外集体油库3座;采用加油机对外加油的加油站23座。是年全市石油经营网点178个,从业人员1700人。1995年,市人民政府贯彻落实国务院关于改革原油、成品油流通体制有关问题的通知精神。加强对石油市场整顿,经营主体减少。是年,全市石油经营网点149个,从业人员1200人。销售成品油首次突破10万吨,达到103161吨,销售总额23667.5万元,实现利润677.2万元,比1990年分别增长57.6%、174.5%、129%。

1998年6月,湘潭市石油公司并入中国石化集团所属中国石油化工股份有限公司湖南省分公司,成为后者分支机构。同年国家发展与改革委员会对成品油制定行业指导价格,境域石油市场进入一个新时期。市石油公司投资560万元,在岳塘区荷塘乡竹埠港湘江岸边兴建荷塘水运油库。改变境域长期单一依靠铁路运输的状况。全市取得石油经营许可的加油站达到165座,均实现加油机加油。通过中国石化集团整合内部资源,收购外部加油站,特别是通过控制其所属炼油资源,湘潭市石油公司成为境域石油市场唯一资源供应商。是年,全市石油经营网点190个,从业人员1800人。2000年2月,中国石油化工集团重组,以优良资产组建成立中国石油化工股份有限公司,境域成立湖南湘潭石油分公司。为扩大境域零售市场份额,湘潭石油分公司投资7361万元,新建加油站3座和2艘水上加油船,收购社会加油站19座,零售市场占有率上升到48%。是年,全市石油经营网点195个,从业人员2000人,比1995年增长30.8%和66%。销售石油180683吨,销售总额47379万元,实现利润818万元,比1995年分别增长75%、100.2%、20.8%。

2002年,中国石油天然气集团湖南销售分公司(简称中石油)进入湘潭地区。根据国家行业政策规定,中石化与中石油成为境域市场仅有的两个石油批发经营单位,其他零售企业只能在其购买石油产品。境域石油销售市场上出现中石化与中石油“点对点,面对面”竞争的局面。两大集团在全市扩张零售网点,新建和收购加油站20多座。贯彻落实国家发改委对成品油价格调整,全年整体价格上涨24.8%。是年,全市石油经营网点212个,从业人员2300余人。2003年,境域机动车保有量大幅度上升,石油销售增加。中石化湘潭石油分公司开始对所属加油站进行IC卡机和POS机的安装,全年共发卡1004张,充值金额230万。2005年,中国石油天然气有限公司湖南销售分公司湘潭销售公司正式挂牌成立,并建成和顺石油物流中心。容积达到29500立方米。中石油湘潭销售公司以此为依托,辐射长、株、潭、娄、邵等地。当年,销售成品油 2.6 万吨,市场占有率达到 11.81%。是年,全市经营网点 294 个,从业人员 3100 人,比 2000 年增加 50.7%和 55%,销售石油总量为 220000 吨,销售总额 82300 万元,实现利润 2901 万元,比 2000 年增长 21.7%、73.7%、254.6%。

1986~2005 年湘潭市石油销售情况

表 29-7-1

年份	销售总量	年份	销售总量	年份	销售总量	年份	销售总量
1986	41909	1991	87235	1996	90852	2001	171000
1987	58910	1992	86361	1997	114064	2002	174300
1988	67789	1993	85454	1998	125585	2003	190600
1989	62910	1994	90561	1999	164351	2004	201000
1990	65437	1995	103161	2000	180683	2005	220000

第二节 油库、加油站建设

一、油库

1986 年,市内有湘潭市、湘乡石狮江石油库和韶山石油库 3 座石油库。是年,湘潭市石油公司通过对其所属油库的设施设备改造,石狮江油库库容量增加到 6000 立方米,可储油 4500 吨。投资 285.7 万元对其所属湘潭石油库扩建改造,于 1986 年 10 月投产使用。扩改后的湘潭石油库,总占地面积 78 亩,总储油量为 23050 立方米,可储油 18000 多吨。是年境域共有油库 3 个,石油总库容量 35000 立方米。

1988 年,湘潭市石油公司鉴于韶山加油站已建成投入使用,当地用油量较少,决定逐步放弃使用韶山油库,停止更新改造。是年,全市油库仍为 3 个,石油总库容量 33000 立方米。

1998 年,湘潭石油有限责任公司(该公司为湘潭市石油公司全资子公司)与岳塘区荷塘乡政府联营投资 560 万元兴建荷塘油库,该库位于岳塘区荷塘乡竹埠港湘江岸边,于是年 11 月竣工。油库占地 14 亩,总建筑面积 920 平方米,建有 1000 立方米立式金属储油罐 4 座,容量为 4000 立方米,4 个发油货位配置有先进发油设施,建有一艘装卸油趸船,年吞吐量在 3 万吨左右。荷塘石油库是一座布局合理,设备、功能齐全水运储存三级油库。该油库改变石油公司无水运的状况,解决湘潭石油分公司铁路运输紧张影响调送困境。是年,全市油库 3 个,石油总库容量达到 39000 立方米。

2002 年,中国石油化工集团进入湘潭成品油市场,业务以批发为主,租用容积同为 20000 立方米湘潭电厂油库和湘乡国储 155 处油库为经营油库。是年,全市石油库 5 个,石油总库量达到 62000 立方米。

2003 年7 月,湘潭石油分公司根据市场需求和自身的发展,对荷塘油库进行扩建,2004 年元月正式投产使用。扩改后的荷塘油库占地面积 19 亩,总建筑面积为 970 平方米,1000 立方立式油罐 6 座,其中柴油罐 2 座,汽油罐 2 座,4# 燃料油和 180# 燃料油罐各 1 座,总容量为 6000 立方米,32 米×7.5

米的卸油趸船一艘,负责接卸来油及对外加油。新建开放式发油台彩微机付油,共9个发油货位。同年韶山油库正式拆卸设备,转让处理。是年全市石油库维持5个,石油总库容量达68000立方米。

2004年5月湘潭油库实行微机发油。为确保油库安全,在库区各重点要害部位安装油气浓度报警装置,对立式金属轻油罐安装液位显示仪和自动喷淋冷却装置,取消真空卸油系统,采用摆动转子泵。年吞吐量在18万吨以上,而且每年以15%速度递增。是年,全市石油库仍维持5个,石油总库容量仍在68000立方米。

2005年,中国石油化工集团湘潭石油分公司为降低物流成本,进行资源配置整合,设立物流部管理油库。根据中国石化股份有限公司"中心油库150千米物流辐射圈内不保留其他油库"的原则,停止湘乡石狮江油库运营。是年,中国石油天然气集团湘潭分公司投资和顺石油化工物流中心建成投产,该库位于湘潭市岳塘区板马路7号,占地130亩,油库容量29500立方米。是年,全市石油库仍维持5个,石油总库容量达95500立方米。

二、加油站

1986年后,石油经营体制逐渐放开,国家对石油行业控制逐步放宽。区内各地以当地供销社和农机站为基础,由提供加油服务逐渐转变为专业加油站。湘潭石油公司业务以调运和供应工农业生产为主,零售网点建设尚未成为其工作重点。由石油公司经营的加油站增加缓慢。1991年,有一定规模并采用加油机对外加油的加油站共23座。其中中石化湘潭石油公司经营5座,株洲石油公司与岳塘区昭山乡联营的1座,长岭炼油厂与湘潭县易俗河供销社联营1座,基层供销社6座,农机站加油站9座,市郊区农经委1座。全市133个乡镇农机站共有规模较小加油站73座。

1993年后,国家完全放开石油市场,加油站行业回报率明显较高,吸引集体和个人等各种社会资本纷纷进入这个行业,社会加油站大量出现。1997年达150个,其中具有一定规模5个。国营石油公司所经营加油站为15个,零售量只占全区销售量的10%。

1998年,国家重新调整石油行业政策,对加油站实行市场准入政策,湘潭石油公司归口中国石化集团公司管理。按照中石化总部要求,中石化湘潭分公司大量发展网点建设,通过自建、收购、联营等方式迅速增加加油站数量。2002年中石油进入湘潭市场后,短时间内迅速增加零售网点,与中石化展开终端竞争。至2005年湘潭市加油站遍布城乡,共有185座。其中中石化62座(含1座水上加油站)、中石油14座,社会加油站109座。

第八章　食盐专营

第一节　食盐购销

1986年,境域继续实行食盐专营。湖南省盐业公司按照人、财、物、产、供、销六统一的原则,实行垂直管理。湘潭市盐业公司在境域独家经营。沿袭旧的行政区域,湘潭市盐业公司下辖湘乡、浏阳、醴陵、茶陵、攸县、酃县6个盐业支公司,供应人口达540万。是年,全市食盐经销网点城市由商业零售企业经营,农村由供销社经营。辖区内经销网点近2000家。辖区内食盐总购进44162吨(其中湖南省津市湘澧盐和衡阳精制加碘盐28462吨;江苏、福建等省外购15700吨),总销售38263吨,实现销售收入1015.9万元,利润51.2万元,上缴税金123.5万元。1988年,浏阳盐业支公司和醴陵、茶陵、攸县、酃县4个盐业支公司划归长沙市盐业公司和株洲市盐业公司管辖。湘潭市盐业公司仅只承担本行政区范围内的食盐购销,供应人口减少至250万人,经销网点也随之减至不到500家。该年,由于天气影响,产区盐产量减少,加之运输困难,首次出现"购盐难"。全国范围同时出现较大的食盐抢购风和工业用盐告急现象。境域从10月1日起实行食盐凭票定量供应。其标准为:城市年人均六千克,农村年人均七千克。1990年,全市食盐总购进34363吨(其中从津市、衡阳购进18975吨,江苏等省外购15388吨)。总销售27348吨(其中小包装食盐销售20535吨,占销售总量的75.08%),销售收入885.1万元,实现利润80.9万元,上缴税金51.3万元,分别比1986年减少22.19%,28.38%、22.88%,增长58%和减少58.48%。1989年食盐供应货源充足,取消凭票定量供应。

1991年,境域贯彻落实国务院发布《盐业管理条例》。规范盐业的产、运、销正常秩序,打击盐业私产、私运、私销和市场的假冒伪劣等违法行为。6月,成立"湘潭市盐务管理局"。为市政府盐业行政主管部门,并行使全市盐政行政执法工作。因个体食盐经营户的出现,全市食盐经销网点达700家。1994年,境域贯彻国务院关于"食用盐实行专营、工业盐实行计划管理"的规定。全市城乡全面实行"食盐零售许可证"制度。共登记核发"食盐零售许可证"635个,规范市场经营行为。1995年,全市城乡全面实施加碘防伪小包盐供应,人民群众吃上"放心盐"。全市经销网点仍维持在700家左右,食盐总购进15484吨(其中从津市、衡阳购进15119吨,江苏等省外购进365吨)。基本结束从省外购进食盐的历史。总销售17948吨(其中小包装盐销售13455吨,占销售量总量的74.96%),销售收入1590万元,实现利润128.9万元;上缴税金93.5万元,分别比1990年减少54.4%、34.4%,增长79.6%、59.3%和82.3%。

1998年,市盐业公司投资543万元征用商业用地27.16亩,投资400余万,拆除原低、矮、阴暗、砖木结构的旧仓库2000余平方米,新建钢混结构,宽敞明亮的新仓库5000余平方米。储存方式改为分盐种、粗细,分库分区储存。经湖南省盐业公司检查验收为"AAA"标准。同时推出富含钙、铁、锌、硒等人体所需微量元素的多种品种盐上市供应,境域群众自主选择。是年,全市经销网点仍未变。2000年,随着人民群众生活水平不断提高和对自身保健需要而对食用盐用量逐步减少的实际,市盐业公司对全市食盐的销售方式进行改革,组织人员,购置车辆,开始实施配送制。是年,全市经销网点达845家。食盐总购进17232吨(全系本省企业自产)。总销售16582吨(其中小包装盐销售13891吨,占销量总的83.77%),销售收入1766.5万元,实现利润48.6万元,上缴税金81.4万元,分别比1995年增长11.2%,减少7.7%,增长11.1%,减少56%、12%。

2002年,境域贯彻落实国家发改委《关于促进食盐流通企业现代化若干意见的通知》精神,市盐业公司强化食盐专营职能,及时掌握基层点、店的库存及市场动态等基本情况。所属市、县公司抽调专职人员着手销售网络建设。2005年,贯彻落实国家盐务总局关于信息化管理的要求,境域食盐销售按照"健全网络、延伸服务、树立品牌、保证质量、优化流通、提高效率"的原则,以"便于管理、方便群众、布局合理、辐射到位"为宗旨,实现食盐销售的集约经营和管理。按照境域乡镇的地理位置,城镇化程度及交通、人口等状况，每 1~1.5 万人设置 1 个经销点，再向其村寨延伸。根据配送运距的实际，分为 A 类：特许经营户；B 类：延伸用户；C 类：食品加工用盐户；D 类：工业盐用户。完整的食盐零售终端用户体系正式形成。是年，全市经销网点 840 户。食盐购进 16341 吨，仍系本省自产。总销售 15828 吨（其中小包盐销售 13783 吨，占销售总量的 87.08%），销售收入 2295.5 万元，实现利润 84.5 万元，上缴税金 187.2 万元，分别比 2000 年减少 5.2%、4.6%，增长 30%、73.8%、130%。

第二节　市场管理

1986 年，境域食盐购、销、存实行计划管理。遵循“以运保储，以储保销”的原则，食盐购进保持一个正常库存量，一般为市场销售量的 3 个月左右。价格管理实行地区差价，即统一批发价格为每吨 248 元，零售价格城区每千克散装盐 0.3 元，毗邻城区每千克 0.29 元，偏远地区每千克 0.28 元。

1989 年以后，取消地区差价。全省范围内统一批发、零售价格。散装盐批发价调整为每吨 448 元，1000 克包装盐每吨 514 元；零售价格、散装盐调整为每千克 0.54 元，1000 克小包装盐每袋 0.62 元。

1991 年，湘潭市盐务局贯彻执行国家《盐业管理条例》，成立盐政管理科，配备专职稽查人员 8~10 名，对利用硝盐和工业用盐充当当食盐危害消费者身体健康，以假劣盐冲击市场违法行为进行整顿。是年 9 月，联合市工商局、物价局、供销社捣毁制售假劣食盐窝点 3 个。

1993 年 3 月 25 日，食盐价格再次上调。批发价格散装盐每吨为 700 元，1000 克小包装盐每吨 834 元。零售价格散装盐每千克 0.54 元，1000 克小包装盐每袋 0.94 元，500 克装每袋 0.50 元。1994 年，市盐务局改行业单独执法为联合执法，成立“湘潭市中级人民法院盐政案件办公室”。并与市工商、卫生等部门配合，共同协管食盐经营市场。是年，查获各类涉盐案件 330 起，查获非法盐 400 吨。没收 303 吨，罚款 10517 元。

1996 年 3 月 13 日，市盐务局贯彻执行湖南省《实施〈食盐加碘，消除碘缺乏危害管理条例〉办法》，食盐全面实施加碘后，价格再次调整。批发价格散装盐每吨 780 元，500 克小包装盐每吨 976 元。零售价格每袋为 0.60 元。是年，查获各类涉盐案 65 件，查获违法盐 2000 吨。

1999 年 1 月 1 日开始，境域复合膜袋装盐上市，价格再次调整。500 克小包装盐每吨批发价格为 1330 元，零售价格为每袋 0.80 元。是年查获各类涉盐案 131 件，查获违法盐 230 吨，罚款 15040 元。

2001 年 12 月 1 日，食盐价格再次调整，500 克小包装盐批发价格为每吨 1660 元，零售价格为每袋 1 元。2002 年，市盐务局采取设耳目、安内线、举报有奖，宣传防假识假知识、曝光盐政案件等办法，联合工商、卫生防疫、公安、法院等部门共同加强市场监管。是年，查获余某某、李某非法经营食盐案。该案两人非法购进工业盐 39 吨，假冒“雪天”含碘食用盐小包装袋 78000 个，分装后销往市场，非法获利 26750 元，分别被雨湖区法院判处有期徒刑一年，缓刑一年，罚款 3 万元和 2.7 万元。2003 年，市盐务局投资 17 万元，配置电脑 28 台，加强企业信息化管理。2005 年 4 月 7 日，纸膜袋上市，食盐价格再次调整。500 克小包装盐批发价格每吨 2200 元，零售价格每袋 1.30 元。是年，全市查获各类涉盐案 1751 起，查获非法盐 3016.5 吨，罚款 456908 元，捣毁制假窝点 9 处，公安部门依法传唤 74 人，法院依法判刑 5 人。

第九章　商品市场与商业网点

第一节　商品市场建设

1986年，境域有城乡商品市场106个。其中：市区31个、湘潭县50个，湘乡市25个，韶山区没有大型市场。建筑总面积21.2万平方米。市场设施有室内市场8个，有部分顶棚的38个，其余均为街边路边交易市场，市场建设以政府投资为主，由工商行政部门自建自管，建设总投资2275万元，市场成交总额达21429万元，商品市场由市县(区)工商行政部门统一管理。

1987～1989年，湘潭县投资80万元建成锦石乡东风街、杨嘉桥、易俗河、谭家山、石潭、花石等9个农村集贸市场。湘乡市投资120万元，在城区建设壶天巷市场、东风市场、湖铁市场、南门市场。在乡镇建设虞塘、山枣、潭市、棋梓桥等4处农贸市场。其时：湘潭县易俗河牛头岭农贸市场被评为省级文明市场。花石镇湘莲市场成为全国莲子的主要集散地之一，入场经营户500多户，带动周边农村种植湘莲近20万亩，年销售湘莲4万吨，销售总额2亿多元。湘乡市猪皮市场吸引240多户个体商贩入场交易，年销售猪皮300多万张，销售总额6000多万元，猪皮远销辽宁、四川、福建等12个省、市。

1991～1994年，境域贯彻执行国务院和省政府有关规定，在城镇新建居民住宅时，拨出7%面积建设商品市场和商业网点，为境域商品市场建设提供筹资渠道，商品市场建设快速发展。市政府贯彻落实"菜篮子"工程市长负责制精神，决定由湘潭市蔬菜食品公司投资1100万元在河西南盘岭地区建设湘潭市蔬菜批发交易市场。由市蔬菜食品公司负责管理。湘潭县商品市场建设按照政策决策、统一规划、多方兴建、工商行政部门统一管理的办法。县、乡政府先后投资550万元新建扩建易俗河大市场、较场、日华、荷塘、花石农贸市场和谭家山工业品市场。增加市场交易面积1万平方米。市场由县、乡政府所有，归口所在乡镇工商行政部门统一管理。湘乡市政府投资38万元，在城内兴建云门寺市场，以经营服装为主，韶山市政府投资600万元新建工贸市场，归口韶山市工商行政部门管理。1995年，全市商品市场达152个，商品市场成交总额达118014万元，比1986年分别增长43.4%和450%。

1996～1998年，全市商品市场建设向大型化、专业化方向发展，大型商品市场成为商品集散地功能越来越明显，已成为群众购物重要场所之一。全市初步形成布匹、建筑装饰材料、糖酒副食、水果、蔬菜、小商品、工业品、摩托车、家具等专业市场。期间，全市靠社会融资和招商引资，筹措资金400万元建成砂子岭农副产品综合市场、株易路口金三角摩托车市场、建设南路湘潭市工业品市场、高新区建筑装饰材料市场，市场权属由投资者所有。其中湖南邵东人士张巨民投资500多万元建设湘潭市工业品市场；湘潭市医药总公司及县、市政府牵头、筹集资金3800万元先后建设湘潭市建设路口农贸市场、湘潭国药城、湘潭市城正街市场、朝阳街市场、金海水果市场、八仙桥市场、湘潭县青山桥市场、湘乡市南门市场、韶山市竹鸡段市场。市财贸工作办公室与雨湖区昭潭乡政府共同投资1480万元在宝庆路两侧建成湘潭旧货市场，占地面积30亩，建筑面积1400平方米，被列入国家级旧货市场试点，由市财贸工作办公室和雨湖区昭潭乡政府所有和管理。至2000年，全市商品市场达185个，商品市场成交总额224750万，分别比1995年增长21.7%和90.4%。

2000年3月，境域贯彻落实国务院和省政府关于商品市场管理体制管办分离规定。经市机构编制委员会批复，成立湘潭市市场服务中心。该中心的主要职责是经营管理市场资产，负责市场的物业管理、市场规划、开发和维修，场内治安安全、消防、卫生等日常服务，提供交易场所的服务设施，开展代储、代运、住处咨询和其他服务，收取市场设施租赁费、交易手续费和其他符合国家和省规定有偿服务费。9月1日正式挂牌运作，接管由市工商行政管理局（含市属两区）自办或联办的湘潭布市、民主路市场、建设路口市场、莲城市场、板塘集贸市场、草塘农贸市场、鹤岭集贸市场、易家湾农贸市场、霞光村农贸市场、湘钢前农贸市场、建设北路农贸市场、中山路农贸市场等12个市场。市场总面积4.8万平方米，固定资产原值3003.8万元。翌年9月，经湖南省药品监督管理局和市人民政府同意，接管原由市药品监督管理局所辖市电器市场。湘潭县市场服务中心接管东风街、杨嘉桥、谭家山、花石、双板桥、石潭、易俗河等乡镇农贸市场及县城的富豪阁农贸市场。湘乡市市场服务中心接管壶天巷市场、东风市场、湖南铁合金厂市场、南门市场、虞塘农贸市场、山枣农贸市场、潭市农贸市场、棋梓桥火车站市场。韶山市市场服务中心接管火车站、竹鸡段、韶山冲、如意、永义等5个集贸市场。是年，全市商品市场195个商品市场成交额257280万元，比1995年增长28.3%、118%。

是时，全市75%的市场是为城市居民服务消费品市场，而生产资料市场相对滞后，市场效率较低。全市有20%市场使用率在80%以下，年市场平均销售额仅5879元/平方米。有同类市场重复建设现象。如建材市场就有砂子岭、高新区、红旗商贸城等三个，难以形成有一定规模的拳头市场。市场功能不全，基础设施不配套，设置停车场的仅8家，大部分市场仓储设施缺乏或能力不足，少数乡、镇农贸市场仍占道经营。

2001年，市区河西砂子岭地区初步形成市场群体。区域范围内有各类商品市场23个，其中规模较大的市场12个。形成市场群体规模和较强的辐射能力，能较好地满足各个层次消费者的需求。如人气和生意旺盛的建筑装饰材料市场、糖酒副食批发市场、蔬菜批发市场、金海水果批发市场，进入交易高峰时期，人流如潮，生意红火。

2005年，市政府贯彻落实国务院决定精神，以引导城市连锁超市企业向农村延伸，开展以“农家店”为主要内容“万村千乡市场工程”试点工作。根据“政府推动与发挥市场机制相结合，农村市场建设与农业生产、农民消费互动发展”原则，确定湘潭县、湘乡市、韶山市为开展“万村千乡市场工程”试点县、市。步步高、心连心、万客源、振兴等4个连锁超市企业为试点企业，并制订相关的优惠政策。如对每个乡镇新开办的第一家“二合一”“三合一”连锁超市店给予3~6万元不等的补助，鼓励和引导连锁超市企业向农村延伸和发展。是年，共有商品市场215个，比2000年增长10%。总建筑面积115万平方米，共有摊位28580个。主要为乡镇政府管理的农贸市场和企业投资兴办市场以及湘潭市市场服务中心管理的市场。全市市区形成12个有一定规模和人气的骨干市场。2005年商品摊位总数达4774个，成交总额332254万元，比2000年增长29%。平均每个摊位销售69.60万元。

2002、2003、2005年湘潭市市区主要商品市场情况

表29-9-1

市场名称	2002年		2003年		2005年	
	摊位(个)	成交总额(万元)	摊位(个)	成交总额(万元)	摊位(个)	成交总额(万元)
糖酒副食批发市场	130	16700	130	16250	130	17550
建筑装饰材料市场	238	27500	238	28035	258	32525
金海水果市场	150	6528	100	7685	105	8020
湘潭市场	713	86000	712	86400	714	86200
民主路农贸市场	421	21175	421	21612	421	21814
建设路口农贸市场	463	14467	463	13890	465	14120
板塘农贸市场	199	5093	190	6907	190	7245
工业品市场	415	6203	656	12870	665	14980
红旗商贸市场	566	44800	512	32700	512	34200
长株潭大市场	380	8514	358	9146	378	11120
金三角市场	62	2750	66	11350	70	12280

附 专业市场选介

一、湘潭布市

湘潭布市位于雨湖区建设北路213号,1986年9月10日建成开业。以主营布匹、面料、棉布为主。1991年市场成交额达1.52亿元,1993年达2.51亿元,1997年发展至以布市为依托,周边湘潭市一中、雨湖区建筑公司、雨湖区教育局、民政局等11家产权单位共同组建规模扩大的湘潭布市。是时,湘潭布市占地面积13400平方米,建筑面积30000平方米,摊位门面1094个,经营户1902户。市场成交总额突破10亿元。被誉为“中南第一大布市”。2001年,湘潭市市场服务中心投资260万元,对布市提质改造、改善消防设施、调整经营结构。除经营布匹之外,增加窗帘、装饰布、床上用品、衬肩、纽扣等1000多个品种。2005年,湘潭布市因消防设施存在严重安全隐患、停车场地不足等设施缺陷无法解决。市场经营逐渐不景气。是年,市场成交额下降到6亿元左右。

二、湘潭县花石镇湘莲大市场

1998年,湘潭县花石镇党委、政府筹备兴建湘潭县花石镇湘莲大市场。当年投资400万元,修建硬化道路500米。完善配套水、电、排污、排灌设备。投资2200万元,建成3~4层商业楼220个,建筑面积52880平方米。2000年5月交付使用。2004年投资1200万元进行二期工程建设,修建硬化道路160米。水、电、排污、排灌、桥梁配套设施齐全,建设商业楼68个。2005年市场湘莲成交量达16~18万吨,除带动该镇扩大湘莲种植面积外,还安排农村剩余劳务3000余人,为农民增加收入3600万元。

第二节　商业网点

1986年，全市商业零售网点达18522个，面积102万平方米，从业人员50428人。其中城区5163个，从业人员17397人。全市共新建、扩建一大批商业网点。其中新建大型国营商业网点79个，建筑面积12.5万平方米，总投资4285万元。网点布局以河西为重点，主要有湘潭百货大楼、湘潭商业大厦、君子莲饭店、湘潭市供销大厦、湘潭市粮贸大楼等。并在工矿区的镇建设一批商店，初步形成市、县(市)城镇、农村集镇三级商业网络。1990年末，全市商业网点达20850个，面积131.5万平方米，从业人员61700人。

1991年，市政府实施商业网点建设“谁投资、谁建设、谁管理、谁受益”的方略，全市国营商业企业筹集资金1543万元，建设小型商业网点21处，改造商业网点46处，增加仓储、营业面积39640平方米。

1995年，贯彻执行国务院和省政府关于商业网点建设按新建居民住宅楼建筑安装总额收取一定比例商业服务网点建设费规定，市政府规定：城市规划区域内的机关、团体、部队、学校、事业单位和城市居民新建住宅(含商业性和非商业性住宅)，无论其项目哪级批准、资金来自哪条渠道，均属征收商业服务网点建设费范围。学校新建学生宿舍、部队新建战士营房、为残疾人办的福利事业以及单位新建幼儿住宅、敬老院住宅等免交商业网点建设费。因灾毁没恢复重建及旧城改造住宅，不突破原面积或新增面积不超过5%也可免征商业网点建设费。征收标准：以新建住宅面积的土建和安装工程造价总额比例收取。其中行政单位按2%，事业单位按3%，企业单位按5%收取。委托市国土局和规划局代收，由市财贸委员会和财政局共同管理，主要用于经市政府批准的国营商业大中型网点和重点集贸市场建设。至是年末，全市商业网点达49739个，面积224万平方米，从业人员128000人。

1997年，市政府规范商业网点建设费征收标准，按建筑安装面积，每平方米收取20元商业网点建设费。2000年，全市商业网点逐步向连锁超市、大型商场和专卖店方向发展，国有商业企业除有零星网点经营外，绝大部分为个体和私营商业网点。是年，全市商业网点达64570个，面积358万平方米，从业人员185750人。

2001年，全市商业网点中的大型连锁超市和大型商场扩大营业面积，增加就业人员，零星个体私营商业网点深入大街小巷。2005年全市商业网点达75780个，面积415万平方米，从业人员214750人。商业网点遍布城乡各地。

附　湖南步步高商业连锁股份有限公司

1995年3月，湘潭市南北特产食品总公司员工王填东拼西凑借来5万元，承包湘潭市菜肉商场。成立湘潭市步步高食品有限公司，把“连锁超市”作为公司的经营模式和发展方向。1995年12月1日，步步高解放路店正式开业，是当时湘潭市“解放零售业第一店”。开全市“开架、自选、电脑计价、统一付款”新型零售经营业态之先河。

1997年,王填先后赴广州参观学习“沃尔玛”“好又多”会员式仓储店的经验。1998年1月28日,以仓储式购物、低成本运作、低价格经营为经营业态的仓储企业——步步高岚园量贩广场开业。花20万元引进先进POS软件信息系统,以更快更准确地处理货物进销信息、低价格促销成为岚园量贩广场新亮点。以此作向中小城市、县级市场、社区寻求发展。并将触角延伸到周边株洲、常德、岳阳,均有步步高量贩广场。1998年成立第一个配送中心,为各分店解决物流配送问题。1999年1月,湘潭市步步高食品有限公司更名为湖南步步高连锁超市有限公司。2001年1月步步高基建营大卖场开业。9月,一家集购物、餐饮、休闲等业态于一体湘潭购物广场开业。2003年12月25日起用湖南步步高商业连锁股份有限公司名称。设立百货事业部、家电事业部,全面进军百货家电销售领域。步步高商业连锁股份有限公司始终把“诚信待客、诚信经营、诚信为人”作为永恒主题。把“保证顾客满意”作为行为准则。坚持做到保证商品质量,让顾客买得放心,商品力求廉价,让顾客买得高兴,经营顾客需要商品,让顾客买得省心,建立宽敞舒适购物环境,让顾客买得开心。形成独特经营模式,获得企业成功。

2005年,步步高公司连锁门店遍及江西宜春、南昌、湖南长沙、株洲、岳阳、益阳、郴州、邵阳、永州、衡阳、醴陵等地、县级城市,开门店63家。其中3家现代化购物中心、20家大型综合超市、40家社区连锁门店。营业面积34.3万平方米,拥有员工23000人,是年销售收入达33.7亿元。成立十年,累计为国家缴纳税收2亿多元。是年缴纳税收超过1亿元。安置下岗再就业人员18000余人,占员工总人数的80%。先后被评为“全国连锁百强企业”“全国超市百强企业”“全国超市30强”“全国优秀民营企业”“2005年度中国服务业企业500强”“全国就业和社会保障先进企业”,被中国建设银行总行列入“全国100家重点扶持客户”。

第三十篇　外经外贸

概　述

1986年，境域对外经济贸易体制改革。经市政府同意，湘潭市对外贸易公司（湘潭市对外贸易局）更名为湘潭市对外经济贸易总公司（湘潭市对外经济贸易委员会）。制定鼓励外商投资和发展对外贸易的优惠政策。批准同意成立第一家港商投资兴办的企业——潭港汽车维修中心。成立湘潭市机电产品出口公司，加快境域机电产品出口。湘潭电机厂、江麓机械厂获自营进出口权。是年，全市直接利用外资40万美元。外商投资企业2家（含港澳台商创办企业）。出口商品金额总值达11194万元。有33家企业使用国家外汇、调剂外汇和信贷外汇共约3314.8万美元，进口设备373台套，使用国家拨给的出口商品综合基地的基地外汇900万美元，进口尿素、钢材、汽车等生产资料和耐用消费品。此后，全市招商引资和对外贸易加快发展步伐。1990年，全市直接利用外资（这里所指外资：数据统计上包括境外、港、澳、台资金下同）达126.7万美元，外资企业达12家，出口商品收购总值17277万元，进口贸易达102万美元。

1991年，市政府实施走出去战略。在香港、泰国、越南等地举办经贸洽谈活动。制定鼓励出口创汇优惠政策，实行出口创汇专项奖励，允许企业在政策允许范围内留成外汇自主使用。鼓励外贸专业公司推销地方产品。凡实行“三来一补”（来料加工、来件装配、来样加工、补偿贸易）业务的企业，加工费均以外汇结算，除10%上缴中央财政外，其余90%全部留给企业。是年，全市直接利用外资599.7万美元，比1986年增长14倍，外商投资企业（含港澳台商创办企业）17家，出口贸易由出口商品收购向出口创汇转变，出口商品收购总额24344万元。出口创汇1465.78万美元，进口贸易110万美元。

1993年，市政府将招商引资任务分配到全市各县（市）区和各委、办、局，制定和颁布《对引进外资项目成功者的奖励办法》，提高全民参与招商引资意识。湘潭钢铁厂、湘潭纺织印染厂、湖南铁合金厂、湘潭市化工医药集团、湘潭电线电缆集团公司五家企业获准享有自营进出口权。是年，全市直接利用外资1560万美元，有外资企业52家，出口创汇2802万美元，进口贸易总额147.2万美元，分别比1991年增长160%、206%、91.2%、33.8%。

1996年，市政府进一步加大利用外资工作力度，颁布《引进外资奖励办法实施细则》，对外资企业实行《一家代办式审批细则》，并于3月成立市招商合作局。境域国有大型企业和外商投资企业成为出口贸易的主力军，化工产品、工程机械、电线电缆等成为大宗出口商品。出口市场以东南亚国家和港澳市场为主。国有大型企业对企业进行技术改造及能源、通信的需要，进口贸易有较大突破。是年，全市直接利用外资3306万美元，外资企业229家，出口创汇7396万美元，进口贸易3469万美元，分别比1993年增长111.9%、340%、164%、22.6倍。

1998年,境域招商引资质量有所提高。来自欧美国家资金占有一定比例。德国、瑞士等国际知名企业与境域大型企业和科研院合资成立中外合资企业。外贸出口市场进一步优化,过分依赖东南亚市场格局有所变化。进口贸易仍以国有大型的技术改造为主。是年,全市直接利用外资4644万美元,外资企业达207家,出口创汇8642万美元,进口贸易5368万美元,分别比1996年增长40.5%、减少9.7%、增长16.8%和54.7%。

2001年,市政府提出实施开放带动战略,建立招商引资促进机制和鼓励机制。建立工业园区、培植招商引资载体。全市对外经济贸易进入发展的最好时期。城市桥梁建设及城市供水供气等公共设施通过招商引资,香港企业与境域国有企业通过嫁接改造,一批外资引进大项目落户境域。外贸出口注重开拓欧美、中东市场。境域国有大型企业和有出口潜力的知名民营企业获得自营进出口权,以其产品优势扩大外贸出口数量和质量。国有大型企业的原料、设备进口仍呈现增长态势。是年,全市直接利用外资4050万美元、外商投资企业318家,出口创汇7081万美元,进口贸易11193万美元,分别比1998年减少12. 8 %、增长53.6%、减少18.1%、增长108.5%。

2003年,境域招商引资注重引进战略投资者,瞄准世界500强企业进入工业园区,提升招商引资质量。外商投资企业由于市场竞争和投资结构转变,一些娱乐性企业和中小企业逐渐撤离境域或关闭停业。外资企业主要集中在工业企业和城市基础设施改造。对外贸易出口形成国有企业、民营企业、外资企业齐头并进的格局。钢材、鲜冻猪肉、化工产品、机电产品等成为主要出口创汇商品。进口贸易以国营大型企业的原料、设备进口为主,仍呈增长态势。是年,全市直接利用外资11116万美元,外商投资企业130家,出口创汇17732万美元,进口贸易12960万美元,分别比2001年增长174.4%、减少60%、增长150.4%、15.8%。

2005年,市政府决定成立市商务局,利用整合国内贸易和对外贸易管理职能,运用国内国际两大市场推动经济增长。成功举办"中德(湘潭)企业合作大会",引进一批跨国集团落户工业园区。对外商投资企业会同财政、工商、税务等部门进行严格年检,完善管理办法。对外贸易面对国家宏观政策调整,人民币升值以及不断增加的贸易摩擦,境域出口产品企业加强产品售后服务,组织产品到境外参展。全市出口贸易仍稳步增长。进口贸易仍以国营大型企业原料设备及环保技术项目引进为主。是年,全市直接利用外资15600万美元,外商投资企业108家,对外贸易出口创汇42200万美元,进口贸易24572万美元。分别比2003年增长40.3%、减少17%、增长138%、89.5%。

第一章 外资引进

第一节 引资政策

1986年,市政府制定《关于加快对外经济贸易发展的决定》,对境域兴办的中外合资经营企业和先进技术企业给予特别优惠。主要是:外商投资企业经营期在10年以上的,免征企业所得税2年,减半征收3年。生产性项目和科研项目经批准免征地方所得税。出口产品企业和先进技术企业和外国投资者，将其所得利润汇出境外时，免缴汇出所得税。外商投资企业的土地使用费5年内予以减免征收，兴办能源、交通、基础设施项目的，免征5～10年土地使用费，期满后减半征收。在生产和流通中需要的短期周转资金，以及技改所需的专项资金，向开发银行申请，优先贷放。“三来一补”所得收入，以同类产品的第一笔业务起，免征营业税和所得税3～5年。港澳同胞、台湾同胞、外海侨胞投资者，可以在投资企业安排其亲属就业。投资额在5万美元以上的，可安排其在国内农村的亲属1～2人到城镇落户。

1990年，市政府制定《进一步加快全市招商引资和对外经济贸易的通知》，为增强外商来境域投资吸引力，市政府要求水电部门优先供应水电，邮政电讯部门优先安装通讯设施，交通、城建部门优先修通道路，国土部门优先办理征地手续，运输部门优先装运，简化引进外资报批手续和程序，凡投资在100万美元以下（含100万美元），由市计委会同市经委、市外经贸委研究审批，100万美元以上项目，由市计委、市经委、市外经贸委审查后，由市计委报省计委审批。

1992年开始，外商在农业、林业、交通、能源、高新技术等重点项目投资分利后再投资的项目以及急需上的其他项目，实施“政策跟项目走”办法，让外商先得利、得大利，按外商实际出资额提高10%～20%比例分享利润。中方以固定资产投资的，国有资产经评估后，可按评估价低于10%～20%计入。放宽外商投资企业的经营范围，允许外商投资企业进行土地成片开发、城市商业服务、旅游等行业的经营。外商投资企业可免征电力增容费。合资、合作企业可适当减免电力增容费。外商投资企业所获得外汇，可自主使用。所需资金，有关银行优先解决，可向社会发行债券等筹措资金，也可直接向国际金融市场借款，简化审批手续。外商独资项目，集体企业、乡镇企业举办外商投资企业项目，投资在50万美元以下的，由县（市）区审批项目建议书（代可行性报告）。市外经贸委核发批准证书，市工商行政管理局据此核发营业执照。

1996年，市政府决定成立市招商合作局。授权招商合作局对外商投资项目实行一个窗口对外，一条龙服务。市级审批权限内的外商投资项目实行一站式审批。投资者或项目承担单位按有关规定做好前期准备，备齐资料、向招商局申报填写《外商投资项目申请表》，由招商局组织有关单位联合办公，研究协调项目情况，一次性领取外商投资企业批准证书和相关文件。投资总额在100万美元以下的可一并编制，一次申报审批。在项目审批时工商、税务、外汇、商检、海关、财政、国有资产管理等部门定期在招商局内联合办公，负责本部门的业务咨询，文件预审，指导投资者尽快办理注册、登记手续。同年，市政府为进一步鼓励外商投资，制定若干规定。由单纯制订税费方面的优惠，向享受“国民待遇”方面优惠。规定：允许和支持外商来境域进行现金、实物、专有技术、土地成片开发、企业租赁、转让等形式的投资。鼓励外资兴办技术密集型的开发性农业、林业、牧业和能源交通、港口建设等基础设施项目。鼓励外商投资者承租、承包、兼并企业产权。参与企业整体产权转让的，转让价优惠30%。外商兴办开发性农业、牧业及养殖业，免缴土地使用费15年。兴办开发性林业企业，免缴土地使用费20~30年。成片开发荒坡、荒滩、废弃水域，免缴土地使用费30年。外商兴办企业实际需要用地，其应缴纳的土地出让金视不同产业，并与同类标准地价减免30%~50%的优惠。外商投资建设项目，各种行政性和事业性收费（除国家另有规定外）减免30%~50%。兴建商业性市场从事经营的，市场管理费从开始经营时间起3年按营业额0.5%收取。不向外商投资企业进行任何摊派，不收取除法律、法规规定以外的任何费用，并实行收费卡制度。对效益好、信誉高的外商投资企业挂牌执行行政保护。对招商引资中引进项目成功者,按该项目实际到位资金1%(房地产项目按0.5%)一次性发放奖金。港澳同胞、台湾同胞、海外侨胞投资者投资一定数额的,其农村亲属可安排到城镇落户,一般为投资50万美元的安排1人,投资100万美元的安排2人,100万美元以上的安排3人。

1997年,市政府制定《关于进一步加快对外经济贸易工作的通知》,规定:行政执法机关未经市政府同意,司法机关未与市政府商定,不得对外来投资企业进行检查和审计,不得随意查案和抓人,不得干预外来投资者的正常生活。尊重境外客商的生活习惯,对外商居住和活动集中的宾馆、酒店和娱乐场,由湘潭市公安局"三资企业保卫工作管理办公室"负责管理,其他部门不得干预。凡涉及外商投资企业的经济和其他纠纷的投诉,由外商投诉协调中心受理,会同有关部门先协调后裁决,按合同约定需要仲裁的由仲裁机构受理。经济、民事诉讼由中级人民法院涉外庭受理。为引入激励机制,确保外商引进任务完成,市人民政府对招商引资实行目标责任管理。目标责任人分别为市委、市人大、市政府、市政协、湘潭军分区在职领导干部、县(市)区在职党政主要负责人,高新区管委人主要负责人;市直部、办、委、局主要负责人;大中型企业主要负责人。分别完成300万元、200万元、100万元目标任务。作为责任人年终考核政绩,评先创优和干部升降任命依据之一,视到位资金情况给予适当奖励:完成100%任务,按实际到位资金1%计发奖金,完成50%~99%之间,按实际到位资金0.5%计发奖金。

1998年开始,市政府规定:外商投资项目审批采用"一家代办式"办法,在收到投资单位齐全的文件资料之日起15天内完成项目审批手续。并明确外来投资者在境域兴办企业,不收取法律、法规规定以外的任何费用。对外资企业的税费收取采取先征后退办法给予增值税优惠政策,即:凡当年实缴增值税在500~1000万人民币的返还地方留成部分30%,实缴1000~3000万元人民币的返还地方留成部分的40%,3000万元人民币以上的,返还地方留成部分50%。经批准,外商投资兴办教育、环保、医疗、卫生等社会公益事业项目,免收土地使用费。

2000年以后,境域招商引资形成政府推动、企业主动、部门联动的格局。以引资鼓励机制、部门责任机制、企业激励机制为保障,形成较强的招商合力。在招商引资战略上,注重软、硬环境的优化,以工业园区建设和国有企业外资嫁接改造为重点,创造外资引进的良好氛围。2003年6月,市政府提出加强"高新科技园""新材料基地工业园""大学科技园""湘潭天易生态工业园""湘乡市皮革工业园""雨湖先锋工业园""岳塘区双马工业园"建设,8月宣布设立昭山、九华经济区(昭山经济开发区为易家湾镇与昭山乡所辖范围;九华经济开发区为湘潭县响水乡所辖范围)。2004年2月,市政府同意在原高新科技工业园范围内设立"湘潭(德国)工业园,总面积5288亩,园区基础设施投资3.5亿元,三通一平1950多亩,作为境域从德国引进资金、技术基地。"

2004年5月,市政府制定《湘潭市关于引进外来资金的奖励办法》。该办法规定:凡经投资方确认的,最终促成投资的直接介绍人均为本办法的奖励对象,奖励对象既可以是自然人,也可以是法人,自然人不受身份和职务限制,法人不受单位性质限制。投入农业项目100万元人民币以上,投入工业及其他项目200万元人民币以上按下列标准奖励:引进外来投资参与市属国有企业改制,或投入高新技术的资金按实际到位的1%计算奖金;引进外来投资投入基础设施、教育、卫生、文化、体育事业按实际到位资金的8%计算奖金;引进外来资金投入房地产原有外来投资企业增资扩股,按增资扩股所在行业的奖励标准,以实际增资扩股额为基数计算奖金,奖金总额60%奖励给投资者,

40%奖励给有贡献职能部门；争取到国内外各类组织无偿投入的，按实际到位资金提取 2%作为工作经费，其中 40%奖励有功人员。至 2005 年，市人民政府分别奖励引进新奥燃气公司、香港中环水务有限公司、中荣大厦商业广场项目有功人员康庆浩、刘炜凡、石声铭等 100 万元、80.17 万元和 5 万元的奖励，奖励所属县、市、区，高新技术开发区管委会、昭山旅游经贸开发区管委会、九华经济区管委会、湘潭市经委、交通局、城管局共计 21.9 万元。奖励支持和帮助外资企业发展的先进单位有湘潭市监察局、国税局、质量技术监督局、中级人民法院。境域自实行招商引资以来，市政府先后出台各项政策措施近 50 余条项，尤以奖励招商引资中介人，建立工业园区对促进境域加快招商引资步伐比较明显。其中，“德园工业园区”在全省影响比较大。

第二节　引资方式与成果

境域外资引进以经贸洽谈、经贸考察、举办境域外商品交易会、参加境外招商活动、聘请海外投资顾问和招商代表、开展网上招商、建立开发园区、打造招商引资平台为主要形式。

1986~1989 年，市人民政府先后批准境域注册湘潭富豪制冷设备维修公司，湘潭翔鹏精细化工有限公司等 11 家港澳台资企业。外商共投入资金 526 万美元，外商投资企业开始在境域经济发展中扮演重要角色。

1990 年，市人民政府组织经贸代表团开始在香港、泰国、越南等地举办经贸洽谈活动，是年，全市直接利用外资 126.7 万美元。

1992 年开始，湘潭市人民政府组织境外经贸考察、洽谈和商品交易会积极引进外资，在境域利用节日、纪念日举办会展进行商品交易，邀请境外客商考察，洽谈合资项目。当年 7 月在香港举行对外经贸洽谈会，共签订外经合同 11 个。9 月参加湖南省出口商品展销暨经贸洽谈会，签订利用外资合同 19 项。10 月，在境域举办重九联谊暨经贸洽谈会。11 月举办湘潭(深圳)商品展销订货暨经贸洽谈会。全年直接利用外资总额达 909 万美元。其中，湘潭市塑料四厂与香港全球国际企业公司合资成立湖南汇利聚酯片有限公司，利用外资 373.9 万美元；湖南电线电缆集团公司与美国科洋国际贸易公司合资成立湘潭九洲特种线材有限公司，利用外资 90.3 万美元；湘潭大酒店与香港耀昇投资贸易公司合资经营湘潭华星大酒店，利用外资 150 万美元。

1993 年，先后举办泰国、香港经贸洽谈会，参加深圳国有合作商业招商会、湖南省第四届湘交会，举办湘潭市纪念毛泽东诞辰 100 周年文艺会演暨经贸洽谈会等活动，宣传和扩大湘潭的影响，提高湘潭的知名度。全年共签订合同、协议 126 个，实际直接利用外资 1560 万美元，比上年增长 71.6%。外商投资来源呈多元化，该年来湘潭投资的国家和地区达 10 个，其中港澳台地区占 85%，美国、日本、泰国、新加坡等国投资占 15%。外资投向一、二、三产业全面拓展，分别占 3.3%、59.7%和 37%，向符合产业结构调整要求转变。外资引进项目分布在全市各县(市)区和高新技术开发区、经济开发区，填补县(市)区无外商投资的空白。外资引进对象既有国营、集体企业，又有个体私营企业，引资形式既有合资、合作型，又有租赁、独资型。

1996 年开始，市政府奖励引进外资人员，决定成立市招商合作局，实行“一家代办式”审批。精心挑选项目实行网上招商，并在境外聘请海外投资顾问和招商代表。组团参加湖南省在香港举办的经贸洽谈会和商品交易会，在越南胡志明市举办国际博览会，在澳门举办，湘潭（澳门）经贸洽谈会。在境域举办湘潭市秋季商品交易会等招商引资活动。是年，直接利用外资 3306 万美元，比 1993 年增长 111.9%。其中，湘潭陈氏精密化学有限公司，引进新加坡鹏程私人投资有限公司，独资生产精细化工染料，利用外资 60 万美元；市经济投资开发总公司与香港华务实业有限公司合资成立湘潭华凯出租汽车有限公司，利用外资 57.8 万美元；市染料化工总厂与泰国泰亿裕有限公司合资成立湘潭聚宝染料厂，利用外资 192.6 万美元。

1998 年，市招商局精心挑选一批重点项目进入互联网招商引资。通过聘请的海外投资顾问和招商代表，引进境外跨国公司资金。德国梅塞尔与湘潭钢铁公司合资成立湖南湘钢—梅塞尔气体有限公司。瑞士汽巴公司与湘潭市化工研究院合资成立湘潭市颜料化学有限公司，签订丝绸路开发项目，总投资 6075 万美元，标志着引进外资投向工业和基础设施项目比重在提高。是年，全市引进外资 4644 万美元，比 1996 年增长 41.1%。

2000 年后，境域着力打造招商引资园区，建立外资引进平台，引进战略投资伙伴，大型外商投资工业项目落户境域。继境域高新技术开发区后，先后兴建易俗河经济开发区、湘乡市工业园区、岳塘区双马工业园、韶山市工业园、雨湖区先锋工业园等 5 个工业园区。园区实际开发面积达 27.07 平方千米。2001 年新批外商投资项目 15 个，其中工业项目 11 个，实际到位外资 4050 万美元。2003 年，外商直接投资产业结构优化，全年实际利用外资 11116 万美元，比 2001 年增长 174.5%。2004~2005 年，在德国柏林举办中德高新技术对话论坛和“中德（湘潭）企业合作大会”，德国 AR 公司与江南机器实业有限公司等企业合资生产汽车三元净化器签约，国家科技部批准湘潭（德国）工业园为国际科技合作示范基地和国家机电一体化特色产业基地园区。意大利 SCS 汽车研发中心落户九华经济区。2005 年，全市直接利用外资达 1.56 亿美元，比 2003 年增长 40.3%。

1986~2005 年湘潭市直接利用外资情况

表 30-1-1　　单位：万美元

年份	直接利用外资	年份	直接利用外资	年份	直接利用外资	年份	直接利用外资
1986	40	1991	599.7	1996	3306	2001	4050
1987	200	1992	909	1997	4028.96	2002	6015
1988	80	1993	1560	1998	4644	2003	11116
1989	125	1994	1780	1999	4211	2004	14070
1990	126.7	1995	2800	2000	3552	2005	15600

1997~2005年湘潭市工业招商引资项目基本情况

表30–1–2　　　　单位:万元

引入方	合作方	合作形式	时间	已投入资金	说明
湘潭市肉联厂	山东金锣食品制品公司	整体收购	1997年	10000	—
湘潭市色织染整厂	湖南万事达集团有限公司	整体收购	1998年	2600	—
湘潭市钢铁集团公司	德国梅塞尔格里斯海姆中国控股有限公司	合资(外方55%)	1998年	990万美元	—
华莹精细化工有限公司	瑞士汽巴精化有限公司	合资(外方49%)	1998年	296万美元	—
原湘纺	湖南东信棉业实业有限公司	租赁	1998年	12000	—
湘潭县天易工业园	振云塑胶	独资	1998年	6000	—
湘乡啤酒厂	北京燕京啤酒集团公司(上市公司)	收购90%股权	1999年	8000	—
韶山市	港越食品有限公司	香港独资	2000年	4000	—
湘潭市化纤厂	香港恒通(中国)有限公司	整体收购	2001年	7800	—
湖南省建筑陶瓷总公司	重庆四维瓷业有限公司(上市公司)	整体收购	2001年	3200	
湘潭锰矿	香港佳力资源公司	租赁部分高炉	2001年	3440	—
江南机器(集团)公司	浙江吉利汽车制造有限公司	合资	2002年	10000	—
湘潭市龙牌酱油公司	邵东	整体收购	2002年	1000	—
湘潭县红燕化工有限公司	上海京华化工有限公司	合资	2002年	1280	—
湘潭中间试验所	北京瑞泰高温材料科技股份有限公司(准上市)	属下分公司	2002年	筹集股金	—
韶山动物药业有限公司	北京大北农动物药业有限公司	整体收购	2003年	3800	—
湘潭市煤气公司	新奥燃气控股有限公司	收购85%资产	2003年	15000	—
湘潭市染料化工总厂	湖南科源科技实业有限公司	合资合作	2003年	2160	—
湘潭市二纺厂	湖南东信棉业实业有限公司	整体收购	2003年	5400	—
湘潭金峰锅炉有限公司	香港恒通(中国)有限公司	合资(外方68%)	2003年	4800	—
湘乡水泥制造公司	湖南建五公司	整体收购	2003年	2400	—

续表

引入方	合作方	合作形式	时 间	已投入资金	说明
湘潭九华经济开发区	吉利汽车制造公司李胥兵	独资生产中高档轿车	2003 年	61320	尚未投产
湘潭电厂	北京大唐电力有限公司	资产划拨属下分公司	2003 年	20000	—
湘潭电机股份有限公司	日本东洋株式会社	合资（双方各占 50%）	2003 年	500	—
湘潭电缆厂	湘潭华菱线缆股份有限公司	整体收购	2004 年	13500	—
香港工业园	香港恒通（中国）有限公司	独资	2004 年	118700	购置土地 500 亩
湖南金迪化纤责任有限公司	福建升汇投资集团公司	承债式收购	2004 年	11000	—
湘潭市飞鸽药业	湖南富兴集团公司	承债式收购	2004 年	4540	—
湘潭市自来水公司	中环水务有限公司	收购 70%资产	2004 年	14000	—
韶峰水泥厂	中国建筑材料集团公司	资产划拨战略联盟	2004 年	6000	—
江南机器（集团）公司 国润招商投资有限公司 聚容高科有限公司	德国 AR 机械制造有限公司、GRIMM 焊接技术有限公司	合资合作生产汽车三元净化	2004 年	一期投入 3000 万元	尚未投产
湘潭船厂	新加坡翔鹏船舶制造有限公司	整体收购	2004 年	765	—
湘潭市冶金化工厂	上海惠天园投资有限公司	整体收购	2004 年	493	—
湘潭市合成化工厂	合力焦化有限公司	整体收购	2004 年	4000	—
湖南五菱机械公司	德国 HIRO 电气有限公司	合资合作生产无机房电梯	2004 年	9273.97	尚未投产
湘潭建材钢铁厂	贵州天成高科技有限公司	整体收购红旗厂区	2005 年	1350	尚未投产
江麓机械集团公司	首钢香港首长佳宝集团有限公司	民品（工程机械及建筑机械合资）（外方 60%）	2005 年	1800 万美元	尚未投产
湘潭市汽车配件厂 华美曲轴公司	湖北广水鼎盛冶炼公司	整体收购	2005 年	2000	—
湖南四维洁具有限公司	美国沃坤公司	合资生产高档洁具	2005 年	720	—

合计到位资金 253946 万元

其中：市外资金 186043 万元　境外资金 67903 万元

第三节 外资企业

1985年2月和11月，境域先后批准注册成立湘潭潭港汽车维修中心和湘潭环球大理石有限公司，是最早的两家外资企业。

1986年2月批准注册成立湘潭富豪制冷设备维修公司。1987年批准注册成立湘潭振强仓储器材有限公司、湘潭麓港化学有限公司。1988批准注册成立湘潭丰润塑料制品有限公司、湘潭潭远皮革制品有限公司、湘潭四水花岗有限公司、湘潭翔鹏精细化工有限公司。1989年批准注册成立慈光幼儿园。1990年批准注册成立湘潭会群塑料有限公司、湘美纺织印染有限公司。是年末，全市共12家外资企业，共计注册资金1850万元，从业人员1150人。外资企业生产总值达5904万元，出口创汇167.5万美元，上缴税金510万元。此时，已有的外资企业均属于小型企业，其中湘潭翔鹏精细化工有限公司生产的分散红、分散黑染料年产量达1000吨，是时为中南地区的最大生产厂家。

1992年，外资开始涉及境域房地产开发、旧城改造、娱乐场所、酒店和餐饮业。生产的产品有食品机械、特殊钢材、化纤材料及太空材料等高新技术产品。是年，全市外资企业达52家，共计注册资金6850万元，从业人员3100人。外资企业生产总值达10213万元，出口创汇598万美元，上缴税金868万元，分别比1990年增长333%、270%、169%、73%、257%、70.2%。已有的外资企业中，中型企业17家，小型企业35家。其中澳门客商投资成立中澳房地产开发公司和香港客商投资参与河西地区九汇沟旧城改造，成为境域首批进行房地产开发的外资企业。

1995年，市政府出台招商引资优惠政策，对外经贸交往日益频繁。是年，全市外资企业达174家，共计注册资金达26100万元，从业人员5800人。外资企业生产总值达95000万元、出口创汇2300万美元，上缴税金2510万元。分别比1992年增长235%、281%、87%、830%、284%、189%。已有的外资企业中中型企业35家，小型企业139家。其中翔鹏精细化工有限公司、恒生洁具制品有限公司、三星纺织印染有限公司被评为湖南省外资企业出口产品创汇和高利税“双优企业”。仅恒生洁具制品有限公司出口创汇250万美元，上缴税金350万元。金太华电子有限公司、大阳电磁有限公司、登升鞋业有限公司被评为出口创汇先进企业。其中，大阳电磁有限公司出口创汇300万美元。

1998年，市政府加大招商引资工作力度，开始与国际知名企业进行经贸洽谈合作，德国梅塞尔公司和瑞士汽巴公司落户湘潭。境域企业开始以技术、厂房设备、土地作价入股，外方以现金入股组建中外合资企业，外资企业规模扩大。是年，全市外资企业达207家，共计注册资金32700万元，从业人员6050人，外资企业生产总值达128500万元，出口创汇2850万美元，上缴税金3120万元，分别比1995年增长19%、25.3%、4.3%、35.3%、24%、24.3%。已有的外资企业中，大型企业5家，中型企业52家，小型企业150家，其中，湖南湘钢—梅塞尔气体有限公司成为全省最大气体生产企业。

2000年，市政府开发建设工业园区，构筑招商引资工作平台，国际跨国公司和境外投资集团参与境域工业和城市基础设施建设。外资企业呈现规模大、实力强的态势。是年，全市外资企业达318家，共计注册资金45780万元，从业人员7510人，外资企业生产总值达185700万元，出口创汇3450万美元，上缴税金6450万元，分别比1998年增长53.6%、40%、24%、44.5%、21%、106.7%。已有的外资企业大型企业15家，中型企业68家，小型企业235家，其中，新奥燃气公司投资2950万美元、越通路桥发展有限公司投资2531万美元,参与境域城市煤气和桥梁建设,在全省处于领先地位。

2002年,境域基础设施和基础产业成为外商投资的热点,外商投资技术密集型企业增加,部分娱乐、酒店、服务业、一般加工贸易企业减少。是年,全市外资企业188家,共计注册资金54650万元,从业人员5420人;外资企业生产总值212300万元,出口创汇4220万美元,上缴税金10380万元,分别比2000年减少41%、增加19.3%、减少27.9%、增加22.3%、增加61%,已有外资企业中,大型企业22家,中型企业89家,小型企业77家。其中,香港中环水务有限公司投资1400万美元,整体收购湘潭市自来水公司,成为全省首家经营城市自来水的外资企业。德国梅塞尔公司投资2998万美元,参与湘潭钢铁公司技术改造,成为全省与德国企业合作最好的企业。

2005年,境域外资企业受市场竞争的淘汰和国家产业结构调整的影响。是年,全市实际运行的外资企业108家,共计注册资金87270万元,从业人员3250人,外资企业生产总值422600万元,出口创汇5680万美元,上缴税金15300万元,分别比2002年减少42%、增加59.6%、减少42%、增加99%、34.6%、47.4%。已有的外资企业中,外商独资企业41家,中外合资企业44家,中外合作企业23家。其中:大型企业22家,中型企业45家,小型企业41家。

第四节　外资企业管理

1986年开始,外资企业在境域设立,须经市政府对外经济贸易行政主管部门批准,主要是对其资信审核,并对与境域合资、合作企业的合同、章程进行批复。由市工商行政管理局发给批准文件和证书。是年,由市工商行政管理局发出3家外资企业成立证书。

1995年开始,贯彻执行国家对外经济贸易合作的规定,由市对外经济贸易委员会对境域外资企业行使如下管理内容:检查外资企业出资者的出资,对未按法律规定和企业合同、章程的约定如期缴资的,发出催缴通知书催缴,催缴仍不缴资的给予处罚,直至撤销批准证书;检查外商投资企业依法经营情况;审批外商投资企业修改合同、章程,包括变更名称和法定地址,调整注册资本,投资者股权转让,扩大经营范围,设立经营性分支机构;产品出口企业和先进技术企业的外商投资企业的确认和考核;对外商投资企业出口管理;外商投资企业的统计工作;了解和帮助解决外商投资企业经营中的困难和问题,各有关部门对企业提供好的综合性服务,对外资企业的投诉,及时移送有关部门处理解决,依法公正解决投资各方之间的矛盾和纠纷。是年,市对外经济贸易委员会同工商、国土、公安等部门帮助外资企业处理投诉,并解决问题十余起。其中:大韩民国崔基林先生投资50万美元设立湘潭第一宝石加工有限公司,企业落户雨湖区长城乡羊牯塘境域,市对外经济贸易委员会会同国土、电力部门协调处理与当地村民纠纷,解决企业用电问题,确保企业成功落户。澳门美丽华进出口公司投资55万美元成立万建林(湘潭)锌品发展有限公司,进行氧化锌深加工项目,协助办理土地征收手续等开业前期准备,促成该企业顺利开业。

1996年5月,市政府规定并授权外商投资企业划归市招商合作局归口管理,属于市级审核权限内外商直接投资项目,由市招商合作局一个窗口管理,联合办公。为规范外商投资企业税外费管理,市人民政府要求按照“转变观念、打破常规、严肃纪律、建立制度”的原则,对不合理的收费项目予以撤销,涉及国土、城建、电力、人防、邮电、环保、卫生、公安、劳动、教育、交通、工商、文化等部门的行政事业性收费和经营服务性收费和经营服务性收费的费赋水平下降30%。对确属不合理或与促进外资企业发展不相适应的,明令宣布撤销,收费标准偏高降至合理水平,重复收费的予以调整。同年,市物价局、市财政局、市监察局、市招商合作局联合印制外资企业收费监督卡,实行收费许可证制度和收费年审制度。市财政局依据国家财政部的规定,要求境域的中外合资、合作企业、独资企业均到该局对外经济贸易科办理财政登记,制订内部财务管理制度、规范会计工作程序。湘潭市国土局依据省财政厅、省国土测绘管理局的规定,外商投资企业的土地开发和土地使用费为每平方米2~20元。由市国土局代收。市国有资产管理局、市财政局、市计划委员会、市工商行政管理局、市招商局依据《湖南省中外合资、合作经营企业中国有资产管理办法》的规定,凡拟用国有资产(固定资产、流动资产、无形资产及其他资产)开办中外合资、合作经营企业的中方投资者,必须向国有资产管理局提出国有资产出资的申请,经审查同意后,方可签订协议或意向书。是年,对全市174家外资企业均发放收费监督卡。

1998年开始,市政府决定对外资企业各项行政事业性收费实行收费卡制,即各收费部门必须出示《收费许可证》《收费员资格证》,方可收费,并据实在《收费登记卡》上登记收费情况。外资企业如有不服可向市对外经济贸易委员会投诉。是年,市招商合作局会同工商、公安、国土、财政等部门协助外资企业处理投诉12起。

2000年以后,境域外资企业规模扩大,质量提高,对外资企业管理采用三种形式:联合年检,由市对外经济贸易委员会(招商局)、市商务局(招商局)汇同工商、税务、财政等部门联合检查外资企业的投资、生产、经营、上缴税收、从业人员以及筹建、开工情况,及时掌握外资企业的停业、运行、注销变化;受理外资企业投诉,对进入司法程序的案件,先行介入,先行协调,杜绝司法不公和“人情”官司;考核上报外资企业中的出口企业和先进技术企业。

2005年境域外资企业仍采用由市商务局(招商合作局)会同工商、税务、财政等部门对外资企业进行联合年检,检查结果:全市外商独资企业41家,合资企业44家,合作企业23家,上报湖南湘钢梅塞尔气体产品有限公司、湖南湘钢华光线材有限公司评为全省外资企业先进技术企业。

第二章　对外贸易

1986年,境域对外贸易以出口商品收购为主。是年,全市出口商品收购总值11194万元,比1985年的7165万元,增长56.2%。1990年,出口商品收购总值达17277万元。

1991年,境域专业外贸公司开始实行自主经营、自负盈亏机制。是年,全市出口创汇1465.78万美元。

1992年,全市专业外贸公司实行“一业为主,多种经营”,并在沿海地区设立经贸“窗口”。湘潭电机厂、江麓机械厂获自营进出口权。全市开始形成专业外贸公司、工贸公司、自营出口企业多层次、多渠道的进出口经营网络。是年,全市完成出口创汇2093万美元。

1995年,全市完成出口创汇6429万美元,比1992年增长207%;完成进口贸易超千万美元,进口总值1766万美元。此后,由于开拓对欧美、中东出口市场,湘潭钢铁公司、湘乡铝厂、湖南铁合金厂、湘潭电化集团等大型企业的出口产品优势以及湖南迅达集团、湘潭伟鸿食品有限公司等民营企业出口产品潜力增大。

2000年,全市已有83家企业取得自营进出口权。是年,完成出口创汇7780万美元,完成进口总值6268万美元,分别比1995年增长21%和254.9%。

2002年,随着经济形势好转,出口产品结构日趋合理,出口市场呈多元化,加之国营大型企业原材料进口和先进设备的引进,进口总额增长较快。是年,全市完成出口创汇10577万美元,进口总值10500万美元,分别比2000年增长36%和67.5%。

2005年,面对国家宏观政策调整、人民币升值以及不断增加贸易摩擦给进出口企业带来影响,全市进出口企业加强产品售后服务,组织产品到境外参展,境域对外贸易仍稳步增长。是年,全市完成出口创汇4.22亿美元,完成进口总值2.4572亿美元,分别比2002年增长299%和134%。到年末,全市对外贸易依存度达17%。

第一节 出口贸易

1986年,全市专业外贸公司加强对工业产品收购工作,工业产品收购总额7580万元。其中:轻工产品221万元,纺织品1648万元,化工医药3893万元,五金矿产品1808万元,机械产品10万元。增加农产品收购品种,收购活大猪68881头,茶叶933吨,湘莲1367吨,大米6256吨,酱油156吨,收购总值达3193万元。是年,全市出口商品收购总值达11194万元,比1985年增长56.2%,主要出口市场为香港、澳门、日本、新加坡、美国和独联体国家。

1987~1990年,按国家外贸体制政策,市、县外贸公司与上级外贸公司脱钩,成为一般流通企业。湘潭电机厂、江麓机械厂等一批生产企业获准直接自营进出口业务。境域一些具有出口创汇能力三资企业参与进出口业务,市政府制定鼓励企业出口创汇优惠政策,明确规定企业凡多提供1美元货源,财政奖励0.5元人民币。对出口创汇作出显著成绩单位和个人,政府给予表彰奖励。出口企业所获得留成外汇在政策允许的范围内可自主使用。三资企业生产出口产品,当年达到总产值的70%以上的,经批准可放宽减免所得税照顾。市政府外贸主管部门在原材料、资金、电力、运输等方面为出口企业解决困难,提供70万元低息和贴息贷款。为扶植牲猪出口,提供精饲料5100吨,玉米3998吨,小麦1990吨,鱼粉2380吨,尿素1390吨,贝壳粉60吨。建成出口瘦肉型猪良种繁殖场2个,出口猪场16个,重点户、专业户6000余户。湘莲种植面积3万余亩,茶园面积4万余亩。全市出口工业产品的生产专厂、专业车间和专门提供出口货源单位达120多个,为出口贸易奠定稳定货源基础。1990年,全市出口商品品种发展到14类150种。出口商品收购总值达17277万元,比1986年增长54.3%。其中:农产品收购总值3186万元,占总额的18.4%,比1986年下降10.1个百分点。工业产品收购总值13699万元,占总额的79.3%,比1986年上升11.6个百分点。

1992~1994年,境域外贸企业深化改革,围绕"大经贸、大流通、大市场"的目标,在广州、深圳、海口、惠州等地设立经贸"窗口"。拓展越南、独联体国家、埃及等出口市场。市政府决定,用好用活对外贸易进出口权。全市工商企业采用挂靠市外经贸公司的办法,扩大企业进出口权。湘潭钢铁厂、湘潭纺织印染厂、湖南铁合金厂、市化工医药集团公司、湘潭电线电缆集团公司、江南机器厂、湘乡铝厂、市纺织集团公司等大中型国营企业先后获自营进出口权。中外合资翔鹏精细化工有限公司等12家外商投资企业在境域落户，成为出口创汇新渠道。1994年，全市出口创汇达4666万美元。其中：粮油食品收购5272万元，农副土畜产品收购1027万元。轻工产品1128万元，化工医药10211万元、机械产品8422万元、五金矿产9365万元，成为境域主要出口商品。湘潭电机厂出口电机车5台、五马力电机2400台，江麓机械厂出口缝纫机2228台、电梯2624台、单车5000辆。湘潭纺织印染厂、湘潭电缆厂、湖南铁合金厂、湘乡铝厂出口创汇分别达228万美元、43万美元、27万美元、50万美元。大中型企业开始成为出口创汇主力军。

1996年，境域国营大中型企业出口创汇的骨干品种比较稳定。纺织品、化工产品、电线电缆、工程机械、铁合金成为大宗出口产品。全市出口商品发展到180多个。出口销往日本、美国、荷兰等60多个国家和地区。是年，全市出口创汇达7396万美元，比1994年增长58.5%。

1998年，全市出口商品结构进一步调整，主要抓住化工产品和五金产品这两个拳头产品出口。是时，境域湘莲、金属铬、建筑塔吊、立德粉、电解金属锰、硅锰合金、矿山机械、电磁裸铜线等一批商品在国际市场享有声誉。在出口市场上积极开拓北美、大洋洲和北非市场。是年，全市出口创汇达8642万美元，比1996年增长16.8%。

1999年，由于境域出口企业缺乏新增长点，出口商品结构调整乏力，新开发的出口产品不多，档次不高，高新技术产品更是凤毛麟角。传统的资源性初级产品出口价格普遍下降，出口市场上欧洲和美洲市场开拓力度不够。是年，全市出口创汇大幅度下降。全年只完成出口创汇4023万美元，比1998年下降53.5%。

2001年，全市自营进出口企业达83家，国营大中型企业加快出口产品创新开发，产品优势明显。湘潭钢铁公司钢材成为主要出口产品。湖南迅达集团公司、湘潭伟鸿食品有限公司、韶山三旺食品有限公司等经营企业的产品出口潜力发挥出来。是年，全市出口创汇回升到7081万美元，比1999年增长76%。其中：湖南迅达集团公司成为全国最大的燃气灶出口企业。

2003年，全市国营大中型企业和民营企业出口商品规模扩大。钢材、纺织品服装、鲜冻猪肉、出口创汇超过千万美元。是年，全市出口创汇达17732万美元，比2001年增长150.4%。其中，钢材出口创汇7785万美元，纺织品服装出口创汇1083万美元，鲜冻猪肉出口创汇1050万美元。

2005年，全市国营大中型企业继续发挥出口创汇主力军作用。集体企业、外资企业和民营企业积极参与出口创汇竞争，形成不同形式和不同所有制企业共同发掘对外经济贸易的局面。是年，全市出口创汇达42200万美元，主要出口比2003年增长138%。其中：钢材出口创汇21636万美元，合成有机染料及化工产品出口创汇5460万美元，纺织品服装出口创汇1694万美元，鲜冻猪肉出口创汇2819万美元。主要出口到印度、印度尼西亚、日本、马来西亚、韩国、越南、哈萨克斯坦、埃及、南非、比利时、奥地利、挪威、英国、德国、意大利、墨西哥、巴西、美国、澳大利亚等97个国家和香港、澳门、台湾地区。全市对外贸易依存度达17.7%，出口创汇对全市GDP贡献率达25.4%。

1991~2005 年湘潭市出口贸易情况

表 30-2-1　　　　单位:万美元

年份	出口总额	年份	出口总额	年份	出口总额
1991 年	1465.78	1996 年	7396	2001 年	7081
1992 年	2093	1997 年	8500	2002 年	10577
1993 年	2802	1998 年	8642	2003 年	17732
1994 年	4666	1999 年	4023	2004 年	42436
1995 年	6429	2000 年	7780	2005 年	42200

第二节　进口贸易

1986 年,随着境域对外贸易的深入发展和出口商品基地建设的需求,开始使用国家外汇进口设备和急需原材料。是年,全市进口总额 99.84 万美元。其中:进口尿素 28705 吨、钢材 4223 吨、汽车 116 辆、国外松种子 1958 千克、湘潭电器厂所需的铝箱原料 10 吨。此后,境域进口贸易仍以进口原材料和急需的农业生产资料为主。1990 年,全市进口贸易总额达 102 万美元。

1991 年,由于国际交往日益增多,加之成立中国国际贸易促进会湘潭支会,进口贸易有所增长。是年,全市进口贸易 110 万美元。其中,湘潭市塑料七厂订购 5 台由上海引进瑞士技术生产的包装袋圈带、吊带无梭织带机。

1995 年,境域改革开放步伐进一步加快,对外经济贸易活动日益增多,国营大中型企业技术改造项目和先进技术、设备引进,对提高企业经济效益起到十分重要的作用。是年,全市进口贸易开始超过千万美元,实际完成进口贸易总额 1766 万美元,比 1991 年增加 15 倍。

1996 ~ 1998 年,随着国家市场经济体系的逐步完善,境域国营大中型企业为适应市场竞争的需要,加大对企业技术改造和先进设备的引进,这 3 年,全市进口贸易分别达到 3469 万美元、4943 万美元和 5368 万美元。其中,湘潭钢铁公司引进先进设备进口 2803 万美元、湖南铁合金厂原材料和设备进口 1073 万美元,湖南韶峰水泥集团 1 号窑场地技术改造引进先进设备 1080 万美元、湘潭金迪化纤公司引进聚酯切片工程设备 1510 万美元。湘潭电信局利用法国政府混合贷款 5540 万法郎,引进法国教学程控交换系统。

2001 年,全市国营大中型企业为提高企业自身经济效益,继续加快原材料进口,尤其是湘潭钢铁公司、湖南铁合金厂、湘潭金迪化纤有限公司的原料进口呈增长态势。是年,全市完成进口贸易总值 11193 万美元,比 1998 年增长 108.5%。

2003 年,境域国营大中型企业在经济发展和财政收入中地位和作用越来越明显,国营大中型企业为加快发展步伐,增加经济效益,在原材料进口基础上新增先进设备的进口。是年,全市进口贸易总额 12960 万美元,比 2001 年增长 15.8%。其中,湘潭钢铁公司新增设备进口 1000 万美元,湘潭金迪化纤有限公司进口聚酯切片 3950 万美元,湘潭伟鸿食品有限公司和湘潭市环卫处分别从荷兰和捷克引进政府资金建立污水处理和垃圾处理项目 385 万美元。

2005年,全市进口贸易仍以国营大中型企业的原材料和先进设备进口为主。企业以经济效益为核心,提高企业在市场中的竞争力。进口贸易呈翻番态势。是年,全市进口贸易达24572万美元,比2003年增长89.6%。

1986~2005年部分年份湘潭市进口贸易情况

表30-2-2　　单位:万美元

年份	进口总值	年份	进口总值	年份	进口总值
1986年	99.84	1996年	3469	2001年	11193
1990年	102	1997年	4943	2002年	10500
1991年	110	1998年	5368	2003年	12960
1994年	147.2	1999年	5289	2004年	25041
1995年	1766	2000年	6268	2005年	24572

第三章　劳务与资本输出

第一节　对外劳务输出

1986~1990年,境域劳务输出以派往驻外大使馆厨师为主,并有派往非洲国家莱索托、塞拉利昂的农业技术人员,共派出劳务人员92人。

1991年,开始由境域外经贸系统统一选派出国劳务人员。是年,派出劳务输出人员35人。主要派往马里、几内亚、越南从事服务员、缝纫工,派往德国、澳门、香港从事厨师工作。1993年,全市劳务输出21人,分别派往美国、德国、日本、泰国、新加坡、科威特。1994年,劳务输出人员38人,主要从事产品推销,业务考察和技术培训。1995年,境域劳务输出派往五大洲20多个国家和地区进行贸易洽谈,业务考察和产品推销技术培训,劳务输出人员41人。

1996年,市对外经济贸易委员会选派出国(境)团组53个,共177人次,前往22个国家和地区进行贸易洽谈、技术培训和产品售后服务。是年,组织劳务外派人员188人,分别在新加坡、马来西亚、阿联酋、科威特、德国等国家从事劳务服务。

1997年,成立湘潭市对外劳务合作中心。到1999年的3年间共签订劳务外派合同163份,劳务合同全额633万美元。完成劳务创汇107.7万美元。

2001年以后，由于境域对外交往日益增加，加之劳务特色明显，开始与境外企业签订劳务合同。市人民政府决定加大对外劳务合同工作力度,让其成为加强创汇、增加就业、扩大对外交往、宣传湘潭的一项重要工作。是时,出国打工成为青壮年劳动力选择就业的一条途径。在劳务输出中注重诚信劳务、特色劳务,厨师、服务员、缝纫工和技术人员主要派往约旦、毛里求斯、马里、几内亚、越南、德国、中国澳门等国家和地区,受到青睐。"湘潭厨师"在德国形成品牌,湘潭劳务在国外产生良好影响。2003年,全市劳务输出295人。

2005年,湖南省商务厅在湘潭市第四职业中专学校成立出国劳务人员培训基地,为扩大劳务输出奠定基础。是年,全市劳务输出人员达402人,比2003年增长36.3%。

1986~2005年湘潭市对外劳务输出情况

表30-3-1 单位:人

年份	对外劳务输出	年份	对外劳务输出	年份	对外劳务输出	年份	对外劳务输出
1986年	12	1991年	35	1996年	188	2001年	130
1987年	16	1992年	37	1997年	176	2002年	189
1988年	18	1993年	21	1998年	92	2003年	295
1989年	21	1994年	38	1999年	91	2004年	215
1990年	25	1995年	41	2000年	92	2005年	402

第二节 对外资本输出

1986年境域没有对外资本输出。随着境域外向型经济逐年发展,1999年开始有企业带资到境外创办企业。是年湘潭神州龙实业有限公司总经理龙碧玉投资206万美元,在阿尔及利亚创办加工贸易企业,获国家外经贸部颁发的《境外带料加工业务许可证》,在全省率先实现对外资本输出零的突破。到2001年该公司在阿尔及利亚取得良好经营业绩,累计加工贸易120万美元,实现利润30万美元。时任全国人大常委会委员长李鹏在阿尔及利亚访问时考察该公司,予以赞扬和肯定。

2001年以后,韶山港越食品有限公司、湘潭市存瑞服装皮革制品有限公司等12家企业先后在俄罗斯、越南、美国、肯尼亚、德国投资创办独资或合资企业。2005年湖南五菱集团股份有限公司投资70.5万欧元,在德国设立海诺科技发展有限公司,开始技术与资本相结合的输出,境外创办企业有质的提高。是年,在境外投资企业达13家。

2005年湘潭市境外投资企业情况

表30-3-2

企业名称	投资国别	投资总额(万美元)	中方投资总额	合作方式
湘潭神州龙实业有限公司	阿尔及利亚	206	206	独资
湘潭市存瑞服装皮革制品有限公司	俄罗斯	125	125	独资
湘潭市湘晖进出口有限公司	肯尼亚	533	533	独资
韶山港越食品有限公司	越南	185	125	合资
湘乡东郊铸造厂有限公司	越南	180	120	合资

续表

企业名称	投资国别	投资总额(万美元)	中方投资总额	合作方式
湖南信诺颜料科技有限公司	越南	240	122.4	合资
湘潭恒盾集团科技有限公司	美国	60	60	独资
双马建设工程有限公司	老挝	100	85	合资
湘潭冠发颜料工业有限公司	香港	40	40	独资
湖南五菱机械股份有限公司	德国	70.5(欧元)	70.5(欧元)	独资
湘潭海博经贸投资有限公司	美国	80	80	独资
湘潭爱民冶炼有限公司	刚果(金)	180	180	独资
湘潭大洋茶叶有限公司	乌兹别克斯坦	104	104	独资

专记　韶山海关

1986年,境域没有设立海关。1997年10月,海关总署署长钱冠林专程前往韶山瞻仰毛主席故居,市委、市政府主要领导在汇报工作时提出在湘潭设立海关机构。钱冠林表示支持,提议以毛泽东故乡"韶山"二字命名。1998年11月28日,韶山海关工程正式奠基。选址位于湘潭市高新经济技术开发区内,占地面积11300平方米。2001年12月27日,在毛泽东主席诞辰108周年之际,韶山海关正式成立并对外开展海关业务。

2002年,韶山海关业务管辖范围为湘潭、邵阳、娄底三市。三市在海关注册的进出口企业240家。其中国有企业34家,集体企业16家,三资企业56家,个体私营企业134家。其中湘潭市注册企业119家,占总数49.6%。4月23日,湘潭钢铁集团公司与韶山海关互签协议。该公司正式纳入全省首批十家便捷通关模式企业。是年,通关货运量41.6万吨;征收税额5290万元,减免税额2978万元。2003年1月29日,湘潭庆昌脚轮有限公司20吨脚轮,在韶山海关报关出口,从湘潭港码头监管点正式启运美国,开启上海至湘潭江海内支线首票采用中转式直接出口货物。湘潭港码头成为关区第一个外运港口。2005年,韶山海关货运量达335.3万吨,比2002年增长7倍多;入库关税1723.1万元,入库进口环节税27501.1万元,两税入库29224万元,比2002年增长5.5倍。

2002~2005年韶山海关通关情况

表30-4-1

年份	货运量(万吨)	征税额(万元)	减免税额(万元)
2002年	41.6	5290	2978
2003年	90.2	6722	48800
2004年	123.1	11767	13752
2005年	335.3	29224	23500
合计	590.4	53003	89030

第三十一篇　粮油

概　述

1985年，国家改粮食统购为合同定购，定购以外的粮食随行就市，实行合同定购与市场收购并存、定购价与市场价并存的“双轨制”，在保证国家任务完成的同时，引入市场调节机制，旨在增加农民收入，提高农民种粮积极性。由于粮食购销制度的基本规则难以适应市场变化需求，合同定购价低于市场收购价，粮食收购难度加大。1986年，湘潭市执行国务院《关于1986年度粮食合同定购任务的通知》，强调合同定购，既是经济合同，又是国家任务，是农民应尽义务，在正常年景下，必须保证完成。全市实行政府干预措施，保证定购粮收购计划落实，收购定购粮18655.14万千克（收购系原粮，下同），收购食油41.7万千克。是年，境域有独立挂牌的粮食企业57家，其中：市区17家，湘乡县18家，湘潭县21家，韶山区1家。市区的粮食企业由市粮食局管理，县（区）的粮食企业由县（区）粮食局管理。企业普遍启动经营机制改革。由于合同定购粮油收购难度大，且数量固定不变，平价粮油销售随着城镇人口的增长而不断增加。全市销售平价15074.9万千克（销售系贸易粮，下同），销售平价食油285.18万千克。定购粮油与平价粮油销售之间出现的差额，增加财政购买议价粮油转平价补充销售补贴。为缓解粮食购销差额逐年增大、粮食购销价格倒挂的亏损逐年增多局面，1987年起，省对市、市对县（市、区）逐级实行粮油购销调拨和议转平差价款包干，增强各级党委、政府加强粮食生产、平衡粮油购销的责任，同时调减合同定购任务，减轻农民负担。市、县（市区）和乡镇集中领导、集中时间、集中力量突击抓定购粮入库，对不履行合同定购粮义务农户，采取强制措施，保证合同定购粮任务完成。又因市场平、议差价悬殊逐年扩大，投机商乘机套购居民节余平价口粮，增大粮食销量，影响粮食市场稳定。市政府加强粮食市场管理，严厉打击倒买倒卖、非法贩运粮食、套购居民口粮不法粮商；严格控制平价粮油销售，压缩不合理的粮油开支，缓解粮食供求矛盾；逐步放开行业用粮价格，实行议价供应，减少财政补贴。境域农业升温，各行各业支援农业，粮油生产稳步发展。粮食资源丰富，带动饲料产业发展，1988年全市饲料产量达68823吨，为境域最高年产量。1990年，贯彻粮油并举生产方针，市政府狠抓粮食生产的同时，狠抓油料生产，食用油生产基地成绩显著。当年收购合同定购粮16525万千克，比1986年减少11.42%（省调减任务因素所致）；收购食油398.17万千克，比1986年增长854.84%，定购粮食、食油收购创历史最高水平。销售平价粮食14488.7万千克，销售平价食油296.67万千克，分别比1986年减少3.98%和增长4.03%。

1991年，为保证平价粮供应和市场稳定，市政府执行国家将粮食合同定购改为国家定购政策，更具完成任务严肃性和约束力，达到稳购保销目的。居民定量粮油销售价格二十多年来一直没有调整，与1966年相比，国家定购粮食和食油的收购价格分别提高1.5倍和2.1倍，国家定购价格的面粉、大米每500克达4角3分，而供应给城镇居民的只有1角5分多，购销价格倒挂2角8分多，加上经营费用，城镇居民每购买500克定量粮食国家需补贴3角5分多。三种食用油（茶籽油、菜籽油、棉籽油）国家定购价格平均每500克2元3角7分，而供应给城镇居民平均价只有8角6分，购销价格倒挂1元5角1分，加上经营费用，每500克需补贴2元3角多。为缩小定量粮油购销价格倒挂，密切工农关系和城乡关系，促进节约用粮，摆脱日益增长的财政负担，保证平价粮供应和粮食市场稳定，从当年起，境域执行国家连续两次将粮油统销价格分别提高约50%的政策，居民定量平价口粮、油达到购销同价，同时取消价格补贴和原包干的平价粮油调拨计划，1992年11月1日起，境域全面放开粮油销价，价格随行就市，境域粮食市场稳定，居民反应平淡。由于实行粮食购销调拨和“议转平”差价款包干，平价粮油保购压销，又由于粮食连年丰收，粮、油库满池溢，粮、油仓库骤然紧张，境域部分收购点一度出现农民卖粮难，粮食部门收储难。加上粮食市场疲软，粮食销不出，粮食经营受到限制。境域国营粮食部门立足粮食求生存，跳出粮食求发展，以本业为主，积极开展以饮食业为主的多种经营成绩显著。同年6月，省粮食局在境域召开多种经营现场会，并作为城镇多种经营发展模式在全省粮食系统推广。

随着粮食购销矛盾趋缓，1993年，市政府执行国家放开粮油购价，取消定购粮“三挂钩”（平价化肥、柴油、预购定金）物资平价供应，粮食收购由国家定购改为经济合同收购和保护收购价制度的政策。由于经济合同凸现出随意性，加上农业生产资料价格上涨，粮食生产成本上升，比较效益下降，粮食生产出现新一轮徘徊，粮食减产，市场粮价上升，国家经济合同收购困难，又因多渠道参与市场粮油经营，与国家争购粮源，粮食收购难度加大，当年收购经济合同粮6442.71万千克，仅完成收购计划的41.5%。粮食购少销多出现逆差，市场供应紧张，粮价飞涨。当年12月至翌年，市政府经省政府同意，先后动用省储备粮2772.2万千克安排湘潭市场，实行限价限量上柜供应，缓解粮食供应紧张局面，控制粮价上涨，维持市场稳定。为使粮食购销平衡，缓解粮食供求矛盾，1994年，执行国务院恢复粮食定购的政策，市政府把完成定购粮任务作为加强宏观调控，稳定物价、稳定市场、稳定人心、稳定社会，保证各项改革顺利进行的基础工作，明确是各级政府的责任。当年全市收购粮食22205.75万千克，其中收购国家定购粮15272.1万千克，占省下任务的92%。定购外计划收购6933.4万千克。在粮食供求关系趋紧，粮食价格大幅度上涨的形势下，1995年，省政府将粮食财务管理体制下放到市，实行“米袋子”市长责任制的政策，市政府对境域粮食生产、收购、销售全面负责，承担粮食自求平衡的责任。当年收购定购粮15962.57万千克，收购定购食油29.98万千克，分别比1986年减少14.43%、39.23%。销售平价粮8993.2万千克，销售食油126.58万千克（食油价格已放开，为市场价），分别比1986年下降40.34%、55.61%。针对境域稻谷、大米自给有余，部分有调出；小麦、玉米、大豆和食油自给不足，大部分要从外地调入的实际，强调粮油调拨计划的严肃性，以平衡供需矛盾。1996年市政府按照分级负责、分级管理，坚持事权、粮权、财权相统一的原则，将粮食财务管理体制下放到县（市），并实行“米袋子”县（市）长负责制，县（市）政府各自承担粮食自求平衡责任。市、县（市）委、政府更加重视粮食生产，采取强有力措施抓定购粮入库，严格控制平价粮食销售。为遏制粮食企业政策性亏损，全市粮食企业推行两线运行，粮食企业把政策性业务和商业性经营分开，政策性业务与商业性经营实行财务、核算分开，防止商业性经营费用挤入政策性业务费用，虚增政策性亏损挂账，使管理更加科学合理，堵塞核算中的漏洞。当年市政府执行国务院、省政府文件精神，为减少政策性亏损，先后两次调高城镇居民优惠价口粮价格，调整后的优惠价粮价格与市场价持平，城镇居民平价口粮价格倒挂补贴的问题基本得到解决。居民购粮纷纷由国有粮店转入私有粮店。国营粮食企业销售大量减少，粮食库存积压严重，占用大量资金，增加费用和利息，政策性亏损上升。针对销售不畅，收购农民余粮仓容不足的问题，1998 年，市政府根据国务院关于粮食流通体制改革政策。坚决执行"三项政策一项改革"（敞开收购农民的余粮，粮食实行顺价〈保本不亏〉销售，粮食收购资金封闭运行；粮食企业内部改革），市政府成立粮食流通体制改革领导小组，为保护农民利益，在库存积压的情况下，强调按保护价敞开收购农民的余粮；为不出现新的亏损，在粮食销售不畅的情况下，规范粮食顺价销售，不准降价亏本销售，惩处粮食购销活动中违法行为，维护粮食市场秩序；粮食收购资金封闭运行，不准收购企业挤占挪用收购资金。由于敞开收购农民余粮，收购量大增，库存增加。1998 年后，境域实行政企分开，粮食行政管理职能与粮食企业经营分离，各负其责，粮食行政管理部门不干预粮食企业经营，粮食企业不承担粮食行政管理职能。继而实行企业兼并、并购、破产、处置资产（土地、厂房、设施）等多种形式的改革，从改革产权制度入手以处置（变卖）资产后资金置换职工身份（买断职工工龄）。1999 年境域库存粮食达到 32731 万千克。品种杂、水分高，粮食储藏难度大。全市推广以"三低"（低温、低氧、低剂量药）为主的综合防治、竹笼通风和沉气箱降温，实行科学储粮，减少用药量，减轻储粮污染，实现储粮"一符（账、实相符）四无"（无鼠雀、无虫蚀、无霉变、无事故）。境域粮食储藏技术和经验，多次受到省粮食局表彰奖励。随着粮油购销同价，取消居民平价粮油计划供应，粮油加工随着粮油销售减少而逐年减少。为适应粮食市场变化，满足消费者需求，是年，境域开始实施优质名牌大米开发，扩大聚宝"金昊"等品牌大米生产规模，逐步取代普通米上市供应。

2000 年，为优化品种结构，促进农民增产增收，境域早籼稻退出保护价收购范围，早籼稻定购制度继续保留，由市政府确定价格，早籼稻农业税结算价格按定购价格执行。早稻退出保护价后，市场收购价格偏低，与晚籼稻保护价悬殊，农民难以接受。当年收购定购粮 906.16 万千克，比 1986 年减少 95.14%。2002 年 4 月 1 日起，市执行省政府统一部署，粮食购销价格和市场全面放开，取消指令性粮食收购任务，农业税可征实物，也可收现金，由县（市、区）自定。粮食收购价格随行就市，粮食企业自主收购、自主经营、自负盈亏。允许符合条件的多种所有制经济主体，经县以上粮食行政管理部门审查经营资格，工商行政管理部门核准登记后，按国家规定从事粮食收购。取消粮食运销凭证制度，撤销一切阻碍粮食流通的关卡，畅通粮食流通渠道，搞活粮食流通，全面实现粮食购销市场化。是年，全系统有独立核算企业 59 个，比 1986 年增长 18%，总人数达 5894 人，比 1986 年增长 53.65%；经营网点 466 个，比 1986 年 172 个增长 170.93%。为解决企业吃国家的"大锅饭"、职工吃企业"大锅饭"的弊端，境域粮食企业先后开展转换经营机制、政企分开和劳动用工、工资分配、社会保险等方面改革；由于粮食购销市场化，企业职能大量减少，人员、债务包袱重，产权不清晰，设备陈旧，处于瘫痪或半瘫痪状态，无法生存。境域国有粮食企业进行产权制度改革。市政府单独成立国有粮食企业改革领导小组，出台《湘潭市市直国有粮食企业产权制度改革和职工身份置换工作方案》，企业资产、职工身份置换开始运作。2004 年全市完成 51 家国有粮食企业改制，3847 名企业职工身份置换，382 人一次性内退内养。2005 年，执行粮食最低收购价执行预案，全市收购粮食 12543.7 万千克，比 1986 年收购量下降 50.46%。其中国有粮食收储企业收购 9083 万千克，最低收购价粮占收购总量的 83.37%。多主体、多渠道收购粮食局面形成。是年，全市辖湘潭县、湘乡市、韶山市粮食局和城区分局；总人数835人（不含中央直属粮食储备库）；企业改制后，境域有粮食企业11个。其中市属国有粮食购销企业4个，粮食加工企业3个（民营控股、国有参股），国有粮食储备库1个；中央直属粮食储备库3个。境域有粮食仓库394栋（其中浅圆仓6座），总仓容量56040万千克，比1986年的312栋31871万千克容量分别增长26.28%、75.83%。油罐8个，容量3200吨，分别比1986年减少85.71%、11.23%。其中，中央直属粮食储备库45栋（座），容量32840万千克，分别占总栋数和总容量的11.6%、40.22%，储油罐8个。储存稻谷27628万千克，食油300万千克。其中中央直属储备库储存稻谷18000万千克，占65.15%。全市经清理审计历年来财务挂账66200万元。至2005年的20年间，全市收购粮食379920.08万千克，销售粮食290194.25万千克；收购食油1447.5万千克，销售食油4770.2万千克；调出粮食34942.6万千克（贸易粮）。其中，出口贸易粮5099.5万千克。调入粮食37168.3万千克（贸易粮），其中进口贸易粮9999.9万千克。调出食油390.8万千克，调入食油1316.04万千克。2005年，全市57家国有粮食企业，实行资产置换51家；保留国有独资、实行国有参股、组建国有控股企业8家，全市置换职工身份（买断工龄和国有职工身份）和退养安置职工4229人。

第一章　收购

第一节　粮食

1986年，省政府下达给湘潭市合同定购粮食任务为18375万千克，委托代购4500万千克。市政府在省下任务基础上增加2.16%，按18900万千克下达到县、区。定购的品种为稻谷、小麦、玉米、黄豆和薯干（山区少数地方以薯干完成定购任务）。每50千克黄豆列抵100千克稻谷指标。合同定购内的稻谷、小麦、玉米按“倒三七”比例价收购，具体价格是每50千克稻谷（中等）15.59元，小麦每50千克21.20元，玉米每50千克15.66元，黄豆每50千克42.00元，薯干每50千克14.85元，每50千克薯干列抵50千克粮食合同定购任务。合同定购外的稻谷按每50千克（中等）18元收购。农业税继续征收粮食并纳入定购任务内。农业税粮由粮食部门代收，按倒三七比例价与财政部门每10天结算一次划转农业税款。县（区）、乡（镇）党政干部到收粮现场督促、检查合同定购粮食入库；共产党员、干部、家在农村的粮食职工家属带头交售合同定购粮；五保户、残疾人、精神病人等特殊困难户和人均占有粮食不足300千克的农户免交合同定购任务；国家基建征地、国家公路占田按比例减少任务；以户为单位完成定购任务后，可以卖议价粮；每50千克定购粮（稻谷）供应标准化肥5千克。对人均定购粮100千克以上的农户，按定购粮数量提供一部分贴息贷款。全市向农户发放13900吨奖售化肥指标和180万元粮食生产贴息贷款（部分农户不需要贴息贷款）；收粮人员改善服务态度，为送粮群众服好务。湘潭县易俗河粮站柿子坪粮食收购点帮助送粮群众就地翻晒高水分晚稻谷9万多千克。当年，全市入库粮食25320万千克，其中合同定购粮18655.14万千克，其中收购小麦70.09万千克，收购玉米1.9万千克，收购黄豆13.49万千克，收购薯干0.5万千克，收购委托代购粮和议价粮6664.86万千克。

1987 年,省政府下达给湘潭市合同定购粮食任务为 15250 万千克,比上年减少 17%。定购品种是稻谷、小麦、玉米和黄豆。为调节年成丰歉,保证合同定购任务完成,市政府在此基础上增加机动数,按 16380 万千克下达,比上年减少 13.33%。县(区)不再增加机动数。合同定购是国家任务,农民必须保证完成,合同定购以外的粮食由农户按市场价格自由购销;市对县、区下达的合同定购任务实行包干负责,增产不增购,一般性减产不减购,超购留用,少购由县(区)财政购买议价粮弥补。土地承包后,人口正常增加过多,给生活带来一定困难农户,适当照顾调减;承包责任田而未种粮食或转包给他人的农户,必须承担合同定购任务;凡是没有与种子公司签订合同,种子又自由销售或以种子换粮农户,承担合同定购任务。市按省政府《关于一九八七年度粮油棉定购工作的通知》要求,实行定购粮"三挂购"物资(化肥、柴油、预购定金)平价供应,即每 100 千克定购稻谷由国家按综合价(每 50 千克尿素 27.5 元)供标准化肥 15 千克,按平价供应柴油 2 千克,按合同定购粮食价款总数 20%发放预购定金(政府贴息),粮食收购时扣回。"三挂购"以弥补农资涨价,种粮成本上升,合同定购粮收购价低于市场收购价等损失,保护农民利益。同年,市执行省物价局、粮食局《关于调整部分粮食、油料收购价格的通知》,从当年 4 月 1 日起,籼稻谷原定购价每 50 千克 15.59 元调整为 17.09 元,上调 9.62%;粳稻谷原定购价每 50 千克 16.4 元调整为 19.15 元,上调 16.77%;糯稻谷购价每 50 千克 19.17 元调整为 21.00 元,上调 9.55%;玉米原定购价每 50 千克 15.66 元调整为 17.17 元,上调 9.64%。当年全市收购粮食 23056 万千克。其中收购合同定购粮 16252 万千克。居全省 14 个地、州、市前三位。其中:收购小麦 9.9 万千克,收购玉米 4 万千克,收购大豆 5 万千克,收购议价粮 6649.29 万千克。

1988 年,省政府下达给湘潭市粮食定购任务为 15250 万千克。市政府向县(市、区)下达定购任务 16380 万千克,一定三年。定购的粮食品种为稻谷(含糯稻、粳稻谷)、小麦、玉米、大豆,其他品种放开,实行议购议销。"三挂钩"物资包括市下任务内 5%的机动粮,享受与省下任务同等的挂钩化肥和柴油。农业税征实纳入定购任务。对承担粮食定购任务的农户,均不直接收取现金抵交农业税。是年,国家提高部分粮食收购价格。粳稻定购价每 50 千克 19.15 元提高到 19.75 元,上调 3.13%;小麦定购价每 50 千克 21.2 元提高到 23 元,上调 8.49%。是年水、旱灾害严重,粮食减产,库存减少,外省提高粮价影响到市场粮价持续上涨,与国家定购粮食差价越拉越大;化肥、农药紧缺价高,农民怨气大,增大了粮食收购难度。县(市、区)乡和村干部采取分片包乡、村和组办法,实行任务、质量目标管理责任制,把完成合同定购任务列入考核干部内容;市、县(市、区)粮食局行政管理人员下到粮食收购点督促、指导协助收粮,收粮人员做到"麻烦我一人,方便千万户","骂不还口,打不还手",改善与农户关系,促进粮食入库。1989 年 4 月 1 日起,市按省物价局、省粮食局《关于 1989 年调整部分粮油收购价格的通知》要求,粮食定购价每 50 千克(中等,下同)籼稻由 17.09 元调整为 22.10 元,上调 29.32%;粳稻由 19.75 元调整为 25.30 元,上调 28.1%;小麦由 23 元调整为 24.50 元,上调 6.52%;玉米由 17.17 元调整为 18.20 元,上调 6%;顶抵合同定购的糯稻由 21 元调整为 27.2 元,上调 29.52%。糯谷按 1:1.2 顶抵合同定购任务,即每 50 千克糯稻抵 60 千克籼稻指标。每收购 50 千克糯稻由收购单位付农户技术开发费 0.6 元,每收购 1000 千克付给开发糯稻组织单位技术开发补偿费 1.20 元。合同定购以外按议价收购。市、县(市、区)政府层层宣传发动,调动农民送粮积极性。粮食、生资、石油部门密切配合,全市 3325.4 万千克挂钩化肥、322 万千克挂钩柴油及时与粮农兑现。省粮食局、商业厅分配湘潭市100台彩色电视机，每台比市场价优惠400元价格奖售给种粮且交售粮食大户、在粮食收购中作出贡献粮食职工和区、乡(镇)干部。湘乡市月山乡粮管员陈署秋，做粮管员六年，工作兢兢业业，他所在乡年年提前超额完成粮食合同定购任务，被评为全省优秀粮管员，出席商业部粮食收购先进工作者表彰会。当年收购粮食23044.86万千克，其中合同定购粮16525万千克，占任务的100.89%，比1986年减少11.41%(因受调减任务因素影响)。1991年，执行国务院将合同定购改为国家定购，作为农民应尽的义务，必须保证完成决定。1992年4月1日起，每50千克中等质量标准小麦定购价由24.50元提高到30.4元，上调24.08%；粳稻定购价由25.80元提高到30.80元，上调19.38%；早、中籼稻定购价由22.10元提高到24.50元，上调10.86%；晚籼稻定购价由23.50元提高到27.50元，上调17.02%；玉米定购价由18.20元提高到21.20元，上调16.48%。糯稻定购价由27.20元提高到32元，上调17.65%；省定早籼优质稻定购价33元；晚稻优质稻定购价35元。将稻田改作经济作物的农户，可自行购买议价粮完成定购任务，也可以交差价款委托粮食部门代购议价粮完成定购任务；乡村统筹提留费收实物时不能与粮食定购任务一纸下达，粮食部门只代扣农业税和收回预购定金；农户完成粮食定购任务后的余粮，随行就市议价收购。是年，全市收购粮食21161.29万千克。其中合同定购粮15031.71万千克。湘乡市毛田乡粮食分站陈志轩认真执行定购粮政策，收购粮食成绩显著，被商业部授予全国粮食系统优秀粮食购销工作者。

从1993年1月1日起，湘潭市按湖南省人民政府《批转省体改委等单位关于粮食价格和经营放开实施意见的通知》要求，放开粮食价格和经营，粮食收购实行经济合同和保护价制度。市政府按省政府要求，全市粮食经济合同收购计划为11550万千克。化肥柴油挂钩由平价供应实物改为以货币方式补贴，每50千克化肥柴油差价折成价外加价2.56元。其中：中央财政补贴1.14元，省财政补贴1.42元。因调整收购的品种结构，在早稻收购时，按省政府要求："农民不愿意交的，不强制农民交售，允许进入市场多渠道经营"。当年省定早稻收购价为每50千克26.84元，市场价已达到32元；晚稻收购价省定每50千克35元，年末市场价已达55～60元，农户不愿把粮食交售给国家。又由于实行多渠道经营粮食，国营粮食部门以外的经营者抢购粮食，粮源紧缺，少数乡(镇)、村出现以钱抵交农业税，顶出粮食卖高价。是年全市收购粮食12146万千克，其中收购经济合同粮6442.71万千克，仅占收购任务44.22%。

1994年起，按国务院、省政府有关文件精神，市政府将粮食经济合同恢复为粮食定购，重提定购粮收购既是国家任务，又是农民应尽的义务，必须保证完成。市政府要求县(市、区)在保证完成国家定购任务后，全面完成定购外计划收购。当年市下达粮食定购任务16600万千克，定购外计划收购7325万千克。定购品种为稻谷、小麦、玉米、黄豆。早籼稻每50千克(中等)价46元，晚籼稻每50千克(中等)收购价54元。是年水灾严重，粮食减产，定购价低于市场收购价。市委、市人民政府制定确保粮食定购任务完成的措施，把定购粮入库纳入各级党政目标考核内容，全市入库粮食22205.75万千克。其中入库国家定购粮15272.1万千克，占任务的92%，分别比1993年增长82.82%、137.04%。定购外计划收购粮6933.4万千克，占任务的94.6%，名列全省第一。1995年，湘潭市政府要求定购粮和农业税征收实物，不收差价款，谁违反，就追究谁的责任。县(市、区)到乡镇的粮食定购任务，在总任务不变的情况下，实行"大稳定、小调整、合理负担"的原则进行适当调整。经各级政府蔬菜办认可的专业蔬菜基地和县(市)政府认可棉花生产基地，按核实后实种面积不负担定购任务。定购任务外计划收购的粮食,只分配到乡镇,不到户。乡村水利统筹粮,不列抵定购任务,可列抵定购计划外收购任务,价格随行就市。国家恢复粮肥挂钩,每收购50千克定购粮供应标准化肥5千克;省政府对每收购50千克早籼稻、中籼稻和早籼优质稻,各增加价外补贴4元;每收购50千克晚籼稻、粳稻和晚籼优质稻各增加价外补贴6元。与农民收购结算价格为:每50千克中等早籼稻50元,中等中籼稻54元,省定的早籼优质稻61元。每50千克中等晚籼稻、粳稻60元,晚籼优质稻76元。全市完成定购粮交售任务实行“五带头”:乡村干部(家属)带头,党员、组长带头,乡镇企业干部职工带头,家在农村的离退休干部(家属)带头,外出务工须出具证明人带头。有的乡(镇)还对农户每交售50千克定购粮奖励运费1元;有的乡镇实行“稻谷不进仓,劳力不出乡,干部不撤队”的硬措施,采取“分片、定点、定时间、定奖励标准”等措施,抓粮食入库。湘潭县有的乡(镇)村对完成定购粮任务农户颁发“送粮光荣”奖状,奖励毛巾、草帽,鼓励农民积极交售定购粮。全年入库粮食19791万千克。其中定购粮15962.57万千克,定购外计划收购稻谷4466.5万千克。

1996年,市政府对境域修建高速公路、拓宽湘黔铁路、湘潭县县城搬迁至易俗河等基本建设占地及扩大专业蔬菜生产基地占田等因素,调减定购粮任务,全市粮食定购任务由16600万千克调减为16300万千克。从当年新粮上市起,省政府取消价外补贴,提高粮食收购价格。中等早籼稻谷由每50千克44元提高到65元,顶抵定购任务的优质稻每50千克价由54元提高到75元,上调38.89%;一年一季的中籼稻每50千克中等价由50元提高到68元,上调36%;晚籼稻每50千克中等价由52元提高到72元,上调38.46%;晚籼优质稻每50千克中等价由68元提高到78元,上调14.71%;小麦每50千克价由51元提高到73元,上调43.14%;玉米每50千克价由46元提高到67元,上调45.65%;大豆每50千克价由88元提高到113元,上调28.41%。粮食等级差由每50千克0.50元提高到1元。定购粮食收购价格提高后,农民售粮积极性提高,过去已申请代金完成农业税和现金折差价完成定购任务农户,要求恢复以粮食完成任务;已经全免定购任务的,又要求恢复。是年,执行国务院按保护价敞开收购农民余粮的决定,全市145个收粮点,不拒收、不限收、不停收,不压级压价,不打白条,按保护价敞开收,常年收。全市收购粮食21667.14万千克。其中:收购定购粮17595.4万千克,收购支灾粮1461.4万千克,收购议价粮4071.71万千克。

1997年,市政府下达各县(市、区)定购任务14500万千克。定购以外的粮食按保护价敞开收购。早稻保护价每50千克56元,晚稻保护价每50千克66元。受灾导致户口粮不足可免交定购粮。晚稻收购时对农户不催交定购粮。当年实行早、晚稻各按50%比例入库,提高晚籼稻收购比例,改变城镇上柜大米供应的品种结构。当年收购粮食21199.2万千克。其中定购粮13385.57万千克,占全年定购任务的92.31%。其中收购早籼稻6022.7万千克,占收购量45%,收购晚籼稻7362.87万千克,占收购量55%。收购保护价粮7813.63万千克。

1998年,市场粮价好,多方抢购粮食,粮源紧缺。私商粮贩违反国务院颁布《粮食收购条例》,违规暗地收、夜间收,既收谷又收米,装底盖面收粮(车箱底下放谷,上面盖河砂)。有些收粮“散兵游勇”,扛着杆子秤,沿村挨户收粮,即收即卖。湘潭县少数地方基层干部当掮客,带着私商粮贩介绍农户出售粮食,当场收缴提留款;少数地方农业税征现金不征粮食;小型个体大米加工专业户,与国家争抢粮源。是年全市收购粮食7730.71万千克(稻谷),其中入库定购粮5266万千克。

1999年,粮食库存总量供大于求,粮食胀库。在保留粮食定购制度和定购价格前提下,市政府向县(市、区)下达定购任务指导数为14000万千克。除上交市的粮食必须保证外,具体县(市)收购多少自定,县(市)政府担负起本地区粮食总量平衡和相应粮食财务责任。当年,国家适当降低粮食收购价格总体水平,拉大粮食质量差价,提高优质粮加价幅度,降低市场销售不畅的劣质粮食品种收购价格。定购价和保护价合二为一,每50千克中等质量早籼稻51元,等级差价由每50千克1元提高到2元;优质早籼稻在普通早籼稻综合收购价基础上加价10%,即每50千克优早籼稻综合收购价不低于56元;市场销售不畅的劣质早籼稻品种每50千克综合收购价格45元;晚籼稻收购价格每50千克54元;省定优质稻开发基地和集中连片种植优质稻地方,中档优质稻在普通晚稻收购价格基础上加价不低于13%,高档优质稻不低于25%,收购企业本着购得进销得出不亏本的原则自行确定。是年早稻收割期间连续高温阴雨,早籼稻早、中熟品种发芽多,对收购质量影响较大。农民交售浙福802、红410、原丰早、竹系26四个省定劣质早稻品种,按劣质稻价格收购;秋粮收购时实行政府不催收,农户愿意交售不拒收政策。为争取多收低价位粮,加权平均高价位陈粮,促进粮食顺价销售,市政府加强市场管理,防止粮源流失;以典型引路,带动全面促进粮食收购。全年收购粮食18775.43万千克,其中:本地收购9851.29万千克,省外购进8924.14万千克。国家定购7935.29万千克,占指导数的56.68%。

2000年,按《湖南省人民政府办公厅关于早籼稻退出保护价收购范围有关问题的通知》精神,从新粮上市起,市内早籼稻退出保护价收购范围,早籼稻的收购由粮食企业及经批准可以直接收购早籼稻用粮企业,按照购得进、销得出原则自行收购。早籼稻退出保护价范围后,早籼稻的定购制度继续保留,定购数量由市、县(市)粮食局、财政局按农业税征实数下达,收购价格按每50千克51元。国有粮食购销企业按随行就市原则积极收购,边购边销、勤购快销,不形成新的积压,不发生新的亏损。农业发展银行对退出保护价收购的粮食继续保证收购资金供应,实行库贷挂钩,封闭运行的原则,保证国有粮食购销企业收购早籼稻的资金供应,不允许向农民打“白条”。早稻退出保护价后,价格偏低,境域有些地方早稻市场收购价每50千克仅36~38元,农民难以接受。晚籼稻保护价每50千克58元,保护价高于市场价10元以上。全年入库粮食23336.85万千克,比1995年增长17.9%。其中农业税征实6343.1万千克,占应税征实的86.43%。

2001年,按省政府文件要求,全市农业税征实粮食收购任务为5216.55万千克,农业税征收改为实物征收、货币结算。农业税综合计税价格每50千克稻谷51元。如过去农业税征实物,农民只要交50千克早籼稻就能完成农业税任务,而实行货币结算后,当年则要交63.6千克稻谷才能完成任务。实物征收、货币结算的政策,客观上增加了农民的负担,影响农民完成农业税征实任务的积极性;粮食收购市场混乱,私商粮贩无证收粮,抢购粮源,也影响农业税粮入库。当年入库粮食17186.86万千克,比上年下降26.35%。其中境域收购14514.15万千克,省外购进2672.71万千克。入库农业税征实粮833.43万千克,占15.98%。

2002年,按省政府《关于进一步深化粮食购销体制改革的通知》要求,从4月1日起,粮食购销价格和市场全面放开,市政府不再下达指令(导)性粮食收购任务。农业税是征收实物还是征收代金,由各县(市)政府自行确定。粮食收购价格随行就市,粮食企业自主收购,自主经营,自负盈亏,粮食购销企业发挥主渠道作用,收购农民的余粮;农业发展银行按照“以销定贷、以效定贷”的原则,向国有粮食购销企业提供购粮资金,收购农民的余粮。是年收购粮食12837.97万千克,比上年下降

25.3%。其中:境域收购9560万千克,省外购进3278万千克。收购农业税征实4081.71万千克,占农业税征收任务的78.25%。

2004年,市内粮食市场收购价均高于国家最低收购价(三等质量标准的早籼稻每50千克70元,三等质量标准的中、晚籼稻每50千克72元,三等质量标准的粳稻每50千克75元),国家最低收购价预案自动失效。湘潭聚宝米业公司与乡镇农技站签订合同收购定单,农技站组织农户生产优质稻,负责技术服务,集并农民所售粮食,送交聚宝米业公司,聚宝米业公司付给农技站服务费,实现农民、农技站和龙头企业“三赢”。当年收购优质稻谷500万千克。农业税改为征现金。全年收购商品粮食13353.86万千克,比上年增长4.02%。其中:境域购进9855.86万千克,省外购进3498万千克。2005年,粮食收购市场价格回落,启动最低收购价执行预案,保护农民利益。收购三等质量标准早籼稻价格为每50千克70元。等级差价按每50千克4元。三等质量标准的中、晚籼稻每50千克72元;中等质量标准的粳稻每50千克75元。承担最低收购价收购点库共17个,其中:市区5个,湘潭县5个,湘乡市5个,韶山市2个。实行最低价收购价执行预案后,托市效应明显,早籼稻和晚籼稻分别由启动托市预案之前每50千克60元、63元上升到65~68元、72.5~73元。是年湘潭市粮食收购市场出现经纪人(粮贩子)队伍,走村串户收购农户的粮食,价格一般比最低收购价每50千克低2~3元,然后将粮食送粮食部门,从中赚取价差。农户认为足不出户售粮方便,也乐意把粮食卖给经纪人。全年收购粮食12543.7万千克,比2000年下降46.2%。其中:国有粮食企业收购9083万千克,重点非国有粮食企业收购3432.1万千克,重点转化用粮企业收购28.6万千克。

第二节 油脂(料)

1986年,省下达湘潭市食油合同定购任务70万千克,其中茶油20万千克,菜油50万千克。收购价格按“倒四六”比例价,即统购价40%、超购价60%合并计价。茶油收购比例价每50千克153.40元,也可按“四六”比例平议兼收办法,即每收购50千克茶油60%按比例价153.40元作价,40%按议价200元作价。两种办法自由选择。菜油收购价每50千克137.8元。按比例价收购茶油时,继续执行每50千克茶油供应比例价稻谷150千克(每50千克15.59元)。市内从本年度新油上市起,每收购50千克茶油价外补贴15元。为鼓励乡(镇)村干部协助国家收购茶油,每收购50千克茶油粮食部门付给手续费2元。每收购1千克食油奖标准化肥1千克。国务院、省、市政府对当年食油定购任务没有以文件下达,群众交售合同定购油的积极性不高,定购任务没有完全落实。是年全市收购食油57.63万千克,比上年增长25.23%。其中:合同定购油41.74万千克,占任务的59.63%,比上年增长14.99%。收购茶油16.2万千克,占任务的81%;收购菜油25.54万千克,占任务的51.08%。收购议价油15.89万千克。

1987年,市政府根据国家《关于一九八七年度粮油棉合同定购工作的通知》精神,下发《关于一九八七年度粮油棉合同定购有关问题的通知》,食油定购任务与粮食合同定购一并下达。在省下达湘潭市食油合同定购任务65万千克基础上,向县、区增加5%机动数(其中:留县区3%,交市2%)计70万千克下达。定购品种为茶油、菜油。并确定品种数量逐级落实到户。完成合同定购外食油按议价收购。茶油收购采取两种办法:全额平价收购的,即每100千克按122.72元收购的,实行价外补贴 30 元，奖售标准化肥 100 千克，供应比例购价粮（每 50 千克中等稻谷 15.59 元）300 千克；按“倒四六”比例价（40%按议购价每 100 千克 400 元，60%按平价每 100 千克 306.8 元）收购的，60%部分执行平价收购办法，即 60 千克平价油给价外补贴 18 元，标准肥 60 千克，供应比例购价粮 180 千克（每 50 千克中等稻谷 15.59 元），合同定购的菜油除按规定的政策收购外，市人民政府按 100 千克奖平价碳铵 500 千克，如交售菜籽每 100 千克菜籽返饼 60 千克。不要或少要的菜饼，每 1 千克找补（贴）0.08 元，每少返回菜饼 4 千克，奖售平价尿素 1 千克。是年全市食油收购总量 113.39 万千克，比上年增长 96.76%。其中：合同定购 67.3 万千克，占省政府下达收购任务 65 万千克 103.54%，占市政府下达任务 96.14%，比上年增长 61.24%。收购茶油 5.47 万千克，菜油 61.83 万千克；议价收购 46.09 万千克。

1988 年起，按省政府要求，市内食油收购实行包干政策，一定三年不变。年收购任务 67 万千克。收购品种为茶油、菜油、棉油。每收购菜油 50 千克奖平价标准化肥 50 千克，茶油除奖售化肥外，每 50 千克奖售比例价稻谷 150 千克，省财政补贴 15 元。当年 4 月 1 日起，按国家物价局、商业部和省粮食局、物价局文件精神，市内茶籽（油）合同定购价格提高，油菜籽（油）提高到“倒二八”比例水平，即油茶籽每 50 千克由 32.5 元调整为 37.5 元，上调 15.39%；茶油每 50 千克由 153.4 元调整为 177 元，上调 15.38%；油菜籽每 50 千克由 42.9 元调整为 46.20 元，上调 7.69%；菜油每 50 千克由 137.8 元调整为 148.4 元，上调 7.69%；市政府在湘乡市办油茶生产基地 6 个，实行扶持奖售政策，茶油产量增加，油农售油热情高。是年收购茶油 12.9 万千克，超额 15%完成市下达茶油定购任务，占全市茶油收购量的 98.77%。是年全市收购食油 106.48 万千克，比 1986 年增长 84.76%。其中定购食油 22.73 万千克，占市下任务的 33.93%，比 1986 年下降 83.63%。收购茶油 13.06 万千克，菜油 9.6 万千克。收购议价食油 83.75 万千克。1989 年，省物价局、粮食局确定茶油每 50 千克合同定购价由 177 元调整为 188.7 元，上调 6.61%；油茶籽每 50 千克合同定购价由 37.5 元调整为 40 元，上调 6.67%；菜油合同定购价由每 50 千克 148.4 元调整为 158.4 元，上调 6.74%；油菜籽每 50 千克由 46.2 元调整为 53 元，上调 14.72%。实际收购时，菜籽油收购执行省政府“三七”计价办法，即 30%按议价，70%按定购价，综合价为每 50 千克（中等）185.88 元，油菜籽每 50 千克（中等）收购价为 59.6 元。当年全市收购食油 285.53 万千克，其中：定购食油 181.66 万千克，占任务的 271.13%，分别比 1986 年增长 395.45%、335.22%。收购茶油 8.69 万千克，收购菜油 172.97 万千克；收购议价食油 76.87 万千克。1990 年按国家提高定购内油脂油料收购价格政策，市内油菜籽每 50 千克比例收购价由 53 元调整为 70.4 元，上调 32.83%；毛菜油每 50 千克比例收购价由 158.4 元调整为 207.4 元，上调 30.93%；精菜油每 50 千克比例收购价 193.5 元调整为 253.3 元，上调 30.9%；油茶籽每 50 千克比例收购价由 40 元调整为 49.8 元，上调 24.5%；茶油每 50 千克比例收购价由 188.7 元调整为 235 元，上调 24.54%。当年，全市收购食油 398.17 万千克，创食油收购年历史最高纪录，比 1986 年增长 590.61%。其中：定购油 279.7 万千克，超合同定购计划 317.46%，比 1986 年增长 570.1%。收购茶油 52.17 万千克，收购菜油 227.53 万千克；收购议价食油 118.47 万千克。

1991 年，市下达县（市、区）食油定购任务 65 万千克，比上年减少 2.99%。定购的品种为茶油和菜油，定购食油按定购价收购，每收购 50 千克食油奖售标准平价化肥 50 千克。从新茶油上市起（11 月 1 日），取消定购茶油的粮食补助指标，改按每收购 50 千克茶油价外补助 30 元，使茶油购销价格持平。每收购50千克中等茶籽相应在定购价之外补助6.2元。是年全市收购食油159.14万千克，其中：国家定购食油25.18万千克，完成定购任务的38.74%，比1986年下降39.67%。收购茶油7.45万千克，收购菜油17.73万千克；收购议价油133.96万千克。

1992年，食油收购由国家定购改为计划收购，全市计划调整为45.5万千克，收购价仍按定购价，计划内的奖售化肥标准不变，完成计划收购后的食油，随行就市购销。是年全市收购食油135.55万千克。其中：计划收购54.04万千克，占计划收购的118.77%，比1986年增长29.49%。收购茶油400千克，收购菜油54万千克；收购议价食油81.51万千克。

1993～1994年，市政府执行国务院和省体改委、财政厅、物价局、粮食局文件精神，从1993年1月1日起，放开食油购价，取消食油定购任务，食油不再纳入国家定购范围，也不再下达收购任务。食油购销价格随行就市，自由购销。油农出售给国营粮食部门的食油实行议价收购。两年全市共收购食油170.12万千克，年平比1992年计划收购减少37.25%。其中收购茶油18.48万千克，收购菜油151.64万千克。

1995年，市场食油供应趋紧，市政府按省粮食工作会议精神，下发《关于下达一九九五年粮油定购任务的通知》，恢复食油定购任务，全市下达食油定购任务65万千克，其中：菜油53万千克，茶油12万千克。食油按省指导价收购。当年，全市收购食油30.32万千克，占任务的46.65%。因收购价格偏低，油农售油积极性不高，比1986年减少27.36%。其中：菜油27.07万千克，茶油2.91万千克。

1996年起，食油未纳入国家计划收购范围，价格、经营、市场全面放开，实行议价经营。国有粮食部门按购得进、销得出，不亏本的原则，收购油农自愿交售食油。2005年，收购食油91.98万千克。其中：收购茶油5.77万千克，收购菜油36.7万千克；其中从省内系统外购进49.51万千克。

第二章 销售

1986年，全市有37个粮站，178个粮油食品店，担负53.96万个非农业人口和菜农人口定量粮油供应。其中湘潭市区7个粮站，46个粮油食品店，担负39.06万个非农业人口粮油供应。当年，粮油销售包括统销（平价）、议销（议价）两部分。统销包括非农业、农业两大类，非农业包括居民定量口粮、食品业、副食及酿造业、事业、饲料等用粮；农业包括统定销人口口粮（指退休、退职回农村的干部职工、特赦人员、居住在农村二等以上残废军人）、菜农（城市郊区从事专业蔬菜种植的农村人口）口粮、因灾统销人口口粮、饲料粮（主要指生猪换购）、退耕还林粮等。食油销售包括统、定销人员、菜农。议销指为满足消费者需求，实行议价购进，在略有微利前提下销售。统销粮油延续国家20世纪50年代初制定粮油统销政策。1987年起，为减少国家财政补贴，境域逐步放开行业统销（平价）粮油供应，扩大议价粮油销售，1991起，国家连续两次提高统销粮油销售价格，缩小销价小于购价差价，减轻财政负担。1992年11月份起，全市城乡粮油销价全面放开，取消城镇居民40多年来凭证定量统销粮油供应，价格随行就市。粮油销售价格放开后，国营粮食部门销售价格失去优势，城镇居民纷纷转向个体粮店购买粮油，国有粮食企业销售大量减少，从1997年起，国有粮食部门促销库存定购粮和保护价粮成为主要任务之一。至2005年的20年间，全市销售贸易粮总量290194.25万千克，销售食油总量4770.2万千克。

第一节　粮食

一、城镇用粮

(一)居民用粮

1986年,境域非农业人口定量口粮供应品种为大米、面粉、面条。供应标准执行1984年湖南省粮食局《关于调整和恢复部分人口定量标准的决定》颁布的标准(见前志《粮油篇》第六章第二节城镇用粮375~376页),平价粮油“标一”和“标二”大米价格每50千克15.1元和14.2元。是年贯彻执行“合理安排粮食统销,严格控制平价粮食开支”的精神,开展以“政治思想好、执行政策好、商品质量好、企业管理好、方便群众好、清洁卫生好”为主要内容的“六好”粮店文明竞赛活动;实行销售收入与职工利益挂钩,调动粮店职工为居民服务积极性;加强粮食销售计划管理,严格控制粮食销售,不该销的坚决不销,能少销的不多销,不乱开口子扩大供应范围,不随意提高标准。全市销售定量口粮8911.6万千克(销售为贸易粮,下同)。其中市区6123.4万千克。非农业人口销售议价粮526.8万千克,其中市区216.6万千克。

1987年,按省要求,湘潭市城镇非农业人口定量口粮销售为11606万千克指标。其中:市区7891万千克。包干后县(市、区)各负其责;市区由市政府负责。全市严格执行粮食供应政策,定量口粮标准和供应范围不提高和扩大,压缩不合理销售,逐步扩大议价供应。城镇居民当月定量外持粮票购粮,每户每月凭证凭票不超过25千克,并逐笔登记在购粮证上。城镇居民来客或其他特殊原因需要,在当月定量外用粮票购粮每月不超过15千克,并在粮证上登记,情况特殊超过此限度的,凭单位或街道办事处的证明按需要供应。是年,因受毗邻省粮食价格放开的影响,居民怀疑粮食价格上涨,担心存粮指标和粮票作废,市区粮店出现居民排长队抢购粮食现象。市粮食局做好政策宣传的同时,昼夜加工调运粮食,保证平价粮油供应不脱销。为阻止粮贩子套购居民节余口粮,规定居民定量口粮当月买,粮店不售跨月粮;在职工食堂就餐的职工,凭集体单位粮证购粮;粮店控制粮票发放,限制粮票购粮,减少平价粮油销售。为阻止粮贩子用粮票套购面条在市场上倒卖,造成居民购买面条难,市内面条加工厂、车间(坊)生产的面条由粮店上柜凭证供应,每户居民凭粮证每次限购3千克,每月购买面条不超过两次;机关团体伙食单位凭粮证每次限购25千克。居民平价供应口粮品种以大米为主,少量面粉、面条。是年,全市销售非农业人口定量口粮9313.9万千克,占省计划的80.25%。其中湘潭市区7686.5万千克,占省计划的97.4%。全市非农业人口销售议价粮215.8万千克,其中市区200.3万千克。

1988年,按省粮食局关于1988~1990年度粮油销售包干精神,湘潭市制定1988~1990年度全市包干粮食销售指标。非农业销售定量口粮以上年末为基数,非农业定量人口增长按递增1.5%包干供粮,实行一包三年,县(市、区)增销自行解决。继续执行粮票不作废、节约粮食归己的政策;严控用粮票大量购粮外运,禁止倒卖粮票或用粮票换物。1988年全市计划非农业人口定量口粮为11225万千克,其中市区8002.5万千克。市政府执行湖南省粮食局《关于城镇人口实行凭证限购当月定量口粮的通知》精神，从11月起，对城镇居民实行凭证、限购当月定量口粮，经市政府同意，市粮食局发行湘潭市凭粮票购粮副券。“副券”面额为0.5、1.5、2.5、5千克四种。“副券”是随同粮票购粮的一种无价辅助凭证，限在湘潭市区内流通，出市区无效；居民在市区内流动需要领取粮票时，可在当月定量口粮内领取30%湖南省购粮券，并配发同等数量“副券”。市外省内流动时，在当月定量口粮内发给湖南省粮食指标划拨票；出省时，在当月定量口粮内凭单位证明发给全国通用粮票。居民购粮证上的存粮不领取粮票和发放“副券”。厂矿企业领取工种粮票（湖南省购粮券）时，发给同等数量“副券”。持粮票购粮时，须持同等数量的“副券”方可购买粮食。有粮票无“副券”粮店不予供粮。“副券”由粮店当月发放，当月购粮，次月作废。“副券”视同粮票一样进行管理，收、支、存按月填表上报。粮店无“副券”擅自销售粮食，按违反政策无计划销售处理。大专院校寒暑假回家休假的师生，市内凭粮票和“副券”供粮，市外省内凭省粮食指标划拨票和划拨证明供粮，省外凭院校证明（学生证）和全国通用粮票供应休假期间口粮。住院病人及其陪同人员在医院就餐，市内非农业人口凭粮票和“副券”，市外省内非农业人口和农村人口原则上凭省粮食指标划拨票和划拨证明单，由所在地粮站按医院床位数，以每床每天0.5千克标准供应；台湾同胞来市内探亲、旅游期间，住亲友家中的，粮站凭公安部门暂住户口及本人的旅行证明，核定时间，按每人每月15千克大米指定居住地粮店免票供应平价粮。住宾馆、招待所的，由宾馆、招待所按实向所在地机关粮店核实补助粮。当年因部分地方受灾，境域从11月起执行省政府文件精神，月定量口粮标准14.5千克（含14.5千克）的干部职工，每人每月节约1千克粮食支援灾区，从当月定量口粮中核减，不能用粮票和节余粮指标顶抵；控制米、面的加工精度，除对外宾馆适当供应特二米外，其他则供应标一米。富强面粉优先供应老干部（特供）、对外宾馆、医院等，其他则供应普通面粉和七五面粉。当年，全市区、乡（镇）企业办750名工作人员执行中共湘潭市委《关于加强农村基层服务组织建设的规定》，由自带农村口粮改由粮食部门定量供应。供应的粮食从“议转平”计划内列支，每人每月供应大米18千克，此项粮食单独设立内卡，所发购粮证加盖“议转平”字样印章；粮食价格由市粮食局和市乡镇企业局一年一定。当年“议转平”大米价格为每100千克100元，在粮店柜台供应时，按居民平价粮食价格（每100千克15.1元）供应。其平、议差价则从区、乡（镇）企业办分成的管理费中列支，由县（市、区）乡镇企业局统一收集上交市粮食局。乡镇企业办人员的口粮指标只到单位，人员变动时不随人带走，继任人可继续享用。同年，湖南一场特大秋汛，粮食生产损失大，粮价上涨。不法粮贩在国有粮店门口向居民套购节余口粮，然后倒卖贩运谋利，增加国家平价粮的销量，助长抢购风，造成粮食销售指标突破，影响粮食正常供应，国家和地方财政加重负担。时任市委书记郑培民对《湘潭信访》第四十期关于“米贩子大量收购粮食，造成大米供不应求”通报作出批示：“对于倒腾粮食，牟取暴利的米贩子，应按有关法纪查处，严厉打击，以稳定粮食市场”。粮食、工商、公安等部门组织人员，查处米贩子非法倒腾居民节余口粮行为。由于利益驱使，依然屡禁不止，由“地上”转入“地下”，明处转入暗处。因灾后粮食供应偏紧，从当年12月25日起，调整部分议价粮销售价格，富强面粉每50千克60元调整为85元，上调41.7%；七五面粉每50千克56元调整为81元，上调44.64%；统面粉每50千克53元调整为78元，上调47.17%。富强粉面条每50千克调整为95元；七五粉面条每50千克调整为90元；统粉面条每50千克调整为85元；议价糯米（标一）每50千克76元调整为100元，上调31.58%；议价大米（标一）每50千克54元调整为80元，上调48.15%。当年全市非农业人口定量口粮销售11458.7万千克,占计划的102.08%。其中湘潭市区7416.9万千克,占计划的92.68%。全市非农业人口销售议价粮354.5万千克,其中市区298.8万千克。

1989年4月1日起,经市政府同意,市粮食部门规定,未购完的定量口粮和领取的粮票、副券,可在年度内购买,不得提前购买下月口粮。同年,执行省粮食局、省电力工业局、省财政厅《关于农电员供应"议转平"口粮的通知》,对全市179名农电员供应"议转平"口粮,每人每月供应15千克大米,粮源由县(市、区)粮食部门在上级下达销售包干指标之外,购买议价粮转平价粮供应,议价粮收购价格一年一定,差价款由农电站从新增劳务费中提取交县(市、区)粮食局。农电员不迁户口、不改变农业户口性质,发"临时粮食供应证",人员变动时"议转平"口粮不带走,补员或县内调动时,在总量不超过情况下,可继续供应"议转平"口粮。同年1月起,市人民政府决定从各县(市、区)合同定购机动粮中,为每个乡(镇)农技服务站2名农科员、林管站1名林管员,以农业销售项目因灾统、返销名义,按比例价每月每人供应大米15千克。为方便群众吃早餐,从10月1日起湘潭市食品票在市区范围内饮食、副食店用于居民凭粮票和副券就餐或购买副食时找零流通,不能直接在粮店购买粮食。同年12月5日起,湘潭市物价局、湘潭市粮食局调整面条统销(平价)价格,每50千克富强粉面条由29元调整为36元,上调24.14%;七五粉面条每50千克由22元调整为27元,上调22.73%;强力粉面条执行全省价格每50千克统一调整为47元。当年全市销售非农业人口定量口粮10209.6万千克,占计划的93.96%。其中市区7121.3万千克。占计划的91.97%。销售议价粮198.4万千克,其中市区157.3万千克。1990年,平价粮与市场议价粮差价大,粮食市场混乱,不法粮商坐地套购居民节余口粮,然后倒卖获取高额利润,平价粮销售大量增加。当年全市销售非农业人口定量口粮12057.5万千克,占计划的106.8%,其中市区销售8748.9万千克,占计划的108.85%,分别比1986年增长35.3%、42.88%,成为销售历史最高年。销售议价粮148.6万千克,其中市区127.1万千克。

1991年,执行省规定,粮食销售继续按计划执行。全市非农业人口口粮指标为11037万千克。其中市区7862.5万千克。市政府执行中央和省规定取消非农业销售年递增1.5%,取消定量外各项补助粮(保留农村社教工作队和二等以上残废军人补助)。是年市政府决定,从4月1日起,由市粮食局统一印制购粮券,全市居民实行持购粮证凭购粮券购粮。湘潭市凭证购粮券面额为:0.5千克、1.5千克、2.5千克、5千克、10千克五种。湘潭市购粮券在市区内粮店流通,当年有效,跨年作废。市粮食局原发行的湘潭市食品票(票面额为50克、100克、250克)作为湘潭市凭证购粮券流动时找零使用,既可在市面上流通,也可在粮店购粮。居民持粮证凭票可在市区范围粮店购买粮食;也可凭票在市区居民家里和机关、厂矿、企事业单位、学校食堂用餐,还可以凭票在市区粮食部门饮食店购买早点,打破分区划点供应粮食和只能买生不能买熟规定。

是年5月1日起,执行国务院、省政府适当提高粮油统销价格文件,大米、面粉统销价格提高。通过提价,定量口粮价格倒挂有所缓和,但仍未完全解决,每500克定量粮食平均购销价格倒挂0.06元多,加上经营费用,国家仍需补贴0.25元左右。市政府执行省政府《关于做好1991年度粮食压销工作的通知》,从当年10月1日起,凡城镇居民月定量口粮高于14千克以上的职工,除原已节约1千克以外,每人每月再调减1千克;13~13.5千克的调减0.5千克。以上定量调整为新的定量标准,不再保留原来定量标准和项目。粮店既卖生又卖熟,开展小食品生产和饮食服务业,满足市民生活。雨湖粮站韶山路饮食店经理谭玉梅(女),带领5名职工开办境域第一个国有粮食企业饮食

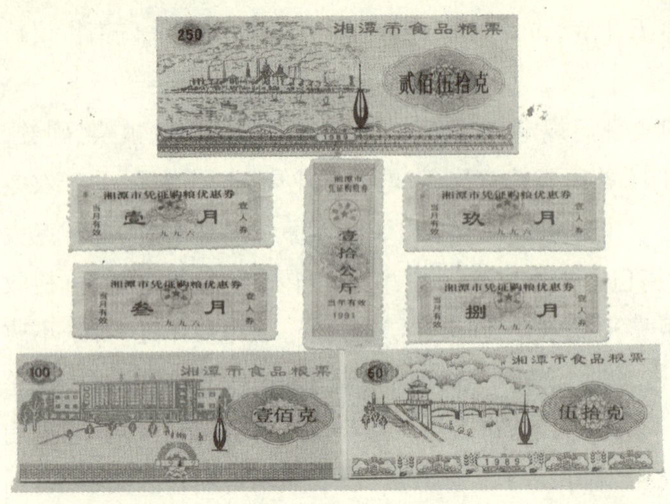

图 31-2-1 1986~2005 年湘潭市部分购粮券、食品票票样

店，经营早点、堂菜，花色品种多，质量好，价格适宜，生意兴隆，年创效益 5 万多元，成为全市粮食企业人均创利润之冠，被评为商业部多种经营先进工作者。当年全市销售非农业人口定量口粮 11575.8 万千克，占计划的 104.88%。其中市区 7970.3 万千克，占计划 101.37%。1992 年执行省政府规定，非农业销售只保证城镇居民定量口粮和事业用粮。从当年粮食年度起，实行定量口粮“季内购买，过季作废”。粮食部门凭“农转非”转户卡办理粮食供应关系，超农转非指标发议价粮供应证，与城镇居民供应粮证加以区别。1991 年前余粮指标冻结，停止结转使用。市政府执行省政府《贯彻国务院关于提高粮食统销价格决定的通知》，从 4 月 1 日起，提高粮食统销价格，实行购销同价。粮食统销价格提高后，粮食企业经营费用仍由财政补贴。居民结存票证粮食指标执行调整后的价格按原办法供应。

是年 11 月 1 日起，贯彻执行湖南省人民政府《批准省体改委等单位关于粮食价格和经营放开实施意见的通知》，市政府发布《关于放开粮食价格和经营的通知》，要求全市城乡全面放开粮油销价，取消城镇居民定量粮油平价供应，价格随行就市。各种粮票、粮券、指标划拨证、居民结存的粮食指标不再流通，存粮指标自然消失。销价提高后，销量减少，当年销售非农业人口定量口粮 4200.3 万千克，占计划的 38.6%。其中市区销售 2883.9 万千克，占计划的 36.68%。

1993 年 8 月 15 日起，市粮食局执行省粮食局文件精神，取消“农转非”人口迁移粮食关系时交 250 千克稻谷的规定，同时取消不收稻谷收差价款做法。粮食价格经营放开后，因收购量减少，粮食购销逆差大，同时，受全国粮食市场影响，当年底，境域市场粮食价格飞涨，粮食供应紧张。是年 12 月，执行国务院关于全国统一向市场投放储备粮的决定，经省政府批准，省粮食局同意湘潭市动用储备粮 2772.2 万千克(原粮)投放市场。其中投放城镇 2313.05 万千克:湘潭市区 1404.55 万千克，湘乡市 356.55 万千克，湘潭县 486.95 万千克，韶山市 65 万千克。实行统一调度、统一加工质量、统一销售价格、统一投放时间，以优惠价由粮店上柜供应。优惠价格每 1 千克为:早籼标一米 1.40 元，早籼标二米 1.30 元，晚籼标一米 1.68 元，晚籼标二米 1.60 元。城镇居民凭粮证每人每月供应优惠价大米 10 千克。大专院校学生每人每月供应 15 千克，比供应居民价格每 500 克低 0.06 元。除此之外，全市粮食系统从外地购进议价粮 2700 万千克(贸易粮)投放市场，以量抑价。平抑市场粮食不卖大户。议价粮限价销售，标一早籼米每 500 克不高于 0.85 元，晚籼标一米每 500 克不高于 0.95 元。控制粮食“价格上涨过快的势头。全市销售非农业人口优惠价口粮 10699.3 万千克，其中市区销售 5083.6 万千克。

1994 年，全市执行省粮食局《关于下达一九九四年度粮油购销调拨包干的通知》，对各县市非农业人口实行销售包干，按人均月销大米 10 千克匡算计 8650 万千克(包括军供灾粮预安排)。其中市区 6430 万千克。平抑粮价，稳定市场，成为当年市政府管粮食工作的主要任务之一，先后向市区下达两批经省安排的国储粮 1081 万千克，在全市 46 个粮店统一价格、统一时间上柜供应，不批发、不卖大户、不卖高价，不倒卖指标，按每人每次购买10千克，均衡供应居民。安排议价粮1070万千克平抑市场。当年，同时执行湖南省粮食局文件《关于下达国家定购粮食计划管理和城镇粮食供应管理办法的通知》“各地自行决定的农转非人口，省里不安排粮食销售指标”的规定，市政府及岳塘、雨湖区政府所属各开发区自行将农业户口转非农业户口的蓝印户口3.5万人，按每人每月安排供应大米10千克计，每年供应大米420万千克，当年，市政府决定，由市粮食局以议价购买粮食上柜与居民同价供应，平议差价每1千克大米0.50元计，全年供应大米的差价为210万元，由市政府、岳塘区政府、雨湖区政府分别在开发区卖户口的收入中补贴给粮食部门。同年4月1日起，军粮供应由粮食部门筹措议价货源，按统销价供应。军粮“议转平”差价款补贴由中央财政和省财政各分担50%，实行预决算制度。由于市场粮价趋缓，销量减少，全年销售非农业人口口粮、军粮、灾销粮4941.5万千克，其中市区销售3009.7万千克，分别占计划的57.13%、46.81%。1995年1月1日起，市区居民实行凭证购粮优惠票。居民优惠票为一人券，每月每人一张，每人每月供应大米10千克，居民持粮证、凭优惠票在市区内购买优惠价粮食。大中专院校学生每人每月供应15千克。劳改、劳教人员每人每月22.5千克，拘留所、看守所在押人员每人每月15千克。年内，执行湖南省政府统一规定价格，早籼标一米每千克1.74元，晚籼标一米每千克1.94元。为满足群众需要，凭购粮证、优惠票，每票也可购买市面粉厂生产的特一面粉7.5千克，价格为每千克2.40元；凭粮证、优惠票，每票购面条7.5千克，价格为每千克2.6元。一张优惠票在不突破供量数前提下，可同时购买大米、面粉、面条。由于粮食平价低，议价高，成群结队的粮贩子围在居民粮店门口，向居民非法收购节余的平价粮指标。粮食、工商、公安联合跟踪打击，对粮贩子收购的票证指标给予没收、罚款，对倒买倒卖的实物，除收回差价款外，没收其倒卖的粮食，但仍屡禁不止。优惠价粮比市场价粮价差大，优惠价粮销量上升，全年销售7834.4万千克。其中市区销售5416.5万千克，分别占年计划的90.5%、84.23%，比1994年分别增长58.54%、79.96%。

1996年，市对各县(市、区)定购粮销售实行包干。包干范围为城镇低收入居民、大中专学生，“两劳”“两所”人员口粮，以1995年上报人口数的75%为基数，城镇低收入居民按每人每月7.5千克、大中专学生15千克、“两劳”人员22.5千克、“两所”人员15千克标准计算包干；军供粮只作预安排，年末市与各县(市)据实结算。当年1月1日起，按省物价局、粮食局文件精神，提高城区优惠价粮食销售价格，即早籼标一米每500克由0.87元提高到1元，上调14.94%；晚籼标一米每500克由0.97元提高到1.10元，上调13.4%；原优惠价购粮券供应面粉、面条销售价格，按差价水平相应提高。当年8月1日起，执行省政府《湖南省人民政府关于调整粮食销售价格的通知》，提高居民基本口粮的销售价格。标一早籼米每500克销售价由1元调整为1.25元，上调25%；标一晚籼米每500克销售价由1.10元调整为1.35元，上调22.73%。其时，湘潭市区粮食市场议价与政策性平价粮价格持平；湘潭县、湘乡市和韶山市国有粮店的平价粮比议价粮每500克低0.1元左右。群众对调整粮价理解和支持，市场平稳。粮食购销同价后，国营粮店的粮食销量急剧下降。湘潭市区出现500多家私营粮店在居民区开店售粮，个体粮店就近方便，品种多，价格与国营粮店不相上下，服务好，送货上门，居民逐渐转向个体粮店购粮。当年8月，市区国营粮店基本口粮销售84.3万千克，占销售计划15.42%；9月份国营粮店销售居民基本口粮23.6万千克，占销售计划4.3%。销售价格失去优势，国营粮店销量大幅度减少。全市销售城镇口粮3304.5万千克。其中市区销售1956.9万千克。

1997 年，市政府执行省政府常务会议“打破定购粮‘专粮专用’的管理规定”，对销售定购粮、支灾粮、已付划拨价款但未调实物的捐献粮、“平转议”用于消化挂账的 1995 年度定购粮和为保护农民利益高于定购价收购的议价粮，免征增值税。市政府对上年度未销完的计划口粮，经同级财政审查后，允许粮食部门按保本原则，随行就市销售；市政府原下达各县（市）调市区的粮食计划，因市区销售下降而未调完的粮食，按保本原则自行作价，由市粮食局或县（市）粮食局代销。在保本不亏和保证贷款安全回笼的前提下，对在市辖区外每推销 1000 千克定购粮，在政策性粮食经营费用中列支 15 元推销奖。全市有一百多个推销人员到省外推销粮食，在省外设窗口 35 个；境域增设销售网点 80 个，促进粮食销售。当年 4 月，韶山市粮食局 50 多名职工组织 2 辆汽车、7 台板车、44 辆摩托车、自行车，把粮店搬到车子上，到宾馆、饭店、招待所、机关、学校、厂矿企业和居民区，送粮油上门、上楼，一个多月时间，销售大米 12000 千克，面粉 6400 千克，面条 880 千克，玉米 96000 千克，菜油 2000 千克。湘潭市区国营粮店化整为零，到居民区开设分店 50 个，调进上柜优质粮油，为顾客提供优质服务，营业员实行“多劳多得”，促进粮食销售。全年销售粮食 8982.3 万千克，其中：定购粮 3042.3 万千克，市场粮 5940 万千克。1998 年，市内根据《国务院办公厅关于进一步做好粮食购销和价格管理工作的补充通知》和《湖南省人民政府关于切实做好顺价销粮工作的通知》精神，“国有粮站、粮店（包括尚未实行独立核算的粮站、粮库所属的粮食加工厂）等国有粮食收储企业出售的原粮及其加工成品粮，按保本微利原则，以市政府按 1997 ~ 1998 两年购进定购粮和保护价粮加权平均价（定购粮的价格高，保护价粮价格低，把两种价格相加，取平均价）顺价销售；对库存 4 年以上的高价位且顺价销售困难的粮食，市政府允许企业按当年收购的定购粮、保护价粮加权平均计算顺价，销售 1994 年以前的陈粮，国有粮食企业积极向省外推销粮食。国有粮店采购市场价格适宜的粮油商品，向居民供应。境域粮站因经营利润不足，50%的粮店裁减店面出租，弥补职工工资。当年，全市销售粮食 9234.4 万千克。其中：国家定购粮 5420.5 万千克，市场粮 3813.9 万千克。1999 年，市内执行《湖南省人民政府办公厅转发省粮食局等单位关于支持鼓励国有粮食企业积极促销粮食意见的通知》，省粮食局下达湘潭市 9000 万千克贸易粮销售任务，市按库存量和企业职工人数人均 10000 千克贸易粮下达到县（市）和市区国有粮食企业。湘乡市制定夺回本地市场、开辟周边市场，拓展外省市场的营销策略促销。湘潭县粮食局成立销售公司，在广东东莞、湛江设销售窗口，统一组织，统一费用标准，形成促销拳头，统一销售。全市销售粮食 11787.9 万千克。

2000 年，市政府贯彻省政府“购销并举，突出促销”的方针，组织粮食、财政、农发行、物价、工商和技术监督部门成立粮食促销办公室，实行顺价销粮免征增值税，顺价销往外省的粮食，用同级粮食风险基金奖励。方法是哪个品种达到顺价就销哪个；哪个站、库粮食成本低，价格先达到顺价，就先销；原粮与成品粮哪个顺价就先销哪个。同年，执行省粮食局、财政厅、中国农业发展银行湖南省分行《关于销售处理省属定购粮的通知》，省属粮权储存在湘潭市的定购粮 2902.86 万千克，按每 50 千克 45 元作价，出库价与原入库价（每 50 千克稻谷 65 元）的差额由省财政补贴。同时，从当年开始，经省粮食局批准和有关部门定价，南下国家专储玉米实行代储单位包干向市场销售，包干出现的差价款由国家财政负担。当年销售粮食 14475.1 万千克。其中：境域销售 9425.8 万千克，销往省外 3794.3 万千克，出口 1255 万千克。2001 年市政府执行省财政厅、省粮食局、省监察厅、财政部驻湘专员办联合召开的“关于中央储备粮划转地方商品粮销售工作”会议精神，下达中央储备粮转地方商品粮销售任务5071.8万千克原粮任务。牵头组织市财政、粮食、农发行、监察等部门成立销售办公室，实行跟踪监督，省对市、市对县（市）企业销售价格进行补贴后，储粮企业实行顺价包干公开销售，除销售企业获得收入外，市财政获差价收入220万元。当年，全市销售粮食7209.7万千克，其中：境域纯销售4367.4万千克，销往外省2582.3万千克，出口260万千克。

2002～2004年，市政府按省粮食局、财政厅、农发行《关于进一步做好粮食促销压库工作的通知》精神，在销售处理老库存定购粮和保护价粮时，发生差价亏损，经同级政府同意，由财政承诺，向农业发展银行申请挂账，同级财政用节余的粮食风险基金，按计划分年分批归还农业发展银行。销往系统外和省外定购粮与保护价粮，不低于核定销价，每销50千克稻谷奖励1.50元。至2004年8月底止，全市仅存30202.82万千克定购粮、保护价粮（原粮）销售完毕。2005年销售商品粮食10075.45万千克。

1986~2005年湘潭市城镇口粮、库存老粮销售情况

表31-2-1　　单位：万千克

平价口粮			议价粮		库存老粮（包括定购粮、市场粮）
年度	合计	其中湘潭市区	合计	其中湘潭市区	合计
1986	8911.6	6123.4	526.8	216.6	—
1987	9313.9	7686.5	215.8	200.3	—
1988	11458.7	7416.9	3534.5	298.8	—
1989	10209.6	7121.3	198.4	157.3	—
1990	12057.5	8748.9	148.6	127.1	—
1991	11575.8	7970.3	—	—	—
1992	4200.3	2883.9	—	—	—
1993	优惠价 10699.3	优惠价 5083.63	—	—	979.4
1994	优惠价 4739.8	优惠价 3009.7	—	—	15956.7
1995	优惠价 7834.4	优惠价 5416.5	—	—	15162.1
1996	优惠价 3304.5	优惠价 1956.9	—	—	11774.8
1997	—	—	—	—	8982.3
1998	—	—	—	—	9234.4
1999	—	—	—	—	11787.9
2000	—	—	—	—	14475.1
2001	—	—	—	—	7209.7
2002	—	—	—	—	10091.7
2003	—	—	—	—	9378.4
2004	—	—	—	—	7096.3
2005	—	—	—	—	10075.45
合计	94305.5	63417.93	4624.1	1000.1	143171.15

(二)行业用粮

行业用粮包括食品业、副食、酿造、事业、饲料(主要用于对生猪换购)用粮及其他用粮,国家按平价计划供应。

1986年,市政府按国务院《关于切实抓紧抓好粮食工作的通知》精神,对火车餐车、车站站台、轮船餐厅、码头餐厅用粮,各级外事部门和旅游局所属的宾馆用粮改按议价供应。粮食部门供应渠道仍不变,供应价格相对稳定,供应的粮食价格加购销差率15%,即每50千克议销价:标二籼米26元,标二粳米27元,标二糯米32元,优质标二大米29元,大豆48元,标准面粉31元,七五面粉36元,富强面粉41元,当年全市销售粮食2096.8万千克,平价占69.79%,议价占30.21%。其中市区销售1411.1万千克,平价占83.7%,议价占16.3%。

1987年,湘潭市对个体、集体(乡镇企业、区街办企业)和各级、各单位劳动服务公司办的饮食店、糕点厂,免收粮票并改为议价供应粮食,粮食部门凭原购粮证换发议价粮供应证(原购粮证上的存粮可购完为止)。国营糕点加工厂(包括转体、租赁经营和供销社系统的糕点加工厂)所生产的糕点,供应市内的(包括湘乡市、湘潭县、韶山区、市郊区),经粮食部门核实后,继续凭票凭证供应平价粮;销往外地糕点,免收粮票,实行议价经营。国营饮食店(包括转体、租赁经营和供销社系统的饮食店),宾馆和国家机关、厂矿、企事业单位食堂和招待所,需凭票供应粮食的,用粮单位按月向粮食部门申报计划,凭票凭证按月购粮。从7月1日起,供应给商业、供销部门生产油条、油饼、白粒丸、刮凉粉、甜酒、绿豆沙、绿豆冰棒和豆浆等用粮,取消计划内议价供应改按市场议价供应,由市粮油议价公司随行就市,略低于市场价供应。全市供应粮食2910万千克,其中平价1613.2万千克,平价占55.44%。市区供应1558.9万千克,其中平价粮1230.3万千克,占78.92%。

1988年2月1日起,湘潭市执行省粮食局《关于接待旅游外宾等单位的粮油供应问题的通知》,供应民航餐厅、火车餐车、车站站台、轮船餐厅、码头、各级外事部门和旅游局所属宾馆、饭店粮油,取消固定价格,实行随行就市,购销双方面议。同年7月1日起,饮食业、糕点业、副食酿造用粮放开,按议价供应,平价供应减少,议价供应量增加。全年供应粮食3393.1万千克,其中平价供应796.6万千克,占23.48%。市区销售1894.8万千克。平价供应596.9万千克,占31.5%,与1986年相比,平价分别下降45.56%、49.46%。1989年7月1日起,执行省政府统一压销规定,取消包括豆制品在内的副食酿造用粮平价供应,改按议价供应。1990年,市粮食局将省粮食局拨给湘潭市25万千克大豆,按比例价加10%费用(每50千克46.2元)拨交商业部门生产豆制品,按成本价供应给居民,安排1990年春节市场,其中:市区按城镇定量人口人均0.5千克,即20.52万千克,县(市)按城镇定量人口人均0.25千克,即湘乡市22250千克,湘潭县16825千克,韶山市5750千克安排。当年全市销售粮食2276.3万千克,平价供应381万千克,占16.7%,其中市区销售891.2万千克,平价占267.6万千克,占30.03%。与1986年相比,平价供应分别减少73.98%、77.34%。

1993年,市行业用粮价格全面放开,实行议价经营。国家对行业用粮不再实行平价供应,也不再实行用粮价格补贴。行业用粮可进入市场收购,也可向粮食企业议价购进,当年全市粮食部门向行业供应议价粮食1431.6万千克,比1986年增长126%。1994~2005年行业用粮价格、市场全面放开,企业自行进入市场采购。

1986~1993 年湘潭市行业用粮情况

表 31-2-2 单位:万千克

年度	合计		平价		计内议价		议价		说明
	数量	其中市区	数量	其中市区	数量	其中市区	数量	其中市区	
1986	2349.2	1411.1	1715.7	1181.1	252.4	142.3	381.1	87.7	—
1987	2910	1558.9	1668.4	1225.9	55.2	36.2	1241.6	292.4	—
1988	3393.1	1894.8	796.6	596.9	—	—	2596.5	1297.9	—
1989	2940.8	1297.8	220.4	213.3	—	—	2720.4	1084.5	—
1990	2276.3	891.2	382.9	267.6	—	—	1895.3	623.6	—
1991	803.5	311.2	803.5	311.2	—	—	—	—	—
1992	8422.7	5376.4	1481.1	1351.6	—	—	6941.6	4024.8	—
1993	1431.6	563.8	—	—	—	—	—	—	销售数量为平价周转粮、市场粮之和
合计	24527.2	13305.2	7068.6	5147.6	307.6	178.5	15776.5	7410.9	—

注:1993 年前行业用粮平价供应逐年压缩,议价供应逐年扩大;1994 年后行业用粮价格市场和经营全面放开,企业进入市场采购

二、农村用粮

1986 年,境域农村用粮包括常年人口(退休、退职回农村的干部、职工、特赦人员,居住农村二等以上残废军人)、菜农人口、因灾统销人口、退耕还林口粮、统定销人口、饲料、专项销售(换购牲猪饲料)及其他所需销售的粮食。从是年起,国家不再返销平价口粮。制种区缺口粮按议价供应。因灾缺粮的,可视同灾区生活安排。原预拨和借用的种子垫底粮指标清理收回。收不回的,按议销价格收取差价款,核销粮食指标。安排销售的各项粮食指标(不含专项用粮)均不得顶抵粮食合同定购和委托代购任务,除因灾统、返销定期供应外,实行按月凭证购粮,当年使用,跨年度作废。是年销售粮食 2735.1 万千克。

1987 年,市政府重点保证水库淹没区缺粮农户的统销粮和灾区既缺粮又缺钱的困难户的粮食供应。对吃国家统销、定销、市郊区菜农和经济作物农户,在供应月定量口粮以外持票购粮,凭购粮证每户每月不超过 25 千克。农户来客持票购粮 50 千克以下,凭户口和村民委员会证明购粮。超过 50 千克,凭户口和村民委员会证明,经县以上粮食部门批准购粮。是年,执行省粮食局、省物价局文件,从 7 月 1 日起,调整返销农村的粮食价格,原按比例购价供应的,改按调整后的比例购价供应。原按比例购价加 10%费用供应的,改按调整后的比例购价加 10%费用供应。原按统购价供应的,改按调整后统购价供应。原按统销价供应的仍不变。

1988 ~ 1990 年,对农村统定销、经济作物和历史缺粮队定销进行清理核定,除保留棉农、水淹区原定的统销指标外,对已放开的经济作物,原安排的定销粮相应取消。对改变生产条件,粮食或经济

收入增加的历史缺粮队,减少或取消定销粮。1991 年,供应奶牛场、科研单位、种牛(禽)的饲料粮由原平价改按议价供应,保量不保价。取消原收购每 50 千克茶油补助 150 千克比例价稻谷指标的规定。市政府决定,清理整顿菜农定销粮,实行粮菜挂钩,对不种菜、不交菜的改供议价粮。全年销售粮食 4200.1 万千克。

1992 年,市政府执行国家、省文件,从 11 月 1 日起,放开城乡粮油销价。取消菜农、统定销口粮、农技农电人员口粮、乡镇企业人员口粮和饲料生产等平价用粮。当年共销售粮食 5012.5 万千克,为农村销售量最高年。

1993 年,执行国务院全国统一向市场投放储备粮平抑粮食价格的决定,向水库淹没区、灾区投放粮食 289.1 万千克。全年销售粮食 3988.3 万千克,比 1986 年增长 45.82%。1994 年 6 月中旬,湘江遭百年未遇的大水灾,农村部分地区严重受灾,灾民无米为炊,市政府贯彻落实省政府《切实做好农村灾区、贫困区、水库移民区粮食安排的通知》和省粮食局文件精神,是年向灾区、水库淹没区销售粮食 374 万千克,其中:灾区 258 万千克,水淹区 116 万千克。1995 年,执行《湖南省人民政府关于完善粮食购销调拨包干政策和财务管理体制的通知》精神,安排农村"水库淹没区移民口粮"142 万千克,安排"农村救助人员口粮"450 万千克。同时,市粮食局执行省政府《关于切实安排好今冬明春灾区和贫困地区群众生活的通知》精神,分三批下达 700 万千克贸易粮指标安排农村灾区群众过元旦春节。是年,实际销售粮食 605.3 万千克,比 1986 年下降 77.87%。其中:水库淹没区移民口粮 151.4 万千克,灾区 453.9 万千克。

1996 年 8 月 1 日起执行《湖南省人民政府关于改革水库移民口粮供应办法的通知》,取消水库移民口粮供应由不同时期核定的八种供应价格。实行稳定销量,统一价格。按上年度实际安排的移民口粮供应量纳入定购粮专项支出。以县(市)为单位统一调整为当地城镇居民口粮销售价格供应,按综合平均价每 50 千克稻谷 50 元的标准对移民补贴。钱粮分开,供粮、补钱双线运行,补贴资金由财政筹措到位,粮食部门负责粮食的计划安排、粮源调拨和组织供应。水库移民供粮计划和价差补贴包干到县(市),超销粮食和超支补贴均由县(市)政府负责。同年,执行湖南省财政厅、粮食局、移民局有关文件,从 8 月起,湘乡水府庙库区 28000 名移民纳入水库移民口粮供应范围。每年增加用粮指标 150 万千克,由市粮食局统筹安排。每 50 千克补贴 42.67 元,共增加财政补贴 128.01 万元,由市财政按移民用粮补贴管理规定,专项拨付湘乡市水淹区移民用粮补贴专户。同年市粮食局执行省粮食局文件精神,对重灾区、无钱、无粮、无自救能力的三无特困户下达 350 万千克灾销粮,价格按每 50 千克早籼标一米 84.00 元。全年销售粮食 323.4 万千克。其中:灾销区粮 321.1 万千克,水淹区销粮 2.3 万千克。1997 年起,全市水库移民缺粮人口定销粮按"原范围、原数量、原价格、原销售对象",由县(市)财政将水库移民缺粮人口定额补贴购粮款发放到人,移民自行到市场购买口粮。当年全市销售粮食 286.7 万千克,其中:灾区销粮 285.9 万千克,水淹区粮 0.8 万千克。1998 年起,粮食供大于求,国营粮食部门顺价销售价高于市场交易价,且水淹区移民实行供粮、补钱双线运行,农村用粮大部分进入市场购买。至 2004 年的 7 年间销售灾销粮、退耕还林粮 473.5 万千克。2005 年农村用粮全面进入市场自由购销。

1986~2005 年湘潭市农村粮食销售情况

表 31-2-3　　单位:万千克

年度	合计	其中市区
1986	4447.6	1887.4
1987	1689.1	1028.7
1988	1528.1	986.8
1989	1574.7	1031.6
1990	2048.3	1255.6
1991	4100.9	2060.8
1992	4921.6	2267.1
1993	217.3	—
1994	1189.2	318.5
1995	866.6	—
1996	550.9	273.7
1997	30	30
1998	15	—
1999	—	—
2000	—	—
2001	—	—
2002	18.1	—
2003	101.2	—
2004	267.7	—
2005	—	—
合计	23566.3	11140.2

第二节　食油

一、口油

1986 年起,市城镇居民统销定量食油每月每人 0.25 千克,菜农每人每月 0.15 千克,供应品种为茶油、菜油。统销价格为:茶油每千克 1.86 元,菜油每千克 1.64 元。全年销售平价食油 212.56 万千克,其中市区销售 160.5 万千克。销售议价食油 57.2 万千克,其中市区 36.5 万千克。

1988 年 11 月 1 日起,湘潭市对探亲台胞,凭公安部门暂住户口及本人的旅行证明核实时间,按每人每月 0.25 千克标准,指定居住地粮店免票供应平价食油;住宾馆、招待所的,所需食油由宾馆、招待所，按实向所在地机关粮店核实补助。中共湘潭市委《关于加强农村基层服务组织建设的规定》指出：全市区乡（镇）企业办750名工作人员由自带口油改为粮食部门在“议转平”计划内，每人每月定量供应食油0.25千克，春节、国庆节分别补助食油100克。供应单独设内卡，所发购油证加盖“议转平”字样。食油价格一年一定，在柜台供应给个人时，按供应居民平价油价格，其差价从区、乡（镇）企业办分成的管理费中列支，由县（市、区）乡镇企业局统一上交市粮食局。企业办人员的口油指标只到单位，人员变动不得随人带走，继任人可以继续享用。同年，执行省粮食局《关于严格控制食油销售的通知》精神，取消比例价加费用食油销售，改按议价供应；除保留回族、维吾尔族的圣纪节、开斋节、古尔邦节的食油补助仍按原规定核实供应外，其他补助用油均予取消；取消粮票带油，居民领取省、国票不扣减食油指标，持国、省票购粮不配供食油。从12月25日起，全市调整议价食油价格，一级精菜油由原来每50千克300元调整为360元，上调20%；二级精菜油由原来每50千克270元调整为340元，上调25.93%；茶油由原来每50千克340元调整为400元，上调17.65%。当年销售平价食油246.26万千克，比1986年增长15.85%。其中市区189.4万千克，比1986年增长18%。销售议价食油197.92万千克，其中市区156.84万千克。1989年食油销售量下降，全年销售平价食油187.26万千克，其中市区销售126.89万千克，分别比上年度减少23.96%、33%。1990年，居民担心食油涨价，突击购买余存的指标油，食油销量增加，全市达到290.47万千克，其中市区227.84万千克，分别比1986年增长36.65%、41.96%。

1991年4月1日起，全市居民实行凭购粮证和由市粮食局统一印制的购油券购油，凭证购油券面额为250克，居民每人每月一券；城镇非农业人口中的回族、维吾尔族以及素食佛、道教徒的口油每人每月发两券（500克）。凭证购油券市区各粮站流通，当年有效，跨年作废。同年5月1日起，执行省政府《贯彻国务院调整粮油统销价格的决定的通知》精神，调整茶籽油、菜籽油、棉籽油统销价格，实行购销同价，平均每500克提价1.51元。各品种平均每500克提价金额：茶籽油由0.88元调整为2.65元，上调201.14%；二级菜籽油由0.77元调整为2.08元，上调170.13%；一级菜籽油由0.90元调整为2.54元，上调182.22%；精棉油由0.82元调整为1.90元，上调131.7%；毛棉油由0.71元调整为1.63元，上调129.58%。尽管食油销价提高，平均每500克定量食油国家仍需补贴经营费用0.80元；居民口油继续执行凭票凭证定量供应；居民结存在粮证上的食油指标执行调整后统销价格，食油销售量明显减少。当年销售平价食油78.8万千克，其中市区50.51万千克。销售议价油151.05万千克，其中市区123.7万千克。

1992年，市政府下发《关于放开粮食价格和经营的通知》，从当年11月1日起，全面放开全市城乡食油销价，取消城镇居民定量口油平价供应，价格随行就市。各种油票、居民粮证上结存的油指标不再流通。延续40多年的城镇居民平价定量统销食油全面放开。当年销售平价食油5.25万千克，其中市区0.7万千克，分别比1986年下降97.53%、99.56%。销售议价食油41.74万千克，其中市区37.23万千克。1992年11月起，食油价格经营放开，实行多渠道经营。国营粮食部门积极组织货源，扩大销路，提高经济效益，满足市场供应，至2005年，向市场销售食油950.13万千克。

1986~1992 年湘潭市口油销售情况

表 31-2-4 单位:万千克

年度	平价定量口油		议价口油	
	数量	其中市区	数量	其中市区
1986	212.56	160.5	57.2	36.5
1987	224.2	165.46	136.8	124.51
1988	246.26	189.4	197.92	156.84
1989	187.26	126.89	65.38	57.8
1990	290.47	227.84	135.6	106.95
1991	78.8	50.51	151.05	123.7
1992	5.25	0.7	41.74	37.23

二、行业用油

行业用油包括食品业、副食酿造业、事业、工业及手工业和其他计划平价供应的食油。

1986 年,市内按省粮食局《关于计划外食油改按收购价加费用作价供应的通知》,在定量(定额)外供应的食油,从 7 月 1 日起,一律改按收购比例价加费用作价供应,即茶油每 50 千克 166 元,毛菜油每 50 千克 149 元,精菜油每 50 千克 169 元,毛棉油每 50 千克 94 元,精棉油每 50 千克 109 元,毛糠油每 50 千克 90 元,精糠油每 50 千克 128 元。议价购进的食油按购价加费用和合理利润议价销售。当年销售平价油 72.62 万千克,其中市区 60.66 万千克。销售议价油 57.8 万千克。

1987 年 1 月 1 日起,商业、供销部门生产油条油饼等计划内议价供油改由市粮油议价公司按市场价供油,价格随行就市,略低于市价。全市销售平价油 78.89 万千克,其中市区 48.1 万千克。比 1986 年分别上升 8.63%、下降 20.71%。销售议价油 19.14 万千克,其中市区 3.9 万千克。

1988 年 2 月 20 日起,市内按省粮食局《关于接待旅游、外宾等单位的粮油供应问题的通知》,取消民航餐厅、火车餐车、站台、车站、轮船餐厅、码头、各级外事部门和旅游宾馆、饭店的粮油固定销售价格,实行随行就市价格,由市粮油议价公司供应。从 7 月 1 日起,放开饮食业、糕点副食行业用油价格,改按议价供应。行业平价供油逐年压缩减少。当年销售平价食油 40.82 万千克,其中市区 31.79 万千克,比 1986 年分别下降 43.79%、47.59%。销售议价油 21.18 万千克,其中市区 4.28 万千克。1989 年后行业用油平价部分逐年减少,议价部分逐年增多。1992 年 11 月后行业用油价格、市场、经营全面放开,实行平议同价。

1986~1992 年湘潭市行业用油销售情况

表 31-2-5 单位:万千克

年度	平价		议价	
	数量	其中市区	数量	其中市区
1986	72.62	60.66	57.8	—
1987	78.89	48.1	19.14	3.9

续表

年度	平价		议价	
	数量	其中市区	数量	其中市区
1988	40.82	31.79	21.18	4.28
1989	22.05	21.33	26.99	3.29
1990	6.2	5.5	70.92	27.13
1991	14.39	13.99	129.06	—
1992	10.95	10.84	292.48	227.31

第三章 储藏

1984后，境域粮食收储量迅速增长，仓容严重不足。1990年后，国家相继投资，按粮油合理流向，有计划地逐步改建、扩建和新建一批仓库。湘潭县、湘乡、韶山市和湘潭市区都建有中央国家储备粮食直属库，新增仓容量达到22.54万吨，在全省市、县(市)排名第一，在促进粮食生产发展，增加粮食储备，加强宏观调控，安排人员就业等方面发挥作用。境域总容量达到56.04万吨，比1986年增长75.83%；有储油罐59个，容量达5815吨，分别比1986年增长5.36%、61.3%。1997年，市首次建立储备粮制度，储备原粮9285.71吨，定量储存至1998年。1999年，市级储备粮减至2857.14吨(原粮)。2003年后，市级储备粮增至10000吨，为境域年最高储备量。2005年，市级储备粮取消。粮油保管坚持以预防为主，综合防治的保粮方针，促进粮油保管科学化、现代化，高标准“四无”。全年粮油保管工作多次受到湖南省粮食局表彰，湘潭县粮食局仓储工作获商业部授予“全国粮油保管工作先进单位”称号。

第一节 仓库

1986年，全市有粮食仓库312栋，容量318710吨，油罐56个，容量3605吨。其中：湘乡县粮食仓库130栋，容量101660吨，油罐19个1025吨；湘潭县粮食仓库135栋，容量138970吨，油罐27个1480吨；韶山区粮食仓库14栋，容量13310吨，油罐5个110吨；湘潭市市区粮食仓库33栋，容量64770吨，油罐5个990吨。同年，湘潭市板塘粮库动工兴建。1988年，湘潭市粮油仓库油脂库从湘潭市解放路106号搬迁至板塘与粮库合建。国家对农业的倾斜政策，粮食连年丰收，粮食收购量逐年增多，国家粮食库存数量越来越大，1989年末，全市粮食库存达38.69万吨，采用露天堆粮、跨部门租借场地装粮。仓库出现前所未有的困难。小型分散的粮库已不能满足需要，国家集中财力加速新建大型集并粮库。1990年湘潭市板塘粮库第一期工程竣工，建房式仓8栋，仓容27500吨；建油罐8个，容量3200吨；建专用铁路线1.6千米。同年，湘乡长桥国家粮食储备库建成，建房式仓9栋，仓容37000吨，建铁路专用线1.093千米。仓容不足的矛盾仍未缓解。当年省粮食局投资160万元，建粮食露天堆25处，堆储稻谷45000吨。与此同时，国家投资232万元，对全市24个收贮点扩建仓库容量21250吨，缓解仓容不足的问题。当年，湘潭市粮食五仓库改造1957年建苏式仓（又名矮胖子仓）一栋。储粮高度由2米增加到4.5米，容量由3500吨增加到5000吨，每新增1000吨容量，比新建相同容量的仓库节约开支6万元。为全市47栋苏式仓（仓容31450吨）改造提供经验。

1991年，粮食合同定购改为国家定购，增强农民交售粮食的约束力和积极性，粮食库存越来越多，加上粮食外调不畅，粮食无处存放，引起各级政府重视。省财政厅、省粮食局投资1415万元在境域37个收储点扩建仓容52500吨，新建仓容7500吨，改建仓容7560吨，缓解农民“卖粮难”、粮食部门“收粮难”问题。1993年，全市47栋苏式仓改造完毕，新增容量23500吨，容量达到54950吨，比建新同等容量仓节约资金141万元。

1994年，湘潭板塘国家粮食储备库第二期工程竣工，建房式仓9栋，容量37500吨。湘潭县白云粮库竣工投入使用，新建仓库4栋，仓容10000吨。1995年，粮食库存爆满，境域露天堆粮26处，堆储稻谷31600吨；建棚仓8处，存稻谷41800吨。2000年4月，湘潭板塘国家粮食直属库第三期扩建工程竣工投入使用，建直径30米浅圆仓6座，容量46100吨，房式仓一栋，容量3900吨；湘潭板塘国家粮食直属库仓容量达到115000吨，成为境域最大粮库。2001年底，湘乡市长桥国家粮食储备库第二期扩建工程竣工投入使用。扩建房式仓3栋，容量15000吨，总仓容量达到52000吨。是年，湘潭市桃源路省粮食储备库竣工投入使用。新建房式仓6栋，容量25603吨。2002年，湘潭县白云粮库第二期扩建工程竣工，建房式仓4栋、容量15900吨。该库共有房式仓8栋、总容量25900吨。是年，国家立项投资，新建韶山竹鸡国家粮食储备库，是年竣工投入使用，建房式仓3栋，仓容15000吨。2005年10月，韶山竹鸡国家粮食储备库第二期扩建工程开工，投资618万元，建房式仓2栋，仓容17500吨。后有部分仓库、油罐使用年久被淘汰或改制拍卖。至2005年，全市有平房（浅圆）仓394栋（座），总仓容量560400吨，分别比1986年增长26.28%、75.83%。有油罐8个，容量3200吨，分别比1986年减少85.71%、11.23%。其中：中央直属库有平房（浅圆）仓45栋（座），容量225400吨，油罐8个，容量3200吨；湘潭市属平房仓349栋，容量335000吨，分别比1986年增长11.86%、5.1%。其中：湘乡市147栋，容量135000吨，分别比1986年增长13.08%、32.8%；湘潭县134栋，容量77000吨，分别比1986年下降0.74%、44.59%；韶山市22栋，容量9000吨，分别比1986年增长57.14%、下降32.38%；湘潭市区46栋，容量114000吨，分别比1986年增长39.39%、76.01%。

附　湘潭市主要粮食储备库选介

一、湘潭板塘国家粮食储备直属库

湘潭板塘国家粮食直属库紧靠沪昆铁路，坐落107、320国道交汇处，距湘江板塘铺码头3千米，库内铁路专用线与湘潭火车东站大型编组货站相连。湘潭板塘国家粮食储备库始建于1985年，时年征地215亩，投资655万元。1986年，动工兴建。1990年，第一期工程陆续竣工，建房式仓8栋，容量27500吨；建食油罐8个，容量3200吨；建专用铁路线1.6千米，月台库1100平方米。是年，年产3万吨大米加工厂开工建设。1991年，进行第二期扩建工程，国家投资610万元，企业自筹资金39.44万元，建设房式仓9栋，容量37500吨，办公、化验室800平方米，家属宿舍1450平方米；库区道路、消防、给水等项目总建筑面积6849.36平方米。1992年，年产3万吨大米加工厂竣工投产。

图 31-3-1　中央储备粮湘潭直属库浅圆仓图

1994 年,第二期扩建工程陆续竣工。1998 年,板塘粮库第三期扩建工程启动,由中央财政安排专项资金 3850 万元,扩建 50000 吨仓容、配套建设粮食接收发放设备和铁路专用线改造。市政府在粮库大门右侧征地 26 亩无偿提供扩建用地,建直径 30 米浅圆仓 6 座,容量 46100 吨;建房式仓一栋,容量 3900 吨(按小麦容量计算)。2000 年 4 月 22 日竣工验收并投入使用。是年浅圆仓、平房仓储粮 22000 吨。至此全库有平房仓 15 栋,浅圆仓 6 座,仓容量 115000 吨。2002 年起,湘潭板塘国家粮食储备直属库被中国储备粮总公司湖南分公司上收直管,更名为中央储备粮湘潭直属库。

二、湘乡长桥国家粮食储备库

长桥国家粮食储备库地处湘乡市城郊,占地 175 亩,东傍 320 国道,西靠潭邵高速公路,南临沪昆铁路复线。第一期工程始建于 1985 年,1990 年建成。投资 632 万元, 建有 104×18.5 米房式仓 9 栋,仓容 37000 吨,年产 1.8 万吨的大米加工厂,铁路专用线 1093 米。2000 年进行第二期扩建工程。国家投资 825 万元,建房式仓 3 栋,扩建仓容 15000 吨。2001 年建成投入使用,总仓容达 52000 吨。2005 年 9 月,湘乡长桥国家粮食储备库被中国储备粮总公司湖南分公司上收直管,更名为中央储备粮湘乡直属库。

三、湘潭县白云国家粮食储备库

湘潭县白云国家粮食储备库位于湘潭县易俗河镇,紧偎 107 国道,距湘江易俗河航运码头 1.5 千米,邻沪昆铁路湘潭火车东站和湘耒高速公路。地处粮食运输南下粤、桂,北上京城,东至沪杭,西达川、贵的必经之地,区位优势明显。湘潭县白云国家粮食储备库于 1991 年动工兴建,占地 94.99 亩,新建房式仓 4 栋,容量 10000 吨,于 1994 年竣工投入使用。第二期扩建工程始于 2000 年 3 月,国家投资 825 万元,扩建平房仓 4 栋,容量 15900 吨,于 2002 年竣工。全库共有房式仓 8 栋,仓容 25900 吨。中国储备粮总公司湖南分公司考查审核为国家储备粮代储库,2005 年储藏国家储备粮 1000 万千克。湘潭县白云国家粮食储备库系国家粮食储备承储企业,独立核算,隶属湘潭县粮食局。2008 年 9 月白云国家粮食储备库被中国储备粮湘潭直属库上收直管,更名为中央储备粮湘潭直属库白云收储库。

四、韶山竹鸡国家粮食储备库

2000 年国家计划委员会、国家粮食局批准立项,韶山市政府提供土地 52.41 亩,国家投资 825 万元,韶山市粮食局自筹资金 180 万元,建房式仓 3 栋,仓容 15000 吨,2001 年 1 月动工,当年 12 月竣工,2002 年正式投入使用。2004 年 11 月韶山竹鸡国家粮食储备库,被中国储备粮总公司湖南分公司上收直管,更名为中央储备粮韶山直属库。2005 年 10 月第二期扩程开始,投资 618 万元,其中国家投资 204 万元,中储粮湖南分公司投资 414 万元。建房式仓 2 栋,仓容 17500 吨,翌年 4 月竣工投入使用。全库共有房式仓库 5 栋,仓容 32500 吨。

五、湘潭市桃园路省粮食储备库

湘潭市桃园路粮库1995年由湘潭市计划委员会批准立项，建湘潭市桃园路中转仓库，征地28亩，总投资1040万元。第一期工程从1995年至1996年建房式仓4栋，仓容17070吨，综合服务楼2000平方米；第二期工程于1998年开工，建仓2栋，仓容量8533吨，2001年竣工投入使用。该库有平房仓6栋，仓容25603吨。湘潭市桃园路省粮食储备库系省储备粮承储企业，由湘潭市粮油购销总公司管理核算，隶属湘潭市粮食局。

第二节　保管

20世纪80年代中期以来，全市推广“三低”(低温、低氧、低剂量药)储粮为主的综合防治。农村粮站、粮库利用空坪隙地，植树栽竹成林38900棵，遮阳隔热，发挥生态储粮效益。湘乡市白田粮站沙田、石坝粮食分站坚持植树造林，正常情况下，粮温比其他粮库低2℃，被誉为“森林粮库”。1986年，制定《“四无”(无鼠雀、无虫蚀、无霉变、无事故)粮食质量记分办法》。利用冬季低温、气候干燥降低储粮温度，采用机械通风和敞开门窗自然通风、扒沟通风等措施，减少化学药剂灭杀害虫，减轻储粮污染。全市库存稻谷104947吨。经普查检测95127吨，粮温25℃以下的93386吨，占98.16%。其中：粮温15℃以下13020吨，占13.7%，粮温16～20℃59972吨，占63%。粮温21℃以上1750吨，占1.8%。经省粮食局“四无”粮仓检查组验收，“四无”点库率达96.4%，“四无”粮仓栋数率99.4%，“四无”仓容量率99.3%，“四无”粮占储粮98.7%。

1987年，湘潭县开展“标准四无粮仓”活动：仓库外墙白化无孔洞，减少太阳辐射，降低仓温；门窗油漆无缝隙，顶不漏水、地不返潮，墙体不透气；通风、密闭，防鼠、雀、虫，密闭时像个球，打开门窗能对流。1988～1989年，市粮食局在全市收贮点推广竹笼排风扇降粮温。将竹笼预埋在粮堆中与墙身风洞相连，使粮堆中下层空气进行交换。在门窗严格密闭状态下，利用排风扇造成仓内负压，迫使外界冷空气经仓墙风洞进入分配器(即竹笼)穿过粮层，实现仓内外空气交换。是对竹笼自然通风的强化和提高。竹笼排风扇通风降温器具根据仓型、仓容和仓库条件因地制宜设置。湘潭县云湖桥粮库存气箱配合薄膜封粮面用粮堆孔隙作为风道，粮堆内孔隙中的空气集于存气箱内供风机吸出仓外，实行机械降温杀虫(见下图存气箱结构)。

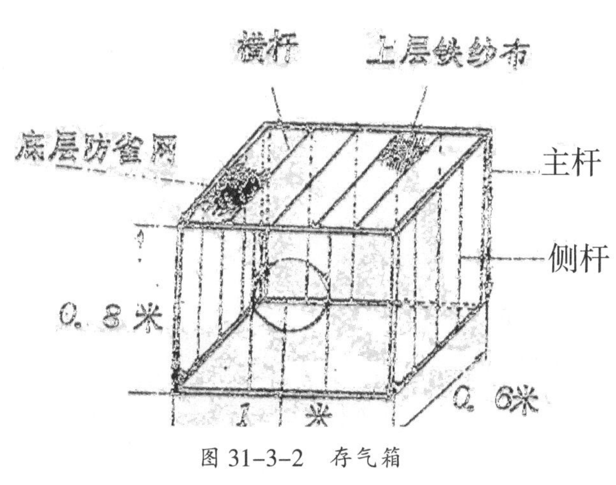

图31-3-2　存气箱

存气箱是一个100×80×60厘米立体形的木框架结构(见图)，接触粮面的四面(上、前、左、右)，先用防雀网固定在木架上，再用单层1寸9眼铁纱布加固在存气箱上，既能保障粮堆内空气流通又能阻止粮粒随空气流入箱内。存气箱与粮面接触为2.24平方米，有一侧面与仓内地面接触，有一正面与墙面相靠。操作方法：先平整仓内粮面，全仓覆盖薄膜(留出仓北墙1米处，作为入风口位置)，将风机与仓内风管套好后，接通电源，再将北面窗户打开，实行降温。

1989 年，市粮油科学研究所用市面粉厂生产的面粉，由市粮油食品厂生产 25.02 吨面条，均匀分成五堆，其中：四个试验堆，一个对照堆。在常温条件下采取应用综合治理办法，延长挂面储藏期研究，不使用任何化学药剂。从是年 5~10 月，经高温高湿季节储存，不吸湿、不生霉、不生虫，各项理化指标均无明显变化，烹调品质正常，黄曲霉毒素允许量均未检出。综合防治储藏保管费每万千克 3.6 元，分别是低温储藏、化学储藏和除氧剂储藏的 5.6%、17.1%和 4.8%。为在夏、秋季节(面条销售淡季)温度高、阳光充足的自然条件，多生产挂面储存，待到冬春季节(挂面销售旺季)投入市场，提供新储藏技术。1990 年，市粮油科学研究所"三种扁谷盗成虫磷化铝抗药性研究"课题，获湖南省粮食局科技进步一等奖，省政府授予科技进步四等奖。该所所长蒋中柱被授予湖南省优秀中青年专家称号，享受国务院特殊津贴。同年，湘潭市 45000 吨露天堆储粮采取"防风""防雨""防鼠雀""防虫害""防返潮""防结露"措施，经省粮食局检查，全部实现"四无"。湘潭县云湖桥粮库采用双循环降温，并在竹笼和双循环管道中施药杀虫效果好，节约费用。1991 年，市粮食局"粮堆生态研究"课题获湖南省粮食局科技进步一等奖，湖南省三等奖。同年，湘潭县 148 栋粮仓，年末库存稻谷 112137 吨，经省粮食局检查验收，100%实现"四无"，成为全省第一个连续 20 年实现"四无"的粮仓县。是年底，湘潭县获国家商业部授予"全国粮油保管工作先进单位"称号，颁发奖杯。由湘潭县政府主持、湘潭县粮食局承办，拍摄连续 20 年"四无"粮仓县电视专题片；举办连续 20 年"四无"粮仓图片展览。1993 年湘乡市粮食局被评为湖南省"四无"粮仓先进单位。同时，该局储运股长张贵清被国家商业部授予全国粮油储藏保管劳动模范。1998 年，市粮油科研所以 15 万千克面粉，"磷化铝缓释法密闭储藏面粉过夏研究"，当年 4 月上旬入库储存至 9 月下旬共 174 天，经过高温、高湿季节储存，面粉不生虫、不发热、不结块、不吸湿、不生霉，各项理化指标无明显变化，蒸煮品质正常。磷化氢(PH3)残留和黄曲霉毒素(AFTB1)允许量均未检出，符合国家卫生标准。采用磷化铝缓释法密闭储藏，每万千克费用仅 1.5 元，比用常规方法储存每 1 万千克减少费用 15.50 元。面粉储藏过夏研究成功，为夏、秋季销售淡季多生产储存，冬春销售旺季满足市场供应创造条件。

1999 年，全市库存粮食 327310 吨。其中：含高水分晚稻谷 63000 吨，占 19.25%；水分高、保管难度大的玉米 48000 吨，占 14.7%；租借不具备储粮条件的社会仓储存 34000 吨，占 10.4%。储存数量大、品种杂、社会仓条件差。粮食储藏实行人员、经费优先落实，突出玉米、晚稻水分高的重点，抓社会仓储存的难点，实行科学储粮。全市用竹笼通风降温的存粮达 90%，低氧低剂量熏蒸占存粮 80%。湘潭板塘国家粮食储备库散装粮用白膜压盖，冬抓敞门开窗通风降温，春抓低温密闭，夏抓预防措施，秋抓害虫防治，排风扇降温，粮温控制在 19℃以下，实行考核评比；建立"一牌"(保管员岗位牌)、"二制"(保管员岗位责任制，粮油保管制度)、"三牢记"(牢记保管员守则，牢记仓储工作二十查，牢记储粮口诀五十条)、"三有"(检查有制度、熏蒸有记录、粮情有测报登记)制度，保证储粮安全。全市实现"一符"(账实相符)、"四无"。

2001 年 4 月至 5 月，全市接受省政府代表国务院由清仓查库领导小组派出的检查人员，实行有仓必到，有粮必查，查必彻底的原则，对全市 150 个粮食储存点和仓库、319 栋仓存放的粮食进行清查、丈量测重。以当年 3 月末库存数计，账面库存贸易粮 218492 吨，清查结果为 216150 吨，比账面数少 2342 吨，差率为 -1.07%，低于国家规定 3%自然损耗差率水平。随后省又派出清仓查库复查小组对境域 3 个农村粮站的 17 个储存粮食的点库、39 栋粮食储存仓库、61 座廒仓存放的粮食进行检斤过磅、丈量测算、库存实物与账面数差率仅为0.1～0.8%之间，低于国家允许自然损耗差率3%以内。全市粮食库存账实相符，管理规范，储粮安全，库存数据真实可信，受到省复查组好评。

2004年，湘潭县白云粮库仓储工作规范化管理，实施科学储粮措施，在中储粮湖南分公司检查评比中，被树为粮食仓储管理样板单位。全市储存国储粮5万吨，省储粮2万吨，在全省行业组织评比中“四无粮仓”质量位列前茅。2005年，储粮安全纳入绩效考核目标，“四无”率达100%。企业进行产权置换和职工身份置换中，不动用储备粮来筹措资金，保证国家储粮安全。

第三节　储备

国家粮食储备包括中央储备、地方储备两部分。由战略储备和备荒储备两部分构成。中央储备主要是为了应付重大自然灾害或突发事件的粮食储备，包括“甲字粮”“506”粮。具有战略意义，甲字粮由国家控制，“506”粮粮权属中央军委。地方储备应付地方性灾害或突发事件。

20世纪70年代末，农村实行家庭联产承包责任制后，境域农村储备粮由集体逐步转向家庭储备（详见前志《粮油篇》第七章储备）。1986年，境域代储甲字粮2857吨，代农户储粮2121.4吨稻谷，其后呈逐年减少的趋势。1988年境域代农户储粮减少至1612.85吨，1989年甲字粮、农户“代储粮”储存终止。

1990年，贯彻《国务院关于建立国家专项粮食储备的决定》，将备荒储备纳入专项储备。当年境域收储专项储备粮59988.6吨。1991年，境域国家专项粮食储备达150348.57吨稻谷。同时，代省储备粮食16285.71吨稻谷。1993年起，境域单列储备“506”粮5000吨稻谷，实行定量、定点、专仓、专粮储存，专人管理，地方无权动用。1996年国家在境域建立“中央直属专储粮”，储存28571.43吨稻谷。1997年湘潭市首次建立储备粮制度，储备原粮9285.71吨，储备粮的收购、储存费用由市财政承担，市粮食局负责粮食管理，粮权属市政府，定量储存至1998年。随着粮食库存增加，为减轻财政负担，1999年市级储备粮减至2857.14吨（原粮），实行保量、定点储存。2000年，境域74738.57吨国家专储粮大部分集中至中央直属库储存，实行垂直管理，少量专储粮在指定的代储库存放。2003年，市级储备粮增至10000吨，延至2004年。2005年市级储备粮取消。全市当年有中央储备粮180000吨（原粮），储备油3000吨；代储省储备粮20000吨（原粮）。

第四章　调运

市内稻谷、大米自给有余，部分调出；小麦、玉米、大豆、食油自给不足，大部分要从外地调入。稻谷收购点集中在县（市），粮食销售则集中在市区；部分收购点仓容量少于当年收购量。1986～2005年，调出粮食34942.6万千克（贸易粮），其中出口贸易粮5099.5万千克。调入粮食37168.3万千克（贸易粮），其中进口贸易粮9999.9万千克；调出食油390.8万千克，调入食油1316.04万千克。

第一节 调出调入

1986年,湘潭市粮油调运开展创“四好”单位,即执行计划好、完成任务好、节约费用好、安全运输好。全年调出大米62379吨,调进小麦、玉米、黄豆69204吨,纯调入6825吨;调出菜油845.6吨,调入花生油、豆油、茶油2269.8吨,纯调入1424.2吨,未发生质量、安全、损耗事故。

1987年,市执行省对粮油购、销、调拨实行包干政策。省确定湘潭市粮食购销差额13130吨,食油购销差额2250吨。同时,实行品种调剂。当年调出大米18430吨,调入小麦、玉米、黄豆25674吨,纯调入7244吨;调出菜油695.2吨,调入花生油、豆油、茶油1679.4吨,纯调入984.2吨。1988年,执行省政府《关于印发1988～1990年粮油购销调拨和“议转平”差价款包干方案的通知》,分年确定境域粮油购销差。同时,实行粮、油品种调剂。其间,居民担心存粮指标、粮票作废、粮食涨价,境域市区居民出现三次抢购平价粮油风波。市粮油运输汽车队夜以继日调运粮油。从市外调进平价贸易粮26762吨,当年调销总量13万吨,实现粮店不停销、不脱销,满足居民需要,稳定市场供应。三年调出大米49208吨,调入小麦、玉米、黄豆104810吨,纯调入55602吨,占购销差率94.5%;调出菜油6965.5吨,调入茶油、花生油、豆油23430.5吨,纯调入16465吨,占差率219.93%。1991年,由于平价粮销售价格提高,居民定量口粮标准调低,平价口粮、油实行季内购买、过季作废的供应办法;1992年11月1日起,由于粮食销售价格放开,取消包干的平价粮油调拨计划,粮油纯调入量减少。两年调出贸易粮58033吨,调入84450吨,纯调入26417吨,占差率66.18%;调出菜油555.7吨,调入花生油、豆油、茶油2570.3吨,纯调入2014.6吨,占差率的74.2%。1993年,按省政府文件精神,从1月1日起境域放开粮油收购价格、放开粮食经营。国家专项储备粮、市场调节粮、周转粮、省储备粮调拨计划由省统一管理。

1994年,为稳定市场粮油价格,提高国家对粮食市场宏观调控能力,按省粮食局《关于下达一九九四年度粮油购销调拨包干计划的通知》,当年起恢复国家粮油定购;非农业人口按人月均10千克大米、人年均3千克食油安排供应。境域以专储粮串换小麦、玉米等品种调入32298吨,调出专储大米46801吨,纯调出14503吨。调入食油2356.7吨。

1995年,按省政府《湖南省人民政府关于完善粮食购销调拨包干政策和财务管理体制的通知》,实行粮食购、销、调拨包干。国家定购粮由省人民政府统一调度。当年以国家专储粮串换小麦、玉米等品种从省外调进1470吨(贸易粮);调入食油5988吨,调出菜油931吨。境域粮食购大于销,粮食收支平衡有余。

1996年,市政府下发《湘潭市人民政府关于完善我市粮食购销调存包干政策和财务管理体制的通知》,进一步完善对各县(市、区)的粮食购销调存包干政策,并将粮食财务体制下放到各县(市)。国家定购粮的粮权属国家。省包干指标内留给市的粮食,由市人民政府统一安排调度。当年,国家定购粮品种串换调进36040吨贸易粮,调入国家专储玉米10003吨,中央直属专储玉米20000吨,调入代省储备玉米17798吨。调出42425吨贸易粮;调入食油196.6吨。

1997年起,省不再实行指令性调拨计划,赋予购销双方协商权力,既考虑部门利益,又考虑供求平衡。因调销不畅,境域调入以串换品种为主,调出以减库促销为目的。至1999年境域共调出大米 349426 吨，其中出口大米 50995 吨。调入小麦、玉米、黄豆等短缺品种 371683 吨，其中进口 99999 吨；调出菜油 3908.7 吨，调入茶油、豆油、花生油及菜油 13160.4 吨。2000 年以后，执行国务院、省政府处理库存粮的精神，将国家专项储备、省属粮权的库存粮转商品粮就地销售，国家粮食调拨终止。

第二节　市内调运

1986 年，湘潭市粮油运输车队有运粮车 21 台，主拖车吨位 139 吨，担负市内粮油调出（入）任务，保证市内居民粮店库存 3 天销量的主要粮油品种，县、市有 8 个粮食收购点的收购量大于仓容量，新粮收购期间，市粮运车队，昼夜不停调运，边收边调，腾出仓容，收购农民余粮。湘潭县廻龙桥收购点仅有仓容 400 吨，年有粮食收购任务 1200 吨，每年粮运车队向市区粮库倒运三四次，才能保证粮农顺利交售粮食。全市边收边调稻谷近 5000 吨，年运输原粮 10 万吨以上。为方便群众就近交售粮食，减少迂回运输、倒流运输，打破行政区域界限，湘潭县姜畲镇、云湖桥镇部分村民定购粮分别就近送市区湖头岭省粮食储备库和江南粮站粮食收购点；湘潭县响塘乡部分村民定购粮交市锰矿粮站粮食收购点。

湘潭市粮食收购集中在县（市、区），销售则集中在湘潭市市区。1987 年，省对市实行粮油购销调拨包干，省对市的粮食购销差额由省调入平衡。市对各县（市、区）的粮食购销差额，由湘潭市平衡调出、调入。当年县（市、区）向湘潭市市区调入粮食 7134.5 万千克贸易粮（下同），其中：从湘乡市调入 18680 吨，从湘潭县调入 50625 吨，从韶山区调入 2040 吨。1990 年，境域改革食油运输方式。板塘粮库油脂库新设铁路散卸油装置，市内各粮站设置散装油池，油库向市内销售单位供应散装食油。食油改由过去桶装运输为油罐车散装运输后，提高工效，减少损耗，节约运费。当年，全市粮食库存大，仓库爆满，收购新粮仓容不足矛盾突出，市粮食局加大粮食调运力度，对县（市）仓容紧缺收粮点进行集、腾、并、转，小库存粮调往大库，农村库存粮调往市区，至 1991 年调拨稻谷 217822 吨。粮油购销调拨包干延续至 1992 年。

1994～1995 年，境域粮源偏紧，市场粮价上涨，全市严格粮食调运纪律，强调县（市、区）收购、储存的粮食粮权属国家，存粮单位无权动用，确保按计划统一调拨，市从县（市）调入粮食 75000 吨，保证湘潭市区居民供应。

1996 年，市内按《湖南省人民政府关于完善粮食购销调拨包干政策和财务管理体制的通知》精神，实行粮食调拨包干政策，在省定包干指标内留给湘潭市的粮食，由市政府统一调度。各县（市、区）调拨交市 61970 吨贸易粮，其中：湘乡市 17000 吨，湘潭县 40000 吨，韶山市 2800 吨，雨湖区 420 吨，岳塘区 1750 吨，供应湘潭市区。是年，湘潭市先后接收省粮食局、农业发展银行、财政厅下达的从吉林省南下国家专项储备平价玉米和议价玉米及代省储玉米 47801 万吨，分别调往湘潭县、湘乡市和市区的 11 个单位代储，其中有 11 处租借供销、商业等社会仓和棚仓储存。

1998 年，市库存粮食达到 36.7 万吨。其中：市区库存 10.5 万吨，湘潭县库存 12.6 万吨，湘乡市库存 12.5 万吨，韶山市库存 1.1 万吨。各县（市）库存粮中，市属粮权的粮食 15 万吨，占据县市仓容，影响粮食敞开收购。市政府与财政、粮食部门协调，从县、市调入本级定购粮 4 万吨到市区，所需调粮费用 680 万元(调拨经营费 480 万元;调拨运杂费 200 万元)由市政府承担。调拨经营费先由调出单位贷款垫付;调拨运杂费先由调入单位贷款垫付。1999 年 7 月后,市大米价格继续大幅度下滑,库存粮食价格与市场销售价格差额越拉越大,粮食企业库存粮食滞销,粮食计划调拨停顿,存粮压库。2000 年起,国家定购粮、市场粮、省级储备粮实行包干就地销售,中央储备粮划转地方商品粮销售,实行市场化购销,计划调拨终止。

第五章 粮食财务管理与市场准入

第一节 粮食财务管理

中华人民共和国成立初期,境域粮食财务实行报账制,各项经济指标和费用由上一级粮食部门计划管理,执行预决算制度。20 世纪 50 年代中期,粮食财务实行指标控制、包干负责,采取费用包干与定额管理相结合的办法管理。50 年代末期,境域粮食部门对各项费用一次性分配到县局,实行"统一掌握,部门包干"使用。60 年代中期,境域粮食基层企业由过去的报账制改为独立核算。进入 80 年代,粮食财务由国家统收统支的体制逐步进行改革。1980 年境域粮食企业试行"政策性亏损定额补贴和利润留成"办法,调动企业和职工积极性,提高经营管理水平。1983 年按省财政厅、省粮食局部署,境域粮食财务实行政策性亏损补贴包干,超亏不补、减亏全留的办法,一定两年不变。1984 年市内按省粮食局规定,粮食商业采取政策性亏损补贴后实行的利润按 7:3 分成(上缴国家 70%,列抵粮食部门亏损指标,企业留成 30%,作为职工福利和企业发展基金);对粮油工业、运输、饲料企业实行利润分成;小食品生产利润实行企业和职工 7:3 分成(上交国家 70%,企业留成 30%作为发展基金和职工奖金劳务费)。1985～1986 年,境域粮食财务实行粮油工业与粮油商业盈亏两条线管理,盈亏互不相抵(粮油工业为盈利企业,粮食商业为政策性亏损企业),政策性亏损补贴总包干,一年一定,超亏不补,节余全留。

1987 年,省政府对湘潭市粮食购、销、调拨和议转平差价款(计划收购的粮食少于计划销售粮食,国家财政出钱买议价粮转平价补足平价销售计划,议价和平价之间的差价称"议转平"差价款)实行包干。包干指标为:粮食收购 15250 万千克原粮,食油收购 65 万千克。议转平粮食收购 2175 万千克原粮。核定全市粮食总支出 13994 万千克贸易粮。其中计划内销售 13374 万千克贸易粮,"农转非" 人口按非农业年递增 1.5%核定粮食销售量。市政府对粮油合同定购数加 5%机动分到各县(区);议转平粮食数量按计划内销售的 16%计算,"议转平"粮食由中央财政按每 50 千克稻谷补给 3.78 元,补到 20.87 元,实际收购价加费用超过 29.81 元的部分,市地方财政拨就地议转平粮食的差价款 80 万元,定购任务完不成的,由县(市、区)买议价粮弥补,其"议转平"差价款由县(市、区)财政负担。食油收购包干 65 万千克,按国家规定比例价收购。完不成收购计划,相应减少销售指标或购议价油弥补。省核定食油销售包干数为 287 万千克,其中省调入 255 万千克。超过包干计划多销的部分,由市、县(市、区)财政购议价油弥补,包干内节余的部分,由市、县(市、区)按成本价销售,也可作议价销售。粮食调拨包干：省确定湘潭市购销计划（包括就地“议转平”数）差额，省安排调入。市对县（市、区）的购销差额，由市平衡调出、调入。依此办法粮油购销调拨和“议转平”差价款包干续至1992年。实行包干后，多购少销节余的粮油和差价款补贴归地方，少购多销的粮油及增加的补贴均由地方财政自行解决。粮食财务由中央统收统支至1992年。

1993～1994年粮食财务由省财政预算，年初下达财务计划指标，年内检查，年底结算，省垂直管理。为增强地方政府平衡粮食购销调拨和粮食财务的责任，1995年湘潭市执行《湖南省人民政府关于完善粮食购销调拨包干政策和完善财务管理体制的通知》，实行粮食收购包干。强调粮食合同定购是国家任务、是农民应尽的义务，必须保证完成。定购粮收购实物，不准收取差价款；粮食销售包干，从1995年1月1日起，财务体制由省管下放到市管理。粮食企事业单位财务盈亏列市财政预算管理，包括粮食商业、粮油工业、饲料工业、运输业及其附属企业财务、粮食行政事业单位的经费和水库移民用粮费用等。从当年起，省对市实行“米袋子”市长责任制，市政府担负全市粮食供求平衡的责任，对全市的粮食收购、销售、市场管理等全面负责；建立市粮食储备和市、县（市）粮食风险基金制度。

1996年，市政府对县（市）完善粮食购销调拨包干政策和财务管理体制，将粮食财务体制下放到县（市）。市政府下达定购任务县（市）不得调减，农业税征实纳入定购任务之内，一并落实到农户。定购粮和农业税征收实物，对完不成定购任务的县（市）由同级财政拿钱买议价粮弥补。各县（市）1995年上报城镇居民人口数的75%为基数，按每人每月7.5千克口粮标准计算包干。大中专学生口粮按1995年度学生人数，每人每月15千克计算包干。军队用粮只作预算，不包干使用，年末市与各县（市）结算。“两劳”（劳改、劳教）人员每人每月22.5千克，“两所”（拘留所、看守所）人员每人每月15千克口粮标准包干。水库移民口粮供应量纳入定购粮专项支出，总量不变，专粮专用。农村灾区、贫困地区和纯林区需救助人口口粮，根据实际，核定数量，包干给县（市）使用。国家定购粮的粮权调拨属国家，在省包干指标内给市的粮食，市人民政府安排调度。核定县（市）交省市的粮食数量，必须严格执行调拨计划。根据省核定市的定购粮必保库存最低限额数，市核定县（市）粮食年度末定购粮必保库存最低限额。县（市）小于必保库存数量的，由县（市）买议价粮弥补，大于必保库存的，按必保库存数结账。湘潭市包干范围尚未销售的粮食的粮权属市人民政府。

是年，市将省下达到市的粮食财务补贴基数分解到县（市）。粮食商业、粮油工业、饲料工业、运输及其附属企业财务，粮食行政事业单位经费，农村灾销粮费用补贴包干资金管理核算由同级财政管理。列入县（市）预算管理的粮食企业交纳的所得税收入，实现收支两条线运行，留给县（市）用于粮食企业发展生产和消化亏损挂账。湘潭市区粮食直属企事业单位财政列市本级财政　预算管理；市对县（市）实行“米袋子”县市长责任制。稳定本地区粮食种植面积，增加粮食总产量，确保本地区粮食总量平衡，掌握70%～80%商品粮源，完成市政府下达的定购粮收购计划和调拨计划；确保城镇居民、大中专学生、部队、水库移民、“两劳两所”人员及农村需救助人员的口粮供应，建立地方储备粮制度和风险基金制度。

同年，贯彻《国务院关于粮食部门深化改革实行两线运行的通知》，加强国家和地方政府对粮油市场宏观调控，稳定粮食市场；用好国家对粮食企业的财政补贴，理顺粮食与财政、金融部门的关系；落实“米袋子”市、县（市）长责任制，保障境域粮食总量平衡；增强企业活力，促进粮食部门发展，粮食企业实行两线运行。境域粮食企业实行政策性业务与商业性经营分开，一条线从事政策性业务，一条线从事政策性业务以外的商业性经营。市、县(市)粮食局和所属粮站、粮库、军粮供应站为政策性业务单位。担负国家定购粮、中央和地方储备粮的收购、进出口、储存、批发、调运及城镇居民基本口粮、农村需救助人口的口粮、军粮、救灾粮、救济粮和水库移民口粮的供应,吞吐粮食,平抑市场粮价。所需费用按财政隶属关系分别由中央和地方财政补贴。政策性业务以外的经营活动为商业性经营。市、县(市)粮油零售店(粮店)、粮油加工企业、粮油运输企业为商业性经营单位,接受政府委托,代理一部分粮油政策性业务,代理费用由市、县(市)政府核定,通过财政补贴或差价款解决。市、县(市)承担中央或地方政策性业务的国有粮食企业,实行财务分开,核算分开,不与商业性经营混淆。中央、省与市、县(市)政策性业务费用和商业性经营费用严格划分,互相不挤占。

1998年,境域贯彻《国务院关于深化粮食流通体制改革的决定》,粮食收储业务与附营业务分开核算,实行粮食收购资金封闭运行。独立核算的粮油工业、运输企业及城镇粮站等具有独立法人资格企业,原已在商业性银行开户的维持不变,原在农业发展银行开户的通过清理划转到商业性银行开户。附营企业资产、人员与收储企业彻底分开,组建独立法人的附营业务经济实体。湘潭市、县(市)44家独立核算的粮食企业中，有33家粮食购销企业与附营企业分离，其余11家粮食企业成建制划转为附营企业。购销企业与附营企业实行财务分开,单独立账,单位核算。湘潭市市区8个收储企业由1名副职任附营企业法人代表,湘潭县、湘乡市、韶山市25家购销企业由原法人代表兼任附营企业法人代表,实行两块牌子一套人员。全市从购销企业中分流出1968人到附营企业,占总人数40.13%,同时,实行储备和经营分开。市储备粮的粮权属市政府,未经市政府批准,任何单位和个人不得动用。市级储备粮利息和费用补贴由市财政局划拨到市粮食局在农业发展银行开设补贴专户。县(市)储备粮费用和利息补贴由县(市)财政承担。2002年粮食购销价格、市场和经营放开,粮食购销调拨包干自动失效。

截至2004年止,湘潭市国有粮食企业历年的政策性财务亏损挂账为66200万元,经省人民政府审计认定后,从企业剥离,由市、县(市)粮食局集中管理,按照国务院及有关部门的文件规定消化本金和利息。经清理,政策性之外的经营性各类亏损挂账,按照债随资产走的原则,在企业产权制度改革过程中,归还银行贷款和利息。国有粮食购销企业按保护价(含定购价)收购的高价位粮食,在当年8月底全部销售处理,发生的价差亏损由粮食风险基金弥补。是年粮食企业进入全面改革,至2005年“米袋子”市、县(市)长责任制和粮食财务体制延续。

第二节 粮食市场准入制度

1986年,境域实行多渠道经营粮食,出现哄抬粮价,抢购粮食现象,冲击国家粮食合同定购。1987年,湘潭市按商业部、国家工商行政管理局、国家物价局、中国人民银行《关于加强粮食市场管理的通知》规定,在完成国家定购任务和“议转平”计划的前提下,才能开展多渠道经营,允许粮食出县、出省。从事粮食经营的单位和经营户,应具有相应资金和条件,向工商行政管理机关登记,核发营业执照,执行国家粮食政策和价格政策方可经营;机关、团体、部队、企事业单位以及用粮食做原料的工商企业(包括粮油加工企业、饲料加工企业)和作坊可自行采购。

1988 年,受严重水、旱灾影响,粮食减产。按省政府规定,"省内放开,出省管住","稻谷、大米管住,其他品种放开"。定购品种的粮食(稻谷、小麦、玉米)由国营粮食部门统一经营,其他任何单位和个人不准插手经营。湘潭市在市域出境处设粮食检查站,各县(市)区按区域把守,禁止粮食外流,打击投机倒把,非法经营粮食活动,打击倒买倒卖居民节余口粮的非法行为。农户完成合同定购任务后的余粮可在集市出售,缺粮户可在集贸市场购买自己消费的粮食,但不允许经营倒卖粮食。

1989 年,按省政府加强粮食市场管理规定,湘潭市以县(市)为单位在未完成国家定购任务前,除粮食部门外的单位和个人不准收购、经营粮食。农户完成粮食合同定购任务后,可在当地集市出售粮食;缺粮户可以进入集市购买自己消费的粮食;允许工商企业和个体工商户到集市购买加工食品和饮食用粮;非收储粮食企业只能由县(市)粮油议价公司委托收储企业(粮站、点、库)代收议价粮;出省的稻谷、大米经市人民政府批准,发放"准运证",向省粮食局备案;非市域内单位和个人不准在湘潭市范围内收购稻谷和大米。

1997 年,按国务院办公厅通知,市内除承担国家粮食收购任务的国有粮食企业外,其他任何单位和个人,包括国有粮食部门的加工厂、饲料厂、酿造厂等粮食加工、经营单位都不得直接到农村收购粮食;国有粮食企业按照省人民政府规定的价格销售粮食,不能低价销售。

1998 年,根据国务院颁发的《粮食收购条例》,境域从事粮食批发业务的单位和个人必须有 50 万元以上的自有经营资金;仓容达到 100 万千克以上;有相应的检测手段;有能力执行市、县(市)政府制定的丰年最低库存量和歉年最高库存量的规定,有能力承担政府规定的调剂市场余缺和平抑市场粮价相应的责任和义务。方可核发粮食批发许可证和从事粮食经营活动。另外,经营粮食业务不需持有"湖南省国有粮食收储企业原粮销售凭证"、国税局印制的销货发票和"湖南省国有粮食收储企业原粮销售凭证"。全市建立粮食巡查队 43 支,协助工商部门对 106 家私人米厂及个体粮店,查粮食来源(顺价批粮备查依据),查经营合法性(有执照、台账、责任状),查短斤少两掺杂使假不法行为,打击以搞代加工名义非法收购粮食的私营米厂。湘潭县易俗河粮站率先成立 19 人的粮食市场管理巡查队,对辖区内 14 家个体米厂实行粮食加工销售管理制度,44 家私人粮店实行进货申报制度和商品流动管理制度。依法查处非法收购稻谷案件 5 起,没收稻谷 5000 千克,罚款 16500 元。查处非法流入大米案 1 起,罚款 6000 元,易俗河粮站的经验在境域推广。

1999 年,按监察部、国家计划委员会、财政部、审计署、国家工商行政管理局、中国农业发展银行要求。市纪委、计委、财委,市监察、粮食、工商、财政、审计、物价局和农业发展银行湘潭市支行建立粮改执法监察和效能监察联席会议制度。对县市落实粮食"敞开收购、顺价销售、收购资金封闭运行"和粮食企业改革、粮食市场管理进行执法效能监察。当年 1~9 月,湘潭市敞开收购粮食 63639 吨,比上年同期多收购 9155 吨;顺价销售粮食 74894 吨,比上年同期减少库存粮 43200 吨;资金封闭运行做到收多少粮,贷多少款。销售多少粮,还多少贷。共发放收粮贷款 7723 万元,没有出现挤占挪用,粮食销售资金回笼率、归行率、收贷收息率 100%;财政拨付粮食风险基金 3643.75 万元,到位率 100%;粮食市场管理实行"专门领导班子、专门监管队伍、专门举报网络"和"市场管理岗位责任制""个体经营加工台账登记制"。

2001 年,贯彻省政府《关于进一步深化粮食流通体制改革的通知》,从 4 月 1 日起,湘潭市粮食价格和市场全面放开,允许符合条件的多种所有制经济主体,经县以上粮食行政管理部门审查经营资格,工商行政管理部门核准登记,按国家规定从事粮食收购;取消粮食运输凭证制度,拆除阻碍粮食流通的关卡。

2002 年 2 月 1 日起执行《湖南省粮食收购资格审核管理(暂行)办法》,在省内从事粮食收购的粮食加工企业、用粮企业、个体工商户及符合规定的其他企业,依照本办法的规定,向当地粮食行政管理部门申请取得粮食收购资格,领取《粮食收购许可证》。粮食经营者在境域以外收购粮食时,持原发证机关颁发的《粮食收购许可证》和营业执照,到收购所在地粮食行政管理部门办理临时《粮食收购许可证》后,从事粮食收购活动。申请领取《粮食收购许可证》企业的注册资本(金)不低于法定最低条件:个体工商户注册资本(金)不低于人民币 3 万元,有 3 万千克以上规模的固定粮食仓储设施;有相应的粮食质量检验专(兼)职人员和检测仪器,履行《条例》规定的权利义务。2005 年实行新的粮食收购许可证的审核换证,全市核销旧证 120 个,换发新证 30 个。至 2005 年底止,全市取得《粮食收购许可证》的企业有 60 家。个体工商经营户 150 户。贯彻落实《湖南省粮食流通统计制度》,市、县(市)粮食行政管理机关、企业配备专职统计员,更新统计设备,市、县(市)实现与省联网。

第三十二篇　供销合作

概　述

1985年,全市供销合作商业(下同)有购销服务网点1046个,从业人员7887人,固定资产原值4864万元,商品纯购进总额12902万元,商品销售总额40230万元,经营利润360万元,上缴税金373万元。1986年,全市开展建立多成分、多渠道、多种经营方式、少环节流通体制的要求,大力推进商品流通体制改革,打破供销社只能面向农村、不能进城以及商品必须从国营商业企业进货的国营合作商业分工原则,组织农村供销社进城开设经营服务网点;开辟直接从工业生产企业进货渠道;组织工业品联购分销、农副产品分购联销网络,与省内外314家日用工业品生产企业建立产销合作关系,直接从工厂进货额占工业品购进总额的87.4%。是年,有社员股金123.1万元。全市有购销服务网点1218个,从业人员8331人,固定资产原值5247万元,商品纯购进总额15870万元,商品销售总额45258万元,经营利润191万元,上缴税金346万元。

1987年,市供销社工业品联购分销总公司成立,省内有36个县(市)供销社和110多个基层供销社参加湘潭的工业品联购分销,分销总额7860万元。10月,湖南省供销合作总社在韶山召开全省工业品联购分销现场会,推广湘潭经验,签订湘潭地方产品销售合同1.2亿元。1988年,供销社继续扩大工业品和农产品联购分销,工业品销售总额、农产品销售总额、再生资源回收总额、经营利润、上缴税金全面增长。是年,全市有购销服务网点1277个,比1985年增加231个,从业人员8463人,比1985年增加576人。有固定资产原值6771万元,比1985年增加1907万元。商品纯购进总额31201万元,商品销售总额75754万元,上缴税金695万元,比1985年分别增长141.8%、88.3%、86.2%。经营利润445万元,比1985年增长24.1%。

1989年,境域供销社购销萎缩,库存滞胀,1990年,全市开展治理经济环境,整顿经济秩序的部署,深入开展清理商品仓库、清理账目、挖掘潜力资金的治理整顿活动。清出有问题商品价值770万元,有问题资金647万元,职工归还欠款104.5万元,挽回损失492万元,盘活沉淀资金925万元。对171个经营单位进行财务审计清理,清出违纪违法资金255.1万元,38名严重违纪违法的干部职工受到纪律处分。1991年,市政府进一步放宽供销社经营范围的政策,在巩固农资、棉花、食盐、烟花鞭炮等项商品的专营和主营地位的同时,拓宽经营领域和经营范围。新开辟石油、饲料、民用建材等21个新经营服务项目,新增固定和临时经营网点384个。1992年,供销社全面推行国营合作商业“四放开”(经营、价格、分配、用工)改革,市、县两级供销社给企业下放17项权力,对575个经营生活资料的边远、小型、微型、亏损门店和饮食服务店实行“社有民营”。各级供销社采取工厂连基地、基地连农户的办厂方式,大力发展以农产品加工为主的加工业,社办工厂发展到54个,完成工业产值1550万元,实现工业利润125万元。1993年,市、县供销社机关进行精简机构,压缩人员,下放权力,转变职能的改革。管理科室由49个减少到23个，工作人员由186人，压缩到95人。市社直属企业亦按照“精简、高效、务实”原则裁减管理人员373人，占原有管理人员人数的51.1%。企业进一步完善经理（主任）任期目标管理责任制，严明奖罚。是年底，全市有购销服务网点1100个，比1988年减少177个，从业人员8765人，比1988年增加302人，固定资产原值10714万元，比1988年增长3943万元。商品纯购进总额35073万元，商品销售总额90400万元，上缴税金968万元，分别比1988年增长12.41%、19.3%、39.3%。经营亏损147万元。

1994年，一批新建、扩建综合商场、贸易中心、供销大厦、百货大楼、水果市场、农贸市场先后投入运营，共增加营业面积76000多平方米，年销售额在100万元以上的商场有29个，全市固定资产原值13433.9万元，自有资金11068.6万元。1995年，全市各级供销社围绕“把供销合作社真正办成农民的合作经济组织”这个目标，深化改革，对农资商品供应网络进行整合，建立以市、县农资公司为龙头，实行“六统”“三保”“一条鞭”（进货、销售、价格、服务、管理、结算统一，保质、保量、保时，市县农资公司、农资站，基层供销社管理一条鞭）的农资流通新体制。农资供应网点增加到643个，全年销售化肥252248吨，销售农药3874吨。1996年3月，市委、市政府下发《关于深化供销合作社改革的决定》，要求各级政府和有关部门认真落实中央和省委、省政府给予供销合作社的一些特殊保护和扶持政策，支持供销社拓展经营范围和服务领域；市供销社机关纳入政府事业编制，经费列入财政预算，归口市农办管理。各县（市）供销社机关参照办理。全市供销社系统紧密围绕服务农业生产，开展全方位深层次、系列化服务。各级供销社兴办的“庄稼医院”、配药站、机防队等服务组织对农作物栽培进行技术指导和病虫害防治；产后，组织加工、收购、运销。是年，“庄稼医院”发展到340所，其中功能齐全、达到省定“十有”（有依托单位负责活动；有场地；有设备包括农作物病虫标本、挂图，检验设备等；有较强的技术力量；有健全的组织管理制度；有推广使用新肥、新药、新技术试验示范点、有立项的科研项目和成果；有技术推广服务活动记录；有与其配套的植保机防队和配药站；有良好的社会效益和企业经济效益）标准的县、乡中心“庄稼医院”37所，对农作物实施测土施肥，配方用药14.7万亩。1997年，各级供销社继续开展扩股增资，广泛发动农民和内部职工入股，以增加供销社的民办成分。社员股金增至867.4万元。年末，全市供销社有市级社1个，县（市）级社5个，基层供销社31个，县以上公司27个，其中市社直属公司9个。经营网点1127个，其中零售网点977个，年销售额100万元以上大中型商场31个，批发网点48个，饮食服务网点12个，社办工厂18个，从业人员9184人。1998年，境域供销社在人员臃肿，欠账多，包袱重，加上体制不顺，机制不活，市场竞争愈加激烈等诸多内外矛盾困扰下，经营活力减弱，经济效益滑坡，逐步陷入困境。1999年，市政府贯彻国务院《关于解决当前供销社几个突出问题的决定》，成立供销社财务挂账清理核查小组，组织财政局、计委、审计局、人民银行等部门对供销社企业1992年以前的老财务挂账以及1993年以后的新增财务挂账进行全面清理，认定新老财务挂账总额为17448万元。按照国务院指示精神，将其列入供销社停息挂账专户，待后处理。境域供销社企业亏损面超过80%，亏损额高达966.6万元。一部分企业退出经营，有的资不抵债，濒临破产。供销社面临严峻的生存和维稳压力。2000年底，全市有购销服务网点1995个，比1993年增加895个，从业人员8294人，比1993年减少471人，固定资产原值18105万元，比1993年增长7391万元。商品纯购进总额17114万元，商品销售总额25017万元，上缴税金310万元，分别比1993年减少51.2%、72.3%、70%。经营亏损381万元。

2001年起，全市各级供销社采取措施扭亏增盈，层层下达扭亏、减亏、控亏指标，对边远、小型、微型、亏损的企业、门店实行关停并转，对严重资不抵债、扭亏无望的企业，依法破产，全面启动企业改制。2002年，供销社对经营网络进行整合，构建为农服务新网络，依托市、县专业公司作龙头，发展连锁经营、总代理、总经销和农村超市。运用现代流通方式，重新组建农业生产资料供应、日用工业品销售、农副产品购销、再生资源回收利用四大网络，继续发挥农村商品流通主渠道作用，全市供销社系统实现扭亏为盈，获省政府二等奖，湘乡市供销社被评为全国供销社系统先进单位。是年，市供销合作社联合社更名为“市供销合作总社”。2004年，根据市政府《关于发展农村合作经济组织的意见》，实行“开放办社”，积极创办、领办“两社一会”（专业合作社、综合服务社、经济组织协会），吸纳当地农业大户、经济大户、乡镇企业、经纪人入社入会共同投资，以股份合作制形式和“民办、民营、民享”的管理原则，办起一批专业合作社等新兴经济合作组织，社会效益和企业经济效益显著提高，市供销社荣获省政府“经济效益”二等奖。

2005年，根据市政府第49次常务会议有关对供销社改制企业处置资产免征土地、房屋交易契税等4条优惠政策，共处置企业资产801处，获变现资金12518万元；置换职工身份5713人，安置退休人员2014人，发给离岗职工各项安置补偿费5470万元，偿还、化解债务6430万元。长期困扰供销社改革的体制障碍、历史经济包袱和人员臃肿负担重等深层次问题基本得到解决。是年，完成农业生产资料销售总额4416万元，销售化肥71963吨、农药703吨、农地膜58吨。完成再生资源回收总额10664万元，回收废钢铁43611吨。完成和超额完成市政府和省供销社下达的各项经济考核目标。市供销社系统实现连续4年盈利。湘乡市农业生产资料公司被全国供销合作总社评为文明服务窗口单位以及农业产业化龙头企业。是年，境域供销社有市级社1个，县级社4个，市、县级专业公司22个，基层社17个，社有企业及社涉企业中的股份责任公司15个，合作制企业10个，社办工厂6个，社员股金65.7万元。在册职工人数2173人，离退休人员3772人。随着企业经济效益回升职工收入普遍提高，职工养老保险参保率100%，离退休人员生活保障100%。部分职工参加医疗、失业、工伤、女职工生育等社会保险，社会保障水平不断提高。是年底，全市有购销服务网点247个，比2000年减少1748个，从业人员2173人，比2000年减少6121人，固定资产原值8931万元，比2000年减少9174万元。商品纯购进总额2675万元，商品销售总额25521万元，上缴税金86万元，分别比2000年减少84.37%、2%、86.8%。经营利润41万元。

第一章 经营服务网络

1986年，全市有专业公司27个，基层供销社26个，年销售额100万元以上的大中型商场2个，各类经营服务网点1218个，其中农村的各类网点1078个，占网点总数的88.5%。1987年起，全市供销社系统加大网点建设投入资金，网点建设速度加快，在农村集镇和城市新建一批综合商场、贸易中心、农贸市场等大中型经营设施，同时，整合一些分散的网点，为了更好地服务“三农”。1989年开始，以专业公司和基层供销社等传统经营网络为依托，创办、领办“庄稼医院”、综合服务社、专业合作社、经济组织协会等新兴服务网络，大力开展“科贸兴农”活动，促进农村经济发展，至1994年的

8 年共投入网点建设资金 8180 万元。是年，全市有专业公司 26 个，基层供销社 31 个，年销售额超 100 万元的大中型商场 29 个，各类经营网络 1133 个，其中，农村网点 1035 个。1995 年以后，供销社系统经营的物资逐步放开，加之市场竞争激烈，供销社系统经营网点逐步减少。至 2005 年底，全市有专业公司 22 个，基层供销社 17 个，大中型商场 18 个，有各类网点 247 个，其中农村网点 105 个，形成农资、再生资源和烟花爆竹营销网络以及各类经济协会和综合服务组织。

第一节　传统经营网络

一、专业公司

1986 年，境域供销社的专业公司大多数设在县以上城市，个别设在农村大集镇上，承担全市供销社系统商品的调入、储备、运输、供应，对影响国计民生的棉花、化肥、农药等重要商品进行供需总量平衡。主要从事农业生产资料、农副产品、食杂果品、再生资源、工业品、日用杂品的经营。是年，全市供销社有专业公司 27 个，其中市级公司 8 个，县（市）级公司 19 个，仓容面积 46200 平方米，商品销售总额 19938.7 万元，占全系统商品销售总额 44.1%，实现利润 143.4 万元，占全系统利润总额 75.3%。1988 年，流通领域兴起公司热，供销社专业公司增至 30 个，全年商品销售总额 34614.4 万元，比 1986 年增长 73.6%，占全市供销社商品销售总额的 45.69%，实现利润 297.4 万元，比 1986 年增长 107.39%。

1990 年，市供销社联营总公司、果品公司、食品工业公司等 4 家经营业务重叠公司被撤并，专业公司减少到 26 个，全年商品销售总额 36826.2 万元，经营亏损 23 万元。市物资回收公司商品销售总额 3029.6 万元，实现利润 139.3 万元，该公司 158 名职工，人均创利 8816 元，该公司被湖南省政府企业管理指导委员会审定为“省级先进企业”，湖南省供销合作总社授予该公司经理刘寿庭“劳动模范”“优秀企业家”称号。1992 年，供销社有专业公司 26 个，其中市级公司 8 个，县（市）级公司 18 个。多数专业公司以批发为主，兼营零售，批发销售占 70%以上。公司下设各类批发部、经营部、贸易货栈 134 个，零售店 97 个。有棉花、化肥、农药、水果（冷库）、废旧物资等仓库 68400 平方米。全年商品销售总额 49079 万元，经营亏损 39.1 万元。市棉麻烟茧公司组织储备纺棉和民用棉 3780 吨、苎麻 2100 吨，供应湘潭纺织印染厂和市二纺织印染厂纺棉 2140 吨，销售衣絮棉等民用棉 370 吨。1996 年，全市供销社系统有专业公司 27 个（雨湖农资公司新成立），其中市社直属公司 8 个，湘潭县 7 个，湘乡市 8 个，韶山市 3 个以及雨湖区农资公司。年末，专业公司在职职工 3301 人，占全市供销社职工总人数 35.86%。公司下设各类批发部、经营部 141 个，零售店 105 个，仓库 37 处，仓容面积 69600 平方米。全年商品销售总额 34431.7 万元，比 1988 年下降 5.28%，占全市供销社商品销售总额 45.8%。经营亏损 197.8 万元。市、县两级农资公司组织储备化肥 9.6 万吨，占全年化肥总销量 37.1%，是历史上化肥冬储最多一年，专业公司起到“蓄水池”作用。

1997 年以后，专业公司随着计划经济逐步解体，市场经济的发育完善，专业公司经营物资逐步放开，市场竞争增强，经营业务稳中开始下降。2000 年，全市供销社有专业公司 26 个，雨湖区农资公司因经营管理不善、亏损严重被撤销，其资产债务移交护潭供销社。专业公司下属的各类批发、经营部 123 个，比 1996 年减少 118 个，零售店 64 个，比 1996 年减少 41 个，全年商品销售总额 9839 万元，比 1996 年下降 71.43%，占全市供销社商品销售总额 39.33%。

2001 年起，全市供销社系统各专业公司逐步采取改制，兼并、租赁、拍卖、股份合作等多种形式，改革专业公司产权和经营体制。2005 年，全市供销社系统专业公司有 22 个，湘潭县在企业改制中撤销食杂果品、日用杂品、工业品等 4 个公司，只保留农资、再生资源等 3 个公司。企业改制后，专业公司下属的各类批发、经营部还有 67 个，零售店 42 个，比 2000 年分别减少 56 个、22 个。市、县再生资源回收公司全年回收废钢铁量、再生资源回收额创历史新高。全年商品销售总额 13603 万元，比 2000 年增长 38.26%，占全市供销社商品销售总额 53.3%。

二、基层供销合作社

1986 年，境域基层供销合作社（以下简称基层社）基本上按行政区域建社，设在农村的大集镇上，又称区供销社。基层社以下设供销分社（1 乡 1 社），又称中心商店，是基层社派出的综合服务机构，实行财务报账制度，由基层社统一核算。供销分社下设购销商店，（基本上 1 村 1 店），一般设在离集镇较远的农民聚居处，大部分购销店由基层社出资建店，也有少数由村里提供房屋、设备、人员，基层社负责提供商品铺底资金，进行业务指导，由社、村联办购销商店。是年，市郊区供销合作社成立，市供销合作社郊区办事处同时撤销。湘潭县、湘乡县按行政区域调整基层社建制，全市基层社有 26 个，在职职工 4652 人，全年商品销售总额 25319 万元，占全系统商品销售总额 55.9%，实现利润 47 万元，占全系统利润总额的 24.7%。

1987 年，韶山区以乡设置基层社，全市基层社增至 31 个。为适应市场竞争，基层社经营分工进一步细化和专业化，一般都设有三站一部（农业生产资料供应站、农副土特产品收购站、废旧物资回收站，工业品、生活资料批发部）以及布匹、针织品、百货、家电、五交化、日用杂品、副食品等零售专店。有的还设有旅社、饭店、冷饮、照相、维修等服务门店。湘潭县石潭镇形成供销社网点“一条街”。全市基层社完成商品销售总额 29070 万元，实现利润 125 万元。1988 年，全市基层社有 31 个，在职职工 4768 人，商品销售总额 41139.7 万元，比 1986 年增长 62.48%，占全市供销社商品销售总额 54.3%，实现利润 147.8 万元，比 1986 年增长 212.76%，占全市供销社利润总额 33.2%。湘潭县石潭供销社副食品加工厂建立“原材料、产成品、销价”核算新体制，实现利税 5.7 万元。1990 年，基层社商品销售总额 35271 万元，占全市供销社商品销售总额 48.92%，亏损 508.5 万元，占全市供销社系统亏损总额 95.7%。湘乡市壶天供销社商品销售总额 1350 万元，比上年增长 18.4%，实现利税 30.2 万元，被评为湘潭市先进基层社。1991 年，全市有基层供销社 31 个，供销分社 97 个，村级购销商店 627 个。固定资产原值 4780 万元，占全市供销社固定资产原值 51.4%，商品销售总额 36191 万元，占全市供销社商品销售总额 43.8%。4 月，市郊区霞城供销社中洲商场副经理、共产党员宋辉选在广西凭祥采购商品时，为保护集体财产被犯罪分子杀害，时年 46 岁。市供销社党委发出通报，号召全市供销社系统的党员、干部、职工学习宋辉选为保护集体财产而献身先进事迹。1993 年，全市供销社系统各级管理部门实行精兵简政。全系统有 464 名管理人员充实到经营第一线，占原有管理人员人数 51%，新办 12 个经营实体，拓展石油、建材、饲料、废钢铁、粮油的经营。对边远、小型、微型、亏损门店全面推行“社有民营”，全系统实行“社有民营”店柜 763 个，占整个经营网点的 50%，参与职工达 3213 人,承包职工全年工资费用自理金额 700 万元,承包上交金额 937.6 万元,实现扭亏增盈。是年,全市基层社有 31 个,在职职工 4218 人,商品销售总额 49089 万元,比 1988 年增长 19.32%,占全市供销社商品销售总额 54.3%,盈利 14.3 万元。

1994 年以后,基层社经营额不断下降,亏损逐年上升,2000 年,商品销售总额 13791 万元,占全市供销总额 55.12%,比 1993 年下降 22.73%。31 个基层社有 27 个发生亏损,亏损面达 81.2%,亏损额 216.2 万元,占全系统亏损总额 56.7%。2002 年,基层社全面推进"两个置换"(企业置换产权、职工置换身份)改制,变卖资产 516 处,置换职工身份 2918 人。湘潭县供销社将基层社 407 个经营服务网点的资产全部变卖或处置给职工个人,同时撤销原有 9 个基层社建制。湘乡市月山供销社因亏损严重,资不抵债,依法破产。全市有基层社 21 个,经营服务网点 647 个。2005 年,全市有基层社 17 个,其中湘乡市 8 个,城区(雨湖区、岳塘区)6 个,韶山市 3 个;经营服务网点 202 个,大部分产权被置换,少数处理给职工个人经营。保留下来的经营网点主要是从事农业生产资料供应和再生资源回收的中心网点,也有新组建的农村超市,全年商品销售总额 1891.5 万元,实现利润 9.6 万元。

三、大中型综合商场

1986 年,全市供销社系统年销售额 100 万元以上综合商场有湘潭县响塘供销社综合商场等 2 个。1987 年 10 月,湘潭县响塘供销社响塘综合商场建成开业,营业面积 2000 平方米,经营 12500 多种商品,年销售额突破 500 万元,实现利润 31.2 万元,被评为全省供销社系统先进企业。商场经理李国安被省政府授予优秀企业家称号,被国家商业部授予劳动模范称号。1988 年 4 月,市供销社在响塘供销社召开网点建设现场会,总结推广响塘经验,研讨发展规划。要求各级社采取新建与改造扩建相结合;市、县供销社对直属企业网点建设基金集中使用;效益较好的企业适当提高网点建设基金提留比例;允许网点建设待摊费进入成本;向省供销社和市政府申请商业网点建设拨款和低息贷款等措施,筹款 8000 余万元,加快重点项目建设,抢占城乡市场。到 1994 年的 8 年中,先后建成 25 个年销售额超 100 万元,4 个年销售额超 1000 万元的大中型综合商场,营业面积 41860 平方米,员工 2164 人。1994 年,商品销售总额 14320 万元,占全市供销社商品销售总额的 21.1%。湘潭供销大厦营业面积 6000 平方米,员工 391 人,经营 31000 多种商品,年销售额 5801 万元,跻身于全国供销社系统大中型商场"销售百强"行列。湘潭县供销社投资 1170 万元,在全县重点集镇建起 10 大商场,易俗河百货大楼建筑面积 6000 平方米,营业面积 3000 平方米,员工 130 人,年销售额 1100 多万元。市日用杂品公司投资 650 万元,兴建的砂子岭日用杂品大楼,建筑面积 5000 平方米,营业面积 3500 平方米,设有 30 个柜组,130 名员工,经营 15000 多种商品,年销售额 1300 多万元。湘乡市供销社的湘乡供销大厦、工业品大楼、废旧物资回收大楼、虞塘供销大楼、壶天供销商场先后建成开业。

1995 年后,加强大中型综合商场的建设。到 1998 年,大中型商场达到 31 个,在职职工 2368 人,营业面积 47780 平方米,年销售总额 15798 万元。由于流通领域民营企业崛起,各类超市发展迅速,供销社大中型综合商场优势减弱,加上少数企业改制滞后,机制不活、管理不善、经营决策失误,亏损面扩大,大中型商场有 26 个亏损,亏损面高达 83.9%。湘潭供销大厦在广东惠州、珠海等地的房地产开发项目亏损本金和利息 2630.66 万元,7 ~ 8 月间,因无力兑付集资款,部分社会集资户强行拿走商场的贵重商品,有的毁坏营业设施,围攻工作人员,造成经营瘫痪。市纪委、检察院、公安局等部门成立专案组,进行查处。通过调查落实,1313.3 万元集资款,有 786.7 万元无法兑付,影响社会稳定。有关部门对该企业 38 名相关责任人渎职、受贿、贪污、以权谋私等违纪违法行为分别给予党纪、政纪处分和刑事处罚。1999 年,湘潭供销大厦退出自身经营业务,员工下岗分流、自谋职业,其房产、设施整体出租,由市食杂果品公司托管。

2001 年,大中型商场以置换企业产权为核心进行改制,4 月,湘潭县供销社经县政府体制改革办批准,将易俗河百货大楼、芙蓉大厦公开拍卖,获变现资金 1065.8 万元,置换职工身份 283 人。至 2005 年,全市供销社曾拥有的 31 个大型商场,仍在经营的有 18 个,在职职工 690 人,营业面积 21450 平方米,年销售总额 3568 万元;有 11 个大中型商场置换产权(4 个改为超市,实行股份合作制)和 1474 名职工被置换身份;2 个退出自身经营,将房产、设施整体出租。

四、代购代销店、合作商店

(一)代购代销店

1986 年,全市有代购代销店(以下简称“双代店” 由供销社归口管理,是供销合作商业的补充。“双代店”一般设在交通不便的偏僻山区,本少利微,多为家庭式经营,又叫“夫妻店”,为供销社代购零星分散的农副产品和废旧物资,代销人民群众日常生活资料,主要是方便群众)518 个,从业人员 647 人。完成农副产品代购总额 67.2 万元,废品代购总额 37.8 万元,代销生活资料 3987.6 万元(统计数据入基层供销合作社,下同)。1992 年,随着流通体制改革的深入,市场逐步开放,个体经营户发展迅速,小商小贩串村上户叫卖,“双代店”经营萎缩,有的关门停业。年末,“双代店”减少到 307 个。全年,为供销社代购农副产品总额 29.4 万元,占供销社农副产品纯购进 1.3%;代购废旧物资 8.1 万元,占供销社废旧物资回收总额 0.65%;代销商品 1475.2 万元,占供销社商品纯销售总额 1.67%。1996 年,“双代店”减少到 148 个,代购代销总额 378.5 万元。此后“双代店”改为经销或自营,业务上与供销社脱钩。

(二)合作商店

1986 年,全市供销系统有合作商店(在对私营工商业进行社会主义改造时,一部分小商小贩自愿入股组织起来的,采取资金、设备入股的办法,实行统一经营、民主管理、独立核算、共负盈亏的集体商业组织,由供销社归口管理。)91 个,从业人员 274 人,大多数属于“文革”后落实政策,重新恢复经营。主要分布在农村,在城镇中也有经营日用杂品、食杂果品、废旧物资回收的合作商店。合作商店条件差、设施简陋,多数是 20 世纪 60 年代前的旧房,有的已成危房,从业人员年龄普遍偏大,文化水平低,经济效益差,处于自生自灭的境况。1999 年,境域还在从事经营活动的合作商店 52 个,从业人员 137 人。2005 年,有合作商店 36 个,从业人员 98 人。

第二节　新兴服务网络

一、“庄稼医院”

1989 年初,韶山区供销社率先在全区 6 个乡创办 6 所“庄稼医院”,指导农民科学用肥、用药,传授农资商品的应用技术，开展新化肥、新农药试验示范和推广使用，农作物病、虫、草害的科学防治，进行经济作物技术有偿承包服务，并与农技部门联手，每所“医院”由农技部门派2名农技干部当“医生”，供销社安排2~3名职工当助手从事组织管理工作，场地、费用由供销社负责解决，农技干部办公费和津贴由供销社报销。全区6所“庄稼医院”的工作人员全年深入农户、田间巡回出诊1469人次，门诊720人次，开出配肥、配药处方1637份，接待农民咨询3900多人次。是年，全市共创办“庄稼医院”20所，配药站46个，举办经济作物技术培训班22期，培训农民技术员2100人次，印发种养业科技资料12700份。1990年，市供销社在韶山召开“科贸兴农”活动现场会，推介韶山经验，贯彻省供销社关于“庄稼医院”实行“6有”标准规范管理的通知，对发展普及工作进行部署。全市“庄稼医院”发展到121所，从业人员475人，其中湘潭县61所，湘乡市49所，韶山市6所，市郊区5所。达到省定“六有”标准93所，合格率76.9%。推广测土施肥，对症用药示范面积15.9万亩，降低生产成本。湘潭县通过抽样鉴定，早稻每亩化肥、农药的投入比上年减少8.7元，粮食产量增幅5.2%；晚稻每亩化肥、农药投入比上年减少13.49元，粮食产量增幅4.9%。湘潭县姜畲供销社中心“庄稼医院”获全省供销社系统“十佳庄稼医院”称号。

1991年，贯彻“巩固、完善、提高”的方针，全市有“庄稼医院”141所，从业人员567人，达到省新定“十有”标准的122所，合格率为86.5%，通过执行新“十有”标准，“庄稼医院”逐步走上正规化、专业化、规范化轨道。湘乡市农资公司中心“庄稼医院”采取科贸结合，提高经济效益，全年除支付3.2万元科技服务费外，还盈利2万元，被评为全省先进“庄稼医院”。湘潭县响塘供销社中心“庄稼医院”与当地37户农民签订柑桔技术承包合同，对37个低产小桔园进行技术改造后，户户增产增收，响水村黄姓村民家110株无核蜜橘产果4500千克，比上年增产1450千克，增收1600元。

1992年，为解决“庄稼医院”技术力量不足，市、县供销社主动接收农业院校毕业生34人，安排在“庄稼医院”等涉农服务岗位上。市供销社制发《“庄稼医院”“庄稼医生”规范（试行）》，“庄稼医院”管理更加规范，庄稼医生职责、任务更加明确。全市推广农作物配方用肥、用药10.1万亩，推广经济作物应用科技成果9项，举办“庄稼医生”培训班5期，培训400多人，印发种养业科技信息资料26000多份。1997年，各级供销社不断完善综合服务功能，全市97家庄家医院重新挂牌，为农民开展测土施肥、配药治虫等综合服务，提高为农民服务的科技含量，全市“庄稼医院”发展到346所，从业人员1364人。其中湘潭县177所，湘乡市156所，韶山市6所，城市两区7所。功能齐全的县、乡镇中心“庄稼医院”37所。推广使用“三唑灵”等高效低毒的新农药17种，推广使用“肥力高”等新化肥6种，办高产示范试验田40亩。1998年以后“庄稼医院”的功能逐步被农村综合服务社取代。

二、综合服务社（站）

1994年，境域供销社在开展农业系列化服务活动中，贯彻国务院《关于加快农业社会化服务体系建设的通知》，以农村购销店，“双代店”为依托办起综合服务社（站）411个，附属植保机防队21个，从业人员2164人。综合服务社围绕促进农业增产增收，开展全方位，深层次的系列化服务。全年承包经济作物栽培技术指导7.96万亩，承包农作物病虫防治9740亩，推广测土施肥、配方用药63000亩，印发农产品市场信息和农业技术资料32000份。

1998年，全市有多种形式的综合服务社（站）518个，植保机防队27个，从业人员2642人。将经营项目、服务范围、商品购销价格及服务收费标准向社会公开，并承诺不销售假冒伪劣商品，不短斤少两，实行预约送货，服务上门。全年送化肥、农药到户36500吨，为农民节省大量的购肥、运肥劳动力和费用；为农民提供农产品销售市场信息4900条，农作物栽培及病虫防治等科技信息12800条。全年承包经济作物栽培技术指导9.17万亩，承包农作物病虫防治2.12万亩，除供应农药、化肥等商品外，其他均为无偿服务，使综合服务社（站）真正成为农村生产资料和农民生活用品的供应站，农副产品、再生资源收购、推销站，农业生产技术推广站，农民致富信息传播站。湘乡市龙洞乡供销分社利用闲置房屋、场地，组织当地31名能工巧匠办起4个服务社，经营豆腐作坊、杀猪卖肉、加工炒货、钟表、自行车修理、照相、竹木制品生产、碗筷出租等10多个服务项目。

2001年，在经营体制改革中，全市有204个以农村购销店为依托的综合服务社被关、停、并、转，综合服务社（站）减少到302个。湘乡市虞塘供销社吸纳当地32户农民办起“废旧编织袋回收加工服务社”，每吨废旧编织袋收购价8000元，加工成工业原料每吨销价2万元，全年加工溶塑原料12吨，增值14.4万元。

2002年开始，供销社全面启动企业产权改制，大多数基层供销社产权被置换，以农村购销店为依托的综合服务社（站）也随之解体，与供销社脱钩。2005年，供销社在农村集镇重新组建农业生产资料供应和农副产品、再生资源收购连锁经营流通体系，开办连锁店27家，开办日用工业品、生活资料超市4家。

三、专业合作社

1996年3月，根据全国供销合作总社关于地方各级供销社把组织引导农民兴办专业合作社作为参与农业产业结构调整，促进农业产业化规模化进程，更好地为“三农”服务的要求。3月，市供销社召开会议，进行具体部署。5月，境域首家专业合作社在湘乡市金薮乡成立，按照自愿出资的合作制原则，与当地47户养鸡专业户联合成立养鸡专业合作社，供销社投资和农民入股共筹集资金23万元，年内饲养肉鸡3.1万只，出笼销售肥鸡2.4万只，合作双方都获得较好的经济效益。6月，白田供销社又在白田、金石两镇组建2个养猪专业合作社，有21户养猪专业户入社，供销社产前负责饲料供应，产中负责疫病防治，产后负责运销，两个专业合作社当年运销广东等地肥猪2100头。湘潭县响塘供销社在响水乡雅艾村领办“小水果”专业合作社，组织23户农民开垦荒山500亩，种植奈李35000株。供销社派出4名专职生产培植员进行帮助指导，供应平价尿素12吨。1997年，湘潭县姜畲供销社采取“龙头”企业加专业合作社加农户的模式，与当地107户农民联合成立养猪专业合作社，用集中饲养和农民分户饲养相结合方式发展规模经营。供销社入股16万元，农民入股21.1万元，新建猪场4个，面积1600平方米，由供销社提供饲料、饲养技术、疫病防治指导、产后销售等服务。年内，该专业合作社繁殖良种仔猪2870头，运销广东等地肥猪4500头。1998年3月，市政府贯彻省政府《关于依托供销合作社大力发展农村各类专业合作社的通知》，供销社采取上联市场，下联农户，以市场联结、基地带动等形式，引导农民发展种、养、加工、运销等专业合作社8个，入社社员1968户，总产值8190万元，纯收入6300万元，农民社员户均增收320元。

2001年，供销社采取“公司+基地+农户”的形式，领办专业合作社，积极参与农业产业结构调整，领办蚕茧、棉花、楠竹、茶叶等专业合作社。2003年，全市供销社系统领办的专业合作社发展到

14 个，其中种植业 7 个，养殖业 5 个，加工、运销业 2 个，入社农民 2119 户 7143 人，总收入 9420 万元，纯收入 7246.9 万元，户均增收 342 元，人均增收 101.5 元。湘乡市棉麻公司领办的棉花生产专业合作社，有 60 户农民入社，种植优质高产棉 400 亩，产值 49 万元，净收入 42 万元，户均收入 7000 元。2004 年，湘乡市棉麻公司、月山供销社与潭市镇大坪村共同投资兴办养蚕专业合作社，合作社桑园采摘面积 1680 亩。是年，养蚕产茧 550 吨，供销社收购 550 吨，商品率为 100%。81 户入社农民户均分得红利 5000 元。9 月，该村党支部书记易竹林以农民代表身份出席中华全国供销合作总社第三次社员代表大会，受到温家宝等党和国家领导人接见并合影留念。2005 年，全市供销社系统创办、领办的专业合作社涉及棉花、湘莲、茶叶、黄花菜、蔬菜、水果、养蚕、制鞋等产业，共有专业合作社 16 个，入社农民 2561 户 8960 人，总产值 11630 万元，纯收入 8118.4 万元，农民社员户均增收 317 元，人均增收 90.6 元。

四、经济组织协会

1994 年，境域供销社在深化改革中，组织农村生产专业户、经销大户、生产经营企业组建跨地区、跨系统的多种经济成分的社会性经济组织协会。10 月，由湘乡市再生资源公司牵头组建的湘乡再生资源行业协会成立，吸纳附近涟源市、双峰县等地的再生资源经营、利废生产企业和再生资源个体经营户 79 户会员入会，其中企业会员 20 户，个体会员 59 户。协会制定章程，明确会员的权利和义务。1998 年，全市发展各类经济组织协会 6 个，会员 412 户，其中企业会员 174 户，个体会员 238 户。由市日用杂品公司牵头成立市烟花鞭炮行业协会。浏阳市、醴陵市有 11 家生产企业入会。境域有 76 家经批准的集体、个体经营户入会，全年销售烟花、鞭炮 56700 箱。

2003 年，全市各类经济组织行业协会发展到 8 个，会员 649 户，其中企业会员 201 户，个体会员 448 户，全年营销额 13800 万元。11 月，市再生资源行业协会经市民政局批准注册，正式挂牌成立，发展会员 82 户。协会发挥中介、协调和依法维护会员的合法权益，帮助会员协调处理维权和各类业务纠纷 15 起。配合治安部门对雨湖区、岳塘区 189 家个体回收点进行逐户登记造册备案，协助侦破多起企业金属材料被盗案件，配合税务部门抓好税收管理。2004 年，市茶叶土产公司组织境域 7 家茶叶生产企业和 53 家茶叶经营企业联合成立市茶叶行业协会。协会将国内外茶叶生产形势和市场行情向会员通报，提供市场导向，协调营销策略，促进行业经济发展。2005 年，由供销社各级专业公司牵头组织的各类经济组织行业协会发展到 13 个，其中农资行业协会 3 个，再生资源协会 4 个，烟花鞭炮协会 3 个，茶叶协会 2 个，蚕桑协会 1 个。会员 1240 户，其中企业集体会员 247 户，个体会员 993 户，营销总额 26300 万元，其中再生资源行业营销额 9740 万元。

第二章 销售

第一节 农业生产资料

一、化学肥料

1986年,化学肥料(以下简称化肥)由供销社专营,计划供应。3月,贯彻国务院对“小化肥”(碳铵、硫铵、硝铵、磷肥等)实行临时降价,“大化肥”(尿素、钾肥)实行双轨制价格(计划内平价、计划外议价),必须确保粮食挂钩肥、农副产品奖售肥按计内平价供应兑现的政策,调动农民购肥的积极性。是年全市销售化肥23.3万吨。其中销售尿素43956吨,亩均23.1千克;销售钾肥6486吨,亩均3.4千克;磷肥48708吨,亩均3.4千克;复合肥2856吨,亩均1.5千克。1987年,“大化肥”进口锐减,国家统配肥比上年减少30%,市内“小化肥”11.03万吨生产、收购计划只完成10.5万吨,比计划减少5%;市外“小化肥”调入比计划减少1.3万吨,供求矛盾突出。进入春夏用肥高峰季节,发生多起农民拦车、爬车抢肥事件。湘乡白田区数百农民成群结队到供销社仓库抢肥,造成人员死伤的严重后果,供销社财产损失60多万元。1988年,化肥供不应求的矛盾仍未缓解。为满足农业生产需要,确保供需总量平衡,供销社农资部门派出500余人(次)到省内外及时调回计划内粮食挂钩肥、农副产品奖售肥尿素2.49万吨,用印发供应票证方式,在7月底前全部分配到户。调进计划外尿素2.1万吨,磷肥8.3万吨,碳铵12万吨。全年销售化肥247514吨,其中销售尿素39620吨,亩均20.9千克;销售钾肥16489吨,亩均8.7千克;磷肥54299吨,亩均28.6千克;复合肥8149吨,亩均4.3千克。农业大县湘潭县全年销售尿素2.05万吨,亩均21千克,销售碳铵7.02万吨,亩均68.5千克。

1989年,贯彻国务院关于巩固化肥等主要农资商品专营决定,市、县(市)供销社成立专营领导小组,加强专营工作,对计内统配化肥实行统一管理,统一分配,印制票证,定量供应。计外化肥采取降低经营差率、商业让利、综合作价等措施,抑制计外化肥价格上涨。计外尿素零售价由上年每吨1300元回落到1000元,碳铵零售价每吨由上年430元回落到400元。省、市物价部门规定县级农资公司经营差率为2.4%,为降低销价,让利于农,境域县(市)级农资公司执行1.3~1.4%经营差率,基层社也相应降差让利。全年销售计外尿素、碳铵13.3万吨,给农民让利120万元。1992年,省内碳铵、磷肥等“小化肥”大幅增产,货源充足,商业库存积压,供大于求。8月,全面放开“小化肥”经营。是年,全市销售化肥241764吨,比1988年下降2.3%,其中销售尿素77319吨,亩均41.1千克,销售钾肥17213吨,亩均9.1千克,磷肥50283吨,亩均26.7千克,复合肥8044吨,亩均4.27千克。

1993年,全市贯彻国务院关于取消农资专营决定,从1月1日起农资经营实行“一主两辅”经营体制,供销社为主渠道,县以下农技推广部门结合技术服务实行配套经营,化肥生产企业计外超额部分可以自销。一些个体经营户乘机进入化肥市场炒买炒卖,有的掺杂使假谋取非法利益。供销社在多渠道经营情况下,冬储工作放松,库存下降,年初尿素库存比上年同期下降81%,钾肥下降

84.9%，磷肥下降12.5%。进入旺季供应，货源严重短缺，销价直线上升，计外尿素零售价由年初每吨1200元，涨至1700元，钾肥每吨由1100元涨至1600元。1994年，市政府组织公安局、工商局、物价局、技术监督局、供销社等部门，成立整顿农资市场领导小组，开展农资市场大检查，取缔非法经营户，销毁假冒伪劣农资商品，完善"一主两辅"经营机制，强调除"一主两辅"外，其他任何单位和个人不得从事化肥、农药经营。由市、县财政部门提供12.6万元化肥储备贴息，支持供销社搞好淡季储备工作。供销社系统组织开展"农资质量年"竞赛活动，有14个经营单位被评为"三无"(无假冒伪劣、无以次充好、无短斤少两)企业。1995年，国家对"大化肥"实行计划调控，减少进口，加上境域"小化肥"生产企业扩大外销，货源出现偏紧，供需缺口大。市、县供销社农资部门不惜财力、人力从省内外组织购进计外化肥11.9万吨，占全年销量的47.2%。为确保粮食挂钩肥在8月底前供应到户，供销社将5970吨议价尿素转平价供应给农民。市政府计外"大化肥"实行限价政策，规定市政府提出的尿素零售价每吨必须控制在1400元、钾肥控制在1300元以内。同时，加大农资市场整顿力度，打击非法经营和销售伪劣化肥。全市查处非法经营化肥126.5吨，销毁伪劣化肥9.2吨，罚款4000元，保证农资市场的基本稳定。同时建立化肥经营"六统、三保、一条鞭"的内部管理新体制。1996年，国产"大化肥"和地方产"小化肥"大幅增产，供销社淡季储备9.6万吨，比1995年增长95.3%，是储备最多一年。为促进化肥销售，供销社采取"三控、一保"(控价，严格执行国家定价；控差，计划内"大化肥"县、基层社两级综合差控制在8.5%，"小化肥"不超过11%；控幅，计划外"大化肥"涨幅不超过20%；确保供需总量平衡)措施，促使价格回落，尿素零售价比年初下降4.4%，碳铵下降19.2%，磷肥下降6%。"大化肥"计划内与计划外零售价出现倒挂，全市供销社因价格倒挂发生经营亏损154.7万元。全年销售化肥310906吨，创历史最好水平，比1992年增长28.6%。其中，尿素62900吨，亩均33.1千克；钾肥28300吨，亩均12.5千克；磷肥48000吨，亩均25.3千克；复合肥28600吨，亩均15千克。

1998年，化肥市场由长期卖方市场转为买方市场，价格频频回落，供大于求的矛盾十分突出，加上其他渠道竞价抛售，国产尿素进价每吨1350元，零售价1400元，上年进、销价分别为1580元和1650元；碳铵进价每吨464元，零售价500元，上年分别为490元和520元；复合肥进价每吨1640元，零售价1800元，上年分别为1760元和2000元。因化肥进销差率低微，造成供销社农资部门亏损239万元。1999年，贯彻国务院《关于化肥流通体制改革的通知》，化肥市场全面放开，形成多渠道竞争新格局。是年，全市农技推广部门设立的化肥、农药供应网点473个，厂家设立的自销网点174个，个体经营户网点340个，供销社主渠道地位受到冲击。2000年，化肥市场竞争进一步激化，一些地方工商部门以收费2500元发放一个营业证，滥发化肥、农药经营许可证，全市化肥、农药个体经营户增至670户。一些不法经营户销售伪劣产品，掺杂使假，短斤少两的坑农事件时有发生。供销社从维护农民利益出发，开展化肥、农药质量使用知识宣传活动，运用宣传车、宣传资料、墙报等形式向农民推介高效化肥、高效低残毒农药等新产品，帮助农民识别"三无"(无检验合格证、无厂家地址、无生产日期)假冒伪劣产品方法，增强农民自我保护意识。是年，全市供销社系统销售化肥169664吨，比1996年下降45.4%，销售尿素41797吨，亩均23千克，销售钾肥16025吨，亩均8.8千克，磷肥26199吨，亩均千克，复合肥47618吨，亩均14.4千克。湘乡市供销社采取上连厂家保货源，下连农户保市场，建立系统内连锁经营等措施，化肥销量占有80%的市场份额。

2001年，市农资公司下属的农资有限责任公司与广州客商共同投资100万元，在湘潭县云湖桥兴办“无机复混肥厂”，填补境域无机复混肥生产空白，年产5万吨，除满足市内农业生产需要外，还畅销省内外。韶山市供销社采取送货上门，供应到户等措施，销售化肥1.77万吨。2002年，全市供销社系统销售化肥134456吨。2004年，市供销社机关与农资公司组织“促进农民增收服务团活动”，送肥下乡，出动运肥车25台次，优价供应农民化肥91吨。5月，开展系统内农资商品“打假”活动，出动汽车20台次，参加人员65人(次)，通过对205个农资供应网点排查，没有发现购假、售假问题。湘乡市供销社制定经营假冒伪劣商品处罚条例。2005年，上半年化肥价格一直居高不下，尿素市场零售价每吨1500~1600元，钾肥每吨1350元~1400元，市政府制定关于“大化肥”实行限价销售的政策，规定尿素每吨1400元。钾肥每吨1300元销售，系统内各经营网点实行明码标价，接受群众监督，按市场价计算让利农民204.5万元。 7月，市场价明显回落，尿素每吨降至1500元，钾肥降至1300元。为确保货源供销社通过企业自筹、职工集资、银行借贷，筹资3000万元，组织储备尿素、钾肥、复混肥等化肥4.62万吨，全年销售化肥134748吨，比2000年下降20.58%。其中，销售尿素26902吨，亩均15.03千克，钾肥13474吨，亩均7.53千克，磷肥3233吨，亩均1.81千克，复合肥43678吨，亩均24.39千克。

二、化学农药及农药器械

1986年，化学农药(以下简称农药)继续由供销社专营。早稻扬花期，阴雨连绵，稻瘟病严重。稻瘟净、稻脚青、硫酸铜、井岗霉素等防治稻瘟病农药需求急增，供销社及时从境外调进稻瘟净、稻脚青430吨，井岗霉素174吨，有效遏制稻瘟病蔓延，确保早稻丰收。全年销售农药3871吨，亩均2千克，销售喷雾器等农药器械5.65万部。1988年，农药货源紧缺，省分配计划内指标只兑现60%，省内生产厂家因原材料短缺，生产成本增加，产品高价销往省外，导致供求矛盾突出，价格上涨。计划内“钾铵磷”每吨出厂价9000元比上年上涨22.2%，计划外每吨零售价高达2万元，还供不应求。为满足农业生产需求，供销社农资部门加强计划外采购、组织计外“钾铵磷”2100吨，确保供应。基层供销社将计划内农药指标印成票证发放到农户。全年销售农药4481吨，比1986年增长15.8%，亩均2.36千克。农药器械出现多家经营，供销社销量急剧下降，全年销售2.76万部，比1986年减少2.89万部，下降49%。

1989年，农药经营逐步放开，个体经营户和农技推广部门开始经营农药。由于市场管理不善，一些非法商人乘机将一些假冒伪劣产品销入市场，农药销价不断攀升，市场秩序混乱，严重损害农民利益。市政府组织工商、物价、税务等有关部门，按照专营政策对农药市场进行清理整顿，查处非法私营农药79吨，各县(市)由政府牵头成立农资市场整顿领导小组，加强农药专营工作，市场秩序明显好转。为解决计划内农药60%的缺口，供销社采取计内不足计外补的措施，从浙江、广东、江苏等省采购计外农药1768吨，满足市场需求。1992年，农药专营解体，市场放开，形成多渠道、多成分、多家经营新格局。加上省内部分农药生产厂家生产的低效高残毒产品被淘汰，而停产关闭，造成货源不足，供不应求。全年销售农药2007吨，比1988年下降55.2%；销售农药器械1.5万部，比1988年下降45.7%。

1994年，随着科技发展，新产品“三唑灵”“速灭松”“光无踪”等一批高效低残毒新农药投入市场，老产品“六六六”“滴滴涕”“1059”“1605”等一批高残毒农药国家再次明令禁用，“杀虫脒”“杀虫双”等12个高残毒农药停止生产。全市供销社系统积极宣传推广新农药，销售“三唑灵”等新农药22吨。全年销售农药3338吨，亩均1.75千克；销售农药器械2.2万部。1995年，农药供求矛盾突出，不法厂商乘机生产销售劣质或冒牌农药。湘乡市洪塘乡棉花基地因使用劣质农药，造成死苗减产。针对农药市场出现的问题，市政府组织工商、质监、物价、供销社等部门对农资市场进行清理整顿，严厉打击违法经营，收缴销毁假冒伪劣农药44.3吨。继续加强“一主两辅”的农药经营体制，充分发挥供销社的主渠道作用。为提高科技服务含量，各基层供销社帮助农民科学防治，对症用药，开出农作物用药处方13700多份，拆零供应农药9.8吨。全年销售农药3874吨，亩均2.04千克。销售农药器械2.96万部。1998年，农药出厂价、零售销价总体下降5.7%，“敌敌畏”每吨零售价由上年的2400元降至1900元，降幅28.8%；“敌百虫”每吨零售价由上年14500元降至12000元，降幅17.3%，货源充裕。供销社为履行“质量、计量、价格”信得过三项服务承诺，在全系统开展农药质量、价格自查自纠活动，处理过期减效农药14个品种4.23吨。利用网点优势送货上门，农药直供入户率在60%以上。全年销售农药3995吨，比1992年增长99.1%，亩均2.1千克。销售农药器械2万部，比1992年增长33.3%。

1999年，全市大力推广使用高含量、低吨位的新农药，在湘乡召开新农药新闻发布会和订货会，省内外100多家农资生产、经营单位和周边农民参加，成交额870万元。供销社全年销售农药3117吨，亩均1.64千克，销售农药器械1.74万部。比1998年下降13%。2000年开始，全市供销社由于体制调整，经营网点减少，系统内农药、农药器械销量锐减，全年销售农药2559吨，销售农药器械1.4万部。2002年销售农药1642吨，销售农药器械1.02万部。2005年销售农药703吨，只有1998年的17.6%，销售农药器械5700部，比1998年下降71.5%。

三、中小农具及农副产品加工机具

1986年，供销社销售中小农具32.6万件，其中铁制11.2万件，木制2.1万件，竹制4.8万件，塑料制品4.9万件，棕、麻制等小农具9.6万件。销售农副产品加工机具2791台。1988年，基层供销社为降低经营成本，组织竹、木加工人员到竹木产区就地加工竹、木制小农具9.8万件，其中土箕3.6万担，箩筐2.4万担，晒垫6000床，以及风车、粪桶、粪瓢、犁木等小农具3.2万件。全年销售中小农具27.8万件，销售农副产品加工机具2240台。

1989年，销售中小农具15.4万件，销售农副产品加工机具2560台，比1986年分别下降52.76%、8.28%。

1990年开始，中小农具经营逐步由生产加工人员自产自销，供销社收购、销售锐减。全年销售中小农具8.7万件，根据市场变化，供销社及时调整营销策略，把农副产品加工机具作为经营重点。市、县农资公司设立农副加工机具批发部和销售专店，基层供销社普遍设立农机具门市部，积极组织农副产品加工机具销售。全年销售农副产品加工机具3684台。其中销售打稻机914台，杀青机310台，揉茶机212台，碾米机380台，饲料粉碎机641台，烘干机78台，莲子去壳、去心机570台，榨油机110台，轧花机320台。随着农业机械化的推行，中小农具和农副产品加工机械逐年下降.1999年，农副产品加工机具销售453台，只有1989年的17.7%，销售中小农具8.3万件，只有1989

年的 53.9%。

2000 年起，供销社进行企业改制，经营网点减少，由于多种形式的农业机械广泛推广，中小农具、农副产品加工机具销售大幅下降，加上统计报表制度改革，至 2005 年，中小农具、农副产品加工机具销量没有列入统计。

四、农用薄膜、地膜

1986 年，早稻育秧使用塑料薄膜（以下简称农膜），覆盖面达到 80%以上，加上棉花、烤烟、蔬菜使用覆地塑料薄膜（以下简称地膜）育苗的面积增加，农、地膜的需求量也大幅增加。全年销售农、地膜 369 吨，其中农膜 116 吨、地膜 253 吨。此后，随着农村经济作物的发展，农、地膜销售继续增长。1991 年，由于地膜进货不足，为解决春耕地膜的供应，市政府决定由市塑料八厂生产 20 吨地膜，市财政补贴 2.5 万元。全年销售农、地膜 420 吨。

1992 年以后，由于大棚蔬菜的发展和投资的需要，农用地膜销售量不断增加。1994 年，早稻育秧面积覆盖率扩大，省下达救灾储备农膜 200 吨。全年销售农、地膜 717 吨，比 1991 年增长 70.71%，其中湘潭县销售 322 吨，湘乡市销售 268 吨，韶山市销售 42 吨，市郊区销售 85 吨。1995 年以后，随着农业生产资料市场逐步放开，农、地膜多渠道经营，供销社企业进行改制，大部分农村经营网点产权被置换，农、地膜销量逐步下降。2005 年供销系统销售农、地膜 58 吨，只有 1994 年销售的 8.09%。

五、防汛物资

1994 年 6 月中旬，境域遭受百年一遇特大洪水灾害。供销社系统组织力量，全力以赴投入抗洪抢险，供应救灾物资麻袋 3 万条，土箕 5000 担，铁丝 2 吨，晒垫 500 床，铁锹 500 把。各级供销社和农资公司派出大批采购人员组织各种化肥 4.7 万吨供应灾区，帮助灾区人民恢复生产，重建家园。

1995 年 5 ~ 6 月，境域连降暴雨，部分乡村受灾严重。供销社广大干部职工积极投入抢险救灾工作，供应麻袋 4.2 万条，土箕 1.2 万担，晒垫 760 床以及铁铲、铁锹、元丝等物资。为帮助境域灾区人民恢复生产，灾后及时组织供应尿素 1342 吨、钾肥 690 吨。其中市区 24 吨，湘潭县 10 吨，湘乡市 6 吨。为解救常德、益阳地区被洪水围困的灾民，市茶叶土产公司、市日用杂品公司提供用于空投的食品包装袋 400 个，彩条布 1500 米。

1996 年，在防汛抢险中全市供销社系统提供草袋 2 万条，晒垫 890 床，土箕 8400 担。在自身防汛抢险中从洪涝中抢救出农药、化肥 1756 吨，抢救物资和商品价值达 300 多万元。

2000 ~ 2005 年，市供销社系统按照市防汛指挥部的要求，坚持常备不懈，做好防汛物资的储备，储备土箕、铁锹、纤维袋、铁铲等防汛抢险物资。

1986~2005年湘潭市供销社系统主要农业生产资料纯销售量

表 32-2-1

年度	化学肥料（吨）	氮肥（吨）	尿素（吨）	钾肥（吨）	磷肥（吨）	复合肥（吨）	化学农药（吨）	农药械（百部）	农地膜（吨）
1986	232759	174709	43956	6486	48708	2856	3871	566	369
1987	220675	152595	28809	10460	49515	8105	3769	436	266
1988	247514	168577	39620	16489	54299	8149	4481	276	390
1989	222494	158664	40612	13131	43021	7678	3453	200	410
1990	214887	148653	41953	11742	47971	6521	2533	193	338
1991	246742	168861	77263	14373	55213	8295	2863	181	420
1992	241764	166224	77319	17213	50283	8044	2007	155	485
1993	211240	141583	42191	16695	41650	11312	2182	148	394
1994	236867	140785	63663	35383	44675	16024	3338	220	717
1995	252248	163267	69386	31040	41398	16543	3874	296	708
1996	310906	206112	62920	28319	47867	28608	3319	185	455
1997	294934	187253	55707	26241	45239	36201	3665	153	296
1998	291504	186989	59483	26229	45397	32889	3995	200	190
1999	199132	111306	46430	18766	32918	36142	3117	174	174
2000	169664	79822	41797	16025	26199	47618	2559	141	115
2001	150378	81406	45629	12957	16058	39957	2102	132	161
2002	134456	52074	32410	10827	8277	29226	1642	102	148
2003	83554	45053	30982	6230	4474	27797	713	94	91
2004	88930	42479	30597	9938	3530	32983	844	91	81
2005	134748	47461	26902	13474	3233	43678	703	57	58

第二节 生活资料

一、家电、五金、百货

1986年，全市供销社系统经营的家电、五金、百货工业品有2万多种。除彩色电视机、棉布（含混纺布）、食糖、煤油、肥皂等5种商品仍实行计划限量供应外，其他工业品敞开供应。为减少流通环节、降低商品流通费用，供销社大力推进商品流通体制改革，积极组织工业品联购分销，直接从生产企业进货占工业品购进总额87.4%。市、县专业公司和基层社设有工业品批发机构36个，零售网点949个。全年销售电视机9318台，电风扇45975台，缝纫机12319台，手表25671块，收录机9587

台，自行车 59603 辆，棉布 34787 百米，化纤布 36473 百米，毛巾 11848 百条，卫生衣裤 773 百件，肥皂 67978 箱，卷烟 33432 箱，酒 2601 吨，食糖 3923 吨，食盐 7632 吨。工业品销售总额 8478 万元，占生活资料销售总额 70%。1988 年，随着猪肉、名烟、名酒等食品零售价格以及家电、五金、百货等价格放开，实行自行定价政策，加之严重通货膨胀，致使零售价大幅上涨，国产 18 寸金星牌彩色电视机由 1987 年的 1400 元涨至 2800 元。工业品市场刮起“抢购风”，各类工业品十分畅销。全年销售电视机 34405 台，比 1986 年增长 1.26 倍，其中彩色电视机 9613 台，比 1986 年增长 2.8 倍；销售电风扇 109447 台，比 1986 年增长 1.3 倍；销售棉布 41057 百米，比 1986 年增长 18%；销售卷烟 37988 箱，比 1986 年增长 13.6%；销售各类酒 3288 吨，比 1986 年增长 26.4%。市、县供销社成立工业品联购分销公司，直接从工厂购进 3860 种工业品，联购分销总额 8200 万元。工业品购销差率由 8%提高到 15%。全年工业品销售总额 13455 万元，比 1986 年增长 58.7%，创历史新高。

1991 年，为组织适销对路的日用工业品货源，扩大工业品销售，市供销社系统组织参加全国、省(市)举办的大型交易会 9 次，成交额 4500 万元。自办各种展销会 276 次。全年销售电冰箱 1460 台，洗衣机 2870 台，“老三件”销售大幅下降，销售自行车 19641 辆；销售缝纫机 3755 台；销售手表 16300 块。全年工业品销售总额 11714 万元。1992 年，湖南省供销合作总社在湘潭举办春季商品交易会，省内外供需代表 2500 多人参加，成交额 1.14 亿元，签订湘潭地方工业品销售合同 6300 万元。5 月，国营合作商业全面推行经营、价格、分配、用工“四放开”改革。湘潭供销大厦、星月大厦、市日用杂品公司、市郊霞城供销社、板塘供销社被市政府列入试点单位。在“四放开”影响下，电视机、电冰箱、洗衣机、收录机等工业品销售持续增长。全年工业品销售总额 12825 万元，比 1988 年下降 4.68%。

1995 年，在巩固、扩展工业品联购分销基础上建立地区性总经销、总代理业务关系，成为海尔电子集团、长虹电子集团、白猫化工集团等 50 多家大型名牌工业企业在湘潭、湘乡的总经销、总代理。全年销售海尔系列家电产品 930 万元，销售白猫化工集团洗涤产品 105 万元。销售长虹牌洗衣机 2140 台，占总销量 46.8%。为促进工业品下乡，市、县工业品批发公司与基层社联合举办农村商品展销会 74 次，销售额 414 万元。全年工业品销售总额 18007 万元。1998 年，调整经营责任制，全市供销社有 386 个小型门店租赁给职工个人，由职工自主经营，自负盈亏，租赁门店的销售额未纳入统计。全年工业品销售额 9937 万元。1999 年，销售上升的有自行车、洗衣机、电视机、电冰箱、空调、卷烟、酒、食盐、食糖等家电、五金、百货；销售下降的有棉布、化纤布、电风扇、收录机。全年工业品销售额 11906 万元，比 1992 年下降 7.16%。

2000 年起，供销社系统全面启动企业改制，经营网点和职工人数逐年减少。供销社系统经营的家电、五金、百货等工业品销售量逐年下降。2005 年工业品销售额为 5011 万元，比 1999 年下降 57.9%。

二、日用杂品

1986 年，除元钉、铁丝、铁锅仍实行计划供应外，其他日用杂品全部放开经营。经营的方式有经销、代销、寄销。全年完成日用杂品销售额 1260 万元，销售铁锅 22.4 万口、日用瓷器 651.6 万件、土纸 1397 吨、元钉 439 吨、铁丝 351 吨。1987 年，日用瓷器货源偏紧，价格上涨，市场竞争激烈。市日用杂品公司积极拓展货源渠道，从江西、河北等地生产厂家购进瓷器 150 万件，确保市场供应。全年销售日用瓷器 178.9 万元。大力组织铝壶、铝桶等铝制品供应市场，全年铝制品销售额 221 万元。组织洁厕净、灭害灵、空气清新剂等新产品投放市场,销售额28万元。1988年起,日用杂品市场放开,扇类、竹器、木器、土纸等传统产品销量逐年下降,部分商品逐步退出经营。全市供销社系统完成日用杂品销售总额1480.7万元,比1986年增长17.5%。

1989年以后,铁锅、元钉、铁丝、灯泡,放开经营,全年销售铁锅14.19万口,销售元钉224吨、铁丝278吨。1992年4月,烟花鞭炮批发业务归口供销社日用杂品公司经营,市、县(市)供销社成立烟花鞭炮整顿办公室,取缔非法经营,收缴烟花鞭炮1200箱,销毁劣质产品260箱。1994年,安乐卫生巾、班马蚊香、中山灭害灵等新产品进入市场,全年销售安乐卫生巾6670件,灭害灵1.3万件,蚊香1万箱;日用杂品销售总额1640.1万元,比1988年增长10.7%。

1995年以后,主要日用杂品销售有升有降。1996年,3月1日起,市区范围内禁止燃放烟花鞭炮。烟花鞭炮销量大幅下降,市日用杂品公司库存价值70万元的烟花鞭炮,仅销售8.7万元,造成亏损61.3万元。全年供销社日用杂品销售额1147.5万元。1999年,全年销售铁锅4.6万口、铁丝187吨、饭菜碗127万个、元钉168吨。全年日用杂品销售额984.3万元,比1994年下降34.99%。

随着烟花鞭炮管制放开,2001年,市、县(市)供销社成立烟花鞭炮专营公司,销售烟花鞭炮297万元。2004年,全市供销社系统有4个烟花鞭炮批发专业公司,经营网点发展到95个,从业人员234人,全年销售烟花鞭炮42500箱,销售额368万元。2005年,全市供销社系统日用杂品销售总额699.2万元,比1999年下降26.3%。其中烟花鞭炮销售额319万元,占日用杂品销售总额45.6%。

三、食杂果品

1986年,食杂果品市场供应品种繁多,数量充裕,价格稳中有升。全年供销社系统销售苹果、柑橘、梨、柚等各类水果10944吨;销售莲子、瓜子、荔枝、桂圆、红枣、花生等干果1780吨;销售黄花菜、木耳、干菇、干椒、玉兰片、笋干等1020吨。部分食杂果品价格上扬,通心莲每千克由上年的12元涨至16元;海南槟榔果每千克由上年的18元涨至50元;黑瓜子、柑橘、梨等品种价格上涨幅度较大。全年食杂果品销售总额3784万元(不含基层社,下同),。1988年,市食杂公司、果品公司、食品工业公司,积极组织货源,市食杂公司与湘潭县石潭区农民签订黄花菜产销定购合同,按保护价收购黄花菜90.7吨。市果品公司积极调进外地货源,确保市场供应。

1991年,全市34个主要食杂果品销售上升13种,有红枣、壳花生、味精、肉莲、玉兰片、笋干等;下降21种,有苹果、柑橘、梨等。县以上食杂果品公司完成销售额3854万元,比1986年增长103.5%。1993年后,从事食杂果品经营个体户、民营水果市场兴起,供销社食杂果品销售大幅下降。是年销售苹果735吨,柑橘640吨,黄花菜34吨。全年食杂果品销售额2851万元,比1990年下降35%。1995年,全市供销社销售苹果602吨、柑橘299吨、莲子282吨,销售黄花菜9吨,红枣74吨,木耳18吨。1998年,全系统销售干鲜果950万元,其中苹果130吨、柑橘26吨。2000年食杂果品销售总额620万元,比1993年下降78.25%。

2001年,全系统销售干鲜果678万元,其中湘乡市42.3万元,湘潭县175万元,市食杂果品公司460.7万元。全年销售苹果855吨、柑橘387吨。2002年起,食杂果品市场竞争激烈,企业开始改制,食杂果品销售持续下降。2005年,从事食杂果品经营网点和职工绝大部分被“置换”,全年食杂果品销售额344万元,比2000年下降44.5%。

1986~2005 年湘潭市供销社系统生活资料纯销售总额

表 32-2-2　　单位:万元

年度	合计	其中				
		湘潭县	湘乡市	韶山市	市郊区	市直
1986	12112	5844	2944	564	1874	886
1987	13005	6612	3084	597	1674	1038
1988	19222	9073	4325	643	2767	2414
1989	18564	8850	4556	700	2389	2069
1990	16573	8052	3727	579	1717	2498
1991	16735	7863	3473	472	1867	3060
1992	18555	7922	3821	488	1732	4592
1993	26203	8565	5979	489	3564	7606
1994	26359	8737	6444	261	3463	7454
1995	25825	9797	5444	267	2511	7806
1996	24395	8722	6671	195	2818	5989
1997	17716	6283	6373	316	1691	3053
1998	14196	7594	4685	323	832	762
1999	15814	7217	5906	413	516	1762
2000	15290	7204	5853	482	326	1425
2001	14827	7472	5439	466	377	1073
2002	12163	3562	5493	456	549	2103
2003	8077	153	5459	642	504	1319
2004	6846	262	4594	359	494	1137
2005	7159	204	5424	257	426	848

第三章　收购

境域农副土特产品有湘莲、茶叶、棉花等 120 多种,资源丰富。1986 年起,供销社系统为增加农副土特产品收购,对农业生产进行扶持,至 1991 年,共投入生产扶持资金 375.4 万元,先后建立棉花、苎麻、茶叶、湘莲、蚕桑、黄花菜、小水果等生产基地共 18.4 万亩。同时,开展废旧钢铁、杂钢、废塑料、废棉麻等再生资源回收。是年,农副产品购进总额 2854 万元,再生资源回收总额 3134 万元。1992 年以后,稻谷、茶叶、蔬菜、苎麻、柑橘、湘莲等农副产品收购逐年下降,再生资源收购稳步上升,1996 年,全市农副产品购进总额 713 万元,只有 1991 年的 25%。再生资源回收总额 4257 万元,比 1991 年增长 35.8%。1997 年农副产品购进总额回升,达到 1217 万元,再生资源回收继续上升,总额 4547 万元。此后,农副产品购进逐年减少,再生资源回收有所下降,到 2005 年,农副产品购进总额519万元,比1996年下降27.2%,再生资源回收总额10664万元,比1996年增长151%。

第一节 农副产品收购

1986年,供销社系统农副产品收购网点81个,从业人员473人。收购农副产品总额2378万元。棉花仍实行统购和超基数加价收购,茶叶、蚕茧、苎麻、湘莲、黄花菜等大宗农产品实行定购,由供销社与农民签订农产品定购合同,按合同金额预付5%定金。收购棉花116吨、苎麻424吨、茶叶847吨、肉莲1534吨、蚕茧118吨、黄花菜136吨、柑橘159吨、红薯干1100吨、蓖麻油19吨、土纸1143吨。湘潭县石潭区供销社与当地1100户农民签订黄花菜、西瓜籽、湘莲、茶叶、百合干5个产品定购合同31.2万元,户均283.6元。收购黄花菜75.9吨,收购额27.3万元,加上购销联营分红95400元,黄花菜一项户均收入334.9元。1987年,国家对棉花生产、收购实行指令性计划,为促进棉花生产,先后两次调整收购价,扩大议价棉(超基数加价)收购比例,每50千克皮棉提高收购均价13.12元。湘乡市政府为调动农民种棉积极性,将交售每百千克皮棉奖售稻谷由100千克提高到200千克。境域供销社全年收购棉花124吨、茶叶905吨、蚕茧129吨、肉莲1095吨、黄花菜135吨。完成农副产品收购总额2724万元。1988年,供销社系统从扶持生产入手,狠抓货源培植,市、县(市)农副产品公司、基层社普遍设立生产培植机构,配备专职或兼职生产培植员175人,聘请农民技术员160人。全市茶园面积发展到40246亩,柑橘48714亩,蚕桑6671亩,湘莲35700亩,黄花菜4762亩,蓖麻1100亩,经济作物总面积18.4万亩。供销社拨付重点生产基地扶持资金81.4万元,供应平价尿素986吨、平价钢材10吨、煤炭11000吨、种子5吨、种苗250万株,组织专业技术培训994人(次)。用合同定购、购销联营、保护收购价等措施促进农副产品收购。全年收购苎麻3245吨、肉莲935吨、蚕茧113吨、黄花菜90.7吨、茶叶985吨、藕粉33.6吨、皮棉籽油78.5吨、稻谷2502吨,农副产品收购总额4541万元,比1986年增长91%,创历史最好水平。

1989年,粮食市场关闭,供销社停止稻谷收购。湘莲种植面积3.2万亩,由于花蕾期长时间阴雨低温,花蕾脱落造成减产,供销社收购935吨,收购茶叶580吨,全年收购农副产品总额2256万元。1991年,农副产品收购市场竞争十分激烈,由于农民自销、个体经营户进入产区收购和长途贩运,供销社失去近50%农副产品经营市场占有率。面对挑战,农副产品经营企业及时调整经营策略,采取深购远销、扩大与农民购销联营、增设收购网点等措施促进收购。农产品收获季节,基层社派人挨家挨户上门收购,在主产区增设收购网点12个,及时拨付预购定金147万元。茶叶、湘莲、蚕茧等大宗农产品组织远销外省提高销价,提高经营利润率,并按联营合同及时兑付红利,仅湘莲一项农民分得联营红利74.4万元;有效调动农民交售农副产品积极性。全年农副产品收购总额2854万元。1992年,贯彻国务院《关于进一步搞活农产品流通的通知》,除棉花统一由供销社收购经营外,其他农产品全部放开。全年农副产品收购总额2000万元,比1988年下降56%。湘乡市棉花种植面积2517亩,比1988年增加1017亩。全年收购棉花360吨,湘潭县植莲3.9万亩,供销社收购肉莲877吨。

1993年,贯彻省政府《关于加强棉花市场管理的通知》,棉花市场不放开,坚持“四统一”(统一政策、统一收购、统一价格、统一由供销社棉麻公司经营)原则。供销社全年收购棉花99吨、稻谷1413吨、湘莲563吨、茶叶453吨、柑橘468吨、土纸59吨、皮棉籽油70吨、木材1006立方、蚕茧

24.7吨，农副产品收购总额1554万元。1994年，湘乡市政府根据省政府以棉顶粮的政策规定，对超基数收购部分，每50千克皮棉核减100千克稻谷征购任务，调动棉农积极性，该市种棉4500亩，其中基地棉田3500亩，分散棉田1000亩，总产皮棉400吨，除自留棉外，供销社收购289吨。1995年5月，湘潭县被国务院发展研究中心、中国农学会、中国优质农产品开发服务协会命名为“中国湘莲之乡”。花石区供销社建立一支11人生产培植队伍，投入31.5万元生产扶持资金，帮助农民发展湘莲生产，种植由零星分散到集中连片，产量由低产到高产，由产品经济发展到产业经济，建成万亩高产湘莲基地。湘乡市各级供销社协助政府认真抓好棉花种植计划落实，切实做好种籽、化肥、农药供应，提供技术服务，该市种棉4500亩，总产皮棉570吨，供销社收购554吨，创历史最好水平。全年完成农副产品收购总额1398万元。1996年，国家改革棉花流通体制，对省际棉花调拨实行国家计划指导下供需直接见面，双方协商交易订货办法，供应价格实行4%的上下浮动。是年，农副产品收购总额713万元，比1992年下降64.4%。

1997年，农副产品收购总额上升到1217万元。1998年，基层供销社进行人员下岗分流，商品卖断给职工个人，房屋设施租赁给职工经营。农副产品收购网点由原来的81个减少到40个，减少50%。全年收购农副产品总额603万元(不含租赁经营部分)。收购棉花33吨，小水果60吨、茶叶11吨、稻谷6吨，湘莲、蚕茧、黄花菜等大宗农副产品没有收购。1999~2001年供销社在改革改制中，生产培植机构撤销，人员改行，投入减少，扶持削弱。湘乡棉花生产基地名存实亡，年计划种植面积4000亩，实种不足500亩，且零星分散商品率低，部分茶叶、蚕桑基地被毁，改种其他作物，农副产品货源减少，年收购总额在500万元左右徘徊。2002年，农副产品收购总额上升到1248万元，比1996年上升75.04%。收购议价稻谷354吨，从境外产区直接收购苹果897吨，柑橘395吨。

2003年，湘潭县9个基层供销社财产全部处置变卖。全市供销社农副产品收购网点减至31个，从业人员减至134人。全年收购农副产品629万元，收购棉花11吨、蚕茧210吨。2004年由供销社创办的湘乡市月山镇大坪村蚕桑专业合作社蚕茧进入盛产期，产茧550吨，供销社收购550吨。全年农副产品收购总额679万元。2005年，农副产品收购总额519万元，比2002年下降58.41%。

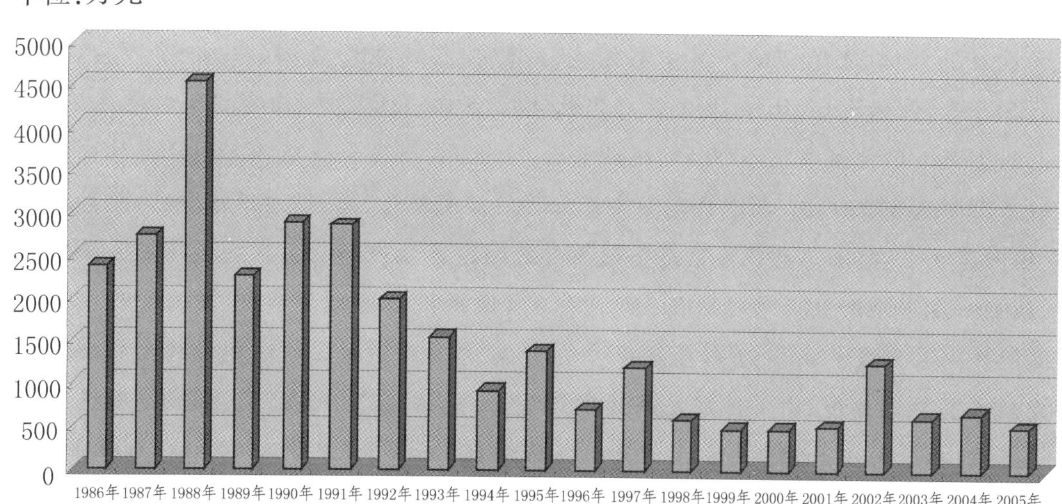

图32-3-1 1986~2005年湘潭市供销社系统农副产品纯购进总额

附 农副产品货源培植

1986年,为促进农村经济发展,供销合作社把扶持对象由集体转向个体,突出对生产重点户和专业户进行扶持,为单纯组织物资供应转向产前、产中、产后的系列服务。各县市区供销社普遍恢复生产培植班子,市社设生产培植科,基层社设生产培植股,配备专干1~2人,负责生产培植指导工作。全市供销社配备专职培植员99人,兼职培植员282人,聘请农技师35人,举办经济作物技术培训班34期,培训农民技术骨干2144人,印发信息技术资料57000份。1987年,市县区供销社和30个基层社,在保持原有专兼职培植员的同时,聘请农技师160人,举办各种技术培训班362次,培训农民6990人,印发技术信息资料94000份,提供农产品预购定金生产扶植金等100万元,增加农副产品收购点130个,直接服务生产的职工达1260人,占职工总数20%。当年种植棉花4328亩、茶叶40246亩、湘莲35700亩、黄花菜4762亩、蚕桑6671亩、柑橘48714亩、蓖麻1100亩。供销社与农民签订农副产品购销合同13500份,合同金额814万元,执行金额755万元,农副产品分购联销345万元。1988年,有16个基层社改变过去生产培植与农副产品收购分离的作法,将原来的生产培植股(组)和农副产品收购站合并,变管理服务型为经营服务型。全年签订农商购销合同28512份,合同金额1250万元,供应化肥986吨、钢材10吨、种籽5吨、种苗250万株、煤炭1.1万吨,组织专业培训994人次。全市召开四次农副产品生产培植会议,及时发现典型,总结推广经验,表彰先进。推广石潭区、青山桥区社扶持发展农村商品生产的经验,两区有13人先后被评为省、市供销系统先进生产培植员。1989年,全市湘莲、黄花菜、茶叶、蚕桑、棉花、苎麻、柑橘等经济作物种植面积18万亩。各县市区供销社配备专职培植员65人,兼职培植员113人,聘请农技师17人,采取定岗定责、分片包干的办法进行生产技术指导,全年提供信息资料15000份,技术咨询1625人次,举办技术培训班19期,培训农民2315人,投放资金3.7万元,发放联购定金275万元,供应专用化肥17400吨、种苗270万株、种籽1400千克,扩种蚕桑20.5万株、柑橘20万株、扩种棉花2500亩。与乡镇联营发展茶叶等农副产品加工厂(场)22个,供销社提供资金设备17.4万元。1991年,全市供销社系统建立多种经营生产培植机构25个,配备专职培植员120人,兼职培植员169人,聘请农技师25人,扶持农民发展经济作物22.46万亩。其中橘园4.91万亩,茶园4.82万亩、桑园4.9万亩、湘莲2.2万亩、棉花5350亩、黄花菜6250亩、其他经济作物4.47万亩。1992年,全市供销社重点抓棉花、蚕茧和白扁豆的生产。年种植棉花4000亩,投放资金12万元,新发展蚕桑40万株,引种白扁豆80亩,湘潭县植莲面积达39000亩。湘潭县花石生产湘莲的历史悠久,尤以“寸三莲”驰名中外。1995年被誉为“中国湘莲之乡”的湘潭县花石镇是全国闻名的湘莲集散地和交易市场。花石区供销社以科技为先导,组成一支新型的生产培植队伍,多年来为农民提供湘莲的科学栽培,测土配方,施肥用药,病虫害防治等一系列技术服务,直接受益农户达1500户。花石地区的湘莲种植面积由过去的零星分散型发展成集中连片型,由低产型发展到高产型,由产品经济发展到产业经济,种植面积最高年份达到1万亩,单位面积产量由每亩几十千克提高到100千克,总产量高年份达1000吨。该社在抓湘莲购销的同时进行湘莲工业开发,与乡镇企业联合成立“三湘莲仁食品有限公司”,年产值500万元,产品远销上海北京广州等地。

随着改革深入,1998年起,供销社进行“两个置换”的改革,到2001年,绝大部分网点人员被置换,生产培植机构撤销。

第二节 废旧金属回收利用

一、回收

1986年,市区可以回收利用的废旧金属等再生资源,主要由市物资部门管理的市金属回收公司和市供销合作社管理的市物资回收公司经营。供销社再生资源公司仍发挥主渠道作用。有县以上专业回收公司4个,城市收购店15个,代购点50个,农村基层社收购部42个,并利用农村购销店兼收废品,从业人员520人。5月,市政府为解决供销社物资回收公司与物资局金属回收公司相互争业务的矛盾,就双方废金属回收范围作出规定:“社会生活性废金属由供销社物资回收公司回收,厂矿生产性废金属由物资局金属回收公司回收。”供销社废金属回收大幅下降。供销社各级物资回收部门及时调整经营策略,采取“厂矿回收减少社会补,废钢铁回收减少杂品补,境内回收减少境外补”的措施,积极参与竞争。全市完成再生资源回收总额1246万元,回收废钢铁13999吨。另市物资部门金属回收公司收废钢铁2557吨。

1987年,根据国务院放开废钢铁经营决定精神,地方政府对废金属经营范围划分的相关规定被取消。供销社物资回收公司派人深入境内各厂矿企业,把回收工作做到车间、班组。5月,组织开展“突击回收月”活动,运用广播、电视、报刊等传媒广泛宣传收旧利废,利国利民的好处,并采取增加收购点、发展农村协购员、组织社会力量上门收购等措施,当月回收额307万元。全年回收废钢铁24212吨,再生资源回收总额1883万元。1988年,再生资源市场出现购销旺、价格涨、变化快的新情况,大部分品种销大于供。供销社回收部门把握机遇扩大回收,全年完成回收总额3032万元。回收废钢铁30836吨、有色金属152吨、化工原料2303吨、造纸原料12662吨。市物资回收公司大力发展境外回收业务,派出业务人员到省内外组织货源,与境外151家经营单位和个体户建立业务关系,回收物资257.9万元。该公司全年完成回收额2025万元,占全市供销社再生资源回收总额66.8%。1990年,根据省政府“关于废钢铁由供销社物资回收公司和物资局金属回收公司共同经营”的精神,供销社充分发挥网点分布广、渠道畅、专业技术力量强的优势,加强厂矿废金属回收,全年回收废钢铁38380吨,其他有色金属112吨、化工原料1107吨、造纸原料6593吨。是年全市再生资源回收总额3697万元。市物资回收公司全年回收总额1905万元,占全市供销社回收总额51.5%,实现利润139.3万元。经省政府企业管理指导委员会审定,该公司被评为“省级先进企业”。湘潭县物资回收公司拓展境外废金属回收,派人到株洲、娄底厂矿企业回收废金属,全年回收废钢铁14871吨,再生资源回收额1430万元,占全市供销社回收总金额38.7%。另市金属回收公司回收废钢铁5500吨。

1992年4月,市物资回收公司更名为市再生资源回收利用公司,随后湘潭县、湘乡市、韶山市废旧物资回收公司也相继更名为再生资源回收利用公司。市工商局明确再生资源回收利用公司主营废旧物资,兼营清仓超储积压物资、废钢铁串换金属材料、计外生铁、钢材、报废机电设备、旧容器、废旧机械零件、报废运输工具(包括报废汽车)。是年,全市再生资源回收总额4131万元,其中,市再生资源公司回收额3133万元。1995年,湘潭钢铁厂炼铁分厂进行技改和扩建,停收废钢铁。供销社再生资源回收部门被迫限收废钢铁,全年回收废钢铁5257吨。市再生资源公司积极拓展市域外业务,从吉首、澧县、津市、湖北沙市、公安等县、市购进废塑料、统布、棉籽500多吨。全市供销社再生资源回收总额3715万元。1996年,为解决企业之间相互拖欠货款形成的“三角债”,市、县(市)再生资源回收公司采取物资串换方式,从钢厂换回正材12800吨,收回货款512万元,又以钢材兑付从机械生产企业回收废金属货款,拖欠多年“三角债”得以化解。全年再生资源回收总额4257万元。

1998年,部分基层社回收网点被撤销,城市中的集体收购点自行歇业,人员下岗分流。湘潭县供销社31个农村收购店(点)全部撤销,147名从业人员被置换身份。全市供销社再生资源回收量大幅下降,回收废钢铁1545吨;回收总额1623万元。供销社再生资源经营企业出现全行业亏损,市再生资源公司全年亏损116.7万元。2000年,市再生资源公司进行内部机构调整,分设炉料、有色金属、轻化原料三个分公司,实行分工细化和专业化,全年销售炉料废钢1266吨,销售利用材705吨,实现销售额248万元。湘乡市再生资源公司加强厂矿废金属回收,回收废钢铁800吨、废铜47吨、不锈钢15吨、其他废金属30吨,回收报废摩托车458辆。是年全市再生资源回收总额659万元,比1996年下降84.5%。回收废钢铁1990吨。市金属回收公司在废旧回收行业中发挥主渠道作用,是年回收废钢铁11000吨,废有色金属415吨,报废机电产品1312吨,报废汽车661辆,销售总额8602万元。

2001年,全市再生资源回收总额1478万元。市再生资源公司回收拆解报废汽车100辆,其他报废机动车57辆。全市废旧金属回收企业改制,职工全员买断,进入社会。2002年,市经委批准市物资局金属回收公司和市供销社再生资源公司联合成立“湘潭市报废汽车(拆解)有限责任公司”,注册资金100万元,金属回收公司占股份51%、再生资源公司占股份49%。全年回收拆解报废汽车600辆,其他机动车150辆。2003年,民营企业湘潭市金阳废旧金属回收公司成立。湘潭钢铁厂炼铁分厂通过技改、扩建,生产规模扩大,原料需求量大增,厂方为确保充足原料,对废钢铁实行保量加价进料措施。供销社各级再生资源经营企业抓住机遇,大力组织废钢铁回收,全年回收废钢铁9974吨。市报废汽车(拆解)公司回收报废汽车突破1000辆,拆解后的废钢铁1243吨。是年全市再生资源回收总额1859万元。2004年,供销社在企业改制中,对经营网点进行重新整合,发挥传统经营优势,重建再生资源回收利用新网络,先后成立市、县再生资源行业协会4个,参加协会的集体、个体会员270个,开展跨地区的行业联营。以市再生资源公司新组建的德盛物资回收有限责任公司和报废汽车(拆解)有限责任公司为平台,大力扩购促销。全年完成回收总额6214万元。回收废钢铁24590吨。2005年,市、县(市)再生资源公司与湘钢、涟钢、衡钢等钢铁生产企业签订废钢铁销售合同,建立稳定的销售渠道,全年回收废钢铁43611吨;再生资源回收总额10664万元,实现利润268.6万元。另全市有经营废旧金属回收网点52家,从业人员480人;回收废钢铁14700吨,废有色金属750吨,报废机电产品1420吨,报废汽车970辆;销售总额1.3亿元,实现利税775万元。

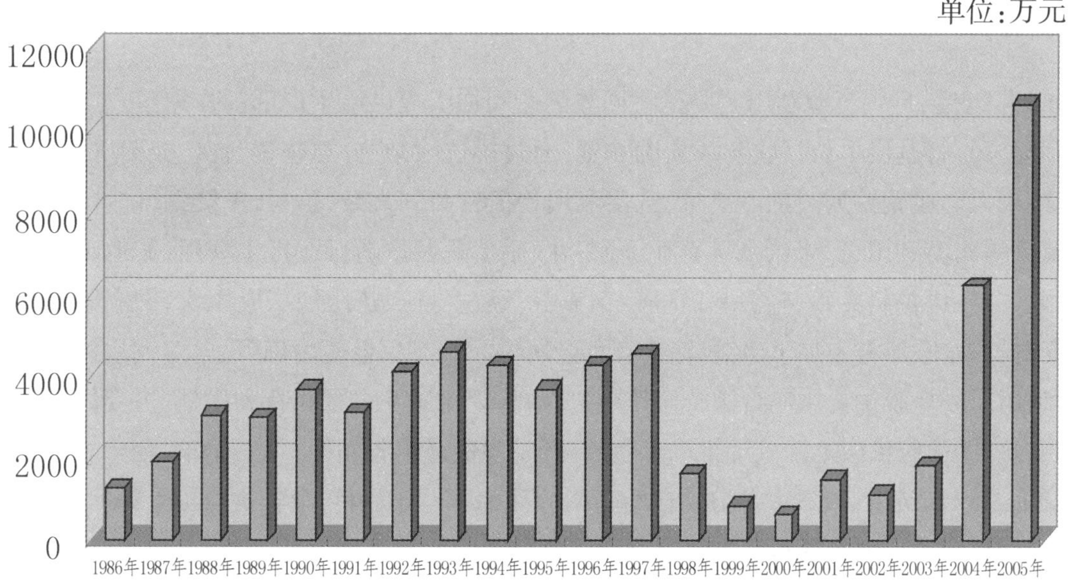

图 32-3-2　1986~2005 年湘潭市供销社系统再生资源回收总额

1986~2005 年湘潭市供销社系统再生资源主要品种回收量

表 32-3-1　　单位:吨

年度	废钢铁	杂铜	废铝	废铅	废橡胶	废纸	废塑料	废棉麻	破布
1986	13999	50	18	11	993	6191	1033	1210	2182
1987	24212	61	25	12	986	8296	1119	1333	1826
1988	30836	96	42	14	927	9354	1105	1399	1909
1989	34598	50	25	10	670	5643	646	937	1120
1990	38380	75	23	14	447	4662	523	985	946
1991	25412	45	16	10	239	3934	305	868	368
1992	16934	69	25	8	280	1460	613	729	349
1993	39598	825	343	11	301	7381	624	1000	1138
1994	12273	628	161	35	137	3449	149	256	1971
1995	5257	762	179	65	123	2588	376	358	213
1996	7944	534	142	37	133	1946	114	129	145
1997	4511	338	46	22	76	1189	42	109	115
1998	1545	140	16	20	38	662	27	111	49
1999	1045	136	16	19	100	550	6	105	300
2000	1990	133	13	18	80	320	30	82	280
2001	6553	130	12	9	35	300	24	78	320
2002	8036	129	11	7	27	230	23	100	350
2003	9974	129	9	5	19	180	20	70	310
2004	24590	126	8	4	15	175	15	30	180
2005	43611	118	5	4	7	200	14	43	120

二、利用

1986年以后,再生资源利用主要是将回收的废旧物资提供给生产部门作原料。市供销社物资回收利用公司,将基层单位回收各类废旧物资,通过挑选除杂、分类整理、打包成捆,批量销给各用废单位或个人。废钢铁通过加工挑选,选出利用价值较高的直条、角钢、锣纹钢、钢管、钢板和轴承钢、弹簧钢等作为利用材,供给乡镇企业、轻工业、手工业及修造行业再生利用;其他则通过剪切加工,分一、二、三级炉料废钢、轻薄料、铁屑、钢渣等,经过冷压、热压加工成压块,供应给钢厂回炉冶炼,从废电器、水暖器材中加工出铜、铝等有色金属供应给有色金属冶炼厂、电解铜厂、电缆厂、制锁厂再生利用。废橡胶主要供应给橡胶厂作再生原料,废轮胎除少量翻新利用外,主要供应航运部门作船上靠垫,胎面胶供应给橡胶厂生产再生胶,开发丝供应给各制鞋厂、三轮车、翻斗车等生产厂家利用。破布、废棉、废麻、废纸大部分供应给造纸厂和油毡厂作原料,杂骨供应给骨粉厂生产骨粉,部分供应给饲料生产厂家作原料。当年市物资回收公司综合利用加工厂,由于市场变化,主要从事轻薄料、铁屑冷、热压块加工。1987年市物资回收公司加工产值83.3万元,获加工增值9万元。1988年,全市供销社系统再生资源回收行业有废钢铁剪切机3台,轻薄料压块机3台、切胶机9台、电动打包机10台、电动升降机8台,堆码机5台、手推车20部、氧割机12台(套)、电焊机6台(套)、叉车1辆。加工场地12处,面积8100平方米,从事加工的职工近300人,雇请临时加工人员30~50人。市物资回收公司完成销售总额3180.4万元,比1987年增长93%,实现利润76.14万元。1990年,全系统再生资源加工挑选品种120个,加工各类废旧物资14389吨,加工增值78.9万元。其中从废钢铁中挑选出利用材1680吨、剪切炉料废钢8200吨、轻薄料压块400吨、铁屑压块120吨、加工黄杂铜18吨、从有色金属中加工出稀有金属4吨、加工挑选片布984吨、条布520吨、切鞋底胶740吨、加工胎面胶280吨、开发丝350吨、挑选块花120吨、挑选次麻袋5000条、从废纸中挑选出书报杂志970吨。市物资回收公司加工挑选各类废旧物资7521.6吨,其中剪切加工炉料废钢4100吨、获加工增值55.9万元。湘乡市物资回收公司获加工增值13万元。

1992年,市再生资源公司从废钢铁中挑选钢球、轧钢材料、加工小电炉回炉料共计530吨,剪切废钢1786吨,全年加工各类废旧物资2480吨,获加工增值89.12万元,该公司综合利用加工厂轻薄料加工获增值9.3万元。1995年,全市供销社系统再生资源加工挑选品种112个,加工各类废旧物资8720吨,加工增值70.4万元。市再生资源公司加工各类废旧物资4681吨,其中剪切炉料废钢1245吨、热压块35吨、挑选一、二、三级废钢983吨、手工业用材455吨、修补麻袋8000条、挑选出塑料编织片15吨、模浆纸37吨、书报杂志115吨、块花85吨、长回纱、浆回纱8吨、镍络丝、高温不锈钢7吨、铋锭1.5吨、黄杂铜3.5吨、杂锡1吨、片布、条布550吨、再生胶原料140吨,获加工增值40.85万元。

1996年湘乡市再生资源公司加工压块500吨、挑选出利用钢材487吨、加工其他废旧物资147吨,获增值10.4万元。1998年,再生资源市场疲软,销价下跌,回收量大幅度下降,加工利用品种由原来120个减少到46个。全市供销社系统加工挑选43个品种,加工各类废旧物资1068吨,获加工增值38.4万元

1999年,市再生资源公司加工各类废旧物资4720吨,加工产值551万元,增值55万元。2000年,市再生资源公司通过加工,销售炉料废钢1266吨、销售利用材705吨、加工产值318万元,增值

32 万元。2002 年,随着废钢铁回收量大幅度增加,各县(市)再生资源公司加大对这一主营商品的加工力度,组织扩大加工队伍、对废钢铁进行精加工,从废钢铁中挑选出利用材 4200 吨,加工剪切炉料废钢 8756 吨,增值 73 万元。湘潭县再生资源公司从废钢铁的加工挑选出利用材 985 吨、加工炉料废钢 1042 吨、轻化原料 73 吨、加工产值 220 万元,增值 12 万元。湘乡市再生资源公司全年实现销售额 2500 万元,比 2001 年增长 18.6%,实现利润 15 万元。2005 年,全市供销社系统加工挑选品种 45 个,加工各类废旧物资 15328 吨,加工增值 368 万元。湘乡市再生资源股份有限公司抓住商机, 开展与个体户联合, 在扩大回收同时, 采取突出废钢铁加工, 全年从废钢铁中挑选出利用材 4288 吨,加工炉料废钢 1432 吨,实现销售额 2580 万元,创利税 33.72 万元。市再生资源公司在抓好资源回收同时,努力扩大对废钢铁的加工挑选,挑选出利用材 8420 吨,加工剪切炉料废钢 5847 吨,加工其他各类废旧物资 1430 吨,增值 38.5 万元,10 月,该公司成为全国再生资源行业协会常务理事单位,经理廖跃进以湖南省再生资源行业代表出席中华全国供销合作总社第四次社员代表大会,受到党和国家领导人接见。

1986~2005 年湘潭市供销社系统主要财务指标统计(一)

表 32-1　　　　单位:万元

年度	商品销售总额	收入		支出		总利润
		合计	其中毛利	合计	其中:商品流通费	
1986	45258	4609	4274	4418	3395	191
1987	52287	5413	5071	5084	3993	329
1988	75754	7713	7198	7268	5599	445
1989	73823	8021	7311	7795	6021	226
1990	72097	7064	6461	7596	5854	- 532
1991	82628	7789	7026	7636	5877	153
1992	88208	8086	7317	8137	6332	- 51
1993	90404	9088	8230	9235	3382	- 147
1994	67872	8136	7580	8131	3330	5
1995	76574	9386	8549	9374	3867	12
1996	75193	8780	7888	9274	4245	- 494
1997	58606	6291	5685	7466	3356	- 1175
1998	36336	3609	3150	4504	1992	- 895
1999	28038	2156	1820	3122	990	- 966
2000	25017	2097	1556	2478	633	- 381
2001	22898	2405	1648	2405	586	- 0.2
2002	20795	1590	1155	1576	441	14
2003	22669	1616	1206	1595	455	21
2004	26675	1662	1235	1613	497	49
2005	25521	1761	1286	1720	590	41

1986~2005年湘潭市供销社系统主要财务指标统计(二)

表32-2 单位:万元

年度	流动资产		固定资产		其他资产	资产总计
	合计	其中:各种应收款	合计	原值		
1986	14220	2274	3850	5247	556	18626
1987	17162	2505	3429	5535	1578	22169
1988	21666	4016	4946	6771	1908	28520
1989	24021	5413	5213	7529	2346	31580
1990	26314	5697	5424	8122	3134	34872
1991	28054	9008	5844	9003	3189	37087
1992	29386	9277	6710	9603	3149	39245
1993	33349	11583	7896	10714	2393	43638
1994	31710	12515	8186	13434	2534	45344
1995	36902	12026	12408	14881	3155	52465
1996	37142	11067	12548	16045	3292	52982
1997	31135	10343	12434	17381	3263	46832
1998	31482	9734	12515	17995	2860	46857
1999	29861	6473	12397	18120	3197	45455
2000	28237	6071	12528	18105	3359	44124
2001	30619	6719	12594	18113	3116	46329
2002	27183	8761	9710	13876	3531	40424
2003	23792	4242	7785	9789	3711	35288
2004	23462	4781	7603	9080	3256	34321
2005	23809	4909	7510	8931	3266	34585

1986~2005年湘潭市供销社系统主要财务指标统计(三)

表32-3　　单位:万元

年度	自有资金		流动负债		长期负债	上缴税金
	合计	其中:社员股金	合计	其中:短期借款		
1986	6449	118	11754	9816	335	346
1987	7174	138	14429	12153	566	434
1988	8972	766	18117	13283	702	695
1989	9487	697	20514	15929	849	1112.7
1990	9971	348	23371	17613	834	614
1991	10518	314	25334	18816	719	693
1992	11578	366	27437	20405	–	742
1993	9118	134	31454	21737	3065	968
1994	11069	112	31505	23540	2770	682
1995	12611	607	36884	25208	2969	659
1996	11984	1287	37987	26018	3010	744
1997	9511	867	33866	24014	3455	665
1998	9107	484	34538	24714	3212	387
1999	– 2338	347	44445	26195	3347	314
2000	– 1644	287	42608	26188	3159	310
2001	1665	65	41490	25074	3174	294
2002	738	94	36759	24600	2927	157
2003	– 1789	57	34187	21201	2890	125
2004	– 2057	66	33470	19979	2908	98
2005	– 2076	66	33786	19593	2876	86

第三十三篇　饮食服务业

概　述

1986年，境域饮食服务业在“改革、开放、搞活”方针指导下，以市场为导向，全面放开搞活。餐饮业、美容美发业、宾馆业、休闲娱乐业、广告业、中介服务业、修理业由国营企业经营逐步向个体私营发展。尤其是餐饮业、冷饮业、美容美发业发展较快，占有较大市场份额。是年，全市个体餐饮业网点达1360个，从业人员4768人。在人口稠密的商品市场附近或城乡结合部有个体私营小型招待所、旅社。休闲业出现小型酒楼。广告业、开始起步，全市成立5家专业广告公司。中介服务业兴起，成立湘潭市会计师事务所。修理业中出现个体汽车修理门店。是年，全市餐饮业、美容美发经营网点、宾馆、招待所、中介服务、修理场所共4195户，从业人员12249人，经营收入12056万元，上交国家税收1189万元。

1989年，境域在实行计划经济的同时，逐步放开市场调节的范围。全市饮食服务行业除湘潭市福星楼餐馆、湘潭市汽水冰棒厂、环球美发厅、湘潭宾馆、湘潭市汽车大修厂等少数国营饮食服务企业继续经营外。其余均因技术设备陈旧或内部管理不健全，逐步退出市场经营。是时，餐饮业时兴盒饭，以价廉质好、方便快捷取胜。湘潭宾馆、莲城宾馆、韶山宾馆、韶山饭店等场地宽敞，设施齐全，承接规模较大的旅游团队。美容行业出现美容产品代理商和美容院。湘潭县、韶山区成立专业广告公司。社会上开始出现零星职业中介及家电维修个体私营业主。1990年全市餐饮业、美容美发等经营网点及宾馆、旅社、招待所、中介服务、休闲娱乐、修理业门店等共6950户，从业人员24550人，经营收入26843万元，上交国家税收1741.2万元。

1991年后，境域国营饮食服务企业因经营、资金、管理等方面问题突出，实行改革改制、退出市场经营。1995年，全市餐饮业、冷饮销售、美容美发经营网点及宾馆、旅社、招待所、休闲娱乐、中介服务、修理服务场所共12450户，从业人员36850人，经营收入35485万元，上交国家税收2038.3万元。

1996年后，境域个体私营餐饮扩大经营，开发夜宵、连锁店等经营业态。国营冷饮生产企业仅留下大型国营企业福利性质的加工车间，销售市场迅速被境外系列冷饮产品取代。宾馆招待所提高管理水平，改善内部设施，加强对外宣传力度，逐步申报星级宾馆，提升规模档次。美容美发行业实行连锁经营，提升服务技艺，追求时尚潮流。休闲娱乐项目增多，既有适应大众需求的棋牌娱乐场所，也有较高档次的咖啡吧、茶艺、桑拿、洗浴、保龄球等娱乐场所，满足不同层次人群需求。广告载体形式多样，美观大方，热闹喜庆。中介服务业更趋人性化，修理业日益专业化。2000年，全市餐饮业、美容美发经营网点及宾馆、旅社、招待所、休闲娱乐、中介服务、修理服务场所共25785户，从业人员67750人，经营收入158504万元，上交国家税收4383.8万元。

2001年后，境域城镇化建设步伐加快，快节奏的工作生活促进饮食服务业的发展。市政府定期举办各类名菜名点展示展览会，地方名菜得以推陈出新。有一定规模的餐饮企业出现过千元的高档宴席，推荐有企业特色的名菜名点，山珍海味，提高经营效益。经国家旅游局批准的全市星级宾馆14家。美容美发企业开始引进国外先进商业模式，与美容产品代理商联手开发市场。休闲娱乐场所环境更趋美观，适应高层消费的比例增大。广告业、中介服务业、修理业制订行规行律，市场更趋规范。2005年，全市餐饮业、美容美发经营网点及宾馆、旅社、招待所、休闲娱乐、中介服务、修理服务场所共38750户，从业人员101800人，经营收入316522万元，上交国家税收12439.6万元。

第一章　餐饮业

第一节　经营规模

1986年，境域餐饮业形式多样，形成国营、集体、个体私营等多种经营形式。湘潭市饮食服务公司投资450万元对大桥饭店扩建改造，成为城区集吃、住、购、玩为一体，接纳会议，商务洽谈，提供餐饮的综合服务中心。同年对原国营利民饮食店进行改造，增设雅座，实行能人治店，名厨主政，更名为“福星楼餐馆”，当年实现经营收入35万元。湘乡市城区一次接纳20桌以上顾客的大中型餐店、酒家达21户。韶山区规模较大的餐饮企业仍以韶山饭店和韶山宾馆为主，同时以旅游服务为主的个体私营餐馆35户。是年，全市餐饮业经营网点4075个，从业人员10520人（其中：个体私营网点1360个，从业人员4768人），经营收入7548万元，上交国家税收264万元。

1987年，市饮食服务公司在北京与崇文区饮食公司联营，开设第一家以湘菜为特色的“洞庭春酒家”。3月2日开张营业，在京的湘籍老领导、文化名人张平化、黄永玉、李燕、周仁青、齐良迟、齐佛来到场祝贺。城区福星楼餐馆对外告示“空调开放、内设包厢”开全市先河。其优质服务带动其他餐饮企业改善经营条件，吸引顾客。

1988年后，境域成立湘潭市第二饮食服务公司，所属19家集体性质的餐饮企业，从业人员1100人，归口湘潭市第二商业局管理。为加快餐饮企业发展，打破传统行业界限，一些非餐饮部门开办酒店，湘潭军分区开办华星酒店，湘潭市粮食部门开办冠园酒店、月明酒家、宏泰酒家、华鹏酒家，湘潭电机厂开办湘电酒家。个体私营业主赵正良将原“望绿园”酒家扩大规模办成湘潭大酒店，成为一大亮点，可以一次性接待顾客50桌。1990年全市餐饮业经营网点4860个，从业人员12280人（其中：个体私营网点2280个，从业人员7855人），经营收入8215万元，上交国家税收288万元。分别比1986年增长19.3%、16.7%、8.8%、9%。

1991年后，境域的早餐小吃店遍布城乡，迅速发展。大多以夫妻店、兄弟店、父子店形式为主，既是业主又是员工。经营品种以面条、米粉、面点为主。快餐业也应运而生，以快捷方便著称，每盒3~5元不等，或上门就餐，或电话预约送货上门，得到消费者的青睐。1994年，市政府发布关于加快个体私营经济发展的决定，境域餐饮业仍保留部分国营企业经营。福星楼餐馆经营收入180多万元,特二级厨师肖厚培被评为湖南省烹饪行业劳动模范。其余大部分为个体私营经营。是时,投资少,条件简陋的夜市兴起,一般在河边、街边、巷口及人口稠密处摆摊设点。经营品种以小炒为主,配以腊味、蔬菜、臭豆腐、啤酒等。河边夜市多以太阳伞遮盖、彩灯点缀,个别以“蒙古包”式经营,顾客以青年为最多,每年7~11月为盛期,每桌消费在50元左右。1995年,全市餐饮业经营网点6118个,从业人员15185人(其中:个体私营网点4558个,从业人员9559人),经营收入20980万元,上缴国家税收1090万元,分别比1990年增长26%、23.6%、155%、278%。

1996年后,国营、集体餐饮企业因条件简陋,设备陈旧,缺乏改造资金等原因,无法与个体私营企业竞争。除河西解放南路与民主路交汇处的维生米粉店因经营码头较好继续经营外,其余均陆续开始关闭或租赁经营。个体私营餐饮企业趋势加快发展。湘潭县政府搬移至易俗河后,县城和乡镇餐饮业随之兴起。易俗河镇餐饮企业达100多家,其中明珠大酒店、乾隆皇酒家每家规模达日接待顾客60~80桌。湘潭县、湘乡市、韶山市等县(市)沿公路的乡镇集市饭店比比皆是。湘潭县茶思寺镇茶思寺山庄、中路铺酒家、湘乡市东山饭店、月山饭店、韶山市银田镇酒家等每家日接待能力超过50桌。

2000年，境域国营餐饮企业，仅留下地处河西民主路与解放南路交叉处维生米粉店，经营米粉、锅饺并实行24小时营业。个体私营经营占领市场,朝规模化、高档化、连锁化经营方向发展。规模较大的私营企业装饰美观,配备空调,大厅与包厢有机组合,员工统一着装。全市经营面积300平方米以上的私营餐饮企业有72户,共雇请员工1100人,每桌消费在300~400元,最多的过千元。外地人办的“桂林人”“湘里人家”“湘里我家”及西式的“肯德基”“麦当劳”等在境域城区开设连锁分店,深受年轻人喜爱。是年,全市餐饮业经营网点10580个,从业人员22550人,经营收入81275万元,上交国家税收4226万元,分别比1995年增长73%、48.5%、287.4%、287.3 %。

2001年后,境域随着改革不断深入,农村剩余劳力纷纷进城务工,在城区街边、路边或社区租赁门面开设小型餐饮企业,或在中、小餐饮企业打工。全市小型餐饮企业和小型米粉店、快餐店、点心店快速发展。居民就餐十分方便。境域城区规模扩大,外来人员增加,餐饮企业发展加快。市区的“福星楼”“红月亮”“洞庭春”“湘潭大酒店”“华都大酒店”“广州大酒店”，湘潭县易俗河 “乾隆皇酒店”、湘乡市城区“龙城宾馆”“湘南饭店”,韶山市“韶山宾馆”“毛家饭店”等知名酒店,深受消费者青睐,成为婚宴喜庆宴请的首选。韶山市随着旅游业发展,在城区、景区共有餐馆、饭店、客栈、招待所50多家,可同时接待1200多人就餐。为便于军队内部接待,湘潭军分区设立金星大酒店,负责军队内部官兵用餐和北京、广州军队首长来潭的保密保卫接待。2003年湘潭市人民政府举办迎新年名菜名点展示会,展示88道名菜,22个名点,经评定福星楼富贵肘子,李家菜园铁板墨鱼仔,湘潭大酒店酱汁猪手,万利隆黄金条面包获一等奖。山珍海味逐渐普及,酒席呈不同标准的档次,每桌价中低档400~500元,较高档1000~1200元,最高档可达4000~5000元。2005年,湘潭市烹饪协会组织餐饮企业参加湖南省首届湖湘文化烹饪创新大赛,获5金、7银、1铜奖牌,排全省第一。参加在武汉举办的全国首届餐饮业技能创新大赛,获1银、2铜奖牌的好成绩。是年底,全市餐饮业经营网点16910个,从业人员43980人,经营收入204701万元,上交国家税收10645万元,分别比2000年增长60%、95%、152%、151.9%。

第二节 制作技艺

1986年，境域国营餐饮企业和中型以上（日可消费10桌以上）个体私营餐饮企业，均烹饪传统名菜满足消费者需求。首选的是“什锦杂烩”“虎皮扣肉”“霸王别姬”，为每桌八大碗中必配的3个传统菜。

图33-1-1 福星楼制作“全家福”

图33-1-2 福星楼制作的虎皮扣肉

图33-1-3 福星楼制作霸王别姬

“什锦杂烩”（俗称“全家福）制作技艺，用半肥半瘦猪肉切成方形坨子，用盐、味精、胡椒、酱油、八角粉腌渍，和以淀粉、面粉炸成酥肉蒸发，将素肉剁碎调味，用蛋皮卷成筒，蒸熟切成眼块，另将水海参、墨鱼、水平肚、冬笋等切片，将配料勾少许淀粉出锅，盖入酥肉即成。味道鲜美，老幼皆宜。此菜以湘潭市福星楼大酒店制作最为有名。“霸王别姬”问世于清代末年，此菜由甲鱼和鸡为主要原料，辅以香菇、火腿、酒、葱、蒜等佐料，采取先煮后蒸的烹调方法，制法精巧，吃法独特，鲜香味美，营养丰富，一起品尝，留卤幽香，是酒席宴上的佳品。“虎皮扣肉”是湘潭传统普通筵席中一道必备猪肉制品菜，其制作方法，先将五花肉裁成方块胚料，用火烫掉毛，即使没有毛也须烫一下，去掉油腥味，刮洗干净后，随冷水下锅煮熟捞出，摸上饴糖兑水或其他着色剂，均匀抹在肉皮上待炸，锅内倒入花生油，烧至七成熟，将肉倒入锅内，至肉皮为红色，然后投入冷水锅，肉皮收缩成虎皮状，然后切成6厘米长、1厘米厚左右条状，整齐扣入碗中，加入盐、味精、酱油、梅干菜上笼蒸熟后，反扣碗中，加入湿淀粉、胡椒、葱花即可。此菜在境域城乡餐饮企业均可制作。境域传统点心有肉包子、糖包子、盐菜包子、银丝卷、锅饺、葱油饼、白粒丸、米豆腐、牛角酥、油条、油撒子、煮麻花。其中：颇受欢迎的白粒丸的做法是取玉球的白粒丸坯用开水煮1~2分钟，碗内放入萝卜、榨菜头、芹菜、麻油、少许骨头汤、盐、舀入煮好的白粒丸，放入葱花、即可食用，其特色是色泽洁白，颗粒圆匀、咸辣鲜秀，滑嫩鲜美。锅饺的做法是将成形的饺子放入烧热的平底锅，洒上香油，将饺子逐个放入锅内，煎成黄包，再加入开水锅用火蒸4~5分钟，再放一次开水蒸1分钟即可食用，其特点是饺皮上嫩下酥、馁嫩鲜美，这两道小吃是早点中的佳品。

1988年后，境域农产品供应丰富，农村畜禽饲养量增加。开始恢复“一品土鸡”“农家小炒牛肉”“什锦湘莲”3个地方传统名菜。“一品土鸡”原料主要来自农村家庭饲养的土鸡，鸡肉备用，老姜切片，下少量油，将鸡肉煸至出黄油，下鸡块及内脏料酒煸炒一段时间，再下清水，慢火煨炖至烂，汤汁呈黄色即可。因其用乡下放养的土鸡做出鸡汤，原汁原味，色泽鲜黄，营养丰富。河东地区荷塘乡一带的路边餐饮企业制作此菜颇受消费者欢迎。“农家小炒牛肉”采用黄牛肉，切片加干椒、大蒜一起烹制，口味咸、鲜、嫩、辣，口感鲜嫩，香味突出，是一道非常好下酒佳肴。“什锦湘莲”主料以境域知名的“三寸莲”为基本原料，此菜是湘潭传统名菜之一，主料莲子干，配料龙眼、葡萄干，桂花糖、樱桃，调料冰糖，蒸熟莲子，加冰糖溶化后过滤，倒入汤盆内，将蒸好的莲子龙眼加入，撒上桂花糖、樱桃即成。具有养心明目，健胃开脾等功效。为境域酒宴中必不可少一道甜菜。是年，湘潭市烹饪协会理事、烹饪技师、中国烹饪名师易国平、肖厚培参加湖南省美食代表团，参加全国烹饪大赛，在热菜和冷盘两个项目角逐中荣获2金1银奖牌好成绩。境域点心在中小餐饮企业开始恢复传统粽子，花色有盐水粽子、白糖粽子、豆沙粽子、猪肉粽子，油炸类有油条、春卷，面食类以米粉、三鲜面、肉丝面为主。春卷又称三丝春卷。即肉丝、水笋丝、韭菜丝、主要原料有面粉、瘦肉、肥肉、水发笋子、韭菜、胡椒粉、麻油，将中筋面粉和高筋面粉各半混合加水拌成面团，用手撑压成16厘米直径的薄圆皮，在锅内烙成春卷皮。将瘦肉、肥肉、水笋、嫩韭菜切成段，入锅炒干水分，放入原汤、酱油焖炒，后放入味精，麻油，拌匀，做成三丝饺，将做好的饺，每个约30克放入做好的春卷坯内，放入油烧成170℃左右的锅内，用筷子翻动，炸至两面全黄即可，其特色色泽金黄，酥脆甘香。此类小吃点心多为中小餐饮企业制作。春卷以河西中山路、民主路一带的小餐饮企业制作的最为有名。

1990年后，境域菜谱创新加快，一些经验丰富的厨师，结合多年实践创新，烹制新的经典名菜。个体私营企业红月亮酒店经理李泽林创新烹制“剁椒鱼头”（又“名鸿运当头”）一时成为消费者一道首选的鲜菜肴，并逐步被全省效仿。此菜一般以大鱼头一辟二开，撒上盐、味精、剁椒、豆豉，干蒸待熟。上桌时一股浓浓剁椒鱼头香味扑鼻而来，味道鲜美，营养价值高。湘潭大酒店创新烹饪“酱汁猪手”，又叫抓钱爪，是湘潭人过年必备一道菜。主料猪前爪，将爪洗净过沸水后，洗净血水，放入陈年卤水中慢慢酱制，添加传统中药材。此菜味道香醇，肥而不腻，营养丰富，具有美容功效，是餐桌上不可多得的美味佳肴。上述2个菜因受消费者喜爱，消费量大，成为境域餐饮行业中经典名菜之一。

图33-1-4 红月亮大酒店制作的剁辣椒鱼头

1993年，境域岳塘区易家湾马家河附近农民有饲养黑山羊习惯，且数量较大，当地农民自养自宰，形成颇具特色的一道创新名菜——“家常羊肉”。

“家常羊肉”的制作技艺为，先将羊肉烙毛刮洗干净，入冷水锅焯水，再另用冷水锅煮酥（原汤留用）去骨趁热捂紧，改切成块，锅内烧植物油至8成熟，先将蒜籽爆香，再入羊肉块煸炒，待水分略炒干，加入料酒、酱油、原汤，以盖过羊肉为度，加入辣椒酱，味精、青蒜或芹菜出锅。由于其味美鲜嫩，且为当地饲养无污染，市内及长沙、株洲不少消费者均慕名前往消费，成为境域一道创新名菜。此菜以河东地区马家河一带的金龙黑山羊专卖店制作的最为有名，且推出羊肚、羊蹄、羊肉、羊杂等系列产品，有全羊席之称。

河西地区沿湘江边一带的餐饮企业，以湘江河鱼为资源，烹饪制作“水煮河鱼”，后逐步由河东荷塘乡“湘春楼酒店”开发演变为“水煮活鱼”。消费量大增，成为境域又一道创新名菜。其制作技艺原料必须是活鱼，以鳙、鲢鱼为主，也有少量草鱼，一般为2~3斤，烹饪方法是将活鱼破开后洗净，锅加植物油烧8成熟，将鲜鱼放入锅内油炸少许时间，后加入冷水煮开，待熟后，加入辣椒、紫苏、姜片，再煮片刻，以鲜嫩为度，出锅。这道菜成为境域大小餐馆的必备菜肴。

图 33-1-5　金龙黑山羊肉专店制作家常羊肉

是时，境域创新名菜还有“银圆腊肉”用本地农村腊肉制成银圆状，洒上干辣椒粉、豆豉蒸制，因其好听，好看，深受消费者喜爱。“湘水第一鸭”，以农家饲养家鸭为主料，配制干辣椒、姜、葱、料酒、酱、老干妈、香料熟制，把握火候，此菜香气四溢，回味无穷，辣而不麻，体现湘潭特色。“山伢子羊肘”以韶山市银田镇烹制最为有名，此菜羊肘一个，配以红萝卜、干辣椒、香菜，羊肘过水后，切花刀用清水泡清血水待用，放少许底油、姜、葱、八角、桂皮、香叶、百扣、十三香等药材炒香，最后加汤下羊肘，大火烧开小火煨，待羊肉熟后，用淀粉勾芡淋上香油即取可，此菜色彩黄亮，香味诱人，营养丰富，老少皆宜。是年 10 月，市烹饪协会受市人民政府委托，组织 8 名选手组成代表团赴武汉赛区参加全国烹饪大赛，在热菜、冷盘、果蔬雕、面点四个项目角逐中；厨师肖迪泉制作果蔬雕“松鹿同春”，厨师肖克资烹饪热菜“芝麻羊肉卷”“五彩鳜鱼丝”，厨师易兵烹饪热菜“酥炸兰花冬笋”“竹筒三菇蒸鸽”荣获金牌。境域点心类恢复盐菜包子，银丝卷，油炸类恢复油撒子、糖油粑、牛角酥、油酥饼、大合酥，在沿街小吃店均有供应。其中银丝卷制作技艺以面粉、肥膘、糖油为原料，将发面团、子面团糅和擦透至尘软筋顺，用压皮机压 15 遍，将发面团搓成长条，再压成扁条，用木槌推成长方形薄皮，将肥膘糖油抹满两皮，再把挟馅面皮从外向内折四折成四层长面条，压成宽 8 厘米，厚 0.5 厘米的长面条，在面皮上抹少许水，用快刀按住面带切 5-6 条，然后将两带卷滚成筒，用手轻轻按压成盘丝巴巴头的生坯，逐个卷好，摆在蒸笼内蒸 30 分钟即可。其特点是：松软、色白、丝细工整均匀，甜润。湘潭洞庭春酒家的银丝卷深受居民喜爱。油撒子的制作技艺为：将中筋面粉、精盐、茶油在案板上和面，搓成筷子粗的条，锅中倒茶油、烧至 190℃，将面条扭圆成“OO”字形放入油锅用筷子迅速拨动，将散子炸至金黄色，其特色为形如丝线，圆条起小泡，焦脆松散，香脆爽口。糖油粑制作技艺为：将糯米，黏米倒入盆内，加清水拦匀揉成粉团，取一块压扁放入蒸笼内蒸熟，然后搓成小圆团，放在湿布上摆好。锅中倒入茶油、烧开后，倒入北流糖，烧成糖油，将米粉团压成饼，逐个下锅，用铲子轻轻翻动，待米粉坯浮出糖油上面，取出沥干即可食用，其特色色泽酱

图 33-1-6　李家菜园制作龟羊汤

图 33-1-7　水煮河鱼

图 33-1-8　酱汁猪手

红,糖汁晶亮,糯滑细腻,香甜滋口。

1995年后,境域农村饲养甲鱼数量增加,加之省内洞庭湖区甲鱼大量涌入,全市各餐饮企业开始恢复地方传统的"水鱼炖羊肉"。境域民俗认为农历六月初六暑气正旺,成人吃这道菜可以清热解暑、祛湿健体,小孩吃可保夏季不生痱子,俗称"六月六、吃水鱼炖羊肉"。境域这天各大、小餐馆最叫座的就是这道菜,若用野生水鱼更是奇货可居,当月消费达数百吨。同时,又是"海参羊肉席"中重头菜。其制作技艺为:原料以野生黄背水鱼(也有用人工饲养水鱼)、黑山羊肉为主,配料为姜、蒜、辣椒酱、香菜,调料为茶油、盐、味精、八角、料酒。此菜肉质细腻、柔软,动物蛋白质含量高,味道鲜美。点心类品种增多,各餐饮企业纷纷推出自制的南瓜饼、土豆饼,以南瓜、土豆蒸熟后,油炸制成。以粗杂粮为主窝窝头,为消费者就餐必备点心。境域小型餐饮店创新米粉、面条品种,有炒粉、炒面,饺饵、小笼汤包供应。沿街出现不少油炸臭豆腐小摊,并配以刮凉粉、萝卜炖猪脚、狗头煨蛋等小吃深受消费者喜爱。其中:刮凉粉做法为:将湿蚕粉加入清水搅拌成浆、铁锅上中火,将水烧开,慢慢倒入蚕豆浆,边倒边用铁铲推搅至稠糊装入大蒸笼内,摆在阴凉通风处,让其冷却凝固成乳白色滑嫩粉坯。用专用刮子从上向下刮成一排排细长洁白粉条装碗,再加入芝麻酱,红腐乳汁,大蒜泥、芥末粉、盐、酱油、麻油、香醋、辣椒油、葱花,即可食用,其特色清凉细滑,嫩韧微辣,鲜香,是夏季受欢迎小吃。

1997年后,境域餐饮企业适应市场需求,提高企业品牌,在菜名上不断创新。湘潭福星楼酒店厨师王海林推出热菜"软炸冬瓜爽",厨师李南军推出热菜"闷油香酥羊肉卷",在全省道道全杯烹饪大赛中获金牌。此外,"虫草菊花牛鞭""朝珠驴肉""松子碗角""荷香软蒸鱼腩"等10个经典名菜,其制作精湛,口味纯和,营养丰富,受到消费者和美食家好评,参加全省烹饪大赛获奖。

2000年后,境域居民消费水平提高,对饮食品位讲究色、香、形、味。市烹饪协会在全市餐饮企业开展挖掘地方名菜、快餐经典名菜和适应市场需求开展湘菜创新。是年,福星楼大酒店、李家菜园餐饮有限公司、湘潭大酒店、红月亮大酒店、湘潭万利隆食品有限公司、桂林人快餐店等知名餐饮食品企业厨师、点心师精心制作,推出"福星富贵肘""锅仔羊肉""百烩灌汤鱼丸""铁板墨鱼仔""干锅柔嫩鱼""手撕羊肉""玫瑰豉油鱼""湘西腊肉""红烧鲍翅""酥莲明虾球""黄金条面包""老婆饼""黑芝麻薄饼""至尊披萨""日式炒面"等名菜名点,实现全市餐饮业名菜、名点的推陈出新。不仅满足消费者日益增长的需求,且参加全省烹饪大赛获奖。境域面食点心类引进境外"天津狗不理包子",北京炸酱面和云南米线。米粉、面条盖码品种增加,有肉丝、牛肉、三鲜、牛腩等。洞庭春酒店恢复传统脑髓卷,其制作方法是:以精面粉、肥猪肉、白糖、饴糖、精盐、纯碱为原料。将肥猪肉、绞成肉泥,掺和白糖精盐制成肉酱、糖油入味、油脂亮晶,形似脑髓。制作时,将面粉用冷水和匀,掺入1/3的发面,加饴糖,纯碱揉熟,摊成40厘米长,42厘米宽,0.3厘米厚的薄皮,均匀揩上脑髓,将薄皮拉成长条,略为压扁,切成7厘米长,3厘米宽,0.2厘米厚的初坯,再将初坯折成1/5,用刀口轻按,顺刀切再折,切成5厘米长,7厘米宽,0.2厘米厚的成坯,每坯约40克,蒸熟即成。其特点是形如瓦状,色泽银白,晶莹油亮,油而不腻,入口消融。

2002年春节前夕,市政府决定在全市餐饮行业召开迎新年安全消费名菜名点展示会。此活动由市商业贸易发展局主办,市烹饪协会承办,全市7家餐饮企业送展名菜88个,名点22个,经组委会评定,福星楼餐馆等酒店烹制热菜"富贵肘子"等17个被评为名菜,湘潭市万利隆食品有限公司制作黄金条面包等4个名点荣获一等奖。

2004年，市人民政府决定在全市开展“故里居杯”十大地方名菜评选活动。“红烧大鲍翅”“什锦杂烩”“毛氏红烧肉”“马家河茅屋羊肉”“韶山火焙鱼”“剁椒鱼头”“金牌猪手”“野山龟炖羊肉”“龙腾肘子王”“玉环冬瓜”被评为全市十大地方名菜。易兵、张超、颜宏、胡志明、向桂华、王海林、吴泽龙、龚学、肖克资、王益军评为湘潭市十大名厨。

2005年，开展“梦泽杯”十大地方名菜评选活动。全市评出“水煮沸腾鱼”“红烧野生水鱼”“霸王别姬”“马家河黑山羊”“锅仔芙园肥牛”“野生鱼头王”“福星鸡”“农家小炒山羊肉”“孔雀开屏翅”“雀巢左公鸡”十大地方名菜，均以其色泽鲜嫩，造型美观，香味扑鼻，味道鲜美，营养丰富，老少皆宜著称，实现境域湘菜不断创新。是年8月，湘潭市烹饪协会组织会员单位参加在长沙开源鑫大酒店举办“辣之源杯”湖南省首届湖湘文化烹饪创新大赛，福星楼大酒店、红月亮大酒店、湘潭大酒店、神秘树酒店派出15名选手参赛，荣获5金、7银、1铜奖牌，在全省排名第一。湘潭市烹饪协会获最佳突出贡献奖牌1块，福星楼大酒店烹制热菜“福星一品汤鱼”，湘潭大酒店烹制热菜“虫草鸡四宝”，神秘树大酒店烹制热菜“来福酱香狗肉”，红月亮大酒店烹制热菜“珍品鱼头”“龟羊汤”荣获金牌。同年10月，市烹饪协会组织会员单位参加在武汉举办首届全国餐饮业中餐技能创新大赛，神秘树大酒店烹制热菜“辽参岩耳煲老鸭”“白花鱼云”获银牌，福星楼大酒店烹制的热菜“双味菊花煮牛肉”“福星汉堡”“金龙迎奥”获铜牌，肖克资、赵志良、易兵3人被评为“全国优秀名厨”，王海林、肖克资、易兵3人由湖南省烹饪协会评为湘菜名师。是年，市烹饪协会协助市商务局承办全市餐饮行业十大名店、十大明星服务员、十大名菜、十大名厨评选活动，以此提升全市餐饮行业规模、档次。点心类时兴烧烤，以新疆羊肉串为主，个体烧烤商贩烧鸡翅、鸡腿、火腿肠或沿街叫卖，或集中在商场附近，受年轻人喜爱。

2005年湘潭市“梦泽杯”十大名菜

表33-1-1

菜名	店名	特色	制作者
水煮沸腾鱼	岚园大酒店	香辣可口，鱼肉鲜嫩	谭新科
红烧野生水鱼	红月亮大酒店	味美鲜香	张　峰
霸王别姬	川津湘大酒店	汤清味美	阳国栋
马家河黑山羊	马家河茅屋羊肉店	羊肉软烂、鲜、辣	张海波
锅仔英国肥牛	华都国际大酒店	牛肉鲜嫩	何向林
野生鱼头王	福星楼大酒店	鲜香、滑嫩	陈　维
福星鸡	福星楼大酒店	原汁原味，鲜香	王海林
农家小炒山牛肉	龙腾大酒店	牛肉滑嫩、微辣	徐国斌
孔雀开屏翅	故里居大酒店	汤汁鲜浓，美味可口	吴　斌
雀巢左公鸡	梦泽山庄	外焦内嫩	雷　斌

附 湘潭市餐饮企业选介

一、福星楼大酒店

福星楼中华餐饮老字号湘潭市第一名店。位于境域河西解放南路58号，原名福兴园，始创于公元1938年，始创者林德卿，艰苦创业，悉心经营，使之当时已成湘潭餐馆名店。中华人民共和国成立初期至改革开放前夕，曾几易其名。后因适时需要，于1986年，复名福星楼。由湘菜名厨肖厚培主理。当年营业额实现35万元，上缴税金4.5万元。此后经营规模不断扩大，效益良好。1991年，年营业额180万元，上交国家税金23万元。1992~1995年，年均营业收入达256万元，平均年上交国家税金33.97万元。福星楼在名厨肖厚培经营主理下，坚持诚信经商，颇获顾客好评，连续数年荣获湘潭市"餐饮卫生A级单位""消费者信得过单位"称号。福星楼厨师、宴会师技艺精湛，人才辈出。20世纪90年代初，参加中国烹饪协会成为会员单位，名厨肖厚培荣获中国烹饪大师、湘菜大师称号；1993年，湘菜名厨王海林创制的"葵花虾饼""鱼茸吐师"在全省湘菜大赛中荣获2块金牌；1997年，王海林烹制的"干锅手撕羊肉""白烩灌汤鱼丸""软苏冬瓜爽""菊花牛鞭""芝麻羊肉"在长沙参加湘菜创新赛中创3金2银的好成绩；1998年，福星楼大堂经理杨福珍，在长沙荣获省商业厅"优秀宴会师"荣誉。1999年，王海林出席全国烹饪大赛，在武汉(中南赛区)烹制的"清汤荷花鱼肚"获全国烹饪大赛银奖。为了加强人才的培养，1999年春，肖厚培、王海林师徒创办福星楼厨师培训班，每期有学员40~50人。2000年之后，由于该企业设备、设施陈旧，缺乏改造资金，福星楼餐馆在市场竞争中经营有所滑坡，由之前的年均营业收入200万元以上，滑落到190万元左右。2001年秋，福星楼厨师培训班结束，连续3年福星楼为社会培训青年厨师200余名，多数人成为域内、外厨艺骨干。

2004年中秋，福星楼大酒店由罗荣耀出资收购，注资重新装饰开业。2005年，营业额达700万元，上交国家税收50万元，安排下岗就业人员100人，天天门庭若市成为居民婚嫁喜宴首选。

二、洞庭春大酒家

该店原址位于河西中山路，属始建于清朝中晚期的湘潭百年老字号。20世纪80年代，为湘潭市饮食服务公司管理国营餐饮企业。其名厨辈出，烹饪技艺独特，取湖湘之上等原料，施以炸、溜、炒、烧、爆、烩、煨等方法，烹制出的美味佳肴，其色香味形一应俱全。如什锦海参、大烩鱿鱼、红烧鱼肚、冰糖湘莲等传统湘菜，辅以精美可口脑髓卷、银丝卷、大合酥等面点。颇受宾客青睐，享誉三湘四水。

2005年，该店搬迁至河西韶山东路38号。重新打造后洞庭春酒家传承原有饮食特色外，融入浓厚书画、文学氛围，既是宴请的场所，又成为文化名人相聚吟诗作画休闲餐饮之处。全国政协原副主席毛致用亲笔题写"百年老店洞庭春"。是年，营业收入600万元，上交国家税收16万元，从业人员80人，其中安排下岗就业人员60人。

三、红月亮大酒店

1991年湘潭市红月亮电影院干部李泽林"下海"创办红月亮酒家，该店位于河西雨湖路。1998年搬迁至大湖路1号，称红月亮大酒店，营业面积4000平方米。2003年创办河东红月亮大酒家，营业面积4000平方米。酒店设有餐馆部、咖啡茶道部、会议厅等，是一家集餐饮、商务、会议、休闲于一体的酒店。首创剁辣椒鱼头不仅为湘潭市十大名菜之首，且红遍全国各地。多头鲍鱼、冰糖燕窝等大菜的制作也得到中国烹协评委的高度好评，吸收为中国烹饪协会团体酒店，曾被评为湖南省诚信文明企业，湖南湘菜名店，湘潭市十大餐饮名店。2005年营业收入800万元，从业人员300人，上缴国家税收60万元。

第二章　宾馆业

第一节　经营规模

1986年，境域宾馆、旅社、招待所均为全民和集体所有制企业。规模较大的有湘潭宾馆、韶山宾馆、莲城宾馆、德胜宾馆、韶山饭店等。其中市区较有名气、最具规模的湘潭宾馆是市政府的对外接待宾馆，承担重要会议和外宾的接待。它位于河西韶山西路199号，占地面积28000平方米，主体建筑为欧式风格，拥有标准和豪华各式客房165间，格调高雅，设施一流，拥有大小会议室、会见厅8个。在韶山距毛泽东旧居500米处修建的韶山宾馆，用于接待党和国家领导人以及外宾。另有湘潭市饮食服务公司所属的国营旅社和招待所。湘潭钢铁厂、江麓机械厂、湘潭电机厂的自办宾馆招待所，以内部接待为主，辅以对外营业作为境域宾馆业的重要补充。是年，全市有宾馆、招待所、旅社100家（客房2486间，床位8698个），从业人员2525人，营业收入3000万元，上缴国家税收190万元。其中全市共有旅游涉外酒店、宾馆5家，从业人员1500人，营业收入1100万元。

1987年，境域宾馆业市场逐步放开，在湘潭布市、砂子岭市场等较大的商品市场周边和城乡结合部，民众利用私家房屋稍加装饰改造，建有规模较大招待所和个体私营旅社。湘潭市人民政府投资改建第一、第三招待所，以增加对外会议的接待能力。旅游业发展较快，酒店宾馆、餐饮业作为现代旅游业的重要组成部分，受到人们的普遍重视。商务往来增加，宾馆、旅社业发展加快。但境域宾馆普遍存在着规模不大、档次不高的问题。当时，在境域仅有韶山宾馆属国宾性质。湘潭市化工局在河西九汇沟建设一栋15层的九汇大厦。部分国营旅社开始对外承包经营。1990年，全市宾馆、招待所及个体私营旅社，共319家，（客房5415间，床位22850个），从业人员11000人，营业收入13010万元，上缴国家税收560万元。其中全市有涉外酒店宾馆9家，旅游餐馆酒店68家，从业人员近8000余人，营业收入6800万元。

1991年，市饮食服务集团公司投资新建高12层的湘亚宾馆，市政府投资兴建潭城宾馆，配有电梯、空调、歌舞厅、餐饮部和大小会议室等配套设施，成为境域宾馆业中一大亮点。带动境域宾馆的装修、经营服务、硬件设备标准和档次的提升。1995年10月，香港荣荣集团全资收购湘潭市第三招待所，更名为岚园宾馆，为境域首家港商投资的宾馆。1996年后，境域对外开放步伐加快，适应国家申请加入世贸组织的需要，经济管理水平逐步向国际接轨，部分规模较大的宾馆、招待所开始由传统的经营管理，转变为从硬件配套、内部服务逐步向星级宾馆管理发展。是年，湘潭宾馆经国家旅游局考核评定成为全市首家三星级宾馆，结束境域无星级宾馆的历史，随后，岚园宾馆、华都宾馆、韶山德胜宾馆相继被评为三星级宾馆，全市三星级宾馆达4家，提升境域宾馆业规模档次。随着现代旅游业的兴起和发展，人们对旅游住宿、餐饮的观念发生转变，以面向大众旅客游人为主的住宿、餐饮业倍受青睐。2000 年，随着改革开放深入，国家对宾馆业经营逐步放开，允许个体私营经营，在交通方便，人口稠密地区或高等学校周边有条件的个体经营户利用自有房屋的优势，开辟成旅社。这些小型招待所条件简陋，价格便宜，方便外出打工人员和在校学生需求。是年，全市宾馆及个体私营招待所、旅社达 766 家(客房 23934 间，床位 66718 个)，从业人员 27800 人，营业收入 45475 万元，上缴国家税收 619 万元。其中全市共有旅游涉外宾馆旅店 18 家，餐馆酒店 200 家，从业人员近 2 万人，营业收入 3 亿元。

进入 21 世纪，随着人们消费水平逐步提高，对食宿的要求也随之向“住要求档次，食要讲品味”方面转变，酒店宾馆、餐饮业开始通过内部整合，外部提升，着力向上档次、上质量、上水平方向发展。投入建设旅游基础设施包括酒店宾馆的力度加大。湘潭盘龙山庄大酒店，于 2002 年经国家旅游局考核评定为五星级宾馆，成为境域规模宏大，设施完备，硬件软件条件先进、接待标准高的宾馆，率先在全省除省城以外地级市中实现拥有五星级宾馆酒店突破。韶山市建成“华龙山庄大酒店”。该店集食宿、会议公务活动，休闲娱乐于一体，拥有近 1000 平方米大厅和 288 间住房，并配有总统套房和能够使用四种语言同声传译的国际会议中心，贵宾接见厅。2005 年，湘潭市人民政府投资新建梦泽山庄。茶陵人朱自喜投资新建中等规模志成宾馆，并分别在河东、河西地区设立 5 家连锁店，城区个体私营旅社，农村集镇旅社在整合中档次得到提升。是年，全市宾馆、招待所、旅社达 1118 家，(客房 15879 间，床位 38752 个)，从业人员 19500 人，营业收入 56875 万元，上缴国家税金 3875 万元。是时，境域拥有五星级宾馆 1 家，四星级宾馆 1 家，三星级宾馆 4 家，二星级宾馆 8 家，是年，全市星级饭店注册资金达 7 亿余元，从业人员 8000 人，拥有床位数 3000 余张，接待国内外游客 146 万人次，营业收入达 4.5 亿元。宾馆业经营规模上升到一个新发展阶段。全市有旅游酒店宾馆 27 家，其中盘龙山庄大酒店、梦泽山庄、湘潭宾馆、岚园大酒店、华都国际大酒店、华宇国际大酒店、华龙亿泰大酒店、瑞鸿山庄大酒店、阳光彼岸大酒店、华泰国际大酒店、韶山德盛宾馆、韶山宾馆、港越大酒店等规模较大、设备齐全、环境优雅。

第二节　企业管理

1986 年，境域宾馆经营管理因属于特种行业，均需在县级以上公安机关备案登记，取得许可证，并在市工商行政管理局领取工商营业执照后才可经营。基本处于计划管理等客上门的状态。管理人员和服务员要求年轻端庄，一般要求着装整齐，佩戴工号牌，男员工不留胡须。女员工长发不能披肩，淡妆上岗。在接待客人时，要待客热情，将客人送上楼，开好门，打好开水，每一楼层均配有服务吧台和值班服务员，昼夜服务。可随时为客人开门、送开水，客人早晨起床后打扫卫生，房间设置一般为单人间，双人间和多人间，床上整洁，配有电话机、电扇，卫生间和一次性卫生用具。旅社、招待所比较简陋，一般为多人间和使用公共厕所、集体浴室。服务员一般在一楼总台值班，随叫随到。

1990 年，境域规模较大的宾馆注重做好对外营销、策划。建立“长住客”“回头客”联络制度，提高客房入住率。内部管理建立客户部、大堂经理、前台领班等多层次管理机制。宾馆的设备设施有进一步改进，一般配备有 24 小时热水供应，空调或中央空调，电话、电视机，有独立卫生间、浴巾、洗脸巾、一次性卫生用具，房间为席梦思床，床面铺设整齐干净。旅社、招待的设施和住房标准也有所提高，一般都配备空调机、电视机、独立卫生间，服务员直接面对客人服务，提供开水和卫生用具。

1992 年，境域规模较大的宾馆开始设立公关营销部，负责对外广告宣传推广。

1995 年，境域宾馆招待所经营贯彻落实湖南省《旅馆业治安管理办法》实施细则，并按要求旅社招待所地点远离生产、储备易燃、易暴、剧毒、放射性等危险物品工厂、仓库等场所。备有旅客财物寄存保管安全设施，并配备一名治安责任人，指定一 名专人负责住宿登记，查验旅客身份证，填写住宿登记表。并建立昼夜值班制度、财物保管制度、旅客遗留物造册登记制度。公安部门定期检查涉及色情活动设施、欺诈、强拉旅客住宿的行为。接待外国人、华侨港澳台胞，经公安部门、国家安全、外事部门审定，安排在规格较高湘潭宾馆、韶山宾馆。内部服务开始设立保安部，并成为经营中一个重要部门，在当地公安部门的指导下，贯彻安全第一，预防为主，"内紧外松"的工作方针。大部分宾馆设停车场，由保安员指挥入场车辆摆放和管理，保证 24 小时车辆出入安全畅通。此时期宾馆增设钟点房、午夜房、麻将室、棋牌室、健身室，丰富入住客人的文娱生活。

1997 年后，湘潭宾馆、岚园宾馆等三星级宾馆聘请国际知名的酒店管理公司"假日集团"负责管理，对外加强广告宣传力度，采用电话预约，上门预约固定长期客户，对内管理设立门童(行李员)。

2000 年后，境域宾馆经营管理更趋制度化、规范化。定期召开工作例会。员工考勤建立"考勤签名表"逐日由人力资源部考核实行查岗制度。消防安全每月进行一次。

2003 年后，境域宾馆、旅社、招待所等经营企业贯彻《中华人民共和国主席令(第三十八号)》，按公安部门要求：对旅馆业中工作人员不按规定登记旅客姓名、身份证件种类和号码，或明知旅客将危险物品带入旅客不予制止的，处以 200 百元以下罚款；旅馆业的工作人员明知住宿的旅客是犯罪嫌疑人员或被公安机关通缉的人员，不向公安机关报告的，处以 200 元以上 500 元以下的罚款。宾馆内部管理开始试行会员制，推行网络会员增加客源。宾馆内部配备洗涤房、洗涤机，室内衣柜内配置西服架、裤架、裙架，酒水按类顺序摆放整齐，实行标价，并配有饮水机、行李柜、书桌、电视机柜、购物袋、针线包、洗衣袋、宾馆内部服务指南、洗手间配有毛巾、浴巾、方巾、漱口杯，方便顾客。五星级宾馆设置总统套间。小型旅社和招待所设备有所改进，虽也有管理制度，但远比不上宾馆管理严格。主要是临时出差，小企业商务洽谈，农民进城务工住宿的人多。只带本人身份证登记即可住宿。2005 年，境域宾馆为方便客户、设立商务中心、大堂部门和质检部，增加客户满意度。

第三章　美容美发

第一节　经营规模

1986 年，境域美发以国营商业理发店为主，湘潭市环球美发厅最负盛名，为全市理发行业的亮点，年经营收入 55 万元。湘潭电机厂、湘潭钢铁厂、湘潭电缆厂、湘潭纺织印染厂、江麓机械厂、江南机器厂、湘乡铝厂、湘潭锰矿等大型工厂企业及部分学校、事业单位内设职工理发室。农村及城市居民区由一批提着工具箱的剃头匠走家串户、上门服务。开始有3~5人合伙,或师傅带2~3个徒弟自立门户的个体私营理发店。全市美容业还没有起步。是年,全市国营理发店8家,私营理发店85家,从业人员110人,个体或私营理发匠410人,合计从业人员520人,经营收入1800万元。

1987年后,境域国营理发店退出市场经营,逐步由个体私营理发店取代。湘潭市环球美发厅仍保持经营。市郊宝塔乡人倪能武投资5万元创办湘潭港龙美容美发店。广州发廊、温州发廊、阿罗发艺、小香港等几家美发潮流代表在境域开店。美发开始成为年轻人的消费时尚。美容行业刚刚起步,出现美容产品代理商和美容院。1990年,全市美发店185个,从业人员926人,经营收入2780万元。美容门店38家,从业人员135人,经营收入420万元。

1991年后,境域美发企业为扩大影响,增加经济效益,美发与美容开始联姻,并注重店堂装修、市场营销、活动策划、品牌宣传。湘潭县易俗河人冯可新继承父业,经过多次赴上海学习,在河东建设南路创办"新世界美容美发中心"。她倡导美发、美容、中医保健按摩于一体,使美发由单技能小行业,发展成为供消费者追求爱美的艺术场所和保健休闲理疗的综合场所,成为境域美发美容的一大亮点。1995年,全市个体私营美发美容门店570家,从业人员4560人,经营收入3680万元。

1996年后,美发美容的时尚潮流不断涌入境域,城乡居民关注美发美容外表之外,更追求健康。美发美容企业适应形势需求,开始实行连锁经营扩展经营规模。涌现出"世纪风""大世界""港龙""新时尚"等知名美发企业。冯可新创办的新世界更名为"世纪风"以后,并经国家商标局注册。企业并成立美容美发培训学校,集社会力量和专业技术人才、设置各种专业课程,面向社会招生,或提高员工素质,经培训合格后,由湘潭市劳动行政主管部门发放,初、中、高级美发师证书,促进境域美容美发行业人才培训和就业。2000年,全市美容美发门店达862个,从业人员5670人(其中:高级美容美发师58人,中级114人,初级395人)。经营收入7132万元。

2001年后,境域美容美发企业追求经济效益和规模扩大,开始引进一些先进的商业模式,与其他省、市(州)行业的培训咨询机构强强联手,共同开发市场,美容产品代理商增强门店服务培训。全市除几家知名品牌店外,美发店遍布全市主要街道、社区及农村集镇。2005年,全市美容美发店达1180家,从业人员7870人(其中:高级美容美发师80人,中级160人,初级7630人),经营收入9850万元。

第二节 服务技艺

1986年,境域理发行业技术单一,发式简单,男发以剃、手推剪为主,女发以剪包菜头为主,开始恢复"文化大革命"前曾时兴的火钳烫发,煮筷子一次性卷发,理一次发价格以0.5~1元不等。

1989年后,境域理发行业出现电热帽烫发、白发染青和吹风造型。男发以老象头、边分头、飞机头、一片瓦、牛仔头为主,女发有一片云、全菊、边菊、高边头、月亮头、长中短碎发、翻翘发、盘发正反蜈蚣辫、贵妃晚装等,并开始配有摩丝、发胶、啫喱水等配套产品服务发型。理男发一次价格在1.5元,女发一次价格在2元。烫发、白发染青一次价格在3.5~5元不等。

1990年后,理发店开始使用染色剂,街头出现金发女郎,理发从业人员通过到广州、深圳、上海学习,吸收外地技术,增设干洗按摩,广式剪发(即完全用剪刀完成发型操作)。焗油护理、卡色、染大波、盘发化妆。服务由单一剪发、烫发、染发发展到洗护、头部按摩等享受性的服务项目。消费价格开始出现差距,洗吹 5~10 元不等,洗剪吹 8~10 元不等,烫、染、护发 10~80 元不等。

1995 年,全市美容美发联姻(即在同一个店内既可剪头发又可美容服务)引进的美容品牌产品有“新贵族”“资生堂”等,消费价格更上一个台阶,美发项目 10~80 元,美容项目 30~150 元,保健每小时 50 元。

1998 年后,境域“世纪风”“大世界”“俊丝”“阿罗”等美容美发店先后在电视上作专题讲座,全市爱美人士更方便快捷获取专业发型和皮肤护理知识。美容美发行业服务项目扩大到干洗头发、烫染护发、洗面和专业皮肤护理、保健按摩、足浴等内容。其中:环球理发店发挥男发理平头见长优势,通过名师老字号效应,吸引一批追求新潮的消费者。“世纪风”“丝情发艺”“华尔佳”“金剪刀”等个体私营美容美发企业发挥综合型休闲养生见长优势。注重店堂装修环境,员工服务素质,技术专长、管理规范,收费标准高于其他店,可以满足消费者发型的改变和皮肤护理,且充分满足各层次消费者心理要求。一般倾向于请客消费。消费价格一般在几十元、几百元不等,美容服务项目一般是纹眉、纹眼线、电睫毛、丰胸减肥等。是年,市饮食服务集团公司成立“湘潭市美容美发协会”,组织全市第一批美容美发行业从业人员资格技能鉴定考试,颁发技能等级证书。美发技术有突破,直发技术,即利用直发药水和大夹板拉出来头发,又垂直又有光泽,一时风靡全市。

2000 年,境域美容美发行业从业人员适应市场消费需求,更注重美发的造型,自然、方便容易打理和消费价格合理性。国际一流的美发产品品牌威娜、欧莱雅、施华蔻涌入境域。含植物精华,氨基酸等代表健康营养成分产品热销市场。烫染设备进入陶瓷机热烫,红外线焗油机,飞碟机,玉米夹、直板夹,款式各异。服务收费也因店面规格,服务档次不同差距很大。街头小店剪发 10~15 元,烫染护单项 30~120 元,几大名店剪发 20~48 元,烫染护单项 80~680 元。洗发也由单一地坐着干洗变成躺着日式洗、泰式洗、香薰蒸汽洗,按摩由单一头部变成全身中式、日式、泰式按摩,深受都市人群喜爱。店堂营销服务采用出门发券找客人,充值购卡锁客人,中奖赠礼留客人,年终答谢会,过节电话短信情感营销留客人等形式。美容一般以产品品牌加盟为主,厂家提供品牌文化、技术支持和营销策略。经营范围为医疗美容和生活美容。生活美容以香薰精油引领潮流,养生保健至每一寸肌肤每个部位,强调内调养生。医疗美容大至动刀子整容小至埋金丝注射填充剂等。美甲也成为一种时尚。收费标准也因店面档次不同而异,一般小店收费每次 50~100 元,高档店每次 80~400 元不等,年卡消费 1200~12000 元不等。

2002 年,境域美容美发行业新增服务项目适应消费者舒适享受。美容美体引进香薰精油、水疗、SP 项目,美发引进客人躺着、技师跪着的“日式”洗头。美发造型注重日常好打理的自然式烫发、离子烫直发技术。即通过清洗、吹干、软化、检测、冲水、上离子水、造型、护理、成型等 9 道工艺,女性头发自然美观。

2005 年,境域“世纪风”等知名品牌美容美发企业引进台湾“聚星模式”服务,突出外劝和跪式服务,为消费者提供更舒适服务,为扩大市场份额,联手英国 BOSSCO 慧琳学院,重用会员制营销和全民股份制发展理念,注重品质品牌服务,积极开拓男士保养领域。“世纪风”首创“男士生活馆”。美发行业推广在日本、韩国等地流行的“陶瓷烫”技术,即将头发洗净吹到全干,涂第一次软化剂,带塑料帽用焗油机加热,测试软化后冲水,用吹风机吹到 8~9 成干,上烫发芯,定时 20~25 分钟,到时后放凉，用喷壶均匀喷上第二次定型剂，每8分钟一次，共上2～3次，拆下卷芯后冲洗，毛巾擦干吹到5～7成干，涂放烫后亮洗护理剂，即可造型。该发型光泽亮丽、自然卷曲、头发轻薄、随意之间伴有凌乱美状，成为新潮发式。美容美体，关注身体调理亚健康项目，服务技艺包括肩颈理疗、塑身、卵巢保养、肾保养、肝保养、淋巴排毒、经络疏通等，价格依据设计师的级别，在60～120元之间，并通过媒体宣传，健康品牌深入人心。

第四章 休闲娱乐业

第一节 经营规模

1986年，境域处于改革开放初期，居民休闲娱乐项目不多，主要有一些录像厅、棋牌室（以麻将、扑克为主）。是时，全市有各类录像厅、棋牌室105家，从业人员525人，经营收入98万元。

1987年后，随着改革开放步伐加快，境域居民对休闲娱乐要求日趋增长，休闲娱乐除传统项目外，时兴学习跳交谊舞，各类歌舞厅随之兴起。1988年市城区有舞厅9家每家舞厅每晚营业额有数千元。1989年，随着旅游业的兴起和国外新兴娱乐项目引入，旅游娱乐开始进入人们视野。是年，湘潭九汇宾馆作为全市新建星级宾馆，首家引进卡拉OK服务项目，一时在湘潭引起轰动效应。1990年，境域加快对外资金引进步伐，休闲娱乐业从境外引进保健按摩和足浴等休闲项目，一时成为居民追捧的娱乐消费方式，其中境域最负盛名有湘水情足浴城，谢氏保健按摩中心，泰式按摩尤其受欢迎。消费价格每人每次30～50元。湘潭各类宾馆、酒店开始纷纷引入此类项目，另卡拉OK、歌厅、歌舞厅、娱乐中心、电动游戏、美容美发等服务项目也迅速兴起。是年，全市休闲娱乐场所210家，从业人员1576人，经营收入1414万元，分别比1986年增长100%、200%、113%。

1991年后，境域国营企业改革改制深入进行，下岗职工增加，中老年休闲人员增多，部分居民利用自家房屋开设家庭式麻将馆（主要是手洗麻将）。这种休闲娱乐，以中老年人为主。湘潭纺织印染厂下岗职工刘富强创办凯莱咖啡吧，营业面积150平方米，是境域首家咖啡休闲场所。1993年起，由于社会对娱乐服务项目认识有偏差，致使娱乐项目出现一哄而上，鱼龙混杂的局面，个别娱乐场所甚至滋生“黄、赌、毒”等丑恶现象。是年，市委、市政府在全市开展“扫黄打非除赌”行动，并对湘潭县易俗河地区违规娱乐场所进行关闭取缔。1995年，从境外引进机洗麻将机。免除手洗麻将环节，效率提高，开设麻将馆，一时成为较高档的娱乐项目之一，受居民追捧。保龄球馆、桌球室和电游室也成为新高档休闲娱乐项目。是年，全市有各类休闲娱乐场所285家，从业人员2680人，经营收入3380万元，分别比1990年增长35.7%、70%、139%。

1997年5月，境域出现新休闲项目，湘潭县人张华南投资新建海阔天空茶楼，成为境域第一家茶座。茶座是以茶会友、商务洽谈的重要场所。1998年11月，福建人陈玉琳投资300万元，在市区河西地区兴建怡兰洗浴中心，开全市高档洗浴之先河。其洗浴中心设有淋浴、池浴、盐浴、盆浴和桑拿浴。尤得年轻人的青睐。1999年后，境域国营企业改革改制进一步深入，部分职工下岗创业。带动各类中、小型茶座、茶楼兴起，全市茶座迅速增加到 85 家。2000 年，全市有各类休闲娱乐场所 420 家，从业人员 3720 人，经营收入 7200 万元，分别比 1995 年增长 47 %、39%、44%。

2001 年后，市农村信用社职工陈琳投资 5 万元，在河西雨湖路兴办湘潭上之苑茶艺馆，使传统茶楼茶座提升高雅的茶艺表演场所，成为高品位休闲娱乐场所。室内设有文房四宝书案，雅兴起时可以作墨书画慰友。以麻将机为主麻将馆迅速在城区社区、农村村组发展，吸引大部分居民，成为主要的休闲娱乐场所。湘潭市人王跃民、姚海螺、陈业升、王慧投资 200 万元，兴建上岛咖啡湘潭连锁店，经营面积达 850 平方米。咖啡茶座首次进入境域，成为又一时尚休闲娱乐场所。同时，舞厅歌厅仍有经营，但是规模不大，效益不太好，只有微利而已。此时，福建人陈玉琳、刘银官、刘依杰等人继续在境域投资洗浴中心，先后成立龙泉、北海道、华雅等数家洗浴中心。2005 年，境域进城务工和外来人口增加，促进境域休闲娱乐业发展，广场、公园、街道旁休闲人员增多。河西八仙桥一带以雨湖公园为依托，街边、公园边麻将桌、茶座达几十处之多，以老年人消费为多，成为境域河西的一大休闲特色。是年，在湘潭有较大影响的娱乐场所有：歌舞厅类的韶乐宫、群众艺术馆、盘龙山庄梦剧院、一代天娇娱乐城等；KTV 歌厅类的华银娱乐城、金钻钱柜、钻石新天地 KTV 歌城、春天 KTV、零点 KTV、帝都 KTV、眉飞色舞、梦中人等；桑拿洗浴类的阳光足浴、太子道休闲中心、重庆富侨足浴城、重庆胡三姐足浴中心等，茶楼酒吧类的动力火车、A 世纪、YOYO 酒吧、爵士道酒吧、怡情岛等。与此同时，东方红广场、白石广场、江麓广场等也成为大众娱乐文化场所。

是年，全市有各类休闲娱乐的场所 583 家，从业人员 4130 人，经营收入 8280 万元，分别比 2000 年增长 39%、11%、15%。

2005 年湘潭市主要休闲娱乐场所情况

表 33-4-1

种类	个数	从业人员	经营收入（万元）
洗浴中心	9	310	1750
茶楼、茶座	185	2220	1820
咖啡吧	6	128	108
足浴城	25	750	1150
其他	358	722	3452

第二节　服务技艺

1986 年，境域休闲娱乐项目不多，活动内容单一。以家庭式棋牌活动为主，部分单位娱乐室（工人文化宫、俱乐部）对内部职工开放，一般不以盈利为目的。集体或个体私营的录像厅对外开放，需买门票进入，条件设备比较简陋。接待人数在十几人至几十人不等。门票在一元左右。由业主自行购买放像机，租赁录像带播放。是时，有从香港引进的武打片如《霍元甲》等录像。一场放一片（或几集），连续放映需增加门票。

1990 年后,休闲娱乐项目增加,开始出现足浴保健按摩。足浴场所一般装饰比较豪华美观,硬件设备以坐式或睡式沙发为主,厅内配有电视机。足浴时讲究均匀、柔和、持久、有力,足浴操作时间一般为 90 分钟。颈部、手臂按摩 10 分钟;水桶捏脚 3 分钟;左右小腿及大腿前面按摩 10 分钟;足底按摩带清脚 45 分钟;推背 3 分钟;背部按摩、松皮、板腰、压小腿、捶脚 16 分钟;双手托起客人坐起松肩 3 分钟。

1993 年后,境域由私人投资兴建保龄球馆,成为一项较高档的休闲娱乐项目和时尚运动,河西平政路聚富大厦四楼的保龄球场就建有四条板道的保龄球球道。球道长 9.37 米,宽 1.04~1.07 米。比赛可分个人赛和多人赛。1998 年,境域新建洗浴中心,打破传统的洗浴方法,开始引入桑拿洗浴。

1998 年后,境域居民生活水平提高,追求健康美容美体的人群增加,女性的面部美容按摩和男性身体按摩场所随之兴起。境域休闲业中的茶楼、茶座、咖啡吧环境布置格调高雅,色调柔和、美观、舒适、对客人有较强吸引力。服务员着装统一,服务热情周到、殷勤有礼,表情丰富,语气柔和,为客人提供菊花茶、乌龙茶、铁观音等高档茶水,西湖龙井,湘波绿等中档茶水,一般绿茶为低档茶水,消费价格分别为 35~38 元,15~18 元,6~10 元之间,凭客人选择。咖啡吧配有煮咖啡的设备,消费价格为 38~48 元。

2000 年后,麻将机逐步代替人工手洗麻将娱乐。麻将机最初由日本引进,后经江苏浙江一带的民营企业组织成批生产销售。其主要品牌有友谊、雀友、国粹等。

2005 年,随着茶文化的深入,境域较高档的茶楼、茶座设立茶道和茶艺的服务项目。海阔天空茶楼,上之苑茶座为代表较高档茶楼,更新装饰环境,并配以音乐、钢琴、古筝、书法、书画台和文房四宝,张贴名人字画,增加茶楼的文化氛围。还配有茶艺表演。

第五章 中介服务与广告业

第一节 会计师(审计师)事务所

1986 年,境域贯彻落实《中华人民共和国注册会计法》和《独立审计准则》的法律法规,成立湖南省会计师事务所湘潭分所,由市财政局投资创建,成为境域财金类首家中介服务机构。是年,从业人员 60 人,业务收入 100 万元,上缴国家税收 4 万元。

1987 年,市审计局投资创办湘潭市汇丰审计师事务所,从业人员 6 人,业务收入 40 万元,上缴国家税收 1.5 万元。

1988 年后,境域经济发展加快,个体私营和民营企业增加。为规范企业经济行为,完善会计制度。会计师事务所发展较快,1993 年,全市会计师(审计师)事务所达 7 家,增加 5 家,即:湘潭市会计师事务所、湘潭精诚会计事务所有限公司、湘潭国信会计师事务所、湘潭雨湖会计师事务所、湘潭市汇丰会计师事务所。境域会计师事务所贯彻落实国家财政部、中国注册会计师协会规定,从业人员素质较高,能如期依法完成多项审计任务,在服务中遵守国家和地区的政策、法规,既维护国家利益，又保护委托人合法权益。是年，全市从业人员80人，业务收入200万元，上缴国家税收8万元，分别比1986年增长33%、100%、100%。

1995年，境域民营企业发展较快，经济活动中对会计、审计服务的需求增加。会计师事务所机构规范内部机构，大多设立总审计室为事务所"总参谋部"，负责业务管理、计划编制和对审计人员考核，适时开展各类业务交流活动、制定季度和年度业务计划，主动联系客户上门服务。是年，全市会计师事务所仍维持7家，从业人员仍维持80人，业务收入380万元，上缴国家税金16万元，分别比1993年增长90%、100%。

1996年后，贯彻国家财政部规定，全市会计师事务所与政府脱钩，改制成为股份合作形式民营企业，审计师事务所并入会计师事务所。湘潭县、湘乡市、韶山市分别成立会计师事务所。2000年，境域对外开放加快发展，频繁举行各类招商引资活动。部分外资企业出于验资和确定投资金额的要求，一般由会计师事务所提供服务。在服务中，十分注意为客户保密，工作中只接受委托、咨询和验证，为客户解决困难。是年，全市财金类中介服务机构10家，从业人员180人，业务收入650万元，上缴国家税收22万元，分别比1995年增长43%、125%、71%、37.5%。

2001年后，境域财金类中介服务机构贯彻落实国家财政部《独立审计准则》，完善管理制度，把好业务质量关，服务项目先由业务部门的项目经理提出受理业务的审计报告，送交部门经理的注册会计师提出审核意见，签发后交总审计师复核，方能接受服务项目，并明确审计目标、时间及收费标准，使服务内容方式更趋完善，深受服务对象的欢迎。2005年，境域财金类中介服务机构落实中国注册会计师协会规定，设置会计师事务所必须有一定比例的注册会计师，明确进入事务所专业人员学历和从业要求，加强审计人员和会计人员的录用、考核、转正和晋升规定，组织从业人员学习和钻研业务，提升服务水平。是年，全市财金类中介服务机构达18家，从业人员250人，业务收入810万元，上缴国家税收28万元，分别比2000年增长80%、38%、25%、27%。

第二节　劳务中介服务

1986年，境域劳动就业以计划安置为主，国家机关、社会团体、企事业单位成立劳动服务公司，创办劳动服务实体，以安置职工子弟就业和社会青年就业，社会中介服务机构还不能进入劳务市场。

1990年，境域劳动就业逐步进入市场化，除国营、集体性质的劳动服务公司外，开始出现个体私营性质，以职业介绍为主的劳动力需求直接见面中介服务机构。多以餐饮业、服务业、家庭保姆等就业形式居多。是年，全市劳务中介服务机构7家，从业人员25人，介绍劳务8000人，劳务中介服务收入41万元。

1991年后，市政府决定建立和培育劳动力市场并对外开放，除各级劳动行政主管部门成立职业介绍机构外，个体私营劳务中介服务机构，经市劳动行政主管部门批准后，均以合法身份进入劳务中介市场。1995年，境域国营企业深化改革、改制，出现大批下岗再就业人员，除劳动行政主管部门举办各种形式的再就业供需见面活动外，社会个体私营劳务中介服务机构适应形势要求，加快发展步伐。是年，全市劳务中介服务机构达45家，从业人员135人，介绍劳务43580人，劳务中介服务收入228万元。

1996年后，市政府决定整顿规范劳动力市场，对社会个体私营劳务中介服务机构进行审查并登记发证，实行“六统一”，即：“统一名称、统一求职登记表、统一用工登记表、统一收费标准、统一培训、统一广告公布”，开始对社会劳务中介服务机构进行年审，向各级劳动行政主管部门报告年度安置劳务就业、收费标准和劳务介绍收入情况。在全市统一规定，申请务工人员交纳登记费每人每次10元，介绍一般劳务人员，每人每次收费40~50元，介绍技术人员和有一定特长的劳务人员，每人每次收费80~200元。2000年，境域经济发展步伐加快，居民生活水平提高，城市基础设施日趋完善，劳务需求量迅速增长。是年，全市劳务中介服务机构达75家，从业人员225人，介绍劳务81250人，劳务中介服务收入510万元。

2001年后，境域餐饮业发展较快，城市住宅小区建设逐步规范，对餐饮服务员、物业管理员、保安员、家庭保姆、医院住院陪护、机关事业单位、大型商场保洁员的需求迅速增加，大批年龄较大的下岗职工和大量农民工通过中介进入这些行业就业。2005年，市政府决定实施城区再就业工程，各级劳动行政部门进一步规范和活跃劳动力市场。定期举办劳动力交流集市，湘潭市劳动力市场功能完善，制度健全，网络畅通，不收取任何费用。劳动就业一般选择在国家正规介绍场所，比较放心，并可以反复选择就业机会。社会个体私营劳务中介机构减少，介绍劳务以餐饮企业服务员、小型个体私营企业员工、家庭保姆、医院陪护为最多。是年，全市劳务中介服务机构45家，从业人员95人，介绍劳务18980人，劳务中介服务收入158万元。

第三节 广告业

1986年，境域经济发展步伐加快，境域广告业适应市场需求开始发展。国营和个体私营企业为宣传产品和企业知名度；外地产品、信息为占领境域市场；居民寻亲访友、婚姻喜庆、人际交往等，均需借助广告。湘潭市广播电视广告总公司、湘潭日报社广告信息部、湘潭晚报广告部、湘潭市邮政局广告分局、湘潭市公交广告有限公司等国营广告公司占领主要广告市场。湘潭市广告装潢公司、湘潭市广告公司、湘潭市寄恒广告公司、湘潭市宏州广告公司、湘潭亚殊广告公司等5家私营广告公司相继成立，占有一定市场份额。是时，境域广告多以电视、报纸等媒体居多，同时出现招牌、路牌、灯箱、墙体、车身广告等形式。是年，全市广告经营单位10家，广告从业人员150人，广告业务经营收入252万元。

1987年后，境域广告形式开始更新，力求经济适用，转换方便和位置醒目，电视、报纸等媒体广告仍受追捧外，城区主要街道和建筑物顶层开始出现大型户外霓虹灯广告，以其新颖、美观、大方、醒目的形式著称。1990年，全市广告经营单位34户，广告从业人员383人，广告业务经营收入320万元，分别比1986年增长240%、155%、27%。

1991年后，广告对促进企业提高经济效益的作用越来越明显，境域广告市场需求量增多。为适应市场需求，湘潭县、湘乡市、韶山市成立广告公司。市公共汽车公司利用自身优势成立湘潭市公交广告公司，用油漆做成文字、图片在车身做成广告，先后开发1路、6路、5路车队，成为境域广告形式的时尚。1995年，广告业主为追求快捷广告形式，先后出现单色传单式印刷广告和游街式广告（即利用汽车和组织人群举牌在城区主要街道游行）颇受用户欢迎。是年，全市广告经营单位98户，广告从业人员 1045 人,广告经营收入 1300 万元,分别比 1990 年增长 188%、173%、306%。

1996 年后,境域出现拱门、气球、航飞器喜庆式广告和条幅广告,一般用于单位庆典和企业门店开业。以其宏大、热闹、喜庆深受业主单位欢迎。2000 年,境域户外制作技术升级,运用喷绘、写真的电脑技术制作户外广告。同时出现户外电子显示屏式广告,此种广告以画面精美真实、美观、场面宏大著称,很受广告用户欢迎。是年,市工商局、市精神文明建设指导委员会办公室举办湘潭市首届公益广告创意大赛,收到参赛作品 230 件,其中获一等奖 1 名,二等奖 2 名,三等奖 3 名,优秀奖 20 名。湘潭日报、湘潭市柏石广告公司经理罗伦分别获得 2000 年全国公益广告大赛先进单位和先进个人。是年,全市广告经营单位 123 户,广告从业人员 1115 人,广告经营收入 3600 万元,分别比去 1995 年增长 26%、6.7%、176%。

2001 年后,外资企业和外地产品涌入境域市场,湘潭市公交广告公司开拓广告宣传领域,各车队除车身自身制作广告外,利用沿途站台、站牌制作广告,的士车利用车顶制作电子显示广告。境域城区主要街道及湘潭县易俗河镇、湘乡市、韶山市城关镇出现广告灯箱一条街,凸现广告的聚集效益。2005 年,境域城区规模扩大,高层建筑物增加,为广告制作提供空间和条件,广告形式多样,载体数量越来越多。是时,境域户外广告载体达 7210 个,其中霓虹灯 420 个,路牌 1083 个,公交载体 3680 个,灯箱 2002 个,电子显示屏 2 个,其他 23 个。是年,全市广告经营单位 151 户,广告从业人员 1230 人,广告经营收入 21588 万元,分别比 2000 年增长 23%、10.3%和 5 倍。

第六章　修理业

第一节　汽车修理

1986 年,境域汽车修理以国营汽车修理厂为主,主要为国营湘潭市汽车大修厂和湘潭市客运车队汽修厂。开始出现私人开办的汽车修理门店。是年 12 月,市人民政府颁发《湘潭市汽车修理行业管理暂行办法》,对汽车维修的厂房、场地、设备、技术力量、质量保证、工艺管理等开业标准作出具体规定,以规范汽车维修市场。是年,全市国营汽车维修企业 8 家,个体私营维修点 58 家,从业人员 270 人,经营收入 96.8 万元。

1987 年,市交通局颁发《湘潭市汽车维修技术合格实施办法(试行)》,为整顿汽车维修市场提供规范依据,成立湘潭市汽车维修办公室,负责全市汽车维修行业管理。当年,会同市工商行政管理局对全市汽车维修市场进行摸底调查,清理整顿,重点清理整顿汽车维修企业经营资质,经营范围,维修企业技术力量、设备、场地、收费标准、经营行为。经整顿,维修企业达到开业技术条件的有 319 户,及时核发《经营许可证》,查出无证经营户 11 户予以取缔。当时汽车维修企业主要依靠手工工具及电焊、气割设备。以地沟为主,检查、测试主要凭师傅维修工作经验排除汽车故障、原始操作。维修车型主要有福乐佳、上海牌、吉普车等小车和解放牌、东风牌和 130 型货车。

1988 年,贯彻落实湖南省交通厅规定。市交通局、水务局联合颁发《关于加强汽车维修行业票据管理的通知》。就有关汽车维修行业票据印刷、使用、发放等具体事项作明确规定。落实《湖南省汽车维修企业开业技术条例》规定，一类汽车修配厂一般配备有举升机、烤漆房、洗车机等设备，维修人员具备专业技能，进行专业技能培训，持证上岗。全市个体私营汽车维修企业达12家。

1990年，境域经济发展步伐加快，汽车数量增加。涌现不少私营汽车维修企业或门店。汽车维修行业落实湖南省汽车维修管理会议要求，全市着重解决汽车维修企业经营活动中给回扣、搞馈赠、越级修理和偷工减料，不顾修理质量等问题。是年，全市审核经营许可证的汽车维修专业户467户，从业人员2806人(其中，一类27户，二类154户，三类227户，其他59户)，经营收入258万元。

1995年，境域个体私营汽车维修企业增加，市交通局组织成立湘潭市汽车维修协会，通过行业自律，对全市汽车维修企业进行协调服务和资质审定。是年，全市通过审定，有维修等级证书的企业180个，从业人员1355人，经营收入717万元。

1997年后，市汽车维修办公室贯彻国家发布《汽车维修企业开业条例》，根据《条例》对全市维修企业进行年度审核，实行挂牌经营。

2000年，全市基本形成门类齐全，布局合理的汽车维修网络。一类汽修厂，入门严格，场地面积要求1000平方米，其中厂房800平方米，设备必须配备升机5台，四轮定位仪，电脑检测仪，烤漆房，从业人员要求：工程师1人，质检员2人，从业人员中，中级技师不少于3人，各工种必须有技术人员和中级技工各1人，从业人员必须有省、市以上认可的专业资质技工资格证。是年，全市汽车维修企业达242家(其中：一类企业30家，二类企业116家，三类企业96家)，从业人员3520人，经营收入1904万元。

2005年，湘潭市开展汽车维修行业“文明经营，诚信服务”活动，5月开展“汽车维修质量服务月”活动。为广大客户提供方便，及时，并对全市汽车维修企业实行质量信誉“AAA”考核。提供优质可靠，价格合理的汽车维修服务。湘潭汽车维修协会适时把握汽车新技术和维修新工艺的发展潮流，在全市举办新技术、新工艺培训班，全市汽车维修水平跟上全国先进步伐。是年，全市汽车维修企业258家(其中，一类企业41家，二类企业120家，三类企业97家)，从业人员3480人，经营收入3240万元。

第二节　家用电器修理

1986年，境域居民生活水平提高，家用收音机、收录机、黑白电视机开始进入家庭消费。家用收音机数量较多。家用电器维修适应消费需求应运而生。家用电器维修以国营维修企业为主，主要有湘潭市无线电二厂维修中心、湘潭市广播器材维修部、湘潭市科学器材公司、湘潭市百货大楼家电维修部、湘潭市供销大厦家电维修部、湘乡市五交化公司家电维修部、韶山市五交化公司家电维修部。是年，全市家用电器维修企业7家，从业人员108人，维修收入2.8万元。

1988年后，境域冷饮行业设备增加，冰冻机、制冰机维修业务量增大，湘潭市肉联厂、湘潭市饮食服务公司、湘潭市肉食水产公司以及湘潭钢铁厂、江麓机械厂、湘潭电机厂等大型厂矿的劳动服务公司汽水冰棒厂开始进行制冰机、冷冻冷藏设备维修。

1990年，境域经济发展，居民收入水平提高，刺激家用电器购买。为适应维修市场需求，境域相继成立湘潭市肉联厂制冷工程部、湘潭北极制冷有限公司、湘潭市中山制冷服务部、湘潭市信息中心制冷工程部、江麓机械厂制冷维修服务部、湘潭电缆厂制冷维修部。同时,出现零散的师傅带徒弟式的小型维修摊点,湘潭百货大楼、湘潭市友华商厦、湘潭市供销大厦、湘潭商业大厦、湘潭县、湘乡市、韶山市五交化公司所属家用电器商场组成一批家用电器售后维修服务队伍。依据家用电器生产厂家的承诺期限开展维修服务。在销售发票的背面注明维修电话,维修时所需更换部件的按厂价收取费用,维修人员上门维修每次收费10元。是年,全市家用电器维修企业35家,从业人员215人,维修收入185万元,分别比1986年增长4倍、99%、65倍。

1992年后,境域居民家用电器拥有量增加,国营商业家用电器售后服务部继续为家用电器维修单位外,开始出现个体私营家用电器维修企业,有湘潭市卓越电器有限公司、湘潭市北极冷饮公司等。

1995年,境域家用电器供应商增多,湘潭市湘运电器城、韶山中路家电供应一条街、湘乡市南正街、韶山市火车站等地电器供应店铺林立,家用电器维修点和从业人员相应增加。湘潭百货大楼、湘潭供销大厦、湘潭友华商厦等大型国营商场仍为家用电器较大供应商。维修上门服务费每次提高到20元。是年,全市家用电器维修企业65家,从业人员308人,维修收入318万元,分别比1990年增长85%、43%、72%。

1998年后,境域随着居民家用电器拥有量持续上升,个体私营维修门店适用市场需求,在市区主要街道、社区、农村乡镇等集市中,家用电器维修门点迅速发展,以其方便、价廉见长。

2000年,境域国营家用电器商场因改革改制退出市场经营。以民营电器市场、湘潭友华商厦、苏宁电器城、步步高电器城开始主导全市家用电器供应,也成为境域最大的家用电器售后服务维修点。为抢占市场份额,市区相继成立湘潭市兰天制冷公司、湘潭市正好家电维修公司、湘潭市新天地电器维修公司、湘潭市东大暖电器维修公司,成为境域较有名气的家用电器维修私营企业。是年,全市家用电器维修企业(含维修门点)158家,从业人员628人,维修收入758万元,分别比1995年增长143%、103%、138%。

2002年后,境域家用电器维修企业自发成立湘潭市家用电器协会,实行行业自律、提高服务水平,坚持"一切以用户为中心"的服务理念,"让用户非常满意"为服务宗旨。采用电话预约上门维修,不论远近,预约期不超过24小时,进入用户门后,出示三证,即,工作证、服务卡、服务监督手册,维修前做好五交代,即,交代机器故障、维修措施、维修时间、维修费用、质保期限,主动接受用户监督。是年,境域较受欢迎的名牌家用电器售后服务维修商有长虹彩电、美的空调、格力空调、小天鹅洗衣机等。

2005年,境域家用电器维修仍以名牌代理商为主,苏宁电器、步步高电器和遍布城乡的家用电器维修点。家用电器三包期外维修收费标准进一步规范,21~30寸电视机上门检修费90~150元,26~50寸平板电视上门检修费110~260元,空调机室内机维修收费110~150元,室外机收费200~400元,洗衣机大修收费100元,中修收费75元,小修收费65元。是年,全市家用电器维修企业(含维修门点)305家,从业人员1258人,维修收入1020元,分别比2000年增长193%、100.3%、34%。

第三十四篇　金融

概　述

1986年初，境域有金融机构294个，其中，中国人民银行湘潭分行（以下简称人民银行湘潭分行）、中国工商银行湘潭市支行（以下简称工商银行湘潭市支行）、中国农业银行湘潭市支行（以下简称农业银行湘潭市支行）、中国银行湘潭支行、中国人民建设银行湘潭市中心支行（以下简称建设银行湘潭市中心支行）、中国人民保险公司湘潭市中心支公司（以下简称人保湘潭市中心支公司）等驻市银行、保险机构6个，县支行（支公司）、办事处、营业部及农村信用社联社等29个，分理处、信用社等149个，储蓄所、信用分社等108个，信托投资机构1个，城市信用社1个；合计有员工2991人。年内，中国银行湘潭支行、建设银行湘潭市中心支行始办储蓄业务；农业银行湘潭市支行进入城区拓建网点；省信托投资公司湘潭市办事处成立并开办信托投资业务；企业集资渐成规模；人民银行湘潭分行建立省内首家资金拆借市场。年末，全市各项人民币存款余额11.56亿元，其中，城乡居民储蓄存款5.91亿元；各项人民币贷款余额14.86亿元；各项保费收入1594.6万元，各项保险理赔给付565.4万元；发行企业债券750万元；发行无记名国债1836万元。次年，境域实施“紧中有活”货币信贷政策，为解决贷款增加的资金需要和缓解企业资金矛盾，金融系统各银行陆续推出各种形式有奖储蓄，组织对全市的重点工商企业清资挖潜。1988年，为加强证券市场管理，市政府颁发《湘潭市有价证券转让买卖管理暂行办法》。人民银行湘潭分行组建全省第一家“大同城”（包括湘乡市、韶山市、湘潭县）票据清算中心；组建全省首家专营证券业务的湘潭证券代理处。是年，因全县实施家庭财产保险，湘潭县被评为全国保险先进县。次年，人民银行湘潭分行执行上级银行“治理整顿、深化改革”和“控制总量，调整结构，保证重点，压缩一般，适时调节”的政策，压缩基建投资规模，改革短期贷款管理，先后组织开展清资挖潜，清理企业之间资金拖欠，通过资金拆借市场融通资金；各银行采用奖励等方法吸储揽存，增加资金供给。同时，市政府采取措施鼓励农村资金进城，确保重点建设、重点企业的资金需要。境域农村组建由政府倡导、民政部门组织、村民自办自治农村救灾扶贫互助储金会。由于改革开放，市民个人收入提高，全市居民人民币全年储蓄存款余额12.94亿元。

1990年，银行、保险、证券分业经营；专业银行开始打破各行之间业务互不交叉的局面。全市全年各项人民币存款余额26.46亿元，其中城乡居民储蓄存款余额达18.23亿元，比1986年净增12.34亿元；各项人民币贷款余额31.6亿元，比1986年净增16.74亿元；全市累计拆借资金12亿元，调剂外汇2780万美元。保险业新辟险种20余种，各项保费收入达6119.2万元，比1986年增长2.8倍，财产保险保费收入2381.9万元；各项保险理赔给付达3259.5万元，比1986年增长476.49%。全市发行国债2500万元，批准发行企业债券2200万元；年末，全市有金融机构519个，从业人员4239人，比1986年新增1248人。

1991年,全省第一家无行政主管的城市信用社——湘江城市信用社、第一家经人民银行湖南省分行批准的典当行——汇源典当商行分别组建。是年,全市各银行为挤占市场,不计成本地拉客户、争业务,超限额发放贷款的情况时有发生;企业间深受"三角债"的困扰,相互拖欠日趋严重;政府某些部门、企事业单位甚至金融机构纷纷开办各类公司,采用员工内部集资和向社会募集资金等方式,投资广东、海南等地房地产开发。针对这一局面,境域开始治乱纠偏。9月,全市组织清理"三角债",注入资金1359万元,年底收回人欠款1.8亿元,偿付欠人款1.51亿元,收到注入1元资金、清理拖欠22元的效果,受到省政府清欠办表彰。是年,为强化调查统计职能,人民银行湘潭分行始设调查统计部门并建立工业景气监测体系。湘潭市城市信用社联合社年内成立,以加强对城市信用社的管理。次年,人民银行湘潭分行在全省首家实行贷款证制度,并组建包括湘乡市、韶山市、湘潭县行社参加的大同城电子化清算网。1993年上半年,受股票热、房地产热、集资热、办开发区热的影响,全市存款滑坡、贷款收缩、货币回笼减少、部分银行业金融机构发生支付困难,6月,国家连续提高存款利率,整顿金融秩序,下半年,境域经济过热现象得到遏制,银行资金紧张的状况逐步缓解。全市收回违章拆借资金2.6亿元,完成清收任务的80%;全年累计投放货币12.22亿元,回笼13.54亿元;期间,作为全国试点市人寿保险股份有限公司成立,保险业寿险、产险分业经营。年末,全市经批准成立16家定向募集的股份有限公司,实募股本金达5.72亿元。湘潭兴华房产股份有限公司、湘潭百贸股份有限公司等4家内部股权证先后上柜转让。是年,雨湖区长城乡试点创办全市第一家农村合作基金会。

1994年,贯彻国务院《关于金融体制改革的决定》,境域专业银行逐步向商业银行转变,商业性业务与政策性业务实行分离和划转。随着国家外汇体制全面改革,官方汇率与调剂市场汇率并轨,全年全市出口创汇3579万美元;收汇3184万美元,创、收汇均为历史最高水平;全市外币存款余额达2090万美元,其中单位外币存款余额376万美元,城乡居民外币存款余额1257万美元。是年,农村合作基金会逐步推广至全市,全市1632个村有1470余个建立起农村救灾扶贫互助储金会。1995年,境域国有专业银行转制为商业银行的步伐加快,金融整顿力度加大;保险业主体单一格局打破,多家保险公司在潭设立机构;证券机构开通深圳、上海股市。年内,全市成立"清理外流资金领导小组"。境域开通电子联行系统。人民银行湘潭分行建立大型企业调查制度。年末,全市各项人民币存款余额82.9亿元,其中,城乡居民储蓄存款余额达65.15亿元,比1990年净增46.92亿元;各项人民币贷款余额83.73亿元,比1990年净增52.13亿元;各项保费收入达12470.4万元,是1990年的2倍多,财产保险保费收入达到7069.4万元;各项保险理赔给付达6161.2万元,比1990年增长89%。全市沪深股市新增开户股民1155户,沪深股市股票成交量3.3亿元,证券业实现利润27.8万元。

1996年,市委、市政府实施"强工富市"战略。人民银行湘潭分行强化金融监管,各银行新增贷款重点支持湘潭钢铁公司、湘潭电机厂、湘潭电厂(新)等国有大中型企业的技术改造,"米袋子"(粮食生产)、"菜篮子"(蔬菜副食生产)工程,各项贷款余额首次突破100亿元大关。期间,市政府成立市农村金融体制改革领导小组,推动农村金融体制改革,境域农村信用社与农业银行全面脱钩,由人民银行湘潭分行对其履行行业管理职能。是年,农业发展银行湘潭市分行成立,由其经营境域粮棉油收购等农业政策性信贷业务。次年,通过规范破产、鼓励兼并、减员增效、增资减债等措施,依法维护金融债权,全市对境域涉及破产、兼并和减员的16家计划内企业,上报并被批准核销银行呆坏账1.6亿元。年内,市政府发布《关于认真做好清理整顿社会金融工作的通知》,整顿农村救灾扶贫互助储金会。规范农村信用社及清资入股试点工作在湘乡展开。卫星电子联行系统与全国597个城市并网通汇。以城市信用社为基础组建的地方股份制银行——湘潭城市合作银行成立。居民保险意识增强,全市人寿保险保费收入8883.61万元。为争取实现境域企业上市公司零的突破,市政府成立全市股份公司上市工作领导小组。1998年,境域市场偏冷,生产增速回落,银行不良贷款增加,为此,全市继续实施适度从紧的货币政策,降低金融机构不良资产比率和发案率;加强金融监管与金融统计监测工作,加强对中小金融机构的监管,防范与化解金融风险;同时对农村合作基金会与农村救灾扶贫互助储金会进行清理整顿。年内,保险业务扩大,以人身为保险标的的保费收入突破亿元大关。全市严查企业用信贷资金参与炒股。金融业逐步实行分业监管。年中,湘潭城市合作银行更名为湘潭市商业银行股份有限公司(以下简称市商业银行)。12月31日,人民银行湘潭分行更名为人民银行湘潭市中心支行,隶属人民银行武汉分行领导。

1999年,境域着手创建金融安全区。市金融债权管理办公室成立,制定《湘潭市金融债权管理制度》。全市银行业在遏制逃废银行债务行为同时,以消费贷款作为新的信贷增长点,开办多种个人消费贷款;保险业整顿市场秩序,防范化解风险,开拓市场,培育新的业务增长点;证券业加强与银行业及电信部门合作,开通与银行信用卡的联网业务,开展网上交易。2000年,全市金融个人消费信贷继续成为新的信贷增长点;各银行业金融机构通过剥离不良资产,全年各项贷款余额虽较上年减少8.89亿元,但信贷质量得到提高。是年,境域工业企业长达66个月净亏损终告结束,企业效益好转,各国有商业银行亦实现当年盈利;农村信用社多方保证农业生产资金需求,新增农业贷款1.36亿元。从是年起,人民银行湘潭市中心支行不再对金银收购、配售实行专营,不再对金银制品销售单位实行进入审批和经营监管。年内,全市金融秩序继续得到整顿。省信托投资公司湘潭办事处因经营风险退出市场。农村基金会和农村救灾扶贫互助储金会因违规经营分别停办和接受清理。随着中国保险业监督管理委员会湖南监管局的成立,境域银行业、保险业的行业管理实现分业监管,人民银行湘潭市中心支行仅对银行业实行监管。年末,全市人民币存款余额157.12亿元,外币存款余额6189万美元,人民币存款中,城乡居民储蓄存款余额121.42亿元;各项人民币贷款余额110.05亿元;外汇贷款余额2500万美元;各项保费收入2.78亿元,保险深度为1.36%,保险密度为103.92元;各项保险理赔给付1.05亿元。全市沪深股市新增开户股民10969户,沪深股市股票成交量72.93亿元;证券业实现利润923.63万元。

2001年,各银行业金融机构继续推进改革,创新金融服务方式,重点支持城市中心区建设、经济开发区建设、大中学校扩建和国有大型企业技术改造,在湘钢尝试开办商业承兑汇票业务,为其签发商业承兑汇票1亿元;对湘潭大学等4所高校投入资金近亿元;推出住房、汽车等个人消费贷款,满足市民生活需要;努力推广农户小额信用贷款和农户联保贷款,促进农业增效、农民增收。2002年,境域银行业强化风险管理,市金融债权管理办公室、市银行业协会配合各家银行、信用社与政府部门联手打击逃废银行债务行为。全市开展清收党政干部不良贷款活动。为解决中小企业贷款难问题,市政府注入资金1200万元组建担保公司,开办中小企业担保贷款业务,解决其资金困难;多家全国性保险企业先后入驻境域,保险市场竞争日趋激烈。境域各银行先后陆续发行“银联”标识银行卡。全市农村救灾扶贫互助储金会均停办所有业务。年末,全市存、贷款进一步增长,信贷资产质量好转，人民币存款余额较上年净增 25.6 亿元；人民币贷款余额较上年净增 11.69 亿元；不良资产率较上年下降 3.5%。各银行发放助学贷款余额达 1741.3 万元，其中国家贴息助学贷款余额 1594 万元。

2003 年，全市推出下岗失业人员小额担保贷款，以支持其再创新业；在农村，则继续推行农户小额担保信用贷款和农户联保贷款业务，促进农村种植及养殖业发展。湘潭县响水乡青竹村采用联保的方式贷款。各银行将信贷资金逐渐转向湖南迅达集团等一批市场前景好、管理到位民营企业。年内，为维护金融秩序和打击经济犯罪，湘潭在全省率先制定反洗钱工作联席会议制度，全面启动“反洗钱”工作程序。中国银行业监督管理委员会湘潭监管分局成立，由其履行对境域银行业金融机构及其分支机构的设立、变更、终止、和业务活动以及风险状况进行现场和非现场监管等职能。人民银行湘潭市中心支行原对银行业的有关监管职能以及对农村信用社的行业管理职能移交该分局。

2004 年，全市银行业深化改革，调整信贷投向，加大有效投入，重点支持制造业、经济园区建设和民营经济发展；支持国有大型骨干企业的技术改造。人民银行湘潭市中心支行牵头组织首届银企合作洽谈会签约项目达 170 个，项目贷款总额 80.2 亿元。是年，中国银行、建设银行等驻潭分支机构相继实行股份制改造；农村信用社实行产权制度改革，完善法人治理结构，当年完成增资扩股 81145 万元；发行央行票据 65905 万元；置换不良贷款 58876 万元。金融服务创新获得进展，《湘潭市专利权质押贷款管理办法（试行）》出台。人民银行湘潭市中心支行成立反洗钱工作领导小组，全面启动反洗钱工作。境域经济快速发展，金融宏观调控取得成效，信贷总量保持稳步增长，信贷资产质量提高，全市银行业实现整体扭亏为盈。

2005 年，境域银行业金融机构参与地方产业调整，加大对工业园区建设和培育农业产业化龙头企业信贷投入；继续拓展农户小额信用贷款和农户担保贷款业务。人民银行湘潭市中心支行制定并下发《湘潭市农村信用社改革央行资金支持实施方案》，全市农村信用社增资扩股工作在全省率先完成，农村信用社各联合社先后获得央行票据，改革进一步深化，湘潭县农村信用联社实行一级法人统一核算经营管理体制。年内，人民银行湘潭市中心支行推进金融生态环境与社会征信体系建设，召开“金融生态·征信建设与地方经济发展（中国·湘潭）”会议。11 家全国性保险公司先后在湘潭设立分（支）公司；两家证券机构由从“坐商”变“行商”、改单一经营为多元营销。至此，境域形成以国有金融机构为主体、各类金融机构并存、功能齐全、形式多样、分工合作、互为补充的多元化多层次的金融体系，和银行、保险、证券分业经营、分业监管的金融体制。全市开通大额支付系统，银行、保险、证券三位一体、相互合作的网上支付、网上交易、网上服务的电子网络构建完成；并建立起银行、证券、保险业务的大统计体系，全面监测境域金融运行情况。年末，境域有金融机构 604 个，其中，银行、银监、保险等驻市机构 8 个，县支行（支公司）、办事处、营业部等 44 个，地方股份制银行 1 个，农村信用社联社 5 个，二级支行、分理处、信用社、营销服务部等 260 个，储蓄所、信用分社等 284 个，证券营业部 2 个。全市各项人民币存款余额 325.24 亿元，外币存款余额 6531 万美元，人民币存款中，城乡居民储蓄存款余额达 235.45 亿元，比 2000 年增长 94%；各项人民币贷款余额 184.85 亿元，比 2000 年增长 68%；外汇贷款余额 3400 万美元，比 2000 年增长 36%；各项保费收入 8.07 亿元，比 2000 年增长 190%，保险深度为 2.2%，保险密度为 284.5 元；各项保险理赔给付 2.22 亿元，比 2000 年增长 111%；全市沪深股市新增开户股民 532 户，累计达 46562 户，沪深股市股票成交量实现

38.53亿元,比2000年下降47%;证券业实现利润386.34万元,比2000年下降58%。市中小企业信用担保公司累计为境域中小企业融资担保1.21亿元,为全市下岗失业人员再就业提供贷款担保775.5万元。为支持企业改革(从1997年至2005年),通过资产剥离、债转股、破产冲销呆坏账等方式,各银行为企业化解债务累计超过60亿元。

第一章 银行业务

第一节 负债业务

一、城乡居民储蓄存款

1986年,随着金融体制改革的深入,境域银行业务经营范围逐步拓展,驻市各国有银行及农村信用社在吸收城乡居民存款方面形成竞争。年末,全市人民币储蓄存款余额为59099万元。

1987年,国家提高银行利率,紧缩信贷,减少货币供给,境域物价上涨,社会出现各种集资,同业竞争加剧。为吸收储蓄存款,市政府支持银行采取措施促储协储,人民银行湘潭分行在全市开展"爱国储蓄活动月"活动,各银行业金融机构相继推出或开办多种形式储蓄品种。市邮电局在市邮政营业厅首开邮政储蓄业务。

1989年10月,工商银行湘潭市支行在全省率先成立全市城镇储蓄促进委员会,加大揽储力度。农业银行湘潭市中心支行联合湘潭电视台拍摄反映该行储蓄电视片《腾飞》,随着宣传力度的提升,该行储户由上年的544692户增加到710546户。中国银行湘潭支行推出名牌彩电、冰箱、金戒指等实物有奖储蓄,以及"儿童礼券特种定期储蓄""黄金首饰奖售储蓄""十二生肖贴水奖售储蓄""化肥实物奖储蓄"。年末,全市人民币储蓄存款余额首度突破10亿元,为12.94亿元,比1986年增长119%。

1990年,境域大办各种开发区和各类经济实体,出现社会集资热,资金分流加剧,银行存款下滑。人民银行湘潭分行实行目标管理,制定增存总目标,层层分解落实,批准开办工资转储、香港"十日游"揽储等形式增加储蓄。各银行业金融机构相继完善和实施储蓄承包责任制,将工资或奖金、费用与全年储蓄净增任务挂钩,对储蓄专柜实行目标管理等,采取多种措施稳定存款。通过各银行业金融机构共同努力,年末,全市城乡储蓄存款余额18.23亿元,人均储蓄存款余额687.37元,高出全国人均水平19元。

1994年,各银行业金融机构继续推出新储种鼓励居民储蓄。农业银行湘潭市分行新开发代收电费储蓄、妇女爱国储蓄等,共吸储1500万元。建设银行湘潭市分行开办"家家乐"保本保息有奖储蓄、"幸运奖"储蓄及住宅储蓄业务,住宅储蓄业务存贷结合,可为急需购、建房的储户提供低利率贷款,受到拟购房市民的欢迎,年末此种储蓄有储户922户,存款金额120万元。由于全市大部分乡镇成立农村基金会,变相吸收存款,擅自给付存款高额手续费,一度导致农村信用社存款下降、支付难保。经人民银行省、市分行采取措施,局面得到控制。是年,全市各农村信用社储蓄存款普遍增长,全市农村信用社储蓄存款余额达 201949 万元，雨湖区护潭信用社成为全市第一个存款过亿元信用社。次年，中国银行湘潭分行率先在境域推出自行开发设计储蓄新产品——“定期一本通”。全市邮政储蓄存款余额达 44279 万元。年末，全市人民币储蓄存款余额为 65.15 亿元，比 1990 年增长 257%，外币储蓄存款余额为 1795 万美元。

1996 年，为建立正常的金融秩序，人民银行湘潭分行停办有奖储蓄业务，各银行业金融机构为扩大储蓄存款，着力于完善储蓄网点建设，改善服务态度，提高科技含量，继续调动员工吸储揽存的积极性。3 月，工商银行湘潭市支行建设北路储蓄所储蓄余额达 10658 万元，成为全市首家亿元储蓄所。农业银行湘潭县支行花石营业所在主任、全国金融劳动模范胡运清带领下，全年业余揽蓄 640 多万元，人均 30 万元。年末，全市人民币储蓄存款余额为 79.62 亿元。1998 年 1 月，市电信局与中国银行湘潭分行联合开通境域首家“电话银行”。面对国有银行强势竞争，邮政储蓄利用金融科技手段吸收存款，开通“绿卡工程”邮储网点前期联网，全市邮政储蓄网点实现通存通兑；市商业银行与市妇联联合开展妇女爱国储蓄活动，组织定期储蓄存款 1100 万元；全市农村信用社抓住改革开放后广大农村日益丰富储源多方揽存，年末储蓄存款余额达 32.9 亿元。

1999 年，随着经济形势逐步好转，全市人民币储蓄存款余额过 100 亿元大关，达 101.65 亿元，其中，活期存款 17.09 亿元，定期存款 84.56 亿元；外币储蓄存款余额亦达 4130 万美元。

2001 年，境域各银行精简内部机构，加强明星网点和标准化网点建设，以优化业务流程和网点结构，提高工作效率。农业银行湘潭县支行石潭营业所成为全省第一个存款余额过亿元农村营业所。中国银行湘潭分行率先在全市推出办理储蓄存、取款“免填单”服务。邮政储蓄在全市开通“邮证通”业务。全市农村信用社广泛组织存款，年内储蓄存款实现 37.49 亿元。年末，全市人民币储蓄存款余额为 138.21 亿元，外币储蓄存款余额为 5981 万美元。2004 年，全市人民币储蓄存款余额首度突破 200 亿元，为 205.58 亿元。

2005 年，全市人民币储蓄存款余额为 325.45 亿元(其中邮政储蓄余额突破 30 亿元)，比 1986 年增长近 40 倍，其中，活期存款 56.54 亿元，定期存款 178.91 亿元。是年，境域办理外币存取款业务的国有商业银行达到 4 家，经营外币币种美元、欧元、英镑、港币、瑞士法郎、新加坡元、日元、加拿大元、澳大利亚元等 9 个；全年各项外币储蓄存款折合美元为 4588 万美元。是年，全市外币储蓄存款余额为 4588 万美元。

二、单位存款

1986 年，境域银行间竞争激烈。各银行业金融机构针对单位存款量大、息低特点，着重吸收单位存款。年末，全市单位人民币存款余额为 42250 万元。

1987 年后，因受经济效益滑坡等影响，全市单位存款形势严峻，银行业金融机构采取措施应对。建设银行湘潭市中心支行在大型国营企业配备专人捕捉信息，为 30 个企业开设辅助账户，吸收单位存款 1290 万元。

1990 年，农业银行湘潭市中心支行在湘乡市进行单位存款管理试点，先后走访 10 多家企业，调查资金周转率、资金流向及使用效益等情况。1991 年，工商银行湘潭市支行开设企业“工资基金专户”800 多个，当年新开户 256 个，月均单位存款余额 1502 万元，比上年增加 360 万元。全市农村信用社开办企业发展基金、贷款利息备付金、贷款风险金等专项存款业务，坚持“以存定贷、存款挂钩、贷款优先、利率优惠”的原则，以扩大单位存款规模，全年单位存款达 9584 万元。是年，全市单位人民币存款余额为 78350 万元，比 1986 年增长 85%。

1994 年，农业银行湘潭市分行实行“存贷挂钩”“清贷挂钩”，建立“支付保证金专户”“工资基本金专户”和“利息准备金专户”，运用多种形式组织单位存款，全年单位存款月均净增 4140 万元。1996 年，建设银行湘潭市分行在大企业、大行业中培育存款大户，对各基层支行实行大户责任制办法，目标、存款任务责任到人，主攻电力、交通、邮电等行业大项目和争办湘潭新电厂委托业务，以《银企合作协议》争取到电业局存款 8500 万元，市邮电系统存款 2400 万元。争办湘潭新电厂开行代理权成功后，电厂支行新增存款 2000 多万元。农业银行湘潭市分行配合市国税局开展使用银行卡纳税发行工作，在市、县两级农业银行设立纳税大厅 6 个，交通违规收费点 49 个，吸收存款 485 万元，交通事故处理费和培训费存款 588 万元。年末，全市单位人民币存款余额为 19.09 亿元。1997 年，全市单位人民币存款余额首度突破 20 亿元，为 21.78 亿元。

1998 年，各银行业金融机构抓大户，保重点户，扩大单位存款。工商银行湘潭市支行建立市、县两级行一把手增存责任制，定期和不定期走访存款大户，全年重点项目存款达 6000 万元，住房公积金和住房存款 4164 万元，年末，单位存款比年初增加 18499 万元。1999 年，中国银行湘潭分行调整负债结构，扩大单位存款等低成本存款比例，单位存款余额达到 2.14 亿元，较上年净增 5942 万元。

2000 年后，各银行业金融机构抓大促小、重点突破，全面拓宽单位存款市场。工商银行湘潭市分行单位存款余额突破 10 亿元大关。2001 年，农业银行湘潭市分行加强与有效益、有市场、前景好、规模大的集团型和系统性客户合作，先后增加湘钢、市电力局、市社保局及相关大专院校等优良客户 6 个，增存 5000 多万元。市商行利用“地缘”“人缘”优势，争取市委、市政府以及人民银行湘潭市中支的支持，系统开发医保基金、失业保险等专项资金户以及纺织、医药、槟榔等行业资金。2002 年，中国银行湘潭分行加大单位存款营销力度，先后揽入湘钢、金迪化纤、电机股份等有贷户，和潭邵高速公路管理处、市社保局、市电信局等无贷户的单位存款，年末，该行单位存款达 6.35 亿元，较 1999 年净增 4.21 亿元，超过前 19 年单位存款的总和。是年，境域企业改制取得阶段性成果，效益普遍提高，全市单位人民币存款余额达 44.48 亿元，比 1997 年增长 100.04%。

2005 年，境域各银行业金融机构单位存款继续增长。年末，全市单位人民币存款余额为 77.23 亿元，比 2002 年增长 73.63%，单位外币存款亦达 1149 万美元。

1986~2005 年湘潭市人民币、外币存款余额

表 34-1-1

年份	人民币存款（万元）			外币存款（万美元）		
	总额	其中		总额	其中	
		单位存款	城乡居民储蓄存款		单位存款	城乡居民储蓄存款
1986	142357	42250	59099	—	—	—
1987	175030	43120	81078	—	—	—

续表

年份	人民币存款(万元)			外币存款(万美元)		
	总额	其　中		总额	其　中	
		单位存款	城乡居民储蓄存款		单位存款	城乡居民储蓄存款
1988	147065	44530	89481	—	—	—
1989	195530	51895	129375	—	—	—
1990	264559	65736	182318	—	—	—
1991	333858	78350	239163	—	—	—
1992	416095	98886	294571	—	—	—
1993	496649	128801	343258	—	—	—
1994	656434	155396	501461	2090	376	1257
1995	829001	176195	651521	2113	132	1795
1996	989867	190850	796159	2282	237	2023
1997	1086050	217804	881707	2773	228	2445
1998	1238989	205393	973568	4394	980	3213
1999	1318080	220169	1016526	4927	532	4130
2000	1571193	282841	1214171	6189	566	5385
2001	1827311	338878	1382120	7106	612	5981
2002	2122103	444818	1595371	8683	859	6520
2003	2458186	517165	1827374	7547	575	6175
2004	2760256	600810	2055816	8500	470	5421
2005	3252417	772343	2354469	6531	1149	4588

注:单位存款包括企业存款、财政存款、机关团体存款、农业存款等。1986~1993 年,全市无外币储蓄的统计数据

第二节　资产业务

一、政策性贷款

(一)农业政策性贷款

1986 年,境域农业政策性贷款主要为收购粮油提供贷款,贷款由粮食部门造具年度收购计划与所需金额，经农业银行湘潭市支行、工商银行湘潭市支行核实后贷给。年末，此项贷款总额为 5998 万元。

1990 年后,全市农业政策性贷款投向优先支持承包户发展粮食生产。农业银行湘潭市中心支行发展粮食生产的贷款占其农业贷款比例由上年 26.1%上升到 43.74%,余额 10347 万元。1992 年,

为支持境域经济落后地区发展，发放“老、少、边、穷”地区贷款695万元。次年，此项贷款余额增加至809万元。

1996年9月26日，农业发展银行湘潭市分行成立，农业银行湘潭市分行所代理的农业政策性贷款业务移交该行。1997年1月，农业发展银行湘潭市分行全面自营业务，年末各项贷款余额10.37亿元。

1998年，境域粮油收购资金封闭运行，保证收购资金及时足额供应，减少收购贷款投放。全年投放粮油收购贷款比上年同期减少8670万元。1999年，为确保敞开收购农民余粮，农业发展银行湘潭市分行发放直接收购贷款18994万元，收购稻谷92943吨。2001年，收购资金实行封闭管理，年末，全市各项农业政策性贷款余额为99962万元。

2002年，为粮食全面退出保护价收购第一年，农业发展银行湘潭市分行“以销定贷、以效定贷”，全年各项农业政策性贷款余额为10.23亿元。

2005年7月，境域早籼稻启动最低收购价执行预案，农业发展银行湘潭市分行累计向全市17家指定收购点或委托收购点发放收购贷款13907万元，支持收购农民粮食99360吨。在早籼稻收购过程中，全市没有一例打“白条”现象。8月12日，中共中央政治局常委、国务院总理温家宝在中央储备粮湘潭直属库调研最低收购价预案执行情况时，高兴地对该行驻库信贷员说：“你们农发行收购资金供应到位，我刚才问过送粮农民，他们都能拿到钱，没有白条。”是年，农业发展银行湘潭市分行各项贷款余额达到13.01亿元，其中粮油收购贷款余额18636万元。

（二）国家助学贷款

2000年，境域开办此项贷款。是年8月，人民银行湘潭市中心支行将国家助学贷款业务作为信贷窗口指导的重要内容，督促境域工商银行、建设银行等先后开办此项业务。12月，工商银行湘潭市分行对湘潭大学8人、湘潭工学院7人、湖南纺织高等专科学校76人，分别发放国家助学贷款2.9万元、2.1万元和25.2万元。年末，全市发放国家助学贷款余额1993万元，受惠学子2293人。

2001年，全市发放国家助学贷款2170人次，金额808万元；2002年，全市发放国家助学贷款余额为1741.3万元，其中贴息助学贷款余额1594万元。2003年，全市发放国家助学贷款余额为2025万元，当年发放479万元，申请人数、金额、实际发放数等均居全省第二位。由于国家助学贷款还款期限较短（仅为四年）、银行承担的单笔贷款风险较大、成本较高等问题，在较短时间内难以有效解决，随后境域国家助学贷款业务发展逐渐趋缓，贷款发放基本停滞。

2004年6月，国家助学贷款相关文件陆续出台，改革财政贴息方式，延长还贷期限，对普通高校实行借款总额包干办法，明确高校、银行和学生在国家助学贷款实施工作中责任。人民银行湘潭市中心支行多次召开银行业金融机构与高校参加的协调会，建立国家助学贷款工作联席会议制度推行助学贷款。至2005年止，6年间，全市共为11701名贫困学子发放各类（包括一般商业性）助学贷款4320.9万元，其中，10327名大学生获得3702万元的国家助学贷款支持，得以完成学业。

（三）下岗失业人员小额担保贷款

2003年3月，岳塘区板塘农村信用社为原湘纺下岗职工张秀军发放1万元小额贷款，支持她开办一家打字复印店，半年即收回投资并归还贷款本息。此为全省范围内首笔由银行业金融机构发放给下岗失业人员的小额贷款。9月，为扶持下岗失业人员再就业，市政府下发《湘潭市下岗失业人员小额担保贷款管理办法》,人民银行湘潭市中心支行推进下岗失业人员小额担保贷款开办,落实担保机构,到位担保基金300万元,实行专户管理,指定7家银行基层网点作为下岗失业人员小额担保贷款承办点。这一做法被人民银行长沙中心支行向全省推介。市城市商业银行推出的此项贷款,期限一般不超过两年;担保贷款金额最低为1000元,最高不超过2万元。该行先后两批向21名下岗失业人员发放贷款39万元,让他们从事餐饮、维修、汽车配件、小型机械制作,其中7人被市政府授予"创业之星"称号。年内,全市各银行为65户下岗失业人员发放再就业贷款156万元。

2004年9月29日,全市增拨400万元失业人员小额贷款风险基金,按1:3的比例,在规定时间内放贷。40名下岗失业人员当场获得80万元贷款支持。年末,全市累计发放下岗失业人员小额担保贷款257笔,贷款余额1243.5万元,受益人数846人。

2005年6月,市商行支持下岗人员实现再就业,为20名下岗人员发放创业贷款40万元。是年,该行累计发放此项贷款100余笔、金额200余万元。岳塘农村信用联社为近40名下岗失业人员发放小额担保贷款49笔、113.9万元。年末,全市累计发放下岗失业人员小额担保贷款342笔,贷款余额435.5万元,受益人数为342人。

二、工业贷款

1986年,全市工业贷款余额为人民币7.85亿元。1987年,国家实施"适度从紧"的货币政策,各银行因时顺势,执行"紧中有活"信贷方针。全市工业生产总值比上年增长10%,流动资金贷款仅增加3.6%,达到少投入、多产出的经济效果。其中,湘钢流动资金贷款由4月末13270万元下降到7月份9280万元,归还银行贷款3990万元;全年挖掘资金潜力3000万元,减少贷款5000万元。

1988年后,各银行业金融机构执行国家"控制总量,调整结构"和"治理整顿经济环境,控制通货膨胀"的经济政策,坚持"区别对待,择优扶植"信贷原则,缓和信贷资金供求矛盾。人民银行湘潭分行对专业银行因受规模和资金限制困难,采取间接投入或牵线搭桥等方式,从农业银行、农村信用社、资金市场融通资金维持企业生产。1990年,由工商银行湘潭市支行牵头,组织开办银团贷款,各家银行和农村信用社联合筹措资金1亿余元,其中从农村引资5000余万元,解决湘潭电缆厂、湘乡化工厂等大中型企业技改工程资金需求。年末,全市工业贷款余额为人民币14.48亿元,比1986年增长84.5%。

1991年起,根据国家"集中资金,保证重点,调整结构,强化管理,提高效益,促进国民经济健康发展"信贷工作方针,工商银行湘潭市支行向14家国营大中型企业增加贷款13854万元,占该行工业贷款增加额65.6%。湘机在购进百吨车进口件柴油机、钢材和轮胎时遇到资金困难,该行在国家扶植重点企业贷款计划尚未下达情况下,挤出1000万元资金贷给该厂,为生产36台百吨车创造条件,当年百吨车产值达11000万元,实现利税800多万元。年内,全市工业贷款余额为人民币23.07亿元。

1996年,市委、市政府实施"强工富市"的战略,银行业对湘钢、韶峰水泥集团等国有及国有控股大型企业给予重点支持。是年,全市工业贷款余额为人民币30.11亿元。

1998年后,境域工业贷款发放,仍然保证国家重点企业生产经营需要,而对国有亏损企业中有市场、有效益产品生产,则实行贷款封闭管理,专款专用,适当支持机制活、效益好、信誉优民营企业。银行业培养优良客户、优势产业,筛选龙头骨干企业予以重点支持全年贷款余额 32.69 亿元。1999 年,全市工业贷款余额为人民币 33.35 亿元。

从 2001 年起,湘潭银行业对境域决定国计民生的大型国有企业、产品适销对路中小型国有和民营企业、科技创新的成长型企业,加大信贷力度。仅 2001 年,银行业合力对湘钢技术改造资金支持逾 8 亿元,其中贷款人民币 4.46 亿元、美元 1110 万元、贴现 1.95 亿元、签发银行承兑汇票 1.2 亿元。这期间,银行业大力支持省级农业产业化龙头民营企业湘潭恒盾集团的新产品开发,每年贷款余额数千万元,促其产品更新换代,由生产第一代竹砧板升级到生产第五代竹砧板和竹汁饮料、竹碳产品、竹纤维产品等,占据国内相当的市场份额和部分海外市场。人民银行湘潭市中心支行通过召开金融支持科技创新发展工作会议等形式,在 2005 年,促成市商行对 3 家企业首批发放专利权质押贷款 1600 万元。2005 年,工业贷款余额增长到 45.91 亿元。

三、农业贷款

1986 年,境域对农业生产与农民生活所需资金发放贷款,主要由农业银行及农村信用社承担。农业银行湘潭市支行执行国家扶贫政策,结合本地农村实际,由单一扶植农户生活改为扶植发展生产,促进农民从根本上脱贫,全年对 31320 个缺少资金的贫困户发放生产、生活贷款 1121 万元,其中对 7 个贫困乡的 11726 户农民贷款 437 万元,有 4556 户脱贫。市郊区农村信用联社年内累计发放贷款 4589 万元,支持承包户种养。湘乡县太平乡是全县 5 个贫困乡之一,百分之四十农户均存在不同程度困难,太平农村信用社发放农业贷款 31.2 万元,帮助他们买回生产资料,扩大生产发展副业;该县岐山农村信用社对 1406 户贫困户累计发放农业贷款 224 万元,年末,该乡工农业产值达 526 万元。是年,全市农业贷款余额为人民币 0.51 亿元。

1988 年,为保证城市居民农副产品供应,促进城郊商品基地的发展,农业银行湘潭市支行重点支持 11 个养猪场和环城 7 个乡、15 个村的生猪生产,累计发放贷款 300 万元,全年生猪出栏达 170 万头。次年,全市部分水利工程长期失修损坏严重,影响农业生产,农业银行湘潭市中心支行先后发放水利工程贷款 140 万元,喷灌贷款 40 万元,通过各方努力,水利工程维修改造竣工 21174 处,新增灌溉面积 5700 多亩,改造灌溉面积 12.87 万亩,改造低产田 68150 亩,74 个村民组 2680 人、6360 头牲畜的饮水问题得到解决。是年, 全市农村信用社累计发放承包户农业贷款 19867 万元, 余额 8580 万元。年末,境域农业贷款余额为人民币 1.69 亿元。

1990 年,为促进粮食生产的发展,农行湘潭市中心支行优先调整农业贷款比例,粮食生产贷款占农业贷款比例由上年 26.1%上升到 43.74%。是年,全市共发放三项支农贷款 11.11 亿元,农业贷款余额为人民币 2.37 亿元。

1991 年,农业贷款余额 3.15 亿元。次年,境域农业贷款的投向,主要是优先支持承包户发展粮食生产,支持科技兴农与农业综合开发,农业银行湘潭市中心支行放贷 140 万元,引进洞庭猫牙、芙蓉丝苗、湖南香丝、补血米等优质品种 21 万千克,在湘潭县姜畲区、石潭区和湘乡等地推广种植,建立优质稻生产基地面积近 12 万亩。年末,全市农业贷款余额为人民币 6.41 亿元,比 1986 年增长逾 11 倍。1993 年,为继续支持科技兴农,提高农村科技水平,农业银行湘潭市中心支行全年累计发放农业科技贷款 4327 万元。农业银行湘潭县支行贷款 200 万元,支持县泉塘子乡农技站向农民提供技术服务、兴办实体和开展科学管理，农技站由成立时的3人增加到68人，其中农业科技人员14人，积累固定资产和流动资金94万元。年内，市政府提出"一村一品""一乡一业"各具特色区域发展目标，农业银行湘潭市中心支行发放贷款110万元，支持发展网箱养鱼和稻田养鱼，全市总放养面积达30万亩，其中利用稻、莲田养鱼增加1.5万亩，水库、河流网箱养鱼4235口，水产总量达3万吨。湘乡市谷水区是全市网箱养鱼扶植点，网箱养鱼由上年的1100个增加到2000个，该区农民彭自强和5户村民联合投资10万元，贷款5万元，利用300亩水库水面开展网箱养鱼，年收入达20万元。年末，全市农业贷款余额为人民币7.07亿元。

1995年，在农资部门货源可靠、还款有保证前提下，农业银行湘潭市分行先后开出银行承兑汇票2000万元，支持农资部门购买化肥、农药，缓解农资贷款供求矛盾。韶山如意信用社全年发放支农贷款258.4万元，帮助农民购回农药58745千克、化肥151吨、农机具1361件。年内，全市农村信用社加强支农投入，全年发放农业贷款216360万元。年末，全市各项农业贷款余额为人民币6.9亿元。

1996年后，境域农业贷款重点投放优质稻米、湘莲、瘦肉型猪生产，并投放农产品深加工企业及农副产品批发市场建设。是年贷款余额8.57亿元。1997年，农业银行湘潭市分行全年累计投放农业贷款2000多万元，支持以市场为导向，以种养业为基础，以加工增值为重点的贸工农一体化企业，先锋企业集团在该行信贷支持下，年内完成产值2.5亿元，实现利税427万元，成为全市农业产业化发展"龙头"企业之一。1998年，为重点扶植制革企业发展，湘乡市农村信用联社累计发放420万元贷款，支持该市怀其制革厂经营上规模、产品上档次、质量上等级。该厂当年产值超千万元，上交国家税金71.6万元，成为湘乡市私营企业纳税大户。韶山永义乡食品开发公司经营得到该乡农村信用社贷款支持后，企业荣获"省十佳出口创汇乡镇企业""省农民营销大户"称号。年末，全市农村信用社累计发放贷款82367万元，重点支持传统农业向现代高效农业转化，支持农村种养业向规模化发展。是年，全市各项农业贷款余额13.58亿元，比1996年增长59.8%。

2001年，农业银行湘潭市分行把调整农业结构和实现农业产业化作为信贷重点，支持地方农业发展，先后对北农大动物科技有限公司、先锋集团公司、湘乡市张江猪场等7个农业产业化企业注入信贷资金900万元，企业逐步形成农、工、商和产、供、销一体化的经营规模。是年，全市各项农业贷款余额为人民币15亿元。2002年，全市小额农贷发放面达71%。

2003年，境域农业银行与农村信用社继续加大对"三农"的信贷投入，支持农业产业结构调整。农业银行湘潭市分行对东信棉业集团予以扶持，一次性为之放贷3000万元，银企实现"双赢"，企业当年在该行的存款日均达1400万元，企业累计贷款12000万元，银行收息240万元，实现综合效益100万元。农业银行湘潭县支行与花石农村信用社发放湘莲综合开发贷款4120万元。该镇从事湘莲种植加工的人员有2万多人，专业经营人员6000多人，小型加工企业600多家，在全国设置销售网点350多个，产品辐射全国所有省区和东南亚市场，湘莲年产值达1.8亿元，占该镇经济总值的40%，湘莲生产形成一定规模。是年，全市各项农业贷款余额突破20亿元，达23.27亿元。

2004年，农业银行湘潭市分行把支持农业产业化经营、农村小城镇建设和信贷扶贫作为农业贷款的重点，由该行支持的民营企业——湖南怀其皮革集团(湘乡)，被列入全国农业产业化龙头企业之一。岳塘农村信用联社支持伟鸿食品公司发展，带动8个村4800农户养猪致富，形成年产20万头生猪的优质安全肉食生产基地。雨湖农村信用联社服务"三农"，全年累放支农贷款20582万元,累计发放农户小额信用贷款1703万元。湘乡市山枣农村信用社支持的湘乡诚鑫牧业有限公司,占地60亩,猪舍达8000平方米,是湘潭市政府评定的"无公害化生猪生产基地",年末存栏种猪160头,生猪1800头,饲养肉牛60头,梅花鹿50头,实现销售收入706万元,实现利润100多万元。

2005年,农业银行湘潭市分行发挥县域金融市场网点、网络、客户和产品优势,重点支持农产品加工产业。全市农村信用社根据农业发展要求,切实把握支农投向,在解决传统农业生产所需资金的同时,重点加大对农户产业化经营和农业产业结构调整支持力度,将高效农业作为支农的优先对象,引导农民突破传统经营低水平、低层次的藩篱,发展特色产业,为农民创收培育新增长点。湘潭县农村信用联社支持的响水乡青竹村养殖生猪产业协会,创立"公司+协会+农户+联保贷款"的模式,5年内协会会员由378户发展到1080户,带动周边9个村45个村民小组,协会贷款收购生猪1.6万头,产值1200万元,为农民增收320万元。中共湖南省委书记杨正午与农业部钱洪源副部长分别到青竹村考察后,将信用社"个人申请、多户联保、周转使用、责任连带、到期还款"的贷款办法,和该村以农户联保贷款为引导、以农产品加工企业为依托、以农民协会为纽带的运作模式,赞誉为"青竹模式"。该联社还累计发放湘莲生产贷款51140万元,湘潭县宏兴隆湘莲食杂果品公司生产的"宏兴隆"牌湘莲,通过国家农业部A级绿色湘莲食品认证,并获得湘莲产品加工权、出口权,并被中国商业科技质量中心评为"中国消费品市场食品安全放心品牌"。年末,全市农业贷款余额33.73亿元,比2000年增长124.9%。发放小额农贷户数达25.7万户,累计余额9.72亿元。

四、商业贷款

1986年,境域的商业贷款是由银行向商业企业提供的流动资金贷款。年末,全市商业贷款余额为人民币3.48亿元。

1987年,为支持商业部门扩大购销,繁荣市场,稳定物价,提高效益,银行业加大对境域商业的贷款支持。1988年,人民银行湘潭分行采取压贷措施,压缩不合理商业贷款3443万元。依据"收紧信贷,调整结构,择优限劣,提高效益"的商业信贷方针,银行业克服资金严重不足困难,增加储藏冻肉贷款468万元,增加元旦、春节市场食糖供应专项贷款300万元。次年,农业银行湘潭市中心支行发挥信贷资金调节作用,增加有效供给,满足国营商业、供销社、集体商业和个体户物资采购资金需要,消除"打白条"现象。

1990年,各银行业金融机构为支持地方名牌和保证重点需要,商业贷款发放逐年增加,工商银行湘潭市支行对217个商业企业有贷户进行分类排队,划出一、二、三、四类企业,实行"支一、促二、压三、停四"方针,重点支持名牌产品龙牌酱油生产,发放贷款1875万元,当年酱油产量比上年增加3000吨,销售收入增长17%,实现利税215万元。农业银行湘潭市中心支行以盘活与提高资金使用效益为主要目标,增强有效供给,帮助商业企业克服市场疲软,实现扭亏增盈,对企业正常合理资金需要给予支持,全年各项商业贷款余额为16474万元。市供销大厦是年销售额过5000万元的中型商业企业,居全市商业企业第二位。是年商业贷款余额6.41亿元,比1986年增长84.2%。,此后,贷款支持地方商业力度不断加大。次年,商业贷款余额7.25亿元。1993年余额11.71亿元。1995年商业贷款余额15.9亿元,比1990年增长148%。

1996年,境域商业贷款主要支持与群众生活密切相关的商业企业及私营个体经济的发展。年末贷款余额17亿元。次年，银行对管理水平高、信誉好、效益好是个体民营商业企业作为信贷重点支持单位。并扶持市药材公司批发部、摩托车市场、饮料生产与批发等民营企业正常运转，是年贷款余额19.17亿元。之后，商业企业面临转型转制局面，放款银行收贷力度加大，贷款余额回落。2000年，贷款余额16.42亿元。

2001年，银行业支持外贸企业出口创汇，帮助其扩大规模，提高产品科技含量，解决国际结算资金占用，商业贷款出现恢复性增长。是年，贷款余额17.33亿元。2005年，银行业为步步高超市连锁有限公司发放流动资金贷款2.85亿元，支持其扩大仓储和物流量。是年，该公司省内外连锁店增至52家，年配送能力达10亿元，综合排名居国内同行业第34位。年末，全市商业贷款余额19.92亿元，比2000年增长21.32%。

五、基本建设与技术改造贷款

1986年，全市基本建设贷款0.4亿元，技术改造贷款1.47亿元。1987年，各银行业金融机构根据“区别对待、择优扶植”原则，基本建设与技术改造贷款对国家重点企业优先、轻纺机电出口产品优先、地方具有特色产品优先、经济效益好的项目优先、能源交通运输行业优先。建设银行湘潭市中心支行支持国家“七五”重点项目湘潭化纤厂二期扩建工程单产涤纶长丝4000吨的生产线上马。工商银行湘潭市支行全年支持91个技改项目。农业银行湘潭市支行重点支持乡镇企业新建、续建、扩建和技术改造项目76个。1988年起，国家压缩固定资产投资规模，但银行业对于重点企业的基建技改投入，仍给予资金支持。中国银行湘潭支行外汇贷款和配套的人民币贷款，支持引进干法氟化铝生产线。建设银行湘潭市中心支行支持湘潭电缆厂军工特缆车间、市玻璃厂3万吨啤酒瓶车间、湘潭公路二大桥、煤气工程、程控电话与有线电视建设等重点项目建设。农业银行湘潭市中心支行支持47个企业进行技术改造，开发新产品120个。1990年，贷款余额增至2.98亿元。

1991年，全市技术改造贷款余额为人民币3.51亿元。1992年，境域企业受通货膨胀、原燃材料价格上涨及“三角债”等影响，资金更显紧张，各银行业金融机构保重点企业、保项目投产、保工程收尾，多方调剂资金，增大企业技术改造和技术进步贷款投放，全市基本建设和技术改造贷款余额为4.95亿元。1993年，银行业基本建设贷款、技术改造贷款5.8亿元，代理国家开发银行发放基建贷款1000多万元，支持纪念毛泽东诞辰100周年的100项献礼工程续建或启动。次年，为湘钢Φ650轮机技改项目技改和年产100万吨铸坯连轧技改湘潭二大桥、煤气二期建设、千吨级水运码头等重点工程，全市基本建设和技术改造贷款余额达到人民币8.65亿元。至1995年的五年间，银行业为境域基建和技改贷款逐年增加，余额由近3亿元增加至逾7亿元。1996年，按照市委、市政府提出“强工富市”发展战略，全市银行业加大基本建设和技术改造贷款投放。银行业向湘潭新电厂、湘钢技改工程、湘机技改工程和32家重点企业投放“星火计划”“贸工农”“商业基础设施”等发放贷款，支持促进这些企业增强竞争能力，提高经济效益。年末，全市基本建设和技术改造贷款余额突破人民币10亿元。之后，银行业转变经营观念，实施稳健的货币政策，调整贷款结构，贷款重点转向城市基础设施、道路交通、通信和龙头企业，支持107国道与320国道联络线、市自来水公司二水厂搬迁及净水改造工程、湘潭三大桥建设、湘潭县电信局程控电话增容建设、湘潭纺织专科学校基础设施等建设。2000年，贷款余额增至13.38亿元。

2001年，人民银行湘潭市中心支行下发《关于改进金融服务，加大有效信贷投入，支持经济发展的指导意见》，引导各银行业金融机构加大对重点行业、工业企业尤其是龙头企业的信贷投入。湘乡市平均年产生猪160万头，带动皮革制品的发展。银行业选择湘乡市制革行业多家出口创汇企业为重点扶持对象，增加技改投入。企业产品上档次，远销美、日、法、俄等国，年创外汇达600万美元。放款支持学生公寓和教师公寓建设，支持市北二环路建设。加大对企业的支持力度，重点支持湘钢开发冷镦用钢盘条项目的技术改造，湘潭电化集团年产10000吨无汞碱锰电池专用电解二氧化锰技改项目，湘钢焦化厂4#焦炉配套设施，炼铁厂喷煤和煤气设施、铁路运输改造等技改工程项目建设，湘潭新电厂二期工程建设。支持民营企业步步高公司修建物流中心基建、小龙王食品公司基建。2005年，全市基本建设和技术改造贷款余额为27.05亿元。

六、个人消费贷款

境域个人消费性质的贷款业务始于1988年。随着全市住房改革全面铺开，为支持干部、职工购建住房，建设银行湘潭市中心支行配合市房改办开展住房调查测算，参与房改方案制定，组织资金发放贷款，为职工购房开立新账户(每户职工3个账户，即存款户、贷款户、零存整取户)。这一做法在1990年全国住房制度改革工作座谈会上作经验介绍。工商银行湘潭市支行采用“存一贷二”(存满1000元可贷2000元，以下类推)和“存一贷三”的方式向城镇居民和单位职工发放购房、建房、修房贷款。在该行开立住房基金专用存款户、具有法人资格企、事业单位，均可申请住房贷款。1995年，湘潭市被列入国家安居工程试点城市之一。为支持“安居工程”建设，银行业实施“压一般，保重点”的原则，保证住房建设所需资金。住房实行商品化后，人民银行湘潭分行与市房地局制定《湘潭市个人住房房地产抵押贷款实施办法》。2000年，个人消费贷款列入统计科目，是年其贷款余额2.67亿元。进入21世纪，境域银行业个人消费贷款，品种不断增加，手续陆续完善。除个人住房贷款外，还开办汽车消费贷款、住房装修贷款、商业性助学贷款、旅游消费贷款、出国留学贷款等个人贷款业务，开发保单质押、个人船舶贷款等新品种。农业银行湘潭市分行开办的汽车消费贷款，联合公证、保险，有效防范风险。2005年贷款余额6.53亿元，为2000年的2.45倍。

1986~2005年湘潭市人民币贷款余额

表34-1-2 单位：亿元

年份	贷款总额	其中						
		固定资产贷款			工业贷款	商业贷款	农业贷款	个人消费贷款
		小计	其中:技术改造	其中:基本建设				
1986	14.86	1.92	1.47	0.40	7.85	3.48	0.51	—
1987	17.75	2.81	2.19	0.60	8.26	4.1	0.73	—
1988	21.43	3.06	2.21	—	9.13	4.81	1.29	—
1989	25.75	3.16	2.28	—	11.56	5.58	1.69	—
1990	31.6	3.78	2.98	—	14.48	6.41	2.37	—

续表

年份	贷款总额	其中						
		固定资产贷款			工业贷款	商业贷款	农业贷款	个人消费贷款
		小计	其中:技术改造	其中:基本建设				
1991	37.94	4.34	3.51	—	17.3	7.25	3.15	—
1992	46.64	5.19	4.10	0.85	19.42	9.3	6.41	—
1993	55.04	6.08	4.78	1.02	21.73	11.71	7.07	—
1994	67.19	6.78	5.91	0.87	23.07	13.21	3.37	—
1995	83.73	8.65	7.59	1.06	25.75	15.9	6.9	—
1996	100.85	11.65	10.27	1.38	30.11	17.00	8.57	—
1997	114.01	14.47	10.58	3.89	33.76	19.17	9.41	—
1998	114.67	14.66	9.78	4.88	32.69	17.62	13.69	—
1999	118.94	15.45	8.74	6.71	33.35	18.52	13.43	—
2000	110.05	13.38	6.85	6.53	30.27	16.42	13.58	2.67
2001	121.74	12.72	6.01	6.71	33.92	17.33	15.00	3.13
2002	136.20	12.41	1.39	11.02	39.3	19.06	17.09	4.77
2003	160.38	20.36	5.30	15.06	38.72	20.46	23.27	6.74
2004	180.75	15.94	3.11	12.83	43.21	19.25	29.62	8.8
2005	184.85	27.05	4.87	22.18	45.91	19.92	33.73	6.53

注:1986～1999年,全市个人消费贷款没有单列

1994~2005年湘潭市外汇贷款余额

表34-1-3 单位:万美元

年份	贷款余额	年份	贷款余额	年份	贷款余额
1994	3300	1999	4200	2004	4600
1995	3800	2000	2500	2005	3400
1996	5900	2001	10200	—	—
1997	3100	2002	10400	—	—
1998	4000	2003	10500	—	—

注:1994年前没有统计

第三节　中间业务

一、结算

(一)人民币结算

1986年,境域各银行业金融机构的人民币结算分为同城结算、异地结算两种,实行“恪守信用、履约付款、同业往来资金互不占用”原则。同城结算主要采用现金支票、付款委托书、托收承付和托收无承付等方式;异地结算主要采用银行汇票、汇兑、委托收款、托收承付等方式。7月,由工商银行湘潭市支行和农业银行湘潭市支行试办同城票据清缴改为人民银行湘潭分行主办,同城票据凭证交换改为资金当场清算。次年,全市银行业先后分别开办票据交换、汇票结算、联行通汇行业务。

1988年5月3日,全省第一家按行政区划的“大同城”票据结算中心在人民银行湘潭分行开业,湘潭市、湘乡市、韶山区之间的异地结算改为同城结算(仍为手工方式)。

1989年4月1日起,作为境域国家外汇外贸专业银行,中国银行湘潭支行的结算业务有国内结算和国际结算两种,结算类型主要为票据结算和转账结算。

1994年1月,全国金融系统改收付记账法为借贷记账法,人民银行湘潭分行部署对手工清交进行改革,全市实行“大同城”清算资金电子化。

1995年起,各银行业金融机构建立起一套同城异地结算于一体的全面、综合业务处理系统,实现综合化网点、综合柜员、综合账务处理和统一核算;资金汇划提速,全国网内机构异地跨行转账实现“当日通”。

2000年,境域参加“全国特约电子汇兑”农村信用社亦由原来4个增加到20个,参加“省辖电子汇兑”网点达29个,7个网点直接参加“大同城”清缴,11个网点参加小同城清缴。

2001年后,境域各银行业金融机构发挥结算手段为客户服务的功能,扩大基本客户群。中国银行湘潭分行推广各种新结算品种,通过宣传和投产“对公通存通兑”“汇划即时通”“通知存款”“协议存款”“人民币信用证”等新结算品种,吸收和稳定一批优质客户。

2005年,全市银行业人民币支付结算业务收入为1772万元。

(二)外汇结算

1986年,境域仅中国银行湘潭支行办理外汇结算业务,年内办理托收、代收业务5万多笔,解付侨汇近1000笔,收兑支付外汇400多笔;国际贸易结算业务则由该行收单到中国银行长沙分行办理。次年,工商银行湘潭市支行始办此项业务。1989年6月,境域建设银行、农业银行相继开办外汇结算业务。1990年2月,中国银行湘潭分行始自营国际贸易结算出口业务。

1994年4月1日,国家推行外汇体制改革,实现人民币官方汇率和市场汇率并轨、有管理的浮动汇率制,境域银行取消外汇额度留成,实施银行结、售汇制。工商银行湘潭市分行办理江麓进出口公司外汇结算金额273.7万美元。

1995年,中国银行湘潭分行国际结算业务量6134万美元,平均收汇速度为9天,结汇速度为11天,处于全省先进水平。1996年后,国家外汇管理条例颁布,实行人民币经常项目兑换。境域银行国际结算业务增长。中国银行湘潭分行为企业境外融资 6600 万美元(折合人民币 5.6 亿元)。1998 年,工商银行湘潭市分行全年累计办理国际结算 20087 万美元,结、售汇 13898 万美元,并在 1999 年先后开通 SWTFT/PCC 系统和 NOTES 网络,外汇资金清算结算及时快捷。2000 年,中国银行湘潭分行办理国际结算业务 636 笔、5533 万美元,非贸易结算 1017 笔、300 万美元,出口打包 4810 万美元。该行是全市第一家由人民银行授权办理远期结售汇业务的银行,全年办理远期售汇 8 笔,金额达 1158 万美元,为企业降低成本 80 余万元。农业银行湘潭市分行国际结算达 1102 万美元,增长速度在全省农业银行系统排位第一。

2002 年,全市银行业外汇支付结算业务收入为 446 万元。年内,中国银行湘潭分行外汇结算业务实现 1.1 亿美元,其中出口 6040 万美元、进口结算 4963 万美元、办理保函保理业务 1100 万美元,贸易融资 587 万美元。次年,中国银行湘潭分行通过 D/A 方式结算,为湘钢开拓出口市场,当年该项业务量达 400 万美元,该行也因此以不到 20%授信占比赢得 70%结算份额。

2004 年,办理"汇市通"个人外汇买卖业务。

2005 年,境域开办"全球快汇"业务,客户资金当日到账,国际结算 ISEE 系统和 F-CM2002 贸易融资子系统有效挂接,国际结算业务实现电子化,各银行国际结算业务均有不同程度地拓展,全市银行业外汇结算金额逾 8 亿美元。

二、银行卡

1989 年 5 月,中国银行湘潭支行首家在境域开办银行卡业务,发行人民币借记卡——长城信用卡,包括公司卡和个人卡,该卡授权后即有透支功能(长城卡、已加入万事达、维萨卡国际组织)。全年共发卡 268 张,特约商户 5 户,总交易额 18 万元,吸纳存款 138.8 万元。

1992 年 9 月,工商银行湘潭市支行在境域发行牡丹信用卡。10 月,中国银行湘潭支行在市区内安装全市第一批 4 台 NCR 品牌 ATM 自动取款机(ATM)。次年 7 月,建设银行湘潭市中心支行、农业银行湘潭市中心支行先后分别在境域发行万事达信用卡和金穗信用卡。是年,全市共发行信用卡 10079 张。

1995 年后,各银行稳妥拓展信用卡业务,扩大用卡的服务范围,建设银行湘潭市分行推广信用卡代发工资,并与市交通规费征稽处联合开通《交通规费龙卡》业务。工商银行湘潭市分行分别与市邮电局、市石油公司、市用电管理所联合发行牡丹邮电卡、牡丹车辆加油卡、牡丹电费缴纳专用卡,用于代收各相关费用;农业银行湘潭市分行配合市国税局、市交警支队开展使用信用卡纳税、缴费(交通违规、交通事故处理、培训费)业务。

1998 年,各银行的信用卡业务持续发展。建设银行湘潭市分行拓展龙卡的支付结算功能,在全市推出个人信贷及信用卡转账还贷业务,在全省建设银行系统率先为联通公司代收代付话费。工商银行湘潭市分行实现牡丹卡与储蓄业务的联网运作,活期存折与牡丹灵通卡并用,并与证券公司联合推出牡丹灵通卡银证转账业务,与市人寿保险公司合作开办牡丹灵通卡代收代付保费业务。年内,邮政储蓄"绿卡工程"邮储网点前期联网工程在境域开通。

2000 年,建设银行湘潭市分行与湘潭大学联合开发校园网络建设项目,首期由该行投资 274 万元,在湘大校园安装 ATM 机 3 台、圈存机 10 台、POS 机 247 台,发行"湘潭大学校园卡"20000 张。该卡集电子货币、信用卡、学生学籍、图书借阅、财务管理、毕业文凭等多功能于一身，是高智能的信息化产品，为全省首创。12月23日，通过国家教育部组织专家鉴定，认为该卡达到国内同类产品的先进水平。年内，农业银行湘潭市分行与湖南三金公司合作开通湘潭县、湘乡市、韶山市的POS消费网络。湘潭市商业银行与长沙、株洲、岳阳市商业银行开展区域合作，联手推出借记“芙蓉卡”，该卡在长、株、潭、岳4市通存通兑并免收手续费。

2001年8月，全市银行卡工作会议决定成立全市银行卡领导小组，加强银行卡管理工作。各商业银行停止重复布放银行卡机具，停止布放不符标准和规范的ATM、POS机具，并对已布放的银行卡机具进行标准化改造，同时不与未经人民银行资格认证的专业化公司签订有关银行卡业务服务合作协议。年内，国家教育部与建设银行总行签订协议，在全国高校联合推广“湘潭大学校园卡”模式。

2002年10月，全市银行卡联网开通。年内，境域各银行发行的有“银联”标识银行卡，均可在市内有“银联”标识的自助设备和终端机上通用。中国银行湘潭分行在全市首家发行港币和美元单币种长城国际卡，为出境旅游、商务、留学人员提供方便。此卡采用循环信贷的信用概念，先消费后还贷，无论在哪个国家进行消费或取现，银行都会按照国际信用卡组织在清算当日全球公布外汇买卖牌价，自动转换为所持币种进行结算，无汇兑麻烦。是年，全市银行卡刷卡消费12985笔、2519.5万元，银行卡业务收入262万元。

2003年，建设银行湘潭市分行发行人民币贷记卡，持卡客户可以先消费后还款，双币种(人民币、美元)贷记卡还可全球通用。工商银行湘潭市分行与中外合资企业湘钢梅塞尔气体公司的财务支出、费用报销现金支付转为卡卡转账，实行无现金化的财务管理，既降低交易成本，又无需库存现金，保证资金安全。农业银行湘潭市分行完善信用卡信用评估、内部风险与欺诈风险防范以及不良透支催收管理。市商行开通潭、长、株三市ATM机跨行查询、取款业务，“芙蓉卡”联网功能进一步完善。全市银行卡业务收入833万元。

2004年，为方便客户用卡，境域各银行先后对全市网点ATM机等进行标准化改造。年末，全市银行卡刷卡消费261843笔、29596万元。全市银行卡业务收入946万元。

2005年，全市银行卡业务量迅速增加。年末，全市银行卡刷卡消费516919笔，金额92302.83万元，全市银行卡业务收入1733万元。

第四节 信托

1986年，湖南省信托投资公司湘潭市办事处成立，除清收市财政局划转的原放贷款外，主要是办理信托、委托存贷款业务。年末，全市信托存款余额1881.4万元，信托贷款余额2179.3万元。

1987年，工商银行、农业银行、建设银行在境域相继成立信托投资公司。年末，各家信托投资公司吸收委托存款等各类存款4523万元，融资5000多万元，办理委托贷款等各类贷款4000多万元。

1988年，根据国家整顿信托业的精神，各银行所办信托公司重点转向委托、代理等业务和催收欠款。省信托投资公司湘潭市办事处则将业务拓展到融资租赁、联营投资、证券交易、代理发行企业债券等方面。1992年，该办事处吸收各类存款5569万元；年末营运资金总额达8005万元；共签订贷款合同182项，合同总额8147万元。全年兑付国库券420万元，证券交易额188万元，承销国库券770万元。

1993年，省信托投资公司湘潭市办事处控股财信房地产开发公司，投资3300万元到广西北海、广东惠州等地开发房地产，其中1076万元是上年未经批准、擅自发行三年期内部集资债券。不久，国家采取收缩房地产开发政策，该办事处资金被套；加之逾期贷款达2793万元，欠收利息101.66万元，年末存款余额降到2291万元，比上年同期减少1465万元；贷款余额7848万元，虽比上年同期有所增加，但贷款利息难以收回，资金大量占用，当年出现亏损251万元。年内，中国银行湘潭市信托投资公司成立，后旋撤销。

1995年后，境域信托业未能坚持“受人之托，为人理财”的服务宗旨，却变成以吸收存款、发放贷款的准银行。根据国家政策，各银行信托机构相继停办信托业务，扫尾盘存，清收逾期贷款并撤销。省信托投资公司湘潭市办事处因代理发行的企业债券到期，却无力为之兑付巨额资金，虽采取滚动发行一年期集资债券的办法，但滚动发行的债券到期后，该办事处仍无足额资金兑付。1997年，该办事处违规滚动发行集资债券，变相高息揽储。次年，又违规吸收个人存款，人民银行湘潭分行对之作出处置，压缩其个人信托存款，停止其信托贷款，并规定其不得在金融系统拆借资金。

2001年9月30日，人民银行湘潭市中支发布撤销省信托投资公司湘潭市办事处公告。至此，境域已无信托机构，亦无信托业务。

第五节　外汇管理

一、经常项目管理

1986年，全市创汇企业开立的外汇额度账户87个。国家外汇管理局湘潭分局（以下简称市外汇局）为33个单位办理调剂外汇金额127.9万美元。全市出口商品收购11194万元（以下没有注明国别货币即为人民币），提前3个月完成年计划，创汇4137万美元；各项外汇余额553.5万美元。

1987年，湖南省将外汇留成办法由过去半年一次性下拨，改为按外贸进出口公司分季度核拨，以利加速留成外汇下拨时间。市外汇局全年核拨外汇留成398笔、669.2万美元；办理调拨业务63笔、675.1万美元，其中用于进口物资调拨460.5万美元。对调出外汇，鼓励引进先进技术设备、紧缺原材料，限制非生产性用汇支出。全年用于进口设备原材料450万美元，占97.7%，非生产用汇仅占2.3%。是年，全市共办理调剂外汇143笔、359.2万美元，其中调出129笔、244.6万美元；调入14笔、114.6万美元。收购出口商品14822万元，提前50天完成省下达的收购计划。次年，国家实行外汇挂账改革，湘潭市为全省实行外汇额度账务改革四个地市州之一。全年办理调剂外汇154笔、474.2万美元，办理外汇调拨，付汇共118笔、1087.8万美元，减去上划中央及省分局628.5万美元，实际用汇459.5万美元。全年审批对公出国批汇50人次，金额11.2万美元。

1989年，市外汇局在全省地州市外汇分局中率先开办外汇留成业务，制定《湘潭市贸易外汇留成暂行办法》，先后设立贸易出口收汇、上缴中央外汇和贸易外汇留成三本账，全年共办理外汇留成业务135.46万美元。同时，为打击外汇黑市交易，增加国家外汇收入，试办个人调剂外汇业务，全年共办理买入个人外汇 65 笔、43200 美元和港币 5900 元。办理调剂外汇 138 笔、633.77 万美元；审批对公出国批汇 9 个团组，21 人次，金额为 5.9 万美元；核销 11 个团组，38 人次，金额为 5.6 万美元；办理外汇调拨付汇 102 笔、899 万美元；调入外汇 319.32 万美元，用于进口设备和紧缺原材料 316.32 万美元。全市 4 个拥有进出口权的企业，自营出口创汇 260.72 万美元，为年计划 108.63%。全年累计完成出口收购 15869 万元，完成年计划的 126.95%，比上年同期增加 5.53%。

1991 年，为拓宽创汇渠道、增加外汇收入，市政府制定《鼓励出口创汇的若干政策规定》。市外汇局贯彻执行国家出口收汇核销办法，推动出口收汇核销工作，全年发出出口收汇核销单 487 份，收回存根 320 份，办理核销 290 份，核销率达到 91%；自营出口创汇 1448 万美元，完成计划 151%。外贸收购 2.24 亿元，完成计划 168%。全年办理调剂外汇 176 笔、2780 万美元；企业调入外汇 1390 万美元，其中用于进口设备和原材料 1098 万美元，占 79%，用于归还外债 184 万美元，占 13.2%；办理个人买入调剂外汇 13.98 万美元。次年，全市外汇收入稳步增长，各项外汇收入达 3345.4 万美元，其中留成外汇收入 896.5 万美元，开办境域外币计价结算外汇收入 1592 万美元。全年共办理境域居民个人调剂外汇 74.52 万美元。全市自营出口企业（含外商投资企业）由上年的 16 家增加到 80 家，全年共领用出口收汇核销单 856 份，收回存根 800 份，办理核销 650 份，核销率为 81.25%。全年出口创汇 2225.8 万美元。

1994 年，国家对外汇管理体制实施重大改革，为调动创汇企业积极性，取消外汇留成和额度管理制度，市外汇局实行银行结售汇制，放宽对经常项目外汇管理的限制，允许外商投资企业和有条件的中资企业保留外汇收入，开立经常项目外汇账户。1996 年，国家外汇管理体制改革进一步深化。市外汇局全年新批开办外汇业务机构 18 个，办理外债登记 57 笔、金额 11365 万美元。办理调剂外汇 164 笔，金额 2200 万美元。

1997 年，国家外汇管理体制同国际接轨，实现人民币经常项目下可兑换，先后出台和实施贸易进口付汇核销、国际收支统计申报、直接投资外汇登记、外汇账户管理、中资企业保留限额外汇收入操作规程等一批配套性改革措施。全年共结汇 5389 万美元，外汇存款余额 2773 万美元，外汇贷款余额 3100 万美元。办理出口收汇核销 1149 笔、金额 4973 万美元；办理进口付汇核销 120 笔、2317 万美元，进出口收付汇核销率分别达 91.96%和 87%。

1998 年，亚洲金融动荡。为严格出口收汇核销管理，全市共清理逾期未核销企业 17 家，逾期未收汇 49 笔、335 万美元。全年累计收汇 3947 万美元，收汇率达 90.56%。为加强对贸易单据真实性审核，市外汇局全年办理二次核对 31 笔、2637 万美元。严格审查进口单位的付汇资格，有 36 家企业进入全市进口单位付汇名录，2 家企业列入付汇“黑名单”。为加强现汇支付审查和非贸易用汇审批，全年共办理现汇支付审批 48 笔，金额 1500 万美元；办理因私因公出国批汇 76 笔金额 14.7 万美元。完成出口总额 8642 万美元，进口总额 5368 万美元。实际利用外资 4010 万美元，银行实现结售汇总额 9489 万美元，办理外汇调剂 1040 万美元。

2000 年，国家外汇管理局湘潭市中心支局（以下亦简称市外汇局）全面实施《出口收汇核销管理办法实施细则》，结合对企业出口收汇实绩实行按季考核，全年共发放出口收汇核销单 1397 份，实现出口创汇 8642 万美元，其中出口收汇核销 5409 万美元，同比增长 101%，创历史最高纪录。全年银行共办理进口付汇 191 笔、4868 万美元。办理进口付汇报审核销 151 笔、3894 万美元，报审率达81.8%。全年共审批因公因私出国批汇64笔、21.8万美元，审批现汇支付及超比例支付佣金25笔、657万美元。

2002年，市外汇局进一步完善经常项目管理，严格贸易和非贸易外汇收支日常监督。在全市推广“境域居民个人因私购汇系统”，授权有关银行运用该系统开办个人因私购汇业务，并在盘龙山庄大酒店开设外币兑换代办点。全年进出口收付汇核销17394万美元。

2004年，市外汇局定期开展进出口逾期未核销清理工作。10月，市外汇局会同市人事局培训中心等单位，开展对全市70多家民营企业经营管理者外汇管理政策培训，民营企业家进一步加深对外汇管理政策了解。全年贸易项下进口付汇累计18235万美元；出口收汇累计25083万美元。向企业发放出口收汇核销单3682单。境域银行办理贸易项下结汇20132万美元，售汇10038万美元；非贸易项下结汇642万美元，售汇537万美元。

2005年2月，市外汇局对境域4家外汇指定银行外汇账户系统数据进行清理，为湖南华菱湘钢开立多币种经常项目外汇账户4个、限额7400万美元，以及审批办理限额为1000万美元的异地开户备案。4月，建立起政府为主导、外汇管理局为引导、涉汇银企为主体、全社会共同参与的外汇管理机制。6月初，经省分局批准，在人民银行湘乡市支行设立全省首个进出口远程核销办公室，为湘乡市外贸企业直接办理进出口收付汇核销业务，并制定和实施《出口远程核销业务管理工作实施方案》。全年开立经常项目外汇账户9个、总限额7480万美元；关闭外汇账户1个、限额600万美元。

二、资本项目管理

1986年，市外汇局加强对全市“三资”企业外汇管理，6月，开展对全市“三资”企业基本情况调查。年内，帮助“三资”企业潭港汽车维修中心解决5万美元外汇额度，用于购买进口汽车零配件。

1987年，市外汇局先后多次参加有关部门召开的合资项目审查，对有关项目的上马给予外汇管理政策支持。支持市染料化工厂与新加坡鹏程投资有限公司合资设立总投资292万美元、外商投资146万美元、产品70%返销国外翔鹏精细化工有限公司项目，该项目减少国内染料进口，增加出口和提高国内染料的生产技术水平。是年，所支持3家生产型合资企业，共引进外资834.9万元。1988年，全市中外合资企业发展到7家，投资规模达1249.3万美元。市外汇局加强外债管理，帮助企业借入外债，全市4个外债项目共借外债1664万美元。次年，全市外商投资企业达到9个，外商投总资额437.84万美元。1991年，全市外商投资企业增到17家，外商投资总额2788万美元。

1992年，为给外商投资企业创造更宽松的投资环境，市外汇局试行外汇信得过管理，凡被评为“外汇管理信得过企业”，可减免开户、用汇等报批手续。年末，全市外商投资企业51家，新增34家，外商投资总额9391万美元。次年，全市外商投资企业达150家，吸引外商投资总额达9932万美元，创历史最高纪录。市外汇局全年审批发放外债登记证14个，登记金额3884万美元，外债余额5304.13万美元，还本付息573.43万美元。

1996年，为规范“三资”企业管理，市外汇局联合招商、工商、税务等部门开展外商投资企业外汇年检，参加外汇年检企业61家，其中年检合格39家，不合格22家。全年办理外债登记57笔、11365万美元，审批开立外资企业结算账户22户、专用账户19户、资本账户13户，累计核定企业结算账户金额700万美元。

1999年9月，市外汇局开展对全市隐形变相外债调查，调查企业达56家，发现隐形变相外债13笔、金额2660万美元。全年共办理外债登记15笔、5100万美元；办理核准还本付息52笔、2200万美元。至年末，外债余额18183万美元，其中直接外债1662万美元，外债转贷款10956万美元，国内外汇贷款5003万美元，远期信用证已承兑562万美元。全年办理外商投资企业外汇登记21个，核准资本金结汇29笔、332万美元。

2000年，市外汇局继续开展外债清理工作，与银行、企业以及财政部门核对外债数据，规范统计口径，清理正常外债7160万美元，非正常逾期外债2750万美元，为处置外债风险奠定基础。全年共审批远期信用证30笔、4133万美元；审批外商投资资本金结汇43笔、240万美元。加强对外资企业股权转让和以人民币利润再投资审核，先后审核批准江麓浩丽工程机械公司股权转让申请购汇205万美元和越通路桥公司利润再投资1890万人民币。

2001年，市外汇局建立100万美元以上外债跟踪监管报告制度，加强对外债登记、还本付息核准等事前审核，办理外债签约登记17笔、2605万美元；办理外债还本付息50笔、2106万美元，外债余额17003万美元。开展对境域外资企业以人民币投资情况的调查，查实以人民币投资外商投资企业21家，人民币投资额约1亿元，占外方累计投资总额的9%。通过清理外商投资企业档案，对外商直接投资企业逐步实现规范化和制度化管理。

2003年，市外汇局全面推行国内外汇贷款管理改革，适当放宽对资本项目外汇业务的限制，取消部分资本项目外汇管理行政审批，提高行政效能。8月，下发《关于加强资本项目重点监测的通知》，派员走访市电信公司、金迪化纤、嘉祥路桥等部分重点企业，跟踪大额外债使用情况。全年办理外资企业外汇登记业务17笔，办理外债签约登记4笔、12万美元，核准开立资本项目外汇账户37个，签发资本项目核准件39个。次年，共办理外商投资企业外汇登记业务11笔；办理验资询证业务15笔、合计金额1075万美元；办理外债签约登记4笔、836万美元；核准开立资本项目外汇账户12个。

2005年3月，市外汇局派员到省市招商引资重点园区湘潭德国工业园进行实地调研，上门开展外汇管理政策宣传指导，并推出建立外汇服务绿色通道和加强协调等具体外汇服务措施。

三、违规查处

1986年，市外汇局发现并立案查处违反外汇管理案件3起，罚没外汇指标466美元，罚没人民币5567.03元，上缴财政罚款7256.53元，财政退库2177元。1987年，由市计委、市财委、外汇局组成全市外汇检查领导小组，全面开展外汇检查，共查处违纪单位12个，查出涉及外汇违纪金额18.94万美元。1988年，全市对收取外汇券单位开展检查，查出湘潭县烟草公司未经批准擅自将应缴中国银行结汇的外汇券用于购买“白沙”烟，对其罚款12623.60元，并向全市通报。

1991年，市外汇局开展对出口收汇核销、非贸易外汇、携带证、现汇账户、指定经营外汇银行经营情况等重点检查，发现湖南潭远皮革制品公司违反《出口收汇核销制度》，罚款人民币2000元。1993年，市外汇局开展对境域少数企业违反外汇管理规定，私自买卖、变相买卖外汇等行为立案查处，全年共查处违纪金额1416万美元，港币80万元，罚款人民币11.36万元。与人民银行、公安局、工商局以及有关银行采取联合行动，集中打击外汇黑市交易。

1997年,市外汇局开展进口付汇核销检查,涉及金额达4620万美元。1998年,在市公安局、工商局的配合下,市外汇局打击外汇黑市交易,抓获外汇黑市交易人员6人,收缴违法资金4万多元人民币及部分港币、美元,并予以处罚。向公安机关移交某外资企业骗购国家外汇行为案件,经立案侦查,查处违规金额183万美元,罚款6万元人民币。1999年,全市查处违规案件4起,涉及违规金额516万美元,共罚款9.2万元人民币。2000年,市外汇局开展对1家银行和3家外资外贸企业在国际收支申报、出口核销、还贷、外汇登记等方面违规问题查处,对逾期未核销企业采取控制发放出口收汇核销单措施。

2001年,市外汇局开展对外商投资企业外汇收支情况重点检查,对实物投资报关重复购汇、资本金来源和利润汇出、人民币利润再投资来源手续不齐等涉嫌套汇问题立案查处。开展对境域居民个人投资B股外汇管理政策法规执行情况专项检查。2002年,市外汇局查处辖内个别银行在结售汇业务中单据审核不严、留存凭证不齐和超规定、超比例支付佣金、个别违规保留账户等问题。开展大额外币现钞检查,共查出银行违规划转和漏填大额备案登记表共计59笔,涉及金额120多万美元,对违规单位罚款28.1万元人民币。

2004年1月,市外汇局配合省分局完成大额和可疑外汇资金交易情况核查;9月,检查有关银行12笔大额外汇资金交易的异常和可疑情况。全年立案查处4起,共罚款10.6万元人民币。

2005年,市外汇局开展对市邮政局经营国际汇兑业务现场检查,对其以外币计价收取手续费违规行为立案查处。对湘钢华光线材有限公司进口付汇逾期未核销4笔、涉及金额10.78万美元;华菱湘钢进口付汇逾期未核销11笔、涉及144.08万美元进行立案查处,分别给予罚款2万元和18万元人民币行政处罚。

1998~2005年湘潭市国际收支情况

表34-1-4　　单位:万美元

年份	总流量	涉外收入	对外支出
1998	5065	3589	1476
1999	7741	3782	3959
2000	14792	7554	7238
2001	19707	8250	11457
2002	20719	11503	9216
2003	32693	19160	13533
2004	67489	45261	22228
2005	66346	44566	21780

注:1998年前未单独统计

第二章 保险业务

第一节 财产保险

1986年，境域的企业财产保险、机动车辆保险、货物运输保险、家庭财产保险、农业保险及责任保险等业务，由人民保险公司湘潭市中心支公司独家经营，年末，各项财产保险保费收入为933.9万元，承保财产30.73亿元。

1987年，全市财产保险保费收入首度突破千万元大关，达1297万元。随着经济体制改革带来的变化，和社会各界对保险事业逐渐认同。1990年，全市财产保险保费收入一举突破两千万元大关，达2382万元，比1986年增长155%。

1991年，人民保险公司湘潭市中心支公司拓宽保险种类，开办长效家庭财产还本保险等新险种。年末，全市各项财产保险保费收入2651万元；承保财产金额45亿元。

1994年，全市各项财产保险保费收入为5127.3万元。1995年，中国平安保险有限公司湘潭支公司成立，打破产险业务独家经营格局，全市各项财产保险保费收入7069.4万元，比1991年增长166.7%。

1996年全市各项财产保险保费收入7933.7万元。次年，中国太平洋保险公司入驻境域。全市全年财产保险保费收入8232.7万元，但由于境域经济受亚洲金融危机等因素影响，部分企业生产萎缩或停滞，效益不好，直接波及财产保险投保率，财产保险保费收入增长放慢。至1999年甚至出现负增长。2000年起，境域经济形势渐趋好转，全市财产保险保费收入为9100.5万元。

2001年突破亿元大关，全市财产保险保费收入实现10659.9万元。2002年，华安产险湘潭中心支公司、天安产险湘潭中心支公司、太平产险湘潭中心支公司、大地产险湘潭中心支公司相继在潭设立，财产保险市场多元化结构初步形成。境域全年财产保险保费收入达11882.3万元。2003年，为适应社会需求，各产险公司相继推出多种产险新险种，提供更为优质的服务。平安产险湘潭中心支公司推出“新世纪家财险”等保险产品，累计开发新产品20多种。太平洋产险湘潭中心支公司通过增加保险险种，实现保费收入2000万元，实现利润160万元，市场占有率达到17%。2004年，人保产险湘潭分公司的95518服务专线覆盖全市，保险事故接报、转报，现场查勘、授权定损和转授权定损、理赔核赔等均实现规范管理，客户关系管理系统全面运行。是年，该公司的财产保险保费收入突破1亿元；平安产险湘潭中心支公司开发公司董事会及高级职员责任保险、国内贸易短期信用保险、外派劳务人员履约保证保险等70多个符合市场需求新险种。

2005年，7家全国性财产保险公司分支机构在境域经营财产保险业务，实现保费收入21205.9万元，比2000年增长133%。

一、车辆保险

随着社会发展，境域财产保险各险种业务均有程度不一的发展，尤以机动车辆保险业务增长最为明显。1986 年，全市机动车辆保险保费收入为 276.9 万元，占整个产险保费收入的 30%。

1988 年，全市机动车辆保险保费收入为 452.3 万元，占整个产险保费收入的 27.6%。1991 年，全市机动车辆保险保费收入为 765 万元。其中，拖拉机年投保 4100 余台。1992 年，全市机动车辆保险保费收入 1314.6 万元。1994 年 2 月，市政府颁发《关于我市机动车辆实行法定综合保险的通知》，境域各种机动车辆均参加法定保险以及第三者责任险。

1995 年，全市车辆保险保费收入为 3535.6 万元，与上年同期相比增长 16.55%。车辆保险保费占整个财产保险保费收入的 50%。1998 年，由于境域经济日渐繁荣，公私购车户日益增多，全市车辆保险保费收入为 3696.7 万元。

1999 年，全市机动车辆及第三者责任险承保达 17384 件，实现保费收入 4308.7 万元，占整个财产保险业务收入的 49.56%，与上年同期相比净增保费 612 万元。

2001 年后，全市机动车辆保险每年的保费收入，占整个财产保险保费收入的比重，均基本保持在 50%以上。从 2003 年 1 月起，境域开始实施机动车辆保险条款费率管理制度，机动车辆保险业务稳步发展，保险覆盖面扩大，服务模式不断创新，产品多样性和个性化，保费持续增长。是年，全市机动车辆实现保费收入 6376 万元。华安财产保险湘潭中心支公司开办汽车消费贷款保证保险业务，对该项业务的"资信调查、承保、还贷"三个环节进行控制，全年累计办理机动车辆保险近 300 台次。

2004 年，市保险行业协会协调各产险公司，推动机动车联合共保工作，遏制同业间车辆保险不当竞争。共保之前，一台桑塔纳小车保费为 2700～2800 元，由于不当竞争，一台仅收费 1300～1400 元。联合共保后，每台桑塔纳小车收保费 2800 元。

2005 年 4 月，市保险行业协会组织会员单位签订《湘潭市财产保险公司新车保险合作协议书》，牵头成立新车保险服务中心，集中办理新车保险业务，实行保险和上牌一站式服务，所签发的保险合同，其所有法律责任由承保公司承担，新车承保面达到百分之百。承保车辆单保第三责任险台均保费，由原来分散承保时的 1200 元左右，提高到 2100 元左右。年末，全市机动车辆保险保费收入为 9849.55 万元，占整个财产保险保费收入的 46.4%，车辆保险保费收入比 2000 年增长 128.6%。

二、企业财产保险、家庭财产保险、农业保险

1986 年，境域企业财产保险、家庭财产保险等主要保险业务收入为 543.7 万元，其中，企业财产保险保费收入 402.5 万元，家庭财产保险保费收入 57.2 万元，农业险保费收入 0.2 万元。

1987 年，湘潭县实施全县农村家财统保后，次年，该县承保农户累计达 67.1 万户，承保面为全县农户 99.1%，该县被评为 1988 年度全国保险先进县。改革开放带来全市经济发展，全民财产保险意识增强，全市保险险种增多，责任险相继开办。9 月，人保公司岳塘支公司又与岳塘百货商店联合开办商品信誉保险，与湘潭柴油机厂联合开办产品质量责任保险。12 月，人保湘潭市中心支公司会同市经委、市物价局联合下发《关于开办产品质量责任保险提高产品质量信誉的联合通知》，在全市各企业开办产品质量责任保险。

1989 年，为推动粮食生产的进一步发展，人保产险湘潭县、湘乡市公司先后开办杂交水稻制种保险业务。其中，湘潭县公司在中路铺、射埠两区承保杂交早稻制种 9300 余亩，杂交晚稻制种 5100 余亩，共收保费 30.9 万元，因气候原因，杂交水稻制种全都受损，当年赔付投保乡村的保费 108 万

元。此后，因风险太大，杂交水稻制种保险业务未能继续开办。是年，全市非车辆保险业务保费收入首度突破千万元，达到1162.7万元，比1986年增长114%，其中，企业财产保险保费收入为577.2万元，家庭财产保险保费收入为144.9万元，货物运输保险保费收入为405.8万元，农业保险保费收入达到34.8万元。

1991年，市政府批转人保产险湘潭分公司《关于逐步发展我市农业保险的报告》，改革现行农村保险经营方式，实行保险公司与地方政府联合共保，单独立账，独立核算，盈余或亏损均按比例分成或分担，即当年保费收入部分计提管理费和支出赔款外，盈余或亏损由保险公司与政府各获益或承担50%，获益部分作为灾害风险基金。如当年出现亏损，保险公司和政府各承担50%。

1992年，人保公司湘潭市中心支公司与湘潭县人民政府协商，实行农村保险业务联合共保，建立农村灾害风险基金，全县共承担32.8万户的农户平安保险，收入保费123万元；为支持“科技兴农”和农业基本建设，开办大田水稻保险和杂交稻制种保险，收入保费62.1万元。同时，该公司全年共承保2977户企业财产保险，承保金额达67.11亿元，并在市内先后开办购买家电责任保险、防盗门销售保险、企业骨干责任保险、企业职工住院医疗保险等险种。次年，人保公司湘潭市中心支公司开发效益险种，拓展新保险服务领域，雨湖、岳塘支公司和营业部相继开发民用管道煤气爆炸保险、产品保证保险、产品责任保险、产品质量信誉保险等。湘潭县支公司开办水稻统筹保险、晒黄烟保险、农村变压器保险等新险种。全市因开发新险种而增收保费416万元。企业财产保险保费收入为1480.3万元，家庭财产保险保费收入为189.5万元，农业保险保费收入达到90.3万元。1995年，平安产险湘潭中心支公司、太平洋产险湘潭中心支公司相继成立，财产保险业务逐步扩大。

2000年后，人民保险公司湘潭市分公司经营的保险产品近200种，其他产险公司经营保险产品也达150多种，个人抵押贷款房屋保险等责任保险产品亦陆续推出并被社会所接受。其中，家庭财产保险推出的“金锁”家庭系列品种，费率、保费、保障均有多种不同的标准，适应社会各个层次的不同需求；推出“金牛”投资分红型家财保险，既为投保者承担风险，又根据利率变化予其回报；推出的“家财一卡通”，进行网上投保和对主险、附加险任意选择。新险种的推出，让群众投保更具选择性、灵活性，更为方便。

2005年，全市企业财产、家庭财产、农业保险等业务保费收入达7000万元。

1986~2005年湘潭市财产保险保费收入

表34-2-1　　　　单位：万元

年份	保费收入	增长率(%)	年份	保费收入	增长率(%)
1986	933.9	—	1992	3387.4	28.0
1987	1297.2	39.0	1993	5180.6	53.0
1988	1627.7	25.0	1994	5727.3	11.0
1989	1969.8	21.0	1995	7069.4	23.0
1990	2381.9	21.0	1996	7933.7	12.0
1991	2650.7	11.0	1997	8232.7	3.76

续表

年份	保费收入	增长率(%)	年份	保费收入	增长率(%)
1998	8792.9	6.80	2002	11882.3	11.46
1999	8693.5	-1.13	2003	12876.9	8.37
2000	9100.5	4.68	2004	17310.0	34.0
2001	10659.9	17.13	2005	21205.9	23.0

第二节　人寿保险

1986年,境域人寿保险业务以医疗险和意外险为主,由人民保险公司湘潭市中心支公司经营,当时称人身保险。年末,各项人身保险保费收入为660.7万元。之后,人寿保险业务快速发展,1990年,人寿保险保费收入3737万元,比1986年增长逾4倍。

1991年,全市267万人口中,有123万人投保各种人身保险,其中,为农村生育两个女孩后实行结扎农户办理养老保险的有1万余人,为6万多名独生子女办理保险。是年,人寿保险保费收入4644万元。次年,为完善城镇集体职工养老办法,做好集体企业职工退休费用的社会统筹工作,《湘潭市城镇集体所有制职工养老保险暂行规定》出台。1993年,市人寿保险股份有限公司成立后,寿险、产险分业经营,该公司除办理商业人寿保险外,还接受市政府委托代办集体企业社会保险业务。1994年,全市社会统筹保险范围不断扩大,社会保险业务中,市民政局主要承办农村社会保险,市劳动局主要承办企业职工劳动保险,市人事局主要承办行政事业单位职工养老保险。由于多家承办保险,缺乏统一管理,存在着政出多门,干预过多,保险行业监管滞后等问题。人寿保险保费收入下降为3169.25万元。1995年9月,市人寿保险公司原代办的社会保险业务移交政府相关部门。12月,市人寿保险公司更名为中国人寿保险有限公司湘潭分公司。年末,全市人寿保险保费收入5401万元,比1991年增长16.3%。

1996年,平安寿险湘潭中心支公司成立。是年,全市保费收入7335万元。之后,经过两年恢复和拓展,1998年,全市人寿保险保费收入12839.45万元。1999年,全市3家寿险公司有营销人员计1300余人,各公司培训寿险理念,树立责任意识,实行目标激励和规范管理,促进寿险业发展。2000年,太平洋寿险湘潭中心支公司、新华寿险湘潭中心支公司、泰康寿险湘潭中心支公司相继成立。年末,全市寿险保费总收入18694万元,比1996年增长154%。

2001年,中国人寿保险湘潭分公司率先在全省同系统内组建客户服务中心,设立5个客户服务部,开通95519服务专线,其做法被业内称为"湘潭模式",在全省予以推广。是年,保费收入27249万元。2002年,随着新华寿险湘潭中心支公司入驻境域,境域寿险公司逐年增多。寿险市场的激烈竞争带来快速发展,年末,全市人寿保险保费收入达到4.15亿元。2003年开始,全市寿险业务收入增幅有所回落。2005年,境域经营人寿保险业务公司已有5家。年末,全市人寿保险险种达到3类328个品种,各项人寿保险保费收入实现5.95亿元,比2001年增长118.41%,比2002年增长43.43%。

1986~2005 年湘潭市人寿保险保费收入

表 34-2-2　　单位:万元

年份	保费收入	增长率(%)	年份	保费收入	增长率(%)
1986	660.7	—	1996	7334.95	35.8
1987	1580.2	139.0	1997	8883.61	21.1
1988	2842.3	80.0	1998	12839.45	44.52
1989	3725.3	31.0	1999	15354.04	19.58
1990	3737.3	0.3	2000	18694	21.75
1991	4643.5	24.0	2001	27248.72	45.76
1992	5393.9	16.0	2002	41493.75	52.27
1993	5892.4(注)	9.0	2003	43507.57	4.85
1994	3169.25	-46.0	2004	58463.5	34.0
1995	5401	70.41	2005	59514.54	2.0

注:以上年份含集体企业养老保险统筹

第三节　理赔和给付

一、理赔

(一)财产保险理赔

1986 年，境域保险公司在洪涝等自然灾害和火灾、车难等重大意外事故发生后，及时查勘施救、赔付损失,在灾后重建、恢复生产和善后处理等方面发挥作用。是年,全市财产保险赔付额为 520.2 万元,其中,机动车辆保险赔付额 289.7 万元,赔付率 104.6%;非机动车辆保险赔付额 230.5 万元,赔付率 37.8%。3 月,市二袜厂发生火灾,保险公司赔付人民币 53.2 万元。9 月,湘潭百货大楼火灾,保险公司赔付人民币 43 万元,减轻企业损失。

1989 年，全市财产保险赔付额为 882 万元，其中，机动车辆保险赔付额 413 万元，赔付率 81.1%;非机动车辆保险赔付额 469 万元,赔付率 39.6%。湘潭县中路铺区杂交水稻制种中因天气灾害受到损失,一次即获得赔付 108 万元。

1990 年,财产保险理赔呈上升态势,全市财产保险赔付额 1096 万元。其中,机动车辆保险赔付额 503 万元,赔付率 79.7%;非机动车辆保险赔付额 593 万元,赔付率 40.4%。

1991 年,受火灾、暴风暴雨等自然灾害的影响,全市财产保险赔付额达 1257 万元,综合赔付率达 55.73%,比上年增长 2.46%。6 月 16 日,市区中山工贸大厦发生特大火灾,人民保险公司湘潭市中心支公司查勘定损后支付赔款 111 万元。1992 年,全市财产保险赔款支出 1573 万元。8 月,江麓进出口公司发放新加坡某工程公司的塔吊在运输途中发生碰撞，人民保险公司湘潭市中心支公司查勘定损后支付赔款 1.7 万美元。12 月 22 日,湘钢 2 号炼钢平炉穿孔,钢水遇水发生爆炸,损失重大。人民保险公司湘潭市中心支公司查勘定损后，时隔 7 天即赔付 93.8 万元，帮助企业恢复生产。年内，龙卷风袭击境域湘潭县、湘乡市部分农村，人民保险公司湘潭市中心支公司查勘定损后支付赔款 200 余万元。

1994 年，全市自然灾害和意外事故频繁，相继遭受四次特大洪水、冰雹袭击，财产损失严重。6 月，境域洪灾，137 个企业受损，保险公司为 5000 多户受灾家庭一次赔付 780 万元，全市共赔付 1300 万元。年末，全市财产保险赔付额为 3836.3 万元。人民保险公司湘潭市中心支公司因灾害和事故频繁亏损 523 万元。

1995 年 4 月和 1996 年 11 月，湘纺两次发生火灾，人民保险公司湘潭市中心公司分别赔付 230 万元和 110 万元。1997 年 3 月 11 日，为解决机动车辆保险赔付率居高不下，水分较多问题，促进保险业规范经营，境域首家事故车辆修理招标中心——人民保险公司湘潭市分公司事故车辆修理招标中心成立。1998 年，人民保险公司湘潭市分公司支付各类赔款 4105 万元，综合赔付率为 60%，低于全省综合赔付率 15.27 个百分点。1999 年 4 月，湘潭路桥公司发生工程事故，保险赔付 120 万元。6 月 5 日晚，市电化集团、翔鹏化工、市再生源回收公司 3 个单位接连失火，保险赔付 200 余万元。是年，全市财产保险业务支付各种赔款 4956.1 万元，赔付率为 57.01%，。

2000 年，全市财产保险赔付额 5113.8 万元。其中，机动车辆保险赔付额 2984.7 万元，赔付率 70.2%，非机动车辆保险赔付额 2129.1 万元，赔付率 40.6%。

2001 年后，针对企业发生的事故，为让企业尽快恢复生产并稳定员工情绪，境域保险公司及时掌握信息，做好理赔工作。2002 年 7 月，湘钢发生高炉穿膛事故，保险公司为之赔付 160 万元。2004 年，湘钢发生煤气柜炸裂事故，保险公司为之赔付 107 万元。湘潭县立新煤矿发生矿难，18 名矿工遇难，平安保险湘潭中心支公司在 3 天内支付全部赔款 72 万元。

2005 年 2 月，境域遭遇较大冰冻与雨雪天气，输电线路与电杆受损严重，人保产险湘潭分公司、平安产险湘潭中心支公司、太平洋产险湘潭中心支公司迅速查勘理赔，赔付额达 700 多万元。平安产险湘潭中心支公司依托 IT 优势，车险理赔突破时空限制，实现赔案处理全程电子化，并与各大银行广泛合作实现赔款网上支付，提高赔付速度，为客户提供高效理赔服务。年末，全市财产保险赔付额 13773.1 万元。其中，机动车辆保险赔付额 8374.3 万元，赔付率 74%；非机动车辆保险赔付额 5398.8 万元，赔付率 54%。

（二）短期险赔付

1986 年，境域人寿保险品种单一，保户稀少，全市短期险赔付仅为 4.8 万元，赔付率 15.4%。

1987 年至 1989 年间，由于企业效益较好等因素，保户增长较快，全市短期险赔付额呈几何级数增长，分别为 20.6 万元、41.1 万元、78 万元。1990 年，短期险赔付突破百万元，达到 107 万元，赔付率为 64.8%。1993 年，全市短期险赔付增至 290 万元。

1994 年，因部分企业经济效益滑坡，投保户减少，保费收入降低，全市短期险赔付额亦降至 83.9 万元，赔付率为 43.6%。1995 年 1 月 30 日，年仅 49 岁的湖南省水府庙电站副站长、总工程师欧阳怀玉，为保护国家财产以身殉职。3 月 31 日，市人寿保险公司及时将 3.78 万元赔付金送到其家属手中。8 月 18 日，该公司在湘潭县中路铺镇召开理赔兑现大会，对因触电、溺水、车祸、高温中暑等原因死亡（25 人）、伤残（7 人）而投有意外保险的亲属，集中赔付短期险保费 5.6 万元。是年，全市短期险赔付额回升至134.4万元,赔付率为31.5%。

1996年至1998年,全市短期险赔付金额分别为371.3万元、482.2万元、787.3万元。1998年9月,湘钢石灰厂宁某在中保人寿湘潭市分公司购买1份“人身意外伤害及附加意外伤害急救医疗保险”(简称“中保人寿卡”),保费200元、保险金额10万元。11月,宁某不幸遇难,中保人寿湘潭市分公司根据有关理赔条款全额赔付,保险赔付个人金额之大当时属境域首例。

1999年,全市短期险赔付金额1636.8万元。3月21日,为兑现保险合同,彰显保险作用,中保人寿湘潭市分公司在湘钢焦化厂举行金泉大酒店火灾理赔兑现大会,为在火灾中不幸丧生的原湘钢星兴公司防腐设备厂长周某举行现场赔付,此案实交保费737元,赔付则为105700元,为该公司成立后最大一起个人赔付案。

进入21世纪后,群众保险意识明显提高,保险机构因势而动,增加短期险品种以适应社会需要,同时对偶发事故造成的损害及时理赔。2000年,全市共支付短期险赔付金额1389万元,赔付率60.8%。其中,国寿全家福保险(A型)赔付305.32万元,占是年短期险赔付金的22%;国寿个人综合意外伤害险914.19万元,占是年短期险赔付金66%。2004年,全市短期险赔付金突破两千万元,达到2154.1万元,赔付率64.4%。2005年8月28日,湘潭电化集团26名员工到陕西旅游,不幸遭遇特大恶性交通事故,致4人死亡、6人重伤、16人轻伤。行前,组织活动的旅行社在中国人寿保险湘潭分公司投有雇主责任险,在新华寿险湘潭中心支公司投有旅客意外险和意外伤害医疗保险。两家保险公司获讯后,立即派员赶到事故发生地,预付人民币58万元赔付款,用于救治和处理善后事宜。29日,湘潭昭山地段发生特大交通事故,造成7人死亡,33人不同程度受伤,客车在华安产险湘潭中心支公司承保,客车旅客在太平洋寿险湘潭中心支公司承保,小货车在人保产险湘潭中心支公司承保。事故发生后,为之保险的公司及时组织理赔,太平洋寿险湘潭中心支公司当即预付赔款10万元,华安产险湘潭中心支公司预付赔款5万元,人保产险湘潭中心支公司结案赔付6万元。是年,全市短期险赔付金为2154万元,赔付率为47.2%。

二、给付

1986年,全市人寿保险共支付给付金40.4万元,给付率为6%。

1987年,随着民众对人寿保险的逐步认同,投保人数与保费收入增加,全市人寿保险支付给付金247.3万元,给付率为16.2%。1988年,更骤增至1430.5万元,给付率为50.3%。

1990年,全市人寿保险支付给付金突破两千万元,达到2056.5万元,给付率为53.3%。1991年,为投保5年期人身保险满期的给付年,按保险条款,应付被保险人保险金。全年到期人身保险40200份,给付工作顺利完成。

1993年,全市人寿保险支付给付金达到3335万元,给付率45%。1994年,因满期给付客户减少,全市人寿保险支付给付金为749.5万元,给付率为25%。

1995年,境域人寿保险给付金回升至2620.4万元,给付率54.7%。其中,简易人身保险给付金为778.66万元,占全市寿险给付金额的30%,福寿安康险给付金为967.26万元,占全市寿险给付金额的37%。1996年,正值一批十年期甲种简身险到期,全市共支付寿险给付金额9107.4万元,给付率134.2%。其中,甲种简身险给付金额4567.3万元,占全市寿险给付金额50%。

1998年，全市共支付寿险给付金5597.9万元，给付率48.7%。其中，简易人身保险2509.58万元，占全市寿险给付金额的45%；福寿安康险给付989.28万元，占全市寿险给付金额的18%。次年，全市人寿保险业务中的满期给付为4049万元，满期给付率为25.15%，比上年同期下降7.1%；死伤医疗给付为381.65万元，给付率为2.37%，比上年同期下降6.14%；退保金额为381.65万元，退保率为2.37%，比上年同期下降6.5%。各种给付金比上年同期有所下降，但仍处于高峰期，保险业没有发生支付困难。

2000年后，境域经济形势逐步好转，寿险业务得到快速发展，寿险给付金相应增加。是年，全市共支付寿险给付金3994.9万元，给付率24.3 %。其中，简易人身保险给付2122.79万元，占全市寿险给付额的53%；99鸿福终身保险给付677.06万元，占全市寿险给付金额17%。2002年，全市共支付寿险给付金9898.1万元，给付率25.1%，其中，简易人身保险给付2345.87万元，占全市寿险给付金额24%；个人养老金保险给付1972.26万元，占全市寿险给付金额20%。2003年开始，中国人寿保险湘潭分公司在全省同系统内率先推行驻医院代表制度，加强对寿险给付的管理。10月21日，该公司为投保重大疾病保险且确诊为"甲状腺乳头癌1级"的饶某（客户），给付重大疾病保险金20万元。

2005年，全市共支付各类寿险给付金额6236万元，给付率11.1% 。

1986~2005年湘潭市保险赔付和给付额情况

表34-2-3　　单位：万元

项目 年份	财产保险				人寿保险			
	车辆保险		非车辆保险		长期险		短期险	
	赔付额	赔付率	赔付额	赔付率	赔付额	赔付率	赔付额	赔付率
1986	289.7	104.6%	230.5	37.8%	40.4	6%	4.8	15.5%
1987	294.3	82.5%	225.3	25.9%	247.3	16.2%	20.6	33.7%
1988	340.7	75.2%	293.7	26.7%	1430.5	50.3%	41.1	47.4%
1989	413	81.1%	469	39.6%	1168.4	38.1%	78	52%
1990	503	79.7%	593	40.4%	2056.5	53.3%	107	64.8%
1991	622	81.3%	635	41.9%	2824	58.4%	116	63%
1992	834	58.9%	739	47.8%	2723.2	51.4%	131	60%
1993	1307	63.9%	1021	53.8%	3335	45%	290	76.5%
1994	2143.4	80.8%	1692.9	77.5%	749.5	25%	83.9	43.6%
1995	1932.4	54.6%	1474	53.7%	2620.4	54.7%	134.4	31.5%
1996	2917.4	72.3%	1627.9	41.7%	9107.4	134.2%	371.3	67.8%
1997	2496.4	70.3%	2402.2	51.5%	6509.4	84.5%	482.2	40.9%
1998	2820.1	76.2%	2212.4	43.4%	5597.9	48.7%	787.3	58.8%
1999	2577	60.9%	2379.1	53.3%	4015.7	30.8%	1636.8	70.6%
2000	2984.7	70.2%	2129.1	40.6%	3994.9	24.3%	1389	60.8%
2001	3101.2	61%	2454.6	44.3%	7886.2	32.5%	1611.5	82.2%
2002	3458.5	59.8%	2500.7	41%	9898.1	25.1%	1101.5	52.1%

续表

项目 年份	财产保险				人寿保险			
	车辆保险		非车辆保险		长期险		短期险	
	赔付额	赔付率	赔付额	赔付率	赔付额	赔付率	赔付额	赔付率
2003	4221.1	66.2%	2194.6	37.7%	5336	13%	1664.7	50.7%
2004	6620.8	68.0%	3044.5	40.0%	6523.2	14.3%	2154.1	64.4%
2005	8374.3	74.0%	5398.8	54.0%	6236	11.1%	2154	47.2%

第三章 证券业务

第一节 证券发行

20世纪80年代，境域发行的证券主要为国库券、国家重点建设债券、国家重点企业债券等无记名国债。随着经济体制改革深入，直接向社会融资地方企业债券等有价证券也在境域发行。1985年5月，建设银行湘潭市中心支行代理中国房屋建设开发公司湘潭公司率先向社会发行湘潭市住宅建设有奖有息证券150万元，此为境域地方性企业债券发行之始。

1986年，全市发行无记名国债1836万元，其中单位认购616万元，个人认购1220万元。年内，企业债券逐步在全市乃至市外发行。企业债券持有人有权按照约定期限取得利息收回本金，但不介入发行企业的资金运用和经营管理，对其经营状况不承担责任。发行企业债券单位，不论其经营状况如何，有无支付能力，都必须承担到期还本付息法律责任。担保单位必须承担连带清偿责任。次年4月，人民银行湘潭分行《关于贯彻 < 湖南省企业股票、债券管理暂行规定 > 的意见》经市政府批转全市，重申企业债券的发行须经人民银行批准。1988年，人民银行湖南省分行下达湘潭市当年企业集资1000万元的指标，但规定在国家发行的国库券、建设债券、金融债券未完成认购任务前不得批准发行企业债券。

1989年，全市发行无记名国债3027万元，比1986年增长65%。证券、信托机构经批准继续代理发行企业债券1750万元。

1991年，全市证券市场发行有价债券增多，全年发行国库券3212万元，发行国家重点建设债券302万元，财政债券22万元；经人民银行审批发行企业债券9021万元，比上年增加6821万元。1992年起，人民银行湘潭分行配合市经济体制改革委员会先后审批股份有限公司18家，向社会定向募集股金，至1993年批准股本金7.52亿元，实际募集股金5.72亿元，投入运营的有16家股份有限公司。上述公司发行的内部股权证是其向社会融资的凭证，由证券机构承销，无纸化发行，股权证持有人依"利益均沾、风险共担"原则，以股东代表大会的形式参与企业的经营管理和盈利后的分红派息，一般情况下不退股本，但经过批准内部股权证可以上柜交易转让。之后，停止向社会定向募集股金。

1994年，境域共发行二年期国库券2500万元，三年期国库券9947万元，创历史新高，并办理国库券兑付本息3659万元。人民银行湘潭分行对企业发行债券审批更严，批准滚动发行企业债券

3750万元以新偿旧。1995年,全市先后发行凭证式国债18470万元,无记名国债800万元,记账式国债亦通过证券商进行交易。1997年起,凭证式国债和记账式国债成为境域证券市场主要国债品种。

1998年,境域对新基金的认购踊跃,3月23日,开元、金泰两只证券投资基金分别在深圳、上海证券交易所上网公开发行,湘潭证券营业部共代理股民申购基金2000多万元。9月,金迪化纤公司在湘潭、长沙发行企业债券3866.1万元,期限3年,年息6.93%;承销商为湖南证券有限责任公司。

2001年,全市发行凭证式国债12350万元,逾期企业债券余额由年初1716万元减至350万元。为解决企业到期债券的兑付困难,由泰阳证券公司湘潭证券交易营业部一次性垫付。2003年,全市发行凭证式国债17010万元,比2001年增长38%。

2005年,全市发行凭证式国债9195.3万元;记账式国债总成交6252.02万元,其中买入1532.59万元,卖出4719.43万元。

1993年湘潭市股份制试点企业股本情况

表34-3-1 单位:万元

公司名称	批准募股总额	实募股本总额	其中实募个人股本金额	说明
湘潭兴华房地产开发股份有限公司	1000	580	194	—
湘潭百货贸易股份有限公司	1400	1200	312.7	—
湘潭高新房地产股份有限公司	3000	3220	1284	—
湘潭彩虹房地产股份有限公司	5000	5148.8	2842	①
湖南南天实业股份有限公司	15988	13925	3500	—
湘潭湘江二大桥发展股份有限公司	10335	10651.1	3900	—
湘潭大地房地产开发股份有限公司	5000	1825.95	1030.95	—
湘潭金都商业城股份有限公司	3000	3122.45	2059.45	—
湘潭中苑房地产开发股份有限公司	5077.988	5083.988	2516.55	②
湘潭广厦房地产开发股份有限公司	2000	1528	534.66	—
湘潭市福星物业发展股份有限公司	2000	1348	669.9	—
湘潭南海房地产开发股份有限公司	5850	2788	1475.2	—
湘潭新天实业股份有限公司	2500	—	—	③
湘潭财银实业股份有限公司	5000	2570	820	④
湘潭市恒泰实业股份有限公司	1000	1000	200	—
湘潭卓越实业股份有限公司	2500	1452.8	316	—
湘潭天隆实业股份有限公司	2500	1720	227	—
湖南昭山实业股份有限公司	2000	—	—	⑤
合　计	75150.988	57164.088	21882.41	—

注:①后更名"大同世界";②后更名"金太阳";③当时没有募股;④未开创立大会,后吊销资格,股金转为企业债券;⑤当时没有募股

第二节 证券交易

1988年1月14日,经人民银行湘潭分行批准,工商银行湘潭市信托投资公司开办有价证券转让、买卖柜台业务。4月,建设银行湘潭市信托投资公司获准开办有价证券柜台交易业务。7月,省证券公司湘潭营业部开办国库券兑付业务,相继开办按抽签号码还本付息的国库券、金融债券、企业短期融资券、贴水债券、可转让大额定期存单的转让业务。至1990年末,该证券营业部共买进各类有价证券383万元;卖出320万元;还本付息(含柜台数)245万元;代发行当年国库券160万元;办理代保管业务678笔234万元。

1991年2月,农业银行湖南省信托投资公司湘潭市办事处获准设立有价证券交易柜台。3月,该办事处在全省农业银行系统率先开办证券交易业务。

1993年1月,兴华房地产、湘潭百贸的内部股权证上柜交易。5月28日,省证券公司湘潭营业部与省证券公司长沙松桂园交易厅电脑联网,开通深圳、上海上市股票委托交易业务。月内,该营业部在武汉证券交易中心取得交易席位,通过这一席位与该中心各会员单位相互之间办理证券回购返售业务。年内,省证券公司湘潭营业部沪深股市开户数为300户,上市股票交易额为4317.06万元,国债交易50735万元。

1994年12月,省证券公司湘潭营业部的证券回购返售余额达27100万元,其中卖出回购证券余额13400万元;买入返售证券余额13700万元。此种以实物证券为质押的抵押融资业务,全市证券机构仅该营业部一家开办,由于证券法制不健全,证券市场疲软,受利益驱动,该营业部所卖出回购证券13400万元,其实并无库存国库券,而买入返售方也无须真实足额国库券,交易双方只是通过卖出回购证券这一形式来融通拆借资金。

1995年,省证券公司湘潭营业部办妥工商银行湘潭市信托投资公司的股票转托管工作,转户400余户。年末,该营业部沪深股市开户数为1155户,股票交易额3.3亿元,其中,沪股为2.2亿元,深股为1.1亿元。

1997年,省证券公司湘潭营业部与中国银行湘潭分行合作开办"股市一本通"业务。是年,财富证券湘潭营业部开通深圳、上海上市股票委托交易业务,全市已经登记注册的股份有限公司进行全面清理、规范并重新登记注册。年末,境域沪深股市开户数为10024户,上市股票交易额为23.79亿元。次年初,国家再次降低存、贷款利率和存款准备金率,境域证券市场逐渐活跃,省证券公司湘潭证券营业部新增股票交易账户和基金账户2000余个,最多的一天新开户近100个。3月下旬,日均成交额近1000万元,最多一天成交额达1500万元。同时,南海房地产等内部股权证亦上柜交易。年内,省证券公司湘潭营业部率先在潭开通家庭可视电话委托系统;与工商银行湘潭市分行开通"银证一卡通"业务。财富证券湘潭营业部增设证券开户代理处,增加投资50多万元,建立深沪双向卫星站,实现信息通道的天地合一;在岳塘地区设立远程大户室,推出可视委托家庭大户室,入户率为100%。是年,全市沪深股市开户数累计为19180户,成交量为19.69亿元。年末,所有公司的内部股权证柜台交易全部停止,自此再未恢复。

1999年后,省证券公司湘潭营业部开通与建设银行龙卡联网业务,省内外可通过电话完成保证金划转；财富证券湘潭营业部与湘潭师范学院及市内3家网吧签订合作协议，开展网上交易。2001年，证券A股行情调整，深沪指数下挫，两市成交萎缩。两家证券营业部向投资者宣传B股和国债业务知识，引导客户顺应市场发展，投资B股和国债。2002年，随着网络和电子技术在证券市场应用，两家证券营业部在股民中继续拓展网上交易。

2003年起，股市处于“熊市”。

2005年，两家证券营业部经营的可供个人投资者买卖证券，主要有A股普通股、B股普通股、国债现货、企业债券、可转换债券和基金。机构投资者可从事A股普通股、国债现货、企业债券、可转换债券与基金、国债回购业务。年末，全市沪深股市开户数累计为46562户，成交量为38.53亿元，比上年下降17.61%。

1993~2005年湘潭市沪深股票开户及交易情况

表34-3-2

年份	历年新增开户数		历年成交量		历年利润	
	户数(个)	比上年增长(%)	金额(万元)	比上年增长(%)	金额(万元)	比上年增长(%)
1993	300	—	4317.06	—	-172.3	—
1994	1338	346.00	62000	1336.16	75.5	—
1995	1155	-13.68	33000	-46.77	27.8	-63.18
1996	2918	152.64	176290	434.21	729.2	2523.02
1997	10024	243.52	237911.73	34.95	1038.71	42.45
1998	3445	-65.63	196878.99	-17.25	706.75	-31.96
1999	6499	88.65	286487.57	45.51	186.61	-73.60
2000	10969	68.78	729273.62	154.56	923.63	394.95
2001	6320	-42.38	439618.79	-39.72	311.75	-66.25
2002	1300	-79.43	322628.63	-26.61	187.39	-39.89
2003	772	-40.62	420247.82	30.62	71.28	-61.96
2004	990	28.24	467639.76	11.28	458.77	543.62
2005	532	-46.26	385305.68	-17.61	386.34	-15.79

第三节　上市公司

1997年，市委、市政府成立股份公司上市工作领导小组，对股份公司上市工作进行统一领导。2002年7月，境域湘潭电机股份有限公司在上海证券交易所上市。1999年12月26日，由湘潭电机集团有限公司作为主发起人，以其全部主要业务和主要的生产经营性资产作为出资，联合北京市地下铁道总公司、四川东方绝缘材料股份有限公司、内蒙古霍林河煤业集团有限责任公司、上海铜材厂、株洲特种电磁线厂和天津开发区兴业房地产投资有限公司,设立湘潭电机股份有限公司。公司曾用简称“湘电股份”,地址:湘潭市下摄司街302号。经营范围是生产、销售发电机、交直流电动机、特种电机、矿用电机车、电动轮自卸车、工矿配件、轻轨车、地铁车辆、电气成套设备 、变压器、互感器等。2002年7月18日,该公司证券在上海证券交易所上市,证券类别上海A股,发行方式为向沪、深市二级市场投资者定价配售,证券简称湘电股份;证券代码600416。发行时每股面值为人民币1元,发行量为7500万股,每股发行价5.6元,上市首日开盘价13元/股,上市首日收盘价13.16元/股。

第四章 社会金融活动

第一节 企业内部集资

1986年,全市各相关单位以不同形式从社会集资2360万元,其中,全民所有制企业占集资企业总数58%。

1988年7月,全市信贷借差58124万元,较年初扩大26507万元。10月,各银行压缩工业贷款4173万元,国有大中型企业流动资金需求量缺口很大。为解决资金困难,湘钢、湘潭柴油机厂等在企业内部自行集资1000多万元。1992年5月,中共湘潭县委、县政府下发文件支持企业内部集资。1993年3月,韶山市有集资行为的55家单位,集资总额达1654.1万元,其中54家未申报审批。由于党政机关所办经济实体享受免税等优惠政策,集资更具吸引力,投资者从单位内部职工扩展到当地城乡居民。该市30家行政事业单位所办经济实体中,有25家纯靠集资兴办,集资额高达1187万元,主要用于商业贸易和投入沿海地区“炒”房地产。1994年,该市“毛泽东纪念园”为扩建园区景点,曾以20%、15%、12%、7.3%、6.7%、5%多种年利率,先在内部、继而发展到向社会公众集资,集资余额最高时竟达1335万元。由于该园不能按期兑付集资本息,曾引起集资者多次聚众交涉。

1995年5月,全市未经人民银行批准、有内部集资行为的14家大中型企业中,集资金额千万元以上5家。14家企业中,同期集资利率达6种之多,个别竟以高利率相许诺。市染料化工总厂因扩大再生产内部集资2330万元,为在短期内筹足资金,年利率高达25%。内部集资期限一般在一年以下,只能用于补充流动资金,但有的企业却利用集资款搞期限较长的技术改造或基本建设。14家企业中,内部集资款按期全额偿债仅两笔计590万元,占兑付集资总数12笔、5456万元的17%和11%。

1997年,人民银行加大监管力度,制止各种名目的企业集资行为,企业集资亦因运作不规范和信誉失落终至消亡。

1992~1993 年湘潭市部分企业内部集资情况

表 34-4-1

单位名称	集资总额	集资年限	利率(%)	集资时间	集资用途
湘潭电机厂	2000 万元	1.5 年	12	1992 年	补充流动资金
湘潭合成化工厂	110 万元	1 年	18	1992 年	补充流动资金
湘潭玻璃厂	200 万元	3 年	14	1992 年	补充流动资金
湘潭五交化公司	300 万元	3 年	14	1992 年	补充流动资金
湘潭冶金化工厂	120 万元	1 年	24	1992 年	补充流动资金
湘潭市制药厂	200 万元	2 年	20	1992 年	补充流动资金
江滨机器厂	1000 万元	1 年	9	1992 年	补充流动资金
湘潭百货大楼	332 万元	5 年	12	1992 年	补充流动资金
湘潭彩印厂	33.6 万元	3 年	5	1992 年	固定资产投资
湘潭市勘测处	21 万元	5 年	10	1992 年	固定资产投资
江南机器厂	2800 万元	3 年	15	1992 年	补充流动资金
江麓机械厂	1631 万元	1 年	13.2	1992 年	补充流动资金
湖南纸塑模具厂	14 万元	3 年	4.5	1992 年	固定资产投资
湘潭市彩色电镀厂	25 万元	4 年	7.56	1992 年	固定资产投资
湘潭化工厂	21 万元	5 年	7.56	1992 年	固定资产投资
湘潭市一医院	30 万元	3 年	4.5	1992 年	固定资产投资
中建第五工程局	15 万元	5 年	7.56	1992 年	固定资产投资
湘潭毛纺厂	21.6 万元	5 年	1.8	1992 年	固定资产投资
湘潭电缆厂	1000 万元	1 年	10.56	1992 年	补充流动资金
湘潭锰矿	1600 万元	3 年	25	1992 年	补充流动资金
湘潭机械工业集团	840 万元	2 年	12.8	1992 年	补充流动资金
湖南铁合金厂	500 万元	1 年	12	1992 年	补充流动资金
全市乡镇企业	10000 万元	1~3 年	15	1992 年	补充流动资金
湘潭化纤厂	1100 万元	2 年	18	1993 年	固定资产投资
湘潭红旗钢铁厂	70 万元	1 年	20	1993 年	补充流动资金

第二节　农村救灾扶贫互助储金

1989 年，境域在农村村一级建立由政府倡导、民政部门组织、村民自办自治的农村救灾扶贫互助储金会(以下简称储金会)。凡参加储金会的村民每人交纳 10 元股金，民政部门对每个储金会员单位注入 500 ~ 800 元铺底资金。经过试点推广，1994 年，全市 1632 个村中有 1470 余个村建立储金会。

1995年1月13日，为加强村储金会的管理，进行资金调剂，韶山市杨林乡建立乡储金联会。5月末，该乡有4513户参加储金会，储金总额112万元，投放资金98万元，占储金总额87.5%。8月，市民政局在杨林乡召开现场会，推广建立乡储金联会的经验。随后，湘潭县中路铺、排头、云湖桥等3个乡(镇)建立乡储金联会。

1997年5月，湘乡市建立县级储金联会和泉塘、东郊、梅桥、翻江等4个乡(镇)储金联会。储金会建立，为救灾扶贫、应急解难、促进农村经济发展起有一定作用，由于行政干预、管理不善等原因，储金会逐渐偏离救灾扶贫、互助互济的创办宗旨，变相开办存贷业务，违规发放贷款，导致借款收不回、支付无保证等风险。年内，市政府发出《关于认真做好清理整顿社会金融工作的通知》，对全市储金会进行整顿，停止发展，逐步收缩。10月，民政部门对5月1日后建立的湘乡市储金联会和泉塘、东郊、梅桥、翻江等4个乡(镇)储金联会予以取缔，仍保留村储金会。

1998年6月，全市储金会仍有1470余个，储金总额3143.4万元，借出储金2157.2万元，比1997年分别下降85.9万元和193.5万元，下降比例分别为2.7%和9%；到期未收回资金1080.5万元，占投放资金总额的50%，其中乡财政借款214万元，乡镇企业借款179万元。1999年4月4日，市委、市政府成立清理整顿“农村合作基金会、农村救灾扶贫互助储金会”(以下简称“两会”)工作领导小组，部署清理整顿工作。市民政局即组织对全市储金会进行全面清理整顿，停止储金会办理或变相办理存贷款业务，撤销县、乡(镇)储金联会，整顿违反“三为”(为会员、为救灾扶贫、为应急解难服务)、“四不”(不搞存贷款、不跨社区、不设金库、不以营利为目的)的储金会。年末，全市乡(镇)一级储金联会清盘关闭。

2000年后，通过整顿，村储金会基本上停止吸收存款和发放贷款，主要是收回老贷款，组织资金兑付到期存款，但仍有少部分储金会不顾上级重申的不得经办金融业务的禁令，仍在吸收存款、发放贷款。湘乡市梅桥镇福海村储金会由村民龙某经办，他以银行同期利率加手续费方式，吸收新的存款去兑付到期存款。2002年1月15日，《潇湘晨报》以《地下银行疯狂吸血》为题，报道龙某非法办理金融业务情况，随后，湖南卫视、长沙政法频道等新闻媒体相继予以报道。人民银行湘潭中支及所属湘乡市支行派出调查组赴梅桥镇福海村，确认该村储金会自1998年清理整顿后，继续以储金会名义吸收定期存款182笔，金额315130元；活期存款6笔，金额9030元；发放贷款78笔，金额118900元；其借款利率一般为8‰，存款利率则是在银行利率的基础上加5‰手续费。湘乡市政府明令梅桥镇福海村储金会不得再办理任何存贷业务。此后该储金会关闭。2002年后，全市已无各级储金会组织。

第三节 农村合作基金

1993年8月，市政府组织有关部门到雨湖区长城乡试点创办农村合作基金会(以下简称基金会)。10月19日，长城乡农村合作基金会召开代表会议，选举产生基金会理事会，通过《长城乡农村合作基金会章程》。10月，长城乡农村合作基金会开业。

1994年4月，市农村经济委员会、市体制改革委员会联合制定《湘潭市农村合作基金会机构管理暂行办法》。5月，市政府在长城乡召开发展农村合作基金会现场会议。9月，市委农村工作部、市政府农村工作办公室制定《湘潭市农村合作基金会管理办法》。至1996年，全市5个县(市)区及54个乡镇相继成立基金会，有各级基金会112个，村级代办站1255个，共聚集资金50000万元，是年直接投放到农业生产上资金达21000万元；当年基金会分红1400万元，农民人平增收7元。各级基金会建立后，共投放3000多万元资金扶持1万多户贫困户脱贫致富。基金会聚集农村闲散资金、支持农业生产、发展乡镇企业、改善农民生活、遏制民间“高利贷”均有一定作用，但其系由地方政府组织设立，难免行政干预，加之后来偏离办会初衷，改变办会宗旨，从事或变相从事存贷款业务，出现行政干预严重、逾期放款多、亏损严重、政企不分等问题。

1997年，《湖南日报》记者就此进行调查，以《湘潭市农村合作基金会运作不规范，经营风险突出》为题，在当年第46期《湖南日报内部参考》上发表，引起省、市政府主要领导重视。省政府省长杨正午《关于金融工作致各地州市领导的信》下发后，市政府按照“停止发展、全面整顿、严格规范、逐步收缩、防范风险、保持稳定”方针，着手开展对基金会清理整顿。市及各县、(市、区)成立基金会清理整顿领导小组，下发《关于认真做好清理整顿社会金融工作的通知》，对基金会实行“六停”处置办法，即停止新增机构和人员、停止吸收新存款、停止发放新贷款、停止按股分红、停止添置固定资产和高档耐用消费品、停止乡镇机关向基金会搞创收上交和报销各种费用。

1998年上半年，通过初步清理整顿，全市基金会收回逾期放款3000多万元，全部停止办理存贷款业务。9月，共缴存准备金6062万元，占同期聚资余额9.3%，经营行为有所规范，支付难保现象有所缓解。年末，全市基金会行政指令放款为7571万元，占放款总额的15.8%。其中，乡镇财政、企业放款5323万元，大多成为呆账；逾期放款15600万元，占放款总额的32.9%，其中，逾期两年以上的呆滞款5600万元，占放款总额的11.8%；按权责发生制统计，全市112个基金会，有64个亏损，亏损1124万元；只有48个盈利，盈利338万元，盈亏相抵净亏786万元，按收付实现制统计，则亏损近2000万元。因为基金会负责人多由当地乡镇负责人兼任，监管失控，极易引发违规违纪甚至经济案件。湘潭县基金会成立后累计聚资32000万元，放款总额26800万元，贷存比例高达83.75%。雨湖区基金会累计放款总额320.6万元，其中不良资产285.4万元，占比达89%，大多呆滞，出现支付难保局面，基金会牌子被砸。湘潭县易俗河、梅林桥、花石、杨嘉桥、石鼓等乡镇还相继发生挤兑风波，甚至殃及当地农村信用社。

1999年，市政府决定基金会全部停业进行清理整顿。4月19日，《湘潭市清理整顿农村合作基金会工作方案》出台。5月，全市组织两个工作组，分别对湘潭县茶恩寺镇基金会和湘乡市东山办事处基金会进行清产核资试点。7月，人民银行湘潭市中支、各农村信用联社抽派1572人，会同财政、审计等部门，组成55个工作组，进驻98个基金会清产核资，为分类处置提供依据，对资能抵债或资产大于负债的基金会，经人民银行批准后并入农村信用社；对经清产核资认定、不符合并入条件的基金会则实行清盘关闭；采用行政、经济、法律手段清收基金会放款。市清理整顿领导小组制定基金会资金清退实施办法，采取到期兑付或按比例兑付的办法予以清退。12月，所有基金会的存款本金全部兑清。全市有64个乡(镇)基金会并入农村信用社，并入总资产26526万元，总负债26513万元，收购小额农户贷款1604万元。

2000年末，清盘关闭的基金会的所有债权、债务由同级财政接管，基金会彻底退出市场。

第四节 典当

典当以实物作为抵押而取得放款。新中国成立后至1985年，境域已无典当机构。1986年后，市区悄然出现有私人开设的华泰、华亚、泰安、裕隆昌、潭州当铺等典当行数家，但规模极小，交易也不规范，既扰金融秩序，又易引发纠纷。1989年，全市个体从业人员骤增到4.7万余人，私营企业近400户，以个体交易为主的全国或区域性市场如布匹市场、禽蛋市场、猪皮市场已经或正在形成。为有利于经济的开放搞活，6月，人民银行湘潭分行向上级省分行报告，提出成立以质押放款为基本业务的市典当商行，同时撤销其他私人典当机构。

1991年5月，市汇源典当商行(简称汇源典当商行)设立。年末，该商行吸收财政性存款65万元，吸收社会存款79.02万元，拆入资金236万元，向部分国营和集体工商企业发放贷款267万元。次年，该商行继续吸收财政性存款30万元；吸收社会存款131.37万元；拆入资金826.5万元，拆出资金90万元；并向工商银行湘潭市分行营业部下属金盛实业公司以拆借资金作抵押放贷200万元；继续向部分国营和集体工商企业发放贷款248万元。

1996年，全市设有典当或兼营典当业务机构8家，从业人员40人。其中，使用"典当行"名称为2家，即：汇源典当商行、鑫源典当商行；未使用"典当行"名称而办理典当业务的为6家，即：裕泰、振兴、通达、健宏、立涛物资调剂商场和蓝新拍卖商行。除汇源典当商行外，其他均未经人民银行批准。4月，上述经营或兼营典当业务的8家机构资产总额合计1429.7万元，其中：质押放款423万元，违规无实物抵押放款191万元，违规信用放款167万元，固定资产原值4万元，现金及银行存款371万元，其他273.7万元；负债总额1451.7万元，其中：吸收存款250万元，实收股本金1171.7万元。汇源典当商行虽经批准，但超范围经营；鑫源典当商行以"典当"为名非法经营银行业务，吸收存款，发放贷款甚至办理结算。裕泰、振兴、通达、健宏、立涛5家物资调剂商场与蓝新拍卖商行，制作"当"字招牌，印刷专用当票，非法经营典当业务。6家仅有股本金172.7万元，多的不超过50万元，少的仅有10万元；名为"集体单位"，实为个体经营，不是一人出钱、独资料理，就是亲朋搭伙、夫妻开店。7月，人民银行湘潭分行、市公安局、市工商局决定对汇源典当商行进行整顿，取缔鑫源典当商行，禁止裕泰、振兴、通达、健宏、立涛5家物资调剂商场与蓝新拍卖商行经营典当业务。2000年7月，境域的典当行业由市经济贸易委员会统一归口管理，但汇源典当行因自身问题尚未解决，没有依此规定交接。2002年3月5日，汇源典当商行撤销，其遗余债权352.22万元、债务1771.74万元由市财政资产管理处接管。

第五节 中小企业信用担保

2001年12月3日，境域成立湘潭市中小企业信用担保有限公司。该公司由市人民政府发起，出资人民币1500万元作为担保基金，主要为中小企业融资提供担保服务，为银行放贷分担风险。其服务对象是境域符合国家产业政策，产品适销对路，技术含量较高，有发展前景，能增加就业，经工商登记注册各类所有制中小企业；同时，还为下岗失业人员再创业提供小额担保贷款。担保费按不高于银行同期贷款利息50%收取。

2004年,该公司有担保基金1500万元,另有下岗失业人员小额贷款担保专项基金700万元。年末在保20笔,担保余额2292万元;为下岗失业人员小额贷款担保417笔,金额824.5万元。2005年,该公司为全市中小企业融资担保12134万元。全年收到省、市政府拨付小额贷款担保专项基金1200万元,为全市下岗失业人员再就业提供小额贷款担保775.5万元。年内,国家银监会要求从事担保的企业必须具有1亿元注册资本的要求,该公司注册资金仅为1000万元,受到限制,业务萎缩。

第五章　金融监管与稳定

第一节　金融监管

一、金融监管体制变迁

人民银行湘潭分行及其所属支行依法对全市银行业、证券业、保险业、信托业进行综合监管。1996年1月,中国人民银行下发《关于加强彩票市场管理的紧急通知》,4月,下发《关于进一步加强彩票市场管理的通知》,明确中国人民银行是国务院授权主管彩票的国家行政机关。境域彩票市场由人民银行各级分支机构监管。

1997年11月,全国金融工作会议决定对全国证券管理体制进行改革,对地方证券监管部门实行垂直领导,并将原由人民银行监管的证券经营机构划归中国证券监督管理委员会统一监管。1998年,中国保险业监督管理委员会成立(以下简称中国保监会),银行、证券、保险实现分业监管,人民银行湘潭分行只负责对银行、信用社、信托投资公司等非银行金融机构监管(境域保险监管实际至2000年末移交)。12月31日,人民银行管理体制实行改革,撤销省级分行,设立大区分行,人民银行湘潭分行隶属武汉分行管辖,更名为中国人民银行湘潭市中心支行,主要履行对银行业、信托业、典当行、基金会、彩票等机构监管。

1999年11月,中国人民银行长沙中心支行、湖南省民政厅下发《关于将基金会的审批和监管职责移交湖南省民政厅的通知》,12月23日,中国人民银行发文将中国福利彩票、体育彩票发行机构监管职责移交至财政部。至此,人民银行湘潭市中心支行不再对辖内彩票发行机构、彩票市场行使监管职能。

2000年7月31日,根据人民银行和国家经济贸易委员会的通知精神,取消典当行金融机构的资格,境域的典当行由市经济贸易委员会统一归口管理。

2003年3月,中国银行业监督管理委员会成立(简称中国银监会)。12月25日,中国银行业监督管理委员会湘潭监管分局(简称银监会湘潭监管分局)成立,负责对境域银行业金融机构及其分支机构的设立、变更、终止和业务活动及其风险状况进行现场和非现场监管;依法对金融违法、违规行为查处;审查和批准高级管理人员任职资格;统计有关数据和信息;并对农村信用社暂时行使行业管理职能。2004 年 5 月 31 日，银监会湘潭监管分局湘乡办事处、韶山办事处成立。

2005 年 9 月 21 日，湖南省农村信用社联合社湘潭办事处成立后，银监会湘潭监管分局不再对农村信用社行使管理职能。

二、机构与高管人员监管

1986 年，人民银行湘潭分行新审批设立县以下各类金融机构 39 个，均为银行业机构。10 至 11 月，人民银行湘潭分行、市工商局联合对全市 284 个金融机构证、牌、照、印四项是否相符的情况进行检查。年末，全市有人民银行湘潭分行、四家国有专业银行、邮政储汇分局、四家农村信用联社、人保湘潭市中心支公司和省信托投资公司湘潭市办事处，金融从业人员 3016 人。

1987 年，为保障新设机构安全和营业场地相对稳定，人民银行湘潭分行重新制定《关于申请设置金融机构的补充规定》，统一颁发《经营金融业务许可证》。1988 年 8 月，人民银行湖南省分行通知暂停审批各类金融机构。1989 年后，境域重点对信托投资公司、城市信用社、农村信用社、基金会、储蓄或保险代办机构，专业银行投资入股及私人当铺进行全面清理整顿。同时，从 1990 年起，人民银行参与对各专业银行、保险公司及其行处，市信托投资公司，城市信用社负责人的任免考察管理。

1991 年，成立全省第一家典当机构——汇源典当商行和全省第一家无行政主管单位的新型合作金融组织——湘潭市湘江城市信用合作社。

1993 年，撤销农业银行湘潭市郊区办事处和湘潭市郊区信用联社，设立农业银行雨湖、岳塘、昭山 3 个支行和雨湖、岳塘 2 个信用联社，以适用湘潭市城区调整的需要。10 月 28 日，由中国人民保险公司湖南省分公司与湘潭市政府合股投资共同组建湘潭市人寿保险股份有限公司，该公司是经营人寿保险业务的专业保险公司。至此，境域保险业实行财产保险、人寿保险分业经营。

1994 年，人民银行湘潭分行对全市 634 个各类金融机构进行清理，同时，按程序按权限按指标实施监管。9 月 23 日，市人寿保险公司下辖第一家支公司雨湖人寿保险支公司成立。1995 年 4 月，人民银行湘潭分行、市公安局、市工商局联合发出《关于加强我市典当业管理的意见》，重申典当行系非银行金融机构，主管机关为人民银行，设立典当行须经人民银行批准。5 月，市人寿保险公司所属湘潭县、板塘、高新三个支公司成立。

1996 年，全市完成 663 个银信网点和邮政储蓄网点年检换发新证和所有保险机构的年检工作；审批新设金融机构 80 个，撤销 18 个，更名 24 个；对 67 个金融机构法定代表人或主要负责人进行任职资格审查，其中有 5 人因不符合任职资格条件被否决；并组织清理省证券公司湘潭证券营业部的资产负债情况，其人、财、物与人民银行湘潭分行实行彻底脱钩。12 月 14 日，根据群众举报，人民银行湘潭分行会同市公安局查封当日开业的假信用社“湘潭市城市信用社砂子岭分社储蓄所”，由于发现及时，没有造成存款人的损失。

1997 年，人民银行湘潭分行对 33 个金融机构法定代表人或主要负责人进行任职资格审查，其中有 2 人因不具备任职资格条件被否决；对全市 10 家城市信用社经理进行考核，作出 2 个称职、4 个基本称职、4 个不称职结论。次年，会同市公安局对全市 29 家典当、物资调剂机构进行全面清理整治，取缔无证经营的 3 家，停业整改 4 家，注销 8 家，吊销《特种行业许可证》1 家，收缴销毁“当”字牌 15 个；取缔市公安局下属保安公司于 1994 年 12 月非法设立办理金融业务的“湘潭市鑫源典当行”。为充分发挥保险同业自律作用,境域组建全省第一家地市级保险自律组织——湖南省保险同业公会湘潭办事处,并举行全市保险业自律公约签字仪式。

1998年,境域继续加强金融机构的市场准入和退出管理,整合机构,提高效益。全年撤销银行业金融机构34个,吊销《金融机构营业许可证》3个,网点布局数量呈下降趋势。

1999年,人民银行湘潭市中心支行对金融监管人员(含各商业银行县级支行行长)进行培训,以加强金融监管、防范和化解金融风险作为培训重点,着重学习金融法律法规知识,并对金融监管人员的任职资格加强管理,实行金融监管人员持证上岗制度。5月,中保人寿保险湖南省湘潭市分公司更名中国人寿保险公司湘潭分公司。年内,通过清理整顿,全市有各类金融机构709个,从业人员5570人。网点布局趋向合理,城区65万居民拥有储蓄网点271个,约2400人拥有1个储蓄网点。全市农村有5个农村信用社联社, 辖111家农村信用社、143个信用分社、1621个信用站,约1300人拥有1个信用站

2000年,人民银行湘潭市中心支行对市汇源典当行进行停业整顿,根据其违规经营情况,着手该典当行市场退出工作。针对城市信用社“小法人”容易产生风险的情况,对湘乡城市信用社进行清产核资、申报更名等。8月,为依法仲裁保险纠纷,维护双方当事人的合法权益,设立湘潭市仲裁委员会驻保险行业办事处。12月1日,湘乡城市信用社更名为湘乡城中农村信用社,归口湘乡市农村信用联社管理。12月20日,湘潭市银行同业公会成立,制定《湘潭银行同业公会章程》和《湘潭银行业自律公约》。月内,中国太平洋保险有限公司湘潭市支公司实施产、寿险分业经营,分别成立中国太平洋财产保险股份有限公司湘潭中心支公司、中国太平洋人寿保险股份有限公司湘潭中心支公司。

2001年,市保险行业协会成立,承担对业内的部分监管职能。省信托投资公司湘潭市办事处和市汇源典当行被撤销。同时,继续合理调整与优化机构网点布局,全年撤销银行业机构50个、降格47个,歇业11个,为历年来之最。次年,华安保险股份有限公司、新华人寿保险股份有限公司、泰康人寿保险股份有限公司先后入驻境域,年末,共有9家全国性保险公司在全市设立分支机构,保险业步入快速发展阶段。

2003年, 人民银行湘潭市中心支行对16名适用核准制和29名适用备案制的高管人员进行资格审查,确认44名拟任高管人员的任职资格,否决1人;对49名高管人员的履职情况进行年度考核。针对中国银行湘潭分行上年末连续发生两起经济案件, 约见该分行领导班子成员实行提醒谈话,对发案的城东支行正副行长进行诫勉谈话。年末,全市有市级保险公司9家,其中,经营财产险的4家,经营人寿险的5家,从业正式员工358人,代理、营销人员4390人。

2004年,新增4家保险公司。是年,银监会湘潭监管分局全年检查银行业机构120个,涉及金额90.8亿元,发现有违规行为机构22个,涉及金额6.22亿元,下达整改通知书50份;对核准、备案的39名高管人员任职资格进行审查,依法取消4名支行行长、副行长任职资格。

2005年,银监会湘潭监管分局先后检查银行业机构262个,检查金额108.2亿元,发现有违规行为机构19个,涉及金额1.973亿元。人民银行湘潭市中心支行开展行政执法检查,现场检查项目54个,下发整改通知书51份,对违规单位作出行政处罚11起,罚款30.8万元。是年9月,为促进全市银行业依法依规经营,人民银行湘潭市中心支行、银监会湘潭银监分局、市银行业协会对全市银行业高级管理人员和邮政储蓄机构负责人进行《中华人民共和国中国人民银行法》《中华人民共和

国银行业监督管理法》和《中华人民共和国商业银行法》知识培训考试。银监会湘潭监管分局严格市场准入审查,全年办理银行业机构市场准入事项139件,其中高管人员任职资格管理事项15人次,银行业机构审批事项124件。

三、银行业营运监管

1986年,人民银行湘潭分行行使基层中央银行职能,对境域银行业营运进行合规性监管。根据新的《银行管理暂行条例》规定,对银行业单位颁发《经营金融业务许可证》。之后开展对境域银行业营运进行多方面的监管,整顿实物揽储,变相提高利率的问题。至1990年底,共查出境域专业银行分支机构和信托投资公司等单位的不合规信托存款1515万元、提高存款利率吸收委托存款452万元、假委托存款575万元,清理不合规定信托贷款500万元、超计划发放固定资产贷款1079万元,假委托贷款503万元,帮助被查机构收回不合理贷款3380万元,调整贷款结构1043万元,督促收购农副产品专项资金归位80万元。全面清理全市7311个国营、集体企事业单位的9404个账户,对492个跨行多头开户单位、673个账户予以销户转户,撤销信托投资公司在专业银行所有账户,将其转至人民银行湘潭分行开户;查处任意扩大利率浮动范围、逾期贷款超过规定加息利率违规行为;还查出公款转储、公款私存和擅自开办大额定期存单业务等问题。1986~1990年,共罚款、罚息102万元。

1991年,结合清理“三角债”,人民银行湘潭分行结算纪律执行情况,重点进行检查;对全市国库资金入库进行重点检查。建立利率管理监督网络,组建利率管理队伍32人。1993年,全年查处利率违规单位18家,罚款97337元。1995年,人民银行湘潭分行对现金、利率、农副产品收购资金使用、储蓄、执行宏观调控政策、邮政储蓄转存和部分城区农村信用社业务活动及汇源典当商行合规性开展专项检查。五年间,共稽查存款471亿元、贷款427亿元,对查出问题,给予严厉处罚,有效打击和防止储蓄大战、利率大战等违规经营,维护金融秩序。

1996年,人民银行湘潭分行在对银行业金融机构常规检查中,针对国家二次调低存贷款利率,为维护利率政策严肃性,组织两次利率大检查。之后 ,组织结算检查、储蓄检查。1999年初,成立全市金融机构支付风险预警领导小组(人民银行湘潭市中心支行有关负责人为小组成员),对境域可能和已经出现的风险,制定防范方案和处置方案;同时,按照属地监管和属地防险、排险的原则,实行市、县两级负责制和责任人逐级负责制,防范地方性中小金融机构支付风险。对乱集资、乱设金融机构、乱办金融业务(简称金融“三乱”)的问题严肃处置。次年,人民银行湘潭市中心支行成立真实性检查工作领导小组,年内两次对全市银行业机构开展真实性检查。至2000年底,五年间,重点检查利率、支付结算和处治金融“三乱”,各类罚款292万元,清退公款转储36.7万元,追缴财政性存款1809.6万元、一般性存款准备金402.4万元,追缴存款准备金104.8万元。

2001年,人民银行湘潭市中心支行先后组织对新增贷款质量及管理、支农再贷款,以及各银行个人存款账户实名制执行情况、发放无指定用途个人消费贷款、清理整顿“小金库”等进行检查。之后,人民银行湘潭市中心支行对市农信社系统和市商业银行等单位的债券投资业务和信贷管理、财务会计核算、内部控制等业务进行检查,重点防范地方小法人银行机构经营风险。2004年,人民银行湘潭市中心支行继续开展对信贷登记咨询系统、金融统计、账户管理、财政性缴存款、存款准备金、外汇管理、现金管理、人民币管理(反假币)等多项现场检查,要求银行业金融机构依政策分别执行不同贷款浮动利率，国有商业银行利率浮动范围为 0.9%～1.5%，市商行利率浮动范围为 1%～1.7%,农村信用社利率浮动范围为 1%～2%。至 2005 年 5 年间共检查机构 340 个、资金 207 亿元,下达整改通知 50 份,提出整改意见 200 余条。

四、保险业营运监管

1986 年后,境域保险业监管由人民银行湘潭分行负责,主要监管保险产品的条款、费率、经营行为、保险资金及运用等。

1993 年,境域保险业实行产险、寿险分业经营。1994 年,人民银行湘潭分行对全市保险业保险金存款运用情况进行稽核,共稽核保险金转存款 8328.2 万元,被专业银行违规转储 3497 万元,被非银行金融机构转存 1481 万元,保险金存款被违规用于投资参股 141.4 万元,通过“应收及暂付”科目违规,动用保险金存款发放假委托贷款 240 万元,到惠州炒房地产 853.7 万元。该分行对上述违规金融机构处以罚款 47.1 万元。同时,规范保险公司保险金存款的运用,防止违规揽储向保险金领域渗透。

1995 年,多家保险公司入潭开设分支机构。次年 3 月,针对全市保险业无序竞争情况,人民银行湘潭分行对人民保险公司湘潭市分公司、市人寿保险股份有限公司与平安保险湘潭分公司资金运用情况实施稽核,纠正保险金存款不按规定存入国有商业银行、劝说城乡信用社用信贷资金投保及凭空开具存单形成虚假的“泡沫保险”等违规行为。7 月,协商解决境域人民保险公司、人寿保险公司的业务交叉问题,停办人民保险公司原已开办的寿险业务;停办人寿保险公司原已开办产险业务。10 月,对保险理赔业务开展专项稽核,查出执行保险费率不严、多收保费等问题,涉及金额 680.5 万元。年内,对保险业实行分业管理,审批其分设机构;组织 298 人参加全国首届保险代理人资格考试。

1997 年 6 月 4 日，人民银行湘潭分行召开全市保险市场清理整顿工作会议。清理保险资金来源及运用、清理高级管理人员任职资格审查情况;整顿保险机构和代理机构、整顿保险条款、整顿保险业务行为、整顿财务纪律,并对全市保险业机构的合法性、业务的合规性、经营的安全性进行检查。撤销 3 个营销分部和 7 个兼业代理机构,规范 4 个营销管理分部,对违规支付手续费等问题处以罚款。年内,全市组织第二次保险代理人资格考试,参考人数达 656 人。

1998 年 5 月，人民银行湘潭分行对太平洋保险公司的内控建设进行专项稽核，督促该公司在风险防范和内控管理等方面制定制度,并在业务经营中执行。7 月,湖南保险同业公会湘潭办事处成立,境域保险业贯彻实施《湖南省财产保险自律公约》,纠正保险业无序竞争的状况,并制止借助政府或政府职能部门行政资源、联合发文或以其他形式开展强制性保险或强制规定投保,制止保险费率上下浮动超过 30%及同一地区、同一险种保险费率不同的现象。

1999 年,为规范保险代理人行为,维护保险代理市场正常秩序,人民银行湘潭市中心支行和省保险同业公会湘潭办事处组织保险公司签定《湘潭市保险代理人自律公约》。年内,人民银行保险监管职能按规定移交给中国保险监督管理委员会(以下简称保监会),但由于保监会在潭未设分支机构,仍由人民银行对境域保险业继续进行监管至 2000 年。2000 年,境域全面加强对保险代理人的管理,为145名保险代理人办理资格证和展业证,保险代理开始持证上岗。

2001年8月,在原湖南省保险同业公会湘潭办事处的基础上组建湘潭市保险行业协会,协会接受中国保监会长沙特派员办事处和市民政局的业务指导和监督管理,履行行业自律的职责,沟通各会员单位与保险主管机关及其他政府部门联系,反映会员单位的愿望和建议,维护会员单位的合法权益,并按相关监管部门提出要求和委托协助做好监管工作。

2003年,市保险行业协会分别成立财产、人寿保险协调委员会和检查执行小组,负责全市保险业机构常规检查和专项稽核,全年,重点检查5家寿险公司执行《规范银行、邮政代理寿险业务自律公约》情况,配合省行业协会检查4家产险公司执行《机动车辆保险行业自律公约》的情况。

2004年,市保险行业协会依据省行业协会下发的《财产保险业务代理手续费支付的自律约定》和《规范意外险、短期健康险代理手续费支付的自律约定》开展自律活动,维护全市保险业的正常秩序,制止承保业务中不正当的竞争行为;组织培训保险营销员,全年有3200多名新老营销员经培训考试合格后持证上岗。

2005年,市保险业协会把加强保险业诚信建设作为重要工作来抓,倡导各会员公司把诚信作为企业文化建设的主要内容。年内,进一步修改和完善《财产保险业务代理手续费支付的自律约定》和《规范意外险、短期健康险代理手续费支付的自律约定》等一系列行业自律公约,建立保险从业人员、高管人员不良行为记录名单、健全营销人员"黑名单制度"和从业人员不良行为通报制度,多次组织并开展自律公约检查,对违规现象进行查处,保证公约的严肃性。全年接受电话、来信、来访、咨询投诉共29起,其中同业公司间投诉11起,保户投诉寿险10起,产险8起。通过协调、仲裁予以解决。

五、证券业营运监管

1986年,为加强证券市场管理,人民银行湘潭分行会同市公安局、工商局制定《关于加强我市有价证券市场管理的通知》,把证券市场纳入规范化管理轨道。

1987年2月,市政府批转《湖南省企业股票、债券管理暂行规定》,并于12月颁发《湘潭市有价证券转让买卖业务管理暂行办法》。办法规定,人民银行湘潭分行为证券交易管理的主管机关,全市各专业银行和其他金融机构组建证券交易市场,开办有价证券转让、买卖和鉴证业务须经其批准;上市交易有价证券向社会公开发行;证券在指定的印刷厂印刷,票面格式须经人民银行认可并报票样备案;非金融机构和个人不得经办有价证券的转让、买卖和鉴证业务;企业内部发行的股票、债券在其内部转让,不能上市交易;证券交易活动在指定的场所内进行,严禁倒买倒卖;证券交易以现货为限,禁止期货交易,买空卖空;证券交易方式,为委托买卖、自营买卖两种;经营证券交易的工作人员,不以个人身份在营业柜台买卖证券等。1988年1月,人民银行湘潭分行会同市公安局、市工商局执行市政府上述管理暂行办法,对非法经营有价证券者,依《治安管理处罚条例》予以处罚直至追究刑事责任。

1989年,人民银行湘潭分行对各种上市证券统一规定基准价格和上浮指数。同时,对省证券公司湘潭营业部进行清理,停办其证券交易业务。年内,该分行会同公安、工商部门对黑市证券交易进行4次集中打击。

1991年,为进一步加强证券交易价格管理,人民银行湘潭分行在规定的范围内合理调节交易价格,各交易网点没有发生故意提高或降低证券买卖价格的现象。1993年,人民银行湘潭分行和市体制改革委员会出台办法,内部股权证一经发行即由证券机构集中托管,试行柜台转让,杜绝私下转让、黑市交易。

1994年,为规范证券机构的经营,人民银行湘潭分行开展证券回购业务专项稽核。重点稽查证券商在卖出回购和买入返售证券过程中有无买空卖空行为;有无以卖出回购证券等形式吸收个人或企业存款,有无以买入返售证券等形式发放信用贷款;有无以回购形式直接向客户融通资金,有无变相透支支持客户炒股等问题。年内,人民银行湘潭分行对4家证券交易营业部重新办理验资手续,保证资本金足额到位。

1997年,全市严查企业参与炒股、严禁信贷资本流入股市,各证券经营机构自查有无挪用客户保证金、向银行拆借资金、向客户透支的违规行为。

1998年6月,人民银行湖南省分行将全省证券类机构监管职责移交中国证券监督管理委员会湖南监管局,人民银行湘潭分行从此不再承担对境域证券类机构监管职责。此后,由于中国证券监督管理委员会湖南监管局尚未在地市设立分支机构,境域证券业的监管由该局直接履行职能。

第二节　金融稳定

一、征信建设

1988年,境域始由人民银行湘潭分行负责采集企业与个人有关信用信息数据,组织实施征信行业标准,加强征信监管,做好征信知识宣传,培育征信市场和企业信用意识,对企业与个人征信系统实施管理。6月,该分行牵头组建全省第一家跨行企业信誉评级委员会,通过各银行对相关开户的诚信情况综合评审,至12月末,评定9家企业的信誉等级。

1989年后,驻市各银行逐步建立开户企业的诚信资料档案,1992年,人民银行湘潭分行在省内首家开办贷款证业务,规范企业贷款办法。

1999年7月,银行信贷登记咨询系统正式运行,录入有贷户生产经营和资产负债信息。市金融债权管理办公室成立(设人民银行湘潭市中心支行内),制定《湘潭市金融债权管理制度》,审议并通过全市第一批17家逃废金融债务企业名单,对8家拒不整改的企业,在金融系统内进行通报并联合制裁。

2000年末,境域逃废债户737户,金额11.48亿元。2001年,人民银行湘潭市中心支行制定《湘潭市逃废债企业界定标准》《关于落实企业改制中金融债权问题的意见》,会同湘潭银行同业公会针对全市企业和银行的信用情况、信贷资产质量及依法维权情况进行专题调查,对逃废金融债务的企业实行联合制裁。同时采取司法维权与纪律约束双管齐下的办法催收贷款。是年,银行信贷登记咨询系统与全国联网。

2002年,为加强社会信用建设,让对逃废金融债务的企业及个人的联合制裁工作制度化、规范化,湘潭银行同业公会制定《关于对逃废金融债务人实施联合制裁的办法》,并制定《守信用企业评选办法》在全市实施,以弘扬诚实守信的社会公德,增强社会公众的信用观念,营造“诚信湘潭”。是年，市金融债权管理办公室开始在《湘潭日报》上分别公布诚信企业与逃废债务企业名单。针对农村信贷需求的增加，全市农村信用社普遍在农户中建立经济档案，开展授信活动。

2004年上半年，人民银行湘潭市中心支行利用信贷登记咨询系统，对23户贷款企业，在原贷款不能提供银行业金融机构债权落实证明的情况下，又以新借款人名义申请贷款的现象实施纠正。8月，在全省率先举办全市社会征信系统培训班，运用信贷登记咨询系统，评选信用县、信用乡镇（社区）、信用村、信用户。市银行业协会在社会上公布诚实守信"红名单企业"和逃废金融债务"黑名单企业"4批，涉及企业60多家，对列入"黑名单"的企业，全市银行业金融机构予以联合制裁。同时，建立公民个人信用的信息数据库。

2005年，全市5家银行个人信用信息系统实现全国联网。12月2日，市银行业协会会同市金融债权管理办公室对全市26名个人贷款逃废债人员实施联合制裁，在《湘潭日报》以"黑名单"公开曝光的24人，涉及债务本、息500.98万元。

二、创建金融安全区

境域开展创建金融安全区的工作开始于1997年。是年，市政府下发《关于认真做好清理整顿社会金融工作的通知》，对全市社会办金融和非法集资情况进行清理。同时，人民银行湘潭分行督促市老龄委撤销11个老年协会组织的有非法集资倾向的"互助会"，人民银行湘乡支行配合有关部门取缔该市4家扶贫互助储金会。

1998年初，人民银行湘潭分行对湘乡市东山办事处农村合作基金会继续以预分红利吸收股金的违规行为进行调查处理。7月，市金融机构支付风险预警领导小组成立（设人民银行湘潭分行），对境域可能或已经出现的风险进行分析，对存在支付风险的金融机构提出防范措施，一旦出现支付危机及时报告上级行和当地领导，及时制定处置方案，报上级同意后做好危机救助和化解工作。

1999年1月，人民银行湘乡市支行配合该市公安局，取缔湘乡市潭市镇的郭某某地下钱庄。6月7日，人民银行湘潭市中心支行与公安部门配合，查获湘潭县石鼓镇向阳村赵某某非法吸收公众存款案。7月，境域建立金融债权管理行长联席会议制度，成立市金融债权管理办公室，加强对全市金融机构风险进行监测，对可能或已经出现的风险进行分析，提出防范化解方案和制订处置方案。年内，人民银行湘潭市中心支行突出对中小金融机构的重点监管，在处置省信托投资公司湘潭市办事处、汇源典当商行、湘乡城市信用社、高风险农村信用社等中小金融机构风险时，做到早预警、早化解、早处置；对57个高风险农村信用社逐个造册，建立台账，制定全市城乡信用社支付风险处置方案和降低不良贷款办法。

2001年，全市创建金融安全区领导小组成立。市政府出台《湘潭市创建金融安全区方案》《湘潭市整顿和规范金融市场秩序工作方案》。5月，人民银行湘潭市中心支行在《湘潭日报》上开辟"整顿和规范金融秩序，增强社会信用，创建金融安全区"为期8个月连载专栏；6月，组织金融系统开展"金融法制宣传月"活动，并深入农村进行宣传。

2005年，辖内湘乡市成为全省金融生态环境重点联系点之一。该市制定《深化金融安全区创建优化金融生态环境实施方案》，签定创建金融安全区金融系统目标管理、金融系统降比目标等系列责任书，建设信用县市、社区。

三、清收党政干部不良贷款

20世纪80年代末，境域少数党政干部出于各种原因，在银行、农村信用社借款，到期后，个别人长期拖欠不还，甚至恶意逃废银行债务。全市党政部门干部仅在相关农村信用社贷款的即达744人。全市党政干部不良贷款（含自借和担保）涉及县处级干部4人，科级干部188人。欠款时间最长达14年。单户贷款金额最大为140万元，最小350元，累计本息5431万元。2002年7月，市委、市政府组建市清收党政干部和国家工作人员不良贷款工作领导小组，当月，全市收回不良贷款6笔、近30万元。2003年3月20日，市委、市政府再次召开全市清收党政干部不良贷款工作会议，宣布对240名欠贷党政干部予以停职停薪。是年，全市收回不良贷款1102笔金额1584万元；签订还款协议283笔金额1304万元，两项共占应收贷款本息总额53.17%。新华社、中央电视台等数十家新闻单位和网站对此予以报道，清收党政干部不良贷款工作被评为上年全市十大新闻事件之首，并获"铜华表"奖。之后又收回上述贷款313万元。2004年11月，市政府召开清收工作总结会议，全市已至此，大规模的集中清收工作结束。

四、清理"三角债"

境域大中型国有企业多为加工型企业，原材料大多从外地购进，产品基本上向外销售，极易形成需货方拖欠加工方，加工方拖欠原材料供应方货款的"三角债"。1987年后，许多单位因建设项目严重超概算、资金被大量挤占、产品积压等原因，加上商品交易秩序紊乱，结算纪律松弛，信用观念淡薄等，致使资金链条断裂，"三角债"拖欠现象日趋严重。1988年至1989年间，在整顿金融秩序、治理经济环境中，人民银行湘潭分行采取先摸底、后会审、再清欠的办法，组织对全市农副产品调销企业、出口创汇企业和一、二类大中型骨干企业发生的货款拖欠进行全面清理，共清出欠人资金2675.5万元，人欠资金4688.4万元。

1991年前5个月，全市产成品、发出商品和应收及预付货款三项资金14.81亿元，占同期工业贷款15.8亿的93.73%。湘钢等5家大型企业三项资金占用均超亿元，生产难以为继。6月，市政府成立清理"三角债"领导小组，下设办公室，由市财贸委员会和人民银行湘潭分行牵头，组织人员对此进行清理。市清理"三角债"办公室（以下简称市清欠办）成立后，即着手清理钢铁行业以及相关行业如铁合金、焦炭矿石、机电制造企业之间的拖欠。经分类摸底，全市涉及清欠范围的企业33家，人欠、欠人款总计10.3亿元，其中，人欠款7.1亿元，欠人款3.2亿元，主要是在工商银行开户企业。9月，市清欠办从开户行和清欠企业抽调20余人，分为东北组、华东组、西南组和西北组督收欠款。同时，人民银行湘潭分行营业部设立清欠专柜，各专业银行设立52个专用账户，采取源头注入资金、全封闭、连环清的办法，将经省清欠办公室核准1359万元清欠资金全部注入工商银行各有关开户行。10月，经过各外出清欠组努力，仅用21天时间，收回欠款7300万元。是年，全市共收回人欠款1.8亿元，清付欠人款1.51亿元，取得"注入1元资金，清理欠款22元"的效果，全年累计盘活资金4.19亿元，居全省首位，荣获全省清理"三角债"工作一等奖。但是，年末全市工业企业三项资金占用仍然高达14亿元，仅工商银行监测的235家工交企业中，三项资金占用就达12.3亿元，占同期银行贷款88.1%。

1992年,通过“顺藤摸瓜,源头注入,循环使用,层层清欠”的措施,企业之间相互拖欠资金状况有所缓解,但边清边欠、前清后欠的现象仍未得到有效遏制。市清理“三角债”领导小组重组市清欠办,统一组织协调全市清欠工作,人民银行和工商银行为主经办结算。全市列入固定资产清理的项目有18个,注入资金2548万元,清收工程、材料、设备人欠款1957笔,金额1.19亿元,清偿欠人款1807笔,金额0.87亿元,达到“注入1元资金清理8.56元欠款”的效果。在对全国性四个行业的流动资金专项清理中,全市对11家企业注入资金1372万元,通过循环清理,清付欠人款1650万元,清收人欠款700万元。

五、清理“南流资金”

1992年起,境域出现到广东省、海南省和广西北海市(以下简称两省一市)炒作房地产热潮,曾有单位或个人一度获得高额收益,于是引发大范围的资金南流。部分机关、企事业单位,受利益驱动,通过银行贷款、财政借(欠)款、单位和个人集资等各种渠道,直接和间接筹集资金40286万元,到两省一市炒作房地产。其中,到广东沿海地区的资金为32198万元,到海南的资金为5176万元,到广西北海市资金为2912万元。上述资金来源,银行信贷资金为28942万元,占已统计南流资金71.84%,其余为财政借(欠)款,单位和个人集资、股本金、单位自有资金。上述资金流出渠道,通过机关、企事业单位流出有27575万元,占已统计南流资金68.45%,通过银行所办实体流出资金有12711万元,占已统计南流资金31.55%。这些资金大量沉淀在投入地区,形成风险、造成损失。

1995年8月,成立以分管副市长为组长,房产局、国土局、人民银行、财政局、审计局、监察局等单位参加“湘潭市清理外流资金领导小组”。9月,市清理外流资金领导小组制定《关于清理收回外流资金的若干规定》,对盲目投资房地产且尚未收回沉淀资金责任单位,扣发当年奖金,并从12月1日起,每月扣发10%~30%行政事业费拨款,对相关单位当时的法人代表、资金投放批准人、资金投放经办人,按所负责任大小,分别扣发30%~50%工资或每月只发200元生活费,以促其尽可能追回资金。全市有45名处级干部、122名科级干部被扣发工资。年末,全市共收回南流资金3450万元。

1996年1月,由市清理外流资金领导小组办公室牵头,有国土局、房产局、监察局派员参加考察组,对广东沿海地区的房地产进行考察,通过调查评估,动用行政、经济、法律等多种手段,加大清收南流资金、保全国有资产力度。1998年末,全市共收回到两省一市炒作房地产的资金12000多万元,归还部分银行贷款和个人集资,其余的资金则沉淀在资金流入地,属于单位从银行借入的信贷资金,则由银行剥离到相应金融资产管理公司。

第三十五篇　交通

概　述

1986年，境域有公路2165.01千米。京深（107）、沪昆（320）两条国道，1823、1810、1816三条省道在境域通过。铁路有126.7千米（不含京广复线），京广线、湘黔线过境和韶山铁路在境域通行。水路有湘江干流及其支流涟水、涓水、靳江和韶山灌区航道，通航里程284千米（常年通航里程184千米）。有港口5处，客货码头103处。全年道路客运量2481万人，客运周转量69512万人千米。道路货运量1241万吨，货物周转量49466万吨千米。铁路运送旅客188万人，运送货物448万吨。港口货物吞吐量189.1万吨，旅客吞吐量57.99万人次。境域交通框架基本形成。境域市交通局、县（市）交通局、区、乡（镇）交管站三级交通行政管理体制正式建立，交通行业管理逐步调整完善。随着运输市场开放，运输车辆增加，为解决通行能力小，路面质量差问题，1986年始，境域开始对国道进行路面结构拓宽改造，提高道路等级。国道320、107全线分段实施油路拓宽配套工程改造，开始铺设沥青路面，部分四级公路提升为二级公路。部分省道和县道由等外路改建成四级公路。1990年4月，境域启动省道油路拓宽配套改造工程。是年，境域有公路2202.02千米，比1986年增长1.7%。其中二级公路65千米。国、省道技术等级提升，通行能力加大，实现乡乡通客班车，98.4%的行政村通公路，每百平方千米有公路43.89千米，居全省之首。但水路由于航道淤塞，疏于维护，通航里程缩短为233千米（常年通航里程133千米）。铁路无变化。全年道路客运量2671万人，客运周转量77399万人千米，分别比1986年增长7.6%和11%，客运国营占主导地位。道路货运量1603万吨，货物周转量67797万吨千米，分别比1986年增长29%和37%，货运个体占主导地位。境域个体货车发展到2486辆，拖拉机5933辆，小机动车1502辆，90%以上的村、乡（镇）物资集散基本上由个体车辆承担。铁路运送旅客168万人，运送货物459万吨，分别比1986年降低11%和增长2%。港口货物吞吐量199.9万吨，旅客吞吐量26.84万人次，分别比1986年增长5.8%和降低46%。

进入20世纪90年代，为加快境域交通基础设施建设步伐，通过国家投资、社会融资、招商引资、地方融资、民间捐款和“贷款修路，收费还贷”及民工建勤等多渠道、多形式、多层次筹集资金投入劳动力，湘潭交通基础设施建设进入到投入最多，发展最快，重点项目最多建设时期。1991年，国道107线和320线境域地段的154.391千米，加宽铺油配套工程全面竣工，共完成投资3710.71万元。1992年1月，境域第一条高等级公路莲花冲至易家湾公路开工兴建。6月，省路桥公司引进美国滑模摊铺机将国道320线砂子岭至宋家嘴一段宽23米、长3.75千米路段摊铺水泥路，再次提高道路路面等级，两条国道开始由沥青路面改造成水泥混凝土路面。1993年12月，工程造价1.58亿元的湘潭湘江二大桥竣工通车。1994年5月，湖南省第一条高速公路国道主干线京珠高速公路长沙至湘潭段在境域动工兴建。1995年，境域省道由沥青路面改铺水泥路面工程开始。同年，湘黔铁路进行复线改造。是年,境域交通线路公路有2225.62千米,比1990年增长1%。全年道路客运量2922万人,客运周转量91644万人千米,分别比1990年增长1.1%和1.2%。道路货运量2094万吨,货物周转量82472万吨千米,分别比1990年增长1.3%和1.2%。铁路运送旅客157万人,运送货物501万吨,分别比1990年降低0.7%和增长0.9%。水路航道里程233千米,(常年通航里程133千米)。港口货物吞吐量113.8万吨,旅客吞吐量3万人次,分别比1990年降低43%和降低88.8%。

1996年,湖南省交通建设质量监督湘潭分站成立,至此,境域交通管理机构六处(局)一站一所(市公路管理局、县乡公路管理处、市交通运输管理处、市港口航务管理处、湘潭港航监督处、市交通规费征稽处、湖南省交通建设质量监督湘潭分站、湘潭市拖拉机摩托车养路费征收所)的行业管理体系建立,市场进入有序发展的轨道。是年底,长潭高速公路建成通车,为境域第一条高速公路。1997年9月,国道主干线京珠高速公路湘潭至耒阳高速公路境域段和境域连接线天易一级公路开工建设。1998年,耗资1.5亿元的国道107、320线境域段水泥路面铺装工程全部建成,达到二级公路标准,成为全国文明样板路,湘潭三大桥动工兴建。2000年,受公路运输的快速发展和内河航运自身不足的影响,境域水上运输客货资源大幅度下降,跌至低谷。国有、集体水运企业由于体制结构及船舶陈旧等诸多原因,无法适应水运发展需要,濒临破产。而公路运输市场无序开放,运输车辆的快速增长,运力大于运量的矛盾突出,客货运市场出现混乱。同时,少数个体(联户)运输车辆证照不齐、违法经营,交通事故增加。境域公路运输管理部门贯彻交通部文件精神,开展道路客运市场专项整顿,规范经营行为,不再审批个体(联户)从事道路旅客运输证照,原有个体(联户)经营户和客运车辆被逐步引导参与企业经营,实行公司化管理。这些车辆按照"线路分类,经营分工"原则陆续进入湘潭汽车运输总公司、湘潭县运输公司、湘潭县客运服务有限公司、湘潭三佳客运服务公司、湘乡通顺客运发展有限公司。是年,境域公路线路有2305.1千米,比1995年增长3.5%。其中高速公路、高等级公路23.01千米。全年道路客运量3120万人,客运周转量105130万人千米,分别比1995年增长6.8%和14.7%。道路货运量2279万吨,货物周转量103221万吨千米,分别比1995年增长9%和25%。铁路湘黔线103.196千米复线改造全部完成。铁路运送旅客145万人,运送货物532万吨,分别比1995年降低8%和增长6%。水路航道里程233千米(常年通航里程133千米),港口货物吞吐量78.5万吨,比1995年降低31%。旅客吞吐量4万人次,为渡口过渡和旅游人数。

进入21世纪,经济持续快速发展,特别是湘钢、涟钢的大规模扩产改造,湘潭新电厂的建设及周边地区货物运量急剧上升,给境域水运交通提供大发展空间。2001年10月,在市交通局及政府有关部门支持下,多方共同投资扩建的十四总千吨级集装箱码头建成,湘潭港具备集装箱运输能力。公路建设继续加强。同年,湘潭湘江三大桥建成通车。谭家山至株洲县道和湘乡至棋梓桥县道因延伸至怀化调升为省道,境域省道升为5条。农村公路过去由于地方交通建设资金极为有限,一直是湘潭交通建设薄弱环节。直到2003年,市交通部门按照国家政策和上级部署,全面落实省、市实事工程,民心工程,乡、村道建设"通乡工程""通达工程"启动。为解决建设资金,湘潭市政府引导多级投资,改变多年未解决的建设投资体制,实现农村公路建设在筹资、融资上的大突破,在全省率先引进民营资金投资水上项目基础设施建设,引进民营资金投资铁牛埠港区整体扩建5个千吨级以上泊位、河西中心港区宁家湾码头新建3个千吨级泊位和寒鸡港矿石接卸线的建设。境域交通重点项目建设呈现多主体投资建设、多方合作经营新格局。2004年2月,当时湖南省跨度最大的公路桥梁湘潭湘江四大桥在境域开工建设,该桥型为同类型桥梁世界之最。5月,上瑞高速公路醴陵至湘潭境域段开工建设。12月,京珠高速公路长沙至湘潭西线境域段开工建设。同时,韶山高速公路举行奠基典礼。

2005年,在市场的催化作用下,道路运输经营主体和经营机制发生根本性的变化,一些国有和集体中小型运输企业被市场淘汰。同年,境域交通企业改制工作启动。根据市政府有关文件精神,湘潭汽车运输总公司成功兼并市一、二汽运公司、三佳公司的客运业务,并出资收购城市客运公司。农村公路建设,完成全市县际及县到乡公路改造任务,投资达1亿元,完成路面硬化316千米,全市通乡水泥路达506千米。是年,湘潭市农村公路建设获全省先进。铁牛埠码头一期工程2个千吨级泊位建成。水上交通设施快速发展和水运价格便宜优势,使一批民营水上运输企业脱颖而出。民营企业普遍引进吨位大、航速快、适宜内河运输的大型船舶,迅速提升湘潭水运运力规模,境域民营水运企业已达6家,民营运力占全部运力的98%。全市港口运力结构更加优化,湘潭港在籍营运船舶192艘,运力达5.2万载重吨。极大地满足湘钢、涟钢等重点企业和外资企业的运输需求,大大拓展湘潭港的运输功能和辐射能力。是年,湘潭港在省内创造出内河港口吞吐量增长、货运量增长、货运周转量增速、港口码头投资和建设速度、规费征收5个第一。随着港口基础设施条件改善和韶山海关在港口设立监管点,湘潭港已成为湖南省重要港口,为省内三大港口之一,进入全国内河重要港口目录。是年底,全境有公路2719.335千米,比2000年增长18%。境域公路纵横相连,互补互通,已形成公路密布、交错有序的公路交通网络。平均每万人有公路9.64千米,公路密度每百平方千米54.39千米,为湖南省第四。全市农村公路建设三年共投入资金4.34亿元,是湘潭农村公路建设历史上投入最多、力度最大时期。全市59个乡镇全部通水泥路,1623个行政村有1618个通公路,乡镇在全省率先实现100%通客班车。湘潭在全省第一个实现高速公路通达全市所有县(市)、区境。境域百平方千米拥有的高速公路里程数排全省第一,湘潭市的高速公路路网密度全省第一。湘潭及所辖各县(市)区已全部融入长株潭一小时经济圈。全年道路运输营业收入8749万元。道路客运量3301万人,客运周转量113528万人千米,分别比2000年增长6%和8%。道路货运量3619万吨,货物周转量143305万吨千米,分别比2000年增长59%和39%。有铁路258.258千米(不含专用铁路)。铁路运送旅客147万人,运送货物795万吨,分别比2000年增长1%和49%。有水路260.25千米(常年通航里程179.25千米)。港口货物吞吐量333.75万吨,比2000年增长325%,除渡口过渡和旅游人数外,无港口旅客。

第一章 交通线路

第一节 公路

一、高等级公路和高速公路

(一)莲易高等级公路

1986年,因境域易家湾往东通往江西、浙江、上海的320国道长期以来汽车拥挤不堪,是有名"卡脖子"路。为解决通畅问题,1991年,交通部、湖南省政府下达莲易公路建设计划。1992年1月24日开工,1994年12月建成通车。此公路起于湘赣交界醴陵莲花冲,止于湘潭易家湾(即株易路口),全长71.29千米。在湘潭境域从昭山十里冲至易家湾株易路口全长4.69千米。该段路基宽24.5米,设计行车速度为每小时100千米,桥梁设计荷载汽车—超20、挂—120。设有完善的反光标线标志,在路面两侧建有坚固弓形钢板防撞护栏或柱式护栏,防止行人牲畜进入公路。境域该段路投资3800万元。是省内第一条全封闭、全立交、双向四车道、水泥混凝土路面高等级公路。至2005年境域仅此一条高等级公路。

(二)高速公路

1994年,国家规划的"五纵七横"12条国道主干线之一的北京至珠海高速公路(简称京珠高速公路,编号G030)湖南段开始建设,途经境域的长沙至湘潭高速公路作为湖南省境域的首期修建段于当年7月1日全线开工。它北起长沙县牛角冲,经锉刀岭进入湘潭市境,经岳塘区的昭山乡、荷塘乡、板塘乡和宝塔街道等四乡、街道,21个村,96个村民组,止于湘潭市岳塘区马家河,在境域18.8千米。全线按平原微丘高速公路标准设计,计算行车速度每小时120千米,路基宽27.5米、路面按上、下行四车道,厚25厘米水泥混凝土结构,设中央分隔带,沿线设有紧急停车道和殷家坳服务区,是湖南省第一条按高速公路标准设计、建设、管理、实行全封闭、全立交、全部控制出入、分车道行驶的高速公路。境域有马家河、殷家坳2个收费站。长潭高速湘潭连接线与主线同步施工。东起长潭高速公路马家河互通连接线,西至市吉安路口,经环形平交与国道107线沟通,往西经芙蓉路进入市内岳塘区,全长6.792千米,按平原微丘一级公路标准设计。境域总投资3.7亿元。1996年12月15日,长潭高速公路主线与连接线同时建成通车,工程质量被交通部评为优良。这是境域首次修成高速公路。

1997年9月,京珠高速公路(编号G030)湖南境域第二期修建工程湘潭至耒阳高速公路湘潭段开工。潭耒高速公路北起湘潭马家河与长潭高速公路终点相接,南至耒阳市以东的陈家坪。全线按平原微丘高速公路标准修建,路基宽28米,双向四车道,设中央隔离带,计算行车速度每小时120千米,主线实行全立交、全封闭。潭耒高速公路在境域4.1千米,从马家河跨湘江进入株洲县境。其中市区岳塘境域1.78千米,湘潭县境域2.34千米,总投资1.024亿元。天易连接线东连株洲天元,西接湘潭易俗河,全长16.1千米,总投资1.7亿元,湘潭境域6.61千米。按平原微丘一级公路标准设计。2000年12月26日,潭耒高速公路及天易连接线建成通车,工程质量评定等级为优良。

2000年6月24日,国道主干线路网中上海至云南瑞丽高速公路(简称上瑞高速公路,编号G065)的一段,即湘潭至邵阳高速公路开工建设。潭邵高速公路在境域95.17千米,东起岳塘区的易家湾,西至湘乡毛田总投资28亿元,分别与京珠高速公路、莲易高等级公路、国道107和320相连。主线路面宽26~28米,双向四车道,设中央分隔带,设计行车速度每小时100千米,桥涵荷载为汽—超20、挂—120和汽—20、挂—100。境域有竹埠港湘江大桥、水府庙大桥等2座大桥。有收费站4个和水府庙服务区。竹埠港、湘潭、韶山、湘乡、水府庙5处互通连接线先后开工建设。2002年12月26日全线建成通车。

2004年5月20日上瑞高速公路(编号G065)在湖南境域的东段即醴潭高速公路开工建设。该路经株洲市石峰区跨湘黔铁路入湘潭市境,止于湘潭市易家湾,境域全长2.75千米,投资0.91亿元。全线按全封闭、全立交、全部控制出入、双向四车道的高速公路标准修建,路基宽28米,计算行车速度每小时120千米。主线路面采用沥青混凝土结构,桥涵荷载为汽—超20、挂—120。醴潭高速公路是省内第一条面向民间融资修建的高速公路,由湖南海威投资有限公司和湖南高速公路管理局合作投资建设。为解决境域西部通往长沙交通不便状况,2004年10月28日,长沙西至湘潭高速公路开工建设。该高速公路由凯旋国际投资(澳门)有限公司独资投资修建,是省内首家澳门商人独资投资高速公路建设的项目。长潭西线高速公路呈南北走向,北起于望城县含浦镇的斑马村,南至湘潭县响水乡乐塘,在九华开发区与潭邵高速公路湘潭连接线对接。湘潭境域7.39千米,投资约3亿元。该路按平原微丘双向四车道标准设计,计算行车速度每小时100千米,路基宽26米,全线实行全封闭、全立交、全部控制出入,设有完善的服务管理设施及监控、通讯、收费系统。该路的修建使长沙至湘潭行车距离缩短20千米。

醴潭高速公路、长潭西线高速公路2007年建成通车。

韶山高速公路正处于全面规划中,起于潭邵高速公路韶山互通连接线,终于韶山市洞江口,顺接韶山市区的天鹅路,并与省道208线相交,全长13.3千米。其中双向4车道高速公路11.30千米,一级公路2千米,全线路基宽26米,计算行车速度每小时100千米。全线除收费广场和港湾式停车带采用水泥混凝土路面外,其余路段均采用沥青混凝土路面。共设置2座主线桥,5座主线上跨分离式立交桥,7座主线下穿分离式立交桥,互通式立交内桥梁3座,1处渡槽和1座跨铁路分离式立交。工程计划总投资3.87亿元,为中央全额投资。计划2006年全面动工,2008年12月建成通车。

至2005年底,先后建成通车高速公路有长潭高速公路、潭耒高速公路、潭邵高速公路,总里程达122.749千米,高速公路互通口7处,共24.66千米。在建的有长潭西线高速公路、醴潭高速公路、韶山高速公路。

二、国道

1986年,湘潭境域有国道107、320两条线路纵贯南北、横穿东西。国道107线湘潭段,是湘潭市南北交通主干线,在境域76.55千米,北起长沙与湘潭交界的九曲黄河,南至茶恩寺护湘关,为四级公路(部分为三级公路),日车流量3379台次。国道320线境域段肇始于潭宝公路,自株易路口入湘潭市境，于湘乡涌口入双峰县境界。境域全长77.84千米。全部为四级公路，日车流量3060台次。随着车流逐年加密，超重车逐年增加，国道107线、320线堵车现象时有发生。为提高道路通行能力，适应经济的发展，当年，国家投资530.11万元，湘潭公路部门开始对两条国道实施提级改造，按平原微丘二级公路标准，全线实施油路拓宽配套改造工程，分年分路段施工。

1989年，国道107线又开始全线摊铺6厘米厚沥青碎石路面，实施GBM（规范化、标准化、美化）工程，硬化路肩，安装路缘石，路面标白色分道线，设置导向反光轮廓柱和示警桩，石砌水沟、挡墙、护肩墙和矮脚墙完整配套。按国际标准设置指路标志，并注有英汉两种文字。在潭衡交界处和沿线两侧空地铺设绿化景点。1991年，两条国道线境域油路配套改造完毕，累计耗资3710.71万元。经交通部检验，107线湘潭段全部实现GBM（规范化、标准化、美化）工程，名列全线6省之首。

随着经济的发展，320线湘潭段车流密度仍在迅速加大，重型车辆成倍增加，超负荷车屡禁不止，沥青路面老化龟裂严重。经省政府批准，该线进行升级改造，由沥青路面改造为水泥混凝土路面。1992年6月，湘潭公路总段投资502.74万元，由省路桥公司引进美国新型设备SF—350四履带水泥混凝土滑模摊铺机，首先将320线砂子岭至宋家咀路段3.75千米摊铺宽23米、厚28厘米两幅接口处布设ф20毫米拉杆钢筋水泥路面，是湘潭市第一条城市出口水泥路面。107境域段也开始分期铺装水泥混凝土路面。当年10月，湘潭公路总段在王家湾地段试铺水泥混凝土路面3千米耗资126万元，它是湘潭公路总段自行设计、自己施工的第一段水泥混凝土路面。

1993年12月，湘潭湘江二大桥建成后，又投资5284万元，新建南北接线8.8千米，为二级水泥混凝土路面。1997年底，历经三年创建107线湘潭文明路段，经交通部及省文明路专家组验收，各项指标达标，成为境域第一条“文明样板路”。1998年，历时7年，国道107线境域76.55千米全部铺装水泥混凝土路面，累计耗资8919.58万元。国道320线境域77.842千米全部铺装水泥混凝土路面，累计耗资6228.32万元。同年，湘潭市公路局又投入238.36万元，对砂子岭至分水坳及下梓桥至涌口计54.62千米按照省交通厅《国家干线公路文明建设样板路实施标准》创建文明样板路。1999年，两条国道为配合交通部和公安部创建“平安大道”，湘潭市公路管理局又投入资金357.96万元，对公路沿线示警标志，防撞栏、防撞墩、广告牌进行规范，危桥进行维修、边沟进行石砌并和沿线驻军、警、民的关系进行协调，配合公安部门打击车匪路霸等。是年，经省交通、厅公安厅验收，多项指标都达“优”。107线湘潭段被誉为“平安大道”。2000年，107线对吴家巷至中路铺18千米沿线两旁进行补植行道树和轮廓桩、桥涵的维修等工程，耗资520万元。320线耗资136.3万元，对砂子岭至分水坳水泥混凝土路面换板，石砌边沟、喷漆、补植行道树等工程。同年12月20日8时，洙津渡大桥通车，大桥建成后将320国道裁弯拉直，缩短里程300米，整个工程耗资2182万元。

2001年，全力创建320国道文明样板建设工程，总投资1500.73万元。同年底，经交通部文明样板路验收小组专家验收，该线各项指标全面达标，评为“文明样板路”。同年，全国公路普查，国道107线编号为G107，国道320线编号为G320。2002年，G107线、G320线湘潭段进入修整期。是年，G107线投资545.7万元进行水泥路补板。2003年，又投资180万元对路面病害进行处治。并着手在绿化、美化路容路貌上下功夫，耗资137.25万元。2004年起，G320线投资33.39万元加强安保工程。2005年，G107线又投资1105.74万元对路面进行大修。

至2005年底，境域国道107和国道320线配套设施齐全，其中双车道128.64千米，四车道

25.75 千米。内有桥梁 36 座计 3612.8 米。涵洞 638 处。一级公路 3.75 千米，二级公路 150.641 千米。国道 107 线湘潭段 76.55 千米全部水泥混凝土路面，全段绿化，被誉为“平安大道”“样板大道”“黄金大道”，日车流量 12586 台次。G320 线湘潭段 77.84 千米全部水泥混凝土路面，全段绿化，是交通部“文明样板路”，日车流量 14288 台次。

三、省道

1986 年，随着境域重要县道学七线升为省道，境域有省道 3 条，即学七线（即 1823 线起自宁乡县学堂桥终至湘潭县七里铺，全程 65.458 千米）、宁涟线（即 1810 线起于宁乡，进入湘乡王家坳，于石狮托入涟源，境域全长 13.78 千米）、柘湘线（即 1816 线起于安化，止于湘乡，境域全长 52.413 千米）。这些省道由于车流量大，路窄弯多，视线不良，车祸事故频繁，严重制约沿线经济和旅游业发展。1990 年，省道改造成为省交通重点工程，4 月，境域省道油路拓宽配套工程改造启动。1991 年，省道 1810 线砂石路改油路工程全面竣工，完成投资 148 万元。

1992 年 1 月，为迎接毛泽东诞辰 100 周年，市委、市政府要求学七线沿线民众将该线按二级公路标准进行拓宽改造。沿途群众干劲大参加该路的路基拓宽裁弯降坡改建工程。韶山市 7 天内有 2.4 万人次投工近 6 万个，完成路基加宽土方 198000 立方米，路基拓宽至 12 米，路面加宽为 9 米。随后交通部下拨资金 900 万元，湘潭公路总段加投 700 万元，对全线实施公路拓宽后的配套改造，将路基夯实、护砌、桥梁、涵洞加宽，并对全线 9 米宽路面进行沥青双层表处，个别路段沥青摊铺。10 月底，安全、优质竣工，交付运营。1993 年，湘潭公路总段投资 188.9 万元，对该线余下的 16.3 千米进行沥青摊铺，路面改善，使全线达到二级公路标准。

1995 年，经济和旅游业的加速发展，车流量成倍增长，大吨位车增多，省道路面破损严重，排水不畅，抗灾能力弱，行车环境差，经常交通阻塞。湘潭公路总段先后投资 871.66 万元，对宁涟线路面进行水泥改造。1996 年，湘潭市公路局（1996 年 6 月湘潭公路总段更名为湘潭市公路管理局简称湘潭市公路局）贷款 1154.04 万元，对学七线路面进行水泥混凝土改造，年底竣工。1997 年，又投资 280.76 万元，对柘湘线路面进行水泥混凝土路面改造。1999 年，湘潭市公路局贷款 455.1 万元，对柘湘线部分路面进行沥青路面改造。2000 年，湘潭市公路局投资 72.08 万元，对学七线补植，进行公路绿化，整治规范全线公路标志、水沟路肩。5 月，投资 462 万元对省道柘湘线 13 千米进行油路改善及沥青混凝土路面摊铺。6 月，对柘湘线地处湘乡月山镇的大新桥危桥重建，同年 12 月竣工，总投资 198.8 万元。

2001 年，全国公路普查，学七线改为省道 208 线（编号 S208），宁涟线改为省道 209 线（编号 S209），柘湘线改为省道 311 线（编号 S311）。县道湘棋线（湘乡城关至棋梓桥线，境域全长 49.205 千米）因延伸至怀化更名为湘怀线，调升为省道 312 线（编号 S312）。县道老谭线（老关至谭家山）升为省道 313 线（编号 S313）。至此境域省道达到 5 条。

2003 年 7 月，对 S208 线全线进行交通安全设施安装，对两个铁道路口进行加宽，10 月底完工，耗资 45.8 万元。至此，该线标志、标线、安全设施完美，路肩硬化、水沟石砌，植树和种植篱笆，行车快捷、流畅、安全舒适，被省路桥专家确认为“湖南省第一条生态路”。同年，湘潭市公路局和谭家山镇政府合作投资对 S313 线，分两段修建 5.2 千米水泥混凝土路面。至此时，S313 线湘潭境域长 5.98

千米,宽 6 米的水泥混凝土路面全线拉通。谭家山的公路是沿着煤线走的,一边掘煤一边就可直接装车,在湖南煤炭系统占有独一无二的交通运载条件,加速谭家山地区经济的发展。是年, S311 线改称为新湘线,即安化新建至湘乡。2004 年,S311 线耗资 12.4 万元,对红仑桥引道拓宽加长。S208 线对 18 千米的病害进行处理,水泥混凝土路面换板 3315 平方米,浆砌片石挡墙,钢筋混凝土圆管通水等,耗资 55.6 万元。S209 线对 9 千米水泥混凝土路面病害处理,换行道板 1373 平方米,浆砌片石边沟 520 立方米,钢筋混凝土盖板 1283 块,耗资 120 万元。2005 年底,境域共有 5 条省道共计 154.18 千米,其中二级公路 62.633 千米,四级公路 91.545 千米,有公路桥梁 34 座 835.8 米,涵洞 1161 处。

四、县道

1986 年,844 千米县道只有 1 千米三级公路,四级公路 681 千米,等外路 162 千米。公路技术等级低,路面质量差,通行能力小,有些地段还成为交通瓶颈,严重阻碍经济的发展。当年,开始投资进行县道改造,截弯拉直,至 1990 年,共投资 64 万元,改建四级公路 18.4 千米,改建等外公路 19.8 千米。是年,有县道 55 条,818.07 千米,有 3.6 千米三级公路,四级公路 553.43 千米,等外公路 261.04 千米。等级路占县道里程 68%。为扭转县道落后状况,市、县(市、区)政府及交通部门对县道开始分期分批进行拓宽改建,提高技术等级,改进路面结构,完善道路网络。1991 ~ 1995 年,共投资 963 万元, 按四级路标准新建县道 1 条 5.2 千米,改建县道 11 条 81 千米。1995 年,有县道 56 条,853 千米,其中三级公路 18.92 千米,四级公路 593.76 千米,等外公路 240.32 千米。等级路占县道总数的 80%。1996 年,市县乡公路管理处将韶山环形路、白石公路等 9 条县道由砂石路改水泥路, 按四级路标准新建县道 2 条,15.3 千米,至 1999 年,境域共投资 811.2 万元。但终因资金短缺,县道发展缓慢。2000 年, 有县道 58 条,890.99 千米, 有一级公路 5.89 千米, 二级公路 18.92 千米, 四级路 667.86 千米, 等外公路 198.32 千米。等级路占县道总数 78%。

2001 年,根据交通部部署全国公路第二次普查要求,配合省交通厅对县道统一调整和补充,重新编码编号。2003 年, 为落实湖南省政府的“八件实事”和市政府的“十件实事”之一的民心工程——“通乡工程”,改善农民生产生活条件,加强城乡的沟通与联系,促进经济快速增长,为群众办实事,县到乡镇公路改造全面启动。当年,完成县际公路庙排线(庙湾—排头)、缺高线烟山段(缺家桥—高页堂)、大丰线(大坪—丰年堂)、团竹线(团山铺—竹埠港)、别银线东山段(别水塘—银田)、棋高线(棋梓—高冲)共计 37 千米公路油路工程改造。2005 年,县道马吉线(马家河—吉安)、天易线(株洲天元—易俗河)因成为长潭高速公路、潭耒高速公路连接线,收为高速公路管理局管理。是年底,按照新的部颁标准重新进行道路等级和技术核定,湘潭市共有县道 58 条,969.56 千米。其中一级公路 10.31 千米,二级公路 27.31 千米,四级公路 644.32 千米,等外公路 287.63 千米,县道等级里程占县道总里程 70%。县道里程比 1986 年增加 125.56 千米。

2005年湘潭市县道情况

表35-1-1　　单位：千米

路线代码		路线名称	总计	等级公路				等外公路	未铺装路面	晴雨通车里程	重复里程	可绿化里程	已绿化里程	养护里程
路线编号	所在管养位代码			合计	一级	二级	四级							
全市合计			959.246	671.621	0	27.306	644.315	287.625	440.689	959.246	0.97	931.383	629	959.246
X002	4320304	昭金线	6.197	6.197	0	0	6.197	0	0	6.197	0	6.197	6.197	6.197
X003	4320304	马霞线	3.274	3.274	0	0	3.274	0	0	3.274	0	3.274	3.274	3.274
X004	4320321	吴大线	12.189	12.189	0	0	12.189	0	5.189	12.189	0	12.189	8.7	12.189
X005	4320321	中措线	6.393	6.393	0	0	6.393	0	6.393	6.393	0	6.393	4	6.393
X006	4320321	白寺线	5.815	5.815	0	0	5.815	0	0	5.815	0	5.815	5.815	5.815
X007	4320302	石富线	2.236	2.236	0	0	2.236	0	0	2.236	0	2.236	0	2.236
X007	4320321	石富线	15.138	15.138	0	0	15.138	0	0	15.138	0	15.138	10	15.138
X008	4310321	鹤莲线	14.819	14.819	0	0	14.819	0	13.975	14.819	0	14.819	11.521	14.819
X009	4310321	峡烟线	16.243	16.243	0	0	16.243	0	14.302	16.243	0	16.243	11.62	16.243
X009	4320321	桐烟线	4.195	0	0	0	0	4.195	4.195	4.195	0	4.195	2.5	4.195
X010	4320321	碑符线	3.562	0	0	0	0	3.562	2.466	3.562	0	3.562	2.5	3.562
X011	4320321	黄新线	8.988	8.988	0	0	8.988	0	0.622	8.988	0	7.988	3	8.988
X012	4320302	宋仙线	1.84	1.84	0	0	1.84	0	1.84	1.84	0	1.84	0	1.84
X012	4320321	宋仙线	13.669	0	0	0	0	13.669	12.969	13.669	0	13.669	8.7	13.669
X013	4310321	姜道线	9.273	9.273	0	0	9.273	0	6.4	9.273	0	8.273	7.273	9.273
X014	4310321	砂易线	20.076	20.076	0	18.926	1.15	0	0	20.076	0	20.076	17.079	20.076
X015	4320321	涓柞线	8.925	8.925	0	0	8.925	0	6.925	8.925	0	8.5	8	8.925
X016	4320321	李古线	18.024	6.029	0	0	6.029	11.995	18.024	18.024	0	18.024	13	18.024
X017	4320321	新横线	14.139	14.139	0	0	14.139	0	0	14.139	0	14.139	12	14.139
X018	4310321	河岭线	58.69	58.69	0	0	58.69	0	0	58.69	0	58.69	58.69	58.69
X019	4310321	蔡石线	17.49	17.49	0	0	17.49	0	0	17.49	0	17.49	16.243	17.49
X020	4320321	缺高线	12.931	12.931	0	0	12.931	0	5.931	12.931	0	12.931	7	12.931

续表

路线代码		路线名称	总计	等级公路				等外公路	未铺装路面	晴雨通车里程	重复里程	可绿化里程	已绿化里程	养护里程
路线编号	所在管养位代码			合计	一级	二级	四级							
X021	4310321	石中线	42.99	42.99	0	0	42.99	0	23.569	42.99	0	41.115	40.305	42.99
X022	4310321	云回线	38.479	38.479	0	0	38.479	0	14.592	38.479	0	38.479	22.361	38.479
X023	4320321	春铁线	17.913	0	0	0	0	17.913	17.913	17.913	0	17.913	8	17.913
X024	4320321	茶花线	29.491	0	0	0	0	29.491	21.491	29.491	0	29	29	29.491
X025	4310321	山花线	35.58	33.13	0	0	33.13	2.45	1.24	35.58	0	35.58	32.666	35.58
X025	4310381	山花线	11.92	0	0	0	0	11.92	11.92	11.92	0	10.92	0	11.92
X026	4320321	石较线	13.019	0	0	0	0	13.019	12.739	13.019	0	13.019	10.28	13.019
X027	4320321	陈龙线	19.406	0	0	0	0	19.406	19.406	19.406	0	19.406	18	19.406
X028	4320321	狗钟线	23.842	0	0	0	0	23.842	23.842	23.842	0.426	23.842	21.271	23.842
X029	4310321	进站线	0.313	0.313	0	0	0.313	0	0.313	0.313	0	0.313	0	0.313
X030	4310321	湘青线	11.636	11.636	0	0	11.636	0	0	11.636	0	11.636	8.721	11.636
X030	4310381	湘青线	22.658	22.658	0	0	22.658	0	0	22.658	0	22.658	22.658	22.658
X031	4320321	贺景线	6.416	0	0	0	0	6.416	6.416	6.416	0	6.416	5	6.416
X031	4320381	贺景线	10.58	0	0	0	0	10.58	6.58	10.58	0	10.58	0	10.58
X032	4320321	长巨线	22.093	0	0	0	0	22.093	22.093	22.093	0	22.093	19.36	22.093
X032	4320381	长巨线	9.223	9.223	0	0	9.223	0	5.223	9.223	0	9.223	9.223	9.223
X033	4310381	湘方线	3	3	0	0	3	0	0	3	0	3	0	3
X034	4320381	别银线	11.837	4	0	0	4	7.837	7.837	11.837	0	10.837	6.142	11.837
X034	4320382	别银线	5.396	5.396	0	0	5.396	0	5.396	5.396	0	5.396	5.396	5.396
X035	4320321	永楠线	7.58	0	0	0	0	7.58	7.58	7.58	0	7.58	3.6	7.58
X035	4320382	永楠线	8.656	8.656	0	0	8.656	0	8.656	8.656	0.371	8.656	8.656	8.656
X036	4310381	湘宁线	9	9	0	0	9	0	0	9	0	9	9	9
X036	4310382	湘宁线	9.6	9.6	0	0	9.6	0	0	9.6	0	9.6	9.6	9.6
X037	4310382	环行线	14.2	14.2	0	8.38	5.82	0	0	14.2	0	12.72	12.72	14.2

续表

路线代码		路线名称	总计	等级公路				等外公路	未铺装路面	晴雨通车里程	重复里程	可绿化里程	已绿化里程	养护里程
路线编号	所在管养位代码			合计	一级	二级	四级							
X038	4310382	韶团线	9.8	9.8	0	0	9.8	0	0	9.8	0	9.8	9.8	9.8
X039	4310382	韶荷线	11.84	0	0	0	0	11.84	0	11.84	0	10.98	3.98	11.84
X040	4310382	韶滴线	3.22	0	0	0	0	3.22	0	3.22	0	3.22	3.22	3.22
X041	4310381	白停线	3.3	3.3	0	0	3.3	0	0	3.3	0	2.9	0	3.3
X041	4310382	白停线	16.2	4.7	0	0	4.7	11.5	11.5	16.2	0	15.5	0	16.2
X042	4320381	南东线	8.694	8.694	0	0	8.694	0	2.394	8.694	0	8.694	8.694	8.694
X043	4310381	花灰线	26.5	26.5	0	0	26.5	0	0	26.5	0	26.5	7	26.5
X044	4310381	仁番线	25.332	21.287	0	0	21.287	4.045	4.045	25.332	0	25.042	0	25.332
X045	4310381	桃中线	21.84	21.84	0	0	21.84	0	0	21.84	0	21.84	21.84	21.84
X046	4320381	大丰线	0.613	0.613	0	0	0.613	0	0	0.613	0	0.613	0	0.613
X046	4320382	大丰线	4.316	4.316	0	0	4.316	0	0	4.316	0.173	4.248	4.017	4.316
X047	4320381	鸭白线	17.921	17.921	0	0	17.921	0	14.921	17.921	0	15	13	17.921
X048	4310381	棋番线	20.232	9.97	0	0	9.97	10.262	10.262	20.232	0	19.832	0	20.232
X049	4320381	双石线	12.752	12.752	0	0	12.752	0	12.752	12.752	0	12.752	10.65	12.752
X050	4310381	潭月线	18.47	0.2	0	0	0.2	18.27	18.27	18.47	0	17.43	0	18.47
X051	4310381	成大线	11.68	0	0	0	0	11.68	11.68	11.68	0	11	0	11.68
X052	4320381	乌善线	34.52	27.4	0	0	27.4	7.12	26.376	34.52	0	29	21	34.52
X053	4310381	于洋线	5.74	5.74	0	0	5.74	0	0	5.74	0	5.74	0	5.74
X054	4310381	五桂线	13.786	13.786	0	0	13.786	0	0	13.786	0	13.625	0	13.786
X055	4320381	棋高线	20.056	20.056	0	0	20.056	0	8.956	20.056	0	17	0	20.056
X056	4320381	永山线	3.556	3.556	0	0	3.556	0	0	3.556	0	3.556	2	3.556
X057	4320382	如浅线	3.496	3.496	0	0	3.496	0	3.496	3.496	0	0	0	3.496
X058	4320381	龙廖线	2.728	2.728	0	0	2.728	0	0	2.728	0	2.728	2.728	2.728
X059	4320321	庙树线	3.72	0	0	0	0	3.72	0	3.72	0	3.72	2	3.72

五、乡道

1986年，境域有乡道1023千米，其中三级公路7千米，四级公路371千米，等外公路645千米。等级公路占乡道总数37%。道路有路面里程1000千米，占乡道总里程97%。在农村，公路是发展经济的生命线，但地方交通建设资金又极为有限，为加速农民脱贫致富，市、县(市、区)政府和交通部门在保证村村通公路的基础上，将原有的乡村道分批进行改建，加宽、加固提高技术等级。至1989年，投资136.3万元，按四级路标准新建乡道2条，共41.6千米。按等外级路标准改建乡道1条，17.8千米。1990年，境域有乡道201条，1082.37千米，其中三级公路7.10千米，四级公路397.08千米，等外公路678.19千米。等级公路占乡道总数的37%。道路有路面里程1058.77千米，占乡道总数的98%。

1991年，开始加大乡道建设步伐，至1995年，投资183.6万元，按四级路标准新建乡道4条，28.5千米。改建乡道3条(截弯拉直)，17.62千米。1995年，境域有乡道205条，1079.08千米，其中三级公路7.10千米，四级公路408.73千米，等外公路663.25千米。等级公路占乡道总数38.5%。道路有路面里程1056.98千米，占乡道总数98%。

1996年，投资98.5万元，按四级路标准新建乡道1条，8.7千米。1998年，投资272.7万元，按四级路标准新建乡道1条，7.8千米。按四级水泥混凝土路面改建乡道1条，2千米。但终因资金的缺乏，乡道的等级里程上不来。道路标准低、等级差，路面大片大片的水洼被人戏称为“网箱养鱼”。2000年，境域有乡道206条，1079.08千米，其中三级公路7.10千米，四级公路409.83千米，等外公路662.15千米。等级公路占乡道总数38.6%。道路有路面里程1056.98千米，占乡道总数98%。

进入21世纪，境域经济的发展带动农村公路发展。2003年，为解决“三农”问题，根据国家要求，开始县城到乡镇所在地公路改造硬化，铺筑水泥或沥青路面的“通乡工程”。2004年，湘潭市率先在全省第一个完成第一阶段的通乡公路改造任务，县到乡镇公路改造实现三个100%。18条公路100%按规定程序进行招投标；路面硬化完成177千米，实现总计划的100%；工程质量合格率达到100%。完成总投资8142万元，通达乡镇16个。不仅全面完成省政府下达的任务，而且实现市委、市政府提出的“三年任务两年完成”的奋斗目标。 2005年，境域加大农村公路支持力度，改善现有公路的质量，提高公路运输能力，帮助县乡镇建立健全养路、管路机制，保证公路常年畅通。当年，“通乡工程”改建县际及县到乡镇水泥混凝土公路21条，204千米，完成总投资9558万元。是年底，按照新的部颁标准重新进行道路等级和技术核定后，湘潭市共有乡道252条，1266.75千米，其中四级公路119.52千米，等外公路1147.23千米，等级公路占乡道总数的9%。道路有路面里程103.5千米，其中高级路面97.23千米，中、低级路面6.27千米。总里程比1986增加243.75千米。

六、村道

1986年，境域村道因资金问题，在公路投资整体布局上所占比重小，一些工程艰巨、投资量大、人烟稀少的边远山区或河溪较密、建桥任务大的村，公路少、质量差，农民修路靠自己集资或募捐筹款，公路部门只按线路长短、工程难易、农民在经济上承受能力的大小，在资金上予以一次性的部分补助，但在技术上给予大力支持。此类道路公路部门不列册、不接养，由当地村民自建、自养、自管。

1990 年,省、市、县政府和交通部门将边远山区贫困山村新改建公路作为县乡公路建设重中之重,在政策、资金、技术、物资上都对贫困地区给予倾斜照顾,按轻重主次、先急后缓的原则,分期分批地修建通村公路。但仍因资金短缺,贫困地区的修路问题难以解决。急于摆脱贫困的村民,在政府帮助下克服困难自己修路。湘乡市十个特困村之一的岐山乡小水村,为摆脱世世代代都只靠一条翻山越岭的羊肠小径与外界往来的困境,在村党支部书记龚润谷(女)带领下,自行集资 1.36 万元,向银行贷款 4.5 万元,争取到交通部门补助款 7.5 万元,开始自己修建公路。人平投劳 180 多个工日,完成石方 74000 立方米,完成土方 29000 立方米,完成浆砌片石 8500 立方米,干砌片石 1200 立方米,架小桥两座。1994 年冬,在峭壁悬岩上凿出一条宽 4.5 米,长 7.2 千米,按正规投资需百万元的公路,促进村经济发展。湘潭县顶峰村位于湘潭县西北部与双峰县交界的崇山峻岭之中,全村的农用及生活物资,全靠村民沿清朝将领曾国藩回家时修建的一条陡峭石阶梯道肩挑背负,是湘潭县有名特困村。1998 年,湘潭市政府派出扶贫建整工作组,全市集资 65 万元,创全市扶贫公路单村投资之最。全村男女老少投工投劳,开山炸石,奋战一个冬季,于 1999 年 1 月,建成一条长 3.5 千米简易盘山砂石公路。至 1999 年的十年间,全市先后投资 1800 多万元,补助修建扶贫公路 1800 千米。2001 ~ 2002 年, 投资 556 万元,修建扶贫公路 172 千米。投资 75.3 万元,建村道 3 条共 4.18 千米。

2003 年,湘潭市各级政府按照国家交通部、省交通厅精神,加快县际及县到乡镇、乡镇到村公路建设,开始实施“通达工程”,帮助无路或者路况差的行政村通乡镇的砂石公路建设。2004 年,完成“通达工程”项目 43 个,完成投资 3431 万元。2005 年,境域村道在修建过程中,为解决资金问题,推广“劳力自出、资金自筹、土地自调、苗木自移、赔偿自负、矛盾自消”的“六自”新模式。湘潭县乌石镇奇才村硬化 2.2 千米长的村道需要 50 多万元的资金, 村党支部书记谭华斌说:“国家有咯大,老想着国家投资是不行的,政策上也不允许,只有靠自己。”在村、支两委的带动下,全村 1000 多名村民出钱、出力,硬化一条 4 米宽,2.2 公路长的公路。“六自”模式在全市村级公路工程中的推广,得到当地村民积极配合。当年,当年,“通达工程”共计完成投资 3486 万元,完成 64 个通达行政村 278.1 千米的里程建设,超出省交通厅计划的 37.8%。同期,国家交通部及市交通部门补助贫困乡村修路资金 1200 余万元。同年,又在全省率先起动乡镇到建制村中心(如学校、村部、主要人口居住地)或国、省、县、乡道公路到建制村公路的改造硬化,铺筑水泥路面或沥青路面、块石路面、片石灌浆路面等,提高路面等级和通行能力的“通畅工程”。完成投资 5426 万元,完成通村水泥混凝土路面 271.27 千米,畅通行政村 139 个。至 2005 年底,境域有村道 3605.002 千米。“通达工程”通达 59 个乡镇的 1618 个行政村, 通达率为 99.7%。完成乡镇到村公路 665 千米。“通畅工程”使全市通村水泥路达 410 千米。

七、专用公路

境域专用公路有厂矿专用公路和旅游专用公路。厂矿专用公路绝大部分都是 1986 年以前国有厂矿企业自行投资修建的,在计划经济时期对老工业基地大型企业起过重要作用。旅游专用公路是 20 世纪 90 年代后随着旅游的兴起而修建的。1998 年,为纪念彭德怀元帅诞辰 100 周年,国家投资 181 万元,由市县乡公路管理处新建 1 千米四级沥青路面的彭德怀故居环行路和 0.5 千米二级水泥混凝土路面的德怀大道(彭同线)。随着市场竞争的日益激烈,部分企业负担过重濒临破产,所属专用公路无资金维修,暂为政府代管。2005年,通往湘潭锰矿的桃月线因锰矿经济困难无法维护由湘潭市交通局出资维修保养,另湘潭电厂的双新线,江南机器厂的分云线、莲爱线、爱荷线,湘潭水泥厂的板马线,湘潭化工厂的板竹线都还在继续为厂矿发挥作用。是年底止,境域有专用公路51.72千米,其中四级路45.33千米,等外路6.39千米;水泥路面35.28千米,简易路面13.29千米。

第二节 铁路

1986年,湘潭境域有铁路126.7千米(不含京广复线和专用铁路)。1995年湘黔铁路动工修建复线。1998年湘黔铁路复线竣工并进行线路电器化改造。2001年洛湛铁路境域段开始修建。到2005年末,境域有铁路258.26千米(不含专用铁路)。其中,湘黔铁路东西横贯湘潭市区、湘潭县、湘乡市,在境里程206.4千米(复线)。京广铁路由北往南,从市境东北部穿越,在境里程11.4千米(复线)。韶山铁路(连接湘黔铁路经银田抵达韶山)全长21.1千米。洛湛铁路在湘乡西北角穿过,在境里程19.37千米。此外还有厂矿专用铁路33条,共275千米。

一、京广铁路

1986年,京广线境域段已是复线。京广铁路在境域岳塘区北部经西北向东南过境,途经昭山、易家湾、新民、红旗、黄茅入株洲,在境里程11.4千米(复线),设有易家湾车站。1997年4月1日,铁路第一次大提速,京广线最高时速达140千米。1998年10月1日,铁路第二次大提速,京广线快速列车最高时速达160千米。2000年,为适应铁路提速要求,对境域铁路小曲半径曲线进行改造,拆除原小半径曲线,新铺线路。并修建易家湾隧道,全长255米。同年,该线电气化铁路开通。2000、2001年的第三、第四次提速该线变化不大,2004年4月18日,铁路第五次大面积提速,京广线干线最高时速达160千米。

二、湘黔铁路

1986年,湘黔铁路在境域从东向西经湘潭县十里冲、湘潭东、湘潭市、泉塘子、姜畲、云湖桥、银田、向韶入湘乡石狮江、双江、潭市、普安堂、棋梓桥进入娄底,在境域103.2千米,是过境最长的铁路。1995年3月,为解决湘黔线运能与运量的矛盾,广州铁路局投资40个亿,对湘黔铁路单线改复线。由铁路局、铁十五局等工程局施工,经1万多名建设大军精心施工,1996年,开通普安堂-胜昔桥区段复线17.52千米。1997年开通向韶-普安堂区段复线42.27千米。同年12月,湘黔线湘潭特大桥复线建成,该桥主跨混凝土连续梁在国内同类型桥梁中,仅次于钱塘江二桥。是年,境域段完成双线扩能改造,取消人工扳道,由半自动闭塞改双线自动闭塞,接发列车实行集中联锁,运输效率得到提高,铁路通过能力大大加强。1998年,开通十里冲-向韶区段复线43.4千米。当年4月,复线改造全部完成,正式通车运行。湘潭境域(十里冲—普安堂)全线共有206.4千米(复线)。同年,湘黔铁路提速,广州铁路(集团)公司再次投资28亿,进行电力接触网改造施工。1999年,湘黔线湘潭特大复线桥获铁道部优质工程二等奖。是年,境域电气化铁路正式开通运营。通过能力进一步得到大幅提升,机车牵引由原来内燃机车改为电力机车牵引,运行速度由原来每小时80千米提高到105千米,向韶至石狮江区段提高到每小时120千米。

2005年底,湘黔线境域段日均通行客车28对,货车47对,达到铁路干线运输能力。

三、洛湛铁路

洛湛铁路于2001年动工修建益阳至娄底段,该段由宁乡青山桥镇进入湘潭境域,途经湘乡市壶天镇入娄底,在湘潭境域19.366千米。2003年12月开通试运营,2004年4月18日正式通车。在境域设有壶天站,日均开行客车1对,货车4对。

四、专用铁路

境域专用铁路都是从湘黔铁路分支通向各厂矿的线路,大部分建于20世纪80年代以前。1990年,中央储备粮湘潭直属库铁路专用线经过5年的建设竣工,在湘潭火车站货二站接湘钢专用线,长1.26千米。同年,经过5年建设湘乡火车站至长桥粮库专用线竣工,长1.093千米。1996年,湖南省建筑材料供应公司为方便运输,延长省建材专用线90米。1997年,湘潭发电有限责任公司建新电厂专用线7.964千米。2000年1月,为给铁路改造提供优质良好花岗岩道砟,在双江火车站接轨修建湘乡采石场专用线5.1千米。2004年湘潭中油销售有限公司修建中油专用线0.96千米。但因为企业经济效益下滑,部分企业专用铁路停用。湖南玻璃厂专线、湘潭电缆厂专线、省建三公司专线等已停运数年,至2005年底,境域还有专用铁路33条,共275千米。

第三节 水路

1986年,境域通航主要河流有湘江及湘江支流涟水、涓水、靳江、韶山灌渠,通航里程284千米,其中常年通航里程184千米,季节性通航里程100千米。因河道上游水库密布,航道失修萎缩,到1990年,通航里程为233千米,其中常年通航133千米。通航里程已缩短20%,常年通航里程缩短30%。进入21世纪,环保受到重视,河道有所改善。2003年,全国航道普查,将划入娄底的境域段航道收回。2005年,境域河流通航总里程为260.25千米,其中市区42千米,湘潭县45.25千米,湘乡市108千米,韶山市65千米。有三级航道42千米,七级航道27千米,等外航道191千米。常年通航179.25千米,季节性通航81千米。

一、湘江主航道

1986年,境域湘江从马家河至昭山全长42千米,仍为“黄金水道”,全部在市区。此河段位居湘水干流第五航段(株洲至长沙段),域内纳涓水、涟水、靳江,水源丰富,河道宽500~1200米,水流平缓,平均坡降0.5‰。湘水干流水位变化幅度在14~16.5米之间。境域淤积浅滩有马家河、向家塘、下摄司、湘河口、杨梅洲、板塘铺、阳雀滩等7处滩险。下摄司滩亦为控制性滩险,最小水深1.2米,最小航道宽度20~30米,弯曲半径200~500米,最大流速1.1米/秒。是年10月,经国家计委批准,湖南省人民政府对湘江航道进行整治、疏浚。至1988年,衡阳松柏至湘潭达五级航道标准,湘潭至岳阳城陵矶达四级航道标准。1989年,湘水干流千吨级航道建设开始,境域重点对马家河、下摄司、板塘铺、阳雀滩等四处险滩进行整治，共耗资1415.66万元。同期对向家塘、湘河口、杨梅洲等滩头进行一般性整治。至1994年底，马家河至昭山42千米整治建设完工，升级三级航道。该航道水深2米以上，宽60～90米，可常年航行千吨级船队。1998年秋冬，久旱无雨，加之上游衡阳大源渡航运枢纽工程大江截流，湘江境域水位降至历史最低的27.3米，易俗河航段左航道干涸。2003年全国第二次内河航道普查，湘江航道境域段马家河至昭山42千米，为三级航道。2005年，航道里程等级未变。

二、湘江支流航道

(一)涟水航道

涟水属湘江一级支流，在湘潭境域流经湘乡、湘潭县(市)，于湘河口注入湘江，全程158千米。自韶山灌渠引水后，洋潭下游航道靠大坝放水送船，故通航极不正常。洋塘至洙津渡航道因灌溉引走水源和异地建站蓄水发电，导致断航。1986年，除河口与湘江汇合处5千米可通航外，其他河段已断航。1998年秋冬，湘江境域水位降至历史最低的27.3米，湘水支流涟水河口至涟水桥航段断流，易俗河、湘河口、涟水桥港口被迫歇业。是年11月，湘潭县轮船运输公司先后对易俗河、湘河口港口航道进行疏浚，12月，两港口恢复通航及作业。1999年航道定级，涟水航道评定为6级航道。2003年全国第二次内河航道普查，涟水航道湘潭境域为134千米(将石屋塘以上24千米划归娄底管理)，其中石屋塘至工农电厂27千米为七级航道，江口至湘河口107千米为等外级航道。2005年航道里程134千米，其中湘潭县26千米，湘乡市108千米。27千米为七级航道，107千米为等外级航道。

(二)涓水航道

涓水又名易俗河，属湘江一级支流，境域全长70千米，自南向北纵贯湘潭县境，坡降0.3‰，河宽100～150米。因上游引水工程的修建和蓄水发电，造成航道淤塞，1979年全省航道查勘时，仅有石头碑以下11千米河段尚可季节性通航10吨以下船只，至1995年底依然如此。1998年，易俗河和射埠镇蕊华村、铁江村地段沿河两岸大堤实施大规模整修，航道疏浚，吟江坝关闭蓄水，5～10吨运砂船可航行。1999年航道评定为省内9级航道。2003年，全国第二次内河航道普查，涓水航道境域石头碑至易俗河口11.25千米，均为等外级航道。2005年航道里程等级未变。

第二章 交通设施

第一节 桥梁

一、公路桥

境域大型公路桥梁主要分布在湘江、涓水和涟水三条河流上。1986年，境域特大桥有湘潭湘江一大桥，是国内第一座最长公路肋拱桥。1993年，建成境域第二座特大桥—湘潭湘江二大桥。2001

年,建成湘潭湘江三大桥。2002年,建成竹埠港大桥。2003年,动工修建湘潭湘江四大桥。至2005年,境域有大、中、小桥663座。20年内,新建大中小桥梁138座,计34094米。其中特大型桥梁4座,4497米。在建特大型桥梁1座(湘潭湘江四大桥)。大桥80座,计14618米。其中有大型高架桥2座,计717.72米。中桥143座,计7600米。小桥436座,7379米。境域桥梁中有危桥10座,计520米。

(一)湘潭湘江二大桥

1989年,境域107、320国道都必须从市内经过,大量过境车辆造成城区内交通拥挤堵塞,为减轻车辆过境压力,市政府决定修建湘潭湘江二大桥,让国道107线从板塘铺改道绕过城区。1990年3月26日,湘潭湘江二大桥动工。1993年11月9日建成通车。该桥是107国道上的一座特大型桥梁,是全省第一座以股份制企业募集资金建成的特大型国道桥梁。大桥全长1830.4米,其中主桥850.0米,引桥977.7米,桥面宽20米,四车道,设计荷载汽—超20、挂—120,人群3.5千牛/平方米,桥单孔跨径90米4孔,42.84米7孔,设计最高洪水位高程41.38米(黄海高程系),为20年一遇通航水位。航道等级三级以上,设计三百年一遇洪水频率,设计流量每秒23800立方米,设计流速每秒1.86米,通航水位标高40.53米(20年一遇)。工程费用15800万元。大桥的建成将107国道在湘潭境域里程缩短17.4千米,分流市区约62%过境车辆。

1998年,在对二大桥进行竣工验收工程质量检测中,发现大桥存在主桥箱梁底板和腹板开裂、箱梁及南引桥面铺装破损严重等主要病害,威胁到桥梁结构安全并严重影响通行。市政府加大对大桥展开维修加固。1999年,车流量达到15000次/日,大大超过该桥南北接线流量6000次/日的设计标准,并且车辆超载严重,加上施工时上级要求限期通车,建设时间紧迫,路基就地取土筑建,土质结构不好,路基层次质量达不到标准要求,因此南北接线路面大面积损坏。为保证国道107线畅通,是年,湘桥公司出资对大桥南北接线维修加固。2003年,根据市区规划要求,大桥北接线无偿移交给湘潭市政府作为城区主干道进行升级改造,更名为吉安路。是年10月,大桥维修加固工程竣工。至2003年的6年间,各方共投入维修资金1827.22万元。在京珠和上瑞两条高速公路建成后,该桥与湘潭湘江一大桥及湘潭湘江三大桥共同构成107和320两条国道和两条高速公路的交汇枢纽,对湘潭市经济发展和湘潭县新县城易俗河镇的开发发挥着重大作用。2005年,根据湘潭县规划要求,大桥南接线无偿移交给湘潭县政府作为城区主干道进行升级改造,更名为海棠路。

(二)湘潭湘江三大桥

1998年6月,特大桥湘潭湘江三大桥动工修建。湘潭湘江三大桥位于湘潭湘江一大桥下游2.7千米左右小东门码头处,往南经丝绸北路、河东大道沟通国道107线,往北接城区韶山东路,是320国道在湘潭城区的一座过境桥梁。湘潭湘江三大桥桥型为双塔双索面预应力混凝土斜拉桥,大桥塔高97.3米,桥全长1354.56米,其中主桥长700.00米,主跨700米,主跨桥宽24米,西引桥长365.06米,东引桥长289.50米,引桥宽20.5米。设计荷载汽—超20、挂—120,人群3.5千牛/平方米。设计最高洪水位高程41.72米(黄海高程系),为20年一遇通航水位。航道等级三级以上,设计三百年一遇洪水频率,设计流量每秒27000立方米,设计流速每秒2.05米,通航水位标高39.56米。大桥投资1.97亿元。2001年4月30日,大桥竣工通车,同年5月1日设站收费,由投资商中外合作湘潭嘉祥路桥发展有限公司经营管理,经营期限至2021年4月30日。2002年6月21日,经省建设厅主持验收,该桥质量评分94.7分,评为优良工程。湘潭湘江三大桥的建成,将国道320线避开城区中心,使湘潭市河西区至长沙市的运行时间缩短，湘潭交通环境有所改善。同时，也使湘潭市城市道路构成环线，并沟通上瑞高速公路和2004年动工修建的长潭西线高速公路，对缓解市中心交通压力，促进湘潭市老城区与河东新区的沟通和融合有重要作用。

(三)竹埠港湘江大桥

2000年7月，竹埠港湘江大桥动工修建。竹埠港湘江大桥是上瑞高速公路潭邵段在境域一座最长最宽分离式双幅结构特大型公路大桥，桥东为岳塘区的竹埠港，桥西为湘潭县响水乡四方塘，大桥总长1178.5米，桥宽31米，其中行车道28米，为双向四车道，中央设3.0米宽分隔带，桥面两侧各设1.5米宽行人道。荷载标准为汽—超20、挂—120，人群3.5千牛/平方米，设计最高洪水位高程41.55米(黄海高程系)，为20年一遇通航水位。航道满足三孔通航，航道等级为三级。设计三百年一遇洪水频率，江堤防洪标准为百年一遇。大桥于2002年12月26日正式通车，总投资16264.7万元。

(四)湘潭湘江四大桥

2003年12月30日，湘潭湘江四大桥建设开工奠基典礼，2004年2月28日正式开工。湘潭湘江四大桥位于湘潭市北郊，在湘潭三大桥下游4.3千米处，西起市北二环线与上瑞高速公路交汇点，东接107国道，全长1344.96米，其中主桥长度为640米，大桥主跨度长400米，桥面宽27米，桥面布置按双向六车道。道路规划等级为城市二级主干线，计算行车速度60千米/小时，荷载汽—超20，挂—120，人群4.0千牛/平方米。大桥东西两端引线长分别为1325米、1818米，引线路幅宽63米，总用地403亩。设计最高洪水位高程41.786米(黄海高程系)，为20年一遇通航水位。航道等级为三级。设计三百年一遇洪水频率，通航净高10米。是境域又一座特大型桥梁。桥型为双飞燕斜拉钢管拱混凝土系杆拱桥，它巧妙地集拱、梁、索三种结构于一体，设计新颖，造型美观，科技含量高，桥型属国内首创，其技术水平在同类桥梁中居世界领先地位，为同型桥梁的世界之最。跨度居省内公路桥梁第一，也是世界上首座斜拉钢管拱桥。大桥由铁道部第四设计院设计，中国交通建设集团第四航务局采用“BOT”(建设、经营管理、移交)形式承建。大桥总投资4.2亿元，建设工期3年，2007年7月建成。湘潭湘江四大桥将107和320两条国道贯通，充分发挥二环线分流城市过境车辆的作用，使过境车辆无须经过市区，缩短车程10余千米。

二、铁路桥

1994年，在湘黔铁路潭市—普安堂区间新建双河口铁路桥，桥长229.5米，为湘黔铁路在境域最长铁路桥。桥型为先张预应力钢筋混凝土梁，先张预应力钢筋混凝土8孔跨式样大型铁路桥。1997年12月31日，湘黔线复线湘潭湘江特大桥建成。该特大桥主跨混凝土连续梁在国内同类型桥梁中，仅次于钱塘江二桥，为国内第二长联桥。1999年，获铁道部优质工程奖。2002年，壶天铁路大桥、光辉铁路大桥、新屋里铁路大桥、青山桥铁路大桥同时新建，壶天铁路大桥地处湘乡市壶天镇光辉村，洛湛铁路青山桥—壶天区间，桥长299.37米。光辉铁路大桥，地处湘乡市壶天镇光辉村，洛湛铁路青山桥—壶天区间，桥长299.37米。新屋里铁路大桥，桥长273.36米，位于湘乡市壶天镇洪峰村，洛湛铁路壶天—米东区间。青山桥铁路大桥，桥长241.8米，位于湘乡市壶天镇洪峰村，洛湛铁路壶天—米东区间。四座铁路桥均为先张预应力钢筋混凝土T型梁桥，2004年4月18日，同时建成通车。

至 2005 年的 20 年间，湘潭境域在湘黔铁路上新建铁路桥有 26 座，共长 1430.5 米，其中大型桥 5 座，中型桥 10 座，小型桥 11 座。在洛湛铁路上建桥 4 座，均为大型桥梁，共长 1215.83 米。

第二节　渡口

1986 年，境域渡口有义渡和营运渡之分。义渡是民建民修民用渡口，免费供人过渡，其中包括扯渡。营运渡是补充义渡的不足，实行“收费过渡，以渡养渡，国家适当补助”的办法经营的渡口，其中包括汽车渡口。境域渡口除湘江湘潭主干线渡口为经营性轮渡外，其余基本为义渡。随着公路桥梁建设发展，渡口随之撤减，是年境域只有渡口 93 处，主要分布在湘江主干线及其支流涟水和涓水。有渡船 132 艘，其中机动渡船 18 艘，渡工 273 人(含退休渡工)。其中，汽车渡口 1 处(棋梓桥汽车渡口)，渡船 5 艘，工作人员 8 人。

1988 年，湘潭县政府、湘潭县交通局、水利局共同投资 13.5 万元，用 3 年时间，新建和整修荆州、锦石、南北塘、龙口、回龙桥、射埠、郭家桥、太和等处渡口码头。1990 年，棋梓桥汽车渡口因过渡车辆的增加，工作人员增加到 19 人。渡船 5 艘，全年渡运车辆 42000 辆次，日均渡运车辆 140 辆次，年收入 6 万元。 1991 年，路桥建设快速发展，民间私人投资建设水泥栓钢绳竹板索和木划竹板浮桥取代渡口营运，收取行人、单车、拖拉机、摩托车过桥费，渡口继续减少。1995 年，棋梓桥汽车渡口渡运量达到最高，全年渡运车辆 61000 辆次，日均渡运车辆 168 辆次，最多一天渡运 300 辆次。年收入 34.5 万元。工作人员增加到 24 人。2001 年，湘潭三大桥通车后，应群众要求，新增联合码头渡口。至 2003 年，向家塘、姜畬、河口镇石湾村、盐埠、射埠、梅花渡、南北塘、黄石、小东门轮渡码头、枣梧、洪福、金塘、石湾、射埠、盐埠等渡口因路桥建设或民间私人投资建索桥收费而撤渡。

2005 年底，随着潭邵高速公路竹埠港大桥、锦石公路桥、杨梅洲大桥建成通车和文昌阁、四居委会、四中、油港、八角亭渡口无人驾驶，渡船报废，以上渡口自然消亡。境域还有渡口 68 处，其分布在湘江湘潭主干线 14 处。渡船 32 艘，其中钢质船 18 艘，水泥船 2 艘，木质船 12 艘，渡工 40 人。涓水 15 处。渡船 16 艘，其中钢质船 1 艘，木船 15 艘，渡工 16 人。 涟水及不通航支流湘潭县境 10 处。渡船 8 艘，其中钢质船 2 艘、木质船 6 艘、渡工 8 人。涟水及不通航支流湘乡境域 29 处。渡船 33 艘，其中钢质船 6 艘，木质船 27 艘，渡工 33 人。汽车渡口 1 处，有渡船 4 艘，其中机动船 2 艘，拖船 2 艘，工作人员 20 人。

第三节　车站

一、汽车站

1986 年，全市 134 个乡(镇)全面通客班车。客货运量的俱增，使场站投资增多，站场建设规模扩大，设施也有较大改善。1990 年底，全市有市、县级汽车站 13 个，其中客运站 11 个，货站 2 个；一级车站 2 个，二级车站 3 个；区乡站 12 个，代办站 63 个。

1992 年 9 月，为庆祝毛泽东诞辰 100 周年，韶山汽车站在原地动工改扩建，总投资 268 万元，其中由交通部和省交通厅拨款180万元,湘潭汽车运输总公司自筹75万元。年底,再次投资扩建湘乡汽车站竣工,总投资364万元。建筑面积6700平方米,其中站房面积4642平方米,有车库20个,年客运量达500多万人次。车站主楼8层。1993年12月20日,韶山汽车站竣工开业。新建客运站房6层,建筑面积3050平方米,其中站房面积1250平方米,1994年,快速增加的社会车辆在市区内无处停靠,200多辆私营中巴车和湘潭市第二汽车运输公司30余辆大客车私自集中在东风停车场上客、发车,形成"站外站",造成韶山中路车流堵塞,严重影响市容市貌。东风停车场无客运资质,不具备客运条件,极度影响旅客的安全。为减少市内车流量,消除韶山中路、韶山西路堵车弊端,合理分流旅客流量、流向,保障旅客安全,根据市政府城市规划和公路发展规划,经省交通厅、市交通局批准,由湘潭市金都实业股份有限公司、湘潭市公路运输管理处、湖南湘潭汽车运输总公司三家合股投资265万元,在韶山西路砂子岭地段与宝庆路交汇处的南侧,征用土地42.5亩,兴建湘潭汽车西站。是年12月动工,翌年8月,车站车坪和临时车棚建成,9月26日投入试营运。该站是市内首家合股投资建设的市级社会汽车客运站。1995年,境域有汽车站14个,其中客运站4个,客货兼营站1个,货运站9个。一级车站3个,二级车站3个,三级车站8个。站场占地面积91901平方米,其中站房面积35210平方米,停车坪面积56458平方米。乡镇站6个,代办站7个。

1996年1月,湘潭汽车站投资30万元,首次开设电脑售票、结束手工写票历史。6月,湘潭汽车西站因经营不善,市政府批准,由湖南湘潭汽车运输总公司收购其他两家全部股份,投资1400万元,新建湘潭汽车西站及汽车修理车间。7月18日,车站正式投入使用,成为面向全社会开放的新型车站。该站主要经营湘潭市区至湘乡、韶山公共班线和湘潭县境各乡(镇)农村班线,以及至长沙、株洲、宁乡等跨地区班线。湘潭市第一汽车运输公司、湘潭市第二汽车运输公司、湘潭市三佳汽车运输公司、湘潭县运输公司、湘潭市联运车队等企业及个体(联户)客运车辆达400辆进站运营。市内交通有3、6、9、17、21、101、105、117、118等条公共汽车线路相通,缓解市中心交通拥堵状况。同年12月,因湘潭县城迁驻易俗河镇,新建的湘潭县汽车站在新县城凤凰路与107国道潭易连接线交叉路口处,耗资357.56万元,占地面积17982平方米,建筑面积2570平方米,其中站房面积1920平方米,停车场面积6200平方米,车库14个,设计日发旅客5500人次。是年,湘潭县汽车站、韶山汽车站同时对社会开放。同年,湘乡汽车站也实施电脑售票,并完善站内其他设施,设有食宿、购物、汽车修理、加油等。为旅客和进站经营车主提供服务。1997年10月,经交通部专家组评审,授予湘潭汽车站公路客运一级站资格。1999年,随着高速公路、国省道、县乡道及通村公路逐渐形成运输网络,汽车站场建设进一步加快,形成国家投资、企业集资和业主入股建设汽车站场新格局。先后新建湘潭汽车西站、湘潭县易俗河汽车站、改扩建的湘乡汽车站、韶山汽车站,站场建筑面积38716平方米,站场建设共投资6254.4万元。新建客货停车场10处,停车场面积15900平方米,总投资483.03万元。2000年7月1日,为适应湘潭新市区东扩发展,湖南湘潭汽车运输总公司在湘潭市河东柏丽广场东北面,动工修建湘潭市汽车东站。市场经济的开放,农民买客车跑运输增加,农村个体(联户)客运逐步占领农村客运市场。国有、集体、乡镇汽车客运站及代办站、停靠点逐渐萎缩,云湖桥、谭家山、新桥、石潭、楠竹山等站相继进行撤销处置,保留的车站班次也日益减少,国有运输企业在农村的客运停靠点基本消失。而农村私营客运蓬勃发展,乡村个体客运线路深入到村组,乡村停靠点星罗棋布。是年,境域有等级客运车站8个,其中一级车站1个,二级车站4个,三级车站1个,四级车站 2 个。站场占地面积 98905 平方米，发车位 130 个，站房面积 26053 平方米。有货运站 2 个，其中三级站 1 个，其他货站 1 个。

2001 年 7 月，湘潭汽车东站竣工。车站占地 120 亩，按国家交通部规定一级客运站标准兴建，建筑面积 15452 平方米，其中站房面积 3500 平方米，硬化发车场地面积 1.5 万平方米，可同时停放各类车辆 300 多台，设计日运旅客能力 3 万人次，有车库 36 个，总投资 3100 多万元，为全市最大客货汽车站。市内交通有 2、3、5、8 四条公共汽车线路通达。车站由省交通规划设计院设计，市第一建筑公司施工。2003 年 1 月，湘潭汽车东站正式开业，站内营运的客运班线北经高速公路至长沙、岳阳、武汉、郑州、北京及经长沙至益阳、常德、张家界、吉首、宜昌；南向衡阳、耒阳、永州、郴州及广东深圳；东向株洲、炎陵及江西井冈山；西向邵阳、怀化、广西等。是年 3 月，湖南湘潭汽车运输总公司湘潭货运物流分公司正式在东站挂牌，建立全市最大的货运信息市场，主营货运、零担及货运信息服务，为车主和客商提供货运信息配载和食宿、购物、车辆维修、仓储、停车、加油等服务。是年底，湘潭汽车站投资 40 万元安装 X 光行李检测仪，进行旅客行李安全检测。是年，湘潭汽车西站售票班获交通部“全国客运系统 100 家优秀班组”称号。韶山汽车站先后荣获交通部、省政府、省交通厅“全国文明车站”“全国公路运输安全优秀班组”“省交通厅文明车队”"省交通厅文明车站”“省交通厅双文明建设先进单位”“省交通厅优质运输先进单位”等荣誉称号。2004 年，湘潭县交通运输服务有限公司在湘潭县天易路与海棠路交叉东南角处，征地 78.08 亩，动工修建天易汽车站。该站按二级站场标准建设，占地面积 3.2 万平方米，主楼建筑面积 5100 平方米，总建筑面积 1.2 万平方米，其中站房面积 5004 平方米，发车位 18 个，停车坪面积 2 万平方米，车坪可同时容纳 200 台客车，设计日发送旅客 1 万人次，是县内集城市客运、道路客运、旅游运输服务为一体的多功能客运中心站场。同年，省交通厅对企业站场进行等级评定，湘潭汽车站、西站、东站被评为一级乙等客运站，湘乡汽车站被评为二级甲等客运站，湘潭县、韶山汽车站被评为二级乙等汽车站。

2005 年，国家进一步规范运输市场，要求个体客运经营户公司化经营。湖南湘潭汽车运输总公司组建紧密型交通客运集团公司，运管部门取缔市区内由市第一、第二汽车运输公司经营的雨湖、基建营、下摄司客运站，将建设路口停靠点由湘潭汽车运输总公司接管。是年，湘潭汽车站已成为境域规模最大的现代化车站之一。有职工（包括退休职工）800 余人，经营场地面积约 8000 平方米，拥有高、中、普营运客车 150 余辆，座位 4500 个。主要担负境域跨区域、跨省的公路旅客运输任务，营运线路辐射湖南、湖北、江西、广东、广西五省 66 个地区。湘潭汽车西站占地 21021 平方米，其中建筑面积 4300 平方米，站房面积 2960 平方米，硬化停车场地面 8000 平方米，可同时容纳 500 多辆大中型客车。湘乡汽车站建筑面积 18427 平方米，车场面积 5981 平方米。有下辖 1 个客运车队，客车 91 辆，其中高档车 19 辆，中低档车 72 辆。进站营运的社会客车 98 辆。韶山汽车站有客车 49 辆。湘潭县汽车站有客车 104 辆，有中档车 10 辆、普通车 94 辆，社会参运车 34 辆。同年 12 月，天易汽车站竣工，总投资 2600 余万元，经行业主管部门批准为二级甲等客运汽车站。有 23 路、108 路两条城市公交线路班车和 108 辆道路客运车进站营运，辐射全县 22 个乡镇。另有地际、省际班车 50 台次进站配载。是年，湘潭汽车东站因地域及客源、客流等原因，车站功能尚未全部启用。

是年底，境域有等级客运车站 6 个，其中一级车站 2 个，二级车站 4 个。未定等级车站 1 个。货运站 1 个。站场占地面积 232491 平方米，站房面积 10575 平方米。境域县（市）及其以上汽车站 7

个:湘潭汽车站、湘潭汽车西站、湘潭汽车东站、湘乡汽车站、湘潭县易俗河汽车站、韶山汽车站、湘潭县天易汽车站。乡(镇)汽车站11个:银田寺、虞塘、棋梓桥、侧面虎、壶天、射埠、花石、青山桥、中路铺、茶恩寺、花石老街。其中仍经营客、货运输的乡镇汽车站有花石、青山桥、棋梓桥、银田寺、中路铺、花石老街6个车站。在当地交管站指导下,组织社会车辆进站营运,统一安排客车班次,按规定收站务管理费,车站客运业务开始回升。其他乡镇车站基本歇业,站房向外租赁经营汽车修理或商店。国有交通运输企业的代办站均已撤销。市内客运站点有岳塘、建设路口2个。简易客运站有55个。

二、火车站

1986年10月,110站因旅客减少而撤销。是年底,境域有大小火车站18个。1994年,在湘乡至石狮江区间又增设湘石车站作为列车交汇待避点。1997年,湘黔铁路复线改造和铁路改革,湘乡站场进行扩建,股道增至14股,其中正线2股道,存车到发线5股道,货物线5股道,整备线2股道,日均接发列车67对。云湖桥站对车站线路进行改造,站内由原来的5股道变成现在的上行线4条,下行线3条,专用线4条(分别是江南机器厂专用线、524路内专用线、716专用线和450路内专用线)站线长度为947米,日均接发列车45趟,年发送旅客约1万人次。是年,湘潭东站为适应新建电厂的运量,进行扩建。扩建后车站为横列式一级三场货运站,等级为二等站。主要承办湘潭电厂、湘钢等大型企业货物运输任务。同年11月,撤销十里石、湘石车站。2000年,双江站开通长沙顺安路料有限公司湘乡采石场专用线1条,线内设有2股道,有效长均为450米,年发送货物能力为40万吨,主要货物为石料。10月,泉塘子站撤销。12月,长丰站撤销。2001年,因旅客减少,云湖桥站停止客运,办理货物发送和到达为主。2004年4月,洛湛铁路建通,在湘乡建壶天站。该站地处湘乡市壶天镇,位于洛湛线娄益段的90千米+562米处,为四等中间站,是洛湛线在境域唯一站,有职工27人。有站线7股道,正线1道,到发线2道,安全线2道,总长2598米。有站房面积620平方米,其中候车室150平方米。站台雨棚长度190米。车站无客货运业务,只接发列车,日接发列车10对。同年,湘潭东站按交通部客运量少的小站不再办理客运业务的规定,东站客运业务取消。12月湘潭东站并入株洲火车北站,隶属广州铁路集团公司,湘潭市火车站划归原长沙总公司娄底车务段管辖。

至2005年末,境域由东往西共有易家湾、十里冲、湘潭东、湘潭市、姜畲、云湖桥、马托铺(向韶)、银田、韶山、湘乡、石狮江、双江、潭市、普安堂、棋梓桥、壶天等大小16个站,其中京广线1个,湘黔线12个,韶山线2个,洛湛线1个。站线111.267千米(未加易家湾站线)。

第四节 港口

1986年,境域有港口8处:湘潭港、易俗河港、湘乡港、涟水桥港、棋梓桥港、湘河口港、石潭港、潭市港。客货码头103处。货物吞吐量189.1万吨,旅客吞吐量57.99万人次,此后水运货运吞吐量有所增加。1990年,货物吞吐量上升到199.9万吨。但公路运输的发展,旅客吞吐量下降到25.7万人。1991年始,国家交通部和湖南省政府投资将湘江建设成三级航道。1994年竣工后,1000吨级船队可抵达湘潭本港。但受水运慢的局限,加上受到计划经济体制和机制的约束,湘潭水运停滞不前甚至逐步衰落。1995年,随着交通运输格局变化,物资弃水走陆,企业专用码头亦相继停用。货物吞吐量减到113.8万吨,旅客吞吐量3万人次。1998年,全国港口普查,因部分航道断航,境域仅存湘潭港、易俗河港。2000年港口吞吐量降至最低,货物年吞吐量为78.5万吨,旅客吞吐量4.04万人次,为渡口过渡和旅游人数。进入21世纪,湘潭经济的兴起以及江西萍乡、浏阳、醴陵、株洲等地以湘潭作为起岸港,港口货运开始复苏。2003年,在全省率先引进民营资金投资铁牛埠港区、河西中心港区和寒鸡港矿石接卸线建设。随着湘潭港口建设的快速发展,货物吞吐量显著上升。2005年达到333.75万吨,创境域历史最高纪录。无港口旅客。是年,全市有港口2个,即市区的湘潭港和湘潭县的易俗河港。有码头长度1784米(集装箱码头160米),泊位54个。其中100~500吨级18个,1000吨级4个。

一、湘潭港

1986年,湘潭港区全长42千米,水域面积1700万平方米,陆地面积33.68万平方米,岸线长62千米,港区岸线长10217米,有易家湾、谭家湖、大埠桥、河西、寒鸡港、铁牛埠、九华等多个港区。是腹地企业涟钢、萍钢、新余钢铁厂的货物实行水—陆联运的最佳港口,被称为"黄金水道"。19世纪80年代末对部分港区进行小规模升级改造, 港口货物吞吐量年增,1990年码头总延长1567米,有泊位34个,最大靠泊能力达到500吨。为更好服务经济发展,1991年,水运部门对湘潭港码头、泊位继续改建、扩建。湘潭航运总公司投资960万元对河西十四总货运码头改、扩建,建成长120米的千吨级码头,能确保历史最枯水位前沿水深3米,年吞吐量达150万吨,用于件杂、散货装卸、中转。1995年起,湘潭港口航务处对河西十六总件杂散货码头货场进行硬化。1998年,由湘潭市金迪有限公司投资360万元,在十六总码头西头新建乙二醇500吨级混凝土竖式专用码头泊位1个,长度20米,前沿水深2.8米,主要用途为乙二醇装卸。码头设施有乙二醇贮存罐、蓄水池、消防泵房、趸船及电器设施等。2000年,湘潭航运总公司与湘潭市交通局经济技术开发公司合资组建湘潭港集装箱运输有限公司,为完善河西十四总货运码头装卸功能,共同投资680万元扩建集装箱码头。2001年10月,集装箱码头正式投产,它的建成标志着湘潭市成为对外口岸城市。同年,由于港口基础设施条件的改善,韶山海关在港口设立监管点,湘潭港作为湖南省三大港口之一,成为对外口岸港进入全国内河重要港口目录。上瑞高速全线通车后,东西货物对流形成强大货源流,对铁牛埠、河西中心港、寒鸡港等吞吐能力提出更高要求。2002年,扩建铁牛埠码头轨道运输线,硬化堆场5000平方米。2004年4月,湘潭航运总公司与湘潭市金三角投资建设开发有限公司签订协议,组建"湖南金航港务有限责任公司",双方共同出资(湘潭航运总公司占40%股份)建设和开发铁牛埠港区。扩建工程的一期工程为三个千吨级泊位,设计年吞吐能力74万吨,总投资7983万元,占地约2600平方米,前沿岸线全长240米,纵深110米,吞吐能力达200万吨以上。港区后方建设投资5000万元,征地130亩,建成钢材仓储物流中心,有堆场7200平方米,办公楼2448平方米,设有钢材零售中心站。2004年12月28日,由省交通厅、湖南华源港口物流有限公司、涟钢三家筹资建设河西九华经济开发区宁家湾码头一期工程开工,该工程占地面积180亩,投资1.2亿元,建设三个千吨级泊位(散货泊位1个,重件泊位2个),堆场面积10万平方米,年吞吐量500万吨。码头常年水深5米以上,可常年停泊3000吨级货轮,能同时进行散货、零货件杂货和集装箱装卸作业,是省内少有集多功能于一体的现代物流港口基地。至2005年,铁牛埠港区一期工程完成总投资6195万元,0#、1#两个千吨级泊位建成投产。2#、3# 泊位桩基完成，土方工程已完成。改建改造工程完成 60%；宁家湾码头一期工程已建有 3 个竖式码头，码头长 240 米，历史最枯水位前沿水深 3 米，主要用途为普通件杂货、散货杂货中转。码头共有泊位 3 个。最大靠泊能力 3000 吨级，码头堆场 40000 平方米，年综合通过能力 300 万吨。完成投资 4580 万元。是年 易家湾散货码头、谭家湖散货码头因政府修建湘江风光带而正在拆除。是年末，湘潭港拥有生产用码头 1509 米，泊位 50 个，其中千吨级泊位 4 个，客运泊位 1 个，堆场面积 10.93 万平方米，港口装卸机械 16 台，客运设施 2 万多平方米。港口货物吞吐量 332.7 万吨，其中出港 68.3 万吨，集装箱 1103 标准箱 18420 吨，利用自然岸坡完成船舶货物装卸量 35.25 万吨。无港口旅客。

二、易俗河港

易俗河港位于湘潭县易俗河镇，地处湘江下游左岸，涓水与湘江汇合南侧，上水距株洲市 26 千米，下水至湘潭市区 11 千米。公路有 107 国道从湘潭县新城区通过，水陆交通便利千吨级船队常年通航，有易俗河、湘河口港区，是湘潭县的最大水运枢纽和物资主要集散地。邻近株洲县的部分物资亦经本港出进。所属易俗河码头上起下摄司，下至挂咀州，岸线长 1.5 千米，水域面积 22.5 万平方米，陆域面积 1.8 万平方米。1986 年，拥有栈桥式、斜坡式、踏步式、平台式码头 13 处，堆场 7 处，面积 5620 平方米。1990 年，货物吞吐量达 50.8 万吨，主要物资为煤、矽砂、木材、化肥、立德粉、河砂等。20 世纪 90 年代中期后，潭耒高速公路、天易一级公路相继建成通车并与港口连接，公路运输快速发展，港口货物弃水转陆，航运逐年减少，港区装卸作业量锐减，吞吐量逐年下降。港口装卸职工大多数下岗，另谋职业，装卸机械拆散作他用。1996 年，货物吞吐量锐减至 26.5 万吨，主要为煤和河砂、卵石等建筑材料。2000 年，货物吞吐量继续下跌仅 0.4 万吨。2005 年，易俗河码头有泊位 6 个，其中 500 吨级 2 个，100~150 吨级 3 个，客运码头 1 处。货物吞吐量 0.548 万吨。是年，易俗河港按千吨级码头建设规划，动工新建泊位 6 个，保留改造战备码头 1 个。

三、新建水府庙旅游码头

为充分利用开发水府庙库区旅游资源，湘乡市政府及游船快轮公司多家投资，新建水府庙旅游码头。2001 年，建成野生动物园码头。该码头位于棋梓镇鹅石村，码头全长 20 米，宽 12 米，可停泊 30 吨以下的船舶 10 艘。同年，建成龙溪山庄码头，码头位于棋梓镇龙溪村，可以停靠 30 吨以下的船舶 10 艘。2002 年上半年，动工修建位于棋梓镇坪湖村绿豆坪的主码头。该码头为三级阶梯钢筋混凝土结构，岸线长 450 米，泊位 20 个，码头场地近 2 万平方米。港区宽敞开阔，可停靠快艇 80 艘，游船 30 ~ 120 客位 80 艘。工程总投资 350 万元，为中南地区最大的旅游码头，主要用于游客上船和船舶停靠。2003 年 10 月建成投入试运行，当年接待游客上万人次。2004 年一季度，又投资 700 万元，修建 6 千米四级公路连接线将 320 国道与主码头接通。2005 年水府庙库区有主码头、野生动物乐园、民俗文化村、龙溪山庄及民族风情园等 5 个码头，接待游客 50 万人次。

第三章 交通工具

第一节 陆运工具

一、公路运输车辆

(一)非机动车

1986年,境域非机动车,主要有自行车、人力车(三轮车、板车、脚轮车)。自行车是民众代步的主要工具,人力车用于运送小吨位货物。是年有自行车30多万辆、人力车947辆(单位用)。1990年,自行车数量变化不大,货运人力车发展到597辆。20世纪90年代后,因自行车速度慢,逐渐减少。随着摩托车、小汽车流行,自行车大部分逐步流向农村,在市区内基本上是学生上学工具。商品经济发展,尤其是市内中南最大布市的兴起和砂子岭家具、电器、建材经营的兴旺及城区内道路交通对货车限制,脚踏三轮车随之兴起,经营者主要是城市下岗工人和农村进城打工劳动者,它们小巧灵活,停在商场附近,随叫随到,每次送货运费10~30元不等,为商家和客户都提供便利。进入21世纪,城区自行车明显减少。随着自行车取消登记,自此已无数据可查。脚踏三轮车则有经营者将三轮车装上电动机,脚踏三轮车逐步向电动三轮转变。板车、胶轮车在城区已很少见到。独轮车作为运输工具在农村也很少见。2005年底,境域企业淘汰板车、胶轮车,农村仍有数量不多的在用于运输。

(二)机动车

1.汽车 1986年,道路客运车辆基本上是由国产“解放”“跃进”等货车改装成45座大型客车或19~30座中型客车。以东风XT662、黄河JT680型大客车为主。是年,湘潭汽车运输总公司首次引进6台南斯拉夫产桑诺斯S411型40座高档空调大客车,投入湘潭至长沙、衡阳、韶山客运,是境域第一批进口高档客车。货车吨位开始增大,特种车型增加,货车挂拖车逐渐消失。国产车有东风、解放、黄河、楚风、湖南三湘、湘江。进口车有罗马尼亚、罗马、日本左川吉便。车型有平板车、厢式车、翻斗车、自卸车、油罐车、硫酸车、水泥罐车、吊挂车、装载机。是年,境域共有汽车18344辆(上牌照车,下同),其中参与营运7518辆。营运车辆中,公路运输部门有汽车713辆,其中客车286辆13657客位,货车427辆2153吨位。

1987年后,为提高营运车辆的稳定性和安全性,湘潭汽车站分批购进江苏扬州客车厂生产“扬州”牌客车投放客运。该车长9米,有座位50个。随着经济体制改革的深化,货源结构与货主对货物运输要求发生重大变化,公路货物运输向零担、特种、危险货物、鲜货等专项货种发展,促使货运车辆结构调整,大吨位、特种车比重加大,运输效益提高,跨省长途货运量成倍增长。车型主要还是东风、解放、黄河牌。1990年,境域汽车增至30741辆,其中参与营运的10377辆。营运车辆中,公路运输部门有汽车987辆,其中客车390辆17530客位,货车597辆3477吨位,有重型货车72辆931吨位。

20世纪90年代之后，随公路质量提升，长途客运里程延伸，乘客消费要求提高，客车更新改造进入高峰。东风、黄河大型客车被淘汰。高中档空调车、卧铺客车成为长途客运主要车型。农村已普及9~30座中型客车。专业运输企业在运输市场的竞争中货运量减少，货车拥有量下降，而个体货车继续发展。1995年，市内首批5台三湘牌38卧位卧铺车在湘潭至深圳宝安线上运行。是年，境域汽车猛增至75699辆，其中参与营运19842辆。营运客车增至1125辆22899客位，其中50座以上客车127辆；货车8119辆28893吨位，其中个体及联户有货车4701辆16057吨位。

1997年元旦，市内首批4台南京产“依维柯”（价格20万）小型中级空调车辆在湘潭汽车运输总公司湘潭至衡阳班线上投入运行。该汽车座位少（10~19座），运行成本低，行驶在普通道路上操作灵活、速度快，装备有冷暖空调，档次高，最大特点是其油耗和维护成本低。因此此款车是当时采用得最多的车型。1999年4月，6台“6440”型解放牌小型中级10座客车（12万元）在湘潭至长沙南班线上运行。是年9月，2台郑州宇通“6750”型中型中级和30座影视空调车（21万元）在湘潭至长沙火车站班线上运行。填补境域客车无影视的空白。2000年，境域有汽车122972辆，其中营运客车继续增长达2276辆27242客位。但50座以上大型客车减少至9辆。同时，个体货车量继续上升，全市有营运货车8060辆23062吨位。其中个体及联户有货车5758辆14983吨位。

2001年初，因旅客增加，“6440”型解放牌小型中级10座客车座位少，运力跟不上要求，湘潭汽车运输总公司将湘潭至长沙火车站小解放全部退出运行，取而代之是郑州宇通6770中型30座高一级车（25万元）。是年5月，湘运旅游公司首批使用5台宇通高级客车，其中一台宇通6110型47座大客车（60万元）是境域首台豪华大型高级车，结束境域没有豪华高级客车历史。是年9月，首批厦门产金龙牌6115型50座（70万元）大型高一级车在湘潭至长沙火车站班线上投入运行。2002年，湘潭汽车运输总公司购进浙江金华生产尼奥普兰6122D型“青年号奥普兰”49座大客车，是境域当时最高档的客车。客车长12米，宽2.55米，高3.52米，价格170万，该车设施先进，还加装服务设施卫生间，为旅客提供方便。

至2005年底，全市有汽车257665辆，其中营运客车2597辆，32275客位。客运市场初步实现大、中、小，高、中、普客运车辆配套。有营业性货运的车辆8315辆27692吨位，其中重型货车345辆，专用货车202辆。个体货车及联户5991辆16903吨位。

2. 拖拉机 （见第四十三篇 农机应用与管理）

3. 摩托车 1986年，境域摩托车数量不多，私人拥有摩托车极少，20世纪90年代摩托车数量增加，至90年代末，市内摩托车数量大幅增加。境域摩托车主要分为三大类十五种车型。一类：两轮摩托车。车型有普通车、微型车、普通赛车、微型赛车、越野赛车。比较有代表性的有本田、豪爵、新大洲。二类：边三轮摩托车。车型有普通车、特种车（警车、消防车），比较有代表性的是长江750。三类：正三轮摩托车，车型有普通车（客车、货车）专用车（客车、自卸车、冷藏车），代表性的有重庆力帆集团生产的轰轰烈烈正三轮摩托车。2002年，为理顺城市交通，市区停止摩托车上牌照，城市摩托车的发展受到限制，数量逐年减少。在农村，由于经济的发展，加上交通不发达，摩托车成为家庭出行和短途运输一种便捷的交通工具，数量呈增长状态。2005年底，境域有摩托车216907辆。

二、铁路运输车辆

境域铁路运输车辆均为过路车辆,1986 年基本是普通蒸汽机车。1995 年,蒸汽机车换为内燃机车。2000 年,境域电气化铁路开通使用,机车牵引由原来内燃机车改为电力机车。2005 年底,境域铁路蒸汽机车停用,运行一般为内燃机车、电力机车。客运列车有空调车、双层客车等,车厢颜色为蓝色、橙色和绿色,除绿色车厢外,其他客车均为空调车。中高档客车逐渐取代普通客车。

第二节　水运工具

1986 年,境域有运输船舶 568 艘 7036 客位 17681 吨位。其中非机动船(无帆船、木帆船、钢质分节驳船等)377 艘,机动船(客渡船、运沙船、散货船、油船、拖船等)191 艘。20 世纪 80 年代后期,水路货运快速发展,水上货运出现高潮,国营、集体、个体(联户)一齐上,社会船舶日益增多,乡镇个体船舶异军突起。其中个体(联户)船只增加。水运市场运力大于运量矛盾开始突出。而非机动船因吨位小,速度慢,操作费力,随着机动船发展逐渐减少。1990 年,木帆船仅保存 71 艘 277.14 总吨,仅作为水运企业港区作业辅助船舶。而一般干货驳、分节槽型驳、供水船、油囤、化学品液货船、娱乐趸船等非机动船为主要运力。是年,全市有船 646 艘 1493 客位 29829 吨位。其中非机动船减为 264 艘,机动船 382 艘。全市水上运输部门有船 303 艘,27535 吨位,1493 客位。

20 世纪 90 年代后,随着公路建设发展,公路运输快速、便捷,使水路运量急剧下降。为打开水运市场,1995 年初,湘潭航运总公司与香港贤达实业(集团)合资创建湖南飞达航务有限公司,购进俄罗斯"水塞飞艇"9 艘,每艘 20 座,船上有空调、录像和模拟航空服务,时速 45 千米,营运湘潭至长沙高速客轮班线。是年,境域船舶下降到 415 艘 711 客位 27582 吨位。其中非机动货驳 118 艘,机动船 297 艘。水上运输部门有机动船 154 艘,9680 吨位。

20 世纪末,水路运输继续受到公路运输冲击,水运生产跌入到低谷。2000 年,全市有船 229 艘 232 客位 27622 吨位。其中非机动船 59 艘,机动船 170 艘。水上运输部门有机动船 126 艘,7663 吨位。

进入 21 世纪,工农业生产快速发展,水运的货运量随之增加,境域港口快速建设使水运复苏并以极快的速度向前发展,船只开始增加。但水上客运因其速度慢,已无旅客,只有客渡和旅游船,"水塞飞艇"经营不佳,2001 年停运。是年,境域木帆船仅有 34 艘 272 吨,仅航行于涟水中下游及水府庙水库,湘江干流已绝帆影。非机动船中那些船体笨重、吃水深、行驶缓慢、人工费力的逐渐淘汰报废。船舶更新改造步伐加快。木制机动船已被水泥、钢质机动船代替,发展成现代钢质船,且大型船、集装箱船、特种船随着水运繁荣也出现,2002 年,境域开始有集装箱船,船长 66.6～73.8 米,宽 12～13.2 米,深 3 米多,满载吃水约 3 米,756～1182(1250)总吨位,既可运集装箱,也可运其他货物。

至 2005 年底止,境域共有船只 272 艘 868 客座 50783 吨位。其中非机动船 33 艘,主要是钢质驳船。已无木帆船,除渡口仍有少量手撑木船摆渡外,帆船、伐子、驳子等非机动船已经淘汰、消亡。机动船 239 艘,39976 总吨;机动船中客船 20 艘 868 客位,货船 202 艘,拖船 17 艘。

第四章 运输

第一节 公路运输

1986年,境域公路运输主要由国营企业、集体企业、商贸行业车队和厂矿企业车队共同承担。国有公路运输企业有湘运湘潭公司、湘潭县汽车队、湘乡县汽车队。集体公路运输企业主要有湘潭市第一汽车运输公司、湘潭市第二汽车运输公司、湘潭县运输公司、湘潭市城市客运服务公司等。商贸行业车队有商业、供销、外贸、肉食、粮食、林业、煤炭等行业的车队。厂矿企业车队主要有湘钢、电机、江南、江麓、湘锰、湘乡水泥厂、湖南铁合金厂、湘乡铝厂、湘纺、湘潭电厂、湘潭电化厂等。是年,有公路运输营业户8户,从业员6774人。随着改革开放深入,个体与民营联户客、货汽车如雨后春笋般迅速发展,非交通部门车辆走向市场,参与经营,形成多种经济成分共存互竞格局。专业运输企业被推向市场,走上自主经营、自负盈亏、自我发展道路。由于车辆发展过快,运力过剩,曾一度活跃于运输市场的其他行业车队被迫逐个解体。交通部门各专业运输企业原有固定客、货源被挤占,加之车辆设备陈旧、人员负担重、经营机制不活,企业不堪重负,经营出现亏损。为摆脱困境,不少企业在内部推行承包、租赁等经营机制的改革,调整产业结构,在外部实行兼并、联合,走规模化、集约化经营之路,增强企业竞争实力。但也有少数企业因改革不到位,经营管理不善而濒临破产或解体。1990年,有公路运输营业户4616户,从业人员12476人。

1991年后,境域高等级公路、高速公路建设迅速发展,给道路运输业提供前所未有发展机遇。道路运输以其投资少,见效快的优势,为众多农村富余劳动力和城市下岗待业人员所青睐,非公有制汽车运输业快速发展,并以其机动灵活的经营手段和方式迅速扩大其客、货运输市场。1995年,公路运输营业户发展到12644户,从业员19604人。此时,国有和集体企业仍因人员多,设备旧,负担过重未摆脱困境。而个体客运车辆急剧增加使运力大于运量矛盾突出,客运市场出现混乱。

2000年,为整顿运输市场,保证旅客的出行安全,根据中央精神,客运实行公司化管理,个体经营户客运车辆逐步参与企业经营,市场无序竞争的势头得到有效遏制。货运则继续由个体户领先,国有企业基本退出货运市场。当年,有公路运输营业户7196户,从业员13975人。

2005年底,境域国有运输业有湘潭汽车运输总公司、湘潭县汽车客货运输有限公司。集体运输企业除湘潭县运输公司外,其他或被接管或濒临破产。随着改革的深入发展,厂矿车队也发生深刻变化,各厂矿车队随着企业经济体制改革,有的实行单车承包、租赁经营,有的组建股份制或资产重组,大多数厂矿企业的车队仍在发展。是年,有公路运输营业户12783户,从业员18450人。

一、客运

1986年,随着运输市场的开放,境域已有个体户经营客运。湘潭县、湘乡县农民谢石富、许小章、许峰、许富求等率先购买客车,开始个体农村班线客运。湘潭市第一、第二汽车运输公司、湘潭县运输公司也先后购置客车加盟客运,国营企业(湘运湘潭公司、湘潭县汽车队、湘乡县汽车队)独家经营道路客运的局面被打破。是年,境域交通专业汽车运输企业有客车243辆11360客位,其中湘运占211辆9956客位。个体(联户)客车11辆153座。客运量2481万人,旅客周转量69512万人千米。旅客运输基本由湘运承担,节假日车站人满为患,一票难求。1987年9月,根据湖南省政府精神,境域最大道路运输国有企业湖南省汽车运输公司湘潭分公司(即湘运湘潭公司)下放湘潭市,更名湘潭市汽车运输总公司,行业归口市交通局管理。1988年,湘潭汽车站开通首条境域跨省班线湘潭至萍乡线,运距184千米。短途客运市场班线因无限增加,长潭线之间每日往返达230多班次,潭株线之间每日往返达160多班次,实载率下降,导致经营效益下滑。车属单位及时调整车型结构,将中巴车取代黄河、东风等大客车,提高车速,缩短在途时间,以适应客运市场竞争。

1989年,境域134个乡镇全部通客班车,94.8%以上村通客班车,夜宿农村客班车发展到每日85辆。湘潭市第一汽车运输公司、湘潭市第二汽车运输公司、湘潭县运输公司积极开拓道路客运业务,成为道路客运重要组成部分。国有老运输企业湘潭汽车运输总公司(原湘运湘潭公司)面临客运市场严重挑战。1990年,全市有专业公路运输客车314台15670客位,发行班次316087班,开行班线467条。客运量2671万人,旅客周转量77399万人千米。其中国有239台11816客位,客运量1769.8万人,旅客周转量54931.5万人千米,年营业收入4214万元。

1991年,国民经济蓬勃发展,使城乡人流物流日益繁荣,外出经商、务工、求学、探亲访友、观光旅游者日众,公路客运量增长。湘潭汽车运输总公司(原湘运湘潭公司)发挥国有专业运输企业在市场竞争中优势,从长途客运班线着手,首先,瞄准广东经济特区发展带动的南下民工打工潮,抓住南下民工运输和春节运输,开通湘潭至广州的客运班车。随后,湘潭站和湘乡站相继开通至广州、韶关、东莞、珠海、宝安、惠州、武汉、武昌、沙市、宜昌、监利、仙桃、南昌、宜春、郑州、柯桥、温州、安福、柳州、南宁等6省的19条跨省长途客班车。运距均超过1000千米。长途客运大都使用高档豪华空调车、豪华卧铺车,实行日夜兼程。为保证安全,单程运距在400千米以上班线,每车必配两名驾驶员轮流驾车,人休车不停。1994年,开放的运输市场使专业运输企业陷入困境,为寻求发展,纷纷进行改革。对客运车辆实行单车风险抵押承包制,将客车实行个人承包经营。自此,原国营的农村班线逐渐被个体运输户取代。4月,湘潭汽车站开通湘潭至长沙南站和株洲站空调直达快巴客车,运输效率大提高。随后各专业运输企业相继发展"直达快巴"班车,并积极更新中、高档空调车。1995年,全市拥有专业运输客车326辆15279客位,开行班线467条,年发行班次22.3542万班。年旅客运输量2922万人,旅客周转量91644万人千米。旅客周转量36748.87万人千米。其中国有客车241辆11401客位,客运量969.63万人,年营业收入2905万元。

1997年,湘潭汽车运输总公司将直达快巴引入长途班线,先后开通湘潭至武汉、岳阳、郴州、邵阳、娄底、衡阳等6条空调直达快巴营运线,日均发班414次。为适用长途客运的需要,湘潭汽车运输总公司加快车辆更新步伐,提高车辆档次,客运车辆结构向大、中、小,高、中、普的运力配套。

1999年9月,国务院改革出台新法定休假制度,国庆、春节和"五一"法定节日加上倒休,全国放假7天。当年,湘潭汽车运输总公司春运完成客运量191.16万人次,接送广东民工19710人,创历年最高。是年,根据省政府"长株潭"三市一体化发展要求,境域开通湘潭至长沙南站、湘潭至株洲三市直达公交班线。湘潭汽车站在总结租赁承包后客运线路效益和加强营运车辆管理基础上,逐步收回主要经济线路和经营权，实行公有公营，湘潭至长沙、湘潭至株洲率先投放15辆空调直达快巴车，经济效益佳。2000年，全市59乡镇54个通客班车，1634个行政村有1526个通客班车。有专业运输客车441辆10860客位，其中大型客车76辆3800客位，从业人员5738人。整合后有班线322条。年发班次55.586万班。年旅客运输量3120万人，旅客周转量105130万人千米。出租车1319辆6197客位。国有客车293辆7604客位，客运量440.34万人，营业收入5549万元。

2001年，个体（联户）有客车705辆10402座。按照交通部规范运输市场，实行公司化管理的精神，境域个体（联户）经营逐步发展为联合集体企业经营，实行企业经营公司化。当年，由湘乡市交通局劳动服务中心牵头组建的湘乡市通顺运输有限公司成立，经省交通厅审定为三级客运企业资质。该公司是一家以道路客货运输为主，运输综合服务为辅，单独核算、自负盈亏的民营股份制企业。有营运车辆243辆（其中的士14辆），拥有地际班线5条，县（市）际班线14条，是湘乡市经营客运车辆最多运输企业之一。是年，社会车辆按照“线路分类，经营分工”的原则陆续进入湘潭汽车运输总公司、湘潭县运输公司、湘潭县客运服务有限公司、湘潭三佳客运服务公司、湘乡通顺客运发展有限公司参运。同时，交通专业运输企业因摊子大，机制陈旧，不适应市场经济发展，在全市客运总量中的比重逐年下降。当年，客运量占27.39%，客运周转量占38.36%。为扭转局面，境域加快交通企业改制工作步伐。同年8月，长、株、潭三地汽车运输总公司（集团公司）联合开通湘潭至长沙火车站、湘潭至株洲直达快巴公交车。三市共投入豪华空调车120辆，为旅客提供舒适、安全、快捷的交通服务。2003年，发展普通班线，凭借高速网优势，拓展高速公路旅客运输。湘潭汽车站首开湘潭至广州全程高速直达班线，星级的服务，深受旅客欢迎。2005年底，全市59个乡镇全部通客班车，1630个行政村有1531个已通班车。有专业运输客车711辆16470客位，有班线426条，年开行班次48.3869万班，发送旅客3301万人次，旅客周转量113527.9万人千米，运输收入13714.1万元（国营运输企业实行公司化运作，统计上没有单列）。境域班线四通八达，北至湖北武汉、宜昌，南达深圳宝安、龙岗，东达福建、温州，西至广西南宁、柳州。

二、货运

1986年，农村经济体制改革和交通运输市场全面铺开，原有区、社农机站渐次解体，集体所有制农用车、拖拉机折价转卖给私人经营，湘潭县、湘乡县出现个体货运车。国有、集体货运受到冲击。以装卸、搬运货物为主湘潭市第二汽车运输公司、湘乡县汽车队、湘潭县运输公司经营业务受运输市场开放影响，企业经营困难。是年，境域货运汽车发展到4741辆，其中工交、贸易、建筑等部门1046辆，行业及县市乡镇2508辆，社会个体754辆，交通专业企业433辆（另：农用车、拖拉机见农业机械篇，下同）。1987年，湘潭县汽车队是县境域主要支农物资和厂矿重点货物运输企业，经营盈利，荣获交通部“文明车队”称号。1989年，个体运输业继续发展，全市发证的个体（联户）货车已达1743辆6217载重吨，数量为国有、集体交通专业企业的3.87倍和2.53倍，境域90%以上村、乡（镇）物质集散基本上由个体车辆承担。1990年，营运货车上升到5883辆23717.7吨，其中个体（联户）猛增至2404辆8765.4吨，交通专业运输企业降至422辆2351吨，社会厂矿企业事业单位3057辆12601吨。全年货运量1603万吨，货物周转量67797万吨千米。在货运上，个体（联户）车辆占社会车辆总量40.86%。主要运输煤炭、非金属矿石、钢铁、水泥、木材、粮食、矿建材料、化学肥料及农药等。是年,湘潭市第二汽车运输公司各部门先后实施全员风险抵押承包责任制后,经济效益仍然不佳,成为湘潭市20家特困企业之一。

1991年开始,个体运输遍地开花、蓬勃发展。除承运乡镇物资运输外,很大一部分车辆进入跨省跨区长途货运。当时正值广东、深圳肉、蛋、禽等产品主要依靠湖南供应,湘潭、湘乡一些货车业主,自发组织起来从事生猪收购和长途贩运,返回时运回建材、农资、家电等物质,获得较丰厚的经济效益。同时,运输信息业开始发展,形成交通行业管理中新兴服务业。

1995年,湘潭县运输公司货运因资源严重不足被迫停业。当年,湘潭县汽车队因货运业务锐减,企业收入减少,负债运行,实行人员下岗分流。个体及联户货车增至4701辆16057吨。是年,全市有货车8119辆28893吨,年货运量2094万吨,货运周转量82472万吨千米。其中国有年货运量仅有10.06万吨,货运周转量1302万吨千米。

1996年后,个体货运仍快速发展,2000年,个体货车发展到5758辆14983吨,个体运输业已成为公路货运的主体。湘乡市虞塘镇虞塘村300多户村民,就拥有各类车辆200多辆,其中10吨以上大货车有30多辆。100户车主自发成立"翔龙运输公司"和"飞龙运输公司",除从事本地城乡物货运输外,还进入外省从事长途货运。当年,湘潭火车站汽车队完成国内标准箱22482运输任务。是年,全市有货车8060辆23062.41吨位,年货运量2279万吨,货运周转量103221万吨千米。

2001年,湘潭市第一汽车运输公司成立道路化学危险货物运输公司,拥有专用车辆27辆89.5载重吨,开辟特种货物运输新渠道。同年,湘潭火车站汽车队完成国际标准箱521箱、国内标准箱21420箱运输任务。是年,湘潭汽车运输总公司在汽车东站建立货运配载物流中心,有信息业户53家,从业人员135人,场地面积7000余平方米,办公、库房面积1200平方米,为车主客商提供货运信息、配载、停车、食宿等综合服务,成为湘潭市规模最大、人员最多、功能最齐的物流信息中心。当年,湘潭市岳塘区正大货运信息协作部(法人代表马光)有从业人员18人,货场面积2330余平方米,货车5辆,凹式平板车2辆,经营短途和长途货运配载,主营笨重三超(超长、超高、超宽)货物,为市内具有一定规模、技术设备较齐、管理较规范的一家民营信息业户。2002年,湘潭汽车运输总公司货运分公司搬迁至东站。9月20日,湘乡市汽车队终因破产将固定资产以392万元整体拍卖。职工实行"两个置换",买断职工83人,退休人员转入社会劳动保险,车队注销。同年,湘潭市岳塘区正大货运信息协作部代表湘潭市货运信息业参加湖南省首届联合运输大会。

2005年,全市有信息配载和货运代办95家,其中74家货运信息服务部在湘潭汽车东站集中经营,形成规模效应,是市内最大的货运信息集散地。个体货车5991辆16902吨位,主要运输矿物性建筑材料、金属矿石、钢铁等。个体货车和社会单位货车占全部货运96%,货运量占94%。是年,全市有货运汽车8513辆27692.36吨(其中大型车3210辆18913.39吨位,重型车345辆4663.73吨位,专用车202辆1493.28吨位)。年货运量3618.87万吨,货运周转量143304.97万吨千米,分别为1986年的2.6倍和3.2倍。从业户数12644户,从业人员13005人。

第二节　铁路运输

1986年,境域铁路仍是工农业生产运输和民众出行的主要通道。运输工具主要是蒸汽机车。由于火车经济、安全,长途旅客出行一般首选火车,铁路客运繁忙。湘潭火车站办理客运业务的有10对20列客车;由于铁路货运比水路快,运输量又大,一些企业首选铁路。当年,运送旅客188万人,运送货物448万吨。1987年,湘潭火车站开始办理火车集装箱运输。此后,随着公路客运快速发展,境域铁路站点少,铁路客运呈减少趋势;货运随境域经济发展,物流的兴盛,有所增加。1990年,虽然湘潭火车站办理客运业务有42对84列客车,铁路运送旅客168万人,比1986年减少20万人,运送货物459万吨。1992年,境域铁路运力出现内燃机车,客车车厢出现空调车。1993年,湘潭火车站年运输集装箱近9000个国内标准箱,运输收入60余万元。1995年,铁路运送旅客157万人,运送货物501万吨。1997年7月10日,国家民委命名的长沙到张家界的239/240次"民族团结号"过境列车由普通客车改编为空调车,满足少数民族及沿途旅客的需要。2000年,境域开始使用电力机车。境域铁路班线的减少,客运量仍在降低,是年铁路运送旅客145万人;经济发展,使铁路货运量增加,铁路完成国内标准集装箱22482箱运输量,运送货物532万吨。2001年,完成国际标准箱521箱,国内标准箱21420箱。2004~2005年铁路运输管理体制进行变革,境域的铁路被分割管理。即湘黔、韶山、洛湛线属广州铁路局娄底工务段管理。京广线归株洲工务段管理。是年,境域办理客运业务的有28对56列客车,其中特快列车2对;快速旅客列车7对;直通旅客列车9对;管内旅客快车8对;管内旅客慢车2对,完成客运量147万人,为1986年78.2%。是年,湘潭、云湖桥、湘乡、棋梓桥等站已建有较大货场及货物装卸线,有较强装卸存放能力,可直接办理各大厂矿生产原料到接和产品发送。其中云湖桥、湘乡站已初步形成湘潭市的玉米集散地,韶峰海螺集团水泥发送呈逐年上升趋势,双江采石场道砟运量最高峰达5万吨/日。是年,发送货物795万吨,比1986年增加77.5%。

第三节 水路运输

1986年,市内有水运企业4家,其中国有航运港口企业1家(湘潭航运总公司),集体水运企业3家(湘潭市水运总公司、湘潭县航运公司、湘乡县运输公司)。共有客货船舶681艘。时值水运市场开放,社队集体船舶由农民承包私营,农民个体船舶渐次递增,私营水运业初起,水路运输由交通航运企业独家经营出现国营、集体、个体一齐上新局面。当年,境域个体私营客货船舶已达234艘1850载重吨,从业人员达500余人,年完成货运量9万吨,货运量周转量275万吨千米。

面对个体水运的竞争,国营、集体航运业积极想办法调整运力结构、提高服务质量,水运量、水运周转量持续上升。1990年,境域有运输船舶303艘27535吨位,载客量1493客位。其中全民企业109艘17070吨位750客位。同期,港内砂石采运成为水运主业之一。从1991年开始,水路运输受公路运输的冲击,运输量开始下降。交通专业水运企业因设备陈旧,机制不活,人员负担过重陷入困境,生产逐年萎缩,出现亏损和负债。集体水运企业面临破产。1995年,境域有水路运输营业户32户,从业员2053人。有运输船舶154艘9680吨位,载客量650客位。其中国有仅20艘1040吨位。20世纪末,社会运力急剧增长,水运市场竞争日益激烈,国有、集体水运企业严重地不适应市场经济的变化,企业管理失控,企业连续亏损,体制、机制、管理方面的弊端日益显露,生产经营越来越艰难,经济效益愈来愈差,加之事故和自然灾害的影响,纷纷面临破产。2000年,境域有水路运输营业户345户,从业员2610人。有运输船舶126艘7663吨位,载客量1469客位。其中国有15艘460吨位。

进入21世纪，境域企业经济发展和港口码头建设，吸引娄底、邵阳、怀化等地区大宗水运货物，加之水运运量大，成本低优势，境域水运出现新转机。2003年，引用民营资金投入码头建设，开创境域水运新局面。2005年末，全市有水运、运输服务、港口企业22家，其中国有1家，国有股份制1家，集体4家，民营企业16家。有水路运输营业户112户，从业员1836人。港口经营业户41户，从业员224人。有运输船舶272艘50783吨位，16927千瓦。其中个体199艘42565吨位15205千瓦。从事砂石作业的经营户有68户，从业人员500余人，年砂石产量300万吨。全市3家交通专业水运企业，湘潭航运总公司、湘潭县航运公司、湘潭市水运总公司正在进行改制或破产。

一、客运

1986年，水路港口旅客吞吐量57.99万人次，为水路客运黄金时代。1987年，因运输市场全面开放，公路拓宽改造，新型客车大量涌现，其优势非水运所能及。旅客弃舟乘车，水路客渡渐趋萧条。湘潭至衡山及株亭、易俗河、石潭、株洲4条客运航线被迫停航，昔日“黄金水道”湘潭至长沙客运航线，因客源零落，客班由每日4班改为一船单航，年客运量由20世纪70年代年均98万人次降至15万人次。是年，根据湖南省政府精神，省航运公司所属分公司下放地方，境域最大水路运输企业湖南省航运公司湘潭分公司下放湘潭市，更名为湖南湘潭航运公司。行业归口湘潭市交通局管理。1989年，因旅客减少，水上国营部分客运航线被迫歇业。1990年，境域有客运船9艘，载客量1493客位。客运量39.1万人，旅客周转量1273.3万人千米。其中全民客运量25.7万人，旅客周转量1106.1万人千米。

因公路提供快速、方便、舒适服务，水运无法与之竞争，旅客乘船日益减少，水上客运经营艰难，1994年，境域专业水运企业水路客运停航。1995年，为扭转困境，湘潭航运总公司利用优越码头设施和技术力量，经市政府、省交通厅批准，与香港贤达实业（集团）共同投资60万美元合资创建湖南飞达船务有限公司开航试营运，经营湘潭至长沙、株洲高速客轮航班线，首期营运湘潭至长沙高速客轮航班线，每日10个航次，票价20元。水府庙库区利用旅游资源发展水上运输，市场基本由个体私营船舶经营。为满足旅客水上观光娱乐需要，经营业主购置一批豪华、舒适、安全、高速客轮经营水库旅游，客运逐渐昌盛。但境域港口客运旅客吞吐量继续下降，全年客运量3.37万人，旅客周转量158.39万人千米。

此后几年，客流量逐年下降。到2000年，随着水府庙库区旅游业开发，私人旅游客船运输迅速发展，营运于库区内的机动客轮达29艘590客位，专业机动客船6艘757客位186.69千瓦。是年，全年客运量5.24万人，旅客周转量246.28万人千米，全部为个体运输。

2001年，湘潭航运总公司累计亏损2935.82万元。湘潭市水运公司、湘潭县航运公司基本停产，开辟干支直达航线无力开通，处于破产境地。5月，湖南飞达船务有限公司运行五年高速客轮由于长潭公路开行城市直达客运，票价低廉，快捷舒适，旅客弃水走陆，飞达快艇旅客日益减少，经营亏损，停航清算。同期，水府庙水库经湖南省人民政府批准为生态旅游区，主码头建成中南地区最大的旅游码头，各种旅游船舶已基本配套，有旅游船31艘450客位，汽艇15艘，水上娱乐船5艘，300个座位，从事旅游服务人员1350人，全年旅游客运10万人次，旅游客运周转量400多万人千米。同年，个体私营船舶向大型化、钢质船、客轮发展，市区湘江河岸个体私营轮渡8处，轮船10艘，营收占全市轮渡收入50%。湘潭县个体(联户)轮渡25艘,个体(联户)船舶成为湘潭市发展经济的一支重要运输力量。

2005年,境域有客船20艘868客位,年交通客运量为零,完成渡口和旅游游客6万人,客运周转量50万人千米。

二、货运

1986年,境域水路货运正是繁荣昌盛时期。年运送货物196万吨,货物周转量35155万吨千米。主要运送矿建材料(砂卵石)、煤炭、化肥及农药、粮食、钢铁。当时水运市场已放开,专业水运企业受到冲击。国营、集体航运业在“对外开放,对内搞活”的方针指引下,由以本省内河为主,改为开辟长江、干支直达、水陆联运、调整运力结构、提高服务质量,水运量、水运周转量持续上升。1988年,境域运输船舶基本上被钢质机动驳、活动货斗自卸半舱机动驳、甲板舱口两用机动驳三种新型船舶所代替。境域货运生产稳步上升,运输效益年年增长,年货运量达200万吨,货物周转量34870万吨千米。为湘潭轮船运输发展全盛时期。1989年,湘潭市水运总公司各项技术指标在全省同行业中,处于领先水平,连续三年被评为省“优质运输企业”。1990年,境域货运量180.3万吨,货物周转量27609.4万吨千米。其中全民货运量21.8万吨,货物周转量18077.3万吨千米。个体户货运量158.5万吨,货物周转量9532.1万吨千米。个体船舶增至481艘3183吨、2845千瓦。主要运送矿建材料、煤炭、化肥及农药、粮食、钢铁。

1991年,公路运输长足发展,水路运输受公路运输冲击,运输量开始下降。湘潭航运总公司因经营管理举措欠当,生产效益下滑,所属2301轮在张家港水域又发生重大海损事故,导致亏损。此时,面对日趋激烈的运输市场,湘潭县航运公司深化内部改革,实行经济指标承包,独立核算,自负盈亏的单船风险抵押承包和租赁经营,减少非生产人员,企业效益有所回升。1994年1月,湘潭航运总公司对内部船舶和生产单位实行“国有民营、风险抵押、租赁经营”,签订承包合同。生产收入创历史新高。1995年,境域短途货运市场基本由个体私营船舶占领。同时,境域木帆船锐减至210艘1680吨1545千瓦,专业水运企业的木帆船运输完全退出货运市场。是年,境域货运量174.97万吨,货物周转量26111.55万吨千米,其中国有货运量14.23万吨,货物周转量17238.44万吨千米。主要运送粮食、钢铁、矿建材料、煤炭、化肥及农药、水泥、非金属矿石、机械设备电器。其他均为个体民营。

1997年3月,湘潭航运总公司发生重大连锁沉船事故。该事故引发一场旷日持久官司,几经反复诉讼,直至最高人民法院,才最终得以公正判决。自此后公司元气大伤,加之水运市场极不景气,低微的职工工资难以发放,不少人下岗,纷纷外出打工谋生。企业陷入建港以来最为困难时期。下半年,湘潭市水运总公司由于经营困难,经济问题越来越严重,公司陷入无人管理的状态。1998年3月,市委、市政府和交通局陆续向湘潭市水运总公司派驻工作队,帮助公司恢复管理,帮助企业加快资产、债权债务的清算,摸清家底。1999年,为保障化纤企业产品正常运输,湖南金迪化纤有限责任公司和南京港务局通海水运公司、湘潭航运总公司三家合资注册资金1170万元组建湖南金通运输有限责任公司开始营运。公司有441千瓦顶推轮1艘,400吨级乙二醇专用分节驳船6艘,组成2400吨级船队。主要经营水路货物运输和长江中下游及其支流省际化学品运输(化纤原料)及机械、电器设备、建筑材料、装饰材料、五金、交电及政策允许金属材料、化工原料销售。此时,交通专业水运企业生产陷入低谷,逐年萎缩,年年亏损,负债累累,集体水运企业处于破产边缘。而民营、个体水运企业利用境域黄金水道投资建港,发展水路运输,民营水运企业兴盛。2000 年,为摆脱困境,湘潭航运总公司筹划引进资金完善十四总千吨级码头配套设施,在市交通局及政府有关部门支持下,与湘潭市交通经济技术开发公司合资组建湘潭港集装箱运输有限公司。当年,境域货运量 110.1 万吨,货物周转量 14069.9 万吨千米,其中国有货运量 5.83 万吨,货物周转量 7170 万吨千米。主要运送矿建材料、粮食、化工原料及制品、金属矿石、钢铁、煤炭、水泥。其他均为个体民营。

2001 年 10 月,十四总集装箱码头正式投产,水路货运业务有所回升。此时,湘潭航运总公司已累计亏损 2935.82 万元。湘潭市水运公司、湘潭县航运公司基本停产,开辟的干支直达航线无力开通,处于破产境地。2002 年 ,境域国有水运企业采取“内改外联”经济策略。一方面,将以不适应市场需求的陈旧船舶进行处理,另一方面,积极对外招商引资,争取铁牛埠港区的立项扩建,筹划寒鸡港矿石专用码头的新建。12 月,湖南金通运输有限责任公司通过交通部海事局安全质量体系审核中心的审核, 成为湖南省第一家通过国内安全管理体系审核, 并取得交通部海事局颁发的安全管理《符合证明》和《安全管理证书》的公司。2003 年,湘潭十四总千吨级集装箱码头建成投产后,境域通过水运发往欧美、日本的集装箱与日俱增,水运完成进出口集装箱 3142 标准箱,国内标准箱 23134 箱。货物主要是立德粉、柴油机、塔吊、井盖、皮革、二氧化锰、锰铁、工业设备和邵阳、长沙、衡阳等地的酱菜。这时,境域已出现水运运力不足、批量货物压港,私营个体、民营水运开始进一步发展并走向集约经营。2004 年 1 月,民营水运企业湖南湘平高速航运有限公司、湘潭正和船务有限公司成立。6 月,由湘潭市金三角投资建设开发有限公司与湘潭航运总公司合资组建湖南金航港务有限责任公司的股份制公司成立,是湖南最大的港航合一的专业航运企业之一。7 月,湖南华升置业有限公司(股份占 90%)和湖南华菱涟源钢铁有限公司(股份占 10%)共同出资组建湖南华源港口有限公司。10 月,湖南金航港务有限责任公司所属的河西分公司成立。同年,民营水运企业运力占总运力的 70%。

2005 年,湘潭金航船务有限责任公司成立。接着个体联户、民营企业创建的湖南金通运输有限公司、湘潭扬帆船务有限公司、翔海物流有限公司和湘潭顺通散货装卸有限公司等相继成立,新增运力 3.6 万吨,成为水上货物运输的主力军。年内,境域有运输货船 136 艘 34326 吨位 12391 千瓦,完成货物运输量 355 万吨,货物周转量 55306 万吨千米。其中交通企业货运量 26 万吨,货物周转量 29446 万吨千米。主要运送金属矿石、钢铁、矿建材料、木材。其他均为个体民营。

第四节　搬运装卸

1986 年,全市有道路搬运装卸户 78 户,从业人员 3780 人。装卸操作量 132 万吨。搬运企业有汽车 338 辆 1490.5 吨,全年完成搬运量 124.3 万吨,周转量 4211 万吨千米。其他机动车 112 辆,人力车 901 辆。完成装卸作业量 546.87 万吨。装卸物资主要为矿石、建材、原煤、焦炭、机械设备、日用工业品、冶金材料等。装卸作业量以铁路装卸和厂矿装卸作业量最大,港口装卸量次之。当时,车站、港口大宗笨重货物徒手无法操作,湘潭市第一、第二汽车运输公司、湘乡县运输公司、湘潭县运输公司、湘潭市水运公司等专业搬运装卸企业购买铲车、叉车、汽车吊车等，促进装卸机械化发展。在装卸作业中以湘潭火车站机械化程度最高。由于各大厂矿及铁路车站自办装卸，当地农村富余人员不断涌入装卸市场，专业搬运企业货物装卸量逐年下降。是年6月，随物价指数上升，市交通局、市物价局颁布《湘潭市城(镇)区搬运、装卸运价规则实施细则》，市区搬运力资在1973年基础上调高30%。1989年9月1日，湘潭市物价局、交通局根据省交通厅、省物价局规定，对全市装卸搬运价格作全面整顿，总的运价水平在1986年装卸搬运运价的基础上提高20%~40%。1990年，部分厂矿、企业、车站为解决富余劳力和待业人员，自办搬运装卸企业。车站、港口、码头、工矿的主要搬运作业由交通专业搬运企业开始转向个体，社会搬运力量成为搬运业的主力。是年，全市有道路搬运装卸户156户，从业人员7086人。搬运装卸操作量714.19万吨。搬运企业有车辆201辆，820吨，全年完成搬运量84.2万吨，周转量2653万吨千米。有装卸机械50台，其中起重汽车9台，铲车13台，全为集体企业所有。装卸量629.99万吨，其中市区火车装卸量48.30万吨，市区港口装卸量95.24万吨。

1991年，专业搬运阵地不断被挤占，企业拓展业务步履艰难，专业企业搬运工具逐年减少，阵地萎缩，人员多数下岗。但城乡经济发展，各种经济成分搬运装卸力量纷纷打入搬运装卸市场，农村大量富余人员涌入，社会搬运装卸迅速兴起，原专业运输企业承担搬运装卸业务被乡镇富余人员、农村富余人员占有，部分搬运装卸企业停业破产。随着运输市场全面升级，湘潭市第一汽车运输公司、湘潭市第二汽车运输公司、湘潭县运输公司等搬运企业主营业务转移至公路客货运输，搬运装卸企业随着运输生产发展成为公路运输企业。专业搬运装卸企业主营业务也由搬运装卸转移至汽车客货运输和其他第三产业。此时，搬运工具主要有机动三轮车、轻三轮、摩托车、拖拉机、轮用运输车、小四轮车等，基本实现搬运机械化。湘潭港口货物装卸基本实现机械化作业。1992年12月，为理顺价格关系，市物价局、交通局根据省物价局规定，结合湘潭的实际制定《湘潭市搬运装卸运价规则》，适当调整搬运装卸运价及杂项作业收费标准，新《价规》和新运价标准自1993年1月1日起在全市范围内同时实施。新《价规》和新运价标准是全市范围内发生短途运输、搬运装卸及有关杂项作业结算依据，凡在湘潭市从事短途运输、搬运装卸及有关某项作业发生运费结算的全民、集体、合资、私营业及个体(联户)经营者均按本规则执行。1995年，有道路搬运装卸户132户，从业人员6012人。搬运装卸操作量658万吨。搬运量57.2万吨。有装卸机械19台，其中起重汽车3台，铲车16台，全为集体企业所有。装卸总量上升到万600.2万吨。其中市区火车装卸量28.91万吨，市区港口装卸量76.16万吨。

1996年3月13日，湘潭市物价局转发湖南省物价局《关于我省境域地方铁路及铁路专用线货物装卸作业计费有关问题的通知》，要求市内地方铁路及铁路专用线的物、运双方认真执行。湘潭火车站、湘潭火车东站、湘钢铁路专用线、湘潭锰矿、湖南铁合金厂、湘乡铝厂等铁路专用线，云湖桥、棋梓桥、湘乡等火车站的铁路货物搬运装卸作业费结算，均按此通知执行。

1999年，随着改革开放形势的发展，国家材料、燃料市场放开，职工工资和补贴增加，运输成本不断上升，原有价格明显偏低。湘潭县运输公司石潭、楠竹山搬运业停业破产。2000年，境域搬运装卸企业通过技术革新和技术改造，主要码头、车站、货物装卸基本实现机械化，城镇农村的搬运基本实现汽车及其他机动车运输。有道路搬运装卸户126户，其中国有1户，集体70户，个体经营者55

户，从业人员5114人。装卸操作量105万吨。全年搬运装卸量557万吨。完成搬运量57万吨，周转量377万吨千米。有装卸机械9台，其中起重汽车3台，装卸量500万吨，其中市区火车装卸量23.92万吨，市区港口装卸量41.31万吨。

2001年，湘潭港口加快发展速度，主要装卸木材、化肥、河砂卵石、工业原料、工业产品。装卸机械的发展不仅提高装卸效益和装卸质量，减轻劳动强度，而且为企业提高经济效益。运输市场竞争加剧，装卸搬运收费也随市场竞争波动。境域装卸搬运开始执行市场调节价，其方式是价格双方商定后，签订协议，按协议运作。随着搬运装卸市场的规范和机械化程度的提高，搬运装卸队伍户数、人数减少，趋于稳定。2003年8月，由上海振湘航运有限公司、香港金容有限公司、湖南华菱钢铁集团有限公司、湘潭航运总公司、湘潭钢铁集团有限公司五家单位联合投资成立的中外合资经营码头企业湘潭顺通散货装卸有限公司，有员工80名，注册资本2215万元，经营期限50年。公司位于湘潭市岳塘区五星村麻元组寒鸡港码头。主要经营散装货物装卸载。

2005年底，境域有道路搬运装卸户15户，从业人员1374人。港口装卸41户，224人。有装卸机械7台，其中起重汽车2台。搬运企业有车辆120辆437万吨，全年完成搬运量720万吨，周转量6800万吨千米。

第五章　交通管理

1986年，改革开放促使境域交通管理以“集中统一，分级管理，政企合一”行政管理运输生产为中心计划经济管理体制向“政企分开，行业管理，依法执政，规范经营，宏观调控”行政管理和行业管理过渡。当时，行政管理机构有市、县（市）交通局和镇（乡）交通管理站（简称交管站）。管辖所属行业管理机构人、财、物及其执法监督。行业管理有湘潭公路总段（1996年更名为湘潭市公路管理局）、湘潭市运输市场管理处（1991年更名为市公路运输管理处）、市航务管理处（1994年更名湘潭市港口航务管理处）、市港航监督处（2005年更名为湘潭市地方海事局）、公路航道管理处县乡公路管理（1989年更名市县乡公路管理处）、市拖拉机摩托车养路费征收所、市联合运输办公室。是市、县（市）交通局领导下的具体执法单位。1994年3月25日，湘潭公路总段养路费征收办公室更名为湘潭交通规费征稽处，与湘潭公路总段分离办公，为省交通规费征稽局垂直管辖。1996年，随着湖南省交通建设质量监督湘潭分站成立，交通管理体系进一步健全，步入管理有法，市场有序的轨道。当年，市交通局根据《行政处罚法》要求，清理执法资格主体，清退执法队伍中的临时合同工和不合格者，明确交通执法单位职责，先后与有关交通行政执法单位办理行政执法委托书，明确委托组织与被委托组织委托事项和法律责任。

2005年底，湘潭市交通管理系统执法分属公路路政、交通规费征稽、道路运政、水路运政、航道行政、水上交通安全监督、船舶检验、港口行政、交通工程质量监督9个执法门类。全市交通行政执法的局、处、所、队、站共53个单位，有执法人员750余人。

第一节 公路管理

一、公路路政

1986年,境域国、省道路政管理由湘潭养路总段负责。县道和乡道的路政管理由市、县两级公路路政部门负责,日常路政管理主要依靠当地乡(镇)政府和村组领导配合进行。是年12月24日,湘潭公路总段成立公安科,市辖县及郊区公路段设立公安派出所,隶属公路总段和当地公安局双重领导,路政管理人员着公安制服值勤执法,查处违规损害公路各种乱象。1989年10月,湘潭市政府召集市工商、公安、国土、交警支队及公路总段等有关部门对107国道湘潭段沿线的砂子岭、易俗河、梅林桥、中路铺、茶恩寺等地段的一切路障进行清理,保证国道的畅通。

进入20世纪90年代,在市人大常委会倡议下掀起上至市、县(市)政府下至村民爱路护路活动,市政府第十九次会议正式通过的决定将每年的11月为湘潭市"全民爱路月"。1993年5月,落实省"畅安工程"行动要求,市政府制定下发《关于清理整顿公路两旁违章建筑、路障的通知》,将全市819.54千米的国省道和县乡道都纳入各级政府管理责任范围。对216户违章建筑户发送出违章建筑停建通知书,对220户违章建筑户发出行政处罚决定书,将39户违章建筑户交送法院强制执行,一些难度大违章大户得到处理。1995年,交通部颁发《107国道文明样板路实施标准》。是年,根据省委意见和省委、省政府《关于下达107国道文明样板路标准段建设的通知》,路政部门配合各级国土部门认真调查107国道湘潭段的违章建筑和路障情况,全路段有违章建筑719处,占地面积8万平方米。全年处理治安纠纷及案件20余起,拆除棚点233处,查处违章建筑146处,拆除永久性违章建筑7处,拆除各类非公路标志120余块,取缔路边洗车场17处,清除路障1395处,铲除在公路用地内非法种植作物3000平方米,收缴破坏公路的各类罚款20余万元。1996年,省治理"三乱"领导小组认定湘潭市为国省道无"三乱"市。1998年启动320国道文明样板路建设。是年,省治理"三乱"领导小组肯定湘潭市为县乡公路无"三乱"市。

2000年,贯彻执行交通部《超载运输车辆行驶公路管理办法》。将管理办法内容在电视上滚动宣传,在国省道上设大型永久性宣传牌,将《超载运输车辆行驶公路管理办法》印成小册子一万本发到驾驶员手中。2002年6月,湘潭市公路局路桥总公司获国家建设部颁发"公路工程总承包一级施工企业资质"证书。2003年8月,市县乡公路管理处设立路政管理所,市县乡公路管理处及各县(市)公路站配备专、兼职路政管理人员26人,配备路政执法车3台,加强路政管理。规范公路沿线广告标牌,与沿线店铺签订文明经商公约,搬迁公路集贸市场25处,新建改建公路集贸市场9处,扩宽改建公路瓶颈地段。2004年,市公路管理局设立路政安全科,全局配备路政管理人员42人。在市内320国道线七里铺收费站、省道209线壶天、省道208线如意亭收费站设立三个超限运输车辆检测办证点,悬挂治超检测站标牌,宣传板牌,每站配备一台称重检测仪,查处超限车辆,并对超限车实行以卸载为主,收取补偿费为辅的办法,遏制超限行为。2005年,县市政府组织公安、工商、国土等有关部门和沿线集镇领导和爱路护路骨干开展107和320两条国道线为期一个月专项整治行动。

二、公路养护

1986 年，境域公路养护按其资金来源和管理权属分为国养公路和地方养公路（即县乡公路）。公路养护里程共有 2121 千米。其中国有养路部门管养 826 千米，好路率 83.9%。地方管养 1295 千米，好路率 71.46%。有养路工班 98 个，养路工 706 人。厂矿管养 44 千米，好路率 60.31%。当时，公路是清一色的砂石路面，养路工班日常任务是采石补槽、铺砂回砂、清沟铲草、维持路面平整清洁，为原始手工操作，工作效率低、体能消耗大。是年，国道开始改造升级路面砂改油，部分由原来的四级跨越提升为二级公路。1989 年，湘潭市县乡公路管理处成立，负责全市地方公路（部分县道、全部乡道）养护。各县相应设立县乡公路管理站。原县、乡两级政府管理的公路采取以民工建勤养护为主的管理模式，由于资金来源和养护经费的限制，其管理模式和体制模式与国养公路大不相同。县乡公路的养护管理主要由县（市）和乡（镇）两级交通主管部门负责，省、市交通部门给予业务技术指导和管养中的检查督促及补助一定管养经费和工程经费。1990 年，湘潭市县乡公路养护管理实行分级分类管养，有常年养护、季节性养护、村组自修自养三部分。全部县道及车流较大、社会效益较好部分乡道列为常年养护。一部分乡道列入季节性养护，大部分乡道和全部通村公路由当地乡村组织农民自行筹资或集体投劳养护。常养公路根据车流量及道路效益分五级列养，每年千米养护经费为 2000~800 元不等，季养公路每年千米费用约 400 元，其经费由市县乡公路管理处切块包干分期拨付各县（市）公路管理站。年终视综合年均好路率颁发奖金。县乡道大中修，新改建工程实行专款拨付，专业工程队施工。湘潭公路总段湘乡段养路工李清桥因工作突出荣获“全国优秀养路工作者”称号和全国“五一劳动奖章”。是年，公路养护里程共有 2201.9 千米。其中国有养路部门管养 822.2 千米，好路率 80.2%。有养路工班 71 个，养路工 497 人。县乡管养 1379.7 千米，好路率 81.4%。有常养工班 86 个，养路工 667 人。厂矿管养 45.1 千米。

1993 年，公路养护部门改革大集体管理模式，引进市场管理机制，责、权、利挂钩，建立健全层层目标责任制，县公路局将路况和工班经济效益挂钩，工班将路况与个人经济收入挂钩，使好路率年保持在 80%以上。是年，湘乡市公路局山枣养路工班班长张禄顺发明阴离子乳化沥青修补沥青路路面工艺，被全省推广。20 世纪 90 年代中期，随着高速公路快速发展，境域高速公路养护收归省高速公路管理处负责。这一时期，市、县交通部门集中财力将重要县乡道改为油路或水泥混凝土路面。由于资金紧缺，养护里程多，技术等级低，养护材料缺少，县乡公路养护工作比较薄弱，加之车流量增大，路况总体水平较低。1995 年，为全面提高公路养护质量，根据省公路局的部署，境域开始组织职工开展“雨杯”“标杯”竞赛活动。保障雨季公路畅通，日常保养标准化。是年，公路养护里程共有 1853.84 千米。其中国有养路部门管养 833.92 千米，好路率 82.79%。有养路工班 63 个，养路工 404 人。县乡管养 1019.92 千米，好路率 78.26%。有养路工班 100 个，养路工 612 人。

1996 年 6 月 7 日，湘潭公路总段更名为湘潭市公路管理局，下属的湘潭县、湘乡市、韶山市公路段相应地更名为湘潭县、湘乡市、韶山市公路局，但机构规格、人员编制、单位性质不变。同年养路工班改名为“公路管理站”。同年，山枣养路工班班长张禄顺因工作突出被评为省交通劳动模范，湖南省“十佳养路工”之一。2000 年，国养公路的沥青和水泥混凝土路面超过总养护里程 70%。县（市）公路局成立水泥混凝土路面和沥青路面机械化专业养护队，路面补修、罩面、封层、标志标线、断板更新、板底灌浆、树草喷药等工序由专业养护队实行机构化作业，并配备工程车，洒油车、压路机、碎石机、小型保温沥青罐。养护工班只负责清扫路肩、疏通水沟、路面保洁、道路巡视等工作。砂石路养护工班也配置小四轮运输车、手扶拖拉机和其他养护机械。是年，公路养护里程共有 1943.48 千米。其中国有养路部门管养 818.49 千米，好路率 66.07%。有养路工班 48 个，养路工 374 人。县乡管养 1124.99 千米，好路率 81.4%。厂矿管养 45.1 千米。

2005 年底，境域公路养护改革养护机制，采用抓好日常养护，提升养护质量，确保“雨季”路况稳定等措施，提高公路养护水平。全市先后投入 676.0 万元购买养护机械，大大提高工作效率。有公路管理站 23 个，6 个专业养护队，养路工 269 人。县乡公路养护工班 84 个，养路工 540 人。养护里程 2581.78 千米，其中国有养路部门管养 819.55 千米，好路率 69.37%。即国道 133.23 千米，省道 138.13 千米，县道 523.91 千米，乡道 24.28 千米。县乡管养 1716.13 千米，好路率 81.13%。厂矿管养 45.1 千米。

三、公路绿化

1986 年，境域公路国道、省道、部分县道、乡道的养护绿化为国养公路，由湘潭公路总段负责。大部分县、乡道的养护绿化为地方养公路，由市交通局所属单位负责。境域国养公路绿化情况较好。而由市交通局所属单位负责管理的县乡公路因为资金短缺，公路养护已深感其难，更无资金和精力加强公路绿化，加之道路等级低不宜绿化和当地农民对道路绿化不爱惜等原因，公路绿化比国养公路相对逊色。当年，公路大面积拓宽，为保护路基路肩，增强行车人员对前方公路视觉轮廓感，提高行车安全，许多公路栽种行道树，按照省公路局制定《湖南省公路绿化暂行办法》，重申谁造谁有的政策，绿化加大。是年，境域公路 2165.01 千米，绿化里程 359 千米。1990 年 3 月，湘潭县公路段成立专业绿化队，加强对国养公路的绿化管理。国道技术等级提高后，耗资 30.8 万元，对 107 国道线原有绿化或砍伐，或移栽，进行绿化更新。但县乡公路的绿化率仍上不来。当年，境域公路 2202 千米，绿化里程 449.98 千米。其中国养公路绿化，绿化里程 286.88 千米，绿化率 34.88%。县乡公路管理局绿化 163.10 千米，绿化率 13.13%。公路快速发展，促使公路绿化的提高。1995 年，绿化里程 680.7 千米。其中国养公路绿化里程 429.8 千米，绿化率 51.86%。县乡公路管理局绿化 250.9 千米，绿化率 19.79%。随着境域经济发展，县乡公路逐步进行拓宽改建，达标上等级，工程竣工后进行绿化，公路绿化里程逐步增加。2000 年，境域公路 2305.1 千米，绿化里程 810.81 千米。其中国养公路绿化 513.01 千米，有乔木 3285 百株，绿篱 219622 平方米，绿化率 58.56%。市县乡公路养护绿化 297.8 千米，绿化率 22.93%。

2001 年，市公路局与岳塘区政府合作对长潭线板竹路口至九曲黄河两旁种植 5～10 米的绿化带。2002 年，G320 线湘潭段进入修整期，补植行道树 13.8 万株，绿化 41.37 千米。2003 年，G107 沿线绿化补行道树 9 万多株，耗资 19.4 万元。同年，又投资 19.37 万元在梅林桥至分路口段增植梓树 3345 株，分路口至护湘关段增植女贞树 83809 株。

2005 年，国养公路重点对 320 国道、5 条省道及云湖桥－回龙桥线、蔡家嘴－石潭线、石潭－中路铺线等县道进行绿化，耗资 112.76 万元。至是年底，境域有公路 2719.335 千米，绿化里程 1879.435 千米。其中按规范标准绿化国道 142.3 千米，绿化率为 92%。绿化省道 143.5 千米，绿化率为 93%。绿化省养县道 325.61 千米，绿化率为 62.4%。绿化县乡公路 542.13 千米，绿化率 47.415%。

第二节 水路管理

一、航道管理

1986年，由于部门经济利益驱动，在航道采砂淘金，违章建筑等现象日益严重，仅境域湘江马家河至昭山湾河段水域两岸，有砂场77个，挖砂船20多艘，驳船100多艘，在河道流动作业，乱采、乱挖、损坏河道、航道、严重阻碍船只通航。为加强航道管理，1994年，湘潭港务管理处更名为湘潭港口航务管理处，内设湘潭砂石管理处，开始管理境域地方航道。湘江干流航道仍由省航务局直属长沙航道管理局管理和养护。境域地方航道为季节性通航航道，涟水航道湘河口因每年淤泥堵塞造成船舶航行困难，因此每年枯水季节，由湘潭港航处组织湘潭县航运公司进行挖砂清障养护，保证航道畅通，船舶航行安全，每年疏浚费用3万元左右。同时，按照国家规定对湘潭地方航道进行航标设置。涟水航道涟水公路桥、东山公路桥、水府庙库区高速公路桥，均常年设置三类(不发光)桥区航标。在季节性通航区段的涟水洙津渡大桥、万福桥、石潭大桥设置季节性桥区航标。每座桥4座航标。航标每年定期维护保养，确保航标完整，颜色鲜艳。

20世纪90年代，随着新建桥梁增加，加强对湘江、涟水新建桥梁港区的安全管理。对大桥工程施工水域实施每日24小时值班制度，颁发航行公告，划分大桥施工水域，确保工程施工和航行安全，杜绝交通安全事故。1995年，为保护航道畅通，湘潭市人民政府组织交通、港航、公安、矿产资源、水利、税务等相关部门进行多次整顿，但效果不佳，乱挖乱采河道沙石屡禁不止，引起湘潭市人大的关注。2000年8月，市人大常委会联工委组织部分市人大代表进行全面调查，摸清全市砂石市场管理混乱问题。是年9月，市政府召开市长办公会议，专题研究全市砂石市场整顿问题。

2001年7月，湘潭市交通局作出《关于取缔违规砂石场的紧急通知》。由市人民政府领导牵头，组织交通、水利、矿产资源、税务、工商、公安等相关部门全面整顿湘潭湘江地段乱挖、乱采河砂卵石现象，废除和搬迁企业、个体砂场25家，砂石皮带运输机25条。控制挖砂船、运砂船、淘金船发展，保障湘江河段的畅通。涟水湘乡段乱挖砂石，湘乡市政府组织交通、水利等多家单位，对现有砂场全面整顿，查封无证砂场37家，依法罚款6000多元，规范办证55家，设立禁采区多处，保护涟水航道。2003年4~12月，根据交通部《关于开展第二次全国内河航道普查工作的通知》和省交通厅《湖南省第二次内河航道普查实施方案》精神，市交通局及港航处组织力量，对境域航道从航道概况、航道枢纽、过河建筑物、航道管理机构及养护力量、临河设施调查表、航道现状标绘七个方面进行全面普查。至2005年，湘潭市港口航务管理处管理、养护航道有260千米。其中三级航道42千米，七级航道27千米，等外航道191千米。

二、港口管理

1986年，境域省属湘潭港码头港务航务工作由省航运管理机构管理，湘潭、湘乡两县港口码头港务工作由湘潭港务处管理。管理主要职能是贯彻执行国家、省、市政府管理法规，编制境域港口中、长期建设规划，依法划定水域、陆域使用权，对港埠业务、港口装卸搬运、新增水上运力的审批和管理，审批核发岸线水域滩地、船舶购置、水路运输、船舶营运、港埠业务经营等许可证，征缴规费，统计港口运力。是年，全国第一次港口普查，境域年吞吐量 1 万吨以上的港口 8 个。湘潭港年吞吐量最高达 200 万吨，易俗河、湘乡两港年吞吐量在 20 万吨以上，其余 5 个港口年吞吐量 1~20 万吨。并对全市码头、生产泊位、港口库场面积、各类装卸机械、固定资产及专业装卸企业在册人数进行详细调查统计。划分码头作业区、绘制港口平面图及装卸流程图，制定港口的发展规划。1987 年，省属湘潭航运分公司下放地方，归口湘潭市主管。至此，湘潭城区港口码头统一由湘潭市港航管理处管理。20 世纪 90 年代，湘潭市港航管理处根据交通部《港口危险货物管理暂行规定》，对危险物品采取港监、港航、公安、安全、环保、卫生防预等有关部门，按照各自职责联合管理，严格危险货物审批检查。1994 年，湘潭市港航管理处更名湘潭市港口航务管理处。1996 年始，湘潭港航部门以培育发展水路运输市场为中心，以依法行政、秉公执法为准则，不断完善港口、航运行政审批和开业资质审验制度，调整充实船舶和经营户档案、台账。同时，坚持对营运船舶的年度审验，对 3 家港口企业、4 家水运企业、2 家水路运输服务企业进行开业资质审验。1998 年，为保障危险品货物的安全进出港，湘潭市港口航务管理处督促本港液货危险品经营业户健全安全生产管理制度和安全例会制度。对液货危险品起埠、装卸、转运全过程进行监控。组织危险货物装卸、运输管理及岸上人员上岗资格培训，开展对危险品运输企业和船舶资质评估，督促落实个体（联户）危险品运输船舶实行企业化经营管理。是年，根据全国第二次港口普查要求，湘潭市港口航务管理处，再次开展港口普查工作，查清港口基本情况。着重普查湘江干流的湘潭港和易俗河港。此时涟水 6 个港口因涟水断航、均作砂场或闲置。2002 年，根据交通部《港口装卸机构管理规定》，市港航部门加强港口装卸机械管理，指导督促湘潭航运总公司、湘潭港口运贸公司、湘潭港集装箱运输有限公司、湘潭金通运输有限公司等单位建立健全各项安全生产规章制度，各类装卸机械操作规程和装卸机械保养维护制度。2003 年 6 月，《中华人民共和国港口法》颁布，市港航部门制订宣传方案，成立通讯员队伍，进行宣传贯彻。

2005 年，境域管理的港口 2 个，码头 7 个。

三、海事船检

（一）船舶检验

1986 年，境域湘潭船舶检验所与湘潭港航监督所一门两牌，负责承担辖区除省航运局新造船舶之外其他水运企事业单位营运船舶的检验工作。同时，对先进船型定型与建造进行检验。同年 5 月 9 日，省船检处发文，自即日起不再直接进行建造船舶检验。至此，境域所有船舶都由湘潭船舶检验所检验。当时，船舶检验靠手工进行，检验工具一般是锤子、皮尺、手电筒等。是年，检验新造船舶 56 艘，7444 吨；检验营运船舶 1094 艘，24947 吨；审查图纸 13 套。

1990 年，检验设备增加万用表、低压兆欧表、外径千分尺、游标卡尺、水平仪、倾斜议，检验质量和速度有所提高。当年，检验新造船舶 16 艘，2454 吨；检验营运船舶 774 艘，19445 吨；审查图纸 16 套。

1995 年，增加超声波测厚仪。是年，检验建造的新型船舶有湖北阳逻的 596 千瓦的推轮。当年，共检验新造船舶 20 艘，3019 吨；检验营运船舶 602 艘，24125 吨；审查图纸 4 套。

2000 年，检验新造船舶 6 艘，2466 吨。检验营运船舶 307 艘，24386 吨。审查图纸 7 套。检验建造的新型船舶有 65 米豪华趸船、武汉 600 油船，300 立方米链斗挖沙船。并开始实行电脑发放船舶检验证书。

进入 21 世纪，船质材料基本由钢质、纤维高强塑料取代木质、钢骨架钢丝网水泥船体，船舶工序及各项设备也同时不断现代化。发达的造船工业，促进船舶检验技术的提高和船舶检验设备现代化，境域船舶检验设备已有超声波探伤仪、涂层测厚仪、红外非接触式测温仪、激光转速仪、风速仪、测爆表、温度指示仪等新设备，促进船舶检验规章完善和船检人员素质提高。2002 年，检验的湖南远洋运输公司造 124 标准箱 1232 吨，404 千瓦集装箱船为当时境域检验最大船舶。至同年底，还检验新建造的 65 米长江趸船 10 艘。2003 年，境域船舶检验开始用 GPS 进行船舶测速。2005 年，检验新造船舶 15 艘，6982 吨；检验营运船舶 266 艘，26727 吨。

(二)船员管理

1986 年，境域执行交通部颁发《中华人民共和国轮船船员考试办法》，由湘潭港航监督处负责船员技术考核归口，规范化管理。1988 年，随着科学技术进步，大型船舶不断增加和湘江航道开发性整治，江海河联运的发展，对引水员和船员的技术要求提高。当年，举办 7 期个体户轮驾员和航运企业轮驾员培训班，参加培训 217 人，经考核获初级合格证 159 人。1989 年 10 月，按照《湖南省引航管理暂行办法》成立湘潭引航站，加强湘潭航区船舶进出港引航工作。1991 年实施《湖南省 < 船员服务簿 > 签发实施办法》，该办法的实施对加强船员监督管理，核定船员在船服务资质起到重要作用。1993 年 6 月，为执行《中华人民共和国内河船舶船员考试发证规则》，重新划定船舶等级、船员职务设置、考试科目及相关规定，省港航监督局颁布《湖南省非机动船舶船员考试发证办法》，统一非机动船舶船员考试、发证规定，境域船员考试、发证工作走向正规化、标准化。1995 年，根据《长江下游分道航行规划》，市港航监督处对航行长江下游航线的船员进行专门培训。1996 年，根据《湖南省内河船舶持证船员年检年审暂行规定》，对辖区水域船员进行年检评审。同年 9 月，省港航监督局颁布实施《湖南省快速船舶船员专业培训考试规则》，规则对从事快速船舶船员持证上岗作统一规定，从技术上保证快速船航行安全。1997 年 11 月，开始贯彻执行《中华人民共和国船员培训管理规则》，加强船员培训管理，保证船员培训质量，提高船员职业素质。1999 年，港航监督处对船员技术档案、证书审批、证书制作等均运用计算机管理。2001 年，根据中国海事局《关于开展 2001 年船员秩序整顿的通知》，湘潭港航监督处实施“先长途，后短途”“先重点，后一般”“对分散的船员一户一户上门培训”“企业职工集中培训”“培训与考查相结合”等办法，将安全管理年知识培训与证书年检年审相结合，培训船员 220 人次，年检审 270 人次。

2005 年 8 月 25 日，湘潭港航监督处改为湘潭市地方海事局。至是年底 20 年间，境域举办各类船员技术培训班 56 期，参加培训 2024 人次，颁发技术合格证书 1652 人。是年，境域驾驶部持证人员 684 人，轮机部持证人员 533 人，驾机员 237 人，驾长 110 人。

(三)船舶签证

办理签证是港监审核船舶是否符合安全适航条件的主要管理措施。1986 年，境域仍实行港口船舶进出港签证管理制度。1990 年，根据交通部《船舶安全检查规则》，对船上文书、船员证书和配员、船体、机身设备、消防救生设备、无线电设备、安全制度实行定期检查。1991 年 3 月《中华人民共和国船舶进出内河港口签证规则》颁布后，依此规则办理船舶进出港口签证执行无误。湘潭港航监督部门结合辖区实际开展港口、码头现场监督检查，每逢重大节假日，监督人员与水运单位密切合作，现场监督，严禁超载，严禁“三品”（危险品、爆炸品、易燃品）上船。每年开展“反三违月”活动（违章指挥、违章作业、违反劳动纪律）。1994年，根据国务院《关于清理、取缔“三无”船舶的通告》，由湘潭市政府牵头，市和县交通局、港监、水上公安等单位组成联合工作组，清理取缔“三无”（无航行证、无驾驶证、无营运证）船舶，集中整治水上交通秩序，实施安全综合治理。2005年，境域船舶签证仍严格执行国家水上安全监督管理和船舶及水上设施的法定检验规定进行工作，保证船舶安全运行。

（四）乡镇船舶监督管理

1986年，境域乡镇运输船舶迅速发展，成为水上有生运输力量。但同时乡镇船舶交通安全事故成为影响本土水域水上交通安全形势重大因素。1987年，湘潭市及湘潭县、湘乡市、雨湖、岳塘区各级人民政府贯彻《中华人民共和国内河交通安全管理条例》和国务院《关于加强内河乡镇运输船舶安全管理的通知》，先后在湘潭县的白托、古城、云湖桥、河口、易俗河、姜畲、九华、马家堰，湘乡县的棋梓桥、谷水、毛田、崇山、潭市、东山、望春门成立乡镇船舶安全领导小组。湘潭市雨湖、岳塘区的霞城、长城、板塘等乡镇都设立专职安全监督管理员，其他乡镇设立兼职安全监督管理员。1988年，市港口航务监督处培训23名乡镇船舶安全监督管理员，开展全市乡镇船舶38天的再整顿工作，同时深入港口、码头播放录音磁带逐船宣传，并将《内河交通安全违章处罚规定》《水路运输管理条例》印成小册子送到每条船上，做到人人皆知。1992年，湘潭县22个乡镇签订安全责任书。1997年石潭成立“乡镇船舶管理站”。是年，境域航监部门反复强调，凡从事营运的乡镇船舶和渡船，限期补齐“三证二牌一线”（船舶检验证书、船舶登记证书、船员职务适任证书，船名牌、乘客定额牌，载重线），配齐救生消防设备，按核定的航线、航区航行，凭交通主管部门批准的运输许可证向工商行政管理机关申请登记，领取《营业执照》，方可营业。但县乡（镇）政府对乡镇船舶安全管理职责未落实，部分乡（镇）责任制流于形式，乡镇船舶安全管理人员不稳定，“三无”（无船名无船号、无船舶证书、无船籍港）船舶管理仍是一个难题，乡镇船舶监督管理任务仍很艰巨。

2002～2005年，为加强乡镇船舶、渡口安全管理，湘潭市政府出台《湘潭市乡镇船舶和渡口安全管理办法》，该办法实施后，“三无”船舶管理问题得到改善。

第三节　运输市场管理

一、公路运输市场管理

1986年，境域公路运输市场管理由市、县交通局直接管理。1987年5月1日，按交通部规定，省交通厅通知，凡从事营业性运输的各种机动车辆须持证经营。自此，市、县交通局由对个体运输户核发参运证改为对所有从事公路运输及运输服务的单位和个人核发营运证。是年7月1日起，开征公路、水上客运附加费。1989年，市、县（市）运输管理部门根据全省统一部署，从清查经营业户的开业条件、经营范围、经营行为是否符合规定；实行对客、货车辆的购置前审批，控制运力盲目增长；建立良好客运秩序，实现客运车辆一律进站归点经营；从遏制滥价、涨价和侵吞票款及其他违法营运行为四个方面整顿运输市场，并给运输企业、个体（联户）4407辆营运车、2508台参运拖拉机核发“湖南省公路营运证"。1991 年，湘潭市公路运输管理处成立，随即各县(市)公路运输管理所，区、乡(镇)的交通运输管理站相继成立。市交通局运输科的行业管理职能下放公路运输管理处。全市运输市场由行政管理转为行业管理。1994 年，市公路运输管理处根据国务院、交通部、省交通厅有关条例、规定精神，对全市道路运输信息服务业进行全面清理整顿，经审核发放《经营许可证》87 家，对从业人员进行专业培训，经考试合格发给《上岗资质证》，湘潭运输信息服务和货运配载业逐渐进入集约化经营、规范化管理。1995 年，8 年前已整体移交公安部门交通警察管理驾驶员培训和驾驶培训学校管理工作重新由公路运输管理处负责。

1996 年 1 月，湘潭市物价局转发省物价局、省交通厅《关于整顿公路汽车运价的通知》，公路客运价格由省统一管理，改为分级管理原则。适当提高运价水平，除客、货附加费和车辆通行费外，现行价外加收各种费用一律取消。同年，随着公路运输车辆急增，运输市场秩序混乱，安全隐患增加。为整顿客运市场秩序，查处无证车辆、超类别班线的车辆及违法违章经营和不正当竞争、违章超载等，湘潭市交通局成立"湘潭市道路客运市场整顿工作领导小组"，围绕客运线路、票价、站场行为等方面进行整顿，并配合物价部门对个体中巴车乱涨价行为进行查处。通过整顿，湘潭汽车西站有运输企业、个体 340 多台客车进站经营，湘乡汽车站有 110 多台社会客运车，韶山汽车站有 40 多台社会客运车进站经营，基本做到车进站，人归点。

1997 年，为配合公安部门重点打击车匪路霸和公路干线上乱罚款、乱收费、乱设卡的"三乱"行为，再次打击无证车辆非法经营，干线公路车辆秩序明显好转。是年 12 月，中华人民共和国价格法出台，执行市场调节价格，即在 1997 年前制定的价格基础上双方协商。随着路桥通行费收取，燃料价格上涨，货运运价在执行中仅作指导价，实际运价以货主与车主双方协商定价为主。

1998 年 8 月 17 日，交通部、国家发展计划委员会联合印发《汽车运价规则》，对公路客货运输实行全面调整。是年 9 月 28 日，湘潭市物价局、市交通局联合发文，核定车站实行微机售票后客运票价，全程运距 100 千米以内每票 0.50 元旅客站务费，全程运距 100 千米以上的每票含 1 元旅客站务费。停止收取在该站发班的营运客车的停车发班费。是年 11 月 12 日，省物价局、省交通厅颁发《关于制定我省高等级客车公路运价的通知》。按《营运客车类型划分等级评定》，明确符合交通厅行业标准的高级客运车辆，具体分为三类七档，即大型高一级、高二级、高三级；中型高一级、高二级；小型高一级、高二级。1999 年，进一步规范全市道路运输市场秩序，取缔农用车载客运输。2000 年，境域农村客运班线基本由个体(联户)客运车辆经营。运输车辆快速增长，运力大于运量矛盾出现。开放的运输市场促进个体(联户)运输发展，同时又使个体(联户)运输少数人证照不齐、违法经营，致使交通事故增加。道路行业管理部门在省、市交通主管部门支持下，开展道路客运市场专项整顿，规范经营行为。4 月，全市开展客运企业资质评定工作，执行交通部《道路旅客运输企业经营资质管理规定》"企业评级、线路分类、经营分工"原则，对客运企业资质、人员素质、资产规模、车辆和设施、企业管理、经营效益等方面综合评价。同时，根据交通部文件精神，不再审批个体(联户)从事道路旅客运输，原有个体(联户)经营户和客运车辆逐步引导参与企业经营，实行公司化管理。改变境域客运主体多、小、散、弱的现状，改善运力结构，车辆档次得以提升，提高企业承担风险的能力。至是年底，除湘乡市境域尚有 4 台车为个体私营客车外，其余 1106 台班线客车均进入公司进行经营管理。是年，湘潭市政府同时规范出租车管理，规定个体户不得从事出租客运，必须由达到一定资质要求出租车公司经营。经清理整顿，全市共组建出租车公司14家，出租车1387辆。当年，有关部门继续发文对后三轮和三轮摩托车载客运输予以取缔整顿，因群众方便，车主收入可观，仍继续载客，整顿收效甚微。

2001年，依据国务院办公厅转发交通部、建设部、公安部、财政部、国家计委联合颁发的《关于清理整顿道路客货运输秩序的意见》，湘潭市政府成立清理整顿客货运输秩序领导小组。7月至11月，针对湘潭市道路运输市场秩序存在突出问题，开展清理整顿。整顿期间，全市组织联合执法15次，出动执法人员4415人，检查车辆28000台次。查处非法改装运输车辆108台，因超载责令卸转客车辆67台次，无牌无证经营车辆540台，其中督促上户和补办经营手续215台，强制报废325台。查处农用车、微型货车载客40余台次。吊扣驾驶证2900本，行政拘留18人。市公路运管部门集中力量组织队伍稽查898次，中止非法营运车辆388台，纠正运输违章1500余台次。市整顿办组织交通、公安、城管等职能部门以湘潭汽车站、湘潭汽车西站、湘潭县汽车站（易俗河新站）、湘乡汽车站为重点，对全市客运站场进行全面整顿，清理行政事业性收费38项，经营性收费19项，整顿后全市道路客、货运输秩序有较大改观。是年8月，为贯彻国务院办公厅和交通部《道路旅客运输企业经营资质管理规定》的精神，湘潭市交通局下发《关于停止社会个体私营客运车辆报废更新及线路审批的通知》，规定从事道路客运经营的个体私营客车，到报废年限或达到报废标准一律强制报废，不再批准更新。12月，为方便车主和客运生产，调整市道路客运线路审批领导小组，客运线路审批将每月审批一次改为每月审批二次。

2002年起，根据国务院发布的《危险化学品安全管理条例》，凡从事危险货物运输的业主，必须办理《道路危险化学品运输经营许可证》，个体户不得经营危险化学品运输。同年5月14日，为加强对客运站场的管理，湖南省运输管理局颁发《湖南省道路运政管理机构驻站管理暂行办法》，要求道路运政管理机构在各客运站场派驻办公室。规定驻站运政管理办公室，是道路运政管理机关的派出机构，依据法定的职责和权限，行使对道路客货运输站场行政管理职能。

2003年以后，客运线路审批按照需要不定期进行。是年，根据湖南省物价局、省交通厅《关于印发〈湖南省汽车旅客运价实施细则〉的通知》精神，市物价局、市交通局联合下发《关于核定我市汽车旅客运输票价 全面规范运价管理的通知》，重新核定境域汽车旅客运输票价，并对平时票价和节假日票价、夜班车旅客票价、旅游车票价、省际客运票价作规定：平时票价不得上浮，但可根据客流情况下浮，春运、“五一”“十一”节假日旅游黄金周期间客运票价可在平时客运票价基础上上浮不超过20%；在当日20:00以后始发并于次日凌晨6:00以前到达终点站的夜班车旅客运价在同类客车运价基础上加10%；旅游车旅客运价在同类客车运价的基础上加15%；省际客运运价按省际运输协议规定执行。取消价外加价，实行公路旅客运输价格明码标价。

2005年7月，启用《中华人民共和国机动车驾驶培训教练员证》，湘潭市共换发370本，核发120本。

二、水路运输市场管理

1986年，在改革开放推动下，水路运输多种经济成分、多渠道、多层次经营格局逐步形成，市场开放程度越来越高，水运生产市场化，运力、运价、货源主要由市场调节，水运行业管理的法规相继建立和完善。是年,湘潭水运轮船运价按《湖南省国营船舶货物运价规则》执行。1987 年,境域交通主管部门根据国务院颁布《中华人民共和国水路运输管理条例》规定,对水路运输实行行业管理。1988 年,湘潭航务管理处贯彻执行省交通厅发布《湖南省水路运输管理实施方法》,行使水运行业管理全部职能。是年,市交通局运输科和市港航处组织力量,对 1987 年 10 月以前开业水运企业和其他从事水路营业运输单位和个人,作一次性补办开业申请和审批手续,全面摸清水运企业和社会船舶数量和素质情况,为水运市场由行政管理进入行业管理做准备。

1989 年, 市场物价全面放开,燃料价格上涨,政策性费用支出增加,运输成本提高幅度较大,水运企业亏损严重。湖南省物价局、省交通厅根据国家对沿海、长江航运货物运价调整精神,颁发《关于调整水路货运价格的通知》,对全省水路货运价格再次调整。1991 年,港航监督部门根据中国港航监督局《船舶进出口内河港口签证管理规则》,境域建立船舶进出港签证查询,实行签名负责制度,坚持做到"三查、三交代、四结合"。即查船舶证书、船货配备、航线、航区、危险品准单、各种规费有无违反港口规章,交代风汛、水位、航道变迁、航行通知等注意事项。1994 年,市交通局和市航务管理处对湘江湘潭段 42 千米水域作业船舶进行清理整顿,先后检查、抽检 88 艘船舶,企业船舶证照齐全 15 艘,补办营运证 9 个,责令证照不齐船舶限期补齐船舶证照。是年,市航务管理处更名湘潭市港口航务管理处。是年,湘潭县人民政府、县财政局,改革民间义渡管理体制,改县级主管为县、乡(镇)、村三级管理。县财政每年拨义渡经费 12 万元,县交通局负责安全监督和各项经费发放及乡镇村负责人员配备、渡船维修和渡运安全。1995 年 7~11 月,根据国务院《关于清理、取缔"三无"船舶的通知》,由湘潭市政府牵头,市、县(市)交通局及港航、港监、水上公安单位组成清理取缔"三无"船舶集中整治水上交通秩序联合工作组,以湘江、涟水、涓水及水府庙水库水域内的船舶为重点进行为期 4 个月的集中清理整顿。通过清理整顿,水运市场的竞争环境有较大改善。同年,湘乡市为集中整治水上交通秩序,成立以副市长为组长整顿领导小组,组织市交通安全办、交通局、航监、航管、公安等有关部门及乡镇负责人历时 2 个月,共纠正违章船舶 35 艘,补证照 33 个,收缴规费 2 万多元。

1996 年,湘潭市港口航务管理处开始对营运船舶实行年度审核,并根据交通部《水路危险货物运输规则》要求,危险品运输必须进行危险品货物运输申报,在起卸港监装监卸,防止出现技术失误。1997 年,将水运各类货物分成 8 个等级,计价不同,运价不一。

20 世纪末,由于水运市场持续低迷,国有和集体水运企业相继退出,通过改制和破产等办法将船舶出售给个人,运价也基本上放开,由船主和代理商共同议价。2001 年,为具体落实交通部《关于在全国开展航运市场整顿工作的通知》及《国内船舶运输经营资质管理规定》精神,改善经营环境,完善经营资质,规范经营行为。成立航运市场整顿工作领导小组和办公室,安排精干力量,制定整顿工作方案,在整顿中对原有水运企业 185 户(专业 83 户,个体 102 户)进行资质审查,换发《水路运输许可证》和《船舶营业运输证》,将个体客运船舶,液货危险品运输船舶纳入企业化经营管理。2005 年,随着国民经济高速发展,境域水运又日趋活跃,吞吐量日增,运价由货主采取招投标形式进行,符合市场经济规律。年底,全市拥有在籍船舶 300 多艘,运力 43000 吨,完成货物吞吐量 337 万吨。湘潭市港口航务管理处分别获得"省航务局文明建设先进单位"和省交通系统文明建设先进单位称号。

第四节 规费征稽

1986年,征收人员着装上班,持证上岗,挂牌办事。征稽人员相片、职务张榜公布。是年,湘潭市公路运输管理处、湘潭市拖拉机摩托车养路费征收所、湘潭港航监督处征收运管费、拖拉机摩托车养路费、船泊检验费共159.3万元。依据《中华人民共和国公路法》《湖南省交通规费征收管理条例》及《湖南省公路养路费征收管理办法》的有关规定,依法对拖欠、逃缴公路养路费等交通规费车辆采取上路稽查、上门上户催交。1987年,开始征收货物港务费、船舶港务费。1998年,湘潭市交通规费稽查大队成立。1990年,全市规费征收221.5万元。1993年,湘潭市港口航务管理处又征收水路运输管理费。1994年3月,为理顺交通内部管理体制,加快公路交通事业发展,根据省人民政府改革精神,经湘潭市政府批准,湘潭市交通规费征稽处和湘潭市车辆购置附加费征收管理办公室成立,实行一门两牌,为独立核算副处级事业单位,行政上隶属市交通局,业务和经费由省交通规费征稽局直管。同时,各县(市)设置交通规费征稽所,为副科级事业单位。负责对湘潭市辖区内公路养路费、客、货运附加费、车辆购置附加费等的征收和管理。当年,征收汽车养路费、货运附加费、农用车养路费7392.78万元。1995年,又新征客运附加费、航道养护费。当年,全市规费征收12111.5万元。1997年10月,经湘潭市机构编制委员会批准,撤销市区征稽所,设立市区第一、第二、第三交通规费征稽所,将车辆购置附加费征收办公室放入市区第三交通规费征稽所。2000年,全市实际征收交通规费11888.6万元。2001年1月1日,经国务院批准,车辆购置附加费改为车辆购置税,境域由交通规费征稽机构代征。随着改革开放深入,新费种陆续开征,境域征费强化征管手段,扩大费源,交通征稽呈现费种多样,费额大幅度增长的兴盛态势。2003年,境域规费又新征正三轮养路费。征收两年后停征。2005年1月1日, 车购税征收业务工作和人员正式划转国家税务局。2005年征收规费15387.9万元,为1986年的96.6倍。是年,市公路运输管理处共查处车辆7100辆次,补征规费995万元。市港航管理处水上稽查30000人次,补征规费400万元。市征稽处共出动稽查53744人次,依法上路查扣欠费车辆39113台,按政策处理欠费车辆34853台,收回交通规费6776.09万元。其中养路费4199万元,客运附加费814.96万元,新车建设费417.97万元,车辆购置附加费(税)1344.16万元。湘潭交通规费征稽处副处长彭延兵因工作突出被评为省级劳动模范、交通部先进个人、全国交通系统“十佳执法标兵”。

至是年底的20年间,境域共收缴交通规费达175099.44万元。其中公路养路费92537.66万元,代征车辆购置税21724.65万元,公路客运附加费24135.89万元,货运附加费9607.74万元,公路运管费12765.07万元,拖拉机摩托车养路费11031.81万元,水运交通诸费3296.62万元。

第五节 交通建设质量监督和造价管理

1996年4月,省交通建设质量监督湘潭分站(以下简称湘潭交通质监站)成立,代表政府对交通基建工程进行强制性质量监督管理,并对其机构进行资质审核、资质评定、资信登记、人员培训。建设、设计、监理、施工单位在工程实施阶段都应接受质监部门监督。1997年4月,贯彻省《交通建设工程质量管理暂行规定》，境域交通建设依规建立起“政府监督、社会监理、企业自检”三级质量保证体系，对各交通重点工程建设项目均实行规范化质量监理制度，凡是50万元以上的交通基建工程项目都要纳入工程质量监督范围，包括面上工程项目、县乡公路项目以及扶贫工程项目和站场、港口等交通基建工程项目。及时掌握已开工的交通基建工程项目信息，督促其按有关规定办理质量监督手续，监督覆盖面达到100%。

1998年9月，湘潭分站通过省交通厅考核评估小组资质考核，成为省内首家通过考核验收合格地(市)级质监分站。1999年7月，因工作突出，被交通部评为全国交通系统先进工程质量监督站。为提高技术人员素质，湘潭质监分站每年组织市内从事公路建设工程技术人员赴省进行监理、检测和造价方面培训。1999年5月，经过湘潭分站的努力，受省站委托，在湘潭工学院举办一期监理培训班，来自市内建设行业的93名技术人员参加为期一个月培训，考试全部合格。同时组织对职业道德高尚、技术过硬的技术骨干进行监理、检测、造价工程师(员)的申报评定。至2000年，全市162.5千米水泥混凝土路面改建工程，没有出现一块断板，被省里誉为“无断板工程”，受监工程没有发生一起质量责任问题和质量责任事故。2002年，市交通质监分站介入造价管理工作。2004年7月根据省交通厅造价站文件要求，做好地方材料8调查登记工作，建立《湖南省公路工程建筑材料分布图及价格信息动态管理数据库》，进行料场现场调查工作。共计调查料场30多个，并对调查资料进行整理和录盘。同年12月，市料场调查工作顺利通过省造价站的复查和验收。是年底，交通部在修改《公路建设市场管理办法》中规定，公路工程实行“政府监督、法人管理、社会监理、企业自检”四级质量保证体系，并明确各自的职责。市交通质监分站根据规定对交通建设四级质量保证体系进行了推广和规范。并对所有项目都采取项目监督工程师负责制，并配合以巡视检查、专项检查和综合检查等形式进行监督。对重点工程项目实行从工程施工招标、资格预审到竣工验收全过程监督，使境域工程质量有明显提高。

2005年11月，市编委正式批复同意在市交通质监站加挂湘潭市交通建设造价管理站(以下简称市交通造价站)牌子，同时增加自收自支事业编制3名，与质监站合署办公，一门两牌。主要负责湘潭地区(不含厅造价站管理的交通建设项目)交通建设项目造价管理工作。年底，湘潭市共有18人获得监理工程师证，其中5人获得部颁监理工程师证，12人获得检测工程师证。全市有16人持有交通部颁发的造价从业人员甲级、乙级资格证书。共完成18条线路，累计里程达177千米的县通乡公路改造工程预算的审核。实施监督项目56个，其中受省站委托监督的省重点项目2个(湘耒高速公路天易连接线和娄湘二级公路湘乡段)，市属重点工程项目5个(洙津渡大桥工程，潭邵高速公路湘潭连接线，湘乡连接线，楠竹山连接线，铁牛埠港区一期工程)，县到乡镇公路改造工程18个，面上工程项目31个。受监工程合格率达到100%，平均优良率达到80%以上。重点工程天易连接线、洙津渡大桥、潭邵高速公路湘潭连接线被评为优良工程。

第三十六篇 信息产业

概 述

1986年，湘潭市邮政电信业务主要包括：电话、电报、传真等电信服务；函件、包裹、报刊发行、汇兑、集邮等邮政服务；无线电专用通信服务以及少量人工信息咨询中介服务。是年末，全市信息服务行业从业人员500余人。全市固定电话用户0.4万户，邮政函件进出2254.16万件，邮电业务总额为536万元。

1987年，湘潭市被列入国家经济信息系统建设首批35个中心城市之一。9月，国、省、市投资配备超级微型机一台。同时，税务、工商、银行等部门及湘潭钢铁集团公司、湘潭市五菱机械有限公司等大中型企业开始实施办公自动化和局域网建设，标志着以现代信息技术、网络技术和计算机技术为主要内容信息化建设在全市开始起步。1988年4月，市信息中心成立。主要职能是按照国家经济信息主系统要求，负责全市经济信息系统规划建设，开发利用信息资源，收集整理、传输市内外经济发展重要信息。为市人民政府及主要综合经济部门提供经济分析预测报告。是年，电信网开通DD16（全自动对端）线路设备。长沙至湘潭光缆系统正式投入使用。干线传输网开始向光纤线路发展。1989年，湘潭市与全国120个城市经济信息系统建立信息交流关系。加入全国中心城市经济信息系统协作网，中南及华东地区协作网，采取人机结合方式，开发信息资源。市信息中心创办《改革与政策信息》《湘潭信息》，并以FORTRAN语言（公式翻译器语言）为突破口，编制《自动选型多元回归预测》程序。承接国务院下达的"固定资产投资项目管理信息系统的Vax微型机版"开发任务，。后该系统在全国推广应用。是年2月，市邮电局开设与全省联网的无线寻呼业务。1990年，全市以信息系统建设为重点，开拓服务领域，强化服务功能。先后对企业兼并、产品结构调整、停产半停产企业状况进行全面调查，共发布经济调查分析报告10篇。是年6月29日，举行全市首次信息发布会，发布各类信息500条和25项经济预测指标。至1990年5年间，全市累计投入信息化建设资金2800万元。是年末，全市信息服务行业从业人员1050人，固定电话用户0.6万户，邮政函件进出2643.43万件，邮电业务总额1249万元。比1986年分别增长110%、50%、17%、133%。

1991年，市政府发布《湘潭市信息系统"八·五"发展规划（1991～1995年）》。全市加强信息系统自身建设，开展多层次信息服务，升级改造通信网络，开发利用计算机现代信息技术，开展信息技术人员培训等基础建设。是年9月，市邮电局开通5000门程控电话交换设备。1992年7月，市邮电局首开900兆赫兹蜂窝式模拟移动电话。是年末，移动电话用户为200户，公安、检察院、法院、工商、财税、水利、航运、建筑工程等部门和行业设置无线电专用通信网10个。1993年10月，市信息中心自行开发《湘潭市对外经济技术合作项目管理系统》软件。是年，以"金桥""金宏""金卡""金关"等工程为先导，全市拉开电子政务工程"十二金"建设的序幕。1995年4月，在湖南省经济信息工作会议上，明确湘潭市为全省资源网建设第一批试点城市，开始筹建经济信息资源网（卫星地面节点站）。是年，湘潭有线台、湘潭电视台、湘潭日报、湘潭广播电台开辟《市场红绿蓝》《经济新闻》《农民之友》等专栏提供市场行情，科技动态等实用信息。同时，全市5个县（市）区全部建立信息化工作机构。市直各部办委局，大中型工商企业，共有130家单位组建信息化工作机构。人工信息网络扩大至130家网络会员。市信息系统初步形成信息采集、分析预测、经济研究、数据处理、软件开发、硬件维护及经济分析与管理组织结构。至1995年5年间，全市累计投入信息化建设资金12000万元，是上一个5年4.27倍。是年末，全市信息服务行业从业人员3180人，全市固定电话用户8.3万户，邮政函件进出2916.81万件，邮电业务总量额15567万元。分别为1990年的3.02倍、13.83倍、1.10倍、12.46倍。

1996年，全市开通数字移动电话。同时，市政府成立国民经济信息化领导小组和湘潭市国民经济信息化专家组。1997年4月，贯彻执行《湖南省经济信息市场管理条例》，全市成立信息市场管理办公室。是年，建成中国经济信息网（CEINET）湘潭节点站平台。电信部门IP互联网开业营运，湖南韶峰水泥厂成为湖南省首个互联网接入单位。1998年，市人民政府出台《关于加强全市计算机网络建设和信息资源管理的意见》，发布《湘潭市信息化1998～2010年规划纲要》；市邮电局分设为市电信局、邮政局。市广播电视局组建网络中心；全省第一个市州政府门户网站“湘潭公众信息网”开通上线。为适应国家无线电管理机构的调整要求，设立湖南省无线电管理委员会办公室湘潭市管理处。是年底，全市国际互联网用户为0.2万户，无线寻呼用户达40万户。随着国家电信业体制改革，1999年，成立中国联合通信有限公司湘潭分公司。市电信局完成公司化改造，更名为中国电信股份有限公司湘潭分公司。移动通信业务从市电信局剥离，成立中国移动通信集团湖南有限公司湘潭分公司。同时，广播电视网络升级改造，网络宽带由300兆提升到860兆，传输的电视节目达到国家4级图像标准。2000年，中国铁通、中国网通相继入驻湘潭。全市通信运营打破一家或少数几家垄断局面。全市信息化部门已形成统筹规划、加快建设、开发应用网络技术和信息资源、提供高效优质服务工作格局。至2000年5年间，全市累计投入信息化建设资金53800万元，是上一个5年4.48倍。是年末，全市信息服务行业从业人员5230人，全市固定电话用户23.5万户，移动电话用户13.90万户，邮政电信业务总额74966万元。分别是1995年的1.64倍、2.83倍、23.16倍、4.81倍。随着现代通信迅速发展，邮政函件业务量呈现出逐年下降趋势，本年末，进出1768.81万件，比1995年减少39%。国际互联网用户5.00万户，是1998年的25倍。

2001年。市政府发布《湘潭市“十五”信息化规划（2001～2005年）》。加强全市信息化工作组织领导，全市信息化工作归口市信息中心管理。是年，湘潭电业局高新技术开发中心等6家企业通过湖南省资质管理部门的信息工程资质的评审，获得全市首批IT的资质证。同时，组织申报国家第二批电子信息应用倍增计划贷款项目。韶山灌区水管理测控系统、湘潭化纤厂集成制造系统工程、湘潭电子政务信息管理系统、南天实业企业综合管理信息系统技改工程和回收甲胺磷小规模集散系统五个项目被列入国家和省2001年全国电子信息应用倍增计划贷款建设项目，获得贴息贷款2865万元，占全省共列入十一个项目的45.5%。2002年4月，市信息中心更名为市信息化管理办公室。为认真贯彻信息化带动工业化发展战略，成立湘潭市企业信息化领导小组。全市决定开展企业信息化试点工作，全面推进全市企业信息化进程。为此，市政府投入150万元引导资金。湘潭钢铁有限公司等9家试点企业共投入信息化建设资金3778万元。是年10月,湘潭市被列入国家制造业信息化重点城市,7家企业被列入湖南省制造业信息化示范企业。市政府发布《湘潭市制造业信息化应用工程2003~2005年规划》。2003年,市委、市人民政府决定:撤销湘潭市人民政府信息化工作领导小组,成立湘潭市信息化工作领导小组,由市委主要领导和市直二十三个部门的负责人组成,加强全市全面推进信息化进程组织领导。信息化组织管理进入"一个领导小组决策,一个职能部门归口管理,各司其职,全社会参与"新格局。是年,以湘潭政府门户网站为切入点,大力推动电子政务工程。全市确立电子政务网控中心、政务内外网、十二个业务系统、八大基础信息库和十大公共服务网络建设方案,启动"两网一站四库十二金"为重点电子政务工程建设。是年底,组织申报信息化推广应用项目9个,争取国家倍增计划贴息贷款7450万元。随着公众移动电话网的启动,无线寻呼网被公众移动电话网所取代。2004年9月,市政府发布《湘潭市电子政务总体规划》。2005年11月29日,湘潭市电子政务网络中心平台建设通过省政府信息化工作办公室、省政府经济研究信息中心、省信息产业厅验收,正式投入使用。实施以信息化带动工业化的发展战略以来,全市制造业信息化水平有明显提高,有湘潭钢铁有限公司等19家企业成为全省制造业信息化示范企业。全市咨询中介服务业有较大发展,是年,全市中介服务机构达到1048家。其中,土地物价、工程评估等信息咨询服务机构205家。至2005年的5年,全市累计投入信息化建设资金124500万元,是上一个5年的2.31倍。是年末,全市信息服务行业从业人员6500人。全市固定电话用户达41.4万户,移动电话用户达49.5万户,国际互联网用户15.5万户,邮政电信业务总额168000万元。分别是2000年的1.24倍、1.76倍、3.56倍、3.1倍、2.24倍。邮政函件进出口972.74万件,比2000年减少45%。

第一章 信息化建设

第一节 信息网络建设

一、电信网

(一)干线传输网

1986年,湘潭市信息传输线路十分有限,主要以架明线、电缆线和少量的微波及无线电为载体。是年末,全市架空明线1600千米,电缆线238千米。

1988年开始,境域逐步发展光纤线路。是年6月,长沙至湘潭光缆系统正式投入使用。同时,湘乡至长沙增开半自动电路一条。至1990年的3年间,全市累计完成干线传输投资9800万元,埋设电缆线390千米,长途光缆传输干线320千米,中继光缆线路890千米,数字微波线路35千米。1991年3月,湘潭市启动国际长途电话直拨设备,标志着境域通信技术迈上一个新的台阶。1992年1月30日,湘乡市启动长途电话直拨设备,从此湘乡市在通信网络建设中开始采用光纤技术进行长途传输。1995年3月,福州市至长沙市光缆工程湘潭段竣工。福、长、贵光缆通信工程是国家的重点通信工程。由于这一工程在湘潭市和湘潭县均装接口，对湘潭市和湘潭县与世界各地的联系提供极其便利条件。至1995年的5年间，全市累计完成干线传输投资11000万元。是年末，全市有埋设电缆线560千米，长途光缆传输干线408千米，中继光缆线路1200千米，数字微波线路48千米，分别是1990年的1.43倍、1.27倍、1.34倍、1.37倍。

1996年后，继续发展光纤线路。随着自动设备开通和程控技术应用，电缆传输逐步取代明线传输。2000年，境域全部实现电缆通信程控化，明线传输退出通信网络。至2000年的5年间，全市累计完成干线传输网络投资13000万元。是年末，全市有埋设电缆线780千米，长途光缆传输干线602千米，中继光缆线路1580千米，数字微波线路52千米，分别是1995年1.39倍、1.47倍、1.31倍、1.08倍。

2001年，京（北京）—汉（武汉）—广（广州）国家级埋地通信光缆传输一级干线湘潭段竣工。至此，境域成为国家通信网络重要枢纽。2004年，长沙—贵阳一级干线湘潭段竣工。境域形成以光缆、电缆、微波、无线移动、卫星地面站、国家电网为载体多渠道、多方位、四通八达的信息传输干线网。至2005年的5年间，全市干线传输网络累计完成投资15600万元。是年末，全市有埋设电缆线1350千米，长途光缆传输干线704千米，中继光缆线路1873千米，数字微波线路60千米，分别是2000年的2.4倍、1.73倍、1.56倍、1.25倍。

（二）固定电话网（公共交换电话网PSTN）

1986年，境域开通DD14（高电电桥线路，长途半自动对端）湘潭至湘乡市高12路载波电路，增加长途电路26条。是年末，全市拥有固定电话业务电路186千米。

1987年7月，境域开通湘潭至韶山电路1条。1988年5月，开通DD16（全自动对端）线路设备。至1990年的5年间，全市固定电话网络建设累计完成投资4714万元。1990年末，全市拥有固定电话业务电路280千米，比1986年增长50%。

1991年9月22日，境域开通5000门程控电话。1992年6月，境域启动“165”（城市地下塑料管道）工程，建设宽带基础数据骨干网和基站设备。1994年，市邮电局与江南机器厂联手建成HJD04数字程控2000门市话交换设备，在江南机器厂正式使用。是年10月，境域引进法国E50B程控设备30000门。至1995年的5年间，全市固定电话网络建设累计完成投资6500万元，是上一个5年的1.37倍。1995年末，全市拥有固定电话业务电路320千米，比1990年增长14%。

1996年后，境域继续扩大固定电话网络覆盖面。2003年初，境域着手建设无线市话网。无线市话是固定电话业务延伸和补充，它弥补固定电话不能移动不足。无线市话网络覆盖主要在城市和人口较密集的县城。无线市话既有固定电话通话质量好，绿色环保优点，又具有便于携带，操作简单，使用方便，价格低廉，功能齐全，适用于流动性不太大人群。是年5月，境域无线市话网一期工程竣工，正式对外放号。2005年，全市开始启动固定电话通信网智能化工程。境域固定电话通信网络电信支撑网、用户接入网、数据网、中继网、宽带IP城域网、多业务综合接入网基本成形。本地网、长途网、国际网业务覆盖范围不断扩充。至2005年的5年间，全市固定电话网建设累计完成投资11500万元，是上一个5年1.76倍。是年末，全市拥有固定电话业务电路582千米，是1995年1.82倍。

（三）无线电通信网

1. 无线电通信专用网　1985年，境域除用于国防军事通信短波电台外，民用仅有邮电部门电报业务、人防战备通信、公安内部通信、防汛抗旱通信指挥及广播、电视、铁路、电力线路高度维护、农话微波、气象资料接收等少数特殊行业使用无线电专用网。1986年开始,国家调整无线电管理政策,由“严格管理,限制发展”转变为“科学管理,促进发展”。境域无线电通信专用网迅速发展,各行各业申请设置无线电通信专用网数量逐年增加。至1992年,公安、交警、检察、法院、工商、财税、交通、水利、航运、建设等行政机关设置无线电通信专用网10个,各类厂矿、企业、公司等设置无线电专用通信网56个。

1993年后,随着公众移动电话业务的逐步发展和普及,其先进通信技术和广泛覆盖率,大大超过其他通信方式,直接限制无线电通信专用网发展。无线电通信专用网开始衰退,大部分专用网停止运行,部分厂矿、企业、公司的生产调度专用网减少台站数量。境域无线电通信专用网发展方向转移到公众网。2003年底,境域无线电通信专用网发展和使用进入以公众网为主,专用网为辅的阶段。一方面公众移动电话网继续发展完善,并且开始向无线互联网络发展,向3G领域进军。另一方面,专用网由于其使用灵活方便,通信成本低,在一些特殊场合应用广泛,仍然具有生命力。出租车行业的车辆管理、交通信息传递、各类市场、宾馆饭店、物业管理、建筑施工现场等场所适用无线电通信专用网。2005年底,境域无线电通信专用网8个。

2. 无线寻呼网 1986年,无线电通信仅只限军事国防,民用局限在邮政电报业务、公安、气象等少数专业部门。随着国家无线电管理政策的调整,无线电通信开始由专业网向公众网延伸。1989年2月,市邮电局开设无线电寻呼业务,与全省联网。1991年,市电力局开设电力系统信息寻呼台,与全市联网。1998年,中国润信寻呼进驻湘潭设台,与全国联网。1999年,随着公众移动电话网日益发达,且由于无线寻呼单向通信性局限其发展,无线寻呼快速萎缩,其用户逐步进入公众移动电话网。至2003年底,境域所有无线寻呼业务被公众移动电话网所取代。

3. 移动通信网 1992年,境域启动移动模拟网络基础设施建设。是年7月,境域建成第一座900兆赫兹移动通信基站,移动通讯信道数量达32个,由此开启湘潭移动公众电话信息网络系统建设的序幕。随着移动电话这一新生事物的飞速发展,在不到半年时间里,一期900兆赫兹工程系统容量已接近满负荷。1993年,为扩增系统容量,湘潭完成模拟网二期扩容工程投产使用,对确保全省“五区一廊”的建设和经济开发以及方便用户通信需求起到积极作用。是年末,境域移动电话网基站7个,信道总数312个,网络覆盖率为5%。

1996年后,全市逐步加强移动信息网络的建设。1999年,境域开通第一台西门子GSM(全球移动通信系统)数字移动通信交换机,增建GSM基站11座,配置通信小区248个、载频862个,并开始数字移动网络的建设项目,境域“全球通”数字移动电话号码从10位升至11位,这标志着湘潭市进入第二代移动通信时代。2000年,境域新增第二台西门子的数字移动通信交换机,容量50000门;新增数字基站69个,载频数增至720个,交换机容量扩容到13万门;湘潭市区实现双频无隙覆盖。至2000年的5年间,全市移动通信网络建设累计完成投资18105万元。是年末,移动电话网基站110个,信道总数5928个,网络覆盖率为60%。分别是1993年的15.71倍、19倍、12倍。

2001年,境域相继开通PPS(Pre-Paid Servie预付费业务)、VPMN(虚拟专用移动网)等基于智能网业务,开通第一台HLR(Home Location Register归属位置寄存器)设备、第二台移动交换机及1800M移动基站。900M和1800M双频网正式投入使用。是年底,为适应移动通信技术的进步,统一规划、合理开发、有效利用无线电频谱资源。境域模拟移动通信交换机退网，停止运营。2002 年，境域建成本地网、城域网和省干网。GSM 正式升级为 GPRS 网络并宣布投入商用（GPRS 见下页注释），开启移动通信、数据通信、多媒体相结合、实现多用户共享固定信道资源。移动通信平台由全球移动通信系统（GSM）过渡到第三代。2003 年，境域新建第一台华为数字移动通信交换机，容量 20 万门，全区 GSM 交换机容量突破 50 万门，GPRS 网络覆盖全市。2004 年，全面完成 GSM8A 工程建设任务。2005 年，境域移动"村村通"扶贫工程正式启动，完成 25 个农村通信站点建设任务。"村村通"工程共建设投产基站 40 个，为提高农民生活水平、引导农民信息致富发挥重要作用。至 2005 年的 5 年间，全市移动通信网络建设累计完成投资 21008 万元，比上一个 5 年增长 1.16 倍。是年末，移动电话网基站 361 个，信道总数 28931 个，网络覆盖率为 80%。分别是 2000 年 3.28 倍、4.88 倍、1.33 倍。

（四）数据通信网

境域数据通信网起步于 2002 年。数据通信网是依照一定通信协议，利用数据传输技术在两个终端之间传递数据信息的一种通信方式和通信业务。它可实现计算机和计算机、计算机和终端以及终端与终端之间数据信息传递。是继电报、电话业务之后的第三种最大通信业务。

2002 年 5 月 17 日，GSM 正式升级为 GPRS 网络并宣布投入商用，GPRS 是通用分组无线业务 General packet Radio Service 的英文简称，是在 GSM 网络基础上发展起来基于 2.5 代技术分组数据承载网。2003 年末，全市数据通信网长途电路 198 路。2005 年末，全市数据通信网长途电路 273 路。随着光纤广泛应用和各种组网技术成熟，数据通信网来势较好，具有广阔发展前景。

二、广播电视网

1986 年末，全市广播电台 1 座，广播站 151 个，电视台 5 个。1988 年，湘潭钢铁厂等 10 家企业建立有线电视台。

1991 年初，湘潭电视台开办，试播传输 5 套电视节目。1992 年，湘潭有线广播电视台成立，传输 30 多套电视节目。1993 年，新建发射塔，扩大功率和覆盖率。但由于无线电波在空中传播后容易受杂波干扰，影响广播电视质量。为解决这一问题，1998 年 12 月，组建"湘潭市广播电视局网络中心"，采用有线电缆传输节目。市区建成 300 兆的有线电视传输网，拥有主干光缆线路 135 千米，同轴电缆线路 1400 千米，光节点 48 个，电视用户 16 万户，传输视频节目 40 余套。至 1999 年的 5 年间，全市广播电视网络建设累计完成投资 13500 万元。是年末，全市广播电台 1 座，广播站 151 个，无线电视台 4 个，有线电视台 5 个。

2000 年 5 月 18 日，开始实施广电网络升级改造工程。网络带宽由 300 兆提升到 860 兆，传输容量可同时传 48 套传输电视节目，达到国家 4 级图像标准。可运行数据交换、语音通信、电视会议、远程教学等新业务。且市辖 5 个县（市）区全部实现光缆联网。成为省内第一个现代化有线电视传输覆盖网。是年 8 月 12 日，市广电局与中科院国安集团签约将"湘潭市广播电视局网络中心"改制组建"湘潭市广播电视信息网络有限公司"，2001 年 1 月 1 日正式运营。2002 年 7 月，实现农村有线电视"户户通"工程。2003 年，网络公司对湘机、电缆等大中型企业拥有的有线电视网进行整合。2005 年，又成功整合湘潭锰矿、江麓机械厂、江南机器厂、湘乡铝厂、韶峰水泥集团、湖南铁合金集团等有线电视网络。至 2005 年的 5 年间，全市广播电视网络建设累计完成投资 12600 万元。是年底，湘潭广播电视网拥有广播电视传输干线 2200 千米，电视覆盖率达 91.32%，其中市区 92.88%，拥有电视用户 18.18 万户。全市有广播电台 5 个，拥有湘潭人民广播电台新闻频道、交通频道，湘潭电视台新闻频道、都市频道、法制频道、商务频道，电视频道 6 个。湘潭广播电视报等广播电视信息传输渠道，广播电视站 74 个。

三、电子政务信息网

1998 年 12 月 28 日，湘潭市人民政府网站(http://www.xiangtan.gov.cn)开通，开设"湘潭概况""投资指南""招商项目""企业名录""出口商品""莲城新闻""旅游景点"七个栏目，开发"湘潭招商项目库""湘潭市产权交易项目库"。2000 年，对网站栏目进行改版升级，调整栏目，开设市委、市人大、市政府、市政协主页，网页达 400 多页，数网字节数 300 万。并先后组织境域 60 多家单位信息资源上网。至 2000 年的 3 年间，境域电子政务信息网络建设累计完成投资 232.7 万元。

2001 年后，继续完善政府网站建设。2003 年 9 月 14 日，湘潭市与北京华深慧正系统工程技术有限公司就电子政务信息网络建设签订实施合同。2004 年 9 月，网络平台正式启动建设。完成电子政务外网网控中心、数据中心的建设。是年 10 月 30 日，设备安装调试完毕。至此，市人民政府网络平台落成。市政府办公大楼内部局域网互联互通，驻楼单位分设虚拟子网，内外门户运行，纵横交错的政务计算机网络基本成型。11 月 1 日，通过初步验收测试，试运行一年。2005 年 11 月 29 日，市人民政府电子网络平台通过验收。是年 12 月 28 日，成功实现与省人民政府电子政务外网连接。完成与省电子政务外网平台的联网工作，各单位 VLAN(虚拟局域网)划分与设置，100M 光纤出口机试和测试、出口边界防火墙安装与设置，内外网 WEB(网络)、MAIL(邮件)、数据库、DNS(Domain Name System 域名系统)服务器部署和配置，政府门户网站改版，政务邮件系统试运行，市政府办公大楼 21 个委办局统一互联网出口、统一网络和信息安全策略设置。市直各部门 100%实现上网信息，95%建网站或在网页上发布信息，51%建成内部局域网。至 2005 年的 5 年间，境域电子政务信息网络建设累计完成投资 941.1 万元。

第二节 信息资源开发利用

1988 年市信息中心成立后，根据全市经济发展、领导决策的需求，进行信息资源开发利用。是年，全市组织信息化系统 102 人，开展经济建设重大课题的调查研究，通过对全市 25 项宏观经济指标进行预测，及时对全市经济发展提供预警，预测信息。1989 年，湘潭市先后与全国 120 个城市建立信息交流关系。并加入全国中心城市经济信息系统协作网，中南及华东地区协作网，采取人机结合方式，开发信息资源重大项目 15 个。创办《改革与政策信息》《湘潭信息》，并以 FORTRAN(中文名公式翻译器，程序设计语言)语言为突破口，编制《自动选型多元回归预测》程序。

1990 年，全市信息系统以计算机软件开发应用为重点，开拓服务领域。先后对企业兼并、产品结构调整、停产半停产企业状况进行全面调查，共发布经济调查分析报告 10 篇。是年 6 月 29 日，全市首次召开信息发布会，市直机关，各县(市、区)和驻市中央、省、市属企事业单位 200 多个单位，400 余人出席会议。会上发布各类信息共 500 多条和 25 项经济预测指标。1991 年 12 月 21 日，全市举行市场信息发布会。发布1992年宏观经济，物价动态，金融形势，生产、生活资料，国际贸易预测及商品供求等综合性经济信息。1993年后，全市继续加强经济信息资源开发利用。

1996年12月，成功建立中国经济信息网湖南分网湘潭站，建成四个宏观经济类数据库：《招商项目数据库》，采集招商项目400个。《九五重点项目数据库》，收集“九五”重点项目220个。《宏观经济指标数据库》，采集全市自1987年以来25项宏观经济指标月度统计数据。《工业企业产品数据库》，汇集湘潭钢铁有限公司等2010家企业5314个产品数据。市直各行业，在各自主管业务系统具体部署下，从各自需求出发，也相继开发建设各种业务类型数据库。1998年，市人民政府发出《关于加强全市计算机网络建设和信息资源管理的意见》的文件。文件强调在推进全市信息化系统工程中抓网络建设同时，抓信息资源开发利用。

2000年后，全市继续加强信息资源开发利用。2003年底，召开全市经济信息发布会。发布宏观经济形势、国际贸易预测及商品供求等综合性经济信息800多条和18项经济预测指标。2004年，市政府贯彻执行国家《关于加强信息资源开发利用工作的若干意见》，强调以体制创新和机制创新为动力推进电子政务公开。全市按照“统筹协调、需求导向、创新开放、确保安全”的原则，开发利用信息资源。在政务信息化，制造业信息化两大主要工程的建设过程中，采取“统一标准，分步实施，整合资源、面向社会”方针，全市信息资源的开发利用落到实处。是年末，开发政务、制造业信息资源重大项目12个。2005年，全市经济建设支持数据库不断完善。按照基础类、共享类、业务类三个方面进行开发整合。基础类汇集全市分散于各政府部门的各类信息资源，包括全市土地资源、水利资源、房产资源、生态环境状况以及市政建设、环境保护等6项基础数据。汇集国家现行法律、法规和各级地方法规、规章乃至国际条约等法律法规27项数据。共享类采取集中管理、部门共享、自行维护，按权限查询、访问。实现各部门之间的信息共享与交换等48项共享数据。业务类包括办公业务系统，宏观经济管理系统，“金”字工程各系统等75项业务数据。至此，境域政府部门信息资源、法律法规、招商项目、工业企业产品等四大基础数据库已初具规模。同时，初步建立全市人口、法人单位、自然资源和空间地理等4项数据库，为全市信息资源开发利用奠定良好基础。

第三节　信息安全管理

1987年，湘潭市计算机网络开发应用后，注重加强信息安全管理。根据国家、省有关信息安全应用示范工程建设和网络建设的文件和会议精神，信息安全管理主要包括计算机网络设备安全、计算机网络系统安全和信息资源数据库安全。全市信息安全职能分属于市公安局、市国家安全局、市保密局、市信息化办公室等部门，分别执行各自安全职责，共同维护全市信息安全。市信息化领导小组负责对网络安全规划、设计、组织、协调和安全技术、安全标准体系实施监管，配合相关部门对各县(市)区、市直各部门、大中型企业、事业单位相应的安全管理机构和安全负责人员开展信息化安全管理，形成全市自上而下信息安全管理组织体系。是年底，市信息化办公室对全市计算机网络设备安全进行全面安全检测。1988年、1990年，市信息化领导小组先后3次组织对全市计算机网络系统的安全和信息资源数据库安全进行全面的检测。对个别计算机网络系统存在安全问题及时进行纠正。

1991 年 6 月，市信息中心、市公安局发布《关于加强计算机保密工作和预防病毒的通知》。通知强调搞绿色网络，预防病毒和黑客侵入。1992 年初，市信息中心、市公安局牵头组织对全市计算机保密和预防病毒工作进行督查，未发现问题。1996 年，依据国家相关政策，围绕保证政府信息安全、维护上网群众利益、落实网络监控管理人员、坚持文明上网、查处违法违纪案件等重点内容开展信息系统安全普查。

1998 年 12 月 24 日，市人民政府成立计算机“2000 年问题”工作领导小组及办公室。1999 年 1 月 8 日、4 月 5 日两次召开全市解决 2000 年问题工作会议，传达贯彻国家和省有关会议精神，动员部署全市，迅速有序地开展工作。是年，市公安局、市信息化办公室重点围绕建立计算机信息系统安全管理组织制度和落实情况、实体安全、软件与信息安全、网络通讯安全和安全技术的实施情况以及计算机操作人员安全教育管理情况等进行全面检查。同时，就计算机 2000 年问题进行全面清查。经清查，全市 40%计算机存在“2000 年问题”，而涉及微码、数据库、应用软件，接口与支持，特别是日期敏感系统，如金融系统电话通讯系统、电力系统等控制系统。在全面清查基础上，有的放矢，进行逐一检查验证，分别进行单元测试，集成测试、系统测试、验收测试，把有问题所有系统逐一进行检测验证决定解决办法。按照“谁使用、谁开发、谁负责、谁解决”原则，对存在计算机 2000 年问题应用单元和系统，采取更新设备、升级换代、修补迁移、程序优化、应急备份等多种措施，进行全面修正。是年 12 月 20 日，市人民政府召开计算机 2000 年应急工作会议，并成立应急指挥部，层层制订应急方案应对处理。2000 年 1 月 1 日零点，全市计算机数据实现平稳过渡，确保社会经济秩序安全和稳定。

2003 年 5 月 21 日，湖南省国家安全技术保卫处，受市委、市人民政府的邀请，会同市国家安全局对市委、市人民政府的部分重要计算机网络进行全面信息安全检测，并对党政主要领导的办公室，重要会议室进行反窃听、反盗照技术安全检查。发现个别内部网络违规用于上互联网、没有安装查杀病毒软件并及时升级等安全隐患，当即采取补救纠正措施。是年 6 月 25 日，市信息化办公室发出《关于加强市政府公众信息网、内部联网安全管理的有关问题的通知》，对市人民政府外网、内网的信息安全管理作出严密规范。全市信息安全管理对策已基本形成人员管理，保密制度，系统日志机制，日常维护，数据备份和应急措施等管理体系。2005 年，颁发《湘潭市网络与信息安全事件应急预案》，防患于未然。

第四节　信息工程建设管理

1986 年，全市信息工程建设项目审批、论证以及质量监督等不太规范，特别是有些单位自有资金建网随意性较大。1987 年后，市信息中心组织有关人员对全市信息工程建设管理情况进行调查研究，提出对策措施。同时，协调解决信息工程项目建设中存在问题 17 个。

1998 年，市人民政府在《关于加强全市计算机网络建设和信息资源管理的意见》中规定：“实行计算机网络建设审批制度、市直各单位无论采取财政拨款建网，还是自有资金建网。都必须呈报项目可行性论证，由市信息中心提出审核意见，提交市计委立项，报市人民政府审批”。市信息化办公室全面开展信息工程建设项目论证、招标投标、质量监督、竣工验收和绩效评估等管理工作。是年末，全市审批信息工程建设项目12个。

2001年6月6日，市建委、市政府信息化领导小组办公室发布《关于从事信息工程建设活动的信息工程单位进行资质审查的通知》，规定：凡从事信息工程可行性研究、系统设计、系统集成、软硬件开发、信息资源开发、综合布线等计算机应用网络工程与综合信息网络工程建设活动的高新技术服务的信息工程单位，必须申请办理审批登记，接受资质预审评定，取得资质等级证书才能承担信息工程项目。是年6月，全市首次组织申报工作。湘潭电业局高新技术中心（二级）、湘潭市鸿达实业有限公司（三级）、湘潭市康拓电气有限公司（三级）、湘潭市创杰电脑有限公司（三级）、湖南湘潭先宇自动化工程有限公司（三级）、恒正科技有限公司（三级）6家企业通过省资质管理部门的评审，获得全市首批《信息工程资质证书》。是年末，全市审批信息工程建设项目17个。比1998年增长41%。

2001年6月11日，市政府常务会议决定，全市信息化工作归口市信息中心。2002年4月，市编委在对市信息化办公室的职能配置规定中，又明确“负责全市计算机网络建设的审核立项”“组织信息工程项目评估论证，按管理权限对信息工程单位的资质进行等级评审，组织跨部门、跨地区关系国民经济和社会发展的重大信息工程项目建设，对重大信息工程项目进行可行性研究和论证。指导县（市）区信息化工作”。市信息化办公室在政务信息化建设总体规划编制、实施过程中，始终做好整个工程的行政技术的管理工作，确保信息工程顺利建成，投入使用。市信息化办公室主动与长沙、株洲市信息化工作主管部门通力协作编制“长株潭信息一体化”总体设计方案。同时，对全市各县（市）区的信息化建设始终坚持全方位的支持和管理。是年，获信息工程资质证书有湘潭市新世纪电脑有限公司、湘潭市国安广播电视信息网有限公司、湘潭市新蓝电脑有限公司、湘潭市五联科技有限公司、湘潭市威科计算机信息技术有限公司、湘潭市赛科科技有限公司、湘潭市时运电脑有限公司、湘潭市晨思电脑有限公司。2005年末，全市24家信息工程企业获得省级认证二、三、四级资质。是年末，全市审批信息工程建设项目25个，比2000年增长47%。

第二章　邮政业

第一节　邮政业务

一、函件

1986年，境域函件主要是平常函件（普通信函、明信片、印刷品、商业信函、义务兵信函、盲人读物等）和给据函件（保价信函、挂号信函、特挂信函、礼仪信函等）两大类。是年末，境域函件进出2254.16万件，营业收入为5.5万元。

1988年后，国家开始发行贺年有奖明信片，也称贺年卡，用户可在其正面书写贺言及新年祝词，深受用户青睐。随着市场经济发展，邮资也进行多次调价。1990年，邮电部将国内通信普通资费由0.08元调整为0.20元。1990年末，境域函件进出口2643.43万件，营业收入为8.6万元。比1986

年分别增长17%、56%。

1992年7月，湘潭市局开设电子信函业务，采用电信传输代替实物传递。但随着传真技术和计算机互联网开发应用，电子信函用户很少。1994年，湘潭市邮政局推行“金卡”业务，又称企业明信片，由企业将所需宣传推介内容言简意赅地提交邮政部门制作成明信片发行。先后共有37个企业，印制企业明信片16.2万张。1995年末，境域函件进出2916.81万件，营业收入为9.8万元。比1990年分别增长10%、14%。1999年，国内通信普通资费上调至0.80元

2000年，随着移动通信迅速发展，电话普及率大幅度提升，书信联系逐渐淡出人们生活，因而函件业务量呈现出逐年下降趋势。是年末，境域函件进出1768.81万件，比1995年减少39%。2005年末，境域函件进出972.74万件，营业收入为4.5万元。比1995年分别减少66%、54%。

二、包件

1986年，增设代收货价包裹业务（凡属经营性的物品或超过民用包裹规格标准的物品应作商品包装邮寄）。是年末，境域总包邮件进出86.07万件，营业收入为0.6万元。

1987年11月，为适应某些超重、超大而不能拆装商品寄递的需要，又增设大件商品包裹业务。是年，邮电部将特快递小包调整为民用快递小包和商品快递小包。每件限重1千克，按挂号信函办理。1988年又将每件限重放宽到2千克。

1990年7月，由于邮政快件与特快专递等新业务开设以及代收货价包裹每年业务量太少，停办快递小包和代收货价包裹业务。是年7月，根据邮电部规定，湘潭市对国内邮政包裹（不含纸制品包裹）全部实行保价。并取消保价包裹名称，统称为包裹。增加价值在300元以上物品为贵重包裹。1995年末，境域总包邮件进出182.34万件，营业收入为0.8万元。比1986年分别增长1.11倍、0.33倍。

1996年2月，根据邮电部统一部署，境域取消民用包裹业务。是年12月，根据邮电部和国家计委要求，取消商品包裹业务，把民用包裹和商品包裹纳入普通包裹业务。1997年后，继续办理普通包裹业务。随着特快专递业务的快速发展，普通包裹业务量呈现下降态势。2005年末，境域总包邮件进出172.82万件，营业收入为0.7万元。比1995年分别减少5%、13%。

三、报刊发行

1986年，报刊有固定代号和出版日期。有统一发行渠道，报刊杂志社出版报纸杂志统一交邮电局发行。有统一发行费率。是年末，境域报刊发行量为3200万份，订销、零售流转额为583万元。

1987年，国务院同意各出版报刊单位可自行选择发行渠道。既可交邮电局发行，也可自办发行，形成报刊多渠道发行新格局。为拓展发行业务，湘潭市局配备一名专职报刊推广员。市邮电局在全市1000多个企事业单位中建立800个报刊发行站，每个单位配备一名报刊发行员，每年10月初定期召开一次全市社会报刊发行站（员）会议。表彰一批优秀发行站和先进个人。每年第四季度组织大收订。对郊区乡、村上门收订。1995年末，境域报刊发行量为6100万份，订销、零售流转额为819万元，比1986年分别增长90%、40%。

1998年10月，邮电分营，成立湘潭市邮政局。1999年正式成立报刊零售公司。把零售业务从报刊发行中分离出来。实行专业管理。2000年10月，湘潭市邮政局在河西和河东两地较繁华的地

段建立一批报刊零售亭。对职工实行承包经营，对社会零售亭实行联合经营，由公司提供报刊货源，零售亭负责销售。是年，开设报刊零售亭24个。2005年末，增加到62个，为方便市民用邮提供便利。是年末，境域报刊发行量为9700万份，订销、零售流转额为1341万元，比1995年分别增长59%、63%。

四、汇兑

1986年，境域邮电部门开办普通汇兑、电报汇兑业务。是年末，全市邮政汇兑业务量为11.58万张，营业收入为22万元。

1987年开办邮政快件业务之后开办快件汇兑业务。时限优于普通汇兑，次于电报汇兑。1988年5月1日全市（包含湘潭县局、湘乡市局、韶山市局）全部开办，成为人民群众寄递汇款主要方式。1995年末，市局邮政汇兑业务量为12.82万张，营业收入为27万元。比1986年分别增长10.7%、22.7%。

1997年后，随着电子技术广泛运用，邮政储蓄异地存取和“绿卡”业务的营运，各专业银行电子业务运行，邮政汇兑业务大幅度下降，汇兑业务面临多渠道、多元化的处境。2005年末，市局邮政汇兑业务量为9.24万张，营业收入为18万元。比1995年分别减少27%、33.3%。

五、集邮

20世纪80年代中后期，全国掀起集邮热潮，销售邮票种类有纪念邮票(J)、特种邮票(T)、小型张、小版张、小本票等。其中，小型张价格一路飙升，邮票销售营业额大幅度增长。1986年10月举办湘潭市第三届邮票展览会。1986年末，全市邮票发行量为3560万张，集邮销售额达到477.95万元。

1990年12月、1991年7月，先后举办湘潭市第四届、第五届邮票展览会。1992年以后，由于纪念、特种邮票发行量过多，造成邮票严重滞销，广大集邮爱好者的积极性受到严重挫伤。1995年末，全市邮票发行量为2300万张，集邮销售额为180.28万元，比1986年分别减少35%、62%。

1996年后，邮票仍然滞销。1997年8月，举办湘潭市第六届邮票展览会。

2001年，国家开始限制纪念、特种邮票发行量，提高邮票质量，集邮市场略有转机。2003年12月举办湘潭市第七届邮票展览会。2005年末，全市邮票发行量为2850万张，集邮销售额达到244.31万元，比1995年分别增长23%、35%。

六、机要业务

1986年，邮政部门办理邮政机要传统业务。它主要负责各级党政军机关和要害部门各类机密文件资料的传递。为确保机要文件万无一失，邮政部门采取专人专车、双人视同办理的特殊保障措施。1987后，由于机要文件服务受到严重限制，每年业务量很少。至2005年末，机要业务量不足1000份，成为亏损经营业务。

七、特快专递

1987年，湘潭市开设特快专递业务。收寄信函类、文件资料类和物品类三种邮寄业务。设立特快专递班,实行专人专车负责收寄、接送和传递。出埠邮件交当日最快班车发运,进埠邮件即收即投。1991年末,全市特快专递进出2022万件,营业收入80万元。

1993年,市局设立速递分局,以适应特快专递业务的快速发展。1994年,市局又在各支局、邮电所营业窗口设立特快专递邮件收寄专柜。当年营业收入达120万元。所辖三个县(市)局也相继开办特快专递业务。1998年末,全市特快专递进出3577万件,营业收入150万元。比1991年分别增长77%、87%。

2000年后,特快专递业务继续增长。2005年末,全市特快专递进出6855万件,营业收入350万元。比1998年分别增长91%、133%。

八、代办

1993年起,境域邮政部门将本单位及其他一些单位干部职工工资交邮政储蓄所代发,减轻其单位财会部门工作强度,也为资金安全提供保障。至1996年,全市代办业务收入为90万元。

1997年,境域开设邮政广告业务。主要制作商业信函、企业明信片,主办《邮送广告报》,承接户外广告,是年末,全市代办业务收入为129万元。比1996年增长43%。

1999年,市邮政局成立邮购分局,对外办理邮购业务。2000年底,撤销邮购分局,其业务划归邮营分局兼营。是年,湘潭市局成立邮政礼仪公司,主营客户送礼业务,送鲜花、生日礼物、情人节礼物、大型庆典活动现场礼仪、婚丧装饰等礼仪性服务。2001年,市邮政局与太平洋湘潭市保险公司签订业务代办协议,办理代办保险业务。后又与多家保险公司签订代理保险业务。是年末,全市代办业务收入为168万元,比1997年增长30%。

2002年,市邮政局与电信、移动、联通湘潭分公司三家通信营运公司联网,承接其通话费收缴、IC卡销售等业务。2005年末,开设代办电信业务点21个,代办电信业务收入金额7.3万元。累计代办保险业务达2862.1万元。全市代办业务收入为306万元,比2001年增长82%。

第二节 邮政网络

1986年初,全市所有邮政局、所都设对外服务窗口,开办收寄国际国内函件、包件、汇票、收订邮发报刊、出售纪特邮票、邮册及各种邮品等业务。外地进埠邮件部分通过北京至昆明、北京至贵阳列车发往湘潭。湘潭市局负责到火车站将邮件接回,同时将出埠邮件发运。市内收筒、转趟,主要是由市局派车将市内各支局、所收寄的邮件和信筒信箱内开取的邮件接回。同时,将外地寄往各支局、所的邮件送到各支局、所。是年末,共有邮政支局所89个(其中湘潭市局19个、湘潭县局38个、湘乡市局28个,韶山市局4个)。共有邮政从业人员482人,设置邮筒、邮箱560个,投递段道167个。邮运自行车270辆。1987年,境域邮件投递开办特快专递,用摩托车和专用汽车相结合投递,每日投递频次为4次。1991年,邮递方式由人走递转变为以机动车和非机动车为主。1996年市邮电局开通多条通往湘潭县、湘乡市、韶山市的邮路,汽车运送,当日往返。

1997年开始,外地来潭邮件全部经长沙市局转口,由长沙至邵阳的自办邮车直接送往湘潭,由市局负责接发。城郊投递由使用自行车全部改用电动摩托车。至2000年的4年间,全市邮政网络建设累计完成投资2390万元。是年末,全市邮政共有从业人员498人,设置邮筒、邮箱574个,投递段道196个。邮运汽车28辆,摩托车(含电动摩托车)80辆。

2001年后,境域邮政部门继续加大邮政网络设施建设。至2003年,境域邮政部门添置电脑和滚动过戳机、自动捆扎机等自动化机械设备。报刊订销、零售使用电脑制单、要数。由于机械化代替手工操作,大大减轻发行和分拣人员的劳动强度。各县(市)局以农村投递为主,城市投递为辅。为实现"村村通邮",不断增加投递点,延长投递线路,扩大投递面,更新投递工具。市局大户段由自行车到边三轮、后三轮摩托车到微型面包车投送邮件。市区全部实行每日一班。至2005年的5年间,全市邮政网络建设累计完成投资2560万元。是年末,全市共有从业人员505人,设置邮筒、邮箱580个,共有投递段道246个(湘潭市75个、湘潭县86个、湘乡市78个、韶山市7个),邮运汽车32辆,摩托车150辆。

第三节 邮政管理

1986年,邮政只在生产方面设有管理机构。1987后,在"重电轻邮""以电养邮"经营观念影响下,邮政监管尚不到位。

1998年10月,邮政和电信分营后,邮政成为一个独立运行的经济实体,对企业实行全面管理。管理机构除企业内部管理外,还设置行业管理法规科。依据《中华人民共和国邮政法》和邮政部门规章制度和规范性文件,由邮政行政执法人员对社会上从事邮政通信工作和邮政专用品的单位和个人执行邮政通信法规检查、监督和指导,对行业进行管理。是年,对全市20多家生产邮政专用信封和专业包裹纸箱的企业进行检查。责令2家生产专业包裹纸箱企业生产不合格产品进行整改。1999年,境域邮政部门成立法律顾问机构,配备一名法律顾问。在普法、执法、监督检查、合同管理、诉讼事务等方面做工作,对外未曾发生过诉讼事件,为企业保驾护航。

2000年,邮政部门对开办特快专递、收寄包裹等邮政业务3个私家公司进行督导。由于他们对邮政业务不熟悉,传输网络不健全,邮件的安全、时限都得不到保证,丢失和延误用户邮件时有发生,给邮政通信秩序带来混乱。对这种违法经营、坑害用户的行为予以禁止,保证邮政通信市场的正常秩序,维护用户利益。2004年、境域邮政部门依据上级有关精神,先后制定《邮政普遍服务监督管理实施办法(试行)》和《邮政行业安全监督管理实施办法(试行)》。2005年,境域邮政部门加强企业合同管理,企业对外的所有合同文书都必须事先经过法律顾问审核后方可生效。企业内展开承包经营的所有承包经营合同,都必须经过法律顾问审查。对重大的合同实行跟踪管理、规范企业行为,避免对外发生经济纠纷。保障企业各项经济活动的正常进行。

第三章 电信

第一节 固定电话

1986 年,境域市内电话总容量 4500 门,其中,纵横制自动电话容量 4000 门。初步形成市、县、乡(镇)农村电话通信网。是年末,全市固定电话用户为 0.4 万户(市内电话用户为 0.33 万户,农村电话用户为 0.07 万户),公用电话点 105 个,营业收入为 167 万元。

1987 年后,境域加快固定电话设备扩容等基础设施建设。1991 年 9 月 22 日,全市 5000 门程控电话割接开通。1992 年后,先后 3 次扩容固定电话交换设备。1995 年 5 月,在市场需求旺盛,网络覆盖扩大,用户大量增加的情况下,境域原有号源不能满足市场的需要,全市本地电话号码由 6 位升为 7 位。市县(市)号码分别为湘潭市以"8"字开头,湘潭县"7"字开头,湘乡市"6"字开头,韶山市"5"字开头。是年末,全市交换机容量达到 126134 门。全市农村有 10 个村成为首批电话村。全市固定电话用户为 8.3 万户,公用电话点 208 个,营业收入为 587 万元。比 1986 年分别增长 24 倍、98%、2.51 倍。

1996 年,全市开展创建电话村、电话乡活动,大力发展农村电话。活动期间,新增农村电话 3879 部。农村居民住宅电话用户达 1.96 万户。随着程控电话的普及和通信技术智能化程度的提升,是年 5 月,全市引进 IC 卡公用电话设备。市城区主要街道两旁第一次安装 IC 卡公用电话亭。IC 卡公用电话达 2381 部。在学校普遍安装公用电话。是年 8 月,全市开通城市公安 110 报警电话。1999 年 10 月至 2000 年 6 月,在全省"百万电话装机大行动"活动期间,全市发展电话用户 14.52 万户。2000 年末,全市固定电话用户为 23.5 万户,全市公用电话点 4124 个,营业收入为 896 万元。比 1995 年分别增长 1.83 倍、19.82 倍、52%。

2001 年后,境域电信部门继续采取促销措施,扩大固定电话用户。2003 年 5 月,境域开通小灵通设备,推出小灵通业务。小灵通是市内电话延伸和补充,具有随身携带,轻巧,覆盖范围内自动漫游通话,清晰的音质,绿色环保,以及经济实用特点。是年末,小灵通用户达 3.7 万户。2005 年末,全市固定电话用户为 41.4 万户(市内电话用户为 26.87 万户,农村电话用户为 14.53 万户),全市公用电话点 5184 个,营业收入为 34846 万元。比 2000 年分别增长 1.76 倍、25%、37.89 倍。小灵通用户 5.9 万户,比 2003 年增长 59%。

第二节 移动电话

1992 年,湘潭市建成第一座 900 兆赫兹模拟移动通信基站,开启境域移动电话发展的序幕。这标志着第一代(模拟)移动通信时代的到来。当时,模拟移动电话"大哥大"价格昂贵,普通机都在 10000 元左右,且入网费和初装费价格不菲。初期移动电话多为单位公务配置或私营老板购买。是年，开展移动客户通过手机实现通话交流的基础性传统话音业务。是年末，境域有移动用户 200 户，占全省移动客户总数的 10.7%。营业收入为 1500 万元。

1994 年，境域实现模拟移动电话自动漫游联网，正式对外开放华南四省模拟移动电话自动漫游业务。同时，停止华南四省人工漫游业务。1995 年 1 月 1 日起，900 兆赫兹模拟移动电话实现全国联网，并开始自动漫游试运行。是年末，境域有移动用户 0.6 万户，营业收入为 9860 万元，分别是 1992 年的 30 倍和 6.57 倍。

1996 年后，境域电信部门继续加大移动通信业务基础设施建设。1999 年，国家电信体制改革，境域移动通信业务从市电信局剥离。同年 7 月 6 日，中国移动通信集团湖南有限公司湘潭分公司成立，隶属中国移动通信集团湖南有限公司。同年，成立联合通信公司湘潭分公司，参与湘潭移动通信营运。年内投资开通第一台西门子 GSM 数字移动通信交换机，增建 GSM 基站 11 座，配置通信小区 248 个、载频 862 个。境域“全球通”数字移动电话号码从 10 位升至 11 位，升位方法为原号码第三位后加“0”。号码升位后，境域号码资源得到根本改善。这标志湘潭进入第二代(GSM)移动通信时代。2000 年，境域新增第二台西门子的数字移动通信交换机，容量 50000 门；新增数字基站 69 个，载频数增至 720 个，交换机容量扩容到 13 万门。湘潭市区实现双频无隙覆盖。是年，市移动公司总经理阳泽明因工作成绩突出，被评为“湖南省优秀企业家”“湖南省劳动模范”。2000 年末，境域有移动用户 13.9 万户，营业收入为 20440 万元。比 1995 年分别增长 23.16 倍、2.07 倍。

2001 年底，随着模拟移动电话网全面退网和移动手机业务发展，移动手机进入寻常百姓家。2003 年，境域开放以 GSM 手机接收短信的方式实现对固定电话客户、移动电话客户的服务全球呼业务，客户近 6000 户。同时，先后开办来电显示、呼叫转移、彩铃、移动秘书、语音信箱等移动增值业务。使用来电显示业务功能的客户达 98%以上，移动彩铃客户达 34 万户，移动秘书客户达 27.93 万户，语音信箱客户达 2 万户。2004 年，市移动公司彭南初因工作成绩突出，被评为国家人事部、信息产业部劳动模范。2005 年末，境域有移动用户 49.5 万户，营业收入为 61027.80 万元。比 2000 年分别增长 2.56 倍、1.98 倍。

第三节　寻呼业务

1989 年 2 月，湘潭市邮电局开设无线电寻呼业务。1991 年 3 月，湘潭电业局开设电力系统无线电寻呼。1998 年 1 月，中国润讯寻呼台(全国联网)进入境域联网。三家无线寻呼业务竞相发展。至 1998 年末，境域寻呼用户数达到 40 万户。当年营业收入为 23 万元。

1999 年后，随着公众移动电话发展，无线电寻呼业务快速萎缩，2000 年末，境域寻呼用户减少到 17.2 万户，当年营业收入为 9 万元。2002 年末，境域寻呼用户减少到 8.5 万户，当年营业收入为 5 万元。2003 年末，境域所有无线寻呼业务停止运营。

第四节 数据业务

一、基础数据业务

1996 年,境域开办基础数据业务。基础数据业务主要是帧中继业务。用于企业、银行、政府部门和各地分支机构的局域网之间互连,医疗、金融机构之间图像、图表传送,大文件传送,数据库检索以及组建虚拟专用网。是年末,境域基础数据业务量 28 万元,营业收入为 16 万元。

1997 年后,境域基础数据业务平稳发展。2005 年,境域基础数据业务量 78 万元,营业收入为 55 万元。

二、互联网业务

1997 年,境域电信部门 IP 互联网开业营运。湖南韶峰水泥厂成为湖南省首个互联网接入单位。1998 年 5 月,湘潭市首个因特网网络咖啡屋(网吧)在市区东风大酒店开业营运。是年末,境域互联网用户为 0.2 万户,营业收入为 16 万元。

1999 年后,境域电信部门加快互联网络建设步伐。2002 年 3 月,扩升至光纤 2.5G,开通湘潭传输本地网、城域网和省干网,为互联网业务提供广泛支持。是年末,境域互联网用户为 13.7 万户,营业收入为 42 万元。

2003 年,境域移动宽带上网试点成功,接入 10 余家大中型企事业单位,逐步向公众发展。2005 年,社会公众计算机入网比重逐年扩升。是年末,境域互联网用户达 15.5 万户(其中宽带上网用户 7.9 万户,占上网用户的 50%),营业收入为 109 万元。

三、移动数据业务

1999 年,随着移动电话客户群不断扩大和 GSM 数字移动电话网络建设扩充、升级与完善,境域开办移动数据业务。是年,开办短信业务。由于短信具有操作简单、资费便宜、表达新颖、灵活方便等特点,受到客户喜爱,业务呈快速增长趋势。2001 年开始,湘潭移动加大短信平台建设和短信业务的推广力度,有效地促进全市点对点短信业务快速发展。是年,境域开办彩信业务和 MO 手机上网业务。是年末,境域移动数据业务量 132 万元,营业收入 78 万元。

2002 年,境域开办"Monternet(Mobile + Internet)移动梦网"业务梦网邮箱和随 e 行业务,实现手机到互联网、互联网到手机的双向沟通功能,为用户提供及时、丰富、多元化和个性化的信息服务。2003 年,湘潭移动开通手机支付业务。是年末,湘潭短信普及率达到 65%,境域移动数据业务量 367 万元,营业收入 190 万元。

2005 年末,境域短信普及率达到 81%。移动梦网客户 14 万户,移动梦网业务进入稳定发展期。移动彩信客户达 17 万户,普及率为 27%,其中点对点彩信客户 6 万户。移动上网用户达到 21 万户,普及率为 33%。梦网邮箱注册用户近 7 万户。手机支付银行卡绑定客户 4 万户,在全省名列前茅。移动随 e 行客户达到 1000 余户。是年末,境域移动数据业务量 501 万元,营业收入 397 万元。

第五节　电报传真

1986 年初，境域拥有有线电报业务电路 21 条，其中市区 16 条。在电报业务电路中，电传电路 10 条，其中市区 7 条。拥有湘潭至长沙自动转报电路 1 条。电信部门拥有电传打字机 52 部，其中市区 41 部。自动发报机 24 部，其中市区 18 部。是年底，境域电报去报 44 万份。营业收入 8 万元。

1987 年后，随着国家对无线电频率资源不断开发应用，电报业务量不断减少。1992 年，短波通信电报业务扩展到视频话务和单边带话务业务。电信通信传输科技的发达，通信传输技术设备的不断升级换代，致使传统的电报传输渠道被传真代替，渐渐淡出通信市场。是年末，境域传真用户 0.27 万户，营业收入 26 万元。

1995 年，境域电报去报为 18 万份，营业收入 3.7 万元。传真用户 0.78 万户，营业收入 42 万元。

2000 年，境域电报去报为 3.1 万份，营业收入 1.7 万元。传真用户 0.86 万户，营业收入 53 万元。2005 年末，境域电报业务除设备还存在外，到营业厅办理者几乎没有。传真用户 1.10 万户，营业收入 79 万元。比 2000 年分别增加 27%、49%。

第四章　其他信息业务

第一节　信息技术服务业（IT 业）

1986 年，办公自动化设备和耗材，构建全市信息技术服务业的雏形。全市出现经营电脑、电传、打印等现代办公信息技术服务业 2 家，从业人员 10 人，营业收入为 80 万元。

1987 年后，随着现代计算机技术，网络技术和信息技术推广应用和信息化建设推进，全市信息技术产业不断发展壮大。2001 年 6 月，湘潭电业局高新技术开发中心等 6 家企业，通过湖南省资质管理部门信息工程资质评审，获得湘潭市首批信息技术服务业资质证。是年末，全市信息技术服务业 42 家，从业人员 630 人，营业收入为 22000 万元。

2002 年 9 月，按照国家《软件企业认定标准及管理办法》和《软件管理条例》，全市对湖南瑞能通用电气有限公司 MP2000 用电实时管理集成系统系列产品，湘潭市时运电脑公司 VOD 视频点播系统网络版、软解压版、单机版，湘潭市五联科技有限公司五联中小学生体育教学评价软件，进行软件企业和软件产品认定。上述三家企业和三个软件产品通过认定，成为全市首批符合国家标准和具有自主知识产权的软件产品，享受国家软件企业，软件产品开发的相关优惠政策。是年末，全市信息技术服务业开发 50 多个具有自主产知识产权软件产品。如嵌入式工业控制系统，用电管理系统、企业管理系统、智能队列管理系统、汽车控制系统、教育软件、游戏娱乐软件等。全市 IT 业仍处于发展阶段，规模偏小，企业实力薄弱。2003 年后，市政府注重加强宏观指导和行业引导，加大培育和扶持力度，使全市 IT 业有较快发展。2005 年，全市共拥有国家级系统集成二、三、四级不同等级资质的信息技术服务业24家，且形成梯式结构。这些信息技术服务业在全市信息化工程建设招投标中，中标率90%以上，为全市信息化建设发挥重要作用。是年末，全市信息技术服务业53家，从业人员793人，营业收入63619万元。

第二节 信息咨询服务业

在20世纪80年代末，全市信息咨询服务业开始出现涉及产品供求，货运等方面的信息业务。1989年，全市有信息咨询服务机构20家，从业人员150人。实现营业收入50万元。

1990年后，全市加强信息咨询服务业市场管理。1997年5月1日，在《湖南省经济信息市场管理条例》和《湘潭市实施〈湖南省经济市场管理条例〉办法》颁布实施后，市信息化办公室对信息咨询服务机构进行全面管理。严格资格审查。对凡基本具备申请开业信息咨询机构，在最短时间内办好审批手续；对不具备基本条件的，坚决不予审批，保证信息市场管理严肃性。同时，加强市场监管。除开展经常性监督检查外，还进行专门执法大检查，强化信息市场管理和监督，保证信息市场有序运营和健康发展。

1999年开始，兴起信息、房地产租赁、转让、婚姻介绍、税务业务代理、工程评估及司法咨询服务业等跨行业、跨部门形式多样中介服务机构和经营业务活动。初步形成一个较大信息咨询中介市场。2000年末，全市有信息咨询服务机构827家，从业人员有2481人，实现营业收入35600万元。

2001年后，全市信息咨询服务业有较快发展。2004年7月，《行政许可法》实施，全市及时取消信息咨询服务业资格审批，探索新形势下信息市场管理有效途径，增强服务意识，调整服务思路，保证培育发展全市信息咨询服务业市场连续性。2005年末，全市信息咨询服务机构1084家(其中商品、人才、婚介、房介货运中介机构315家，网络服务机构504家，资金、技术、土地、物价、工程评估咨询事务机构172家，其他93家)，咨询服务业从业人员3007人，实现营业收入54682万元。

第五章 信息技术推广应用

第一节 电子政务

1987年。湘潭市列入全国经济信息系统建设首批35个中心城市。是年9月，配备美国DEC公司生产的超级微型机Micro VAXⅠ机1台。1988年后，湘潭市信息中心、市统计局等单位开始配置微型计算机和相配套电传、复印、打印等现代办公设备，开始探索电子化办公应用。1993年2月12日，市信息中心率先在全省信息系统实现计算机远距离数据传输联网。

1995年，湘潭市政府信息管理系统(MIS)逐步向电子政务(EG)发展。是年，全市被列入中国经济信息咨询网(“金桥”工程)建设第一批城市，拉开全市电子政务建设序幕。1997年1月5日，初步建立全市中心网络平台，实现与省网联通。是年5月，依靠第三期日元贷款，依据国家经济信息系统

(SEIS)的标准体系,建成中国经济信息网(CEINET)湘潭节点站平台,成为全市政务系统计算机专网的核心系统。同期,市直各业务主管部门,陆续配置微型计算机,逐步开始纵向专业网络的业务运行及拨号上网。随着网络技术的应用和发展,全市逐步向政府信息管理系统(MIS)发展,办公自动化和管理信息系统建设与应用,逐步趋于一体化,功能和性能都得到提升。市信息中心及统计、工商、税务等政府业务主管部门,实施政务业务系统的电子化。政府管理和服务职能开始在网络上出现。1998 年 3 月,市人民政府主要领导办公电脑与市信息中心主机专线联网。是年 12 月 28 日,湘潭市人民政府公众信息网建成开通,成为全省第一个市州政府门户网站。

2000 年后,全市继续加快电子政务基础设施建设。2002 年,全市贯彻国家《关于我国电子政务建设的指导意见》,从加快政府职能转变、提高行政效能、增强政府监管和服务能力出发,加快两网、一站、四库、"十二金"("金信""金智""金贸""金旅""金企""金土"等一系列以"金字"为主的全国网络)为重点建设。2003 年,市发展和改革委员会的计划纵向网,劳动和社会保障局企业养老保险系统、医疗保险系统、劳动市场系统、培训中心教学系统、机关办公自动化系统,市科技局智能化农业信息技术应用工程、水稻优质稻专家系统、政务公开系统、查询检索系统,市国土局地籍管理信息数据库、土地利用现状信息系统,市统计局通用统计平台,韶山海关 H2000 海关业务系统等全部建成上线运行。是年 9 月,市信息化办公室在调查研究基础上对全市 67 个市直单位电子政务建设从方案设计、设备选型、软件设计等技术上给予大力支持。是年末,67 个市直单位用于信息化建设投入总额 8763.77 万元。

2004 年,为防止标准不一、各自为政、重复建设、互联互通不畅、共享程度低、安全建设薄弱,颁发《湘潭市电子政务总体规划》《湘潭市电子政务网络中心平台设计方案》和《湘潭市电子政务总体规划实施意见》,全市电子政务建设始终坚持"统一组织领导、统一规划实施、统一标准规范、统一网络平台、统一安全管理"原则,明确全市电子政务建设经过五年时间,基本建成功能完善、技术先进、安全可靠、作用显著、达到全省领先水平总体目标。至此,全市电子政务建设步入健康发展轨道。2005 年末,全市电子政务基础设施初具规模。65%市直行政事业单位和 96%中央、省在潭单位建成局域网,80%市直部门在国际互联网上建立网站。

第二节　电子商务

1998 年,境域部分大企业计算机系统开始在网上查询商务信息,个别通过网络传输交易单据。企业局域网也在一定范围内开始启用。这一时期,全市电子商务处于以电子报文传递技术,如电子数据交换——EDI 形式推广应用,减少文字处理工作量,提高自动化水平,简化业务流程环节,避免重复劳动和减少错误,提高效率、减少成本等。是年末,全市开展 BTOB 电子商务活动 304 人次,电子商务交易量3.9 万元。

1999 年,全市电子商务广告,商务信息开始频频在网上出现。是年末,全市发布电子商务广告 158 条,商务信息 670 条。2000 年 7 月 7 日,由国家经贸委、信息产业部指导,中国电信集团公司与国家经贸委信息中心共同发起"企业上网"工程启动,全市电子商务开始步入起步阶段。随着国家一系列引导和规范电子商务活动法律、法规、认证和应用标准出台,全市电子商务在不断探索中前行。

全市以大中型企业为中坚力量,电子商务在企业信息化试点示范企业中广为应用。是年,互联网开始成为一种大众媒体,网络技术开始逐步在全市推广应用,渐渐深入到各行各业,各种基于商务网站的电子商务业务和网络公司开始涌现。是年,全市有湘潭现代科文有限公司等6家工商企业拥有商务网站的电子商务业务和网络公司。2001年末,境域开展BTOB电子商务活动达10598人次,电子商务交易量89万元。

2002年8月,湘潭市南天股份有限公司与省经贸委信息中心合作,率先在全市搭建起电子商务平台,开展BTOB电子商务活动,促进该公司进出口业务。2003年后,境域注重加强电子商务示范工程建设。2005年,市信息化办公室根据全市信息化建设目标,先后在湘潭钢铁集团公司、电化集团公司、龙畅物流公司、现代科文有限公司等4家工商企业启动电子商务示范工程,标志着全市电子商务由自发发展状况走向有序发展方向。是年9月15日,湘潭钢铁集团有限公司的企业供应链电子商务项目列入国家电子商务重点建设项目。项目总投资7850万元,其中争取国家补助600万元。湘潭现代科文有限公司经过几年努力,建立全市首家在线支付网上商城。是年末,境域开展BTOB电子商务活动达46600人次,电子商务交易量360万元。

第三节　制造业信息化

1995年,市委、市政府首次出台“扶持引导、示范带动、环境推动”政策推进企业信息化。全市部分企业在计算机技术、网络技术、信息技术、自动技术等高新技术迅速发展大环境中,开展探索实施CAD(计算机辅助设计)和CIMS(计算机一体化制造系统)应用工程,现代信息化技术开始逐步在冶金、机电、化工、化纤、建材等行业中得以应用。1999年,湘潭平安电气集团有限公司荣获国家科技部授予“国家高新技术发展计划CIMS应用工程示范企业”称号。至2000年的5年间,境域制造业信息化建设累计完成投资23000万元。

2001年起,全市“整体推进”制造业信息化建设。是年,国家明确提出以信息化改造和提升传统产业发展思路,将制造业信息化工程作为科技促进经济发展第一号工程。在制造业中突出以计算机辅助设计(CAD),数字化管理(ERP)、计算机辅助制造(CAM)为重点。从而,全市企业信息化进入新的发展阶段。全市先后三次组织50余家企业参加省信息化领导小组办公室、省信息产业厅等部门主办的“建设网上湖南”首届信息技术及网络产品展览会、“电子商务与企业信息化研讨会”和“IT与湖南企业——全省信息技术推广应用专题会”,为企业架起扩展视野,交流经验,学习先进技术,建立沟通与合作的桥梁。是年8月,韶山灌区水管理测控系统,湘潭化纤厂CIMS系统工程,南天实业企业综合管理信息系统技改工程和采用KST——I小规模集散系统提高胺磷产品回收率,稳定产品质量技改工程和湘潭电子政务信息管理系统五个项目被列入全国电子信息应用贷款建设项目,共获得贷款2865万元,占全省共列入十一个项目的45.5%。

2002年5月5日,市政府为贯彻落实“以信息化带动工业化”的发展战略,成立湘潭市企业信息化领导小组,决定开展企业信息化试点工作。当年投入150万元引导资金,湘潭钢铁有限公司等9家试点企业共投入信息化建设资金3778万元。是年10月,湘潭市被国家科技部列为“全国制造业信息化重点城市”,7家企业被列入湖南省制造业信息化示范企业。湘潭钢铁集团公司ERP财务产销系统，生产制造系统先后成功上线运行。并利用 ERP 管理信息平台相继实施预算管理系统，实现对费用的控制和客户的管理，建立财务智能分析（OFA）和销售智能分析（OSA）系统以及报表子系统和业务查询系统。随后又实施产销资讯系统、资金管理系统、二钢生产调变系统等 ERP 推进项目，并成功上线。设备管理信息系统（EAM）也在筹划之中。通过 ERP 系统的扩展，延伸和支撑，充分发挥 ERP 系统功能。提高企业整体的信息水平，为全市制造业信息化作出成功示范。2003 年 4 月，湘潭市五菱机械有限公司 ERP 应用系统，湘潭电机集团力源动能有公司生活区水电自动抄收管系统，湖南湘铝有限责任公司 HM 系统工程三个项目进入 2003 年全国电子信息推广应用项目计划笼子，企业共投资金 2296.3 万元，其中：贷款 1560 万元。同月，市政府颁发《湘潭市制造业信息化应用工程 2003 ~ 2005 年规划》，确立全市制造业信息化建设指导思想，奋斗目标、主要任务、保障措施。企业根据自身实际需求，从不同侧重点开展企业信息化工程建设。全市组织 34 家示范企业实施信息化工程，推动全市制造业信息化进程，年内累计带动企业投入信息化建设资金达 2.1 亿元。是年，政府开通制造业信息化网站。2004 年，市政府加大投入力度，投入引导资金 400 万元，引导 30 家示范企业（其中 12 家为省级示范企业），带动投入信息化建设资金 2.4 亿元。至此，全市计算机单元技术趋于成熟和普及。计算机辅助设计（CAD）计算机辅助分析（CAE）、计算机辅助制造（CAM）以及计算机辅助工艺设计系统（CAPP）等单元技术在产品设计，工艺文件设施和产品制造中得以广泛应用。生产装备数字化改选进程加快。全市规模以上企业投入数字化装备共计 3.52 亿元，提高生产自动化水平。物流、信息流、资金流集成控制面向流程管理模式已在大型企业成功实施。2005 年，市人民政府启动县（市）区制造业企业信息化建设，市、县（市）区两级政府各投入引导资金 150 万元，全面启动县（市）区制造业信息化建设，全年带动企业信息化建设资金高达 28000 万元。2005 年，境域制造业信息化建设完成投资 51770 万元。是年，全市被列入湖南省制造业信息化 12 家示范企业通过省科技厅评估验收，全市有湘潭钢铁有限公司等 19 家制造业企业成为湖南省信息化示范企业。是年末，境域启动制造业信息化工程企业占 82%，建立局域网企业占 32%，其中与互联网联网 23%，用计算机进行文字处理的企业 98%，应用于财务管理的企业占 88%，应用于生产管理的企业占 45%，应用于辅助设计企业占 73%，应用辅导制造的占 18%。应用于集成制造的占 16%，应用于办公自动化的占 35%。全市制造业信息化工程，已经取得成效，为实施“强工富市”战略，为实现工业自动化，打下基础，湘潭市处于湖南省制造业信息化领先地位。

第六章　无线电管理

1985 年 11 月，市政府设立湘潭市无线电管理委员会（以下简称市无委会），下设湘潭市无线电管理委员会办公室，1988 年 4 月，设立湘潭市无线电监测计算站，为市无委会技术工作机构。

1998 年 6 月，为适用国家无线电管理机构调整要求，湘潭市编委撤销市无委及其办事机构市无委办，设立湖南省无线电管理委员会办公室湘潭市管理处（以下简称市无管处），为省无委办副处级派出机构，实行省无委办和市政府办双重管理体制。同年 10 月，湘潭市无线电监测计算站更名为湘潭市无线电监测站，实行市政府办和市无管处双重管理，与市无管处合署办公。

1989 年至 2005 年,市无委办和市无线电监测站(以下合称市无线电管理机构),共投入 1334 万元购置无线电测量类仪器仪表、建设无线电固定监测机房及无线电监测综合大楼。市无线电监测站达到国家 A 级站技术标准。

第一节 频率资源管理

一、审批指配频率

1985 年,境域无线电频率资源主要使用在国防军事通信领域,民用的仅有广播、电视、人防、防汛抗旱、邮电、铁路、电力、气象、公安等少数行业,使用的无线电频率仅在短波频段和米波频段的 30 个点内。

1986 年开始,市无线电管理机构贯彻执行国家对无线电频率管理"统一规划,合理开发,科学管理,有偿使用"的原则,对申请使用无线电频率单位和个人,进行审批指配频率和征收无线电管理费(含电台注册登记费,频率占用费,设备检测费)。频率资源管理分为省、市两级管理,500 兆赫兹以上分米波段频率由省级无线电管理机构审批指配,市(州)级无线电管理机构配合作前期申报和后期管理工作;短波频段、米波频段和 500 兆赫兹以下分米波频段由市(州)无线电管理机构审批指配。至 1998 年 6 月,市无线电管理机构审批指配短波(3~30 兆赫兹)频段 9 个通信网络(短波频段不指配频率点,统计原则为组网数量),主要分布在跨地区垂直管理部门,矿产勘探和有远距离通信要求的单位。审批指配米波频段(30~300 兆赫兹)和 500 兆赫兹以下分米波频段频率 310 点(含复用频点),使用单位 56 家,通信网络 66 个。由省、市两级无线电管理机构审批指配的分米波频段(300~3000 兆赫兹)频率使用单位 8 家(按时分制使用频率,只划频率使用区间,不分点)。使用单位分布在境域的银行系统、证券公司、烟草公司和通信运营商。

1998 年 6 月, 省政府调整全省无线电管理机构体制, 频率审批指配权限全部收到省级无线电管理机构,市(州)无线电管理机构负责对申请人业务区分、电磁环境、台站布局进行初审,上报省级无线电管理机构审批;负责审批指配频率以后的频率和台站管理工作。进入 21 世纪,随着公众移动电话业务逐步普及,米波频段的使用逐步减少,市(州)无线电管理机构审批指配频率工作的重心转移到分米波段。至 2005 年 5 年间,市无线电管理机构协助省无委办审批中国移动、中国联通、中国电信在境域的分公司 21 次频率基站扩容,进行电磁环境测试 105 次,上报初审报告 50 件。

二、征收无线电管理费

1987 年开始,市无线电管理机构开始征收无线电管理费。至 1995 年底,共征收本级无线电管理费 110 万元,上缴本级财政。1996 年,市无线电管理机构依据湖南省物价局、湖南省财政厅《关于 < 湖南省无线电管理收费实施办法 > 的补充通知》精神,除征收本级无线电管理费外,还代收公众移动电话用户的频率占用费,上缴省财政,至 2002 年 6 月上缴省级财政共计 1200 万元,上缴本级财政共计 760 万元。2002 年 7 月开始,省、市(州)无线电管理机构停止征收公众移动电话用户频率占用费,改由国家无线电管理机构直接向公众移动电话业务运营商征收无线电管理费,运营商缴纳费用计入运营成本,各省、市(自治区)以下无线电管理机构业务经费由国家财政在所收取无线电管理费中转移支付。本级无线电管理收费项目继续执行。至2005年的4年间,上缴本级财政70万元。

三、协调处理无线电干扰

无线电频率一经指配到用户后,无线电管理机构必须对指配出去频率工作情况进行监测,发现异常情况,或者用户提出干扰投诉,无线电管理机构必须及时处理。1988年,由于市无线电监测计算站处于成立初期,技术设施和技术水平都处于初创阶段,协调处理无线电干扰主要靠行政措施,采用改换频率原始方法。至2000年,共处理频率干扰投诉9起,查处大功率无绳电话干扰源52起,查处无线电工业干扰源4起,主要是境域塑料生产企业和医疗中使用部分医疗器械。2001年开始,无线电监测设备逐步装备到无线电管理机构,协调处理无线电频率干扰问题有效性和工作进度有较大提高,至2005年,共处理频率干扰投诉52起,其中成功处理境外干扰投诉(由国家无线电管理机构转批并督办)1起,处理跨地区干扰投诉2起,查处非法设置无线电设备干扰18起,查处未经申报无线电会议保密封闭系统8起,有效保护用户合法权益。

第二节 台站管理

无线电管理机构受理设台申请时,台站设置数量,组网形式和规模审批,与频率管理同步。频率指配,台站设置审批完成以后台站管理,贯穿台站使用运行整个过程。

1985年,境域除用于军事通信短波电台之外,民用无线电台站仅有132台(部)。

1986年开始,国家调整无线电管理方针政策,变过去“严格管理,限制发展”为“科学管理、促进发展”。境域无线电台站的发展迎来前所未有机遇,各个行业申请设置无线电台站数量逐年增加,无线电台站大量发展,至1992年末,公安、交警、检察、法院、工商、财税、交通、水利、航运、建筑工程等部门和行业设置无线电台站1210台(部);各类厂矿、企业、公司共设置无线电台站2100台(部);广播电视系统增开调频广播电台、电视差转台14台,卫星地面站35个,一点多址微波站2个;湘潭大学等大专院校英语教学台3台(部)。全市合计无线电台(站)总数为3364台(部)。台站设置分布以湘潭市城区为中心,湘乡市区、韶山市区为辅助中心,向四面八方辐射。农村每个区,绝大多数乡、镇都有电台,最边远青山桥、石鼓、歇马、壶天等乡镇都设有电台。城市区域电台密度超过每平方千米200台。

1993年开始,境域无线电台(站)发展的方向转移到公众网。随着公众移动电话业务逐步发展和普及,大部分无线电专用网台站停止运行,部分厂矿、企业、公司的生产调度专用网减少台站数量,到2003年底,仅存800台(部)。

2004年,境域无线电台站发展和使用进入到以公众网为主,专用网为辅的阶段,至2005年末,公众移动电话网基站总数1399个,终端移动手机用户49.5万户。同时,由于专用网使用灵活方便,通信成本低,在一些特殊场合应用广泛,仍然具有生命力。出租车行业、各类市场、宾馆酒店、物业管理、建筑施工现场、保安等行业所使用的专用网电台数量逐年增加。境域专用网电台数量1500台(部)。

第三节 行政执法

1985年，境域无线电管理属于军事管制性质，无相关的管理法律法规。

1987年1月，省政府发布《湖南省无线电管理办法》，为第一个地方规范性规章，为境域无线电管理依法行政提供法规依据。但对无线电管理中频率资源管理，台站监督、检查，违规违法处罚工作并未全面展开，各种违规设台、乱点频率现象时有发生。1993年7月，境域无线电管理机构与市中级人民法院联合成立“湘潭市无线电管理行政审判联络处”，把无线电管理推向法庭审理层面。根据1993年9月国家颁布《中华人民共和国无线电管理条例》及1995年9月国家无线电管理委员会发布《无线电管理监督检查办法》和《无线电处罚规定》，湘潭市加强无线电监督管理。无线电管理步入依法行政、依法管理法制化轨道。在行政执法实践活动中，对境域违规设台，未经批准擅自占用频率，侵犯合法用户电台权益，逃避交纳无线电管理费等各类违法行为进行监督、检查、处罚，至1999年，经由市无线电管理行政审判联络处立案取证侦查，由市中级人民法院行政庭调解或者裁决执行的共计10起，纠正违法行为25台次，追缴无线电管理费5万元；市无线电管理机构独立查处无线电寻呼台擅自设置基站，擅自增设链跨频率等违规行为31台次，处理链跨干扰5起；查封大功率无绳电话机152台。

2000年开始，境域无线电管理行政执法在监测、检查取证方面，增加无线电监测技术手段，为无线电管理行政执法提供技术支撑。特别是在几个重大事件中，利用无线电技术监测手段，解决无线电管理行政执法难题。在与“法轮功”邪教斗争中，市无线电管理机构担负防止利用无线电台宣传邪教任务，凡重要节假日和国家重大政治事务期间，都担负监测值班任务，确保境域无线电台不被邪教分子利用。2003年，为贯彻国家四部委关于清查危害航空安全、干扰航空导航频率问题的通知精神，市无线电监测站持续开机监测，在省无委办分配地域内，进行频带扫描搜索、交叉定位，上报省无委办监测分析报告3份，查出并收缴大功率无绳电话机7台，为排除在湖南区域航线上电台干扰问题尽职尽责。2004年，长沙大托铺空军机场苏-30战机导航频率受干扰严重，市无线电管理机构配合省无委进行电磁环境监测和宽频带频率扫描，查处长沙移动公司基站频率超出指配区间问题，消除机场的导航安全隐患。2005年5月，由国家无委转批德国卫星在境域上空遭受严重干扰投诉，境域无线电管理机构全力以赴，通过反复监测定位，确定干扰源在铁牛埠附近，查处境域某大公司违规擅自改动铁路调度电台频率，非法进入国际航天专用频度范围，造成国际不良影响违法问题。至2005年的5年间，共查处各类违法违规案件70起，追缴无线电管理费6万元。

1986~2005 年湘潭市邮政、电信情况

表 36-1

年度	服务机构（个）	邮政业务总量（万元）	电信业务总量（万元）	固定电话		年末移动电话（万户）		年末国际互联网用户（万户）	
				年末数（万户）	部 / 百人	年末数（万户）	部 / 百人	年末数（万户）	户 / 百人
1986	1	536		0.4	0.16	—	—	—	—
1987	1	617		0.4	0.16	—	—	—	—
1988	1	786		0.5	0.19	—	—	—	—
1989	1	1033.8		0.5	0.19	—	—	—	—
1990	1	1249		0.6	0.23	—	—	—	—
1991	1	2363		0.7	0.26	—	—	—	—
1992	1	3646		1.1	0.41	0.02	0.01	—	—
1993	1	6205		2.7	1.00	0.1	0.04	—	—
1994	1	11233		5.7	2.09	0.2	0.07	—	—
1995	1	15567		8.3	3.03	0.6	0.22	—	—
1996	1	20714		10.2	3.71	1.2	0.44	—	—
1997	1	26872		12.5	4.53	2.3	0.83	—	—
1998	2	2896	35883	14.2	5.12	3.8	1.37	0.2	0.07
1999	4	3125	46089	16.9	6.07	5.4	1.94	0.5	0.18
2000	6	4255	70711	23.5	8.40	13.9	4.97	5	1.79
2001	6	9105	75297	26.2	9.34	22.3	7.95	10.3	3.67
2002	6	9771	80048	28.2	10.03	34.2	12.16	13.7	4.87
2003	6	12128	106118	32.3	11.45	43.2	15.32	14.7	5.21
2004	6	10300	125800	38.3	13.54	46.4	16.41	15.3	5.41
2005	6	10900	157100	41.4	14.25	49.5	17.03	15.5	5.33

第三十七篇　旅游业

概　述

湘潭历史悠久，人杰地灵，文化底蕴深厚，名胜古迹众多，旅游资源十分丰富，是全国较早列为甲类开放城市和中国优秀旅游城市之一。全市拥有各类较有价值旅游资源（区）点110余处。悠久绵长的历史、风景秀丽的山川、惊天泣地的人文，造就湘潭境域旅游资源具有数量种类齐全、分布相对集中、人文特色鲜明、旅游品位较高、发展前景广阔等特点。

湘潭旅游资源尤以人文旅游资源见长，自然旅游资源兼备，自然旅游资源和人文旅游资源交相辉映。从三国时期蜀国丞相蒋琬祠，晋代荆、江州刺史陶侃墓，唐顾命大臣、大书法褚遂良挥笔题匾的“大唐兴寺”，到相传北宋文学家、理学家周敦颐隐居讲学及南宋理学家胡安国、胡宏父子创立湖湘学派的隐山，始建于南宋的文庙和明清时的关圣殿、鲁班殿，再到清末民国时期曾国藩督练湘军杨梅洲，王闿运设塾授徒“湘绮楼”，“鉴湖女侠”秋瑾故宅“义源当”，纪念辛亥革命志士刘道一“刘烈士祠”等，构成一道道奇特人文景观。在近现代历史长河中，湘潭更是人文荟萃，风起云涌。在湘潭境域涌现出在国际国内较有影响的人物有上百位之多，其中以毛泽东、彭德怀、齐白石、陈赓、谭政、罗亦农、黄公略、萧三、张天翼、宋希濂、宋楚瑜、马英九、黎氏八骏等尤为著名。因人留下的文物古迹、历史传说数不胜数。其中一代伟人毛泽东故里韶山、开国元勋彭德怀故里乌石均已开辟为旅游胜地，成为国家级重点名胜区、全国爱国主义教育基地和红色旅游基地。

湘潭不仅历史文化底蕴厚重，人文旅游资源众多，更兼山川形胜，钟灵毓秀，自然旅游资源丰富。巍然屹立于湘江之滨的昭山，其“山市晴岚”是著名的“潇湘八景”之一。湘潭县金霞山、隐山、仙女山与昭山并列为湘潭四大名山。湘乡涟水南岸东台山国家森林公园的“东台起凤”为古湘乡八景之首。水府旅游景区岛屿众多，碧波荡漾，被省旅游局评为新“潇湘八景”之一。湘潭市城区窑湾、岸花亭、望衡亭、唐兴桥及杨梅洲，构成一幅“潇湘八景”中“烟寺晚钟”绚丽画卷。雨湖公园、和平公园、碧洲公园、东方红广场、齐白石广场等成为人们假日旅游休闲好去处。

湘潭旅游兴起，最早可以追溯到1949年。随着以毛泽东为首的中国共产党取得全国政权，以韶山为龙头，以参观瞻仰毛泽东故里为主题，以参观和接待为形式旅游业开始萌芽。自1949年8月起，韶山就开始接待参观毛泽东旧居干部和群众。1950年1月韶山接待第一批外宾。1952年，韶山毛泽东同志旧居正式对外开放，免费接待来自世界各地前来参观人们。特别是1959年6月，毛泽东重回韶山后，韶山出现一个参观热潮，党和国家领导人先后有周恩来、刘少奇、朱德、彭德怀、董必武、聂荣臻、贺龙、叶剑英、郭沫若等以及著名人士来韶山参观。1961年3月，韶山毛泽东同志旧居被国务院公布为全国第一批重点文物保护单位。接待的人数由1952年的1万多人次，逐年增加到1963年的7万多人次。随着来韶山参观人数的日益增加，接待任务繁重。1963年8月，中共湖南省委设立湖南省韶山管理局，主要负责韶山革命纪念地的建设、管理和宣传接待工作。1964年和1965年，每年接待参观人数10万人次左右。1966年，随着“文化大革命”的全面开展，各地红卫兵开始全国性的大串联，来韶山参观的人数剧增，最高日达到3万人次以上。是年，接待人数增至290多万人次。从1967~1975年间，来韶山参观人员逐渐扩展到有工人、农民、学生、解放军和机关干部，每年接待人数持续在200万人次以上。1976年9月，毛泽东主席逝世，省、市、县各地干部群众自发来韶山参观，举行悼念活动。是年，接待人数为175万人次。

1976年，“文化大革命”结束，国家开始拨乱反正，纠正“左”的错误，来韶山参观人数急剧下降。1977年和1978年，年均接待人数45万人次。

1981年，中共中央在《关于建国以来党的若干历史问题的决议》中，对毛泽东在历史上的功过是非作出公正客观评价，充分肯定毛泽东功绩和贡献，来韶山参观游览的人数逐年增加。1986年，省委、省政府决定韶山进一步开放，明确韶山既是革命纪念地，又是风景旅游区。湘潭旅游业经过长期徘徊后进入起步初创阶段。是年，湘潭市共接待旅游人数75万人次，旅游营业收入4000万元。到1989年，来韶山旅游参观的人数突破90万人次，其中接待外国游客人数约在0.3万人次。1990年，全市共接待旅游人数95万人次，旅游营业收入1亿元。

1991年3月，时任中共中央总书记、国家主席、中央军委主席江泽民亲临韶山，先后参观毛泽东同志故居、毛泽东同志纪念馆和滴水洞，亲笔题写毛泽东诗词“为有牺牲多壮志，敢教日月换新天”条幅，并亲手在毛泽东同志故居右侧小山坡上栽种两株白兰和两棵龙柏。是年，全市共接待旅游人数100万人次，旅游营业收入1.5亿元，分别比1986年增长33.3%和2.75倍。1993年，以纪念毛泽东诞辰100周年为契机，湘潭旅游业出现全面发展势头。是年12月，时任中共中央总书记、国家主席、中央军委主席江泽民再次来到韶山，亲自为韶山毛泽东铜像揭幕。是年，全市对外开放的旅游景点23处，投入建设资金5000万元，接待旅游人数150万人次，旅游营业总收入2.5亿元，其中韶山一地就接待游客100万人次，旅游营业收入1.5亿元。1995年，湘潭旅游业进入稳定发展阶段。是年，来韶山参观的人数达到130万人，旅游收入2.5亿元。湘潭其他地方旅游业也有较大发展。昭山风景区接待游客20万人次，旅游营业收入达400余万元；湘乡东台山国家森林公园正式对外开放，共接待游客10万人次，旅游营业收入180万元。是年底，全市共接待旅游人数180万人，旅游营业收入3.5亿元，旅游总收入占全市GDP比重3.2%。1998年，在彭德怀诞辰100周年之际，乌石彭德怀纪念馆、彭德怀铜像广场等重要景点相继建成对外开放。是年，全市共接待游客200万人次，旅游收入逾4.37亿元。同年，韶山市被评为国家首批优秀旅游城市。1999年，全市旅游接待人数226万人次，旅游营业总收入6.25亿元，分别比1991年增长1.26倍和3.16倍。在此期间，韶山景区接待的党和国家领导人还有胡锦涛、吴邦国、曾庆红、邹家华、钱其琛、丁关根、吴阶平、王丙乾、彭珮云等。湘潭和韶山旅游在国内外的影响力和吸引力增强。

2000年，旅游业作为湘潭经济新的增长点和新兴支柱产业，列入市委、市政府议事日程，制定《关于加快旅游业发展的决定》。湘潭旅游业由此进入全面发展阶段。是年，韶山景区被国家旅游局授予AAAA景区。是年底，全市对外开放的旅游景点44处，投入开发建设资金3000多万元，接待旅游人数250万人次，旅游营业收入7亿元，旅游总收入占全市GDP比重3.8%。2001年，湘潭市委、市政府加大对全市旅游产业领导，全面启动《湘潭市2001～2010年旅游业发展总体规划》修编工作,基本完成对韶山市、湘潭县、昭山开发区旅游产业发展规划编制。是年,全市接待旅游人数 304 万人,旅游业总收入 10.2 亿元,分别比 1999 年增长 34.5%和 63.2%。2002 年,随着国家对“五一”劳动节、“十一”国庆节休假时间进行调整,在全国范围出现旅游黄金周热潮,湘潭假日旅游持续升温,全市旅游规划体系逐步完善,景点景区开发建设出现新高潮,特别是对韶山毛泽东故居等景点景区加大建设力度,重新恢复 1959 年毛泽东回韶山时的田园风光。水府旅游区、白石紫荆湖、农博园等一批景点景区相继投入营运。是年,全市共开办各类农家乐旅游休闲娱乐场所 134 家,节假日期间出入境旅游人数大增。是年底,全市共接待旅游人数 356 万人次,旅游总收入 13.76 亿元,旅游总收入占全市 GDP 的 5.1%。2003 年,为纪念毛泽东诞辰 110 周年,在韶山全面实施全国爱国主义教育基地“一号工程”建设,湘潭旅游业继续保持快速发展势头。是年,全市共接待旅游人数 401 万人次,旅游营业收入 15.76 亿元。2004 年,市委、市政府把旅游产业作为湘潭市重要的经济增长点来培植,加快建设长株潭生态休闲中心,向国家旅游局申报创建“中国优秀旅游城市”,湘潭旅游产业更为红火,旅游接待人数猛增。是年,全市共接待游客 562.3 万人次,旅游总收入 20.68 亿元。2005 年,以革命传统教育、爱国主义教育为主题的红色旅游兴起,韶山、乌石等景区被列为首批全国红色旅游精品线路和红色旅游经典景区,来韶山、乌石等地接受革命传统、爱国主义教育旅游人数大增。全市全年接待旅游人数 626.79 万人次,分别比 2000 年增长 1.5 倍;旅游营业收入 26.77 亿元,分别比 2000 年增长 2.8 倍。在此期间,到湘潭、韶山参观考察、指导工作的党和国家领导人有温家宝、贾庆林、李长春、黄菊、刘云山、尉健行、吴官正、罗干、贺国强、李铁映、回良玉、白立忱、黄孟复、王光英、贾春旺、陈奎元、王乐泉等。

第一章 旅游资源

第一节 人文景观

湘潭自古人文荟萃,英才辈出,不仅是荆楚文化和湖湘文化重要的发源地,也是一代伟人毛泽东、开国元勋彭德怀、世界文化名人齐白石的故乡,人文旅游资源十分丰富,既具有伟人故里、名人故址等景点众多的特点,也兼备古祠名刹、建筑奇观等资源丰富优势。祠庙、桥梁、书院、亭台、楼阁、坊塔等到处可见。至 2005 年保存完好的古祠名刹、建筑奇观有:始建于唐代耸立于湘江之畔、昭山之巅的昭阳寺;始建于北宋皇佑二年的千年古刹湘乡云门寺;始建于南宋绍兴初年的湘潭文庙;始建于元末明初的“南湘佛地”海会寺等;始建于乾隆年间的关圣殿,内中春秋阁巨型石狮和石雕龙柱等雕刻最为精致,其中石雕镂空龙柱为江南一绝;坐落于湘潭市自力街,始建于乾隆年间的鲁班殿建筑也极为精美,特别是殿门上保存完好的“湘潭古城全景图”,精致勾描出当年湘潭古城盛景;此外,尹氏宗祠、东山学校、湘乡文庙、湘乡万福桥等古建筑均造型雄伟,建筑精美。全市共有国家、省、市、县四级人文旅游资源(景点)52 处,其中国家级文物保护单位 5 处,省级文物保护单位 15 处。

一、韶山景区

韶山是一代伟人毛泽东故乡，位于湘潭市西北约40千米处，面积约70平方千米。相传舜帝曾偕妻臣在山上奏过韶乐，因而得名。韶山主峰韶峰为南岳72峰之一，景区四周群山环抱，峰峦耸峙，松柏葱茏，气象万千，风景秀丽，为湘潭旅游开发最早的景区之一。1994年被定为国家重点风景名胜区，至2005年，该风景名胜区主要包括7个景区，即毛泽东故居景区、韶峰景区、滴水洞景区、清溪景区、狮子山景区、银河景区、黑石寨景区，共计景点51个。主要景点有毛泽东同志故居、毛泽东少年时代读书的私塾旧址南岸、1925年创办农民夜校旧址毛氏宗祠、韶山毛泽东同志纪念馆、毛泽东图书馆、毛泽东铜像广场、毛泽东纪念园、滴水洞等。韶山风景名胜区不仅是国家重点风景名胜区，也是革命纪念风景名胜区和全国爱国主义教育基地。

二、乌石景区

乌石风景名胜区是开国元勋彭德怀故乡，位于湘潭市西南40千米的乌石镇。整个景区占地面积150公顷，主要景点有彭德怀同志故居、彭德怀纪念馆、彭德怀铜像广场、抗美援朝史料馆、德怀墓、烈士墓、乌石峰等。2001年4月27日被国家旅游局评为“AAA”级国家景区，是全国红色旅游基地、全国爱国主义教育基地、全国重点文物保护单位和全国“十大”陈列展览精品。

三、白石景区

位于湘潭县境东南白石乡杏花村107国道旁，距湘潭市城区约35千米，处于南岳七十二峰之一莲花峰下，是杰出人民艺术家、世界文化名人、国际和平奖获得者齐白石故乡。整个景区以齐白石故居为依托，其间分散点缀着以白石文化为特征其他景点，纵横跨10余千米。主要景点有齐白石故居（星斗塘）、梅公祠、寄萍堂、尹氏宗祠、黎氏八骏故居、五龙山大杰寺、白石紫荆湖、百泉湖、晓霞山森林公园等九处景点。其中齐白石故居被列为省级重点文物保护单位。

四、湘乡景区

地处湘中丘陵地带，距湘潭市城区约40千米。湘乡历史悠久，早在西汉时设“湘乡侯”而得名，1986年撤县设市（县级市）。境域旅游景点众多，其中重要的人文旅游景点有：千年古寺“云门寺”、东山学校、湘乡文庙、南宋古窑、“芗泉井”“报恩寺”等20余处古迹以及红军将领黄公略、解放军名将陈赓、谭政故居等。

五、市城区景区

市城区景区主要分布在雨湖、岳塘两个城区。自宋代在湘潭市雨湖区城正街设立湘潭县治以来，湘潭众多的人文旅游资源多集中分布在城市两区，且呈“U”字形沿湘江两岸纵贯城区线状分布。市区景点主要有：关圣殿、陶侃故居、何腾蛟衣冠冢、望衡亭、唐兴寺、唐兴桥、义源当、鲁班殿、文庙、刘烈士祠、抗日阵亡将士纪念碑、三义井、万寿宫、海会寺、窑湾车站、万楼、东方红广场、齐白石广场等数十处，许多景点历经岁月沧桑，或毁于战火等其他因素，仅留下残垣断壁。至2005年，保存完好的景点 20 多处。

第二节 自然景观

湘潭境域自然旅游资源(景点)有 50 余处。

湘潭山连衡岳,水接潇湘,形成境域山灵水秀、景色如画独特自然旅游资源。以韶峰、褒忠山、昌山、晓霞山等为主体的中低山脉环绕境域,坡度浑圆和缓的丘陵与峭壁陡崖的丹霞地貌,使得境域奇峰异石等旅游景点众多,其中著名的有昭山、隐山、仙女山、金霞山等四大名山。韶峰相传为舜帝南巡演奏韶乐之处,引凤来仪,百鸟和鸣,是国家重点风景名胜区。乌石峰位于湘潭县乌石境域,海拔 400 米,系南岳 72 峰之一。山势巍峨壮观,风景秀丽。山巅有一古刹,名为乌石禅寺。晓霞山位于湘潭县中路铺境域,山脉逶迤,南至天马山,北抵天子坟山,擎天耸立,气势磅礴。晓霞山峦峰中有三峰,凹凸匀称排列,形如笔架,故又称笔架山。海拔 451 米。其间林谷深邃,翠竹茂密。山峰之阳有二古寺,即中林寺、圆通寺。晓霞山麓附近有齐白石故居、五龙山大杰寺、“黎氏八骏”故居、紫荆湖、百泉湖等景点。湘乡境域的东台山、褒忠山、石鱼山等自然旅游资源也十分丰富。其中“湘中第一山”褒忠山,主峰海拔 802 米,一山拔地而起,直插苍穹,云缭雾绕,朦胧迷离。山上有一镌刻“白云关”三个大字巨石,每当白云“出关”,则关下云雾弥漫,而山头晴朗碧透;若白云“入关”,则山头云遮雾盖,而山下清明如镜,乃为褒忠山奇观之一。

山以水秀,景以水名。以湘江、涓水、涟水“一江两水”为主体水系贯穿全境,江河湖塘众多,溪流泉涌密布,或碧波荡漾,或波澜不惊,或溪水长流,或泉水叮当,精绘出山、水、树、人、文于一图的迷人景色。其中较为著名的有水府旅游度假区、碧泉潭、韶山银河、雨湖公园、杨梅洲公园、湘乡碧洲公园等。

一、韶峰

位于韶山冲南部,距毛泽东同志故居约 3 千米,海拔 518.9 米,为韶山第一高峰。又叫仙顶峰,是南岳七十二峰之一。

登临韶峰,由峰顶向北眺望山峦起伏如游龙,气势宏伟壮观,东眺韶山冲里一派田园风光,有韶峰耸翠之称,为韶峰八景之首。东面山腰仙女茅庵,为一突起平台,三面环山,茅庵背靠韶山东面韶山冲,是韶峰佳景之一。景观具有浓厚的山村野趣感,景点有“飞来船”“六朝松”等。南面山腰胭脂古井中,相传唐虞时代舜帝南巡至此,他的两个妃子娥皇和女英曾在此梳洗,以井为镜,不慎将胭脂掉落井中,故水呈红色,“胭脂”古井由此得名。古井泉水细流不断,不管雨季、旱季,泉水总为红色,引得游人不断前往探奇。此外,还有塔岭晴霞、石屋清风、顿石成门、凤仪亭址、石壁流泉等景点。

至 2005 年,人们在韶峰顶恢复旧有寺观,名为“韶峰寺”。在韶峰半山腰营造一座气势磅礴的毛泽东诗词碑林,并建有韶峰索道供人游览韶峰。

二、韶山银河旅游区

景区主体位于湘乡境域。主要包括洋潭景区、飞涟灌万顷景区、三湘分流景区、银田景区。是一个以漂游为主，融休闲、度假、娱乐、观光于一体的综合性灌溉型旅游区。

韶山灌渠(区)于1965年7月动工，1966年6月2日灌区正式通水。韶山干渠上共有渡槽26座，总长6243米，隧洞10孔，总长6545米。如"白浪滔天""三湘分流""普田一虹""双江纵横""涓江飞涟""幸福粮河""楠竹长虹""石牛横渡""碧星飞渡""芦塘巧渡"等渡槽，"龙跃关""山舞银蛇"等隧洞，无一不构成充满诗情画意的人文景观。其中"飞连灌万顷"渡槽，高29.5米，长530米，横跨涟水，形成"涟上飞涟" 的独特景观。"云湖天河"渡槽，长446米，宽5.5米，横跨铁路、公路，气势十分宏伟。"白云""山舞银蛇"两处隧洞，共长2831米。灌区内工程巍然壮观，气势磅礴，渠道阡陌纵横，群峦叠翠，水如明镜，环境幽雅，空气清新，是广大旅游者特别是漂流爱好者运动休闲理想场所。

三、昭山

位于长沙、株洲、湘潭三市交界处的易家湾镇，东起长潭高速公路，西临湘江，南眺韶峰，北望岳麓，是长、株、潭三市水陆交通的咽喉，乃自古兵家必争之地，距湘潭市城区20千米，总占地面积15万平方米，海拔185米。山，险峻神奇，水，湍流湾深，既是山水俱佳的旅游胜地，也是伟人名人故里和宗教旅游胜地。1991年3月被公布为省级风景名胜区。

北宋著名的书画家米芾曾登临昭山，只见雨后初晴的昭山下碧波澄湛，上摇绝壁，晴光烟霭，云遮雾绕，青山绿水，色彩缤纷，即兴绘成《山市晴岚》图，并题诗曰："乱峰空翠晴犹湿，山市岚昏近觉遥。正值微寒堪索醉，酒旗从此不须招。"由此昭山名声大震，被列为"潇湘八景" 之一，吸引着无数文人雅士登山览胜，留下许多脍炙人口的诗篇。

山前是一条用花岗岩铺成蹬道，始修于清乾隆年间(公元1777年)，整个古道长1200米，共800余级，自江岸盘旋直达山顶昭阳古寺。蹬道的第一景点是刘錡故居。北宋抗金名将太尉刘錡，屡挫金兵，与岳飞齐名，因忤秦桧，被贬潭州，遂在昭山筑室安家，并感赋《鹧鸪天》："竹引牵中花满街，疏篱茅舍月光筛。琉璃盏内茅柴酒，白玉盘中蔟豆梅。休懊恼，且开怀，平生赢得笑颜开。三千里地无知己，十万军中挂印来。"表达作者忧国忧民和乐观进取的心境。南宋理学家张栻，清代何承珍等许多名人学者来此凭吊，并写下名句，歌颂这位以身许国爱国英雄。

沿江岸古道盘旋而上约300米处，右边有一墓穴，是近代民主主义革命家，中国妇女运动先驱、"鉴湖女侠"秋瑾衣冠冢 。1907年她在绍兴轩亭口被清政府杀害后，迫于清廷压力，其子王源德曾将灵柩一度停厝昭山5年，1912年，迁葬于杭州西湖西泠桥畔。

沿石道继续往上走，左边有一亭，叫伟人亭。1917年9月16日，在湖南第一师范读书的毛泽东偕新民学会会员张昆弟、彭则厚进行社会调查，从长沙步行至昭山，便在昭山脚下的湘江游泳，夜晚借宿昭山禅寺。1985年，为纪念毛泽东来过昭山而兴建。

从古道继续往上走，便到昭山古寺。禅寺始建于唐代，宋时称昭阳殿，公元1758年(清乾隆二十三年)重修。内设玉皇阁、关圣殿、玄帝宫、观音堂等，历代都有僧人住持，终日香火缭绕，钟磬之声不绝。禅寺正门有一对联："昭山凌云皆瞩乾坤阔，古寺参天同辉日月华"。站立寺前，遥对滔滔江水，脚下壁立千仞，崖壁间枝叶摇曳，有摇摇欲坠之感。古寺后侧有棵千年银杏，树高30多米，枝繁叶茂，浓荫蔽日。山岭广种松、茶、柏、竹，铺锦叠翠，生机盎然。

沿昭山古寺往北下山，便来到湘江之滨。江边渡口叫将军渡。彭德怀曾在其《自传》中记叙，1921

年他“杀了恶霸欧盛钦，被押捕长沙，途中逃脱”，“在易家湾湘江河岸得到罗六十老倌的帮助过河”。此后便称叫将军渡。此外，在昭山南麓有纪念抗金名将岳飞的岳公岭，西麓有黄兴母墓等景点以及昭山八景“屏风夕照”“拓岭丹霞”“双井清泉”“老虎听经”“狮子啸月”“古寺飞钟”“石港远帆”等景点。

四、金霞山

位于湘潭县易俗河镇东侧，与湘潭市河东新区隔江相望，为湘潭四大名山之一。据康熙二十四年（1685）修《湘潭县志》记载：金霞山，县南四十里。尖峦特立，与县治对，朝光雨霁，灿若霞蒸，县治之文峰也。金霞山并不高，但以其一山一洲一镇一塘而闻名。以金霞山为主体，湘江在此绕山划一个大弯，自然地形成鼓磉洲、易俗河镇、银塘等景点。鼓磉洲位于金霞山脚下湘江河道的江心。洲上绿树成荫，风景秀丽，远处白帆点点，烟波浩渺；近处鸡犬相闻，炊烟袅袅。在金霞山西麓是湘潭县治所在地易俗河镇。据光绪刊《湘潭县志》载：易俗市，唐尝建县，五代时榷场。里俗竟传，明武宗微行野宿，到今岸无蚊蚋。湘南谷豆，咸萃于此，乃至下游舟载，逆挽来臻，富人建仓，辄储万石，寄屯之息，岁至万金，县境最大市也。是古时著名粮食、药材、湘莲等贸易集散地。镇内景点有洲城塘（唐宋时县治遗址）、砚井（县级文物保护单位）、老街（明清时湖南著名米市之一）、裕丰粮栈遗址（大革命时期中共湘潭县委秘密活动处）、铁牛戏沙、小雷公塘（中共早期重要领导人罗亦农故居）、上马石（据传明正德皇帝朱厚照南巡在此上马的地方）、水竹湾（明昭毅大将军刘答海故垒及屯兵处）、九龙山（南宋大臣文天祥游览处）、土城湾（南宋军事家胡颖故居及屯兵处）、白云峰等景点。

五、仙女山

位于湘潭县响塘乡境域，距湘潭市区约 30 千米，亦名仙女峰，为南岳 72 峰之一，列湘潭四大名山之中。海拔 300 余米，峰南平缓，峰北陡峭，一条花岗岩石级盘山而上，穿林绕石，通峰接顶。

仙女山据湘潭县志载，宋理宗时，因有一老妇得道成仙隐居龙安山，故称仙女山。民间的传说则更是动人。相传山下住着一对婆媳，婆婆积善好施，媳妇勤劳俭朴。一日婆婆突然晕倒在地，双目失明。为治好婆婆的眼睛，媳妇天天上山采药。一日媳妇采药之中，疲惫之极便睡着了，梦里看到一位年轻貌美的姑娘手捧鲜红的蜜桃，对她说，“你婆婆吃了桃子，眼睛就会好。”媳妇惊喜交集，醒来后手里捏着大蜜桃。婆婆吃了桃子后，眼睛便清亮如先，重见光明了。从那以后，人们在山顶修起仙女祠，一年四季，香火不绝。

沿着盘山石级而上，沿途有山门、土地庙、梅乡庙、关圣殿等建筑，半山腰还有供人歇憩的半山庵等景点，再往上走，便隐约可见千年古刹龙安寺。龙安寺即仙女祠，始建于宋末，重建于清乾隆四十五年，坐北朝南，依山而筑，青砖墙、琉璃瓦盖顶，雕梁画栋，气势恢宏。庙门上书写“龙安寺”三字，门联“四朝灵迹，三楚大观”，为清代书法家何绍基所书。进山门后不远处为武王庙，门前有石狮一对，门联为“志在春秋，威震华夏”，庙中供祀着关云塑像。中殿为娘娘殿，殿门的对联“仙人眷属，香火姻缘”，系清代文人蔡雨甸所书。娘娘的流金泥塑端坐殿中，庄严肃穆，温文尔雅。后殿为祖师殿，约三丈见方，殿门上匾额“俯瞰湘流”，为清末文人王闿运题书。殿内供奉有如来佛像。

在野花灼灼、溪水潺潺仙女山上，还有一处逢旱不竭天鹅池，水清见底，源远流长。山上还有一坡地叫骑马岭，相传北伐将领唐生智将军，曾在这里骑马观山。此外，仙女山的主要景点还有仙人碓、红边塘、驾马寨、石灵桥、渡佳坝、罐子窑、毛集井等景点。

六、农博园景区

位于湘潭县姜畲镇泉塘子，距湘潭市城区 8 千米。景区由农业旅游度假区、农业科技示范区、绿色食品开发区三大功能区组成，占地 336.6 公顷，属城郊型现代旅游景区。其核心景区是以白鹭湖度假村为主体农业旅游度假区，由 55.6 公顷白鹭湖与 145.3 公顷青山组成，是湘潭市重点旅游度假村。度假村内山水相连，碧水如镜，松涛如潮，风景优美，先后开发有"龙潭垂钓""白鹭湖荡舟""乌石岭揽胜""娘娘庙觅踪""罗家寨寻奇"等旅游景点，并辟有环湖别墅、水上乐园、碧波荡舟、天然游泳场、湖畔垂钓等娱乐服务项目。2004 年，被省旅游局评为国家"AAA"级旅游景区、湖南省农业旅游示范点。农业科技示范区，以 5 次荣获"全国农业技术推广先进单位"称号与全国劳动模范李罗斌所在的泉塘子农技站为主体，长年试验、示范农业用地 550 亩，并建有 1200 平方米三层服务大楼、泉隆乳业有限公司和特种水产养殖基地，饲养美国王鸽、山鸡、甲鱼、牛蛙、鲶鱼等，被列为国家杂交水稻研究中心中试基地、袁隆平成果转化基地、隆平高科示范基地等，先后有江泽民、朱镕基、温家宝、回良玉等党和国家领导人来此视察，美、日、泰、越等 100 多个国家的农业官员来此考察。绿色食品开发区，以湘潭市原种场为主，经多年发展，已建设成田成格，路成型，树成行，渠成网，呈现出现代农业架构的示范区，并开发出优质水稻、旱粮、水果、蔬菜、猪、鱼、羊等七项近百种高质高产绿色食品。

七、隐山

又名龙山、龙王山，位于湘潭县黄荆坪境域。南望南岳山，北眺乌石峰，西与营盘寨为邻，东与鸡肝岩对峙，海拔 437 米，系湖湘文化发源地，亦为湘潭四大名山之一。这里山势蜿蜒，风景绮丽，群山环抱，是一处约方圆四平方千米的盆地，隐山就在盆地西端。相传北宋时哲学家、文学家周敦颐曾在此隐居、讲学，植莲于隐山。南宋时，理学家胡安国、胡宏父子亦曾在此筑室讲学，著书于碧泉书院，奠定湖湘学派基础。父子病故后，即合葬于隐山。清时，军机大臣左宗棠曾入赘于隐山东麓—"桂在堂"，且在"桂在堂"学习、研究、著述达十年之久。在历史上曾有"世外桃源"之说。

隐山名胜古迹甚多，昔有一寺、二祠、四池、八桥。龙王寺，又名慈云禅寺，位于隐山东麓，周围古木参天，风景迷人。传说明正德年间，武宗皇帝朱厚照南游到此，见寺院庙宇堂皇，僧尼普度，施主朝拜，香火缭绕，有"世外桃源"意境，便赐联"天下隐山"匾额。自此，隐山便天下闻名。隐山历经数百年风雨沧桑，许多名胜今日已不复存在。所幸的是尚存有四池、八桥和垂丝古柏等。隐山四池，即：莲花池、雷公池、洗笔池、化龙池。隐山八桥，即：隐水桥、流叶桥、通箭桥、珂理桥、栗林桥、狮龙桥、神仙桥、龙王桥。顺着小河往山下行走不远，便到了隐水桥，只见河水奔腾，白浪簇簇。水过桥下，寂然无声。隐山东麓建有濂溪祠。相传北宋文学家兼理学家周敦颐晚年曾在此隐居讲学。濂溪祠附近有垂丝古柏，相传为周敦颐亲手栽植，距今已近千年。附近还有一池，传说当年正德皇帝写下"天下隐山"四字后，即在此洗砚。南宋著名经学家胡安国（谥号文定）及子胡宏，晚年为逃避战乱携眷由福建来湖南讲学，定居隐山，建碧泉书院，弟子甚众，奠定湖湘文化的基础。其卒，葬于隐山。据清乾隆《湘潭县志》载：胡文定"绍兴八年（1138 年）四月十三日正寝，葬于潭州湘潭县龙家（王）山。"明景泰五年

(1454年)始题为宋胡文定墓。后人于山麓又建有三贤祠,又名文定祠。此外,主要景点还有周小舟故居、四美湖、连理银杏树、元帅树、竹泉书院遗址、去思碑遗址、苍场堆子岭新石器时代遗址等。

八、碧泉潭

位于湘潭县锦石乡境域,距湘潭市城区约35千米。在锦石乡碧泉村附近,沿着一条曲折蜿蜒的水渠,逆着清澈的潺潺溪水而上,行约2千米,便到一红砂岩山岗下。抬头即见岩上有由石工镌刻,髹以红漆的3个大字:"碧泉潭"。岩下,有一宽三丈,深丈余的清潭,涌波喷珠,川流不息,咕咚声清雅悦耳。细观碧泉潭,只见潭面酷似开水沸漾,团团波纹逐圈扩散。若遇晴日,在阳光辉映下,潭水被照映得成赤、橙、黄、绿、青、蓝、紫七色,瑰丽无比。盛夏酷暑来到泉边,顿觉凉气袭人,清爽适身,掬水而饮,淡甜可口;隆冬时节则热气蒸腾,一年四季水温保持在20摄氏度左右。

多少年来,湘中一带广泛流传着一条孽龙的传说:"头在江西铁树观,尾在湖南碧泉潭,摇一摇,摆一摆,洗掉湖南做东海。"于是自唐代以来,碧泉潭便远近闻名。此外,在碧泉潭附近曾建有碧泉书院,相传为胡文定公讲学之所,为湖湘文化重要发源地之一。

九、东台山国家森林公园

位于湘乡市城郊东隅,海拔287米,与城区隔河相望。据同治《湘乡县志》载:"东台山南连华盖,下瞰涟水,有石若台";"山高起如仪凤翔空,故又名凤凰山";"山侧有天书石,相传唐时恒氏二女飞升处"。"东台起凤"旧为湘乡八景之首,历为登山旅游胜地。古人有诗云:"春船晓渡过东台,挈侣移尊坐碧苔。""闻道东台峻可攀,登临比际为开颜。"江山留胜迹,一代伟人毛泽东在东山学堂求学时,常与学友攀登东台,指点江山,激扬文字。陈赓、谭政、萧三等,少年时代常在山间论文习武,留下许多令人驰神追思的足迹。1962年,湘乡在东台山营造毛泽东纪念林266.7公顷,后建林场,经多年经营,已山深林密,大树参天。1992年,经国家林业部批准,建立东台山国家森林公园。

从引凤桥进入森林公园,全国人大原副委员长卢嘉锡题写"东台山国家森林公园"园牌雄伟耸立,展现在眼前的是一个风景优美的绿色世界。森林茂密,流水潺潺,曲径通幽,春日芳香扑鼻,夏日凉风习习,令人心旷神怡。步石级而上入松涛亭,亭内的对联"静听涛声远;仰望松节高。"周围遍地花草,郁郁松林,涛声阵阵,鸟鸣虫吟,高低相知。

从右侧沿山间小道至半山腰,望凤亭建于峭壁之上,前悬空,后靠山,玲珑剔透。凭栏远眺,群山叠翠,云雾缭绕;低头俯视,峭壁悬岩,渠水淙淙。经林荫道,来到半月塘的听泉阁,一池碧水,万树葱绿,桥亭相映成趣。还有一条长约20米的巨龙穿石破雾,腾空而下,左右各有一只金色凤凰,引吭高歌,作势欲飞。旁侧还有洗药井、天书台、晒药石等景点。相传唐代恒氏二女曾在此采药炼丹,为民治病,经500年修炼,双双升天成仙。

再从凤凰寺后山攀登,有一条直通山顶的石级,名曰"直上云霄",长250米,687级,沿径风光秀丽。登上山顶,豁然开朗,旭日阁就建于此。此阁占地120平方米,风格古朴,工艺精湛。登上旭日阁三楼,有"举头红日近,回首白云低"的感觉。再沿山道,穿过密林,来到鹰嘴岩。一高达50米巨石,像一只雄鹰盘踞山腰,鬼斧神工把巨石叠成三台,可在每一台上观赏到不同的景色。每年到东台山避暑休闲、游览观光的游客络绎不绝。

十、湖南水府旅游区

位于湘乡市西部的棋梓桥镇，距湘乡市城区20千米。水府旅游区水面45平方千米，总蓄水量5.6亿立方米，库岸线长431千米。库中水如明镜，岛似青螺，黛山倒映，水鸟嬉戏。沿岸半岛鳌突，港湾纵横，岸柳成行，充满淳朴、恬静、闲适的田园情调。

水府旅游区拥有一百多个库湾、34个岛屿，最大的有3平方千米，有狮子山、鹅婆山、日照台、猩儿礁、乐耕岛、白鹭岛、青龙潭等75个自然景观，其中有一级景点5个，二级景点9个，三级景点5个，天然溶洞群8处，峡谷、绝壁数处，仅青龙潭就拥有18个主洞和48个分洞，洞内奇景丛生，各种石柱、石笋千姿百态，栩栩如生。此外还有历史悠久、在国内外颇有影响的陶龛学校和古刹吉祥寺等。已列为湖南重点旅游资源景区。

十一、杨梅洲

奔腾不息的湘江，自东南进入湘潭后，曲折蜿蜒向东北方向流去，在湘潭城西湘江河道上造就一个美丽小屿。这就是杨梅洲。杨梅洲长约2500米，均宽200米。四面环水，形如一轮峨眉明月。西边与古老的窑湾街道隔河相望，东侧是湘江的主航道。由于洲上风光秀丽，可与长沙桔子洲头相媲美，有“长沙的桔子洲，湘潭的杨梅洲”一说，自古以来就是人们休闲、游玩的好地方。宋代诗人夔元圃曾在此触景赋诗。诗云：“枯桑败叶集寒鸦，篱落芙蓉晚见花。有客归来新作主，钓鱼湾处是生涯。”

杨梅洲曾是湘潭木材、煤炭集散地，湘潭上游衡阳、永州、郴州及广西的木材，赣西萍乡等地的煤炭等均在此转运至长沙、武汉、上海等地，也是湘潭造船业的摇篮。清朝曾国藩曾在这里造船练水师，清末民初开始造小火轮。有关杨梅洲的传说有很多，一说洲上过去盛产茄子，因味道鲜美无比，民间流传：“过了杨梅洲，莫想吃茄子。”

至2005年杨梅洲，风景更加迷人。跨过杨梅洲大桥，首先映入人们眼帘的是一副多彩的田园风光，空气中飘着菜花淡淡的清香。在洲最南端是杨梅洲水上公园，该园占地150亩，是一座集园林、文化、旅游观光于一体新型公园。四面环水，水波碧澄，园内树木葱茏，野趣盎然。每当秋冬落水，砂纹如绮，落雁颇多。

2005年湘潭市主要旅游景点情况

表37-1-1

序号	景点名称	所在景区	景点类型	地理位置	景点级别	开放时间	保护级别
1	毛泽东同志故居	韶山景区	人文景点	韶山市韶山冲	韶山景区AAAA级	1950年	国家级
2	南岸	韶山景区	人文景点	韶山市韶山冲	韶山景区AAAA级	1959年	省级
3	毛氏宗祠	韶山景区	人文景点	韶山市韶山冲	韶山景区AAAA级	1968年	省级
4	毛震公祠	韶山景区	人文景点	韶山市韶源村	韶山景区AAAA级	1968年	省级
5	毛鉴公祠	韶山景区	人文景点	韶山市韶山冲	韶山景区AAAA级	1968年	省级
6	故园一号楼	韶山景区	人文景点	韶山市韶山冲	未评级	2002年	省级

续表

序号	景点名称	所在景区	景点类型	地理位置	景点级别	开放时间	保护级别
7	滴水洞一号楼	韶山景区	人文景点	韶山市滴水洞	未评级	1986 年	省级
8	毛泽东同志纪念馆	韶山景区	人文景点	韶山市韶山冲	韶山景区 AAAA 级	1964 年	—
9	韶山毛泽东纪念园	韶山景区	人文景点	韶山市韶山冲	未评级	1995 年	—
10	毛泽东青年塑像	韶山景区	人文景点	韶山市清溪镇	未评级	1969 年	—
11	毛泽东铜像广场	韶山景区	人文景点	韶山市韶山冲	韶山景区 AAAA 级	1993 年	—
12	韶山毛泽东图书馆	韶山景区	人文景点	韶山市韶山冲	未评级	1996 年	—
13	毛泽东诗词碑林	韶山景区	人文景点	韶山市韶峰山麓	未评级	1993 年	—
14	韶山烈士陵园	韶山景区	人文景点	韶山市韶山冲	未评级	1993 年	—
15	彭德怀故居	乌石景区	人文景点	湘潭县乌石镇	乌石景区 AAA 级	1983 年	国家级
16	彭德怀铜像广场	乌石景区	人文景点	湘潭县乌石镇	乌石景区 AAA 级	1998 年	—
17	彭德怀纪念馆	乌石景区	人文景点	湘潭县乌石镇	乌石景区 AAA 级	1998 年	—
18	德怀墓	乌石景区	人文景点	湘潭县乌石镇	未评级	1999 年	—
19	齐白石故居	白石景区	人文景点	湘潭县白石镇	未评级	1991 年	省级
20	寄萍堂	白石景区	人文景点	湘潭县茶恩寺镇	未评级	正修复中	—
21	尹氏宗祠	白石景区	人文景点人	湘潭县白石镇	未评级	2001 年	省级
22	黎氏八骏故居	白石景区	文景点	湘潭县中路铺镇	未评级	2004 年	—
23	东山学校	湘乡景区	人文景点	湘乡市东山办事处	未评级	2002 年	省级
24	黄公略故居	湘乡景区	人文景点	湘乡市中沙镇	未评级	1983 年	省级
25	陈赓故居	湘乡景区	人文景点	湘乡市龙洞乡	未评级	正修复中	—
26	云门寺	湘乡景区	人文景点	湘乡市城区	未评级	1959 年	省级
27	关圣殿	市区景区	人文景点	雨湖区平政路	未评级	1982 年	省级
28	陶侃墓	市区景区	人文景点	雨湖区窑湾街道	未评级	1982 年	市级
29	望衡亭	市区景区	人文景点	雨湖区窑湾街道	未评级	1982 年	市级
30	唐兴寺	市区景区	人文景点	雨湖区窑湾街道	未评级	1982 年	市级
31	唐兴桥	市区景区	人文景点	雨湖区窑湾街道	未评级	1982 年	市级
32	义源当	市区景区	人文景点	雨湖区窑湾街道	未评级	1982 年	市级
33	刘烈士祠	市区景区	人文景点	雨湖区城正街	未评级	1981 年	市级
34	鲁班殿	市区景区	人文景点	雨湖区自力巷	未评级	2002 年	省级
35	文庙	市区景区	人文景点	雨湖区城正街	未评级	1982 年	市级
36	东方红广场	市区景区	人文景点	岳塘区芙蓉大道	未评级	2005 年	—
37	白石广场	市区景区	人文景点	雨湖区大湖路	未评级	1993 年	—
38	韶峰	韶山景区	自然景点	韶山市大坪乡	未评级	1986 年	—

续表

序号	景点名称	所在景区	景点类型	地理位置	景点级别	开放时间	保护级别
39	乌石峰	乌石景区	自然景点	湘潭县乌石镇	未评级	1986年	—
40	昭山	市区景区	自然景点	岳塘区昭山乡	未评级	1982年	—
41	韶山银河	韶山景区	自然景点	韶山市银田镇	未评级	1966年	—
42	金霞山	易俗景区	自然景点	湘潭县易俗河镇	未评级	正修复中	—
43	仙女山	仙女景区	自然景点	湘潭县响塘乡	未评级	1988年	—
44	隐山	隐山景区	自然景点	湘潭县排头乡	未评级	2000年	—
45	晓霞山	白石景区	自然景点	湘潭县中路铺镇	未评级	2005年	—
46	东台山国家森林公园	湘乡景区	自然景点	湘乡市东山办事处	未评级	1992年	—
47	湖南水府旅游区	水府景区	自然景点	湘乡市棋梓镇	未评级	2001年	—
48	碧洲公园	湘乡景区	自然景点	湘乡市城区	未评级	1984年	—
49	褒忠山	湘乡景区	自然景点	湘乡市月山镇	未评级	1956年	—
50	石鱼山	湘乡景区	自然景点	湘乡市泉塘镇	未评级	2002年	市级
51	碧泉潭	隐山景区	自然景点	湘潭县锦石乡	未评级	正修复中	—
52	雨湖公园	市区景区	自然景点	雨湖区雨湖路	未评级	1952年	—
53	和平公园	市区景区	自然景点	雨湖区建设北路	未评级	1955年	—
54	杨梅洲公园	市区景区	自然景点	雨湖区窑湾街道	未评级	1992年	—
55	抗日阵亡纪念碑	市区景区	人文景点	雨湖区城正街	未评级	1982年	市级
56	潭宝公路纪事碑亭	市区景区	人文景点	雨湖区窑湾街道	未评级	1993年	市级
57	农博园景区	农博园景区	自然景点	湘潭县姜畬镇	AAA景区	2001年	—
58	海会寺	市区景区	人文景点	雨湖区大湖路	未评级	1982年	市级
59	何腾蛟墓	市区景区	人文景点	雨湖区窑湾街道	未评级	1982年	市级
60	湘乡文庙	湘乡景区	人文景点	湘乡市城区	未评级	1987年	省级

第二章　开发与建设

第一节　旅游规划

1986年，随着韶山被列为湖南省级风景名胜区后，韶山旅游规划编制工作开始纳入当地党委、政府重要议事日程。1991年，韶山撤区建市，韶山市委、市政府确立“以旅游经济为龙头”发展战略，着手编制韶山市旅游和景区开发规划。1993年，韶山抓住纪念毛泽东诞辰100周年契机，加大对旅游资源开发建设力度，确立围绕建设好“两地”（革命纪念地、风景旅游地）为目标，发挥韶山人文景观和自然景观独特优势，加快韶山旅游吃、住、行、游、购、娱六要素建设，加强旅游服务和管理，努力把韶山建设成“中国优秀旅游城市”旅游规划思路。1994年，国务院公布韶山风景名胜区为国家重点名胜区。1995年，韶山市人民政府正式向国家旅游局申报创建“中国优秀旅游城市”称号。湘潭市委、市人民政府逐步把旅游业作为产业来加以扶持。1995年，在湘潭市委、市人民政府的指导下，市外事办（旅游局）与相关部门经过两个月调查研究，结合湘潭市“九五”期间经济和社会发展总体蓝图，出台《湘潭市旅游业发展“九五”计划和到2010年长远规划》，确定到2000年，年接待国外入境旅游者1万人次，旅游创汇105万美元；国内旅游者233万人次，旅游收入6.9亿元。在整体布局上，实施“一个中心，两个重点，两个一般”的“122”战略工程，即以市区为商贸、交通、文化、娱乐中心，以开发韶山、昭山人文景观和自然景观为重点，带动、推进湘潭县、湘乡市旅游资源开发和基础设施建设，形成人文景观与自然景观并茂、观光度假产品与专项旅游产品并存的基本格局。1997年，韶山市人民政府编制出《中国韶山风景名胜区总体规划》。同时，编制湘潭市旅游业发展总体规划进入市委、市政府重要的议事日程。

20世纪90年代后期，随着旅游业迅猛发展，湘潭市原有旅游发展规划已越来越不适应旅游形势发展，制订整个旅游产业的长远发展规划已经势在必行。1998年，市委、市政府从市直有关部门抽调专家组成调研小组，对湘潭旅游产业发展现状和发展趋势进行深入调查。经过近两年充分论证，2000年5月，市委、市人民政府制定出台《关于加快旅游业发展的决定》，首次将旅游业的发展列入政府工作的重要议事日程，并决定将旅游业作为全市国民经济新的增长点和新兴支柱产业、第三产业的龙头产业来重点培养和优先发展，明确旅游业“十五”发展目标，力争到2012年旅游总收入达到全市国内生产总值的6%以上，把湘潭建成文化氛围浓郁、现代气息强烈优秀旅游城市。同时，要求尽快制订旅游业十年发展规划，在国民经济和社会发展“十五”计划纲要、“十一五”规划纲要以及湘潭市服务业发展第十一个五年规划和湘潭市优势产业发展第十一个五年规划中将旅游业纳入五年发展规划。

2001年，市委、市政府根据国家旅游局《旅游规划通则》《旅游发展规划管理办法》以及土地管理法、水利法、文物保护法、环境保护法等国家有关法规原则，并依据《湖南省旅游管理条例》和《湖南省旅游业2001～2010年发展规划》及《湘潭市2001～2010年国民经济和社会发展目标规划纲要》的有关精神，成立湘潭市旅游业总体规划编制领导小组和编制办公室，并在全市范围内抽调相关专家，经过近2年反复考察、咨询、论证，编制出《湘潭市2001～2010年旅游业发展总体规划》（以下简称《总体规划》）。2001年12月，由市人民政府和湖南省旅游局联合组织召开湘潭市旅游业发展总体规划评审会，有关专家和领导组成评审组对《总体规划》进行评审，并正式通过。

《总体规划》在分析湘潭市旅游业现状基础上，对今后一个时期湘潭旅游业发展指导思想、基本原则、战略目标进行明确和定位。在指导思想上明确湘潭旅游业发展“以资源为依托，以市场为导向，以效益为目标，以改革为动力，以人文资源开发为重点，以自然资源开发为重要补充。大力发展国内旅游，积极发展入境旅游，适当发展出境旅游。坚持政府主导和重点带动，实施精品战略与可持续发展战略。”努力实现湘潭市旅游资源优势向经济优势转化，力争跨入全省旅游业发展前列，把旅游业培养成新的经济增长点，第三产业的龙头和新兴支柱产业，把湘潭建设成为中国优秀旅游城市。在基本原则上坚持以政府主导、市场运作、市场导向、产业连动、适当超前和可持续发展原则。在战略目标上确定2001~2010年湘潭市旅游业发展目标分两步走：第一步(2001~2005年)目标，使湘潭市旅游业发展成为第三产业的亮点和新的经济增长点，进入全省旅游“五强”之列。第二步(2005~2010年)目标，使湘潭市旅游业发展成为全市第三产业的龙头和支柱。旅游业上规模、上档次，使湘潭争创全国最佳旅游城市，实现旅游活市。根据《总体规划》，湘潭旅游景区开发总体布局是：以红色旅游为核心，以人文资源为主线，以韶山景区开发为龙头，以湘潭市城区为中心，以湘潭县、湘乡市为两翼，通过十年左右建设，逐步形成“两心、两翼、四轴、一环、五区”(“两心”即韶山、湘潭市区；“两翼”即湘潭县、湘乡市；“四轴”即上瑞高速公路、107国道、长衡高速公路和湘江、涟水；“一环”即建设好韶山—湘乡—乌石旅游环线；“五区”即东部都市休闲旅游区、南部艺术文化休闲旅游区、西部滨水休闲度假旅游区、北部红色旅游区、中部湖湘文化旅游区)的市域旅游总体格局。

为确保《总体规划》顺利实施，从2001年起，市人大常委会在每年的全市国民经济和社会发展计划执行情况报告审议中均将旅游业发展列入重要议事日程之中。在《关于湘潭市2003年国民经济和社会发展计划执行情况及2004年计划(草案)的报告》中提出：“围绕建设长株潭生态休闲中心，积极发展旅游休闲业。”在《关于湘潭市2004年国民经济和社会发展计划执行情况及2005年计划(草案)的报告》中再次提出：“围绕建设长株潭生态休闲中心，切实抓好韶山爱国主义教育基地国家一号工程、湘潭‘红色旅游’建设工程、昭山生态休闲旅游中心建设工程、水府旅游区综合开发、仰天湖综合治理整体开发等重大项目建设，大力发展红色旅游、文化旅游和生态旅游，培育发展现代会展业。”

2004年1月29日，市人民政府同意《湘潭市2001~2010年旅游业发展总体规划》，并予以批复。自湘潭市旅游业发展《总体规划》制订出台后，各县(市)区也制订出相应的发展规划，将旅游业纳入国民经济和社会发展第十一个五年规划纲要以及年度国民经济和社会发展计划。到2005年，韶山市在原有《2000~2010年韶山市旅游发展总体规划》基础上进行修编，湘潭县、湘乡市政府编制完成《2006~2015年湘潭县旅游发展总体规划》《2006~2015年湘乡市旅游发展总体规划》，构建起完整旅游规划体系。

第二节　景区开发

1949年8月湘潭和平解放，即开始对韶山毛泽东旧居等景点进行保护建设和修缮维护。到1969年，湘潭景区开发基本以韶山景区一枝独秀，并形成韶山旅游景区开发雏形。

1976年，毛泽东主席逝世，韶山景区开发基本处于整修维护阶段。直到1978年党的十一届三中全会召开，湘潭景区进入新一轮开发阶段。1980年，对湘潭县乌石彭德怀同志故居进行修复。1983年，“毛泽东同志旧居”更名为“毛泽东同志故居”。是年8月，彭德怀故居对外开放。到1985年，全市对5处景点进行开发建设，开发景点集中在韶山、乌石等地，投资总额3000多万元。是年，全市对外开放的旅游景点10处，投资500多万元。

1986年，韶山被省政府辟为省级风景名胜区，滴水洞景区对外开放，湘潭旅游景区开发进入新的时期。湘潭旅游景区初步形成人文旅游资源开发与自然旅游资源开发全面发展格局。到1991年的 6 年间，全市有 18 处景点景区通过开发建设，对外开放，投入旅游开发建设资金 5000 万元。从 1992 年起，以纪念毛泽东诞辰 100 周年为契机，湘潭景区开发进入全面开发建设阶段，到 1993 年，旅游投资总额 8000 万元，在韶山开发建设五项永久性纪念工程，投资总额近 6000 万元。到是年底，全市对外开放的旅游景点 23 处，比 1991 年增加 5 处。1994 年，韶山被国务院批准为国家级风景名胜区。1998 年，为纪念彭德怀诞辰 100 周年，湘潭县乌石景区修建彭德怀铜像等景点设施，开发建设旅游景点 2 处，投资近 4000 万元。同时，湘潭县白石星斗塘齐白石故居得到重新恢复修缮。到 2000 年的 7 年间，旅游开发建设累计投入资金 1.5 亿元，全市对外开放的旅游景点 44 处，比 1993 年增加 21 处。

2001 年，在继续加大对韶山景区、乌石景区开发力度的基础上，加快对其他景区景点基础设施建设步伐。到 2003 年的 3 年间，全市旅游景区共开发景点项目 8 个，旅游开发投资总额 4 亿元。从 2004 年起，湘潭以进一步提升旅游品位和吸引力为重点，加强红色旅游产品的品位化和精品化建设，以红色旅游产品开发带动绿色山水旅游、历史文化旅游产品建设，并着手争创中国优秀旅游城市。是年，全市对外开放的旅游景点 58 处，2005 年，全市对外开放的旅游景点 64 处，比 2000 年增加 20 处，是年旅游开发投入资金 1.8 亿元。断限内全市旅游景点开发累计投入资金 14 亿元，在全市初步形成红色旅游、绿色山水旅游、历史文化旅游和城郊休闲旅游四大板块的开发格局。

一、韶山景区景点开发

1949 年 8 月韶山解放，毛泽东旧居被湘潭县人民政府接管。1950 年，毛泽东旧居经人民政府进行大的维修后，基本保持原貌，并挂上“中国人民伟大的领袖毛主席的家”大门匾额，对外开放。后匾额改为“毛泽东同志故居”。1957 年修建韶山宾馆松山一号楼。1959 年，湖南省委拨款 20580 元在南岸屋后修建了一栋 556 平方米青砖青瓦平房，作为到毛泽东故居参观的首长和外宾休息的地方。同年 10 月，南岸正式对外开放。1960 年，在韶山乡韶源村滴水洞修建滴水洞一号楼。1961 年 3 月，韶山毛泽东同志故居被国务院正式公布为全国第一批重点文物保护单位。是年，湖南省委、省政府根据刘少奇建议，由全国人大常委会原副委员长郭沫若题写“毛泽东同志旧居”匾额。1963 年，修建韶山毛泽东同志纪念馆，1964 年对外开放。从 1966 年开始“文化大革命”后，韶山景区进入到带有鲜明政治色彩的开发建设时期。1968 年，韶山管理局投入开发建设资金 900 多万元，对毛氏宗祠、毛震公祠、毛鉴公祠进行较大规模的修缮，同时按 1927 年毛泽东回韶山考察农民运动时的原貌布展陈列。是年 12 月 26 日对外开放。到 1969 年，先后修建韶山灌区、韶山铁路、韶山火车站、毛泽东青年塑像等工程。是年，共接待参观人数 200 余万人次，参观接待收入 1500 万元。

20 世纪 70 年代初期，到韶山瞻仰参观的人络绎不绝，每年接待人数保持在 300 万人次。1972 年 9 月 1 日，南岸、毛氏宗祠、毛震公祠被湖南省革命委员会确定为省级重点文物保护单位。1976 年 9 月，毛泽东逝世，前来韶山瞻仰参观的人数一度出现高峰，以后开始逐年下降，韶山景区景点开发基本处于整修维护阶段。从 1979 年至 1981 年，对韶山毛泽东同志纪念馆陈列内容进行较大调整和修改。1983 年，韶山管理局派人到北京，请邓小平题写故居和纪念馆的匾额。4 月 2 日，邓小平几易其稿，题写“毛泽东同志故居”和“韶山毛泽东同志纪念馆”两块匾额。是年 10 月，南岸、毛氏宗祠、毛震公祠、毛鉴公祠被国务院纳入全国重点文物保护单位。1985 年，共接待游客 50 余万人次，旅游营业收入达到1000万元。

1986年，韶山被湖南省人民政府辟为省级风景名胜区。同年9月，韶山滴水洞一号楼对外开放。从1987年起，韶山景区开发重点主要是对毛泽东同志故居、南岸、毛泽东青年塑像台、韶山毛泽东同志纪念馆、毛氏宗祠、滴水洞一号楼、毛泽东祖父墓等景点进行修缮和整理，并陆续重新对外开放。到1992年，韶山景区共对12处景点进行重大修缮和整理，投入资金1500万元。是年，共接待游客90万人次，旅游营业收入3000万元左右。

1993年，为纪念毛泽东诞辰100周年，韶山市委、市政府利用纪念毛泽东诞辰100周年契机，开发一批永久性纪念项目和旅游景点主要项目有：毛泽东铜像及广场、韶山毛泽东诗词碑林、韶山毛泽东图书馆、韶峰寺及韶峰索道、韶山烈士陵园等五项永久性纪念项目，并新修英雄路、碑林路、纪念园环型路等通往全市主要展区的旅游公路，新建银峰、沁园春、韶粮、天马、福源、金穗等宾馆，在韶山冲建设旅游纪念品购物中心，开发具有韶山特色的旅游产品和纪念产品等。开发建设项目14个。1994年1月，国务院公布韶山风景名胜区为国家重点风景名胜区。韶山市发掘自身优势，在毛泽东同志故居前的地域开发建设毛泽东纪念园，初步形成比较完整的革命纪念地景区群。针对过去韶山景区自然风景资源开发相对滞后的不足，开发韶峰景区，恢复和兴建韶山八景及六朝松、飞来船、四方竹等游乐景点和韶峰观日台等。1996年，韶山市投资200万元在滴水洞景区开发龙头山，修通游道，组建龙头、龙亭、龙泉等景点。是年，韶山毛泽东诗词碑林、滴水洞景点被湖南省旅游局评为湖南省“最佳旅游目的地”，韶山市进入首批争创“中国优秀旅游城市”行列。1999年成为全国首批“中国优秀旅游城市”（县级）。

2000年，韶山毛泽东景区被国家旅游局授予全国首批AAAA级景区，德胜宾馆被授予三星级宾馆，并顺利通过“中国优秀旅游城市”复核。2002年，韶山村汤瑞仁在紧靠毛泽东纪念园建起韶乐宫，研究演奏韶乐。是年5月19日，省政府公布故园一号楼、滴水洞一号楼为省级重点文物保护单位。2003年，值毛泽东同志诞辰110周年之际，韶山抓故居净化、亮化、美化工程。2004年，韶山共争取国家投入国债资金5000万元，招商引资项目19个，引进内资3950万元，外资207万美元，对故居南环线公路进行拓宽改造，新建市政中心、杜鹃园重点工程、华龙山庄、韶乐演奏中心、红太阳商业广场、英雄商业广场、韶山旅游服务中心等9大项目工程，并对毛泽东同志故居周边环境进行整修和治理，使韶山冲变得更加美丽动人。2005年，韶山景区被国家旅游局定为全国12个重点红色旅游地之一，来韶山旅游参观人数305万人次，投入开发资金1亿元，旅游总收入3.96亿元。从开发到2005年底，韶山景区共开发景点51个，累计投入建设资金近5亿元。景区交通便利，湘黔铁路在湘乡向韶车站与韶山铁路接轨，上瑞高速公路、省道1823线和湘宁公路均贯穿境域。

二、乌石景区景点开发

彭德怀平反昭雪后，彭德怀故居保护整修工作被提上议事日程。1980年，湘潭县政府拨出专款8万元，对彭德怀同志故居按原貌修复，按1940年模样，恢复槽门和土墙，辟西南端为辅助陈列室。1982年，邓小平为“彭德怀同志故居”题写匾额。1983年8月1日，故居正式对外开放。是年10月10日，被省政府列为省级重点文物保护单位。1988年，新加坡华人和湘潭县群众捐款，在乌石峰虎形山山脊修建德怀亭。从1994年起，为迎接彭德怀诞辰100周年，湘潭县政府再次对彭德怀同志故居进行全面维修、复原，按彭德怀1961年回乡时原貌陈列。在中央、地方各级政府大力支持下，投入4600多万元，开始兴建彭德怀纪念馆、彭德怀铜像广场等重要景点。1995年，彭德怀同志故居被列入湖南省首批爱国主义教育示范基地。1997年10月，乌石景区“元帅树”被国家林业部评选为全国100株“中华名树”之一。1998年，在纪念彭德怀100周年诞辰前夕，彭德怀同志故居经全面整修后重新正式对外开放。彭德怀纪念馆、彭德怀铜像广场相继竣工落成。是年10月24日，举行隆重的彭德怀铜像揭幕剪彩和彭德怀纪念馆建成开馆仪式。是年，彭德怀纪念馆被评为全国文物系统十大陈列展览精品之首。1999年12月28日，彭德怀亲属彭钢等人遵照彭德怀生前遗愿，经请示中央批准，将彭德怀骨灰从八宝山革命公墓迁至乌石故里，安葬在乌石峰麓德怀墓地。2001年6月25日，乌石彭德怀同志故居被国务院公布为全国重点文物保护单位。是年，彭德怀同志故居及景区景点被国务院公布为第五批全国百家爱国主义教育示范基地之一。2004年，彭德怀同志故居及景区被国家旅游局评定为3A级国家旅游景区。2005年，彭德怀纪念馆被列入全国红色旅游精品线名录。是年，共接待游客50多万人次，投入开发资金850万元，旅游营业收入1500万元。从开发到2005年底，乌石景区共开发建设项目达6个，投入建设资金5000余万元。景区有多条旅游线路通达，境域公路与107、320国道均相通。

三、湖南水府旅游区开发

水府旅游区是20世纪50年代通过修建水库而成。从1986~1990年间，水府旅游区主要为当地群众养殖、捕鱼、灌溉、发电提供便利。1998年，在湘乡水府旅游区内又新发现大型针乳石溶洞青龙洞和向阳南宋古瓷窑址，吸引大量投资。1999年，湘乡市委、市政府成立水府庙综合开发办公室，筹措近2000万元开发资金，进行滚动开发。2000年4月，经过近一年筹备，湖南水府旅游管委会正式挂牌成立。同年10月1日，水上跳伞、水府龙舫、钓鱼基地等项目正式向游人开放，接待游客2万人次。是年，水府旅游区被正式列为省级重点旅游资源开发。2001年，在《湘潭市2001~2010年旅游区发展总体规划》中，水府旅游区被列为全市五大特色文化旅游区之一。同年3月，水府旅游区第一个景点即野生动物观赏园正式对外开放。随后又相继开发龙溪休闲度假山庄、水府民俗文化村等旅游项目，桃花岛、儿童乐园、白鹭观赏园等景点进入筹建阶段。2002年以后，上瑞高速公路竣工通车，增强景区旅游的可通达性，带动景区开发。是年，陶瓮学校及大型针乳石溶洞青龙洞和向阳宋代窑址被省人民政府列为省级文物保护单位。同年，水府旅游区被确定为省水上训练中心，5月，成立水府旅游区管委会接待中心。同时，水府“风情园”与“三岛一城”开工奠基。“白鹭岛”生态公园、水府渔村等一大批游乐场所和旅游景点进入开发建设之中。2003年，水府旅游区管委会投资4600多万元，修建景区旅游主码头，并对白鹭岛的植被和主码头进行改造与绿化。是年，成立水府旅游区车队，开辟旅游专线。2004年，旅游区的基础设施进入大规模开发阶段。进区公路、码头拆迁平整及商品街建设等稳步推进。是年，景区接待游客38.1万人次，旅游收入512万元。2005年，景区共接待游客近50万人次，投入开发建设资金2300多万元，旅游收入684万元。从开发到2005年底，景区共开发旅游景点13处，累计投入资金1.2亿元。景区交通便利，湘黔铁路依区而过，上瑞高速公路横贯其间。

四、昭山风景名胜区开发

1986年,昭山风景区被市政府列为市级风景名胜区,成立昭山风景区管理筹备处,归口湘潭市城管局管理。自此,昭山风景名胜区正式列入旅游景区开发范围。从1987年起,市委、市政府对昭山风景区明确以保护自然风景、历史名胜、古树林木、野生动物为重点进行开发建设,确定为市区人民义务植树基地。景区开展绿化、美化工程,对原遭毁坏性的山林进行重新植被,新建凉亭及寺庙前后小景点,修复石级梯道,完善水、电、路基础设施和厕所等多种服务设施。到1990年,用于昭山风景区开发建设资金达到120万元,有513亩山坡地的湿地松、水杉、香樟成林,整个昭山绿树成荫。古寺恢复佛事活动。1991年3月,昭山风景区经省政府批准升格为省级风景名胜区。是年,由市城市绿化办公室牵头,园林、规划等部门配合,编制出昭山风景区整体规划。1992年6月,在国务院原副总理邹家华倡导下,市委、市政府批准组建昭山旅游经贸开发区。是年9月,正式成立昭山旅游经贸开发区管理委员会。昭山风景区由市城建局划归昭山开发区管委会管理。1993~1999年,重点对“昭山八景”进行恢复与新景点改造,其中新建面积7180平方米,改造面积16450平方米,总投资达8000多万元,同时加大昭山旅游区基础设施建设力度,包括旅游区附近道路、市场及居民安置区等建设。是年,昭山旅游经贸开发区与湘潭电视台合作拍摄昭山风景片,向国内外推介昭山。2000年7月,昭山寺被市政府明确为市级重点宗教活动场所。是年,昭山景区共接待游客10万人次,旅游营业收入240万元。2001年,昭山经贸旅游开发区向全国公开招标“昭山旅游娱乐园”设计策划方案,得到市委、市政府原则同意。2004年,昭山经贸旅游开发区会同有关专家和部门编制《昭山风景名胜区总体规划(2004—2020)》和控制性规划。2005年,省人民政府正式行文批复《昭山风景名胜区总体规划》。2005年,昭山风景名胜区共接待游客20万人次,投入开发建设资金1600多万元,旅游营业收入500万元。从开发到2005年底,昭山旅游开发区共修复、新建旅游景点达9个,投入开发建设资金3.2亿元。景区内京广铁路穿境而过,京珠、上瑞、长潭高速公路和107、320国道均在此交汇。

五、白石景区景点开发

20世纪90年代,海内外游人怀着对白石老人的敬仰而慕名前来,白石文化景区进入到集中开发时期。1991年,湘潭县政府将齐白石故居列为县级文物保护单位。1996年,齐白石故居被省政府列为省级重点文物保护单位。同年,湘潭县政府对位于白石文化景区内的五龙山大杰寺登记注册发证,重新修复。该寺投资1000多万元陆续重建内外山门、天王殿、大雄宝殿、观音殿、僧舍、钟鼓楼、水泥路等。1997年,白石文化景区的尹氏宗祠在翻修改造时被发掘出许多极有价值的齐白石早年作品,后经修复整理,于2001年对外开放。2000年冬,湘潭县政府将齐白石故居按历史原貌进行修复,故居为土墙茅顶,占地约200平方米。2001年12月27日正式对外开放。2001年至2002年,以华侨旅行社为主体,采取合作开发形式,在白石文化景区开发以尹家冲自然风光为主的紫荆湖农家乐休闲项目,并于2002年4月28日正式对外开放。2004年,省、市文联在白石文化景区内菱角村办点,多方筹资对始建于清同治年间的黎氏八骏故居进行维修整理,2005年,湘潭县将黎氏八骏故居、晓霞山森林公园、百泉湖、五龙山大杰寺等景点纳入白石文化旅游景区一并开发,并列入湘潭县十一五规划和市旅游总体规划之中。是年5月，尹氏宗祠被省政府公布为省级文物保护单位。到2005年，湘潭市、县对白石文化景区及基础设施等共计投入开发建设资金5000多万元，开发建设项目13个。景区有京珠高速公路、107国道等公路干线相连，长沙、湘潭、衡阳等地每日有多趟班车直达景区。是年，白石文化景区接待游客10万人次，投入开发建设资金500多万元，旅游营业收入450万元。

六、隐山湖湘文化景区开发

1995年，湘潭县排头乡人刘德钦在开发乌石彭德怀故居的过程中受到旅游富民的启发，萌发开发隐山湖湘文化源景区的决心。1997～1998年，刘德钦与湘潭大学教授王立新等人在经过大量调查研究、分析论证后，于1999年成立市隐山湖湘文化源旅游开发有限公司。2000年8月，湘潭市政府将隐山景区的“濂溪书堂”“胡安国墓”“周小舟故居”及晚清重臣左宗棠入赘湘潭13年的住所“桂在堂”列为市级文物保护单位。2000年10月，湘潭市、县及隐山湖湘文化源开发公司组织国内外42位研究湖湘文化专家深入隐山考察和论证隐山湖湘文化景区开发价值。2001年6月15日，市委、市政府召开隐山开发有关问题协调会议，并形成《隐山开发有关问题协调会议纪要》。是年9月，省发展改革委员会批准同意开发湘潭隐山湖湘文化旅游区项目，项目总面积25.43平方千米，总投资2.28亿元，分五期进行建设。从2002年起，隐山景区开始进入开发建设阶段。2002年7月，湖南省文史馆30多名馆员和省参事室、岳麓书院、湘潭大学等相关学者前往隐山进行认真考察，确认隐山为湖湘文化的源头。是年，经湘潭市、县两级规划局批准，划定景区红线规划图45平方千米。与此同时，省宗教事务局同意在隐山重修西禅寺。2003年11月，湘潭县政府批准《湖南湘潭隐山湖湘文化源与生态旅游区总体规划》。2005年3月，省水利厅批准隐山湖湘文化源景区为省水利风景区。是年，隐山景区开发投入资金约1000多万元，完成建设项目4项，隐山公路路基建设，胡安国墓前道路建设及三座拱桥建设，西禅寺地基开挖和文定桥修缮，四美湖生态休闲度假区基础设施建设等。2005年，共接待游客2万人次，旅游营业收入300万元。从开发到2005年，隐山景区已开发景点9个，投资5000万元。景区有320国道、潭花公路等交通干线通达，湘潭每日有多趟班车直达景区。

七、农博园城郊旅游景区开发

农博园景区是以“全国农业技术推广先进单位”湘潭县泉塘子农技站为基础发展而来。1981年，湘潭县泉塘子农技站在全省率先开展有偿农技服务，其影响力和知名度逐年上升。1984年，被“杂交水稻之父”袁隆平定为杂交水稻中试基地，超级杂交稻推广面积41万亩。1991年，时任中共中央总书记江泽民视察泉塘子农技站，1993年，时任国务院总理朱镕基也到泉塘子农技站视察。1996年，被确定为国家杂交水稻试验基地和袁隆平成果转化基地。1999年5月，泉塘子农技站采取招商引资，合作开发的形式，开发建设农博园景区，并选定在1957年“大跃进”时期所建的跃进水库进行首期开发，共计投入1800多万元。于2001年12月31日竣工对外营业，更名为白鹭湖度假村。整个度假村由55.6公顷的白鹭湖与145.3公顷的青山组成，建筑面积10800平方米。2002年，农博园按全国农业旅游示范点标准的要求，进一步完善该园旅游观光各项设施和条件，先后建有7栋环湖别墅、会务厅、宴会厅、咖啡吧、KTV包厢等设施及水上娱乐、垂钓中心、游泳场等水上项目。2003

年，农博园正式向国家旅游局申报成 AAA 旅游区点。2004 年 10 月，通过国家旅游局检查验收，授予“湖南省农业旅游示范点”、国家“AAA”旅游景区。同年，被中宣部、国家旅游局等部门纳入红色旅游定点旅游目录名单。2005 年 9 月，湘潭县人民政府批准《湘潭农博园农业旅游区发展规划》，规划园区占地 2.92 平方千米，292 公顷，分白鹭湖度假村、自然生态保护区、高新农业技术园、主题公园、高尚社区等五个功能区。其中高新农业技术园以湘潭市原种场为主体，处于湘潭市郊伍家花园。经建设，场内绿化面积占全场总面积 95%。2005 年，共接待游客 1.5 万人次，投入开发建设资金近 1000 万元，旅游营业收入 340 万元。从开发到 2005 年，农博园城郊旅游景区已开发 8 个旅游景点和 6 个旅游项目，投资总额 3000 多万元。景区有湘黔铁路、上瑞高速公路和 320 国道在境域穿过。

八、杨梅洲及窑湾都市休闲旅游景区开发

1982 年，市政府将窑湾都市休闲景区内的望衡亭、陶侃墓、何腾蛟墓、秋瑾故居等列为市级文物保护单位。1991 年初，市政府决定对杨梅洲进行开发建设，建设杨梅洲水上公园。是年，共开发 24.6 万平方米，总投资 65 万元。1992 年，又兴建天然游泳场、跑马场、野炊场等，同时对供电、供水及游泳场更衣室、食品供应店、饮食店、凉亭等设施进行配套。是年 6 月 1 日，位于杨梅洲南端的杨梅洲水上公园正式开园，对外开放。该园占地 10 公顷。1993 年，窑湾都市休闲景区内的潭宝公路纪事碑亭被市政府列为市级文物保护单位。同年 7 月 1 日，杨梅洲水上公园山庄别墅竣工开业。山庄别墅建筑面积 1000 平方米，投资 147 万元。1996 年，市政府修通通往窑湾石嘴垴的河西大堤公路，兴建十八总(窑湾)广场。1997 年 2 月，市人民政府投资 10 万余元，在杨梅洲打出一口深 120 余米的深水井，顺利通过验收并交付使用。2000 年 4 月，修建从窑湾通往杨梅洲的大桥，结束渡船到杨梅洲的历史。2001 年，对河西大堤沿江风光带进行绿化。从 2004 年起，湘潭市、雨湖区政府着手对窑湾旅游景点开发进行全面规划。2005 年，共接待游客 1.5 万人次，投入建设资金 300 多万元，旅游营业收入 280 万元。从开发到 2005 年，已累计投入开发建设资金 2000 余万元，开发建设项目 10 个。市内有多路公交线路直达景区。

第三节　争创中国优秀旅游城市

自 1986 年，韶山被省人民政府辟为省级风景名胜区后，韶山区委、区政府即确定“把旅游产业作为龙头产业来抓”发展战略。1991 年，韶山撤区建市后，韶山市委、市政府决定将旅游业纳入国民经济和社会发展规划，制定《韶山风景名胜区总体规划》《支持韶山市旅游业发展的暂行规定》。1995 年，韶山市委、市政府确定“旅游活市”战略。是年 10 月，韶山市委、市政府正式向国家旅游局申报创建“中国优秀旅游城市”。1996 年，韶山市人大作出在全市开展创建“中国优秀旅游城市”决议，并成立以市长为组长的市创建中国优秀旅游城市领导小组。同时，根据“国检”评分标准，将任务分解落实到各个责任单位。1996 年，韶山市委、市政府召开全市“创建”动员大会，市政府颁发《韶山旅游行业管理若干规定》，在全市开展改善旅游景区环境，整治旅游市场秩序，加强行业文明建设等系列行动。1998 年 9 月，省旅游局按照“国标”旅游城市评分标准，对韶山“创建”情况实施全面预检。同年 11 月，国家旅游局对韶山创建“中国优秀旅游城市”工作进行全面检查验收，达到“中国优秀旅游城

市”标准(县级)。国家旅游局以国旅办〔1998〕208号文件正式命名韶山为“中国优秀旅游城市”,成为全国首批54个“中国优秀旅游城市”之一。

2000年,市委、市政府在出台的《关于加快旅游业发展的决定》政策性文件中,首次决定将旅游业作为全市国民经济新的增长点和新兴支柱产业、第三产业的龙头产业来重点培养和优先发展,力争到2012年旅游总收入达到全市国内生产总值6%以上,把湘潭建成文化氛围浓郁、现代气息强烈的优秀旅游城市。2001年、2002年,市人大两次作出创建“中国优秀旅游城市”的决议。从2003年起,市委、市政府把创建中国优秀旅游城市作为建设伟人故里,构建生态文明和谐湘潭的一项重大战略举措来抓,并成立由市委书记、人大常委会主任、政协主席任顾问,市长任组长的“创优”领导小组,制订出《湘潭市创建中国优秀旅游城市实施方案》,将“创优”任务分解到各县市区和市旅游局、公用事业局、建设局等47家责任单位。严格实行创优工作“三挂钩”制度,即与单位“一把手”挂钩、与单位领导班子绩效考核挂钩、与创优奖罚挂钩。同年,市委、市政府正式向国家旅游局申报创建“中国优秀旅游城市”。2004年至2005年间,市委、市政府先后召开4次全市性的创优工作动员会和10次工作调度会、16次现场办公会议。湘潭日报、晚报、湘潭电视台各频道、湘潭电台和湘潭旅游网等开辟8个“打造中国红色旅游精品,创建中国优秀旅游城市”常年性专栏和5个“创国优城市、做文明市民”临时性专栏,共刊发“创优”新闻稿件5000多条。市委、市政府办公大楼电子显示屏开通创优宣传,户外设立巨型“创优”广告和旅游地图30多块,标语横幅100多条。先后编制《湘潭旅游》《湘潭百事通》《湘潭风光》等画册光碟,印制《致市民的公开信》10万份、《湘潭市民文明手册》5万份、创优宣传资料1万份、创优海报5000份、《创优知识问答》5000份和《创优简报》50期,发放到机关、中小学校和街道社区进行宣传。市委、市政府在城区和旅游景区相继开展以“加强城市绿化、清理整治违法建筑、违法用地、违法开发”为主要内容的“一化三清”和以“整治市容环境、整治交通秩序、整治违法建筑,提高城市绿化、亮化、美化、净化水平”为主要内容的“三整四化”等城市专项整治行动,先后投入100多亿元用于城市基础设施建设,新、改、扩建城市主次干道40多条,提质改造小街小巷120余条,新增城市道路60多千米,新建和改造东方红广场、体育中心、白石公园、雨湖公园等一批绿化广场和公园。投资5亿多元相继改造、扩建白石旅游景区、水府旅游度假区、昭山风景名胜区、湘潭农博园等旅游景区,开发新建白石紫荆湖、湘乡明月山庄等100多家农家乐城郊休闲点,仅韶山“全国爱国主义教育基地一号工程”投入就达2.9亿元,使湘潭旅游“创建”水平和质量有明显提高。

2005年底,市委、市政府按照“国标”旅游城市评分标准,对全市“创建”情况实施全面自检。自检评分达到912分,为创建“中国优秀旅游城市”奠定基础。

第三章　旅游服务

第一节　旅游推介

一、媒体促销

1989年，中央在全国广泛开展社会主义教育运动，韶山为重要教育基地。是年，省内外各机关、团体、企业、学校纷纷组织党员、干部赴韶山进行革命传统教育。对此，省内各大报刊、电台、电视等媒体纷纷予以宣传报道。湘潭及韶山旅游的媒体促销开始进入酝酿之中。

1993年12月，以纪念毛泽东同志诞辰100周年为契机，湘潭市、韶山市分别举行纪念毛泽东诞辰100周年庆典。时任中共中央总书记、国家主席、中央军委主席江泽民亲临韶山，为毛泽东铜像揭幕。新华社、人民日报、光明日报、中央电视台、中央人民广播电台、湖南日报、湖南卫视、湖南经视等全国各大知名媒体都竞相报道这一盛况，中央"心连心"艺术团也到韶山进行演出，在国内外产生广泛反响。1994年，湖南电视台、韶山管理局和韶山市旅游局联合摄制《迷人的韶山》风光片。1996年，韶山市旅游局和湖南电视台又再次重新摄制《迷人的韶山》风光片，并录制韶山景区景点宣传词。1997年，湘潭市旅游局与新闻媒体首次合作拍摄湘潭旅游专题片，全方位介绍旅游景点建设、产品开发、涉外饭店、服务项目及旅游线路等。与此同时，韶山市政府及旅游部门邀请中央、省、市的电视台、电台、报刊杂志记者来韶山拍片、采访、宣传报道，更新韶山景区的广告门楼，重新印制韶山风景名胜区导游图。1998年10月，湘潭市、湘潭县紧紧抓住纪念彭德怀诞辰100周年暨彭德怀铜像揭幕庆典活动的契机，加大媒体推介湘潭旅游资源的力度，全国各大知名媒体再次聚焦到湘潭这片红色热土。1999年，湘潭市旅游局先后制作系列宣传湘潭旅游的《伟人故里游》《湘潭旅游指南》等宣传画册和音像制品。创办《湘潭旅游》专刊。与此同时，在纪念黄公略诞辰100周年、陈赓诞辰100周年等一系列庆典活动中，全国各大媒体竞踏上湘潭这块土地。

2000年后，湘潭以"我们爱韶山的红杜鹃"为主题，通过电视、报纸、网络等媒体多层次、多角度、全方位开展促销活动，打造伟人故里品牌。2001年6月，中央电视台4、7频道连续对韶山开展湖南（韶山）旅游形象宣传。是年9月，中央电视台2频道再次聚焦韶山开展韶山旅游线路宣传。12月，中国摄影家协会在韶山举办"韶山杯"韶山旅游全国摄影大赛。2003年4月，为纪念毛泽东诞辰110周年，韶山风景区开辟韶山旅游网站。2004年5月11日，中央确立大力推动和发展红色旅游的方针，湘潭红色旅游宣传促销活动更为红火。是年7月31日，由省人民政府、国家旅游局、共青团中央共同主办，湘潭市人民政府、湖南省旅游局、共青团湖南省委、湖南省韶山管理局共同承办的"中国红色之旅·百万青少年湘潭韶山行"大型主题活动在湘潭韶山正式启动。同年12月，中共中央办公厅和国务院办公厅联合印发《2004～2010年全国红色旅游发展规划纲要》，明确12大红色旅游重点区，30条红色旅游精品线路和100个红色旅游经典景区景点，湘潭占据重要的地位，其中韶山景区在湖南首次被选中的4条线路和8个景区(点)中位列榜首。2004年12月21日,“中国红色之旅·韶山、花明楼、乌石伟人故里金三角相约星城”大型推介会在省会长沙枫林宾馆举行,毛泽东、刘少奇、彭德怀纪念馆馆长和韶山宾馆负责人在星城长沙岳麓山下,向来自中央、省、市的30多家媒体和省内近50家旅行社隆重推介韶山、花明楼、乌石红色之旅两日游专线。2004年12月24日,“中国红色之旅·上海高校学子湘潭韶山行”主题活动启动,上海交大、同济大学的师生乘坐红色之旅的主题列车于毛主席诞辰111周年之时抵达湘潭,并在毛泽东同志纪念馆举行爱国主义教育基地挂牌仪式。2004年底,全国各地媒体包括新华社、人民日报、中央人民广播电台、中央电视台、凤凰卫视、湖南卫视、湖南日报等重要媒体都在最佳的时段、最重要版面竞相报道湘潭红色旅游资源。2005年3月,市旅游局邀请在珠三角和东南亚地区有着庞大收视群体南方卫视,对湘潭旅游资源进行为期3天的采访报道,持续播放时间2个月。是年6月25日,湖南省委、省政府在韶山主办“中国红色之旅·百万共产党员湘潭韶山行”大型主题活动,省内各大主要媒体再次聚焦湘潭、韶山。2005年8月,文花枝先人后己抢救游客事迹报道,湘潭旅游业再次得到新华社、中央电视台、中央人民广播电台、湖南日报、湖南卫视等20多家媒体的广泛关注,纷纷在重点版面、重要位置、重要时段予以报道。是年11月,市旅游局又邀请旅游卫视《有多远,走多远》栏目来湘潭,做专题采访,大大提升湘潭对外形象。2005年底,省人民政府、国家旅游局在韶山联合主办“全国85列红色旅游专列首发式暨中国红色旅游联谊会”大型主题活动,省政府、国家旅游局有关领导和来自全国100个红色经典景区的代表、30多家媒体的记者以及各界党员代表1500多人参加这次活动。来自全国100多个经典红色旅游区的78家旅游局代表,在韶山共同签署中国最长的红色旅游发展合作协议。

二、节会促销

1986~1991年间,由于旅游产业尚处在萌芽状态之中,对旅游节会促销的意识、形式和手段等相对滞后。

1992年,随着旅游业的兴起,开展旅游节会促销开始摆上重要的议事日程。是年10月,在由湖南省旅游局、建设委员会、文化厅等部门联合举办的湖南省旅游成果展暨旅游交易会上,市外事办(旅游局)首次组织“湘潭展区”参展,重点介绍湘潭的旅游资源、设施、产品和开发前景。展览期间,接待观众10万余人。1993年,市外事办(旅游局)组织全市各旅行社、宾馆、旅游学校举办“9·27世界旅游日”宣传活动,发放宣传资料3000余份,张贴横幅、标语50余幅。1995年,市外事办(旅游局)组织韶山旅游产品开发研究所、韶山中国国际旅行社、韶山旅行社、湘潭辉盈国际旅行社、湘潭旅行社、华侨旅行社等旅游企业参加“’95年中国北京购物节”“95年中国海南国内旅游交易节”“95年中国广州国际旅游交易节”等。1996年,湘潭市开展旅游节会促销活动更为活跃。市外事办(旅游局)先后组织参与“’96年湖南香港国际旅游交易会”“’96年中国旅游购物节暨南岳旅游商品展销会”“’96年中国上海国内旅游交易会”等20多场国内外旅游促销节会。1997~1999年,市旅游局在大力组织各旅游单位和企业“走出去”参加各种旅游节会,开展旅游促销基础上,逐步探索“请进来”开展节会促销的模式。到1999年,韶山景区和彭德怀纪念园分别举办景区现场促销会。韶山市政府和旅游局通过促销,保证广州至韶山、长沙至韶山两趟专列游客来韶山的需要,促成武汉、咸宁至韶山、河南信阳至韶山两趟旅游专列试开。

2000年，在继续组织各旅游单位和企业“走出去”参加各类旅游节会活动促销同时，进一步加大“请进来”旅游节会促销力度，以引进资金开发湘潭旅游资源。是年，通过旅游节会促销活动，全市引进旅游开发建设资金350万美元。2001年，在坚持“政府搭台，企业唱戏”的原则下，先后策划“韶山红色之旅促销会”“湘乡文化旅游节”“白石文化艺术节”“湘莲文化艺术节”“水府水节” 等旅游节会促销。韶山就先后举办、承办“全民健身万里行，支持申奥大签名”“中国革命之路万里行”“革命圣火耀我心”“湘桂青少年红色旅游互访”“金世纪韶峰之旅”等节会活动。是年，韶山市接待游客180多万人次，创历史新高。2002年，湘潭市及韶山市政府首次在湘潭境域举办“2002中国湖南旅游节湘潭（韶山）毛泽东文学艺术节”活动。是年，市政府抓住“八一振邦”足球队落户湘潭的契机，举办首次旅游专项产品发布活动。从2003年起，抓住纪念毛泽东诞辰110周年的契机，重点推出“我们爱韶山的红杜鹃”旅游节会促销品牌。是年12月26日，韶山市委、市政府组织纪念“毛泽东同志诞辰110周年万人韶山红色之旅”活动，湘潭市、韶山市在韶山毛泽东铜像广场举行毛泽东同志诞辰110周年纪念大会及文艺演出，并在部分景点举行“万人吃寿面”“万人长跑”“书画摄影大赛”等。同年，湘潭市旅游部门还分别在广州、深圳、韶山等地举行旅游产品推介会。2004年4月，湘潭旅游资源首次借华中旅游博览会之机，在湖北武汉举办以“我们爱韶山的红杜鹃”为主题的旅游产品推广会。是年6月，湘潭红色旅游产品远涉韩国，在汉城举行湘潭旅游推广周活动，使红色旅游异域飘香。是年9月，湘潭市、韶山市旅游部门借纪念邓小平诞辰100周年活动机遇，达成韶山市与邓小平故乡四川广安合作意向，联手开发两地红色旅游资源。2004年10月13日，市委、市政府成功举办“中德环保论坛”大会，在中德（湘潭）环境管理与企业合作大会上，湘潭旅游部门与德国马克思故乡商务代表进行洽谈，将红色旅游推向国际市场。2005年，湘潭旅游以“伟人故里 山水湘潭”为主题，着力于多层次、多角度、全方位地打造湘潭旅游品牌。是年4月8日，“我们爱韶山的红杜鹃”——湘潭旅游产品参加在广西桂林举办的2005年中国国内旅游交易会。是年5月9日，台湾亲民党领导人宋楚瑜访问大陆，并回到湘潭县射埠镇巨鱼村祭祖。湘潭市紧紧抓住这一契机，举办“中部博览会·首届湘台经贸合作论坛”大会，向台湾同胞大力推介湘潭旅游产品。7月29日，红杜鹃绽放黄浦江畔。“我们爱韶山的红杜鹃”——湘潭旅游产品上海推广会暨旅游招商项目发布会在上海隆重举行。9月14日，2005年度湖南旅游节分会场主题活动——“红色旅游湘潭行” 在韶山举行。与此同时，湘潭旅游加大与其他红色旅游资源地区的合作力度，先后到井冈山、萍乡、百色、桂林等地宣传、交流与推广，韶山与延安、井冈山、西柏坡、遵义共同签署信息共享、客源互换的合作协议，毛泽东同志纪念馆与刘少奇纪念馆、周恩来纪念馆、朱德纪念馆和邓小平纪念馆签署共同发展的协议，并到香港、澳门，日本、欧盟国家宣传推广湘潭的旅游产品。

第二节　旅行社　旅游公司

1974年，韶山成立“韶山区中国国际旅行社韶山支社”“韶山中国旅行社”。这两家旅行社在管理体制上，与湖南省韶山区革委会外事办（即区宣传接待办）合署办公，隶属湖南省韶山区革委会，归口湖南省人民政府管理。在业务经营上，这两家旅行社根据各自归口业务范围，分别负责外宾和华侨、港、澳、台同胞接待服务。1975年，经湖南省革委会外事办批准为经营二类社旅行业务，具有组团从事国内旅游业务权利。1978 年 7 月,“韶山区中国国际旅行社韶山支社”“韶山中国旅行社”分别更名为“中国国际旅行社韶山支社”和“中国旅行社韶山支社”。1989 年,中国国际旅行社总社批准前者为中国国际旅行社集团成员。同年,湘潭市城区首家旅行社湘潭中国旅行社正式挂牌对外营业。至此,在湘潭境域的旅行社有 3 家,从业人员 60 人,旅游营业收入 200 万元。

1991 年,“中国国际旅行社韶山支社”从韶山管理局接待处分离,成为韶山管理局直辖独立核算单位,更名为“韶山中国国际旅行社”,划归韶山宾馆管理。1995 年,湘潭市又成立“湘潭国际旅行社”和“湘潭华侨旅行社”。到 1998 年,全市有旅行社 5 家,其中市内 3 家,韶山 2 家,从业人员 100 人,年均经营收入 500 余万元。在此期间,旅行社作为特殊服务行业,注册登记管理相对较严,旅行社的建立基本上是以机关事业单位和群众团体机构为挂靠单位,个人不能经营旅行社。2000 年,随着市委、市政府《关于加快旅游业发展的决定》出台,特别是国家对旅行社经营业务和管理范围放宽,旅行社进入快速发展时期,全市旅行社数量猛增到 15 家,其中新增旅行社 10 家,从业人员 300 人,旅游经营收入 3000 万元。2001 年,按照“控制数量、提高质量、壮大规模”指导思想,加大对旅行社管理力度,实行旅行社计分制管理,全面实施《旅行社目标考核管理办法》。是年,全市新增旅行社 5 家,即湘潭康辉旅行社、湘潭鸿达旅行社、湘潭天马旅行社等,至此,全市旅行社发展到 20 家,从业人员 400 人左右;旅游经营线路由过去局限于华东沿海和珠江三角洲地区,拓展到东北、华北、西南、西北等数十条线路,旅游经营收入 4500 万元。2002 年,随着旅行社数量增加,市场竞争加剧,一些较大规模的旅行社进行转轨改制。湘潭中国国际旅行社、湘潭中国旅行社先后进行改革。2004 年,湘潭中国国际旅行社实行股份制,更名为湘潭嘉年华旅行社。湘潭华侨旅行社在经营上也开始实行旅行社和旅游景点相结合的新模式,在湘潭县白石乡开发紫荆湖农家乐园。到 2004 年,经过湘潭市旅游局评定的 A 级旅行社 24 家;诚信旅行社 10 家;经过消费者协会认定的诚信旅行社 3 家。

2005 年,湘潭旅行社着力朝着整合资源、做大做强方面迈进,改变以往“散、小、弱、差”的局面。是年 1 月,国家旅游局批准湘潭嘉年华国际旅行社为经营中国公民出境旅游业务组团社。经 3 个月筹备,湘潭市首家出境旅游组团社正式经营出境业务。到是年底,全市共有旅行社 24 家,其中城区旅行社 17 家,县(市)区 7 家。有 A 级旅行社 24 家,诚信旅行社 10 家,经过消费者协会认定的诚信旅行社 3 家,有出境资质的国际旅行社 2 家,全部旅行社注册资本 1204 万元,从业人员 512 人。是年,全市各旅行社共接待游客 8.5 万人次。旅行社经营收入 4814.74 万元。

附 湘潭市旅行社选介

一、湘潭嘉年华国际旅行社

湘潭嘉年华国际旅行社有限公司成立于 2004 年。其前身是有着 10 余年经营历史的国有湘潭中国国际旅行社。通过资产重组,按现代企业改制,改名为嘉年华国际旅行社,并获国家旅游总局批准,成为当时湘潭市唯一具有出境组团资质国际旅行社。“嘉年华国旅”以经营国内旅游、入境旅游和出境旅游三大业务为龙头,兼营旅游商品等配套产业。国内旅游和入境旅游拥有丰富的线路资源,出境旅游拥有所有目的地国家对华开放旅游线路经营资质,“嘉年华国旅”拥有经验丰富的专业管理人才和外语导游、领队、翻译、外联团队。2004 年被市政府指定,成功承办中国(湘潭)环保和企业合作大会、中国(湘潭)齐白石国际文化艺术节等重大活动的外宾旅游接待工作,获得各方赞赏。到2005年,拥有注册资金500万元,从业人员25人,年接待游客2.5万人次,经营收入1600万元,上缴税收320万元。

二、湘潭花枝新天地旅行社

湘潭花枝新天地旅行社成立于2003年。是全国模范导游员、全国五一劳动奖章、全国五一巾帼奖、全国优秀共青团员、全国十大杰出青年、全国三八红旗手获得者文花枝所在旅行社。公司自成立以来,秉执诚信、创新的经营理念,致力于为游客提供优质旅行服务。2004~2005年连续两年被省旅游局评为信誉A级旅行社,2005年,被湖南省旅游局授予全省唯一旅行社特别奖。到2005年底,湘潭花枝新天地国际旅行社是国家旅游局特批的具有出境游资质国际旅行社,拥有注册资金80万元,从业人员35人,并拥有湖南十大红色导游1人,湘潭十大金牌导游2人,下设湘乡、韶山、河西、嘉园、河东门市部。是年,共接待游客2万人,经营收入1500万元,上缴税收300万元。公司导游员文花枝先后得到时任中共中央政治局常委、国家副主席曾庆红,中共中央政治局委员、全国人大常委副会委员长王兆国,中共中央政治局委员、国务院副总理吴仪等党和国家领导人亲切接见。

第三节　旅游酒店宾馆

一、宾馆住宿

(见第三十三篇饮食服务业)

二、旅游餐饮

湘潭餐饮业有着悠久的历史,属湘菜系,以品种丰富、味感鲜明见长。旅游餐饮作为餐饮业的分支,与整个湘潭餐饮业兴衰有着密切的关系。1949~1985年,在计划经济管理体制下,旅游业尚处在萌芽探索阶段,旅游餐饮的服务对象以接待外宾以及党和国家领导人为主,旅游餐饮也多集中在韶山宾馆、湘潭宾馆、莲城宾馆、岚园宾馆等少数几家国营宾馆。到1986年,全市有韶山宾馆、湘潭宾馆、莲城宾馆(市一招待所)、岚园宾馆(市二招待所)、韶山饭店等5家涉外餐馆、饭店,从业人员1500人,饮食营业收入为350万元。

20世纪90年代后,餐饮行业逐步打破传统的旅游餐饮与大众餐饮的界限,出现国营、集体、个体多元经营,旅游餐饮业与大众餐饮业竞争的格局。1992年,全市共有涉外餐馆、饭店68家,饮食营业收入2000多万元,逐步形成具有湘潭特色的相对集中的饮食区域。在湘潭市区,以基建营、八仙桥、文化宫、人民路、白石广场、建设路口君子莲广场等地最为集中,当时比较有名的饭店有湘潭宾馆、湘亚宾馆、福星楼酒店、九汇宾馆、莲城宾馆、岚园宾馆等。在韶山,旅游餐饮以韶山冲、清溪镇的旅游餐饮业最为红火。韶山村汤瑞仁率先在韶山冲开设毛家饭店,推出毛家菜系,开发出毛氏红烧肉、胖头鱼、红烧猪脚爪、酸辣狗肉、雪里蕻肉泥、辣椒炒腊肠等菜品,受到游客普遍欢迎。自此,在韶山以推出毛家菜系成为时尚,大小毛氏饭店、酒家发展到数十家。1995年,全市共有各类涉外餐馆、饭店120余家,从业人员5000余人,饮食营业收入4300多万元。

从1996年起，湘潭城郊具有农家风味的旅游休闲餐饮开始兴起。易家湾湘春楼水煮活鱼、荷塘土鸡、马家河羊肉、白马湖风吹肉、易俗河回渡鱼、射埠水鱼等菜肴成为人们节假日旅游休闲推崇品尝的佳肴。到2000年，全市共有各类涉外餐馆、饭店200余家，从业人员1.5万人，饮食营业收入1.3亿元。

进入21世纪，湘潭旅游餐饮业在经过多年的兴盛发展之后，进入调整振兴时期。先后涌现出盘龙山庄大酒店、梦泽山庄大酒店、华都国际大酒店、湘潭大酒店、川津湘大酒店、岚园大酒店、龙腾大酒店、凯旋门大酒店等规模较大的旅游涉外酒店。从2002年起，随着都市人们崇尚自然心态的变化，一批以经营农家菜肴、钓鱼、野游等项目为主的农家乐旅游休闲餐馆涌现，到2004年，在湘潭市城区，形成各具特色传统风味菜馆街区，雨湖区熙春路有家常菜美食一条街，在河西湘江大堤赏江景，品河鱼成为一道风景。此外，湘江一大桥下的兰花五香干、刮凉粉、臭豆腐、卤腊凉菜、水煮龙虾等，基建营的贵州花江狗肉、蒙古涮羊肉、东北饺子、云南过桥米线、四川麻辣火锅、北京烤鸭、兰州拉面、新疆烤羊肉串等，也都成为人们旅游休闲品尝的风味餐饮。是年，全市旅游休闲农家乐餐馆发展到100余家，从业人员2000余人，经营收入8000万元。

2005年，湘潭为筹备举办第二届中国（湘潭）齐白石国际文化艺术节系列活动，倾力打造“白石文化美食节”活动，评选出湘潭十大名菜、十大土菜和十大风味小吃。十大名菜是盘龙槟榔鸭、透味围山兔、莲城玉珠甲鱼、湘宾琥珀肘、莲蓬凯旋肉、绿地卧蛟龙、玉子牛腩、湘洲鸭皇、酱牌香肉、福星石头血鸭等；十大土菜是土鸡焖水鱼、香辣口味蛇、毛氏香干钵、腐竹牛排、湘乡蛋糕、养生稻香猪尾、农家红烧肉、卤味猪手、射埠水鱼、马家河黑山羊等；十大风味小吃是湘潭莲蓬情、德盛素菜包、毛家火焙鱼、瓦楞卷、雪糊脆椒拼牛肉、湘土风味泡萝卜皮、鲍汁小餐包、传统千层糕、雪影豆沙球、一口香臭豆腐等。同时，在市区毗邻白石广场的大湖路上开辟白石文化美食街，聚集凯旋门、湘里人家、湘里我家、红月亮大酒店、白石商务会所等一批较大规模的涉外旅游餐馆饭店，成为湘潭旅游餐饮的一大亮点。2005年，全市共有各类涉外餐馆饭店500余家，从业人员2.3万人，饮食营业收入9.1亿元。

三、旅游娱乐

（见第三十三篇饮食服务业）

第四节　旅游纪念品

湘潭旅游纪念品开发始于20世纪60年代。1966年，随着“文化大革命”的进行，红卫兵大串联运动在各地兴起，在全国范围内出现唱语录歌、跳“忠字”舞、佩戴毛泽东像章的热潮。全国各地印制毛主席语录、塑制毛泽东像章的生产厂家纷纷涌现。1968年，韶山出现全市范围内第一家以生产毛泽东像章为主的韶山工艺美术厂。是年5月，韶山区革委会在韶山清溪村划出30亩土地，投资约10万元，兴建韶山工艺美术厂，主要生产以铜、铁、铝合金、塑料、竹木为原材料的毛泽东像章，销售网点主要分布在毛泽东同志旧居、毛泽东同志纪念馆和韶山宾馆等地。是年，共生产毛泽东像章10万枚，产值100万元。1969年，韶山工艺美术厂生产达到高峰。是年，共生产毛泽东各类像章12万枚，36个品种，产值150万元。1970~1974年间，韶山工艺美术厂像章生产年产量基本保持在8万枚左右，年均产值100万元。1975年,韶山工艺美术厂年生产像章数量6万枚,生产品种15个,年产值80万元。

1976年,毛泽东主席逝世,到韶山旅游的人数骤减,购销毛泽东像章等纪念品降温。是年,韶山工艺美术厂出现产大于销的情况。1977年停产。1978年,韶山工艺美术厂由原全民所有制企业转为乡办企业,生产经营转为生产矿山劳动保护用品等。只生产少量纪念品。

1986年,旅游纪念品生产基本处于停顿状况。1993年,毛泽东诞辰100周年,韶山以生产纪念毛泽东诞辰100周年为主题的纪念品重新红火起来。是年,塑制毛泽东纪念品的厂家有2家,即韶山工艺精品厂以生产毛泽东开国大典小型铜像为主,韶山旭日堂以设计生产毛泽东铜像、特种玻璃钢塑像,毛泽东纯金、纯银像章,肖像艺术品等为主,生产品种50多种。除韶山宾馆、毛泽东同志纪念馆等原有销售点外,还在毛泽东同志故居前、滴水洞景区、清溪镇等形成以销售红色旅游纪念品为主的商品市场,销售摊点最多时达400家。是年,两家企业产值共500万元,上缴税收150万元。

1995年,随着人们旅游意识的增强和旅游产业发展,各级各部门对开发旅游纪念品越来越重视。湘潭市外事办(旅游局)会同相关单位制订出龙牌酱油、湘莲食品、湘乡啤酒、脱水果蔬、金兰版画等名、特、优旅游系列食品和旅游工艺品开发规划。是年2月,韶山市旅游产品开发研究所正式成立,下设旅游电子工艺开发部、旅游食品开发部、旅游竹木工艺开发部和仿古雕漆艺术开发部等。是年7月,韶山市旅游局组织韶山塑像厂、雕刻厂、竹木工艺厂和旅游实业公司乡里酒厂赴京参加1995中国旅游节活动。到1997年,全市定点生产旅游纪念品厂家3家,生产品种涉及伟人头像、旅游桌凳、仿古工艺品、日常工艺品、茶叶和湘莲系列产品等83种,年产值1600万元,上缴税收近200万元。1998年,彭德怀诞辰100周年,湘潭市、县政府组织彭德怀小型铜像等纪念品的生产。是年,共生产彭德怀铜像2万枚(尊),产值200万元。同时,其他旅游商品也开始逐渐走俏,包括湘莲、竹木制品、丝绣等,到2000年,全市定点生产旅游商品的厂家发展到4家,主要生产伟人头像、旅游桌凳、仿古工艺品、日常工艺品、丝绣、茶叶和湘莲系列产品等。是年,全市旅游商品生产销售收入1500万元,上缴税收20万元。

2003年,为纪念毛泽东诞辰110周年,湘潭市、韶山市旅游部门加大旅游商品开发力度。是年,全市各类旅游商品生产和经营企业14家,产值3.6亿元,商品销售收入4.35亿元。2004年,为纪念世界文化名人齐白石,市委、市政府举办首届齐白石文化艺术节活动。湘桥股份有限公司所属湘桥文化有限公司开发出白石艺术石雕像和白石艺术邮册等纪念品,共14个品种,产值1560万元,销售收入2300万元。到2005年,全市旅游纪念品开发生产逐步形成五大旅游商品系列,即:红色旅游产品系列,包括毛泽东铜像系列产品(含仿铜合金和金铜塑像、纪念章、纪念光碟等)、东方红系列产品(含珍奇主席像、瓷品、小型纪念章等)、主席福寿系列产品等;名人字画诗印系列,包括齐白石、释敬安、曾国藩等尚留在民间字画诗印,以及白石后人和弟子及健在文化名人的字画诗印等;土特产品系列,主要包括灯芯糕、龙牌酱油、槟榔、湘莲、莲蓉、湘乡烘糕、乡里腊味系列、竹木砧板、湘潭三味(酱、醋、紫油姜)及羊鹿毛尖、韶山冲系列酒、骄杨啤酒、盘龙牌湘波绿茶、远山牛奶、"竹元素"竹汁饮料、滴水洞矿泉水、莲芯茶、莲藕粉、元生酒饮品等旅游名优特产;地方工艺品系列,包括青山桥毛笔、中路铺竹制用具、湘乡菲菲伞、胡上吉木梳、手工刺绣等;新型旅游工艺品,包括仿古工艺品和实用工艺品以及观赏性购物品等。是年,全市旅游商品生产和经营企业20家,产值5.6亿元,销售收入7.7亿元。

1996~2005 年湘潭市旅游消费情况

表 37-3-1

年份	游客总数(万人次)	旅游总收入(亿元)	人均旅游支出消费(元)
1996	141	4.26	302.13
1997	150	4.375	333.00
1998	200	4.995	301.72
1999	226	6.25	276.55
2000	250	7.00	278.23
2001	304	10.2	335.53
2002	356	13.76	386.52
2003	401.07	15.76	392.95
2004	562.3	20.93	372.22
2005	626.79	26.77	427.1

注:1996 年前没有统计

第四章 旅游管理

1986 年,随着韶山旅游景区开放开发,到韶山旅游参观人数逐年增多,旅游景区管理、导游管理和旅游定点单位管理等方面问题逐渐显现。由于没有专门的旅游管理机构,旅游管理工作相当薄弱。1990 年,湘潭市旅游管理归口在市外事侨务办。韶山旅游管理归口韶山区外事组管理,隶属韶山管理局,其主要职责是负责外事参观接待、涉外宾馆人员培训、重要景点维修保护等。

20 世纪 90 年代,旅游管理工作受到各级政府部门和广大群众普遍重视,被提上重要议事日程。1991 年,韶山撤区建市,韶山市旅游局成立。1992 年 9 月,湘潭市成立昭山旅游经贸开发区,主要负责昭山风景区的开发管理。1995 年,韶山风景名胜区管理局成立,全面负责风景名胜区的保护、利用、规划和建设工作。是年 7 月,韶山风景名胜区管理局经济民警中队成立。是年 9 月,湘潭市机构编制委员会明确市旅游局为正县级事业单位,与市外事办合署办公,两块牌子一套人马。1997 年,韶山市旅游协会成立。1998 年,湘潭县成立彭德怀纪念馆管理机构,负责彭德怀故居、彭德怀纪念馆等景点管理和保护。1999 年,湘潭市旅游局从市外事侨务办公室分离出来,对外正式挂牌办公。与此同时,隐山湖湘文化源旅游开发公司成立,其他旅游景区开始酝酿筹备景区管理机构。到是年底,湘潭市旅游业基本建立起旅游行业监督管理体系,初步把旅游景区(点)纳入管理范畴。

2000 年,湘潭旅游管理逐步进入规范化、制度化、科学化管理轨道。是年,湘乡市成立湘乡市东台山国家森林公园管理处。2001 年,湘乡市成立水府旅游区管委会。2002 年,市机构编制委员会明确规定湘潭市旅游局为市人民政府授权管理全市旅游事业机构。是年,湘潭县、湘乡市也相继成立文化体育旅游局、文化体育局等旅游管理机构,旅游管理工作走上正轨。市、县(市)区旅游管理部门定期和不定期对旅游市场进行整治,加强对旅游景区、酒店宾馆和商品市场管理。2004年,雨湖、岳塘两区对旅游产业管理机构职能进行划定和调整,由原归口文化局管理划归由商务局管理。2005年,市成立市旅游市场联合整治工作领导小组,湘潭市旅游局设立市旅游质量监督管理所和旅游执法大队,加强对旅游景区、导游队伍和定点单位管理。是年,全市旅游行业全面实行《旅游区(点)质量等级的划分与评定》《导游上岗认证制度》《旅行社国内旅游服务质量标准》等制度,旅游市场秩序明显好转。2005年,全市6000多人旅游行业从业人员全部受到系统正规培训,182名旅游宾馆的中高级管理人员均取得全国旅游行业岗位相关证书。韶山风景名胜区、彭德怀同志纪念馆被评为国家级重点风景名胜区综合整治先进单位、湖南省文明风景示范区称号,湘潭市旅游景区管理在全省排名位居前列。

第一节 景区管理

一、资源保护

1949~1985年,特别是在"文化大革命"期间,由于旅游产业发展尚处在萌芽状态,人们对旅游资源管理和保护的意识十分淡薄。在湘潭各大景区景点中,除韶山毛泽东故居景区受到保护外,其他景区景点都遭到不同程度损毁或破坏,特别是祠庙、书院、亭台、坊塔等景点损毁现象十分严重。直到1978年党的十一届三中全会以后,随着旅游产业效应的逐渐显现,人们开发建设旅游景区景点的积极性被调动起来。到1985年,全市受到保护旅游景点21处。与此同时,由于各级政府对旅游产业发展的认识和理解仍然不足,在一些地方出现"重开发、轻保护"现象,有私自搭建违章建筑、随意砍伐树木、在景区乱停乱靠车辆、乱设摊摆点等。仅韶山一地,在毛泽东同志故居和滴水洞景区附近开设饭店酒家及纪念品商店多达500家。

1986年,市委、市政府按照国务院《风景名胜区管理暂行条例》、建设部《风景名胜区管理暂行条例实施办法》和湖南省《风景名胜区管理条例》,认真落实"严格保护、统一管理、合理开发、永续利用"的方针,加强对各景区的保护和管理,旅游资源保护被摆上重要议事日程。1990年,旅游管理部门加强对景区(点)的质量考核,除对景区(点)、旅行社进行重点质量考核外,还积极配合有关技术质量监督部门、食品卫生部门、工商部门以及旅游企业主管部门进行质量监督和考核。1992年,韶山市人民政府作出对省级以上文物单位实行保护,严禁在景区内随意砍伐树木、毁坏古树名木、滥挖野生植物的决定。明确规定在风景名胜区从事建筑、经营者,须经旅游管理部门同意,由风景办把关;对省级以上文物单位实行省、地、市三级审批,一级保护。1993年,市及韶山市对韶山毛泽东同志故居、韶峰、滴水洞等景区内28种2000多株古树名木进行建档立卡,挂牌保护。1996年,韶山市政府颁发《韶山旅游行业管理若干规定》。1997年,市人大常委会印发《关于认真贯彻〈湖南省旅游管理条例〉,加快湘潭旅游产业发展的通知》。同年,市人民政府制定颁布《湘潭市旅游业管理暂行管理办法》,推动全市旅游业走上依法管理轨道。1999年,市委、市政府组织对水府旅游景区水资源情况进行调查,确立景区开发与水资源治理并重的方案,使湘潭景区资源和环境得到较好的保护。

2000年,随着国家全面落实科学发展观,实施可持续发展战略,各级政府和旅游部门对旅游资源和环境保护更加重视。2002年,市在继续绿化、亮化、美化城市景观基础上,着力抓好各大旅游景区生态建设,并对农村生态园性质景区实行保护性开发,初步形成由一江(湘江)、一库(水府庙水库)、二水(涟水、涓水)、五山(韶山、昭山、东台山、金霞山、褒忠山)构成的旅游生态和谐,山水田园相宜的旅游资源和环境保护格局。2004年,湘潭市各级旅游部门为配合韶山毛泽东故居创AAAAA级,滴水洞、彭德怀故居创AAAA级景区活动,投资7亿多元,大力开展"中华环保世纪行活动""保护湘江母亲河活动"和中华古树名木和雕塑普查建档工作,加强对景点基础设施建设包括旅游公路、停车场、休息亭阁、公共厕所等建设,加大对景区植被绿化、美化的力度。仅韶山一地,景区恢复植被14500平方米。到2005年,全市各大景区如韶山景区、乌石景区、白石文化景区、水府旅游景区、隐山文化景区、昭山风景名胜区、东台山森林公园等都建立起管委会(处),均制定公布旅游有关法律法规和景区有关安全规定,设立旅游法规宣传窗、广告牌等。是年,全市各大景区共出动宣传车3000台次,主办宣传窗280期,在广播、电视、报刊等媒体主办专栏专题165期,印发资料18.6万份、悬挂张贴横幅、广告、标语等1600多条,使旅游法规宣传家喻户晓,人人皆知。

二、环境整治

1986年,随着旅游业发展,从全国各地甚至海外到湘潭及韶山参观游览的旅游者逐年增加。与此同时,在个别景区也出现破坏旅游环境、扰乱旅游秩序、不文明经营等问题,随意摆摊设担、欺行霸市、拉客宰客、敲诈勒索等现象时有发生。1995年,韶山市率先成立风景名胜区经济民警队、旅游行业保卫科等旅游市场执法队伍,对旅游市场进行全面整顿,取缔漫天要价、敲诈勒索的滴水洞"轿子队",查处野马导游30多起,处理各种纠纷40多起,纠正各类违章20多起,处理游客投诉信件、电话20多起,使韶山景区秩序明显好转。1996年,市旅游局根据国家旅游局、省旅游局关于治理整顿旅游市场的通知精神,在全市开展整顿旅游秩序、优化旅游环境的旅游市场综合治理整顿工作。是年,共取缔无证、无照经营的旅行社3家,其中韶山风景名胜区采取定人、定岗、定责任、定目标等不同方式,加强机动巡查,全力整治旅游秩序,处理旅客投诉100多起,取缔冒牌国营餐馆、商店25家,设立定点旅游餐馆15家。1997年,市旅游局、市技术监督局联合开展全市旅游商品市场秩序整顿,对破坏景区环境、旅游秩序,损害广大游客利益的现象和行为给予严肃处理和纠正,全市旅游环境明显好转。1998年,韶山市政府、韶山市管理局对建筑在韶峰顶上有碍观瞻的大佛和韶山水库坝基附近56个零乱摊棚进行拆除,使韶山景区环境得到净化和美化。是年,省、市、县各级文化和旅游部门加大对景区景点、名胜古迹保护力度,并对"文革"期间遭受毁坏的名胜古迹进行重新修复,对社会正式公布省、市、县三级文物保护单位名单。是年,全市被列入文物保护单位有古遗址40余处;古墓群、名人墓葬千余处;古寺庙、古祠观上百处;古亭、阁、塔数十座;风景名胜20余处,其中包括韶山毛泽东故居由AAA景区升格为AAAA景区,乌石彭德怀故居创建AAA景区,齐白石故居、昭山风景区由市、县级保护景区升格为省级保护景区,水府旅游景区、隐山文化景区、杨梅洲及窑湾景区等均纳入到景区和文物保护单位名录。在此基础上,对旅游景区、重点文物保护单位明确划定保护范围、保护机构以及资料档案和标志说明等,以崭新面貌供人们参观游览。

2000年,随着市、县二级旅游管理机构建立,各级加大对旅游景区市场秩序整治力度。2001年,省人民政府在韶山召开整治旅游环境现场办公会,拉开以整治韶山旅游市场为重点全市旅游秩序大整治活动帷幕。是年,对湘潭市区、韶山景区特别是毛泽东铜像广场、韶山毛泽东同志纪念馆、韶山宾馆等景点周边环境进行重新规划建设,对有碍观瞻的违章建筑、设施进行清理拆除。仅韶山一地,就相继拆除景区周边有碍观瞻的18家企业,125家个体工商户和农户建筑,恢复绿化带1.2万平方米,新建韶山冲纪念品市场和停车场。是年,全市共查处违规旅行社8家,欺客、宰客案件30余起,无证导游20余人,处理游客投诉10起,使湘潭旅游形象大为改观。到2005年的20年,仅韶山景区就累计处理各类事务24608起,收缴罚款149.3万元。其中调处各类纠纷750起;移送案件84起;查处追车、拦车喊客拉客者4220人次,流动叫卖5620人次,摩托车非法营运2971台次,乱倒生活垃圾354人次,无证导游或不规范导游2295人次,禁火区吸烟590人次;整治乱摆摊位、摊点3646个;拆除违章建筑47处,违章广告标牌1920块,横幅1071条。

第二节 导游管理

1949~1985年,对旅游从业人员的管理和培训工作仅作为外事接待部门部分职能,对导游人员管理仅局限于对景区讲解人员、宾馆接待人员进行培训教育,而其他岗位涉及旅游服务从业人员培训主要由各个行业主管部门负责。因此,人们对导游概念理解比较模糊,导游工作职责也相对较为狭小,导游管理工作十分薄弱。

1986年,旅游行业由接待服务型向市场经营化转轨,导游作为一种全新职业开始兴起。1991年,市外事旅游部门即对所属涉外宾馆、酒店、旅行社等企业编制印发《外事工作手册》,对全市近40个涉外单位有关人员进行培训。从1992年起,为纪念毛泽东诞辰100周年,湘潭市外事旅游部门及韶山市旅游部门着手全面进行旅游从业人员培训,培养专职导游人员。是年,湘潭市成立首家旅游学校,共招生105名。1993年,湘潭市外事旅游部门组织有导游、景区讲解、餐厅服务、烹调等人员组成代表队,参加全省接待系统服务技能竞赛,获得优胜奖。是年,湘潭大学设立"旅游文博"与"餐旅管理"两个专业,并于当年开班招生。1994年,湘潭大学又增设"旅游文化"本科班。到1995年,市外事旅游部门每年均组织有关旅游企业人员参加全省旅游行业服务技能竞赛活动,大大地提高旅游企业人员的服务意识和服务质量。1996年,随着旅游业的兴起,社会急需大量旅游方面专业人才,为此,市旅游局在全行业开展旅游行业技能培训、岗位练兵和服务技能竞赛活动,并举办一期旅游服务技能培训班,全市11家旅游企业35名业务骨干参加培训。这是市旅游系统历史上最为全面服务技能培训。是年5月,湘潭大学成立旅游管理学院。到2000年,全市拥有国家级导游证导游人员316人。

进入21世纪后,随着旅游产业的发展壮大,旅游队伍建设得到长足发展。2001年,市旅游局首次举办持证导游年度培训班,并组织50多人参加全省导游资格考试。是年,成立市旅游协会,为以法人单位为团体会员的行业自律组织。同年,在境域有3所大学、7所职业院校设立旅游管理专业。与此同时,全市旅游系统广泛开展职业道德和精神文明建设活动。从2003年起,市旅游局在全市旅游企业开展"讲文明、树新风、满意在莲城"活动,创"十佳"活动;在旅游经营单位开展创"文明示范窗口"和"青年文明号"活动;在旅游景区(点)和旅行社组织开展评选"十佳"优秀服务员(导游员)和文明风景旅游区(点)活动。是年,韶山德盛宾馆被省妇联、团省委、省旅游局评为省"巾帼文明岗",

韶山毛泽东同志纪念馆群众工作也被评为湖南省“十佳巾帼文明示范岗”。同时,市旅游局加强科学管理,制订旅行社考核目标,规范格式化合同、派遣单、行程单、成本核算单和旅行社团队保险认购等业务开展模式和程序,湘潭导游队伍规范化管理模式基本形成。2005 年 4 月,湘潭市旅游局、湘潭市旅游协会主办“首届湘潭十大金牌导游评选活动”,评选出“首届湘潭 10 大金牌导游”和“湘潭 10 大优秀导游”。2005 年 8 月 28 日,湘潭花枝新天地旅行社导游文花枝,在带团乘坐旅游大巴赴陕西延安洛川途中突遇车祸,文花枝在自己生命受到严重威胁危急关头,临危不惧,大声地说:“我是导游,先救游客要紧。”文花枝的言行感动中华大地。文花枝先后被授予“湘潭市模范导游员”“湖南省模范导游员”“全国模范导游”等光荣称号,受到党和国家领导人曾庆红、王兆国、刘云山、吴仪、顾秀莲、陈至立等的亲切接见。这在中国旅游史上尚属首次。在 2005 年度湖南省旅游局举办首届湖南红色旅游导游大赛评选十佳活动中,湘潭独占 4 席,韶山滴水洞景区、彭德怀纪念馆获得省级文明风景示范区称号。韶山村被全国妇联、共青团中央、国家旅游局等部门联合授予“旅游优秀示范村”称号。到 2005 年底,全市各旅游宾馆饭店有 182 人高中级管理人员取得全国旅游行业岗位培训证书等相关证书;24 家旅行社有 69 名高中级管理人员获得省旅游局颁发的总经理、部门经理资格证;在 512 名获得国家级导游证的导游队伍中,拥有英语、德语、法语、日语、粤语、普通话等多语种导游,并形成以全国模范导游员文花枝为典型,有全国十佳红色旅游导游讲解员、全国红色旅游优秀导游讲解员、湖南红色旅游形象大使、全国优秀导游员组成的“花枝群体”。

第三节　旅游定点管理

1986 年起,湘潭外事办(旅游局)逐步对涉外宾馆酒店、旅游商品市场等旅游接待服务实行定点管理。1986 ~ 1991 年间,湘潭旅游管理机构重点对湘潭宾馆、韶山宾馆进行重点管理,其主要内容是配合有关技术质量监督部门、食品卫生部门、工商部门以及旅游企业主管部门进行质量监督和考核。1992 年,湘潭市外事办(旅游局)对市城区岚园宾馆、莲城宾馆、九汇大厦等 3 家涉外定点宾馆进行授牌,对湘潭旅行社、通达旅行社等 3 家旅行社进行质量考核。

1993 年,湘潭市旅游部门抓住纪念毛泽东诞辰 100 周年的契机,加强旅游行业定点管理。是年,组织全市旅行社、宾馆、旅游学校举办“9.27 世界旅游日”宣传活动,并组织通达旅行社、湘潭中国旅行社、湘潭华侨旅行社等参加广州全国旅游交易会,与国内近百家旅行社交换旅游资料。1995 年,湘潭市旅游(外事)局对宾馆、酒店、旅游专卖店、出租车公司及旅行社等全面实行质量保证金制度。是年,市外事旅游部门对九汇大厦进行星级考核,通过业务年检和经济技术指标考核,进一步规范内部管理制度和经营行为。1996 年,随着旅游业的兴盛,旅游企业不断增多,旅游主管部门加强对旅游定点单位从业人员技术质量培训。通过培训和考核,合格者颁发《湘潭市旅游行业岗位培训证书》或《上岗证书》。是年,省旅游局、省旅游协会在韶山召开全省风景名胜区工作会议暨协会年会,韶山等 8 个单位被评为全省风景名胜区先进单位。在湖南省旅游局、湖南旅游报、湖南电视台等 14 家单位联合举办“’96 公众评选全省最佳旅游目的地”活动中,韶山毛泽东诗词碑林和滴水洞榜上有名。1999 年,湘潭市旅游部门开始着手建立全市旅游定点单位管理体系。是年,收集整理全市旅游定点企业有关资料推荐上网;按《旅行社管理条例》等有关规定,对市区三家旅行社进行年检年审;组织对华都宾馆、鸿达宾馆、韶山沁园春宾馆等进行二星级饭店考评。

从2000年起,随着市、县二级旅游管理机构建立,旅游定点单位管理逐步纳入到旅游管理重点范畴。2000年,各级旅游主管部门先后制定"旅行企业违规记分制"等管理办法,对旅游饭店宾馆、旅游购物商场实行目标管理。全年依法对旅游企业进行安全检查2次,行业检查4次。2001年,组织开展对全市各类旅游企业的普查活动,对旅游服务质量进行全面考核。2002年,各级旅游主管部门充分发挥行业协会监管作用,建立涉外酒店宾馆、购物市场等信誉评估机制和诚信自律机制。是年,韶山市成立"韶山市旅游定点管理委员会",制定《韶山市旅游定点管理办法》,重新调整审定"韶山宾馆、德盛宾馆、银峰宾馆、沁园春宾馆、韶峰宾馆、天骄大酒店、毛家饭店、华天酒店、福源宾馆"等13家为旅游定点饭店,"怀念馆、宝树堂、福源商场、韶山名人展览馆、友谊商店"等5家为旅游定点购物商店。2003年后,湘潭旅游部门进一步加强科学管理,制订对涉外酒店宾馆饭店、旅游购物商场等的目标考核管理办法。是年6月,市旅游局举办全市27家旅游星级饭店和拟创星级饭店部经理以上260多人参加培训班,重点组织学习星级饭店新标准划分和评定,同时,聘请40多名旅游行风建设评议监督员在各旅游饭店、商店和景区景点巡视,仅韶山一地就聘请旅游行风建设评议监督员14人。2004年,为推进旅游业标准化工作,市旅游局制定《湘潭市关于推进旅游行业标准化的工作方案》。2005年,为配合争创全国优秀旅游城市目标,市旅游部门对全市酒店宾馆、旅游购物商场进行重新检查审定,制定出《关于调整饭店星级评定方式的通知》《旅游区(点)质量等级的划分与评定》等具体质量考核办法,重新确定湘潭宾馆、韶山宾馆、盘龙山庄大酒店、梦泽山庄、德盛宾馆等5家为重点旅游涉外定点宾馆,步步高连锁购物商场、心连心连锁购物商场、新一佳连锁购物商场、金湘潭商业广场等4家为重点旅游涉外定点购物商店。

287